आपात्काल : एक डायरी

(1 नवम्बर 1974 से 15 अगस्त 1975)

आपात्काल
एक डायरी
(1 नवम्बर 1974 से 15 अगस्त 1975)
(भाग-एक)

बिशन टंडन

वाणी प्रकाशन

वाणी प्रकाशन

4695, 21-ए, दरियागंज, नयी दिल्ली 110 002

शाखा

अशोक राजपथ, पटना 800 004

फ़ोन : +91 11 23273167 फ़ैक्स : +91 11 23275710

www.vaniprakashan.in
vaniprakashan@gmail.com
sales@vaniprakashan.in

AAPATKAL : EK DIARY
by Bishan Tandon

ISBN : 978-81-7055-178-2
Diary

प्रथम संस्करण 2002
आवृत्ति 2018

मूल्य : ₹ 895

एम.एस. प्रिंटर्स, दिल्ली-110 093 में मुद्रित

वाणी प्रकाशन का लोगो मक़बूल फ़िदा हुसेन की कूची से

प्रो. राम नारायण टंडन
(1903–1999)

समर्पण

पूज्य पापा जी,

आपके जीवित रहते यह डायरी प्रकाशित नहीं हो सकी पर इसकी मूल प्रेरणा आपका आशीर्वचन ही है जिसने मुझे सदा, विशेषकर परीक्षा की घड़ियों में, अपार शक्ति से समृद्ध किया। 13 दिसम्बर, 1983 को स्वेच्छा से सेवानिवृत्त होकर रात्रि 9 बजे आपकी छत्रछाया में उपस्थित हुआ था। देर रात डायरी में मैंने लिखा था—

> "13 फरवरी, 1950 को जिस दिन सरकारी सेवा शुरू की थी (नियुक्ति इलाहाबाद में ही हुई थी) रात्रि में खाने की मेज पर पापा जी ने एक ही बात कही थी (इसकी चर्चा पहले कर चुका हूँ) कि 'देखो, मेहनत से काम करना, भगवान ने चाहा तो इस वर्ष आई. ए.एस. में भी आ जाओगे। पर जब भी लगे कि इज्जत और ईमानदारी से काम नहीं कर सकते नौकरी छोड़कर घर आ जाना। यदि मैं जीवित हुआ तो अपनी रोटी में से आधी तुम्हें दे दूँगा।' मैंने पापा जी की बात रख ली। सरकारी तंत्र में अब मैं स्वाभिमान से कोई भूमिका नहीं निभा सकता था सो घर आ गया, बिना किसी से शिकवा शिकायत किए। यह मेरे लिए सौभाग्य की बात है कि अभी मुझ पर पापा जी व मम्मी का वरद हस्त है।"

आपने मुझसे जिस आत्म-सम्मान और ईमानदारी की अपेक्षा की थी यह डायरी उसी का दस्तावेज है, जिसका एक-एक शब्द मैंने पूरी सच्चाई और निष्ठा से लिखा है।

कोटिशः प्रणाम के साथ यह डायरी आपकी स्मृति को समर्पित कर रहा हूँ।

आपका
बिशन

(आई.ए.एस. से पहले मैं पी.सी.एस. में ले लिया गया था)

भूमिका

मैंने 4 अक्तूबर, 1969 को डिप्टी कमिश्नर दिल्ली का पद छोड़कर प्रधानमन्त्री सचिवालय में (उस समय इसका यही नाम था) संयुक्त सचिव का कार्यभार सँभाला। मुझसे पहले इस पर मेरे एक अनन्य मित्र सुशीतल बैनर्जी कार्यरत थे। हम दोनों का साथ बहुत पुराना था। हम दोनों ने जुलाई 1943 में इलाहाबाद विश्वविद्यालय में बी.ए. में प्रवेश किया। दो विषय हमारे एक ही थे—अंग्रेजी साहित्य व इतिहास; एक ही कक्षा में थे। एम.ए. में भी हम दोनों इतिहास के विद्यार्थी थे। घर भी हमारे एक ही मौहल्ले में (नया कटरा) थे। सुशीतल झाँसी से आया था और इलाहाबाद में अपने चाचा कैप्टन आर.सी. बैनर्जी के साथ रहता था। वे हमारे परिवार के डॉक्टर थे और उनका घर हमारे घर से कुछ घर छोड़ कर था। इस प्रकार 4 वर्ष हम दोनों का साथ रहा। इस बीच घनिष्ठता बहुत बढ़ गई। जिस दिन मैं सचिवालय में आया सुशीतल छुट्टी चला गया। कुछ दिन की छुट्टी से वापस आने पर लगभग एक माह उस सचिवालय में हमने साथ काम किया। उसके बाद वह अपनी नई नियुक्ति पर वाशिंगटन चला गया। उस समय उसने मुझे सुझाव दिया कि वह तो ऐसा नहीं कर सका पर मैं अपने कार्यकाल की एक डायरी अवश्य रखूँ। हम दोनों के ही एक और मित्र न्यायमूर्ति रघुनन्दन स्वरूप पाठक, जो उस समय इलाहाबाद उच्च न्यायालय में न्यायाधीश थे (आगे चलकर वह भारत के मुख्य न्यायाधीश हुए), ने भी भेंट होने पर मुझे डायरी लिखने का सुझाव दिया। उस समय मैंने उन दोनों की बात टाल दी। सचिवालय के कार्य का अनुमान और अनुभव होने के बाद मुझे यह स्पष्ट हो गया कि इसके लिए समय निकालना कठिना होगा।

आजकल की अपेक्षा उस समय यह सचिवालय काफी छोटा था, पर हो चुका था अत्यन्त महत्वपूर्ण। आजकल इसकी आलोचना करते हुए जो सुझाव दिया जाता है कि इसको समाप्त कर देना चाहिए वह नितान्त अव्यावहारिक है। संसदीय प्रजातन्त्र के विभिन्न स्वरूपों पर यहाँ विचार करने की आवश्यकता नहीं है। उन्नीसवीं शताब्दी के उत्तरार्ध में जब वाल्टर बेगहौट ने अपनी क्लासिक पुस्तक 'इंग्लिश कांस्टीट्यूशन' लिखी थी तब से अब तक इस विषय का अध्ययन बहुत आगे बढ़ गया है। पर बैगहौट की अवधारणा कि प्रधानमन्त्री 'अपने बराबर वालों

में प्रथम' होता है के आधार पर भी यह निर्विवाद है कि प्रधानमन्त्री सत्ता और उत्तरदायित्व का केन्द्र बिन्दु है। हमारे देश में तो यह स्थिति सदा से बिलकुल स्पष्ट रही है। लगभग 45 वर्ष पहले राज्य पुनर्गठन वाद-विवाद में जब चिन्तामन देशमुख ने नेहरू की आलोचना की थी तो उसके उत्तर में उन्होंने कहा था—"मैं भारत का प्रधानमन्त्री हूँ। और प्रधानमन्त्री प्रधानमन्त्री होता है, वह सरकार की नीतियाँ निर्धारित कर सकता है।" अतः यह सोचना कि कोई प्रधानमन्त्री बिना एक निजी कार्यालय के अपने उत्तरदायित्व का समुचित निर्वाह कर सकता है, गलत होगा।

प्रधानमन्त्री कार्यालय का कार्य सुनिश्चित करने में कोई कठिनाई नहीं है। वास्तव में इसका मुख्य काम प्रधानमन्त्री को उनकी भारत सरकार के मुख्य कार्यकारी की भूमिका निभाने में हर प्रकार की सहायता करना ही हो सकता है। नई नीतियाँ बनाने से सम्बन्धित प्रारम्भिक कार्य, विभिन्न कार्यक्रमों के संचालन की समीक्षा, केन्द्र-राज्य के सम्बन्धों में उतार-चढ़ाव, मन्त्रिपरिषद व उसकी समितियों में निर्णय के लिए आए प्रस्तावों पर विभिन्न दृष्टिकोणों से निकलनेवाले निष्कर्षों का आकलन और शासन के विभिन्न अंगों की गतिविधियों की जानकारी, यह सब प्रधानमन्त्री को मुख्यतः अपने कार्यालय द्वारा ही सुविधाजनक तरीके से मिल सकती है। प्रशासकीय शब्दावली में इसका तात्पर्य हर प्रकार के विचारों की जानकारी प्राप्त करना, औपचारिक और अनौपचारिक स्रोतों से वांछित सूचना एकत्रित करना और प्रधानमन्त्री के आदेशार्थ प्रस्तुत प्रस्तावों व उनके अन्य सुझावों के विभिन्न विकल्पों पर सुव्यवस्थित ढंग से प्रधानमन्त्री को परामर्श देने में है। संक्षेप में इस कार्यालय का यही कार्यक्षेत्र है, जो वास्तव में बहुत व्यापक है।

पहले से चली आ रही स्थिति के अनुसार सचिवालय के दो भाग थे—साउथ ब्लॉक में नियमित सचिवालय (प्र.मं.स) जहाँ वरिष्ठ अधिकारी और सचिवालय की विभिन्न शाखाएँ काम करते थे। (स्वयं प्रधानमन्त्री भी वहाँ दिन में काफी समय व्यतीत करते थे) और प्रधानमन्त्री निवास (प्र.मं.नि.) पर एक छोटा-सा कार्यालय जहाँ कुछ निजी सचिव, टाइपिस्ट आदि प्रधानमन्त्री की सहायता के लिए उपस्थित रहते थे। सचिवालय में काम करनेवाले अधिकारी आवश्यकतानुसार प्रधानमन्त्री निवास पर जाते रहते थे।

प्रधानमन्त्री सचिवालय के विकास का विस्तृत विवरण आवश्यक नहीं लगता क्योंकि नेहरू जी के समय में स्थापित इसका ढाँचा काफी समय तक मूलतः वही रहा। नेहरू जी का सचिवालय छोटा था पर यह ठीक नहीं है कि एक कनिष्ठ अधिकारी इसका प्रमुख था। आरम्भिक वर्षों के बाद इसका मुखिया भारत सरकार के सचिव स्तर का ही था, यद्यपि उसको 'प्रधानमन्त्री का प्रमुख निजी सचिव' कहा जाता था। शास्त्री जी ने अवश्य सचिवालय को सुदृढ़ किया। इस पुनर्गठन में 'प्रमुख

निजी सचिव' प्रधानमन्त्री का सचिव कहलाने लगा। तब से यही प्रथा चली आ रही है। जब मैं प्रधानमन्त्री सचिवालय में आया तो उसके ढाँचे में तो कोई परिवर्तन नहीं हुआ था; उसका वही रूप था जो शास्त्री जी के समय में था केवल समय-समय पर अधिकारी बदलते गये थे और यही क्रम बाद में भी चलता रहा। संख्या में भी कोई विशेष वृद्धि नहीं हुई। लगभग दस वर्षों में (1966-77) संख्या 198 से बढ़कर 229 हुई। लेकिन उसके कार्य में एक गुणात्मक परिवर्तन अवश्य हो चुका था। इसका सीधा सम्बन्ध हक्सर के प्रधानमन्त्री के सचिव बनने से माना जा सकता है। हक्सर भारतीय विदेश सेवा के अधिकारी थे और लन्दन में भारत के उप-उच्चायुक्त थे जब मई 1967 में उनकी इस पद पर नियुक्ति हुई प्रधानमन्त्री सचिवालय की सत्ता के सन्दर्भ में प्रायः उनका नाम लिया जाता है। हक्सर विलक्षण प्रतिभा के धनी थे। मुझे यह कहने में तनिक भी संकोच नहीं कि अपने लम्बे सेवाकाल में मैंने उनकी योग्यता, मेधा और निष्ठा वाले दो-तीन ही और अधिकारी देखे। जिनको हक्सर को करीब से जानने का अवसर मिला है वे सब इसकी पुष्टि करेंगे कि उनके व्यक्तित्व में अनोखी सहृदयता, गहरी मनीषा, सांस्कृतिक संवेदना, निर्भीकता, न्यायप्रियता और दूसरों की बात समझने की अद्‌भुत क्षमता का सम्मिश्रण था। उन्होंने प्रधानमन्त्री सचिवालय के ढाँचे में बिना कोई परिवर्तन किए, प्रधानमन्त्री को परामर्श देने और सहायता करने की उसकी क्षमता और कुशलता को बहुत ऊँचा उठा दिया। उसमें गहरी 'एस्प्री द कोर' की भावना का संचार किया जो सरकारी कार्यालयों में दुर्लभ ही होती है। यही कारण है कि एक प्रमुख सचिव, 5 वरिष्ठ और 5 कनिष्ठ अधिकारियों का यह छोटा-सा कार्यालय अत्यन्त महत्वपूर्ण हो गया था। बाद में उनके उत्तराधिकारी प्रो. पी.एन. धर के नेतृत्व में यह भावना और सुदृढ़ हुई।

हक्सर की नियुक्ति से कुछ पहले सम्पन्न हुए लोकसभा के चुनाव में कांग्रेस की स्थिति काफी खराब हुई और इन्दिरा गांधी के नेतृत्व की सीमा सामने आई। इस परिस्थिति में इन्दिरा गांधी के लिए सरकार और पार्टी में अपने नेतृत्व को स्थापित करना और देश के सामने एक विश्वसनीय कार्यक्रम प्रस्तुत करना आवश्यक हो गया था। इस कठिन कार्य में हक्सर उनके लिए बहुत उपयोगी सिद्ध हुए। राष्ट्रपति चुनाव (1969), कांग्रेस का विभाजन (1969), लोकसभा निर्वाचन (1971), बंग्लादेश का जन्म (1971) व विधानसभाओं के चुनाव (1972) में एक के बाद एक इन्दिरा गांधी को अद्‌भुत सफलता मिलती गई। इससे लोगों में यह धारणा बनी, जो सही भी थी, कि इस कुशल राजनीति और प्रशासन संचालन में हक्सर का भारी योगदान था। प्रधानमन्त्री सचिवालय के एक तत्कालीन वरिष्ठ अधिकारी ने अपनी पुस्तक में लिखा है कि इससे "प्रधानमन्त्री की सत्ता के प्रभाव व विस्तार की एक अतिरंजित छवि" बन गई। स्वाभाविक था कि प्रधानमन्त्री सचिवालय की

प्रतिष्ठा भी बहुत बढ़ गई। लेकिन न तो यह विचार था और न यह उस समय तक हुआ ही था कि सचिवालय अन्य निर्णय लेने वाले संस्थानों में अनावश्यक हस्तक्षेप करे। जब 1970 में एक प्रख्यात अर्थशास्त्री (प्रो. धर) की नियुक्ति प्रधानमन्त्री के सलाहकार के रूप में हुई तो वित्त मन्त्रालय के सम्बन्धित सचिव को इस आशय का आश्वासन भी दिया गया था। पर दुर्भाग्य से ऐसा हुआ नहीं।

धर के सचिव हो जाने पर उन्होंने विशेष प्रयत्न किए कि सचिवालय का कार्यक्षेत्र व्यापक न होने पाए और वह अपनी मर्यादाओं के अन्दर ही कार्य करे। प्रधानमन्त्री को भी वह यही सलाह देते रहते थे कि उन्हें अपने वरिष्ठ सहयोगियों, मन्त्रिमंडल के सचिव व अन्य उच्च अधिकारियों से सम्पर्क और सम्बन्ध सुदृढ़ करने चाहिए। इसके बावजूद 'अतिरंजित छवि' वास्तविकता में बदलती चली गई। इसका मुख्य कारण था इन्दिरा गांधी का स्वभाव और कार्यशैली (स्टाइल)। धर ही के अनुसार वे संकोची स्वभाव की थीं। उनमें आत्मविश्वास की कमी थी और संवाद क्षमता बहुत अपर्याप्त थी। विस्तृत विचार-विनिमय में, विशेषकर जहाँ जटिल तर्क-वितर्क होता था, वे विशेष योगदान नहीं कर पाती थीं। वे उन वरिष्ठ अधिकारियों से भी, जो उनके सम्पर्क में बहुत कम आते थे, सहज वार्तालाप में कठिनाई अनुभव करती थीं। मन्त्रिमंडल सचिव तक को मंत्रणा के लिए यदाकदा ही बुलाती थीं। इसी से उस पद का क्षय आरम्भ हुआ।

लेकिन 1969-72 की सफलताओं को आधार बनाकर इन्दिरा गांधी ने कोई ठोस काम नहीं किया। जयप्रकाश नारायण ने अपने 13 मार्च, 1971 के पत्र में उन्हें चुनाव में विजय पर बधाई देते हुए लिखा था कि "...तुमको देश की जनता की सेवा का अपूर्व अवसर मिला है। मुझे आशा है कि तुम गम्भीरता से सोच-विचारकर आज की चुनौतियों का सामना धीरज व विनम्रता से करोगी... राष्ट्रपति-निर्वाचन के समय का तुम्हारा आचरण मुझे पसन्द नहीं आया था, यद्यपि मैं जानता हूँ कि तब तुम्हारे राजनीतिक जीवन-मरण का प्रश्न था। अब जब तुम्हें निर्द्वन्द्व सत्ता मिली है मेरी भगवान से प्रार्थना है कि वह तुम्हारे विवेक को शुद्ध रखें।"

सच पूछिए तो उन्होंने एक बहुत बड़ा सुअवसर गँवा दिया। प्रशासनिक नेतृत्व के गुणों का उनमें कोई विकास नहीं हुआ और राजनीति में वह कांग्रेस की परम्परागत नीति सर्वानुमति को सुदृढ़ करने की बजाय अपनी एक अलग छवि बनाने में लगी रहीं, यद्यपि यह कार्य वह पहले ही शुरू कर चुकी थीं। 1967 के चुनाव से पहले उनके और कामराज के मतभेदों के सम्बन्ध में कुलदीप नायर (एक जाने-माने पत्रकार) के प्रश्न के उत्तर में इन्दिरा गांधी ने कहा, "देखिए, प्रश्न यहाँ यह है कि पार्टी किसको चाहती है और जन-साधारण किसको चाहते हैं। जनता में मेरा स्थान अप्रतिम है।" ठोस उपलब्धि तब तक उनकी कोई थी नहीं; उस

पर भी ऐसा अहंकार और दम्भ! और बाद की सफलताओं ने इस दम्भ और अहंकार को बहुत बढ़ा दिया। बस इन्दिरा गांधी अपने एक नए व्यक्तित्व की परिभाषा और व्याख्या करने में लगी रहीं। वह प्रदेश कांग्रेस अध्यक्षों को 26 मई, 1954 के पत्र मे लिखी हुई अपने पिता की यह बात बिलकुल भूल गईं कि "यदि सरकार में कुछ लोगों को यह भ्रम हो कि वह (इस) जनमत या कांग्रेस के ऊपर हैं तो यह उनकी बहुत बड़ी गलती है और जिस धरातल पर वह खड़े हैं वह उनके पैरों के नीचे से खिसक जाएगा।"

कुशाग्र बुद्धि वाले, प्रधानमन्त्री को खूब अच्छी तरह समझने वाले, कामराज ने इस प्रकार की चेतावनी 1971 में ही दे दी थी। आपात्काल की घोषणा के दो दिन बाद (28 जून, 1975) को उन्होंने तिरूवल्लूर में दिए गए अपने भाषण में सबको इसका स्मरण दिलाया, "...मुझे लगता है कि एक जंगल में मेरी आँखों पर पट्टी बाँधकर छोड़ दिया गया है। मुझे यह समझ में नहीं आता कि आपात्काल के परिणाम क्या होंगे? क्या कोई यह कल्पना भी कर सकता था कि इस प्रकार से आपात्काल की घोषणा होगी। 1971 के चुनाव में मैंने अपनी आशंका व्यक्त की थी कि लोकतन्त्र को खतरा है। करुणानिधि व श्रीमती गांधी, जिन दोनों का उस समय गठबन्धन था, ने मेरी खिल्ली उड़ाई थी। मैंने 1971 में जो कहा था वह 1975 में घटित हो रहा है..."

परिणाम यह हुआ कि लोकतन्त्र में 'राज्य' के जो दो मुख्य कार्यवाहक होते हैं—सरकार व पार्टी—वह दोनों ही श्रीविहीन होकर अपनी स्वायत्ता खोने लगे। इस ह्रास का उत्तरदायित्व केवल इन्दिरा गांधी पर डालना उचित नहीं होगा। कांग्रेस के विभाजन और उसके बाद की गतिविधियों के बाद पता नहीं क्यों उसके वरिष्ठ सहयोगियों ने मन्त्रिपरिषद व विचार-विमर्श के अन्य संस्थानों में सक्रिय रूप से भाग लेना बन्द कर दिया। मैंने अनेक ऐसी बैठकों में स्वयं देखा कि गम्भीर विचार विनिमय में भी यह लोग बहुत कम बोलते थे। यही नहीं उनमें प्रधानमन्त्री से कुछ भी कहने का साहस नहीं रह गया था। इसके अनेक उदाहरण डायरी में मिलेंगे, यहाँ केवल एक उदाहरण ही दे रहा हूँ : मार्च, 1974 में दिल्ली में भारतीय जनसंघ ने एक प्रदर्शन आयोजित किया। बिना सोचे समझे 'महल के सिपहसालारों' ने गृह मन्त्रालय व दिल्ली के उपराज्यपाल को उससे निपटने के लिए कुछ निर्देश दिए। गृहमन्त्री ने सभी सम्बन्धित पुलिस और मजिस्ट्रेट अधिकारियों की बैठक के बाद यह तय किया कि प्रदर्शन का सामना कैसे किया जाए। सिवाय नई दिल्ली रेलवे स्टेशन के बाहर जहाँ कोई छोटी-सी घटना हुई, प्रदर्शन शान्ति से समाप्त हो गया। लेकिन उससे दूसरी तरह निपटने के कारण सिपहसालारों ने प्रधानमन्त्री के कान भर दिए और रात में उन्होंने गृहमन्त्री, उपराज्यपाल, गृह सचिव व अन्य वरिष्ठ अधिकारियों को बुलाकर एक बैठक में इन सबको काफी असभ्य तरीके

से लताड़ा। लेकिन गृहमन्त्री को इतना साहस नहीं हुआ कि वह कह दें कि पूरी कार्यवाही उनके आदेशानुसार की गई थी।

दूसरी ओर कांग्रेस पार्टी अपनी ऊर्जा खोती जा रही थी। कांग्रेस संसदीय दल की स्थिति भी उतनी ही असन्तोषजनक थी। डायरी में जगह-जगह पर विवरण के साथ इसकी चर्चा है। लेकिन यहाँ केवल एक उद्धरण देना चाहूँगा। हिन्दी के प्रख्यात सम्पादक धर्मवीर भारती जीवनपर्यन्त मेरे घनिष्ठ मित्र रहे। 2 दिसम्बर, 1974 को रात में उन्होंने मेरे घर पर काफी समय बिताया। बातचीत में उन्होंने जो कहा वह इस डायरी में इस प्रकार लिखा हुआ है–

> "उसने (धर्मवीर भारती) कहा कि इस बार की दिल्ली यात्रा में वह कांग्रेस के बहुत सदस्यों से मिला। पर सबको दुखी पाया। सबने धर्मवीर से कहा कि वे भय के वातावरण में रह रहे हैं। एक दूसरे पर विश्वास उठता जा रहा है। हर कांग्रेस के संसद सदस्य को डर है कि कहीं कोई और सदस्य उसके बारे में प्रधानमन्त्री से कोई शिकायत न कर दे। वातावरण में एक घुटन आ गई है जो यदि शीघ्र दूर न हुई तो देश के लिए हानिकारक हो सकती है। उन लोगों ने धर्मवीर से...यह बताया कि केवल एक व्यक्ति...को बचाने के लिए प्रधानमन्त्री पार्टी की हँसी उड़वा रही हैं। जब धर्मवीर ने उनसे पूछा कि वह प्रधानमन्त्री से क्यों नहीं स्पष्ट बात करते तो उन सबका एक ही उत्तर था कि इससे कोई लाभ नहीं होगा।"

स्थिति बिगाड़ने में प्रधामन्त्री की एक व्यक्तिगत समस्या का भी हाथ रहा। इसका सीधा सम्बन्ध उनके छोटे पुत्र संजय से था। राजनीति और प्रशासन में संजय का प्रादुर्भाव उसकी मारुति योजना से आरम्भ हुआ। संजय को अपनी नई कार मारुति का मॉडल बनाने में सरकार के विभिन्न विभागों की सहायता की आवश्यकता थी। इस कार्य में उसकी माँ ने किस तरह उसको अपनी सत्ता और प्रभाव का दुरुपयोग करने दिया इसका कच्चा चिट्ठा गुप्ता (मारुति) आयोग की रिपोर्ट में दिया गया है जिसको यहाँ दोहराने की आवश्यकता नहीं। संजय ने विधि मन्त्री (गोखले) के अधिकारियों से स्पष्ट कहा था कि "मेरे ऊपर कोई कानून लागू नहीं होता।" उसका स्वभाव था कि वह जो चाहे उसे फौरन, बिना सवाल-जवाब किए, पूरा किया जाना चाहिए। उसकी सहायता के लिए अनौपचारिक रूप से इन्दिरा गांधी ने अपने एक अतिरिक्त निजी सहायक को लगा दिया था और संजय के आदेश और इच्छाएँ बहुधा उसी के माध्यम से विभिन्न मन्त्रालयों, विभागों और अधिकारियों को दी जाती थीं।

संजय की योजना की सहायता के लिए पहले उससे सम्बन्धित विभागों में

जैसे दिल्ली प्रशासन, केन्द्र के राजस्व, उद्योग व वाणिज्य विभाग आदि में 'आज्ञाकारी' अधिकारियों की नियुक्तियाँ की जाने लगीं। कुछ ही समय में यह प्रक्रिया पूरे शासन पर छा गई। सभी महत्वपूर्ण सरकारी विभाग और सार्वजनिक उपक्रम इसकी लपेट में आ गए। इन सब जगह चुने हुए 'लचीले' अधिकारी नियुक्त किए जाने लगे। धीरे-धीरे महत्वपूर्ण पदों के लिए जिन अधिकारियों की नियुक्ति की जाती थी पहले संजय और अतिरिक्त निजी सचिव उनका इंटरव्यू करते थे। यह सब आपात्काल से पहले ही शुरू हो गया था। आपात्काल की घोषणा से दो-तीन दिन पहले नए गृह सचिव की अकस्मात नियुक्ति भी इस प्रकार के इंटरव्यू के बाद ही की गई थी। मैं एक आई.सी.एस. अधिकारी को भी जानता हूँ जिन्हें इस प्रकार की इंटरव्यू में कोई आपत्ति नहीं हुई। फिर प्रधानमन्त्री (इन्दिरा गांधी) स्वयं केन्द्रीय मन्त्रियों, मुख्यमन्त्रियों, राजनेताओं और वरिष्ठ अधिकारियों को अपने पुत्र के पास भेजने लगीं। यह अत्यन्त दुर्भाग्यपूर्ण है कि कई महारथी राजनेताओं और वरिष्ठ अधिकारियों ने इस नई प्रथा को प्रतिष्ठित करने में पूरा योगदान किया। इसका परिणाम यह हुआ कि हर दिन प्रधानमन्त्री निवास में प्रधानमन्त्री की अनुपस्थिति में दरबार लगता था जिसमें कई वरिष्ठ अधिकारी इस असंवैधानिक सत्ता केन्द्र (संजय/अतिरिक्त निजी सचिव) को अपनी कारगुजारी की रिपोर्ट देने और आदेश लेने के लिए आवश्यकतानुसार उपस्थित रहते। (जो अधिकारी इस संविधानोत्तर प्रक्रिया में विशेष रूप से सक्रिय थे उनमें से एक आज वाजपेयी की मन्त्रिपरिषद के सदस्य भी हैं) इससे भी अधिक गलत यह हुआ कि जो अधिकारी इस नए सत्ता केन्द्र की बात नहीं सुनता था उसे सी.बी.आई. पुलिस, कर विभाग आदि द्वारा परेशान किया जाता था। आखिर सभी महत्वपूर्ण विभागों में प्र.मं.नि. के विश्वासपात्र अधिकारियों का जाल बिछ चुका था।

आपात्काल की पृष्ठभूमि को समझने के लिए जयप्रकाश नारायण (जे.पी.) की भूमिका जानना भी अत्यन्त आवश्यक है (इसका विस्तृत विवरण डायरी के अन्तिम भाग में दिया गया है जो अभी प्रकाशित नहीं हो रहा है)। इन्दिरा गांधी-जे.पी. के सम्बन्धों में उतार-चढ़ाव होता रहता था। यहाँ 1971 से 1975 तक के सम्बन्धों का संक्षिप्त विवरण पर्याप्त होगा। ऊपर मैंने 13 मार्च, 1971 के पत्र का एक उद्धरण दिया है। पत्र से स्पष्ट है कि इसमें बधाई के साथ इन्दिरा गांधी की आलोचना भी थी। उन्होंने जे.पी. को अहंकार से लिपटा कठोर उत्तर दिया जिसका आशय कुछ इस प्रकार था—"राष्ट्रपति चुनाव के समय का मेरा आचरण आपको पसन्द नहीं आया पर आपने यह स्वीकार किया कि मेरे राजनीतिक जीवन के लिए यह आवश्यक था। यह पढ़कर मुझे दुख हुआ और विशेषकर यह जानकर कि आप मुझे कितना कम जानते, समझते हैं। मैंने कभी राजनीतिक या किसी अन्य प्रकार के अस्तित्व की चिन्ता नहीं की। उस समय जो प्रश्न था वह मेरे

भविष्य का नहीं पर कांग्रेस पार्टी और इसीलिए देश के भविष्य का था। मेरी अपनी कोई ऐसी आकांक्षा नहीं है जो मुझे अपने सिद्धान्तों से विचलित कर सके।" इसका जे.पी. ने शालीन पर कड़ा उत्तर दिया। उन्होंने स्पष्ट किया कि "मेरे उस वाक्य का तुमने बिलकुल गलत अर्थ लगाया। मैंने कभी यह नहीं माना कि तुम्हारा वह आचरण तुम्हारे राजनीतिक जीवन के लिए आवश्यक था। मेरा यह अभिप्राय नहीं था। जिस आचरण को मैं ठीक ही नहीं समझता, उसे मैं आवश्यक कैसे मान सकता हूँ? मेरा तात्पर्य तो इससे बिलकुल विपरीत था, वह यह था कि यह जानते हुए भी कि वह समय राजनीतिक जीवन में तुम्हारे लिए अत्यन्त महत्वपूर्ण था, मैंने तुम्हारा आचरण पसन्द नहीं किया था...यह ठीक है कि राजनीतिक नेता के रूप में मैं तुम्हें बहुत कम जानता हूँ, मैं तो तुम्हें दूसरे रूप में ही जानता रहा हूँ और आज भी तुम्हें उसी रूप में देखता हूँ व तुम्हारी सफलताओं पर प्रसन्न होता हूँ. ..लेकिन राजनीति का मेरा भी लम्बा अनुभव है और राजनीति से अलग होने के बाद भी मैं बड़ी तटस्थता से सब कुछ देखता समझता रहा हूँ। दलों की फूट का भी मुझे काफी अनुभव है। इसी के आधार पर यह कहने की धृष्टता करता हूँ कि जब भी किसी दल में फूट पड़ती है तो दोनों तरफ के नेताओं का दावा यही होता है कि झगड़ा सिद्धान्त और नीति का है, कोई भी यह नहीं कहता कि झगड़ा व्यक्तिगत सत्ता या पद का है। हर फूट में थोड़ा बहुत विचार का मतभेद हो सकता है...लेकिन उसमें नेतृत्व का, पद का झगड़ा भी कम नहीं होता...और अन्त में इतना और कह दूँ कि अब तक कई अवसरों पर तुम्हारे राजनीतिक आचरण को मैंने पसन्द नहीं किया है पर सार्वजनिक रूप से कभी तुम्हारे विरुद्ध कुछ नहीं कहा. ..यह सब इसलिए नहीं लिख रहा हूँ कि तुम्हें खुश करना चाहता हूँ या अपने लिए तुमसे कुछ अपेक्षा करता हूँ बल्कि इसलिए कि मुझे लगता है कि तुम भी मुझे कम जानती हो।"

कुछ समय बाद बांग्लादेश के प्रश्न को लेकर भी इन्दिरा गांधी जे.पी. की ओर से सशंकित हो गईं : इस प्रश्न पर जे.पी. नैतिकता की पृष्ठभूमि में संसार की अन्तरात्मा को जगाने की पहल करना चाहते थे। वह एक अलग कहानी है पर अन्त में बातचीत व पत्राचार द्वारा दोनों के मतभेद कम हो गए। इसके बाद 1972 व 1973 में लगभग डेढ़ साल दोनों के सम्बन्ध काफी अच्छे रहे। इस अवधि में दोनों की वार्ता व पत्राचार मुख्यतः डाकू समर्पण और मृत्युदंड से सम्बन्धित रहे। इन दोनों ही प्रसंगों में इन्दिरा गांधी पर जे.पी. की बात का बहुत प्रभाव पड़ा। डाकू समर्पण पर प्रधानमन्त्री ने गृह मन्त्रालय की राय से हटकर जे.पी. को पूरा समर्थन दिया और दूसरे प्रश्न पर भी वह जे. पी. का प्रस्ताव (मृत्युदंड को समाप्त करना) करीब-करीब मान गई थीं पर अन्त में एक मध्य मार्ग निकाला गया। इन दिनों जे.पी. ने प्रधानमन्त्री को कई पुस्तकें पढ़ने के लिए भेजीं और एक पत्र में

इन विषयों से अलग अमृतलाल नागर का उपन्यास 'मानस का हंस' पढ़ने का सुझाव भी दिया।

अपने स्वभावजन्य सौहार्द्र के बावजूद जे.पी. देश और सरकार की गतिविधियों से खिन्न होते जा रहे थे। अपने विचार व्यक्त करने में वह कभी हिचकते नहीं थे। जुलाई 1972 में ही उन्होंने कर्नाटक में तिप्पगोंडनहल्ली गाँव में एक बैठक में कहा कि "एक ही व्यक्ति के हाथ में सत्ता का केन्द्रीकरण चिन्ता की बात है। सारे तन्त्र को इस प्रकार कसा जा रहा है कि कोई किसी तरह की चूं-चपड़ न कर सके।" इस सन्दर्भ में जे.पी. ने विभिन्न संस्थानों के ह्रास की चर्चा करते हुए यह भी कहा कि मुख्यमन्त्रियों को बिलकुल पटवारी बना दिया गया है। समय के साथ यह स्वर तीव्र होता गया और उनके द्वारा सरकार की आलोचना तीखी होती गई। इस कारण 1973 से इन्दिरा गांधी और जे.पी. के पारस्परिक सम्बन्धों की स्थिति बिगड़ती ही चली गई। जे.पी. को प्रधानमन्त्री से कोई व्यक्तिगत शिकायत हो, ऐसा नहीं लगता था। पर उनके पत्रों, वक्तव्यों आदि में लोकतन्त्र के मूलभूत आधारों के ढहने से उत्पन्न बेचैनी स्पष्ट थी। अप्रैल 1973 में सुप्रीम कोर्ट में जब तीन वरिष्ठ जजों के ऊपर ए.एन. राय को मुख्य न्यायाधीश बनाया गया तो जे.पी. ने प्रधानमन्त्री को एक पत्र लिखकर इस गलती की गम्भीरता की ओर ध्यान दिलाया। उन्होंने सभी सांसदों को भी पत्र लिखा। उनके पत्रों में रचनात्मक सुझाव था कि संसद की एक सर्वदलीय समिति जजों की नियुक्ति के बारे में निश्चित प्रक्रिया और निर्णय के क्या आधार हों, पर विचार कर संस्तुति करे। प्रधानमन्त्री ने गोलमोल उत्तर दिया पर इस सुझाव पर कुछ नहीं कहा। अतः जे.पी. ने अपने 27 जून, 1973 के पत्र में अपनी बात और अधिक बलपूर्वक ढंग से दोहराई और कहा कि "न्यायपालिका की स्वाधीनता की रक्षा करना अत्यन्त आवश्यक है। यह कैसे हो इसके लिए सरकार, विपक्ष और जनमत में एक निश्चित राय बननी चाहिए। मैं नहीं सोच पाता कि इससे किसी को असहमति हो सकती है। यह तुम पर या किसी अन्य पर शंका की बात नहीं है। हमें हमेशा अपने को ही सत्ता में रख कर नहीं इन प्रश्नों पर विचार करना चाहिए। लोकतन्त्र, समाजवाद आदि के बारे में कोई भिन्न दृष्टिकोण रखनेवाली सरकार यदि सत्तारूढ़ हो जाए तो क्या वह भी सन्तुलन रख सकेगी? इन मूलभूत बातों के लिए संवैधानिक/वैधानिक व्यवस्था ही अधिक उपयुक्त होती है। मैंने बड़ी ईमानदारी से तुमको सुझाव दिया था पर यदि उसके उत्तर में यह पत्र तुमने सोच-समझकर लिखा है तो मुझे बड़ी निराशा हुई है।"

कुछ समय बाद (1973 में ही) जे.पी. ने सांसदों को दो पत्र लिखे। पहले पत्र में नागरिक अधिकारों और लोकतान्त्रिक संस्थानों की सुरक्षा के लिए उपाय सुझाए गए थे। जे.पी. को मीसा के अन्तर्गत बढ़ती हुई मनमानी और लोकतान्त्रिक

संस्थानों के ह्रास पर काफी चिन्ता थी और वह सांसदों का ध्यान इस ओर आकृष्ट करना चाहते थे। दूसरा पत्र अधिक महत्वपूर्ण था। वह बढ़ते हुए भ्रष्टाचार, निर्वाचन सुधार व शिक्षा के सम्बन्ध में था। सच पूछा जाए तो इसमें कोई भी बात आपत्तिजनक नहीं थी। भ्रष्टाचार पर नियन्त्रण के लिए लोकपाल विधेयक को शीघ्र पारित करने, निर्वाचन प्रक्रिया की कुरीतियों को हटाने और शिक्षा में सुधार लाने के लिए जे.पी. ने उस पत्र में सुझाव दिए थे।

जे.पी. जो प्रश्न उठा रहे थे वह निसन्देह महत्वपूर्ण थे। दुर्भाग्य से उनके प्रति प्रधानमन्त्री का दृष्टिकोण नकारात्मक और असन्तोषजनक था। डायरी में इसका काफी विवरण उपलब्ध है। संक्षेप में स्थिति यह थी कि इन विषयों पर ठोस कार्यवाही आवश्यक थी पर प्रधानमन्त्री की उदासीनता के कारण कुछ सम्भव नहीं हुआ। प्रधानमन्त्री सचिवालय भी इच्छुक था कि कार्यवाही हो। सत्तर के दशक के आरम्भ में निर्वाचन सुधार की काफी चर्चा थी। मार्च 1969 में तत्कालीन विधि मन्त्री गोविन्द मेनन ने संसद में घोषणा की थी कि इस सम्बन्ध में सरकार एक व्यापक विधेयक प्रस्तुत करने पर विचार कर रही है। डायरी में कई जगह इसकी चर्चा है कि मैंने इस पर कई बार प्रधानमन्त्री को विस्तृत नोट प्रस्तुत किए थे। मेरा एक बड़ा व्यावहारिक सुझाव था कि संसद की एक संयुक्त समिति (Joint Select Committee) ने जिन सुधारों को सर्वसम्मति से स्वीकार कर लिया है उन्हें कार्यान्वित किया जाए और बाकी प्रश्नों पर विभिन्न दलों से बात आगे बढ़ाई जाए। समय-समय पर प्रधानमन्त्री ने मेरे नोट पर अपने सहयोगियों से विचार विनिमय भी किया। मुझे भी इन बैठकों में बुला लिया जाता था; बहुत कुछ व्याख्या मुझे ही करनी होती थी। पर सार्थक कभी कुछ किया नहीं गया। हर बार यह कहकर बात टाल दी जाती थी कि विधि मन्त्री और दलों से बातचीत करेंगे, उनसे अलग से कह दिया जाता था कि जल्दी करने की जरूरत नहीं है। न नौ मन तेल जुटा न राधा नाची। विधि मन्त्री और प्रधानमन्त्री के सचिव (धर) के प्रयास भी विफल रहे और 1975 में जब विपक्षी दलों से बातचीत हुई भी तो बड़े बेमन से और इस नीयत से कि करना कुछ नहीं है। शिक्षा के क्षेत्र में तो कुछ भी नहीं किया गया। छात्र आन्दोलन इसी से उपजे।

भ्रष्टाचार से निपटने का काम और भी अधिक असन्तोषजनक ढंग से हुआ। जे.पी. का सुझाव था कि लोकपाल विधेयक शीघ्र पारित किया जाना चाहिए। इस सम्बन्ध में सचिवालय के सारे प्रयत्न भी असफल हो रहे थे क्योंकि प्रधानमन्त्री अपने मन में यह तय कर चुकी थीं कि इस विधेयक को पारित नहीं करवाना है। एक बार तो स्थिति यह हुई कि धर और मेरे आग्रह पर प्रधानमन्त्री यह मान गईं कि रामनिवास मिर्धा (इस विधेयक से सम्बन्धित मन्त्री) से कह दिया जाए कि वे विधेयक को सदन में विचारार्थ लाने की कार्यवाही करें। पर दूसरी ओर मिर्धा

से चुपचाप यह कह दिया कि जल्दी करना ठीक नहीं होगा। लोकपाल विधेयक तो भ्रष्टाचार उन्मूलन का केवल प्रतीक था। कई अन्य कदम उठाए जा सकते थे। वह भी कुछ नहीं हुआ। इसके विपरीत भ्रष्टाचार को कई प्रकार से बढ़ावा व संरक्षण दिया गया। एक मुख्यमन्त्री पर लगाए गए कुछ आरोपों की न्यायिक जाँच के पक्ष में स्वयं प्रधानमन्त्री के वरिष्ठ सहयोगी थे पर उन्हें चुप करा दिया गया। एक केन्द्रीय मन्त्री को ऐसा संरक्षण दिया गया कि स्वयं प्रधानमन्त्री, सरकार और सत्तारूढ़ दल की स्थिति हास्यास्पद होती गई।

जैसा ऊपर लिखा है कि लोकपाल विधेयक भ्रष्टाचार से निपटने के कार्यक्रम का प्रतीक बन गया था। जनता उससे सरकार की मंशा का अनुमान लगा रही थी। कोई यह नहीं सोचता था कि इस एक विधेयक के पारित हो जाने से भ्रष्टाचार समाप्त हो जाएगा। हो भी नहीं सकता था क्योंकि भ्रष्टाचार बहुत व्यापक और विकराल हो गया था और उससे भी बड़ी बात यह थी कि उसकी रोकथाम के लिए सरकार का दृष्टिकोण असन्तोषजनक था, इच्छाशक्ति तो थी ही नहीं। प्रशासनिक स्तर पर बहुत कुछ किया जा सकता था। पर जब राज-दरबार ही इसमें लिप्त था तो करता कौन। उस समय के एक 'क्लासिक' उदाहरण की चर्चा कर दूँ। एक मध्य-स्तरीय अधिकारी प्रधानमन्त्री निवास के बहुत समीप माना जाता था, वास्तव में था भी। उसकी कुख्याति के बहुत चर्चे थे। विदेश में नियुक्त हमारे एक अत्यन्त महत्वपूर्ण उच्चायुक्त ने एक वरिष्ठ अधिकारी के माध्यम से उसके भ्रष्टाचार व कुकृत्यों की रिपोर्ट प्रधानमन्त्री को भेजी। मन्त्रिमंडल के दो सदस्यों ने कई देशों के दौरे के बाद इसी प्रकार की रिपोर्ट दी और अन्त में 'रॉ' (Raw) ने भी साक्ष्य सहित इस अधिकारी के विदेश में किए गए भ्रष्ट कारनामों की विस्तृत रिपोर्ट प्रधानमन्त्री को प्रस्तुत की। पर इन्दिरा गांधी ने कोई कार्यवाही करना जरूरी नहीं समझा।

यह बहुत ही दुर्भाग्यपूर्ण है कि इस प्रकार के अधिकारी चाहे कोई सरकार हो, कोई प्रधानमन्त्री हो, कोई मुख्यमन्त्री हो, अपनी जुगत लगा ही लेते हैं। जिस अधिकारी का ऊपर उल्लेख हुआ है उस पर 1977 में इन्दिरा गांधी की हार के बाद कुछ रोकथाम लगी पर कुछ ही समय में उसने अपना रुतबा फिर जमा लिया और उसके बाद कभी पीछे मुड़कर नहीं देखा। वर्तमान सरकार में भी उनकी कीर्ति-पताका फहरा रही है। यह अकेला उदाहरण नहीं है। एक अन्य वरिष्ठ अधिकारी जिन्होंने देश के प्रथम गैर-कांग्रेसी प्रधानमन्त्री पर अन्याय का आरोप लगाने में झूठ और गलत बात कहने में कोई हिचक नहीं दिखाई, जिनकी नाक के नीचे जघन्य अपराध हुए, जिस पर एक प्रतिष्ठित समाचार पत्र में सम्पादकीय लिखा गया, सेवानिवृत्ति के बाद बराबर अपना स्वार्थ साधने में समर्थ होते रहे हैं। आजकल भी खूब फलफूल रहे हैं।

इन्दिरा गांधी और उनके परिवार का भ्रष्टाचार के प्रति क्या दृष्टिकोण था इस पर सबसे सीधी-सच्ची पर पैनी टिप्पणी 2 दिसम्बर, 1981 को टाइम्स ऑफ इंडिया के व्यंग्य-चित्रकार लक्ष्मण ने एक बड़े कार्टून (दिन प्रतिदिन प्रकाशित होनेवाले पाकेट कार्टून-यू सैड इट-नहीं) में की थी। उस कार्टून में इन्दिरा गांधी एक समाचार पत्र देख रही हैं जिसका मुख्य समाचार है कि–अमरीका के राष्ट्रपति रीगन के एक चोटी के सलाहकार ने अपने पद से यह कहकर त्यागपत्र दे दिया कि जब तक भ्रष्टाचार के आरोप से मुक्त नहीं हो जाता वह अपने पद पर वापस नहीं आएगा। इन्दिरा गांधी के पास राजीव खड़े हैं। समाचार पढ़कर वह केवल यह कहते हैं कि 'फनी सिस्टम'।

सरकारी दृष्टिकोण के सम्बन्ध में ऊपर जो व्याख्या की गई उसकी पुष्टि का एक अच्छा प्रमाण आगे दे रहा हूँ। लगभग उसी समय ब्रिटिश सोशल साइंस रिसर्च काउंसिल के तत्वाधान में किए गए भारत, हांगकांग व इंडोनेशिया में भ्रष्टाचार पर एक तुलनात्मक अध्ययन में बाथ विश्वविद्यालय के एक प्राध्यापक लैसली पामियर का निष्कर्ष ध्यान देने योग्य है–

> "प्रशासन में भ्रष्टाचार की रोकथाम में हांगकांग सरकार की धर्मनिष्ठा अड़चन न होकर काफी सहायक रही है। दुर्भाग्य से भारत व इंडोनेशिया में सार्वजनिक सेवाओं में स्वच्छता लाने के प्रयासों के नैतिक आधार को इन देशों के राजनीतिक सत्ताधारियों की खुली धन-लोलुपता के उदाहरण काफी ढीला कर देते हैं।"

कुछ विषयान्तर होगा पर अप्रासंगिक नहीं। उस समय और आज की स्थिति देखकर इस बात का स्मरण हो उठता है कि पहले भ्रष्टाचार की अनुगूंज पर भी प्रशासन सतर्कता दिखाता था। एक बार एक प्रसिद्ध पत्रकार (स्व. प्रेम भाटिया) ने अपने साप्ताहिक कॉलम में लिखा कि प्रधानमन्त्री के मन्त्रालय में ही भ्रष्टाचार के एक मामले को दबाने का प्रयत्न हो रहा है। प्रधानमन्त्री ने स्वयं पत्रकार से पूरी जानकारी हासिल करके उस मामले की जांच करवाई। यह जाँच गृह विभाग के विशेष सचिव वी. विश्वनाथन ने की और जाँच रिपोर्ट में अधिकारी के दोषी पाए जाने पर उन्हें दंड देने के लिए संघ लोग सेवा आयोग से परामर्श किया गया। मैंने स्वयं उस समय यह पत्रावली देखी थी। आजकल एक के बाद एक घोटाले होते जाते हैं पर किसी के कान में जूँ तक नहीं रेंगती और मन्त्री खुलेआम उससे अपना पल्ला झाड़ लेते हैं। मूंधड़ा कांड में छागला ने मन्त्री के संवैधानिक उत्तरदायित्व की जो व्याख्या की थी उसका किसी को ध्यान नहीं है। यही कारण है कि हाल ही में हुए 91 देशों में भ्रष्टाचार सर्वेक्षण के बाद भारत पहले सबसे अधिक 21 भ्रष्टाचारी देशों में सम्मिलित है। इस पर कोई आश्चर्य नहीं होना चाहिए क्योंकि

पिछले सालों में वातावरण को जिस तरह संदिग्ध रिकार्ड व सन्देहपूर्ण निष्ठा वाले अधिकारियों को अच्छे-अच्छे, यहाँ तक कि संवैधानिक पद देकर दूषित किया गया है, उसका परिणाम यही हो सकता है। पहले चीन का स्थान भारत के साथ होता था पर इस सर्वेक्षण में उसकी स्थिति में काफी सुधार हो गया है। आखिर क्यों?

इस वातावरण में विपक्ष द्वारा सरकार और प्रधानमन्त्री की आलोचना तेज़ होती गई। प्रधानमन्त्री सचिवालय को इसका पूरा अनुमान था। स्वयं मैंने इस समस्या का पूरा विश्लेषण करते हुए प्रधानमन्त्री को दो नोट दिए--पहला, 1 अप्रैल, 1974 को और दूसरा, 1 मार्च, 1975 को कि प्रधानमन्त्री और विपक्ष के सम्बन्ध सुधरना आवश्यक है। इसके लिए सुझाव भी दिए थे पर किया कुछ नहीं गया। इस सम्बन्ध में यह भी कह दूँ कि जे.पी. खूब समझते थे कि बिगड़ते राजनीतिक परिवेश में प्रधानमन्त्री के लिए संकट बढ़ता ही जाएगा। 1974 के शुरू में एक भेंट में उन्होंने प्रधानमन्त्री से इसकी चर्चा करते हुए विपक्षी नेताओं से बात करने का उत्तरदायित्व स्वयं ही सहज में ओढ़ लिया। इस सन्दर्भ में उन्होंने अटल बिहारी वाजपेयी से बात भी की। प्रधानमन्त्री को अपनी बातचीत से अवगत कराते हुए उन्होंने इस प्रयास को आगे बढ़ाने का आश्वासन भी दिया पर प्रधानमन्त्री ने कोई विशेष रुचि नहीं ली।

जे.पी. का आन्दोलन तेज व लोकप्रिय होता गया। तभी उन्हें गुजरात के नव-निर्माण आन्दोलन में अपने लिए निमन्त्रण दिखा। गुजरात में एक बहुत बड़ी सभा को सम्बोधित करते हुए उन्होंने बच्चन की एक कविता की दो पंक्तियाँ भी सुनाईं--"तीर पर कैसे रुकूँ मैं, आज लहरों में निमन्त्रण"। कांग्रेस के एक छोटे से युवा समूह ने साहस दिखाकर कहना आरम्भ किया कि प्रधानमन्त्री को जे.पी. से बातचीत करनी चाहिए। इसके अगुआ चन्द्रशेखर थे। नवम्बर 1974 में नरौरा (उत्तर प्रदेश) में आयोजित कांग्रेस के एक शिविर में उन्होंने अकेले ही वरिष्ठ कांग्रेसी नेताओं को जयप्रकाश के मामले में आड़े हाथों लिया। उससे तीन-चार दिन पहले जब जे.पी. दिल्ली आए थे तो चन्द्रशेखर ने उनके सम्मान में एक पार्टी की जिसमें लगभग पचास कांग्रेसी सांसद सम्मिलित हुए। केशव देव मालवीय, एक केन्द्रीय मन्त्री ने मेरे भाई गोपाल को बताया (वह मन्त्री का विशेष सहायक था) कि एक केन्द्रीय मन्त्री ने चन्द्रशेखर को बधाई दी और विवशता प्रकट की कि उनसे पूर्णतया सहमत होते हुए भी वह बोलने में असमर्थ हैं। कई अन्य वरिष्ठ कांग्रेसी चन्द्रशेखर की अन्दर ही अन्दर सराहना करते थे पर खुलकर सामने आने का साहस उनमें नहीं था। चन्द्रशेखर ने 'यंग इंडिया' में अपने एक लेख में स्पष्ट लिखा कि "जे.पी. सत्ता की लड़ाई नहीं लड़ रहे हैं। इसलिए सत्ता के सहारे उनको हराया नहीं जा सकता। इस लड़ाई में वह स्वयं अपने को दाँव पर लगा देंगे और उससे जो तूफान उठेगा उसका सामना करने की क्षमता कांग्रेस में नहीं है।" इन्दिरा गांधी-जे.पी.

के संघर्ष का कितना कुशाग्र और सटीक चित्रण है। जैसे-जैसे जे.पी. का आन्दोलन प्रगाढ़ होता गया प्रधानमन्त्री की जनता में विश्वसनीयता क्षीण होती गई। जैसा ऊपर लिखा जा चुका है प्रधानमन्त्री ने जे.पी. आन्दोलन के प्रति सकारात्मक दृष्टिकोण नहीं अपनाया। अतः प्रधानमन्त्री के सामने एक ही रास्ता बचा था—जे.पी. की आलोचना। प्रधानमन्त्री का अहं यह स्वीकार नहीं कर सकता था कि जे.पी. की अपनी सम्यक विचारधारा थी जिसमें लोकतन्त्र की मूलभूत अवधारणाओं के साथ नैतिकता का विशेष स्थान था। ऐसे व्यक्ति का प्रधानमन्त्री जैसे व्यक्ति से टकराना तनिक भी आश्चर्य की बात नहीं। इसके मूल में क्या था यह जे.पी. ने 1974 के आन्दोलन के समय विनोबा जी को अपने एक पत्र में स्पष्ट किया था। उस पत्र का आशय कुछ इस प्रकार था कि "आध्यात्मिक मूल्यों का नैतिकता के साथ घनिष्ठ सम्बन्ध है। राजनीतिक और शासकीय नैतिकता का जितना गहरा पतन इन्दिरा जी के शासनकाल में हुआ है, उतना कभी नहीं हुआ था। उनका स्वयं का आचरण दूषित रहा है। सत्ता की लड़ाई में चाहे जैसा भी साधन प्रयोग कर लो सब कुछ क्षम्य है, यही इन्दिरा जी की राजनीतिक मान्यता है।"

आरम्भ में प्रधानमन्त्री अपने पर लगे आरोपों के उत्तर में अधिकतर बचाव में ही बोलती थीं—"भ्रष्टाचार उतना व्यापक नहीं है जितना कहा जा रहा है; ललित बाबू और बंसी लाल ने कोई गलत काम नहीं किया है; मेरा पुत्र होनहार व परिश्रमी युवक है, वह कुछ कर दिखाना चाहता है पर दूसरों को इससे ईर्ष्या होती है; उसकी मारुति योजना में कोई गलत काम नहीं हुआ है; आदि-आदि।" पर जब विपक्ष पर इसका प्रभाव नहीं पड़ा और जे.पी. मूलभूत सुधारों के लिए आवाज उठाते रहे तो प्रधानमन्त्री का स्वर बदलने लगा। वह जोर-शोर से कहने लगीं कि "जे.पी. 'कन्फ्यूज्ड' आदमी हैं, वह खुद नहीं समझते हैं कि वे क्या कह व कर रहे हैं; 'फ्रस्ट्रेटैड' हैं; कभी कोई पद नहीं मिला तो अब सत्ता हथियाने की सोच रहे हैं।" (जे.पी. पर पद की लालसा का आरोप प्रधानमन्त्री पहले भी लगा चुकी थीं। 1969 में राष्ट्रपति के चुनाव से पहले जब जे.पी. दिल्ली आए थे तो प्रधानमन्त्री ने यह प्रचार करवाया था कि वे अपने लिए इस पद की तलाश में आए थे) समय के साथ-साथ जे.पी. पर व्यक्तिगत प्रहार तेज होते गए। 1 अप्रैल, 1974 को प्रधानमन्त्री ने भुवनेश्वर में जे.पी. के लिए कड़े अपशब्द कहे और दो-तीन दिन बाद दिल्ली में बिहार के सांसदों को सम्बोधित करते हुए उनको आपत्तिजनक लहजे में दोहराया। प्रधानमन्त्री यह समझने को तैयार नहीं थी कि जे.पी. जो कुछ कह रहे थे उसका सत्ता की राजनीति से कोई सरोकार नहीं था, वह तो 'सिद्धान्तों, मूलभूत प्रश्नों और चरित्र' की बात कर रहे थे। फिर तो बात बिगड़ती ही चली गई। अगले चरण में प्रधानमन्त्री के प्रहार और भी कटु होते गए। वह कहने लगीं कि "जे.पी. उन्हें सता से हटाना चाहते हैं; उनका आन्दोलन प्रतिक्रियावादी है; कुटिल शक्तियों

से नियन्त्रित है; आनन्द मार्ग और जनसंघ की मदद से चलाया जा रहा है; आदि आदि।''

1 नवम्बर, 1974 को जे.पी. और प्रधानमन्त्री की बातचीत बिहार आन्दोलन पर थी। छात्र आन्दोलन का पहले बिहार सरकार को हटाने, न हटाने से कोई सम्बन्ध नहीं था। लेकिन जब सरकारी दमन तेज होता गया तो बिहार सरकार का त्यागपत्र भी माँग में जुड़ गया। प्रधानमन्त्री राज्य सरकार को हटाकर बिहार में राष्ट्रपति शासन लागू करने के लिए तैयार हो चुकी थीं। पर विधानसभा को भंग नहीं करना चाहती थीं। वार्ता की असफलता पर प्रधानमन्त्री ने अपनी प्रतिक्रिया इस प्रकार व्यक्त की कि ''मैं विधानसभा को भंग करने को तैयार नहीं हूँ। उससे अच्छा तो मैं त्यागपत्र दे दूँ। जे.पी. कहते हैं कि जनता उनके आन्दोलन के साथ है। फिर उनको कुछ सब्र करना चाहिए। जनता किसके साथ है इसका फैसला अगले चुनाव में होगा।'' जे.पी. बार-बार यह स्पष्ट कर चुके थे कि विधानसभा को भंग करने की माँग लोकतन्त्र की परम्पराओं और आदर्शों के अनुरूप थी। चुनाव के सम्बन्ध में एक अन्य अवसर पर जे.पी. यह भी कह चुके थे कि यह तर्क कि जनता को अगले चुनाव में सरकार बदलने का संवैधानिक उपाय उपलब्ध है, हमारे लोकतान्त्रिक संस्थानों और प्रक्रियाओं में आ गई कुरीतियों और विकृतियों के कारण बिलकुल सारहीन हो गया है। फिर भी जे.पी. ने यह चुनौती स्वीकार करते हुए पटना की एक सभा में घोषित किया कि ''चुनावों में मेरी रुचि नहीं रही है, मैं चुनावों से अलग रहा हूँ। परन्तु जब इन्दिरा जी ने चुनौती दी है तो मैं स्वीकार करता हूँ। फैसला अगले चुनाव में हो जाएगा।''

इस सन्दर्भ में एक जानकारी और महत्वपूर्ण होगी। उस समय प्रधानमन्त्री की सबसे मुखर समर्थक भारतीय कम्युनिस्ट पार्टी थी। उसने जे.पी. की निन्दा में कोई कसर नहीं छोड़ी। एक अवसर पर उसने जे.पी. को देशद्रोही कहकर उन पर बाहर से रुपया लेने तक का आरोप लगाया। (क्या यह चोर का कोतवाल को डाँटने जैसा नहीं लगता है?) जे.पी. ने कम्युनिस्टों को उत्तर देते हुए कहा कि ''यह गर्वोक्ति लगेगी पर मैं यह कहने पर विवश हूँ कि जिस दिन जे.पी. देशद्रोही हो जाएगा, उस दिन देश में कोई देशभक्त नहीं रहेगा।'' अपने उत्तर में जे.पी. ने अपने आय-व्यय की पाई-पाई का हिसाब भी दिया।

तनाव बढ़ाने के लिए उस समय एक प्रसंग समाप्त नहीं होता था कि दूसरा शुरू हो जाता था। जे.पी. आन्दोलन की उलझनें सुलझने में आ नहीं रही थीं कि गुजरात की समस्या खड़ी हो गई। नव-निर्माण आन्दोलन के कारण 1974 में पहले गुजरात की चिमन भाई पटेल (कांग्रेस) सरकार को बर्खास्त करना पड़ा और कुछ समय बाद वहाँ की विधानसभा को भंग किया गया। गुजरात में इस प्रकार लगाए गए राष्ट्रपति शासन की अवधि लम्बी होती जा रही थी। राजनीतिक क्षेत्रों में इससे

असन्तोष बढ़ रहा था। 1 अप्रैल, 1975 को मोरारजी भाई ने प्रधानमन्त्री को एक पत्र लिखकर दो प्रश्न उठाए। उन्होंने लिखा कि यदि केन्द्र सरकार मानसून से पहले गुजरात विधानसभा में चुनाव नहीं कराती और आपात्काल की घोषणा को निरस्त नहीं करती तो वे 7 अप्रैल से आमरण अनशन करेंगे। प्रधानमन्त्री न केवल चुनाव नहीं कराना चाहती थीं बल्कि यह भी घोषित नहीं करना चाहती थीं कि चुनाव कब कराए जाएंगे। इस बात पर पन्द्रह दिन संसद व उसके बाहर भारी तनाव रहा। प्रसंग के प्रारम्भ में ही मैंने प्रो. धर से कह दिया था कि अन्त में प्रधानमन्त्री की पार्टी ही उन्हें झुकने के लिए बाध्य करेगी—और यही हुआ। इसका 'आँखों देखा हाल' विस्तार से डायरी में (2.4.75—15.4.75) दिया गया है। ध्यान देने योग्य बात यह है कि इन सब प्रश्नों पर जब जब प्रधानमन्त्री के निर्णय नैतिक धरातल पर खरे नहीं उतरते थे सरकार और संसद में तनाव बढ़ जाता था। गुजरात के चुनाव न कराने के लिए सरकार के पास कोई तर्कसंगत उत्तर नहीं था। यह कहना कि सरकार सितम्बर (1975) में चुनाव कराने की घोषणा कर चुकी थी, बिलकुल निराधार है।

यहाँ कुछ अन्य महत्वपूर्ण गतिविधियों की चर्चा करना भी उपयुक्त होगा। संजय की मारुति योजना की बात पहले आ चुकी है। दुर्भाग्य से उसकी योजना की प्रगति अत्यन्त असन्तोषजनक थी। सरकार ने उसको इस योजना की अनुमति, जैसा कि इन मामलों में होता है, कुछ शर्तों के साथ दी थी। संजय अपनी कार का मॉडल बना नहीं पा रहे थे। बाहर से 'एंजिन' स्मगिल कराके जाँच-पड़ताल तो करवा दी, लायसेंस भी प्राप्त कर लिया पर उससे आगे कुछ होता नजर नहीं आ रहा था। इस सम्बन्ध में आपात्काल की घोषणा से पहले प्रधानमन्त्री ने वित्त व विधि मन्त्रियों से कई बैठकों में विचार-विमर्श भी किया। समस्या इस प्रकार मुँह बाये खड़ी हो रही थी—डायरी के शब्दो में ही—

> "इधर कई दिन से प्रधानमन्त्री जी प्रायः प्रतिदिन एक मीटिंग करती रही हैं जिसमें वित्तमन्त्री (सुब्रह्मणियम), विधिमन्त्री और प्रो. धर भाग लेते थे। शेषन ने एक दिन मुझसे पूछा था कि यह बैठक किस विषय पर हो रही थी। मुझे भी कुछ पता नहीं था। आज विधिमन्त्री से इनका विषय पता लगा..."मारुति की अनियमितताओं की बात वह मुझसे पहले बता चुके थे। आज कहने लगे कि ये अनियमितताएँ तो छोटी मोटी हैं। पर 'मारुति' में गहरी क्राइसिस उत्पन्न हो रही है। कार न बनी है, न इन लक्षणों से बनने के आसार हैं। एक आयात किए हुए एंजिन से टैस्ट कराकर लायसेंस तो ले लिया है पर उत्पादन के न तो साधन हैं न रुपया। ढाई करोड़ रुपया उन लोगों का जमा है जिनको एजेन्सी देने का वादा किया है। कार न बनने पर वह अपना

रुपया वापस माँगेगे। यदि दो-चार शेयर होल्डर्स 'लिक्विडेशन' के लिए अदालत चले जाएं तो और दिक्कत उठ खड़ी होगी। इसी सब पर विचार करने के लिए कई दिन से प्रधानमन्त्री उनसे व वित्त मन्त्री से बात कर रही हैं। पर कोई सूरत नजर नहीं आ रही है। विधि मन्त्री से प्रधानमन्त्री ने कहा कि उन्हें आजकल नींद नहीं आ रही है। ऊपर से, संजय का व्यवहार इन सबके साथ बहुत अशिष्ट व अभद्र है। विधिमन्त्री ने कहा कि न केवल उनसे पर अपनी माँ से भी वह इस विषय पर अशिष्टता से बात करता है। हल ढूँढ़ने में उसके सहयोग की आवश्यकता है पर वह पूरी तरह असहयोग कर रहा है। विधि मन्त्री का कहना है कि यदि कोई हल नहीं निकला तो बवंडर होगा।" विधि मन्त्री ने और भी कुछ बताया—"मारुति का रुपया एक और कम्पनी मारुति कंसलटैंसी द्वारा चूसा जा रहा है। ....सब कुछ मिलाकर एक बड़ा गोरखधन्धा खड़ा हो गया है। पता नहीं क्या होगा।"

दूसरा प्रसंग प्रधानमन्त्री के 1971 के निर्वाचन से सम्बन्धित मुकदमें का है। जैसा कि सर्वविदित है उस चुनाव में प्रधानमन्त्री रायबरेली चुनाव क्षेत्र से विजयी होकर लोकसभा में आई थीं। उनके प्रतिद्वन्द्वी समाजवादी नेता राज नारायण ने उनके चुनाव को इलाहाबाद उच्च न्यायालय में चुनौती दी थी। वह मुकदमा बड़ी धीमी गति से प्रगति कर रहा था। मुकदमे की सुनवाई के दौरान दो-तीन जज भी बदल चुके थे। एक प्रश्न पर मुकदमा उच्चतम न्यायालय भी आ चुका था जहाँ फैसला प्रधानमन्त्री के पक्ष में नहीं हुआ था। इस सबके बाद 1974 में कार्यवाही में तेजी आई। प्रधानमन्त्री सचिवालय की उससे पहले इस प्रसंग में विशेष भूमिका नहीं थी, बाद में कुछ बढ़ी। यद्यपि इस मुकदमे में उठे मुख्य प्रश्नों से मेरा कोई सम्बन्ध नहीं था, कई अवसरों पर मैं उससे जोड़ा गया। शुरू-शुरू में इलाहाबाद के एक अत्यन्त प्रतिष्ठित वकील, पं. कन्हैयालाल मिश्र प्रधानमन्त्री को सलाह दे रहे थे। एक बार जब वह दिल्ली आए तो इस मुकदमे पर सोच-विचार करने के लिए मोहन कुमारमंगलम्, जो उस समय मन्त्रिपरिषद में आ चुके थे, के घर पर एक बैठक हुई। हक्सर के आदेश पर मैं भी उस बैठक में गया। (मुझे यह समझ में नहीं आया कि जब उस बैठक में उठनेवाले प्रश्नों को सचिवालय के अन्य संयुक्त सचिव डील करते थे तो मुझे क्यों बुलाया गया)। वहाँ हम चार व्यक्ति थे—कन्हैयालाल मिश्र, मोहन कुमारमंगलम्, हक्सर और मैं। विचार-विनिमय के बाद यह निष्कर्ष निकला कि कपूर के त्यागपत्र का प्रकरण प्रधानमन्त्री के पक्ष के लिए सबसे अधिक दुष्कर सिद्ध हो सकता है। मिश्र जी मुझे इलाहाबाद से जानते थे। मिश्र जी का इलाहाबाद विश्वविद्यालय से घना सम्बन्ध था; वह लम्बी

अवधि तक विश्वविद्यालय के कोषाध्यक्ष रहे। मेरे पिताजी विश्वविद्यालय में वनस्पति-शास्त्र विभाग में प्राध्यापक और बाद में अध्यक्ष थे। विश्वविद्यालय की कार्यकारिणी में भी रहे। अतः दोनों का अच्छा परिचय था। मिश्र जी से मेरे परिचय का यही आधार था। उन्होंने उस बैठक में मुझे यह काम सौंपा कि त्यागपत्र और उसको स्वीकार करने से सम्बन्धित जितने भी सरकारी आदेश, न्यायालय के निर्णय आदि मिल सकें उन्हें एकत्रित करके उनके पास इलाहाबाद भेज दूँ। मैंने यह कर दिया। उसके बाद मुझे नहीं मालूम क्या हुआ। कुछ समय बाद इलाहाबाद के एक अन्य प्रसिद्ध वकील सतीश खरे प्रधानमन्त्री के वकील हुए। उनसे भी मेरा अच्छा परिचय था; वह मेरे पिताजी के विद्यार्थी और चाचा के सहपाठी थे। पर इस सन्दर्भ में सतीश खरे से सम्पर्क 1973 में ही हुआ।

वर्ष 1973 के अन्त में मेरी और धर की सतीश-खरे से प्रधानमन्त्री के मुकदमे के बारे में लम्बी बात हुई थी। पर मुकदमे में ढील आ जाने के कारण आगे कुछ नहीं हुआ। कुछ समय बाद धर ने मुझसे कहा कि हम दोनों को प्रधानमन्त्री के मुकदमे की पूरी बात समझ लेनी चाहिए। उनका सुझाव था कि विधि मन्त्री को भी इसमें रुचि लेनी चाहिए। मुझे स्पष्ट लगा कि धर ने यह प्रधानमन्त्री के इशारे पर ही कहा होगा। गोखले (विधि मन्त्री) से हमारी बातचीत के बाद प्रधानमन्त्री ने इलाहाबाद से आवश्यक कागज-पत्तर मँगवाकर उन्हें सौंप दिए। गोखले ने पूरी समीक्षा के बाद सुझाव दिया कि फाली नारीमन से परामर्श करना उपयुक्त होगा। गोखले को नारीमन पर बहुत विश्वास था। उन्होंने नारीमन से बात भी कर ली थी। प्रधानमन्त्री की अनुमति से सब कागज-पत्तर के साथ मुझे नारीमन के पास भेजा गया। मेरी बात सुनकर और कागज-पत्तर उलट-पुलटकर उन्होंने मुझे एक सप्ताह बाद फिर मिलने को कहा। इस बीच वह पूरे मुकदमे का अच्छी तरह अध्ययन करना चाहते थे। अगली मुलाकात में उन्होंने मुझे बताया कि दो मुद्दे प्रधानमन्त्री के पक्ष में कमजोर हैं। यह दोनों वही मुद्दे थे जिन पर जज ने अन्त में प्रधानमन्त्री के विरुद्ध निर्णय दिया। कन्हैयालाल मिश्र के समान नारीमन को भी कपूर के त्यागपत्र के मुद्दे पर विशेष चिन्ता थी। उन्होंने मुझे एक टंकित नोट भी दिया (बिना हस्ताक्षर वाला) जिसमें उन्होंने इन दोनों मुद्दों पर और अधिक जानकारी माँगी थी। यह जानकारी उनको दिए गए कागज-पत्तर में नहीं थी और इलाहाबाद के वकीलों से ही मिल सकती थी। प्रधानमन्त्री ने वह नोट सतीश खरे को भेज दिया। नवम्बर के मध्य में खरे से कागजात का एक और मोटा पुलिंदा प्राप्त हुआ। उनके अनुसार नारीमन ने जो प्रश्न उठाए थे उनका उत्तर इसमें था। पर तब न नारीमन को वांछित जानकारी दी गई, न फिर उनसे परामर्श ही किया गया। हो सकता है कि तब तक पालकीवाला को प्रधानमन्त्री का वकील बनाने की बात तय हो चुकी थी और उनसे बात भी हो गई थी (बाद में सतीश खरे

के कड़े विरोध पर पालकीवाला की सहायता मुकदमे में बहस करने के लिए नहीं ली गई)।

इस विवरण से यह स्पष्ट है कि जिस भी वकील ने इस मुकदमे से सम्बन्धित कागजात देखे सबको लगा कि कपूर के त्यागपत्र के प्रश्न पर प्रधानमन्त्री के पक्ष की स्थिति कमजोर थी। इसीलिए इस पर आश्चर्य नहीं होना चाहिए कि इस प्रश्न पर जज का निर्णय प्रधानमन्त्री के खिलाफ गया। यह कहना भी उचित नहीं लगता कि जज ने जिस आधार और तर्क पर अपना निष्कर्ष निकाला वह 'लचर' था। कपूर के त्यागपत्र सम्बन्धी तथ्य डायरी में दिए गए हैं। पर मैं यहाँ बड़े उत्तरदायित्व के साथ यह कहना चाहता हूँ कि कानूनी दाँव-पेच से बात चाहे जो भी बने वास्तविकता यह है—मैं दोहरा रहा हूँ वास्तविकता यह है—कि कपूर ने प्रधानमन्त्री का चुनाव प्रचार करने से पहले त्यागपत्र नहीं दिया था और वह 25 जनवरी, 1971 को ही स्वीकार किया गया था, उससे पहले नहीं। पत्रावली में यह बात एकदम स्पष्ट थी। जज का निष्कर्ष वास्तव में बिलकुल ठीक था। प्रधानमन्त्री के पैरोकार को अवश्य ही इसका आभास था। तभी वह अपने पक्ष को मजबूत करने के लिए गलत-सलत काम करने में भी नहीं हिचक रहे थे।

उस समय की तीसरी बात थी संसद में बढ़ता हुआ तनाव। 1971 में देश और उसके अनुरूप संसद बंग्लादेश की गतिविधियों में ही लगे रहे। 1972 में राज्य विधान सभा के चुनावों में कांग्रेस की भारी विजय के फलस्वरूप विपक्ष पूरी तरह हताश हो गया था। लोकसभा की आफीशियल गैलरी में बैठे मैंने स्वयं देखा और सुना कि जब एक दिन स्पीकर विपक्ष की बात नहीं मान रहे थे तो अटल बिहारी वाजपेयी ने खड़े होकर हल्के-फुल्के ढंग से कहा, "अध्यक्ष जी, हमें क्यों दबा रहे हैं हम तो पहले ही पिटे बैठे हैं।" पर वर्ष का अन्त होते-होते विपक्ष की ऊर्जा वापस आने लगी थी, 1973 और 1974 में तो धीरे-धीरे विपक्ष हावी होता चला गया। उसके लिए अवसर स्वयं सरकार ही प्रदान करती रही। 1971 की आपात्काल की घोषणा, मारुति को लेकर बढ़ती हुई अनियमितताएँ और भ्रष्टाचार, बंसीलाल व ललित नारायण मिश्र पर आरोप व भारत सेवक समाज के कार्यकलाप पर कपूर आयोग की रिपोर्ट, लायसेंस देने में गलत-सलत काम आदि पर विपक्ष सरकार पर पैना वार करता रहा।

बंग्लादेश क्राइसिस से उपजे पाकिस्तान युद्ध के समय 1971 में बाह्य आक्रमण के आधार पर आपात्काल की घोषणा की गई थी। वह कई वर्षों तक निरस्त नहीं की गई। जब उसको समाप्त करने की बात उठी तो सरकार की ओर से यह कहा गया कि यदि संविधान में यह संशोधन कर दिया जाए कि देश के किसी भाग में आपात्काल की घोषणा की जा सकती है तो 1971 का आदेश समाप्त किया जा सकता है। इसके लिए विपक्ष के साथ एक बैठक भी हुई। पर विपक्ष

ने यह सुझाव नहीं माना और घोषणा यथावत रही। 1974 के मानसून सत्र में विपक्ष ने इस प्रश्न को उठाया। प्रधानमन्त्री ने अपने एक भाषण में यह कह दिया था कि देश की आर्थिक स्थिति के कारण आपात्काल समाप्त नहीं किया जा सकता। मानसून सत्र में प्रधानमन्त्री को आड़े हाथों लेते हुए विपक्ष ने कहा कि आर्थिक स्थिति और आपात्काल का कोई सम्बन्ध नहीं है। शीतकालीन सत्र (नवम्बर-दिसम्बर 1974) में राष्ट्रपति द्वारा अनुच्छेद 359 के अन्तर्गत प्रसारित आदेश को लेकर 18 नवम्बर को काफी गरमा-गरमी हुई। इस आदेश का अभिप्राय यह था कि जिस व्यक्ति को तस्करी (स्मगलिंग) के आरोप पर 'मीसा' में बन्द किया जाए वह अनुच्छेद 14, 20 व 21 में दिए गए अपने मूलभूत अधिकारों की रक्षा के लिए न्यायालय नहीं जा सकता। अनुच्छेद 19 में दिए गए अधिकारों पर आपात्काल की घोषणा से ही प्रतिबन्ध लग गए थे। लोकसभा में हुई बहस में विपक्ष का कहना था कि सरकार आपात्कालीन घोषणा का दुरुपयोग कर रही है। यह भी कहा गया कि यदि इस घोषणा और 'मीसा' का सहारा लेकर सरकार राजनैतिक प्रतिद्वन्द्वियों के विरुद्ध गलत काम करेगी तो इसका क्या इलाज होगा। मधु लिमये ने स्पष्ट शब्दों में कहा कि हमें सरकार की नीयत पर सन्देह है। उन्होंने इस ओर भी सबका ध्यान दिलाया कि 4 नवम्बर, 1974 को गृहमन्त्री एक वक्तव्य में कह चुके हैं कि आपात्काल समाप्त करने पर विचार किया जा रहा है। लेकिन प्रधानमन्त्री आपात्काल किसी हालत में नहीं हटाना चाहती थीं।

वास्तव में विपक्ष आपात्काल को विशेषकर 'मीसा' के सन्दर्भ में, और ठीक ही, देख रहा था। फिर विपक्ष की 'मीसा' के दुरुपयोग सम्बन्धी आशंका निर्मूल भी नहीं थी। मैं पहले लिख चुका हूँ कि जे.पी. को मीसा के प्रयोग में बढ़ती मनमानी पर चिन्ता होने लगी थी। तस्करों के विरुद्ध 1974 में जो अभियान शुरू हुआ इसमें यह दुरुपयोग काफी बढ़ा। उच्च कांग्रेसी सत्ताधारियों ने भी अपनी ही पार्टी के दूसरे गुटों से हिसाब साफ करने के लिए झूठे कागजात बनवाकर पकड़-धकड़ करवाई। इन सब कारणों से सरकार की विश्वसनीयता पर असर पड़ रहा था। यह स्मरणीय है कि कुछ माह बाद जब गुजरात चुनाव को लेकर मोरारजी ने आमरण अनशन किया और सरकार की ओर से उनसे उमाशंकर दीक्षित ने उसे समाप्त करने का अनुरोध किया तो उन्होंने भी मीसा समाप्त करने की शर्त रखी। सरकार की ओर से उन्हें आश्वासन दिया गया कि मीसा केवल असामाजिक तत्वों के विरुद्ध ही प्रयोग किया जाएगा, राजनीतिक व्यक्तियों पर नहीं। यह आश्वासन दिया गया अप्रैल 1975 में और दो महीने बाद जून-जुलाई में ही क्या किया गया यह सर्वविदित है।

संसद में तनाव का एक और कारण था—तुलमोहन राम का मामला और भारत सेवक समाज के कार्यकलाप पर कपूर आयोग की रिपोर्ट। दोनों का ही सम्बन्ध

ललित नारायण मिश्र से था। संक्षेप में लायसेंस का मामला इस प्रकार था। लोकसभा के एक कांग्रेसी सांसद तुलमोहन राम ने कुछ लोगों से रुपया लेकर उनको आयात के लायसेंस दिलवाए। आदेश विदेश व्यापार मन्त्री ललित नारायण मिश्र ने 5 फरवरी, 1973 को किए। वे उसी दिन विदेश व्यापार मन्त्रालय को छोड़कर रेल मन्त्री के पद का कार्यभार सँभालने जा रहे थे। यह आयातकर्ता काफी समय से इन लायसेंसों के लिए प्रयत्नशील थे, कई बार आवेदन कर चुके थे, पर हर बार मन्त्रालय ने इन आवेदनों को अस्वीकार कर दिया था। पत्रावली में यह भी लिखा जा चुका था कि यदि आवेदनकर्ता न्यायालय जाएंगे तो सरकार मुकदमा लड़ेगी। मन्त्रालय अपना दृष्टिकोण कई बार सार्वजनिक रूप से व्यक्त कर चुका था कि इन आवेदनकर्ताओं के साथ कोई अन्याय नहीं हुआ है। पर ललित बाबू के कार्यकाल में सम्बन्धित अधिकारियों की राय न मानते हुए मामला फिर से विचारार्थ खोला गया। जब मामले की आलोचना शुरू हुई तो प्रधानमन्त्री ने मुझसे पत्रावली का अध्ययन करने को कहा। मेरी स्पष्ट राय थी कि मन्त्रालय का नया निर्णय तर्कसंगत नहीं था। प्रधानमन्त्री ने स्वर्णसिंह की राय जाननी चाही। उनके पास पत्रावली मैं ही लेकर गया था। पूरी पत्रावली देखकर स्वर्णसिंह ने मेरे निष्कर्ष की पुष्टि की और कहा कि यदि यह पत्रावली विपक्ष के नेताओं के हाथ लग गई तो उनके पास ललित बाबू के विरुद्ध कहने के लिए बहुत कुछ हो जाएगा और वह सरकार के लिए असुविधाजनक व काफी कष्टदायी होगा। स्वर्णसिंह की राय जानने के बाद प्रधानमन्त्री ने यह तय किया कि इस मामले में न तो किसी संसदीय समिति द्वारा जाँच होने देनी चाहिए और न ही लोकसभा में इस पर वाद-विवाद। उस समय सरकार का सबसे बड़ा धर्म था ललित बाबू को बचाना।

मानसून सत्र 1974 के अन्तिम दिनों में विपक्ष ने इस प्रश्न को जोर-शोर से उठाया। सरकार की हठधर्मी का उत्तर विपक्ष ने लोकसभा के काम में पूरी तरह अड़चन डालकर दिया। कई दिन तक कुछ काम नहीं होने दिया; सत्र 11-12 दिन और खिंचा। अन्त में जब स्पीकर ने स्वर्णसिंह की मार्फत प्रधानमन्त्री को सन्देश भेजा कि बिना वाद-विवाद कराए वे सदन को नियन्त्रित नहीं कर पाएंगे, प्रधानमन्त्री को झुकना पड़ा। तब तक तुलमोहन राम के विरुद्ध मामला सी.बी.आई. को सौंपा जा चुका था। वाद-विवाद में (जहाँ तक मुझे याद है 8-9 सितम्बर, 1974 को हुआ) गृह मन्त्री दीक्षित जी ने 9 सितम्बर, 1974 को यह आश्वासन दे दिया था कि सी.बी.आई. की जाँच पूरी हो जाने पर वह इस प्रकरण को सदन में फिर रखेंगे। उस दिन प्रधानमन्त्री दिल्ली से बाहर गई हुई थीं। उनके वापस आने पर दूसरे दिन मैंने उनसे कहा था कि इस आश्वासन से भविष्य में काफी परेशानी हो सकती है। विपक्ष का रुख शीतकालीन सत्र में इतना आक्रामक इसलिए भी हो गया कि आश्वासन की अवहेलना करते हुए चार्जशीट न्यायालय भेज दी गई और बात को

सदन में न बढ़ने देने के लिए यह तर्क दिया जाने लगा कि मामला न्यायालय के विचाराधीन (Sub Judice) है।

प्रधानमन्त्री के संसदीय कार्य में मैं उनकी सहायता करता था। संसद के हर सत्र से पहले मैं उनको एक सूची प्रस्तुत करता था कि कौन-कौन सी महत्वपूर्ण समस्याएँ उस सत्र में उठ सकती हैं और उनके लिए क्या तैयारी की गई है व की जा रही हैं। मैं अच्छी तरह समझता था कि शीतकालीन सत्र में तुलमोहन राम का मामला फिर जोर-शोर से उठेगा। जब संसदीय कार्य के सम्बन्ध में मैंने सत्र से पहले प्रधानमन्त्री से बातचीत की और अपना अनुमान बताया तो उन्होंने मुझसे कहा कि ओम मेहता का तो कहना है कि इस मामले को समाप्त ही समझें क्योंकि चार्जशीट न्यायालय जा चुकी है। इससे मैंने अपनी असहमति प्रकट की।

इसी क्रम में मैंने प्रधानमन्त्री को अपनी यह आशंका भी बता दी थी कि इस सत्र में विपक्ष कपूर आयोग की रिपोर्ट पर भी असुविधाजनक प्रश्न उठाएगा। उन दिनों एक स्वयंसेवी संस्था, भारत सेवक समाज, कल्याण कार्यों में संलग्न थी। बिहार में कोसी क्षेत्र में उसने महत्वपूर्ण कार्य किया था। ललित नारायण मिश्र भारत सेवक समाज में अत्यन्त सक्रिय थे। पर कुछ आरोप लगने के कारण उस संस्था के कार्यकलाप की न्यायिक जाँच के आदेश हुए थे। यह जाँच उच्चतम न्यायालय के अवकाश प्राप्त न्यायाधीश जीवन लाल कपूर ने की। कई प्रसंगों में ललित नारायण मिश्र की आलोचना की गई थी। संसद भवन में इसकी काफी चर्चा थी कि मार्क्सवादी कम्युनिस्ट पार्टी के सांसद ज्योतिर्मय बोसु इसका अध्ययन कर रहे हैं और संसद में सरकार व ललित नारायण मिश्र पर रिपोर्ट के आधार पर प्रहार करेंगे। मुझे इसकी जानकारी हो गई थी। अतः मैंने रिपोर्ट का विश्लेषण और समीक्षा करके प्रधानमन्त्री को पूरी तरह से ब्रीफ कर दिया था कि सरकार के लिए किस प्रकार की कठिनाइयाँ उत्पन्न होंगी। ऐसा नहीं कि इस संकट से बचा नहीं जा सकता था। प्रधानमन्त्री के कहने पर मैंने विधि मन्त्री व धर को भी पूरे प्रकरण से अवगत करा दिया था। उन दोनों की राय थी कि ललित नारायण मिश्र पर विभिन्न मामलों में जो आरोप लगे थे उनकी जाँच के लिए एक आयोग नियुक्त होना चाहिए। उन्होंने बार-बार प्रधानमन्त्री से इस बात के लिए अनुरोध किया। स्वर्णसिंह की भी यही राय बनी। पर प्रधानमन्त्री ने सिद्धार्थ शंकर राय की सहायता से इन सबको चुप करा दिया और यह निर्णय किया कि विपक्ष इन प्रश्नों पर संसद में जो प्रस्ताव लाएगा उसे भारी बहुमत से हरा दिया जाएगा। बहुमत का इससे अच्छा उपयोग क्या हो सकता था?

1974 के मानसून सत्र में लायसेंस कांड और शीतलकालीन सत्र में फिर यह कांड और कपूर आयोग की रिपोर्ट सरकार को आक्रान्त किए रही। मानसून सत्र में तो सरकार ने अपनी स्थिति बिलकुल हास्यास्पद बना ली थी। लायसेंस

कांड के सन्दर्भ में जार्ज फर्नांडीज की साप्ताहिक पत्रिका 'प्रतिपक्ष' ने संसद सदस्यों की जी खोलकर निन्दा और आलोचना की व उनके लिए हर प्रकार के अपशब्द (कुछ गैर-संसदीय) कहे। विपक्ष ने चतुराई से प्रतिपक्ष के सम्पादक के विरुद्ध विशेषाधिकार की अवमानना का प्रस्ताव प्रस्तुत किया पर सरकार ने उसका डटकर विरोध किया। डर यह था कि विशेषाधिकार समिति लायसेंस कांड की पत्रावली अवश्य देखेगी जिससे ललित नारायण मिश्र पर आँच आ सकती है। इस प्रकार 1974 के उत्तरार्ध में सरकार विपक्ष से बुरी तरह आक्रान्त रही। फलस्वरूप जनता में सरकार की छवि निरन्तर गिरती गई और उसकी विश्वसनीयता पर सन्देह बढ़ता गया। प्रधानमन्त्री समझ नहीं पा रही थीं कि स्थिति का सामना किस प्रकार किया जाए।

इस बिगड़ती स्थिति का प्रधानमन्त्री सचिवालय और प्रशासन पर बुरा प्रभाव पड़ना स्वाभाविक था। इन्दिरा गांधी के आशीर्वाद से एक नया सत्ता केन्द्र प्रतिष्ठित हो गया था। इसका नेतृत्व, जैसा पहले इंगित किया गया है, संजय करता था और उसकी सहायता में गिने चुने वरिष्ठ राजनेता, अधिकारी आदि आगे रहते थे। प्रधानमन्त्री निवास में सक्रिय 'महल के सिपहसालारों' की सत्ता की वृद्धि में सबसे बड़ी अड़चन प्रधानमन्त्री का नियमित सचिवालय ही था। 'निवास' के लिए यह आवश्यक हो गया कि सचिवालय के उस अंग का अवमूल्यन किया जाए। यह कार्य बड़े सुव्यवस्थित ढंग से किया जाने लगा। वर्ष 1975 के आरम्भ से स्थिति तीव्रता से बिगड़ने लगी। लम्बी अवधि से स्थापित निर्णय प्रक्रिया में विसंगतियाँ आने लगीं। प्रधानमन्त्री के आदेशार्थ जो पत्रावलियाँ आदि सचिवालय में आती थीं उनको पूरी निरीक्षा के बाद, जहाँ आवश्यक होता, विकल्पों की व्याख्या सहित प्रस्तुत किया जाता। इन्दिरा गांधी को निर्णय देने में अधिक समय नहीं लगता था, पर अब यह सब पत्रावलियाँ संजय को राय देने के लिए सौंप दी जाती थीं। अधिकतर मामलों में बिना उसके परामर्श के आदेश नहीं दिए जाते। इस नई प्रक्रिया के कारण काफी विलम्ब होने लगा। कई बार बताए जाने पर भी प्रधानमन्त्री इसकी चिन्ता नहीं करतीं। उनका उत्तर प्रायः यही होता कि उन्होंने पता लगा लिया है कि उनके यहाँ पत्रावलियाँ देर तक नहीं पड़ी रहतीं।

नई कार्यशैली सुदृढ़ करने के लिए प्रधानमन्त्री सचिवालय और उसके वरिष्ठ अधिकारियों के खिलाफ प्रधानमन्त्री के कान भरे जाने लगे। प्रधानमन्त्री से बस इतना कहना पर्याप्त होता था कि अमुक अधिकारी/व्यक्ति आपके प्रति 'लायल' नहीं है। प्रशासन, गृह मन्त्रालय, संसद आदि का सारा काम मेरे पास था; प्रधानमन्त्री से तब उस स्तर पर सम्पर्क भी मेरा सबसे अधिक था। अतः मुझे तो निशाना होना ही था। भारत सेवक समाज रिपोर्ट पर मेरे नोट्स के सन्दर्भ में प्रधानमन्त्री से बहुत कुछ कहा गया कि मैं ललित बाबू को परेशानी में डालना चाहता हूँ क्योंकि

मैं काफी समय से उनको मन्त्रिमंडल से अलग करने की बात करता रहा हूँ। महल के सिपहसालारों को प्रधानमन्त्री सचिवालय से यह गहरी शिकायत थी कि जब अन्य राजनेता व वरिष्ठ अधिकारी उनके आदेश लेने के लिए प्रस्तुत रहते थे तो उनकी सचिवालय के ही अधिकारी क्यों उनके प्रति उदासीन थे। एक बार तो दिल्ली के उपराज्यपाल किशन चन्द ने स्वयं मुझसे कहा कि ''देखो, तुम्हारे प्रति सारी नाराजगी की जड़ संजय है। जब तक उसके पास नहीं जाओगे तुम्हारी पदोन्नति की पत्रावली पर आदेश नहीं होंगे। चलो मेरे साथ चलो। मैं मामला साफ करा दूँगा।'' मेरा उत्तर बिलकुल स्पष्ट था—पदोन्नति हो या नहीं, मैं उसके पास नहीं जाऊँगा। इस स्थिति में प्रधानमन्त्री निवास चुन-चुनकर 'वफादार' अधिकारियों की नियुक्तियाँ स्वयं करने लगा। इन नियुक्तियों में प्रधानमन्त्री के सचिव तक का हाथ नहीं रहता था। आपात्काल की घोषणा से तीन-चार दिन पहले जब प्रधानमन्त्री ने अपने सचिवालय में एक और संयुक्त सचिव नियुक्त करने का निर्णय लिया तो धर ने हम लोगों (सचिवालय के वरिष्ठ अधिकारियों) से कुछ नाम सुझाने के लिए सलाह की तो हम लोगों ने उनसे स्पष्ट कह दिया कि उन्हें यह सब सोचने की आवश्यकता नहीं, नए अधिकारी का नाम ऊपर से आ जाएगा। हुआ भी यही, सन्ध्या तक धर को नाम बता दिया गया। तीन-चार माह बाद जब वह अधिकारी अस्वस्थ हो गया तो उसकी जगह एक अन्य अधिकारी भी बिना धर के परामर्श के नियुक्त कर दिया गया। यह प्रक्रिया इस सचिवालय तक ही सीमित नहीं थी। विभिन्न सरकारी उपक्रमों, रिजर्व बैंक के गवर्नर, अन्य राष्ट्रकृत बैंकों के अध्यक्ष आदि के चुनावों में भी प्रधानमन्त्री निवास की ही बात चलती थी। 1975 के मध्य तक स्थिति यह हो गई थी, गम्भीर विषयों के निर्णय में भी सचिवालय काफी हद तक निरर्थक हो गया था। इसका सबसे अधिक प्रत्यक्ष प्रमाण यही है कि आपात्काल की घोषणा के निर्णय में मंत्रिमंडल सचिव या गृह सचिव से कोई विचार-विमर्श नहीं हुआ (इन दोनों को तो मालूम ही नहीं था कि क्या हो रहा है; गृह सचिव ने तो बीच रात में मुझसे फोन पर जानकारी चाही)। प्रधानमन्त्री के सचिव को भी आखिरी क्षण तक अनजान रखा गया। सब कुछ तय हो जाने के बाद प्रधानमन्त्री ने सचिव (धर) और शारदा प्रसाद को बुलाकर संक्षिप्त जानकारी दे दी और अपने टी.वी./रेडियो प्रसारण के लिए भाषण का प्रारूप तैयार करने को कहा। बाद में आपात्काल में तो स्थिति यह हो गई कि प्रधानमन्त्री के सचिव को बदलने की ही योजना गुपचुप बन गई। इसके लिए पहले चरण में धर को बिना विश्वास में लिए व उन्हें किसी प्रकार की जानकारी दिए एक अधिकारी को विदेश से बुलवाकर प्रधानमन्त्री से मिलवाया गया और विशेष सचिव के पद पर नियुक्ति के लिए चुना गया। प्रधानमन्त्री के सचिव को इस सब की सूचना सचिवालय के उनके सहयोगियों द्वारा ही मिली। इस प्रकार प्रधानमन्त्री निवास, जो कि पूरे

प्रधानमन्त्री सचिवालय का एक छोटा-सा हिस्सा होता था, एक समान्तर कार्यालय बनता चला गया।

जब स्थितियां इस प्रकार विकसित हो रही थीं तभी सितम्बर 1974 में गृह मन्त्रालय से मेरे डेपुटेशन के सम्बन्ध में पत्र आया। प्रधानमन्त्री सचिवालय में मेरा टर्म समाप्त होने वाला था और गृह मन्त्रालय जानना चाहता था कि आगे इस सम्बन्ध में क्या प्रबन्ध करना है। धर ने मुझे पत्र दिखाकर पूछा कि मेरी क्या इच्छा है। मैंने उनसे कहा कि यदि वे और प्रधानमन्त्री (इसी क्रम में मैंने दोनों का नाम लिया था) चाहते हैं कि मैं अभी सचिवालय में रहूँ तो मुझे आपत्ति नहीं होगी, पूरी निष्ठा से यहीं काम करता रहूँगा। पर यदि किसी एक की भी इच्छा होगी कि इस पद पर परिवर्तन श्रेयस्कर होगा तो मुझे यहाँ से चले जाना ही ठीक लगेगा। धर ने अपनी प्रतिक्रिया तो उसी समय व्यक्त कर दी। उनकी इच्छा थी कि मैं उन्हीं के साथ काम करता रहूँ। कहने लगे कि स्थिति गम्भीर होती जा रही है, प्रधानमन्त्री पर अवांछित प्रभाव बढ़ता जा रहा है, उन्हें ठीक रास्ते पर लाना हमारा कर्तव्य है। हम सब एक टीम की तरह काम कर रहे हैं। नई टीम बनाना कठिन होगा। सब मिलकर पूरी कोशिश करेंगे कि प्रधानमन्त्री को ठीक सलाह मिलती रहे। मुझे ठीक याद है कि यह सब सुनकर मुझे बड़ा सन्तोष हुआ था। धर ने जब प्रधानमन्त्री से बात की तो उनका पहला प्रश्न था कि यदि मैं उत्तर प्रदेश वापस जाऊँ तो क्या मुख्य सचिव बनूँगा। धर ने उत्तर दिया कि "नहीं, उत्तर प्रदेश का बड़ा काडर है। बिशन से सीनियर वहाँ कई अधिकारी हैं।" इस पर प्रधानमन्त्री ने कहा कि फिर उनको यहीं रहने दीजिए, इस लोकसभा के अन्तिम सत्र तक (मार्च 1976) उनका कार्यकाल बढ़वा दीजिए। बाद में मेरे अनुरोध पर (विवरण डायरी में दिया हुआ है) मेरा कार्यकाल 31 दिसम्बर, 1975 तक ही बढ़ाया गया। (उसके बाद वह फिर बढ़ाया गया)।

निर्णय हो गया कि मुझे प्रधानमन्त्री सचिवालय में रुकना है। पर मैं यह खूब समझता था कि अब काम करने का वातावरण बदल रहा है जिसमें पहले की अपेक्षा अधिक कठिनाइयाँ होंगी। प्रोफेसर धर की इस बात से कुछ आशा थी कि वह इस वातावरण को सहज बनाने का पूरा प्रयत्न करेंगे। दूसरे मुझे यह भी लग रहा था कि अन्ततोगत्वा प्रधानमन्त्री और जे.पी. को कुछ न कुछ रास्ता निकालना होगा। धर और मैं दोनों ही प्रधानमन्त्री को यह समझाने का प्रयत्न भी करते रहते थे कि जे.पी. से समझौता स्थिति सुधारने में सहायक होगा। इसका प्रयत्न प्रधानमन्त्री के समीपस्थ कुछ लोग कर भी रहे थे। आखिर आन्दोलन आरम्भ होने के बाद भी, जैसे मैं पहले चर्चा कर चुका हूँ, 1974 के शुरू में प्रधानमन्त्री की ओर से विपक्षी नेताओं से बातचीत करना जे.पी. ने सहर्ष ही स्वीकार किया था और इस कार्य को शुरू भी कर दिया था। यह सोचना गलत नहीं था कि आपसी

बातचीत से दोनों के मतभेद दूर हो सकते थे। इसलिए जब प्रधानमन्त्री व जे.पी. की बातचीत का कार्यक्रम निश्चित हुआ तो मुझे आशा की किरण दिखाई दी। लेकिन वार्ता की असफलता से मुझे बड़ी निराशा हुई। विशेषकर इस बात से कि सरकार की दृष्टि में जे.पी. का आन्दोलन वस्तुतः 'लॉ एंड ऑर्डर' की समस्या थी। बातचीत में जे.पी. से भी इस बात का संकेत किया गया था। वार्ता के अगले दिन 2 नवम्बर को मन्त्रिपरिषद की बैठक में भी इसी बात पर बल दिया गया। यदि जे.पी. के उठाए गए मुद्दों पर कुछ कार्यवाही होती तो स्थिति कुछ और बनती। पर 'लॉ एंड ऑर्डर' की समस्या से निपटने के लिए चाहे कोई भी नीति बनाई जाए उसमें दमन का अंश होता ही है। अतः मुझे साफ दिखाई दे रहा था कि अब आन्दोलन से निपटने के लिए दमन नीति के कारण स्थिति असाधारण रूप से बिगड़ती जाएगी।

पाँच वर्ष की अवधि में मैं प्रधानमन्त्री के व्यक्तित्व और स्वभाव को भी बहुत कुछ समझने लगा था। मैं जानता था कि प्रधानमन्त्री अपने अहं को नहीं त्याग सकती हैं; उन्होंने अपनी जो स्वनिर्मित छवि बनाई है उसे भी वह खंडित नहीं देखना चाहेंगी। सत्ता उसका आवश्यक अंग था, जिसे वह आसानी से नहीं छोड़ेंगी। 12 दिसम्बर, 1974—इलाहाबाद उच्च न्यायालय के निर्णय से ठीक छह माह पहले मैंने डायरी में स्पष्ट लिखा कि—

> "अभी तो इसकी कोई गुंजाइश नहीं कि प्रधानमन्त्री के विरुद्ध जो याचिका चल रही है वह उनके खिलाफ जावे पर यदि ऐसा हो गया तो प्रधानमन्त्री आसानी से न्यायालय का निर्णय नहीं मानेंगी—उससे बचने के लिए जमीन-आसमान एक कर देंगी। यही उनका चरित्र है।"

कुछ दिन बाद एक दूसरे प्रसंग में मैंने इस बात को दोहराया। समय के साथ-साथ मेरी चिन्ता बढ़ती जा रही थी। वर्ष के अन्तिम दिन 31 दिसम्बर, 1974 को सन्ध्या में कमलापति त्रिपाठी के घर एक कवि गोष्ठी से वापस आने पर मेरा मन शंकाओं से घिर गया। डायरी के शब्दों में—

> "आज यह वर्ष समाप्त हो रहा है। नए वर्ष के लिए शुभकामनाएँ करना स्वाभाविक है पर मेरा मन आशंकाओं से घिरा हुआ है। मुझे कुछ ऐसा लग रहा है कि अगला वर्ष और भी भयावह होगा। धीरे-धीरे एक क्राइसिस का घेरा बढ़ता जा रहा है जो कि, यदि स्थिति में सुधार नहीं हुआ, सरकार को दबोच लेगा...
>
> "सच तो यह है कि प्रधानमन्त्री का सरकार पर आधिपत्य भयानक

रूप से बढ़ गया है और बढ़ रहा है। जे.पी. और मोरारजी की बहुत-सी बातें गलत हों पर उनका कहना ठीक है कि देश पर अधिनायकवाद (तानाशाही) के बादल छा रहे हैं। इस सम्बन्ध में उनकी चेतावनी गलत नहीं लगती।"

"...प्रधानमन्त्री अपनी सत्ता बनाए रखने के लिए कुछ भी करने में नहीं हिचकेंगी। हमारे लोकतन्त्र को इससे काफी खतरा हो सकता है; व्यक्ति की स्वाधीनता का हनन हो सकता है...नया वर्ष बड़ी भयानक आशंकाओं से समय पटल पर उभर रहा है।"

यह सब मैं इसलिए लिख सका क्योंकि पिछले पाँच वर्ष में मुझे सरकार को बहुत समीप से देखने के कारण तात्कालिक स्थिति समझने में कठिनाई नहीं हुई।

डायरी लिखने का निर्णय इसी मनोदशा का परिणाम था। मैं जानता था कि एक निश्चित समय के बाद जब सरकारी पत्रावलियाँ व दस्तावेज सार्वजनिक कर दिए जाएंगे तो उन दिनों जो कुछ भी घट रहा था व जो निर्णय लिए जा रहे थे उसका बहुत कुछ विवरण इनमें मिल जाएगा। (शाह, मारुति व अन्य कई जाँच समितियाँ जो आपातकाल के बाद नियुक्त हुईं, उनकी उस समय कोई कल्पना नहीं कर सकता था) लेकिन मुझे यह स्पष्ट था कि प्रधानमन्त्री के व्यक्तित्व और कार्यशैली के कारण जो वातावरण बनता जा रहा था, जिसमें सरकारी कार्यकलाप हो रहा था और महत्वपूर्ण निर्णय लिए जा रहे थे, स्थापित प्रक्रियाओं में जो विकृतियाँ और विसंगतियाँ आती जा रही थीं, लोकतान्त्रिक संवैधानिक संस्थाओं का जिस निर्ममता से अवमूल्यन किया जा रहा था इन सबका रेकार्ड इन पत्रावलियों और दस्तावेजों में उपलब्ध नहीं होगा—वस्तुतः वह कहीं नहीं मिलेगा। इसीलिए मैंने यह निश्चय किया कि इस डायरी में इसी पक्ष को प्रमुखता देना अधिक उपयुक्त होगा। मेरा सारा प्रयास यह रहा कि जिस वातावरण में उस समय सरकार कार्य कर रही थी उसका सजीव चित्र उतार लूँ।

लिखने की बात यकायक मन में आई इसलिए शुरू में मुझे यह स्पष्ट नहीं था कि इसका रूप क्या होना चाहिए। एक विचार यह भी था कि आवश्यकतानुसार कुछ नोट्स लिखकर आगे चलकर पूरी कहानी व्यवस्थित रूप से लिखूँ। इसीलिए डायरी के आरम्भ में प्रवृष्टियाँ काफी संक्षिप्त हैं। पर सोच-विचार के बाद मुझे यही ठीक लगा कि मैं मुख्यतः जो करना चाहता था उसके लिए डायरी ही सर्वाधिक उपयुक्त माध्यम होगा। मुझे इस बात का भी ध्यान था कि प्रधानमन्त्री की एक आदत थी कि कभी-कभी वह करना कुछ चाहती थीं पर रेकार्ड उसके विपरीत बनाती या बनवा लेती थीं। उदाहरण के लिए एक बार उन्होंने मुख्यमन्त्रियों को किसी विषय में सावधानी बरतने के लिए लिखा। पर साथ ही फोन पर उन सबसे न

केवल यह कहा कि वे जिस प्रकार काम चल रहा है, वैसे ही करते रहें बल्कि उनमें और तेजी लाएँ। इस विरोधाभासी प्रवृत्ति को यदि इसी रूप में तत्काल न लिखा जाए तो आगे कभी इसकी जानकारी नहीं हो सकती। मुझे इस प्रकार के उदाहरणों की जानकारी मिलती रहती थी। लेकिन अफवाहों को मैं इसमें कोई स्थान नहीं देना चाहता था। पूरी डायरी में केवल वही बातें लिखी हैं जिनकी प्रामाणिकता के बारे में मैं आश्वस्त होता था (मुख्यतः मैंने वही लिखा है जिसकी मुझे विश्वसनीय जानकारी होती थी) मैंने पहले लिखा है कि जब शुरू में मुझे इस प्रकार का सुझाव दिया गया कि मैं डायरी लिखूँ तो मैंने उसे इस कारण से टाल दिया कि इसके लिए मुझे समय नहीं मिल पाएगा। स्थिति कम से कम आपात्काल की घोषणा तक (जून 1975) वैसी ही थी पर जब काम करना जरूरी लगा तो समय निकालना ही था। आपात्काल की घोषणा के बाद मेरा काम बंटाने एक अधिकारी और आ गया व सचिवालय के धीरे-धीरे अवमूल्यन के साथ वहाँ का काम कुछ कम भी हो गया। मैं प्रायः दिन भर का काम समाप्त करने के बाद रात को डायरी लिखता था। इसमें देर हो जाती थी, फलस्वरूप सुबह का घूमने जाना बिलकुल बन्द हो गया। बिना ऐसा किए डायरी लिखना सम्भव नहीं होता।

डायरी की विधा अन्य लेखन की तुलना में काफी भिन्न होती है। किसी भी प्रकार का साहित्यिक या साहित्येतर लेखन में लिखे हुए को बार-बार संवारने की पूरी सुविधा होती है। वास्तव में ऐसे लेखन में कृति का रूप पहले स्वरूप के बाद या लिखते लिखते ही उभरता है। लेकिन डायरी में यह सम्भव नहीं। छोटी-मोटी काटपीट के अतिरिक्त जो लिखा जाए वही अन्तिम रूप होता है। कभी-कभी यह लोभ हो सकता है कि डायरी के प्रकाशन से पहले यथोचित संशोधन, संवर्धन आदि कर दिए जाएं। पर डायरी के विषय को देखते हुए मुझे ऐसा करना ठीक नहीं लगा। मुझे आभास है कि आन्तरिक रोष या खीझ के कारण कहीं-कहीं मैं असन्तुलित भाषा का दोषी हूँ, कुछ प्रसंगों में कटुता भी आ गई हो। इस पर मैंने यथास्थान खेद प्रकट कर दिया है। पर मैं निसंकोच यह कह सकता हूँ कि ऐसा लिखते समय भी मेरे मन में न कोई कलुष था, न दुर्भावना। डायरी लिखने के समय मेरी व सचिवालय के अधिकतर सहयोगियों की मनस्थिति यह थी कि आपस के अतिरिक्त हम किसी से इन विषयों पर बात ही नहीं कर सकते थे। औरों से मिलते-जुलते समय या तो हम चुप रहते या बाध्य हो जाने पर उन बातों का समर्थन करना पड़ता जिनके अन्दर ही अन्दर हम स्वयं आलोचक थे। ऐसी स्थिति में, दूसरों की ओर से तो कुछ कहना ठीक नहीं होगा पर अपनी बात कह दूँ, मेरे अन्दर कभी-कभी घुटन और कटुता उत्पन्न हो जाती थी। अवश्य ही यह डायरी में कहीं-कहीं परिलक्षित हो गई हो। इसको मैंने मूल के अनुसार ही रहने दिया है। यदि अब इसे पढ़कर किसी को अच्छा न लगे तो मैं बड़े सच्चे मन से क्षमा याचना करता

हूँ। किसी को दुख पहुँचाने का मेरा अभिप्राय कभी नहीं था; मैं एक कठिन स्थिति का यथार्थ लिख रहा था। दिन-प्रति-दिन के लिखने में कुछ भाषा या व्याकरण की अशुद्धियाँ आ जाना भी स्वाभाविक है। उनको ठीक करने के अतिरिक्त मैंने मूल लेखन में कोई परिवर्तन नहीं किया है। ध्यान देने योग्य एक अन्य बात यह है कि डायरी में पुनरावृत्ति होना अस्वाभाविक नहीं है। कुछ पुनरावृत्ति संदर्भानुसार आवश्यक होती है। पर अन्य प्रकार की पुनरावृत्तियों को हटाने से मूल लेखन में कोई अन्तर नहीं पड़ता। लेकिन इसको भी मैंने वैसे का वैसा ही रहने दिया है, किसी अंश को हटाया नहीं है। यहीं एक दो छोटी-मोटी बातें और लिख दूँ। उस समय, जैसा मैं इंगित कर चुका हूँ, भ्रष्टाचार के किस्से काफी चटखारे लेकर लोग एक दूसरे को सुनाते थे। मेरे पास तक भी कुछ किस्से पहुँचते थे। मेरे लिए केवल विश्वसनीय सूत्रों द्वारा कही गई बात का ही महत्व था और वही डायरी में स्थान पाती थी। मेरे सामने प्रश्न यह था कि इन किस्से-कहानियों में जिनके नाम की चर्चा होती उन्हें मैं डायरी में स्पष्ट लिखूँ या नहीं। शुरू में कोई निश्चय नहीं कर सका। अतः नाम न देना ही ठीक लगा। इसीलिए तेल व प्राकृतिक गैस आयोग से सम्बन्धित घटना में कोई नाम नहीं दिया यद्यपि मुझे वह अब तक याद हैं। बाद में डायरी में नाम स्पष्ट लिखे हैं पर प्रकाशन करते समय कुछ नामों पर जानबूझकर पर्दा ही पड़ा रहने दिया है (यद्यपि मूल में नाम दिए हुए हैं)। वैधानिक राय पर कुछ इस प्रकार के परिवर्तन आवश्यक लगे।

1 नवम्बर, 1974 से 24 जुलाई, 1976 तक—जब तक मैं प्रधानमन्त्री सचिवालय में रहा—दो चार दिन छोड़कर नियमित रूप से प्रतिदिन डायरी लिखता रहा। 23 जुलाई को मैं पदोन्नति पर शिक्षा मन्त्रालय और संस्कृति विभाग में अवर सचिव (एडीशनल सैकेट्री) होकर गया। एक दिन बाद डायरी लिखना बन्द कर दिया। डायरी में केवल कार्यालय व राजनीतिक गतिविधियों की चर्चा नहीं करता था। विद्यार्थी काल से ही साहित्य व संगीत में मेरी काफी रुचि हो गई थी। साहित्य की एक जानी-मानी महत्वपूर्ण संस्था 'परिमल' की स्थापना मैंने अपने एक मित्र (विजयदेव नारायण साही) के सहयोग से 1944 में की थी। सर्विस में कार्यरत होने पर यह रुचि कम नहीं हुई। उस समय के शीर्षस्थ साहित्यकारों व संगीतकारों से मेरे व्यक्तिगत सम्बन्ध थे (आज भी हैं)। उनसे मिलने-जुलने, पत्राचार, पुस्तकों आदि की चर्चा डायरी में है। (अंग्रेजी संस्करण में इन अंशों को सम्मिलित नहीं किया है।)

डायरी लिखने के समय में ही मेरे पास कुछ ऐसी सामग्री जमा हो गई थी जिसका डायरी से सम्बन्ध तो था पर उपयोग नहीं हो पाया था। फिर ऐसा भी नहीं था कि प्रधानमन्त्री सचिवालय छोड़ देने के बाद वहाँ से मेरा सम्पर्क बिलकुल टूट गया हो, यद्यपि 23 जुलाई, 1976 के बाद उस सचिवालय में मैं मई 1977

में ही प्रधानमन्त्री (मोरारजी देसाई) की बुलाई हुई बैठक में गया। पर सचिवालय के पुराने सहयोगी, अन्य अधिकारी व जन-जीवन से जुड़े व्यक्तियों से भेंट होती रहती थी जिनसे हर प्रकार के समाचार व जानकारी मिलती थी। एक मन्त्रालय से प्रधानमन्त्री सचिवालय को देखना समझना भी अपने आपमें महत्वपूर्ण था। इस सबसे काफी ऐसी जानकारी प्राप्त होती रहती थी जिसका सम्बन्ध डायरी में लिखी बातों से था। इस सामग्री की पूरी व्याख्या आवश्यक नहीं लगती; यह सहज में ही एकत्रित होती गई। उदाहरण के लिए 1977 के चुनाव की मतगणना (20 मार्च) से एक दिन पहले प्रसिद्ध नृत्यांगना सोनल मानसिंह के घर रात्रिभोज पर मोहम्मद यूनुस ने, जो इन्दिरा गांधी के अत्यन्त समीपस्थ व्यक्तियों में से थे, मुझे बताया कि कांग्रेस को 320 स्थान अवश्य मिल जाएंगे। उनके पास एक कागज पर इस आकलन का पूरा हिसाब था। लेकिन उसी समय प्रधानमन्त्री सचिवालय के वरिष्ठ अधिकारियों से इसके विपरीत जानकारी मिली। उनके अनुसार 10 मार्च, 1977 को, जब इन्दिरा गांधी अपने प्रचार अभियान में दिल्ली से बाहर गई हुई थीं, उनके कैम्प में हड़कम्प-सा मच गया था। प्रधानमन्त्री को उनके सचिवालय के अतिरिक्त उनके निवास से भी फोन किया गया। स्थिति सुधारने के लिए इस पर गम्भीरता से विचार किया गया कि कुछ प्रत्याशियों को चुनाव से हटाकर व गृह मन्त्रालय, दिल्ली प्रशासन, दिल्ली विकास प्राधिकरण के कुछ वरिष्ठ अधिकारियों का स्थानांतरण करके वातावरण को प्रभावित किया जाए। लेकिन अन्त में यही निष्कर्ष निकला कि इस सबके लिए बहुत देर हो चुकी है। 20 मार्च को जब मतगणना की सूचनाएँ आने लगीं तो दिल्ली में क्या माहौल था मैंने कई जगह स्वयं देखा। कनॉट प्लेस में हिन्दुस्तान टाइम्स के सामने एकत्रित भारी भीड़ में पूर्व विदेश सचिव राजेश्वर दयाल मेरे पास ही खड़े थे, उनसे लम्बी बातचीत हुई। इसके अतिरिक्त मुझे यह आभास तो था ही कि डायरी के कुछ प्रसंग अधूरे-से रह गए हैं। इनमें से कुछ के सन्दर्भ में आगे चलकर भी घटनाएँ हुईं। इस प्रकार जो सामग्री मिल रही थी वह डायरी के लिए पूरक सिद्ध होगी, यह स्पष्ट था, इनका रिकार्ड रखना स्वाभाविक था।

कुछ मजेदार जानकारियों में राजनेताओं और वरिष्ठ अधिकारियों की अवसरवादिता की कुरूपता साफ नजर आती थी। एक रोचक किस्सा यहाँ सुना भी दूँ। प्रधानमन्त्री निवास के बहुत समीप हो गए एक वरिष्ठ अधिकारी स्थिति का लाभ उठाकर एक महत्वपूर्ण विभाग के सचिव बनने में सफल हो गए, यद्यपि सचिव योग्य अधिकारियों के पैनल में उनका नाम नहीं था। (यह कोई खास बात नहीं थी, ऐसे और भी कई उदाहरण थे, जिनके लिए प्रधानमन्त्री का तर्क था कि चार-पाँच सचिव मिलकर जिसे चाहें सचिव बनवा दें, फिर मैं प्रधानमन्त्री होकर कोई नियुक्ति क्यों नहीं कर सकती? कितना भौंडा तर्क था।) आपातकाल के बाद

मैंने उन्हें नई (जनता) सरकार के एक मन्त्री के कार्यालय में बैठे देखा। मैं भी उनके पास अपने मन्त्री के आदेशानुसार एक पत्रावली दिखाने गया था। उन मन्त्री का काम करने का ढंग काफी अव्यवस्थित था। उनके कमरे में अलग-अलग कई काम एक साथ हो रहे थे। स्वयं मन्त्री अपने मिलनेवालों को बुलाकर एक साथ बात कर रहे थे। मन्त्री के सामने यह सचिव बैठे थे, मैं भी बैठा था, कुछ और लोग भी थे। मेरा नम्बर आने से पहले इन सचिव महोदय ने मन्त्री का गुणगान शुरू कर दिया। यहाँ तक तो गनीमत थी पर उसके बाद उन्होंने इन्दिरा गांधी और उनके पुत्र (जिनकी कृपा से उन्हें नियमों की अवहेलना कर पदोन्नति मिली थी) की निन्दा शुरू कर दी। कहने लगे–"माँ बेटे ने तो मिलकर पूरा तन्त्र ही बिगाड़ दिया, काम करने का मज़ा तो अब आ रहा है।" उनका नहीं कह सकता, पर उनके आचरण पर मुझे शर्म जरूर आई। प्रसंग पूरा करने के लिए यह बता दूँ कि कुछ दिन बाद वे सचिव पद से हटा दिए गए (जितने अधिकारी गलत प्रक्रिया से सचिव बने थे उन सबको हटाया गया था), अब वर्तमान सरकार की कृपा से यह महापुरुष आजकल राज्यपाल हैं। एक अन्य अधिकारी को, जो इन्दिरा गांधी की कृपा से फल-फूल रहे थे, जब हटाने की बात चली तो उन्होंने गृह मन्त्री से कहा कि उन्हें हटाया न जाए वह इन्दिरा गांधी के विरुद्ध जो कुछ नई सरकार चाहे लिखकर देने को तैयार हैं। कुछ अन्य उदाहरणों में भी लोग अपने स्वार्थ व सुविधानुसार इसी प्रकार का आचरण कर रहे थे या करने को तैयार थे। यह सब किसी सरकारी पत्रावली या अन्य प्रकार के दस्तावेज में मिलनेवाला नहीं था, पर मेरी डायरी के लिए प्रासंगिक था।

इन्दिरा गांधी के अपदस्थ हो जाने के बाद तो बहुत-सी ऐसी सामग्री मिली। जब इन्दिरा गांधी व उनका पुत्र जाँच, मुकदमों आदि में उलझे हुए थे तो स्वयं उन्होंने अपने एक समीपस्थ व्यक्ति को, जो मेरे भी अच्छे मित्र थे, अपने काम के लिए दो बार मेरे पास भेजा। ऐसी सदाशयता भरा रूप दिखाया जो वह किसी स्वार्थ-सिद्धि के समय ही प्रकट करती थीं। उनके कुछ सहयोगियों के साक्षात्कारों में भी आपात्काल सम्बन्धी चर्चा थी। पंडित कमलापति त्रिपाठी कांग्रेस के वरिष्ठतम नेताओं में से थे। 3 सितम्बर, 1977 के 'धर्मयुग' में प्रकाशित अपनी एक भेंटवार्ता में उन्होंने कहा : "मैं पिछली आधी शताब्दी से राजनीति में रहा। हर अन्याय के विरुद्ध युद्ध करता रहा, वह चाहे अंग्रेजों के राज्य के विरुद्ध हो या देश की उन्नति के लिए। मेरा धर्म केवल युद्ध था। क्या हुआ मुझे? वह कौन-सी शक्ति या दुर्बलता थी जिसने मुझे इन्दिरा जी के सामने सही बात रखने से रोका? सोचता हूं कि शायद मेरे मन में कहीं कमजोरी थी..." इसी प्रकार आपात्काल के बाद प्रधानमन्त्री के समर्थन में सबसे अधिक सक्रिय रहे उनके विधि मन्त्री गोखले से स्वयं मेरी विस्तृत बातचीत हुई। संविधान और निर्वाचन अधिनियमों को प्रधानमन्त्री के हितों

के अनुरूप बनाने में वे लोकसभा में यहाँ तक कह चुके थे कि—"यह बड़ी हास्यास्पद बात है कि जिस व्यक्ति को लाखों लोग निर्वाचित करें और पूरा राष्ट्र अपना निर्विवाद नेता माने उसे एक अकेला आदमी, चाहे वह कितना ही उच्चस्तरीय हो और आज कितनी ही ऊँची चौकी पर पदासीन हो, निर्वाचन के लिए अयोग्य ठहरा दे।" सच तो यह है कि कानून हास्यास्पद बिलकुल नहीं था, यह तर्क हास्यास्पद ही नहीं फूहड़ भी था। इन्हीं गोखले ने आपात्काल के बाद मुझे अपनी पूरी स्थिति स्पष्ट की। गोखले ने यह लम्बी बात जो डायरी में 26 अक्तूबर, 1980 में लिखी गई, इतनी महत्वपूर्ण है कि इसे एक परिशिष्ट में अलग से दे रहा हूँ।[1] ग्रैनविल आस्टिन ने अपनी पुस्तक 'Working A Democratic Constitution (1999) में इसका उल्लेख किया है। गोखले ने मुझे जो कुछ बताया था उसकी पुष्टि गोखले के परिवार ने आस्टिन से की थी।[2] साथ ही अन्य नेताओं-कांग्रेस व अन्य दलों से सम्बन्धित—के वक्तव्य व साक्षात्कार, संदिग्ध आचरण वाले अधिकारियों के आपात्कालीन कार्यकलाप, आदि-आदि मेरी डायरी की प्रविष्टियों की पुष्टि के साथ-साथ उन्हें एक प्रकार से पूरा भी कर रहे थे। मैं इन्हें एकत्र करता रहता था, यद्यपि तब मुझे यह स्पष्ट नहीं था कि आगे मैं इनका क्या प्रयोग करूँगा।

इन्दिरा गांधी के सत्ता में वापस आने पर राजनीतिक सरगर्मी बढ़ी। उन्होंने जनता सरकार पर कई तरह के आरोप लगाए, आपात्काल को उचित ठहराया, अपने बीस सूत्रीय कार्यक्रम की सराहना की, आदि-आदि। ऐसा करते समय उन्होंने झूठ-सच बोलने से कोई परहेज नहीं किया। संसद में व उसके बाहर उनके वक्तव्य होते रहते थे। उन्होंने मुझे एक प्रकार से उकसाया कि मैं इन सब विषयों का विस्तृत अध्ययन करूँ। आपात्काल के पक्ष में बहुत से दावे किए जा रहे थे। कोई यह नहीं कहता था कि इसमें कितने झूठ कितने सच थे। अतः मैंने बीस सूत्रीय कार्यक्रम, जिसको उसके प्रणेता शुरू से ही 'गिमिक' कहते थे, जनता शासन के कार्यकलाप का सिंहावलोकन, आदि का अध्ययन किया। यह सब अध्ययन मुख्यतः सरकारी रिपोर्टों, वक्तव्यों, दस्तावेजों और समाचार पत्रों व गम्भीर पत्र-पत्रिकाओं में दी गई सूचना और सामग्री के आधार पर किया गया। बीस सूत्रीय कार्यक्रम की समीक्षा का यही निष्कर्ष निकला कि यह एक गम्भीरता से कार्यान्वित कार्यक्रम न होकर प्रपंच अधिक था। जनता शासन पर लगाए जा रहे आरोप भी काफी मिथ्यात्मक थे। इस जाँच-परख के साथ-साथ कुछ तत्कालीन गतिविधियों का अध्ययन भी होता रहा, जैसे असम व पंजाब की समस्याएँ, डाकुओं के विरुद्ध उत्तर प्रदेश का अभियान, संवैधानिक व वैधानिक संस्थानों की स्वायत्ता का पतन, कुछ अन्य राजनेताओं के सिद्धांतविहीन अवसरवादी व स्वार्थपूर्ण आचरण, आदि आदि।

1. देखिए परिशिष्ट 1
2. पृष्ठ 282.

उस समय (1980-83) मेरी नियुक्तियाँ इस प्रकार की हुईं कि मेरे पास पढ़ने-लिखने के लिए समय ही समय था। तभी मैंने डायरी लिखना फिर से शुरू किया। जैसे मैं पहले संकेत दे चुका हूँ अपने स्वार्थ के लिए जब इन्दिरा गांधी ने मेरे पास सन्देशे भेजे थे तो बड़े मीठे शब्दों में, मेरी थोड़ी प्रशंसा भी करते हुए। पर सत्ता में वापस आने पर उनकी प्रतिशोधात्मक प्रवृत्ति इतनी बलवती हुई कि उन्होंने यह निर्णय कर लिया कि केन्द्र में न मुझे पदोन्नति मिलेगी, न मेरी कोई नियुक्ति होगी। यही नहीं उत्तर प्रदेश सरकार को भी अनौपचारिक अलिखित आदेश दिया कि मुझे पदोन्नति न दी जाए। (उनकी नाराज़गी यह थी कि मैंने मारुति आयोग के सामने गवाही क्यों दी, यद्यपि मेरी गवाही पत्रावलियों में उनके आदेशों की पुष्टि करने के लिए थी। उनके अनुसार मुझे गवाही देने के लिए मना कर देना चाहिए था)। इसकी प्रतिक्रिया स्वरूप जब मैंने स्वेच्छा से सेवानिवृत्ति लेने का आवेदन दिया तो मुख्यमन्त्री (श्रीपति मिश्र) ने स्वयं मुझे बुलाकर खुलेपन से बातचीत की। शुरू में ही जब मैंने उनसे कहा कि अपने आत्मसम्मान के लिए मुझे यह निर्णय लेना पड़ा तो मुझे टोकते हुए उन्होंने कहा "टंडन जी, (आपको) ...सरकार में ही नहीं बाहर भी सब लोग जानते हैं। मैं तो इसे उनका दुर्भाग्य मानता हूँ, जिन्होंने यह निर्णय लिया है कि आपका यथोचित उपयोग न किया जाए।" प्रधानमन्त्री की पार्टी के ही मुख्यमन्त्री की कही गई यह बात मेरी बहुत बड़ी नैतिक विजय थी। इसके बाद उन्होंने मेरी बात शान्ति से सुनी और फिर अपनी बात भी बड़े मुक्त ढंग से कही जिसमें उन्होंने अपनी दयनीय स्थिति को छिपाने का कोई प्रयत्न नहीं किया। लगभग चालीस मिनट की इस बातचीत का पूरा विवरण मैंने 10 अक्तूबर, 1983 की डायरी में लिखा है—भेंट के तुरन्त बाद। श्रीपति मिश्र ने अपनी ही नेता इन्दिरा गांधी और अपनी ही पार्टी कांग्रेस के कार्यकलाप, कार्यशैली आदि पर जो कुछ कहा उसे इतनी स्पष्टता से शायद कोई विपक्षी भी नहीं कहता।

पर इस बार डायरी नियमित रूप से रोज नहीं लिखता था—केवल तभी जब आवश्यक लगता। यह क्रम 10 फरवरी, 1980 से आरम्भ हुआ और स्वेच्छा से समय से पहले सेवामुक्त होने के दिन 13 दिसम्बर, 1983 तक चला। उसके बाद डायरी नहीं लिखी पर दो चार महत्वपूर्ण लगनेवाले फुटनोट अवश्य जोड़े जैसे गंगा बाबू (गंगा शरण सिंह), बीरेन्द्र कुमार भट्टाचार्य व हक्सर के मुझसे कहे गए कुछ कथन। (कुछ साहित्यिक विषयों पर भी इस प्रकार के फुटनोट जोड़े हैं।)

बीरेन्द्र बाबू वाला फुटनोट सीधा सादा है। असम समस्या की मैंने जो व्याख्या मार्च 1983 में की थी वह मैंने चार वर्ष बाद उन्हें सुनाई। उसे डायरी के फुटनोट में इस प्रकार लिखा है—

7.3.87

"बीरेन्द्र कुमार भट्टाचार्य आजकल दिल्ली आए हुए हैं। मेरा उनसे इधर अच्छा परिचय हो गया है। उन्हें ज्ञानपीठ पुरस्कार मिल चुका है। साहित्यकार होने के साथ-साथ वह असम के जन-जीवन में सक्रिय हैं, यद्यपि किसी राजनैतिक दल से नहीं जुड़े हैं। मैंने उन्हें यह असम सम्बन्धी प्रकरण पूरा का पूरा सुनाया (4.3.83-6.3.83)। वह हिन्दी अच्छी तरह से समझ लेते हैं। बड़े ध्यान से मुझे सुना। सब कुछ सुनने के बाद बोले कि बड़ी 'सही और ऑब्जैक्टिव' एनालिसिस है। वह इससे पूर्णतया सहमत हैं। केवल एक तथ्यात्मक गलती बताई–एक गाँव, जिसकी चर्चा मैंने की है, उस जिले में नहीं है जिसमें मैंने लिखा है। पर इससे विश्लेषण या तर्क में अन्तर नहीं पड़ता।"

हक्सर साहब ने 9.12.89 को जो कुछ कहा उसे डायरी में सम्मिलित न करना एक प्रकार का अपराध होता। फुटनोट यह है–

9.12.89

आज काफी समय बाद हक्सर साहब से मिलने उनके घर गया। वह एक कमरे में अकेले बैठे थे। उन्हें अब दिखाई बहुत कम देता है। आहट सुनकर जब उन्होंने पूछा 'कौन' तो मैंने उनकी सुविधा के लिए अपना नाम बता दिया। फिर तो बहुत भाव-विह्वल हो खड़े होकर गले लगा लिया। थोड़ी देर की हमारी बातचीत के बाद वहाँ सिद्धार्थ शंकर राय की पत्नी माया राय आ गईं। सिद्धार्थ अभी तक पंजाब के राज्यपाल थे। आठ-दस दिन पहले विश्वनाथ प्रताप सिंह की नई सरकार ने उन्हें इस पद से हटाया है। माया राय (इनकी चर्चा पहले भी डायरी में है) नई सरकार की बहुत निन्दा कर रही थीं कि हमसे राजभवन इतनी जल्दी छोड़ने को कह दिया (हाँ, इसकी चर्चा क्यों करती कि पद छोड़ते-छोड़ते भी सिद्धार्थ ने नई सरकार के लिए किस प्रकार कठिनाइयाँ उत्पन्न की) खैर, हक्सर बात करने के मूड में थे। माया राय के पिता (जो लन्दन में डॉक्टर थे) के बारे में अपने संस्मरण बात सुनाते रहे। फिर इन्दिरा गांधी व राजीव पर आ गई। हक्सर बड़े दुखी होकर उनकी आलोचना करने लगे। उनके एक वाक्य से उनका दृष्टिकोण स्पष्ट हो जाएगा। बोले, "माया, I have seen the mother and the son hitting their own wickets."

लेकिन इस भेंट की चर्चा इस डायरी में बिलकुल दूसरे ही कारण से कर रहा हूँ। इस डायरी में कई जगह इस बात का संकेत है कि इन्दिरा गांधी के मुकदमे में उनकी ओर से उच्चतम न्यायालय के जजों को एप्रोच किया गया था। आम धारणा यह थी कि यह कार्य हक्सर या गोखले ने किया। आज हक्सर ने स्वयं

यह बात माया राय को बताई। उनका कहना था कि "माया यह जरूरी नहीं था, इन्दिरा गांधी ने अपना मुकदमा संविधान का संशोधन आदि कराके स्वयं निपटा दिया था पर मुझे जबरदस्ती हर जज़ के पास भेजा गया।"

इस पर क्या टिप्पणी करूँ?

दूसरी बार डायरी लिखने का या एक-दो अवसरों पर उसके बाद भी जो कुछ लिखा है उसका महत्व स्वयं स्पष्ट है। बाद में मिली जानकारी ने डायरी की विश्वसनीयता की पुष्टि की है, उसके अधूरेपन को कम किया है। इससे अधिक टिप्पणी करने की आवश्यकता नहीं।

1980-83 की डायरी में आपात्काल की चर्चा के सम्बन्ध में कुछ बातें कहकर इस प्रसंग को समाप्त करूँगा। इस अवधि में मैं काफी समय उत्तर प्रदेश के प्रशासनिक प्रशिक्षण संस्थान, नैनीताल का निदेशक था, वहीं से सेवानिवृत्त भी हुआ। वहाँ प्रशिक्षार्थी—विशेषकर सर्विस में आनेवाले नए आई.ए.एस. अधिकारी—मुझसे आपात्काल के बारे में प्रश्न पूछा करते थे। वे जानते थे कि उस समय मैं प्रधानमन्त्री इन्दिरा गांधी के साथ कार्यरत था। मैं उनके प्रश्नों को यह कहकर टाल देता था कि आपात्काल के बारे में प्रायः सभी जानकारियाँ सार्वजनिक हो चुकी हैं, मैं और अधिक क्या कह सकता हूँ। पर मैं स्वयं यह सोचा करता था कि डायरी (1974-76) में आपात्काल की पूरी बात नहीं है और उसके बाद मेरे पास इस प्रकार की सामग्री एकत्रित हो गई जो सहज में अन्यत्र एक स्थान पर नहीं मिलेगी तो क्यों न मैं इस विषय पर उसी व्यवस्थित ढंग से लिखूँ जैसे कुछ अन्य विषयों पर लिखा है। निश्चय करने के बाद भी कुछ दिन नहीं लिख सका। लेकिन 20 जुलाई से 3 अगस्त, 1983 की डायरी में इस पर इसके विभिन्न पक्षों की समीक्षा करते हुए खूब विस्तार से लिखा।

आपात्काल स्वाधीनता के बाद इस देश का सबसे बड़ा कुकर्म है। केवल एक व्यक्ति द्वारा अपनी सत्ता बनाए रखने के लिए संविधान और निर्वाचन अधिनियमों का, जिन पर हमारा लोकतन्त्र आधारित है, सतीत्व बिना किसी संकोच के नष्ट किया गया। लोकतन्त्र जिस पर देश गर्व करता है, के सन्दर्भ में इससे अधिक जघन्य कुकृत्य की कल्पना भी नहीं की जा सकती। संक्षेप में आपात्काल ने राजनीति और राजनीतिक प्रक्रियाओं को एक सत्ता लोलुप व्यक्ति का दास बना दिया और प्रशासन को अमानवीय क्रूरता में जकड़ दिया। इसका आतंक असभ्यता की सीमा तक पहुँच गया। एक रिपोर्ट में दी गई दो झलकियाँ—

> "एक महिला स्वतन्त्रता सेनानी को, जो विधायक और समाजसेविका भी थी, जेल में ऐसे बन्दी रखा कि उसके साथ एक तरफ एक कोढ़िन थी और दूसरी तरफ चीखती चिल्लाती पगली; एक लड़के को उसके

पिता की अंत्येष्टि में भाग नहीं लेने दिया और जो उनकी तेरहवीं में तभी सम्मिलित हो सका जब एक हाई कोर्ट ने आदेश किए, यद्यपि उस आदेश के विरुद्ध सरकार ने दो बार सुप्रीम कोर्ट में अपील की जो खारिज कर दी गई।''
(शायद इसकी जानकारी 'हैबियस कॉपर्स वाला मुकदमा सुनते समय न्यायमूर्ति-द्वय हमीदुल्ला बेग व चन्द्रचूड़ को नहीं थी)

इस धतकरम की दोषी इन्दिरा गांधी तो थीं ही पर दूसरों को भी इसमें योगदान करने के उत्तरदायित्व से मुक्त नहीं किया जा सकता। वास्तव में इस त्रासदी के मूल में हमारे मूल्यों और चारित्रिक दृढ़ता का ह्रास ही सर्वोपरि है। 'राज्य' के सभी अंग इस ह्रास से—कुछ कम कुछ ज्यादा—प्रभावित थे। लोकसभा में आपात्काल के समर्थन में कई प्रतिष्ठित स्वतन्त्रता सेनानियों ने पूरा सहयोग किया था। उस दिन (22.7.1975) लोकसभा की आफिशियल गैलरी में बैठा मैं सोच रहा था कि ''बड़े-बड़े दिग्गज जैसे जीवराज मेहता, रसिकलाल पारिख, नन्दा, द्वारका नाथ तिवारी आदि मन ही मन क्या सोच रहे होंगे। क्या उन्होंने कभी कल्पना भी की थी कि लोकतन्त्र की हत्या के प्रस्ताव के अनुमोदन में उनका भी हाथ उठेगा।'' यदि समय पर कांग्रेस पार्टी व उसके वरिष्ठ सदस्यों ने साहस दिखाया होता तो यह कुकृत्य नहीं हो सकता था। एक व्यक्ति की क्रूर मनमानी के सामने कोई नहीं बोला, सब चुप रहे। दिनकर का स्मरण कीजिए—

''समर शेष है नहीं पाप का भागी केवल व्याध
जो तटस्थ है समय लिखेगा उनका भी अपराध।''

डॉ. अम्बेडकर ने संविधान सभा में कहा था कि हमने अपने लिए एक अच्छा संविधान बनाया है पर यदि यह ठीक से कार्यान्वित न हो तो फिर एक ही निष्कर्ष निकालना होगा कि मनुष्य दुष्ट है। हमारे संविधान में कोई बड़ा खोट नहीं है फिर भी ऐसा धतकरम हो गया तो अम्बेडकर की बात ठीक ही लगती है। संविधान निर्माताओं की मूलभूत अधिकारों में गहरी आस्था थी। डॉ. राधाकृष्णन ने तो यहाँ तक कहा था कि मानव की स्वाधीनता को 'राज्य' के अतिक्रमण से बचाना अत्यन्त आवश्यक है। आर्थिक विकास के लिए राज्य को कुछ नियन्त्रण करना पड़े पर यह मानव की मनस्विता के मूल्य पर नहीं होना चाहिए। उन्होंने आगे स्पष्ट कहा ''आज हम जो घोषणा (मूलभूत अधिकारों के सम्बन्ध में) कर रहे हैं वह केवल अपने लोगों को वचन देना ही नहीं है, यह सभ्य संसार के समक्ष हमारी प्रतिज्ञा भी है।'' इस पृष्ठभूमि में जब इन्दिरा गांधी सरकार के महान्यायवादी (अटार्नी जनरल) का उच्चतम न्यायालय के सामने यह कहना

कि आपात्काल में व्यक्ति का जीवन के प्रति मूलभूत अधिकार लुप्त हो जाता है, सच में, इस प्रतिज्ञा और वचन का घोर निरादर ही था। आपात्काल में यही मनोवृत्ति दृढ़ होती गई जिसके कारण अत्याचार का नग्न नाच हुआ। ऐसी स्थिति फिर नहीं होनी चाहिए। इसको रोकने के लिए यह जानना और समझना जरूरी है कि उस समय यह सब कैसे सम्भव हुआ; मूल्यों और चरित्र के ह्रास के क्या-क्या दुखद परिणाम हुए, तभी प्रबुद्ध नागरिक व जनमानस इसके लिए प्रयत्नशील हो सकता है कि भविष्य में फिर यह न घटे। डायरी को सार्वजनिक करना इस संदर्भ में एक विनम्र प्रयास है। सरकारी अधिकारी के नाते मेरी प्रतिबद्धता कभी किसी व्यक्ति से नहीं हो सकती थी, और न थी। यह प्रतिबद्धता सदा देश, संविधान और 'राज्य' से रही है।

इस प्रकार आठ-नौ वर्षों की अवधि में यह डायरी दो खंडों में लिखी गई। 24 जुलाई, 1976 को प्रधानमन्त्री सचिवालय छोड़ने पर जब डायरी लिखना बन्द कर दिया तब यह तो नहीं सोचा था कि आगे क्या करूँगा पर इतना अवश्य निश्चित कर लिया था कि इसका प्रकाशन, यदि कभी कराया भी, तो बीच-पच्चीस साल से पहले नहीं कराऊंगा। बाद में यह मत दृढ़ होता गया कि आपात्काल की घोषणा के पच्चीस साल हो जाने से पहले प्रकाशन नहीं होना चाहिए। कभी कभी कुछ मित्र लोग, जिन्हें इस डायरी के बारे में मालूम था, पूछते तो उत्तर में केवल यही कहता कि "हाँ, सोच रहा हूँ। विश्वविद्यालय में मेरे तीन घनिष्ठ मित्र थे—सुशीतल बैनर्जी, विजयदेव नारायण साही (विजयी) व धर्मवीर भारती। यह मित्रता इनके जीवन पर्यन्त बनी रही। इन तीनों की चर्चा इस भूमिका में हो चुकी है। दुर्भाग्य से अब तीनों दिवंगत हो चुके हैं—सुशीतल का देहावसान 1979 में हुआ और विजयी का 1982 में। सुशीतल को डायरी के बारे में पता था। पर सबसे पहले पढ़ा इसे विजयी ने—डायरी का 1974 से 1976 तक का पूरा भाग। उसका कहना था कि यह अवश्य प्रकाशित होनी चाहिए—हिन्दी में ही नहीं, अंग्रेजी में भी और अंग्रेजी में इसका अनुवाद वह स्वयं करेगा। धर्मवीर ने इसे अस्सी के दशक में पढ़ा और मुंबई वापस लौटने के कुछ दिन बाद एक पत्र में लिखा कि डायरी निरन्तर उसके मस्तिष्क में उमड़-घुमड़ रही है—बड़ी बेबाकी से लिखी गई है। कुछ वर्ष पहले कुछ अंश प्रभाष जोशी व अन्य मित्रों ने भी पढ़े। अब यह पाठकों के हाथ में सौंपी जा रही है।

डायरी मूल रूप से हिन्दी में ही लिखी गई थी। इसका हिन्दी संस्करण कुछ पहले प्रकाशित भी हो जाता। पर मित्रों की राय पर यही उचित लगा कि अंग्रेजी संस्करण हिन्दी के साथ ही आना चाहिए। अनुवाद की समस्या थी पर यह श्रीधर (टी.सी.ए. श्रीनिवास राघवन) के मंच पर अनायास प्रकट होने से सरल हो गई। पहले खंड के पहले भाग में आपात्काल की पृष्ठभूमि से उसकी घोषणा और संसद

द्वारा उसके अनुमोदन तक की गतिविधियाँ (1 नवम्बर, 1974 से 15 अगस्त, 1975) सम्मिलित हैं। इस खंड के दूसरे भाग में 16 अगस्त, 1975 से 24 जुलाई, 1976 तक की डायरी होगी। उसके बाद 10 फरवरी, 1980 से 13 दिसम्बर, 1983 तक का दूसरा खंड दो या अधिक भागों में प्रकाशित हो सकेगा। एक विचार यह भी है कि इस खंड का आपात्काल वाला अंश जिसकी चर्चा पहले कर चुका हूँ, अलग पुस्तकाकार रूप में प्रस्तुत किया जाए। प्रयत्न यही होगा कि पूरी डायरी शीघ्र पाठकों तक पहुँच सके।

1 नवंबर, 1974

प्रधानमंत्री और जयप्रकाश की भेंट आज की प्रमुख घटना है। परन्तु भेंट में कुछ निकला नहीं। भेंट के बाद दिये गये जयप्रकाश के वक्तव्य में यह कहा गया है कि उनका आंदोलन पूर्ववत् ही चलेगा। प्रधानमंत्री से इस भेंट में जो बातचीत हुई उसका सारांश यही मालूम पड़ा! यह दुर्भाग्यपूर्ण है कि दोनों पक्ष अपने विचारों और धारणाओं पर हठ किये हुए हैं। 4 नवंबर को जयप्रकाश पटना में बहुत बड़ा प्रदर्शन करने जा रहे हैं। दिल्ली में भी उस दिन बंद है।

सायंकाल एक जनसभा में प्रधानमंत्री ने घोषणा की कि इस प्रकार के आंदोलन के दबाव में किसी सरकार को नहीं हटाया जा सकता, न किसी विधानसभा को भंग किया जा सकता है। यह जयप्रकाश के वक्तव्य का उत्तर था। सरकार की शक्ति, सर्वविदित है, बहुत होती है। इस प्रकार का आंदोलन समाप्त करना बहुत कठिन नहीं होगा। पर इस आंदोलन की विवेचना अवश्य होनी चाहिए। आखिर इसकी आवश्यकता क्यों पड़ी और क्यों जयप्रकाश ने इसको चलाने का निश्चय किया। आम धारणा यह है—बहुत से लोग इसे स्पष्ट स्वीकार नहीं करना चाहेंगे कि जयप्रकाश ने नैतिक स्तर पर आज की सरकारी अनैतिकता को बड़ी साहसपूर्ण चुनौती दी है।

2 नवंबर, 1974

आज सुबह मंत्रिमंडल की बैठक हुई। कार्यसूची की समाप्ति के बाद प्रधानमंत्री ने जयप्रकाश से हुई वार्ता पर चर्चा की। उस समय वहाँ कोई अधिकारी उपस्थित नहीं था। मुझे कुछ मंत्रियों से मालूम पड़ा कि बल इसी बात पर दिया गया कि यह 'लॉ एण्ड ऑर्डर' की समस्या है। कल भी बाबूजी (जगजीवन राम) ने जयप्रकाश से यही कहा था कि प्रदेश सरकार के लिए ये आंदोलन मुख्यतः लॉ एण्ड ऑर्डर का ही प्रश्न तो है। बाबूजी भी थोड़ी देर के लिए कल उस वार्ता में सम्मिलित हुए थे। आज मंत्रिमंडल के सामने भी उन्होंने यही बात दुहरायी।

कुछ महीने पहले इंडिया इंटरनेशनल सेंटर में एक भाषण देते हुए बाबूजी ने बिहार-आंदोलन के संबंध में जो विचार व्यक्त किये थे, वे बिल्कुल भिन्न थे। हाल में कुमार नंदन से बातचीत में भी उन्होंने बिहार-आंदोलन के दूसरे पक्ष पर ही बल दिया था। उनका कहना था कि बिहार में शासन समाप्तप्राय ही है, ग्रामीण क्षेत्रों में भी आंदोलन का प्रभाव बढ़ता जा रहा है। अब यह विचार-परिवर्तन क्यों? एक बार सी.सी.पी.ए. की मीटिंग में भी बाबूजी ने काफी गरम होकर यह कहा था कि बिहार में किसी ईमानदार व योग्य अधिकारी को काम नहीं करने दिया जाता है। उनका आक्षेप स्पष्ट ही ललित नारायण मिश्र व अब्दुल गफूर (मुख्यमंत्री) पर था।

संध्या को मैं केशव देव मालवीय से मिला। प्रधानमंत्री चाहती थीं कि मैं उनसे एक विषय पर बात कर लूँ। मालवीय जी से मेरा परिचय काफी पुराना है। वे पापाजी के विद्यार्थी रहे हैं और उनके बारे में समय-समय पर पूछते रहते हैं। वे पं. नेहरू के मंत्रिमंडल के सदस्य थे, पर उनको एक मामले की जाँच के सिलसिले में अपने पद का त्याग करना पड़ा था। दस-बारह साल के राजनैतिक बनवास के बाद इंदिरा गांधी ने इस साल उन्हें अपने मंत्रिमंडल में लिया। इस बात पर काफी टीका-टिप्पणी होती है, क्योंकि पंडित जी के मंत्रिमंडल को उन्हें उनकी निष्ठा पर संदेह किये जाने पर छोड़ना पड़ा था। सुप्रीम कोर्ट के जज (दास), जिन्होंने इनके मामले की गोपनीय जाँच की थी, मालवीय जी को दो मुद्दों पर दोषी पाया था। प्रधानमंत्री ने इसकी चिंता न करते हुए भी इन्हें फिर मंत्री बनाया। आलोचना स्वाभाविक है। प्रो. धर ने इस नियुक्ति को रोकने की कोशिश की। पिछले साल फरवरी में भी हक्सर साहब के दवाब के बावजूद उन्होंने मेरे विचार का समर्थन किया था कि मालवीय जी को मंत्री बनाना उचित नहीं होगा। प्रधानमंत्री ने भी इस बात को स्वीकार किया।

मालवीय जी से इसलिए मिलना पड़ा कि नंदिनी सतपथी (मुख्यमंत्री, उड़ीसा) डॉ. हरेकृष्ण मेहताब पर सिराजुद्दीन की मदद करने के सिलसिले में मुकदमा चलाना चाहती हैं। यही है आजकल की राजनीति का स्तर! पर उस मुकदमे में डॉ. मेहताब, मालवीय जी को घसीट सकते हैं। सब कागज देखने के बाद मालवीय जी ने यही कहा कि यह मुकदमा न चले तो ठीक होगा। अंतिम निर्णय प्रधानमंत्री जी ही करें।

3 नवंबर, 1974

आज सुबह गृहसचिव (निर्मल मुखर्जी) के कार्यालय में बिहार की परिस्थिति पर विचार करने के लिए एक मीटिंग थी। रविवार या किसी छुट्टी के दिन यदि जल्दी कार्यालय जाना पड़े तो मुझे बहुत अच्छा नहीं लगता, पर जाना जरूरी था। उस मीटिंग में चर्चा का विषय केवल एक था कि जयप्रकाश को गिरफ्तार किया जाय या नहीं। मुझे बताया गया कि प्रधानमंत्री का सन्देश है कि जयप्रकाश को एक-दो

घंटे के लिए गिरफ्तार करना उचित होगा। मेरी प्रधानमंत्री से कोई बात नहीं हुई, पर स्पष्ट था कि उन्होंने यह निर्णय बिना सोचे-समझे लिया था। इस संदेश के बाद मुझे ऐसा अनुभव हुआ कि विचार-विमर्श खुल कर नहीं हो रहा है। पता नहीं क्यों आजकल मंत्री, अधिकारी, राजनैतिक नेता व कार्यकर्ता सभी प्रधानमंत्री जी से अपने दृष्टिकोण को खुलकर कहने में हिचकिचाते हैं। सच तो यह है, सभी जो बात ठीक समझते हैं, कहते ही नहीं। उनसे सब बहुत डरते हैं। यह प्रशासन का दुर्भाग्य है। इस मायने में हम उनके सचिवालय के अधिकारी और सबसे अच्छे हैं। खैर, मुखर्जी और वर्धन ने बात को ठीक ढंग से पकड़ा। वे न होते तो विचार-विमर्श का कोई निष्कर्ष नहीं निकलता। बाद में यही तय हुआ कि जयप्रकाश को पकड़ना न तो आवश्यक है, न प्रशासन के हित में। गृहसचिव ने जाकर मीटिंग का विवरण गृहमंत्री को दिया। वे इस निष्कर्ष से सहमत तो थे, पर स्वयं प्रधानमंत्री से बात नहीं करना चाहते थे। अंत में गृहसचिव के कहने पर मुझको ही पूरी बात प्रधानमंत्री को समझानी पड़ी।

4 नवंबर, 1974

आज कार्यालय जाने से पहले प्रधानमंत्री ने अपने घर पर बुला लिया। असम के विरोधी दलों के विधायक उनसे मिलने वाले थे। भेंट के समय उन लोगों ने मुख्य बात यह कही कि असम के कुछ भागों में काफी भुखमरी है। बहुत से लोग भूख से मर रहे हैं। प्रदेश सरकार सहायता पहुँचाने के काम में ढीली है। असम के राज्यपाल भी समय-समय पर इसी प्रकार की रिपोर्ट भेज रहे हैं। भुखमरी का मुख्य कारण है कि लोगों के पास अन्न खरीदने की क्षमता नहीं है। बंगाल व गुजरात के भी कुछ भागों में स्थिति यही है। गरीबी दूर होने के कोई लक्षण नहीं हैं।

पटना में आज की घटनाएँ संतोषजनक नहीं कही जा सकतीं। यह ठीक है कि जयप्रकाश अपना कार्यक्रम कार्यान्वित नहीं कर पाये पर इतनी कड़ाई के होते हुए भी 25,000 का जुलूस उन्होंने निकाला। इससे स्पष्ट है कि जनता उनके साथ है। कई दिन से पटना में आने के सभी रास्तों पर कड़ी निगरानी थी, रेल व बसों की चैकिंग हो रही थी। आज सुबह भी कहीं पर 5 से अधिक व्यक्तियों को एकत्र नहीं होने दिया जा रहा था। फिर भी 25,000 आदमी और 50,000 दर्शक जुट गये। पुलिस ने कई बार लाठी चलायी, अश्रुगैस का प्रयोग किया। जयप्रकाश को भी चोट आयी। पटना के लोगों का कहना है कि इस प्रकार का व्यवहार प्रशासन ने अंग्रेजी राज में भी नहीं किया। ऐसा लगता है कि शासन ने आंदोलन को दृढ़ करने में मदद की हैं। मैंने कल गृहसचिव से कहा था कि यदि लोगों को पटना में प्रदर्शन कर लेने देते तो अच्छा रहता। उन्होंने मुझसे कहा कि गृहमंत्री का भी यही विचार था, पर प्रधानमंत्री के आदेश पर बिहार शासन ने प्रबन्ध दूसरे ही प्रकार से किया। पता नहीं

क्यों मंत्री व अन्य लोग प्रधानमंत्री को अपनी राय भी ठीक से नहीं देते। कल इस संबंध में प्रधानमंत्री से बात करूँगा।

5 नवंबर, 1974

आज सुबह जब प्रधानमंत्री से मिला तो बिहार की ही बात सबसे पहले की। यह आवश्यक भी हो गया था, एक और कारण से। मुखर्जी ने मुझे आज सुबह-सुबह ही यह बताया था कि बिहार सरकार जयप्रकाश को दफा 144 के अंतर्गत एक आदेश देना चाहती है कि वे आज अपने घर से न निकलें। मुखर्जी और गृहमंत्री का विचार है कि इस प्रकार के आदेश की न तो आवश्यकता है, न इससे कुछ लाभ ही होगा। गृहमंत्री जी चाहते थे कि प्रधानमंत्री का भी आदेश ले लिया जाए।

प्रधानमंत्री गृहमंत्री के विचार से पूर्णतया सहमत थीं। फिर मैंने बिहार की सामान्य चर्चा की। प्रधानमंत्री जी इस बात से प्रसन्न थीं कि प्रशासन ने जयप्रकाश के मुख्य कार्यक्रम को विफल कर दिया। पर उन्हें इस बात की चिंता थी कि लाठी क्यों चलायी गयी। चिंता का कारण था कि इससे आंदोलन को बल मिलेगा। वह यह भी जानना चाहती थीं कि जब पुलिस कहीं भी आदमियों को एकत्रित ही नहीं होने दे रही थी, फिर कैसे एकदम से 25,000 व्यक्ति इकट्ठा हो गये?

लाठी चार्ज की बात करते हुए उन्होंने अपना एक पुराना सुझाव दुहराया। एक दिन सी. सी. पी. ए. की मीटिंग में प्रधानमंत्री ने कहा था कि जब भी किसी प्रदेश में कोई गड़बड़ हो या परिस्थिति संतोषजनक न हो तो केंद्र के एक वरिष्ठ अधिकारी को वहाँ नियुक्त कर देना चाहिए और मुख्यमंत्री से कह देना चाहिए कि वह उसी अधिकारी के आदेश पर सब काम करे। प्रधानमंत्री के अनुसार इस सुझाव का औचित्य यही है कि जब भी किसी प्रदेश में असाधारण घटनाएँ हों तो उनका सामना करना प्रदेश सरकार पर नहीं छोड़ा जा सकता, क्योंकि उनका प्रभाव केंद्र व अन्य प्रदेशों पर भी पड़ता है। इस सुझाव पर किसी टीका-टिप्पणी की आवश्यकता नहीं है। यह उनकी अपनी शक्ति और सत्ता के संबंध में जो मनस्थिति है, उसका परिचायक है। पर मुझे आश्चर्य इस बात पर हुआ कि सी.सी.पी.ए. के किसी सदस्य ने भी इस पर एक शब्द नहीं कहा; आज भी उन्होंने इस सुझाव को दोहराते हुए कहा कि यदि हमारा एक अधिकारी पटना में होता तो लाठी-चार्ज आदि नहीं होता। मेरे कहने पर कि–यदि हमारा अधिकारी पटना में होता तो भी वह सभी स्थलों पर तो नहीं हो सकता था, वह अधिकतर कंट्रोल रूम में रहता, प्रदेश के वरिष्ठ अधिकारियों के साथ। पर प्रधानमंत्री ने कहा कि नहीं, वह पूरे शहर में घूम-घूम कर स्थिति पर नियंत्रण रखता।

मैंने इसी प्रसंग में दो बातें और कहीं। एक बार पहले भी मैं प्रधानमंत्री को बिहार की स्थिति का अपना विश्लेषण दे चुका हूँ। मैंने मुख्यतः उसी को दुहराया।

अभी तक केन्द्रीय व प्रदेश की सरकारें जयप्रकाश के आंदोलन का 'लॉ एण्ड ऑर्डर' के प्रश्न की तरह मुकाबला कर रही हैं। सच तो यह है कि प्रदेश सरकार तो लुप्तप्राय है, पर केन्द्र भी केवल जयप्रकाश जो कदम उठाते हैं उसी की प्रतिक्रिया में कार्य कर रहा है। अपनी ओर से केंद्र ने कोई भी राजनैतिक पहल नहीं की है। मेरा प्रधानमंत्री से कहना है कि इस आंदोलन को केवल पुलिस से नहीं दबाया जा सकता। उनकी पार्टी को कोई राजनैतिक कदम भी लेना होगा। उन्होंने इससे अपनी सहमति प्रकट की थी, पर कहा था कि कई कारणों से वे इस समय बिहार के मुख्यमंत्री ग़फ़ूर को नहीं हटा सकतीं। मेरे इस सुझाव पर भी कि ग़फ़ूर को रखते हुए भी मंत्रिमंडल का पुनर्गठन किया जा सकता है, उन्होंने कोई विशेष प्रतिक्रिया व्यक्त नहीं की। पर वे पूछने लगीं कि प्रदेश कांग्रेस का अध्यक्ष यदि बदल दिया जाय और केसरी की जगह बलिराम भगत को अध्यक्ष बना दिया जाय तो कैसा रहेगा। मेरा उत्तर था कि भगत केसरी की अपेक्षा बहुत अच्छे रहेंगे, पर बदनाम व बेईमान मंत्रियों (मैंने नाम भी बताये) को बग़ैर निकाले कोई प्रभाव पड़ना कठिन लगता है। आज मैंने फिर यही बात कही तो वह चुप रहीं, केवल इतना ही कहा कि यह मुश्किल लगता है।

मुझे प्रधानमंत्री की कठिनाई का आभास है। 8-10 दिन हुए उनके किसी कार्य से मैं कांग्रेस अध्यक्ष (देवकांत बरुआ) के पास गया था। उन्होंने बिहार के प्रसंग को स्वयं छेड़ा और पूछने लगे कि क्या इस आंदोलन को प्रशासन में काफी हेर-फेर करके नहीं दबाया जा सकता। उनका विचार था कि मुख्य सचिव आदि को बदल कर जनता पर कुछ प्रभाव डाला जा सकता है। मैंने अपना दृष्टिकोण रखते हुए उनसे कहा कि बिना राजनैतिक स्तर पर कुछ किए काम नहीं बनेगा। मैंने अपना सुझाव उनको बताया तो उन्होंने कहा कि उनकी पार्टी में बिहार में 10-12 ईमानदार आदमी मिलना कठिन है। जनता सभी को बेईमान समझती है और बात भी वास्तव में यही है। इसके अतिरिक्त कुछ और बातें भी हैं। बिहार की पार्टी पर ललित नारायण मिश्र का बहुत असर है। प्रधानमंत्री, पता नहीं क्यों, उनके विरुद्ध कुछ भी नहीं करना चाहतीं। ग़फ़ूर को तो मजबूरी है इसलिए अभी नहीं हटा रही हैं।

दूसरी बात मैंने प्रधानमंत्री से यह कही कि विशेष सचिव, गृहमंत्रालय की जो बिहार पर रिपोर्ट है, उसमें वास्तविकता कम है। जिन अधिकारियों ने उनसे पटना में यह कहा कि बिहार प्रशासन में सब कुछ ठीक है, बड़े जोरों से काम हो रहा है, उनमें से कई मुझसे हॉल में मिले और मुझको विश्वास में लेकर कहा कि बिहार में मार्च से सिवाय लॉ एण्ड आर्डर के कोई अन्य काम नहीं हुआ है, कहने को कुछ कह लीजिए। मैंने यह उचित समझा कि प्रधानमंत्री को इससे अवगत करा दूँ।

इसके बाद फिर बात जयप्रकाश पर आ गयी। प्रधानमंत्री ने पहली नवंबर को

जयप्रकाश से हुई वार्ता को दुहराया। प्रधानमंत्री इस आंदोलन का केवल एक पहलू ही देख रही हैं। जिन नैतिक मान्यताओं के लिए जयप्रकाश आगे आये हैं, प्रधानमंत्री के लिए उनकी विशेष महत्ता नहीं है। उनका विचार है कि जयप्रकाश एक कुंठित (फ्रस्ट्रेटेड) व्यक्ति हैं और अब सत्ता चाहते हैं। गुजरात आंदोलन में उन्होंने इसलिए भाग लिया कि राष्ट्रपति का पद उन्हें मिल जाए और अब उनका ध्येय केवल प्रधानमंत्री को सत्ता से हटाना है। अब लगता है शीघ्र ही प्रधानमंत्री किसी सार्वजनिक सभा में यह कहेंगी कि जयप्रकाश व अन्य विरोधी नेता इसलिए मिल गये हैं कि उन्हें हटाया जाए।

—

6 नवंबर, 1974

आज प्रो. धर कई दिनों बाद कार्यालय आये। वे कई दिन से श्रीनगर में थे। सुबह जब मैं उनसे मिला तो उन्होंने पूछा कि ललित नारायण मिश्र के बारे में क्या किया जाय। मैंने उनसे स्पष्ट शब्दों में कहा कि एक आयोग की नियुक्ति उपयुक्त लगती है। ऐसा करने से जो वातावरण दूषित हो गया है वह साफ हो जायेगा। मैंने यह भी कहा कि किसी जज से अनौपचारिक राय लेना या मंत्रियों की एक समिति बनाने से बात नहीं बनेगी। प्रो. धर मेरे सुझाव से पूर्णतया सहमत थे और कहने लगे कि वे प्रधानमंत्री को यह सलाह देने वाले हैं। इसी समय प्रधानमंत्री का मुझे फोन आया। उन्होंने मुझसे कहा कि उनके कुछ वरिष्ठ साथी—मंत्री व कांग्रेस अध्यक्ष, उनके पास आये हुए हैं। कपूर कमीशन ने ललित नारायण मिश्र के बारे में जो कहा है, मैं उनको समझा दूँ। प्रो. धर से बात बीच में छोड़कर मैं प्रधानमंत्री के पास गया। करीब आधा घंटा वहाँ रहा। प्रधानमंत्री और उनके साथियों ने क्या निर्णय लिया, मेरे उनके पास से आने के बाद इस पर चर्चा हुई। मुझे बाद में यही सूचना मिली कि मैं शाम को विधिमंत्री (श्री गोखले) से इस संबंध में फिर मिलूँ।

संध्या को जब मैं विधिमंत्री के घर जाने लगा तो प्रो. धर मेरे कमरे में आ गये। उन्होंने कहा कि उनको कुछ ऐसा लग रहा है कि कमीशन की नियुक्ति हो जायेगी। उनकी प्रधानमंत्री से विशेष बात नहीं हुई थी, पर यह उनके अन्दर की आवाज है। वे ललित नारायण मिश्र को लेकर काफी दुखी व चिंतित हैं। उनका कहना है कि मिश्र के कारण आज सरकार की कोई नैतिक शक्ति नहीं रह गयी है। उन्होंने इस संबंध में कितने प्रयत्न किये हैं, इसकी चर्चा बाद में करूँगा।

विधिमंत्री के पास मैं दो घंटे से भी अधिक रहा। हमारी चर्चा केवल कपूर कमीशन की रिपोर्ट तक ही सीमित रही। विधिमंत्री ने रिपोर्ट व संबंधित पत्रावलियों का अध्ययन कर रखा था। सुबह जब मैं प्रधानमंत्री की मीटिंग में गया था, उस समय वे वहाँ नहीं थे, पर बाद में बुलाये गये थे। प्रश्न के हर पहलू पर विचार करने के बाद विधिमंत्री इसी निष्कर्ष पर पहुँचे कि कपूर कमीशन ने ललित नारायण मिश्र

के बारे में जो कुछ कहा है वह निष्कर्ष न होते हुए भी गंभीर है। संसद में मिश्र की हिमायत करना कठिन ही नहीं अनुचित होगा। उनका निश्चित मत है कि जो हिसाब-किताब कपूर कमीशन के सामने प्रस्तुत नहीं किया गया, उसकी जाँच आवश्यक है और वह एक सुप्रीम कोर्ट के जज के द्वारा होनी चाहिए। लेकिन वे, जैसाकि प्रधानमंत्री ने कहा है, रक्षामंत्री (सरदार स्वर्ण सिंह) से भी बातचीत करने के बाद ही प्रधानमंत्री को परामर्श देंगे।

मुझे ऐसा नहीं लगता कि प्रधानमंत्री इस संबंध में कोई ऐसा कार्य करेंगी जो मिश्र की इच्छानुकूल न हो। उनको प्रो. धर व उनके एकाध मंत्री इस बात की सलाह अवश्य देंगे पर वे कोई न कोई रास्ता अवश्य निकाल लेंगी कि ऐसा कोई कमीशन न नियुक्त हो जिसके कारण मिश्र को मंत्रिमंडल से त्यागपत्र देना पड़े।

7 नवंबर, 1974

आज सुबह ही मुझे प्रधानमंत्री का संदेश मिला कि मैं कपूर कमीशन की रिपोर्ट सिद्धार्थ शंकर (प. बंगाल के मुख्यमंत्री) को दिखा दूँ। मुझे कुछ आश्चर्य हुआ। अभी दो-तीन दिन पहले भास्कर घोष (मुख्यमंत्री का सचिव जो मेरे साथ दिल्ली में अतिरिक्त जिला मजिस्ट्रेट रह चुका है) यहाँ आया हुआ था। उसने तो कहा था कि मुख्यमंत्री का दिल्ली आने का कोई कार्यक्रम नही था फिर यह यकायक क्यों दिल्ली आ गये। कार्यालय में जब मैं प्रधानमंत्री से मिला और उनको बताया कि विधिमंत्री (गोखले) ने कपूर कमीशन संबंधी कागजात देख लिये हैं और आज सायंकाल छः बजे रक्षामंत्री (स्वर्ण सिंह) के यहाँ एक और मीटिंग का आयोजन किया गया है तो उन्होंने सिद्धार्थ को कोई ज़िक्र नहीं किया। जब मैंने सिद्धार्थ से फोन पर बात की तो उन्होंने कहा कि ललित बाबू उनसे मिल रहे हैं, अतएव मुझे कपूर कमीशन की रिपोर्ट व संबंधित पत्रावलियों के बारे में कुछ करने की आवश्यकता नहीं है। प्रो. धर चाहते थे कि मैं सिद्धार्थ से मिल कर उन्हें कपूर कमीशन की रिपोर्ट के विभिन्न पहलू समझा दूँ क्योंकि थोड़े से समय में स्वयं सिद्धार्थ तो पूरी बात समझ नहीं पायेंगे और ललित का समझाना वस्तुपरक नहीं होगा।

प्रधानमंत्री से मिलने के बाद जब मैंने विधिमंत्री के निष्कर्ष को प्रो. धर को बताया तो उन्हें प्रसन्नता हुई। वे काफी खिन्न और दुखी अपने कमरे में काम कर रहे थे। तस्करों के विरुद्ध जो अभियान सरकार ने चलाया है, उसमें उनका बहुत बड़ा योगदान रहा है, पर उसकी प्रगति असंतोषजनक है। यह चर्चा का एक अलग विषय है। उन्होंने कहा कि इस संबंध में वह मुझसे बाद में बात करेंगे। वे कपूर कमीशन की ही बात करते रहे। उन्होंने मुझसे कहा कि शाम की मीटिंग के बाद हो सकता है कि आगे की कार्यवाही काफी शीघ्रता से करनी पड़े। इसलिए मैं दूसरे दिन प्रधानमंत्री के साथ गुजरात न जाकर दिल्ली में ही रहूँ। मैंने उसी समय अपने

कार्यक्रम को बदल दिया।

शाम की मीटिंग एंटी-क्लाइमेक्स रही। प्रधानमंत्री के कहने पर सिद्धार्थ भी वहाँ आये। उनके आने से पहले गोखले और स्वर्ण सिंह में विचार-विनिमय हुआ। स्वर्ण सिंह भी गोखले से सहमत थे कि कपूर कमीशन के संदर्भ में आगे की कार्यवाही के लिए कुछ करना जरूर होगा और वह एक अन्य कमीशन द्वारा ही संभव होगा। सिद्धार्थ ने आकर चर्चा की धारा को बदल दिया। आते ही उन्होंने कहा कि दोपहर को प्रधानमंत्री ने इस विषय पर उनसे व कांग्रेस अध्यक्ष बरुआ से लगभग एक घंटा परामर्श किया जिसमें यह निश्चय किया गया कि कपूर कमीशन पर किसी कार्यवाही की जरूरत नहीं है, लोकसभा में ज्योतिर्मय बसु के मोशन को भारी बहुमत से हरा देना काफी होगा। उन्होंने कहा कि रिपोर्ट का अध्ययन उन्होंने कर लिया है और यही रास्ता उपयुक्त होगा। फिर उन्होंने रिपोर्ट का सारांश दिया। वह बहुत सूक्ष्म तो था ही, साथ में असंतोषजनक। ऐसा लगता था कि उनका अध्ययन केवल ललित नारायण मिश्र के दृष्टिकोण से हुआ था। सरदार साहब ने उनको टोका और कहा कि इस मामले में कुछ और भी महत्त्वपूर्ण तथ्य हैं। फिर मुझसे कहा कि मैं रिपोर्ट का पूरा विश्लेषण करूँ जैसा मैंने एक दिन पहले प्रधानमंत्री के सामने किया था। मेरी बात सुनने के बाद सिद्धार्थ ने कहा कि हाँ, बात जो मैंने कही वह ठीक है, पर पार्टी के सामने रास्ता कोई नहीं है। मामले की आगे जाँच होने पर पार्टी को बहुत हानि होगी।

गोखले व सरदार साहब ने इससे अपनी पूर्ण असहमति प्रकट की। गोखले ने कहा कि रिपोर्ट में जो बातें कही गयी हैं उनका स्पष्ट होना बहुत आवश्यक है। संसद में ललित नारायण का समर्थन करना बहुत कठिन क्या, असंभव होगा। फिर भी सिद्धार्थ नहीं माने। उन्होंने कहा कि निश्चय यही है कि बहुमत के बल पर जो भी प्रस्ताव इस संबंध में संसद में आये उसे हराना आवश्यक है; और कोई रास्ता नहीं है। सरदार साहब इस पर गरम हुए। उन्होंने कहा कि ललित को बचाना उपयुक्त है पर यदि पार्टी को इससे हानि हो तो हमें कोई और रास्ता ढूँढ़ना चाहिए। आखिर पार्टी की कितनी बदनामी हो रही है और कब तक पार्टी यह बरदाश्त करेगी?

बात आगे बढ़ाते हुए सरदार ने कहा कि मुख्य बात यह है कि कपूर कमीशन ने जिस रुपये के बारे में कहा है कि हिसाब नहीं है उसकी पूरी जानकारी प्राप्त करनी चाहिए। यदि, जैसा ललित नारायण व औरों ने कहा है, उस हिसाब की जाँच विधिवत् हो चुकी है तो प्रश्न सरल हो जाता है। सिद्धार्थ ने उत्तर दिया कि उस रुपये का कोई हिसाब नहीं है। पता नहीं कैसे खर्च हुआ, कहाँ गया? जब उनका ध्यान इस ओर दिलाया गया कि ललित जो वक्तव्य संसद में देना चाहते हैं, उसमें उन्होंने यह कहा है कि हिसाब-किताब प्रदेश सरकार को दे दिया गया है। इस पर सिद्धार्थ ने कहा कि यह बात ठीक नहीं है और ललित को अपने वक्तव्य में से इस बात

को निकालना होगा।

सरदार व गोखले फिर भी संतुष्ट नहीं हुए। पर मुझे यह नहीं मालूम कि इसके बाद उनमें क्या बातचीत हुई, क्योंकि सरदार के यह कहने पर कि वे लोग अकेले में बात करना चाहते हैं, मैं सरदार के निजी सचिव के पास आकर बैठ गया। जब उन लोगों की मीटिंग खत्म हुई तो सरदार ने मुझे बुलाकर बताया कि प्रधानमंत्री ने सब कुछ देखने-सुनने के बाद यही तय किया है कि इस मामले में आगे कोई जाँच नहीं होनी चाहिए। सरदार व गोखले इस बात से बहुत खिन्न हैं, पर उन्हें फैसला मानना पड़ेगा। उन्होंने बताया कि सिद्धार्थ प्रधानमंत्री को जाकर सब बातें स्पष्ट कर देंगे। हाँ, गोखले ने सिद्धार्थ से कह दिया है कि वे (गोखले) इस निर्णय से समहत नहीं हैं।

जब मैं सरदार के निजी सचिव के पास बैठा था, प्रधानमंत्री का संदेश आया कि मीटिंग के बाद वे (सिद्धार्थ) उनसे अवश्य मिल लें। थोड़ी देर बाद एक संदेश और आया कि प्रधानमंत्री सिद्धार्थ की प्रतीक्षा कर रही हैं।

घर जाते समय मैं रात्रि में गोखले से फिर मिला। उन्होंने फोन करके बुलाया था। वे बहुत दुखी थे। उनका कहना था कि संसद में बहुमत से ऐसे प्रश्नों को तय करना उपयुक्त नहीं है। उन्होंने रात में ही प्रधानमंत्री से मिलने के लिए समय माँगा है। वे एक बार फिर प्रयत्न करेंगे कि इस संबंध में आगे जाँच की जाये। उन्होंने यह भी बताया कि शुरू में तो सरदार सिद्धार्थ से बिल्कुल सहमत नहीं थे, पर अंत में यह जानने के बाद कि प्रधानमंत्री इस बात को बहुमत के आधार पर समाप्त करना चाहती हैं, वे ढीले पड़ गये। जब मैं कल यह सब प्रो. धर को बताऊँगा तो उन्हें काफी दुख होगा।

आज सुबह प्रधानमंत्री नगालैंड के मुख्यमंत्री विज़ोल से मिलीं। मुलाकात से पहले उन्होंने मुझसे काफी देर तक इस विषय पर बात की। अंत में यही तय हुआ कि प्रधानमंत्री चीन जाने वाली अंडरग्राउंड टुकड़ी को रोकने के कार्य में प्रदेश सरकार द्वारा फौज को दी गई सहायता की सराहना करते हुए नगालैंड की अन्य असंतोषजनक बातों की ओर मुख्यमंत्री का ध्यान आकृष्ट करेंगी। यदि मुख्यमंत्री अंडरग्राउंड से बातचीत के प्रश्न को उठायेंगे तो प्रधानमंत्री ने जो दृष्टिकोण जुलाई में विज़ोल से बातचीत में अपनाया था, उसी को दोहरायेंगी। मुख्यतः बातचीत इसी आधार पर हुई। नगालैंड की समस्या में प्रधानमंत्री ने स्वयं बहुत रुचि ली है और जो नीति अपनायी गयी है, वह उन्हीं के आदेश पर आधारित है। गृहमंत्रालय और नगालैंड के गवर्नर (एल. पी. सिंह) जुलाई में कुछ नरमी दिखाने के पक्ष में थे। पर प्रधानमंत्री ने उनकी बात स्वीकार नहीं की। मैंने एक नोट में विस्तृत विश्लेषण करके प्रधानमंत्री को यह सुझाव दिया था कि इस समय नरमी दिखाने से कोई लाभ नहीं होगा। इस पर एक दिन विस्तार से लिखना उपयुक्त होगा।

8 नवंबर, 1974

प्रधानमंत्री आज गुजरात गयी थीं। पर जिस कारण मैंने अपना जाना स्थगित किया, वह काम नहीं हुआ। प्रातः जब मैंने कल की मीटिंग आदि का विवरण प्रो. धर को दिया तो वे बहुत क्षुब्ध हुए। उनका दृढ़ विश्वास है कि ललित नारायण के सरकार में रहते हुए इस सरकार की नैतिकता व नैतिक शक्ति पर किसी की भी आस्था नहीं हो सकती। वे इस पक्ष में हैं कि ललित के विरुद्ध किसी कमीशन की नियुक्ति अवश्य होनी चाहिए। उन्हें अब स्पष्ट हो गया है कि प्रधानमंत्री ऐसा कोई निर्णय लेने के लिए तैयार नहीं हैं। वे अक्सर पूछते रहते हैं कि प्रधानमंत्री ललित नारायण का इतना समर्थन क्यों करती हैं?

पिछले महीने जो प्रधानमंत्री ने अपने मंत्रिमंडल में परिवर्तन किया, उस समय भी प्रो. धर ने बहुत प्रयत्न किया कि ललित नारायण को मंत्रिमंडल से अलग कर दिया जाये। एक दिन मेरी भी प्रधानमंत्री से प्रो. धर के साथ ही बात हुई। पर अंत में निष्कर्ष कुछ नहीं निकला। कुछ महीने पहले सरीन (आजकल गुजरात में एडवाइजर) ने मुझे बताया था कि उन्होंने बड़े स्पष्ट शब्दों में प्रधानमंत्री से कहा था कि ललित ईमानदार आदमी नहीं हैं। प्रधानमंत्री ने जब उनसे पूछा कि उनको कैसे मालूम तो सरीन ने उत्तर दिया कि मिश्र रक्षा-उत्पादन विभाग में उनके मंत्री रह चुके हैं। सरीन ने यह भी बताया कि प्रधानमंत्री ने इस पर बड़ी आश्चर्यजनक बात कही। उन्होंने कहा कि मैंने ललित से इस विषय पर बात की है और उसने मुझसे वादा किया है कि अब वह बेईमानी से रुपया नहीं बनायेगा। सरीन ने यह भी कहा कि उनको कुछ सूचना ऐसी मिली है कि मंत्रिमंडल के अगले पुनर्गठन में ललित को या तो अलग कर दिया जायेगा या कम से कम रेलवे-मंत्रालय से बदल दिया जायेगा। मुझे आश्चर्य हुआ था।

ललित रेलवे से पहले विदेश व्यापार विभाग में मंत्री थे। वहाँ भी उनकी काफी बदनामी थी। जब फरवरी 1973 में मंत्रिमंडल का पुनर्गठन हुआ था, मैंने व प्रो. धर ने प्रयत्न किया था कि उनकी पदोन्नति हो जाये और वे विदेश व्यापार मंत्रालय से हट जायें। हमारा सुझाव था कि वे स्वास्थ्य व परिवार नियोजन के मंत्री बना दिये जायें। काफी विचार-विमर्श के बाद भी प्रधानमंत्री ने हमारी बात नहीं मानी। उनकी पदोन्नति की, राज्यमंत्री से मंत्रिपरिषद् (कैबिनेट) का सदस्य बनाया और साथ ही साथ रेलवे जैसा महत्त्वपूर्ण विभाग उनको दिया। बाकी बहुत से सुझाव मेरे या प्रो. धर के थे जिनके आधार पर पुनर्गठन हुआ था।

शेषन (प्रधानमंत्री के निजी सचिव) ने भी जब कल की मीटिंग के बारे में सुना, तो क्षुब्ध हुआ। वह भी चाहता है कि ललित नारायण मंत्रिमंडल में न रहें। उसके अनुसार प्रधानमंत्री की प्रतिष्ठा को ललित की हिमायत से बहुत धक्का पहुँच रहा

है। इसी प्रसंग में उसने एक बड़ी मनोरंजक बात बताई। कल रात जब प्रधानमंत्री सिद्धार्थ से मिल चुकीं तो उन्होंने ललित से बात की। ललित के घर एक स्वामी जी ठहरे हुए हैं। फोन पर बातचीत होने के बाद स्वामी जी प्रधानमंत्री के निवास पर आये। फाटक पर सुरक्षा अधिकारियों को यह आदेश हुआ कि रेलवे मंत्री की गाड़ी को बिना रोके-टोके अंदर आने दिया जाय। स्वामी जी ने प्रधानमंत्री के निवास पर लगभग एक घंटे पूजा आदि की। शेषन के अनुसार, इस प्रकार की पूजा आदि प्रधानमंत्री कराती रहती हैं। मंत्रिमंडल के पुनर्गठन के अवसर पर शपथ ग्रहण का समय भी ज्योतिषियों से पूछ कर निश्चित किया जाता है।

शेषन ने एक और बात यह भी बतायी कि हाल ही में जब एन. के. कृष्णन, (एक कम्युनिस्ट नेता) प्रधानमंत्री से मिले तो उनमें आपस में कुछ कहा-सुनी हो गयी। प्रधानमंत्री ने कृष्णन से के. आर. गणेश (अब पेट्रोलियम और रसायन-मंत्रालय में राज्यमंत्री) की शिकायत की। शिकायत गणेश के आचरण के विरुद्ध थी। गणेश कम्युनिस्ट पार्टी के नजदीक माने जाते हैं। इस पर कृष्णन ने कहा कि जब आप कपूर व धवन जैसे लोगों को इतने पास रखती हैं तो गणेश तो उनसे बहुत अच्छा है। प्रधानमंत्री अवाक् रह गयीं।

सुबह कलकत्ते से मेरे लिए सिद्धार्थ का फोन आया था। उन्होंने कहा कि कल रात उनकी प्रधानमंत्री से फिर बात हुई। अब निर्णय यही है कि ललित के विरुद्ध जो प्रस्ताव लोकसभा में है उस पर बहस हो और उसे बहुमत से हरा दिया जाय। ललित को एक वक्तव्य देना होगा। मुझे उसे तैयार कराने में ललित की सहायता करनी होगी। उनका विचार है कि कल मीटिंग में जो मैंने बातें कही थीं, उनमें बहुत बल है, पर कुछ-न-कुछ उत्तर देना ही पड़ेगा।

9 नवंबर, 1974

आज समाचार-पत्रों में प्रधानमंत्री के गुजरात में दिये गये भाषणों व वक्तव्यों की रिपोर्ट छपी। जयप्रकाश के आंदोलन की चर्चा करते हुए उन्होंने कहा कि यह विरोधी दलों का उनको सत्ता से हटाने का एक षड्यंत्र है। 1971 के चुनाव में इन दलों ने गठबंधन (grand alliance) किया था, अब महा गठबंधन (grander alliance) कर रहे हैं।

10 नवंबर, 1974

कल से संसद का शीतकालीन सत्र आरंभ हो रहा है। सरकार के लिए काफी असुविधाजनक अवसर आयेंगे। पहले विरोधी दलों का विचार एक अविश्वास प्रस्ताव लाने का था पर अब ऐसा मालूम पड़ा है कि एक स्थगन प्रस्ताव ही कल आयेगा। इसका संबंध बिहार की वर्तमान स्थिति से होगा।

सायंकाल प्रधानमंत्री ने पुछवाया कि स्थगन प्रस्ताव के लिए क्या तैयारी की जा रही है और क्या उनको भी इस वाद-विवाद में भाग लेना पड़ेगा? मैंने कहलवा दिया कि इस वाद-विवाद को गृहमंत्री को संभालना होगा, प्रधानमंत्री को हस्तक्षेप करने की आवश्यकता नहीं है।

11 नवंबर, 1974

आज ठीक दो महीने बाद संसद का नया सत्र आरंभ हुआ। पिछले सत्र के अधिवेशन को 11 दिन के लिए बढ़ाना पड़ा था। कुछ तो सरकार का काम बाकी था, पर अंत के कुछ दिनों में विरोधी दलों ने काम होने भी नहीं दिया। उनकी माँग थी कि पांडिचेरी लायसेंस के मामले पर वाद-विवाद का अवसर मिलना चाहिए। जब यह स्पष्ट हो गया कि बिना इस माँग को स्वीकार किये संसद का काम नहीं चलेगा तो सरकार को झुकना पड़ा। लोकसभा में वाद-विवाद प्रायः अर्धरात्रि तक चला। इस बार भी ऐसा लगता है कि सरकार के लिए अप्रिय विषयों पर वाद-विवाद की माँग काफी होगी।

पहले ही दिन आज बिहार की स्थिति से संबंधित एक स्थगन-प्रस्ताव लोकसभा के सामने आने वाला था। कार्यालय पहुँचते ही प्रधानमंत्री ने पूछा कि सरकारी पक्ष से बोलने वाले संसद सदस्यों की सूची किसने बनायी है और उसमें सावधानी बरती गयी है या नहीं। मैंने उनसे कहा कि मेरा (संसद कार्यमंत्री) रघुरमैया से यह निश्चय हुआ है कि साढ़े ग्यारह बजे सदस्यों से पूछताछ करने के उपरांत सूची बनायी जाये। यह भी प्रबंध हो गया है कि एक बजे गृहमंत्री उन सदस्यों से बातचीत करेंगे। प्रधानमंत्री ने फिर कहा कि गृहमंत्री क्या बोलने वाले हैं, मैं उनसे विस्तार से बात कर लूँ।

प्रधानमंत्री से बातचीत के बाद मैं गृहमंत्री (ब्रह्मानंद रेड्डी) से मिला। उन्होंने कहा कि गृहमंत्रालय के अधिकारियों से उनकी एक मीटिंग सुबह हो चुकी है, जिसमें स्थगन प्रस्ताव के विषय पर ही चर्चा हुई थी। मैंने उनको केवल एक सुझाव दिया कि वह केरल में 1958-59 में जन-आंदोलन के दबाव में विधानसभा को भंग होने की परिस्थितियों से अपने को अवगत करा लें। उसका प्रयोग अपने भाषण में तभी करें जब आवश्यक हो, पर इसकी जानकारी आवश्यक है। गृहमंत्रालय के अधिकारियों ने उन्हें इस विषय में कुछ नहीं बताया था।

इस प्रसंग में गृहमंत्री ने मुझे दो मुख्य बातें बतायीं। उन्होंने कहा कि बिहार सरकार ने चार नवंबर को जरूरत से ज्यादा रोक-थाम लगायी। उनके अनुसार, उस दिन जयप्रकाश को प्रदर्शन करने में रोक नहीं लगानी चाहिए थी। आखिर शांतिपूर्ण प्रदर्शन में क्या हानि है? पर प्रधानमंत्री का विचार भिन्न था। दूसरे, उन्होंने कहा कि वे विधानसभा के भंग किये जाने की माँग को तो स्वीकार नहीं करेंगे, पर उसको

निलंबित रखा जाये, इस विषय पर कुछ नहीं कहेंगे। इसका कारण उन्होंने बताया कि प्रधानमंत्री कब, क्या निर्णय ले लें, इस बारे में कुछ नहीं कहा जा सकता। उन्होंने कहा कि आंध्र-आंदोलन के समय पिछले साल पहले प्रधानमंत्री ने बहुत जोर-शोर से कहा था कि वह सरकार को नहीं हटाएँगी, पर बाद में उन्हें बाध्य होना पड़ा। गृहमंत्री को छोड़ते समय मुझे आभास हुआ कि वे वाद-विवाद के लिए तो तैयार हैं, पर बिहार-आंदोलन के प्रति सरकार की नीति से बहुत संतुष्ट नहीं हैं। गृह-सचिव ने भी कुछ दिन पहले कुछ इस प्रकार की बात कही थी।

लोकसभा में पहले तो विरोधी दलों ने यह प्रयत्न किया कि आज प्रश्नकाल का काम स्थगित करके सीधे बिहार की स्थिति पर वाद-विवाद आरंभ कर दिया जाये। स्पीकर ने इसे नहीं माना। प्रश्नकाल समाप्त होते ही विरोधी दलों के प्रमुख सदस्यों ने अपनी-अपनी बातें उठानी शुरू कर दीं। उन्होंने विशेषकर दो बातों पर बहुत शोर मचाया। मधु लिमये ने कहा कि पिछले सत्र के बाद सरकार ने जो दो अध्यादेश (ordinance) प्रसारित किये, वह बदनीयती से किये। चुनाव में खर्चे के संबंध में सुप्रीम कोर्ट के निर्णय को अध्यादेश से बदलना केवल प्रधानमंत्री के चुनाव को बचाने के लिए किया गया है। तस्करों के विरुद्ध कार्यवाही करने के लिए जो 'मीसा' (MISA) में अध्यादेश द्वारा संशोधन किया गया, उसकी भी लिमये ने कड़ी आलोचना की।

स्थगन-प्रस्ताव पर वाद-विवाद 3 बजे आरंभ हुआ। उसमें 18 सदस्यों ने भाग लिया। पर अच्छे भाषण केवल इंद्रजीत गुप्ता, अटल बिहारी वाजपेयी और मधु लिमये के ही हुए। जयप्रकाश के आंदोलन के विरुद्ध जो कुछ कहा जा सकता है, उसका बहुत अच्छा विश्लेषण इंद्रजीत ने किया। वाजपेयी का भाषण बहुत ऊँचे स्तर का था। उन्होंने पूरी समस्या को ऊँचे स्तर पर ले जाकर देखने का प्रयास किया था और समय रहते हुए सरकार से उपयुक्त निर्णय लेने की अपील की थी। मधु लिमये ने केरल का उदाहरण देकर सरकार के लिए असुविधाजनक प्रसंग खड़ा किया।

गृहमंत्री का भाषण साधारण रहा। हाँ, वे पिछले गृहमंत्री उमाशंकर दीक्षित से कहीं अधिक अच्छा बोले। पर भाषण में तथ्य कुछ भी नहीं था। वाद-विवाद रात 11. 10 पर समाप्त हुआ।

आज प्रधानमंत्री से हाल में हुई रेलवे कर्मचारियों की हड़ताल के संबंध में भी बात की। ए. आई. आर. एफ. के महासचिव प्रिया गुप्ता उनसे मिलना चाहते हैं। प्रधानमंत्री की बात से लगा कि इस विषय में उनके विचारों में कुछ परिवर्तन हो रहा है। अभी तक वे काफी दृढ़ दृष्टिकोण अपनाये हुए थीं, पर अब कुछ नरमी दिखाने के पक्ष में हैं। मुझसे उन्होंने खुल कर बात नहीं की, यही कहा कि मैं इस संबंध में प्रो. धर से बात कर लूँ। उन्होंने उनसे इस विषय पर चर्चा की है। मुझे लग रहा है कि वह इस संबंध में कम्युनिस्ट पार्टी को कुछ रिआयत देना चाहती हैं। मुझे इसमें

कोई आश्चर्य नहीं है। यह प्रधानमंत्री का स्टाइल है। वह हर प्रश्न को मुख्यतः राजनैतिक दृष्टिकोण से ही देखती हैं। और राजनैतिक दृष्टिकोण भी सीमित होता है इस बात तक कि उनकी सत्ता पर किस बात का क्या प्रभाव पड़ेगा। पिछले सत्र में कम्युनिस्ट पार्टी ने अधिकतर विरोधी दलों का साथ दिया। प्रधानमंत्री इस बात को इस सत्र में नहीं होने देना चाहतीं। इसलिए इधर कम्युनिस्टों से काफी बातचीत भी हुई है।

12 नवंबर, 1974

आज सुबह कार्यालय पहुँचते ही प्रधानमंत्री ने बुला लिया। कल के लोकसभा के वाद-विवाद पर उन्होंने बात शुरू की। वे गृहमंत्री के भाषण से संतुष्ट हैं। पर केरल के संबंध में उन्होंने बहुत स्पष्ट बात की। कल वाद-विवाद में कुछ सदस्यों ने यह तर्क दिया था कि प्रधानमंत्री जब कांग्रेस अध्यक्ष थीं (1958-59) तो उन्होंने केवल इस आधार पर केरल विधानसभा को भंग कराया था कि जनता का समर्थन सभा के लिए समाप्त हो गया था। यही परिस्थिति विरोधी दलों के अनुसार आज बिहार की भी है। प्रधानमंत्री ने मुझसे कहा कि सरकार के लिए केरल का उदाहरण कोई अच्छा उदाहरण नहीं है। मुस्कुराते हुए बोलीं कि केरल विधानसभा के विघटन की बहुत बड़ी जिम्मेदारी उन्हीं की थी। केरल के लोगों की आदत हर चीज को बढ़ा-चढ़ा कर कहने की है। उस अवसर पर भी उन लोगों ने केंद्रीय नेताओं से बढ़ा-चढ़ा कर केरल की कठिनाइयों की चर्चा की, साथ में यह भी जोड़ दिया कि जैसे वे लोग आजकल भी अन्न-संकट की बातें कर रहे हैं। पर प्रधानमंत्री ने स्पष्ट कहा कि विधानसभा के विघटन का मुख्य कारण यह था कि कांग्रेस पार्टी में एक घुटन-सी हो रही थी। उसको दूर करना बहुत आवश्यक था। पीछे मुड़ कर देखने पर आज ऐसा लगता है कि विधानसभा भंग करना उचित नहीं था। आज प्रधानमंत्री यह सोचती हैं।

लोकसभा में आज बारह बजे तुलमोहन राम के मामले को लेकर विवाद उठ खड़ा हुआ। प्रायः सभी विरोधी नेता बोले और सरकार की आलोचना की। बात अभी समाप्त नहीं हुई है। इस सत्र में भी समय-समय पर यह प्रश्न उठता रहेगा। पता नहीं किस आधार पर सत्र आरंभ होने से पहले ओम मेहता (संसदीय कार्य के राज्यमंत्री) ने प्रधानमंत्री से कहा था कि तुलमोहन राम का मामला तो जहाँ तक संसद का प्रश्न है, समाप्तप्रायः ही समझा जाये। प्रधानमंत्री ने जब मुझसे यह कहा तो मैंने अपनी असहमति प्रकट की थी। मेरे विचार से विरोधी दल इस विषय से लाभ उठाना आसानी से नहीं छोड़ देंगे। लगता है कि ओम मेहता के ही कहने पर आज सुबह गृहमंत्री ने यह तय किया कि वह इस विषय पर संसद में शुक्रवार को वक्तव्य देंगे। मुझे यह बात सरासर ग़लत लगी। प्रधानमंत्री से पूछ कर मैंने गृहमंत्री को परामर्श

दिया कि वे वक्तव्य आज ही दे दें। यह वक्तव्य लोकसभा में सायंकाल साढ़े पाँच बजे हुआ। इस पर वाद-विवाद आवश्यक लगता है। वक्तव्य के बाद फिर विरोधी दलों के वक्ताओं ने कहा कि मामले की पूरी जाँच नहीं हुई है और इसे एक संसदीय समिति को सौंपा जाना चाहिए।

जाँच से मालूम पड़ा कि लोकसभा के एक सदस्य तुलमोहन राम ने कुछ लोगों से रुपया लेकर उन लोगों को इम्पोर्ट लायसेंस दिलवाया है। इस बात पर अंतिम निर्णय अब न्यायालय में होगा। पर फिर भी विरोधी दल इस मामले में पीछे पड़े हुए हैं, इसका एक विशेष कारण है। उन सबको यह संदेह है कि इस कुकृत्य में ललित नारायण का भी हाथ है। मैंने इस मामले से संबंधित पत्रावली देखी है। यह संदेह निराधार नहीं है। हो सकता है कि आवश्यकता से अधिक रुचि लेकर तुलमोहन राम की मदद करने के अतिरिक्त इस मामले में ललित ने और कुछ नहीं किया हो।

यह पत्रावली प्रधानमंत्री की भी देखी हुई है। पिछले सत्र में, जैसा पहले कह चुका हूँ, इस बात को लेकर काफी हंगामा रहा। जब यह मामला संसद में उठा था तो प्रधानमंत्री के कहने पर मैंने पूरी पत्रावली का अध्ययन किया था और स्वर्ण सिंह (उस समय विदेश मंत्री) से विचार-विनिमय किया था। इस मामले में प्रार्थियों का लायसेंस देने का आवेदन कई बार अस्वीकार किया जा चुका था। संसद में व न्यायालय में भी सरकार ने यही बात कही थी कि इन प्रार्थियों के साथ कोई अन्याय नहीं हुआ है और उनको लायसेंस देने का कोई कारण नहीं है। पर ललित के कार्यकाल में संबंधित अधिकारियों की राय न मानते हुए मामले को फिर से खोल लिया गया। स्वर्ण सिंह ने पत्रावली देख कर कहा कि यदि इसे विरोधी नेताओं ने देख लिया तो ललित के विरुद्ध बहुत कुछ कहा जायेगा, जो सरकार के लिए असुविधाजनक होगा। इस परामर्श के आधार पर प्रधानमंत्री ने यह निर्णय लिया कि न तो इस मामले को किसी संसदीय समिति को सौंपा जाना चाहिए, न ही सदन में इस पर वाद-विवाद होना चाहिए। लोकसभा में इस बात को लेकर इतना 'टेंशन' रहा कि कई दिन तक विरोधी दलों ने कुछ काम नहीं होने दिया। अंत में जब स्पीकर ने स्वर्ण सिंह के द्वारा प्रधानमंत्री को संदेश भेजा कि बिना वाद-विवाद कराये वे सदन को नियंत्रित नहीं कर पायेंगे तो प्रधानमंत्री को झुकना पड़ा। सेंट्रल हाल में जाट के जूते और प्याज खाने की कहानी खूब प्रचलित हुई। कांग्रेस पार्टी में इस बात पर रोष है। कांग्रेस जनों का कहना था कि ललित को बचाने के लिए प्रधानमंत्री पार्टी के मान तक का विचार नहीं कर रही हैं। पता नहीं जब वाद-विवाद हो तो क्या-क्या नयी बातें निकलें।

आज विधिमंत्री ने मुझे यह बताया कि वे 9 तारीख को प्रधानमंत्री से मिले थे। उन्होंने प्रधानमंत्री से फिर आग्रह किया कि भारत सेवक समाज ने कोसी योजना के संदर्भ में ललित के बारे में जो कहा है उसकी पूरी जाँच होनी चाहिए। पर

प्रधानमंत्री ने सुझाव को अस्वीकार कर दिया; उनका कहना है कि ललित को बचाना पार्टी के हित में है। वाद-विवाद रोकना तो कठिन होगा पर जो भी 'मोशन' इस संबंध में सदन में आये उसे बहुमत से हराना होगा। विधिमंत्री इस बात से खिन्न हैं। उन्होंने प्रधानमंत्री से यह स्पष्ट कह दिया है कि वे सदन में इस विषय से डील नहीं करना चाहेंगे। लगता है इसीलिए आज सुबह मुझसे प्रधानमंत्री ने कहा कि भारत सेवक समाज के विषय को गृहमंत्री ही देखें, मैं उनसे इस विषय पर बात कर लूँ।

13 नवंबर, 1974

मैं 12 बजे के लगभग प्रधानमंत्री के घर उन्हें दिवाली की शुभकामनाएँ भेंट करने गया। उनसे 2-4 मिनट ही शिष्टाचार की बातें कीं।

उनसे मिलने के बाद मैं शेषन के पास आकर बैठ गया। उस समय मुझे पता लगा कि एक अन्य कमरे में ललित और धवन (प्रधानमंत्री के अतिरिक्त निजी सचिव) कई घंटों से बैठे काम कर रहे हैं। थोड़ी-थोड़ी देर पर धवन प्रधानमंत्री से भी मिलने जाते हैं।

धवन, ललित के विशेष नजदीकी हैं और आजकल प्रधानमंत्री पर उनका बहुत असर है।

14 नवंबर, 1974

आज संसद की बैठक नहीं थी। दिवाली के उपलक्ष्य में संसद ने अपनी छुट्टी कर ली थी, यद्यपि सरकारी कार्यालयों में छुट्टी नहीं थी। मैं संसद-भवन में ही बैठा। संध्या को वर्धन के कमरे में मैंने एक मीटिंग का आयोजन किया था। गृहमंत्री ने मुझसे कहा कि वर्धन व अन्य संबंधित अधिकारियों से परामर्श करके यह निश्चय करना चाहिए कि लायसेंस के मामले में अब आगे क्या करना है। बात फिर से गंभीर होती जा रही है। संसद का सत्र आरंभ होने से पहले वर्धन और मैंने गृहमंत्री को यह बताना उचित समझा था कि उनको स्पीकर और राज्यसभा के अध्यक्ष से बात करनी चाहिए कि किन परिस्थितियों में सी. बी. आई. को चालान कोर्ट में भेजना आवश्यक हो गया। पता नहीं क्यों उन्होंने ऐसा नहीं किया। इसके कारण विरोधी दलों को सरकार की आलोचना व निंदा करने का काफी अवसर मिलेगा। पर मुख्य ग़लती तो भूतपूर्व गृहमंत्री (उमाशंकर दीक्षित) की है कि उन्होंने 9 सितंबर को लोकसभा में बिना सोचे-समझे आश्वासन दिया कि सी.बी.आई. की रिपोर्ट आने पर वह संसद के सम्मुख फिर पूरी बात रखेंगे। प्रधानमंत्री उस दिन दिल्ली से बाहर गई हुई थीं। पर दूसरे दिन जब मेरी उनसे भेंट हुई तो मैंने उनका ध्यान दीक्षित जी के आश्वासन की ओर दिलाते हुए कहा था कि अगले सत्र में सरकार के लिए यह कष्टकर होगा।

वर्धन के कमरे से ही मैं प्रो. धर से मिलने साउथ ब्लॉक गया। उन्होंने मुझे बुलाया था। प्रधानमंत्री के विरुद्ध जो चुनाव-याचिका इलाहाबाद हाईकोर्ट में चल रही है उसके बारे में वे मुझसे बात करना चाहते थे। मिलने पर उन्होंने मुझे कागजों का एक मोटा पुलिंदा दिया और कहा कि संभव हो सके तो कल दस बजे के पहले मैं इन कागजात से अपने को अवगत करा लूँ, पूरा अध्ययन तो कठिन होगा। उनका विचार था कि जब हम दोनों को इस विषय में कुछ रुचि लेना आवश्यक हो गया है तो हमें कुछ जानकारी अवश्य कर लेनी चाहिए। प्रधानमंत्री के वकील (सतीश खरे) से एक मीटिंग भी 23 तारीख को निश्चित की गई है। ये कागजात खरे ने ही इलाहाबाद से भेजे हैं और नारीमन ने जो प्रश्न उठाए हैं, उनका उत्तर इनमें है।

प्रो. धर ने कहा कि वह इस याचिका के संबंध में कुछ चिंतित हैं। फिर उन्होंने पूछा कि प्रधानमंत्री की प्रेस-कान्फ्रेंस आदि के कागज कितने समय तक रखे जाते हैं। 29 दिसंबर, 1970 को जो प्रेस कान्फ्रेंस प्रधानमंत्री ने की थी, उसकी रिपोर्ट है या नष्ट कर दी गई है? उनका इशारा था कि शायद एक या दो साल बाद वह रिपोर्ट नष्ट कर दी गई हो। उन्होंने स्पष्ट कहा कि वह रिपोर्ट असुविधाजनक हो सकती है। मैंने कहा कि मुझे यह नहीं मालूम कि नियमानुसार ऐसी रिपोर्ट कितने समय बाद नष्ट की जाती है। पर 29 दिसंबर, 1970 के प्रेस कान्फ्रेंस की रिपोर्ट कुछ दिन पहले मुझे शारदा ने भेजी थी। कई दिन तक वह मेरे पास रही। उस कान्फ्रेंस में एक संवाददाता ने पूछा था कि क्या प्रधानमंत्री अपना निर्वाचन क्षेत्र बदल रही हैं? प्रधानमंत्री का उत्तर था : 'आई एम नॉट।' प्रो. धर ने कहा, यही तो कठिनाई उत्पन्न कर रहा है।

मैंने प्रो. धर को यह भी बताया कि आज दोपहर को जगपत दुबे (प्रधानमंत्री के मुकदमे के पैरोकार) से फोन पर बात हुई थी। वे भी कुछ चिंतित हैं। उन्होंने कहा कि 4 दिसंबर को हाई कोर्ट ने पी.आई.ओ. और आकाशवाणी के अधिकारियों को इसी विषय पर शहादत देने के लिए बुलाया है। दुबे ने मुझसे कहा कि इसको तो किसी न किसी प्रकार से रोकना होगा। यह शहादत नहीं होनी चाहिए। फोन पर मैंने इस विषय पर कुछ बात करना ठीक नहीं समझा, इसलिए मैंने कोई उत्तर नहीं दिया। मेरी बात सुनने के बाद प्रो. धर ने इंदर गुजराल (सूचना एवं प्रसारण मंत्री) को फोन किया और कहा कि वह उनसे कल सुबह इस विषय पर बात करेंगे। फिर बात करते-करते प्रो. धर और मैं नीचे आए। घर जाते समय कार पर बैठते हुए प्रो. धर ने कहा कि वह आजकल काफी 'डिप्रैस्ड' हैं। ऐसा उनको अक्सर होता रहता है। वास्तविकता तो यह है कि आजकल की स्थिति और प्रधानमंत्री निवास में आजकल जिस तरह बातें होती हैं उनसे वह बहुत दुखी हैं।

आज दोपहर में भोजन के समय शेषन ने एक महत्त्वपूर्ण बात बताई। बात

इस तरह शुरू हुई कि वी.रामचंद्रन ने कहा कि रोज़े के दिनों प्रधानमंत्री ने मुसलमान राजदूतों, संसद-सदस्यों और वरिष्ठ अधिकारियों को इफ्तारी पर बुलाया। छोटी-छोटी टुकड़ियों में कई दिन पार्टियाँ हुईं। रामचंद्रन उम्मीद करते थे कि दिवाली के अवसर पर प्रधानमंत्री उन्हें मिठाई जरूर खिलाएँगी। पर उन्हें निराश होना पड़ा। इस पर शेषन ने कहा कि रामचंद्रन इन बातों को समझते नहीं हैं। यह इफ्तारी पार्टियाँ वगैरह केवल राजनैतिक पाखंड हैं। उसने हाल में घटी एक घटना की भी चर्चा की। ईद के मौके पर प्रधानमंत्री ने ओम प्रकाश (उनके एक अन्य निजी सचिव) से कहा कि वह मुसलमान मुख्यमंत्रियों, संसद-सदस्यों व अन्य विशिष्ट व्यक्तियों से फोन पर ईद मुबारक कहना चाहती हैं। वैसे, ओम प्रकाश गंभीर प्रकृति के व्यक्ति हैं, बहुत कम बोलते हैं। पता नहीं कैसे उस दिन उनके मुँह से निकल गया कि इतने फोन केवल इस बात के लिए करने में बहुत पैसा खर्च होगा। फिर प्रधानमंत्री दिवाली, क्रिसमस आदि के मौके पर संबंधित धर्मावलंबियों को बधाई का संदेश इस प्रकार नहीं भेजती हैं। फिर क्या था? प्रधानमंत्री ओम प्रकाश पर एकदम बरस पड़ीं कि तुम इन बातों को क्या समझो, यह राजनैतिक बातें हैं, तुम्हें इसमें बोलने का क्या अधिकार है और पैसा तुम्हारा तो नहीं खर्च हो रहा है। ओम प्रकाश को बहुत पश्चात्ताप हुआ। वह सदा की भांति चुप क्यों नहीं रहे।

ज्योतिर्मय बसु ने आज एक और अशिष्ट और अभद्र पत्र प्रधानमंत्री को लिखा। वह इस प्रकार के पत्र लिखने के अभ्यस्त हैं। अभी हाल में कलकत्ते में उनके भाई के घर कुछ कांग्रेस के गुंडों ने हमला किया, जिससे उनके भाई व कुछ अन्य लोगों को चोट आयी। बसु ने प्रधानमंत्री को एक शिकायत का पत्र लिखा। मुख्यमंत्री से पूछताछ करने पर पता लगा कि अधिक दोष कांग्रेसियों का ही है। प्रधानमंत्री ने एक छोटा-सा उत्तर दे दिया। इसी उत्तर की तीव्र आलोचना करते हुए ज्योतिर्मय बसु ने आज का पत्र लिखा था। (पत्र 2-4 दिन पहले का है, प्रधानमंत्री ने मेरे पास आज भेजा) इस घटना के अतिरिक्त बसु ने पत्र में यह भी लिखा कि एक ओर तो प्रधानमंत्री मेरे पास अपने 'एमीसरी' (संदेशवाहक) भेजती हैं कि मैं उनके और उनके पुत्र के काले कारनामों का भंडाफोड़ न करूँ और दूसरी ओर कांग्रेसी गुंडों से मेरे घर हमला करवाती हैं। प्रधानमंत्री ने बड़ी सरलता से उस पत्र के हाशिए पर लिखा कि यह सरासर ग़लत है कि मैंने बसु के पास कोई संदेशवाहक भेजा हो। बात वास्तविकता से बिल्कुल परे है।

पिछले साल इन्हीं दिनों प्रधानमंत्री ने जी. पार्थसारथी के द्वारा यह प्रयत्न किया था कि ज्योतिर्मय बसु मारुति के विषय में प्रश्न उठाना छोड़ दें। जुलाई 1973 से बसु ने प्रधानमंत्री को पत्र लिखने आरंभ किए कि आपने अपने लखनऊ के एक भाषण में कहा है कि आप मारुति के बारे में खुली जाँच के लिए तैयार हैं तो अब इस बात को पूरा कीजिए। प्रधानमंत्री ने इस पत्र का कोई उत्तर नहीं

दिया। बसु के कई पत्र आए। दिसंबर 1973 में जी. पार्थसारथी से बात हुई और उस पत्र का एक उत्तर भेजा गया। इस संबंध में मैं स्वयं पार्थसारथी से 2-3 बार मिला था। उत्तर भेजने के बाद पार्थसारथी कलकत्ता गए। यह तो नहीं मालूम, बसु से क्या बात हुई। पर कुछ महीने बाद पार्थसारथी ने मुझसे पूछा कि बसु के दृष्टिकोण में कोई परिवर्तन हुआ या नहीं। मेरे यह कहने पर कि उनका रवैया बिल्कुल पहले की तरह है, पार्थसारथी को काफी निराशा हुई। कहने लगे लगता है मेरे सब प्रयत्न विफल हुए।

प्रधानमंत्री के कार्यकलापों का रूप कुछ ऐसा ही है। पूरी बात वह किसी को नहीं बतातीं। अंदर ही अंदर प्रयत्न करने की उनकी विशेष आदत है, जिससे वह वक्त पड़ने पर यदि आवश्यक हो तो यह भी कह सकें कि उन्हें न कुछ मालूम, न उन्होंने कुछ कराया। जयप्रकाश के आंदोलन के संबंध में भी उन्होंने यह कार्य-प्रणाली अपनायी है। मुझे इसकी स्वयं जानकारी है कि जयप्रकाश से समझौता करने के लिए उन्होंने अच्युत पटवर्धन का प्रयोग किया। अच्युत प्रधानमंत्री की एक घनिष्ठ मित्र पुपुल जयकर के बहुत नजदीकी व्यक्ति हैं। पुपुल जयकर द्वारा ही अच्युत को यह काम सौंपा था। इसका पता किसी को नहीं है। पर जयप्रकाश पर कोई असर नहीं हुआ। इसी प्रकार बिहार के सी.पी.एन. सिंह द्वारा उन्होंने रामनाथ गोयनका, जो जयप्रकाश के आजकल काफी निकट हैं, पर असर डालने का प्रयत्न किया। रामनाथ गोयनका के ऊपर कई मुकदमे चल रहे हैं। उनके पत्रों से पता चलता है कि इन मुकदमों को समाप्त करने का प्रलोभन भी उन्हें दिया गया। पर अपने पत्र में जब उन्होंने प्रधानमंत्री की यह सब करने की निंदा की तो प्रधानमंत्री ने उन्हें यह उत्तर भिजवाया कि सी.पी.एन. सिंह ने जो कुछ भी बातचीत की है, वह उनसे पूछ कर नहीं की है, न ही उन्हें इसकी पूरी जानकारी है। सी.पी.एन. सिंह प्रधानमंत्री से मिलने आते हैं तो मेरे पास भी बैठ जाते हैं। उन्होंने मुझे बताया कि प्रधानमंत्री के कहने पर ही वह गोयनका से बात कर रहे हैं। अभी भी प्रधानमंत्री सी.पी.एन. का जयप्रकाश के प्रसंग में उपयोग कर रही हैं।

15 नवंबर, 1974

आज सुबह दैनिक पत्रों में जयप्रकाश का यह वक्तव्य छपा था कि चार नवंबर को उन्हें लाठी से चोट आयी थी। मुझे उसी समय यह लगा कि आज संसद में इस बात को लेकर काफी चर्चा होगी क्योंकि 11 तारीख को गृहमंत्री ने अपने वक्तव्य में यह कहा कि जयप्रकाश को लाठी नहीं लगी। कार्यालय पहुँच कर गृहमंत्री से इस विषय पर विचार-विनिमय किया। उनसे मिलने के बाद प्रधानमंत्री से मिला। बातचीत करने के बाद उन्होंने मेरा यह सुझाव मान लिया कि अच्छा यही होगा कि यदि संसद में प्रसंग उठे तो गृहमंत्री को क्षमा माँग लेनी चाहिए। हुआ भी यही। प्रसंग उठा और

गृहमंत्री ने क्षमा-याचना की। बात समाप्त हो गई।

आज सायंकाल मंत्रिपरिषद की एक मीटिंग हुई। कार्य सूची में कोई विशेष विषय नहीं था। पर एक विषय पर काफी बहस हुई। विधि-मंत्रालय शारदा एक्ट में कुछ परिवर्तन करना चाहता है। स्वास्थ्य मंत्रालय ने संशोधन की हिमायत की है। इसके द्वारा लड़के और लड़कियों की शादी की आयु को ऊपर उठाया जाएगा। जब यह विषय विचारार्थ आया तो बाबूजी ने कहा कि ग्रामीण क्षेत्रों में इसका कोई असर नहीं होगा। शायद लोगों की परेशानी बढ़ ही जाय। पर प्रधानमंत्री ने कहा कि मुसलमानों के दृष्टिकोण को भी देखना पड़ेगा। उनका कहना है कि इस प्रकार के संशोधन का अर्थ होगा मुसलमानों के वैयक्तिक कानून में हस्तक्षेप करना। मुसलमानों ने आजकल इसको अपने एजीटेशन के कार्यक्रम में एक प्रमुख विषय बना रखा है। कई प्रतिनिधि-मंडल प्रधानमंत्री से इस संबंध में मिल चुके हैं। प्रधानमंत्री ने उन्हें आश्वासन भी दिया है कि वह मुसलमानों के वैयक्तिक कानून में कोई परिवर्तन नहीं करेंगी। और हुआ भी ऐसा ही है। दो-तीन साल पहले प्रधानमंत्री जी बहुत इच्छुक थीं कि बच्चों को गोद लेने के संबंध में एक विधेयक बन जाए। एक विधेयक संसद में प्रस्तुत भी किया जा चुका है। पर उसको विचार के लिए अभी तक केवल मुसलमानों के विरोध के कारण नहीं लिया गया है। इसी प्रकार इस वर्ष के आरंभ में जब संसद क्रिमिनल पोसीजर कोड पर विचार कर रही थी तो ऐसी एक अन्य घटना हुई। प्रधानमंत्री के ही निर्देश से कोड में यह प्रबंध किया जा रहा था कि परित्यक्ता स्त्रियों (divorced) को उनके पतियों द्वारा गुजारा मिलना चाहिए। मुसलमानों ने जब इसका विरोध किया तो मैंने गृहमंत्रालय के परामर्श से इस विषय को पूरी जाँच करके प्रधानमंत्री को प्रस्तुत किया था। वह सहमत थीं कि इस विरोध में कोई तथ्य नहीं है। उनकी उदार प्रकृति किसी दूसरे निर्णय पर पहुँच ही नहीं सकती थी। उदार प्रवृत्ति वाले मुसलमानों ने भी प्रधानमंत्री से यही आग्रह किया कि वह इस सुधार को अवश्य कोड में सम्मिलित करें। संसद ने धारा को स्वीकार भी कर लिया। जब विधेयक प्रायः अंतिम स्टेज पर था तो प्रधानमंत्री के कहने से इस प्रश्न को फिर से खोला गया। धारा को संशोधित करके अगले सत्र में पास कराया गया। प्रधानमंत्री कुछ दुखी अवश्य थीं, पर राजनैतिक स्वार्थ ने उदारता और सुधार पर विजय पाई। इस प्रकार के विषयों पर प्रधानमंत्री ने सदा कायरता का परिचय दिया है। आज भी शारदा एक्ट के संशोधन को स्थगित कर दिया गया। कई मंत्रियों ने कहा भी कि इस प्रकार तो मुसलमान समाज-सुधार से हमेशा वंचित रहेंगे, पर प्रधानमंत्री ने कुछ सुना नहीं। मैं मीटिंग के समय सोच रहा था कि तीन वर्ष पहले निर्देशात्मक सिद्धांत के आधार पर संविधान में संशोधन किया गया था। वाद-विवाद के समय सरकारी प्रवक्ता यह कहते हुए नहीं थके थे कि हमारे संविधान में निर्देशात्मक सिद्धांत का बहुत महत्त्व है—मूलभूत अधिकारों

से भी अधिक। इसी में से एक सिद्धांत है—'यूनीफार्म सिविल कोड' के संबंध में। सरकार इस ओर उदासीन क्यों है?

सरकार की उदासीनता से हानि हो रही है मुसलमान समाज को। अन्य इस्लामी देशों में इस संबंध में किसी प्रकार का व्यवधान नहीं है। केवल इस देश में ही यह बात है। मेरे बहुत से मित्र मुसलमान हैं। उनसे जब बातचीत होती है तो वे भी सरकार के इस दृष्टिकोण से बहुत दुखी हैं। उनका कहना है कि श्रीमती गांधी अपने राजनैतिक स्वार्थ के कारण मुसलमानों को समाज-सुधार से वंचित रखकर उनकी पृथकता को बनाए रखना चाहती हैं। चार साल पहले अमृत राय (प्रेमचंद जी के सुपुत्र) ने प्रधानमंत्री को इस विषय पर एक बहुत ही निर्भीक पत्र लिखा था और कहा था कि उनकी धर्मनिरपेक्षता सिद्धांतविहीन और निरर्थक है। अमृत राय को कोई भी कट्टरपंथी नहीं कह सकता। प्रधानमंत्री को वह पत्र बहुत बुरा लगा था। उन्होंने उसका कोई उत्तर नहीं दिया।

आज सुबह प्रधानमंत्री ने प्रो. धर और इंदर गुजराल से अपनी 29-12-70 की प्रेस कांफ्रेंस की रिपोर्ट के बारे में परामर्श किया।

16 नवंबर, 1974

आज पटना में कांग्रेस ने एक रैली और जनसभा का आयोजन किया था। आई.बी. की रिपोर्ट के अनुसार लगभग 30,000 आदमी उसमें भाग लेने आए। चार-पांच दिन पहले 11 तारीख को कम्युनिस्ट पार्टी, जिसका कांग्रेस से गठबंधन है, ने भी एक रैली का आयोजन किया था। उसमें लगभग 25,000 आदमी शामिल हुए थे। समाचार एजेंसियाँ अपनी अलग-अलग रिपोर्ट दे रही हैं। सरकार के सब प्रतिबंधों और अड़चनों के बाद जयप्रकाश के 4 तारीख के प्रदर्शन में 25,000 व्यक्ति थे। सरकार की पूरी शक्ति लगने पर भी आज केवल 30,000 आदमी इकट्ठा हुए। कई स्पेशल रेलगाड़ियाँ, बसें आदि चलाई गईं, पटना में विशेष प्रबंध किया गया, पर विशेष सफलता नहीं मिली। पर बिहार के कुछ कांग्रेसी जन जो आज दिल्ली में ही हैं, वे समझ रहे हैं कि उनका कार्यक्रम बहुत सफल हुआ है। प्रधानमंत्री को भी उन लोगों ने ऐसी ही रिपोर्ट दी है, ऐसा मुझे शारदा से पता लगा। मैंने आई.बी. की रिपोर्ट उन्हें भेज दी है। पर प्रधानमंत्री आई.बी. के कार्य से संतुष्ट नहीं हैं। और हर बात में उसकी रिपोर्ट पर विश्वास नहीं करतीं।

इस रैली की एक पृष्ठभूमि है। कुछ दिन पहले एक दिन जब बिहार के बारे में मेरी प्रधानमंत्री से बात हुई थी तो मैंने कहा था कि बिहार आंदोलन से केवल कानून और व्यवस्था के दृष्टिकोण से नहीं निपटा जाना चाहिए। कुछ राजनैतिक पहल भी कांग्रेस पार्टी को करनी चाहिए। दो-तीन दिन बाद प्रधानमंत्री ने इस प्रश्न को एक बैठक में उठाया, जिसमें कुछ मंत्री, वरिष्ठ कांग्रेसी नेता व कुछ अधिकारी

थे। कांग्रेस के एक महामंत्री, चंद्रजीत यादव ने यह प्रस्ताव रखा कि एक बड़ी रैली की जाय। बस राजनैतिक पहल के विषय पर सारी चर्चा इसी पर सीमित रही, और कोई सुझाव नहीं आया। यह है कांग्रेस का दिवालियापन, चिंतन के संबंध में। चंद्रजीत यादव से मेरा घनिष्ठ परिचय है। वह कम्युनिस्ट पार्टी छोड़कर कांग्रेस में करीब दस साल हुए आए हैं। पर कार्यक्रम के नाम पर वह अधिकतर रैली का प्रस्ताव ही रख दिया करते हैं। वे दिल्ली में भी कई रैली करवा चुके हैं। किस प्रकार से यह रैली आयोजित की जाती है, इसकी चर्चा न करना ही उपयुक्त होगा। देश पर गहरा आर्थिक संकट है, पर इस काम में कांग्रेस को पैसा नष्ट करने में जरा भी हिचक नहीं है, सरकारी साधनों का भी दुरुपयोग पूरा-पूरा होता है। दो-तीन महीने पहले दिल्ली में ऐसी एक रैली हुई थी। दिल्ली से लौटते समय रैली में भाग लेने वाले विद्यार्थियों ने कई स्टेशनों पर उत्पात किया, एक जगह पुलिस को गोली चलानी पड़ी। संसद में इसकी काफी चर्चा हुई। सरकार की इसमें नेकनामी नहीं हुई।

17 नवंबर, 1974

संसद भवन में आज पूरी शांति थी। दिन भर वहीं काम किया। कोई विशेष बात नहीं हुई। कंपनी लॉ विभाग को मारुति पर आने वाले सप्ताह में एक प्रश्न का उत्तर देना है। पत्रावली प्रधानमंत्री के अनुमोदन के लिए मेरे पास आयी। प्रश्न के एक भाग का उत्तर मुझे कुछ संतोषजनक नहीं लगा। प्रधानमंत्री को पत्रावली भेजने से पहले मैंने कंपनी लॉ विभाग के नारायणन से बात की। उन्होंने कहा कि मारुति ने रिजर्व बैंक रूल्स की अवहेलना तो की है, पर वह केवल टैक्निकल ही है। प्रश्न के उत्तर में और कुछ कहना उनके अनुसार संभव नहीं है। मैंने बात आगे नहीं बढ़ाई।

दोपहर बाद प्रधानमंत्री ने पत्रावली देखने के बाद पुछवाया कि क्या आवश्यक है कि सारी सूचनाएँ, जो कंपनी लॉ विभाग के पास हैं, वे उत्तर में दी जाएँ। वह यह भी चाहती थीं कि यदि पहले सात प्रश्नों में ही समय अधिक लग जाये तो यह प्रश्न मौखिक उत्तर के लिए नहीं आ सकेगा। मैंने उन्हें अपनी राय यही दी कि प्रश्न को देखते हुए पूरी सूचना देना उपयुक्त होगा; यह अवश्य है, वह प्रचार की दृष्टि से कुछ असुविधाजनक हो।

18 नवंबर, 1974

आज संसद में प्रश्नकाल के बाद राष्ट्रपति द्वारा धारा 359 के अंतर्गत प्रसारित आदेश को लेकर काफी गर्मा-गर्मी हुई। विरोधी दलों ने इसका काफी विरोध किया। इस आदेश का संबंध तस्करी रोकने के प्रयत्नों से है। संक्षेप में इस आदेश का अभिप्राय यह है कि जिस व्यक्ति को तस्करी (smuggling) के आरोप पर 'मीसा' में बंद किया जाय, वह अपने धारा 14, 21 व 22 में दिये गये मूलभूत अधिकारों की रक्षा के लिए

न्यायालय नहीं जा सकता। धारा 19 के अंतर्गत दिये गये अधिकारों के लिए न्यायालय जाना आपात्काल में पहले से ही बंद है। राष्ट्रपति को इस प्रकार का आदेश प्रसारित करने का अधिकार केवल आपात्काल में ही है।

देश में आपात्काल 3 दिसंबर, 1971 को घोषित किया गया था। उस दिन प्रधानमंत्री कलकत्ता गई हुई थीं, मैं भी उस दौरे में उनके साथ था। वहां उन्होंने एक विशाल जनसभा में भाषण किया। उसी समय यह समाचार मिला कि पाकिस्तान ने हमारी पश्चिमी सीमा पर आक्रमण कर दिया है। बंग्लादेश के स्वतंत्रता-संग्राम से इसका सीधा संबंध था। उस मीटिंग से हम सब सीधे डमडम हवाई अड्डे पहुँचे। वहाँ बिल्कुल अँधेरा था, ऐसा करना आवश्यक था। दिल्ली आते समय विमान पर अधिक समय मैंने प्रधानमंत्री के कक्ष में ही बिताया। सिद्धार्थ शंकर राय भी उनके साथ थे। वहीं से प्रधानमंत्री ने आदेश दिया कि वे दिल्ली पहुँचते ही सबसे पहले सेनाध्यक्ष (मानकशाँ), वायुसेनाध्यक्ष (लाल) व नौसेनाध्यक्ष (एडमिरल नंदा) से मिलेंगी। उसके बाद मंत्रिपरिषद् की बैठक होगी और बाद में वे विरोधी दलों के नेताओं से बातचीत करेंगी। पूरे मंत्रिमंडल के सदस्यों को भी बुलाया गया था। इन सबका प्रबंध वायुयान से ही किया गया। प्रधानमंत्री आकाशवाणी से राष्ट्र के नाम संदेश भी देना चाहती थीं। उसका प्रारूप भी सिद्धार्थ और मैंने तैयार किया। प्रधानमंत्री देर तक शांत भाव से एक पत्रिका पढ़ती रहीं। उन्हें तनिक भी बेचैनी या परेशानी नहीं थी। विमान में अपने कक्ष में पहुँचते ही प्रधानमंत्री ने मुझको बुलाया था और केवल एक वाक्य मुस्कुराते हुए कहा, 'सभी सेनाध्यक्षों का कहना है कि वे पूरी तरह तैयार हैं। देखें, अब वे क्या करते हैं? अपनी ओर से हमने पूरी कोशिश की कि स्थिति यहाँ तक न पहुँचे, पर अब तो और कुछ नहीं हो सकता।' दिल्ली पहुंचकर हम सब सीधे साउथ ब्लॉक गये। वहाँ कई मीटिंग हुईं। उसके बाद मैं प्रधानमंत्री के साथ आकाशवाणी भवन गया। रात को एक बजे घर पहुँचा।

युद्ध के समय जो आपात्काल की घोषणा की गई, वह अभी तक चल रही है। एक बार इसे उठाने के प्रश्न पर विचार काफी गंभीरता से हुआ। सरकार का सुझाव था कि आपात्काल की घोषणा समाप्त की जा सकती है, यदि विरोधी दल यह बात मान लें कि संविधान में संशोधन करके ऐसा आयोजन कर दिया जाए कि सरकार चाहे तो देश के किसी भाग में आपात्काल की घोषणा कर सके। अभी तो संविधान के अनुसार ऐसी घोषणा पूरे देश के लिए ही की जा सकती है। विरोधी दलों ने यह बात स्वीकार नहीं की। फलस्वरूप आपात्कालीन स्थिति बनी हुई है। कुछ दिन पहले प्रधानमंत्री ने अपने एक भाषण में कहा कि देश की आर्थिक स्थिति के कारण आपात्काल समाप्त नहीं किया जा सकता। पिछले सत्र में, संसद में विरोधी दलों ने यह प्रश्न उठाया कि संविधान में आर्थिक स्थिति और आपात्काल

का कोई संबंध नहीं है। फिर, आपातकाल की घोषणा बाहरी आक्रमण के कारण की गयी थी। गृहमंत्री ने संसद में एक वक्तव्य तो दिया पर किसी को उससे तसल्ली नहीं हुई। प्रधानमंत्री अक्सर अपने भाषणों में इस प्रकार की ग़लत बातें कह देती हैं। कठिनाई संबंधित मंत्रालय को होती है। ऐसी घटनाएँ तो कई बार हो चुकी हैं।

राष्ट्रपति के आदेश को लेकर जो गर्मा-गर्मी हुई उसमें दो बातों पर बल दिया गया। एक तो यह कि सरकार आपातकालीन घोषणा का दुरुपयोग कर रही है और दूसरे यह कि यदि इस घोषणा और मीसा का सहारा लेकर सरकार राजनैतिक विरोधियों के विरुद्ध ग़लत काम करेगी तो इसका क्या इलाज होगा। मधु लिमये ने स्पष्ट शब्दों में कहा कि हमें सरकार की नीयत पर संदेह है। वह और उनके साथी 1966 से, खास तौर से 1970 से, तस्करी के प्रश्न को उठा रहे हैं, पर सरकार ने कुछ नहीं किया। बात मधु लिमये ने झूठ नहीं कही। मैंने इस सचिवालय में 1970 में मधु लिमये व जार्ज फर्नांडीज़ के कई पत्र देखे थे। उनका उत्तर प्रधानमंत्री ने दिया था, पर उन पर कोई कार्यवाही नहीं की गयी। आपातकाल के संबंध में मधु लिमये ने कहा कि गृहमंत्री ने पिछली 4 तारीख को (4-11-74) यह घोषणा की थी कि आपातकाल समाप्त करने पर विचार किया जा रहा है। लोकसभा में यह भी कहा गया कि मारुति के कुछ साझेदार (shareholder) भी तस्करी के लिए बदनाम हैं।

आपातकाल पर अभी कुछ नहीं कहा जा सकता है। संसद का सत्र आरंभ होने से पहले मैंने प्रधानमंत्री से कहा था कि इस बार इस प्रश्न पर काफी चर्चा होगी। प्रधानमंत्री अभी आपातकाल नहीं हटाना चाहतीं। कारण कुछ विशेष नहीं है। यह न करना उनकी राजनीति में सहायक होगा, यही मुख्य कारण है।

इधर तस्करों के विरुद्ध कार्य करने में उन्होंने विशेष रुचि दिखाई है। कई महीने से प्रो. धर, गृहसचिव व अन्य वरिष्ठ अधिकारियों से इस संबंध में विचार-विमर्श करते रहे हैं। ये वरिष्ठ अधिकारी अन्य लोगों को विश्वास में नहीं लेना चाहते थे। मैंने प्रो. धर से कई बार कहा कि इस प्रकार से जो उपाय सोचे जाएँगे वे बहुत प्रभावकारी सिद्ध न होंगे पर इन लोगों ने कुछ सुना नहीं। और अंत में वही हुआ। बहुत से लोग जो मीसा में बंद किये गये, अदालतों से छूट गये। इसलिए अब राष्ट्रपति का आदेश प्रसारित किया गया है, जिसकी चर्चा मैंने ऊपर की है। यह भी विचार है कि इस संबंध में एक विधेयक भी पास किया जाएगा। पर कार्यान्वयन में विश्वास की कमी के कारण सफलता कितनी मिलेगी कहना कठिन है।

विश्वास की कमी प्रधानमंत्री से ही आरंभ होती है। इस बार जो कार्यवाही की गई, वह भी चुपचाप। पहले तो वित्तमंत्री को भी कुछ नहीं बताया गया। प्रो. धर और गृह सचिव ही आपस में परामर्श करते रहे। पिछले सत्र में वित्त राज्यमंत्री ने इसमें

कुछ रुचि दिखाई। बाद में मीसा के संशोधन होने पर उनके कुछ वक्तव्यों से, जिनमें प्रधानमंत्री को इस सबका श्रेय नहीं दिया गया था, नाराज होकर राज्य वित्तमंत्री (गणेश) को वित्त मंत्रालय से हटा दिया गया। जनता में इस बात की काफी चर्चा और आलोचना है। यह तो रही इस विषय विशेष की बात। वैसे भी प्रधानमंत्री की कार्य प्रणाली में विश्वास का बहुत स्थान नहीं है। कांग्रेस के विभाजन के समय जगजीवन राम, चव्हाण आदि ने उनकी पूरी मदद की। पर प्रधानमंत्री को उनमें तनिक भी विश्वास नहीं है। समय-समय पर मुझसे उनके खिलाफ बातें कहती रहती हैं। वे लोग भी इस बात को खूब समझते हैं। अधिकतर वे प्रशासन में कोई विशेष रुचि नहीं लेते। जो प्रधानमंत्री कहती हैं, उस पर किसी प्रकार की टीका-टिप्पणी नहीं करते हैं। इसका फल यह हुआ है कि प्रधानमंत्री को अपने वरिष्ठ सहयोगियों से जो परामर्श एवं सहायता मिलनी चाहिए, वह नहीं मिल रही है। प्रो. धर इसी बात से विशेष चिंतित रहते हैं। पर इसका बहुत कुछ दायित्व प्रधानमंत्री और उनके पूर्व सचिव (बाद में प्रमुख सचिव) हक्सर का है। जब चव्हाण को वित्तमंत्री बनाया तो 'रेवेन्यू इंटेलीजेंस' व 'एनफोर्समेंट' का काम उनके मंत्रालय से हटा कर अपने पास रख लिया। अंदर की बात यह है कि यह कार्य वास्तव में प्रशासनिक सुधार की दृष्टि से नहीं किया था, केवल इस आधार पर किया था कि इस प्रकार का नाजुक काम किसी और मंत्री के पास नहीं रहना चाहिए। प्रशासनिक दृष्टि से यह परिवर्तन बिल्कुल ग़लत किया गया। इससे कोई लाभ नहीं हुआ। उस समय प्रधानमंत्री आई. बी. भी अपने अधीन करना चाहती थीं, पर ऐसा इसलिए नहीं किया कि गृहमंत्रालय उन्होंने स्वयं ले लिया। कुछ महीने पहले मुझसे कह रही थीं कि आई.बी. भी अब उनके अधीन आ जाना चाहिए। मैंने उन्हें बताया कि मेरी दृष्टि में यह परिवर्तन क्यों अनुचित होगा। फिलहाल कोई निर्णय नहीं लिया गया है।

आज सी.पी.एन.सिंह प्रधानमंत्री से मिलने आये थे। जयप्रकाश एकाध दिन में दिल्ली आने वाले हैं। सी.पी.एन.सिंह ने बताया कि अंदर ही अंदर जयप्रकाश को समझाने के प्रयत्न प्रधानमंत्री कर रही हैं।

बिहार के ही संदर्भ में आज मुझसे बलिराम भगत मिले। 1971 से पहले ये प्रधानमंत्री के मंत्रिमंडल के सदस्य थे। सरकार में लगभग 17-18 साल रहे हैं। आजकल अनमने से घूमते हैं। मुझसे पूछने आये कि सरकारी सूचना के अनुसार पटना की कांग्रेस रैली में 16 तारीख को कितने आदमी सम्मिलित हुए। मैंने उनसे जब 30,000 की संख्या बताई तो उन्होंने कहा कि यह सूचना सही है। उन्होंने यह भी कहा कि कांग्रेस की रैली में पटना नगर से केवल 2000 व्यक्ति सम्मिलित हुए थे। उनके विचार से कांग्रेस को रैली से कोई विशेष लाभ नहीं होगा। कारण, सब प्रयत्न करने के बाद हम लोग केवल 30 हजार आदमी इकट्ठा कर पाये, जबकि सब अड़चनों के बाद जयप्रकाश ने अपने समर्थन के लिए 4 नवम्बर को 25,000

से अधिक आदमी एकत्रित किये। उन्होंने कहा कि इसमें तनिक भी संदेह नहीं होना चाहिए कि जयप्रकाश का आंदोलन नैतिकता का प्रतीक बन गया है। जनता को इसके साथ सहानुभूति है। जब मैंने कहा कि वे ये सब प्रधानमंत्री से क्यों नहीं कहते, तो उन्होंने कहा कि इससे कोई लाभ नहीं होगा। बात असल में यह है कि अप्रिय बातें ये लोग प्रधानमंत्री से नहीं कहना चाहते।

19 नवंबर, 1974

आज कोई विशेष बात नहीं हुई।

राज्यसभा में इस बात को लेकर काफी शोर हुआ कि वित्तमंत्री ने इस विषय में कोई सूचना नहीं दी कि प्रधानमंत्री की बहू श्रीमती सोनिया गांधी इंश्योरेंस एजेंट हैं या नहीं। वित्त मंत्री ने कहा कि उन्हें कोई जानकारी नहीं है। ठीक ही कहा होगा, अमुक व्यक्ति एजेंट है या नहीं, यह बात मंत्री या मंत्रालय को कैसे मालूम हो। संध्या को वित्त मंत्री ने मुझे बुलाया और वास्तविकता जाननी चाही। प्रश्न का महत्व इसलिए है कि विदेशी नागरिक एजेंट नहीं हो सकते। जब मैंने उनसे कहा कि मुझे इस संबंध में कोई जानकारी नहीं है तो उन्होंने कहा कि प्रधानमंत्री से पूछ कर उन्हें बता दूँ कि इस मामले में क्या करना है। थोड़ी देर बाद जब प्रधानमंत्री से मैंने बातचीत की तो उन्होंने कहा कि उन्हें कुछ नहीं मालूम। उनके हाव-भाव से मुझे लगा कि मालूम तो उन्हें अवश्य है, पर वे उस समय कुछ बताना नहीं चाहती थीं।

रात में घर पर एक बात हुई, जिसकी चर्चा करना अनुपयुक्त नहीं होगा। आजकल जगह-जगह दो विषयों पर बहुत बात होती है। एक, सरकार द्वारा तस्करों के विरुद्ध जो अभियान छेड़ा गया है और दूसरे दिन-प्रतिदिन लोकसभा में लायसेंस-कांड पर बहस। खाना खाने से पहले तस्करी पर बातचीत आरंभ हो गयी। जन-साधारण ने, ये दुर्भाग्य की बात है, इस संबंध में किये गये सरकार के कार्यों को शक की निगाह से देखा है। साधारणतया यह कहा जा रहा है कि यदि सरकार को कुछ करना था तो पहले क्यों नहीं किया। अब यह काम केवल इसलिए किया जा रहा है कि तस्करों से कांग्रेस के लिए कुछ धन इकट्ठा कर लिया जाये। इसी संदर्भ में किसी ने राष्ट्रपति द्वारा प्रसारित आदेश की भी आलोचना की। इस पर शिंजिनी (अभी वह पूरे 15 वर्ष की नहीं हुई है) ने कहा कि यदि सरकार कुछ नहीं करे, तो भी उसकी आलोचना होती है और जब वह तस्करों के विरुद्ध कड़ी कार्यवाही कर रही है, तब भी उसकी आलोचना हो रही है। आखिर लोग क्या चाहते हैं? इस पर पटनायक (इस्पात मंत्रालय के अंतर्गत 'सेल' के एक वरिष्ठ अधिकारी) ने कहा कि आलोचना का मुख्य कारण है कि लोगों को सरकार की नियत का भरोसा नहीं है और उससे भी बड़ी बात है कि राष्ट्रपति के आदेश ने कुछ लोगों के मूल भूत अधिकारों (Fundamental Rights) का हनन किया है। यह कभी भी

देश में नहीं हुआ। इतना सुनते ही शिंजिनी और अमित दोनों ज़ोर से कहने लगे, यह बात बिल्कुल ग़लत है। सरकार को मूलभूत अधिकारों को इस प्रकार नहीं छूना चाहिए। दोनों एकदम सभी मूलभूत अधिकारों का विवरण देने लगे। इसमें आश्चर्य की कोई बात नहीं, स्कूल में पढ़ा है। पर मुझे उनकी प्रतिक्रिया पर हर्ष हुआ। यदि नई पीढ़ी मूलभूत अधिकारों के प्रति इतनी सतर्क है और रहे तो देश का भला ही होगा।

आज फिर बलिराम भगत मेरे कमरे में आ गये। उन्होंने बताया कि कांग्रेस-रैली के बाद पटना में जयप्रकाश ने जो मीटिंग 18 तारीख को की, उसमें दो लाख से भी अधिक आदमी थे। इसी प्रसंग में उन्होंने यह भी कहा कि बिहार की वर्तमान सरकार इस आंदोलन का ठीक से सामना नहीं कर सकती। मैंने उन्हें फिर वही सलाह दी कि वे प्रधानमंत्री से क्यों नहीं स्पष्ट बात करते। पर उनकी बात से लगा कि उनमें ऐसा करने का साहस नहीं है।

20 नवंबर, 1974

कल प्रधानमंत्री ने कहा कि गृह, विधि व वाणिज्य मंत्री आपस में परामर्श करके यह निश्चित कर लें कि आज वे संसद में लायसेंस कांड के संबंध में क्या वक्तव्य देंगे। इन तीन मंत्रियों ने अपनी बैठक आज प्रातः 9 बजे रखी थी। मुझे भी उसमें आना पड़ा। आधे घंटे के विचार-विमर्श के बाद इन सबके वक्तव्यों की रूपरेखा निश्चित हो गयी। प्रधानमंत्री को भी बता दिया गया। पर मुझे ऐसा लगा कि गृहमंत्री ने इस प्रसंग को इतनी गंभीरता से नहीं लिया है, जितना कि सरकार की ओर से आवश्यक है। कारण स्पष्ट है कि उनका इसमें मन बिल्कुल नहीं है। फिर वे अपने मंत्रालय के अधिकारियों और मुझसे कई बार कह चुके हैं कि बात केवल इतनी नहीं है, जितनी सी.बी.आई. की रिपोर्ट से पता चलती है। उनके विचार से लायसेंस देने में ललित नारायण का बड़ा हाथ है।

संध्या को प्रधानमंत्री के कमरे में इसी विषय पर बात हुई। आज इन मंत्रियों के वक्तव्य नहीं हो पाये। विरोधी दलों के नेताओं की बात सुनकर स्पीकर ने इस विषय पर आगे की चर्चा कल के लिए स्थगित कर दी। मंत्री स्वयं अपनी बात कहने से पहले प्रधानमंत्री से मिलना चाहते थे। पर आश्चर्य की बात यह हुई कि इस बैठक में गृहमंत्री ने अपनी कोई शंका व्यक्त नहीं की। उन्होंने प्रधानमंत्री को यही आभास दिया कि मामला साधारण है और उनके वक्तव्य के बाद बात समाप्त हो जानी चाहिए। मुख्य विषय पर विरोधी पक्ष वाद-विवाद की माँग करेगा। उसको स्वीकार करके उनके प्रस्ताव को बहुमत से हरा दिया जाएगा।

मीटिंग में प्रधानमंत्री ने कहा कि पार्टी के काफी सदस्य इस बात पर बल दे रहे हैं कि इस मामले को पिछले सत्र में ही प्रिवलेज कमेटी को सौंप देना चाहिए

था। उन्होंने बात इस ढंग से कही कि चाहती तो वह भी यही थीं पर उनको ऐसा करने से रोका गया। वास्तविकता बिल्कुल इसके विपरीत है। यह निर्णय कि इस या इससे संबंधित किसी मामले को कमेटी आदि को नहीं सौंपना चाहिए, स्वयं प्रधानमंत्री ने लिया था। इसके लिए उन्होंने कई मीटिंग भी की थीं। निर्णय इसलिए लिया गया था कि स्वर्ण सिंह ने लायसेंस की पत्रावली का अध्ययन करके प्रधानमंत्री को यह बताया था कि यदि पत्रावली कमेटी ने देखी--और देखेगी वह अवश्य, यदि मामला उसे सौंपा गया--तो ललित नारायण के खिलाफ काफी मसाला मिल जाएगा। इसी निर्णय के कारण सरकार की स्थिति पिछले सत्र के अंतिम दिनों में इतनी हास्यास्पद हो गई कि एक साप्ताहिक पत्र 'प्रतिपक्ष' ने संसद सदस्यों की जी खोल कर निंदा की, उनको भला-बुरा सबकुछ कहा, पर विरोधी दलों ने जब इस पत्र के संपादक आदि के मामले को प्रिवलेज कमेटी को सौंपने का प्रस्ताव किया तो सरकार ने इसका विरोध किया। कांग्रेस पार्टी के सदस्यों को अंदर ही अंदर यह बात बुरी लगी थी। सेंट्रल हाल में कुछ लोग काफी स्पष्ट बात भी करते थे, पर प्रधानमंत्री से कोई नहीं कहना चाहता था। अब कुछ लोग कहने का प्रयास कर रहे हैं। अपने स्वभाव के अनुसार ओम मेहता प्रधानमंत्री को उकसा भी रहे हैं, इसकी सूचना भी मुझे मिली है। प्रधानमंत्री चिंतित हैं, पर इस कारण को प्रबल नहीं होने देना चाहतीं कि यह सब उनके निर्णय के कारण हो रहा है। इसीलिए वे इस तरह से आज बात कर रही थीं। लोकसभा के आज के वाद-विवाद से स्पष्ट है कि विरोधी पक्ष का लक्ष्य ललित नारायण मिश्र हैं। प्रधानमंत्री का अभी तक रुख यह है कि ललित के खिलाफ़ कुछ न हो।

लोकसभा में आज नगालैंड पर कई सवाल थे। गृहमंत्री को उत्तर देना था। पर प्रधानमंत्री ने बड़ी कुशलता से हस्तक्षेप कर सरकार की नीति का स्पष्टीकरण किया। मैं अरसे से गृह मंत्रालय को यह परामर्श दे रहा हूँ कि अवसर मिलते ही यह घोषणा करनी चाहिए कि सरकार अंडरग्राउंड से कोई बातचीत करने को तैयार नहीं है। यह और भी अच्छा है कि यह कार्य प्रधानमंत्री द्वारा हुआ।

21 नवंबर, 1974

लोकसभा में आज भी प्रश्नकाल के बाद लायसेंस-कांड पर विवाद खड़ा हुआ। प्रतिदिन विरोधी पक्ष नई बातें लेकर सामने आ रहे हैं। कांग्रेस पार्टी बहुत खिन्न है। अंदर ही अंदर रोष भी है कि पार्टी की इतनी बदनामी केवल एक व्यक्ति को बचाने के लिए हो रही है। पर सदस्यों में इतना साहस नहीं है कि खुल कर कुछ कह सकें।

संध्या को देवेन्द्र सेन लायसेंस-कांड के बारे में बात करने आये। सी.बी.आई. के संचालक होने के नाते वे इस प्रश्न से संबंधित हैं और आजकल गृहमंत्री को

सलाह भी देते हैं। मेरी उनसे मित्रता बहुत पुरानी है। वे उत्तर प्रदेश के पुलिस अधिकारी हैं। जब मैं बरेली में नियुक्त था (1952-53) तब उनके पिता जो वहाँ के जाने-माने वकील थे, मेरे पड़ोसी थे। बड़े सरल स्वभाव के स्नेही व्यक्ति थे। लायसेंस संबंधी बात समाप्त करके वे तस्करी के बारे में बात करने लगे। उनका कहना है कि सरकार ने इस संबंध में बिना हर पहलू पर विचार किये काम किया है, जिसके कारण परिणाम बहुत अच्छे नहीं हो रहे हैं। इसी समय प्रो. धर भी वहाँ आ गये। बात तस्करी की चलती रही। इसी प्रसंग में देवेन्द्र सेन ने कुछ कागजों की चर्चा की जो उन्होंने प्रो. धर को भेजे थे। उनसे यह स्पष्ट है कि जय इंदर सिंह को झूठा केस बना कर गिरफ्तार किया गया है। गिरफ्तारी केवल राजनैतिक कारणों से हुई। जय इंदर सिंह काफी बदनाम व्यक्ति हैं, यह सबका कहना है। पर कांग्रेस में वे ज्ञानी जैल सिंह (पंजाब के मुख्यमंत्री) के गुट के नहीं हैं। उनको पकड़ने के लिये पंजाब पुलिस ने झूठे कागज बनाये हैं। प्रो. धर सेन के कागजों को पढ़ चुके हैं। उन्होंने कहा कि यदि सी.बी.आई. की रिपोर्ट स्वर्ण सिंह के हाथ पड़ जाय तो बात बहुत बिगड़ जाएगी। केंद्रीय मंत्री स्वर्ण सिंह और जैल सिंह की आजकल अनबन है और जय इंदर सिंह स्वर्ण सिंह के गुट में हैं। ग़लती होते हुए भी जय इंदर सिंह को छोड़ना संभव नहीं है, क्योंकि लोग कहेंगे कि कांग्रेस सदस्य होने के कारण उनको छोड़ दिया गया। प्रो. धर का कहना है कि प्रधानमंत्री इसी कारण जैल सिंह से कुछ नहीं कह सकतीं।

यदि आपसी झगड़े के कारण कांग्रेसी मुख्यमंत्री अपनी ही पार्टी के एक सदस्य को तस्करी के आरोप में बंद कर सकते हैं, तो फिर विरोधी दलों का कहना कि सरकार इस विधेयक के अंतर्गत अपने राजनैतिक विरोधियों के विरुद्ध कार्यवाही करेगी, असंगत नहीं लगता। आज यह है सरकार का नैतिक स्तर!

22 नवंबर, 1974

प्रधानमंत्री आज नरौरा गयी हैं। कल सुबह वापस आयेंगी। नरौरा बुलंदशहर जिले का एक रमणीय स्थल है। वहाँ कांग्रेस का एक शिविर आज से शुरू हुआ है। यह शिविर 28 तारीख को समाप्त होगा। प्रधानमंत्री कल वापस आकर परसों दिन भर के लिए फिर नरौरा जायेंगी।

लोकसभा में प्रश्नकाल के बाद तुलमोहन राम फिर छा गये। वर्धन और मैंने गृहमंत्री को कुछ सुझाव सुबह दिये थे। हमारे अनुसार उनको यह कहना चाहिए था कि सी.बी.आई. की रिपोर्ट सरकार को प्राप्त नहीं हुई है। सत्य भी यही है। विवाद बढ़ते समय भी वर्धन ने गृहमंत्री को संदेश भेजा कि ऊपर कही बात को स्पष्ट कर दें। उनको एक प्रारूप भी बना कर दे दिया गया था, पर गृहमंत्री ने उसे पढ़ना उपयुक्त नहीं समझा। अधिकारी कक्ष में बैठे वर्धन और मैं आश्चर्य में थे कि गृहमंत्री

ऐसा दृष्टिकोण क्यों अपना रहे हैं। बात बाद में स्पष्ट हुई। उस समय उन्होंने यही कहलवाया कि वे प्रधानमंत्री से परामर्श किये बिना कुछ नहीं कहेंगे। यह है आजकल मंत्रियों की लाचारी और अकर्मण्यता!

जब दोपहर के भोजन के लिए सभा विसर्जित हुई, तब गृहमंत्री ने कहा कि सदन बिना रिपोर्ट देखे नहीं मानेगा। मेरे कहने पर कि रिपोर्ट है कहाँ, उन्होंने उत्तर दिया कि यदि रिपोर्ट नहीं है, तो सी.बी.आई. को सोमवार से पहले एक रिपोर्ट तैयार करनी होगी। काफी वाद-विवाद हुआ। हम सबकी (वर्धन, सेन और मैं) बात अस्वीकार करते हुए गृहमंत्री ने निश्चय किया कि वे स्पीकर के ऊपर सारी बात डाल देंगे। सी.बी.आई. अपनी हर जाँच की एक निजी रिपोर्ट तैयार करती है। वर्धन को और मुझे इसका पता नहीं था। गृहमंत्री ने इस रिपोर्ट को बिना पढ़े अपनाकर स्पीकर को पत्र भेज दिया।

लोकसभा के विवाद में आज प्रधानमंत्री की बहुत आलोचना की गयी। सदस्यों ने मंत्रियों की प्रताड़ना की कि वे प्रधानमंत्री की अनुपस्थिति में निर्णय लेने में असमर्थ हैं। इसीलिए सदन में चुप बैठे हैं। प्रधानमंत्री के लिए कहा कि वे सदन में आना पसंद ही नहीं करतीं। बुधवार के (जब प्रधानमंत्री के प्रश्न होते हैं) अतिरिक्त सदन में शायद ही कभी आती हों। इस पर भी बल दिया गया कि पंडित जी जब प्रधानमंत्री थे, वे सदन को काफी समय देते थे। प्रधानमंत्री सदन की नेता हैं पर उस पद के दायित्व को बिल्कुल नहीं निभा रही हैं।

विरोधी दलों ने एकमत यह सब बातें कहीं। इसमें सत्य काफी है। प्रधानमंत्री संसद के सदनों में प्रायः न के बराबर जाती हैं। विरोधी नेताओं से भी औपचारिक संबंध कटता जा रहा है। पिछले बजट सत्र में मैंने स्वयं उनका ध्यान इस ओर दिलाया था। उनके कहने पर मैंने उन्हें एक नोट भी दिया था कि स्थिति में सुधार लाने के लिए क्या करना चाहिए। प्रधानमंत्री ने कुछ प्रयत्न भी किये। पर विरोधी नेताओं का रुख कुछ ऐसा रहा कि बात आगे बढ़ी नहीं। दोष केवल प्रधानमंत्री का नहीं है।

मैं जानता था कि प्रधानमंत्री इस बात से प्रसन्न नहीं होंगी कि गृहमंत्री ने सी.बी.आई. रिपोर्ट प्रकाशित, (शर्तों के साथ ही सही) करने की बात सोची और स्पीकर को पत्र लिखा। पर मैं कर भी क्या सकता था। मैंने यही उचित समझा कि जाकर सारी बात प्रो. धर को बता दूँ। रात को घर आने से पहले मैं उनके घर गया। वे भी दुखी हैं कि लोकसभा और जन साधारण में सरकार की दुर्गति हो रही है। मुझसे कहने लगे कि एक लाश को कांधे पर लिये-लिये प्रधानमंत्री कब तक घूमेंगी।

23 नवंबर, 1974

प्रधानमंत्री नरौरा से सुबह लौट आयीं। कल फिर कुछ घंटों के लिए जायेंगी। आज वापस आना इसलिए आवश्यक था कि विदेश से एक प्रधानमंत्री आये हुए हैं। उन्हीं से संबंधित कार्यक्रमों में प्रधानमंत्री अधिकतर व्यस्त रहीं। मेरी उनसे भेंट नहीं हुई। पर प्रो. धर ने उन्हें कल की घटनाओं की जानकारी दे दी है। यह मुझे उन्होंने फोन पर बताया।

रात में डॉ. दीश के घर प्रीतिभोज था। डॉ. दीश से मेरा परिचय 24 वर्ष पहले हुआ था, जब मैं आई.ए.एस. के प्रशिक्षण के लिए मैटकाफ हाउस आया था। वे आई.ए.एस. स्कूल के डाक्टर थे। अब डब्ल्यू.एच.ओ. में अच्छे पद पर हैं, नई दिल्ली में ही नियुक्ति हो गयी है। उनके यहाँ डब्ल्यू.एच.ओ. के कई विदेशी अधिकारियों से भेंट हुई। उनमें से मैं केवल एक की चर्चा यहाँ करूँगा। वे हैं डॉक्टर लोनान। वे दक्षिणी पूर्व एशिया में लगभग बीस साल से काम कर रहे हैं। भारतवर्ष में दूसरी बार उनकी नियुक्ति हुई है। मेरा परिचय कराते समय उनको बताया गया कि मैं प्रधानमंत्री के सचिवालय में काम करता हूँ। फिर तो उन्होंने मुझसे प्रधानमंत्री के अतिरिक्त किसी और विषय पर बात ही नहीं की।

कुछ मेरे कार्य के संबंध में प्रश्नों के बाद उन्होंने मुझसे कहा कि मैं उस दिन की प्रतीक्षा में हूं जब मारुति कार सड़क पर आयेगी। कह कर मुझसे पूछने लगे कि मेरी क्या सूचना है। जब मैंने उनसे कहा कि इस विषय से प्रधानमंत्री सचिवालय का कोई संबंध नहीं है तो उन्होंने अपने प्रश्न का स्वयं ही उत्तर दिया कि यह कार कभी नहीं बन पायेगी। आगे उन्होंने यह भी कहा कि प्रधानमंत्री की सारी कठिनाइयों की जड़ उनका छोटा पुत्र संजय है। उस पर माँ का कोई नियंत्रण नहीं है। उन्होंने यह भी कहा कि इस देश के नैतिक आचरण में जो गिरावट हुई है, उसका काफी दायित्व इंदिरा गांधी का है। मैं उनसे बहस में उलझना नहीं चाहता था। चुपचाप दूसरी तरफ चला गया। बड़े क्षोभ की बात है कि देश के प्रधानमंत्री के बारे में विदेशी इस प्रकार की बात करें।

24 नवंबर, 1974

पहले मेरा विचार था कि आज नरौरा के बारे में कुछ लिखूँ, पर आज की गतिविधियों के कारण उस पर कल लिखना ही उपयुक्त होगा। आज लायसेंस-कांड में ही ऐसी गतिविधियाँ हुईं कि छुट्टी होते हुए भी मेरा सारा दिन उसी में नष्ट हुआ।

काफी सुबह प्रो. धर का फोन आया। उन्होंने पूछा कि स्पीकर ने गृहमंत्री को जो पत्र लिखा है, उसके उत्तर के लिए क्या हो रहा है। बात साधारण थी पर प्रसंग जब आगे बढ़ा, तो यह स्पष्ट हुआ कि मुझे जिस बात की आशंका थी, वह हो गई है अर्थात् प्रधानमंत्री गृहमंत्री के पत्र से बहुत रुष्ट हैं। पर मुझे आश्चर्य दो बातों

पर हुआ। पहली तो यह कि जब प्रधानमंत्री को कल सब कुछ मालूम हो गया था तो अप्रसन्नता 24 घंटे बाद क्यों? और दूसरी बात यह कि अपने सचिवालय से अप्रसन्न होने का कोई कारण नहीं। प्रो. धर की बातों से मुझे लगा कि प्रधानमंत्री की यह धारणा है कि गृहमंत्री ने यह पत्र मेरे कहने पर लिखा था। प्रो. धर ने मुझे अपने घर बुलाया। आज शारदा के घर सुबह 11 बजे पार्टी थी। कहा दोनों साथ चलेंगे।

प्रो. धर के घर पर लायसेंस-कांड पर शुरू से फिर चर्चा हुई। वैसे परसों रात मैंने उन्हें सब बातें विस्तार से समझा दी थीं। पर आज यह फिर करना आवश्यक हो गया था क्योंकि उनकी बात से स्पष्ट हो गया था कि प्रधानमंत्री से विभिन्न लोगों ने तरह-तरह की बातें कही हैं। मुझे उस समय हक्सर साहब की बात बार-बार याद आ रही थी कि प्रधानमंत्री 'श्रुति' में विश्वास करती हैं, स्मृति में नहीं। मुझे यह भी बुरा लग रहा था कि ओम मेहता जैसे लोग जो स्वयं किसी बात की गहराई नहीं समझ पाते केवल चाटुकारी के लिए प्रधानमंत्री को ग़लत बातें बताते हैं। प्रो. धर ने उस समय विशेष खुलकर बात नहीं की। केवल यह कहा कि प्रधानमंत्री की बौखलाहट बढ़ गई है और इसका कारण है ललित को बचाने की उनकी तीव्र इच्छा। पर प्रो. धर को इसमें तनिक भी संदेह नहीं था कि हमारे सचिवालय ने या मैंने गृहमंत्री को कोई ग़लत परामर्श दिया। फिर भी कार्यालय आने पर लायसेंस संबंधी पत्रादि मैंने तरतीब से लगाकर प्रो. धर को भेज दिये।

सायंकाल यकायक प्रो. धर संसद भवन में, जहाँ आज बिल्कुल सन्नाटा था, मेरे कमरे में आये। मैंने, जो पत्रादि उन्हें भेजे थे, मुझे वापस किये और निश्चिंत होकर बैठ गये। वह प्रधानमंत्री से, जो नरौरा सुबह जाकर साढ़े तीन बजे तक वापस आ गयी थीं, मिलकर आ रहे थे। सबसे पहले उन्होंने मुझसे कहा कि प्रधानमंत्री से बात करने के बाद उन्होंने यह निर्णय किया है कि नवंबर 1975 से पहले वे हमारे सचिवालय को छोड़ने की बात नहीं करेंगे। न तो मंत्री और न ही सरकारी अधिकारी प्रधानमंत्री से स्पष्ट बात करने की हिम्मत करते हैं और उनका हाल यह हो रहा है कि जिसने जो कुछ कह दिया उस पर विश्वास कर लिया। इस प्रकार से बड़ी हानि हो सकती है। वे कम से कम प्रधानमंत्री को ग़लत-सही बात तो बता सकते हैं। फिर उन्होंने बताया कि प्रधानमंत्री से पता नहीं क्या-क्या कह दिया गया था, पर क्रमानुसार सब बातें बताने और पत्रादि दिखाने पर उन्हें मालूम पड़ा कि उनके मंत्रियों में उनसे सच बात कहने तक की शक्ति नहीं रह गयी है। उन्हें प्रो. धर की बात से यह भी विश्वास हुआ कि अधिकारियों ने गृहमंत्री को कोई ग़लत राय नहीं दी थी। मुझे इस बात से काफी संतोष हुआ।

प्रो. धर मुझसे बड़ी देर तक बात करते रहे, विशेषकर ललित और धवन के बारे में। मुझे विधिमंत्री के घर जाना था। उसमें कुछ देर भी हो गयी। प्रो. धर का

ललित नारायण मिश्र के बारे में निश्चित मत है, जो तनिक भी ग़लत नहीं है। वे इस बात पर काफी दुखी हैं कि प्रधानमंत्री ललित को संरक्षण देने में अपना व सरकार दोनों का अनिष्ट कर रही हैं। उन्हें इस बात का भी दुख है कि पुनर्गठन के समय मेरे और उनके ललित को मंत्रिमंडल से अलग करने के सभी प्रयत्न विफल हो गये। आज इस विषय पर वे काफी देर तक बात करते रहे।

ललित से हट कर बात धवन पर आ गयी। जब वे प्रधानमंत्री निवास से चलने लगे तो धवन उनके पास आ गये। धवन प्रधानमंत्री के एक अतिरिक्त निजी सचिव हैं। वे कपूर, जो अब राज्यसभा के सदस्य हैं, के रिश्ते में भाई हैं। उन्हीं के माध्यम से प्रधानमंत्री सचिवालय में उनका प्रवेश हुआ। इन दोनों महानुभावों का हमारी सचिवालय में विशेष हाथ रहा है और आज भी है। धवन का प्रधानमंत्री पर बहुत असर है। हक्सर साहब का प्रधानमंत्री से तनाव होने में धवन कारण भी था और उसका हाथ भी था। पिछले वर्ष जब उसका असर बढ़ना शुरू हुआ और इधर-उधर वह चर्चा का विषय भी बनने लगा तो प्रो. धर ने मुझसे कहा था कि वे भरपूर प्रयत्न करेंगे कि धवन का असर समाप्त हो जाये। उन्होंने बहुत कुछ किया, पर तनिक भी सफलता नहीं मिली। कुछ महीने पहले एक दिन बहुत उदास होकर मुझसे बोले, "बिशन, मैं पूरी तरह हार गया। प्रधानमंत्री धवन के खिलाफ़ एक शब्द भी सुनने को तैयार नहीं हैं।" उसी दिन उन्होंने मुझसे यह भी कहा था कि उन्होंने यह निश्चय किया था कि वे दिल्ली के मामलों पर प्रधानमंत्री से कभी बात नहीं करेंगे और मुझसे भी वचन लिया कि मैं भी ऐसा ही करूँ। बात कुछ अनुचित नहीं कही थी उन्होंने। यदि इस बात का निर्णय धवन करें कि दिल्ली का उपराज्यपाल, मुख्य सचिव, डिप्टी कमिश्नर कौन हो, तो हम लोगों को कुछ भी कहने की क्या आवश्यकता?

इसके अतिरिक्त प्रो. धर इस बात से भी क्षुब्ध हैं कि जिन विषयों को धवन समझता तक नहीं उन पर भी वह प्रधानमंत्री को राय देता है और उसकी ग़लत-सही बातों की भी काफी वक़्त है। उन्होंने कहा कि उन्हें शारदा की यह बात बहुत पसंद आयी कि प्रधानमंत्री बहुत से मामलों में advice tendered at the lowest level पर काम करती हैं। शारदा यह बात अक्सर हँसी में कहता है। हमारे सचिवालय की एक विशेषता यह है कि वरिष्ठ अधिकारी आपस में एक-दूसरे से काफी खुल कर बात करते हैं।

प्रो. धर के जाने के बाद मैं विधिमंत्री के घर गया। वहाँ सब दिग्गज जमा थे—कई केंद्रीय मंत्रियों के अतिरिक्त सिद्धार्थ शंकर राय भी थे। एडीशनल सोलीसिटर जनरल नारीमन को भी कुछ देर के लिए बुलाया गया। ये सब मिलकर गृहमंत्री द्वारा स्पीकर को भेजे जाने वाले पत्र का प्रारूप तैयार कर रहे थे। बाहर एक अन्य कमरे में हम कई अधिकारी अपना समय नष्ट कर रहे थे। अंदर क्या हुआ,

इसका सबसे अच्छा विवेचन गृहमंत्री ने किया। बीच में एक बार बाहर आकर उन्होंने वर्धन से कहा कि कल जो प्रारूप उन्होंने (वर्धन) दो पृष्ठों में बनाया था, उसी को अंदर सबने मिलकर छः पृष्ठ में बढ़ा दिया है।

गृहमंत्री ने मुझे अलग ले जाकर यह कहा कि राजनैतिक दृष्टि से उनका स्पीकर को पत्र भेजना बहुत हितकर हुआ है। उन्होंने यह भी कहा कि उन्होंने प्रधानमंत्री से भी यह बात कह दी है। यह तो मुझे बाद में विधिमंत्री से पता लगा कि जब प्रधानमंत्री ने उनसे पूछा तो उन्होंने अपने पत्र का सारा दायित्व वर्धन और मुझ पर डाला। गृहमंत्री को ऐसा नहीं करना चाहिए था।

विधिमंत्री के घर से रात्रि के 9 बजे मैं घर न आकर कार्यालय ही गया। उस समय मैंने यही उचित समझा कि जब देश के वरिष्ठ मंत्रियों में आज इतना भी साहस नहीं रहा है कि प्रधानमंत्री से सब सच बात बता सकें तो मुझे तो पूरी बात प्रधानमंत्री को बता देनी चाहिए। विस्तार से एक नोट लिखा। वर्धन दो-तीन दिन से गृहमंत्री को जो परामर्श दे रहे थे, उन टिप्पणियों की प्रतियाँ नत्थी की और नोट प्रधानमंत्री के पास भेज दिया।

25 नवंबर, 1974

लोकसभा में लायसेंस-कांड धीरे-धीरे गंभीर रूप लेता जा रहा है। दो बातें आज सरकार के पक्ष के लिए अच्छी रहीं। एक तो विधिमंत्री का वक्तव्य और दूसरे चर्चा के समय सदन में प्रधानमंत्री की उपस्थिति। यहाँ यह कहना अनुपयुक्त नहीं होगा कि प्रधानमंत्री को सदन में जाने के लिए मैंने ही तैयार किया था। संसद कार्य के मंत्री (रघुरमैय्या) व राज्यमंत्री (ओम मेहता) दोनों ने प्रधानमंत्री को यही राय दी थी कि उन्हें लायसेंस-कांड की चर्चा के समय सदन में नहीं जाना चाहिए। प्रधानमंत्री ने मुझसे प्रश्न भी किया कि यदि एक बार सदन में फंस गयीं, तो बहुत समय नष्ट होगा। मैंने कहा कि यह संभव है, पर उनकी वहाँ उपस्थिति आवश्यक है।

लायसेंस-कांड की बात जो संभल नहीं रही है, उसका मुख्य कारण हैं स्पीकर। वे स्वयं कोई निर्णय नहीं लेना चाहते और जब कभी कोई निर्णय लेते हैं तो उससे बात उलझ जाती है, सुलझती नहीं।

आज संध्या को विधिमंत्री से मिलने फिर जाना पड़ा। पर कारण लायसेंस-कांड नहीं, मारुति था। मारुति पर कुछ प्रश्न पूछे गये हैं। विधिमंत्री को उनका उत्तर देना है। उत्तर तो वे दे देंगे, पर वे प्रधानमंत्री की नोटिस में यह लाना चाहते हैं कि मारुति में कुछ अनियमितताएँ हो रही हैं और जब कंपनी लॉ बोर्ड के रीजनल डायरेक्टर ने प्रधानमंत्री के पुत्र से इस संबंध में बात की तो उसने अभद्र व्यवहार किया और कहा कि मेरे ऊपर कोई कानून नहीं लागू होता, मेरा कानून केवल ईश्वर है। विधिमंत्री ने कहा कि समझ में नहीं आया कि वह क्या कहना चाहता था।

इसी संदर्भ में जब बात आगे बढ़ी तो विधिमंत्री ने मुझसे पूछा कि प्रधानमंत्री ललित नारायण मिश्र को बचाने में क्यों लगी हैं। उनके विचार से इससे प्रधानमंत्री की ही हानि हो रही है। यदि उनका सुझाव कि भारत सेवक समाज के विषय पर ललित को लेकर एक जाँच कमेटी की नियुक्ति हो जाये, मान लिया गया होता तो संसद में सरकार को इतनी कठिनाई उठानी नहीं पड़ती। लेकिन क्योंकि यह सुझाव नहीं माना गया, वे इस संबंध में प्रधानमंत्री से अब बात नहीं करना चाहते। उन्हें स्पष्ट है कि ललित के मामले में वे कोई अप्रिय बात नहीं होने देंगीं।

विधिमंत्री ने मुझे यह भी बताया कि प्रधानमंत्री के कहने पर उन्होंने पालकीवाला से बात की है। पालकीवाला, प्रधानमंत्री की ओर से उनके विरुद्ध चल रही निर्वाचन याचिका में वकील के रूप में भाग लेने को तैयार हैं। प्रधानमंत्री और उनके निकट के लोग इस याचिका के बारे में चिंतित हैं।

नरौरा के बारे में कल नहीं लिखा। जयप्रकाश के आंदोलन में जब तीव्रता आयी तो प्रधानमंत्री की परेशानी बढ़ी। कांग्रेस पार्टी की कार्यकारिणी में यह निश्चय किया गया कि नरौरा में पार्टी के प्रमुख नेताओं का एक कैम्प होना चाहिए। यह कैम्प पिछले तीन दिनों में हुआ। प्रधानमंत्री ने इसमें 22 व 24 तारीख को भाग लिया। आज सुबह समाचार पत्रों में नरौरा में स्वीकृत एक तेरह सूत्रीय कार्यकम की बहुत चर्चा है। नरौरा में यह घोषणा की गयी है कि पार्टी को सक्रिय बनाने और जनता को दिये गये आश्वासनों को पूरा करने के लिए यह कार्यक्रम अपनाया जा रहा है।

यह 13 सूत्रीय कार्यक्रम सच पूछा जाये तो बड़ा ही हास्यास्पद है। ऐसा लगता है कि कांग्रेसी नेता अभी तक नहीं समझ पाये हैं कि जन साधारण में असंतोष किस कारण से है। और इससे भी अधिक हास्यास्पद यह है कि वे समझते हैं कि इस प्रकार के प्रचारात्मक कार्यक्रम से जनता को बेवकूफ बनाया जा सकता है। सन् 1971 में प्रधानमंत्री ने एक नारा दिया था—"गरीबी हटाओ'। क्या हुआ उसका? वास्तविकता यह है कि तब से गरीबी बढ़ी ही है, घटी नहीं। प्रधानमंत्री पर इसका बहुत बड़ा दायित्व है। इस कार्यक्रम से यह स्पष्ट है कि कांग्रेस ठोस काम करने के लिए तैयार नहीं है।

इस कार्यक्रम में एक बात और स्पष्ट है कि कांग्रेस न तो भ्रष्टाचार के प्रति सजग हुई है और न निर्वाचन सुधार के प्रति। जयप्रकाश के आंदोलन के यही दो मुख्य नारे हैं। सबसे बड़ी क्षोभ की बात यह है कि भ्रष्टाचार के प्रश्न को प्रधानमंत्री कुछ महत्त्व ही नहीं देतीं। अपने भाषणों में उसकी चर्चा करती हैं, कभी मज़ाक उड़ाती हैं। असल बात यह है कि राजनीति आज भ्रष्टाचार पर ही आश्रित है। उनके वक्तव्यों आदि से एक ही धारणा बनती है कि वे भ्रष्टाचार दूर करने के उपाय नहीं सोच रही हैं, वे केवल यह जानने में लगी हैं कि भ्रष्टाचार क्यों दूर नहीं हो रहा है।

इस संदर्भ में वे जयप्रकाश के विरुद्ध भी (बिना उनका नाम लिए) बहुत कुछ कह देती हैं। जयप्रकाश से भेंट के बाद उन्होंने जो मुझसे बात की, उसमें उन्होंने यही चित्र प्रस्तुत किया कि जयप्रकाश की भ्रष्टाचार निवारण में इतनी रुचि नहीं है जितनी बिहार विधानसभा के विघटन में। समाचारपत्रों और आई.बी. की रिपोर्टों से तो बात कुछ और ही लगती है। जयप्रकाश ने यह आंदोलन तो अब शुरू किया, पर काफी पहले से वे भ्रष्टाचार और निर्वाचन-सुधार की बात कर रहे हैं। प्रधानमंत्री ने इन विषयों पर कोई प्रतिक्रिया ही नहीं दी। पर मूल बात यह नहीं है कि जयप्रकाश भ्रष्टाचार की समस्या के बारे में क्या सोचते हैं, यह उनकी व्यक्तिगत समस्या नहीं है। यह तो राष्ट्रीय समस्या बन गयी है और बात देखने-सोचने की यह है कि इस पर प्रधानमंत्री और सरकार क्या सोचती हैं। और त्रासदी यह है कि प्रधानमंत्री इन दोनों प्रश्नों पर कोई भी ठोस और गंभीर कार्यवाही करने की नहीं सोच रही हैं। जहाँ तक जयप्रकाश का प्रश्न है बार-बार यह कहकर कि वे भी भ्रष्टाचारी लोगों से घिरे हुए हैं, प्रधानमंत्री की जिम्मेदारी समाप्त नहीं हो जाती। जयप्रकाश के लिए यह कहने में किसी को भी संकोच नहीं होना चाहिए कि उन्होंने हमारे जनजीवन में उन मापदंडों को फिर से लाने के लिए एक आह्वान किया है जिनसे हमारी प्रजातंत्रीय प्रणाली को बल व मूल्य मिलता है।

निर्वाचन सुधार के संबंध में भी प्रधानमंत्री का दृष्टिकोण बहुत ही सीमित है। वे केवल एक ही बात पर जोर देती हैं कि निर्वाचन का व्यय बहुत बढ़ता जा रहा है। पर बात इतनी छोटी नहीं है। खैर, इसे यहीं छोड़ दें। व्यय के संबंध में भी क्या कुछ कार्यवाही हुई है। पिछले नवंबर में मैंने उन्हें एक नोट दिया था। उसमें चुनाव के संबंध में कई सुझावों की जाँच की गयी थी। पर सब मिला-जुला कर भी उनका योग बहुत नहीं होता था। इसीलिए मैंने उसमें कहा था कि मूल प्रश्न है व्यय कम करने का। इस दिशा में ठोस कार्य की आवश्यकता है। वह नोट मुझे कभी वापस नहीं मिला। बाद में प्रधानमंत्री ने कुछ मंत्रियों की एक बैठक कई महीने बाद बुलाई। मैं भी उसमें उपस्थित था। कुछ छोटे-मोटे सुझावों पर बात की गयी और यह निश्चय किया गया कि विधिमंत्री विरोधी दलों के नेताओं से उन पर बातचीत करें। वह सीमित-सी बातचीत भी आज तक नहीं हुई है। प्रधानमंत्री को इस विषय पर कोई चिंता नहीं है।

यदि उन्हें किसी बात पर चिंता है तो चुनाव की—चुनाव संबंधी समस्याओं की नहीं। नरौरा का विश्लेषण भी इसी दृष्टि से होना चाहिए। मेरे विचार से नरौरा का महत्व केवल इस बात में है। अगले चुनाव की तैयारी में प्रधानमंत्री का यह पहला कदम है। वे जयप्रकाश द्वारा उठाये गये प्रश्नों पर साफ कतरा जायेंगी और उनको चुनावों के लिए ललकारेंगी। इस तेरह-सूत्रीय कार्यक्रम में जनजीवन के स्तर को ऊँचा करने, सत्तारूढ़ दल से भ्रष्टाचारियों को अलग करने, चुनाव में धन-शक्ति को

कम करने या निर्वाचन पद्धति में सुधार करने पर बल देना तो दूर रहा उनकी ओर संकेत भी नहीं किया गया है। जहाँ तक मुझे पता चला है, इन विषयों पर वहाँ बातचीत भी नहीं हुई। प्रधानमंत्री और उनका दल इसी बढ़ती हुई गंदगी में अपनी शक्ति को पकड़े रहने का प्रयत्न कर रहा है। प्रधानमंत्री जयप्रकाश के आंदोलन को केवल राजनैतिक बाना पहनाने में लगी हुई हैं। 'ग्रैंड एलायंस' की बात शुरू कर दी है और इसका प्रचार बढ़ाया जायेगा। पर दुर्भाग्य यह है कि जयप्रकाश के प्रश्न और उनके द्वारा उठायी गयी समस्याएँ आज राष्ट्रीय रूप धारण कर चुकी हैं। जयप्रकाश को राजनैतिक खेल में हरा कर ये राष्ट्रीय प्रश्न हल नहीं किए जा सकते। पर यह सब कौन सोचता है?

26 नवंबर, 1974

प्रो. धर कहते हैं कि हम लोग (वे स्वयं और मैं) प्रधानमंत्री की निर्वाचन याचिका से संबंधित कार्य में कुछ रुचि लें। उनके विचार से इस मामले में कोई लापरवाही नहीं होनी चाहिए। सारी बात जगपत दुबे, जो प्रधानमंत्री के मुख्य पैरोकार हैं, पर नहीं छोड़ी जा सकती। फिर केंद्रीय सरकार के कुछ अधिकारियों पर हाईकोर्ट से समन आये हैं। उनको राजनारायण के पक्ष की ओर से बुलाया गया है। उन्हें सरकारी कागज प्रस्तुत करने हैं। उन सब कागजों को देखना और यदि इन अधिकारियों की कोई कठिनाइयां हैं तो उन्हें जानना अनुपयुक्त नहीं होगा। पिछले साल भी इसी संबंध में प्रधानमंत्री के वकील (सतीश खरे) से प्रो. धर की और मेरी लंबी बातचीत हुई थी। पर बाद में मुकदमे की प्रगति में ढील आ जाने के कारण यह सब गवाह नहीं बुलाये गये। उसके बाद करीब साल भर हम लोगों ने मुकदमे की प्रगति में कोई रुचि नहीं दिखाई। लगभग महीना भर पहले प्रो. धर के कहने पर मैंने विधिमंत्री और बाद में प्रधानमंत्री की अनुमति से नारीमन से बात की। नारीमन को प्रधानमंत्री के पक्ष को ध्यान में रखते हुए मुकदमे से संतोष नहीं है। उनके अनुसार दो मुद्दों पर प्रधानमंत्री का पक्ष बहुत कमजोर है। कपूर के त्यागपत्र वाले प्वाइंट पर वे विशेष चिंतित हैं। उन्होंने मुझे एक नोट भी दिया जो मैंने प्रधानमंत्री को दे दिया था। वे कुछ और सामग्री चाहते थे। प्रधानमंत्री ने केवल इतना कहा कि नारीमन का नोट वे खरे को भिजवा देंगी। इस बातचीत के आधार पर मैंने प्रो. धर को यह सलाह दी कि सतीश खरे को बुला कर उनसे बातचीत करना उचित व आवश्यक होगा। सतीश खरे पहली तारीख को इलाहाबाद से आ रहे हैं।

पर आज जगपत दुबे मुझसे मिलने आये। वे मुझे बताना चाहते थे कि सरकारी अधिकारियों से जो कागजात मंगवाये गये हैं, उनका इस मुकदमे में क्या महत्व है। मुकदमे की प्रगति से एवं गवाही के रुख से उन्हें पूरा संतोष है। यह अवश्य है कि वे बोलते जरूरत से ज्यादा हैं। मेरा अपना अनुमान यह है कि कानूनी

बारीकियाँ उनकी समझ के बाहर हैं (प्रो. धर की भी यही धारणा है)। सतीश खरे ने कुछ प्वाइंट दिये हैं, जिनके आधार पर मंगवाये हुए कागजात को देखना होगा।

बातचीत के दौरान जगपत दुबे ने कुछ आश्चर्यजनक बातें बताईं, मुझे उनसे क्षोभ हुआ। एक तो उन्होंने यह कहा कि पिछले कुछ दिनों में राजनारायण के एक-दो गवाहों को रुपया देकर तोड़ा गया। उनसे यह कहलवाया गया कि 14 या 15 जनवरी 1971 के करीब रायबरेली में यशपाल कपूर ने यह घोषणा की कि वे सरकारी नौकरी त्यागकर राजनैतिक काम करने के लिए स्वतंत्र हो गये हैं। इस मुकदमे का एक महत्वपूर्ण प्वाइंट यह है कि यशपाल कपूर ने सरकारी नौकरी कब छोड़ी। प्रधानमंत्री का पक्ष मजबूत करने के लिए यह सिद्ध करना आवश्यक है कि यशपाल कपूर 14 जनवरी को औपचारिक रूप से पदमुक्त हो गये थे। इसी का साक्ष्य जुटाने के लिए राजनारायण के गवाहों से सहायता प्राप्त करने के प्रयत्न हो रहे हैं।

इसी संबंध में जगपत दुबे ने एक बात और कही। हक्सर ने प्रधानमंत्री के इतने निकट होते हुए भी यशपाल कपूर के त्यागपत्र के मामले में प्रधानमंत्री के सुझाव को नहीं माना। पत्रावली देखने से यह स्पष्ट है कि उसका त्यागपत्र 25 जनवरी, 1971 को स्वीकार किया गया। हक्सर को यह सुझाव दिया गया कि वे उस त्यागपत्र पर एक छोटी-सी टीप 13 जनवरी की तारीख में लिख दें कि उन्होंने प्रधानमंत्री से आदेश लेकर कपूर को बता दिया कि उसका त्यागपत्र स्वीकार हो गया। हक्सर ने यह करने से मना कर दिया। जगपत दुबे को इस बात पर नाराजगी है। वे यहाँ तक कह गये कि इस मुकदमे में किसी ने उनकी तनिक भी मदद नहीं की। हक्सर के इस छोटी-सी बात न मानने पर आज बड़ी कठिनाई हो रही है। इस प्रकार के छोटे मन और छोटे मस्तिष्क वाले हक्सर एवं उनके चरित्र को ठीक नहीं समझ सकते। आज दुर्भाग्य तो इस बात का है कि प्रधानमंत्री पर इन छोटे आदमियों का असर बढ़ता जा रहा है।

हक्सर ने यह सुझाव न मानकर ठीक ही किया। बाद की टिप्पणी के आधार पर पीछे की तारीख में लिखी गयी उनकी टीप संदेह उत्पन्न कर सकती है। वैसे कपूर के त्यागपत्र के संबंध में इस कार्यालय में एक ग़लत काम किया जा चुका है। यह त्यागपत्र 13/14 जनवरी को प्राप्त ही नहीं हुआ था। पर सेक्रेटरी के कार्यालय में इसकी प्राप्ति की तारीख 13 जनवरी दिखायी गयी है। जिन दो अधिकारियों का इस काम से संबंध था उनके 13 तारीख के हस्ताक्षर भी बाद में कराये गये हैं। यह सब इसलिए कि यदि ऐसा न किया गया तो प्रधानमंत्री के पक्ष की हानि हो सकती है।

आज मुझे जय इंदर सिंह के मामले के कागज देखने को मिले। वित्तमंत्री ने सी.बी.आई. की जाँच के परिणाम को प्रधानमंत्री के सूचनार्थ भेजा था। यह निस्संदेह कहा जा सकता है कि जय इंदर सिंह को पकड़ने के लिए ग़लत काम किया गया

है। सत्तारूढ़ दल इस प्रकार के काम करे, यह विशेष रूप से निंदनीय है।

गोपाल ने सत्तारूढ़ दल के बारे में एक और मज़ेदार बात बताई। उसको यह जानकारी मालवीय जी (केशव देव मालवीय) से मिली है। अभी नरौरा कैंप में चंद्रशेखर ने अकेले ही वरिष्ठ कांग्रेसी नेताओं को जयप्रकाश के मामले में आड़े हाथों लिया। यह उन्होंने बिल्कुल अकेले होते हुए भी किया। तीन-चार दिन पहले जब जयप्रकाश दिल्ली आये थे तो उन्होंने जयप्रकाश के सम्मान में एक पार्टी की और लगभग पचास कांग्रेसी संसद-सदस्य उसमें सम्मिलित हुए। कांग्रेस के एक वर्ग ने इसकी बड़ी आलोचना की, पर चंद्रशेखर विचलित नहीं हुए। उनका निश्चित मत है कि जयप्रकाश के आंदोलन को सही परिप्रेक्ष्य में देखना चाहिए। उनकी निंदा और भर्त्सना करने से कोई लाभ नहीं। आजकल के वातावरण में अपने दृष्टिकोण को इतने स्पष्ट रूप में व्यक्त करना चंद्रशेखर के साहस और निर्भीकता का परिचय देता है। केशव देव मालवीय ने गोपाल को बताया कि एक केंद्रीय मंत्री ने चंद्रशेखर को बधाई दी और विवशता प्रकट की कि उनसे पूर्णतया सहमत होते हुए भी वे बोलने में असमर्थ हैं। कुछ साल पहले ऐसा नहीं होता था।

आज सायंकाल केंद्रीय हिंदी समिति की बैठक थी। इस समिति की अध्यक्ष प्रधानमंत्री हैं। सदस्यों के कहने पर अब इसकी बैठकें अधिक नियमित हो गयी हैं, पर हिंदी का काम विशेष आगे नहीं बढ़ रहा है। बैठक से पहले बच्चन जी मुझसे मिलने आ गये। वे भी आजकल इस समिति के सदस्य हैं। बच्चन जी से मेरा परिचय 1941 में हुआ था, जब वे शिकोहाबाद एक कवि-सम्मेलन में आये थे। बाद में, इलाहाबाद में उनसे काफी मिलना-जुलना था। पहले तो वे नये कटरे में प्रो. रंजन की कोठी की एक बंगलिया में सुमित्रानंदन पंत के साथ रहते थे। उनका घर हमारे घर से बहुत नजदीक था। हाई स्कूल की परीक्षा के बाद गर्मी की छुट्टी में हम कई मित्र सुबह घूमने जाते थे। लौटते में रोज बच्चन जी को अपनी छत पर लंगोटा कसे कसरत करते देखते थे। यह चित्र आज भी जीवंत है। बाद में वे बैंक रोड पर आ गये। वहाँ भी मैं और विजयदेव नारायण साही अक्सर उनके पास जाते थे। मुझे याद है, जिस दिन उनके पुत्र अमिताभ (आजकल एक प्रसिद्ध अभिनेता) का जन्म हुआ था, उस दिन भी हम और विजयी बच्चन जी के घर गये थे। बच्चन जी अस्पताल गये हुए थे, पर पंत जी से बहुत देर तक बात हुई थी। वे उस समय 'लोकायतन' की स्थापना के स्वप्न देख रहे थे। अपनी पूरी योजना हम दोनों को समझाते रहे। उसी दिन हमने उनसे उनकी लोकप्रिय कविता 'बांध दिये क्यों प्राण प्राणों से' सुनी। बाद में यूनिवर्सिटी में प्रवेश करने पर बच्चन जी से और निकटता हो गई थी। इधर वे छह वर्ष राज्यसभा के सदस्य रहे। कभी-कभी जब संसद का सत्र चलता रहता था तो वे मेरे कमरे में आकर बैठ जाते थे। राज्यसभा की सदस्यता जब समाप्त हुई तो मेरे कहने पर प्रधानमंत्री उनको भारत सरकार का हिंदी सलाहकार बनाना चाहती

थीं, पर उसमें उन्होंने अपनी असमर्थता प्रकट की। प्रधानमंत्री ने उनसे बात करने को मुझको ही भेजा था। उन्होंने कहा कि उनका स्वास्थ्य ऐसा नहीं है कि वे इस पद के दायित्व को संभाल सकें। जो कुछ शक्ति उनमें अब बची है, वे अपनी आत्मकथा पूरी करने में लगाना चाहेंगे। उनकी सलाह पर जगदीश माथुर को वह पद दिया गया।

मैंने आज बच्चन जी से पूछा कि उनकी आत्मकथा का अगला भाग कब तक प्रकाशित होगा। उन्होंने कहा कि पहले प्रारूप की पांडुलिपि तो तैयार हो चुकी है पर कुछ समय लगेगा प्रेस में जाने में। बच्चन जी का स्वास्थ्य मुझे बहुत ठीक नहीं लगा।

केंद्रीय हिंदी समिति की मीटिंग के बाद देवेन्द्र सेन, डायरेक्टर सी.बी.आई., से भेंट हुई। संसद में तुलमोहन राम के केस पर जो विवाद चल रहा है उसके कारण आजकल उनसे काफी भेंट होती है। मेरा उनका परिचय बहुत पुराना है। वे एक योग्य अधिकारी हैं। इस साल अवकाश प्राप्त करने पर उनको एक साल और रहने के लिए कहा गया है। सब गुण होते हुए भी वे प्रधानमंत्री के दबाव को नहीं रोक पाते और सत्तारूढ़ पार्टी के लिए गंदे काम तक कर लेते हैं। मुझे इसमें आश्चर्य नहीं है। आजकल सरकार—और सरकार के माने स्पष्ट हैं—आई.बी., सी.बी.आई., रॉ आदि का अपनी पार्टी के काम के लिए पूरा-पूरा उपयोग ग़लत व सही तरीकों से कर रही है। आज भी देवेंद्र सेन को एक ऐसा ही काम सौंपा गया है। किसी एक बड़े उद्योगपति (उसका नाम भी मुझे सेन ने बताया) के घर आयकर अधिकारी ने छापा मारा। उसको इस छापे के परिणामों से बचाना है। यह तभी संभव हो सकता है कि इस कार्यवाही को यहीं रोक दिया जाय। होगा भी यही। इन मामलों में सरकार के अपने समर्थकों और प्रतिपक्षियों के लिए अलग-अलग मापदंड हैं।

27 नवंबर, 1974

आज सुबह श्री लक्ष्मीकांत झा मेरे कमरे में आकर बैठ गये। वे जम्मू और कश्मीर के राज्यपाल हैं। शास्त्री जी जब प्रधानमंत्री थे तो वे उनके सचिव थे और लगभग सवा साल वर्तमान प्रधानमंत्री के भी सचिव रहे हैं। भारत सरकार की आजकल शेख अब्दुल्ला से जो बातचीत चल रही है उसमें झा का विशेष हाथ है। उसी संबंध में वे प्रधानमंत्री से बात करने दिल्ली आये हुए हैं। कभी-कभी वे मेरे पास आकर बैठ जाते हैं।

सबसे पहले तो उन्होंने, जैसा कि आजकल प्रधानमंत्री के निकटवर्ती लोगों का फैशन हो गया है, जयप्रकाश और उनके आंदोलन की निंदा व आलोचना की। पर शीघ्र ही वे कश्मीर की बात पर आ गये। उन्होंने कहा कि अभी तक इस पर विचार नहीं हुआ है कि यदि शेख से कोई समझौता हो जाये तो उस पर अंतिम

निर्णय औपचारिक रूप से कब किया जाये? क्या यह ठीक नहीं रहेगा कि यह काम तभी हो जब संसद का सत्र चल रहा हो। मैंने उन्हें यह सुझाव दिया कि अधिक उपयुक्त यह होगा कि यह कार्य उस समय हो जब संसद का अधिवेशन न हो रहा हो। उस समय देश की जनता और नेताओं को समझौते पर शांति और गंभीरता से विचार करने का अवसर मिलेगा। संसद सत्र के दिनों में कभी-कभी यह संभव नहीं हो पाता। मेरा यह सुझाव देने का एक कारण और भी था। जहाँ तक मेरी जानकारी है, भारत सरकार शेख की जो बातें मान रही है, वे बिल्कुल भी आपत्तिजनक नहीं हैं। तथ्य तो शेख के हाथ कुछ लगेगा नहीं, हाँ कुछ स्वरूप ऐसा होगा कि वे अपने अनुयाइयों को समझौते का लाभ समझा सकें। अपनी ओर से जनसंघ के अतिरिक्त अन्य राजनैतिक दल संभवतः कोई आपत्ति न उठायें। इसलिए मैंने झा से कहा कि वे प्रधानमंत्री को यह सुझाव दें कि संसद के सत्र की समाप्ति के बाद वे जनसंघ के कुछ नेताओं को, विशेषकर अटलबिहारी वाजपेयी को, विश्वास में लेकर समझौते में निहित मूल धारणाओं को समझाएँ। जनता में जनसंघ फिर भी समझौते का विरोध करे पर उसके विरोध का स्वरूप कुछ भिन्न होगा। उससे कटुता नहीं बढ़ेगी। झा ने इस सुझाव को पसंद किया।

कुछ बातें ऐसी हैं जिन पर अभी समझौते का कोई रूप नहीं निकला है। उनमें से एक बात अखिल भारतीय सेवाओं से संबंधित है। शेख नहीं चाहते कि जम्मू व कश्मीर राज्य में आई.ए.एस. व आई.पी.एस. रहें। मैंने झा से कहा कि शेख की बात मानना राष्ट्रीय हित में नहीं है। वे स्वयं भी इस विचार के हैं। पर कठिनाई यह है कि जी. पार्थसारथी और प्रो. धर, जो दो लोग भारत सरकार की ओर से बातचीत में प्रमुख भाग ले रहे हैं, वे इस प्रश्न के महत्व को पूरी तरह नहीं समझते और इस पर संतोषजनक ढंग से बात नहीं कर सकते। झा जानना चाहते थे कि क्या किसी और को यह काम दिया जा सकता है। मैंने उनको सुझाव दिया कि इस संबंध में शेख व उनके साथियों से बातचीत करने में निर्मल मुखर्जी का उपयोग करना चाहिए। निर्मल आजकल भारत सरकार के गृहसचिव हैं, इससे पहले जम्मू व कश्मीर के मुख्य सचिव थे। वे इस प्रश्न के हर पहलू को और लोगों से अच्छा समझेंगे। यह सुझाव भी झा को बहुत पसंद आया।

प्रधानमंत्री से मिल कर झा मुझसे फिर मिले। उन्होंने कहा कि मेरे दिये गये हर सुझाव से प्रधानमंत्री सहमत हैं। पर उन्हें यह स्पष्ट नहीं है कि जनसंघ के नेताओं से बात करने पर कुछ बात बनेगी। उन नेताओं में आजकल आपसी अंतर्द्वन्द्व चल रहा है। वाजपेयी अवश्य सुलझे हुए व सूझबूझ वाले व्यक्ति हैं, पर उन पर उनके दल की ओर से तरह-तरह के दबाव पड़ रहे हैं।

आज राजू कई दिन बाद मिला। वह मेरे साथ मेरठ में ज्वाइंट मैजिस्ट्रेट था। बहुत ही योग्य व कुशल अधिकारी है। आजकल वह उमाशंकर दीक्षित का विशेष

सहायक है। मंत्रिमंडल के पुनर्गठन के बाद दीक्षित जी के पास कोई विभाग नहीं रह गया है। इसलिए उनके पास कोई काम नहीं है। राजू भी अधिकतर खाली ही रहता है। उससे मालूम पड़ा कि दीक्षित जी के मन में बहुत क्लेश है। वे इस बात से तो दुखी हैं ही कि उनको गृहमंत्री पद से हटा दिया गया। पर इससे अधिक दुख उन्हें प्रधानमंत्री के व्यवहार से है। उन्होंने प्रधानमंत्री की तरह-तरह से सहायता व सेवा की है। चूंकि अब संभवतः प्रधानमंत्री को उनकी आवश्यकता नहीं है तो उनके साथ सद्‌भावनारहित व्यवहार करने में उन्हें ज़रा भी हिचकिचाहट नहीं है। उनकी बात से पता लगा कि यदि परिस्थितियाँ ऐसी ही रहीं तो दीक्षित जी मंत्रिमंडल से भी त्यागपत्र दे दें। मुझे इसमें अधिक विश्वास नहीं। जहाँ तक मैं दीक्षित जी को जानता हूँ, वे ऐसा नहीं करेंगे।

दीक्षित जी की आज की परिस्थिति के लिए वे स्वयं उत्तरदायी हैं। वे बहुत ही भले और सज्जन पुरुष हैं। पर गृहमंत्री जैसे पद के लिए सर्वथा अयोग्य। जब उनको इस पद के लिए सोचा जा रहा था तो हक्सर, प्रो. धर और मैंने प्रधानमंत्री को ऐसा न करने की सलाह दी थी। 4 फरवरी, 1973 को जब मैं व प्रो. धर एक साथ बैठकर मंत्रिमंडल के पुनर्गठन की अंतिम रूपरेखा तैयार कर रहे थे तो प्रधानमंत्री का फोन मेरे पास लगभग 11 बजे दिन में आया। उस समय उन्होंने कहा कि सब कुछ सोचने के बाद वे भी इस निष्कर्ष पर पहुँची हैं कि दीक्षित जी के विभाग में परिवर्तन न हो। (वे उस समय स्वास्थ्य व निर्माण विभागों के मंत्री थे) पर संध्या को प्रधानमंत्री के विचार में फिर परिवर्तन हुआ और उस रात जो घोषणा हुई उसमें दीक्षित जी गृहमंत्री बन गये। प्रो. धर का ख़्याल था कि इसमें प्रधानमंत्री के इर्द-गिर्द रहने वाले कुछ बहुत छोटे लोगों का हाथ था। हमारी आशंकाएँ धीरे-धीरे सच निकलती गयीं। दीक्षित जी में इतनी शक्ति भी कभी नहीं आयी कि वे प्रधानमंत्री से उनके विचारों के विपरीत कुछ भी कह सकें। जो होना था वही हुआ। प्रधानमंत्री को यह स्पष्ट हुआ कि दीक्षित जी से गृहविभाग नहीं चल सकता, यद्यपि इसमें स्वयं प्रधानमंत्री का बहुत बड़ा दायित्व था। वे कभी दीक्षित जी से ठीक बात सुनने के लिए तैयार भी नहीं थीं। पर इस समय जो उनसे गृहविभाग लिया गया, उसके मूल में हैं ललित नारायण मिश्र। उनकी यह धारणा है कि दीक्षित जी उनका विरोध करते हैं।

28 नवंबर, 1974

कल रात अवतार कृष्ण और कुसुम के घर डिनर था। मैं तो नहीं जा सका था, पर गोपाल, कम्मी और पम्मी गये थे। वहाँ एक जर्मन सज्जन म्यूलर भी थे। उनका नाम मैंने पहले भी सुना है पर मैं उनसे कभी मिला नहीं हूँ। वे संभवतः संजय गांधी की किसी कम्पनी में काम करते हैं। गोपाल और पम्मी ने मुझे आज सुबह बताया कि

म्यूलर कल रात डिनर पर सबसे कह रहे थे कि संजय गांधी की जिस कार का निरीक्षण हाल ही में अहमदनगर में हुआ है, उसमें उनका बनाया हुआ इंजिन नहीं लगा था। उसमें लगा था एक जर्मन इंजिन जो म्यूलर ने इस देश में स्मगल किया था। उनका कहना है कि कुछ महीने पहले उन्होंने दो इंजिन प्रधानमंत्री के निवास के कुछ अधिकारियों की सहायता से स्मगल किये थे। म्यूलर की पत्नी ने यही बात कम्मी से कही।

मैंने इस प्रकार की चर्चा पहले भी सुनी थी। प्रो. धर और शेषन से भी मैंने यह बताया था कि इस प्रकार की चर्चा हो रही है। इस प्रकार की बातें हमेशा बढ़ा-चढ़ा कर कही जाती हैं। मैंने यह भी सुना था कि भारी उद्योगों के सचिव (सोंधी) ने जब यह बात सुनी तो वे प्रो. धर के पास आये और दोनों ने मिलकर बात को रफा-दफा किया। मैंने उस समय यह उचित समझा था कि प्रो. धर को इन बातों से अवगत करा दिया जाये। स्वाभाविक था कि वे यह सब सुनकर दुखी होते। पर उन्होंने मुझे बताया कि सोंधी ने उनसे यह सब तो बात नहीं की, पर मारुति को लाइसेंस देने में कुछ प्रश्न उठ रहे हैं, उनके निराकरण के लिए वे उनके पास अवश्य आये थे। सोंधी के अनुसार मारुति की जाँच की रिपोर्ट बहुत अच्छी थी। इंजिन बहुत मजबूत पाया गया था। उसके बाद मुख्य प्रश्न था कि लायसेंस साल में कितनी कार बनाने का दिया जाये। सोंधी और उनके मंत्री (टी.ए.पाई) का विचार है कि 20,000 कार से अधिक का लायसेंस देना उचित नहीं होगा। संजय 50,000 कार का लायसेंस चाहते हैं। सोंधी चाहते थे कि प्रो. धर प्रधानमंत्री को इस संबंध में समझाएँ। इसके बाद प्रधानमंत्री के घर पर एक मीटिंग हुई जिसमें प्रो. धर और संजय भी सम्मिलित हुए। वहाँ सोंधी ने अपनी बात सबके सामने रखी। पर संजय मानने को तैयार नहीं थे। उनसे व प्रो. धर से कहा-सुनी भी हुई। उसके बाद प्रो. धर ने इस विषय पर कोई दिलचस्पी नहीं ली। बाद में समाचारपत्रों से पता लगा कि लायसेंस 50,000 का ही दिया गया।

संसद में किसी न किसी रूप में लायसेंस-कांड चल रहा है। ठीक बारह बजे, जैसा एक संसद-सदस्य ने एक दिन कहा, तुलमोहन राम लोकसभा में आ जाते हैं और सारा काम रुक जाता है। इस संसदीय चर्चा के फलस्वरूप दो बातें हो रही हैं। जनता में यह धारणा दृढ़ होती जा रही है कि सरकार के हाथ इस विषय में साफ नहीं हैं, यह बहुत कुछ छिपाना चाहती है। दूसरी बात यह कि सरकार के संसदीय कार्य की बड़ी हानि हो रही है। सरकार का पूरा कार्यक्रम अस्त-वयस्त हो गया है। यह सरकार के लिए कोई शोभा की बात नहीं है। सत्तारूढ़ दल में अंदर ही अंदर ग्लानि बढ़ रही है कि केवल एक व्यक्ति को बचाने के लिए दल को हास्यास्पद बनाया जा रहा है। पर दोष किसका है? क्यों नहीं सदस्य अपने नेता से स्पष्टवादिता से काम लेते?

आज कई दिन बाद मुझे प्रधानमंत्री से विस्तार से इस विषय पर चर्चा करने का अवसर मिला। भेंट तो प्रतिदिन हुई। पर फुर्सत से बैठकर कुछ बात हो सकें, यह संभव नहीं हो सका। सबसे पहले मैंने उनसे गृहमंत्री के पत्र की चर्चा की, जिसके कारण निस्संदेह लायसेंस-कांड और उलझ गया है। उन्होंने मुझे बताया कि स्पीकर ने उनसे कहा कि गृहमंत्री का पत्र मेरे सुझाव पर लिखा गया। पर पूरी जानकारी के बाद स्थिति अब उन्हें स्पष्ट हो गयी है। मुझे इस स्पीकर वाली बात पर आश्चर्य है। जहाँ तक मेरी जानकारी है, यह ग़लत-सलत बात प्रधानमंत्री को ओम मेहता ने बताई। यही प्रो. धर का भी विचार है। ओम मेहता ने यह सब प्रधानमंत्री को गृहमंत्री की शिकायत करते हुए बताया होगा। वे अपने हर सहयोगी की प्रधानमंत्री से शिकायत करते रहते हैं। वे प्रधानमंत्री पर यह भी प्रमाणित करना चाहते हैं कि राज्यसभा में उनकी कुशलता के कारण लायसेंस-कांड गंभीर रूप नहीं ले सका। लोकसभा में भी ऐसा हो सकता है, पर अन्य संबंधित मंत्रियों में इतनी योग्यता ही नहीं है। यह बात सरासर ग़लत है, चाटुकारी का एक लक्षण है।

प्रधानमंत्री से बात करने पर यह अवश्य मालूम पड़ा कि वे इस पूरे कांड से बौखला अवश्य गयी हैं, परेशान भी हैं। पर साथ ही साथ वे ललित के विरुद्ध कुछ नहीं करना चाहतीं। उन्होंने मुझसे कहा कि 1958 में कृष्णमाचारी को और 1962 में कृष्ण मेनन को मंत्रिमंडल से हटा कर पंडित जी ने बहुत बड़ी ग़लती की थी। वे ऐसा नहीं करना चाहतीं। कृष्णमाचारी को मूंधड़ा जाँच के बाद हटाना इसलिए आवश्यक हो गया था कि मौलाना आज़ाद ने ऐसा करने की बड़ी प्रभावकारी सिफारिश पंडित जी से की थी। उनका विचार था कि ऐसा करना मंत्रियों के आचरण के ऊंचे मापदंड बनाये रखने के लिए आवश्यक होगा। कृष्ण मेनन को हटाने के लिए दल ने जोर दिया था। आज प्रायः सभी मंत्री चाहते हैं कि ललित नारायण मिश्र को मंत्रिमंडल से हटा देना चाहिए। दल का भारी बहुमत भी यही चाहता है। पर सबकी वाणी लुप्त हो चुकी है।

इसी संबंध में राजू ने आज एक बात बतायी। दो-तीन दिन हुए दीक्षित जी वित्तमंत्री सुब्रह्मणियम से मिले थे। उस भेंट में वित्तमंत्री ने दीक्षित जी से पूछा कि प्रधानमंत्री कब तक ललित का बोझ ढोती रहेंगी। उनके अनुसार सरकार और पार्टी दोनों की ही ललित के कारण बड़ी हानि हो रही है। उनका सुझाव था कि दीक्षित जी प्रधानमंत्री को इस प्रकार की सलाह दें। वे स्वयं ऐसा नहीं करना चाहते। उन्हें मालूम था कि प्रधानमंत्री की दीक्षित जी से नाराजगी इसी कारण से है। मुझे समझ नहीं आता कि यदि वित्तमंत्री का यह विचार है तो वे प्रधानमंत्री से कहने में क्यों संकोच कर रहे हैं।

आज प्रधानमंत्री ने ब्लिट्ज के संपादक को एक भेंटवार्ता दी। जिन लोगों को जानकारी है उनसे पता लगा कि इस भेंटवार्ता में भी प्रधानमंत्री की बौखलाहट व

परेशानी आवश्यकता से अधिक स्पष्ट थी। जयप्रकाश को लेकर बौखलाहट विशेष है। इसीलिए प्रधानमंत्री ने कहा है कि भेंटवार्ता के प्रारूप का संपादन वह स्वयं करेंगी। उसमें आवश्यकतानुसार परिवर्तन किया जा सकेगा।

29 नवम्बर, 1974

आज सुबह के समाचारपत्रों में पढ़ा कि कांग्रेस ने अपने सदस्यों का एक पैनेल बनाया है जो निर्वाचन-सुधार के विषय पर अध्ययन करेगा। पैनेल के सदस्यों के नाम से ही स्पष्ट है कि कांग्रेस इस विषय को न महत्त्व देती है, न इस पर गंभीरता से सोचने को तैयार है। इन सदस्यों में न तो सूझबूझ है, न गहनता है। प्रायः सभी वे लोग हैं जिनका नाम भ्रष्टाचार से किसी-न-किसी रूप में जुड़ा रहता है। यदि फिर जनता की भावना दृढ़ होती जा रही है कि सत्तारूढ़ दल न तो भ्रष्टाचार हटाने में और न निर्वाचन प्रणाली में सुधार करने को तैयार है, तो इसमें आश्चर्य की क्या बात? आज जयप्रकाश जनता की भावनाओं के प्रतीक बनते जा रहे हैं, इसका मूल कारण यही है।

आज दोपहर के भोजन के समय कार्यालय में भी इसी विषय पर हम सबकी बातचीत होती रही। शारदा तो इन बातों में मेरी तरह ही चुप रहते हैं। जब कोई प्रश्न उठता है तो हम दोनों तो केवल तथ्य बता कर रुक जाते हैं, विचार कम ही व्यक्त करते हैं। पर शेषन व रामचंद्रन काफी स्पष्टवादिता से काम लेते हैं। शेषन ने कहा कि प्रधानमंत्री के कुछ निकटवर्ती लोगों के भ्रष्टाचार और प्रधानमंत्री के उनको ढकने के प्रयत्नों के कारण स्वयं प्रधानमंत्री और सरकार की छीछालेदर बढ़ती जा रही है। इस प्रसंग में उसने यशपाल कपूर की बात कही। यशपाल ने गोल्फ लिंक में एक मकान खरीदा है। कुछ समय पहले एकाध समाचार साप्ताहिकों में इस मकान को लेकर काफी चर्चा चली थी। मधु लिमये ने वित्तमंत्री को एक पत्र भी लिखा था। वित्तमंत्री के कहने पर मैंने प्रधानमंत्री से पूछा था कि इस पत्र पर क्या कार्यवाही होनी चाहिए। प्रधानमंत्री ने यशपाल कपूर को मेरे पास भेजा। उसने मुझसे कहा कि उसे जाँच में किसी प्रकार की आपत्ति नहीं है। उसके कथन के आधार पर मैंने प्रधानमंत्री को सलाह दी कि कपूर को स्वयं वित्तमंत्री के पास जाकर सब बातें स्पष्ट कर देनी चाहिए। प्रधानमंत्री ने कपूर को यही आदेश दिया। कपूर हाल ही में संसद सदस्य हुए थे। उसके बाद जानबूझ कर मैंने इस मामले में कोई रुचि नहीं ली।

काफी अर्से बाद मुझे शेषन ने आगे की कथा सुनाई, जिसे आज दोपहर को उसने खाने के समय सबके सामने दुहराया। हुआ यह कि वित्तमंत्रालय में कपूर के मकान पर पूरी जाँच करायी गयी। जाँच आयकर के एक अधिकारी वांचीनाथ ने की। वांचीनाथ से शेषन का करीब का रिश्ता है। जाँच से यह स्पष्ट हो गया कि कपूर

का कथन कि उसकी आमदनी आदि के लेखे-जोखे में किसी प्रकार की गड़बड़ नहीं है, ठीक नहीं है। कपूर ने इस मकान को काले धन से खरीदा है। जब प्रधानमंत्री को यह पता लगा तो वे बहुत नाराज हुईं। गणेश (वित्तमंत्रालय के राज्यमंत्री) को बुला कर उन पर बिगड़ीं। फल यह हुआ कि इस पूरे मामले को दबा दिया गया। पत्रावली बहुत दिन तक दबी रही। अब पता नहीं क्या हुआ उसका?

शेषन ने कपूर का यह किस्सा बीजू पटनायक के प्रसंग में सुनाया। बीजू देश के जाने-माने राजनैतिक व्यक्ति हैं। पहले कांग्रेस में थे, उड़ीसा के मुख्यमंत्री भी रहे हैं। बाद में उन्होंने कांग्रेस छोड़ दी और उत्कल कांग्रेस की स्थापना की। कुछ महीने पहले यह प्रयत्न हुआ था कि वे फिर कांग्रेस में आ जाएँ। पर ऐसा नहीं हुआ और उत्कल कांग्रेस अब भारतीय लोकदल में विलय हो गयी है। इसमें बीजू ने महत्त्वपूर्ण भाग लिया। राजनैतिक नेता होने के अतिरिक्त बीजू एक उद्योगपति भी हैं। इधर उनके मकानों और कंपनियों में इनकम टैक्स द्वारा छापा मारा गया। मुझे इसका पहले से कुछ आभास था। देवेन्द्र सेन ने मुझे बताया था कि प्रधानमंत्री बीजू के खिलाफ़ कुछ करवाने वाली हैं। अब प्रधानमंत्री का पूरा प्रयत्न है कि बीजू किसी भी तरह छूटने न पायें। शेषन का कहना है कि यह केवल राजनैतिक प्रतिशोध के कारण किया जा रहा है। ठीक है, यदि बीजू ने ऐसे कुछ ग़लत काम किये हैं तो उसको विधिवत फल मिलना चाहिए। पर शेषन की नाराजगी इस बात पर थी कि बीजू पटनायक को तो हर तरह से रगड़ दो, पर उसी अपराध पर कपूर को संरक्षण दो। यह कहाँ का मापदंड व न्याय है।

इस प्रकार की घटनाएँ किस प्रकार संभव हो रही हैं? प्रधानमंत्री के स्टाइल का एक विशेष पक्ष यह है कि प्रशासनिक यंत्र के ऐसे अंगों पर, जिनसे इस प्रकार की कार्यवाइयाँ संभव हो सकें, पूरा नियंत्रण उनका हो। इसीलिए सेंट्रल बोर्ड ऑफ डायरेक्ट टैक्सेज के अध्यक्ष की नियुक्ति में उन्होंने विशेष रुचि ली और ऐसे अधिकारी की नियुक्ति करायी जो अब हर दिन प्रधानमंत्री निवास से आदेश लेता है। सी.बी.आई., रॉ आदि का दुरुपयोग तो अब आम चर्चा का विषय है।

क्या इस वातावरण में भ्रष्टाचार दूर हो सकता है?

30 नवम्बर-1 दिसंबर, 1974

कल शनिवार था। प्रधानमंत्री संसद भवन नहीं आयी थीं, इसलिए मैंने वहीं बैठने का निश्चय किया। बहुत काम एकत्रित हो गया था इधर कई दिनों में उसको ही कल निबटाता रहा। घर जल्दी ही वापस आ गया क्योंकि बहुत पहले से यह निश्चय हो चुका था कि अमजद आज घर पर सरोद बजाएगा।

अमजद से मेरा लगभग दस वर्ष का परिचय है। मैंने उसको सबसे पहले 1965 में मेरठ में सुना था। नौचंदी में दो दिन का संगीत-सम्मेलन मैंने ही करवाया

था। अमजद को भी बुलाया था। कला-क्षेत्र में उस समय उसका उदय हो रहा था। रात बारह बजे के बाद उसका कार्यक्रम प्रारंभ हुआ था। उसने देस राग बजायी थी। तभी से मैंने उसके सरोद-वादन की प्रगति में रुचि ली है। उसके पिता उस्ताद हाफ़िज अली खां भारत के माने हुए संगीतज्ञ और कलाकार रहे हैं। उनको सबसे पहले इलाहाबाद में सुना था। बाद में अमजद के साथ कई बार उनसे मिला, पर उस समय वे अस्वस्थ थे। उनका सरोद कभी नहीं सुना। मेरे विचार से हाफ़िज अली खां इस शताब्दी के इस देश के बहुत बड़े संगीतज्ञ हुए हैं। कलाकार होने के अतिरिक्त संगीत का जितना ज्ञान उनको था, उतना चोटी के अन्य कलाकारों को नहीं। यह दुर्भाग्य की बात है कि उन्होंने अपना पूरा गुण अमजद को नहीं दिया। बड़ी मुश्किल से कुछ लोगों के समझाने-बुझाने से थोड़ी बहुत सीख अमजद को दी, जिससे उसको बहुत लाभ हुआ है।

अमजद ने मेरे घर पर कई बार सरोद बजाया है। कल का उसका कार्यक्रम बहुत ही सुंदर हुआ, विशेषकर राग दुर्गा। पौने दस बजे रात में शुरू कर उसका सरोद वादन डेढ़ बजे समाप्त हुआ। घर खचाखच भरा हुआ था। अन्य अवसरों की अपेक्षा कल बहुत लोग आये थे—काफी केवल कहीं और से पता लगने पर कि हमारे घर यह कार्यक्रम है। यदि प्रदर्शन-प्रवृत्ति अमजद कुछ कम करे तो उसके संगीत में गहनता अधिक आ जायेगी।

रात में देर से सोने पर भी आज सुबह जल्दी उठना पड़ा। सुबह साढ़े दस बजे विधि मंत्री के निवास स्थान पर प्रधानमंत्री की निर्वाचन याचिका के बारे में एक मीटिंग थी। इलाहाबाद से सतीश खरे को बुलाया गया था। उस मीटिंग में सिद्धार्थ शंकर राय जो अब प. बंगाल के मुख्यमंत्री हैं भी सम्मिलित हुए। याचिका के विभिन्न पहलुओं पर विचार-विनिमय के पश्चात् सबने मुकदमे की प्रगति पर संतोष व्यक्त किया। पर कुछ ऐसे मामले थे, जिन पर सतीश खरे, प्रो. धर और मुझसे अलग बात करना चाहते थे। यह निश्चित हुआ कि इसके लिए एक अलग मीटिंग सायंकाल चार बजे मेरे कमरे में होगी।

चार से कुछ पहले ही प्रो. धर मेरे कमरे में आ गये। सतीश खरे को कुछ देर हो गयी। इस बीच में प्रो. धर मुझसे धवन के विषय में बात करते रहे। प्रसंग इस प्रकार शुरू हुआ कि मारुति पर पूछे गये एक प्रश्न के उत्तर से प्रधानमंत्री को संतोष नहीं था। प्रो. धर के आने के ठीक बाद धवन ने मुझसे उसको बदलने के लिए फोन किया। जब मैंने प्रो. धर को पूरी बात बतायी तो उन्होंने धवन की कार्यविधि पर गहरा असंतोष प्रकट करते हुए कहा कि उनके विचार से उत्तर में परिवर्तन करना उचित नहीं होगा। बाद में उत्तर में परिवर्तन हुआ। इसी प्रसंग को लेकर प्रो. धर ने इस बात की कड़ी आलोचना की कि प्रधानमंत्री धवन पर आवश्यकता से अधिक आश्रित होती जा रही हैं। उन्होंने कहा कि यह अच्छी बात

नहीं है कि जगह-जगह इसकी चर्चा हो। सतीश खरे के आ जाने पर मुकदमे की बात शुरू हो गई। राज नारायण की ओर से कुछ सरकारी अधिकारी गवाही के लिए बुलाए गये हैं। उनकी गवाही तीन-चार दिन में होने वाली है। वे सब मुझसे मिले हैं। कुछ बातें उन्हें स्पष्ट नहीं हैं। सतीश खरे से पूछ कर उनको स्पष्ट करना होगा। अधिकारियों का कोई दोष नहीं। कई तो आज तक किसी न्यायालय में गये भी नहीं। वे इस बात से विशेष डरते हैं कि यदि कुछ ग़लत-सलत बात कह गये तो वे बख्शे नहीं जायेंगे।

मीटिंग के बाद मैं करीब 9 बजे रात्रि तक कार्यालय में रहा। घर पहुँच कर फिर झुनझुनवाला के घर, जहाँ एक गोष्ठी का आयोजन था, गया। गोष्ठी में कुछ संगीत और कविता का आयोजन था। मैं गया था धर्मवीर भारती से मिलने के लालच में। मेरी अनुपस्थिति में वह घर आया था और सबसे मिलकर चला गया था। आजकल जनप्रिय पत्रिका धर्मयुग का संपादक है। मेरी उसकी मित्रता युनीवर्सिटी से आरंभ हुई और धीरे-धीरे गाढ़ी होती गयी। वह उन लोगों में से है जिनसे मेरी विद्यार्थी-काल में घनिष्ठता हुई और आज भी है। धर्मवीर से मिलने में मुझे हमेशा प्रसन्नता होती है। पुरानी बातें और इलाहाबाद की याद ताजा हो जाती है। 'परिमल' में हम दोनों का बहुत साथ था। परिमल और उसके बाहर न जाने कितनी साहित्यिक गोष्ठियों में हमने साथ भाग लिया है। साहित्य में अभी तक जो मेरी रुचि बनी हुई है उसमें धर्मवीर का बहुत बड़ा हाथ है।

आज दो दुखद सूचनाएँ मिलीं। एक श्रीमती सुचेता कृपलानी के निधन की और दूसरी आर.डी. पांडेय के निधन की। जब मैं युनीवर्सिटी में पढ़ता था उस समय पांडेय इलाहाबाद में सी.जी.ओ. थे। मिनी के मित्र थे, इसी कारण परिचय भी हुआ था। बाद में वे इंडियन पुलिस सर्विस में आ गये। कभी-कभी भेंट होती रहती थी। पर इधर ढाई साल से उनसे काफी घनिष्ठता हो गयी थी। वे आई.बी. में संयुक्त निदेशक थे। नगालैंड व उत्तर-पूर्वीय अंचल का कार्य देखते थे। कल मैंने उनको फोन किया था। पता चला कि ऋषिकेश गये हुए हैं। आज संध्या को नंबियार का फोन आया कि जीप दुर्घटना में उनकी मृत्यु हो गयी। शव दिल्ली कल आयेगा।

मैंने अभी तक अपने को युनीवर्सिटी काल से बहुत दूर नहीं पाया और समझा था। पिछले वर्ष मंजी (महेश व विमला की सुपुत्री) के विवाह पर यकायक मुझे एक अजीब भावना हुई। विवाह से पहले मैं कई दिन ज्वर ग्रस्त था, अतएव एक कोने में चुपचाप बैठा था। उस समय अचानक मुझे लगा कि समय की परिधि में हम कितना आगे बढ़ आये हैं। अभी तक हमेशा यही सोचता था कि कल तक तो मैं युनीवर्सिटी में पढ़ता था। महेश, डॉन, सुशीतल, काज़ी आदि के साथ उठना-बैठना, हंसी-मजाक, अच्छी व भद्दी चर्चाएँ, सब कल की बात है। आज लगा, ये सब बातें बहुत पीछे रह गयी हैं। महेश ससुर बन गये, एकाध साल में नाना भी बन सकते

हैं। उसी समय सूचना मिली कई और समकालीनों की पुत्रियों के विवाह की। युनीवर्सिटी अब दूर लगने लगी। और अब समकालीनों की मृत्यु के समाचार!

2 दिसंबर, 1974

लोकसभा में आज स्पीकर ने लायसेंस-कांड पर हुई अब तक की चर्चा पर अपना निर्णय दे दिया। उन्होंने कहा कि मंत्रियों द्वारा विशेषाधिकार का उल्लंघन तो नहीं हुआ है, पर लोकसभा तुलमोहन राम के आचरण व संबंधित मामलों पर चर्चा कर सकती हैं। इस निर्णय (रूलिंग) से सरकार की कठिनाइयाँ बढ़ेंगी, यद्यपि सत्तारूढ़ दल वाले इस बात को नहीं समझ रहे हैं। संसद में अवश्य ही यह माँग उठेगी कि बहस तभी संभव होगी यदि संबंधित कागजात सभापटल पर रख दिये जायें। बिना उनके वाद-विवाद निरर्थक होगा। सरकार इस बात को नहीं मानेगी। जो परिस्थिति पिछले सत्र में उत्पन्न हो गयी थी, उसकी पुनरावृत्ति हो सकती है।

आज दोपहर में हरीशचंद्र सरीन मिलने आये। वे आजकल गुजरात में राज्यपाल के एडवाइजर हैं। इससे पहले आंध्रप्रदेश में एडवाइजर थे। केंद्रीय सरकार में सचिव रह चुके हैं। जब भी सरीन को देखता हूँ तो मेरे सामने वह चित्र आ जाता है जब इलाहाबाद में शिक्षा समाप्त करने के उपरांत, विलायत जाने से पहले, हमारे घर खाना खाने आये थे। मैं उस समय बहुत छोटा था। स्कूल जाना भी शुरू नहीं किया था। सरीन चाचा जी के साथ पढ़ते थे और उनके मित्रों की टोली के एक सदस्य थे। वे विलायत आई.सी.एस. के लिए जा रहे थे। आई.सी.एस. में नहीं आये, पर लौटकर वापस आने पर हिंदुस्तान में उस परीक्षा में उत्तीर्ण हो गये। ट्रेनिंग के लिए जब फिर विलायत गए, तब पापा जी भी लंदन में थे। सरीन का हमारे परिवार से तब से बराबर संपर्क रहा है। पर इधर जब से वे आंध्रप्रदेश गये मेरी उनसे काफी घनिष्ठता हो गयी है।

गुजरात में सरीन को उतनी सफलता नहीं मिली है। राज्यपाल भी उनको पसंद नहीं करते हैं, यद्यपि दोष अधिक राज्यपाल का ही है। यह करीब-करीब निश्चय ही है कि वे स्वयं राज्यपाल बनेंगे। प्रधानमंत्री से मेरी इस बारे में कई बार बात भी हुई है। पर आज मुझे बड़ा आश्चर्य हुआ यह जानकर कि वे गुजरात में राजनीति में अधिक दिलचस्पी ले रहे हैं। इस स्तर और इस पद पर राजनीति से बिल्कुल अलग रहना संभव नहीं। पर यह तो संभव है कि राजनैतिक गतिविधियों से केंद्र को परिचित रखने के अतिरिक्त सरीन राजनैतिक कार्य हाथ में न लें। आखिरकार वे अभी राजकीय कर्मचारी हैं, अवकाश प्राप्त भी नहीं। उनकी बात से मुझे लगा कि प्रधानमंत्री के कहने पर वे हितेंद्र देसाई को कांग्रेस में लाने का प्रयत्न कर रहे हैं। बड़ा ग़लत काम है। मुझसे न रहा गया। मैंने उनसे पूछ ही लिया कि वे इन राजनैतिक कार्यों में इतना सक्रिय भाग क्यों ले रहे हैं? उनका उत्तर संतोषजनक नहीं

था। पर दोष उनका नहीं है। वातावरण आज इतना दूषित कर दिया गया है कि सब लोग चाटुकारी में लगे हैं और कहते सब यही हैं कि वे देश के हित में हैं। सरीन को मेरी बात अच्छी नहीं लगी।

संध्या को श्रीमती पूरबी मुखर्जी मिलने आयीं। वे कांग्रेस की एक महासचिव हैं। वे मणिपुर के बारे में विचार-विमर्श करना चाहती थीं। मणिपुर में फिर उथल-पुथल हो रही है। कारण केवल यह कि छोटे मस्तिष्क बड़ी समस्याओं को हल करने का खिलवाड़ कर रहे हैं। पता नहीं क्यों इस विषय पर प्रधानमंत्री भी कुछ स्थिरता से निश्चय नहीं कर पातीं? कई महीने हुए अलीमुद्दीन सरकार जब डाँवाडोल हो रही थी, उस समय कांग्रेस शायज़ा से गठबंधन करने में लगी थी। मैंने प्रधानमंत्री से कहा था कि शायज़ा की मदद करने के हर पहलू पर विचार कर लेना चाहिए। पर इससे पहले कि कुछ सोचा जाय कांग्रेस की मदद से शायज़ा की सरकार बन गयी। उसके बाद प्रधानमंत्री ने एक 'मिनिट' में मुझे लिखकर भेजा कि मणिपुर की स्थिति संतोषजनक नहीं है। सब बातों पर जाँच-पड़ताल करने के बाद मैंने सलाह दी कि कांग्रेस को सरकार में सम्मिलित नहीं होना चाहिए। प्रधानमंत्री ने इसपर अपनी सहमति व्यक्त की। पर कुछ दिन बाद मुझे पता लगा कि कांग्रेस के पार्लियामेंट्री बोर्ड ने यह निर्णय लिया है कि कांग्रेस मंत्रिमंडल में भाग ले। मुझे कोई आश्चर्य नहीं हुआ। पूरबी मुखर्जी तो यह चाहती ही थी और इसमें लगी हुई थी। मैंने जब प्रधानमंत्री से पूछा तो उन्होंने दबी ज़बान से कहा कि हाँ हुआ तो कुछ ऐसा ही है। मैंने फिर उन्हें इस निर्णय की अनुपयुक्तता का विश्लेषण करके बताया। बात प्रधानमंत्री को जम गई। उसी समय कांग्रेस अध्यक्ष व पूरबी मुखर्जी से बात की और कहा कि निर्णय को कार्यान्वित न किया जाये। गृह मंत्रालय के राज्यमंत्री को मणिपुर जाने के लिए कहा गया। पर अपने मन से काम करने के कारण पूरबी मुखर्जी ने गृह राज्यमंत्री (मिर्धा) की बात नहीं मानी। वे अपने पुराने ध्येय में ही लगी रहीं। यद्यपि इस बीच में प्रधानमंत्री ने शायज़ा से एक भेंट के अवसर पर कहा कि कांग्रेस का मंत्रिमंडल में भाग लेने का प्रश्न अभी नहीं उठता। कांग्रेस शायज़ा के कार्यकलाप को परखना चाहेगी। पूरबी मुखर्जी ने कुछ ऐसे कार्य किये कि शायज़ा का कांग्रेस से विश्वास उठ गया। अंदर ही अंदर पूरबी मुखर्जी और लोगों को तोड़ने-फोड़ने का काम करती रहीं। वर्तमान संकट इसी कारण उत्पन्न हुआ है। इसीलिए आज प्रधानमंत्री के कहने पर मुझसे बातचीत करने आयी थीं। अभी स्थिति ढुलमुल है। केवल सामान्य बात करके हमारा वार्तालाप समाप्त हो गया।

रात में धर्मवीर (धर्मयुग का संपादक) घर आया था। भोजन मेरे साथ किया। 2-3 घंटे रहा। पहले पिछले दिनों की बातें हुईं, पर शीघ्र ही प्रसंग आजकल की गतिविधियों पर आ गया। उसने कहा कि इस बार की दिल्ली-यात्रा में वह कांग्रेस के बहुत सदस्यों से मिला। पर सबको दुखी पाया। सबने धर्मवीर से कहा कि वे

भय के वातावरण में रह रहे हैं। एक-दूसरे पर विश्वास उठता जा रहा है। हर कांग्रेस के संसद-सदस्य को डर है कि कहीं कोई और सदस्य उसके बारे में प्रधानमंत्री से कोई शिकायत न कर दे। वातावरण में एक घुटन आ गयी है जो यदि शीघ्र दूर न हुई तो देश के लिए हानिकारक हो सकती है। उन लोगों ने धर्मवीर से लायसेंस कांड के संबंध में यह बताया कि केवल एक व्यक्ति (ललित नारायण मिश्र) को बचाने के लिए प्रधानमंत्री पार्टी की हँसी उड़वा रही हैं। जब धर्मवीर ने उनसे पूछा कि वह प्रधानमंत्री से क्यों नहीं स्पष्ट बात करते तो उन सबका एक ही उत्तर था कि इससे कोई लाभ नहीं होगा। प्रधानमंत्री मिश्र के विरुद्ध कुछ नहीं सुनना चाहतीं। उनसे स्पष्ट बात करने में उनकी ही हानि हो सकती है।

ऐसे वातावरण में क्या हो सकता है और जो कुछ हो उसका दायित्व किस पर होगा? हमारे कायर राजनैतिक नेताओं पर, बड़े से लेकर छोटे तक!

3 दिसंबर, 1974

लायसेंस कांड ने एक नया मोड़ ले लिया है। मोरारजी देसाई जैसे वरिष्ठ नेता अब आगे आ रहे हैं। आज वे लोकसभा में बोले। इस संसद में वे बहुत कम बोलते हैं। सदन में आते प्रायः नित्य प्रति हैं, पर वे और कामराज बिल्कुल पीछे की पंक्ति में साथ बैठते हैं। बजट-सत्र में वे 27 माह के मौन के बाद बोले थे। उनके भाषण का सारांश सुनकर प्रो. धर ने मुझसे कहा था कि कहीं प्रधानमंत्री यह न समझ लें कि मोरारजी के भाषण की रूपरेखा उन्होंने (धर ने) बनायी थी, क्योंकि वे प्रधानमंत्री से स्वयं भी यही सब बातें कहते रहते हैं जो मोरारजी ने कहीं। मोरारजी बहुत ही अच्छे संसदीय वक्ता हैं। बड़ी गरिमा के साथ बोलते हैं। आज भी लोकसभा में उनका भाषण प्रभावकारी था। यह बात जरूर है कि बहुत लोग उनकी विचारधारा से सहमत न हों। उन्होंने कहा कि यदि सरकार सी.बी.आई. की रिपोर्ट प्रकाशित नहीं करेगी तो उन्हें सत्याग्रह के अतिरिक्त कोई दूसरा रास्ता नहीं दिखाई देता। लोकसभा में उनका भाषण बड़ी शांतिपूर्वक सुना गया।

मोरारजी के इस कदम ने प्रधानमंत्री की परेशानी बढ़ा दी है। उन्होंने दिन में मुझे फोन किया कि सोचना चाहिए कि सरकार को क्या करना होगा। उन्होंने मुझसे राजा पंत से भी बात करने को कहा। ऐसा क्यों कहा, यह मैं समझता हूँ। राजा पंत उन मंत्रियों में से हैं जो औरों की अपेक्षा अधिक स्पष्टवादी हैं। इस विषय पर उनके विचार से ललित मिश्र को अधिक ढोना उपयुक्त नहीं होगा। थोड़ी देर बाद प्रो. धर का भी फोन आया। वे मुझसे इसी विषय पर बात करना चाहते थे। मैंने उनसे कहा कि जब उनसे मिलूँगा तो मैं कुछ सुझाव देना चाहूँगा। मुझे ऐसा लग रहा है कि बात जिस तरह से उलझती जा रही है वह न तो सरकार के हित में है न देश के जन-जीवन के स्तर को ऊँचा बनाये रखने के हित में। बात मेरी मानी

जाये या नहीं, चुप रहना ठीक नहीं होगा।

संध्या को प्रो. धर ने हक्सर से सलाह करने के बाद प्रधानमंत्री को फोन पर एक संदेश भेजा, जिसका सार केवल यह था कि विरोधी पक्ष में भी मोरारजी और उनकी विचारधारा वाले लोगों को औरों से अलग करना चाहिए। इसी तरह इस समस्या का सामना किया जा सकता है। मुझे कुछ हंसी आयी। प्रो. धर को इसका तनिक भी आभास नहीं है कि बात इतनी सरल नहीं है। संसद की मनोदशा का भी उन्हें ज्ञान नहीं है। एक-दूसरे को लड़ाने की नीति इस विषय में काम नहीं आयेगी। प्रो. धर संध्या को संसद-भवन नहीं आये। कल उनसे बात करके वस्तुस्थिति का वास्तविक ज्ञान उनको कराना आवश्यक है।

आज शेषन ने बताया कि राजस्थान के एक पुलिस अधिकारी (भवानी मल) का धवन ने कल इंटरव्यू किया। उनको दिल्ली का आई.जी. बनाया जायेगा। नियुक्ति गृह-मंत्रालय करेगा, निर्णय कहीं और लिया गया है।

4-5 दिसंबर, 1974

कल 4 तारीख को पम्मी और मेरे विवाह को बीस वर्ष पूरे हुए। रात्रि के खाने पर कुछ मित्रों को बुलाया था। वे सब घर पहुँच गये थे, पर मैं कार्यालय में ही प्रो. धर और निर्मल मुखर्जी, गृहसचिव के साथ फंसा हुआ था। लगभग साढ़े नौ बजे घर पहुँचा, जैसे मैं ही मुख्य अतिथि होऊँ। वैसे प्रतिदिन ही साढ़े नौ-दस बजे पहुँचता हूँ, पर कल तो जल्दी पहुँचना था, इरादा भी था।

कल पूरा दिन प्रायः लायसेंस-कांड पर ही बीता। सुबह प्रो. धर से मैंने विपक्षी दलों की माँग का विस्तार से विश्लेषण किया। प्रधानमंत्री को एक ही बात का डर है। संबंधित पत्रावली देखकर विपक्षी दल कहेंगे कि लायसेंस देने में ललित बाबू ने असामान्य रुचि दिखायी। कई बातें जो उन्होंने सदन में कही हैं, उस पर भी संदेह किया जा सकता है। सरदार साहब ने उन्हें बता रखा है कि ललित बाबू पर धूल उड़ाने के लिए काफी मसाला है। बात ग़लत भी नहीं है। प्रधानमंत्री ललित बाबू को हर प्रकार से बचाना चाहती हैं। मैंने प्रो. धर को समझाया कि जो कागज़ात विपक्षी दल वाले माँग रहे हैं, उन्हें न देना बुद्धिमत्ता का परिचय नहीं है। उसमें से अधिकांश कागज़ात मुकदमा शुरू होते ही अभियुक्तों को मिल जायेंगे। वे जिसको चाहेंगे उन कागज़ात को दिखायेंगे। मुकदमा 20 तारीख को शुरू होगा। फिर दस-पंद्रह दिन इन कागज़ात को न दिखाने से सरकार को क्या प्राप्त होगा? मैंने सुझाव दिया कि बजाय रिपोर्ट को सभा-पटल पर रखने के सरकार विरोधी दलों के नेताओं को विश्वास में लेकर दिखाने के लिए तैयार हो जाये। इसी बीच रघुरमैया (संसदी कार्य मंत्री) वहाँ आ गये। उन्होंने स्वतः यही राय प्रो. धर को दी। रघुरमैया के जाने के बाद मैंने प्रो. धर से कहा कि अनौपचारिक रूप से शकधर (सचिव,

लोकसभा) से भी परामर्श करना उचित होगा। प्रो. धर को मेरा सुझाव ठीक लगा। वे शकधर के पास गये। दोनों पुराने सहपाठी रहे हैं और शकधर प्रो. धर के पिता जी के विद्यार्थी भी रह चुके हैं। ऐसा ही कुछ-कुछ एक दिन प्रो. धर ने मुझे बताया था। शकधर ने भी कहा कि इस पूरे मामले को देखते हुए कि सरकार का पक्ष कमजोर है, यह करना ठीक होगा। इस सारी भूमिका के बाद प्रो. धर प्रधानमंत्री के पास गये। मैंने कहा था कि वे प्रधानमंत्री को यह न बतायें कि सुझाव किसका है। इस पर बल दें कि शकधर समझते हैं कि इससे सरकार की प्रतिष्ठा भी बनी रहेगी और गुत्थी सुलझाने का रास्ता भी निकल आयेगा। प्रधानमंत्री ने जल्दी-जल्दी में बात सुनी और लोकसभा में चली गयीं। जाने से पहले मुझे एक छोटा-सा नोट लिखकर भिजवा गयीं कि मैं प्रो. धर से उनके एक सुझाव के बारे में बात कर लूँ और यदि आवश्यक हो तो कृष्णचंद्र पंत व संसद के और प्रमुख सदस्यों से बात करूँ। प्रधानमंत्री को नहीं बताया गया कि सुझाव मेरा ही था।

थोड़ी देर बाद प्रधानमंत्री ने इस सुझाव पर चव्हाण, रघुरमैया, ओम मेहता आदि से परामर्श किया। ओम मेहता, जो अपने को बड़ा तीसमारखां समझते हैं, को छोड़कर सबने अपनी सहमति प्रकट की। बाबू जी इस मीटिंग में नहीं आ पाये थे। कुछ अस्वस्थ थे। उनसे प्रधानमंत्री ने मेरी उपस्थिति में ही फोन पर बात की। उन्होंने भी अपनी सहमति दे दी। मीटिंग से पहले मैं पंत से भी बात कर आया था। उन्होंने तो प्रधानमंत्री से स्पष्ट कह रखा है कि ललित बाबू के कारण सरकार और पार्टी दलदल में फँसती जा रही है। इसके लिए कुछ उपाय करना होगा। अपनी विचारधारा के अनुकूल उन्होंने भी यही कहा कि सुझाव मानना सबके हित में है। मीटिंग के समय पंत की बात सबको बता दी गयी। यही निश्चय हुआ कि इस सुझाव को मान लेना चाहिए। कोई भी देख सकता था कि प्रधानमंत्री का चेहरा यह स्पष्ट कह रहा था कि उनका मानसिक तनाव एकदम से कम हो गया है।

संध्या को मंत्रिपरिषद् (केबिनेट) की राजनैतिक कार्यों की समिति की बैठक थी। निर्धारित कार्यक्रम के पश्चात् लायसेंस-कांड के बारे में विचार-विनिमय होता रहा। बाद में यह निश्चय हुआ कि कल सुबह वाले सुझाव पर मंत्रिपरिषद्, राज्यमंत्रियों और उपमंत्रियों की अलग-अलग बैठकों में विचार होगा। इस बीच में प्रधानमंत्री के वक्तव्य का प्रारूप तैयार किया जायेगा। इस मीटिंग के बाद प्रो. धर और निर्मल मुखर्जी मेरे कमरे में आये और हम तीनों प्रधानमंत्री के वक्तव्य के बारे में बातचीत करते रहे। सवा नौ बजे के करीब मैंने इन दोनों से क्षमा मांगी और उनको अपने कमरे में छोड़ कर घर चला आया।

यह आज सुबह पता चला कि कल रात प्रधानमंत्री के निवास पर दो बजे तक उनके वक्तव्य का प्रारूप तैयार होता रहा। प्रो. धर के अतिरिक्त हक्सर, शारदा और देवेंद सेन भी वहाँ थे। प्रधानमंत्री ने मेरे लिए पूछा, पर प्रो. धर ने जानते हुए कि

मेरे घर पर पार्टी चल रही है, मुझे बचा दिया। आज सुबह कार्यालय पहुँचते ही प्रो. धर आ गये और मुझे रात में तैयार किया हुआ प्रारूप दिखाया। उसमें काफी ग़लतियाँ थी। उस समय तक मंत्रिपरिषद् के सचिव (भैरव दत्त पांडे) और निर्मल मुखर्जी भी वहाँ आ गये थे। उन दोनों ने मेरी बात का अनुमोदन किया। उस प्रारूप में संशोधन किया गया। प्रो. धर के कहने पर प्रधानमंत्री से भी जाकर मैंने इस प्रारूप के बारे में बात की। प्रारूप का ढाँचा व तथ्य करीब-करीब तय हो गया है। पर लगता है कि वक्तव्य का अवसर एक-दो दिन तक न आये।

आज सुबह मंत्रिपरिषद्, राज्यमंत्रियों और उपमंत्रियों की बैठकों में भी यही निश्चय हुआ कि विरोधी दलों के नेताओं को कागजात दिखा देने चाहिए। वास्तविकता तो यह है कि प्रायः सभी मंत्री और कांग्रेस के अधिकांश सदस्य लोकसभा में लायसेंस-कांड को लेकर दिन-प्रतिदिन की बहस से खीझ गये हैं, दुखी हैं। मन ही मन वे जानते हैं कि सरकार का दृष्टिकोण ग़लत है और पार्टी को उससे हानि हो रही है। पर वे कुछ न कह पाने की अपनी लाचारी से ग्रस्त हैं। जब कभी अवसर मिलता है तो कुछ लोग कानाफूसी में अपने भाव व्यक्त करने से चूक भी नहीं रहे हैं। इस वातावरण में कागजात दिखाने का सुझाव कांग्रेस सदस्यों के लिए बड़ा ही राहतपूर्ण सिद्ध हुआ।

आज प्रधानमंत्री से लायसेंस से संबंधित एक और बात पर काफी देर तक चर्चा की। लोकसभा में ललित बाबू के विरुद्ध विशेषाधिकार के प्रश्न पर बहस चल रही है। ललित बाबू नें अपने उत्तर का वक्तव्य तैयार किया है। यदि यह वक्तव्य सदन में हो जाये तो सरकार का पक्ष और कमजोर होगा। स्वयं प्रधानमंत्री को इस बात का एहसास हुआ होगा, तभी उन्होंने वक्तव्य को पढ़ते ही मुझे लॉबी में बुलाया और कहा कि मैं भी उसे शीघ्रता से पढ़ कर देखूँ कि क्या-क्या परिवर्तन की आवश्यकता पड़ेगी। इस पर मैंने उनके पास एक छोटा-सा नोट सदन में ही भेजा। बाद में उनके दफ्तर में बड़ी देर तक उस पर बात होती रही। यह अच्छा हुआ कि अभी तक वह वक्तव्य करने का समय नहीं आया है। प्रधानमंत्री मेरे सुझावों से सहमत हुईं। उनके आदेशानुसार मैंने ललित बाबू के विशेष सहायक दीक्षित को बुलाकर समझाया कि वक्तव्य किस प्रकार तैयार किया जाये। दीक्षित के साथ मुझे तीन घंटे व्यतीत करने पड़े।

आज संध्या को प्रो. धर से फिर लायसेंस-कांड के बारे में बात हुई। वे सरकार के रवैये से बहुत प्रसन्न नहीं हैं। उनका कहना है कि एक व्यक्ति को बचाने के लिए क्यों इतने प्रयत्न किए जा रहे हैं? आज संध्या को संसद-भवन में काफी चर्चा थी कि मोरारजी सत्याग्रह करेंगे। प्रो. धर ने मुझे वह पत्र दिखाया जो मोरारजी ने स्पीकर को लिखा है। दिखाते समय स्वयं कहने लगे, "बहुत अच्छा ड्राफ्टैड है।"

मणिपुर में भी राजनैतिक उथल-पुथल बढ़ रही है। कल प्रधानमंत्री ने कांग्रेस

अध्यक्ष (बरुआ) और महासचिवों से बड़ी देर तक विचार-विमर्श किया। मुझे भी उस समय बुला लिया था। पूरबी मुखर्जी इस बात के लिए जोर दे रही हैं कि राज्यपाल को शायजा की सरकार को बर्खास्त कर देना चाहिए। मेरी समझ में यह बिल्कुल ग़लत होगा। सरकार को बहुमत प्राप्त है या नहीं, इसका निर्णय विधानसभा में होना चाहिए। आज रात को राज्यपाल का संदेश आया कि शायजा 9 दिसम्बर को विधानसभा का सत्र बुलाने के लिए तैयार हैं। उनकी स्वयं की यह राय है कि विधानसभा के सत्र से पहले राज्यपाल को कुछ नहीं करना चाहिए। प्रधानमंत्री का भी यही विचार है। कल उन्हें राज्यपाल का संकेत भी दे दूँगा। उनका अपना विचार और दृढ़ हो जायेगा। लेकिन यह भी संभव है कि 9 तारीख से पहले ही शायजा त्यागपत्र दे दें। यह सबसे अधिक युक्तिसंगत बात होगी।

6 दिसंबर, 1974

आजकल प्रधानमंत्री बारह बजे लोकसभा में जाती हैं। उससे कुछ पहले ललित बाबू ने अपने वक्तव्य का प्रारूप प्रधानमंत्री के पास भेजा। प्रधानमंत्री ने मुझे बुला कर दिखाया। अब भी वह बड़ा ही असंतोषजनक था। प्रधानमंत्री मेरा कल तैयार किया हुआ प्रारूप देख चुकी थीं। पर ललित बाबू ने उसमें फिर परिवर्तन कर दिया था। जब मैंने प्रधानमंत्री को आपत्तिजनक बातें बतायीं तो ललित बाबू को खोज कर बुलाया गया। हम तीनों की बातें होती रहीं। ललित बाबू साफ-साफ नहीं बोल पाते हैं। कुछ लब-लब करते रहे। पर प्रधानमंत्री के कहने पर उन्होंने मेरे बहुत से सुझाव मान लिये। पर अंतिम प्रारूप में क्या करेंगे, पता नहीं।

प्रश्नकाल के बाद आज लोकसभा में वातावरण बहुत गंभीर था। सब लोग सांस रोके बैठे थे कि मोरारजी का सत्याग्रह शुरू होगा या नहीं। मुझे पहले भनक पड़ी थी कि स्पीकर मोरारजी और प्रधानमंत्री से बातचीत करके कोई हल निकालने के लिए प्रयत्नशील हैं। स्पीकर ने सदन में कहा कि वे कुछ समय के लिए अपने कक्ष में जा रहे हैं। वे मोरारजी से बात करना चाहते हैं। इस बीच सदन की और कार्यवाही चालू रखें। स्पीकर के बाद मोरारजी भी अंदर चले गये और कुछ समय बाद प्रधानमंत्री भी। अंदर इन लोगों की वार्ता करीब 30-40 मिनट चली। जब दोनों एक-एक करके सदन में वापस आये तो यह लग रहा था कि बात कुछ बनी नहीं।

थोड़ी देर बाद प्रधानमंत्री ने अपने वरिष्ठ सहयोगियों को सलाह करने के लिए बुलाया। उस मीटिंग में मैं भी उपस्थित था। पहले प्रधानमंत्री ने मोरारजी से जो बातें हुईं, उसका सारांश बताया। प्रधानमंत्री के अनुसार, मोरारजी ने प्रधानमंत्री को नैतिकता पर भाषण दिया। उन्होंने यह स्पष्ट किया कि वह किसी राजनीतिक कारण से सत्याग्रह करने को बाध्य नहीं हुए हैं। उनका मुख्य ध्येय यह है कि

संसद और संसदीय प्रणाली का स्तर ऊपर उठे। सरकार की ओर से सदन में कुछ आश्वासन दिये गये थे, सरकार उनको पूरा नहीं करना चाहती। प्रतिपक्ष के पास ऐसी स्थिति में और चारा ही क्या है? इसीलिए उन्होंने (मोरारजी) गांधी जी के दर्शाये हुए मार्ग को अपनाने की सोची है। प्रधानमंत्री ने काफी प्रयत्न किया, मोरारजी को समझाने का। रिपोर्ट को सभा पटल पर न रखने का केवल एक ही कारण है–कानूनी अड़चन। सरकार छिपाना कुछ नहीं चाहती, पर यदि सब कागज़ात सभा पटल पर रख दिये गये तो मुकदमे पर बुरा प्रभाव पड़ेगा। हो सकता है कि न्यायिकी (जुडीशियरी) से भिड़ंत हो जाये, जो बहुत ही दुर्भाग्यपूर्ण होगा। पर मोरारजी पर इसका कोई प्रभाव नहीं पड़ा। पड़ता भी कैसे, सरकारी पक्ष कमजोर जो है।

बातचीत के बीच मोरारजी ने प्रधानमंत्री से यह भी कहा कि उनसे (प्रधानमंत्री) बात करते समय उन्हें काफी सतर्क रहना पड़ेगा। प्रधानमंत्री ने जब इस पर आश्चर्य प्रकट किया तो मोरारजी ने कहा कि हाल ही में गुजरात पर दिया गया प्रधानमंत्री का वक्तव्य, प्रधानमंत्री को शोभा नहीं देता है। प्रधानमंत्री ने लगभग एक माह पहले एक जनसभा में यह कहा कि गुजरात विधानसभा भंग करके उन्होंने बड़ी भारी ग़लती की। मोरारजी ने प्रधानमंत्री से कहा कि विधानसभा भंग करके आपने प्रजातंत्र का बहुत हित किया। ऐसा करने के बाद उन्हें यह नहीं कहना चाहिए था कि उन्होंने ग़लती की। खैर, बिना किसी निर्णय के वार्ता समाप्त हो गयी। हाँ, प्रधानमंत्री ने मोरारजी को यह अवश्य बता दिया कि सरकार रिपोर्ट विपक्षी नेताओं को गोपनीयता की शपथ पर दिखा सकती है। मोरारजी ने केस डायरी/पत्रावली देखने की मांग की। प्रधानमंत्री ने इस पर हाँ नहीं कहा। केवल यह कहा कि वे अपने सहयोगियों से सलाह करेंगी। मोरारजी ने कहा कि यदि प्रधानमंत्री का मन बन चुका है तो सहयोगियों से सलाह करने से कोई लाभ नहीं। प्रधानमंत्री को खुले मस्तिष्क से इस पर विचार करना होगा।

प्रधानमंत्री का स्वयं का अनुमान यह है कि मोरारजी स्वयं विपक्षी नेताओं की समिति के सदस्य नहीं हैं, इसलिए वे प्रधानमंत्री का सुझाव नहीं मान रहे हैं। (मुझे यह बात ठीक नहीं लगती।) प्रधानमंत्री ने यह भी कहा कि स्पीकर सरकार एवं प्रतिपक्ष की भिड़ंत नहीं चाहते। प्रतिपक्ष भी शायद सत्याग्रह के लिए तैयार नहीं है इसलिए बातचीत को आज अनिर्णित छोड़ दिया गया। प्रधानमंत्री ने बार-बार कहा कि स्पीकर की यह तीव्र इच्छा थी कि सत्याग्रह स्थगित हो जाये।

प्रधानमंत्री का अपने सहयोगियों से जो विचार-विमर्श हुआ, उसमें बिना पूरे तथ्यों का विश्लेषण किये, बिना गहराई में गये, यही राय बनी कि प्रतिपक्ष के आगे झुकना नहीं चाहिए। रिपोर्ट विरोधी नेताओं को गोपनीयता में दिखा दी जाये और कोई कागज़ात नहीं दिखाने चाहिए। मुझे पता है कि बाबूजी (जगजीवन राम) का विचार है कि कागज़ात दिखाने में कोई आपत्ति नहीं होनी चाहिए, पर मीटिंग में

उन्होंने यही कहा कि सरकार को इस प्रकार झुकना नहीं चाहिए। इस मीटिंग में भी कोई निर्णय नहीं हुआ। पर इस बात से सबको 'रिलीफ' मिली कि आगे क्या करना चाहिए, इसे सोचने के लिए दो-तीन दिन का समय है।

संध्या को विक्रम महाजन मेरे पास आये। वे कांग्रेस दल के एक प्रमुख युवा सदस्य हैं। उनके पिता भारत के मुख्य न्यायाधीश रह चुके हैं। (उनकी मृत्यु हो चुकी है) वे स्वयं सुप्रीम कोर्ट में वकालत करते हैं। हाल ही में लोकसभा में अपने दल के सचेतक/व्हिप बनाये गये हैं। उस नाते रघुरमैया की सहायता करते हैं। उन्होंने मुझे बताया कि दल में असंतोष बढ़ता जा रहा है। बहुत से सदस्य कहते हैं कि ललित बाबू को बचाने के लिए प्रधानमंत्री, सरकार व दल दोनों की भारी हानि कर रही हैं। पिछले सत्र में सरकार की इतनी छीछालेदर हुई। इस सत्र में सरकार की नेकनामी बढ़ नहीं रही है। पता नहीं रिपोर्ट क्यों नहीं प्रकाशित की जाती। मैंने विक्रम से कहा कि वे प्रधानमंत्री से जाकर क्यों नहीं यह बात इतनी ही स्पष्टता से कहते। इस पर विक्रम बात बनाने लगे। कहने लगे वह पहले ही अपनी स्पष्टवादिता के कारण लोगों को—प्रधानमंत्री को भी—नाराज कर चुके हैं। वे स्वयं प्रधानमंत्री से जाकर यह नहीं कहेंगे। इस पर मैंने कहा कि फिर मुझसे कहने से कोई लाभ नहीं। मैं राजनीतिक पचड़ों में नहीं पड़ता। जब पार्टी के सदस्यों में ही हिम्मत नहीं है तो दूसरा कोई उनकी क्या मदद कर सकता है।

संध्या को प्रो. धर ने मुझे अपने कमरे (साउथ ब्लॉक) में बुलाया। वे आगे की कार्यवाही पर मुझसे बातचीत करना चाहते थे। सबसे पहले मैंने उन्हें विक्रम महाजन से हुई बातचीत बतायी। उन्होंने कहा कि मैंने विक्रम को ठीक ही उत्तर दिया। इस बातचीत में मैंने प्रो. धर को यह सलाह दी कि रिपोर्ट के अतिरिक्त और कागज़ात जो प्रतिपक्षी नेता देखना चाहते हैं उसमें हमें आपत्ति नहीं होनी चाहिए। हाँ, संबंधित पत्रावली नहीं दिखानी चाहिए। उसके आवश्यक उद्धरण अन्य कागजात में दिये हुए हैं। प्रो. धर को आश्चर्य हुआ। पर जब मैंने उन्हें एक-एक कागज की बात अलग-अलग समझायी तो उन पर प्रभाव पड़ा। केस डायरी पर उन्हें अभी कुछ आपत्ति है। मेरा तर्क बड़ा सीधा था। प्रायः सभी कागज जो विरोधी नेता देखना चाहते हैं, वे उन्हें दस-पंद्रह दिन में प्राप्त हो जायेंगे। फिर इस पर इतना तनाव बढ़ाने से क्या लाभ? प्रो. धर पर, जैसा मैंने लिखा, प्रभाव पड़ा। उन्होंने कहा कि कल हम दोनों प्रधानमंत्री से इस बारे में बात करेंगे।

आज मधु लिमये ने एक वक्तव्य में यह कहा है कि मारुति में बाहर से आयात किया हुआ इंजिन लगाया गया है। धीरे-धीरे इस बात का प्रचार बढ़ेगा।

7 दिसंबर, 1974

आज संसद की छुट्टी थी। इस कारण मुझे कुछ समय मिला, जिसमें मैंने ललित बाबू जो वक्तव्य करने जा रहे हैं उसका अध्ययन किया। मुझे लगा कि मेरे सुझाव, जो कल बहुत जल्दी में दिये गये थे, मान लेने के बाद भी वह वक्तव्य काफी असंतोषजनक है। मैंने संबंधित पुराने कागज़ात व पत्रावली का फिर से अध्ययन किया और यह निश्चय किया कि मैं एक पृथक वक्तव्य का प्रारूप तैयार कर दूँ। कल छुट्टी है, रविवार की। कल तक भी तैयार हो जायेगा, तो ठीक रहेगा।

संध्या को गोखले ने मुझे बुलाया। मैं उनके घर करीब घंटा भर रहा। उनकी यह धारणा बन रही है कि लायसेंस-कांड के संबंध में प्रतिपक्ष से अधिक मुठभेड़ सरकार व पार्टी के हित में नहीं है। हर पहलू पर गंभीरता से विचार करने के बाद वे इसी निष्कर्ष पर पहुँचे हैं कि रिपोर्ट व अन्य कागज़ात प्रतिपक्ष को दिखाने में कोई हानि नहीं है। इससे अनावश्यक विवाद समाप्त हो जायेगा और दिन-प्रतिदिन जो सरकार की निंदा बढ़ती जा रही है, वह समाप्त हो जायेगी। प्रधानमंत्री से बात करने से पहले वे मुझसे परामर्श करना चाहते थे, इसीलिए उन्होंने बुलाया था। मेरा तो पहले से ही ये निश्चित मत है कि सरकार की हठधर्मी से प्रतिपक्ष का ही लाभ होगा। मेरे सामने ही गोखले ने प्रधानमंत्री निवास पर फोन किया, प्रधानमंत्री से मिलने के लिए समय माँगने के लिए। प्रधानमंत्री उस समय व्यस्त थीं। गोखले ने कहा कि यदि रात में न हो सके तो कल सुबह समय मिल जाये तो भी ठीक होगा। मुझे लगता है कि गोखले की बात का प्रधानमंत्री पर असर होगा। कम से कम यह तो हुआ कि इस वातावरण में कोई बोलने का साहस तो कर रहा है।

मैंने गोखले से ललित बाबू के वक्तव्य के बारे में भी बात की। वे मुझसे सहमत हैं कि ललित बाबू ने जो वक्तव्य तैयार किया है, उससे सरकार उलझन में पड़ सकती है। मैंने अपने प्रारूप की रूपरेखा गोखले को बतायी। उनका भी यही विचार है कि यह प्रारूप अधिक उपयुक्त होगा।

8 दिसंबर, 1974

आज रविवार को छुट्टी थी, पर काफी सुबह प्रधानमंत्री का फोन आया। वास्तव में उनका फोन आने पर ही मुझे उठाया गया। छुट्टी के दिन मैं काफी देर तक सोता हूँ। प्रधानमंत्री ने कहा कि साढ़े नौ बजे गोखले उनसे मिलने आने वाले हैं, लायसेंस-कांड के बारे में बात करना चाहते हैं। मैं गोखले से बात कर लूँ। यदि उन्हें आपत्ति न हो तो मैं भी उस बातचीत के समय उपस्थित रहूँ। मुझे तो मालूम था कि गोखले क्या बात करना चाहते हैं? फिर भी मैंने उनसे बात की। गोखले स्वयं चाहते थे कि जब वे प्रधानमंत्री से बात करें, तो मैं भी वहाँ रहूँ।

मैं साढ़े नौ बजे से पहले ही प्रधानमंत्री निवास पर पहुँच गया। गोखले के आते

ही हम लोग प्रधानमंत्री के पास चले गये। गोखले ने अपना सुझाव बड़ी अच्छी तरह प्रधानमंत्री को समझाया। प्रधानमंत्री पर इसका प्रभाव पड़ा। प्रधानमंत्री के पूछने पर कि मेरी क्या राय है, मैंने भी गोखले की बात का समर्थन किया। प्रधानमंत्री ने मुझसे कहा कि मैं संध्या को सी.सी.पी.ए. की मीटिंग का आयोजन करवा लूँ। उस मीटिंग में इस विषय पर पूरी तरह चर्चा हो जायेगी।

संध्या को यह मीटिंग हुई। समिति के सदस्य सहमत थे कि जो कागजात प्रतिपक्ष माँग रहा है, उन्हें दिखाने में कोई आपत्ति नहीं होनी चाहिए। बात अटकी केवल 'केस डायरी' पर। बाबू जी ने कहा कि इस मामले में सी.बी.आई. की राय पर काम करना उचित होगा। गोखले ने कहा कि इस मामले में जब यह सब कागजात विश्वास में लेकर दिखाये जा रहे हैं तो सी.बी.आई. को कोई आपत्ति नहीं है। पर प्रधानमंत्री, पता नहीं क्यों, केस-डायरी दिखाने के पक्ष में नहीं थीं। उन्होंने इस बात की ओर इशारा किया। फिर क्या था, चट्टोपाध्याय, रघुरमैया और ब्रह्मानंद सबने कहना शुरू किया कि चाहे हम कुछ भी करें प्रतिपक्ष संतुष्ट नहीं होगा। कुछ नयी मांगें प्रस्तुत करेगा। बाबू जी व अन्य लोग सदा की भांति चुप रहे। केस डायरी नहीं दिखाने का निर्णय हुआ। उस मीटिंग के बाद मुझे चट्टोपाध्याय अपने साथ ले गये। पर उनसे बातचीत करने के बाद, जिसकी चर्चा बाद में करूँगा, मैं फिर गोखले के घर गया। उनका फोन आया था, उन्होंने बुलवाया था।

गोखले बहुत दुखी थे। उनका यह निश्चित मत है कि लायसेंस-कांड पर प्रतिपक्ष से भिड़ना सरकार के हित में नहीं है। फिर जो कागजात प्रतिपक्ष देखना चाहता है, वे उन्हें कुछ दिन में प्राप्त हो जायेंगे। हम दोनों को यह आश्चर्य था कि प्रधानमंत्री को केस-डायरी दिखाने में क्या आपत्ति है? यह ठीक है कि मुकदमे में केस-डायरी अभियुक्त तक नहीं देख सकता। पर देवेन्द्र सेन ने यह आश्वासन दिया है कि इस केस-डायरी में कोई ऐसी बात नहीं है, जिससे सरकार की कठिनाई या उलझन बढ़े। हम दोनों को लगा कि प्रधानमंत्री को यह शंका है कि केस-डायरी दिखाने से ललित बाबू फंस सकते हैं। मुझे यह भी संदेह है कि केस डायरी न दिखाने के लिए प्रो. धर ने भी प्रधानमंत्री से कहा है। प्रो. धर का मतलब सीधा है। वे समझते हैं कि धीरे-धीरे प्रतिपक्ष से दबते जाना उचित नहीं। गोखले को विशेष दुख यह था कि उन्होंने हिम्मत की थी और सब कुछ तय हो जाने के बाद बात बिगड़ गयी। मैंने गोखले से कहा कि मैं प्रो. धर से कल सुबह फिर बात करूँगा।

प्रधानमंत्री के घर से, जैसा मैंने पहले लिखा, मैं चट्टोपाध्याय के साथ उनके घर आया। उन्होंने मुझे अपने साथ बुलाया क्योंकि वे मुझसे बात करना चाहते थे। ललित बाबू के रवैये से वे चिंतित हैं। ललित बाबू ने जो अपने वक्तव्य का प्रारूप तैयार किया है, उसमें उन्होंने सारा उत्तरदायित्व अपने से हटा दिया है। उनके लंबे-चौड़े वक्तव्य का अर्थ बहुत सीधा है। उनका कहना है कि जब-जब पत्रावली

उनके सामने आयी उन्होंने यही निर्देश दिया कि यदि लायसेंस के प्रार्थी अदालत जायें तो सरकार को मुकदमा लड़ना चाहिए। पर हाँ, एकाध पहलू ऐसा था जिसकी जाँच, विधिमंत्रालय के परामर्श से, आवश्यक थी। 5 फरवरी, 1973 को उन्होंने विदेश व्यापार मंत्रालय में कार्यभार छोड़ दिया। उसके बाद क्या हुआ इसकी जिम्मेदारी उनकी नहीं है। चट्टोपाध्याय इसी बात से परेशान हैं। उनका कहना है कि इस प्रकार ललित बाबू सब कुछ उन पर डाल देना चाहते हैं।

इससे भी अधिक दुखी वे इस बात से हैं कि ललित बाबू के मामले में प्रधानमंत्री किसी की बात मानने को तैयार नहीं हैं। चट्टोपाध्याय ने भी पूरी पत्रावली का अध्ययन किया है। ललित बाबू ने इस मामले में असाधारण रुचि ली, इसमें संदेह नहीं। बिना उनके हस्तक्षेप के मामला फिर से विचारार्थ उठता ही नहीं। पर अब ललित बाबू अंदर ही अंदर चट्टोपाध्याय पर दोष डाल रहे हैं। उन्होंने मुझसे यह भी कहा कि ललित बाबू ने प्रधानमंत्री से कहा है कि सब मामला उन्होंने ही जानबूझ कर (चट्टोपाध्याय ने) खड़ा करवाया है और प्रधानमंत्री इसका विश्वास करती हैं। चट्टोपाध्याय का कहना है कि ललित बाबू ने इस मंत्रालय में इतनी गड़बड़ी की है, जिसका वर्णन कठिन है। पर उन्होंने हमेशा ललित बाबू को बचाने का ही प्रयत्न किया। पोलीएस्टर फाइबर का एक मामला और है जो इस मामले से भी घिनौना है। पर उसमें भी वे ललित बाबू को बचाने का प्रयत्न करेंगे। अभी उसका उन्होंने पूरा अध्ययन नहीं किया है। इतना होते हुए भी वे प्रधानमंत्री से स्पष्ट बात करने में डरते हैं। चलते समय चट्टोपाध्याय ने कहा कि ललित बाबू का वक्तव्य इस प्रकार का हो सकता है कि किसी पर लाँछन न आये। वे चाहते थे कि मैं प्रधानमंत्री से बात करके इस बात का प्रबंध करूँ।

चट्टोपाध्याय ठीक कहते हैं। ललित बाबू अपना वक्तव्य केवल अपने दृष्टिकोण से देख रहे हैं। पर वक्तव्य सरकार के दृष्टिकोण से बनना चाहिए। इस अर्थ में चट्टोपाध्याय का सुझाव उचित है। मैंने चट्टोपाध्याय को नहीं बताया पर आज दिन का काफी समय लगा कर ललित बाबू के वक्तव्य का एक प्रारूप प्रधानमंत्री को भेजा है। इसमें सकार का पक्ष जितना संतोषजनक बनाया जा सकता है, बनाया है। पर ललित इसको स्वीकार नहीं करेंगे, ऐसा मुझे लगता है।

संध्या के इन सब बखेड़ों में मैं उमा के कार्यक्रम में नहीं जा सका। वह अपने स्कूल भारतीय संगीत सदन के भवन के लिए धन एकत्रित कर रही हैं। आज उसने विलायत खां के सितार का कार्यक्रम आयोजित किया था। विलायत भाई से वर्षों से भेंट नहीं हुई है, उनका सितार भी नहीं सुना है। स्वयं उन्होंने संदेश भेजा था कि आज मैं जरूर आऊँ, पर नहीं जा सका।

9 दिसंबर, 1974

आज प्रायः पूरा दिन लायसेंस-कांड से संबंधित कामों में ही बीता। कार्यालय पहुँचने के थोड़ी देर बाद प्रो. धर आ गये। मैंने उन्हें बताया कि गोखले इस बात पर दुखी हैं कि गुत्थी सुलझाने के उनके प्रयत्न कल अकारण ही विफल हो गये। उनका निश्चित मत है कि सरकार को, प्रतिपक्ष जो कागजात देखना चाहता है, उसमें आपत्ति नहीं उठानी चाहिए। प्रो. धर को केस-डायरी के संबंध में ही कुछ परेशानी है। वे यह जानते हैं कि केस-डायरी में कोई उलझन पैदा करने वाली बात नहीं है। पर उनका कहना है कि हम केस-डायरी भी दिखाने को मान गये तो प्रतिपक्ष की पूरी तरह जीत हो जायेगी। सरकार की इससे हानि होगी। मैंने उन्हें समझाया कि प्रतिपक्ष तो सी.बी.आई. रिपोर्ट को सभापटल पर रखने की माँग कर रहा था। उसे सरकार स्वीकार नहीं कर रही है। सारे कागज केवल कुछ नेताओं को गोपनीयता की शपथ पर दिखाये जा रहे हैं। एक ऐसे दस्तावेज़ पर पूरी बात टूट जाये, जिसको दिखाने में कोई हानि नहीं, इसे मैं बुद्धिमत्ता नहीं मानता। सरकार की प्रतिष्ठा का भी प्रश्न नहीं उठता। हमें यह भी सोचना चाहिए कि जनता में इस कांड को लेकर काफी भ्रांतियां फैल रही हैं। दिन-प्रतिदिन यह विश्वास बढ़ता जा रहा है कि अवश्य ही सरकार को कुछ छिपाना है। यदि प्रतिपक्ष और सरकार में समझौता नहीं होता तो प्रतिपक्ष अपनी पिछली माँगों पर वापस लौट आयेगा। वे मांगे हैं—रिपोर्ट को सभापटल पर रखें और संसदीय कमेटी को जाँच के लिए नियुक्त करो। दुर्भाग्य से दीक्षित जी ने 9 सितंबर को जो सदन में आश्वासन दिया था उसके कारण सरकार का पक्ष बहुत कमजोर है। आज समझौता हो जाता है तो फिलहाल ये दोनों बातें नहीं उठेंगी। इस पूरे विश्लेषण पर विचार करने के बाद प्रो. धर मुझसे सहमत हुए। उन्होंने मुझसे कहा कि मैं प्रधानमंत्री से मिलकर उन्हें भी यह समझा दूँ और उनकी स्वीकृति लेकर, उनका जो वक्तव्य तैयार किया गया है, उसमें संशोधन कर दूँ।

प्रो. धर के जाने के बाद मैं प्रधानमंत्री से मिला। प्रधानमंत्री को मैंने पूरी बात स्पष्ट की। मुझे लगा कि वे पहले से ही तैयार बैठी थीं इस सुझाव को मानने के लिए। इधर कई दिन से इस प्रश्न पर इतना विचार हुआ है कि प्रधानमंत्री पर असर हुए बिना नहीं रहा। प्रधानमंत्री को यह आभास अच्छी तरह है कि इन सारे मामलों में सरकार का पक्ष कमजोर है। वे ऐसी परिस्थिति में प्रतिपक्ष से मुठभेड़ नहीं करना चाहेंगी। कहती वे यह रहती हैं कि स्पीकर व प्रतिपक्ष मुठभेड़ नहीं चाहता, पर वास्तविकता यह है कि वे स्वयं ऐसी स्थिति नहीं उत्पन्न होने देना चाहतीं। प्रधानमंत्री ने 'पोस्चर' यह ले रखा था कि प्रतिपक्ष के सामने झुकना ठीक नहीं, पर समय आने पर समझौता जब दृष्टिगोचर होने लगा तो सब बात मान ली। प्रधानमंत्री के वक्तव्य में मैंने आवश्यक परिवर्तन कर दिया।

लोकसभा में आज सी.बी.आई. रिपोर्ट पर प्रधानमंत्री का वक्तव्य हुआ। उसके बाद मोरारजी भी बोले। प्रधानमंत्री का वक्तव्य कई दिन से तैयार था। मोरारजी बिना किसी वक्तव्य की सहायता के बोले। इन दोनों के भाषणों ने सदन के स्तर को बहुत ऊँचा उठा दिया। प्रधानमंत्री ने अपना वक्तव्य बड़े विश्वास के साथ पढ़ा। उन्होंने कहा कि सरकार कुछ छिपाना नहीं चाहती पर कानूनी कठिनाइयों के कारण वह रिपोर्ट को सदन में प्रस्तुत करने में असमर्थ है। प्रतिपक्ष की भावनाओं का सम्मान करते हुए उन्होंने कुछ सुझाव उनके सम्मुख रखे और आशा व्यक्त की कि स्थिति को देखते हुए ये सुझाव व्यावहारिक थे और गुत्थी को सुलझाने में सहायक होंगे। (सुझाव वही थे जिन पर तीन-चार दिन से विचार हो रहा था)। अंत में उन्होंने यह अपील की कि प्रजातंत्र में सबको अपने उत्तरदायित्व का पूरा ध्यान रखना चाहिए। यदि संसद का कार्य रुक जायेगा तो प्रजातंत्र को ठेस पहुँचेगी। इसलिए 'मेरा सबसे निवेदन है कि कोई ऐसा काम न किया जाये कि प्रजातंत्र की सबसे ऊँची संस्था अर्थात् संसद की गरिमा में कमी आये। आगे आने वाले लोग यह न कहें कि कई पीढ़ियों की उपलब्धियों को गुस्से के एक क्षण में हमने समाप्त कर दिया।' प्रधानमंत्री के वक्तव्य का सदन पर बहुत प्रभाव पड़ा। यह स्पष्ट था कि सदस्यों ने पहली बार यह माना कि सरकार प्रतिपक्ष की बात जहाँ तक संभव है, मानने को तैयार है।

मोरारजी बड़ी गरिमा से बोले यद्यपि प्रधानमंत्री ने उनके प्रति जो उलाहने दिये थे, उसका उन्होंने स्पष्ट शब्दों में प्रतिवाद किया। प्रतिपक्ष के पक्ष का बड़ा तर्कयुक्त विवेचन उन्होंने किया। उनके अनुसार प्रतिपक्ष किसी अनुत्तरदायित्व की भावना से कोई माँग नहीं कर रहा था, वह अपना कर्तव्य निभा रहा था और संसदीय प्रजातंत्र में प्रतिपक्ष का भी कुछ कर्तव्य होता है। उन्होंने विस्तार से प्रतिपक्ष की माँग का स्पष्टीकरण किया। अंत में उन्होंने यह प्रश्न किया कि इन कागजात को पढ़ने के बाद प्रतिपक्ष आगे की कार्यवाही के लिए कोई सुझाव दे सकेगा या नहीं। मोरारजी के भाषण का भी सदन पर प्रभाव पड़ा। यदि सरकार-प्रतिपक्ष के वाद-विवाद का सामान्य स्तर इस प्रकार का हो तो न केवल हमारी संसद की गरिमा बढ़ेगी, संसदीय प्रणाली की जड़ें भी मजबूत होंगी।

प्रधानमंत्री के वक्तव्य और मोरारजी के भाषण से लायसेंस-कांड का एक दौर समाप्त हुआ। दिन भर सदन में, डिप्टी स्पीकर की कृपा से, इस पर चर्चा हुई कि मोरारजी के भाषण के बाद क्या हुआ? बात यह थी कि प्रधानमंत्री बिना मोरारजी के प्रश्न का उत्तर दिये सदन से प्रस्थान कर गयीं। उन्होंने केवल यह कहा कि "हमें राज्यसभा में बुला रहे हैं, क्या करें?" इस परिस्थिति में यह स्पष्ट नहीं हुआ कि सरकार के सुझाव प्रतिपक्ष ने माने या नहीं। इसी बात को लेकर सदन में चर्चा होती रही। संसद भवन में तनाव का वातावरण बना रहा। प्रश्न यह था कि यदि सरकार ने मोरारजी की बात नहीं मानी तो क्या वे सत्याग्रह करेंगे? पर सदन की भावना स्पष्ट

थी। प्रायः सभी दलों (कांग्रेस भी) ने यह विचार व्यक्त किया कि संसद का या संसद सदस्यों का अधिकार सरकार के सुझाव मानने से नहीं समाप्त होगा। अपने अधिकारों के अंतर्गत प्रतिपक्ष के नेता आगे की कार्यवाही के लिए जो सुझाव देंगे, उन पर सरकार को विचार करना होगा। इस पर विभिन्न सदस्य तरह-तरह के फार्मूले बना रहे थे और प्रधानमंत्री के पास ला रहे थे। प्रधानमंत्री की चिंता अभी समाप्त नहीं हुई है। उन्होंने अपने वरिष्ठ मंत्रियों को बुलाकर लगभग घंटा भर परामर्श किया। मैं सदन की कार्यवाही सुन रहा था, इसलिए इस मीटिंग में उपस्थित नहीं था। बाद में पता लगा कि इसमें कोई निर्णय नहीं हुआ। पर इतना अवश्य है कि प्रतिपक्ष ने सरकार को बुरी तरह दबा रखा है।

संध्या को मुझे पता लगा कि कल स्पीकर इसी प्रश्न पर एक रूलिंग देंगे कि सब कागजात देखने के बाद सदस्य अपना निष्कर्ष निकाल कर उसको सदन में व्यक्त कर सकते हैं, बिना उन कागजात का संदर्भ दिये। मैंने इसकी सूचना प्रधानमंत्री को दे दी। पर उस समय वे घर जाने वाली थीं। उन्होंने रघुरमैया को बुला कर कहा कि वह स्पीकर से जाकर कह दें कि वह इस प्रकार की रूलिंग न दें। प्रधानमंत्री ने इसका कारण यह बताया कि ऐसी रूलिंग से पार्टी में विद्रोह हो जायेगा। वास्तविकता इसके बिल्कुल विपरीत है। मुझसे उसके बाद रघुरमैया की भेंट नही हुई। रात में मुझे प्रो. धर का फोन आया। वे प्रधानमंत्री निवास से बोल रहे थे। लइसेंस-कांड के बारे में आज सदन में क्या हुआ, इसकी जानकारी चाहते थे। पर जिस तरह उन्होंने मुझसे बात की, मुझे आभास हुआ कि प्रधानमंत्री को स्पीकर के विरुद्ध काफी भरा गया है।

आज गोखले ने दिन में मुझे बुलाया था। मारुति पर कुछ प्रश्नों के उत्तर उन्हें संसद में देने थे। उनके प्रस्तावित उत्तर में प्रधानमंत्री ने कुछ परिवर्तन कर दिया। गोखले उससे असंतुष्ट थे। उनका कहना था कि इस प्रकार के परिवर्तन से कोई लाभ नहीं होता। जो बात हम छिपाने की कोशिश करते हैं, वह किसी अन्य रूप में पूछी जाती है। आज उन्होंने फिर दुहराया कि मारुति में काफी अनियमितताएँ हो रही हैं। मैंने उन्हें यही उत्तर दिया कि वह इन मामलों पर भी क्यों नहीं प्रधानमंत्री से स्पष्ट बात कर लेते हैं।

आज लोकसभा में लायसेंस-कांड के एक अन्य पहलू पर भी प्रगति हुई। कई दिन से ललित बाबू के विरुद्ध विशेषाधिकार उल्लंघन के प्रश्न पर विवाद चल रहा है। पिछले तीन-चार दिनों में मेरा काफी समय ललित बाबू के वक्तव्य पर व्यतीत हुआ है। मेरा प्रयत्न यही रहा है कि ललित बाबू जो ग़लत बातें कहने पर उतारू हैं, वे उनके वक्तव्य से निकाल दी जायें। कल मैंने इस संबंध में प्रधानमंत्री को एक प्रारूप, जो मैंने तैयार किया था, भेजा था। कल रात प्रधानमंत्री निवास पर धवन ने मुझे बताया कि प्रधानमंत्री ने मेरा प्रारूप स्वीकार कर लिया है और उसकी एक प्रति

ललित बाबू के पास भेज दी है। स्वयं रात में ललित बाबू ने मुझे फोन किया और कहा कि वह मेरे सब सुझाव अपने वक्तव्य में मान रहे हैं। पर जब आज ललित बाबू ने अपने वक्तव्य की एक प्रति सभापटल पर रखी (सदन में इतना शोर हो रहा था कि वे अपना वक्तव्य पढ़ नहीं पाये) तो मैं आश्चर्य में पड़ गया। मेरी एक भी बात नहीं मानी गयी थी, ललित बाबू शुरू से ही जिन बातों को कहने के लिए ज़िद पकड़े हुए थे, वे सब उनके वक्तव्य में थीं। यदि प्रतिपक्ष अधिक शोर शराबा न करे और गंभीरता से विवाद को बढ़ाये तो सरकार के लिए उलझन बढ़ सकती है। पता नहीं किसकी सलाह पर ललित बाबू ने अपने वक्तव्य में परिवर्तन किया। ख़ैर, देखना है क्या होता है?

लंच के समय मैं प्रधानमंत्री से मिला। मैंने अपनी शंका उनसे व्यक्त की। उन्होंने कहा कि पता नहीं ललित क्यों किसी की बात नहीं सुनते, उन्हें तो बहुत समझाया गया था। पर यह बात उन्होंने इतने बनावटी ढंग से कही कि मेरी इच्छा नहीं हुई, विश्वास करने की। मुझे लगता है कि ललित बाबू के वक्तव्य में परिवर्तन बिना प्रधानमंत्री की जानकारी के नहीं किये गये होंगे। इस अवसर पर मैंने प्रधानमंत्री से, मारुति के प्रश्नों के बारे में गोखले ने जो मुझसे कहा था, वह भी कह दिया। प्रधानमंत्री को यह अच्छा नहीं लगा। उन्होंने मुझसे कहा कि मैं संजय से बात कर लूँ। मुझे यह ठीक नहीं लगा। मैं यह कह कर चला आया कि मैं धवन के पास संदेश भेज दूँगा, वह गोखले से मिलकर उचित व्यवस्था कर देगा।

लंच पर शारदा ने प्रधानमंत्री के स्वभाव के बारे में बड़ी सारयुक्त बात बतायी। शारदा प्रधानमंत्री के स्टाफ में, चेलापति राव की सिफारिश पर, उस समय आये थे, जब यह स्पष्ट हो गया था कि वे कांग्रेस पार्टी की नेता चुन ली जायेंगी और उस नाते प्रधानमंत्री बनेंगी—प्रधानमंत्री के पार्टी नेता चुने जाने के तीन-चार दिन पहले। शारदा ने कहा कि प्रधानमंत्री के व्यक्तित्व और चरित्र को समझने के लिए यह जानना आवश्यक है कि उनके जीवन में जितना एकाकीपन रहा है उतना कम ही लोगों के जीवन में रहा होगा। बचपन से लेकर आज तक एकाकीपन उन्हें सदा घेरे रहा है। (इस प्रसंग में शारदा ने कहा कि प्रधानमंत्री पहली बार कांग्रेस पार्टी की नेता चुनी जाने के बाद घर (सफदरजंग रोड) वापस आयीं तो घर का कोई व्यक्ति, कोई सगा-संबंधी उनके स्वागत के लिए नहीं था। (उनके पुत्र उन दिनों इंग्लैंड में थे) यही एकाकीपन उनके जीवन का महत्वपूर्ण अंग रहा है। यही कारण है कि वे स्व केंद्रित हैं, आसानी से किसी का विश्वास नहीं करतीं और अपना शत-प्रतिशत विश्वास तो उन्होंने शायद ही किसी व्यक्ति को दिया हो। यही कारण है कि उनमें स्वार्थ कूट-कूट कर भरा हुआ है और वे हर प्रश्न को केवल अपने भले-बुरे के दृष्टिकोण से ही देखती हैं। उनके व्यक्तित्व में उदारता, कृतज्ञता आदि की कमी इसी कारण से है। साथ ही आत्मविश्वास की कमी है और अहम का बाहुल्य। सब कुछ मिलाकर प्रधानमंत्री

का व्यक्तित्व बहुत जटिल हो गया है—अंदर से कुछ और बाहर से कुछ। शारदा का विश्लेषण मुझे बहुत हद तक ठीक लगता है।

10 दिसंबर, 1974

जब मैं कार्यालय पहुँचा तो प्रो. धर मेरे कमरे में मेरी प्रतीक्षा में थे। वे साउथ ब्लॉक जाने से पहले संसद-भवन मुझे यह बताने आये थे कि कल रात उनका प्रधानमंत्री निवास पर कितना समय नष्ट हुआ। बात इस प्रकार बढ़ी। रघुरमैया कल संध्या को प्रधानमंत्री के कहने पर स्पीकर से मिले। उन्होंने स्पीकर से आग्रह किया कि वे जो रूलिंग देना चाहते हैं, वह न दें। प्रधानमंत्री का अनुमान है कि इस रूलिंग से कांग्रेस पार्टी में विद्रोह हो जायेगा। स्पीकर यह सुनकर आगबबूला हो गये। उन्होंने रघुरमैया को काफी डाँटा। कहा कि सरकार किसी भी बात में समय पर ठीक निर्णय नहीं लेती। पर जब इसके कारण सदन में कठिनाई होती है तो यह आशा की जाती है कि स्पीकर सरकार की तरफदारी करके उसकी रक्षा करेगा। कब तक स्पीकर यह करता रहेगा? उन्होंने रघुरमैया से स्पष्ट कह दिया कि वे अवश्य जैसा उन्होंने सोचा है उसी प्रकार की रूलिंग देंगे। रघुरमैया ने काफी मिन्नत की पर स्पीकर ने एक न सुनी। निराश रघुरमैया डरते काँपते प्रधानमंत्री निवास पहुँचे।

प्रधानमंत्री ने जब रघुरमैया से पूरा समाचार सुना तो उनका पारा आसमान पर चढ़ गया। फौरन प्रो. धर को बुलाया गया। (उनकी उपस्थिति अनिवार्य हो गयी थी, क्योंकि शकधर पर उन्हीं के माध्यम से दबाव डाला जा सकता था) प्रो. धर के पहुँचते ही प्रधानमंत्री ने दहाड़ना शुरू कर दिया। प्रो. धर से कहा कि मैं त्यागपत्र देने जा रही हूँ, फौरन उसका ड्राफ्ट तैयार कीजिए। कोई मेरी सहायता नहीं करता। मैं यह भार अकेले क्यों ढोऊँ। मैं अभी राष्ट्रपति के पास जा रही हूँ। प्रो. धर के पूछने पर कि बात क्या है, उन्होंने ऊँचे स्वर ही में कहा कि अब या तो देश में नया प्रधानमंत्री होगा या लोकसभा में नया स्पीकर। दोनों नहीं रह सकते। स्पीकर स्थिति को समझने की कोशिश नहीं करते। उनमें इतना साहस कि मेरी सलाह मानने को तैयार नहीं!

प्रो. धर को यह सब बुरा इसलिए लगा कि प्रधानमंत्री के रौद्र रूप का प्रदर्शन काफी लोगों के सामने हुआ। उन्होंने मुझसे कहा कि "पता नहीं प्रधानमंत्री ने अपना कत्थककली नृत्य दिखाने के लिए इतने लोगों को क्यों एकत्रित किया था?" वे इस बात पर दुखी हो रहे थे कि केवल ललित बाबू को बचाने के लिए प्रधानमंत्री यह सब कर रही हैं। पर स्वयं उनकी व सरकार की प्रतिष्ठा गिरती जा रही है। अपनी अर्थ भरी भाषा में बोले, "बिशन, यह लाश महंगी पड़ रही है।"

कल रात की घटना का आगे वर्णन करते हुए प्रो. धर ने बताया कि जब थोड़ी देर बाद प्रधानमंत्री शांत हुईं तो फिर मैंने उन्हें समझाया कि रूलिंग में किसी प्रकार की हानि नहीं होगी, पर प्रधानमंत्री किसी हालत में मानने को तैयार नहीं थीं। यह

अब उनकी व्यक्तिगत प्रतिष्ठा का प्रश्न बन गया था। प्रो. धर ने कहा कि वह शकधर से इस बारे में बात करेंगे। इस पर रात को ग्यारह बजे के बाद शकधर को भी प्रधानमंत्री निवास पर बुलाया गया। शकधर को देखकर फिर एक बार प्रधानमंत्री बरस पड़ीं। उनसे कहा कि वे स्पीकर से स्पष्ट कर दें कि यदि यह रूलिंग हुई तो सरकार को स्पीकर को बदलना पड़ेगा। बड़ी रात तक इसी प्रकार बातचीत होती रही। प्रो. धर ने शकधर को घर छोड़ा। अपनी तरह से स्थिति समझाने की चेष्टा की।

प्रो. धर का विचार है कि प्रधानमंत्री के इस अनावश्यक प्रदर्शन के पीछे ओम मेहता का हाथ था। रात में वे भी प्रधानमंत्री के घर पर थे। वे आजकल दिन भर प्रधानमंत्री के कान में यही भरा करते हैं कि उनकी कुशलता के कारण राज्यसभा में तो इस मामले में (या किसी अन्य में भी) कोई उलझन नहीं पैदा हुई। रघुरमैया यह लोकसभा में क्यों नहीं कर पाते? ओम मेहता के रोल से प्रो. धर बहुत अप्रसन्न हैं। कल रात भी ओम मेहता ने प्रधानमंत्री को खूब भरा।

आज सुबह शकधर स्पीकर से मिले। स्पीकर बहुत दुखी हुए। त्यागपत्र देने तक की बात की। पर शकधर के समझाने-बुझाने पर मान गये कि वे कोई रूलिंग नहीं देंगे। शकधर ने यह सूचना प्रो. धर को दी। मेरे सुझाव पर प्रो. धर और मैं शकधर से मिलने गये। शकधर ने स्पीकर को सुझाया-बुझाया तो था, पर वे स्वयं इन सब बातों से प्रसन्न बिल्कुल नहीं थे, उसमें कोई अनौचित्य नहीं था। सदन में सरकार की ओर से जो कुछ हो रहा है, उससे असर बुरा पड़ रहा है। फिर उन्होंने धीरे से प्रो. धर से पूछा कि प्रधानमंत्री ललित के कुकर्मों को कब तक समर्थन देती रहेंगी? प्रो. धर ने बात टाल कर इधर-उधर की बात शुरू कर दी। हम लोग शकधर के पास किसी विशेष प्रयोजन से नहीं आये थे। उन्होंने स्पीकर को प्रधानमंत्री की बात मनवाने में मदद की थी। इसलिए उनसे मिलना हमने उपयुक्त समझा था। उनसे मिलकर प्रो. धर साउथ ब्लॉक चले गये।

लोकसभा में मोरारजी के छोटे से वक्तव्य के साथ फिलहाल सरकार और प्रतिपक्ष की मुठभेड़ की स्थिति समाप्त हुई। मोरारजी ने कल जो प्रश्न उठाया था, उसका उत्तर पाने के लिए ज़िद नहीं की। ठीक ही किया। वास्तव में प्रतिपक्ष को सरकार से किसी उत्तर या आश्वासन की आवश्यकता नहीं है। संसद-सदस्यों के जो अधिकार हैं, वे उनसे छीने नहीं जा सकते। इसलिए मोरारजी ने ठीक ही कहा कि मैं प्रधानमंत्री की बात स्वीकार करता हूँ कि नेताओं को स्पीकर के समक्ष सब कागजात दिखाये जायेंगे, लेकिन संसद से प्राप्त अधिकारों पर इसका कोई असर नहीं होगा। इनकी गोपनीयता रखते हुए आगे की कार्यवाही की माँग करने से हमें रोका नहीं ज़ा सकता। प्रतिपक्ष यदि सावधानी से सब कागज़ात का अध्ययन करे तो ललित बाबू ने इस कांड में जो भूमिका अदा की है उसकी जाँच की माँग कर सकता है। संक्षेप में स्थिति यह है कि सी.बी.आई. ने तो केवल अपराधों की जाँच की है।

मंत्री के संवैधानिक व वास्तविक उत्तरदायित्व की जाँच अभी कहाँ हुई है। उसमें गहराई से जाने की माँग करने से प्रतिपक्ष को नहीं रोका जा सकता। सरकार की कठिनाई अभी समाप्त नहीं हुई है।

ललित बाबू के विरुद्ध विशेषाधिकार का प्रश्न अभी चल रहा है। कल ललित बाबू ने जो वक्तव्य दिया उससे प्रतिपक्ष को कुछ और मसाला मिल गया है। अटल बिहारी वाजपेयी इसका लाभ उठा सकते हैं। उनका बोलना बाकी है, यदि स्पीकर ने अनुमति दे दी तो। पर ललित बाबू समझते हैं कि उन्होंने ऐसा वक्तव्य दिया कि अब प्रतिपक्ष कुछ नहीं कह सकता। आज वे मेरे पास आये थे और इसी लहजे में बात कर रहे थे। मैंने उनसे कुछ कहना मुनासिब नहीं समझा।

लंच के बाद सरदार स्वर्ण सिंह मेरे कमरे में आये। उन्होंने कहा कि दो-तीन दिन पहले उन्होंने प्रधानमंत्री से जय इंदर सिंह के मामले में बात की थी। उस समय उन्होंने कहा था कि उन्हें पूरी बात नहीं मालूम है (यह सरासर झूठ है), वह प्रो. धर या मुझसे बात कर लें। बात यह है कि आजकल प्रधानमंत्री जैल सिंह की ओर अधिक झुकी हुई हैं। स्वर्ण सिंह की बात आसानी से नहीं मानेंगी। स्वर्ण सिंह मुझको बड़ी देर तक पूरी बात समझाते रहे। मैंने उनसे कहा कि प्रो. धर और निर्मल मुखर्जी से बात करके मैं उनको स्थिति से अवगत कराऊँगा। प्रधानमंत्री का इस प्रकार का व्यवहार उनके वरिष्ठ सहयोगियों को अच्छा नहीं लगता, पर वे कुछ बोलने से डरते हैं।

मिज़ोरम के उपराज्यपाल (छिब्बर) आजकल दिल्ली आये हुए हैं। वे आज मुझसे मिलने आये थे। मिज़ोरम में अंडर ग्राउंड का प्रभाव बढ़ रहा है। प्रशासन और सत्तारूढ़ दल (कांग्रेस) स्थिति को संभालने के लिए कुछ विशेष नहीं कर रहे हैं। अंडर ग्राउंड के प्रभाव को कम करने के लिए कुछ कड़े कदम आवश्यक हैं, पर मुख्यमंत्री और प्रदेश कांग्रेस अध्यक्ष कड़ा कदम उठाना तो दूर, हमेशा इस पर जोर देते हैं कि भारत सरकार को अंडर ग्राउंड से बातचीत करनी चाहिए। छिब्बर को इस स्थिति पर असंतोष होना स्वाभाविक है। उनकी यह भी शिकायत है कि छुंगा के कहने पर मीजो नेशनल फ्रंट को अभी तक अवैध घोषित नहीं किया गया है। छिब्बर प्रधानमंत्री से भी मिले थे पर उन्हें लगा कि प्रधानमंत्री को इस समय स्थिति समझने में या उसका सामना करने के लिए उपाय सोचने या आदेश देने के लिए समय भी नहीं है, रुचि भी नहीं। प्रधानमंत्री ने उनसे केवल पाँच मिनट बात की और चलते हुए कहा कि "विस्तार से बात टंडन से कर लेना।" छिब्बर चाहते हैं कि इस बार जब छुंगा प्रधानमंत्री से मिले (वह दो तीन दिन में मिलने वाले हैं) तो प्रधानमंत्री उनसे कुछ सख्ती से पेश आयें। प्रधानमंत्री ने तो पहले से ही यह दृष्टिकोण अपना रखा है। सच तो यह है कि उत्तर-पूर्वी क्षेत्र के प्रबंध में प्रधानमंत्री की नीति अधिक कामयाब होगी, गृहमंत्रालय तो कभी-कभी ढीला पड़ने लगता है। मुझे यह संतोष है

कि प्रधानमंत्री का ऐसा दृष्टिकोण बनाने में मेरा काफी हाथ रहा है। आवश्यकतानुसार मैंने समय-समय पर प्रधानमंत्री को गृहमंत्रालय की राय से पृथक राय दी है। छिब्बर की समीक्षा से मैं पूरी तरह सहमत नहीं हूं पर छुंगा के प्रति अभी सख्ती ही बरतनी पड़ेगी। कल गृहसचिव ने इस विषय पर विचार करने के लिए एक मीटिंग रखी है।

11 दिसंबर, 1974

लोकसभा में ललित बाबू के विरुद्ध विशेषाधिकार के प्रश्न पर अभी विवाद चल रहा है। इसका एक कारण है स्पीकर की ढिलाई। वे एक के बाद दूसरे को बोलने की आज्ञा दिये जाते हैं। पर अकेले स्पीकर को दोष देना ठीक नहीं। वे सरकार के रवैये से अप्रसन्न हैं। कांग्रेस पार्टी के सदस्य भी अब इस विवाद से ऊब गये हैं। आज सुधाकर पांडे मिलने आये थे। उन्हीं से इस बात का पता चला। उन्होंने बताया कि कल एक जगह बहुत से कांग्रेस-सदस्य एकत्रित हुए थे। वहाँ इसी प्रश्न पर चर्चा हुई। कांग्रेस सदस्य इस बात से खिन्न हैं कि ललित बाबू को बचाने के लिए प्रधानमंत्री पार्टी की छीछालेदर करा रही हैं। इस मीटिंग में प्रायः सभी सदस्यों ने यह कहा कि अपने-अपने निवार्चन क्षेत्र में जाने में उन्हें संकोच होने लगा है। संसद के पिछले सत्र के बाद जब वे अपने-अपने क्षेत्र में गये थे तो उनसे बहुत से असुविधाजनक प्रश्न पूछे गये। इस बार तो कठिनाई और भी बढ़ जायेगी। पर अंत में जब इस पर विचार हुआ कि किया क्या जाये तो किसी को कुछ नहीं सूझा। सुधाकर पांडे के अनुसार बात इस पर आकर अड़ गयी कि बिल्ली के घंटी कौन बाँधेगा। किसी भी सदस्य में यह साहस नहीं है कि अकेले या एक छोटे से समूह में आकर प्रधानमंत्री से इस बारे में कुछ बात कर सके।

निर्मल मुखर्जी के कमरे में मिज़ोरम की स्थिति पर विचार करने के लिए आज लगभग दो घंटे मीटिंग चली। मीटिंग संतोषजनक रही। यदि हमारे निष्कर्षों के अनुसार काम हो तो स्थिति में सुधार आ सकता है। पर सबसे बड़ी कठिनाई है कांग्रेस पार्टी। इस मीटिंग के आधार पर प्रधानमंत्री से बात करूँगा।

12 दिसंबर, 1974

आज प्रधानमंत्री ने कार्यालय पहुँचते ही बुला लिया। वे किसी पार्टी मीटिंग में भाग लेकर आयी थीं। वहाँ उन्हें यह सुझाव दिया गया कि लोक प्रतिनिधित्व अधिनियम में इस प्रकार संशोधन होना चाहिए कि अमरनाथ चावला को लाभ हो जाये अर्थात वे लोकसभा के सदस्य बने रहें। इस अधिनियम में संशोधन के लिए एक विधेयक सदन में प्रस्तुत हो चुका है, वास्तव में संशोधन तो पहले ही एक अध्यादेश द्वारा किया जा चुका है। कुछ सदस्यों ने चावला के मामले को ध्यान में रखते हुए उस

विधेयक में संशोधन प्रस्तुत कर दिये हैं। प्रधानमंत्री ने मुझसे कहा कि यदि गोखले इस संशोधन को भी मान लें तो उन्हें कोई आपत्ति नहीं होगी। मैंने प्रधानमंत्री से कहा कि ऐसा करना उचित नहीं होगा। विधि की भी कुछ परंपराएँ होती हैं। उनकी अवहेलना करना ठीक नहीं। प्रधानमंत्री को मेरा यह कहना अच्छा नहीं लगा। उन्होंने मुझसे कहा कि मैं गोखले से बात कर लूँ। गोखले मेरे विचार से पूर्णतया सहमत हैं। कोई इस प्रकार का संशोधन नहीं करना चाहिए कि अमरनाथ चावला को लाभ पहुँचे। मैंने फिर प्रधानमंत्री से बात की। गोखले को भी मैं साथ ले आया था। बातचीत के बाद प्रधानमंत्री ने जोर नहीं दिया।

इस विधेयक की भी पृष्ठभूमि है। दिल्ली के सदर बाजार क्षेत्र से कंवरलाल गुप्ता को हरा कर अमरनाथ चावला लोकसभा के सदस्य निर्वाचित हुए थे। कंवरलाल गुप्ता ने निर्वाचन याचिका की जो सुप्रीम कोर्ट तक आयी। सुप्रीम कोर्ट में अमरनाथ चालवा के विरुद्ध निर्णय हुआ। निर्णय का आधार था कि पार्टी की ओर से जो व्यय अमरनाथ चावला के निर्वाचन के लिए किया गया, वह उनके निर्वाचन-व्यय में जोड़ा जाना चाहिए। और ऐसा करने पर कुल खर्च निर्धारित सीमा से अधिक हो गया। बस निर्वाचन रद्द करना पड़ा। लोक-प्रतिनिधित्व अधिनियम में संशोधन इसलिए आवश्यक समझा गया कि जो सिद्धांत सुप्रीम कोर्ट ने प्रतिपादित किया, उससे प्रधानमंत्री की निर्वाचन याचिका पर भी प्रभाव पड़ेगा। प्रधानमंत्री ने गोखले से सुप्रीम कोर्ट के निर्णय का अध्ययन करने को कहा। जब गोखले ने अध्ययन कर लिया तो एक दिन मुझे बुलाया। उन्होंने कहा कि सुप्रीम कोर्ट के निर्णय का असर प्रधानमंत्री के मुकदमे पर पड़ सकता है। अधिनियम में संशोधन करना उपयुक्त होगा। मैंने आकर जब प्रधानमंत्री को यह बताया तो उन्होंने कहा कि 'रिस्क' लेना ठीक नहीं है। संशोधन शीघ्र ही अध्यादेश द्वारा कर देना चाहिए। जब अपने पर कुछ बीतने की आशंका होती है तो प्रधानमंत्री उचित-अनुचित का ध्यान छोड़कर सब कुछ करने को तैयार हो जाती हैं। अभी तो इसकी कोई आशंका नहीं कि प्रधानमंत्री के विरुद्ध जो याचिका चल रही है, वह उनके खिलाफ जाये। पर यदि ऐसा हो गया तो प्रधानमंत्री आसानी से न्यायालय का निर्णय नहीं मानेंगी, उससे बचने के लिए जमीन-आसमान एक कर देंगी। यही उनका चरित्र है।

लोकसभा में ललित बाबू के विशेषाधिकार का प्रश्न अभी चल रहा है। आज ललित बाबू फिर बोले और अपने 9 तारीख के वक्तव्य की रही-सही कमी पूरी कर दी। आज जो उन्होंने अपने 5-2-1973 के आदेश का स्पष्टीकरण किया, उससे सरकारी पक्ष और कमजोर हो गया। लेकिन सरकार को शायद कोई परेशानी नहीं होगी, क्योंकि स्पीकर में इतना साहस नहीं है कि सरकार के प्रतिकूल कोई रूलिंग दे। साहस कभी भी नहीं था, पर दो-तीन दिन पहले प्रधानमंत्री ने उन्हें जिस प्रकार दबाया-डराया, उसके बाद तो साहस करने का प्रश्न ही नहीं उठता। ललित बाबू ने

आज स्पष्ट कहा (साथ में सफेद झूठ बोला) कि वे 5-2-1973 को विदेश व्यापार मंत्रालय का कार्यभार छोड़ चुके थे। यदि उस दिन पत्रावली में कोई आदेश है तो इसकी जिम्मेदारी उनकी कदापि नहीं है। यदि आदेश उस दिन उन्होंने नहीं दिये तो संबंधित अधिकारी (नंदकिशोर सिंह) ने वह नोट अपनी ओर से लिखा। फिर सी.बी.आई. ने उसे बरी कैसे किया? अब यह सब प्रश्न उठेंगे। चट्टोपाध्याय ललित बाबू के 9 तारीख के वक्तव्य से बहुत दुखी हैं, अब और भी क्रोध करेंगे। एक प्रकार से ललित बाबू ने सारा उत्तरदायित्व चट्टोपाध्याय पर डाल दिया है। सुना है चट्टोपाध्याय भी कोई वक्तव्य लोकसभा में करने वाले हैं।

आज संध्या को ललित बाबू ने 9 तारीख को जो वक्तव्य दिया, उसका भेद मालूम पड़ गया। शिक्षा मंत्री नुरुल हसन ने भारत और वेस्ट इंडीज की क्रिकेट की टीमों के स्वागत में एक पार्टी हैदराबाद हाऊस में की थी। (दिल्ली में इन दोनों टीमों का टेस्ट मैच हो रहा है।) वहाँ मुझे ओम मेहता मिले। उन्होंने बताया कि 8 तारीख की शाम को प्रधानमंत्री ने उन्हें बुलाया और कहा कि वे और ब्रह्मानंद रेड्डी ललित बाबू का वक्तव्य देख लें। ब्रह्मानंद के घर सब जमा हुए। ललित बाबू ने अपना वक्तव्य वहाँ सबको दिखाया, मेरे द्वारा तैयार किया हुआ वक्तव्य नहीं दिखाया। ओम मेहता और ब्रह्मानंद ने थोड़ा बहुत इधर-उधर करके ललित बाबू के वक्तव्य को स्वीकार कर लिया। उसके बाद उसे प्रधानमंत्री को दिखाया गया। प्रधानमंत्री, ललित बाबू जो कुछ कहना चाहते हैं, उसमें कोई परिवर्तन नहीं कराना चाहती थीं। प्रधानमंत्री को यह अधिकार है, पर झूठ बोलने की क्या आवश्यकता है। उस दिन मुझसे कहा कि मेरे द्वारा तैयार किया हुआ वक्तव्य अधिक उपयुक्त है। ललित बाबू ने फोन पर बताया था कि वे मेरा प्रारूप उपयोग कर रहे हैं। मेरी क्या हानि है? अब ललित बाबू ने जो कुछ भी सदन में कह दिया है उससे विपक्षी नेताओं को कागज़ात के अध्ययन में बहुत सुविधा होगी जो अंत में जाकर सरकार के लिए परेशानी उत्पन्न करेगी।

13 दिसंबर, 1974

कार्यालय पहुँचते ही प्रधानमंत्री ने बुला लिया। कहा कि "आपका अनुमान ठीक था। ललित बाबू ने किसी की बात नहीं मानी। अपनी तबियत का वक्तव्य दिया। उससे बहुत लोग नाराज हैं। चट्टोपाध्याय कोई वक्तव्य करने वाले हैं। आप उनसे मिलकर देख लें कि वे अब कोई ऐसी बात न कह दें कि उलझन बढ़ जाये। उन्हें समझा दीजियेगा कि जो कुछ हुआ, सो हुआ।" अंदर ही अंदर मुझे इस बनावटी बात पर बहुत बुरा लगा। ललित बाबू ने जो वक्तव्य दिया, वह प्रधानमंत्री के अनुमोदन से। चट्टोपाध्याय की नाराजगी अनुचित नहीं थी। ख़ैर, मैं चट्टोपाध्याय से मिला। वे काफी गुस्से में थे। उनका कहना था कि उन्होंने ललित के खिलाफ़ कुछ नहीं कहा,

पर ललित सब दोष उन पर मढ़ गये। बिना लाग-लपेट किये उन्होंने कहा कि प्रधानमंत्री ने भी उन्हें ऐसा करने से नहीं रोका। आखिर कब तक ललित बाबू को बचाने में सरकार और पार्टी अपना अनिष्ट कराती रहेगी। बात मुझे उनकी ठीक लगी पर मैंने उन्हें ठंडा करने का काफी प्रयत्न किया। मैं सफल भी हुआ। अंत में चट्टोपाध्याय ने यह मान लिया कि वे अपने वक्तव्य में ललित बाबू या उनके वक्तव्य पर कुछ भी नहीं कहेंगे। वे अपने वक्तव्य को केवल उन्हीं प्रश्नों तक सीमित रखेंगे जो तफ्तीश के संबंध में उठाये गये हैं। जब मैंने जाकर प्रधानमंत्री से यह बताया तो उन्हें बहुत संतोष हुआ।

आज प्रधानमंत्री मिज़ोरम के मुख्यमंत्री छुंगा से मिलीं। लगभग आधा घंटा दोनों की बातें हुईं। मैं भी उपस्थित था। मुख्यमंत्री के आने से पहले प्रधानमंत्री ने मुझसे करीब 15-20 मिनट तक मिज़ोरम की स्थिति की चर्चा की। मैंने उन्हें छिब्बर और निर्मल मुखर्जी से हुई वार्ताओं से अवगत कराया। छुंगा ने बातचीत में दो मुख्य बातें उठायीं। वह विकास कार्यों के लिए अधिक धन चाहते हैं। केंद्र की कठिनाइयाँ बताते हुए प्रधानमंत्री ने छुंगा को आश्वासन दिया कि उनकी कोई भी विकास योजना धन की कमी के कारण नहीं रुकेगी। छुंगा को इससे तसल्ली हुई।

इसके बाद छुंगा ने अंडर ग्राउंड से बातचीत आरंभ करने का अपना प्रस्ताव दुहराया। वह जुलाई में भी इस बात की जोरदार पैरवी कर रहे थे, पर प्रधानमंत्री ने उनकी एक न सुनी। आज भी इस प्रश्न पर प्रधानमंत्री ने सख्ती बरती, पर बड़ी चतुराई के साथ। प्रधानमंत्री ने यह तो स्पष्ट कह दिया कि अंडर ग्राउंड से बातचीत करने का प्रश्न ही नहीं उठता। पर छुंगा को समझाया कि यह दृष्टिकोण अपना कर वे मिज़ोरम की स्थिति पर कभी काबू नहीं पा सकेंगे। पार्टी में छुंगा की स्थिति को जानबूझ कर मजबूत किया गया है। उन्हें इसका लाभ उठा कर अंडर ग्राउंड के प्रति सख्ती का रुख अपनाना चाहिए। छुंगा की थोड़ी सराहना भी प्रधानमंत्री ने की और अंत में कहा कि अभी बातचीत करने का समय नहीं आया है। स्वयं छुंगा को यह मानना पड़ा कि अंडर ग्राउंड अभी शांति के पथ पर आने के मूड में नहीं है। प्रधानमंत्री ने पूछा, फिर उनसे बातचीत करने का क्या लाभ ? इस समय छुंगा का मुख्य कर्तव्य है, मिज़ोरम में कानून और व्यवस्था को सुधारना। प्रधानमंत्री की कड़ी पर स्पष्ट बात का छुंगा पर असर पड़ा।

आज लोकसभा में मधु लिमये ने इस पर आपत्ति की कि उनके व अन्य सदस्यों द्वारा मारुति पर पूछे गये प्रश्नों पर स्पीकर का कार्यालय-लोकसभा सचिवालय अपने मन से परिवर्तन करता है। ऐसा करने से प्रश्न द्वारा जो जानकारी प्राप्त करने की चेष्टा होती है, वह पूरी नहीं हो पाती।

14 दिसंबर, 1974

आज माह का दूसरा शनिवार है। कार्यालय की छुट्टी थी। मैं भारत-वेस्टइंडीज का टैस्ट मैच देखने गया। पार्थसारथी शर्मा का खेल पहली बार देखा। उसका खेल अच्छा है। यदि टैस्ट टीम में पहले लिया गया होता तो अब तक टैस्ट टेम्परामेंट भी अच्छा बन गया होता। इसके अतिरिक्त आज खेल में कोई विशेष बात नहीं थी।

संध्या को घर लौटने पर संदेसा मिला कि प्रो. धर ने अपने घर पर बुलाया है। थोड़ी देर में तैयार होकर उनके घर चला गया। भारत सेवक समाज पर कपूर आयोग की रिपोर्ट पर प्रधानमंत्री चिंतित हैं। अभी तक प्रो. धर ने इस रिपोर्ट का विशेष अध्ययन नहीं किया है। मैंने ही समय-समय पर उन्हें जानकारी दी है। अगले सप्ताह लोकसभा में ज्योतिर्मय बसु के एक प्रस्ताव पर वाद-विवाद होगा। रिपोर्ट का जो भाग ललित बाबू से संबंधित है, वही ज्योतिर्मय बसु के प्रस्ताव का विषय है। प्रो. धर आज चाहते थे कि वे इस विषय की और अधिक जानकारी प्राप्त कर लें।

इसका एक कारण और भी था। संसद का यह सत्र आरंभ होने के समय रिपोर्ट पर प्रधानमंत्री व उनके वरिष्ठ सहयोगियों ने काफी विचार-विनिमय किया था। एक समय एक अन्य आयोग नियुक्त करने तक की बात थी, पर बाद में प्रधानमंत्री के दबाव के कारण यही निर्णय हुआ कि लोकसभा में बसु के प्रस्ताव को भारी बहुमत का प्रयोग करके हरा दिया जाये। बात समाप्त हो जायेगी। जब यह निर्णय हुआ तो प्रश्न उठा कि मंत्रिमंडल का कौन सदस्य सरकार का मुख्य प्रवक्ता होगा। प्रधानमंत्री ने गृहमंत्री (ब्रह्मानंद रेड्डी) को इसके लिए मनोनीत किया। पर लोकसभा में लायसेंस-कांड जब जोरों पर था तो ब्रह्मानंद रेड्डी ने एक दिन मुझसे कहा कि भारत सेवक समाज के मामले को प्रधानमंत्री किसी और मंत्री को सौंप दें। वे स्वयं प्रधानमंत्री से यह नहीं कहना चाहते हैं। जब दो-तीन दिन पहले यह तय हुआ कि बसु का प्रस्ताव अगले सप्ताह 18 तारीख को लोकसभा के सम्मुख आयेगा, मैंने प्रधानमंत्री को एक नोट द्वारा गृहमंत्री का निवेदन और अपना यह सुझाव कि दुर्गा प्रसाद धर (डी.पी.) से इस मामले की डील करने को कहा जाये। नोट देखकर प्रधानमंत्री ने मुझे बुलाया और कहा कि डी.पी. को कौन मनायेगा। मैंने कहा कि मेरी बात डी.पी. नहीं मानेंगे, प्रो. धर को यह काम सुपुर्द किया जाये। प्रधानमंत्री ने फोन पर प्रो. धर से बात की। उस दिन डी.पी. हैदराबाद/बंगलौर गये हुए थे। आज लौटने वाले थे। प्रो. धर ने उनसे फोन पर बात करके यह निश्चय कर लिया था कि पालम से वे सीधे उनके घर आयेंगे। प्रो. धर यह चाहते थे कि जब उनकी व डी.पी. की बात हो तो मैं भी उपस्थित रहूँ।

मैं इस विषय में प्रो. धर को बीच में एक अन्य कारण से भी डालना चाहता था। प्रधानमंत्री के कुछ लोगों ने यह कान भरे हैं कि मैं ललित बाबू के विरुद्ध हूँ।

मुझे ललित बाबू से कोई व्यक्तिगत मनमुटाव नहीं है। माधव भाई आदि के कारण मैं उनका ख्याल करता हूँ। पर सबसे बड़ी बात यह है कि जब तक वे प्रधानमंत्री के सहयोगी हैं, मैं कोई ऐसी बात नहीं कर सकता कि प्रधानमंत्री या सरकार के लिए उलझन खड़ी हो जाये। पर प्रधानमंत्री यह सब नहीं समझतीं, यद्यपि ललित बाबू यह जानते हैं। उन्हें मुझसे कोई शिकायत नहीं है। समय पड़ने पर वे अपने वक्तव्य तैयार करने में व अन्य कामों में मेरी सहायता लेते हैं।

प्रधानमंत्री के कान भरने वाले उनके निवास के ही कुछ व्यक्ति हैं। इसका अवसर उन्हें मेरे कुछ नोटों से मिला। संसद का पिछला सत्र समाप्त होने पर मैंने प्रधानमंत्री को एक-दो नोट इस विषय पर दिये थे, जिनका सारांश यह था कि कपूर कमीशन में काफी सामग्री है जिसका अभी तक ललित बाबू की ओर से संतोषजनक उत्तर नहीं आया है और लोकसभा में वाद-विवाद में इन्हीं पर ज़ोर दिया जायेगा। इस पर प्रधानमंत्री ने मुझे ललित बाबू द्वारा तैयार किया हुआ एक नोट दिया। मैंने उसका भी विश्लेषण किया। कुछ बातों का उत्तर तो उस नोट से मिल गया पर कुछ विशेष महत्वपूर्ण बातें रह गयीं। उसमें से एक—ललित बाबू का 2,10,000 रु. कोसी बाँध के लिए लेना और उसका विस्तृत हिसाब कपूर कमीशन के समक्ष न प्रस्तुत किया जाना। मैंने अपने विश्लेषण में इस पर बल दिया कि इस रुपये का संतोषजनक हिसाब दे दिया जाये तो सारा विवाद समाप्त हो जायेगा—बाकी बातें छोटी हैं। ललित बाबू ने 1968 व 1971/72 में लोकसभा में यह वक्तव्य दिया है कि इस रुपये के ख़र्च का 'ऑडिट' हो चुका है और विधिवत दिया गया सर्टिफिकेट उनके पास है। इन वक्तव्यों के आधार पर मेरा सुझाव था कि ऑडिट रिपोर्ट को प्रस्तुत कर देना चाहिए। स्वयं ललित बाबू ने मुझे बताया है कि ऑडिट रिपोर्ट उनके पास है। फिर चिंता क्या है? पर प्रधानमंत्री ने कभी मेरे नोटों पर कोई आदेश नहीं दिये।

एक दिन मुझे धवन ने बताया कि प्रधानमंत्री का यह विचार बन गया है कि मैं समझता हूँ कि ललित बाबू ने 2,10,000 रु. स्वयं खा लिए हैं। मुझे यह सुनकर दुख हुआ। मेरे नोट बिल्कुल स्पष्ट हैं। मेरा कहना यह है कि कपूर आयोग के अनुसार इस धनराशि का उपयोग ठीक हुआ या नहीं, यह नहीं कहा जा सकता, क्योंकि माँगने पर भी इसका हिसाब उनके सामने प्रस्तुत नहीं किया गया, दूसरी ओर ललित बाबू के पास ऑडिट रिपोर्ट है। आयोग के समक्ष प्रस्तुत नहीं की, तो अब प्रस्तुत कर दें—प्रतिपक्ष का गुब्बारा फूट जायेगा। इसका यह मतलब नहीं कि रुपया ललित बाबू हज़म कर गये। ख़ैर, यदि प्रधानमंत्री को इस प्रकार की कोई शंका है तो मुझसे क्यों नहीं पूछा? मैं तो उनसे रोज़ ही मिलता हूँ, इस विषय पर भी कई बार बात हुई है। उस दिन मैं सुबह प्रधानमंत्री से मिल चुका था, पर उनके लंच पर जाने से पहले मैं अपने सब नोट लेकर फिर उनसे मिला। मैंने

उनसे स्पष्ट कहा कि धवन ने मुझसे कहा है कि आपका यह विचार बन गया है कि मैं समझता हूँ कि ललित बाबू ने 2,10,000 रु. स्वयं खा लिए हैं और क्योंकि अब इसका कोई संतोषजनक उत्तर नहीं दिया जा सकता लोकसभा में सरकार को परेशानी होगी। मैंने यह भी जोड़ दिया कि यदि ऐसी बात है तो वे मुझसे पूछने का कष्ट कर लेतीं। प्रधानमंत्री सकपका गयीं। उन्हें संभवतः इतने सीधे और स्पष्ट प्रश्न की आशा नहीं थी। मेरी ओर न देखते हुए धीरे से बोलीं कि हाँ, मुझे आपके नोट से ऐसा ही आभास मिला। इस पर मैंने उन्हें कपूर आयोग की रिपोर्ट व अपने सब नोट दिखाये। मैंने यह भी कहा कि उनसे मिलने से पहले मैं प्रो. धर से मिला था। अब मैंने उनसे पूछा कि क्या उन्हें मेरे नोटों से या जब मैंने यह पूरी बात प्रधानमंत्री को मौखिक रूप से स्पष्ट की थी (प्रो. धर भी उस समय प्रधानमंत्री के पास थे) यह अनुमान हुआ कि मैं कह रहा हूँ कि ललित बाबू इस धनराशि को खा गये, तो उन्होंने यह उत्तर दिया कि "बिल्कुल नहीं!" पत्रावली मेरे सामने पढ़ने के बाद और मेरी बात सुनने के बाद प्रधानमंत्री ने कहा कि उनकी धारणा ग़लत थी। मैं हमेशा इस बात पर ज़ोर देता रहा हूँ कि इस धनराशि के व्यय की ऑडिट रिपोर्ट, जो ललित बाबू के अनुसार उनके पास है, प्रकाशित कर देनी चाहिए, जिससे लोगों का भ्रम दूर हो जाये। घर जाकर प्रधानमंत्री ने इसकी चर्चा धवन से की होगी, क्योंकि मुझे उसका उसी समय फोन आया कि अच्छा हुआ, मैंने प्रधानमंत्री से बात कर ली। उनकी ग़लतफहमी दूर हो गयी है। यह तो ठीक हुआ पर मैं सोचता हूँ कि यदि प्रधानमंत्री की यह धारणा बन गयी थी तो क्या वे मुझसे नहीं पूछ सकती थीं? पर प्रधानमंत्री की यह विशेषता है—कान की कच्ची हैं और सच बात जानने की चेष्टा सीधे ढंग से नहीं करतीं।

डी.पी. के आने से पहले मैंने प्रो. धर को कपूर आयोग की रिपोर्ट और अपने विश्लेषण का विस्तृत विवेचन किया। इस 2,10,000 रु. धनराशि की बात विशेष रूप से बतायी, क्योंकि बसु इस पर काफी बल देगा। मैंने उनसे यह भी आग्रह किया कि प्रधानमंत्री से कह कर ललित बाबू से ऑडिट रिपोर्ट मँगाना बहुत सहायक होगा।

डी.पी. काफी देर से प्रो. धर के घर पहुँचे। जब प्रो. धर ने उनसे सब कुछ बताया तो पहले तो उन्होंने साफ मना कर दिया कि इस विषय से उनका कोई संबंध नहीं है और वे इस मामले में नहीं पड़ना चाहेंगे। यह विषय बाबू जी का है और सरकार की ओर से लोकसभा में उन्हें ही उत्तर देना चाहिए। उन्होंने कहा कि कब तक प्रधानमंत्री ललित बाबू की रक्षा करती रहेंगी। क्या उन्हें पता है कि देश भर में इसकी किस प्रकार चर्चा हो रही है? पर प्रो. धर और मेरे बहुत समझाने पर वे माने कि वे लोकसभा के वाद-विवाद का सरकार की ओर से उत्तर देंगे। यह भी निश्चय हुआ कि कल से मैं अपना अधिक समय डी.पी. के साथ बिताऊँगा, उन्हें

पूरी तरह 'ब्रीफ़' करने के लिए। अब अगले कई दिन, मेरा अपना काम ठप्प। डी.पी. को ब्रीफ़ करना होगा और ललित बाबू भी काफी समय ले लेते हैं। वे भी एक वक्तव्य तैयार कर रहे हैं अपने स्पष्टीकरण के लिए।

कोटला ग्राउंड पर मैंने शेषन को फतेह सिंह गायकवाड़ से बड़ी देर तक बात करते देखा। बाद में शेषन ने बताया कि गायकवाड़ हितेंद्र देसाई का एक संदेश दे रहे थे। वे अगले सप्ताह दिल्ली आने का विचार कर रहे हैं। बिना किसी की जानकारी के प्रधानमंत्री से मिलना चाहते हैं। गायकवाड़ शेषन से यह बात पूछ रहे थे कि यह कैसे संभव होगा? हितेंद्र देसाई अवसर की तलाश में हैं कि संगठन कांग्रेस छोड़ कर प्रधानमंत्री से मिल जायें। बहाना ढूँढ़ रहे हैं। सत्ता से बाहर रहने से ऊब गये हैं। अंदर ही अंदर प्रधानमंत्री को इसके लिए तैयार करा रहे हैं। यह है अवसरवादी राजनीतिज्ञों की नैतिकता।

15 दिसंबर, 1974

कल रात के निश्चय के अनुसार मुझे ग्यारह बजे डी.पी. के घर पहुँचना था। पर उससे पहले ललित बाबू ने बुला लिया। उन्होंने एक वक्तव्य तैयार किया है। बिल्कुल असंतोषजनक है। वे चाहते हैं कि मैं इसमें संशोधन कर दूँ। कर तो दूँ पर वे सुनते नहीं हैं किसी की। ख़ैर, जब उन्होंने कहा है तो करूँगा ही। मैंने ललित बाबू से आग्रह किया कि वे ऑडिट रिपोर्ट मंगा लें, उससे बड़ी सहायता मिलेगी। वे तैयार हो गये। मेरे सामने ही उन्होंने किसी को पटना फोन किया।

ललित बाबू के घर से डी.पी. के घर आया। गोपी भी वहाँ था। तीन घंटे तक हम तीनों कपूर रिपोर्ट का अध्ययन करते रहे। डी.पी. आराम से कुर्सी पर लेटे थे। मैं रिपोर्ट पढ़ता रहा। गोपी डी.पी. के आदेशानुसार नोट्स लेता रहा। जब लगभग दो घंटे में इस प्रकार से रिपोर्ट के मुख्य भाग समाप्त हो गये, डी.पी. ने प्रश्न करने शुरू किये। डी.पी. रिपोर्ट की तह में पहुँच गये थे। उनके सारे प्रश्न ललित बाबू के पक्ष के लिए असुविधाजनक थे। उनके संतोषजनक उत्तर थे ही नहीं। डी.पी. भी इस निष्कर्ष पर पहुँचे कि जब तक ऑडिट रिपोर्ट प्रस्तुत न की जाए ललित बाबू को बचाना कठिन होगा। खैर, संध्या को फिर मिलने का निश्चय करके हम लोगों की मीटिंग समाप्त हुई। डी.पी. ने गोपी से संध्या की मीटिंग के लिए कुछ सामग्री तैयार करने को कहा।

डी.पी. के घर से गोपी व मैं संसद भवन आये। गोपी सामग्री तैयार करने के लिए मेरी सहायता चाहता था। कुछ देर हम दोनों उस पर कार्य करते रहे। गोपी के जाने के बाद मेरा अधिक समय ललित बाबू के वक्तव्य पर व्यतीत हुआ। मालूम नहीं, ललित बाबू कितना स्वीकार करें?

संध्या को हम लोग फिर डी.पी. के घर जमा हुए। दो घंटे और लगा कर पूरी

सामग्री का अध्ययन समाप्त हुआ। डी.पी. ने सुबह जो प्रश्न उठाये थे उन पर भी सामग्री टटोली गयी। हम लोगों को दो विषयों पर कठिनाई हो रही है : एक, 2,10,000 की धनराशि के हिसाब की, और दूसरे, ट्रेनिंग सेंटर को जो रुपया दिया गया, उसके हिसाब की। आज की मीटिंग समाप्त होने पर हम लोगों ने निश्चय किया कि—

1. कल विधिमंत्री के साथ बैठकर कुछ बातों पर विचार-विमर्श करना आवश्यक होगा।

2. डी.पी. ललित बाबू से कुछ असुविधाजनक बातों पर स्पष्ट प्रश्न करेंगे। इसके बाद ही यह तय हो पायेगा कि लोकसभा में क्या स्ट्रैटेजी अपनाई जाये। पर आज के अध्ययन के बाद डी.पी. ने गोपी और मुझसे स्पष्ट कहा कि ललित बाबू ने गड़बड़ी काफी की है। प्रधानमंत्री उनका काफी भार ढो रही हैं। डी.पी. ने मेरे सब नोट देखे और उनमें जो प्रश्न उठाये गये थे, उनका अनुमोदन किया। उन्हें यह स्पष्ट हो गया कि उन नोटों में मेरी यही चेष्टा थी कि ललित बाबू की कैसे सहायता की जाये, क्योंकि प्रश्न ललित बाबू का नहीं था, प्रधानमंत्री और सरकार का था। सहायता करने के लिए यह आवश्यक था कि हम अपने पक्ष की कमजोरी को ठीक से समझ लें। इन कमजोर पक्षों का विश्लेषण करने का अर्थ प्रधानमंत्री ने गलत लगाया था। अच्छा हुआ कि डी.पी. ने सब कागजात देख लिये और वह भी इसी निष्कर्ष पह पहुँचे कि ललित बाबू पर जो आक्षेप किया जा रहा है, वह निराधार नहीं है।

16 दिसंबर, 1974

आज स्पीकर ने ललित बाबू पर लगाये गये विशेषाधिकार उल्लंघन के आरोप पर रूलिंग दे दी। रूलिंग बिल्कुल लचर है। यहाँ तक कि तथ्यों की तोड़-मरोड़ की गयी है। प्रधानमंत्री के डर के कारण ही यह हुआ है। इस स्पीकर से और कुछ हो भी नहीं सकता।

जब प्रधानमंत्री से भेंट हुई तो उन्होंने दो बातों पर विशेष समय लिया। प्रभाकर जी फिर दिल्ली आ गये हैं, तेजा की पैरवी के लिए। प्रधानमंत्री ने मुझसे कहा कि मैं उनकी बात समझ कर विधि और गृह मंत्रालयों से उचित कार्यवाही करने को कहूँ। मैं जानता हूँ, प्रभाकर जी क्या चाहते हैं। वे काफी समय से इस चक्कर में हैं कि तेजा छूट जायें। प्रधानमंत्री की सहानुभूति उनके साथ है। प्रधानमंत्री तो काफी समय से चाहती हैं कि तेजा को छोड़ दिया जाये। उन्होंने गोखले व ब्रह्मानंद रेड्डी से बात भी की है। पर वे लोग इस मत के नहीं हैं। एक दिन प्रधानमंत्री ने मुझसे कहा कि मालूम नहीं इन दोनों मंत्रियों को क्या अड़चन है। आप पत्रावली मँगवा लीजिए, मैं स्वयं आदेश कर दूँगी कि तेजा को छोड़ दिया जाये। यदि तेजा किसी

और देश में होते तो उनका बहुत सम्मान किया जाता, एक हम हैं कि उसे जेल में बंद कर रखा है। मैंने कहा कि पत्रावली तो मैं मँगा लूँगा पर आदेश करने से पहले प्रधानमंत्री सी.सी.पी.ए. के सदस्यों से बात कर लें तो अधिक उचित होगा। प्रधानमंत्री को यह बात जँच गयी। पर कुछ दिन बाद जब प्रधानमंत्री ने सी.सी.पी.ए. में यह बात रखी तो बाबू जी ने उन्हें सलाह दी कि प्रधानमंत्री को आदेश करना उचित नहीं होगा। सी.सी.पी.ए. भी तेजा को छोड़ने के पक्ष में नहीं थी। अब प्रभाकर जी एक नया प्रस्ताव लाये हैं। कुछ वकीलों की राय में नये क्रिमिनल प्रोसीजर कोड के अनुसार इंग्लैंड में तेजा ने जो समय जेल में बिताया, वह भी उनके दंड में शामिल करना चाहिए और इस प्रकार उन्हें 1975 के शुरू में छूट जाना चाहिए। कुछ दिन पहले प्रभाकर जी मुझसे मिले थे। मैंने प्रधानमंत्री से कहा कि प्रश्न कानूनी है, विधि मंत्रालय की राय लेनी होगी, पर मुझे नहीं लगता कि इस नये सुझाव में अधिक दम हो।

प्रधानमंत्री ने भारत सेवक समाज पर होने वाले वाद-विवाद की तैयारी के बारे में भी पूछा। मैंने परसों रात और कल दिन भर की प्रगति उनको बता दी। प्रधानमंत्री कभी किसी एक व्यक्ति पर विश्वास नहीं करतीं। वाद-विवाद का भार डी.पी. पर डाल दिया है, पर पूरी तरह आश्वस्त नहीं हैं। फिर वैसे भी आजकल डी.पी. पर उनकी विशेष कृपा नहीं है। कुछ समय बाद उन्हें मंत्रिमंडल से अलग होना है, संभवतः मास्को हमारे राजदूत होकर जायें। उन्होंने कहा कि गोखले को भी इस मामले में संलग्न कर लेना चाहिए। (हमारा निश्चय पहले ही यह करने का था।) जब पूरी तैयारी हो जाये तो एक मीटिंग प्रधानमंत्री के साथ हो जाये। उस मीटिंग में सरकारी पक्ष के अंतिम स्वरूप पर निर्णय हो जायेगा।

संध्या को आज क़ामराज प्रधानमंत्री से मिले। धीरे-धीरे इन दोनों की दूरी बढ़ती जा रही है। इसका कारण एक यह भी है कि आजकल प्रधानमंत्री अन्नाद्रमुक के नेता रामचंद्रन से जोड़-तोड़ की बातें कर रही हैं। इसमें देवराज अर्स की सहायता ली गयी है। इसी लिए अर्स के हितों के प्रतिकूल प्रधानमंत्री कुछ करने को तैयार नहीं हैं। पर कामराज द्र.मु.क. व अ.द्र.मु.क. में कोई अंतर नहीं मानते। आज की मीटिंग का कोई विशेष महत्व नहीं है, मारगदम चंद्रशेखर की जिद पर यह मीटिंग हुई है।

आज भी करीब-करीब पूरा दिन डी.पी. व ललित बाबू के साथ बीता। ललित बाबू ने आज ऑडिट रिपोर्ट हमारे पास भेजी। डी.पी. और मैंने उसकी जाँच की। सूक्ष्म विश्लेषण करने से स्पष्ट था कि यह ऑडिट रिपोर्ट बहुत कच्ची है जो संभवतः बाद में तैयार की गयी है। इसको प्रकाशित करने से कठिनाई बढ़ सकती है। पर मुँह छूने को यह कहा जा सकता है कि ऑडिट रिपोर्ट कपूर आयोग के समक्ष प्रस्तुत नहीं की गयी, पर भारत सेवक समाज के पास है। इससे आगे जाना ठीक नहीं होगा।

डी.पी. इस रिपोर्ट को देखकर बहुत हँसे थे और उन्होंने कहा था कि इसमें ललित बाबू ने अपनी हरकत दिखा दी। मुझे सिद्धार्थ की सरदार स्वर्ण सिंह के कमरे में पिछले महीने कही बात याद आयी कि इस रुपये का कोई हिसाब-किताब नहीं है। बहुत प्रयत्न करने पर भी ललित बाबू आज डी.पी. से नहीं मिले।

गोखले से भी बात नहीं हो पायी, पर डी.पी. को यह स्पष्ट होता जा रहा है कि उनके भाषण की क्या रूपरेखा होगी। वे मेरी इस बात से सहमत हैं कि हमें ललित बाबू के मामले को रिपोर्ट की अन्य बातों से अलग करना पड़ेगा। ललित बाबू के लिए तो यह कहना होगा कि उन्होंने कोसी बाँध कमैटी को हिसाब दे दिया था। बाकी बातों को (ट्रेनिंग सेंटर आदि के बारे में) टालना पड़ेगा। पर सामान्य रूप से यह कहना होगा कि रिपोर्ट में जिन कमियों और अनियमितताओं की ओर ध्यान दिलाया है, उनकी जाँच अवश्य करायी जायेगी। बिना यह कहे संसद को संतोष नहीं होगा। सरकार के हित में भी है कि वह यह धारणा न बनने दे कि सरकार कुछ देखने-सुनने को तैयार ही नहीं है।

आज संध्या को जब मैं और गोपी डी.पी. के पास से चले तो यह निश्चय हुआ कि कल गोखले और ललित बाबू से मिलना आवश्यक होगा।

दिन भर एक ही बात पर जुटे रहो तो थकान अधिक मालूम होती है। आज तीन दिन से कपूर आयोग के अतिरिक्त और कुछ काम हो ही नहीं रहा है। 18 तारीख को विवाद समाप्त हो जाये, तो इस विषय से पीछा छूटेगा। हम लोग तो इतने व्यस्त हैं इसमें, पर ललित बाबू को बिल्कुल चिंता नहीं है।

17 दिसंबर, 1974

कार्यालय जाने से पहले प्रधानमंत्री का फोन आया। उन्होंने कहा कि वित्तमंत्री को संसद में एक "शॉर्ट नोटिस" प्रश्न का उत्तर देना है। पर जो उत्तर तैयार किया गया है, वह असंतोषजनक है। वित्तमंत्रालय के अधिकारियों को कहा गया है कि वे मुझसे साढ़े नौ बजे मिल लें। प्रधानमंत्री चाहती थीं कि मैं उत्तर को अच्छे ढंग से प्रस्तुत करने का प्रयत्न करूँ। प्रश्न बीजू पटनायक से संबंधित था। फिर मुझे स्मरण आया कि यह शॉर्ट नोटिस वित्तमंत्री ने प्रधानमंत्री के कहने से स्वीकार किया है, पहले वे मना कर चुके थे। प्रधानमंत्री ने जब शेषन के द्वारा वित्तमंत्री के पास संदेशा भेजा कि शॉर्ट नोटिस स्वीकार करना चाहिए था और अब कोई दूसरा सदस्य फिर से प्रश्न कर रहा है, उसे स्वीकार कर लें। मैं तब उनके पास बैठा हुआ था।

प्रधानमंत्री के संदेश के कारण मुझे कार्यालय कुछ जल्दी जाना पड़ा। वित्तमंत्रालय के सुरेंद्र नारायण व एक अन्य अधिकारी मेरे कमरे में मेरी प्रतीक्षा कर रहे थे। उन्होंने मुझे पत्रावली दिखायी और प्रश्न की पृष्ठभूमि स्पष्ट की। भूमिका यह है कि कुछ दिन पहले आयकर विभाग ने बीजू पटनायक के घर व कार्यालयों में छापा

मारा था। विभाग का दावा है कि उन्हें ऐसी सामग्री मिली है, जिससे सिद्ध होता है कि पटनायक ने कानून का उल्लंघन किया है। सामग्री की पूरी जाँच नहीं हुई है और इसमें समय लगेगा। प्रधानमंत्री के आदेशानुसार इस बात का प्रचार काफी किया गया है। वित्तमंत्रालय, सामान्यतः जब तक जाँच पूरी न हो जाये, ऐसे प्रश्नों के उत्तर संसद में नहीं देता, क्योंकि इससे जाँच में बाधा पड़ती है। पर प्रधानमंत्री के दबाव पर यह प्रश्न स्वीकार किया गया। वित्तमंत्रालय के अधिकारियों ने सावधानी से उत्तर तैयार किया था। वे अभी कोई ऐसी बात नहीं करना चाहते थे जो पूरी तरह प्रमाणित न हो गयी हो। इसीलिए प्रधानमंत्री को उससे संतोष नहीं हुआ था।

सुरेंद्र नारायण ने मुझे बताया कि ये छापे "ऊपर के आदेश" मिलने पर मारे गये थे।" मेरे प्रश्न, कि "कितने ऊपर से?" उत्तर में सुरेंद नारायण ने कहा कि 'यह आपको मुझसे अधिक जानना चाहिए।' मैंने पूरी सामग्री देख कर उत्तर के प्रारूप में काफी परिवर्तन किया। तब तक प्रधानमंत्री भी कार्यालय आ गयी थीं। मैं उन्हें उत्तर दिखाने गया। इस उत्तर से उन्हें अधिक संतोष हुआ। यह स्पष्ट करने के लिए कि इस प्रश्न पर वे इतना कड़ा रुख क्यों अपना रही हैं, उन्होंने बड़ी भोंडी बात कही। कहने लगीं कि जब इस प्रकार के छापे मारने में इतनी सामग्री मिलती है और उसे जनता के समक्ष न लाया जाये तो बड़ी आलोचना होती है, लोग कहते हैं कि सरकार मामले को दबाना चाहती है। बाबू जी का आयकर का मामला जब उठा था तो यही आलोचना हुई थी। (यह 1969-70 का मामला है) बाबू जी ने कई साल के अपने आयकर व संपत्तिकर के ब्यौरे दाखिल नहीं किये थे। (उनका कहना था कि वह भूल गए थे) उस समय इस पर बहुत चर्चा होती थी। नियमानुसार उन्हें इस पर काफी दंड मिल सकता था, पर प्रधानमंत्री के हस्तक्षेप से नाममात्र का दंड (या वह भी नहीं, अब मुझे याद नहीं रहा) ही उन्हें मिला। उन दिनों मुझे याद है मच्छू (जितेंद्र कौल, बाबू जी का विशेष सहायक) हक्सर के पास सब कागजात लेकर बहुत आया करता था। बाबू जी को प्रधानमंत्री ने बचाया, पर पटनायक के पीछे पड़ी हुई हैं। प्रधानमंत्री की प्रतिशोधात्मक प्रवृत्ति बहुत तेज है। मैं जब प्रधानमंत्री से बात कर रहा था, प्रो. धर भी वहाँ आ गये। उनसे प्रधानमंत्री ने कहा कि हमारे सचिवालय को इस पूरे मामले पर निगाह रखनी चाहिए जिससे जाँच-पड़ताल में कोई ढील न हो।

इसके बाद फिर सारा दिन भारत सेवक समाज की सेवा में बीता। लंच से पहले डी.पी., गोपी और मेरी एक बैठक हुई। गोपी ने कुछ नोट्स तैयार किये थे, उनको हम लोगों ने देखा। उनके आधार पर डी.पी. लोकसभा में अपना भाषण दे सकते हैं। लंच के बाद गोखले के निवास स्थान पर हम लोगों की एक और बैठक हुई। उसमें ललित बाबू ने भी आने की कृपा की थी। गोखले इस मामले को कुछ तो पहले से जानते हैं, कुछ डी.पी. और मैंने ललित के आने से पहले उन्हें ब्रीफ किया

था। गोखले ने ललित से ट्रेनिंग सेंटर को दी गयी धनराशि के बारे में पूछा। इस धनराशि का कोई हिसाब-किताब नहीं मिल रहा है। बाल सुलभ-सी अबोध मुद्रा में ललित ने धीरे-से कहा, "हमें अब क्या मालूम, सब रुपया खर्च हो गया, कुछ हज़ार के लिए हम बेईमानी करेंगे।" जिस प्रकार से ललित ने यह कहा, उस पर डी.पी. अपनी हँसी नहीं रोक सके। गोखले ने किसी तरह और प्रश्न पूरा कर बात आगे बढ़ाई। इस कठिन प्रश्न पर और स्पष्टीकरण की आशा व्यर्थ थी।

हम लोगों की बात पूरी नहीं हो पायी थी कि प्रधानमंत्री का संदेश मिला कि हम सब उनके पास पहुँच जायें। तत्काल हम लोग गोखले के घर से रवाना होकर संसद भवन पहुँचे। मैं और डी.पी. एक ही कार पर थे। डी.पी. ने रास्ते में मुझसे कहा कि हम लोग खून-पसीना एक कर रहे हैं, पर ललित को कोई चिंता नहीं है। कपूर आयोग का निष्कर्ष ग़लत नहीं है, रुपये का समुचित हिसाब न रखा गया है, न है। देखिए, सदन में क्या होता है?

प्रधानमंत्री के कमरे में डी.पी. ने पूरे प्रश्न की बड़ी अच्छी व्याख्या की। गोखले ने उसकी पुष्टि की। हम सब लोग जिस निष्कर्ष पर पहुंचे थे वह भी डी.पी. ने प्रधानमंत्री को बताया। हमारा पक्का विचार था कि ललित बाबू के मामले को अलग करना होगा। उस संबंध में ललित के वक्तव्य पर बल देकर बात समाप्त करनी होगी। सदन में यह प्रभावकारी ढंग से कहना होगा कि जहाँ तक ललित बाबू का प्रश्न है, वे सदन में बार-बार स्पष्टीकरण कर चुके हैं। फिर भी आयोग ने जो अनियमितताएँ बतायी हैं, उनकी सरकार जाँच करायेगी। यह बात बिल्कुल सामान्य रूप से कही जायेगी।

जाँच की बात ललित बाबू से तय हो गयी थी। उन्हें कोई आपत्ति नहीं थी। उस मीटिंग में प्रधानमंत्री ने अपनी सामान्य सहमति दे दी। केवल एक नयी बात कही। भारत सेवक समाज ने एक कठिन क्षेत्र में महत्वपूर्ण काम किया। यदि कुछ अनियमितताएँ हुईं तो उनको नजरअंदाज करना पड़ेगा। यदि ऐसा न किया जाये तो स्वयं सेवी संस्थाएँ कभी कोई काम करने के लिए आगे नहीं आयेंगी।

मीटिंग समाप्त होने के थोड़ी देर बाद प्रधानमंत्री ने मुझे फिर बुलाया। मुझसे पूछा कि क्या जाँच का आश्वासन देना आवश्यक है। उनको यह चिंता है कि यह आश्वासन देने के बाद उलझन बढ़ सकती है, विशेषकर ललित बाबू के मामले में। मैंने उन्हें एक बार फिर पूरी पृष्ठभूमि समझाते हुए कहा कि जाँच की बात से सरकार का पक्ष विश्वसनीय हो जायेगा। मैंने इस बात पर भी बल दिया कि ललित बाबू को कोई आपत्ति नहीं है। प्रधानमंत्री को इससे संतोष नहीं हुआ। उन्होंने कहा कि डी.पी. को समझाने का प्रयत्न किया जाये कि वह जाँच की बात न कहे। मैंने डी. पी. से बात करने का वादा किया।

मालूम पड़ता है कि मुझसे बात करने के बाद प्रधानमंत्री ने ललित बाबू से

बात की, क्योंकि कुछ ही देर में ललित बाबू ने मुझे फोन किया। मुझसे पूछने लगे कि जाँच की बात कब तय हुई। मैंने उन्हें बताया कि गोखले के घर यह बात हुई थी और आपने सहमति प्रकट की थी। फिर प्रधानमंत्री के कमरे में हुई थी, वहाँ भी आप कुछ नहीं बोले। इस पर ललित बाबू ने कहा कि उन्होंने कुछ सुना नहीं। (वह ऊँचा सुनते हैं) इसीलिए समझे नहीं। जाँच से बड़ी हानि होगी। मुझसे आग्रह किया कि मैं डी.पी. को समझा कर यह सुझाव यहीं समाप्त कर दूँ। मैंने कहा कि मैं प्रयत्न करूँगा, पर वे भी डी.पी. से बात कर लें।

आज की दो और बातों की भी चर्चा कर दूँ। प्रतिपक्ष नेताओं ने लायसेंस-कांड के कागजात देखना शुरू कर दिया है। दो-तीन दिन से देख रहे हैं। उन्होंने स्पीकर से यह आग्रह किया है कि उन्हें कागजात पढ़कर अपने नोट्स बनाने की अनुमति मिल जानी चाहिए। स्पीकर को इसमें कोई आपत्ति नहीं है। उन्होंने रघुरमैया के माध्यम से प्रधानमंत्री की राय माँगी है। रघुरमैया ओम मेहता से बहुत घबराते हैं क्योंकि राज्यसभा में यह मांग नहीं हुई है। रघुरमैया को यह डर है कि यदि वे प्रधानमंत्री से स्पीकर की बात करेंगे तो वह नाराज होंगी, ओम मेहता से तुलना में उनको (रघुरमैया) नीचा पायेंगी। रघुरमैया के कहने पर मैंने प्रधानमंत्री से बात की। प्रधानमंत्री की प्रतिक्रिया बड़ी तीव्र हुई। कहने लगीं कि राज्यसभा में तो जत्ती और मेहता सब कुछ नियंत्रण में रखे हैं, लोकसभा में बहुत कुछ ढील स्पीकर के कारण है। मैंने प्रधानमंत्री से कहा कि दोनों सदनों में अंतर तो है, पर स्पीकर की ढिलाई के अतिरिक्त लोकसभा के विपक्षी नेता स्वभाव में कुछ अधिक उग्र हैं। प्रधानमंत्री का गुस्सा बढ़ता ही गया। उन्होंने कहा कि यदि स्पीकर ने नोट्स बनाने की अनुमति दी तो उन्हें त्यागपत्र देना होगा। वे अपनी मनमानी नहीं कर सकते।

आज प्रधानमंत्री कार्यालय में बड़ी देर तक रहीं। लगभग आठ बजे मैंने देवी प्रसाद चट्टोपाध्याय, वाणिज्य मंत्री, को शेषन के पास बैठे देखा। वे प्रधानमंत्री से मिलने की प्रतीक्षा में थे। मुझे देखकर अपने पास बुला लिया। कहने लगे कि लायसेंस-कांड से भी अधिक खराब मामला पोलीएस्टर फाइबर के लायसेंस का है। 'भगवान दास संत प्रकाश' नाम की एक 'ब्लैक लिस्टेड' फर्म को अनुचित ढंग से पोलीएस्टर फाइबर का लायसेंस ललित ने दिया है। प्रतिपक्ष को इसकी सारी सूचना कुलकर्णी और कृष्णकांत, राज्य सभा के दो सदस्य दे रहे हैं। यदि बात बढ़ी तो वे संसद में सरकार को बचाने में असमर्थ होंगे। देवी बाबू मुझसे जानना चाहते थे कि वे प्रधानमंत्री से यह बात कहें या न कहें। मुझे मालूम है कि ज्योतिर्मय बसु आजकल इस मामले की छानबीन में लगे हुए हैं। इसलिए मैंने देवी बाबू को यही सलाह देना उपयुक्त समझा कि वे प्रधानमंत्री को सब कुछ बता दें। पता नहीं उन्होंने यह किया या नहीं।

18 दिसंबर, 1974

कांग्रेस के कुछ सदस्यों ने लोकसभा में रामनाथ गोयनका के विरुद्ध एक विशेषाधिकार का प्रश्न छेड़ रखा है। आज गोयनका ने इन सदस्यों का उत्तर एक बड़े प्रभावशाली वक्तव्य द्वारा दिया। उनके वक्तव्य का सदन पर बहुत प्रभाव पड़ा। उसमें उन्होंने सी.बी.आई. की भी आलोचना की। इसमें कोई संदेह नहीं कि गोयनका की आलोचना में तथ्य है। स्वयं देवेन्द्र सेन ने मुझे बताया है कि प्रधानमंत्री के कहने पर गोयनका के विरुद्ध मामलों की जाँच में उसके साथ ज्यादती की गयी है। गोयनका की आलोचना का आशय कुछ यही था। (काफी दिन हुए गोयनका के मामलों पर देवेन्द्र सेन ने मुझे एक नोट दिया था। वह मैंने प्रधानमंत्री को दे दिया। देवेन्द्र सेन ने इसीलिए वह नोट मुझे दिया था। पर प्रधानमंत्री ने वह नोट अपने पास रख लिया और बाद में देवेन्द्र सेन से स्वयं बात की। मुकदमे की तफ्तीश एक बात है, पर सी.बी.आई. ने बैंकों द्वारा गोयनका को परेशान करवाया, जिसका कोई औचित्य नहीं था।)

आज लोकसभा में ज्योतिर्मय बसु के प्रस्ताव पर भारत सेवक समाज संबंधी जस्टिस कपूर की रिपोर्ट के उन भागों पर बहस हुई, जिनका संबंध ललित बाबू से है। हम लोग चार-पाँच दिनों से इसी में लगे हुए थे। पर बहस शुरू होने से काफी पहले डी.पी. मेरे कमरे में आये। उनके चेहरे पर सदा की भाँति खिलखिलाहट नहीं थी, वे कुछ गंभीर थे। मुझसे कहने लगे, "बिशन जी, (वह मुझे हमेशा इसी तरह पुकारते हैं) आपको मालूम है, कल रात क्या हुआ?" मैंने बिना कुछ कहे अपनी अनभिज्ञता प्रकट की। तब डी.पी. स्वयं बात बढ़ाते हुए बोले, "इतनी तैयारी की। ललित बाबू से सब बात तय करके यह तय किया कि सदन में क्या कहा जाये, जिससे उन पर आँच न आने पाये। प्रधानमंत्री भी राजी हो गयीं। तब रात में ललित बाबू फोन करते हैं कि जाँच की बात न कही जाये। जब मैंने कहा कि आपको तो इसमें कोई एतराज नहीं था, अब क्या हो गया? इस पर वे फरमाते हैं कि मैं समझा नहीं होऊँगा, मैं कभी जाँच के लिए तैयार नहीं हुआ। ऐसा करने से बड़ी मुश्किल होगी। मैंने इधर-उधर की बात करके टाल दिया। थोड़ी देर बाद प्रधानमंत्री का फोन आया कि यदि जाँच की बात न कही जाये तो अच्छा रहेगा। उनसे उस वक्त मैं बहस करने के मूड में नहीं था। अच्छा देखूंगा, जैसा मौका होगा, कह कर मैंने बात खत्म की। अब आप बताइए बिशन जी, बिना जाँच की बात कहे सरकार को कैसे बचाया जा सकता है? प्रधानमंत्री यह क्यों नहीं समझतीं। केवल एक व्यक्ति को बचाने के लिए पार्टी व सरकार सब को नीचा देखना पड़ रहा है।" डी.पी. की व्यथा मैं समझ सकता था। इच्छा न होते हुए भी ललित बाबू के (उनके क्या, वास्तव में सरकार के) पक्ष को विश्वास किये जाने वाले रूप में प्रस्तुत करने के लिए उन्होंने

कई दिन बहुत परिश्रम किया है। फिर भी ललित बाबू जैसा व्यक्ति उन्हें झुठला दे और प्रधानमंत्री भी उसी की ओर से बोलें। डी.पी. को बुरा लगना स्वाभाविक था। हम दोनों बड़ी देर तक आज के वाद-विवाद के बारे में बात करते रहे। थोड़ी देर में गोपी भी वहाँ आ गया। हम लोगों ने यही निश्चय किया कि डी.पी. कोशिश तो पूरी करें कि जाँच की बात न कहनी पड़े, पर यदि मजबूरी हो तो कहने में कोई हानि भी नहीं है।

दोपहर को इस विषय पर वाद-विवाद आरंभ हुआ। संध्या के ठीक आठ बजे तक चला। प्रतिपक्ष की ओर से अवसर का लाभ पूरी तरह नहीं उठाया गया। ज्योतिर्मय बसु ने रिपोर्ट का अध्ययन तो अच्छा किया था। तथ्यों की पूरी जानकारी होते हुए भी वे उन्हें प्रभावकारी ढंग से प्रस्तुत नहीं कर पाये। अटल बिहारी वाजपेयी ने अपना भाषण बहुत ही अच्छे ढंग से आरंभ किया। उन्होंने वाद-विवाद का स्तर ऊँचा उठाने का प्रयास किया। यदि बीच में उन्हें टोका नहीं जाता तो डी.पी. को उनके भाषण के उत्तर देने में बड़ी कठिनाई होती। मुझे लगता है कि डी.पी. को इसका अनुमान हो गया, तभी उन्होंने वाजपेयी को टोका और कुछ निरर्थक प्रक्रिया एवं व्यवस्था संबंधी प्रश्न उठाये। उसके बाद अटल बिहारी वाजपेयी फिर उस स्तर पर नहीं आ सके। पूरे वाद-विवाद में सबसे अच्छा भाषण डी.पी. का ही रहा। सरकार और विशेषकर ललित बाबू का पक्ष कमजोर होते हुए भी डी.पी. ने उनका अच्छा बचाव किया। हाँ, ऐसा करने में उन्हें यह कहना पड़ा कि सरकार आवश्यकतानुसार जाँच कराने पर विचार करेगी। डी.पी. के भाषण के बाद ऐसा लगता था कि इस पूरे मामले में ललित ने कोई भी गलत काम नहीं किया, नाहक ही प्रतिपक्ष उनके पीछे पड़ा है।

आज दिन में बृजकुमार नेहरू से भेंट हुई। वे आजकल लंदन में हमारे हाईकमिश्नर हैं। परामर्श के लिए भारत आये हुए हैं। मेरा उनसे परिचय और बाद में घनिष्ठता उस समय हुई, जब वे असम व नगालैंड के राज्यपाल थे। आज वे सांय मेरे कमरे में आ गये। यह संयोग था कि उस समय लोकसभा का वाद-विवाद 'डल' होने के कारण, मैं अपने कमरे में थोड़ी देर के लिए वापस आ गया था। नेहरू मेरे साथ करीब चालीस मिनट रहे। वे वर्तमान स्थिति पर अपने विचार व्यक्त करते रहे। मैं अधिकतर सुनता ही रहा, बोला कम।

नेहरू आजकल की स्थिति से बहुत खिन्न हैं। कहने लगे कि सवा साल हुए, वे लंदन गए थे। इस बीच में ऐसा लगता है कि बहुत कुछ बदल गया है। धीरे-धीरे राजनीति व अर्थव्यवस्था विश्रृंखल होती जा रही हैं। इससे भारत की स्थिति बहुत असंतोषजनक लगती है, पर भारत आने पर न केवल इस धारणा की पुष्टि हुई, स्थिति और भी अधिक खराब मालूम हुई। न जाने कितने लोग उनसे मिले हैं जब से वे लंदन से आये हैं। किसी एक ने भी कोई आशाजनक बात नहीं कही। भ्रष्टाचार

इतनी बुरी तरह छाया हुआ है कि कभी-कभी डर लगता है कि यह पूरे देश को खा जायेगा। नेहरू ने कहा कि हर आदमी उनसे एक ही बात कह रहा है कि भ्रष्टाचार नीचे से नहीं, ऊपर से है और जितना ही ऊपर जाइए, उतना ही अधिक भ्रष्टाचार है। नेहरू ने पूछा कि प्रधानमंत्री इस स्थिति को क्यों बर्दाश्त कर रही हैं? फिर स्वयं ही उत्तर दिया कि दोष उनका भी कम नहीं है।

भ्रष्टाचार के संदर्भ में बात ललित बाबू पर आयी। नेहरू ने कहा कि पता नहीं प्रधानमंत्री ऐसे भ्रष्टाचारी व्यक्ति को बचाने में सरकार, अपनी पार्टी और स्वयं अपना अहित क्यों कर रही हैं। उनके अनुसार प्रधानमंत्री की जनप्रियता एक बार फिर आकाश छूने लगेगी, यदि वे ललित को मंत्रिपरिषद् से अलग कर दें। मुझसे पूछा "आप लोग प्रधानमंत्री को क्यों नहीं सलाह देते।" मैं उनसे क्या कहता कि प्रो. धर और मैंने कितने प्रयत्न किये कि पिछले अक्तूबर के मंत्रिमंडल के पुनर्गठन के समय ललित बाबू से त्यागपत्र ले लिया जाये, पर प्रधानमंत्री नहीं मानीं। मैंने नेहरू को यह बात बता दी। पर वह इस विषय को छोड़ना ही नहीं चाहते थे। कहने लगे, यह जो आज वाद-विवाद लोकसभा में हो रहा है, उससे प्रधानमंत्री और सरकार की प्रतिष्ठा कम ही होगी, बढ़ेगी नहीं। क्यों नहीं प्रधानमंत्री स्वयं लोकसभा में आकर कह देतीं कि कपूर आयोग की रिपोर्ट में जिन बातों का संतोषजनक उत्तर नहीं मिला है, उन पर एक दूसरा आयोग बिठाया जायेगा। नेहरू ने यह भी कहा कि वे प्रधानमंत्री से भ्रष्टाचार और ललित के बारे में बात करेंगे।

आर्थिक क्षेत्र में नेहरू ने सरकार की और भी तीव्र आलोचना की। उन्होंने कहा कि आर्थिक मामले प्रधानमंत्री की समझ में आते नहीं, छोटी-छोटी बातें भी उन्हें जटिल मालूम पड़ती हैं। बस वह 'नारों' के पीछे पड़ी हैं। देश की वर्तमान स्थिति में नारों से काम नहीं बनेगा। यथार्थ को देखना-समझना चाहिए। प्रधानमंत्री को नये नारों का बहुत शौक है तो मैंने उनके लिए एक नया नारा बनाया है। उस पर कार्य करें। वह नारा है : 'उत्पादन बढ़ाओ, देश बचाओ'। गरीबी हटाओ का नारा तो थोथी राजनीति थी। मेरे नारे पर काम करें तो कुछ गरीबी भी हट जायेगी। बिना उत्पादन बढ़ाये राजनीतिक स्थिरता भी संकट में आयेगी। इस विषय पर वे प्रधानमंत्री को एक विस्तृत पत्र लिखने वाले हैं। पर फिर खुद बोले, "लिखूँगा तो, पर फायदा कुछ नहीं। प्रधानमंत्री न इन बातों को समझती हैं, न समझने की कोशिश करती हैं। प्रो. धर को ही समझाऊँगा। यदि वह कुछ कर सकें।"

अंत में नेहरू ने नगालैंड की स्थिति पर अपने विचार व्यक्त किये। कहने लगे कि यू.डी.एफ. सरकार को बर्खास्त करके जमीर को मीसा में बंद कर दो—समस्या का हल निकल आयेगा। मालूम नहीं नेहरू ने यह कितनी सीरियसली कहा था। मुझे लगता है उन्हें वर्तमान स्थिति का पूरा ज्ञान नहीं है। होकिशे आजकल दिल्ली आया हुआ है। वह अर्से से प्रधानमंत्री से आग्रह कर रहा है कि बिना यू.

डी.एफ. सरकार को बर्खास्त किये नगालैंड में अंडर ग्राउंड को परास्त करना संभव नहीं होगा। उसी ने नेहरू से भी यह कहा होगा। इसमें संदेह नहीं कि यू.डी.एफ. को अंडर ग्राउंड से गहरी सहानुभूति है। पर केंद्र का उनकी सरकार को बर्खास्त करना हितकर नहीं होगा। परिस्थितियाँ इस प्रकार की उत्पन्न करनी चाहिए कि वह सरकार स्वयं गिर जाये या अंडर ग्राउंड के प्रति अपना रवैया बदल ले। दो महीने हुए मैंने स्थिति का विस्तृत विश्लेषण किया था। अगले सप्ताह गृहसचिव के यहाँ नगालैंड की स्थिति पर विचार-विमर्श होगा। उसके बाद उसका विवेचन यहाँ भी करूँगा।

19 दिसंबर, 1974

आज राज्यसभा में प्रधानमंत्री के प्रश्न थे। प्रश्न-काल के बाद जब राज्य सभा से मैं लौट रहा था तो लोकसभा की लॉबी के पास मुझे डी.पी. मिले। सदा की प्रफुल्लता के अतिरिक्त चेहरे पर कल की विजय का गर्व था। उनके कल के भाषण पर बधाई मैं उन्हें कल ही दे चुका था, पर डी.पी. अभी भी कल के ही मूड में थे। मुझे रोक लिया और लॉबी के एक कोने में बैठकर हम लोग बातचीत करने लगे।

पहले तो डी.पी. ने काफी आत्मप्रशंसा की। मुझे कुछ भी कहने का अवसर न देकर स्वयं बोले, "अटल जी ने वाद-विवाद का लेबल बहुत ऊँचा उठा दिया था। वे अच्छे स्पीकर तो हैं ही, पर कल तो उनकी स्पीच की शुरूआत बहुत ही मार्के की थी। जनता में सरकार और मंत्रियों के प्रति आस्था बनाये रखने के लिए किस प्रकार के आचरण की आवश्यकता है, इसका बड़ा अच्छा विवेचन कर रहे थे। उसी समय मैंने उन्हें 'डिरेल' कर दिया। उसके बाद उनकी स्पीच ऊँचे नहीं उठ सकी। कुछ इस प्रकार के शब्द डी.पी. ने प्रयोग किये थे। मुझे तो कल ही इस बात का आभास हो गया था। मैंने अपनी सहमति प्रकट की।

बात आगे बढ़ाते हुए डी.पी. ने कहा कि कल के वाद-विवाद से एक बड़ी हानि हुई है। ललित बाबू कहीं, जो कुछ उनके जवाब में कहा गया, उसे सच न समझ लें और प्रधानमंत्री को भी यही समझा दें। फिर तो उनका सुधार असंभव है। लेकिन मैं मंत्रिमंडल छोड़ने से पहले (यह प्रायः निश्चित हो चुका है कि डी.पी. एक बार फिर मास्को में भारत के राजदूत बन कर जायेंगे। मंत्रिमंडल पुनर्गठन के समय अक्तूबर में उनका त्यागपत्र इसलिए नहीं लिया गया था कि रूस को यह न लगे कि एक निकाले हुए मंत्री को भारत ने राजदूत बनाकर भेजा। वैसे निश्चय यह तभी हो गया था। अब तो रूस से यह कहा जायेगा कि एक वरिष्ठ राजनीतिज्ञ को मंत्रिपरिषद् से राजदूत बनने के लिए ही अलग किया जा रहा है। वास्तविकता दिल्ली के राजनीतिक क्षेत्रों से छिपी नहीं है। डी.पी. संभवतः अगले महीने के आरंभ में मंत्रिपरिषद् से त्यागपत्र देंगे।) प्रधानमंत्री से बड़ी स्पष्ट बात करूँगा। ललित बाबू

को बचाने में वह स्वयं अपना, पार्टी का और देश का अनिष्ट कर रही हैं। पर स्वयं ही डी.पी. ने यह भी जोड़ दिया कि रोना तो इस बात का है कि ललित बाबू के बारे में प्रधानमंत्री किसी की बात सुनने को तैयार नहीं हैं। लेकिन अब पानी सिर से ऊपर आ गया है। कुछ लोगों को हिम्मत करनी पड़ेगी और वे अगुआ बनेंगे।

डी.पी. से बात करने के बाद जब मैं अपने कमरे में आया तो प्रो. धर मेरी प्रतीक्षा में बैठे थे। वे प्रधानमंत्री से मिल कर आये थे और साउथ ब्लाक जाने से पहले मुझसे कल के वाद-विवाद पर बात करना चाहते थे। प्रधानमंत्री से बात करके वे कुछ खिन्न हो गये थे। कल के वाद-विवाद की प्रतिक्रिया प्रधानमंत्री पर वही हुई जिसकी हमें आशंका थी। प्रधानमंत्री ने प्रो. धर से कहा कि "देखिए, मैं हमेशा कहती थी कि कपूर आयोग की रिपोर्ट में ललित बाबू के विरुद्ध कोई गंभीर बात नहीं कही गयी है। जो कुछ भी बसु और वाजपेयी ने कहा उसका करारा जवाब डी. पी. ने दिया। सब लोग ललित बाबू के पीछे बेकार में पड़े हैं। छोटी-छोटी बात को बढ़ा-चढ़ा कर कहने की आदत हो गयी है। यह कोई नहीं सोचता कि कोसी जैसे कठिन क्षेत्र में, जहाँ कोई ठेकेदार काम करने को तैयार नहीं था, उन्होंने स्वयंसेवक जुटा कर काम कराया। (यह बात ठीक नहीं है, पर ललित बाबू के बचाव में प्रधानमंत्री यह कहते नहीं थकतीं।) मुझे हमेशा यह विश्वास था कि यदि कोई सब कागजात वगैरह देखे तो प्रतिपक्ष के तथाकथित आरोपों का संतोषजनक उत्तर दिया जा सकता है।"

प्रो. धर का इस बात से खिन्न हो जाना स्वाभाविक था। उनका विचार है-और ठीक ही है—कि पता नहीं, इस प्रकार से बात करके प्रधानमंत्री किसको भुलावे में डालना चाहती हैं। वास्तविकता प्रधानमंत्री की विचारधारा के बिल्कुल प्रतिकूल है। इसके अतिरिक्त कल के वाद-विवाद की प्रधानमंत्री पर जो प्रतिक्रिया हुई है, उससे उनके एक दिशा में किये जा रहे प्रयत्नों में बाधा पड़ेगी। अक्तूबर में मंत्रिमंडल पुनर्गठन के समय उन्होंने (इसमें मैंने भी उनकी भरपूर सहायता की थी) ललित बाबू को मंत्रिमंडल से अलग करवाने के भारी प्रयत्न किये थे। वे सफल नहीं हुए थे। (इस पर उन्हें कुछ देवेन्द्र सेन पर भी नाराजगी थी, क्योंकि उन्होंने और मैंने प्रधानमंत्री से ललित बाबू के विषय में जो तथ्य बताये थे, उन्हें अपनी मौखिक टिप्पणी में हल्का-फुल्का बताया था। एक प्रकार से यह कहा था कि इन सबका संतोषजनक उत्तर दिया जा सकता है। देवेंद्र सेन की राय निष्पक्ष नहीं थी। उनकी ललित बाबू से घनिष्ठ मित्रता है और फिर वे प्रधानमंत्री की इच्छा के प्रतिकूल कुछ कहना पसंद नहीं करते) पर प्रो. धर अब भी इस दिशा में प्रयत्नशील हैं। वे अगले माह ललित बाबू को अलग करवाने के लिए एक प्रयत्न और करेंगे। पर प्रधानमंत्री की कल के वाद-विवाद से फिर हिम्मत बढ़ गयी है, इस प्रकार के किसी भी प्रस्ताव को अस्वीकार करने के लिए। प्रो. धर ने इस वाद-विवाद पर काफी देर तक पूछताछ

की। पर अंत में कुछ खिन्न से होकर चले गये। चलते-चलते बोले, भ्रष्टाचार का पलड़ा भारी होता जा रहा है।

लंच से पहले पट्टाभिरामाराव मिलने आये। वे मेरा एक बात में परामर्श चाहते थे। कांग्रेस पार्टी के कुछ वरिष्ठ सदस्य, जिन्हें किसी पद या सत्ता का लालच नहीं है (स्वयं पट्टाभि दस वर्ष मद्रास/आंधप्रदेश में मंत्री रहे हैं, घर के पैसे वाले हैं, कोई राजनीतिक महत्वकांक्षा नही है) प्रधानमंत्री से मिल कर पार्टी के मनोबल के ह्रास पर बातचीत करना चाहते हैं। उन्होंने कहा कि पिछले सत्र से प्रतिपक्ष ने सरकार और सत्तारूढ़ दल को झकझोर दिया है। पार्टी का मनोबल इतना नहीं गिरता यदि सरकार ने केवल एक व्यक्ति को बचाने के लिए इतनी व्यग्रता न दिखाई होती। आज स्थिति यह हो गयी है कि पार्टी के सत्तर-अस्सी प्रतिशत सदस्य जनता के सामने जाते घबराते हैं। पर प्रधानमंत्री से कुछ कहते भी डरते हैं। कुछ वरिष्ठ सदस्यों ने कल रात एक मीटिंग कर यह निश्चय किया है कि अब चुप रहना हितकर नहीं होगा। मैंने रामाराव से कहा कि पार्टी सुचारू रूप से तभी कार्य कर सकती है, जब इसके सदस्यों में आपस में स्पष्ट बात करने की इच्छा व साहस हो और साथ ही निर्भीकता भी हो। फिर अपने नेता से अपनी बात कहने में झिझक नहीं होनी चाहिए। यदि पार्टी के वरिष्ठ सदस्यों का कुछ अनुमान है तो यह आवश्यक ही नहीं उनका कर्तव्य है कि वे अपने नेता से स्पष्टवादिता से बात करें। यदि उनका अनुमान या निष्कर्ष ग़लत होगा तो नेता उन्हें सही बात बता देंगे। रामाराव पर इस बात का प्रभाव पड़ा। कहते तो हैं कि कुछ लोग संसद का अधिवेशन समाप्त होने से पहले प्रधानमंत्री के पास जाएंगे। मैंने उन्हें यह भी सलाह दी है कि इस बात का प्रभाव तभी पड़ सकता है, यदि इसका प्रचार न हो। वे सहमत हैं।

दिन में आज लक्ष्मीकांत झा से भी भेंट हुई। वे स्वयं ही एक व्यक्तिगत काम के लिए मेरे पास आये। उनका साला प्रभाकर आचार्य कैंसर से पीड़ित है। डॉ. आत्म प्रकाश के इलाज में है। वे मेरे द्वारा आत्म प्रकाश से कुछ जानकारी चाहते थे। प्रभाकर और मैं युनीवर्सिटी में समकालीन थे और अच्छे मित्र। इधर कई वर्षों से उससे भेंट नहीं हुई है। झा की बातों से लगा कि प्रभाकर अब अधिक जीवित नहीं रहेगा। एक दिन जाकर मिलना चाहता हूँ।

लायसेंस-कांड के संबंध में संसद में इधर मौन रहा है, पर आज इसने एक नया मोड़ लिया। आज रात्रि को प्रतिपक्ष के नेता प्रधानमंत्री से मिलने आये। इनका नेतृत्व किया मोरारजी देसाई ने। यह पहला अवसर है जब मोरारजी प्रतिपक्ष के नेताओं के साथ प्रधानमंत्री से मिलने आये हों। अन्य नेता थे : एच.एम.पटेल, ज्योतिर्मय बसु, मधु लिमये, श्यामनंदन मिश्र व अटल बिहारी वाजपेयी। पिछले सत्र में 4 सितम्बर, 1974 को भी इसी कांड के संबंध में बात करने प्रतिपक्षी नेताओं का एक प्रतिनिधि-मंडल प्रधानमंत्री से मिला था। उसमें और आज के प्रतिनिधि-

मंडल में मुख्य अंतर, मोरारजी की आज की उपस्थिति के अतिरिक्त, यह था कि तब कम्युनिस्ट पार्टी के प्रतिनिधि भी प्रतिपक्ष की ओर थे। राजनीतिक कारणों से कम्युनिस्ट पार्टी अब अन्य विरोधी दलों से मिल कर इस बारे में कुछ नहीं करना चाहती, यद्यपि सितम्बर में इसके सदस्यों ने प्रतिपक्ष का पूरा साथ दिया था और लोकसभा में काफी गुस्सा दिखाया था।

प्रतिपक्षी प्रतिनिधि मंडल की ओर से एक लिखित ज्ञापन प्रधानमंत्री को दिया गया। इसकी सूचना मुझे पहले ही मिल चुकी थी। यह भी पता लगा था कि यदि प्रधानमंत्री ने आज यह सीधा उत्तर दे दिया कि ज्ञापन पर किसी कार्रवाई की आवश्यकता नहीं है तो कल लोकसभा में कुछ शोर-शराबा हो सकता है। जब मुझे यह पता लगा उस समय प्रधानमंत्री संसद भवन में नहीं थीं, कार्यवश बाहर गयी हुई थीं, प्रतिपक्षी नेताओं से ही मिलने आने वाली थीं। मैंने एक छोटा-सा नोट उनके लिए छोड़ दिया। मेरा सुझाव था कि प्रधानमंत्री आज केवल यही कहें कि ज्ञापन पर बिना जाँच कराये कुछ नहीं कहा जा सकता। मीटिंग में प्रधानमंत्री ने यही दृष्टिकोण अपनाया।

प्रतिपक्षी नेताओं ने जब सी.बी.आई. की रिपोर्ट व संबंधित कागजात देखे तो उन्हें नोट्स नहीं लेने दिये गये थे। फिर भी स्मरण-शक्ति के आधार पर उन्होंने बड़ा तर्कसंगत ज्ञापन बनाया था। इसमें मुख्य बात यह कही गई थी कि सी.बी.आई. ने मंत्री के उत्तरदायित्व की जाँच नहीं की है, पर इन कागजात से यह स्पष्ट है कि इतने वर्षों बाद मामले को फिर से खोलने में मंत्री ने विशेष रुचि ली। मंत्री के उत्तरदायित्व की जाँच के लिए एक संसदीय समिति की नियुक्ति आवश्यक है। इस पहलू को मीटिंग में और अच्छी तरह स्पष्ट किया गया। प्रधानमंत्री के साथ सरदार साहब और गोखले भी थे। उन दोनों ने बीच-बीच में एकाध बात का उत्तर देने का प्रयास किया, पर उसका कोई प्रभाव नहीं हुआ। इस स्टेज पर प्रधानमंत्री ने जो हस्तक्षेप किया उससे बात और बिगड़ गयी। ज्योतिर्मय बसु ने कहा कि सेन (तत्कालीन आयात और निर्यात के मुख्य नियंत्रक) की स्पष्ट राय थी कि पुराने मामले को पुनर्विचार के लिए नहीं खोलना चाहिए, यदि मामला अदालत में जायेगा तो सरकार मुकदमा लड़ेगी। फिर भी मंत्री ने मामला दुबारा विचाराधीन बना दिया। ऐसा उन्होंने क्यों किया। प्रधानमंत्री ने कहा कि अब तो पूरा मामला अदालत के सामने है। बसु ने कहा कि अदालत में जो मुकदमा अब दायर हुआ है वह ललित बाबू के विरुद्ध नहीं है। प्रधानमंत्री ने कहा कि अदालत में और बातें भी सामने आ सकती हैं, इसलिए अभी इस मामले पर और कुछ करना उपयुक्त नहीं होगा। अटल बिहारी वाजपेयी ने एक नया पहलू मीटिंग के समक्ष रखा। उन्होंने कहा कि मूलभूत प्रश्न अदालत में तय नहीं होगा। यह भ्रष्टाचार का एक ज्वलंत उदाहरण है, एक मंत्री के दुराचरण (मिसकंडक्ट) का प्रश्न इससे जुड़ा हुआ है। अब प्रश्न यह है कि इस पूरे मामले

की जाँच कैसे हो? प्रधानमंत्री बराबर कहती हैं कि भ्रष्टाचार का कोई मामला यदि उन्हें बताया जाये तो वे उसकी जाँच के लिए तैयार हैं। इस मामले की जाँच संसद की समिति द्वारा होनी चाहिए—विशेषकर जब एक मंत्री के उत्तरदायित्व की जाँच सी.बी.आई. ने नहीं की है। प्रधानमंत्री सकपका गयीं और उन्होंने यह कह कर मीटिंग समाप्त की कि गोखले इस ज्ञापन का अध्ययन करके उत्तर भेजेंगे।

यदि निष्पक्ष रूप से देखा जाये तो इस ज्ञापन में और आज की मीटिंग में प्रतिपक्षी नेताओं ने जो शंकाएँ उठायी हैं, वे सारहीन नहीं हैं। सी.बी.आई. ने केवल जुर्म की तफतीश की है, पर मंत्री के उत्तरदायित्व का कौन निर्णय करेगा। मैंने पत्रावली व संबंधित कागजात का विस्तृत अध्ययन किया है। मुझे इसमें संदेह नहीं है कि ललित बाबू के बिना रुचि लिए और समय-समय पर आदेश बिना किये सरकार का कई साल पुराना निर्णय बदला नहीं जा सकता था। निर्णय बदलने का कोई कारण नहीं था। इसीलिए जब सरदार ने पत्रावली का अध्ययन किया तो वे भी इसी निष्कर्ष पर पहुँचे कि इसे प्रतिपक्ष को नहीं दिखाना चाहिए। इन्हीं कमजोरियों को प्रतिपक्ष ने पकड़ लिया है। ललित बाबू को प्रधानमंत्री हर कीमत पर बचाना चाहती हैं। इसी कारण संसद में सरकार की काफी छीछालेदर हो चुकी है। प्रतिपक्ष इस प्रसंग को आसानी से छोड़ेगी नहीं। पता नहीं आगे क्या हो?

मीटिंग के बाद गोखले वहीं रुक गये। हम दोनों कुछ देर तक (मेरे कमरे में) बात करते रहे। (यह सबमीटिंग 9 नम्बर के कमरे में होती है, मेरा कमरा नं. 8 है।) उन्होंने प्रतिपक्ष द्वारा दिया गया ज्ञापन पढ़ा; मैंने भी उस पर सरसरी निगाह दौड़ायी। गोखले का कहना है कि इसका तर्कयुक्त उत्तर देना सरल नहीं होगा। प्रतिपक्षी नेताओं ने जो प्रश्न उठाये हैं, उनमें बहुत सार है। ललित बाबू की इस पूरे कांड में क्या भूमिका रही है, इस पर सी.बी.आई. की जाँच नहीं हुई है और प्रतिपक्ष के मुख्य आरोप का—जो मंत्री के उत्तरदायित्व से संबंधित है—सरकार की ओर से अभी तक ऐसा उत्तर नहीं आया है, जिससे संसद को विश्वास हो सके। वे प्रधानमंत्री से बात करेंगे। उनकी अब भी यह राय है कि इस और भारत सेवक समाज के मामले में एक नया आयोग नियुक्त करना चाहिए। सरकार की खोयी हुई प्रतिष्ठा उसी से वापस आ सकती है।

20 दिसंबर, 1974

आज लोकसभा के अधिवेशन का अंतिम दिन है, कल राज्यसभा का। संसद के इस अधिवेशन में सरकार की प्रतिष्ठा और गिरी है। लायसेंस-कांड को लेकर प्रतिपक्ष सरकार पर नित्य नये आक्रमण करता रहा और सरकार अपना बचाव ठीक तरह से नहीं कर पायी। जनता में यह धारणा बढ़ रही है कि इस मामले में सरकार को कुछ न कुछ अवश्य छिपाना है, इसलिए प्रतिपक्ष की कोई बात आसानी से नहीं मान रही

है। इस माह के शुरू में प्रधानमंत्री के वक्तव्य का प्रभाव अच्छा पड़ा था, पर आगे चलकर वह धीरे-धीरे समाप्त हो गया। पता नहीं ओम मेहता ने किस आधार पर प्रधानमंत्री से यह कहा था कि लायसेंस-कांड को तो समाप्त समझिए, इस सत्र में वह नहीं उठेगा। अब यह स्पष्ट है कि अगले सत्र में भी प्रतिपक्ष का सरकार पर मुख्य आक्रमण इसी को लेकर होगा। इसीलिए सत्र की समाप्ति के एक दिन पहले प्रतिपक्षी नेताओं ने प्रधानमंत्री को ज्ञापन दिया।

प्रधानमंत्री ने आज सुबह मुझसे प्रतिपक्षी नेताओं की माँग के बारे में बात की। उन्होंने उनके ज्ञापन को अभी ठीक से पढ़ा नहीं है, कल मीटिंग में जब वह पढ़ा गया था तो सुना अवश्य था। वह इस बात से चिंतित हैं कि बात अभी समाप्त नहीं हुई है। वह पूरी तरह समझती हैं कि प्रतिपक्षी नेताओं ने जो प्रश्न उठाया है उसका, वास्तव में सी.बी.आई. ने तुलमोहन राम आदि के विरुद्ध जो मुकदमा दायर किया है, उससे सीधा संबंध नहीं है। वह चाहती हैं कि विधिमंत्री प्रतिपक्ष के ज्ञापन का गोलमोल उत्तर दे दें कि मामला न्यायालय के विचाराधीन है। अतएव इस स्टेज पर सरकार कुछ और नहीं कर सकती। क्यों नहीं इस बात पर बल दिया जाये कि संसदीय समिति को कोई भी मामला सौंपने से संसद और न्यायालयों में मुठभेड़ होने की आशंका है। (यह विचारधारा सर्वथा निर्मूल है।) मैंने उनसे निवेदन किया कि अभी वे अपनी ओर से गोखले से कुछ न कहें। पहले उन्हें ज्ञापन का अध्ययन और जाँच कर लेने दें। उसके बाद यह निश्चित किया जा सकता है कि सरकार क्या दृष्टिकोण अपनाये। बातचीत में प्रधानमंत्री ने मुझसे कहा कि इस पूरे कांड में बाबू जी (जगजीवन राम) का रवैया ठीक नहीं रहा है। ललित बाबू को नीचा दिखाने के लिए वे अंदर-ही-अंदर प्रतिपक्ष को बढ़ावा देते रहे हैं। इस पर मैंने सुझाव दिया कि वे जगजीवन राम से स्पष्ट बात करें; आखिर अब मामला केवल ललित बाबू का नहीं है, सरकार की प्रतिष्ठा का भी प्रश्न है। प्रधानमंत्री ने केवल यह कहा कि उनसे बात करने से कोई लाभ नहीं होगा। प्रधानमंत्री को अपने किसी सहयोगी पर पूरी तरह विश्वास नहीं है।

संसद के इन दो सत्रों और देश की बिगड़ती राजनीतिक परिस्थितियों ने प्रधानमंत्री को बुरी तरह झकझोर दिया है। वे बौखला सी उठी हैं और उन्हें यह समझ नहीं आ रहा है कि वे क्या करें? इसी बौखलाहट में वे निर्वाचन की बात सोच रही हैं। प्रो. धर मुझे बता रहे थे कि सिद्धार्थ ने उनके दिमाग में यह बात भर दी है कि वे लोकसभा के लिए शीघ्र-से-शीघ्र चुनाव करवा दें। इसी बात पर विचार करने के लिए आजकल प्रधानमंत्री कांग्रेस अध्यक्ष, गोखले व रजनी पटेल से, बहुत मीटिंग कर रही हैं। आज भी एक ऐसी मीटिंग थी। सिद्धार्थ जब दिल्ली में होते हैं तो वे भी इन बैठकों में भाग लेते हैं। प्रो. धर भी कभी-कभी बुलाये जाते हैं और हक्सर भी। प्रो. धर ने हक्सर को मनाया है कि वे योजना आयोग का उपाध्यक्ष पद स्वीकार

कर लें। हक्सर मान गये हैं। (पता नहीं वे इस दलदल में क्यों फँसना चाहते हैं?) पर उन्होंने अभी नये पद का भार नहीं संभाला है, डी.पी. के त्यागपत्र के बाद ही यह संभव हो सकेगा। लेकिन जो आजकल लम्बी-लम्बी बैठकें प्रधानमंत्री कर रही हैं, उनमें भाग लेने के लिए उन्हें भी बुलाया जाता है।

प्रो. धर से मुझे मालूम पड़ता रहता है कि इन मीटिंगों में क्या हो रहा है। उसकी चर्चा बाद में करूँगा। यहाँ दो शब्द रजनी पटेल के बारे में कह दूँ। वे बम्बई प्रदेश कांग्रेस कमेटी के अध्यक्ष हैं। कम्युनिस्ट पार्टी से संबंधित रहे हैं। कांग्रेस में विभाजन के बाद अन्य अवसरवादियों की भांति घुस गये हैं। धीरे-धीरे इनका प्रभाव बढ़ता गया है और आजकल प्रधानमंत्री के अंतरंग ग्रुप में हैं। वैसे इनकी ख्याति अच्छी नहीं है। दो-तीन महीने पहले शेषन ने इनके बारे में बड़ी अटपटी बात बतायी। कृष्ण मेनन की मृत्यु से दो-तीन दिन पहले शेषन उनसे मिलने अस्पताल गया। उस समय 'मीसा' के अंतर्गत तस्करों की खूब पकड़-धकड़ हो रही थी। जब इस प्रसंग पर बात हुई तो कृष्ण मेनन ने शेषन से कहा कि जब यह सब हो रहा है तो रजनी पटेल अभी तक कैसे बाहर है? शेषन ने हँस कर बात टाल दी। कृष्ण मेनन ने शायद यह बात हँसी में कही थी, पर हँसी में भी ऐसी बात कब कही जाती है? बम्बई कांग्रेस का अध्यक्ष बनने के बाद ही रजनी पटेल के बारे में तरह-तरह की बातें फैलने लगी थीं। उनकी संदिग्ध निष्ठा के किस्से प्रचलित होने लगे थे। 1972 में एक बार प्रो. धर (तब वे एडवाइजर थे, सचिव नहीं हुए थे।) बम्बई जा रहे थे तो मैंने उन्हें यह सब बताया था। लौटकर उन्होंने मुझे बताया था कि बम्बई में उनको जो कुछ जानकारी हुई, उससे यह स्पष्ट है कि रजनी की फैलती हुई ख्याति निराधार नहीं है। उन्होंने प्रधानमंत्री को भी यह बताया था, पर उन्होंने बात टाल दी थी।

तो मैं मीटिंगों की बात कर रहा था। इसमें इस प्रश्न पर विचार किया जा रहा है कि क्या लोकसभा के लिए तत्काल चुनाव घोषित कर दिया जाये। इसी से जुड़ा हुआ एक प्रश्न और है। यदि चुनाव करने हैं तो संवैधानिक अड़चन कैसे दूर की जाये। संविधान के अनुसार हर जनगणना के बाद निर्वाचन क्षेत्रों का पुनर्गठन होना आवश्यक है। पिछली जनगणना 1971 में हुई थी। इस जनगणना के आधार पर एक आयोग नये निर्वाचित क्षेत्रों की सीमाएँ निर्धारित करने में लगा हुआ है। पर यह काम अगले जून-जुलाई से पहले नहीं होगा। इस कठिनाई को कैसे पार किया जाये। संविधान के संशोधन पर भी विचार किया जा रहा है। प्रधानमंत्री को संविधान में बहुत आस्था नहीं है। इसके संशोधन को वह बहुत मामूली-सी बात समझती हैं और जब कभी उनके किसी प्रसंग में संवैधानिक स्थिति स्पष्ट की जाती है, तो वे झट कह देती हैं, यदि आवश्यकता होगी तो संविधान में संशोधन हो जायेगा। बात अपने में बहुत बड़ी नहीं है, पर इससे प्रधानमंत्री के मानसिक रुझान का अवश्य पता लगता

है। इन मीटिंगों में दो निश्चित मत हैं--एक, शीघ्र चुनाव के पक्ष में और दूसरा, जो 'स्नैप पोल' को राजनीतिक बौखलाहट का परिणाम (पैनिक) कहता है। मुझसे एक दिन प्रो. धर ने पूछा था। मैंने कहा था कि "जनता के समक्ष जब भी सरकार जाना चाहे तो उसमें क्या आपत्ति हो सकती है। पर मेरे विचार से आज प्रश्न कुछ भिन्न है। मूलभूत बात यह है कि आपका अपने संविधान के प्रति क्या दृष्टिकोण है? मैं इसे केवल वैधानिक तर्क नहीं मानता। यदि संविधान में जनता के समक्ष जाने की कुछ शर्तें दी गयी हैं तो उनको न मानने के (चाहे यह कार्य संशोधन करके ही हो) कारण भारी भरकम होने चाहिए। आज सरकार किन मुद्दों को लेकर जनता के समक्ष जाना चाहती है—न कोई राजनीतिक न सामाजिक-आर्थिक प्रश्न इतने महत्व के हैं कि संविधान में दी गयी शर्तों को हटा कर चुनाव कराये जायें। यदि यह संवैधानिक अड़चन न होती तो जनता के समक्ष जाने में किसी भी प्रकार की आपत्ति नहीं हो सकती थी। आज कौन-सी ऐसी बात उठ खड़ी हुई है कि बिना निर्वाचन क्षेत्रों के निर्धारित हुए चुनाव आवश्यक हो गये हैं? इसीलिए मैं कहता हूं कि बिना इन शर्तों के पूरा हुए चुनाव करना राजनीतिक और वैधानिक दोनों ही दृष्टिकोणों से अनुपयुक्त होगा। प्रो. धर भी संभवतः इसी राय के हैं।

आज बोडो आदिमजाति के दो प्रतिनिधि प्रधानमंत्री से मिले। ये लोग असम में आजकल एक आंदोलन कर रहे हैं। राजनीतिक स्तर पर इनकी माँग यह है कि 'उदयाचल' नाम के एक केंद्र शासित राज्य का निर्माण किया जाये। अधिकांश बोडो जिस भाग में रहते हैं, वही उदयाचल के अंतर्गत आयेगा। पिछले वर्ष (1973) 9 अक्तूबर को प्रधानमंत्री की गौहाटी में इस घोषणा के बाद कि असम को अब और विभाजित नहीं किया जायेगा, यह आंदोलन काफी हल्का पड़ गया है। पर अपने पृथक अस्तित्व पर बल देने के लिए बोडो लोग अपनी दूसरी मांग पर डटे हुए हैं। वे चाहते हैं कि उनको अपनी भाषा बोडो को रोमन लिपि में लिखने की सुविधाएँ मिलनी चाहिए। असम के मुख्यमंत्री इस बात पर तैयार नहीं हैं। (अभी तक बोडो असमिया लिपि में लिखी जाती है।) उनका दृष्टिकोण तर्करहित नहीं है। बोडो लोगों के प्रतिनिधि—चरन नरजरी व चौधरी—आज इसी समस्या को लेकर प्रधानमंत्री से मिले। मैंने प्रधानमंत्री को पहले से 'ब्रीफ' कर दिया था। मैंने यह भी सुझाव दिया था कि बोडो प्रतिनिधियों से कहा जाये कि वे रोमन लिपि पर ज़िद न करके देवनागरी लिपि के लिए तैयार हो जायें। असम के मुख्यमंत्री ने यह कहा है कि रोमन छोड़ कर बोडो लोग कोई भी भारतीय लिपि अपना लें, उन्हें कोई आपत्ति नहीं होगी। प्रधानमंत्री को यह सुझाव अच्छा लगा था। उन्होंने पहले चौधरी और नरजरी को यह समझाने की चेष्टा की कि अपनी पृथकता पर इतना अधिक बल देना उनके हित में नहीं होगा। उन्हें असम में रहना है, स्थानीय वातावरण से कटे रहकर उनका विकास नहीं होगा। उनकी समस्याएँ हैं, पर उनका समाधान अन्य तरीकों से हो

सकता है। बातचीत के दौरान उन्होंने देवनागरी का सुझाव भी दे दिया। प्रधानमंत्री के पास समय कम था इसलिए उन्होंने बोडो प्रतिनिधियों से कहा कि वे आगे मुझसे बातचीत कर लें। वे लोग मेरे पास आधा घंटा और रहे। मुझे लगता है कि इनकी समस्या सरलता से हल की जा सकती है। असम के मुख्यमंत्री से बात करनी होगी।

21 दिसंबर, 1974

आज राज्यसभा का अधिवेशन भी समाप्त हो गया। कल से साउथ ब्लॉक चला जाऊँगा। एकदम से चुनाव के प्रश्न में सबकी रुचि बढ़ गयी है। बस्ती के लोकसभा के एक सदस्य कृष्णचंद पांडे मुझे बता रहे थे कि सेंट्रल हॉल में आज बातचीत का मुख्य विषय यही था। सबका अनुमान यही है कि प्रधानमंत्री शीघ्र चुनाव करवायेंगी। हर संसद सदस्य वास्तविकता जानना चाहता है। अधिकतर सदस्य चुनाव के विचार से सहमे हुए हैं। पांडे मुझे बता रहे थे कि सेंट्रल हॉल में कांग्रेसी सदस्य एक-दूसरे से यह कह रहे हैं कि ललित बाबू और तुलमोहन राम को ढो कर वोट माँगने कैसे जायेंगे। मंत्री भी एक दूसरे से चुनाव की ही बात कर रहे हैं। रघुरमैया मुझसे पूछ रहे थे कि वास्तविकता क्या है? उन्होंने ही बताया कि कई मंत्री लोग उनसे यह प्रश्न कर रहे हैं। सामान्यतः वह अभी चुनाव के पक्ष में नहीं हैं।

रामेश्वर नाथ काओ का भी प्रधानमंत्री से मिलना आजकल बढ़ गया है। वैसे भी वे प्रधानमंत्री से काफी मिलते रहते हैं। काओ 'रॉ' के प्रमुख हैं। रॉ आजकल जो काम करता है, पहले आई.बी. में होता था, पर 1968 से दो विभाग अलग हो गये। रॉ का कार्यक्षेत्र आंतरिक स्थिति से संबंधित नहीं है। फिर भी काओ आई.बी. के डायरेक्टर की अपेक्षा प्रधानमंत्री से अधिक मिलते हैं। रॉ की काफी आलोचना संसद में होती है। ज्योतिर्मय बसु आये दिन कहते रहते हैं कि 'रा' के माध्यम से प्रधानमंत्री विरोधी दलों और उनके कार्य-कलापों पर निगरानी रखती हैं। वह काम अधिकतर तो आई.बी. ही करता है पर बसु की शिकायत सारहीन नहीं है। काओ और उनकी संस्था आंतरिक गुप्तचरी भी करते हैं। मैंने उनकी कई रिपोर्ट देखी हैं—उन पर किसी अधिकारी के हस्ताक्षर नहीं होते।

पर इस कार्य से भी बड़ा एक कार्य 'रॉ' के माध्यम से होता है। कुछ समय पहले मुझे मालूम पड़ा था कि 'रॉ' का फंड पार्टी के लिए उपयोग किये जाते हैं। पूरा किस्सा इस प्रकार है। मुल्की राज सैनी देहरादून-सहारनपुर से लोकसभा के लिए चुने गये हैं। वे बहुत पढ़े-लिखे नहीं हैं, पर हिंदी अच्छी लिखते हैं। वे प्रधानमंत्री को बहुत पत्र लिखते हैं। पहले वे सोशलिस्ट पार्टी के सदस्य थे, कुछ वर्ष पहले कांग्रेस में आ गये। वे देहरादून-सहारनपुर क्षेत्र में कांग्रेस की सार्वजनिक मीटिंग कराते हैं और प्रचार कार्य करते हैं। इसके लिए बहुत से इश्तहार व पोस्टर छपाते हैं। हर पखवाड़े की विस्तृत रिपोर्ट प्रधानमंत्री को भेजा करते थे। यह काम उन्होंने

1971-72 में बहुत किया। अब शायद बंद कर दिया है। मैंने इधर उनकी कोई रिपोर्ट या पत्र में इसकी चर्चा नहीं देखी। मेरा उनका परिचय 1971 में हुआ था। वे अक्सर मुझसे मिलने आते थे, अपनी रिपोर्ट की एक प्रति, जिसमें विभिन्न इश्तहार संलग्न होते थे, मुझे देते थे और एक-दो छोटे-मोटे काम बताते थे। कभी-कभी वे प्रधानमंत्री से कुछ कहते तो वे भी उन्हें मेरे पास भेज देतीं थीं। एक दिन सैनी ने मुझसे कहा कि उनका प्रचार कार्य तो जोरों से चल रहा है, पर उन्हें आर्थिक कठिनाई का सामना करना पड़ रहा है। पहले प्रधानमंत्री की ओर से उन्हें 700 रु. महीना मिलता था, इधर कई महीनों से उन्हें यह धनराशि नहीं मिली है। उन्होंने प्रधानमंत्री से भी चर्चा की थी, पर अभी तक कुछ हुआ नहीं है। सैनी चाहते थे कि मैं प्रधानमंत्री से बात करके उनकी आर्थिक सहायता का प्रबंध कर दूँ। मेरा अनुमान था कि कांग्रेस के प्रचार-कार्य के लिए प्रधानमंत्री उन्हें पार्टी की ओर से रुपया दिलाती होंगी। एक दिन मैंने प्रधानमंत्री से सैनी की बात कही तो उन्होंने पूछा कि इनको रुपया कौन देता था, इसका पता लगाकर आगे देने का प्रबंध करा दीजिए। उन्होंने दीक्षित जी और कपूर से पूछने के लिए कहा। इन दोनों ने कहा कि उन्होंने कभी सैनी को रुपया नहीं दिया। कांग्रेस के कार्यालय से भी यही जानकारी मिली कि वहाँ से भी सैनी को कभी कोई रुपया नहीं दिया गया। प्रधानमंत्री को मैंने इससे अवगत करा दिया। इसके बाद अगली बार सैनी ने मुझसे रुपये की बात छेड़ी तो मैंने उन्हीं से पूछा कि रुपया उनको कौन देता था ? उन्होंने कहा कि साउथ ब्लॉक में एक अधिकारी—जिनका नाम कपूर है—बैठते हैं, वही उन्हें रुपया दिया करते थे। वह उस अधिकारी का पूरा नाम नहीं जानते और न ही उनके कार्यालय का नाम। उसका फोन नंबर उन्होंने मुझे दिया। मैंने उनसे कहा कि मैं पता लगाकर फिर प्रधानमंत्री से बात करूँगा। पूछताछ करने पर मुझे पता लगा कि यह अधिकारी 'रॉ' में काम करते हैं, सैनी ने इन्हीं का टेलीफोन नंबर मुझे दिया था और वे धनराशि लेने के लिए इन्हीं से समय-समय पर मिला करते थे। मुझे बड़ा धक्का लगा। सरकार के हर विभाग के पास जिसको कुछ भी गुप्तचरी का कार्य करना होता है, गुप्त धन रहता है। पर वह सत्तारूढ़ दल के कार्यों पर व्यय नहीं होना चाहिए। मैंने इसकी कल्पना भी नहीं की थी कि प्रधानमंत्री इस प्रकार से सरकारी धन अपनी पार्टी के लिए व्यय करेंगी। वह पार्टी के लिए काफी धन एकत्रित करती और कराती रहती हैं। उसमें से सैनी के प्रचार का व्यय भी दिया जा सकता था। ख़ैर, मैंने प्रधानमंत्री को सब बता दिया। बिना पलक झपकाये उन्होंने मुझसे कहा कि वह काओ से बात करके सैनी को खबर भेज देंगी। यह भ्रष्टाचार नहीं तो क्या है? कुछ समय बाद मुझे सैनी मिले तो आर्थिक सहायता की बात नहीं की। मैंने ही उनसे पूछा तो कहा कि उन्हें फिर 700 रु. महीना मिलने लगा है।

आज लंच के समय शेषन ने बताया कि अब दिल्ली के प्रशासन को संचालित करने के लिए प्रधानमंत्री निवास पर 'कैबिनेट' की बैठकें होती हैं। उन बैठकों की अध्यक्षता धवन करते हैं और उसमें उपराज्यपाल व दिल्ली के अन्य अधिकारी भाग लेते हैं। शेषन का कहना है कि उसने अपने सेवाकाल में कभी इतने वरिष्ठ अधिकारियों को एक वरिष्ठ अधिकारी से आदेश लेते नहीं देखा। उपराज्यपाल कोई निर्देश चाहते हैं या मागदर्शन चाहते हैं तो प्रधानमंत्री से क्यों नहीं मिलते? शेषन के अनुसार यदि किशनचंद दस बार प्रधानमंत्री निवास पर आते हैं तो केवल एक बार ही प्रधानमंत्री से मिलते हैं, अन्य अवसरों पर धवन से (या कभी-कभी संजय से) मिलकर चले जाते हैं। धवन दिल्ली प्रशासन चला रहे हैं। यह शेषन की भूल है–धवन तो केवल माध्यम है, वह संजय के निर्देशन में काम करता है।

मुझे शेषन की बात पर तनिक भी आश्चर्य नहीं हुआ। तीसहजारी में भी इस तरह की बातें हो रही हैं। वहाँ तो यह कहा जाता है कि किशन चंद के पास जब धवन का फोन आता है तो वे खड़े होकर बात करते हैं। आखिर उन्होंने इस पद पर अपनी नियुक्ति धवन आदि के माध्यम से करायी है। आज उनकी नियुक्ति और दिल्ली-प्रशासन में हाल ही में जो परिवर्तन हुए हैं उनकी चर्चा करना अनुपयुक्त नहीं होगा। किशन चंद का मेरा परिचय काफी पुराना है। 1947 से 1950 तक वे कानपुर के जिलाधीश थे। उनका काम करने का अपना तरीका था। इस पद पर उन्होंने काफी ख्याति पायी और पंत जी (उत्तर प्रदेश के तत्कालीन मुख्यमंत्री) के विशेष विश्वास पात्र बने। पर कानपुर छोड़ते ही (वहाँ से वे लखनऊ सचिवालय में आये) पंत जी उन्हें अच्छी तरह पहचान गये। बाद में तो पंत जी उन्हें 'तिकड़मी' कहते थे और एक बार सुशीतल से उन्होंने कहा था कि "मैं इनसे घृणा करता हूँ।" (आई लोथ हिम) ख़ैर, वे लखनऊ-दिल्ली में चक्कर काटते रहे। कहीं भी उन्होंने विशेष ख्याति अर्जित नहीं की। पर हाँ, अपनी जोड़-तोड़ से संयुक्त राष्ट्र के एक संगठन में (एफ्रो-एशियन रूरल रिइंस्ट्रक्शन आर्गेनाजेशन) महासचिव बन गये। इस संगठन का मुख्यालय दिल्ली में है। लगभग दो वर्ष हुए एक बार उन्होंने मुझसे दिल्ली का उपराज्यपाल बनने की इच्छा व्यक्त की। मैंने इसको सीरियसली नहीं लिया और बात टाल दी। इसके बाद उनका मेरे पास आना-जाना वैसे ही बना रहा, पर उन्होंने अपनी इच्छा फिर कभी व्यक्त नहीं की।

मैंने किशन चंद को सीरियसली दो कारणों से नहीं लिया। एक तो मुझे विश्वास नहीं था कि वे वास्तव में 10,000 प्रतिमास से भी अधिक वाली नौकरी छोड़ कर इस पद पर आना चाहेंगे। पर इससे भी अधिक महत्वपूर्ण बात यह थी कि प्रशासनिक दृष्टि से मैं उन्हें इस पद के योग्य नहीं समझता था। वे ग़लत-सलत काम करते रहते हैं, ऐसी उनकी ख्याति बराबर रही है। उनके अधीन प्रशासन में असंतुलन आ जायेगा। साथ ही यह भी था कि वे हमेशा प्रधानमंत्री की निंदा और आलोचना

करते रहते थे। साम्प्रदायिक क्षेत्र में तो वे प्रधानमंत्री की बड़ी कटु आलोचना करते थे। अटल बिहारी वाजपेयी के बड़े प्रशंसक थे। मैं जानता था कि ऐसे व्यक्ति को प्रधानमंत्री इस पद के लिए उपयुक्त नहीं समझेंगीं।

फिर एक दिन सुबह-सुबह शेषन का फोन आया कि प्रधानमंत्री किशन चंद से मिलना चाहती हैं। यह कौन सज्जन हैं, कहाँ संपर्क होगा? मैंने उसे सब बता दिया। उन दिनों किशन चंद भारत से बाहर गये हुए थे। दो-चार दिन बाद वापस आने पर वे प्रधानमंत्री से मिले। यह जुलाई 1974 की बात है। जिस दिन सुबह किशन चंद प्रधानमंत्री से मिले, मेरी प्रो. धर से संध्या को बड़ी रोचक बातचीत हुई। प्रो. धर को मालूम था कि किशन चंद से मेरा अच्छा परिचय है। एक बार मेरे कमरे में उन दोनों की भेंट भी हो चुकी थी। उनका अनुमान हुआ कि मैंने प्रधानमंत्री को दिल्ली के उपराज्यपाल पद के लिए किशन चंद का नाम सुझाया है। पर जब मैंने उनसे कहा कि मेरी तो इस विषय पर प्रधानमंत्री से बात भी नहीं हुई तो उन्हें बड़ा आश्चर्य हुआ। वे यह पता लगाने के इच्छुक हो गये कि प्रधानमंत्री को यह नाम कैसे सूझा। एकाध दिन बाद उन्होंने मुझे बताया कि प्रधानमंत्री ने उनसे कहा कि किशन चंद का नाम मिर्धा ने उन्हें सुझाया था। मैंने फौरन ही प्रो. धर से कहा कि यह बात मुझे ठीक नहीं लगती। मेरा यह कहने का कारण यह था कि इस बीच में स्वयं मिर्धा ने मुझे एक दिन बुला कर पूछा था कि किशन चंद का नाम कैसे आगे आया? वास्तव में गृहमंत्रालय में सबको यह नियुक्ति (नियुक्ति क्या उसका प्रस्ताव मात्र ही) बड़ी अटपटी लग रही थी। दीक्षित जी उस समय गृहमंत्री थे। उन्नाव के रहने वाले हैं। कानपुर के दिनों से किशन चंद को जानते थे। मन ही मन वे भी इस प्रस्ताव से दुखी थे, पर प्रधानमंत्री से कुछ भी कहने का साहस नहीं था। उन्होंने भी मिर्धा से पूछा कि यह नाम कैसे सामने आया? मिर्धा मुझे यह सब बता चुके थे। मैंने प्रो. धर को यह सब बता दिया। एक बार फिर उन्हें धक्का-सा लगा। मुझे बिल्कुल ठीक स्मरण है कि उस दिन उन्होंने मुझसे कहा, ''तो इसका मतलब है प्रधानमंत्री झूठ बोलने में भी नहीं हिचकिचातीं।'' बाद में मुझे ही क्या सबको—यह भली प्रकार विदित हो गया कि किशन चंद की नियुक्ति संजय और धवन के आग्रह पर हुई थी। पर यहाँ यह भी व्यक्त कर देना उपयुक्त होगा कि जब औपचारिक रूप से गृहमंत्रालय का प्रस्ताव आया तो प्रधानमंत्री दो महीने से ऊपर कागज़ अपने पास रखे रहीं। पता नहीं क्यों? पर किशन चंद ने दो-तीन जगह कहा है कि प्रो. धर और मैं इस नियुक्ति के पक्ष में नहीं थे, इसी कारण हम लोगों ने जान कर विलम्ब कराया। यह बात सरासर ग़लत है। प्रो. धर ने तो प्रधानमंत्री का रवैया देखकर—विशेषकर, सच बात न बताने पर—यह निर्णय कर लिया था कि वे दिल्ली के मामलों पर प्रधानमंत्री से बात ही नहीं करेंगे और मुझे भी कसम दिलायी कि मैं भी प्रधानमंत्री से दिल्ली

के बारे में बात न करूँ।

प्रो. धर का यह दृष्टिकोण अपनाने का कारण एक घटना और थी। जिस दिन प्रधानमंत्री ने किशन चंद से मिलने की इच्छा व्यक्त की थी, उसी दिन गोपी अरोरा को भी बुलाया था। वह उस समय डी.पी. का विशेष सहायक था। गोपी से बात करने पर वह प्रभावित हुईं। उसे दिल्ली का डिप्टी कमिश्नर बनाना चाहती थीं। पर मैंने प्रधानमंत्री को यह सुझाया कि गोपी पहले भी दिल्ली का डिप्टी कमिश्नर रह चुका है, फिर उस पद पर नियुक्ति ठीक नहीं रहेगी। उसे मुख्य सचिव बना दिया जाये। प्रधानमंत्री मान गयीं। गृहसचिव से कह दिया गया। डी.पी. को भी तैयार करा लिया गया। गृहमंत्रालय से औपचारिक प्रस्ताव भी आ गया। पर इस बीच में धवन ने (अवश्य ही किसी के सिखलाने पर) प्रधानमंत्री के कान भर दिये कि गोपी इस पद के लिए बिल्कुल अनुपयुक्त होंगे। प्रधानमंत्री ने गृहमंत्री को फटकारा कि उनका प्रस्ताव बिना सोचे समझे किया गया है (प्रस्ताव तो प्रधानमंत्री के कहने पर किया गया था।) और किसी अन्य अधिकारी का नाम सोचना होगा। प्रो. धर को यह बात बहुत बुरी लगी थी।

उसके बाद एक-एक करके धवन ने अपने मित्रों और परिचितों को मुख्य सचिव, डिप्टी कमिश्नर, एस.पी. आदि के पदों पर नियुक्त करवाया। इन सबकी मीटिंग पर यदि धवन अध्यक्षता नहीं करेगा तो कौन करेगा? दिल्ली प्रशासन पर धवन का पूरा आधिपत्य है। वह जो चाहता है, करता है, जो चाहता है, कराता है। पर अवश्य ही धवन की शक्ति व प्रभाव का श्रोत कोई और है। एक बात और भी लिख दूँ कि यह जो नया स्टाइल दिल्ली से आरंभ हुआ है, वह अब फैलता ही जायेगा, यहीं रुकेगा नहीं।

22 दिसंबर, 1974

आज रविवार की छुट्टी थी। अपना कार्यालय संसद भवन से साउथ ब्लाक लाने से सुविधा हो गयी। जब तक यह सब हो रहा था, मैं सुशीतल के पास चला गया। वह आजकल आया हुआ है और चाणक्यपुरी में जम्मू व कश्मीर गैस्ट हाउस में ठहरा है। उसका वसंत विहार में मकान करीब-करीब बन कर तैयार हो गया है। वह मुझे मकान दिखाने ले गया। मैं और वह लगभग दो घंटे साथ रहे। हमारे सचिवालय पर भी बात हुई। दिल्ली के समाचार उस तक पहुंचते रहते थे। उसको प्रायः सभी गतिविधियों की जानकारी थी। वह भी इस बात से खिन्न है कि प्रधानमंत्री पर ग़लत लोगों का कुप्रभाव बढ़ता जा रहा है।

23 दिसंबर, 1974

आज सुबह कार्यालय में मैंने गोखले और प्रो. धर को साथ-साथ बाहर जाते देखा। बाद में पता चला कि गोखले प्रो. धर के पास काफी देर रहे थे और इस बात पर जोर दे रहे थे कि ललित बाबू के मामलों पर बिना आयोग नियुक्त किये काम नहीं बनेगा। प्रो. धर तो स्वयं इसी विचार के हैं, पर वे चाहते हैं कि इस बात के लिए प्रधानमंत्री पर दबाव उनके सहयोगी ही डालें तो ठीक रहेगा। इसीलिए आज उन्होंने गोखले से अपने मन की बात पहले नहीं बतायी। गोखले को ही बोलने दिया। बाद में यह कहा कि वे प्रधानमंत्री से बात करें, वे (प्रो. धर) स्वयं भी अलग से बात करेंगे। ये लोग कुछ भी सोचें, प्रधानमंत्री ललित बाबू के विरुद्ध कुछ नहीं करेंगी।

शारदा ने बताया कि प्रधानमंत्री के कहने पर उन्हें एक अभिनंदन-ग्रंथ भेंट करने की योजना बनी है। दीक्षित जी उसके सर्वेसर्वा हैं, पर काम अधिकतर उसे ही करना पड़ रहा है।

दोपहर बाद गृहसचिव के कमरे में नगालैंड की स्थिति पर विचार करने के लिए एक मीटिंग थी। गृहसचिव के कहने पर मैं भी उसमें सम्मलित हुआ था। मीटिंग बहुत देर तक चली। यू.डी.एफ. की सरकार के प्रशासन-काल में स्थिति दिन-प्रतिदिन खराब होती गयी है। 'विद्रोह' एन.एन.ओ. के समय भी समाप्त नहीं हुआ था, पर वातावरण में काफी परिवर्तन आया था। एन.एन.ओ. के दस वर्ष के प्रशासन में इतना अवश्य हुआ था कि 'नगालैंड की स्वतंत्रता' को विद्रोहात्मक भावना माना जाता था। पर यू.डी.एफ. के समय में इस वातावरण में परिवर्तन आने लगा और स्वतंत्रता की बात को न केवल बुरा नहीं माना जाने लगा वरन उसे सम्मानित दृष्टि से देखा जाने लगा। यह कोई अच्छी गतिविधि नहीं है। इसी पृष्ठभूमि में आज की मीटिंग हुई थी। नेहरू ने जो दो-चार दिन पहले मुझसे कहा, उससे समस्या हल होने वाली नहीं है। पर कोई न कोई दूसरा उपाय सोचना होगा।

आज की मीटिंग में मैंने इस समस्या की विस्तृत समीक्षा की। उसका सारांश मैं नीचे लिख रहा हूँ :–

(क) एन.एन.ओ. की नीति के मुख्य अंग थे :–

1-राष्ट्रीय सुरक्षा सबसे अधिक महत्वपूर्ण है। इसकी हानि नहीं होनी चाहिए। इस कारण फौज को विद्रोही तत्वों को निर्मूल करने के लिए पूरी छूट होनी चाहिए।

2-अंडर ग्राउंड को शांतिप्रिय नगा-समाज से अलग करने के लिए उनको गांव आदि आने की सुविधा नहीं होनी चाहिए। प्रशासन का यह मुख्य कार्य होना चाहिए।

3-राज्य सरकार का यह कर्तव्य है कि कानून और व्यवस्था बनाये रखने

के लिए हर भरसक प्रयत्न करे।

इस नीति का असर जन-साधारण पर अच्छा ही पड़ा। जनता को सरकार की नीति या ध्येय के बारे में कोई भ्रम नहीं था। होकिशे सेमा का जब आत्मविश्वास बढ़ा तो उन्होंने एगसोप की नीति में भी 1972 से परिवर्तन करना शुरू कर दिया। मई 1973 का डायरेक्टिव एगसोप से भिन्न था।

(ख) यू.डी.एफ. की नीति भिन्न है। उन्होंने चुनाव से पहले लंबे-चौड़े वादे किये थे। वादे तो वे पूरे कर नहीं सकते थे, क्योंकि केंद्रीय सरकार उनको कभी मान ही नहीं सकती थी। पर इससे वातावरण में परिवर्तन हुआ। अंडर ग्राउंड को प्रोत्साहन मिला। विज़ोल जब से मुख्यमंत्री हुए हैं, उनका बल इस बात पर है कि अंडर ग्राउंड से बात की जाये और उसके लिए फौजी कार्यवाही में नर्मी कर देनी चाहिए।

(ग) जुलाई 1974 में गृहमंत्रालय ने अपना यह विचार बताया था कि विज़ोल को अंडर ग्राउंड से बात करने का अवसर देना चाहिए और एक माह के लिए सैनिक कार्यवाही में रोकथाम कर देनी चाहिए। एल.पी. भी यह बात मान गये थे। पर उस माह के पहले सप्ताह में जब प्रधानमंत्री, एल.पी., निर्मल मुखर्जी और मेरी एक मीटिंग में यह प्रश्न उठा तो मैंने इसका विरोध किया। मेरा कहना था कि नम्र नीति से लाभ नहीं होगा। प्रधानमंत्री ने सब कुछ सुनने के बाद मेरी बात मानी। उसी सप्ताह विज़ोल से प्रधानमंत्री ने काफ़ी कड़ी बात की। विज़ोल उस भेंट से दहल गये थे। मैं इस नीति की भूमिका पहले से ही बना रहा था। जून 1974 में जब डॉ. आरम प्रधानमंत्री से मिलने आये, उस अवसर पर भी एक नोट द्वारा मैंने प्रधानमंत्री से कड़ा रुख अपनाने की सलाह दी थी।

(घ) इस आधार पर मेरा कहना था कि मई 1973 की नीति में किसी भी प्रकार के परिवर्तन करने की आवश्यकता नहीं है।

(च) केंद्र को एन.एन.ओ. की सहायता करनी होगी, पर उनकी ज़िद कि नगालैंड में राष्ट्रपति शासन लागू कर दिया जाये, ग़लत है। इसे नहीं मानना चाहिए।

इसी आधार पर आगे की कार्यवाही की रूपरेखा तैयार की गयी है। मुख्य बातें हैं :—

1-सैनिक कार्यवाही और तीव्र होनी चाहिए।

2-यू.डी.एफ. को बाध्य करना होगा कि इस काम में राज्य सरकार पूरी सहायता करे और यदि ऐसा नहीं करती तो उसके परिणाम स्वीकार करे।

3-एन.एन.ओ. की शक्ति क्षीण नहीं होने देनी चाहिए।

24 दिसंबर, 1974

प्रो. धर प्रधानमंत्री से मिलने के बाद सुबह मेरे कमरे में आये। केवल इतना कह कर चले गये कि डी.पी. का त्यागपत्र आ गया है उसे राष्ट्रपति को भेजना होगा। उस समय वे कुछ जल्दी में थे। आधे घंटे बाद उन्होंने मुझे अपने कमरे में बुलाया और फुरसत से बड़ी देर तक बात करते रहे।

पहले तो प्रो. धर लायसेंस केस के बारे में बात करने लगे। विशेषकर वे 19 तारीख को प्रतिपक्षी नेताओं द्वारा दिये गये ज्ञापन की मूल बातें समझना चाहते थे। उनका कहना है कि प्रतिपक्ष ने जो प्रश्न उठाया है वह सारहीन नहीं है। संवैधानिक दृष्टि से वह बड़े महत्व का है। इसीलिए तो वे जाँच आयोग पर जोर दे रहे हैं। उनका मुख्य ध्येय आजकल यह है कि किसी प्रकार ललित बाबू मंत्रिमंडल से अलग हो जायें। इसी प्रसंग में प्रो. धर ने पूछा कि यदि ललित बाबू को बिहार का मुख्यमंत्री बना दिया जाये तो कैसा रहे? मैंने उत्तर दिया कि अब इससे काम नहीं बनेगा, बहुत देर हो चुकी है। 1972 में हक्सर की बात मानकर प्रधानमंत्री ललित को बिहार भेज देतीं तो सरकार की आज की बहुत सी उलझनें पैदा ही नहीं होती, पर आज ऐसा करने का प्रभाव बुरा ही होगा।

इसके बाद प्रो. धर ने धनोआ के केस की बात की। धनोआ बिहार के आइ.ए.एस. अधिकारी हैं। सुपर बाजार के जनरल मैनेजर हैं। धवन आदि ने प्रधानमंत्री से उनकी खूब ग़लत-सलत शिकायत की है। उसने मुझे एक पत्र भेजा जिसे मैंने प्रो. धर को भेज दिया। प्रो. धर ने जाँच कर धनोआ को बिल्कुल निर्दोष पाया। यही उन्होंने प्रधानमंत्री से कहा। पर पत्रावली में प्रधानमंत्री ने धनोआ के विरुद्ध बड़ी झल्लाहट का मिनिट लिखा—सारा दोष उन्हीं पर रखने के कारण प्रो. धर को बहुत बुरा लगा। मैंने उनसे कहा कि इस प्रकार की बातों पर यदि आप कड़ा रुख न अपना कर प्रधानमंत्री को सचेत नहीं करेंगे तो आप को ही कष्ट उठाना होगा। धीरे-धीरे करके हर बात में आपकी आवाज़ धीमी पड़ती जायेगी। ग़लत-सलत काम बढ़ने लगेंगे।

दोपहर बाद बृज कुमार नेहरू मेरे कमरे में आ गये। पूछने लगे कि 'स्नैप पोल' करा रहे हो या नहीं? आजकल सब यही प्रश्न एक दूसरे से कर रहे हैं। मैंने कहा कि मुझे पता नहीं कि अभी कोई निर्णय हुआ या नहीं। वैसे आज संध्या को प्रधानमंत्री के कमरे में फिर इस विषय पर मीटिंग होगी। बृज कुमार नेहरू स्वयं यह नहीं बता पा रहे थे कि चुनाव अभी होने चाहिए या नहीं।

संध्या को फिर प्रधानमंत्री के कमरे में मीटिंग हुई। हक्सर भी आये थे। मुझे सिर्फ इतना ही मालूम है कि चुनाव के प्रश्न पर ही विचार-विमर्श हो रहा था। मीटिंग बहुत देर तक चली। कल कुछ पता लगेगा प्रो. धर से।

मीटिंग से पहले मैं प्रधानमंत्री से मिला था पर इस विषय पर कोई बात नहीं हुई। प्रधानमंत्री ने भी मुझसे वही प्रश्न किया जो सुबह प्रो. धर ने ललित बाबू के बारे में किया था। मैंने अपना उत्तर दोहरा दिया। इस समय ललित बाबू को मुख्यमंत्री बनाना उपयुक्त नहीं होगा। प्रधानमंत्री से मेरी आज देवराज अर्स व गुजरात के सोलंकी के बारे में भी बात हुई।

प्रधानमंत्री से एक विशेष बात हुई। 'हिंदुस्तान टाइम्स' में एक बड़ी बेबुनियाद बात छपी है। प्रधानमंत्री पूछने लगीं कि क्या करना चाहिए? मैंने कहा कि इस प्रकार के समाचारों को लेकर समाचारपत्रों के विरुद्ध कुछ मुकदमे चलने चाहिए। प्रधानमंत्री ने कहा कि मुकदमें कहाँ तक चलेंगे, कोई कानून ऐसा बनना चाहिए कि समाचारपत्र इस प्रकार का साहस न करें।

सुबह प्रो. धर ने बताया ही था कि डी.पी. से त्यागपत्र प्राप्त हो गया है। हक्सर का इधर काफी जोर इस बात पर रहा है कि डी.पी. को मंत्रिमंडल से अलग किया जाये। बड़ी कठिनाई से वे मास्को राजदूत होकर जाने के लिए तैयार हुए हैं। उनको अक्तूबर में मंत्रिमंडल से इसलिए अलग नहीं किया गया कि रूस की यह भावना न हो जाये कि मंत्रिमंडल से निकाले हुए एक व्यक्ति को वहाँ राजदूत बनाकर भेजा गया। अब यह कहा जायेगा कि राजदूत बनाने के लिए एक वरिष्ठ मंत्री को मंत्रिमंडल से अलग किया गया।

मुझे यह स्पष्ट नहीं है कि हक्सर डी.पी. से इतना क्यों खिंच गये हैं। 1971 में जब बंगाल की हालत बहुत खराब थी तो मैंने एक स्टेज पर प्रधानमंत्री को सलाह दी थी कि डी.पी. को वहाँ का राज्यपाल बनाया जाये। किसी उपयुक्त व्यक्ति की इस पद के लिए खोज हो रही थी। पर प्रधानमंत्री ने उन्हें मास्को से हटाना ठीक नहीं समझा। कुछ समय बाद वे वहाँ से तो आ गये पर हक्सर के आग्रह पर उन्हें विदेश मंत्रालय में एक विशेष पद पर रखा गया। 1972 के मध्य में एक बार जब प्रधानमंत्री मंत्रिमंडल के पुनर्गठन पर विचार-विमर्श कर रही थीं तो मैंने उनसे पूछा कि क्या वे डी.पी. को मंत्रिमंडल में लाना चाहती हैं? उन्होंने मना कर दिया। पर थोड़े दिन में ही हक्सर के विशेष आग्रह पर डी.पी. को योजना मंत्री बना दिया। वही हक्सर अब डी.पी. से पूरी तरह रुष्ट हैं।

25 दिसंबर, 1974

लायसेंस केस में सरकार का कोर बुरी तरह दब रहा है, पर सरकार के मंत्री आपस में एक-दूसरे की शिकायत करके प्रधानमंत्री की आँखों में ऊपर उठना चाहते हैं। आज कार्यालय की छुट्टी थी। पर रघुरमैया मुझसे मिलना चाहते थे। मैंने उन्हें फोन पर ही टाल दिया। मेरे पास काम बहुत इकट्ठा हो गया है और आज मैं उसको पूरा करना चाहता था। रघुरमैया ने बताया कि ओम मेहता न केवल प्रधानमंत्री से वरन्

जगह-जगह उनकी शिकायत व निंदा कर रहे हैं। ओम मेहता का कहना है कि राज्यसभा में तो सरकार के लिए कोई उलझन नहीं हुई पर लोकसभा में रघुरमैया स्थिति को नहीं संभाल पाये। रघुरमैया मुझसे मिलकर इसके बारे में बात करना चाहते थे। मुझे रघुरमैया के साथ सहानुभूति है। लोकसभा में जो कठिनाइयाँ हैं ओम मेहता और प्रधानमंत्री उनको समझने की चेष्टा नहीं करते। प्रधानमंत्री के दिमाग में भी यह बात बैठ गयी है कि ओम मेहता की चतुराई से ही राज्यसभा में उलझन नहीं हुई। मैंने रघुरमैया को समझा दिया कि परेशान होने की आवश्यकता नहीं है। कल मिल कर बात करेंगे, तब मैं प्रधानमंत्री से भी बात कर लूँगा।

दिन भर कार्यालय में रहा। कोई विशेष बात नहीं हुई। रात में वी.आर. का फोन आया कि मैंने टी.वी. पर स्वामीनाथन, मुख्य निर्वाचन आयुक्त का वक्तव्य सुना या नहीं। मैंने टी.वी. नहीं देखी थी। वी.आर. ने मुझे बताया कि स्वामीनाथन के वक्तव्य का आशय था कि बिना संविधान में संशोधन किये चुनाव कराना असंभव है। हम दोनों का इस वक्तव्य के आधार पर यह निष्कर्ष निकला कि प्रधानमंत्री जिस विचार-विमर्श में लगी हुई थीं, उसमें यह निश्चित हो गया है कि चुनाव हाल में नहीं होंगे। बिना प्रधानमंत्री के अनुमोदन के स्वामीनाथन कभी इस प्रकार का वक्तव्य नहीं करते। इतने दिन से हर आदमी 'स्नैप पोल' की ही बात करता था। अब वह समाप्त हो जायेगी।

26 दिसंबर, 1974

सुबह जब प्रधानमंत्री से मिलकर उनके कमरे से शेषन के कमरे में आया तो ललित बाबू से भेंट हुई। वे प्रधानमंत्री से मिलने के लिए प्रतीक्षा कर रहे थे। मुझसे कहा कि वे प्रधानमंत्री से मिल कर मेरे पास आयेंगे, कुछ बात करना चाहते हैं। पर वे आये नहीं। बाद में शेषन से पूछने पर पता चला कि प्रधानमंत्री से मिलने के बाद वे सीधे बाहर चले गये। उनका चेहरा लटका हुआ था।

प्रो. धर अब भी ललित बाबू के मामले में आयोग की नियुक्ति का राग अलाप रहे हैं। वे मुझसे बड़ी देर तक यह बात करते रहे कि यदि प्रधानमंत्री तैयार हो जायें तो आयोग को कौन से प्रश्न सौंपे जा सकते हैं? उन्होंने प्रधानमंत्री से बात की है, पर वे अभी तक तैयार नहीं हुई हैं। प्रो. धर और गोखले अलग-अलग प्रधानमंत्री को इस संबंध में प्रभावित करने का प्रयत्न कर रहे हैं। मुझे तो नहीं लगता कि प्रधानमंत्री इन दोनों की बात मानेंगी।

प्रो. धर के पास से लौटा तो नूरुल हसन आ गये। वे बनारस हिंदू विश्वविद्यालय के बारे में बात करने आये थे। वहाँ के नये विधेयक और उपकुलपति के प्रश्नों पर प्रधानमंत्री से बात करना चाहते हैं। डॉ. श्रीमाली के लिए मुझे विशेष श्रद्धा नहीं है। वे किसी न किसी पद पर बने रहना चाहते हैं। प्रधानमंत्री और

नूरुल हसन की खुशामद में लगे रहते हैं। प्रधानमंत्री से वे हमेशा एक ही बात कहते हैं कि विश्वविद्यालय राष्ट्रीय स्वयं सेवक संघ व समाजवादी दल का अड्डा है। वे दोनों के विरुद्ध लड़ रहे हैं। पर राज्य सरकार से उन्हें सहायता नहीं मिलती। अब तो जे.पी. के विरुद्ध भी लड़ाई करनी है। प्रधानमंत्री से जनसंघ व राष्ट्रीय स्वयं सेवक संघ और जे.पी. व समाजवादी दल को भला-बुरा कहकर कुछ भी करवाया जा सकता है। किसी अधिकारी के खिलाफ कान भरने हों तो उनसे कह दीजिए कि वह इनका समर्थक है। नूरुल हसन चाहते हैं कि अभी श्रीमाली ही उपकुलपति बने रहें। उनकी सारी बात का लुब्बेलुबाव यही था। करीब पाँच-छः महीने पहले मैंने इस विश्वविद्यालय पर प्रधानमंत्री को एक विस्तृत नोट दिया था। मैंने नये विधेयक पास कराने का पूरा टाइम-टेबल बनाया था और नये उपकुलपति के चयन का प्रश्न उठाया था। पर प्रधानमंत्री ने अभी कुछ निश्चित नहीं किया है।

27 दिसंबर, 1974

मंत्रिपरिषद् की एक बैठक आज हुई, पर उसमें कोई विशेष महत्व की बात नहीं हुई।

प्रधानमंत्री ने आज दरोगा प्रसाद राय के केस के बारे में बात की। दरोगा प्रसाद राय प्रधानमंत्री पर यह जोर दे रहे हैं कि उनके विरुद्ध बिहार के लोकायुक्त (सोहनी) ने जो जाँच शुरू की है उसे समाप्त कर दिया जाये। दरोगा प्रसाद राय को आशंका है कि सोहनी उनके साथ न्याय नहीं करेंगे। उनकी यह आशंका निराधार नहीं है। पर जाँच समाप्त करने के लिए वे जो तरीके अपना रहे हैं वे सरासर ग़लत हैं, क्योंकि इस मामले के शुरू में प्रधानमंत्री ने ललित बाबू के कहने पर हस्तक्षेप किया था, मैं इसका विवरण संक्षेप में नीचे दे रहा हूँ।

सोहनी ने जब दरोगा राय के विरुद्ध ट्यूबवैल संबंधी एक मामले की जाँच करने का निश्चय किया तो मुख्यमंत्री ग़फ़ूर और दरोगा राय ने सोहनी की नियुक्ति को अवैधानिक घोषित कराने की एक स्कीम बनायी। सोहनी की लोकायुक्त पद पर नियुक्ति केदार पांडे के मुख्यमंत्रित्व काल में हुई थी। दरोगा राय ने अपनी मूर्खता का परिचय इस सीमा तक दिया कि उन्होंने स्वयं हाई कोर्ट में इस संबंध में मुकदमा दायर करने की सोची। वे केदार पांडे के मंत्रिमंडल के सदस्य थे और अब भी मंत्री हैं। अतएव यह बहुत ही अटपटी बात होती कि सरकार के एक निर्णय के विरुद्ध स्वयं सरकार का एक मंत्री मुकदमा दायर करे। ख़ैर, वे किसी तरह माने, पर बाद में संगठन कांग्रेस के तीन विधायकों से उन्होंने एक रिट दायर करवा दी। यहाँ तक गनीमत पर सरकार की ओर से जो पैरवी हो रही थी, उसका प्रयोजन था कि रिट मंजूर हो जाये। अज़ीब बात थी। राज्य के विधिमंत्री जगन्नाथ मिश्र (ललित बाबू के भाई) ने जब उस मामले की ठीक पैरवी करने के आदेश दिये तो विधि विभाग

उनसे ले लिया गया। रिट मंजूर होने से न केवल सोहनी की नियुक्ति रद्द होती, साथ ही कुछ ऐसे कानूनी मामले भी खड़े होते कि केंद्रीय सरकार को भी कठिनाई का सामना करना पड़ता। इस स्टेज पर प्रधानमंत्री ने हस्तक्षेप किया।

प्रधानमंत्री ने मुझे फोन पर संक्षेप में यह सब बताया और कहा कि गृहमंत्री व विधिमंत्री (गोखले) को इसमें बीच में पड़ना चाहिए और देखना चाहिए कि राज्य सरकार की ओर से पैरवी ठीक हो। इसके लिए गृहमंत्री (दीक्षित जी) और गोखले ने कई मीटिंगें कीं। मैं उनमें उपस्थित था। इस प्रकार बात कुछ ढंग में लायी गयी।

अब दरोगा राय प्रधानमंत्री से यह कह रहे हैं कि दीक्षित जी ने जो उनसे वादा किया था वह पूरा नहीं किया जा रहा है। उनका कहना है कि दीक्षित जी की राय थी कि दरोगा राय मुकदमा दायर करें। यह बात ग़लत है। दीक्षित जी ने दरोगा राय को एक पत्र में स्पष्ट लिखा था कि उनको न्यायालय नहीं जाना चाहिए। आगे की कार्रवाई के लिए दीक्षित जी ने दरोगा राय को जो राय दी उस पर उन्होंने काम नहीं किया। आज जब प्रधानमंत्री ने बात उठायी तो मैंने उन्हें क्रमानुसार पूरा विवरण दे दिया। प्रधानमंत्री ने स्वीकार किया कि उन्हें बीच में नहीं पड़ना चाहिए। गृहमंत्रालय जो उचित होगा करेगा। पर साथ ही उन्होंने एकाध वाक्य ऐसा कहा, जिससे स्पष्ट है कि वह आजकल दीक्षित जी से अप्रसन्न हैं।

पंजाब के भूतपूर्व मंत्रियों पर जो आरोप लगाये गये हैं और जिनकी एक आयोग जाँच कर रहा है, उसके बारे में मेरी जो ओम मेहता से बात हुई, उससे भी मैंने प्रधानमंत्री को अवगत करा दिया। प्रधानमंत्री ने कहा कि जो अन्य आरोप ओम मेहता आयोग को सौंपना चाहते हैं, उसके कागजात मैं उनको भेज दूँ। कुछ और आरोप आयोग को दिया जाना आवश्यक लगता है।

आज के कागज़ों में मैंने रूस की साम्यवादी पार्टी के एक महत्वपूर्ण सदस्य पोनोमारेव का तैयार किया हुआ एक नोट देखा। पोनोमारेव का सिद्धांत और बौद्धिक स्तर पर दल की नीति की व्याख्या करने में प्रमुख स्थान रहता है। हाल ही में (नवम्बर 74) में भारत की कम्युनिस्ट पार्टी ने जो प्रस्ताव पास किया है, वह न केवल पोनोमारेव के नोट से प्रभावित ही है, पर कई मामलों में उस नोट की अक्षरशः नकल है। कम्युनिस्ट पार्टी के होने वाले विजयवाड़ा अधिवेशन में इस प्रस्ताव पर विचार-विमर्श होगा। इसमें जो नीति प्रतिपादित की गयी है, वह यह है कि कम्युनिस्टों को प्रेस, टी.वी., पुलिस और सेना में घुसना चाहिए। क्या हमारे कांग्रेसजनों को इसका कुछ पता नहीं है?

28/29 दिसंबर, 1974

कल डायरी नहीं लिखी। कार्यालय से आकर तैयार होकर उस्ताद हाफिज अली खाँ स्मारक संगीत सम्मेलन में चला गया। इस सम्मेलन का आयोजन अमजद व इसकी

मित्र कोकी कर रहे हैं। कल सम्मेलन का अंतिम दिन था व रात भर का कार्यक्रम था। मैं सम्मेलन में सुबह साढ़े चार बजे तक रहा। निर्मल मुखर्जी मुझे घर छोड़ गये। अंतिम कार्यक्रम—अमजद का सरोद वादन—नहीं सुना। वह तो अक्सर सुनने को मिल जाता है। फिर आज दिन भर कार्यालय में काम करना था। साढ़े चार बजे घर आकर सो गया। सुबह साढ़े नौ बजे उठा और ग्यारह बजे कार्यालय पहुँच गया।

कल सुबह अहमदाबाद से सरीन का फोन आया। उन्होंने कहा कि रजनी पटेल ने उन्हें बंबई से सूचित किया है कि अब हितेंद्र देसाई से कांग्रेस में आने की बात करनी चाहिए। हितेंद्र देसाई प्रत्यक्ष में कुछ भी कहें, अंदर ही अंदर उन्होंने भी इसमें रुचि दिखायी है। रजनी पटेल ने सरीन से बात प्रधानमंत्री की अनुमति लेकर की है। फिर भी सरीन चाहते थे कि मैं प्रधानमंत्री को रजनी के संदेश से अवगत करा दूँ।

हितेंद्र देसाई प्रतिपक्ष में रह कर ऊब गये हैं। वे कांग्रेस में वापस आने के इच्छुक हैं। कहा जाता है कि उनकी एक स्कीम यह भी है कि अगले चुनाव में वे संगठन कांग्रेस के ही टिकट पर लड़ें। संगठन कांग्रेस को स्पष्ट बहुमत आने की उन्हें आशा नहीं है। उस समय वे कांग्रेस से मिलकर मुख्यमंत्री बन जायें। पर यदि यह स्कीम सफल नहीं हुई तो वे कोई और बहाना ढूँढ कर कांग्रेस में आ जायेंगे। मुझे तो यह स्पष्ट ही लग रहा है। पर मुझे आपत्ति इस बात से है कि सरीन का इस काम में उपयोग किया जाये। यदि हितेंद्र देसाई कांग्रेस में आना चाहते हैं तो वे बार-बार इसके प्रतिकूल वक्तव्य क्यों देते हैं? हमारे गिरते हुए राजनीतिक आचरण का यह द्योतक है।

कल प्रो. धर से दो-तीन दिन बाद काफी लंबी बातचीत हुई। वे बातचीत के मूड में थे। स्वयं उन्होंने निर्वाचन की बात शुरू की। मुझ से पूछा कि निर्वाचन होने चाहिए या नहीं। मैंने उत्तर दिया कि प्रश्न निर्वाचन का नहीं है प्रश्न यह है कि संविधान को दृष्टि में रखते हुए निर्वाचन करना उपयुक्त होगा या नहीं? और इस प्रश्न का उत्तर इस पर निर्भर करता है कि राजकीय नेताओं का संविधान के प्रति क्या दृष्टिकोण है। यदि वे समझते हैं कि संविधान आत्मसंयम का माध्यम है, जो मनमानी करने पर रोक लगाता है—इससे अनुशासित रह कर ही काम करना चाहिए तो अभी निर्वाचन संभव नहीं है और यह अच्छा ही हुआ कि प्रधानमंत्री ने इस तथ्य को स्वीकार कर लिया। स्वामीनाथन के वक्तव्य का मैं यही अर्थ लगाता हूं। वैसे सरकार जब चाहे जनता के सामने जाये पर इस समय कौन सी ऐसी समस्या है जिसे लेकर सरकार यह करेगी। शिक्षित समुदाय में यही आलोचना होगी कि सरकार संविधान को महत्व नहीं देती, जब चाहे अपनी सुविधानुसार उसे संशोधित करती रहती है।

इस पर प्रो. धर ने बताया कि हाल की मीटिंगों में उनका यही दृष्टिकोण रहा

है। वे सिद्धार्थ की कड़ी आलोचना करने लगे। वे और रजनी पटेल 'स्नैप पोल' का प्रस्ताव प्रधानमंत्री के सम्मुख लाये थे। पर जब संवैधानिक स्थिति की ओर उनका ध्यान दिलाया गया तो उनसे कोई उत्तर नहीं बन पड़ा। सिद्धार्थ बड़े वकील माने जाते हैं। पर इस मामले में उन्होंने पूरी अज्ञानता दिखाई। यदि चलती भाषा का प्रयोग किया जाये तो सिद्धार्थ भड़भड़िया हैं। किसी बात पर बहुत सोचने-विचारने का उनका स्वभाव नहीं है।

इस प्रसंग को समाप्त करते हुए प्रो. धर ने दो बातें और बतायीं। एक तो यह कि फिलहाल तो प्रधानमंत्री मान गयी हैं कि निर्वाचन अभी न हों, पर अभी पूरी तरह उनका मन इस पर टिका नहीं है। दूसरी बात अधिक मार्के की थी। निर्वाचन संबंधी विचार-विमर्श में इस पर भी विचार किया गया कि यदि अभी निर्वाचन न करें (जब स्थिति काफी अच्छी लग रही है, आर्थिक स्थिति सुधर रही है, चाहे इंच-ही-इंच करके) और फरवरी-मार्च 1976 में स्थिति अनुकूल न हो तो क्या निर्वाचन स्थगित हो सकेगा। संवैधानिक स्थिति स्पष्ट है। आपात्काल में संसद को अधिकार है कि अपनी या किसी भी विधान सभा की अवधि बढ़ा सकती है। पर इन मीटिंगों में हक्सर व प्रो. धर ने इस विचार को प्रोत्साहित नहीं किया। प्रधानमंत्री ने कहा कि इस पर बाद में सोच सकते हैं। इससे स्पष्ट है कि प्रधानमंत्री अभी आपात्काल समाप्त करने के पक्ष में नहीं हैं।

इसके बाद बात ओम मेहता पर आयी। प्रो. धर उनके रवैये से बहुत खिन्न हैं। उनका मुख्य काम है प्रधानमंत्री से दूसरों की चुगली करना। प्रो. धर ने मुझसे कहा कि अब वे अपनी ग़लती मानते हैं। उन्हें मेरी बात मानकर ओम मेहता को गृह मंत्रालय में लाने का समर्थन नहीं करना चाहिए था। (जब ओम मेहता को गृह मंत्रालय में लाने पर विचार हो रहा था तो मैंने प्रधानमंत्री और प्रो. धर को ऐसा न करने की, पूरे कारणों सहित, सलाह दी थी। पर प्रो. धर ने इस नियुक्ति की जोरदार सिफ़ारिश की थी) उनका भी मत है कि ओम मेहता में गहराई से सोचने की क्षमता कम है। गृह मंत्रालय व कार्मिक विभाग में ऐसे मंत्रियों की आवश्यकता है जिनमें सोचने-बूझने की क्षमता हो और चरित्र की दृढ़ता हो। प्रो. धर को यह डर है कि एक तरफ तो ओम मेहता दूसरों के खिलाफ़ प्रधानमंत्री के कान भरेंगे। उनके अब तक के कार्यकलापों को देखते हुए यह लगता है कि वे ब्रह्मानंद रेड्डी से ही यह काम शुरू करेंगे। परिणाम यह होगा कि गृहमंत्री का प्रभाव क्षीण होगा व उनका आत्म-विश्वास कम होगा। दूसरी ओर ओम मेहता प्रधानमंत्री की हाँ में हाँ मिलायेंगे और किसी भी बात का विरोध नहीं करेंगे। यह हानिकारक हो सकता है। प्रो. धर का अनुमान है कि आगे आने वाले महीनों में प्रधानमंत्री को बड़े संतुलित व परिपक्व परामर्श की आवश्यकता होगी। ओम मेहता जैसा वातावरण बनाने में सहायक हो रहे हैं, उसमें यह संभव नहीं हो सकेगा।

वर्तमान स्थिति में सुधार लाने के लिए प्रो. धर ने कुछ रचनात्मक सुझावों पर भी मुझसे विचार-विमर्श किया। ओम मेहता की बात के प्रसंग में ही मैंने उनसे कहा कि स्थिति जे.पी. के आंदोलन से बिगड़ती जा रही है। इस आंदोलन का निष्पक्ष विश्लेषण करने पर इससे इंकार करना कठिन होगा कि इसके मूल में दो बातें हैं—भ्रष्टाचार व निर्वाचन सुधार। मैंने बल देते हुए कहा कि "आपको भी मालूम है, कि चाहे हम लोग बाहर चुप रहें असलियत यह है भ्रष्टाचार बढ़ता जा रहा है और केंद्रीय सरकार में भी यह खूब पनप रहा है। भ्रष्टाचार का संबंध निर्वाचन सुधार से भी है। इन मामलों में अब सरकार की नियत पर संदेह किया जा रहा है, जिसे अकारण नहीं कहा जा सकता।" इसके बाद मैंने विस्तार से व्याख्या की कि "तीन साल से अधिक हो गये सरकार ने लोकपाल व लोकायुक्त विधेयक पास नहीं कराया। निर्वाचन सुधार के संबंध में मुँह छूने की बात होती है, पर सरकार करना कुछ नहीं चाहती। संसद की एक संयुक्त समिति की एकमत से की गयी सिफारिशों पर भी दो साल से अधिक हो गया, कुछ कार्रवाई नहीं हुई तो राजनीतिक क्षेत्रों में सरकार की आलोचना स्वाभाविक है।" मैंने प्रो. धर को सलाह दी कि बिना अधिक विलम्ब किये इन दोनों मामलों में कार्रवाई की जा सकती है और करनी चाहिए। प्रो. धर ने यह बात स्वीकार की। उन्होंने लोकपाल व लोकायुक्त विधेयक को अधिक महत्व देते हुए कहा कि इसके बारे में दो-चार दिन हुए उन्होंने विधि मंत्री से बात की है। मैं उनसे मिलकर बात को आगे बढ़ाऊँ। संसद के अगले सत्र में इसको पास कराने का प्रयत्न करना चाहिए। निर्वाचन सुधार के विषय में भी प्रो. धर ने गोखले से बात करने का निश्चय किया। मुझसे मेरे पिछले नोट मंगवा कर अपने पास रखे हैं। उनका विचार है कि यदि बहुत कुछ नहीं तो कुछ मुख्य बातों में अवश्य सुधार होना चाहिए—विशेषकर वे चाहते हैं कि कंपनियों को राजनीतिक दलों को दान देने पर जो प्रतिबंध लगा है, उसे फौरन हटा देना चाहिए। इससे वातावरण साफ होगा व काला धंधा भी कुछ हद तक रुकेगा।

अंत में प्रो. धर ने राज्यपालों की नियुक्तियों पर बातचीत की। इसके आधार पर मैंने एक नोट प्रधानमंत्री के लिए बनाया।

आज दिन भर कार्यालय में काम किया। संसद के सत्र के समय बहुत काम एकत्रित हो गया था। वह अभी तक निपटा नहीं था। आज काफी काम निकल गया। कल रात भर जागा था। उसके बाद दिन भर काम करता रहा। लगभग आठ बजे घर लौटा। काफी थका था। बहुत दिन बाद आज जल्दी सोने की तैयारी कर रहा हूँ। वैसे साढ़े बारह-एक से पहले कभी-कभी ही सोता हूँ।

30 दिसंबर, 1974

कल पिछला काम काफी निकल गया तो आज कार्यालय में काफी हल्का अनुभव

कर रहा था। संसद भवन से लौटने के बाद शारदा से इधर-उधर ही भेंट हुई थी। आज मैं उसके पास काफी देर तक बैठा। शारदा ने प्रसंग छिड़ जाने पर मुझे काफी विस्तार से बताया कि किस प्रकार रजनी पटेल और कपूर ने मिल कर बाल ठाकरे को प्रधानमंत्री से मिलवाया। रजनी पटेल और कपूर के दृष्टिकोण अलग-अलग हैं पर दोनों ही कांग्रेस को शिव सेना के करीब लाना चाहते हैं। प्रधानमंत्री को आरंभ में आपत्ति रही हो पर अब वे भी इस योजना से पूर्णतया सहमत हो गयी हैं। वे बाहर कुछ कहें, अंदर ही अंदर शिव सेना से मेल हो रहा है।

सरीन ने आज सूचना दी कि हितेंद्र देसाई स्वयं समय देखकर प्रधानमंत्री के पास संदेश भेजेंगे। इसलिए सरीन हितेंद्र से बात करने का कोई प्रयत्न नहीं करेंगे।

31 दिसंबर, 1974

दिल्ली के इमाम का प्रश्न जटिल होता जा रहा है। मैंने आज प्रधानमंत्री के सम्मुख इस समस्या के विभिन्न पहलुओं की व्याख्या की। इस संदर्भ में उन्हें फतेहपुरी मस्जिद की इमामत पर हुई मुकदमेबाजी का विवरण भी दिया। मुकदमा वक्फ बोर्ड के पक्ष में निर्णीत हुआ, पर बोर्ड जिसे इमाम बनाना चाहता है उसे पद का भार सौंपने में असमर्थ रहा है। जामा मस्जिद का इमाम शाहजहाँ के समय से एक ही परिवार का हुआ है, पिता से पुत्र पर इमामत पीढ़ियों से चली आ रही है। अब्दुल्ला बुखारी को इमामत से अलग रखने का काम कठिन होगा। पर उपराज्यपाल किशन चंद ने प्रधानमंत्री को कुछ और ही पढ़ा दिया है। प्रधानमंत्री ने कहा कि अब्दुल्ला बुखारी को तो अलग ही रखना होगा। सरकार की बड़ी आलोचना कर रहे हैं। किशन चंद ने कोई योजना बनायी है। बुखारी को गिरफ्तार करने का विचार है उनका। मैं उनसे कह दूँ कि सब काम बड़ी सतर्कता से करें। किशन चंद समझते हैं कि अभी भी वही समय है जब वे कानपुर के डिस्ट्रिक्ट मैजिस्ट्रेट थे (1947-50)। यदि किशन चंद ने अपनी स्कीम चलायी तो अवश्य जामा मस्जिद में विस्फोट होगा, उन्हें मुँह की खानी होगी और अबदुल्ला बुखारी को ही इमाम बनाना पड़ेगा। पर मैं क्या कर सकता हूँ। प्रधानमंत्री को किशन चंद ने प्रभावित कर रखा है। प्रधानमंत्री से मैंने अंतरराज्यीय सीमा-विवादों की चर्चा करनी चाही, पर उन्होंने बात आगे बढ़ने न दी। वे मुझसे अन्य बातें करने लगीं।

राजभवनों के रख-रखाव, आतिथ्य सत्कार आदि में सुधार की आवश्यकता पर प्रधानमंत्री अपने विचार व्यक्त करती रहीं। इसके लिए एक कमैटी नियुक्त हुई है। पर प्रधानमंत्री का कहना है—और ठीक भी—कि कमैटी की रिपोर्ट आने से पहले भी बहुत कुछ किया जा सकता है। राजभवनों से प्रधानमंत्री तेजा के केस पर आ गयीं। उन्हें तेजा से सहानुभूति है और उसकी सहायता करना चाहती हैं। प्रभाकर जी उनके पीछे पड़े हैं कि तेजा को जेल से छोड़ दिया जाये। उन्होंने प्रधानमंत्री को इस संबंध

में एक नोट भी दिया है, जिसे उन्होंने मुझे दिया।

संध्या को कमलापति त्रिपाठी के घर कवि-गोष्ठी थी। रेडियो के कार्यक्रम में भाग लेने ब्रजभाषा के कुछ कवि दिल्ली आये हुए थे। बरसाने लाल चतुर्वेदी ने उनका कार्यक्रम कमलापति के घर पर भी आयोजित कर दिया। ब्रजभाषा के कवि तो मुझे नहीं जँचे। सुरेंद्र तिवारी की 'सफलता' कविता बहुत पसंद आयी। आजकल के स्वार्थी नेताओं पर कड़ा पैना व्यंग है। रमानाथ की दो पंक्तियाँ तो बार-बार मेरे अंदर गूंज रही हैं :

'पाप पुण्य जो भी किया
किया पूरे मन से'

आज यह वर्ष समाप्त हो रहा है। नये वर्ष के लिए शुभकामनाएँ करना स्वाभाविक है पर मेरा मन आशंकाओं से घिरा हुआ है। मुझे कुछ ऐसा लग रहा है कि अगला वर्ष और भी भयावह होगा। धीरे-धीरे एक क्राइसिस का घेरा बढ़ता जा रहा है जोकि यदि स्थिति में सुधार नहीं हुआ, सरकार को दबोच लेगा। दुर्भाग्यवश यह क्राइसिस राजनीतिक है। पिछले तीन-चार साल में हमारी आर्थिक स्थिति गिरती चली गयी है। पर हाल ही में जो कुछ कड़ी कार्यवाई की गई है और ठोस कदम उठाये गये हैं, उनका फल सामने आ रहा है। आर्थिक क्षेत्र में सुधार की आशा की जा सकती है। पर संभवतः यह राजनीतिक क्राइसिस को न रोक सके। यही नहीं, मुझे डर है कि क्राइसिस का ग़लत ढंग से सामना करने में इस सुधार का दुरुपयोग न किया जाये।

इस क्राइसिस का प्रस्फुटन जेपी के आंदोलन में हो रहा है। सरकार में भ्रष्टाचार बढ़ रहा है। उसे कम करने का कोई इरादा नहीं है। इससे असंतोष बढ़ रहा है। इसके लिए सारा दोष प्रतिपक्ष पर डाला जा रहा है। ये ऐसी समस्याएँ नहीं हैं जिनका, यदि सरकार चाहे तो, निराकरण नहीं हो सकता। पर क्राइसिस की गहरायी कुछ भिन्न है। अपनी समझ और जानकारी के अनुसार मैं उसकी संक्षिप्त व्याख्या नीचे दे रहा हूँ।

क्राइसिस के विस्तार का मुख्य कारण है प्रधानमंत्री का व्यक्तित्व और चरित्र। मेरा हमेशा से यह विश्वास रहा है कि इस देश का नेतृत्व करने के लिए तीन गुणों की आवश्यकता है—चरित्र, योग्यता और सहिष्णुता। दुर्भाग्य से प्रधानमंत्री में इन तीनों की कमी है। सहिष्णुता तो उनमें छू तक नहीं गयी है। योग्यता उनमें राजनीतिक पैंतरेबाजी क्री तो है, पर किसी मौलिक प्रश्न पर गंभीरता और सुव्यवस्थित ढंग से सोचने की क्षमता उनमें बहुत कम है। मैंने उनसे विभिन्न विषयों पर घंटों बात की है, पर मुझे सदा यही अनुभव हुआ है कि मैं एक ऐसे व्यक्ति से बात कर रहा हूँ जिसका मस्तिष्क अत्यंत साधारण श्रेणी का है और जिसकी सारी चिंताएँ किसी बात के सार के प्रति नहीं, बल्कि दिखावे में है। अमुक बात का उनकी

पैंतरेबाजी की राजनीति और स्वयं उनकी अपनी इमेज पर क्या असर होगा? उनको हमारी मूलभूत मान्यताओं से, जिनको उनके पिता ने दृढ़ करने में महत्वपूर्ण योगदान दिया, बिल्कुल लगाव नहीं है। न हमारे संविधान और विधि व्यवस्था का गहरा ज्ञान है। उनमें शिष्टता दिखावे के लिए है, पर सौहार्द बिल्कुल नहीं है। किसी,का विश्वास नहीं करतीं। चरित्र की दृढ़ता का उनका मुख्य लक्षण यह है कि चाहे कुछ हो जाये वे सत्ता आसानी से नहीं छोड़ेंगी और इसको वह हर तरह से न्यायसंगत बतायेंगी। जिस उच्च नैतिक आचरण की देश के नेता से अपेक्षा की जानी चाहिए, वह उनमें नहीं है। संक्षेप में, आज का प्रधानमंत्री ऐसा व्यक्ति है, जिसे केवल अपनी सत्ता से मोह है।

ऐसे व्यक्ति का आचरण फासिज्म की ओर बड़ी शीघ्रता से अग्रसर होता है। उसे डिक्टेटर बनने में बिल्कुल भी मानसिक अवरोध नहीं होता। रूजवेल्ट ने कहा है कि "फासिज्म का आधार है एक व्यक्ति द्वारा सरकार पर आधिपत्य"। सच तो यह है कि प्रधानमंत्री का सरकार पर आधिपत्य भयानक रूप से बढ़ गया है और बढ़ रहा है। जे.पी. व मोरारजी की बहुत सी बातें ग़लत हों, पर उनका यह कहना ठीक है कि देश पर अधिनायकवाद (तानाशाही) के बादल छा रहे हैं। इस संबंध में उनकी चेतावनी ग़लत नहीं लगती।

सरकार को अंदर से देखने का मुझे अच्छा अवसर मिलता है। मैं बड़े उत्तरदायित्व के साथ कह सकता हूँ कि आज सरकार के मंत्री व वरिष्ठ अधिकारी अपना व्यक्तित्व खो चुके हैं। सरकार में बिना प्रधानमंत्री की अनुमति के पत्ता भी नहीं खड़कता। किसी मंत्री में यह साहस नहीं कि प्रधानमंत्री की मनमानी को रोक सके। रोक सकना तो दूर है, कोई उनसे यह कह भी सके कि अमुक निर्णय लेने से पहले और विचार कर लेना चाहिए। प्रधानमंत्री के ग़लत कार्य न्यायसंगत (लीगल) हो सकते हैं, पर वे सद्भावनारहित (malafide) होते हैं। रही उनकी पार्टी की बात तो जितना कम कहा जाये उतना अच्छा। सामान्यतः कांग्रेसजन सत्ता त्याग के नहीं रह सकते। यह सत्ता उनकी सामाजिक प्रतिष्ठा के लिए अनिवार्य बन गयी है। प्रधानमंत्री उन्हें जिस तरह नचाएँ, वे नाचते हैं। कोई कुछ नहीं बोलता।

ऐसी परिस्थिति में क्राइसिस यदि गंभीर होती गयी तो इसके भयानक परिणाम हो सकते हैं। प्रधानमंत्री अपनी सत्ता बनाये रखने के लिए कुछ भी करने में नहीं हिचकेंगी। हमारे लोकतंत्र को इससे काफी ख़तरा हो सकता है, व्यक्ति की स्वाधीनता का हनन हो सकता है। यह कहना कठिन है कि क्राइसिस किस प्रकार उग्र रूप धारण करेगी। पर मैं यही कामना करता हूँ कि ऐसा न हो, सरकार और प्रतिपक्ष में कोई सेतु स्थापित हो जाये और बिगड़ती हुई स्थिति में सुधार हो। कामना यह मेरी अवश्य है पर ऐसा होने की आशा कम। नया वर्ष बड़ी भयानक आशंकाओं से समय पटल पर उभर रहा है।

1 जनवरी, 1975

आज नया वर्ष आरंभ हुआ। मेरी केवल एक ही कामना है कि यह देश के लिए शुभ हो।

कार्यालय पहुँचते ही प्रो. धर ने बुला लिया। मैंने उन्हें राज्यपालों की नियुक्ति के संबंध में एक नोट दिया था। वे उसी पर बात करना चाहते थे। इधर कई सालों से राज्यपालों की नियुक्ति को सरकार ने एक मज़ाक बना रखा है। वास्तव में यह कार्य गृह मंत्रालय का है। गृहमंत्री प्रधानमंत्री से बात करके निर्णय करते थे और नियुक्ति की औपचारिकताएं पूरी करते थे। अब यह सब कुछ नहीं होता। कई राज्यपालों के टर्म समाप्त हुए दो वर्ष से अधिक हो गये, पर गृह मंत्रालय ने एक काग़ज तक नहीं भेजा है। लेकिन मैं उस मंत्रालय को दोष नहीं देता। वे जानते हैं कि उनके काग़ज-पत्तर भेजने से कुछ होना नहीं है। दो-ढाई साल पहले वे ऐसा करते थे, पर उनका अनुभव ऐसा ही रहा कि वे नाम छूने को जो काग़ज भेजते थे, उसे भी उन्होंने बंद कर दिया। एक राज्यपाल खंडूभाई देसाई तो कई बार लिख चुके हैं कि उनको पदमुक्त कर दिया जाये। पर देर इस बात की है कि प्रधानमंत्री कोई निर्णय लें। 1972 में भी कई राज्यपालों की नियुक्ति होनी थी। उस समय इतनी ढीलढाल नहीं थी, जितनी आज है। और मज़े की बात यह है कि इतने सोच-विचार(?) के बाद भी जो व्यक्ति नियुक्त किये जाते हैं, उनसे प्रधानमंत्री हमेशा संतुष्ट नहीं रहतीं। किसी ने ज़रा भी ऐसा कोई काम किया, चाहे वह कितना ही न्यायसंगत हो, जो प्रधानमंत्री की राजनैतिक जोड़-तोड़ से मेल न खाता हो तो वह प्रधानमंत्री का कोपभाजन बनता है। 1971 में पंजाब के राज्यपाल (डॉ. पावटे) ने वहाँ की विधानसभा को भंग कर दिया। फिर क्या था, प्रधानमंत्री का पारा आसमान में चढ़ गया। कहा कि यदि पावटे त्यागपत्र देने से मना कर दें तो उन्हें फौरन पदच्युत कर दिया जाना चाहिए। बड़ी मुश्किल से हक्सर और मैंने समझाया, कई दिनों बाद बात सुधरी। अभी हाल में अकबर अली खां को उत्तर प्रदेश से हटा कर उड़ीसा केवल इसलिए भेज दिया गया कि उन्होंने जयप्रकाश से उनके व्यक्तिगत मामलों में काफी सहानुभूति दिखायी। जब उत्तर प्रदेश के लिए अकबर अली खां का चयन हुआ था, उस समय मैंने प्रधानमंत्री से कहा था कि संभवतः वे उस राज्य के लिए उपयुक्त न हों। पर उस समय प्रधानमंत्री उत्तर प्रदेश में मुसलमान राज्यपाल रखना चाहती थीं। ख़ैर, आज स्थिति यह है कि राज्यपालों की नियुक्ति, स्थानांतरण आदि उसी प्रकार हो रहे हैं, जैसे सरकारी अधिकारियों के। संवैधानिक पद की गरिमा और महत्व में इससे बड़ा धक्का पहुँच रहा है। पर इसकी किसी को चिंता नहीं है। और क्षोभ की बात यह है कि यह सब संविधान के प्रतिकूल है। संविधान के संरक्षक कहलाने वालों का यह दृष्टिकोण क्या संतोषजनक कहा जा सकता है।

प्रधानमंत्री से आज बड़ी सूक्ष्म भेंट हुई—नये वर्ष की शुभकामनाएँ भेंट करने के लिए।

आज रात को घर पर हलीम जाफर ने सितार बजाया। वे कई दिनों से हमारे यहाँ ठहरे हुए हैं। उनकी बड़ी इच्छा थी कि घर पर एक बैठक हो। कार्यक्रम अच्छा रहा। अब्दुल हलीम जाफर खां देश के प्रसिद्ध सितारवादकों में से हैं। मैंने सबसे पहले उनका नाम 1956 या 57 में सुना था। मैं उस समय गृह मंत्रालय में एल.पी. सिह के साथ काम करता था। (वे अब असम, नगालैंड आदि राज्यों के राज्यपाल हैं)। एक छुट्टी के दिन उन्होंने मुझे कार्यालय बुलाया। पर बाद में मुझे फोन किया कि वे किसी कारणवश कार्यालय नहीं आ सकेंगे। कई दिनों बाद जब पम्मी और मैं उनके घर मिलने गये तो उन्होंने बताया कि वे उस दिन हलीम जाफर को रेडियो पर सुनना चाहते थे और इसलिए कार्यालय जाना स्थगित कर दिया। वे हलीम जाफर के बहुत बड़े प्रशंसक थे उन दिनों। बाद में जब मैंने गोपाल से यह बात बतायी तो उसने भी हलीम जाफर की बहुत प्रशंसा की। उसी समय के आसपास गोपाल ने उनका एक कार्यक्रम इलाहाबाद में सुना था। तभी से मेरी इच्छा थी प्रत्यक्ष में उनका सितार सुनने की। पर 1967 से पहले कभी अवसर नहीं मिला।

उस साल रेडियो संगीत सम्मेलन में हलीम ने भाग लिया। सप्रू हाउस में सुबह की एक सभा में उन्होंने जौनपुरी राग बजाई। बहुत ही सुंदर कार्यक्रम रहा। दूसरे दिन समाचार पत्रों में भी बहुत प्रशंसा हुई। कार्यक्रम के बाद मेरी हलीम जाफर से भेंट हुई। धीरे-धीरे वह मित्रता में परिणत हुई। जब कभी हलीम दिल्ली आते हैं, हमारे ही घर ठहरते हैं। एकाध बैठक भी जमती है। वे बहुत हँसमुख और मिलनसार स्वभाव के हैं, तनिक भी गर्व नहीं है। मैंने उनके दिल्ली में कई कार्यक्रम कराये, पर किसी बात में उन्होंने कभी आनाकानी नहीं की। इधर कई वर्षों से वे कुछ पुराने कर्नाटक रागों को लोकप्रिय बनाने में लगे हुए हैं। आज घर पर भी ऐसा ही एक राग उन्होंने बजाया—लतांगी।

2 जनवरी, 1975

आज सुबह दिल्ली विश्वविद्यालय गया। इंडियन फाइटोपैथोलॉजी सोसायटी ने पापा जी के सम्मान में एक उत्सव का आयोजन किया था। इस अवसर पर सोसायटी ने प्लांट पैथोलॉजी और माइकौलॉजी के आधुनिक विकास पर एक ग्रंथ प्रकाशित किया। उत्सव बड़ा ही सुंदर रहा। देश-विदेश के वनस्पतिशास्त्र के वैज्ञानिकों ने पापा जी के काम की सराहना करते हुए संदेश भेजे। उत्सव का सभापतित्व पापा जी के गुरु (व बाद में सहयोगी) प्रो. नीलरत्न धर ने किया। दिल्ली विश्वविद्यालय के नये उपकुलपति प्रो. रामचरण मेहरोत्रा, जो इलाहाबाद विश्वविद्यालय के ही विद्यार्थी हैं और इसी विश्वविद्यालय में शिक्षक भी रह चुके हैं, व अन्य उपस्थित वैज्ञानिकों और

पापा जी के विद्यार्थियों ने उत्सव में छोटे-छोटे भाषण किये। पापा जी का उत्तर भी बहुत उपयुक्त था। उन्होंने इस बात पर बल दिया कि विज्ञान की इस शाखा के विकास के लिए क्या-क्या करना आवश्यक है।

उत्सव और उसके बाद मैंने बड़े गर्व का अनुभव किया। गर्व की बात भी थी। पापा जी के सहयोगी और विशेषकर उनके विद्यार्थी जो देश के विभिन्न भागों से इस उत्सव में भाग लेने आये थे, उनका इतना आदर करते हैं, उनसे इतना स्नेह करते हैं, इसका मुझे प्रत्यक्ष अनुभव हुआ। ऐसे अवसरों पर इस प्रकार की भावनाएँ व्यक्त करना स्वाभाविक है। पर मैं इस आधार पर यह बात नहीं कह रहा हूँ। समय-समय पर इन लोगों से मिलने का मुझे अवसर मिलता है। उत्सव में ज़रा भी बनावटीपन नहीं था। जो पापा जी व उत्सव में भाग लेने वाले लोगों को नहीं भी जानता—उसकी भी यही धारणा थी। मुझसे व वर्धन (वे भी मेरे साथ उत्सव में गये थे) से कई लोगों ने यह कहा।

मुझे इस पर तनिक भी आश्चर्य नहीं है। पापा जी का जीवन त्याग और निष्ठा की भरपूर कहानी है। उन्होंने वनस्पतिशास्त्र का अध्ययन तपस्या की भाँति किया। इंटरमीडिएट में ही उन्होंने अपने शिक्षक डॉ. विलियम डजन को यह वचन दिया था कि वे आजीवन वनस्पतिशास्त्र के क्षेत्र में कार्य करेंगे और इसको उन्होंने पूरी तरह निभाया भी। उस काल के शिक्षक बड़े प्रभावशाली होते थे। डजन के प्रयत्न से देश को पंचानन महेश्वरी, पापा जी आदि कई अच्छे वनस्पति विज्ञान शास्त्री मिले। पापा जी के भी अनन्य विद्यार्थी आज पैथोलॉजी व माइकोलॉजी में बड़े लगन से काम कर रहे हैं। अब वातावरण बदल गया है। शिक्षक और विद्यार्थी का संबंध भी काफी बदल गया है। विज्ञान में हम प्रगति कर रहे हैं, पर मानव-संबंधों में हमारा ह्रास ही हो रहा है।

पापा जी इलाहाबाद यूनिवर्सिटी के जाने-माने शिक्षकों में रहे हैं। उन्होंने कभी अपने क्षेत्र से बाहर जाने की बात नहीं सोची। आर्थिक कष्ट व संकट सहे। हम सब भाइयों को अच्छी-से-अच्छी शिक्षा दी, परिवार के अन्य भाइयों को भी अपने ही बच्चों की तरह रखकर पढ़ाया-लिखाया। अब ये सब मान्यताएँ समाप्त हो रही हैं।

रात में पापा जी के सम्मान में एक प्रीति-भोज का भी आयोजन था। उसमें भी मैंने भाग लिया। वहाँ पापा जी के कई पुराने विद्यार्थी मिले। कुछ को मैं युनिवर्सिटी के दिनों से जानता हूँ। यह प्रीतिभोज भी बड़े ही सौहार्द के वातावरण में हुआ। बहुत अच्छा लगा।

आज मुझे प्रधानमंत्री से पंजाब के भूतपूर्व मंत्रियों के आरोपों के संबंध में फिर बात करनी पड़ी। ओम मेहता से मेरी जो बात हुई, वह मैं प्रधानमंत्री को बता चुका था। कागज़ात भी उन्हें भेज दिये थे जो अभी उन्हीं के पास हैं। कई आरोपों को आयोग को सौंपने के लिए ओम मेहता बहुत ज़िद कर रहे हैं। मेरे

सुझाव पर वे यह मान गये थे कि कुछ आरोप आयोग को देने से कोई लाभ नहीं। मैंने यही लिखकर प्रधानमंत्री को तीन-चार दिन हुए नोट भेज दिया था। बाद में मुझे मालूम पड़ा कि जब प्रधानमंत्री ने ओम मेहता से पूछा कि क्या यह ठीक है तो वह गोल मोल बात करने लगे। प्रधानमंत्री का रुख है कि अधिक से अधिक आरोप आयोग को ज़ावें। इसीलिए ओम मेहता ने प्रधानमंत्री को यह जाहिर किया (बिना स्पष्ट कहे) कि मैं अपने तर्क पर बल दे रहा हूँ पर वे (मेहता) किसी निष्कर्ष पर नहीं पहुँचे हैं। मैंने प्रधानमंत्री से कहा कि यह सरासर गलत है। कुछ आरोपों के लिए मेहता बिल्कुल मान गए थे कि उनको आयोग को सौंपना ठीक नहीं होगा। मुझे ग़लत बात लिखने की क्या आवश्यकता। मेरी बात का प्रधानमंत्री पर असर पड़ा। कहने लगीं ओम मेहता कभी-कभी बात साफ नहीं कहते, इसी से इस प्रकार के भ्रम उत्पन्न हो जाते हैं।

3 जनवरी, 1975

आज अल-सुबह बेरी, चेयरमैन रेलवे बोर्ड, का फोन आया। कल समस्तीपुर में रेलवे का एक उत्सव था। रेलमंत्री ललित नारायण मिश्र वहाँ गये थे। उत्सव की समाप्ति पर वहाँ एक बम-विस्फोट हुआ। इसकी सूचना कल रात ही मुझे लग गयी थी, प्रधानमंत्री को भी सूचित कर दिया था। इस सूचना के अनुसार ललित बाबू को मामूली-सी चोट आयी थी। पर सुबह बेरी ने बताया कि रात में ललित बाबू के पेट में दर्द उठा। उन्हें दानापुर अस्पताल में लाया गया। बम के टुकड़े पेट में प्रवेश कर गये थे। कई बड़े सर्जनों ने उनकी जाँच की और उनका ऑपरेशन शुरू हो गया। करीब दो-ढाई घंटे लगेंगे आपरेशन में। मेरा माथा ठनका। पता नहीं क्या हो? सुबह के समाचार पत्रों में इस सबका कोई संकेत नहीं था; हो भी नहीं सकता था। करीब साढ़े आठ बजे मैंने प्रधानमंत्री को भी इस सूचना से अवगत करा दिया।

प्रधानमंत्री को आज कार्यालय आने से पहले दिल्ली युनिवर्सिटी साइंस कांग्रेस के उद्घाटन के लिए जाना था। प्रो. धर भी कार्यालय में नहीं थे, जब मैं पहुँचा। उन्हें प्रधानमंत्री ने अपने घर पर बुला लिया था। प्रधानमंत्री को जो भाषण देना था, उस पर कई दिनों से काम हो रहा है। कल संध्या को भी प्रधानमंत्री कुछ समय तक शारदा के प्रारूप पर विचार करती रहीं। पर भाषण सुबह तक तैयार नहीं हो पाया। प्रो. धर को इसीलिए सुबह प्रधानमंत्री ने घर पर बुलाया था। प्रो. धर व इस सचिवालय के अन्य अधिकारियों का यह निश्चित मत है कि प्रधानमंत्री अपने भाषणों की तैयारी पर आवश्यकता से अधिक समय लगाती हैं। उतना समय यदि समस्याओं के समझने और उन्हें सुलझाने में लगायें तो बहुत लाभ हो सकता है। इसमें आश्चर्य की कोई बात नहीं है। भाषण से पब्लिक इमेज बनती है, वास्तविकता चाहे जो भी हो। प्रधानमंत्री के युनिवर्सिटी रवाना होने पर प्रो. धर ने मुझे फोन किया

और पहले ललित बाबू के बारे में बात करने के बाद अन्य बातें करने लगे। पर बीच में ही उन्होंने कहा कि समाचार आया है कि ललित बाबू का निधन हो गया। थोड़ी देर बाद इस बात की पुष्टि हो गयी।

ललित बाबू की इस प्रकार से मृत्यु होना बहुत ही दुखद घटना है। वे चाहे कितने ही मतभेद के विषय रहे हों, पर हिंसात्मक मृत्यु कोई समस्या हल नहीं कर सकती। पिछला पूरा संसद का सत्र ललित बाबू पर ही रहा, पर किसी की यह कल्पना भी नहीं हो सकती थी कि उनका अंत इस प्रकार होगा। देश के राजनीतिज्ञों को सोचना पड़ेगा कि इस हिंसात्मक प्रवृत्ति को रोकने के लिए क्या उपाय किये जायें। इसमें तो तनिक भी संदेह नहीं कि देश में हिंसात्मक वातावरण बढ़ रहा है। इसका दायित्व सभी राजनैतिक दलों पर है। 1967 के बाद सबसे पहले प. बंगाल में हिंसा का जोर हुआ। नक्सलवादियों ने बहुत जोर पकड़ा। सरकार ने उसको दबाने के प्रयत्न किये। पर धीरे-धीरे बहुत से गुमराह युवक अन्य दलों में, विशेषकर कांग्रेस में, आ गये। उनकी हिंसात्मक प्रवृत्ति कुछ कम भले ही हुई हो पर समाप्त नहीं हुई। इन लोगों ने बाद में प. बंगाल की कांग्रेस में उत्पात मचाना शुरू किया। प्रधानमंत्री के पास बहुत-सी शिकायतें आयीं। पर उन पर कार्यवाही कुछ नहीं की गयी। एकाध बार मेरी प्रधानमंत्री से इस सबंध में बात हुई। उन्होंने कहा कि उनकी सिद्धार्थ से बात हुई है और वे आवश्यक कदम उठा रहे हैं। कुछ और करने की जरूरत नहीं है। पर असलियत यह है कि कांग्रेस ने स्वयं अपने राजनैतिक प्रतिद्वंद्वियों से निपटने के लिए हिंसा का सहारा लिया। दोष हमेशा दूसरे दलों को दिया। यह हिंसात्मक प्रवृत्ति आज यहाँ तक पहुँच गयी कि एक केंद्रीय मंत्री की हत्या कर दी गयी। अभी कुछ पता नहीं कि इस हत्या के पीछे किसका हाथ है। शारदा और मुझे लगता है कि आनंद मार्ग का इससे संबंध हो सकता है। पूरी जाँच के बाद ही कुछ पता लगेगा।

इस मृत्यु के संबंध में एक बड़ी क्षोभनीय बात हुई आज। बोट क्लब लॉन पर सरकारी कर्मचारियों की एक बहुत बड़ी सभा हुई। जयप्रकाश ने, जो आजकल दिल्ली आये हुए हैं, उस सभा को संबोधित किया। कार्यक्रम कई दिनों पहले ही निश्चित हुआ था। पर ललित बाबू की मृत्यु के कारण जयप्रकाश ने इस मीटिंग को शोकसभा में बदल दिया। जब उन्होंने यह प्रस्ताव रखा तो एक स्वर से सबने उसका विरोध किया। जनसमूह का कहना था कि ललित बाबू के लिए शोक-प्रस्ताव की आवश्यकता नहीं है। जयप्रकाश ने जनता की प्रताड़ना की और कहा कि ऐसा कहना हमारी सभ्यता और संस्कृति के सर्वथा प्रतिकूल होगा। अंत में शोक-प्रस्ताव पास किया गया। मुझे इसका अनुमान भी नहीं था कि ललित बाबू के प्रति लोगों की ऐसा भावनाएँ होंगी। भ्रष्टाचार से उनका संबंध जोड़ा जाता था, पर व्यक्तिगत रूप से ललित बाबू को मैंने उदार व स्नेही प्रवृत्ति का व्यक्ति ही जाना था।

दोपहर में प्रो. धर मेरे कमरे में आकर बैठ गये। प्रधानमंत्री से उनकी बात हो चुकी थी। वे जानना चाहते थे कि इस मृत्यु के कारण हिंसात्मक प्रवृत्ति वाले दलों के विरुद्ध कुछ कार्यवाही की जा सकती है या नहीं। उन्होंने गांधीजी की मृत्यु के बाद राष्ट्रीय स्वयं सेवक संघ पर प्रतिबंध लगाने का उदाहरण दिया। मैंने उनसे कहा कि जल्दबाजी में कोई ऐसा काम नहीं करना चाहिए। एकाध हफ्ते में बहुत कुछ जानकारी मिल जायेगी, तब इस प्रश्न पर विचार करना उपयुक्त होगा।

संध्या को राना (एक फॉरेन सर्विस के अधिकारी) के घर जसराज के गाने का कार्यक्रम था। मेरा वहाँ जाने का विचार था, पर आज की दुर्घटना के बाद इच्छा नहीं हुई। जल्दी ही घर लौट गया। घर पर भी इसी की चर्चा होती रही।

4 जनवरी, 1975

आज सुबह साढ़े दस बजे प्रधानमंत्री बलुआ बाजार के लिए रवाना हुईं, जहाँ ललित बाबू का दाह-संस्कार दो बजे होगा। जाने से पहले किसी और काम के संदर्भ में प्रो. धर उनसे मिले थे। उनसे पता लगा कि कल रात का उबाल सुबह तक ठंडा पड़ गया था। कल रात दस बजे प्रधानमंत्री ने प्रो. धर को बुलाया था। वे बहुत गुस्से में थीं। उन्होंने कहा कि इस मृत्यु से स्पष्ट हो गया है कि राजनैतिक दलों व अन्य संगठनों के विरुद्ध कार्यवाही करनी होगी। उन्होंने गृह मंत्रालय को भी भला-बुरा कहा। उनके अनुसार गृह मंत्रालय किसी भी विषय में कठोर कदम उठाने के लिए तैयार नहीं होता। कोई चिंता की बात नहीं, यदि लोग कहें कि हमने पुलिस स्टेट बना दी है, पर फौरन कड़ी कार्यवाही होनी चाहिए। प्रो. धर के यह कहने का भी कोई असर नहीं हुआ कि जाँच के बाद जो कुछ आवश्यक होगा, सब किया जा सकता है, जल्दबाजी में बात ठीक नहीं बनेगी। ऐसा प्रधानमंत्री के साथ अक्सर होता है। कठिनाई यह है कि सब प्रकार के लोग उनके पास जाकर हर तरह की बातें करते हैं। तत्काल उन पर असर हो जाता है और खासतौर पर कहने वाले जब वे लोग होते हैं जिनका उन पर उन दिनों गहरा प्रभाव होता है। ख़ैर, सुबह तक प्रधानमंत्री शांत हो गयी थीं।

आज की एक उल्लेखनीय घटना है, योजना आयोग के उप प्रधान के रूप में हक्सर की नियुक्ति। यह नियुक्ति दो-तीन दिन पहले घोषित हुई थी, पर कार्यभार हक्सर ने आज संभाला। बात कई महीने से चल रही थी और निर्णय भी मंत्रिमंडल के पिछले पुनर्गठन के समय हो गया था। इसकी चर्चा भी काफी थी इन दिनों।

हक्सर प्रधानमंत्री के सचिव रहे हैं। जब मैं 1969 में प्रधानमंत्री सचिवालय में आया था तो वही सचिव थे। मेरा उनसे पहले से कोई परिचय नहीं था। बहुत पहले जब वे इलाहाबाद में वकालत करते थे, एक बार पं. सुरेश नारायण मुल्ला के घर भेंट हुई थी। वे सितम्बर 1971 तक इस पद पर रहे। अवकाश प्राप्त करने के

बाद दिसम्बर 1971 में वे इस सचिवालय में प्रधानमंत्री के प्रमुख सचिव के रूप में आये। उसी समय पाकिस्तान से युद्ध शुरू हुआ था। उस पद पर उन्होंने वेतन नहीं लिया—केवल कुछ ऑनरेरियम ही स्वीकार किया। वे फरवरी 1973 तक प्रमुख सचिव रहे। उसके बाद अवकाश ले लिया। इस प्रकार से मुझे उनके साथ तीन वर्ष से कुछ अधिक काम करने का अवसर मिला। मैं बिना संकोच के यह कह सकता हूँ कि मैंने अपने सेवाकाल में इतने योग्य, कर्मठ, निष्ठावान व देशभक्त अधिकारी कम देखे हैं। मेरे मन में उनके लिए एक अपूर्व आदर की भावना है, यद्यपि मेरी उनसे भेंट बहुत ही कम होती है। वे भी मुझ पर काफी विश्वास रखते हैं और मुझे उन्होंने स्नेह भी बहुत दिया है।

1971 के बाद प्रधानमंत्री को जो सफलता मिली, उसका श्रेय हक्सर को ही है। बंगलादेश के प्रति जो नीति भारत ने अपनायी, उसे स्वतंत्रता दिलवायी व बाद में पाकिस्तान से समझौता किया। इन सब में हक्सर का ही हाथ है। कभी-कभी प्रधानमंत्री व उनके वरिष्ठ सहयोगी उनकी बात मानने में संकोच करते थे, पर केवल अपनी योग्यता और सूझ-बूझ के बल पर अंत में बात उन्हीं की मानी जाती थी।

इतना होते हुए भी 1972 के मध्य से हक्सर का प्रभाव कम होता गया। इसका मुख्य कारण यह था कि जिस भवन का निर्माण हक्सर ने स्वयं किया था, उसको वे अपनी ही आँखों के सामने ढहता नहीं देखना चाहते थे। प्रधानमंत्री के इर्द-गिर्द ऐसे लोगों का प्रभाव बढ़ रहा था, जिन्हें हक्सर अच्छा नहीं समझते थे। प्रधानमंत्री के परिवार वाले भी कुछ ऐसे कार्य-कलापों में लगे हुए थे जिससे प्रधानमंत्री पर आँच आने लगी थी। जहाँ तक मैं जानता हूँ हक्सर ने प्रधानमंत्री को बहुत समझाने की कोशिश की, पर उन पर कोई असर नहीं हुआ। तभी हक्सर ने जाने का मन बना लिया। प्रधानमंत्री की भी यह धारणा होती जा रही थी कि वे बिना हक्सर के काम चला सकती हैं।

हक्सर में खूबी यह है कि जब अन्य सब लोग छोटी-सी बात भी प्रधानमंत्री से कहने में हिचकते हैं, वे बड़ी-से-बड़ी अरुचिकर बात स्पष्ट रूप से उनसे कह सकते हैं। उस समय की एक घटना का उल्लेख करना अनुपयुक्त नहीं होगा, जबकि प्रधानमंत्री और हक्सर के संबंधों में शीतलता आने लगी थी। जहाँ तक मुझे स्मरण है, अक्तूबर 1972 की बात है। प्रधानमंत्री मंत्रिमंडल के पुनर्गठन पर विचार कर रही थीं। मैंने इस संबंध में प्रधानमंत्री और हक्सर को कई नोट दिये थे। प्रधानमंत्री के आदेशानुसार दीक्षित जी से कई घंटों विचार-विमर्श किया था। पर अंत में उस 'एक्सरसाइज' का उस समय कुछ बना नहीं। बाद में हक्सर के जाने के बाद फरवरी 1973 में पुनर्गठन हुआ। इस प्रकार से वह परिश्रम बेकार भी नहीं हुआ। इन्हीं दिनों एक अवसर पर मैं प्रधानमंत्री से कुछ कनिष्ठ मंत्रियों के चयन के संबंध में बात कर रहा था। प्रधानमंत्री चाहती थीं कि एक व्यक्ति को राज्यमंत्री या उपमंत्री बनाया

जाये। मैं प्रधानमंत्री को उनके बारे में काफी कुछ बता रहा था। मेरा निश्चित मत था कि उनका मंत्रिमंडल का सदस्य होना उपयुक्त नहीं होगा। उनका कार्य क्षेत्र मेरठ भी रहा है, जहाँ मैं तीन वर्ष कलक्टर रहा हूँ। प्रधानमंत्री को यह बात अच्छी नहीं लगी। इसी बीच में हक्सर भी कमरे में आ गये। प्रधानमंत्री ने उनकी तरफ देखा। हक्सर ने बहुत ही नाराजगी के साथ कहा कि अगर अब आपके पास केवल इन जैसे आदमी रह गये हैं तो मंत्रिमंडल में किसी भी हेर-फेर की आवश्यकता नहीं है। हक्सर को इस प्रकार बात करते मैंने पहले नहीं देखा था। प्रधानमंत्री को अच्छा नहीं लगा, पर उस समय वह नियुक्ति नहीं हुई। फरवरी 1973 में भी मैंने उनका विरोध किया। बाद में 1973 के अंत में प्रो. धर और मेरी बात न मानते हुए उनको राज्यमंत्री बना दिया गया। इस प्रकार की बाद में कई और घटनाएँ हुईं।

संक्षेप में यह कहना अनुपयुक्त नहीं होगा कि हक्सर जिन परिस्थितियों में इस सचिवालय से गये, वे बहुत सुखद नहीं थीं। प्रधानमंत्री और हक्सर का संपर्क बना रहा। कई बातों पर उन्हें बुलाकर परामर्श लिया जाता रहा, पर दोनों के संबंधों में पहले की-सी प्रगाढ़ता नहीं रह गयी थी। हक्सर ने प्रधानमंत्री का जितना विश्वास पाया, उतना किसी व्यक्ति ने नहीं पाया। फलस्वरूप हक्सर को शक्ति भी बहुत मिली। सचिवों की तो बात क्या, मंत्रिमंडल के प्रायः सभी सदस्य उनसे घबराते थे। अवकाश ग्रहण करते समय प्रधानमंत्री उन्हें पद्मविभूषण से अलंकृत करना चाहती थीं, पर उन्होंने स्वीकार नहीं किया। वे जो कुछ भी चाहते, उन्हें मिल सकता था। किसी भी राज्य के राज्यपाल होना तो मामूली बात थी। पर यह हक्सर के दृढ़ चरित्र का द्योतक है कि न उन्होंने कुछ मांगा, न कुछ स्वीकार किया। आजकल जब हर राजनीतिज्ञ व सरकारी अधिकारी पदलोलुप हो गया है, एक के बाद एक पद चाहता है, हक्सर का त्यागपूर्ण दृष्टिकोण बहुत ही स्वस्थ और असाधारण रहा है। ढलते हुए संबंधों के बावजूद यदि हक्सर प्रधानमंत्री के साथ बने रहना चाहते, तो उसमें भी कोई अड़चन नहीं पड़ती।

अवकाश प्राप्त करने के बाद भी एकाध बार प्रयत्न हुए कि किसी न किसी रूप में हक्सर फिर सरकारी सेवा में प्रवेश करें। पर यह प्रयत्न कभी सफल नहीं हुए क्योंकि हक्सर नहीं आना चाहते थे। अब कैसे तैयार हो गये, इस पर सबको आश्चर्य है। बहुत कुछ विश्लेषण करने के बाद केवल एक निष्कर्ष निकलता है कि हक्सर वामपंथियों के दबाव के कारण वापस आये हैं। समाचार पत्रों में यही चर्चा है। मेरे सहयोगी वी. रामचंद्रन, जो कि योजना आयोग का काम देखते हैं, का भी यही विचार है। नूरुल हसन, शिक्षामंत्री ने मुझे जो कुछ बताया, उससे भी यही मालूम पड़ता है। प्रधानमंत्री क्यों मान गयीं इसके भी कुछ कारण हैं। हँसी में तो यह कहा जाता है कि हक्सर के पास सफलता की कोई ताबीज़ है। जिस प्रकार से देश की हालत और साथ-साथ प्रधानमंत्री की स्थिति खराब हो रही है, उन्हें ऐसी ताबीज़ की जरूरत

है। वे समझती हैं कि 'गरीबी हटाओ' का नारा गढ़ने वाले फिर नये नारे गढ़ कर उन्हें अगला चुनाव भी जितवा देंगे। पर वास्तविकता यह थी कि धीरे-धीरे हक्सर सरकार के मौन आलोचक होते जा रहे थे। पिछले कुछ महीनों में उन्होंने प्रो. धर को कई बड़े कटु पत्र लिखे। एक में तो यहाँ तक लिखा कि मैं अब तक बिल्कुल मौन रहा हूँ, पर यदि हालात ऐसे ही रहे तो गंभीरता से विचार करूँगा कि अपनी आलोचना को मुखरित क्यों न करूँ। प्रधानमंत्री स्वभावतः आलोचना पसंद नहीं करतीं। फिर यदि हक्सर जैसा व्यक्ति उनकी सरकार का आलोचक हो जाये तो उनकी बड़ी हानि होती। इसलिए उनके लिए आवश्यक हो गया था कि हक्सर को किसी न किसी प्रकार प्रशासकीय यंत्र का एक भाग बनाया जाये। मंत्रिमंडल में आने को वे तैयार नहीं हुए। फिर एक ही उपाय बचा, योजना आयोग का उप प्रधान बना दिया जाये।

अपनी योग्यता की प्रसिद्धि के बावजूद समाचार पत्रों में इस पर बड़ा संदेह व्यक्त किया जा रहा है कि हक्सर इस पद पर कुछ उपयोगी काम कर सकें। बिगड़ती हुई आर्थिक स्थिति ने पांचवीं पंचवर्षीय योजना को तो जन्म लेने से पहले ही समाप्त प्रायः कर दिया है। हक्सर के आगे बहुत कठिन समस्याएँ आयेंगी, इसमें संदेह नहीं है।

5 जनवरी, 1975

आज रविवार था। सुबह देर से कार्यालय गया और वापस भी जल्दी आ गया। तीसरे पहर जामिया मिलिया जाना था। वहाँ गुलाम रब्बानी ताबां की लड़की का विवाह था। ताबां उर्दू के उच्च कोटि के शायर हैं। उनकी शायरी में गंभीरता व गहनता है। अर्से से उनसे मेरा परिचय है।

ललित बाबू की मृत्यु को लेकर तरह-तरह की बातें हो रही हैं। कम्मी आज मेरठ से लौटी। कह रही थी कि वहाँ यह आम चर्चा है कि उनको सरकार ने जानबूझ कर मरवा दिया। कलकत्ते से कुछ लोग आये, वे भी इसी प्रकार की बातें कर रहे थे। बात सरासर ग़लत और बेसिर-पैर की है, पर इससे यह अवश्य मालूम पड़ता है कि आज सरकार की निष्ठा में जनता का कितना कम विश्वास रह गया है।

6 जनवरी, 1975

आज कोई विशेष बात नहीं हुई।

सुबह प्रो. धर मेरे कमरे में आये। वे ओम मेहता के व्यवहार व कार्य-कलाप पर दुखी हो रहे थे। उन्होंने कहा कि मेरी बात न मानकर उन्होंने बड़ी ग़लती की, जिसका अनुभव उन्हें अब हो रहा है। कहने लगे समझ में नहीं आता कि ओम मेहता से किस प्रकार डील किया जाये। मैंने मंत्रिमंडल के पुनर्गठन के समय प्रो. धर को

बहुत समझाया था कि ओम मेहता को बहुत महत्वपूर्ण स्थान न दें। न तो उनमें योग्यता है, न गंभीरता। वे प्रायः अपने सभी सहयोगियों की शिकायत कर-करके प्रधानमंत्री के इतने करीब आये हैं। आज सुबह भी उन्होंने ऐसा ही काम किया। अभी कुछ दिन पहले वे प्रधानमंत्री से गृहमंत्री और गृहसचिव की निराधार शिकायत कर गये थे। प्रो. धर ने उन्हें बुलाकर समझाया भी, पर लगता है उन पर कोई असर नहीं हुआ है।

आचरण के गिरते हुए मापदंडों के उदाहरण दिन-प्रतिदिन सामने आ रहे हैं। आज समाचारपत्रों में आया है कि मराठवाड़ा युनिवर्सिटी में एक राजनीतिक नेता, वाइस चांसलर और युनिवर्सिटी के एक अन्य वरिष्ठ अधिकारी के लड़कों के नंबर बढ़ाये गये। यह बात एक जाँच के द्वारा प्रकट हुई। पर क्या इन लोगों को कुछ होगा? मुझे अपने समय के युनिवर्सिटी के कई किस्से याद आये। इन बातों की तब कोई कल्पना भी नहीं करता था। कमेटी की जाँच से बहुत कुछ स्पष्ट होने पर भी मराठवाड़ा युनिवर्सिटी के वाइस चांसलर आदि का कुछ नहीं होगा। विश्वविद्यालयों में अंधाधुंध राजनीति का समावेश करने का उत्तरदायित्व राजनीतिक दलों, विशेषकर सत्तारूढ़ दल का है। पिछले 27 सालों में मनमानी करके विश्वविद्यालयों का स्तर बहुत गिरा दिया गया है और नेता लोग लम्बे-लम्बे भाषण करते हैं कि शिक्षा-पद्धति में सुधार की आवश्यकता है। वह तो है, पर उससे अधिक आज आवश्यकता है चरित्र निर्माण की।

7 जनवरी, 1975

आज शाम को जब मैं गृह सचिव निर्मल मुखर्जी से मिलने गया तो उनके कमरे में रुस्तम जी, वर्धन और नरसिंहमन की एक मीटिंग समाप्तप्राय थी। मेरे पहुँचने पर वे लोग एक-एक करके उठ कर चले गये। वातावरण मुझे गंभीर लगा। मैं निर्मल मुखर्जी से नगालैंड के विषय में बात करने गया था। करीब घंटा भर उनके पास रहा। उनके कमरे से अपने कार्यालय वापस आ रहा था तो वर्धन भी घर के लिए रवाना हो रहा था। हम दोनों साथ ही नीचे उतरे और नॉर्थ ब्लॉक के बाहर खड़े होकर कुछ देर बातें करते रहे।

वर्धन ने मुझसे कहा कि ललित बाबू की मृत्यु पर प्रधानमंत्री की जो प्रतिक्रिया हो रही है, उससे वे बहुत चिंतित (डिस्टर्ब्ड) हैं। पहले किसी बात पर उन्हें इतनी चिंता नहीं हुई थी। मुझे एकदम घंटा भर पहले की मीटिंग का ध्यान आया। वर्धन ने पुष्टि की कि वह मीटिंग इसलिए हुई थी कि प्रधानमंत्री चाहती हैं कि राष्ट्रीय स्वयं सेवक संघ, जनसंघर्ष समिति आदि को 'बैन' कर दिया जाए, चाहे जैसे भी हो। वर्धन ने कहा कि ऐसा करने के लिए नये कानून की आवश्यकता होगी। आपात्काल को कायम रखना होगा और संभवतः आपात्काल के लिए एक नयी

घोषणा की आवश्यकता होगी। गृह सचिव भी इस प्रतिक्रिया से प्रसन्न नहीं हैं। उन्हें आज दोपहर प्रधानमंत्री ने यह आदेश देने के लिए बुलाया था। उन्होंने दबे शब्दों में इस पर अपनी असहमति प्रकट की। किन्तु प्रधानमंत्री पर उसका कोई असर नहीं पड़ा। गृह मंत्रालय के अधिकारियों के अनुसार, जिन्होंने आज काफी समय तक इस पर विचार-विमर्श किया था, इस प्रकार की प्रतिक्रिया का प्रभाव बहुत बुरा होगा। सरकार एक के बाद एक ग़लती करती जायेगी और जनता की दृष्टि में नीचे गिरती जायेगी और विपक्षी दल सरकार की दमन-नीति के लिए उसकी निंदा करेंगे।

वर्धन की बात पर मुझे कुछ आश्चर्य हुआ। कुछ दिन पहले प्रधानमंत्री ने इस प्रश्न पर डॉ. धर व मुझसे बात की थी। हम दोनों ने ही इनसे कहा था कि ऐसा करना ग़लत होगा। मैंने यह भी कहा था कि इससे जन-साधारण में असंतोष बढ़ेगा। बाद में मेरी प्रो. धर से फिर बात हुई थी। उसके बाद मुझे ऐसा आभास हुआ कि अब कोई ऐसी कार्यवाही पर विचार नहीं किया जा रहा है। आज प्रो. धर अस्वस्थ होने के कारण कार्यालय नहीं आये थे। मुखर्जी को उन्होंने अपने घर पर बुलाया था। पिछले मार्च की एक रात की घटना के बाद, जब प्रधानमंत्री ने मुखर्जी और दिल्ली के उपराज्यपाल को बिना बात बुरी तरह डाँटा था, मेरा अनुभव यह है कि मुखर्जी प्रधानमंत्री से बहुत वाद-विवाद नहीं करते। वे जो कुछ कहना होता है प्रो. धर या मुझसे कहते हैं। मुझे तभी लग रहा था कि गृह सचिव अब प्रभावी ढंग से काम नहीं कर सकेंगे। प्रधानमंत्री के आदेश के बाद मुखर्जी अब क्या कर सकते हैं?

मुझे इसमें तनिक संदेह नहीं कि गृह मंत्रालय की विचारधारा तर्कसंगत है। ललित बाबू की मृत्यु पर आवश्यकता से अधिक प्रतिक्रिया नहीं होनी चाहिए। ललित बाबू की मृत्यु के पीछे किसका हाथ है, इसका कोई भी संकेत मिलने से पहले, सत्तारूढ़ दल व औरों ने राजनैतिक दृष्टिकोण के आधार पर प्रतिक्रियाएं प्रदर्शित करना आरंभ कर दिया। एक ओर यह आक्षेप हो रहा है कि सरकार ने ही यह करवाया और दूसरी ओर सत्तारूढ़ दल की ओर से यह कहा जा रहा है कि जयप्रकाश के आंदोलन और उनका साथ देने वाले दलों का षड्यंत्र ही इस हत्या के लिए उत्तरदायी है। सच बात का पता नहीं, न उसका कोई संकेत ही है। पर सबने मिलकर वातावरण को पूरी तरह दूषित कर दिया है। सुना है, आज सायंकाल एक शोकसभा में प्रधानमंत्री ने जयप्रकाश व उनके समर्थक दलों की कड़ी और कटु आलोचना की है। किसी षड्यंत्र की भी चर्चा की है। पता नहीं अभी से प्रधानमंत्री ने कोई पोजीशन लेना क्यों उपयुक्त समझा है। अब विपक्षी दल कहेंगे कि प्रधानमंत्री दमन-नीति को कार्यान्वित करने की तैयारी कर रही हैं।

वस्तुमूलक विश्लेषण से स्पष्ट होगा कि सत्तारूढ़ दल इस मृत्यु से राजनैतिक

लाभ उठाना चाहता है। हिंसा की प्रवृत्ति को बढ़ाने में कांग्रेस पीछे नहीं रही है। आज पश्चिमी बंगाल में स्वयं कांग्रेस के गुटों में क्या हो रहा है? 1972 व 73 में आंध्र प्रदेश में जो आंदोलन हुआ और उससे पहले 1969 में जो आंदोलन हुआ, उसमें हिंसा का सहारा किसने लिया। प्रमुख कांग्रेसी नेताओं ने हिंसा को बढ़ावा देने में क्या कसर रखी? पिछले वर्ष गुजरात-आंदोलन में हिंसा को बढ़ावा देने में भी कांग्रेस का हाथ था। पर उस समय सत्तारूढ़ दल ने इतनी कटु और तीव्र प्रतिक्रिया व्यक्त नहीं की। इन आंदोलनों की अपेक्षा बिहार-आंदोलन वास्तव में शांतिपूर्ण रहा है। सत्तारूढ़ दल यह बात नहीं मानता, पर व्यक्तिगत रूप से बिहार के कई प्रमुख कांग्रेसी नेताओं ने मुझसे कहा है कि यदि जयप्रकाश ने नेतृत्व न किया होता तो बिहार में हिंसा की ज्वाला भड़क उठी होती। उत्तरी बिहार में नक्सलवादी, कम्युनिस्ट पार्टी, कांग्रेस व जनसंघ अरसे से हिंसा का पथ अपना रहे हैं। स्वयं प्रधानमंत्री ने इस ओर गृहमंत्री और गृह मंत्रालय का ध्यान आकृष्ट किया है। पर उस संदर्भ में प्रशासनिक उपायों के अतिरिक्त कोई और बात नहीं सोची गयी। यदि आज राजनैतिक दृष्टिकोण को प्राथमिकता देकर कुछ कार्यवाही करने की बात सोची जा रही है तो उसका प्रभाव उल्टा ही पड़ेगा। सरकार की निष्ठा पर जनता का विश्वास कम हो रहा है, जो और भी कम होता जायेगा।

हिंसा को रोकने के लिए सरकार ने क्या कोई ठोस कदम उठाये हैं। पिछले साल फरवरी-मार्च में मैंने इस पूरी समस्या का विश्लेषण करते हुए प्रधानमंत्री को कई नोट्स दिये थे। किन्तु उन पर कोई कार्यवाही नहीं हुई। ख़ैर, जो भी हो, सब आंदोलनों के बावजूद यदि वर्ष के अंतिम दिन सिंहावलोकन किया जाता तो कोई यह नहीं कह सकता था कि पहले की अपेक्षा उस समय हिंसात्मक प्रवृत्ति विशेष प्रबल थी। न कम थी, न ज्यादा। पर तीन तारीख को ललित बाबू की मृत्यु के बाद सत्तारूढ़ दल एकदम से इसकी बात करने लगा। वास्तविकता स्पष्ट है।

असल बात क्या है? सरकार की निष्ठा और ईमानदारी पर विश्वास कम होता जा रहा है। उसको बढ़ाने की दिशा में तो कोई काम किया नहीं जा रहा है। संस्थाओं को अवैधानिक घोषित करना, उनके कार्य-कलापों को रोकना, इन सबसे बात बनने वाली नहीं है। आवश्यक यह है कि सरकार लोकपाल की नियुक्ति करे, भ्रष्टाचार को रोकने के लिए केवल भाषण से काम न लेकर कुछ ठोस कदम उठाये और निर्वाचन सुधार की बात सोचे। जब तक यह नहीं किया जायेगा, केवल प्रशासनिक यंत्र की सहायता से सरकार नयी परिस्थितियों का सामना करने में जनता को अपने साथ नहीं कर पायेगी। यह सब न करके दमन-नीति को अपनाने में सरासर हानि ही होगी। कठिनाई यह है कि गृहमंत्री या गृहसचिव पूरा विश्लेषण, जिससे मुझे पता है वे सहमत हैं, प्रधानमंत्री के सामने रखेंगे नहीं। प्रो. धर इन मामलों पर अधिकारपूर्ण तरीके से बोलते नहीं। मैंने प्रधानमंत्री से कई बार इस बात पर चर्चा की है। पर

मेरे विचारों को जानते हुए आजकल वे मुझसे इस विषय पर अधिक बात नहीं करेंगी—टाल देंगी। यह उनका तरीका है।

पता नहीं क्यों सरकार भ्रष्टाचार को दूर करने और संबंधित विषयों पर ठोस कार्यवाही नहीं करती। प्रधानमंत्री का रुख भी इस विषय में संतोषजनक नहीं कहा जा सकता। लोकपाल विधेयक आज कई साल से संसद में पड़ा हुआ है, पर प्रधानमंत्री ने उसको विचार के लिए नहीं आने दिया है। एकाध बार इस पर चर्चा भी हुई। यह तय भी हुआ कि इस विधेयक पर विचार करने का प्रस्ताव देना चाहिए। पर अलग से प्रधानमंत्री ने कार्मिक विभाग के राज्यमंत्री (राम निवास मिर्धा) से कह दिया कि जल्दी करने की कोई आवश्यकता नहीं है। कुछ दिन पहले प्रो. धर ने मुझसे इस बारे में बात की थी। वे बहुत इच्छुक हैं कि लोकपाल संबंधी कानून बन जाना चाहिए, अध्यादेश से ही। विधिमंत्री से भी बातचीत हुई थी मेरी। पर संभवतः फिर ढिलाई पड़ गयी है। लोकपाल विधेयक अकेले से बहुत न भी हो पर यह सरकार की नीयत का प्रतीक बन गया है।

बात केवल लोकपाल विधेयक की ही नहीं है। उस विधेयक के न रहते हुए भी बहुत कुछ कार्यवाही हो सकती है। पर राह वही लोग पकड़ते हैं, जिन्हें चाह होती है। गोखले, सरदार साहब आदि सब चाहते थे, सबने परामर्श दिया था, कि भारत सेवक समाज के मामले में एक जाँच आयोग की नियुक्ति होनी चाहिए, पर प्रधानमंत्री नहीं मानी। कई और मामले उनके समक्ष आये—छोटे और बड़े दोनों प्रकार के। सबको दबा दिया गया। कपूर के मामले पर गणेश पर गुस्सा उतरा। दरोगा प्रसाद राय और केदार पांडे के मामले भी मैंने उनके सामने प्रस्तुत किये। रिजर्व बैंक के अनुसार दरोगा राय ने विदेशी मुद्रा के एक मामले में गड़बड़ की और संतोषजनक उत्तर न दे सके। उनके विरुद्ध विधिवत कार्यवाही आवश्यक थी। पर आज तक कागज़ात प्रधानमंत्री के पास से नहीं लौटे हैं। केदार पांडे को एक फर्म से बंधा महीना मिलने की रिपोर्ट सी.बी.आई. ने की थी। उस पर भी प्रधानमंत्री ने कोई कार्यवाही करना उचित नहीं समझा। देवराज अर्स ने अपने दामाद को ज़मीन दिलाने में गड़बड़ की। कागज़ात देखकर मैंने प्रधानमंत्री को बताया कि ग़लत काम हुआ है। मेरा सुझाव था कि अर्स अब भी वह ज़मीन छुड़वा दें। पर प्रधानमंत्री ने अर्स से बात करने के बाद बताया कि उस ज़मीन में अर्स के दामाद का बहुत धन लग चुका है। अब कुछ नहीं हो सकता। वीरेंद्र पाटील ने प्रधानमंत्री को इस बारे में लिखा है। अभी उनको अंतरिम उत्तर ही दिया गया है। इसके विपरीत किसी विपक्षी दल के नेता या सदस्य के विरुद्ध छोटी-सी बात मिल जाये तो प्रधानमंत्री उस पर फौरन कार्यवाही करने को तैयार रहती हैं। मूल में है एक ही बात—हर चीज को अपने राजनैतिक स्वार्थ से देखने की प्रवृत्ति। जनता में इन बातों की चर्चा होती है। सरकार की निष्ठा में कैसे विश्वास हो!

8 जनवरी, 1975

कार्यालय में आज प्रभाकर जी बहुत देर तक मेरे पास रहे। प्रभाकर जी सर्वोदय के प्रमुख कार्यकर्ता हैं। विनोबा जी के नजदीकी समझे जाते हैं। मेरा उनसे परिचय पिछले दो-तीन सालों में ही हुआ है। राजस्थान में नशाबंदी के प्रश्न पर विचार करने के लिए जो एक अनौपचारिक समिति मंत्री राज बहादुर की अध्यक्षता में बनायी गयी थी, उसके एक सदस्य प्रभाकर जी भी थे। मैं सदस्य न होते हुए भी प्रधानमंत्री के आदेशानुसार उस समिति के कार्य में भाग लेता था। प्रभाकर जी सीधे-सादे आदमी हैं। प्रधानमंत्री से अक्सर मिलते रहते हैं। जबसे जयप्रकाश का आंदोलन शुरू हुआ है, अधिक आना-जाना हो गया है। प्रभाकर जी व निर्मला देशपांडे के ही माध्यम से प्रधानमंत्री ने सर्वोदय में फूट डलवाने के प्रयत्न किये हैं। सर्वोदय व सर्वसेवा संघ में जयप्रकाश का विरोध इन्हीं लोगों द्वारा कराया जा रहा है। प्रभाकर जी ने आज की भेंट में इसके बारे में भी बताया।

वैसे आज वे मुझसे प्रधानमंत्री जी के कहने पर मिलने आये थे। काफी अर्से से वे डॉ. धर्म तेजा की ओर से प्रधानमंत्री से मिलते रहे हैं। तेजा के प्रति प्रधानमंत्री का दृष्टिकोण सहानुभूतिपूर्ण है। कुछ दिनों पहले मैंने तेजा के निवेदन पत्रों पर एक नोट दिया था। उसमें स्पष्ट किया था कि विधिवत डॉ. तेजा को क्या सुविधाएँ मिल सकती हैं, विशेषकर नये क्रिमिनल प्रोसीजर कोड के अनुसार, उनकी सजा में कितनी छूट मिल सकती है। वह नोट प्रधानमंत्री के ही पास है भी। आज सुबह जब प्रभाकर जी उनसे मिले तो उन्होंने कहा कि इस विषय पर विचार करने का उन्हें समय नहीं मिला है और पूरी जानकारी के लिए वे मुझसे मिल लें। मैंने उन्हें सब बातें समझा दीं, जिससे वे संतुष्ट लगे। पता नहीं वे तेजा के मामले में इतनी दिलचस्पी क्यों ले रहे हैं?

9 जनवरी, 1975

आज के समाचारपत्रों में प्रधानमंत्री के सात जनवरी की शोक सभा में दिये गये भाषण की काफी आलोचना निकली है। कई दलों के नेताओं ने कहा है कि यह प्रधानमंत्री की आदत है कि थोड़े-थोड़े समय बाद वे यह कहती हैं कि विरोधी दल उनकी हत्या करना चाहते हैं। इस आदत की भर्त्सना की गयी है। भारतीय जनसंघ के अध्यक्ष लालकृष्ण अडवानी ने तो यह भी कहा कि तीन-चार साल पहले भी प्रधानमंत्री ने जनसंघ के विरुद्ध आक्षेप लगाया था कि वह प्रधानमंत्री की हत्या का षड्यंत्र कर रहा है, पर जब जनसंघ अध्यक्ष (अटल बिहारी वाजपेयी) ने उन्हें इस संबंध में पत्र लिखा तो प्रधानमंत्री से कोई उत्तर देते नहीं बना।

आज प्रधानमंत्री के कमरे में एक उच्च स्तरीय मीटिंग हुई। उसमें भाग लिया कांग्रेस अध्यक्ष देवकांत बरुआ, रजनी पटेल, सिद्धार्थ शंकर राय और गोखले ने।

शेषन से पता लगा कि फिर से इस बात पर विचार किया जा रहा है कि निर्वाचन कब हो? उस मीटिंग में कोई अधिकारी नहीं था, पर बाहर शेषन के कमरे में दोनों विधि सचिव मौजूद थे। उनसे शेषन की बात हुई तो पता लगा कि प्रस्ताव की रूपरेखा कुछ यह बन रही है कि फरवरी में तीन-चार सप्ताह का संसद का सत्र हो, उसके बाद लोकसभा को भंग कर दिया जाये और मई में चुनाव हो। शेषन ने मीटिंग के बाद सिद्धार्थ से यह प्रश्न किया कि 370 सदस्य होकर जब आप लोग संसद से इतना घबड़ा रहे हैं तो चुनाव के बाद (जब निश्चय ही कांग्रेस के सदस्यों की संख्या कम हो जायेगी) क्या कीजिएगा? शेषन को कोई उत्तर नहीं मिला।

मुझे एक बात स्पष्ट नहीं है। अभी कुछ दिन पहले मुख्य निर्वाचन आयुक्त ने यह घोषणा की थी कि हर जनगणना के बाद जो निर्वाचन क्षेत्रों का पुनर्गठन होता है, वह मई में पूरा होगा। उसके बाद कम से कम 33 दिन चाहिए निर्वाचन के लिए। पर मई के अंत और जून के आरंभ में देश के कई भागों में मानसून आरंभ हो जायेगा। उस समय निर्वाचन में काफी कठिनाई होगी। कैसे सब प्रबंध होगा? क्या यह तो नहीं कि लोकसभा भंग करने के बाद चुनाव अक्तूबर में ही कराया जाये? यह सर्वथा ग़लत होगा। देश चार-पाँच महीने बिना संसद के रहे यह बहुत अनुचित होगा। पर सत्तारूढ़ दल को आज औचित्य व अनौचित्य का अंतर करने का विवेक नहीं रह गया है।

इसी प्रकार की एक अनुचित बात और हो रही है। निर्वाचन के लिए मतदाताओं की सूची का रिवीजन काफी विधिपूर्वक होता है। चुनाव के साल भर पहले। इस बार ऐसा नहीं हो रहा है। यह काम बहुत सरसरी तौर पर किया जा रहा है। इस बात की काफी आलोचना है, पर सरकार को इसकी चिंता नहीं।

आज एक बात जानकर तसल्ली हुई। प्रधानमंत्री ने कुछ दलों, समितियों आदि पर प्रतिबंध लगाने के सुझाव को स्थगित कर दिया है। फिलहाल गृह सचिव से यही कहा गया है। केवल बड़ी संख्या में विपक्षी दलों के कार्यकर्ताओं को जेल में बंद करने की बात सोची जा रही है। दो अधिकारी बिहार भेजे जा रहे हैं। दमन-नीति का प्रारंभ हो ही रहा है।

राजनीति और राजनीतिज्ञों का स्तर निरंतर गिर रहा है। आज गुजरात के राज्यपाल का एक संदेश आया है कि हितेंद्र देसाई प्रधानमंत्री या उनके मनोनीत किसी प्रतिनिधि से मिलने 15 व 17 तारीख के बीच दिल्ली आयेंगे। पहले तो यह बिल्कुल ग़लत है कि राज्यपाल के माध्यम से इस प्रकार की राजनीति का गंदा काम कराया जाये। पर आजकल के राज्यपालों का ऐसा प्रयोग खूब हो रहा है। लेकिन हितेंद्र देसाई जैसे नेताओं को यह सब कहाँ तक शोभा देता है। अभी दस-पंद्रह दिनों पहले उन्होंने एक समाचार का खंडन करते हुए एक वक्तव्य दिया कि वे कांग्रेस में नहीं आ रहे हैं। अंदर ही अंदर यह सब हो रहा है। राजनीतिक जीवन में इस

गिरावट की जिम्मेदारी प्रधानमंत्री की भी बहुत कुछ है।

10 जनवरी, 1975

आज प्रधानमंत्री पाँच दिनों के लिए बाहर गईं। दो दिन नागपुर, हैदराबाद आदि में रह कर तीन दिन के लिए मालदीव जायेंगी। कार्यालय में पिछले कई दिनों की चहल-पहल और व्यस्तता नहीं थी। बहुत शांति थी। सुबह असम, नगालैंड के राज्यपाल एल.पी. सिंह से मिलने राष्ट्रपति भवन गया। व्यस्त होने के कारण प्रधानमंत्री इस बार उनसे नहीं मिल सकीं। कल रात मुझसे कहा कि मैं उनसे अवश्य मिल लूँ और उत्तरी-पूर्वी अंचल के विषय में बातचीत कर लूँ। एल.पी. से वैसे भी मैं जब भी वे दिल्ली आते हैं कई बार मिलता हूँ। दिन में कार्यालय में ही रहा। इधर कई महीनों से बिल्कुल आराम नहीं मिला है। कार्यालय में भी अधिक काम नहीं था। यह भी निश्चय किया कि कल-परसों दो दिनों की पूरी छुट्टी करूँगा। महीने के दूसरे शनिवार और रविवार की छुट्टी होगी, इसलिए कार्यालय नहीं जाऊंगा।

पंजाब के भूतपूर्व मंत्रियों के आरोप वाले कागज़ात प्रधानमंत्री से वापस आ गये हैं। उन्होंने पिछले हफ्ते हुई बातचीत के आधार पर मेरी बात मान ली है।

11 जनवरी, 1975

पूर्व निश्चय के अनुसार आज कार्यालय नहीं गया। दोपहर को एल.पी. और उनके परिवार को भोजन के लिए बुलाया था। वे लोग लगभग पौने दो बजे आये और करीब दो घंटे साथ रहे। किसी और को निमंत्रित नहीं किया था। दोपहर में धूप में बैठ कर खाना खाया। बहुत अर्से बाद आज धूप में बैठा होऊँगा।

एल.पी. का नाम तो मैंने विद्यार्थी काल में ही सुना था। वे इलाहाबाद के ही छात्र थे और उनका विवाह भी इलाहाबाद के एक प्रतिष्ठित परिवार में हुआ है। श्रीमती सिंह के कई भाई पापा जी के विद्यार्थी और सहयोगी रहे हैं। व्यक्तिगत परिचय एल.पी. से 1956 में हुआ जब वे गृह मंत्रालय में विशेष कार्याधिकारी के रूप में आये। मैं उस समय उसी मंत्रालय में था और मुझे उनके साथ लगाया गया। उन्नीस वर्ष में उनसे और उनके परिवार से हमारे संबंध प्रगाढ़ होते गये। हम सबसे वे बहुत स्नेह करते हैं। दिल्ली जब भी आते हैं, घर अवश्य आते हैं। उन्हें अंदर-ही-अंदर यह भी आभास है कि उनकी राज्यपाल की नियुक्ति में मेरा विशेष हाथ रहा है। एल.पी. बहुत ही योग्य और कर्तव्यनिष्ठ व्यक्ति हैं।

आज सुबह भी उनके पास चला गया था। कल उनसे उनके काम से संबंधित बातें हुई थीं। आज सामान्य चर्चा हुई। पहले वे अपनी कुछ व्यक्तिगत समस्याएँ बताते रहे। उनकी सबसे छोटी पुत्री—गुड़ी—आजकल चेकोस्लोवाकिया में पाश्चात्य संगीत सीख रही है। उसका स्वास्थ्य ठीक नहीं है, इससे वे चिंतित हैं। बाद में

देश की वर्तमान स्थिति पर बात होने लगी। उन्होंने कहा कि लगता है, प्रधानमंत्री चुनाव जल्दी करवायेंगी। पर उन्हें भी एक बात का डर है। लोकसभा को अपैल में भंग करके अक्तूबर में चुनाव कराने का। यह बहुत ही ग़लत होगा, ऐसा उनका विचार है।

इस संदर्भ में उन्होंने 1966 की एक घटना विस्तारपूर्वक सुनायी। उस साल जब जून में डीवेल्यूएशन का निर्णय लिया गया तो एल.पी. श्रीनगर में थे। कई दिन का कार्यक्रम बना कर गये थे, पर उन्हें वहाँ प्रधानमंत्री के सचिव (लक्ष्मीकांत झा) का फौरन दिल्ली लौट आने का संदेश मिला। दिल्ली हवाई अड्डे पर संदेश मिला सीधे झा के कार्यालय पहुँचने का। उनको वापस बुलाया गया था, क्योंकि प्रधानमंत्री लोकसभा को भंग करके नवम्बर में चुनाव कराना चाहती थीं। झा के कमरे से एल. पी. उनके साथ प्रधानमंत्री के पास गये। वहाँ उस समय चव्हाण, सुब्रह्मणियम और अशोक मेहता प्रधानमंत्री के पास बैठे थे। प्रधानमंत्री ने सुझाव एल.पी. और झा को बताया। एल.पी. ने कहा कि चार-पांच महीने देश में संसद न रहे, यह ग़लत होगा। इंग्लैंड में हाउस आफ कॉमंस भंग होने पर 3 सप्ताह में चुनाव हो जाता है। उन्होंने कई और कारण भी बताये चुनाव न कराने के। किंतु प्रधानमंत्री ने सुझाव को छोड़ा नहीं। पर बाद में जब यह बात कांग्रेस अध्यक्ष कामराज के सम्म्मुख रखी गयी तो उन्होंने उसे फौरन ही अस्वीकार कर दिया।

चुनाव जल्दी कराने की बात सोची जा रही है। इसकी पुष्टि हुई आज ओम मेहता के फोन से। वे हैदराबाद में आज सुबह प्रधानमंत्री से मिले थे। फोन पर यह जानना चाहते थे कि अगले सत्र के समन जारी हुए या नहीं। बातों में ही उन्होंने कहा कि कितने दिन का अधिवेशन होगा, यह बाद में तय किया जायेगा।

12 जनवरी, 1975

आज सुबह थोड़ी देर के लिए वर्धन के घर गया। उसके बाद दिन भर घर पर ही रहा। कई दिनों से गिरिराज किशोर का 'जुगलबंदी' पढ़ रहा था, उसे दिन भर में समाप्त किया। काफी अच्छा उपन्यास है, शिवचरण का चरित्र बहुत ही सुंदर अंकित किया गया है। मुझे एक शिकायत है। अप्राकृतिक व्यभिचार का इसमें काफी अनावश्यक चित्रण किया गया है। यह सब होते हुए भी यह एक सफल उपन्यास है।

इतने दिनों बाद दो दिन की छुट्टी ली—वह समाप्त। इसके अवसाद से मन कुछ खिन्न है। ऐसा पहले नहीं हुआ, पता नहीं आज क्यों ऐसा हुआ। साहनी साहब के यहाँ रात के खाने पर नहीं गया। पम्मी और कम्मी वर्धन के साथ गयी हैं। गोपाल आज ईराक गया है। सत्रह तारीख को लौटेगा।

13 जनवरी, 1975

आज शाम को मन बहुत दुखी हो गया। लगभग छः बजे समाचार मिला कि एज़ोल (मिज़ोरम) में अंडर ग्राउंड मिज़ो ने मिज़ोरम के आई.जी., डी.आई.जी. और एस.पी. (सी.आई.डी.) की हत्या कर दी। घटना करीब साढ़े चार बजे की थी। गृहसचिव से उसी समय इसकी पुष्टि के लिए पूछा। फोन पर भी वे दहले हुए लग रहे थे। घटना भयावह और करुण थी। मुझे बहुत हीं बुरा लगा।

आई.जी. घमंडी सिंह आर्य से मेरा बहुत पुराना परिचय था। युनिवर्सिटी में वे मुझसे दो-तीन साल पीछे थे। पर दद्दा जी (राय बहादुर हुकुम चंद्र चतुर्वेदी) के घर वे बहुत आते थे। उनके पुत्र सुरेश के सहपाठी थे। पड़ोसी होने के अतिरिक्त दद्दाजी के यहाँ हम सबका बहुत उठना-बैठना था। घमंडी से भी वहाँ बहुत भेंट होती थी। मुझे बुरा इसलिए भी लग रहा है क्योंकि उसे मिज़ोरम भेजने में मेरा हाथ था। गृहसचिव ने कुछ महीने पहले मिज़ोरम के लिए तीन नाम भेजे थे, उनमें सबसे वरिष्ठ अधिकारी घमंडी ही थे। प्रो. धर से जब इस विषय पर बात हुई तो मैंने उन्हें घमंडी के बारे में अच्छी व बुरी दोनों ही बातें बताते हुए यही सिफारिश की थी कि वे मिज़ोरम के लिए बहुत उपयुक्त होंगे। तदनुसार निर्णय ले लिया गया। मुझे क्या पता था कि घमंडी की मृत्यु को न्यौता दिया जा रहा है। मैं संध्या भर यही सोचता रहा कि क्या मैं यह नियुक्ति रोक सकता था। लेकिन रोकने का कारण क्या होता?

मिज़ोरम जाने से पहले घमंडी मुझसे दिल्ली में मिले थे। वही हमेशा का-सा हँसता और खिलखिलाता चेहरा, जैसा दद्दा जी के यहाँ देखा करता था। बार-बार उनका चित्र सामने आता रहा। इधर विद्यार्थी जीवन के कई परिचित व मित्रों का निधन दुर्घटनाओं में हुआ। पिछले महीने पांडे जीप दुर्घटना के शिकार हुए। दस-बारह दिन पहले मध्य प्रदेश प्रशासन का एक विमान रायबरेली के पास विस्फोट हो गया। उसमें मध्य प्रदेश के गृहसचिव रमेश चंद्र राय यात्रा कर रहे थे, मृत्यु के मुँह में समा गये। युनिवर्सिटी में वे भी साथ थे। और आज घमंडी काल का ग्रास हो गये। ईश्वर की या जीवन की निष्ठुरता!

प्रधानमंत्री दिल्ली में नहीं हैं। पर आज की घटना का संदेश भेजना आवश्यक था। सूचना मिलते ही यह कर दिया। वह बहुत दुखी होंगी, कुछ रोष भी होगा। काफी समय से उनका विचार है कि गृह मंत्रालय उत्तरी-पूर्वी अंचल की समस्याओं का सामना करने के कार्य में उतनी गंभीरता नहीं दिखाता जितनी आवश्यक है। आज कार्यालय आते ही प्रो. धर मेरे कमरे में आकर बैठ गये और इसी विषय पर बात करने लगे। दौरे पर जाने से पहले प्रधानमंत्री से जो हम दोनों की बात हुई थी उसमें प्रधानमंत्री ने उत्तरी-पूर्वी राज्यों के प्रति विशेष चिंता व्यक्त की थी। लगभग आधे

घंटे बात होती रही। और संध्या को इतनी दुखद घटना की सूचना आयी।

मिज़ोरम के संदर्भ में मैंने प्रो. धर को बताया कि प्रशासनिक कमियों के अतिरिक्त परिस्थितियाँ बिगाड़ने में कांग्रेस का पूरा हाथ रहा है। पिछले चुनाव में वहाँ मिज़ो यूनियन विजयी रहा, उसी दल ने सरकार बनाई। छुटभय्ये कांग्रेसियों को यह कैसे अच्छा लगता। कांग्रेस में कुछ ऐसे व्यक्ति हैं जो अनावश्यक रूप से व्यस्त रहना चाहते हैं। शीलभद्र याजी भी उनमें से एक हैं। वे समझते हैं कि उत्तरी-पूर्वी राज्यों की समस्या उनके बराबर कोई नहीं जानता-बूझता। जबसे उनकी राज्यसभा की सदस्यता समाप्त हुई है, वे इस क्षेत्र में व्यस्त हो गये हैं। प्रधानमंत्री ने भी उन्हें इसमें प्रोत्साहित किया। पूरबी मुखर्जी ने भी शीलभद्र याजी का साथ देना शुरू किया। दोनों की स्कीम बनने लगी कि मिज़ो यूनियन को कांग्रेस में मिला लिया जाये। कृष्णचंद्र पंत और मैंने काफी प्रयत्न किया कि ऐसा न होने पाये, पर बात ड्रिफ्ट करती गयी और एक दिन मिज़ो यूनियन का अस्तित्व समाप्त हो गया। मिज़ोरम में भी कांग्रेस की धूम मच गयी। शीलभद्र याजी और पूरबी मुखर्जी बहुत प्रसन्न! छोटे मस्तिष्क बड़ी समस्याओं से खेलें तो परिणाम अच्छे नहीं होते।

मिज़ो यूनियन मिज़ोरम की सबसे पुरानी पार्टी थी। वह सदा से इसमें विश्वास करती थी कि मिज़ोरम को भारत के अन्य भागों के करीब आना चाहिए। वह अंडरग्राउंड मिज़ो का सख्त विरोध करती थी और इसी नारे पर पिछला चुनाव जीती थी। उनके इस रुख का विरोध करना कांग्रेस ने अपना धर्म समझा। वह अंडरग्राउंड के प्रति मुलायम पड़ने लगी। कांग्रेस ने एक नयी नीति का प्रतिपादन शुरू किया कि अंडरग्राउंड से बातचीत करनी चाहिए। मिज़ो यूनियन और कांग्रेस जब मिल कर एक हो गये तो इस विचारधारा ने और जोर पकड़ा। परिणाम यह हुआ कि अंडरग्राउंड का खुल कर और डट कर विरोध करने वाला मिज़ोरम में कोई नहीं रहा। वहाँ का पूरा वातावरण बदल गया। उपद्रव बढ़ने लगे। अंडरग्राउंड का ज़ोर और विश्वास बढ़ता गया। गृहसचिव और मैंने इसी स्थिति की समीक्षा प्रधानमंत्री के सम्मुख जुलाई में रखी थी। हमारा सुझाव था कि अंडरग्राउंड के प्रति कड़े कदम उठाने पड़ेंगे। प्रधानमंत्री पूरी तरह सहमत थीं। निर्णय भी लिये गये। पर उनको कार्यान्वित कौन करे? मिज़ोरम के मुख्यमंत्री छुंगा में इतना मनोबल नहीं रह गया था। वे कांग्रेस के रवैये से दुखी थे। प्रधानमंत्री ने उन्हें समझाया। मैंने और गृहसचिव ने उनसे घंटों बात की। उनमें आत्मविश्वास बढ़ा। कुछ कदम भी उठाये गये पर मिज़ोरम में प्रदेश कांग्रेस इस नीति में बाधा बनी रही। उसको कोई अनुशासित नहीं कर रहा है। परिणाम यह है कि आज तीन बहुमूल्य जीवन नष्ट हो गये।

14 जनवरी, 1975

कल मैंने प्रो. धर से हैदराबाद से किये गये ओम मेहता के फोन की चर्चा की थी।

उन्होंने कहा कि प्रधानमंत्री कागज उन्हें भी नहीं दे गयीं। आज उन्होंने फिर इस विषय पर मुझसे बातचीत की। उन्होंने इस बात की पुष्टि की कि इन दिनों इस पर विचार किया जा रहा है कि अगले सत्र की अवधि क्या हो? कुछ निर्णय नहीं लिया जा सका है। अवश्य नये सत्र के समन निकालने में अब देर नहीं करनी चाहिए। जितनी जानकारी मिल सकती थी उसका पता लगने पर फिर यही निश्चय हुआ कि आज रात तो प्रधानमंत्री दौरे से लौट आयेंगी। उनसे पूछकर ही कार्यवाही करना उचित होगा।

प्रधानमंत्री दौरे पर जाने से पहले एक नोट प्रो. धर के लिए छोड़ गयी थीं। उसमें मुस्लिम लीग के नेता इस्माइल सुलेमान सेठ से जो बातचीत 9 तारीख को हुई थी उसका सारांश दिया था। उसके बारे में भी प्रो. धर मुझसे बातचीत करते रहे। लीग के साम्प्रदायिकतापूर्ण दृष्टिकोण से प्रो. धर का दुखी होना स्वाभाविक है। उन्होंने मुसलमानों की राजनीति का गहन अध्ययन किया है। वे सामान्यतः सरकार की मुसलमानों के प्रति जो नीति है, उसके आलोचक हैं। उनका कहना है कि प्रधानमंत्री के इर्द-गिर्द जो 'सूडो लिबरल' हिन्दू नेता मुसलमानों की हर ग़लत-सही माँग का समर्थन करते रहते हैं, वह मुसलमानों की वास्तविक कठिनाइयाँ दूर करने में सहायक नहीं हो सकते। आज आवश्यकता इस बात की है कि मुसलमान अपनी पृथक रहने की प्रवृत्ति को दूर करें और समाज के और अंगों में हिल-मिलकर रहें। उनके अपने समाज में सुधार की बहुत बड़ी आवश्यकता है। उनके पर्सनल लॉ में सरकार कोई परिवर्तन न करे, कोई उपयुक्त माँग नहीं है। सेठ ने प्रधानमंत्री से फिर यह माँग की है कि कानून द्वारा सरकार मुसलमानों को यह आश्वासन दे कि उनके व्यक्तिगत लॉ में कोई परिवर्तन नहीं किया जायेगा। प्रो. धर ने प्रधानमंत्री को यह लिखा है कि ऐसा करना असंभव है। बात ठीक कही है, संविधान के अनुसार ऐसा नहीं हो सकता।

इस संबंध में प्रधानमंत्री की राजनैतिक लाचारी है। समाज सुधार के विषय पर उनके विचार बहुत उदार और प्रगतिशील हैं। क्रिमिनल प्रोसीजर कोड के संशोधन के समय उन्होंने परित्यक्त स्त्रियों के लिए प्रबंध करने का निर्णय लिया था। वह धारा लोकसभा से पास भी हो गयी थी। पर बाद में मुसलमानों और प्रो. धर की दी गयी संज्ञाधारी 'सूडो लिबरल' हिन्दुओं के प्रभाव में आकर इस धारा में ऐसा परिवर्तन किया गया कि कानून मुसलमानों पर न लागू हो। प्रधानमंत्री को बहुत दुख था इस बात पर, लेकिन राजनैतिक मजबूरी के कारण साहसी कदम लेने में असमर्थ रहीं। कई महिला संगठनों, जिसमें मुसलमान संगठन भी सम्मिलित थे, से इस परिवर्तन का विरोध हुआ, पर बात कट्टर मुल्लापंथियों की ही चली।

इसी प्रकार प्रधानमंत्री के ही आग्रह पर गोद लेने का एक नया कानून तैयार कराया गया। ऐसे कानून की बहुत बड़ी आवश्यकता है। संसद में यह प्रस्तुत भी

कर दिया गया है। पर मुसलमानों के आपत्ति उठाने पर इसमें कोई प्रगति नहीं हुई। प्रधानमंत्री कई बार मुझसे पूछ चुकी हैं कि मामला क्यों रुका पड़ा है। पर जब उन्हें यह याद दिलाया जाता है कि उन्हीं के आदेश से आगे की कार्यवाही रुकी हुई है तो वह चुप हो जाती हैं।

केरल में आजकल मिली-जुली सरकार में कांग्रेस और लीग दोनों ही सम्मिलित हैं। इसी प्रकार के कुछ मामले लेकर दोनों दलों में कुछ तनाव हो गया है। प्रधानमंत्री उसे सुलझाने की चेष्टा में लगी हुई हैं।

15 जनवरी, 1975

आज गृह मंत्रालय में मुखर्जी के कमरे में मिज़ोरम की स्थिति पर विचार करने के लिए, एक मीटिंग हुई। मैंने भी उसमें भाग लिया। मीटिंग करीब ढाई घंटे चली। प्रधानमंत्री कल रात दौरे से लौट आयीं। आज इस विषय पर अवश्य पूछताछ करतीं, इसलिए मैंने इस मीटिंग में उपस्थित रहना उचित समझा। यह संतोष की बात है कि भीषण दुर्घटना के फलस्वरूप गृह मंत्रालय के अधिकारी न तो उतावलापन दिखा रहे हैं, न आवश्यकता से अधिक प्रतिक्रिया व्यक्त कर रहे हैं। मुखर्जी और वर्धन बड़े योग्य एवं कुशल अधिकारी हैं।

दोपहर को कई दिनों के बाद आज प्रधानमंत्री से भेंट की। काफी थकी लग रही थीं। मेरे पूछने पर कहने लगीं कि व्यस्त कार्यक्रम में तो थकान नहीं होती, पर यात्रा में बहुत थकान हो जाती है। मैंने जिन विषयों पर प्रधानमंत्री से बात की उनमें से केवल दो उल्लेखनीय हैं।

कुछ समय पहले मैंने प्रधानमंत्री से एक केस के बारे में बात की थी। उड़ीसा सरकार चाहती है कि हरेकृष्ण मेहताब के ऊपर सी.बी.आई. द्वारा जाँच किये गये एक मामले में भ्रष्टाचार का मुकदमा चलाना चाहिए। मुकदमा चलाने की औपचारिक आज्ञा उड़ीसा सरकार को देनी है, पर सी.बी.आई. ने जाँच के बाद मामला कार्मिक विभाग को भेज दिया है। जब प्रधानमंत्री से पहले बात हुई थी तो उन्होंने कहा था कि केशवदेव मालवीय से बात करनी चाहिए। मालवीय जी ने मुझे बताया कि कई कारणों से मुकदमा कांग्रेस सरकार के लिए भी उलझन पैदा कर सकता है। मैंने मालवीय जी की पूरी बात सी.बी.आई. तक पहुँचा दी और उनसे कहा कि फिर से इनकी जाँच करके मुझे बतायें। तीन-चार दिन पहले सी.बी.आई. से उत्तर मिला। इस मुकदमे में न तो केंद्रीय सरकार, न मालवीय जी और न ही कांग्रेस पार्टी के लिए कुछ उलझन हो सकती है। मैंने प्रधानमंत्री को पूरी बात समझायी। पर उन्होंने यही कहा कि नंदिनी (उड़ीसा की मुख्यमंत्री) आज सुबह भी जोर दे रही थीं कि इस मामले का निर्णय शीघ्र होना चाहिए, पर अच्छा होगा यदि मैं मालवीय जी से फिर बात कर लूँ। मालवीय जी ईराक गये हुए हैं, परसों आयेंगे। गोपाल उन्हीं के साथ गया है।

भ्रष्टाचार के प्रश्न में राजनीति का समावेश उपयुक्त नहीं। पर आजकल निर्णय का मुख्य आधार यह होता है कि इससे कांग्रेस पार्टी को और विशेष रूप से प्रधानमंत्री के समर्थकों को हानि तो नहीं पहुँचती। न जाने कितने मामलों में मैं यह बात देख चुका हूँ।

दूसरी बात प्रधानमंत्री से हुई मारुति के विषय पर। पिछले महीने मधु लिमये ने रिजर्व बैंक के गवर्नर को एक पत्र लिखकर मारुति के बारे में कुछ सूचना माँगी थी। प्रधानमंत्री चाहती थीं कि रिजर्व बैंक के उत्तर का प्रारूप पहले उन्हें दिखा दिया जाये। वह प्रारूप मंगवा लिया गया। उत्तर बहुत स्पष्ट है, मारुति ने किसी कानून या नियम का उल्लंघन नहीं किया है। पर एक महीने से ऊपर हो गया, प्रधानमंत्री ने उत्तर भेजने की स्वीकृति नहीं दी है। विधिमंत्री कई बार स्मरण दिला चुके हैं। आज सुबह उन्होंने मुझसे फिर बात की तो मैंने प्रधानमंत्री को फिर स्मरण दिलाया। वे एकदम से नाराज हो गयीं। कहने लगीं, मारुति को हर तरह से तंग किया जा रहा है। उसके शेयर्स छोटे-मोटे आदमियों ने लिए हैं। उनको भी हर तरह से बैंक व अन्य संस्थान परेशान कर रहे हैं। उनके निवास स्थान वाले कार्यालय में एक क्लर्क काम करता है, उसने कुछ शेयर्स खरीदे हैं, रोज कोई-न-कोई उसके घर पूछताछ क्यों करता है। वह खीझ उठा है। कहता है, कहाँ मारुति के शेयर्स खरीद कर जी का जंजाल मोल ले लिया। प्रधानमंत्री ने मुझसे पूछा कि क्या सब कम्पनियों के साथ ऐसा ही होता है। जब तक उन्हें पूरी बात की छानबीन का नतीजा नहीं बताया जायेगा, वे उत्तर भेजने की स्वीकृति नहीं दे सकतीं। मैंने उनको समझाना चाहा कि यह ठीक है, एक मुकदमे की तफतीश के सिलसिले में मेरठ/मुजफ्फरनगर में मारुति के शेयर खरीदने वाले एक व्यक्ति के घर पुलिस जरूर गयी थी, पर रिजर्व बैंक से जो सूचना माँगी गयी है वह एक कानून से सम्बंध रखती है। मधु लिमये की धारणा ग़लत है, मारुति ने इस प्रश्न विशेष पर कोई अनियमितता नहीं की है। उत्तर भेज देना ठीक ही होगा। पर प्रधानमंत्री ने बात नहीं मानी।

प्रधानमंत्री से विश्व हिन्दी सम्मेलन की भी बात हुई। उन्होंने बताया कि सम्मलेन का प्रबंध बहुत अच्छा था। बाद में वे पूछने लगीं कि एक-दो दिनों के बाद कुछ लोगों ने सम्मेलन के एक कार्यक्रम का विरोध क्यों किया? मैंने इस संबंध में जो कुछ सुना था वह प्रधानमंत्री को बताया। शेषन और रामचंद्रन हिन्दी भाषी नहीं हैं, पर वे बता रहे थे कि सम्मेलन में काका कालेलकर का भाषण बहुत सुंदर हुआ। प्रधानमंत्री का भाषण बिल्कुल नीरस था, फिर पढ़ा भी उन्होंने बहुत अटक-अटक कर। शारदा और मैंने उनके लिए एक भाषण तैयार किया था। स्वयं कहना नहीं चाहिए, पर वह भाषण बहुत अच्छा बन पड़ा था। लेकिन उषा भगत के कहने पर प्रधानमंत्री ने उसे नापसंद किया। बहुत परिवर्तन किये गये। यहाँ तक कि उषा

दिल्ली से नागपुर की यात्रा के बीच भी इसी काम में लगी रही। प्रधानमंत्री मंच पर भाषण देने से पहले अपने भाषण को एक बार भी पढ़ नहीं सकी थीं।

प्रधानमंत्री से एक बात और हुई। किशनचंद्र ने मुझसे कहा था कि मैं प्रधानमंत्री को बता दूँ कि उन्होंने अब्दुल्ला बुखारी को ठीक करने का सब प्रबंध कर लिया है। उसको वह 'मीसा' में बंद करेंगे और उसके लड़के को इमाम बनायेंगे। काफी बेवकूफी का कार्यक्रम है! दिल्ली में इससे झगड़ा अवश्य होगा। जामा मस्जिद के इलाके में मारपीट होगी, गोली चल सकती है। मैंने प्रधानमंत्री को यह बताया पर उन्होंने कहा कि किशनचंद्र ने उनसे बात कर ली है। सब ठीक होगा। वह अपनी योजना के अनुसार काम करें--पर चतुराई से (टैक्ट से)।

आजकल प्रधानमंत्री समाचार पत्रों के संवाददाताओं से बहुत भेंट कर रही हैं। पिछले आठ-दस दिनों में प्रायः सभी प्रमुख पत्रों और समाचार एजेंसियों के प्रतिनिधियों को भेंट का समय दिया गया है। प्रधानमंत्री का विचार है कि पत्र-पत्रिकाओं में उनकी इतनी आलोचना इसलिए हो रही है क्योंकि वे इधर पत्रकारों आदि से बहुत कम मिल पायी हैं। शारदा को यह कार्यक्रम बनाना पड़ा। शारदा यह भी बता रहा था कि एक-दो पत्रकारों को तो प्रधानमंत्री ने काफी डाँटा-फटकारा। 'वाशिंगटन पोस्ट' के प्रतिनिधि से कल का समय निर्धारित हुआ था। पर इधर 'वाशिंगटन पोस्ट' ने प्रधानमंत्री के विरुद्ध कुछ लिखा है। इसलिए प्रधानमंत्री ने आज शारदा से कहा कि अब वे वाशिंगटन पोस्ट के प्रतिनिधि से नहीं मिलेंगी।

16 जनवरी, 1975

आज सुबह प्रो. धर ने बुला कर काफी देर कश्मीर के संबंध में बात की। शेख अब्दुल्ला आज दिल्ली आये हुए हैं। उनसे बातचीत में अब गति तीव्र होगी। एकाध प्रश्न जो बातचीत में उठ खड़े हुए हैं, उनके बारे में प्रो. धर कुछ चर्चा करना चाहते थे। दिन में प्रधानमंत्री ने कश्मीर से संबंध रखने वाले कई मंत्रियों से परामर्श किया। हो सकता है कि कल वे शेख अब्दुल्ला से भी भेंट करें।

दोपहर को जब प्रो. धर से भेंट हुई तो वे काफी दुखी थे। डौक कर्मचारियों ने हड़ताल आरंभ कर दी है। कई दिन कश्मीर वार्तालाप में लगे रहने पर भी प्रो. धर और रामचंद्रन ने काफी प्रयत्न किये कि हड़ताल मुल्तवी हो जाये। पर वे दोनों नौवहन मंत्रालय का काम तो नहीं कर सकते। प्रधानमंत्री ने प्रो. धर को कुछ ऐसा संकेत दिया कि इस समस्या को सुलझाने में उनके सचिवालय ने उतना योगदान नहीं दिया, जितना कि उन्हें आशा थी। प्रो. धर का कहना है कि प्रधानमंत्री सचिवालय अन्य मंत्रालयों का काम अपने ऊपर नहीं ले सकता, न उसे लेना चाहिए। ऐसा करने से सरकार के अन्य विभागों में अकर्मण्यता बढ़ेगी। आज तो स्थिति ऐसी हो गयी है कि बिना प्रधानमंत्री के संकेत के कोई मंत्रालय काम नहीं

करना चाहता। इसको दूर करना जरूरी है। पर यह तभी हो सकता है, जब सब मंत्रालयों को निर्णय लेने में आवश्यकता से अधिक प्रतिबंध न हों। औपचारिक प्रतिबंध न होते हुए भी वातावरण ऐसा है कि कोई भी महत्त्वपूर्ण निर्णय कोई मंत्रालय आज स्वतः लेने से हिचकता है।

प्रो. धर से मालूम पड़ा कि रजनी पटेल से कहा गया है कि वह डौक कर्मचारियों के मामले में रुचि लेकर कोई हल निकालें। आजकल हर बात में रजनी पटेल का ही नाम आगे आ रहा है। उनका सितारा आकाश पर चढ़ रहा है।

आज जगदीश गुप्त 'विश्व' का पत्र नागपुर से मिला। वे वहाँ विश्व हिन्दी सम्मेलन में भाग लेने गये थे। युनिवर्सिटी में मेरे सहपाठी थे। अब वहीं हिन्दी विभाग में रीडर हैं। धर्मवीर भारती, कामिल बुल्के आदि पुराने सहपाठियों का वहाँ साथ रहा। उससे उन्हें पुराने दिनों की—विशेषकर परिमल की याद आयी तो मुझे भी पत्र लिखा। उन्होंने प्रधानमंत्री के नागपुर के भाषण से गहरा असंतोष प्रकट किया है। आश्चर्य की कोई बात नहीं है।

17 जनवरी, 1975

आज सुबह समाचारपत्र में पढ़ा कि आंध्र प्रदेश में खंडूभाई के जाने के बाद उच्च न्यायालय के मुख्य न्यायाधीश राज्यपाल के पद का भार अस्थायी रूप से संभालेंगे। मुझे आश्चर्य हुआ। चार-पाँच दिन पहले तो यह निर्णय हो गया था कि बिहार से भंडारे वहाँ जायेंगे और बिहार में सरीन राज्यपाल होंगे। इस नियुक्ति की बात सरीन को बतला दी गयी थी। वास्तव में प्रयत्न तो यह किया जा रहा था कि सरीन बिहार में कार्यभार 15 तारीख तक संभाल लें। पर वे कुछ समय चाहते थे। फिर खंडूभाई से, जो लगभग दो साल से कह रहे हैं कि उनको कार्यमुक्त किया जाये, अब एकदम से कैसे कहा जाये कि वे दो-चार दिनों में ही पद त्याग दें, जबकि उन्होंने 25 तारीख को यह करने का सब प्रबंध किया है। इन सब बातों को ध्यान में रखते हुए यही निश्चय हुआ कि 25 तारीख को ही पदों में परिवर्तन हो।

कार्यालय आने पर प्रो. धर ने बुलाया और इसी विषय पर बात करने लगे। उन्हें आश्चर्य नहीं था, क्योंकि उन्हें मालूम था कि एक बार निर्णय किये जाने के बाद उसमें कुछ संशोधन की बात भी शुरू हो गयी थी। इसका दायित्व स्वयं गृहमंत्री पर है। सब निश्चय हो जाने के बाद, वे प्रधानमंत्री से कुछ बातें ऐसी कह गये कि प्रधानमंत्री ने राष्ट्रपति से यह कहलवा दिया है कि वे अपनी स्वीकृति अभी न दें। गृहमंत्री ने एक बात तो यह कही कि सरीन बिहार कैडर के ही अधिकारी हैं। यह बात तो मैं स्वयं प्रधानमंत्री की नोटिस में लाया था। पर प्रधानमंत्री मुझसे सहमत थीं कि इसको अधिक महत्त्व नहीं देना चाहिए, क्योंकि सरीन ने दिसंबर 1946 में बिहार छोड़ दिया था। मुझे लगता है कि प्रधानमंत्री का रुख दूसरे कारणों से बदला

है। गृहमंत्री ने प्रधानमंत्री से यह भी बताया कि सरीन की धारणा है कि ललित बाबू ने उनके भाई, जो पहले स्टेट ट्रेडिंग कारपोरेशन में डायरेक्टर थे, के साथ अच्छा सलूक नहीं किया। पता नहीं सरीन का ललित बाबू के गुट की तरफ क्या रुख हो? यही आशंका हो सकती है।

प्रो. धर इस बात पर दुखी थे कि एक निर्णय ले लेने के बाद छोटी-छोटी बातों पर और इस तरह से नहीं बदलना चाहिए। वे स्वयं प्रधानमंत्री से इस विषय पर बात नहीं करना चाहते थे। उन्होंने मुझसे कहा कि जब मैं प्रधानमंत्री से मिलूँ तो इसकी चर्चा करूँ।

मैं दिन में जब प्रधानमंत्री से मिला तो अन्य बातों के बाद इसकी चर्चा की। मेरे प्रसंग छेड़ते ही वे इस प्रकार हँसीं, जैसे जब उन्हें कोई काम नहीं करना होता तो हँसती हैं। कहने लगीं, भंडारे इतनी जल्दी पटना छोड़ने में कठिनाई अनुभव कर रहे हैं। पर सत्य यह है कि भंडारे गृहसचिव को कई बार फोन कर चुके हैं कि वे सामान बाँध कर आदेश की प्रतीक्षा में हैं। प्रधानमंत्री ने यह कहकर बात समाप्त की कि वे गृहमंत्री से बात करेंगी।

आज सुबह भालचंद्र देशमुख—उसे सब लोग बी.जी. कहकर बुलाते हैं—मुझसे मिलने आया। वह आई.ए.एस. में मेरे बैच में है और मेटकाफ हाउस से ही उससे काफी मित्रता रही है। वह आजकल महाराष्ट्र के मुख्यमंत्री का सचिव है। कोई विशेष कार्य नहीं था, दिल्ली आने पर मुझसे मिलता रहता है। जब मुख्यमंत्री नाइक दीक्षित जी से मिल रहे थे, तो बी.जी. मेरे पास आकर बैठ गया।

महाराष्ट्र-कर्नाटक सीमा-विवाद पर बातचीत करने के बाद वह राजनैतिक क्षेत्र में आ गया। उसने कहा कि महाराष्ट्र में केंद्र के विरुद्ध भावना पनप रही है। यदि परिस्थितियाँ ऐसी ही रहीं तो वह रोष में भी बदल सकती हैं। मुझे कुछ आश्चर्य नहीं हुआ क्योंकि दो-तीन दिन पहले कांग्रेस के एक शिविर में भाषण देते हुए नाइक ने इस दृष्टिकोण का परिचय दिया था। बी.जी. से मालूम हुआ कि नाइक व महाराष्ट्र के अन्य नेता अन्दर-ही-अन्दर प्रधानमंत्री से नाराज हैं। इसका एक कारण है प्रधानमंत्री पर रजनी पटेल का अत्यधिक प्रभाव। बी.जी. के अनुसार यह भी कोई बड़ी बात नहीं है। रजनी पटेल का बंबई में कोई राजनैतिक आधार नहीं है। नाइक आदि चाहें तो राजनीति में उन्हें एक दिन में समाप्त कर सकते हैं। प्रधानमंत्री के समीप होने के कारण वे सब रजनी पटेल को बर्दाश्त करते हैं, यद्यपि बंबई में उनकी ख्याति अच्छी नहीं है और पार्टी को उनसे लाभ भी नहीं है। प्रधानमंत्री और कांग्रेस के नाम पर उलटा-सीधा काम करते रहते हैं। लेकिन प्रधानमंत्री की भावनाओं का जब इतना ख्याल रखा जाता है तब भी वे हर बात पर—छोटी-से-छोटी तक में—राजनीति क्यों खेलती हैं। प्रधानमंत्री जो चाहती हैं वह सीधे-सीधे नाइक व अन्य नेताओं से क्यों नहीं कह देतीं। प्रधानमंत्री को इतने नीचे स्तर पर खेल-खेलना शोभा

नहीं देता। मैं चुपचाप सुनता रहा। मैंने बी.जी. से एक ही प्रश्न पूछा कि ऐसी स्थिति में नाइक प्रधानमंत्री से साफ बात क्यों नहीं करते। उसने कहा कि नाइक का यह विश्वास है कि प्रधानमंत्री उनका और चव्हाण का पूरी तरह विश्वास नहीं करतीं। साथ ही उन्हें यह भी विश्वास नहीं है कि यदि स्पष्ट बात की तो प्रधानमंत्री की प्रतिक्रिया क्या होगी। ऐसी बातों पर प्रधानमंत्री ग़लत धारणाएँ बना लेती हैं और उनमें प्रतिशोध की भावना जाग उठती है, जो पता नहीं क्या रूप ले ले।

मैंने बी.जी. से पूछा कि नाइक ऐसा क्यों समझते हैं कि प्रधानमंत्री हर मामले में राजनीति खेलती हैं। उसने कहा कि कहाँ तक बताऊँ, एक बात ही सुन लो। कुछ माह पहले बंबई में कांग्रेस का शिवसेना के साथ समझौता हुआ था। उसके कर्ता-धर्ता रजनी पटेल थे। स्वयं प्रधानमंत्री ने समझौते का अनुमोदन किया था। पूरी बात उनकी जानकारी में थी। पर जब इसकी आलोचना होने लगी तो प्रधानमंत्री ने नाइक को एक बड़ा कटु पत्र लिखा। सारी बात नाइक के कंधों पर डाल दी। नाइक पत्र पढ़कर अवाक् रह गये। जनता के सामने अक्सर झूठी मुद्रा बनाना राजनीति में होता रहता है, पर नाइक को यह आशा नहीं थी कि एक गोपनीय पत्र लिखकर प्रधानमंत्री अपनी झूठी सफाई का प्रमाण उत्पन्न करेंगी। बी.जी. की बात मुझे ठीक लगी। जब ये सब घटनाएँ हो रही थीं तब शारदा ने भी मुझसे कहा था कि शिवसेना से समझौता प्रधानमंत्री की पूरी सहमति से हुआ है। मैंने भी जब प्रधानमंत्री से बात की थी तो उन्होंने सारा दोष नाइक पर मढ़ा था। उन्होंने मुझे बताया था कि जब उन्होंने शरद पवार से बात की तो उनका (पवार का) उत्तर था कि किसी और से बात करने से कोई लाभ नहीं, वह नाइक से ही बात करें। (शरद पवार उस समय महाराष्ट्र में गृह विभाग के राज्यमंत्री थे।)

आज दोपहर को खाने के समय पद्मश्री सम्मान के संबंध में बात उठ खड़ी हुई। इस वर्ष इस विषय में मैंने कोई रुचि नहीं ली। हाँ, मैं चाहता था कि अमजद को पद्मश्री मिलनी चाहिए। पिछले साल उसका नाम रह गया था। सचिवों की समिति ने इस बार फिर इस नाम की सिफारिश की थी, पर उषा भगत ने प्रधानमंत्री से कह कर उसका नाम सूची से हटवा दिया था। शारदा को यह बात अच्छी नहीं लगी। उन्होंने प्रधानमंत्री से कहा कि उनकी और मेरी राय में अमजद को पद्मश्री इस वर्ष न देना ग़लत होगा। इसी बीच एक बात और हुई, जिसके कारण हक्सर की राय ली गयी। उन्होंने कहा कि अमजद को पद्मश्री अवश्य मिलनी चाहिए। अब उसका नाम है पर मैंने उसे बताया नहीं है।

हक्सर की राय प्रधानमंत्री ने क्यों ली इसकी पृष्ठभूमि इस प्रकार है। सचिवालय की राय में भूतपूर्व राष्ट्रपति गिरि को भारतरत्न की उपाधि मिलनी चाहिए। मैंने तो शारदा (इस वर्ष वही यह सब काम देख रहे हैं) से यहाँ तक बताया कि पण्डित नेहरू के एक कथन के अनुसार इस बात में निर्णय लेने की आवश्यकता

ही नहीं है, गिरि को भारतरत्न उस कथन के अनुसार मिल जाना चाहिए। पर प्रधानमंत्री गिरि से नाराज हैं। राष्ट्रपति काल के अन्तिम महीनों में अपने कुछ वक्तव्यों और भाषणों में उन्होंने सरकार की आलोचना की थी। ऐसा करना उनके लिए किसी भी प्रकार से उपयुक्त नहीं था। इधर यह नाराजगी कुछ और बढ़ गयी है, क्योंकि हाल में गिरि ने जयप्रकाश की प्रशंसा की है और उनसे भेंट भी करने वाले हैं। प्रधानमंत्री ने गिरि को भारतरत्न देने का सुझाव नहीं माना। शारदा ने हक्सर को यह बात बतायी तो हक्सर ने प्रधानमंत्री को समझाया। तब कहीं वह मानीं। फिर प्रधानमंत्री ने उनसे पूरी सूची पर राय ली।

इस संबंध में आज एक बात और पता लगी। बंग्लादेश की विजय के बाद गिरि ने प्रधानमंत्री को एक पत्र लिखा था कि उन्होंने प्रधानमंत्री को भारतरत्न से विभूषित करने का निर्णय किया है। हक्सर ने जब वह पत्र देखा तो कहा कि गिरि को ऐसा नहीं करना चाहिए था। उन्होंने प्रधानमंत्री को परामर्श दिया कि वे गिरि को समझायें कि यह नहीं होना चाहिए। प्रधानमंत्री को यह बात बिल्कुल पसन्द नहीं आयी और वे कई दिनों तक हक्सर से इस बात पर नाराज रहीं।

आज सुबह जब प्रो. धर से मिला था तो उन्होंने कश्मीर के बारे में भी बात की। ऐसा लगता था कि शेख से समझौता हो जायेगा। संध्या को प्रधानमंत्री और शेख की लगभग एक घंटा बात हुई उसके बाद पता चला कि मूल बातों पर प्रायः समझौता हो गया है लेकिन पूरी रूपरेखा बनाने में कुछ समय लग सकता है। प्रो. धर संध्या को बहुत प्रसन्न थे। सुबह मुझसे कह रहे थे कि किसी-न-किसी तरह समझौता हो जाना चाहिए, वरना अड़चनें बढ़ती जायेंगी, क्योंकि दुर्गा प्रसाद धर (डी. पी.) ने टाँग अड़ाना फिर शुरू कर दिया है।

शेख से बातचीत शुरू करवाने का श्रेय हक्सर को है। दो-तीन साल पहले उन्होंने यह करवाया। पर इस वार्ता को सफल बनाने में जी. पार्थसारथी और प्रो. धर ने बहुत बड़ा योगदान किया है। प्रो. धर के अनुसार, गृह मंत्रालय के संयुक्त सचिव बालकृष्णन की भी बहुत सहायता मिली। यह बहुत ही अच्छी बात हुई है। अब आशा की जा सकती है कि 27-28 सालों से उलझी यह समस्या सुलझ जायेगी। मेरे विचार से बंग्लादेश की सफलता के बाद प्रधानमंत्री की यह एक और अद्वितीय सफलता होगी। देश के कुछ वर्गों में (विशेषकर जनसंघ) इसकी आलोचना होगी। पर प्रधानमंत्री ने जो दिशा अपनायी है वह बिल्कुल ठीक है, इसमें उन्हें देश का पूरा समर्थन मिलना चाहिए।

प्रो. धर मुझसे एक बात अक्सर कहते हैं। उनके अनुसार औपचारिक शिक्षा न होने के कारण प्रधानमंत्री का मस्तिष्क अव्यवस्थित है। उन्हें चीजें जल्दी समझ में नहीं आतीं। आर्थिक मामलों की जानकारी उनकी नगण्य है और न उन्हें समझने में उनकी रुचि है। प्रशासन और आंतरिक समस्याएँ भी प्रायः उनके मस्तिष्क के

बाहर की चीजें हैं। वह निपुण हैं केवल मैनीपुलेटिव (?) राजनीति में और विदेशी मामलों में। प्रो. धर के अनुसार विदेश नीति के मामलों में उनकी सूझ-बूझ बहुत पैनी है। उनकी चर्चा में उनका योगदान अधिकारियों और अन्य मंत्रियों से कहीं अधिक होता है। काश्मीर का प्रश्न मुख्यतः आंतरिक है, पर विदेशी मामलों से इसका घनिष्ठ संबंध है। यह आश्चर्य की बात नहीं कि प्रधानमंत्री को इसमें आशातीत सफलता मिले।

18-19 जनवरी, 1975

कल (18 जनवरी) गोपाल के विवाह के पंद्रह वर्ष हुए। घर पर कुछ मित्रों को रात में खाने पर बुलाया था। प्रधानमंत्री सुबह ईराक गयीं। मुझे समय पर घर आने में कोई कठिनाई नहीं हुई। पार्टी काफी देर तक चली।

कार्यालय में कोई विशेष बात नहीं हुई। सुबह लगभग एक घंटे वर्धन से महाराष्ट्र-कर्नाटक सीमा-विवाद पर चर्चा करता रहा। यह प्रश्न बहुत समय से विवादग्रस्त है। जब मैं इस सचिवालय में आया था तो सुशीतल ने मुझे इसके बारे में विस्तार से ब्रीफ किया था। उस समय केंद्रीय सरकार इसको हल करना चाहती थी। कुछ प्रस्ताव महाराष्ट्र और कनार्टक सरकार के समक्ष रखे गये थे, पर बात आगे नहीं बढ़ पायी। समय-समय पर इस पर चर्चा होती है, पर ठोस कदम अभी तक नहीं उठाये गये हैं। कुछ दिनों पहले मैंने प्रधानमंत्री से बात की कि इस प्रश्न को सुलझाने का प्रयत्न करना चाहिए। गृह मंत्रालय फिर से इस पर सक्रिय हुआ है। प्रश्न के उलझे रहने में राज्य सरकारों का भी हाथ है। वे विचार-विमर्श को आगे बढ़ाने में बिल्कुल भी सहायक नहीं होते। एक बात और भी है। जब कभी इस संबंध में केंद्रीय सरकार ने पहल की तो विवादग्रस्त क्षेत्रों में भी उपद्रव हो गया। देखें कि इस बार भी बात आगे बढ़ती है या नहीं।

एक बात कल और हुई। संध्या को दीक्षित जी का फोन आया कि उनसे सूचनामंत्री ने गुजरात दौरे पर जाने से पहले यह बताया कि वर्गीस का मामला प्रेस काउंसिल के सामने सोमवार (20 जनवरी) को आने वाला है। इसमें वर्गीस का के.के. बिड़ला को लिखा हुआ एक पत्र प्रकाश में आयेगा। इस पत्र में वर्गीस ने लिखा है कि संजय (प्रधानमंत्री के छोटे पुत्र) और उनके कुछ साथी उनसे मिले थे और उन पर दबाव डालने का प्रयत्न किया कि 'हिन्दुस्तान टाइम्स' में मारुति के विरुद्ध कुछ न छापें। जब दीक्षित जी ने गुजराल से कहा कि प्रधानमंत्री अभी ईराक नहीं गयी हैं, वे उनसे सब बात बता दें तो गुजराल आनाकानी कर गये। दीक्षित जी जानना चाहते थे कि हम लोगों को इसके बारे में कुछ पता है या नहीं और इस संबंध में क्या करना है। मैंने उनसे कहा कि प्रो. धर से पूछ कर मैं उन्हें उत्तर दूँगा, क्योंकि मुझे इस पत्र आदि के विषय में जानकारी नहीं है।

उस समय प्रो. धर किसी मीटिंग में गये हुए थे। बाद में घर जाते समय वे मेरे कमरे में आये तो मैंने उन्हें दीक्षित जी का संदेश दिया। उन्हें भी वर्गीस के इस पत्र के बारे में कुछ पता नहीं था। यह कह कर कि गुजराल को अमृतसर में पकड़ो और पूरी बात समझ लो, वे दूसरी बातें करने लगे। गुजराल के बारे में पता चला कि वे अमृतसर से बाहर चले गये हैं। आज दिन भर पठानकोट, बटाला, जालंधर आदि होते हुए कल दिल्ली वापस आयेंगे। आज उनसे संपर्क होना संभव नहीं। आज रात दीक्षित जी का फिर संदेश मिला कि सोमवार को प्रेस-काउंसिल इस मामले पर विचार न करे, इसका प्रबंध उन्होंने कर लिया है। पर इससे पहले मैं प्रो. धर से विलिंगडन अस्पताल में मिला था (उनकी पत्नी बीमार है) और उन्हें गुजराल के प्रोग्राम के बारे में बता चुका था। बिना पूरी जानकारी के हम लोगों के लिए कुछ भी करना संभव नहीं था।

वर्गीस के मामले पर इधर समाचारपत्रों में काफी चर्चा हुई है। वर्गीस हिन्दुस्तान टाइम्स के संपादक हैं। उससे पहले वे प्रधानमंत्री के सूचना परामर्शदाता थे। इस रूप में वे इस सचिवालय में दो वर्ष रहे। किसी समय प्रधानमंत्री के बहुत करीब माने जाते थे। हिन्दुस्तान टाइम्स में इधर उन्होंने प्रधानमंत्री पर काफी आलोचनात्मक टिप्पणियाँ प्रकाशित कीं। प्रधानमंत्री उनसे नाराज हैं, यह सर्वविदित है। कुछ महीने पहले हिन्दुस्तान टाइम्स ने उन्हें पद से अलग करने का नोटिस दे दिया। इस नोटिस के आधार पर वे पहली फरवरी से हिन्दुस्तान टाइम्स छोड़ देंगे। जनता में, विशेष रूप से पढ़े-लिखे वर्ग में और समाचारपत्रों की यह धारणा है कि यह काम प्रधानमंत्री के कहने पर किया गया है। के.के. बिड़ला प्रधानमंत्री के नजदीक आ रहे हैं।

वर्गीस को क्यों निकाला जा रहा है, इसकी पूरी जानकारी मुझे नहीं है। पर कुछ महीने पहले शेषन ने एक छोटा-सा नोट प्रधानमंत्री को लिखा था, जिसे मैंने देखा था। उसमें उन्होंने कहा था कि ''मैंने के.के. बिड़ला से बात की है। उन्होंने वर्गीस को नोटिस दे दिया है कि 1 फरवरी, 1975 से हिं.टा. को उनकी आवश्यकता नहीं।'' (यह नोट अंग्रेज़ी में था।) ऐसा लगता है कि प्रधानमंत्री ने इस मामले में रुचि ली है।

आज दिन में कार्यालय में ही काम करता रहा। शान्ति में काफी काम निकल जाता है।

20 जनवरी, 1975

प्रधानमंत्री ईराक गयी हैं। दिन भर कार्यालय में ही काम करता रहा। कोई विशेष बात नहीं हुई। बाऔरी आये थे मिलने। उन्होंने बताया कि प्रेस-काउंसिल ने वर्गीस के मामले को स्थगित नहीं किया। उस पर सुनवाई शुरू हो गयी है।

कल प्रधानमंत्री को ईराक में एक संदेश भेजा था डौक कर्मचारियों की हड़ताल के बारे में। डौक कर्मचारियों के प्रतिनिधि कल फिर दिल्ली आये हैं मंत्री से बात करने। बात शुरू होने के थोड़ी देर बाद ही संदेश भेजा था, इसलिए केवल इतना लिखा था कि बातचीत का आरम्भ ठीक ही हुआ है। रात दो बजे जाकर समझौता हुआ। उसकी सूचना आज सुबह भेज दी। यदि समझौता नहीं होता तो प्रधानमंत्री को चिंता होती। उनसे फोन पर भी बात करनी पड़ती। अप्रैल-मई में जब वे ईरान के दौरे पर गयी थीं तो टेलीफोन पर कई बार उनसे संपर्क करना पड़ा था। कारण यही था कि रेलवे कर्मचारियों की हड़ताल का सामना करने के लिए बहुत सोच-समझ कर एक योजना बनायी गयी थी। अधिकारिक स्तर पर उसकी समीक्षा करते रहने के लिए एक छोटा-सा ग्रुप था, जिसके सदस्य थे—मंत्रिमंडल सचिव, गृह सचिव, चेयरमैन रेलवे बोर्ड, प्रो. धर और मैं। प्रधानमंत्री के ईरान जाने पर (प्रो. धर उनके साथ गये थे) उस योजना का रूप कुछ बिगड़ने लगा। एक दिन तो गृहसचिव बहुत चिंतित हुए। उस समय यह निश्चय हुआ कि मैं प्रधानमंत्री से बात करके उनका निर्णय प्राप्त कर लूँ। मंत्रिपरिषद की राजनैतिक उपसमिति और रेलमंत्री उस योजना में कुछ परिवर्तन चाहते थे पर मेरे और गृह सचिव के विचार में उससे बड़ी हानि होती। प्रधानमंत्री ने हमारी बात मान ली। उस दिन शाम को राजनैतिक समिति की फिर बैठक हुई और निर्धारित योजना के अनुसार काम करना निश्चित हुआ। इस बार इस प्रकार की कोई आवश्यकता नहीं पड़ी।

21 जनवरी, 1975

प्रधानमंत्री आज संध्या को ईराक से लौट आयीं। उसके बाद रामचंद्रन से भेंट हुई। वे प्रधानमंत्री के साथ गये थे। थके होने पर भी वे करीब सात बजे प्रो. धर और मुझसे मिलने कार्यालय आये। प्रधानमंत्री का दौरा सफल रहा। 1974 की भाँति इस वर्ष भी ईराक हमारी मदद तेल देकर करेगा। यह पहले से ही आशा थी कि प्रधानमंत्री की यात्रा के समय ईराक यह निर्णय करेगा।

एक घटना से राजनैतिक क्षेत्रों में काफी हलचल होगी। 19 तारीख को जबलपुर में लोकसभा की सीट के लिए उपचुनाव हुआ। यह स्थान सेठ गोविन्द दास की मृत्यु के कारण रिक्त हुआ था। सेठजी से मेरा काफी परिचय था। वैसे तो मैं सबसे पहले उनसे इलाहाबाद में 'परिमल' की एक बैठक में मिला था। उन दिनों मैं परिमल का संयोजक था। पर वह तो नाममात्र की भेंट थी। प्रधानमंत्री सचिवालय में आने पर उनसे परिचय बढ़ा। वे जबलपुर सीट के लिए लगभग पचास वर्ष से केंद्रीय एसेम्बली व लोकसभा के लिए चुने जाते रहे थे। कुछ समय पहले संसद ने उनके संसदीय जीवन की स्वर्ण जयंती मनाई थी। हिन्दी के क्षेत्र में उनका विशेष कार्य था। इस उपचुनाव में कांग्रेस ने उनके पौत्र रवि मोहन को खड़ा किया था।

कई विरोधी दलों ने मिल कर शरद यादव को मनोनीत किया था। दोनों ही नवयुवक हैं—आयु 30 साल से कम। कांग्रेस प्रत्याशी 87,000 वोट से हारा। पचास साल बाद कांग्रेस यह सीट हारी और इतनी बुरी तरह।

कांग्रेस की हार आश्चर्यजनक नहीं है। जनता में इस समय कांग्रेस लोक-प्रिय नहीं है। बढ़ती महंगाई, भ्रष्टाचार आदि के लिए लोग कांग्रेस को ही उत्तरदायी ठहरा रहे हैं। जयप्रकाश का आंदोलन राजनैतिक दृष्टि से सफल हो या न हो, यह अलग बात है, पर उस आंदोलन ने जनता पर गहरा प्रभाव डाला है। जहाँ भी जयप्रकाश जाते हैं, उनको देखने और सुनने को जनता उमड़ पड़ती है। आजकल वे गुजरात और महाराष्ट्र के दौरे पर निकले हुए हैं। उनके आंदोलन की मुख्य बातें हैं—भ्रष्टाचार रोको, निर्वाचन सुधार व शिक्षा सुधार। इसमें किसी को आपत्ति नहीं होनी चाहिए। पर सरकार ने आज तक कोई ठोस कदम नहीं उठाया है। जयप्रकाश ने इस विषय पर प्रधानमंत्री को 1973 में विस्तार से लिखा था। प्रधानमंत्री ने कुछ इधर-उधर की बातें करके प्रसंग को आगे नहीं बढ़ने दिया। स्वयं सरकार का एक विधेयक लोकसभा के समक्ष है। इसका संबंध भ्रष्टाचार से है (लोकपाल व लोकायुक्त विधेयक)। पर इसको जानबूझ कर पास नहीं कराया है। जनता को किस प्रकार विश्वास हो सरकार की निष्ठा में? कांग्रेस की ओर से यही कहा जायेगा कि प्रतिक्रियावादी तत्व अपने सिर उठा रहे हैं। प्रगतिशील तत्वों को डट कर मुकाबला करना होगा। पर वास्तविकता यह है कि धीरे-धीरे जनता का विश्वास कांग्रेस में कम हो रहा है। कांग्रेस के वरिष्ठ नेता इस बात को समझते हैं।

इसी संदर्भ में एक बात और लिख दूँ। उत्तर प्रदेश के मुख्यमंत्री सार्वजनिक कार्यकर्ताओं में भ्रष्टाचार रोकने के लिए एक अध्यादेश प्रसारित करना चाहते हैं। प्रधानमंत्री की राय माँगी है। उनके कहने पर मैंने उस अध्यादेश की जाँच की। आज एक नोट भी प्रधानमंत्री को भेजा है। अध्यादेश से स्पष्ट है कि मुख्यमंत्री की नियत ठीक नहीं है।

22 जनवरी, 1975

प्रधानमंत्री आज तबीयत ठीक न होने के कारण कार्यालय नहीं आयीं। ईराक की यात्रा में काफी थकान हो गयी है। वैसे इस माह के आरंभ से ही वे दौरे पर बहुत रहीं हैं।

प्रो. धर की उनसे फोन पर बात हुई थी। आंध्रप्रदेश के राज्यपाल की नियुक्ति का प्रश्न ऐसे ही पड़ा हुआ है। निश्चय करने के बाद कुछ परिवर्तन की बात सोची जा रही है। प्रो. धर से उन्होंने कहा कि उनको बताया गया है कि प्रदेश कैडर के किसी अधिकारी को उसी प्रदेश का राज्यपाल न बनाने का नियम है। जब प्रो. धर ने मुझसे पूछा तो मैंने कहा कि इस प्रकार का कोई नियम नहीं है। वस्तुतः राज्यपालों

की नियुक्ति के संबंध में कोई औपचारिक नियम नहीं है। प्रो. धर भी जानते हैं कि अब प्रधानमंत्री यह सब क्यों कह रही हैं। उनकी यह धारणा हो गयी है कि सरीन का रुख ललित बाबू के प्रति अच्छा नहीं था, इसलिए उन्हें बिहार का राज्यपाल नहीं बनाना चाहिए। सरीन को अवश्य बुरा लगेगा। उनसे कह दिया गया था कि उन्हें 25 तारीख से पहले पटना में इस पद का भार संभालना होगा।

23 जनवरी, 1975

आज मुहर्रम की छुट्टी थी। मैं देर से कार्यालय गया। लगभग आठ बजे रात्रि को लौटा।

रामचंद्रन भी कार्यालय आये हुए थे। छुट्टी के दिन वे जल्दी आते हैं, पर दो बजे तक चले जाते हैं, फिर नहीं लौटते। पर आज संध्या को भी वे कार्यालय में रहे। पूछने पर कारण उन्होंने यह बताया कि चीनी के दाम निर्धारित करने के संबंध में कुछ प्रश्न खड़े हो गये हैं। उन पर उन्हें कुछ काम करना है।

कृषि मंत्री (जगजीवन राम) चीनी के दाम बढ़ाना चाहते हैं। हमारे सचिवालय की राय है कि यह उपयुक्त नहीं होगा। दामों की वृद्धि में कुछ रुकावट हुई है। यदि सरकार ही दाम बढ़ाना शुरू करेगी तो जनता में आलोचना—और ठीक ही—होगी। प्रधानमंत्री इस से सहमत हैं पर वे स्वयं जगजीवन राम से बात नहीं करना चाहतीं। प्रो. धर भी उनसे बात नहीं करना चाहते यद्यपि दोनों में आपस में बहुत सद्भावना है। अब इस पर विचार हो रहा है कि किस प्रकार से जगजीवन राम को समझाया जाये।

मुझे ऐसा लगता है कि आजकल प्रधानमंत्री और बाबूजी के संबंधों में कुछ शीतलता आ गयी है। प्रधानमंत्री बाबूजी का विश्वास नहीं करतीं। कई वर्षों से उनके संबंध अच्छे नहीं हैं, पर बीच में दीक्षित जी के कारण कुछ सुधर गये थे। प्रधानमंत्री को यह भी मालूम पड़ा है कि किसी समाचारपत्र वाले से जयप्रकाश ने कहा कि इसमें संदेह नहीं कि आज के मंत्रिमंडल में बाबूजी प्रधान मंत्री पद के पूर्णतया योग्य हैं। प्रधान मंत्री को ऐसी बातें अच्छी नहीं लगती। कुछ महीने पहले शेख ने जयप्रकाश की प्रशंसा में एक भाषण में कुछ कह दिया था तो वह शेख से भी काफी दिन नाराज़ रहीं। प्रधानमंत्री की सबसे बड़ी कमजोरी यह है कि वे अपने सहयोगियों की योग्यता का पूरा लाभ नहीं उठातीं। महत्त्वपूर्ण समस्याओं पर बहुत कम व्यक्तिगत स्तर पर वे अपने मंत्रियों से बातचीत करती हैं। बाबूजी से इस प्रकार की बातचीत मेरी जानकारी में शायद ही कभी हुई है। मंत्रिमंडल समितियों की बात और है। वरिष्ठ मंत्री यह पसंद नहीं करते कि प्रधानमंत्री अपने सचिवालय के माध्यम से उनसे विचार-विमर्श करें। यदि बाबूजी के किसी प्रस्ताव से असहमति है, तो पता नहीं, प्रधानमंत्री उनसे सीधे क्यों नहीं बात करतीं। इससे

सरकार की दृढ़ता बढ़ेगी ही, कम नहीं होगी।

24 जनवरी, 1975

आज सुबह मंत्रिपरिषद् (कैबिनेट) की मीटिंग थी। हक्सर ने भी उसमें भाग लिया। एक बात तो अब अवश्य होगी। उनका योगदान मंत्रिपरिषद् और उसकी समितियों के विचार-विमर्श में यथार्थता का समावेश कराने में सहायक होगा। वे निर्भीक होकर अपनी बात कहते हैं इससे औरों को भी बोलने का प्रोत्साहन मिलेगा।

फिलहाल प्रधानमंत्री का यही निर्णय रहा कि सरीन अभी राज्यपाल न बनाए जायें। सुबह हाँ, संध्या को ना! यह है राजकीय निर्णयों का स्तर!

संध्या को कार्यालय में प्रो. खुसरो मिलने आ गये। पहले से कोई सूचना नहीं थी। नगालैंड के प्रतिनिधि उस समय मेरे पास बैठे हुए थे। उनसे जल्दी-जल्दी बात समाप्त की। प्रो. खुसरो अलीगढ़ मुस्लिम विश्वविद्यालय के उपकुलपति हैं। लगभग सत्तर मिनट मेरे पास रहे। बोलने के बहुत शौकीन हैं। उसमें भी "मैं" पर बहुत बल रहता है। उनके अनुसार अलीगढ़ में सब ठीक चल रहा है और यह सब उनके ही कारण है। मुझे तो बात कुछ विपरीत ही लग रही है। वह साम्प्रदायिक तत्वों के हाथ में पड़ गये हैं और उनका खेल-खेल रहे हैं। एक दिन फिर मुझसे विस्तार से बात करना चाहते हैं—युनिवर्सिटी एक्ट के बारे में। आठ-दस दिनों में फिर आयेंगे। पूरी बात लिखना तभी ठीक होगा। वैसे तीन-चार दिन हुए एक छोटे से नोट में मैंने प्रधानमंत्री का ध्यान इस ओर आकृष्ट कर दिया है कि अलीगढ़ युनिवर्सिटी पर नजर रखने की आवश्यकता है, परिस्थितियाँ बिगड़ती जा रही हैं। पर इस विषय पर आजकल मो. यूनुस, प्रधानमंत्री के विशेष सलाहकार हो गये हैं। उनका विचार कुछ और ही है। खुसरो के जाने के बाद जब प्रो. धर मिले तो पूछने लगे कि मुझे खुसरो से बात करके कैसा लगा, उनकी परेशानी तो बढ़ी है। उनके ख्याल से अलीगढ़ युनिवर्सिटी के हालात ठीक नहीं चल रहे हैं और खुसरो ग़लत रास्ते पर बढ़ रहे हैं।

प्रधानमंत्री चाहती हैं कि 'मदरलैंड' पर ताला डाल दिया जाये। मदरलैंड भारतीय जनसंघ का दिल्ली से प्रकाशित होने वाला दैनिक समाचारपत्र है। इसका स्तर कोई ऊँचा नहीं है। काफी अनाप-शनाप बातें भी छापता रहता है। पर इस पर ताला क्यों डाल दिया जाये या कैसे डाल दिया जाये, यह साधारण बात नहीं है। सरकार की आलोचना—कटु आलोचना—करने पर यदि ऐसी कार्यवाही की गयी तो सरकार की निंदा होगी, कुछ हाथ नहीं लगेगा। प्रो. धर और मैंने प्रधानमंत्री को समझाया कि यदि कानून के अंतर्गत ऐसा किया भी जा सके, तो भी नहीं करना चाहिए। पर प्रधानमंत्री अभी मानी नहीं हैं।

मुझे यह पता चला है कि प्रधानमंत्री को इस विषय पर कांग्रेस अध्यक्ष बरुआ ने भड़काया है। वह व उनकी विचारधारा वाले लोग प्रधानमंत्री से कहते रहते हैं कि

'मदरलैंड' के विरुद्ध कार्यवाही होनी चाहिए—किसलिए, यह कोई नहीं बताता। बरुआ ने कहा कि यदि मैं गृहमंत्री होता तो मदरलैंड में ताला डलवा देता। तब से प्रधानमंत्री के दिमाग में यह बात बैठ गयी है।

कानून में क्या स्थिति है, यह मैंने प्रो. धर को बता दी है।

आज केदार नाथ सिंह मिलने आये थे। वे कृषि और सिंचाई उपमंत्री हैं। उत्तर प्रदेश की स्थिति पर रो रहे थे। बहुगुणा से उनके संबंध ठीक नहीं लगते। वे चाहते थे कि उनकी बात मैं प्रधानमंत्री तक पहुँचा दूँ। पर मेरे समझाने पर उन्होंने सब राजनीतिक और प्रशासनिक बातें प्रधानमंत्री से कहीं।

कल पापा जी इलाहाबाद से आने वाले हैं।

25 जनवरी, 1975

आज सुबह कार्यालय में सुधाकर पांडे मिलने आये। वे संसद की किसी समिति की मीटिंग के लिए वाराणसी से आये हुए हैं। उन्होंने कहा कि पूर्वी उत्तर प्रदेश में जयप्रकाश का प्रभाव बढ़ रहा है। अपने निर्वाचन क्षेत्र में तो उन्होंने कुछ रोकथाम कर रखी है। इसके लिए उन्हें उस क्षेत्र में काफी दौड़-धूप करनी पड़ रही है। पर इसमें झूठ लेशमात्र भी नहीं है कि कांग्रेस व कांग्रेसजन अब धीरे-धीरे अपनी लोकप्रियता खो रहे हैं। कुछ क्षेत्रों में तो वे घृणा की दृष्टि से देखे जाते हैं। दोष कांग्रेसजनों का भी है, वे जनता से संपर्क तोड़ते जा रहे हैं। न अपने क्षेत्रों का दौरा करते हैं, न लोगों से मिलते हैं। जब मैंने उनसे पूछा कि कांग्रेस के संसद सदस्य होने के नाते वे प्रधानमंत्री से यह सब क्यों नहीं बताते तो उन्होंने संक्षिप्त-सा उत्तर दे दिया कि इससे क्या लाभ होगा? प्रधानमंत्री ऐसी बातें सुनने के मूड में आजकल नहीं हैं, ऐसा उनका विश्वास है। उनको प्रधानमंत्री से यह भी शिकायत है कि वे भ्रष्टाचार के विरुद्ध कोई कदम उठाने के लिए तैयार नहीं हैं।

संध्या को मैं देवेन्द्र सेन के कार्यालय गया। वह ललित बाबू की हत्या की जाँच के सिलसिले में समस्तीपुर गये हुए थे। यह समस्तीपुर की उनकी दूसरी यात्रा थी। कल लौटे हैं। मैं यह जानना चाहता था कि जाँच में कुछ प्रगति हुई या नहीं। उनसे पता लगा कि अभी तक कोई विशेष सफलता नहीं मिली है। पिछली यात्रा में जो सूत्र मिले थे, वे अब कमजोर लग रहे हैं। देवेन्द्र सेन मुझे आज कुछ चिंतित लगे। पर सी.बी.आई. पूरी तरह लगा हुआ है। वे कल श्रीमती मिश्र और उनके पुत्रों से भी मिले थे। मिश्र परिवार का संदेह रामविलास झा, बिहार विधान सभा के एक कांग्रेसी सदस्य पर है। देवेन्द्र सेन के अनुसार अभी तक कोई ऐसी बात सामने नहीं आयी है कि झा पर संदेह किया जा सके। 'मदरलैंड' भी इस हत्या के सिलसिले में झा की काफी चर्चा कर रहा है।

आज आई.बी. की एक रिपोर्ट मिली, जिसके अनुसार दिल्ली और कानपुर में

फौज की कुछ टुकड़ियों में जवानों का यह विश्वास है कि ललित बाबू की हत्या कांग्रेस पार्टी ने करवायी है। मैंने आई.बी. के अधिकारी (खंडेलवाल) से पूछा कि यह रिपोर्ट कितनी विश्वसनीय है। उनका उत्तर था पूर्णतया। उन्होंने यह भी कहा कि उन्होंने अपनी रिपोर्ट कुछ 'मॉडरेट' कर दी है। जवान तो प्रधानमंत्री को दोषी ठहराते हैं।

प्रो. धर भी यह रिपोर्ट देखकर खिन्न हो गये। मुझसे इशारे से कहा कि बिना पूरी जाँच-पड़ताल किये रिपोर्ट प्रधानमंत्री को प्रेषित न करूँ। प्रधानमंत्री इस प्रकार की बातों से बेचैन (अपसेट) हो जाती हैं। प्रत्यक्ष में खिजलाहट भी बढ़ जाती है।

26 जनवरी, 1975

आज गणतंत्र दिवस है। भारत का अपना संविधान 25 वर्ष पहले लागू हुआ था।

सुबह पम्मी और शिंजिनी परेड देखने गये थे। मैं नहीं गया। मैं साधारणतया जाता नहीं हूँ। इस वर्ष गोपाल और कम्मी भी नहीं गये।

दोपहर में वर्धन के घर राम से भेंट हुई। वह इस वर्ष आई.ए.एस. में आ गया है और मसूरी में प्रशिक्षण पा रहा है। आर्मी एटेचमेंट के बाद लौटा है। उसने बताया कि जिस दिन ललित बाबू की मृत्यु हुई, वह आर्मी यूनिट में था। संध्या को मैस में एक अफसर ने यह कहा कि वह एक 'सुखद' समाचार सुना रहा है कि ललित नारायण मिश्र की मृत्यु हो गयी। फिर रात 2 बजे तक मैस में शराब चलती रही। मैं यह नहीं समझ पा रहा हूँ कि फौज के अफसरों को खुश होने की क्या बात है?

शाम को उमा शर्मा मिलने आयी थीं। आजकल एक नये नृत्य का अभ्यास कर रही हैं। कह रही थीं कि अमजद को पद्मश्री मैंने दिलाया है। उसका अमजद से कुछ मनमुटाव है। मैंने उसे समझाया कि इस वर्ष इस कार्य में मैंने कोई रुचि नहीं ली। अमजद को दो-तीन साल पहले पद्मश्री मिलना चाहिए थी। स्वयं उमा को 1973 में मिली थी।

27 जनवरी, 1975

कल रात अचानक मेरी तबीयत ख़राब हो गयी। करीब साढ़े तीन बजे आँख खुल गयी। बड़ी देर तक मितली आती रही, पर उल्टी नहीं हुई। यदि उल्टी हो जाती तो तबीयत साफ हो जाती। फिर सुबह तक नहीं सो पाया। इस कारण कार्यालय बहुत देर से गया।

शाम को चार बजे मंत्रिपरिषद् की कृषि उपसमिति की बैठक थी। हिमाचल प्रदेश के एक भूमि-सुधार विधेयक पर विचार करना था। हक्सर भी उसमें भाग लेने आये थे। उनके अतिरिक्त कोई इस विषय पर कुछ बोला ही नहीं। अन्त में यह निर्णय हुआ कि कृषिमंत्री हिमाचल के मुख्यमंत्री से परामर्श करेंगे। उसके बाद

राष्ट्रपति की स्वीकृति पर विचार किया जायेगा। पर आश्चर्य की बात यह है कि योजना आयोग व कृषि मंत्रालय हिमाचल के प्रस्तावों से सहमत हैं, यद्यपि वे उन राष्ट्रीय निर्देशों से भिन्न हैं, जो भारत सरकार ने राज्यों को दो वर्ष पहले दिये थे। इन्हीं बातों से तो सरकार की निष्ठा पर संदेह उत्पन्न होता है।

करीब नौ बजे जब घर जाने की तैयारी में था, प्रो. धर का फोन आया। पहले तो सुप्रीम कोर्ट में जजों की नियुक्ति के बारे में बात की। फिर पूछा कि ललित बाबू की हत्या की जाँच के लिए किसी आयोग की नियुक्ति की जानी चाहिए या नहीं। मैंने कहा कि इस पर विचार करके बात करना अच्छा रहेगा। इसलिए यदि जल्दी न हो तो कल सुबह बात कर लें। वे इससे सहमत थे। कल इस पर बात होगी।

28 जनवरी, 1975

आज कार्यालय पहुँचते ही प्रो. धर ने बुला लिया। कल रात वाली बात पर चर्चा हुई। मैंने उनसे कहा कि आयोग की बात सोचना ग़लत नहीं होगा, क्योंकि सी.बी.आई. की जाँच में अभी तक सफलता नहीं मिली है। यदि इस मामले में जाँच सफल नहीं हुई तो सरकार के विरुद्ध जो भ्रांतियाँ फैलायी जा रही हैं, जनता को उन पर पूरी तरह विश्वास होने लगेगा। आजकल यह भी कहा जा रहा है कि सी.बी.आई. प्रधानमंत्री के नियंत्रण में काम करता है। उसकी सही बात पता लगाने में कोई अभिरुचि नहीं होगी। पर साथ ही आयोग की नियुक्ति से जाँच में बाधा पड़ सकती है। यदि इस बात को सुलझा लिया जाये तो आयोग की नियुक्ति से जनता में जो अनर्गल प्रचार हो रहा है, वह रुक जायेगा। इस प्रश्न पर विचार करना पड़ेगा, जिसके लिए गृहसचिव से परामर्श करना ठीक रहेगा। प्रो. धर के पास से मैं बार्डर रोड डेवलपमेंट बोर्ड की मीटिंग में गया। वहाँ गृहसचिव थे। उनको मैंने प्रो. धर से मिलने का संदेश दे दिया। प्रो. धर और गृहसचिव की चर्चा के बाद वे दोनों प्रधानमंत्री से मिले।

दोपहर में मैं प्रो. धर से फिर मिला। उस समय उन्होंने बताया कि 'मदरलैंड' के विरुद्ध अब कार्यवाही प्रेस काउंसिल में की जायेगी। सरकार एक ओर तो प्रेस की स्वतंत्रता का दम भरती है, दूसरी ओर जहाँ भी किसी समाचारपत्र या पत्रिका ने प्रधानमंत्री के विरुद्ध कुछ लिखा तो उसके विरुद्ध कार्यवाही की तैयारी होने लगती है। वास्तविकता यह है कि प्रधानमंत्री किसी प्रकार की वैयक्तिक आलोचना अपने विरुद्ध पसंद नहीं करतीं।

संध्या को छः बजे गृहमंत्री के निवास स्थान पर कर्नाटक-महाराष्ट्र सीमा-विवाद पर विचार करने के लिए एक मीटिंग हुई। मुझे भी उसमें बुलाया गया। इस विषय पर चर्चा हो जाने के बाद गृहसचिव ने आयोग संबंधी बात उठायी। गृहमंत्री आयोग के पक्ष में नहीं हैं, पर उन्होंने कहा कि यदि प्रधानमंत्री चाहती हैं तो उन्हें कुछ नहीं कहना। यह निश्चय हुआ कि आयोग की नियुक्ति में जो प्रश्न

उठेंगे, उनकी जाँच हो जानी चाहिए। वर्धन कल इस कार्य को करेंगे।

रात में बड़े मामा जी की लड़की कम्मे (कमलेश) के विवाह में सम्मिलित हुआ। नाना के परिवार वालों से भेंट हुई।

29 जनवरी, 1975

आज प्रो. धर ने प्रधानमंत्री का एक 'मिनिट' दिखाया। किसी मंत्री ने प्रधानमंत्री से कहा है कि सरकारी कर्मचारी राजनीति में भाग ले रहे हैं। प्रधानमंत्री चाहती हैं कि इस बात पर कड़ी निगरानी रखनी चाहिए और उचित कार्यवाही करनी चाहिए। प्रधानमंत्री का आदेश बिल्कुल ठीक है। सरकारी कर्मचारियों की आचार संहिता में यह स्पष्ट है कि वे किसी प्रकार के राजनीतिक कार्यकलाप में भाग नहीं लेंगे। इस देश के लिए यह आवश्यक भी है। प्रो. धर ने पूछा कि इस पर क्या करना चाहिए। मैंने बताया कि केवल एक सरकुलर फिर प्रसारित करने से काम नहीं चलेगा। इसके अतिरिक्त यह भी आवश्यक होगा कि उन सरकारी कर्मचारियों के विरुद्ध जो राजनीति में भाग ले रहे हैं प्रशासनिक कार्यवाही करके दण्ड देना चाहिए।

प्रो. धर से बात करते समय मुझे 1970 की एक बात याद आयी। उस साल केंद्रीय सचिवालय के एक कर्मचारी ने (जहाँ तक याद पड़ता है वह असिस्टेंट थे) कांग्रेस में सक्रिय काम किया था। किसी स्थानीय निकाय के लिए कांग्रेस टिकट की भी माँग की थी। इस सबके लिखित प्रमाण उपलब्ध होने पर गृहमंत्रालय उस पर प्रशासनिक कार्यवाही करना चाहता था। पर जब पत्रावली प्रधानमंत्री के पास आयी (वे उस समय गृहमंत्री भी थीं) तो उन्होंने पत्रावली अपने पास यह कहकर रख ली कि आजकल की असाधारण परिस्थिति में इस प्रश्न पर प्रशासनिक दृष्टिकोण अपनाने से काम नहीं चलेगा। उस केस में कोई कार्यवाही नहीं की गयी। बाद में मुझे पता चला कि प्रधानमंत्री के आदेश पर गृह मंत्रालय के एक राज्यमंत्री ने पत्रावली को लम्बे समय तक दबाये रखा।

प्रो. धर अब ललित बाबू की हत्या के संबंध में किसी आयोग की नियुक्ति के बहुत पक्ष में नहीं हैं। मुझसे आज बताया कि आयोग की नियुक्ति तभी होनी चाहिए यदि सी.बी.आई. अपनी जाँच में असफल रहे। उनकी सूचना के अनुसार सी.बी.आई. को कुछ अच्छे सूत्र हाथ लगे हैं।

आज एक दुखद घटना हुई। उत्तर प्रदेश के एक आई.ए.एस. अधिकारी—सेथुरमन—जो बैंकिंग विभाग में संयुक्त सचिव थे—की मृत्यु हो गयी। कल संध्या उनकी तबीयत कुछ खराब हुई। आज दफ्तर आते समय अस्पताल में जाँच के लिए रुक गये। वहीं डेढ़ बजे यकायक मृत्यु हो गयी। आयु केवल 42-43 वर्ष की थी। कितनी क्रूर घटना है। कच्ची गृहस्थी छोड़ गये हैं।

30 जनवरी, 1975

आज देश भर में गाँधी निर्वाण दिवस मनाया जाता है। ग्यारह बजे दिन दो मिनट का मौन रखकर उन सबको श्रद्धांजलि दी जाती है जिन्होंने देश के स्वतंत्रता संग्राम में भाग लिया।

गाँधी जी की हत्या 30 जनवरी, 1948 को हुई। संध्या को लगभग सात बजे मैं और बिल्लू भटनागर घूमने जा रहे थे। मैं उस समय लॉ के प्रथम वर्ष में था। भटनागर अब युनिवर्सिटी में अध्यापक हैं। चैथम लाइंस में प्रो. बेनी प्रसाद के बंगले के सामने से जा रहे थे तो थोड़ी दूर पर विजयी (विजय देव नारायण साही–अब युनिवर्सिटी में अंग्रेजी विभाग में रीडर हैं) टाँगे पर जाते हुए नजर आये। हमें देखते ही वे चिल्लाये कि दिल्ली में किसी ने गाँधी जी की हत्या कर दी। हम लोग वहाँ से सीधे यूनियन हाल आये जहाँ बराबर अध्यापक व विद्यार्थी जमा हो रहे थे। बाद में वहाँ एक शोक सभा हुई। दूसरे दिन, देश के अन्य भागों की भाँति, इलाहाबाद में सब दुकानें-बाजार बंद रहे। पूरा शहर साँय-साँय कर रहा था। ऐसा लगता था कि सारा कामकाज अपने आप रुक गया है और अब फिर शुरू ही नहीं होगा।

आज प्रधानमंत्री से कई विषयों पर बातचीत हुई। संघ लोकसेवा आयोग में एक स्थान रिक्त है। कुछ महीने पहले प्रो. धर और मैंने इसके लिए प्रो. सरूप सिंह का नाम प्रस्तावित किया था पर प्रधानमंत्री सहमत नहीं हुईं। कांग्रेसियों ने, विशेषकर वामपंथियों ने, सरूप सिंह के विरुद्ध प्रधानमंत्री के कान भर रखे थे। यहाँ तक कि उन्हें जनसंघी तक बना दिया था। प्रो. धर से उनका काफी परिचय है। मैं भी जब से दिल्ली में डिप्टी कमिश्नर हुआ, उनको जान गया हूँ। सरूप सिंह राजनीतिक व्यक्ति नहीं हैं। कांग्रेसी उनसे रुष्ट रहते हैं क्योंकि वे उनकी नाजायज मदद नहीं करते। और यदि प्रधानमंत्री की निगाह में किसी को गिराना हो तो उसका सबसे सरल तरीका है उसे जनसंघी घोषित कर दिया जाये। सरूप सिंह के साथ भी यही किया गया। ख़ैर, आज प्रधानमंत्री मान गयीं। प्रो. धर ने उनसे पहले बात की थी। भूमिका बँध गयी थी, पर प्रधानमंत्री ने हाँ नहीं कहा था। आज मैंने उनसे निर्णय ले लिया।

कर्नाटक-महाराष्ट्र के संबंध में प्रधानमंत्री कोई निश्चय नहीं कर पा रही हैं। बेलगाँव का प्रश्न मुख्यतः जटिल है। कल रात चव्हाण और ब्रह्मानंद की बात हुई। चव्हाण ने भी बेलगाँव का ही प्रश्न उठाया। वे अब भी चाहते हैं कि इस शहर का बँटवारा हो जाये तो शायद महाराष्ट्र मान जाये। कुछ वर्ष पहले गृह मंत्रालय (तब चव्हाण गृहमंत्री थे) का ऐसा प्रस्ताव था, पर 1971 की जनगणना के बाद उस मंत्रालय का विचार बदल गया है। मेरा हमेशा से अपना विचार यह रहा है कि किसी शहर का बंटवारा सर्वथा अनुचित होगा। आखिर, शहर रहेगा तो भारत

में ही। कहीं बाहर जाने की बात तो नहीं है। चव्हाण के नेतृत्व की सबसे बड़ी कमजोरी यह रही है कि वह राज्य स्तर से ऊपर नहीं उठ सकी है। मैंने प्रधानमंत्री से जब चव्हाण की बात बतायी तो कहने लगीं कि फिर कैसे आगे बढ़ा जाये? मैंने उनको उत्तर दिया कि निर्णय केवल चव्हाण को नहीं करना है, भारत सरकार को करना है। विचार-विमर्श की प्रक्रिया को तो नहीं रोका जाना चाहिए। फिर महाराष्ट्र का कोई भी नेता पब्लिक में कोई और दृष्टिकोण नहीं अपनायेगा, चाहे वह बेलगाँव को कर्नाटक में छोड़ने के लिए तैयार भी हो जाये। प्रश्न यह है कि बेलगाँव को कहाँ रखना अधिक न्यायसंगत होगा। राजनीतिक दृष्टि से भी बेलगाँव कर्नाटक में ही रहना चाहिए। मैंने प्रधानमंत्री से यह भी कहा कि महाराष्ट्र के मुख्यमंत्री के सचिव, बी.जी. ने मुझे विश्वास में लेकर यह बताया है कि इस सीमा-विवाद का अंत करना उचित होगा, चाहे बेलगाँव कर्नाटक में ही छोड़ दिया जाये। पब्लिक में महाराष्ट्र के नेता इस निर्णय की आलोचना करेंगे। पर इससे अधिक कुछ नहीं होगा। तीन-चार महीने में सब शान्त हो जायेगा। महाराष्ट्र को इस बात का संतोष होगा कि सीमा-विवाद समाप्त हो गया। सब कुछ सुनने के बाद प्रधानमंत्री ने कहा कि मंत्रिपरिषद् की राजनीतिक उपसमिति में इस प्रश्न पर विचार किया जाना चाहिए।

ललित बाबू की हत्या की गुत्थी अभी तक नहीं सुलझ पा रही है। प्रधानमंत्री इससे चिंतित हैं। उन्होंने स्वयं इस विषय पर बातचीत शुरू की। इस मामले की तफतीश में जो प्रगति हुई है, वह मैंने उन्हें बतायी। वह सब उन्हें पहले से ही मालूम था। पर यह स्पष्ट था कि उन्हें संतोष नहीं है। बात फिर बिहार पर आ गयी। उन्होंने फिर अपना पुराना सुझाव दुहराया कि केंद्र की ओर से एक वरिष्ठ अधिकारी पटना में रहना चाहिए जो कि राज्य-कार्य चलाने के लिए उत्तरदायी हो। राज्य में बिना राष्ट्रपति शासन लागू किये यह कैसे संभव हो सकता है? हाँ, यदि राज्य सरकार चाहे तो परामर्श उन्हें हर प्रकार से दिया जा सकता है।

इनके अतिरिक्त कई छोटी-मोटी बातें प्रधानमंत्री से और हुईं।

सायंकाल चार बजे मंत्रिपरिषद् की बैठक थी। मिज़ोरम की स्थिति को देखते हुए गृह मंत्रालय एक अध्यादेश लागू करना चाहता था 'मीसा' में संशोधन के लिए। मंत्रिपरिषद् में सबने यह माना कि प्रस्तावित संशोधन आवश्यक है और प्रशासन का सहायक होगा। पर सरदार स्वर्ण सिंह ने अध्यादेश का विरोध किया, केवल इस आधार पर कि प्रतिपक्ष इसकी आलोचना करेगा। बाद में सब उनसे सहमत हो गये। रामचंद्रन मेरे बराबर बैठे थे। कहने लगे कि मंत्रिपरिषद् प्रतिपक्ष से बुरी तरह भयभीत है। प्रबल बहुमत होते हुए भी इतना डरना सरकार के लिए शोभनीय नहीं है। रामचंद्रन की बात बिल्कुल ठीक है। इस सरकार का नैतिक बल इतना गिर गया है कि यह हमेशा डरी हुई रहती है।

सात बजे शिक्षामंत्री (प्रो. नूरुल हसन) मुझसे मिलने आये। वे कई दिनों से कुछ प्रश्नों पर मुझसे बात करना चाहते थे। बनारस व अलीगढ़ विश्वविद्यालयों के बारे में उनसे थोड़ी बात हुई। दिल्ली पर विस्तार से बहस करना आवश्यक है, जो परसों होगी। आज मुख्यतः उर्दू के प्रश्न पर बात हुई। प्रो. नूरुल हसन इस प्रश्न पर उदार विचार वाले हैं, पर कठिनाई है गुजराल से जो इस प्रश्न को एक संकुचित दलगत दृष्टिकोण से देखने के अतिरिक्त कुछ नहीं चाहते। यह निश्चय हुआ कि मैं एकाध दिन में इस विषय पर प्रधानमंत्री से चर्चा कर लूँ। नूरुल हसन के अनुसार उर्दू थोपने की कांग्रेस की नीति का प्रभाव अच्छा नहीं पड़ेगा।

31 जनवरी, 1975

आज प्रधानमंत्री से एक आवश्यक काम के लिए मिलना चाहता था, पर वे बहुत व्यस्त थीं। दोपहर के बाद वे कार्यालय भी नहीं आयीं। कश्मीर और बिहार के प्रश्नों के राजनीतिक पक्षों को सुलझाने के लिए वे दिन भर विभिन्न लोगों से परामर्श करती रहीं। प्रो. धर भी उनसे मिलना चाहते थे, पर नहीं मिल सके। लद्दाख के कुछ लोग आजकल की राजनीतिक गतिविधियों से चिंतित हैं। कुछ पहले से वे यह आवाज़ उठा रहे हैं कि लद्दाख को केंद्र शासित प्रदेश बना दिया जाये। जम्मू व कश्मीर प्रदेश कांग्रेस के महामंत्री मंगतराम इस संबंध में प्रधानमंत्री से आज मिले थे। प्रधानमंत्री ने उन्हें मेरे पास भेज दिया। कुशक बाकुला से मिल कर प्रधानमंत्री से लद्दाख के कुछ प्रतिनिधियों की मीटिंग करानी होगी।

संध्या को नगालैंड के स्कैटोस्वू मिलने आये। एन.एन.ओ. का मनोबल दिन-पर-दिन गिर रहा है। इस बारे में वे प्रधानमंत्री से मिलना चाहते थे पर उन्होंने उनसे (स्कैटोस्वू) मुझसे मिलने को कह दिया। मुझसे लगभग एक घंटा बात करते रहे। मैंने उन्हें समझाने की कोशिश की कि जिन तथ्यों के आधार पर वे आजकल की परिस्थिति पर निष्कर्ष निकाल रहे हैं, वह ठीक नहीं है। बात उन्हें समझ में आयी, पर कब तक वे मेरे दिये गये विश्लेषण को मानेंगे, यह कहना कठिन है।

1 फरवरी, 1975

आज प्रधानमंत्री दिन भर के लिए पूना एवं बम्बई गयी हैं। मेरा विचार था कि दिन-प्रतिदिन के पिछड़े काम को पूरा कर लूँगा। पर संयोग ऐसा हुआ कि पूरा दिन प्रायः नष्ट-सा हो गया—सिद्धार्थ शंकर राय के कारण। पूर्व निश्चित कार्यक्रम के अनुसार दिन के साढ़े बारह बजे मैं शिक्षामंत्री के पास गया। दिल्ली विश्वविद्यालय की समस्याओं पर विचार समाप्तप्राय था कि सिद्धार्थ अपने दो अधिकारियों को लेकर वहीं आ गये। हमारा विचार-विमर्श बीच में ही रुक गया। सिद्धार्थ लगभग डेढ़ घंटा शिक्षामंत्री के पास रहे। उनके जाने के बाद ही हमारा विचार-विमर्श फिर शुरू हुआ।

फलस्वरूप घंटा भर के काम के लिए तीन घंटे नष्ट हुए। संध्या को मुझे प्रो. धर से मिलना था। जैसे ही उन्हें समय मिला और मैं उनके कमरे में पहुँचा पीछे-पीछे सिद्धार्थ आ गये। मेरा काम नहीं हो पाया। बाद में घर जाते समय प्रो. धर मेरे पास आये, पर वे जल्दी में थे।

शिक्षामंत्री के पास सिद्धार्थ बड़ा ही बेतुका प्रस्ताव लेकर आये थे। पश्चिम बंगाल की सरकार शरत्‌चंद्र चट्टोपाध्याय की जन्म शताब्दी को जोर-शोर से मनाना चाहती है। इस अवसर पर वह शरत्‌ के ग्रंथों का एक जन-सुलभ संस्करण प्रकाशित करना चाहती है एवं उनकी तीन कहानियों पर आधारित फिल्में बनाना चाहती है। शरत्‌ की कृतियों का 'कॉपीराइट' उनके भतीजे के पास है। उसने सरस्वती प्रेस से कोई समझौता किया है और इन कृतियों के प्रकाशन एवं उन पर फिल्म बनाने का अधिकार वह सरकार को नहीं देना चाहता। सिद्धार्थ का विचार है कि जब तक सरकार यह न करे तो शताब्दी समारोह सफल नहीं होगा। अतएव वे एक अध्यादेश द्वारा 'कॉपीराइट' अर्जित करना चाहते हैं। विधिमंत्री से उन्होंने परामर्श कर लिया था और वे सहमत हैं। जैसे ही मैंने यह प्रस्ताव सुना, मैंने इसका विरोध किया। इसके परिणाम भयंकर हो सकते हैं। एक परिणाम तो यह होगा कि कोई भी राज्य सरकार किसी भी कृति का कॉपीराइट अर्जित करके उसका प्रकाशन भी बंद करा सकती है। सिद्धार्थ ने कहा कि जब भी कोई नया काम होता है तो इस प्रकार की आपत्तियाँ उठायी जाती हैं, पर राजनीतिक दृष्टि से उनके लिए ऐसा करना आवश्यक है। (मेरा अनुभव है कि सिद्धार्थ हर प्रस्ताव के लिए यह तर्क देते हैं) मैं फिर भी उनसे आग्रह करता रहा कि वे इस प्रकार के प्रस्ताव को छोड़ दें। शिक्षामंत्री ने भी इसका विरोध करना शुरू किया। अन्त में यह निश्चय हुआ कि शिक्षामंत्री यह जाँच करवायेंगे कि कॉपीराइट एक्ट में संशोधन करके राज्य सरकार की किस प्रकार मदद की जा सकती है। मैंने आज तक कभी कल्पना भी नहीं की थी कि संविधान में संशोधन करके जब सरकार संपत्ति अर्जित करने के अधिकार बना रही थी, इस प्रकार का कोई प्रस्ताव सोचा भी जायेगा। मुझे इसमें संदेह नहीं कि जिस दिन भी बुद्धिजीवियों और उनकी कृतियों पर इस प्रकार का बलात्कार किया जायेगा, हमारी प्रजातांत्रिक मान्यताएँ समाप्त हो जायेंगी। संध्या को जब मैंने प्रो. धर से यह बताया तो उनकी प्रतिक्रिया भी इतनी तीव्र हुई जितनी मेरी।

संध्या को प्रो. धर ने कहा कि मैं विधिमंत्री से मिलकर निर्वाचन सुधार और 'मदरलैंड' के विरुद्ध क्या कार्यवाही हो सकती है, इस पर विचार-विनिमय कर लूँ।

2 फरवरी, 1975

आज दिल्ली में जामा मस्जिद क्षेत्र में दंगा हो गया। अभी तक की सूचना के अनुसार

आठ व्यक्ति मारे गये। सौभाग्यवश यह साम्प्रदायिक रूप नहीं ले सका। जामा मस्जिद के नायब इमाम की गिरफ्तारी के कारण झगड़ा हुआ। मुझे इसकी आशंका थी, पर दिल्ली का नया प्रशासनतंत्र किसी की राय सुनने के लिए तैयार नहीं है। इसका नियंत्रण प्रधानमंत्री के एक अतिरिक्त निजी सचिव करते हैं। आज की घटना के परिणाम अच्छे नहीं होंगे। दिल्ली प्रशासन यदि ऐसे लोग चलायेंगे तो यही होगा, आश्चर्य की कोई बात नहीं है।

3 फरवरी, 1975

आज सुन्नी जमायत-उल-उलेमा का एक प्रतिनिधि मंडल प्रधानमंत्री से मिला। उनकी माँगें केवल राजनीतिक थीं। वे प्रधानमंत्री की निर्वाचनों में सहायता करेंगे पर उनके प्रतिनिधियों को अधिक संख्या में संसद और विधानसभाओं में स्थान दिया जाना चाहिए। सुन्नी जमायत की जमायत-उल-उलेमा, हिन्द से नहीं बनती। प्रधानमंत्री ने कहा कि वे उनकी बात पर विचार करेंगी।

जब मैं सुन्नी प्रतिनिधि मंडल के साथ प्रधानमंत्री के कमरे में जा रहा था, प्रो. धर, ओम मेहता और शफी कुरैशी के साथ निकल रहे थे। प्रो. धर ने कहा कि इमाम के बारे में बात करनी है, मिल लेना। पर आज उनसे भेंट नहीं हुई। वे और मैं दोनों अलग अलग व्यस्त रहे। ओम मेहता दिल्ली के मामलों में प्रधानमंत्री के मुख्य परामर्शदाता हैं। वे प्रधानमंत्री से इसी विषय पर बात करने आये होंगे। शफी कुरैशी को तो कश्मीर के सिलसिले में बुलाया था प्रधानमंत्री ने।

संध्या को छः बजे मैं विधिमंत्री (गोखले) के घर गया। उनसे लगभग ढाई घंटे बात हुई। निर्वाचन सुधार के कुछ प्रस्तावों पर उन्होंने विचार किया है। दो-तीन दिनों में उनका नोट तैयार हो जायेगा, तब वे मुझसे फिर बात करेंगे। मूलतः उनके प्रस्ताव, जिन पर वे प्रधानमंत्री से सामान्यतः बात कर चुके हैं, यह है कि निर्वाचन में प्रत्याशियों का जो व्यय होता है, उसका कुछ अंश सरकार को वहन करना चाहिए। सरकार किस रूप में यह खर्चा वहन करेगी, इस पर विधिमंत्री के कई सुझाव हैं। मेरी राय में यह सुधार सही दिशा में एक कदम होगा। पर केवल इसी एक सुधार से काम नहीं बनेगा। हमारी निर्वाचन प्रणाली में बहुत कमियाँ एवं कमजोरियाँ हैं, पर जनता की ज़ोरदार माँग होते हुए भी सरकार इस ओर उदासीन रही है—अपने स्वार्थवश। हो सकता है कि यदि इन सुधारों को कार्यान्वित किया गया तो वातावरण में परिवर्तन होना आरंभ हो सकता है। कुछ समय पहले मैंने प्रधानमंत्री को इस विषय पर एक विस्तृत नोट दिया था। प्रधानमंत्री ने अपने वरिष्ठ सहयोगियों से उस पर चर्चा भी की थी। दुर्भाग्यवश प्रधानमंत्री के रुख के कारण उस समय कोई ठोस सुझाव नहीं माना गया। विधिमंत्री से कहा गया कि वे विपक्षी नेताओं से सामान्य रूप से बातें करें, पर उसमें भी कोई प्रगति नहीं हुई।

इस संबंध में एक प्रश्न पर और विचार हो रहा है। 1969 में कम्पनी लॉ में यह संशोधन किया गया कि कोई कम्पनी किसी राजनीतिक दल को दान नहीं दे सकती। लेकिन सभी राजनीतिक दल कम्पनियों से रुपया लेते रहे हैं। सबसे बड़ी दोषी कांग्रेस स्वयं है। प्रधानमंत्री का जनता से यह कहना कि कांग्रेस किसी बड़े आदमी या कम्पनी से रुपया नहीं लेती, रुपया जनसाधारण से आता है, सरासर झूठ है। जितने ग़लत तरीकों से कांग्रेस अपने व्यय के लिए धन एकत्रित करती है, उसका वर्णन कठिन है। दूसरे दलों को उतने अवसर नहीं मिलते। इसका सबसे बुरा आर्थिक परिणाम यह हुआ है कि काले धन और चोर बाजारी को खुला प्रोत्साहन मिला है। कई महीनों से इसपर विचार हो रहा है कि 1969 के संशोधन को रद्द कर दिया जाये। मंत्रिपरिषद् की राजनैतिक कार्यसमिति की स्वीकृति के आधार पर विधिमंत्री संसद में यह संकेत भी दे चुके हैं कि सरकार ऐसा करने जा रही है। पर आज गोखले ने बताया कि इस पर पुनः विचार की आवश्यकता है। प्रायः सभी राजनीतिक दल इस विचार के हैं कि आजकल की स्थिति में कोई परिवर्तन न हो। फिर, 1969 से पहले भी कोई कम्पनी केवल सीमित धनराशि ही राजनीतिक दलों को दे सकती थी। यह धनराशि इतनी कम है कि कानून में फिर से संशोधन करके भी कोई लाभ नहीं होगा। मैंने विधिमंत्री से कहा कि इस प्रश्न को केवल निर्वाचन सुधार की पृष्ठभूमि में नहीं देखना चाहिए। आर्थिक दृष्टिकोण के अतिरिक्त आज के वातावरण में सरकार को यदि अपनी नैतिक मान्यताओं को ऊँचा उठाना है तो यह करना आवश्यक है। विधिमंत्री प्रधानमंत्री से इस पर विचार-विनिमय करेंगे।

दूसरा विषय, जिस पर मैंने विधिमंत्री से बात की लोकपाल व लोकायुक्त विधेयक से संबंधित था। काफी समय से प्रधानमंत्री और प्रो. धर से मेरा आग्रह रहा है कि इस विधेयक को जल्दी पास करवाया जाये। पहली बार यह विधेयक 1968 या 1969 में संसद के समक्ष रखा गया था। लोकसभा में पास भी हो गया था पर फिर लोकसभा के भंग होने के कारण समाप्त हो गया। नयी लोकसभा में, 1971 में फिर यह विधेयक पेश हुआ, पर प्रधानमंत्री के आदेशानुसार इसको विचार के लिए अभी तक नहीं लिया गया है। मिर्धा, मंत्री, कार्मिक विभाग व मैंने प्रधानमंत्री से कई बार कहा, पर वे हमेशा टाल गयीं।

संसद के पिछले सत्र के बाद एक दिन मैंने प्रो. धर से इस संबंध में विस्तार से बात की। उसके बाद हम दोनों ने प्रधानमंत्री से बात की। तब से कुछ प्रगति हुई है। विधिमंत्री को यह काम सौंपा गया है कि वे विधेयक की एक बार फिर जाँच कर लें कि उसमें किसी संशोधन की आवश्यकता है या नहीं। विधिमंत्री ने मुझे आज बताया कि दो-तीन मामलों में कुछ परिवर्तन आवश्यक हो सकते हैं, पर वे एकाध दिन बाद ही अपनी राय दे सकेंगे। इस बीच में मुझे इस प्रश्न पर प्रधानमंत्री से फिर बात करने का मौका मिला। उत्तर प्रदेश में बहुगुणा इस विषय पर एक अध्यादेश

प्रसारित करना चाहते हैं। प्रधानमंत्री की राय चाहते हैं। प्रधानमंत्री ने मुझे इसका अध्ययन करने को कहा। उस संबंध में केंद्रीय विधेयक की भी बात हुई। वह अब भी नहीं चाहती हैं कि उसे पास कर दिया जाये।

'मदरलैंड' के विषय पर सब कागज देखने के बाद विधिमंत्री ने प्रो. धर और मेरे निष्कर्ष का अनुमोदन किया। उनका निश्चित मत है कि मदरलैंड के विरुद्ध डी.आई.आर. में कोई कार्यवाही नहीं की जा सकती। विधिमंत्री के घर जाने से पहले प्रधानमंत्री से मुझे एक नोट मिला था। यह किसी अयोग्य वकील ने तैयार किया है। इसमें कहा गया है कि मदरलैंड के विरुद्ध कार्यवाही की जा सकती है। प्रधानमंत्री उस नोट से प्रभावित हैं। मुझे विधिमंत्री को वह नोट दिखाने को कहा गया था। वास्तव में उस नोट पर सलाह देने के लिए विधिमंत्री जैसे योग्य वकील की आवश्यकता ही नहीं थी। इतना तो मैं भी कह सकता हूँ कि उस नोट में कानूनी स्थिति बिल्कुल ग़लत बयान की गयी है। विधिमंत्री ने उसकी पुष्टि कर दी। उन्होंने कहा कि जिसने भी यह नोट तैयार किया है, उसे विधि का ज्ञान बिल्कुल नहीं है।

विधिमन्त्री ने बताया कि प्रधानमन्त्री की निर्वाचन-याचिका के सम्बन्ध में परामर्श के लिए पालकीवाला को सात फरवरी के लिए बुलाया गया है। उस दिन वे, सिद्धार्थ और पालकीवाला एक साथ प्रधानमन्त्री से मिलेंगे। पालकीवाला प्रधानमंत्री की नीतियों के बड़े कट्टर आलोचक हैं। कुछ समय पहले प्रधानमंत्री उनसे मिलना भी पसंद नहीं करती थीं। अब स्वार्थवश अहं त्यागना पड़ रहा है।

4 फरवरी, 1975

कार्यालय पहुँचते ही प्रो. धर ने बुलवाया। उनके पास लगभग दो घंटे रहा। प्रधानमन्त्री अस्वस्थ होने के कारण कार्यालय नहीं आयी थीं। वे घर पर ही कुछ लोगों से मिलीं। प्रो. धर को मैंने कल विधिमन्त्री से जो बातें हुईं, उनका सार बताया। वे बहुत इच्छुक हैं कि निर्वाचन-सुधार और लोकपाल-विधेयक पर आगे की कार्यवाही जल्दी होनी चाहिए। हम लोग इन बातों पर इतना बल इसलिए दे रहे हैं कि इनसे सरकार की छवि सुधारने में ही मदद नहीं मिलेगी, जन-जीवन का भी भला होगा। प्रो. धर को इस पर भी संतोष हुआ कि 'मदरलैंड' के मामले में विधिमन्त्री ने हमारी बात की पुष्टि की।

प्रो. धर को मैंने आज फिर स्मरण दिलाया कि ललित बाबू की हत्या की छानबीन के लिए आयोग की नियुक्ति पर शीघ्र निर्णय लेना चाहिए। उन्होंने कहा कि इस प्रश्न पर भी मैं विधिमंत्री से परामर्श कर लूँ। इसके लिए सायंकाल फिर विधिमंत्री के पास गया। उनसे हुई बातचीत का विवरण आगे दिया है।

प्रो. धर ने एक मज़ेदार बात बताई। कहने लगे कि प्रधानमन्त्री के कमरे से निकलते समय जब उन्होंने मुझे बुलाया था तो वे मुझे यही बात बताना चाहते थे।

कल वे शफी कुरैशी को लेकर प्रधानमन्त्री के पास गये थे–कश्मीर पर बातचीत करने। बीच में ओम मेहता आ गये और प्रधानमन्त्री से कुछ कानाफूसी करने लगे। दो-चार मिनट में उन्हें पता लगा कि जामा मस्जिद के झगड़े पर बातचीत हो रही थी। प्रो. धर के अनुसार प्रधानमन्त्री के चेहरे पर पूरी तरह से झेंप फैली हुई थी। वे दिल्ली के मामलों पर आजकल किसी से बातचीत करना पसन्द नहीं करतीं। दिल्ली प्रशासन का उनके साथ धवन के माध्यम से सीधा संबंध है। ओम मेहता भी आवश्यकतानुसार एक कड़ी बन जाते हैं कभी-कभी। प्रधानमन्त्री को यह अच्छा नहीं लग रहा था कि वे प्रो. धर के सामने ओम मेहता से इस प्रकार बातें करें, पर चारा भी कुछ नहीं था। प्रो. धर की सूचना के अनुसार दिल्ली प्रशासन ने इमाम के मामले में स्थिति का ठीक से अन्दाज लगाए बग़ैर गड़बड़ काम किया है। प्रधानमन्त्री की धारणा है कि प्रशासन ने बड़ी कुशलता से कार्य किया है। प्रो. धर मेरी बात से पूरी तरह सहमत हैं कि अब अब्दुल्ला बुखारी इमाम भी बनेगा और नेता भी। मैंने प्रधानमन्त्री से दस-पन्द्रह दिनों पहले जब इस विषय पर बात की थी तो यह समझाने का प्रयत्न किया था कि शाहजहाँ के समय से जामा मस्जिद की इमामत इसी वंश में रही है। आज के कानून में चाहे जो भी स्थिति हो, परंपरा की अवहेलना करना कठिन होगा। उपराज्यपाल का कहना कि वे अब्दुल्ला बुखारी के लड़के को इमाम बना देंगे, इतना सरल नहीं होगा। पर आजकल उपराज्यपाल जो कुछ कहें, वह ठीक है। प्रधानमन्त्री ने मुझसे उस दिन कहा कि नहीं अब्दुल्ला बुखारी बहुत ग़लत रास्ते पर है, उसे गिरफ्तार करना ठीक होगा। उपराज्यपाल ने बात कर ली है। मैं उनसे इतना कह दूँ कि कार्यवाही चतुराई से की जाए। मुझे उसी दिन यह लग रहा था कि इससे झगड़ा बढ़ेगा और उसका उत्तरदायित्व सरकार पर होगा। मैं पहले यह लिख भी चुका हूँ।

संध्या को विधि मन्त्री से मिला। ललित बाबू की हत्या के सम्बन्ध में बात की। उनसे मिलने से पहले मैं देवेन्द्र सेन से मिला। उनसे मालूम पड़ा कि इस हत्या की तफतीश में अभी तक सी.बी.आई. को संतोषजनक सूत्र नहीं मिले हैं। हाँ, इतना मालूम पड़ता है कि यह कार्य रेल कर्मचारियों का है। यह समस्तीपुर जाकर ही पता चलता है कि उस क्षेत्र में ललित बाबू के लिए कितनी घृणा उत्पन्न हो गयी है। कारण केवल यह है कि रेलवे प्रशासन में उनका हस्तक्षेप बढ़ता ही जा रहा था, जिसके परिणामस्वरूप कर्मचारियों को छोटी-छोटी बातों में न्याय मिलने की आशा नहीं थी। विधिमन्त्री ने कहा कि उनकी राय में आयोग की नियुक्ति वांछनीय होगी। सुप्रीम कोर्ट के न्यायाधीश मैथ्यू इस जाँच के लिए उपयुक्त होंगे। प्रधानमन्त्री पहले ही मैथ्यू का चयन कर चुकी हैं, यद्यपि मैथ्यू इससे प्रसन्न नहीं हैं, पर यह काम करने को तैयार हो गये हैं। विधिमन्त्री का कहना है कि जिस प्रकार की अफवाहें फैल रही हैं, उनको बंद करने का यही एक उपाय है।

विधिमन्त्री ने अपनी एक आशंका भी व्यक्त की। उनको ऐसा लग रहा है कि संसद के आने वाले सत्र में प्रधानमन्त्री और मारुति पर सीधा आक्रमण होगा। अभी तक तो प्रतिपक्ष ललित बाबू को लक्ष्य बनाए था। पर उनके न रहने पर प्रधानमन्त्री के विरुद्ध सीधा जोर लगाया जायेगा। विधिमन्त्री की कठिनाई यह है कि मारुति में तरह-तरह की अनियमितताएँ और कानून का उल्लंघन हुआ है। कंपनी लॉ विभाग अब तक तो कुछ-न-कुछ कह कर मारुति पर पूछे गये प्रश्नों का उत्तर देता रहा है, पर आगे इसमें बहुत कठिनाइयाँ होने वाली हैं। मैंने विधिमन्त्री को सलाह दी कि वे जो कुछ भी अनियमितताएं आदि उनके सामने आयी हैं प्रधानमन्त्री के नोटिस में ला दें। मैं विधिमन्त्री के चरित्र की दृढ़ता का प्रशंसक हूँ। आजकल जब मन्त्री, संसद सदस्य आदि प्रधानमन्त्री से कोई उनको अरुचिकर लगने वाली बात कहने के लिए तैयार नहीं हैं, विधिमन्त्री अपनी सही राय देने में तनिक भी नहीं हिचकते।

जो दूसरी बात विधिमन्त्री ने बताई, वह यह थी कि तुलमोहन राम के मामले के अतिरिक्त लायसेंस के अन्य मामले जो प्रतिपक्षी नेता उठा रहे हैं, उनमें बहुत तथ्य हैं। आज सुबह वाणिज्य मन्त्री और देवेन्द्र सेन उन मामलों की पत्रावलियों के साथ विधिमन्त्री से मिले थे। पत्रावलियों के अध्ययन से स्पष्ट है कि ललित बाबू ने कई मामलों में ग़लत लायसेंस दिये। यह कहना कठिन होगा कि इन मामलों में भ्रष्टाचार नहीं हुआ या ललित बाबू ने अपने पद का दुरुपयोग नहीं किया। काश प्रधानमन्त्री ललित बाबू के आचार-व्यवहार की वास्तविकता को मान लेतीं तो सरकार की आज इतनी फजीहत नहीं होती। इन मामलों के बारे में भी विधिमन्त्री प्रधानमन्त्री से बात करेंगे। उनकी राय में इनकी छानबीन के लिए एक आयोग की नियुक्ति आवश्यक है।

आज वर्धन राँची से लौटे हैं। वहाँ एक मीटिंग में गये थे। वे बता रहे थे कि बिहार में जगह-जगह यह चर्चा है कि ललित बाबू की हत्या सरकार ने अपने स्वार्थवश कराई। बात सरासर ग़लत होते हुए भी जन-साधारण की सोच व्यक्त करती है।

5 फरवरी, 1975

विधिमन्त्री से कल हुई बात मैंने प्रो. धर को इस आग्रह के साथ आज बतायी कि प्रधानमन्त्री के दौरे से लौटते ही ललित बाबू की हत्या से सम्बन्धित जाँच के लिए आयोग की नियुक्ति पर निर्णय हो जाना चाहिए। इस नियुक्ति में पहले ही देर हो गयी है। प्रश्न जटिल है, पर सरकार अपनी निष्ठा की पुष्टि के लिए और कर ही क्या सकती है। मुझे समझ में नहीं आता कि पहले उत्साह दिखाकर प्रो. धर एकदम से उदासीन क्यों हो गये। आयोग की नियुक्ति में अधिक विलंब ठीक नहीं होगा।

आयोग की नियुक्ति तो होगी, चाहे प्रो. धर कितना ही टालना चाहें। पर इसका श्रेय प्रतिपक्ष को क्यों दिया जाये? प्रतिपक्ष तो अब नियुक्ति हो जाने पर विलंब की आलोचना करेगा।

प्रधानमन्त्री आज राजस्थान के दौरे पर गयी हैं। कल सुबह वापस आयेंगी। दिल्ली युनिवर्सिटी बिल पर विचार करने के लिए मन्त्रियों की समिति की एक बैठक थी। उस मीटिंग के बाद विधिमन्त्री मेरे कमरे में आकर बैठ गये। प्रधानमन्त्री के विरुद्ध चल रही निर्वाचन याचिका में प्रधानमन्त्री की ओर से साक्ष्य (गवाही) बारह तारीख से शुरू होगा। विधिमंत्री ने पालकीवाला को परामर्श के लिए बुलाया है। वे मुख्यतः उसी संबंध में बात करने आये थे।

संध्या को सरीन मिलने आये। बिहार में राज्यपाल बनाकर न भेजे जाने पर उनमें जरा भी क्लेश नहीं है। मन में कुछ बात हो तो वे व्यक्त नहीं करते। गुजरात में राज्यपाल से उनकी नहीं बन रही है। अधिक दोष राज्यपाल का लगता है। पहले तो प्रधानमन्त्री ने उनको समझाया था, पर आजकल वे सरीन के पक्ष में अधिक नहीं बोलना चाहतीं। इससे प्रशासन की हानि हो रही है।

सरीन से मिलने के बाद गृह मन्त्रालय चला गया। वहाँ उत्तर प्रदेश के अधिकारियों से लोकपाल विधेयक के सम्बन्ध में एक मीटिंग थी। उत्तर प्रदेश की ओर से सनवाल भी आये थे। वे आजकल मुख्य सचिव हैं। बाद में इलाहाबाद हाई कोर्ट में जजों की नियुक्ति पर भी बात हुई। करीब ढाई घंटे निरर्थक ही नष्ट हुए।

6 फरवरी, 1975

प्रधानमन्त्री से कई विषयों पर बात की। काज़ी मुख्तार अहमद (उन्हें उनके मित्र केवल काज़ी या काज़ी साहब कहते हैं) के मामले पर भी उनके आदेश लिये। काज़ी का मेरा साथ युनिवर्सिटी से है, यद्यपि वे मुझसे एक साल आगे थे। आई.ए.एस. हम लोगों ने साथ ज्वाइन किया। काज़ी के जीवन में एक के बाद एक दुखद घटनाएँ होती गयीं। आज स्थिति यह है कि उनका स्वास्थ्य बिल्कुल ख़राब हो गया है, वे अकेले हैं, उनके बड़े लड़के ने पढ़-लिखकर नहीं दिया, आदि-आदि। छोटा लड़का और लड़की दिल्ली में पढ़ रहे हैं, पर काज़ी का टैन्योर समाप्त होने वाला है। बोर्ड ने केवल दिसंबर तक टर्म बढ़ाने की सिफारिश की है। इससे उसका काम नहीं बनता। मैंने प्रधानमन्त्री से सब बातें स्पष्ट रूप से बता दीं और कहा कि इन दो बच्चों के भविष्य के हित में मैं उनसे आग्रह कर रहा हूँ कि काज़ी की बात मान ली जाए। वे बिना हिचकिचाहट के सहमत हो गईं।

उसके बाद राजस्थान के नशाबन्दी प्रश्न पर भी बात हुई। केंद्रीय सरकार राजस्थान या किसी भी राज्य की वित्तीय सहायता नहीं कर सकती। लेकिन प्रधानमन्त्री कहती हैं कि कुछ सूरत निकालनी चाहिए। उन्हें लोग डरा रहे हैं कि

यदि राजस्थान में दो वर्षों में पूरी नशाबन्दी नहीं हुई तो वहाँ आन्दोलन होगा। इस प्रकार के प्रश्नों पर प्रधानमन्त्री कोई दृढ़ निश्चय नहीं ले पातीं, ढुलमुल होती रहती हैं। पूरी स्थिति समझाते हुए मैंने उनसे कहा कि एक समिति इस प्रश्न पर पूरी तरह विचार कर चुकी है। राजस्थान सरकार ने उसकी सिफारिशों को मान लिया है। अगले वित्तीय वर्ष में दो और जिलों में नशाबन्दी लागू हो जायेगी। जो आज आन्दोलन की धमकी दे रहे हैं, उनके प्रतिनिधि इन सिफारिशों से सहमत थे। समिति के संयोजक राज बहादुर सब बात स्पष्ट करते हुए श्रीमन्नारायण को पत्र लिख देंगे।

आंध्र प्रदेश की राजनीति पर भी कुछ बात हुई। किसी ने प्रधानमन्त्री को दो-चार दिन पहले पत्र लिखा कि मुख्यमन्त्री अपने मंत्रिमंडल में किसी को उप-मुख्यमन्त्री नहीं बना रहे हैं। इसकी प्रतिक्रिया अच्छी नहीं हुई है। मेरा स्वयं यही विचार रहा है पर कुछ महीने पहले जब मैंने आंध्र के मुख्यमन्त्री से इस विषय पर बात की थी तो उन्होंने कहा कि उनकी प्रधानमन्त्री और कांग्रेस अध्यक्ष से बात हो गयी है। वे दोनों सहमत हैं कि उप-मुख्यमन्त्री की नियुक्ति आवश्यक नहीं है। इसलिए जब प्रधानमन्त्री ने मुझे ऊपर उल्लिखित पत्र पर यह लिख कर भेजा कि इस प्रश्न पर हमको रुचि लेनी चाहिए क्योंकि मुख्यमन्त्री के निर्णय से राजनीतिक कठिनाई उत्पन्न हो सकती है तो मुझे आश्चर्य हुआ। आज जब मैंने प्रधानमन्त्री से यह बात उठाई तो उन्होंने कहा कि हाँ, उस समय मुख्यमन्त्री का आग्रह था कि इस प्रश्न पर उन्हें छूट दे देनी चाहिए, तो वे सहमत हो गईं, पर इसका यह तात्पर्य नहीं कि इस निर्णय से प्रश्न हमेशा के लिए हल हो गया। प्रधानमन्त्री ने कहा कि मैं मुख्यमन्त्री से बात कर लूँ।

प्रधानमन्त्री हर प्रश्न को केवल अपने हानि-लाभ के दृष्टिकोण से देखती हैं। फल यह होता है कि मूल बातों पर भी विचार व निर्णय जल्दी-जल्दी बदलते रहते हैं। दृष्टिकोण भी व्यक्तिगत राजनीतिक दाँव-पेंच पर बहुत आधारित रहता है। जब वेंगल राव को आंध्र प्रदेश का मुख्यमन्त्री बनाया था, उस समय वह ब्रह्मानंद रेड्डी को ऊपर नहीं उठने देना चाहती थीं। वेंगल राव ने कांग्रेस के सभी गुटों में एका करने के लिए ब्रह्मानंद रेड्डी के एक प्रमुख समर्थक को (विजय भास्कर रेड्डी) विधान परिषद् का सदस्य बनाने की जोरदार सिफारिश की तो उसको नहीं माना। यही नहीं, प्रचार यह भी करवा दिया कि वेंगल राव इस नाम के हक में नहीं थे। फलस्वरूप कुछ कांग्रेस विधायक व नेता वेंगल राव के लिए कठिनाइयाँ पैदा कर रहे हैं। आजकल प्रधानमन्त्री का रुख ब्रह्मानंद के प्रति बदल गया है तो हर बात के लिए वेंगल राव को दोष दिया जाता है। प्रधानमन्त्री द्वारा इस स्तर की राजनीति कठिनाइयाँ बढ़ाती है। आंध्र प्रदेश के कांग्रेसजन व समाचार पत्रों के संवाददाता आजकल इस बात की बहुत चर्चा कर रहे हैं।

इसी प्रकार की एक बात और हुई। पिछले वर्ष प्रधानमन्त्री ने यह आदेश दिया कि नटवर ठक्कर की, जो नगालैंड में सामाजिक कार्य कर रहे हैं, मदद की जानी चाहिए। प्रधानमन्त्री ने स्वयं कई सुझाव दिये जिन्हें गृह मन्त्रालय के पास भेज दिया गया। यह आदेश व सुझाव प्रधानमन्त्री ने नटवर ठक्कर से भेंट करने के बाद राज्यपाल (एल.पी. सिंह) से परामर्श करने के बाद दिये थे। इसी प्रसंग में कुछ दिन पहले राज्यपाल ने मुझे पत्र लिखा कि ठक्कर की कुछ और मदद होनी चाहिए। पर आजकल प्रधानमन्त्री एल.पी. से बहुत प्रसन्न नहीं हैं। पत्र देखकर मुझे लिखा कि राज्यपाल की सिफारिश के बावजूद हमें ठक्कर से सतर्क रहना चाहिए और सावधानी से काम करना चाहिए। यह परिवर्तन विचित्र लगा मुझे। आई.बी. ने भी उसके खिलाफ कोई रिपोर्ट नहीं दी है। ख़ैर, मैंने प्रधानमन्त्री से यह आदेश ले लिए हैं कि आई.बी. की ताज़ा रिपोर्ट मँगवा कर उसके आधार पर आगे विचार किया जाए।

आज सुबह मैंने प्रो. धर से कहा कि समस्तीपुर की घटनाओं पर आयोग की नियुक्ति पर निर्णय हो जाना चाहिए। वैसे तो मैं सीधे प्रधानमन्त्री से बात कर लेता, पर चूँकि प्रो. धर से मेरा विचार-विनिमय हुआ है और उन्होंने कोई निश्चित मत नहीं बनाया है, इसलिए प्रधानमन्त्री से मेरा सीधे बात करना उपयुक्त नहीं होता। पर दोपहर को गृहमन्त्री ने प्रधानमन्त्री से बात की। उनकी ऐसी धारणा है कि आयोग की नियुक्ति के बिना राजनीतिक कठिनाइयाँ बहुत होंगी। इस बातचीत का परिणाम यह हुआ कि सन्ध्या को सात बजे मंत्रिपरिषद् की बैठक बुलाई गयी। एक घंटे के विचार-विमर्श के बाद मंत्रिपरिषद् ने आयोग नियुक्त करने का निर्णय लिया। मंत्रिपरिषद् के कई सदस्यों ने आयोग के कार्यक्षेत्र पर स्पष्टीकरण चाहा। प्रधानमन्त्री ने उस प्रसंग में कहा कि चाहे कुछ भी हो जाए वे इस मामले की जाँच संसदीय समिति से नहीं होने देंगी। इसलिए भी आयोग आवश्यक है।

प्रधानमन्त्री के साथ राजस्थान दौरे पर रामचंद्रन गया था क्योंकि वह खेतड़ी जाना चाहता। था आज लौटकर बताया कि खेतड़ी और बांसवाड़ा में प्रधानमंत्री के लिए बड़ी जनसभाओं का आयोजन किया गया था। पर स्थानीय अधिकारियों से बातचीत करके व मौके पर प्रबंध देखकर यह स्पष्ट था कि जनता एकत्र करने में सरकारी प्रसाधनों का उपयोग बड़ी मात्रा में किया गया था।

7 फरवरी, 1975

आज सुबह प्रो. धर ने कहा कि प्रधानमन्त्री ने निश्चय किया है कि कमलापति रेलमन्त्री और दीक्षित जी परिवहन व नौवहन मन्त्री होंगे। प्रधानमन्त्री की ओर से राष्ट्रपति के लिए मैं एक पत्र तैयार कर दूँ। बाद में पता चला कि पत्र जब राष्ट्रपति भवन जा रहा था, तो रास्ते से वापस मँगाया गया। हक्सर को ये नियुक्तियाँ बिल्कुल पसन्द नहीं हैं। दोपहर को प्रो. धर हक्सर से मिलने गये पर शाम तक कोई निश्चय

नहीं हुआ था।

मेरी इस सम्बन्ध में प्रधानमन्त्री से कोई बात नहीं हुई इस बार। जहाँ तक मुझे मालूम है प्रो. धर की सिफारिश थी कि प्रो. वी.के.आर.वी. राव को रेलमन्त्री बनाया जाए। प्रधानमन्त्री के निर्णय से मुझे आश्चर्य नहीं हुआ, पर मैं इन्हें ठीक नहीं समझता। लेकिन ख़राब बात तो यह है—क्षण-क्षण पर निर्णय बदलना। यह कोई नई बात नहीं है। 1971 के मध्य से लेकर अब तक मंत्रिमंडल के हर पुनर्गठन से मैं पूरी तरह सम्बद्ध रहा हूँ। हर अवसर पर यही होता रहा है। फरवरी 1973 में केवल एक दिन में (4 फरवरी) बीसियों परिवर्तन हुए।

आज धर्मवीर भारती की 'मुनादी' कविता पढ़ी। यह कुछ महीने पहले 'कल्पना' में छपी थी। इस माह 'नवनीत' में आयी है। बहुत ही सशक्त कविता है। चाटुकार कांग्रेसी इस कविता से तिलमिला उठे हैं। मुझे इस कविता का पता भी नहीं चलता पर दो-चार दिन पहले एक कांग्रेसी संसद सदस्य मुझसे इस कविता की शिकायत करने आए। उन्हें मालूम है कि धर्मवीर मेरे मित्र हैं। वे कहने लगे कि आपके मित्र होते हुए प्रधानमन्त्री के विरुद्ध इतनी तीखी कविता लिखी है। वे चाहते हैं कि मैं धर्मवीर से बात करूँ। मुझे इन संसद सदस्य की नादानी और संकुचित दृष्टिकोण पर हैरत हुई। धर्मवीर मेरे अभिन्न मित्र हैं, पर मैं उनकी विचारधारा और सृजनात्मक कार्यों में हस्तक्षेप नहीं कर सकता। खैर, ये कांग्रेसी नए-नए कांग्रेस में आए हैं। हमेशा समाजवादी दल में रहे। अपने को अब भी लोहिया का भक्त कहते हैं। कहावत है नया मुसलमान प्याज ज्यादा खाता है।

इन कांग्रेसी की बात से मुझे स्मरण आया कि कुछ दिनों पहले गिरिजा कुमार माथुर मुझसे मिले थे। उनसे मालूम पड़ा कि प्रधानमन्त्री का नाम लेकर कुछ चाटुकार और अवसरवादी लेखक व साहित्यिक एक मंच बनाना चाहते हैं, जिसका मुख्य ध्येय होगा प्रधानमन्त्री का समर्थन करना। कमलापति के घर सब साहित्यिक एकत्र किए गये थे। गिरिजा कुमार माथुर व कुछ अन्य लेखकों ने इस विचार का डट कर विरोध किया।

सरीन ने आज प्रधानमन्त्री से गुजरात के बारे में बात की। यह भी बताया कि वे किस वातावरण में काम कर रहे हैं। पर उन्हें प्रधानमन्त्री की प्रतिक्रिया का पता नहीं लगा।

8 फरवरी, 1975

आज माह का दूसरा शनिवार होने के कारण कार्यालय की छुट्टी थी, पर गृह मन्त्रालय में प्रभु ने एक मीटिंग बुलाई थी। उसमें सतीश खरे और *जगपत दुबे* के साथ गया। निर्वाचन याचिका के केस में प्रधानमन्त्री की ओर से साक्ष्य 12 फरवरी को शुरू होगा। उसके लिए गृह मन्त्रालय पर हाई कोर्ट से समन आया है। उसी पर विचार

करने के लिए यह मीटिंग आयोजित हुई थी। मीटिंग में जाते समय जगपत दुबे ने बताया कि पालकीवाला के प्रश्न को लेकर कल उनकी प्रधानमन्त्री से कुछ कड़ी बात हो गयी। वह और सतीश खरे नहीं चाहते कि पालकीवाला अब मुकदमे के बीच में प्रधानमन्त्री की ओर से खड़े हों। उनके अनुसार प्रधानमन्त्री ने उनकी बात मान ली है। उन्होंने प्रधानमन्त्री को आश्वासन दिया है कि मुकदमा हर प्रकार से ठीक चल रहा है। चिंता की आवश्यकता नहीं है।

प्रभु के कमरे से मैं वर्धन के कमरे में आया। उनके पास जामा मस्जिद के कुछ लोग बैठे हुए थे। मैं उन्हें पहचानता था। वे मदन गुप्ता के माध्यम से वर्धन को जानते हैं और उसके पास आते-जाते रहते हैं। यद्यपि वर्धन जामा मस्जिद के प्रश्न से सम्बन्धित नहीं हैं, ये सब सज्जन उसके पास स्वयं ही सूचना देने आए थे। मैं तुरन्त ही वापस चला आया। बाद में वर्धन ने बताया कि इन लोगों का कहना है कि जामा मस्जिद के क्षेत्र में और मुसलमानों में अंदरूनी तनाव बढ़ रहा है। यदि न्यायिक जाँच की बात नहीं मानी गयी तो फिर विस्फोट हो सकता है। कल जुमा की नमाज़ के बाद जामा मस्जिद में फिर दंगा हुआ और आशंका यह है कि यदि कोई फैसला नहीं होता तो इस प्रकार की घटनाएँ हर शुक्रवार को हो सकती हैं। वर्धन से यह भी मालूम पड़ा कि उपराज्यपाल व दिल्ली प्रशासन ने जिस प्रकार से इस सम्बन्ध में काम किया है गृहमन्त्री उससे असंतुष्ट हैं, पर उनमें प्रधानमन्त्री से कहने का साहस नहीं है।

मेरी यह धारणा दृढ़ होती जा रही है कि दिल्ली प्रशासन ने इस घटना पर काबू भले ही पा लिया हो, मूल प्रश्न को और उलझा दिया है।

वर्धन के कमरे से लौटने के बाद रात 9 बजे तक कार्यालय में ही काम करता रहा। प्रधानमन्त्री आज वाराणसी गयी हुई हैं।

9 फरवरी, 1975

कार्यालय जाने की तैयारी में था तभी प्रो. रामचरण मेहरोत्रा सपत्नीक पापा जी और मुझसे मिलने आ गये। वे अभी हाल ही में दिल्ली युनिवर्सिटी के वाइस चांसलर नियुक्त हुए हैं। इलाहाबाद के विद्यार्थी हैं और वहाँ युनिवर्सिटी में कई वर्ष अध्यापक भी रहे। पापा जी का और मेरा परिचय उस समय का है। उनका कहना है कि दिल्ली युनिवर्सिटी की समस्याओं को उलझाने में शिक्षा मन्त्रालय और कांग्रेसी नेताओं का बहुत बड़ा हाथ है। युनिवर्सिटी के कार्यकलाप में बहुत अधिक हस्तक्षेप होता है। मुझे तनिक भी आश्चर्य नहीं हुआ कि दो महीने में ही मेहरोत्रा ने यह सब जान लिया।

कार्यालय आया तो डॉक्टर माथुर आ गये। वे प्रधानमन्त्री के डॉक्टर हैं। दौरे पर उनका विशेष साथ रहता है। कभी-कभी वैसे भी मिलने आ जाते हैं। आज भी

ऐसे ही आ गये थे। प्रधानमन्त्री निवास की गतिविधियों से बहुत दुखी हैं। एक निजी सचिव का बढ़ता हुआ प्रभाव अनिष्टकारी हो सकता है, ऐसा उनका विचार है। वह बहुत ग़लत-सलत काम कर रहा है। प्रधानमन्त्री की जानकारी में बहुत कुछ है, पर वे कुछ करती नहीं। डॉक्टर जानना चाहते थे कि प्रो. धर क्यों नहीं कुछ करते।

शाम छः बजे तक कार्यालय में ही रहा। वहीं से वर्धन मुझे 'रजनीगंधा' दिखाने ले गये। मैं पहले भी यह पिक्चर देख चुका था। इसकी पहली कॉपी जब तैयार हुई थी तो मन्नू भंडारी ने इसका एक शो कराया था। यह चलचित्र मन्नू की कहानी 'यही सच है' पर आधारित है। वर्धन और तारा उस दिन नहीं देख पाए थे। चलचित्र बहुत लोकप्रिय हो रहा है। एक हफ्ते से राजेन्द्र व मन्नू भी आग्रह कर रहे थे कि हम लोग उनके साथ पिक्चर जाएँ। यह सम्भव नहीं हो सका। आज हम लोग अलग ही गये। पिक्चर बहुत सुन्दर बनी है। लोकप्रिय होना स्वाभाविक है। अच्छी कहानियों को लेकर सुन्दर चलचित्र बनाए जा सकते हैं। अच्छे निर्देशकों की आवश्यकता है।

घर लौट कर मन्नू को फोन किया। वह भी कल रात यह पिक्चर देखने गयी थी। पहली बार जब देखी थी तो रीलें ठीक से संपादित भी नहीं हुई थीं। अब उन्हें भी बहुत अच्छी लगी। इस पिक्चर के निर्देशक बासु चटर्जी आजकल दिल्ली में ही हैं। मन्नू की एक और कहानी पर पिक्चर बनाना चाहते हैं। कुछ 'पेपर वर्क' कर लिया है। मन्नू की 'आपका बंटी' पर गजानन जागीरदार पिक्चर बनाना चाहते थे, पर रुपए का प्रबन्ध न होने से अब ढीले पड़ गये हैं। उसके मराठी में अनुवाद करने का अधिकार चाहते हैं। पर यह तो पहले ही हो चुका है।

राजेन्द्र और मन्नू की कुछ कहानियाँ आदि मैंने पुस्तकों और पत्रिकाओं में पढ़ी थीं, पर इनसे मेरा परिचय नहीं था। लगभग पाँच वर्ष (कुछ कम ही) हुए धर्मयुग में मन्नू की कहानी 'आते-जाते यायावर' पढ़ी थी। कहानी बड़ी सशक्त और सुन्दर थी। मुझे बहुत अच्छी लगी थी। अगले कुछ दिनों में मन्नू का लिखा हुआ बहुत कुछ पढ़ा और फिर राजेन्द्र को न जानते हुए भी टेलीफोन किया। राजेन्द्र और मन्नू ने बहुत सौहार्द दिखाया। मिलने स्वयं आए, वैसे मैं उनके पास जाना चाहता था। तब से उनसे काफी मित्रता हो गयी है। वे दिल्ली के दूसरे छोर पर रहते हैं। फिर भी अक्सर भेंट होती रहती है।

10 फरवरी, 1975

आज सुबह दस बजे से मंत्रिपरिषद् की बैठक थी। संसद का अगला सत्र 17 फरवरी से आरम्भ होने वाला है। राष्ट्रपति के अभिभाषण पर विचार होना था। पिछले साल इस बैठक में बहुत समय लगा था। इस साल भी प्रधानमन्त्री के प्रयत्नों के बावजूद वही हुआ। बैठक एक बजे के बाद तक चलती रही।

इस अभिभाषण में शब्दों के जाल के अतिरिक्त कुछ नहीं है। बिना जयप्रकाश का नाम लिए उनकी भर्त्सना की गयी है। यह मानना पड़ा है कि उनके सुझावों में अनुचित कुछ नहीं है। पर सरकार उनको कार्यान्वित करेगी, इस प्रकार का कोई आश्वासन नहीं है, न आशा व्यक्त की गयी है। यही नहीं, इसके विपरीत हम लोगों द्वारा प्रस्तुत किए गये प्रारूप के कुछ अंशों से इसकी भनक भी पड़ती तो उनको बिल्कुल हल्का कर दिया गया। निर्वाचन सुधार का कोई संकेत नहीं, केवल निर्वाचन कानून में परिवर्तन के लिए विपक्षी नेताओं से परामर्श करने की बात कही जायेगी। शिक्षा-सुधार व अन्य प्रश्नों को भी इसी प्रकार रख दिया गया है। प्रधानमन्त्री ने जो कुछ कहा उससे भी यह स्पष्ट हो गया कि लोकपाल विधेयक इस सत्र में लाने का कोई विचार नहीं है। आर्थिक क्षेत्रों में यह आशा व्यक्त की गयी है कि यह वर्ष पिछले वर्ष की अपेक्षा अच्छा होगा। प्रधानमन्त्री ने आज एक नए विचार का प्रतिपादन किया। उनका कहना है कि संसार के किसी अन्य देश में प्रतिपक्ष आर्थिक संकट का लाभ सरकार के विरुद्ध नहीं उठाता। ऐसे अवसरों पर वह सरकार की सहायता करता है, क्योंकि यदि ऐसा न करे तो देश की आर्थिक स्थिति में स्थायित्व नहीं आता। ऐसे कथन पर टिप्पणी करना निरर्थक है। प्रतिपक्ष का दृष्टिकोण आजकल आवश्यकता से अधिक अनुदार है पर इसका भी उत्तरदायित्व बहुत कुछ प्रधानमन्त्री पर है। अपने नए विचार का प्रतिपादन प्रधानमन्त्री काफी जोर-शोर से कर रही हैं। दो दिन पहले वाराणसी में एक रैली में भी उन्होंने यह विचार व्यक्त किया था। मीटिंग के बाद रामचंद्रन ने कहा कि यह सरकार कोई ठोस काम नहीं करना चाहती।

विपक्षी दलों की आलोचना करना सत्तारूढ़ दल का अधिकार ही नहीं कर्तव्य भी है। पर इस आलोचना-प्रत्यालोचना के बाद प्रजातन्त्र प्रणाली की माँग है कि विभिन्न राजनीतिक दलों में आपस में सद्भावना और सौहार्द होना चाहिए। ऐसा यहाँ नहीं हो पाया है। वर्तमान प्रधानमन्त्री के समय में स्थिति बहुत बिगड़ गयी है। लगभग एक वर्ष हुआ प्रधानमन्त्री ने जयप्रकाश से इस बात की चर्चा की थी। जयप्रकाश ने कहा था कि वे इस सम्बन्ध में विपक्षी नेताओं से बात करेंगे। कुछ दिन बाद एक पत्र द्वारा उन्होंने प्रधानमन्त्री को सूचित किया था कि इस चर्चा का क्रम उन्होंने अटल बिहारी वाजपेयी से शुरू किया है। वाजपेयी के उत्तर से वह प्रोत्साहित हुए हैं और कुछ दिन बाद दिल्ली आने पर वे आगे बात बढ़ाएँगे। वाजपेयी का उत्तर कुछ इस प्रकार था कि, "जयप्रकाश जी, यदि इंदिरा जी को राष्ट्र के किसी कार्य के लिए हमारी आवश्यकता है, तो दलगत राजनीति छोड़ कर हम उनके साथ पूरा सहयोग करेंगे। आप बताइए कि किस क्षेत्र में हमारी सहायता चाहिए।" पर इसके बाद भी प्रंधानमन्त्री ने जयप्रकाश पर (बिना उनका नाम लिए) भुवनेश्वर में एक जनसभा में कटु और सारहीन आक्षेप किया। इस पर टिप्पणी होने पर बात बना

दी; प्रधानमन्त्री ने कहा कि उनकी कही हुई बात को ग़लत समझा गया है। लेकिन उसी समय शारदा के एक नोट पर प्रधानमन्त्री ने जयप्रकाश की जो आलोचना की, और कहा कि वह ग़लत आदमियों से पैसा प्राप्त कर रहे हैं, उससे स्पष्ट था कि भुवनेश्वर का भाषण भी इसी आशय से दिया गया था। मुझे लगता है कि प्रधानमन्त्री-जयप्रकाश के सम्बन्धों में कटुता आने का यह एक प्रमुख कारण है। ख़ैर, बात थी विपक्षी दलों के सहयोग की। उनके लिए सत्तारूढ़ दल ने कभी स्वस्थ और ठोस कदम नहीं उठाए हैं।

लंच पर शेषन ने बताया कि हक्सर दीक्षित जी को विभाग दिये जाने पर खुश नहीं हैं। उन्होंने प्रधानमन्त्री को एक नोट भेजा है कि ऐसा नहीं होना चाहिए। पर इसके स्थान पर क्या करना चाहिए, इसका कोई संकेत नहीं है। मैंने शेषन से कहा कि अब प्रधानमन्त्री अपना निर्णय नहीं बदलेंगी। इसके बाद मैंने यह पता लगाने की चेष्टा भी नहीं की कि नए रेलमन्त्री की नियुक्ति हुई या नहीं। रात में घर आने पर पता चला कि सन्ध्या को यह ज्ञापित कर दिया गया है कि कमलापति नए रेलमन्त्री और दीक्षित जी नए परिवहन मन्त्री नियुक्त हुए हैं।

लंच के बाद लगभग पाँच बजे तक रामचंद्रन के साथ राष्ट्रपति के अभिभाषण में मंत्रिपरिषद् के विचार-विमर्श के अनुसार संशोधन करता रहा। सन्ध्या को मिज़ोरम के मुख्य सचिव राम मोहन अग्रवाल मिलने आए। वे दिल्ली परामर्श के लिए आए हुए हैं। कुछ डरे और सहमे हुए लगे। काफी कठिन परिस्थितियों में काम कर रहे हैं। उनकी बातों से लगा कि स्थिति में सुधार धीरे-धीरे आयेगा, यदि सत्तारूढ़ दल दृढ़ता से काम करे।

प्रधानमन्त्री के कमरे में पाँच बजे के बाद से मंत्रिपरिषद् की राजनीतिक कार्यों की समिति (सी.सी.सी.ए.) की बैठक हुई। शेख अब्दुल्ला से जो समझौता हो रहा है, उस पर विचार किया गया। मीटिंग लगभग डेढ़ घंटे चली। समिति ने समझौते की पुष्टि की। यह सरकार और विशेषतया प्रधानमन्त्री की एक उपलब्धि होगी, यदि यह समझौता कारगर हो गया। कश्मीर की गुत्थी का सुलझना राष्ट्र के हित में है। हक्सर ने यह वार्ता आरम्भ करवाई थी। बाद में जी.पी. और प्रो. धर ने इसमें बड़ी मेहनत की। जनसंघ व कुछ अन्य दल इसकी आलोचना करेंगे, पर मैं समझता हूँ कि प्रधानमन्त्री ने एक साहसपूर्ण काम किया है जिससे देश की भलाई होगी।

11 फरवरी, 1975

प्रधानमन्त्री अभी पूरी तरह स्वस्थ नहीं हुई हैं। डॉ. माथुर के कहने पर वे दो दिन घर पर ही रहने को तैयार हो गयी हैं। वे आज कार्यालय नहीं आईं।

दोपहर में मिर्धा जी ने बुला लिया। जब वे गृह मन्त्रालय में राज्य मन्त्री थे उनसे बहुत सम्पर्क था। जब से वे रक्षा उत्पादन मन्त्री हुए हैं, मिलना कुछ कम हो

गया है। वे मुझसे बहुत स्नेह करते हैं। उनका फोन आने पर मैंने उनके पास जाना उचित समझा। लगभग घंटा भर उनके पास रहा। आजकल की गतिविधियों से वे दुखी हैं। अभी राजस्थान के दौरे से लौटे हैं। कह-रहे थे कि जनता का विश्वास सरकार और कांग्रेस से उठ रहा है। भ्रष्टाचार बढ़ रहा है और हर जगह लोग यही पूछते हैं कि सरकार इसको रोकने के लिए कुछ क्यों नहीं करती। संसद के अगले सत्र के बारे में भी वह जानना चाहते थे कि क्या तैयारी है। लायसेंस के कई मामलों को लेकर प्रतिपक्ष बवंडर उठाएगा। उनका कहना है कि इस प्रश्न पर पहले से ही सोचना चाहिए।

मिर्धा जी के बाद चव्हाण से मिलने गया। कल मंत्रिपरिषद् की बैठक में वे अध्यक्षता करेंगे। प्रधानमन्त्री एक विषय पर अनौपचारिक रूप से मन्त्रियों की राय लेना चाहती थीं। अब जबकि वे स्वयं उपस्थित नहीं होंगीं उन्होंने मुझसे कहा कि चव्हाण को पूरी बात बता कर मैं उनसे कहूँ कि वे मन्त्रियों की राय ले लें।

समस्या इस प्रकार है। कुछ महीनों से एक माँग यह की जा रही है कि मन्त्री, संसद सदस्य, आदि अपनी सम्पत्ति का ब्यौरा प्रकाशित करें। राष्ट्रपति के चुनाव के अवसर पर जुलाई-अगस्त 1974 में कांग्रेस के ही एक संसद सदस्य (श्री शंभू नारायण मिश्र—इलाहाबाद वाले) ने यह प्रश्न जोर-शोर से खड़ा किया था। प्रधानमन्त्री बहुत क्षुब्ध थीं, पर कुछ कर नहीं सकती थीं। अंत में फखरुद्दीन अली अहमद को अपनी सम्पत्ति का विवरण देते हुए वक्तव्य देना पड़ा था। संसद के पिछले सत्र में इस पर एक प्रश्न भी पूछा गया था। सरकार की ओर से कहा गया था कि मन्त्रियों के लिए जो आचार-संहिता बनाई गयी है (जो प्रकाशित की जा चुकी है) उसके अनुसार केन्द्रीय मन्त्री व राज्यों के मुख्यमन्त्री प्रतिवर्ष प्रधानमन्त्री को अपनी सम्पत्ति का ब्यौरा भेजते हैं, जो गोपनीय रखा जाता है। इसमें किसी परिवर्तन करने का विचार नहीं है। अगले सत्र के लिए फिर ऐसे ही प्रश्न का नोटिस मिला है। प्रधानमन्त्री का अपना विचार है कि जो सुझाव या माँग आजकल की जा रही है उसे मानने में कोई आपत्ति नहीं होनी चाहिए। वे अपनी सम्पत्ति का पूरा ब्यौरा प्रकाशित करना चाहेंगी। पर वे अन्य मन्त्रियों की राय जानना चाहती हैं। जब मैंने चव्हाण को यह बताया तो उन्होंने कहा कि वे भी प्रधानमन्त्री की राय से पूर्णतया सहमत हैं। (कांग्रेस के 1969 के विभाजन के बाद से मैंने कभी चव्हाण को प्रधानमन्त्री से असहमति प्रकट करते नहीं देखा है।)

कार्यालय से घर जाते समय मुझे विधिमन्त्री के पास जाना था। उनका घर मेरे रास्ते में ही है। संसद सत्र शुरू होने वाला है। लायसेंस केस पर विपक्षी दलों के नेताओं ने जो ज्ञापन दिसम्बर में दिया था उसका उत्तर अभी तक नहीं गया है। उसी पर चर्चा करने के लिए उन्होंने मुझे बुलाया था। इस विषय पर बात करने से पहले वे मुझसे कुछ और बातें करते रहे। यह मुझे पहले ही मालूम था कि विपक्षी

नेता लायसेंस के जो नए केस उठा रहे हैं, उन पर वाणिज्य मन्त्री और विधिमन्त्री की बातचीत के बाद प्रधानमन्त्री ने अपने कुछ और सहयोगियों से भी परामर्श किया था। सबकी राय थी कि इन मामलों में न्यायिक जाँच की नियुक्ति हो जानी चाहिए। विधिमन्त्री ने विशेष रूप से इस पर बल दिया था। आज वे इस बात पर क्षुब्ध थे कि अभी तक इस सम्बन्ध में कोई घोषणा नहीं की गयी है। औपचारिक कार्यवाही वाणिज्य मन्त्री को करनी है पर उनसे धवन ने कहा है कि इस प्रश्न पर प्रधानमन्त्री पुनर्विचार कर रही हैं। विधिमन्त्री का निश्चित मत है कि बिना जाँच की नियुक्ति किए संसद में कठिनाई होगी।

इधर कई दिनों से प्रधानमन्त्री प्रायः प्रतिदिन एक मीटिंग करती रही हैं, जिसमें वित्तमन्त्री (सुब्रह्मण्यम), विधिमन्त्री और प्रो. धर भाग लेते थे। शेषन ने एक दिन मुझसे पूछा था कि ये बैठकें किस विषय पर हो रही थीं। मुझे कुछ पता नहीं था। आज विधिमन्त्री से इनका विषय पता लगा। लायसेंस की बात करते-करते विधिमन्त्री ने मुझसे कहा कि उनका अनुमान है कि लायसेंस के मामलों के अतिरिक्त प्रतिपक्ष 'मारुति' की आलोचना में भी तीव्रता लाएगा। मारुति की अनियमितताओं की बात वे मुझे पहले बता चुके थे। आज कहने लगे कि ये अनियमितताएँ तो छोटी-मोटी हैं, पर 'मारुति' में गहरी क्राइसिस उत्पन्न हो रही है। कार न बनी है, न इन लक्षणों से बनने के आसार हैं। एक आयात (imported) किए हुए इंजिन से टेस्ट करा कर लायसेंस तो ले लिया है, पर उत्पादन के न तो साधन हैं, न रुपया। ढाई करोड़ रुपया उन लोगों का जमा है, जिनको एजेंसी देने का वादा किया है। कार न बनने पर वे अपना रुपया वापस माँगेंगे। यदि दो-चार शेयर होल्डर्स लिक्विडेशन के लिए अदालत चले जाएँ तो और दिक्कतें उठ खड़ी होंगी। इसी सब पर विचार करने के लिए कई दिनों से प्रधानमन्त्री उनसे व वित्तमन्त्री से बात कर रही हैं। पर कोई सूरत नज़र नहीं आ रही है। विधिमन्त्री से प्रधानमन्त्री ने कहा कि उन्हें आजकल नींद नहीं आ रही है। ऊपर से, संजय का व्यवहार इन सबके साथ बहुत अशिष्ट व अभद्र है। विधिमन्त्री ने कहा कि न केवल उनसे पर अपनी माँ से भी इस विषय पर अशिष्टता से बात करता है। हल ढूँढ़ने में उसके सहयोग की आवश्यकता है, पर वह पूरी तरह असहयोग कर रहा है। विधिमन्त्री का कहना है कि यदि कोई हल नहीं निकला तो भीषण क्राइसिस खड़ी हो जायेगी।

विधिमन्त्री ने यह भी कहा कि उन्हें शक है कि मारुति ने परमिट आदि से लिया हुआ सामान चोर बाजार में बेचा है। मारुति का रुपया एक और कम्पनी मारुति कंसलटैंसी द्वारा चूसा जा रहा है। सब कुछ मिला कर एक बड़ा गोरखधंधा खड़ा हो गया है। पता नहीं क्या होगा?

चोर बाजारी की बात पर मुझे एक घटना का स्मरण हो आया। दो साल पहले की बात है। एक दिन सुबह कार्यालय आते ही शेषन ने कहा कि ऐसा मालूम पड़ता

है कि आज सुबह कोई घटना हुई है जिसका पता लगाना चाहिए। प्रधानमन्त्री 1, अकबर रोड पर 'दर्शन' के लिए गयी हुई थीं। संजय और धवन ने उन्हें बीच में ही सफदरजंग रोड पर वापस बुला लिया। ललित बाबू बुलाए गये। अन्दर चारों में बड़ी देर तक बात हुई। फिर दिल्ली के उपराज्यपाल से सम्पर्क बनाया गया। शेषन का कहना था कि कहीं कुछ गड़बड़ हुई है। मैंने उस समय इस बात में विशेष दिलचस्पी नहीं ली। कर भी मैं क्या सकता था ! कुछ दिनों बाद एक मित्र से बाकी बात मालूम पड़ी। वह उस समय दिल्ली में ए.डी.एम. थी और वाकया उसके ही क्षेत्र का था। जिस दिन शेषन ने मुझसे ऊपर कही गयी बात बताई थी, उससे पहली रात को मारुति की एक गाड़ी चोर बाजार में माल बेचते हुए पकड़ी गयी। उसका ड्राइवर भाग गया। पुलिस को पूरी बात मालूम हुई। उन्होंने अपने यहाँ सब कुछ दर्ज कर लिया। बाद में सब कागजात नष्ट करके किस्से को रफा-दफा किया गया। उसने बताया कि पुलिस में इस बात की काफी चर्चा है।

हाय रे भ्रष्टाचार! यह देश को कहाँ ले जायेगा!

12 फरवरी, 1975

आज सुबह मंत्रिमंडल की बैठक में चव्हाण ने अध्यक्षता की। प्रो. धर का ख़्याल था कि जगजीवन राम शायद बैठक में न आएँ। पर ऐसा नहीं हुआ, वे आए। आज की मीटिंग में कोई महत्वपूर्ण विषय नहीं था। मीटिंग आधे घंटे में समाप्त हो गयी पर उसके बाद जब अधिकारीगण चले गये तो चव्हाण ने सम्पत्तिवाला प्रश्न उठाया। मैं उपस्थित नहीं था। मन्त्रियों ने जो विचार व्यक्त किए, उनका विवरण बाद में मुझे चव्हाण ने दिया। कुछ मन्त्रियों को तो प्रधानमन्त्री के सुझाव में कोई आपत्ति नहीं थी, पर अधिकांश ने इसमें कोई उत्साह नहीं दिखाया। निश्चय यह हुआ कि अभी यही कहा जाए कि इस सुझाव पर मुख्यमन्त्रियों और विपक्षी दल के नेताओं से बात करके निर्णय लिया जायेगा।

मंत्रिमंडल की मीटिंग के बाद राज बहादुर (पर्यटन और नागरिक विमानन के मन्त्री) मेरे कमरे में चले आए। लगभग आधे घंटे राजस्थान और पर्यटन सम्बन्धी प्रश्नों पर बातचीत करते रहे। आदमी भले हैं, पर कार्यकुशलता व निपुणता साधारण कोटि की है। औरों की भाँति प्रधानमन्त्री से डरते हैं। अपनी बात भी उनसे कहने की हिम्मत नहीं रखते।

दो दिनों के प्रयास के बाद आज प्रो. धर से मिल सका। पिछले दो दिन वे बहुत ही व्यस्त रहे हैं। मैंने उनसे कश्मीर, जामा मस्जिद और अलीगढ़ मुस्लिम विश्वविद्यालय पर लगभग एक घंटा बात की, करीब आध घंटे तो उनके कमरे में और उसके बाद उनके कहने पर साउथ ब्लॉक के बाहर टहल कर। जामा मस्जिद और अलीगढ़ के मामलों पर हम दोनों के मतों में कोई अन्तर नहीं था। हम दोनों

की राय में जामा मस्जिद के मामले में दिल्ली प्रशासन और वक्फ बोर्ड दोनों ने अपनी बेवकूफी का परिचय दिया है। आश्चर्य नहीं यदि हर शुक्रवार को झगड़ा हो। स्थिति सुधारने के लिए न्यायिक जाँच आवश्यक लगती है। हम दोनों ने निश्चय किया कि प्रधानमन्त्री को सलाह दी जाए कि न्यायिक जाँच की घोषणा कर दी जाए। गृहमन्त्री का भी यही विचार है पर मुझे लगता है कि प्रधानमन्त्री यह नहीं मानेंगी। दिल्ली प्रशासन के खलीफा लोग इसे अपना अपमान समझेंगे और प्रधानमन्त्री उनकी इच्छा के विरुद्ध कुछ नहीं करेंगी।

अलीगढ़ के मामले में भी प्रो. धर का ख़्याल है कि जो लोग बिना सोचे-समझे बात करने के और सलाह देने के आदी होते हैं उनकी बात मान कर प्रधानमन्त्री ने ग़लती की। उनका संकेत यूनुस की ओर था, उन्होंने स्पष्ट नाम भी लिया। जिस समय खुसरो को वाइस चांसलर बनाया गया था, उस समय प्रो. धर और मैंने कितनी कोशिश की थी प्रधानमन्त्री को समझाने की कि यह ठीक नहीं होगा। पर यूनुस के आगे उस समय प्रधानमन्त्री किसी की सुनने को तैयार नहीं थीं। प्रो. धर आज कह रहे थे कि इतनी बड़ी ग़लती के परिणाम भी बड़े ही होंगे, पर अब हम लोग क्या कर सकते हैं। उन्होंने मुझसे कहा कि कल प्रधानमन्त्री जब कार्यालय आएँ तो मैं उनसे विस्तार से बात कर लूँ। उन्हें अवसर मिलेगा तो वे भी बात करेंगे।

चार बजे जी. रामचंद्रन के साथ प्रसन्न दवे, सचिव, पेट्रोलियम विभाग के पास गया। प्रसन्न और मैं दोनों गृह मन्त्रालय में साथ काम कर चुके हैं। उस समय हम दोनों ही उपसचिव थे। मेरे अभिन्न मित्रों में से हैं। योग्य और कुशल अधिकारी हैं। आजकल हम दोनों के घर आमने-सामने हैं। असम में तेल के प्रश्न को लेकर तनाव बढ़ रहा है। आन्दोलन की तैयारी भी हो रही है। उसी पर उनसे बातचीत करनी थी। प्रसन्न के कुछ सुझाव हैं, जिन्हें प्रधानमन्त्री के समक्ष रखने से पहले वे सम्बन्धित विभागों से परामर्श करना चाहते हैं।

सन्ध्या को कार्यालय में ही मिलन आ गया। वह हर महीने प्रायः दो-तीन बार दिल्ली आता है। कलकत्ते में वकालत करता है। उसके पिता प्रो. बैनर्जी इलाहाबाद में पहले गणित विभाग के अध्यक्ष थे, बाद में वाइस चांसलर हो गये थे। बड़े सज्जन पुरुष थे। हमारे मोहल्ले नए कटरे में ही उनका बंगला था। मिलन यूनिवर्सिटी में मुझसे दो-तीन साल पीछे था, पर उससे काफी मित्रता थी। बाद में कई साल उससे सम्पर्क नहीं रहा। वह कैम्ब्रिज पढ़ने चला गया था। (बच्चन जी की 'प्रवास की डायरी' में उसका ज़िक्र है) पर इधर कई वर्षों से निरन्तर सम्पर्क रहा है। जब भी दिल्ली आता है, अवश्य मिलता है। बड़े ही सरल स्वभाव का व्यक्ति है। काम एक-दूसरे को किसी से कुछ भी नहीं। इस बार वह बीजू पटनायक के काम से आया है, उनका वकील है। कह रहा था कि सरकार बीजू को नाहक परेशान कर रही है। कुछ छोटी-मोटी गलतियाँ या कमियाँ उसके हिसाब-किताब में अवश्य हैं पर यह

स्पष्ट है कि सरकार की कार्यवाही निश्चय ही प्रतिशोधात्मक भावना से प्रेरित है।

13 फरवरी, 1975

कार्यालय के प्रवेश द्वार पर ही प्रो. धर मिल गये। प्रधानमन्त्री आज भी कार्यालय नहीं आ रही थीं। प्रो. धर को घर पर ही बुलाया था। मुझे देखते ही जामा मस्जिद की बात करने लगे। पूछा कि कल की बात के आधार पर मैंने प्रधानमन्त्री को कोई सलाह दी या नहीं। इतने में शेषन भी वहाँ आ गया। उसने हमें बताया कि मेरा कल का नोट प्रधानमन्त्री ने आज सुबह पढ़ा। पढ़ते ही धवन को बुला कर वह नोट दे दिया। कहा कि ओम मेहता और किशन चन्द से बात कर लो। धवन ने उन दोनों से कहा कि न्यायिक जाँच नहीं होनी चाहिए। दोनों ने हाँ में हाँ मिलाई। तर्क यह दिया कि पुलिस का मनोबल बिगड़ेगा। प्रो. धर को यह सब सुनकर बहुत बुरा लगा। कहने लगे कि अब इस प्रकार के गंभीर मामलों पर निर्णय इस प्रकार होना है तो हम लोगों से क्यों राय ली जाती है।

प्रधानमन्त्री से मिलकर प्रो. धर साउथ ब्लॉक लगभग ग्यारह बजे वापस आ गये थे। मुझे बुला कर प्रधानमन्त्री से हुई बातचीत का सारांश बताया। प्रधानमन्त्री ने किशन चंद की हिमायत की, ऐसा करने में साफ झूठ भी बोला, जिसका प्रो. धर को प्रतिवाद करना पड़ा। अंत में प्रो. धर से कहा कि इस बात पर और विचार कर लिया जाए कि न्यायिक जाँच बैठाने से पुलिस पर क्या असर पड़ेगा। प्रो. धर ने कहा कि मैं निर्मल मुखर्जी से बात कर लूँ। इस प्रश्न पर विचार हो जाने के बाद ही न्यायिक जाँच की नियुक्ति पर निर्णय होगा। पर मैं निर्मल मुखर्जी से मिल भी नहीं पाया था कि मेरा कल वाला नोट प्रधानमन्त्री के पास से लौट आया। उस पर उन्होंने जो आदेश लिखा था, उसका आशय यही था कि न्यायिक जाँच उपयुक्त नहीं होगी।

अलीगढ़ के बारे में प्रधानमन्त्री ने कुछ गोल-मोल बात की। स्थिति बिगड़ने की सारी जिम्मेदारी उनकी खुद की है। इधर-उधर की बात करके दोष दूसरों के सर रखना चाहती थीं कि प्रो. धर ने खरी-खरी सुनाई। कहने लगीं कि कुछ-न-कुछ तो सोचना होगा कि क्या करना है। यूनुस के संग बैठ कर बात कर लें। प्रो. धर ने मना कर दिया। मुझसे कहा कि मैं पूरी स्थिति का अध्ययन करके कोई रास्ता निकालूँ। प्रधानमन्त्री ने जो कुछ भी किया हमें तो कुछ-न-कुछ करना होगा। दोपहर को मुझे प्रधानमन्त्री का लिखित आदेश मिला कि अलीगढ़ की समस्या के लिए कोई प्लान बनाना चाहिए। अब भी बात सुधारी जा सकती है पर यूनुस प्रधानमन्त्री का कान भरना छोड़ें तब न।

सन्ध्या को निगमेन्द्र सक्सेना मिलने आए। वे देवेन्द्र सेन के छोटे भाई हैं और आजकल सी.आर.पी. के डायरेक्टर जनरल हैं। मेरा उनसे लगभग बीस साल

का परिचय है। उनकी पत्नी (सुरीला) युनिवर्सिटी में मेरे साथ थी। बी.ए. हम दोनों ने एक साथ किया था। प्रथम श्रेणी में उनका स्थान तृतीय था और मेरा पाँचवाँ। सुशीतल द्वितीय स्थान पर थे। राम बहादुर सक्सेना प्रथम आए थे, वे भी आई. ए.एस. में हैं। निगमेंद्र बहुत अनुभवी और योग्य पुलिस अधिकारी हैं, पर जनप्रिय नहीं हैं। मेरे पास अपनी कुछ व्यक्तिगत समस्या लेकर आए थे। कुछ देर साथ रहे, इधर-उधर की बात भी की। आजकल दिल्ली में हर जगह जामा मस्जिद चर्चा का विषय हो जाता है। निगमेंद्र ने कहा कि दिल्ली प्रशासन ने सरासर हिमाकत का काम किया है। इससे शुरू होकर बात पुलिस प्रशासन पर आ गयी। कहने लगे कि पिछले चार-पाँच साल में पुलिस के काम में राजनीतिक हस्तक्षेप बहुत बढ़ गया है। इसके दुष्परिणाम सामने आ रहे हैं। यदि अब भी रोकथाम नहीं हुई तो स्थिति गम्भीर हो सकती है। पुलिस में असन्तोष बहुत बढ़ रहा है। मैं निगमेन्द्र की बात से सहमत हूँ।

सन्ध्या को घर आते समय विधिमन्त्री के घर रुकना पड़ा। लायसेंस-कांड में मोरारजी भाई व अन्य नेताओं ने जो ज्ञापन प्रधानमन्त्री को दिया था, उसका उत्तर एक-दो दिनों में ही जाना है। उसकी ही तैयारी हो रही है। उनसे बातचीत के बाद यह निश्चय हुआ कि मैं सरकार के उत्तर का प्रारूप कल उन्हें दे दूँगा।

विधिमन्त्री ने मुझे यह भी बताया कि लायसेंस के अन्य मामलों में जाँच की जो बात सोची जा रही थी, वह ढीली पड़ रही है। उनकी सूचना है कि धवन नहीं चाहता कि कोई जाँच हो और प्रधानमन्त्री भी उसकी बात से सहमत होती जा रही हैं। विधिमन्त्री मुझसे जानना चाहते थे कि इस प्रकार की गम्भीर और महत्वपूर्ण समस्याओं पर भी प्रधानमन्त्री ऐसे लोगों की बातें क्यों सुनती हैं।

महाराष्ट्र सरकार में परिवर्तन होने वाला है। नाइक को मुख्यमन्त्री के पद से हटाया जा रहा है। मैंने विधिमन्त्री से जब पूछा कि ऐसा क्यों हो रहा है तो उन्होंने कहा कि कांग्रेस विधायक दल नाइक के काफी विरुद्ध हो गया है। परिवर्तन आवश्यक है। इसी सन्दर्भ में रजनी पटेल पर बात उठ गयी। विधिमन्त्री ने स्पष्ट कहा कि रजनी का बोलबाला केवल इस कारण से है कि वह आजकल कांग्रेस के लिए धन एकत्रित करने वालों में से प्रमुख व्यक्ति है। रजनी के साथ बरुआ, कांग्रेस अध्यक्ष भी मिले हुए हैं। वह भी बहुत धन इकट्ठा कर रहे हैं।

14 फरवरी, 1975

कल रात को गृह सचिव (निर्मल मुखर्जी) ने जामा मस्जिद में न्यायिक जाँच कराने के सम्बन्ध में एक नोट और भेजा। उसमें उन्होंने पुलिस मनोबल के प्रश्न पर अपने विचार प्रकट किए थे। कल मेरी उनसे इस पर बात हुई थी। नोट मैंने वैसे का वैसा प्रधानमन्त्री को भेज दिया। थोड़ी देर में लौट आया। आदेश में कोई परिवर्तन नहीं।

उनका निर्णय—या धवन का—पहले ही हो चुका था। परिवर्तन की क्या आवश्यकता!

सुबह बहुत देर तक ज़हीर अहमद मेरे पास बैठे रहे। वे आजकल सऊदी अरब में हमारे राजदूत हैं। बुज़ुर्ग आदमी हैं। हैदराबाद के रहने वाले और रियासत के एक उच्च अधिकारी थे। बाद में हैदराबाद जब भारत में मिला तो आई.ए.एस. में ले लिए गये। करीब तीन साल हुए, मुझे अशोक सेन ने उनसे मिलवाया था। पहली ही मुलाकात में मैं उनसे प्रभावित हुआ था। उस समय वे यू.एन. की नौकरी से कार्यमुक्त होकर भारत वापस आए थे। यू.एन. और सऊदी अरब में, जहाँ वे यू. एन. के लिए कार्य कर रहे थे, उन्होंने अच्छी ख्याति पाई थी। जिस दिन वे मुझसे पहली बार मिले थे, उसी रात को विलायत खाँ हमारे घर पर सितार बजाने वाले थे। ज़हीर अहमद को भी मैंने निमंत्रित किया था। वे आए भी थे। सऊदी अरब के कई मन्त्री आजकल दिल्ली आ रहे हैं। उसी सम्बन्ध में वे भारत आए हुए हैं। वे बता रहे थे कि किस प्रकार सऊदी अरब में धीरे-धीरे ही सही भारत के पक्ष में दृष्टिकोण बदल रहा है।

सन्ध्या को फिर विधिमन्त्री के घर गया। वहाँ लगभग दो घंटे की बातचीत के बाद लायसेंस-कांड पर विपक्षी नेताओं को भेजने के लिए नोट तैयार हुआ। विधिमन्त्री ने उसे प्रधानमन्त्री और सरदार साहब के पास भेज दिया। विधिमन्त्री के घर से मैं कार्यालय वापस आया। वहीं लगभग नौ बजे, प्रधानमन्त्री का फोन आया कि मैं विधिमन्त्री से प्राप्त नोट देख लूँ। मैंने उन्हें बता दिया कि नोट की तैयारी में मेरा पूरा हाथ रहा है। मुझे देखने की आवश्यकता नहीं है। यह बात मैं उन्हें पहले लिखकर भी भेज चुका था पर शायद उन्होंने मेरा नोट देखा नहीं था।

कार्यालय में काफी देर हो जाने के कारण प्रेम सिंह* के यहाँ डिनर पर नहीं जा सका।

15 फरवरी, 1975

कार्यालय पहुँचते ही विधिमन्त्री (गोखले) ने बुला लिया। मोरारजी को नोट भेजने के पहले वे मुझसे बात करना चाहते थे। उस समय उनसे लायसेंस के और मामले पर भी बात हुई। वे इस बात से क्षुब्ध थे कि प्रधानमन्त्री का अन्तिम निर्णय यही हुआ कि इन मामलों पर कोई जाँच न बैठाई जाए। उनके विचार से यह निर्णय ग़लत है। पर वे जितना कह सकते थे, उन्होंने प्रधानमन्त्री से कहा। सुप्रीम कोर्ट के एक अवकाश प्राप्त जज पालेकर को उन्होंने तैयार भी करा लिया था।

परसों से संसद का सत्र शुरू हो जायेगा। मेरा कार्यालय संसद भवन चला जायेगा। इसलिए मेरा विचार था कि आज जितना काम निकल सके, उतना अच्छा होगा। प्रधानमन्त्री आज भी कार्यालय नहीं आयी थीं। पार्टी की कुछ बैठकें थीं। वे

---

* कुछ समय पहले सिंगापुर में भारत के उच्चायुक्त पद से सेवानिवृत्त हुए हैं।

संसद भवन में ही काम कर रही थीं। शाम को मुझे भी कार्यालय से जल्दी ही जाना था। पर सारा कार्यक्रम बिगड़ गया। चार बजे के लगभग प्रधानमन्त्री ने फोन किया कि कर्नाटक के राज्यपाल सुखाड़िया दिल्ली आये हुए हैं। मैं उनसे मिल कर कर्नाटक-महाराष्ट्र सीमा-विवाद पर बातचीत कर लूँ। उनके कुछ सुझाव हैं। उसके बाद करीब घंटा भर राष्ट्रपति भवन में सुखाड़िया के साथ व्यतीत करना पड़ा। जो हम लोगों ने सरकार के विचारार्थ नए सुझाव बनाए हैं, वे उनसे सहमत हैं। केवल थोड़ा-सा संशोधन चाहते हैं। वे चाहते हैं कि काली नदी घाटी का कोई भाग महाराष्ट्र में न जाए। बात उनकी तर्कसंगत है, पर व्यवहारिक नहीं लगती। इस प्रश्न पर हम लोगों ने काफी विचार पहले भी किया था। सुखाड़िया का सुझाव मानना सम्भव नहीं होगा। 1972 में भी एक बार मेरा उनसे इस विषय पर विचार-विमर्श हुआ था। तब भी उनका यही सुझाव था और मैंने उन्हें समझाने की कोशिश की थी कि इसमें व्यवहारिक कठिनाइयाँ क्या होंगी।

लंच के समय शारदा से मालूम पड़ा कि पार्टी कार्यकारिणी की बैठक के बाद प्रधानमन्त्री ने एक मीटिंग की थी, सरकारी प्रचार-यन्त्रों में सुधार के लिए। शारदा ने बताया कि मीटिंग में प्रधानमन्त्री ने क्या कहा, उनके पल्ले नहीं पड़ा। हाँ, इतना समझ पाए कि प्रचार यन्त्रों को इस प्रकार काम करना होगा कि सरकार की इमेज अच्छी बने। कुछ बाहर के विशेषज्ञ भी बुलाए गये थे। मीटिंग के बाद यह तय हुआ कि ठोस कार्यक्रम बनाने का काम गुजराल करेंगे।

घर जाने के लिए जब निकला तो प्रो. धर भी नीचे उतर रहे थे। वे गुजराल के घर जा रहे थे, जहाँ सुबह की बात पर आगे विचार होना था। प्रो. धर ने कहा कि यदि इतना प्रयास प्रधानमन्त्री और उनके सहयोगी गम्भीर समस्याओं पर विचार करने में लगाएँ तो देश का भी भला हो। इमेज बिल्डिंग आदि से होना-हवाना कुछ नहीं है। जब तक सरकार ठोस काम नहीं करती तो प्रचार तन्त्र क्या करेगा।

आज कृष्ण राव शंकर पंडित का तार मिला। आज रात रेडियो में उनका राष्ट्रीय कार्यक्रम में गायन होगा। मुझसे सुनने के लिए कहा है। पंडित जी की आयु 80 से ऊपर होगी। पर आवाज़ बुलन्द है। लगन पूरी है। नामी घराने के हैं। ग्वालियर में रहते हैं। वहाँ संगीत विद्यालय पचास साल से चला रहे हैं। उसकी हाल में स्वर्ण जयंती मनाई गयी थी। मैंने मध्य प्रदेश के मुख्यमन्त्री सेठी से उनकी सहायता करने को कहा था। पंडित जी जब भी दिल्ली आते हैं, मुझसे मिलते हैं। उनकी बड़ी इच्छा है कि एक दिन हमारे घर उनका गायन हो। ऐसा अवसर कभी नहीं बन पड़ा है, इसका मुझे भी दुख है।

16 फरवरी, 1975

कल काफी कम काम हुआ। इसलिए आज मैंने यह निश्चय किया था कि केवल

रक्षामन्त्री के घर जो साढ़े बारह बजे मीटिंग थी, उसके अतिरिक्त कहीं नहीं जाऊँगा। कार्यालय में सब पिछला काम निकालने का प्रयत्न करूँगा। रक्षामन्त्री वाली मीटिंग से बचना चाहता था, पर जी.पी. का आग्रह था, जाना जरूरी था। कल शाम को उन्होंने मुझे बुलाया था। (मुझे इसके बारे में कल ही लिखना चाहिए था)। कश्मीर पर शेख से हुए समझौते को संसद के समक्ष रखने से सम्बन्धित प्रश्नों पर वे मेरे साथ विचार-विमर्श करना चाहते थे। पाँच-दस मिनट की बात के बाद मुझे पता चला कि कौन वक्तव्य देगा, कब देगा, वाद-विवाद का रूप क्या होगा इस पर कोई निर्णय नहीं हुआ है। मैंने उन्हें सलाह दी कि वे रघुरमैया से कहकर सम्बन्धित मन्त्रियों की मीटिंग करवा लें जहाँ सब बातें तय हो जाएँगी। आज की मीटिंग की पृष्ठभूमि यह है। मीटिंग में चटपट सब बातें तय हो गईं। करीब आधे घंटे मीटिंग चली।

उसके बाद दिन भर कार्यालय में रहा। रात साढ़े नौ बजे के बाद लौटा। काफी काम निकल गया। केवल 45 मिनट के लिए सन्ध्या को प्रो. धर के घर जाना पड़ा। करीब छः बजे उनका फोन आया। जामा मस्जिद के बारे में बात करना चाहते थे। कहा कि यदि समय निकाल कर उनके पास आ सकूँ तो अच्छा होगा। उनके पास कुछ देर पहले शफी कुरैशी का फोन आया था कि उनको वक़्फ बोर्ड और अब्दुल्ला बुखारी के बीच मध्यस्थ बनाने का सुझाव है। वे प्रो. धर से परामर्श करना चाहते हैं। प्रो. धर उनसे बात करने से पहले मुझसे बात करना चाहते थे। हम दोनों ने पहले शुरू से सब बातें दुहराईं। दिल्ली प्रशासन और वक़्फ बोर्ड की आलोचना की। पर लौट-फिर कर यही सामने आता था कि जो हुआ, सो हुआ, समस्या का कोई-न-कोई हल निकालना होगा और इसमें हमारी भी जिम्मेदारी है। हम दोनों ने यह निश्चय किया कि यह जानकारी की जाए कि किन-किन बातों पर मध्यस्थता हो रही है। आगे तभी सोचा जा सकता है। इतना अवश्य है कि अब्दुल्ला बुखारी को इमाम बनाना होगा।

17 फरवरी, 1975

आज संसद का बजट अधिवेशन आरम्भ हुआ। परम्परा के अनुसार राष्ट्रपति ने संसद भवन के केन्द्रीय कक्ष में दोनों सदनों के सदस्यों के सम्मुख अभिभाषण किया। कम्युनिस्ट पार्टी को छोड़कर सभी विपक्षी दलों ने इस बैठक का बहिष्कार किया। शुरू में भारतीय लोकदल के जनेश्वर मिश्र ने कुछ हल्ला किया, पर दो-चार मिनट बाद वे कक्ष से बाहर चले गये।

राष्ट्रपति ने पहले अपना भाषण हिंदी में पढ़ा। बहुत अटक-अटक कर पढ़ा। सीधे-सादे शब्दों का उच्चारण भी ठीक नहीं था। बाद में अंग्रेजी में पढ़ा। वह काफी ठीक रहा। वैसे भाषण सारहीन, उत्साहहीन और काफी लचर था। राष्ट्रपति का पढ़ना भी प्रभावकारी नहीं हो पाया।

संसद का हंगामा कल से शुरू होगा। सरकार और विपक्षी दलों में थोड़ा बहुत भी औपचारिक सम्पर्क नहीं है। प्रधानमन्त्री ने दो सत्र पहले कहा था कि वह हर सत्र के आरम्भ और अन्त में विरोधी दलों के नेताओं की बैठक किया करेंगी। इस बार इस प्रकार की बैठक उन्होंने नहीं की।

प्रधानमन्त्री ने आज सन्ध्या को अपने सचिवालय के वरिष्ठ अधिकारियों से एक घंटे विचार-विमर्श किया। प्रो. धर के अतिरिक्त जी. रामचंद्रन, वी. रामचंद्रन, शारदा और मैंने उसमें भाग लिया। प्रधानमन्त्री ने जयप्रकाश के आन्दोलन से बातचीत शुरू की। उन्होंने कहा कि धीरे-धीरे जे.पी. अपने भाषणों में ऐसी बातें कह रहे हैं, जिससे सरकारी कर्मचारियों को सरकार में गड़बड़ फैलाने का बढ़ावा मिले। इस स्थिति पर काबू पाने के लिए क्या करना चाहिए? उनका कहना था कि जे. पी. कोई बात ठीक से सोच नहीं पाते। किसी बात का क्या परिणाम होगा, यह तो बिल्कुल ही नहीं ध्यान में रखते। एक बार उन्होंने जे.पी. से पूछा था कि क्या उनकी राय यह होगी कि तमिलनाडु में कांग्रेस सरकार के विरुद्ध आन्दोलन करे। जे.पी. ने कुछ उत्तर नहीं दिया। प्रधानमन्त्री ने दो-तीन दिन पहले दिल्ली में जे.पी. के भाषण का विशेष रूप से जिक्र किया। उनके विचार से इस प्रकार के भाषण सरकारी कर्मचारियों में असंतोष फैलाते हैं।

जयप्रकाश के आन्दोलन का जो विश्लेषण प्रधानमन्त्री ने किया उससे मुझे निराशा हुई। सच में मुझे वह बहुत फूहड़ लगा। इससे अच्छा विश्लेषण तो कई और प्रश्नों का मुझसे बात करते समय उन्होंने किया है। प्रो. धर का कहना ठीक है कि प्रधानमन्त्री बात बनाना जानती हैं, सोचने की शक्ति कम है। किसी भी विषय पर सुनियोजित और सुव्यवस्थित ढंग से न वह सोच सकती हैं, न लिख सकती हैं।

ख़ैर, अपनी बात कहकर उन्होंने पूछा कि सरकारी कर्मचारियों के लिए और कार्यालयों में सुधार लाने के लिए क्या करना चाहिए। उनके बाद जी.आर. ने बोलना शुरू किया। उसका कहना था कि स्वभावतः सरकारी कर्मचारी सरकार के विरुद्ध होते हैं, पर इससे हमें चिन्ता नहीं होनी चाहिए। उनकी विचारधारा उनके काम को प्रभावित नहीं करती। इस दूसरी बात से मैंने असहमति प्रकट की और कहा कि सरकारी कर्मचारियों के संघों और एसोसिएशंस में राजनीति बहुत घुस गयी है। इस प्रकार से विचार-विमर्श आगे बढ़ा। बी.आर. ने इस बात पर बल दिया कि सरकार में पदोन्नति में वरिष्ठता को आवश्यकता से अधिक महत्ता दी जाती है जो उचित नहीं है। एक घंटे की बातचीत के बाद यह तय हुआ कि इसके आधार पर हम लोग कुछ ठोस सुधार प्रधानमन्त्री के पास विचारार्थ रखें।

प्रधानमन्त्री के कमरे से लौटा तो डॉक्टर माथुर मेरे कमरे में प्रतीक्षा कर रहे थे। उनसे मिलने का पहले से ही कार्यक्रम था। वे मेरी गर्दन और पीठ की परीक्षा करने आए थे। बाद में इधर-उधर की बात करते रहे। कहने लगे कि प्रधानमन्त्री

आजकल बहुत चिन्तित हैं, उनकी चिन्ताओं का प्रभाव उनके स्वास्थ्य पर पड़ रहा है। प्रधानमन्त्री के घर पर जो कुछ देखा-सुना है, उससे उनका अनुमान है कि प्रधानमन्त्री की चिन्ताओं का मुख्य कारण संजय और मारुति है। गोखले ने भी उस दिन यही बात कही थी।

18 फरवरी, 1975

संसद का सत्र तो वास्तव में आज से शुरू हुआ। प्रश्नकाल के बाद काम रोको प्रस्ताव को लेकर शोर मचने लगा। इब्राहिम सुलेमान सेत और शमीम जामा मस्जिद के प्रश्न पर यह प्रस्ताव चाहते थे, बाकी सब दल समस्तीपुर दुर्घटना पर। कोई निर्णय होने से पहले ही प्रधानमन्त्री लोकसभा से बाहर आई और मुझे भी अधिकारी प्रकोष्ठ से बाहर आने का इशारा किया। उनके साथ ही मैं उनके कमरे तक आया। वे मुझसे जामा मस्जिद के मामले में न्यायिक जाँच के बारे में बात करने लगीं। मुझसे पूछा कि जाँच की नियुक्ति के बारे में क्या हुआ? मुझे अंदर ही अंदर हँसी आयी। मैंने कहा कि इस विषय पर तो उनका आदेश न्यायिक जाँच न बैठाने के पक्ष में था। कहने लगीं कि नहीं, उपराज्यपाल नहीं चाहते, पर कोई उनसे बात कर ले। मैंने कहा कि जाँच की नियुक्ति सदन का रुख देखकर आवश्यक ही लगती है। उपराज्यपाल को समझाया जा सकता है। प्रधानमन्त्री ने फिर गृह सचिव को भी बुलवाया और हम दोनों से बातचीत की। मुखर्जी के आने की प्रतीक्षा के समय उन्होंने स्वयं किशन चंद से बात की। वह जाँच के सर्वथा विरुद्ध हैं। मैं उनका दृष्टिकोण समझ सकता हूँ, पर सरकार का मनोबल देखते हुए मुझे इसमें तनिक भी सन्देह नहीं है कि कल तक जाँच आयोग की नियुक्ति हो जायेगी। इसलिए दिन भर मेरा प्रयत्न यही रहा कि जाँच के पक्ष में आज ही निर्णय हो जाए तो अच्छा रहेगा। मुखर्जी और मैं जब प्रधानमन्त्री के कक्ष से बाहर निकले तो फौरन ही उन्होंने धवन से बातचीत शुरू की। थोड़ी देर में धवन मुझे वहीं नज़र आए और मुझसे कहने लगे कि जाँच हो जानी चाहिए। काश, ऐसा वे 4-5 दिन पहले कहते ! ख़ैर, आज निर्णय उनके कारण नहीं हुआ, स्वयं प्रधानमन्त्री को लगा कि बिना जाँच बैठाए काम नहीं बनेगा। बाहर वे चाहे कुछ भी प्रदर्शित करें, प्रधानमन्त्री के व्यक्तित्व में कायरता काफी है। साहस केवल राजनीतिक तिकड़म के समय उभरता है।

प्रधानमन्त्री से मिलने के बाद मैं और मुखर्जी दिल्ली के आई.जी. से बात करने लगे। संयोग से वे उस समय संसद भवन में ही आए हुए थे। उनका न्यायिक जाँच का विरोध तर्कसंगत था। उन्होंने हमें बताया कि जब किशन चंद ने उन्हें बताया कि इमाम को बन्दी बनाना होगा तो एक स्वर से सब अधिकारियों ने कहा कि यह सरासर ग़लत होगा, इससे बवंडर मचेगा। वही हुआ भी। अब डर कर सरकार ने इमाम को छोड़ा, जो और कैद किए गये थे उन्हें छोड़ा। कटघरे में कौन खड़ा

हुआ—प्रशासन और पुलिस। मुखर्जी और मैंने उन्हें इसके और पहलू भी समझाए।

सन्ध्या को आई.जी. तो तैयार हो गये पर किशन चन्द ने एक प्रयत्न ओम मेहता के माध्यम से और किया। वे ओम मेहता से निर्णय लेकर चले गये कि कोई न्यायिक जाँच नहीं होगी। जब मुझे पता चला तो मैं प्रधानमन्त्री के पास फिर गया और उन्हें समझाया कि बिना जाँच बैठाए बात सम्भलेगी नहीं। इस बार वे पूरी तरह मान गईं कि जाँच बैठनी चाहिए। संसद की बैठक सवा दस बजे रात में समाप्त हुई। उसके बाद प्रधानमन्त्री गृहमन्त्री, चव्हाण व एक-दो और मन्त्रियों के साथ अपने कमरे में आईं और वहाँ निर्णय जाँच के पक्ष में हुआ। कल सुबह साढ़े दस बजे मंत्रिपरिषद् की बैठक इस पर औपचारिक ढंग से विचार करेगी।

संसद में आज मधु लिमये के काम रोको प्रस्ताव पर बहस हुई। वह समस्तीपुर की घटना से सम्बन्धित था। वाद-विवाद साधारण रहा। प्रधानमन्त्री की काफी आलोचना इस बात के लिए की गयी कि उन्होंने इस दुर्घटना में राजनीति प्रविष्ट करायी। आज पहली बार श्यामनन्दन मिश्र ने अच्छा भाषण किया। गृहमन्त्री का उत्तर सूक्ष्म और ऊँचे स्तर का था। आवश्यकता से अधिक उन्होंने कुछ नहीं कहा। दोपहर में प्रधानमन्त्री ने मुझे बुलाकर पूछा था कि गृहमन्त्री के भाषण का प्रारूप मैंने देखा है या नहीं। मैंने उन्हें बताया कि वे तैयार वक्तव्य नहीं देंगे, उसी समय भाषण करेंगे। गृह मन्त्रालय के अधिकारियों ने उन्हें ब्रीफ़ किया है। फिर भी प्रधानमन्त्री ने मुझसे कहा कि मैं भी उन्हें ब्रीफ़ कर दूँ और कहूँ कि ज्यादा वाद-विवाद में वे न पड़ें। वाद-विवाद में मधु लिमये ने जो मुख्य बात कही, वह यह थी कि सरकार के आयोग की नियुक्ति का कारण था उनकी स्ट्रैटेजी का विफल होना। घटना के तुरन्त बाद कांग्रेस ने यह प्रचार आरम्भ किया कि विपक्षी दलों का हाथ है समस्तीपुर घटना में। यदि जनता इस पर विश्वास कर लेती तो राष्ट्रीय स्वयं सेवक संघ व अन्य दलों पर रोक लगती, दमन-नीति चालू की जाती, पर जनता मूर्ख नहीं बनी। हारकर सरकार को आयोग की नियुक्ति करनी पड़ी। ऐसा लगा कि मधु लिमये को अंदरूनी बात मालूम हो। पूरी जनवरी प्रधानमन्त्री यही जाँच कराती रहीं कि रा.स्वयं से. संघ और मदरलैंड के विरुद्ध कितनी कड़ी कार्यवाही की जाए। बाद में यह विचार छोड़ना पड़ा।

आज सुबह डॉ. कर्ण सिंह से भेंट हुई। वे कश्मीर के समझौते से पूरी तरह प्रसन्न नहीं हैं। उन्होंने कहा कि उन्होंने अपना दृष्टिकोण प्रधानमन्त्री को स्पष्ट कर दिया है, जिससे वे बाद में यह नहीं कहें कि मुझे पहले क्यों नहीं बताया। आगे निर्णय प्रधानमन्त्री का।

19 फरवरी, 1975

आज सुबह मंत्रिपरिषद् की बैठक हुई, जामा मस्जिद की स्थिति पर विचार करने को।

अधिकतर मन्त्री इस पक्ष में थे कि जाँच होनी चाहिए, पर किशन चन्द और दिल्ली के आई.जी. भवानीमल ने इसका जोरदार विरोध किया। प्रधानमन्त्री ढुल-मुल होती रहीं, पर झुकाव किशन चन्द की तरफ था। मुझे स्पष्ट लग रहा था कि कल रात किशन चन्द ने प्रधानमन्त्री पर प्रभाव डालने का काम किया है। फलस्वरूप जाँच के प्रस्ताव पर कोई निर्णय नहीं लिया गया। प्रधानमन्त्री ने कहा कि संसद में गृहमन्त्री इस सम्बन्ध में कुछ गोलमोल बात कह दें।

मंत्रिपरिषद् की बैठक में एक मन्त्री ने पूछा कि उनकी सूचना के अनुसार दिल्ली प्रशासन अब्दुल्ला बुखारी के लड़के को इमाम बनाना चाहता था। इससे पहले कि किशन चन्द कुछ कहें, प्रधानमन्त्री ने बड़े अधिकारात्मक तरीके से कहा कि नहीं यह बिल्कुल ग़लत है। सरासर झूठ! यह प्रधानमन्त्री की आदत है। समय पड़ने पर बिना पलक झपकाए ऐसा झूठ बोलती हैं कि सच बात जानने वाला हैरान हो जाए।

लोकसभा में जामा मस्जिद पर ध्यानाकर्षण नोटिस पर प्रश्न नहीं हुए। इस विषय पर पूरी बहस हुई, लगभग पाँच घंटे। विपक्षी दलों ने पूरी तरह सरकार की निन्दा की। गृहमन्त्री का उत्तर हल्का रहा।

20 फरवरी, 1975

लोकसभा में आज राष्ट्रपति के अभिभाषण पर बहस शुरू हुई। सरकार की ओर से पहले वक्ता थे सी.एम. स्टीफन। काफी गरम भाषण दिया जयप्रकाश को गाली देते हुए। वास्तव में वे कांग्रेस के बारे में और आजकल के वातावरण पर क्या सोचते हैं, यह शेषन को बता चुके हैं। बार-बार कहते हैं कि भ्रष्टाचार को बढ़ावा देकर कांग्रेस बदनाम होती जा रही है। संसद-सदस्य अपने क्षेत्रों में घूमने में डरते हैं।

दोपहर के बाद प्रधानमन्त्री से मिला। कई विषयों पर बात करनी थी। जब बात समाप्त हो गयी तो प्रधानमन्त्री कहने लगीं कि कमलापति यदि अपना रेल बजट का भाषण हिन्दी में पढ़ें तो अधिक प्रभावकारी रहेगा। उन्होंने कमलापति से भी यह कह दिया है। द्रविड़ मुनेत्र कडगम के सदस्यों से पुछवाया था तो उन्होंने कहा कि एक पैरा अंग्रेजी में पढ़ने के बाद कमलापति हिन्दी में भाषण पढ़ें, तो उन्हें कोई आपत्ति नहीं होगी। प्रधानमन्त्री ने बताया कि स्पीकर इस बात से प्रसन्न नहीं हैं। कहते हैं कि पहले कभी यह नहीं हुआ। प्रधानमन्त्री ने कहा कि यह तो कोई तर्क नहीं है। हर नई बात पहली बार अटपटी लगती है। मुझसे कहा कि मैं स्पीकर से कमलापति को मिलवा कर उचित प्रबन्ध करवा दूँ। जब तक मैं लोकसभा की ओर आया, कमलापति स्पीकर से मिल भी आए। उनका पहले से ही उनसे (स्पीकर से) मिलने का विचार था। स्पीकर ने अपनी बात दुहरायी, पर यह भी कहा कि यदि सदस्य कहें तो आप हिन्दी में पढ़िए, वरना परम्परा के अनुसार अंग्रेजी में ही।

कमलापति ने अधिक विवाद करना उपयुक्त नहीं समझा। उनका भाषण अंग्रेजी में ही हुआ। हिन्दी के प्रति इसी दृष्टिकोण के कारण राज-काज में हिन्दी का प्रयोग नहीं बढ़ रहा है।

आज हमारे घर पर एक प्रीतिभोज था। गोपी मास्को जा रहा है नियुक्ति पर। उसको और बीस-पच्चीस अन्य लोगों को बुलाया था।

21 फरवरी, 1975

सुबह साढ़े ग्यारह बजे एल.पी. मेरे कमरे में आ गये। लगभग एक घंटा बात करते रहे। पिछले सप्ताह उनसे कई बार फोन पर बात हुई थी। इधर दिल्ली आने का कोई प्रोग्राम नहीं था। पर सोमवार को प्रधानमन्त्री ने फोन किया कि वे काठमांडू जाने से पहले उनसे दिल्ली में मिल लें। राज्यपाल होने से पहले वे नेपाल में हमारे राजदूत थे। वहाँ के महाराजा का राज्याभिषेक 24 तारीख को है। एल.पी. को भी निमंत्रण है। वे 22 को काठमांडू पहुँचेंगे। कल रात दिल्ली आए। लगभग चालीस मिनट प्रधानमन्त्री से बात की। प्रधानमन्त्री उनसे प्रशासनिक सुधार पर बात करना चाहती थीं, इसीलिए बुलाया था। उत्तर-पूर्वी क्षेत्र पर भी फिर बात हुई, पर मुख्यतः वे जानना चाहती थीं कि प्रशासन को सुधारने के लिए क्या किया जाए? पिछले सप्ताह लक्ष्मीकान्त झा (कश्मीर के राज्यपाल) ने उनसे इस विषय पर बात की। इसी संदर्भ में अपने सचिवालय के अधिकारियों से भी सोमवार को उन्होंने बात की थी। *एल. पी.* ने उन्हें बहुत कुछ बताया। सुझावों की कमी नहीं है। पर न सरकार कोई ठोस काम करना चाहती है न वरिष्ठ अधिकारी। आजकल अधिकतर वरिष्ठ अधिकारी मामूली ही हैं; वरिष्ठता के आधार पर नियुक्तियाँ पा गये हैं। प्रधानमन्त्री को न जाने कितनी बार हक्सर, धर व मैंने सुझाव लिख-लिखकर दिये हैं, पर करती वे कुछ नहीं, केवल बात करने के। देखूँ *एल.के.* व *एल.पी.* के कहने पर क्या करती हैं। पर मैंने भी आज फिर एक नोट रात को इस विषय पर उनको भेजा है। कल मद्रास जा रही हैं। शायद जहाज पर पढ़ लें। सोमवार को नोट वापस आ जायेगा। सरकार की अकर्मण्यता बढ़ती रहेगी।

शेषन ने दोपहर को बताया कि सुबह से प्रधानमन्त्री काफी गुस्से में हैं। कई कागज उस पर फेंक चुकी हैं। शेषन को कोई कारण नहीं समझ में आया। पर मुझे मालूम है कल रात उन्होंने विधिमन्त्री से फिर मारुति के बारे में बात की है। मारुति की, और उसके कारण प्रधानमन्त्री की, कठिनाइयाँ बढ़ती जा रही हैं।

सन्ध्या को मंत्रिपरिषद् की राजनीतिक कार्यसमिति की बैठक होने वाली थी, कर्नाटक-महाराष्ट्र प्रश्न पर विचार करने के लिए। बैठक तो हुई पर इस विषय पर चर्चा न हो सकी। विदेश मन्त्रालय का एक आवश्यक विषय विचारार्थ लिया गया। उसमें काफी समय लगने की सम्भावना थी। मीटिंग के बीच ही प्रधानमन्त्री ने मुझे

बुलाकर कहा कि आज सीमा-विवाद के प्रश्न को स्थगित करना होगा।

रात को कार्यालय में बहुत देर हो गयी। दस तो रोज ही बजते हैं। आज कुछ और देर हो गयी। इस कारण, अवतार कृष्ण-कुसुम के घर गोपी के लिए जो डिनर था, उसमें नहीं जा सका।

22 फरवरी, 1975

कल रात मुझे बड़ी देर तक नींद नहीं आयी। तीन बजे तक तो निश्चय ही जागता रहा, उसके बाद आँख लगी। प्रशासनिक मामलों पर सरकार के कुछ निर्णयों से मुझे काफी निराशा हुई, उसी के बारे में सोचता रहा। देश में भ्रष्टाचार और अकर्मण्यता का वातावरण बनाने में सरकारी अधिकारियों का भी काफी हाथ है। उन्होंने हमेशा अपना, अपने पुत्रों और दामादों का विशेष ध्यान रखा है। वैसे प्रत्यक्ष में ऊँचे आदर्शों की बात हाँकते हैं। इनसे देश का क्या भला होगा। आज एक बात कहते हैं कल दूसरी। केवल यह देखते हैं कि राजनीतिक बॉसेज़ क्या पसन्द करते हैं।

आज प्रधानमन्त्री मद्रास गयी हैं। कुछ फुर्सत का वातावरण था। कार्यालय पहुँचते ही राष्ट्रपति भवन *एल.पी.* से मिलने गया। करीब घंटा भर उनके पास रहा। प्रशासनिक सुधार के विषय में अपनी शंकाएँ और सन्देह बताये। वे प्रधानमन्त्री को इस विषय में पत्र लिखेंगे।

कार्यालय वापस आने पर विश्वभारती (शान्ति निकेतन) के आचार्य, प्रो. गुप्ता को प्रतीक्षा करते पाया। फिर लगभग घंटा भर विश्वभारती की समस्याओं पर उनसे चर्चा की। उनका टर्म समाप्त हो गया है। वे विश्वभारती छोड़ने वाले हैं। जब उन्होंने कार्यभार सम्भाला था, विश्वभारती की स्थिति काफी ख़राब थी। *प्रो. गुप्ता* ने स्थिति सुधारने में बहुत योगदान किया है। 'रवीन्द्र भवन' का पुनर्जीवन उनके अथक परिश्रम का फल है।

दोपहर को मैंने जगत (मेहता) के पास जाने का वादा किया था। पर *जी.पी.* ने बुला लिया। सोमवार को प्रधानमन्त्री संसद में *शेख अब्दुल्ला* के साथ हुए समझौते पर एक वक्तव्य देंगी। उसी के सम्बन्ध में *जी.पी.* ने बुलाया था। उसी समय *प्रो. धर* से भेंट हुई–केवल कुछ क्षणों के लिए। वे थके हुए लग रहे थे। उनसे मालूम पड़ा कि वे पिछली रात प्रधानमन्त्री के घर दो बजे तक रहे। प्रधानमन्त्री और शेख की बातचीत कल रात हुई। एक बार तो करीब-करीब सब बातें बिगड़ गयीं। शेख वज़ीर-ए-आज़म कहलाने व कुछ और बातों के लिए ज़िद पकड़ गये। जब प्रधानमन्त्री एक बजे सोने गयीं तो यह कह कर कि "आई डोंट नो व्हेयर वी आर।" आज सुबह भी स्थिति अनिश्चित थी। पर दोपहर को कुछ संकेत मिले कि गाड़ी फिर पटरी पर आ रही है।

23 फरवरी, 1975

आज सुबह समाचारपत्रों में प्रधानमन्त्री के मद्रास में दिये गये भाषण का सारांश पढ़ा। वहाँ उन्होंने कहा कि उनको सत्ता से हटाने के भारी प्रयत्न विपक्षी नेता कर रहे हैं। प्रधानमन्त्री ने यह बात कोई पहली बार नहीं कही है। वे समयानुसार इसको दोहराती रहती हैं। जब विपक्षी कुछ जोर पकड़ते हैं तो वे यह कहने लगती हैं। मुझे तो यह बात काफी बचकानी लगती है। विपक्षी दलों का कर्तव्य है कि प्रधानमन्त्री को हटाने की चेष्टा करें। इसमें ग़लत बात क्या है?

कार्यालय आते समय *जगत* से भेंट हुई। वह गोल्फ खेलकर प्रसन्न को छोड़ने उसके घर आया था। फिर मुझे कार्यालय छोड़ा। जगत आजकल विदेश मन्त्रालय में अतिरिक्त सचिव है। मेरा उसका परिचय 1943 से है। जिस वर्ष मैंने युनिवर्सिटी ज्वाइन की थी, वह एम.ए. फाइनल में था। अगले वर्ष कुछ समय के लिए अंग्रेजी विभाग में अध्यापक रहा और बाद में नौसेना में चला गया। द्वितीय महायुद्ध उस समय जोरों पर था। युद्ध समाप्त होने के बाद फॉरेन सर्विस में आ गया। कुछ-न-कुछ सम्पर्क उससे हमेशा बना रहा। वह एक योग्य अधिकारी माना जाता है, पर सर्विस में उसे न्याय नहीं मिला है। इससे दुखी रहता है। विदेश नीति पर उसका गहरा अध्ययन है। अक्सर मुझे उसके विषय में बताता और समझाता रहता है। आज भी चीन और अमरीका से जो हमारे सम्बन्ध हैं उन पर बात हुई।

छुट्टी का दिन होने के कारण संसद भवन में आज सन्नाटा था। काफी काम निकल गया। सन्ध्या को वित्त मन्त्रालय (आयकर विभाग) के दो अधिकारी मिलने आए। पिछले कुछ दिनों में जयपुर महाराजा और राजमाता के जयपुर और दिल्ली के निवास स्थानों पर आयकर विभाग ने छापे मारे हैं। उसी के सम्बन्ध में संसद में एक प्रश्न का उत्तर देना है। उसके बारे में बात करना चाहते थे, विशेषकर इसलिए कि बीजू पटनायक से सम्बन्धित प्रश्न के उत्तर से प्रधानमन्त्री को सन्तोष नहीं हुआ था। मुझसे उसे फिर से लिखवाया। इस बार वित्त मन्त्रालय के अधिकारी पहले से ही मेरी सलाह ले लेना चाहते थे।

इन छापों का पूरा हाल मुझे बताया। छापा मारने का कारण पूछने पर एक अधिकारी ने कहा कि हमारे पास कुछ सूचना तो थी, पर ऐसा करने का आदेश 'ऊपर' से आया था। फिर शरारत भरी मुस्कान के साथ कहा, 'ऊपर' का अर्थ आप स्वयं समझ सकते हैं; आजकल देश में 'ऊपर' कौन है? मुझे आश्चर्य नहीं हुआ। जयपुर की राजमाता गायत्री देवी कांग्रेस की कट्टर विरोधी हैं। लोकसभा की सदस्य हैं। उनके विरुद्ध यह सब कराना राजनीतिक दृष्टि से 'ऊपर' द्वारा आवश्यक समझा गया है। इस प्रकार के छापे आजकल केवल राजनीतिक दृष्टिकोण को ध्यान में रखकर मारे जाते हैं। सिंघानिया और गोयनका (संसद-सदस्य नहीं, कांग्रेस को

आर्थिक सहायता देने वाले एक अन्य सज्जन) को बचाने के लिए 'ऊपर' द्वारा क्या-क्या नहीं किया गया या अब भी किया जा रहा है?

कार्यालय से उठा तो घर आने से पहले *सरीन* से मिलने गया। वे आजकल अहमदाबाद से आए हुए हैं। उन्हें कोई विशेष बात नहीं करनी थी, पर मुझसे मिलना अवश्य चाहते थे। वे हमेशा मुझसे मिलने निसंकोच कार्यालय आ जाते हैं। कल समय निश्चित करके वे मेरे पास आना भूल गये। आज जब मुझे फोन किया तो मैंने कहा कि मैं स्वयं ही मिलने आऊँगा। बातचीत शुरू ही हुई थी कि जी.पी. और प्रो. धर भी वहाँ आ गये। प्रो. धर ने उनके घर छः बजे आने को कहा था पर वे एक मंत्रिपरिषद् की बैठक में, जो प्रधानमन्त्री के निवास स्थान पर हो रही थी, फँस गये थे। यह बैठक कश्मीर समस्या पर विचार करने के लिए साढ़े चार बजे शुरू हुई थी। प्रधानमन्त्री कल संसद में वक्तव्य देंगी, उसके मसविदे पर विचार होना था। मूल निर्णय तो पहले ही हो चुके थे। मुझ पर इसी सम्बन्ध में और काम पड़ा हुआ था। मैं इसलिए इस बैठक में नहीं गया।

प्रो. धर कुछ खिझलाए हुए-से थे। कहने लगे कि मन्त्रियों का योगदान तो कुछ होता नहीं। मंत्रिपरिषद् सम्पादकमंडल का रूप धारण करके शब्दों से खेलने लगती है। आज भी यही हुआ। प्रो. धर का ख्याल था कि मीटिंग एक घंटे में समाप्त हो जायेगी, पर ऐसा नहीं हुआ। यह भी उनकी खीझ का एक कारण था। *जी.पी.* ने वहीं से जम्मू व कश्मीर के राज्यपाल से फोन पर बात की। सरीन ने यह सुझाव दिया कि शेख को वज़ीर-ए-आज़म कहना उपयुक्त नहीं होगा। इस पर प्रो. धर ने कहा कि हमारी समस्याएँ तो अब शुरू होंगी। थोड़ी देर इसी प्रकार की बातचीत के बाद हम सब सरीन के घर से साथ ही निकले।

आज *उमा* का फोन आया था कि गायन में उसका सहयोग देने वाले एक कलाकार—*पन्नालाल* कत्थक का अचानक तीन-चार दिन हुए देहान्त हो गया। छोटे-छोटे छः बच्चे और विधवा को असहाय छोड़ गये। उमा घूम-घूमकर उस परिवार के लिए सहायता जुटा रही हैं। मैंने भी वादा किया है कि प्रधानमन्त्री के कोष से मैं कुछ सहायता कराऊँगा। वह कल मिलने आयेगी।

कलाकारों की स्थिति आजकल बहुत असंतोषजनक है। बड़े कलाकार भले ही आजकल काफी धन कमा रहे हैं, पर सामान्य कलाकारों की निर्धनता उतनी ही बढ़ती जा रही है। पन्नालाल की ही बात लीजिए। एक पैसा अपनी कच्ची गृहस्थी के लिए नहीं छोड़ा है। थोड़ा बहुत उमा व अन्य लोग एकत्रित भी कर देंगे तो क्या होगा। कुछ दिन पहले उस्ताद रहीमुद्दीन खाँ डागर बीमार पड़े। जयपुर में अस्पताल में भर्ती हुए। उनके से गुणी गायक कम हैं। ध्रुपद के तो वे सबसे बड़े जीवित उस्ताद हैं। शुद्ध संस्कृत में जब वे ध्रुपद गाते हैं तो बहुत ही अच्छा लगता है। संस्कृत का उच्चारण इतना सुन्दर कि आश्चर्य होता है। मैंने राजस्थान के मुख्य सचिव से कहा

कि वे उस्ताद जी का पता लगा कर मुझे सूचित करने का कष्ट करें। दूसरे दिन उनका फोन आया कि उस्ताद जी पहले से अच्छे हैं। अपने दामाद के यहाँ चले गये हैं। पर आर्थिक कष्ट में हैं। प्रधानमन्त्री से आदेश लेकर ढाई हजार रुपया उनके लिए भिजवाया। पर इस प्रश्न का सुव्यवस्थित प्रबन्ध होना चाहिए। यह तभी हो सकता है जब संगीत के प्रसार और शिक्षा के लिए सरकार क्रियाशील हो।

दो-चार माह पहले संगीत के प्रश्न पर मैंने प्रधानमन्त्री को सुझाव दिया था कि एक केन्द्रीय महाविद्यालय आरम्भ करना नितान्त आवश्यक होता जा रहा है। यह महाविद्यालय संगीत शिक्षा और छात्रवृत्ति का प्रबन्ध करे और प्रदेशीय संस्थाओं को नेतृत्व प्रदान करे। यदि ऐसा नहीं हुआ तो इस देश के संगीत के कई स्वरूप हमेशा के लिए खो जायेंगे। प्रधानमन्त्री ने यह सुझाव सहर्ष ही स्वीकार कर लिया। संस्कृति विभाग से मैंने इस पर आगे विचार कर के कार्यान्वित करने के लिए कहा। पर अभी तक कुछ हुआ नहीं है। एकाध दिन में नूरुल हसन से बात करूँगा। यदि यह महाविद्यालय खुल जाये तो कलाकारों के कल्याण के लिए भी कुछ कदम इसके द्वारा उठाये जा सकते हैं।

24 फरवरी, 1975

आज सुबह साढ़े नौ बजे प्रधानमन्त्री विपक्षी दल के नेताओं से मिलीं। कश्मीर समझौते पर बात करने को उन सबको आमंत्रित किया था। पहले यह समाचार था कि शायद कुछ विपक्षी नेता न आयें। पर आये सब। कुछ ने एक पत्र द्वारा प्रोटेस्ट व्यक्त किया था। मीटिंग के प्रारम्भ में ही प्रधानमन्त्री ने उस पत्र की चर्चा की और कहा कि वे तो हमेशा चाहती हैं कि विपक्षी नेताओं से सम्पर्क बढ़े, पर वही ऐसा वातावरण बना देते हैं कि बातचीत का कोई अर्थ नहीं रह जाता। ख़ैर, इस पर अलग से विचार किया जाना चाहिए कि इस प्रकार की मीटिंग अधिक-से-अधिक किस प्रकार हो।

यह बात केवल बनाने के लिए कही गयी थी। प्रधानमन्त्री ने स्वयं विपक्षी दलों के नेताओं से कहा था कि वे हर सत्र के आरम्भ और अन्त में उनसे मिला करेंगी। पर जब मीटिंग की बात की जाती है तो वे टाल देती हैं। इस सत्र के आरम्भ में कोई मीटिंग नहीं की। आज की मीटिंग भी औपचारिकता और अपने प्रचार की नीयत से की गयी थी। प्रधानमन्त्री और विपक्षी नेताओं का जब तक सम्पर्क नहीं बढ़ेगा संसदीय प्रणाली के पनपने में बाधा होगी। सच तो यह है कि आजकल संसद और संसद के बाहर ऐसा वातावरण है कि देश दो सशस्त्र कैम्पों में बँटा है—एक सत्ताधारी दल सरकार का और दूसरा विपक्षी दलों का। दोनों एक-दूसरे के शत्रु लगते हैं, प्रतिस्पर्धी नहीं। यह प्रजातन्त्र के लिए अच्छी बात नहीं है।

इस मीटिंग में प्रधानमन्त्री ने संक्षेप में *शेख* से हुए समझौते की पृष्ठभूमि

बतायी। बाद में सरदार साहब ने इसका स्पष्टीकरण किया। कुछ विपक्षी नेताओं ने प्रश्न किये, पर अधिकतर मीटिंग समाप्त होने से पहले चले गये। *भूपेश गुप्ता* ने समझौते की सराहना की। प्रधानमन्त्री और *सरदार* दोनों ने ही यह विचार व्यक्त किया कि अभी तो इसको कैल्कुलेटेड रिस्क ही कहा जा सकता है।

दोपहर के बाद प्रधानमन्त्री का वक्तव्य दोनों सदनों में हुआ। बहुत ही अच्छा वक्तव्य था। मुझे इसमें तनिक भी सन्देह नहीं है कि इस वक्तव्य और समझौते का पूरे देश में उत्साहपूर्ण स्वागत होगा। भारतीय जनसंघ इसका विरोध करेगा। यह इस दल की ग़लती होगी। इस समझौते में केन्द्रीय सरकार ने कुछ भी नहीं खोया है और शेख का सहयोग मिला है। शेख और उनके साथियों ने 'प्लैबीसाइट' की बात समाप्त कर दी। जम्मू और कश्मीर का भारत में विलयन पूरी तरह स्वीकार कर लिया। इस समझौते में दूरदर्शिता है। प्रधानमन्त्री ने हक्सर के कहने से यह बात शुरू की थी और जो लोग बातचीत बढ़ा रहे थे। उनको हमेशा उत्साह दिलाती रहीं। मेरे अपने विचार से उनके प्रधानमन्त्रीकाल की यह एक बड़ी उपलब्धि है।

करीब एक बजे जी.पी. ने मेरे कमरे से मिर्जा अफजल बेग से बात की। शेख साहब का हाल पूछा और कहा कि प्रधानमन्त्री का वक्तव्य संसद में होने वाला है। शेख साहब किसी एक अंश को लेकर मतलब न निकालने लगें। पूरे वक्तव्य को पढ़ना उपयुक्त होगा। अंत में कहा कि प्रधानमन्त्री को *शेख-जे.पी.* की मुलाकात बहुत अच्छी नहीं लगी। वह चाहती हैं कि शेख जे.पी. से विशेष सम्बन्ध न रखें। शेख और जे.पी. एक-दूसरे के घनिष्ठ मित्र हैं। कल रात जम्मू जाने से पहले शेख जे.पी. से मिलने गये थे। दोनों की मुलाकात की तस्वीरें आज के सभी दैनिक पत्रों में छपी थीं। बहुत छोटा मन है प्रधानमन्त्री का। क्या राजनीति में व्यक्तिगत सम्बन्ध समाप्त हो जाते हैं?

सन्ध्या को *जगपत दुबे* आये थे। प्रधानमन्त्री की निर्वाचन याचिका में हक्सर की शहादत के बाद कुछ कठिन प्रश्न खड़े हो गये हैं। उन्हीं पर चर्चा करने दिल्ली आये हुए हैं। *हक्सर* ने अपने बयान में यह कहा है कि *कपूर* का त्यागपत्र स्वीकारने का उनको अधिकार था। उन्होंने प्रधानमन्त्री से पूछना आवश्यक नहीं समझा और मौखिक ही त्यागपत्र स्वीकार कर लिया। यह बात ग़लत है। इसको ठीक कैसे करवाया जाये। काफी देर तक कागज़-पत्र देखने के बाद यही निष्कर्ष निकला कि इस बात को ठीक करने के लिए हमारे सचिवालय की ओर से कोई शहादत नहीं हो सकती। कपूर के त्यागपत्र से सम्बन्धित कागज़ात तो कोर्ट के सामने प्रस्तुत करने में खतरा ही है। उससे प्रधानमन्त्री का पक्ष बिल्कुल कमजोर पड़ जायेगा। फिर क्या हो? *जगपत दुबे* विधिमन्त्री से सलाह करने चले गये।

दो-तीन घंटे बाद विधिमन्त्री ने मुझे बुलाया। हक्सर के बयान का विश्लेषण किया गया। विधिमन्त्री भी इसी निष्कर्ष पर पहुँचे कि वह बयान बहुत ही

असंतोषजनक है। पर उससे सुधारने का कोई प्रयत्न नहीं हो सकता। बहस के समय ही उस पर उपयुक्त टिप्पणी करके कुछ प्रयत्न किया जायेगा। प्रधानमन्त्री स्वयं गवाही दें या न दें, यह प्रश्न अब विशेष महत्वपूर्ण हो गया है। विधिमन्त्री आज रात प्रधानमन्त्री से इस बात पर विचार-विमर्श करने को थे।

कपूर का त्यागपत्र वास्तव में 25 जनवरी, 1971 को दिया गया था। उसे सेक्रेटरी के कार्यालय में 13 या 14 तारीख को प्राप्त होना दिखाया गया था। हमारे सचिवालय के दो अधिकारियों के दस्तख़त भी उस प्रार्थना-पत्र पर बाद में बनवाये गये थे। *जगपत दुबे* के कहने पर सेक्रेटरी के दफ्तर का उस समय वाला डाक रजिस्टर आज नष्ट करवा दिया गया। यह मुझे शेषन ने बताया। जगपत को डर है कि कोर्ट में वह तलब न हो जाये। नियमानुसार वह पिछले साल ही नष्ट हो जाना चाहिए था। इस दृष्टि से कोई ग़लत काम नहीं किया गया। जगपत दुबे से मालूम पड़ा कि *जस्टिस सिन्हा* (जो याचिका सुन रहे हैं) पर प्रभाव डालने के लिए उनके मित्र जस्टिस के.एन. सिंह का प्रयोग किया जाता है। तब मुझे स्मरण हुआ कि एक दिन मेरे घर से जगपत दुबे ने उनसे फोन पर इस मुकदमे के बारे में काफी बात की थी।

कार्यालय से जब उठने लगा तो उमा आ गयी। वह *पन्नालाल कत्थक* के परिवार के लिए चिन्तित है। प्रधानमन्त्री के नाम उसने एक प्रार्थना-पत्र तैयार किया, उस परिवार की आर्थिक सहायता के लिए। उसे मैं घर तक छोड़ने गया। उसके कहने पर उसके स्कूल के भवन का जो निर्माण कार्य चल रहा है, उसे भी देखने गया।

25 फरवरी, 1975

आज सुबह मालूम पड़ा कि प्रधानमन्त्री का बयान कमीशन पर दिल्ली में ही हो, कुछ ऐसी राय बन रही है। इसके लिए कोर्ट में एक प्रार्थना-पत्र दिया जायेगा। इसमें एक ख़तरा है। कमिश्नर के सामने हर सवाल पूछा जा सकता है। कोर्ट अप्रासंगिक प्रश्नों को पूछने से रोक सकता है। पर यह तय हुआ है कि प्रार्थना-पत्र में कहा जाये कि कमिश्नर को इस प्रकार के प्रश्नों को मना करने का अधिकार होना चाहिए। मुझे आश्चर्य होगा यदि प्रधानमन्त्री का यह प्रार्थना-पत्र स्वीकार हो जाये।

आज शिक्षामन्त्री (*प्रो. नूरुल हसन*) ने एक प्रश्न का उत्तर प्रधानमन्त्री के अवलोकनार्थ भेजा। 'साइंस टेलेंट' की छात्रवृत्ति केवल देश के ही किसी विद्यालय में पढ़ने पर मिल सकती थी। कई विद्यार्थियों ने यह विनती की कि यदि वे विदेश के किसी विद्यालय या संस्था में प्रवेश पा जायें तो छात्रवृत्ति से उन्हें वंचित न किया जाये। उनकी यह माँग अस्वीकार कर दी गयी। शिक्षामन्त्री के पुत्र व पुत्री यह छात्रवृत्ति पा रहे थे। 1971 में शिक्षामन्त्री बनने से पहले प्रो. नूरुल हसन ने अपनी पुत्री की ओर से ऐसा ही निवेदन किया जो अस्वीकार कर दिया गया। पर उनके

शिक्षामन्त्री बनने के बाद नियम में परिवर्तन किया गया, जिससे उनके पुत्र और पुत्री को लाभ हुआ। औरों को भी लाभ हुआ। स्पष्ट है, इस पोल को खोलने के लिए ही यह प्रश्न राज्यसभा में पूछा गया है। नियम में परिवर्तन तर्कसंगत है, पर जिस प्रकार यह किया गया वह शिक्षामन्त्री और सरकार के लिए शोभनीय नहीं है। पर प्रधानमन्त्री ने कोई प्रतिक्रिया नहीं प्रकट की।

प्रधानमन्त्री से सुबह भेंट की थी। आजकल वे राजनैतिक कार्यों में बहुत व्यस्त हैं। कल कश्मीर पर वक्तव्य करने के बाद लोकसभा और राज्यसभा में प्रश्नों के जो उत्तर उन्होंने दिये थे उस पर थोड़ी बात हुई। फिर प्रो. धर आ गये। अन्य बातें होने लगीं। कश्मीर समझौते पर देश की प्रतिक्रिया अच्छी हुई है। प्रधानमन्त्री को इस पर सन्तोष है। शेषन के अनुसार वे पहले इस पर कुछ चिन्तित थीं। उन्हें यह स्पष्ट नहीं हो रहा था कि देश में क्या प्रतिक्रिया होगी।

प्रो. धर साउथ ब्लॉक जाने से पहले मेरे पास आये। हम लोग संसद भवन के बाहर धूप में टहलते हुए काफी देर तक जामा मस्जिद और कश्मीर पर बात करते रहे। कश्मीर समझौते पर उन्हें प्रसन्नता और सन्तोष होना स्वाभाविक है। इसमें उनका बहुत बड़ा योगदान रहा है।

दोपहर को राजस्थान के मुख्यमन्त्री (हरिदेव जोशी) मिलने आ गये। सुबह उनका सन्देश मिल चुका था कि दिन में वे किसी समय मुझसे मिलेंगे। राजस्थान में नशाबन्दी के प्रश्न को लेकर *गोकुल भाई* अरसे से आन्दोलन की धमकी देते रहे हैं। एक बार उन्होंने अनशन भी किया था, जो प्रधानमन्त्री के आग्रह से छोड़ा। बाद में एक अनौपचारिक समिति *राज बहादुर* की अध्यक्षता में बनायी गयी। इस समिति में सर्वोदय का प्रतिनिधित्व भी था। इस समिति की रिपोर्ट बड़ी व्यावहारिक है। राजस्थान सरकार ने इसकी सिफारिशों को मान लिया है। पर अब श्रीमन्नारायण आन्दोलन चलाने की बात कर रहे हैं। प्रधानमन्त्री से कई बार मिले हैं और आजकल बराबर उनको पत्र लिख रहे हैं। मुख्यमन्त्री भी उनसे जयपुर में मिले थे। जो बात हुई वही बताने मुझे आये थे।

बड़े लोगों की छोटी बातें अब मैं इतनी देखता रहता हूँ कि मुझे इन पर कोई आश्चर्य नहीं होता। जैसा मैंने ऊपर लिखा, *राज बहादुर* समिति की सिफारिश व्यावहारिक है। उन पर कार्य करने से नशाबन्दी की नीति में प्रगति होगी। पर राजस्थान सरकार की अपनी कठिनाइयाँ हैं, अधिक दबाव डालने से वे कठिनाइयाँ बढ़ेंगी। सर्वोदय के जो प्रतिनिधि समिति में थे, वे पूरी तरह सहमत थे उसकी रिपोर्ट से। अब मुकर रहे हैं और *विनोबा जी* का नाम लेकर *श्रीमन्नारायण* उनको आन्दोलन के लिए प्रोत्साहित कर रहे हैं। प्रधानमन्त्री भी श्रीमन से साफ बात नहीं करतीं। श्रीमन को नाराज नहीं करना चाहतीं क्योंकि वे उनका प्रयोग सर्वोदय में फूट डालने के लिए कर रही हैं। सर्वोदय के कुछ कार्यकर्ता *जे.पी.* के विरुद्ध हो गये हैं। कुछ

पहले तक वे गुजरात के राज्यपाल थे। जब कार्यकाल समाप्त होने को हुआ तो प्रधानमन्त्री की काफी खुशामद की कि उन्हें एक टर्म नहीं तो कम-से-कम दो वर्ष तक राज्यपाल और रहने दिया जाये। प्रधानमन्त्री नहीं मानीं। उनसे श्रीमन कुछ दिन रुष्ट रहे। अब सर्वोदय में लग गये हैं।

आजकल बंग्लादेश से एक प्रतिनिधि मंडल फराका के बारे में बात करने भारत आया हुआ है। वी. रामचंद्रन उससे सम्बन्धित हैं। जब मिलते हैं तो उसकी प्रगति की जानकारी देते रहते हैं। आज उन्होंने कहा कि वार्ता बिल्कुल असफल रही। वास्तव में इस प्रश्न पर समझौता पिछले वर्ष, जब शेख मुजीब भारत आये थे तभी, हो जाना चाहिए था। अब कठिनाइयाँ बढ़ती जायेंगी।

26 फरवरी, 1975

आज प्रधानमन्त्री ने राज्यसभा में राष्ट्रपति के अभिभाषण पर हुए वाद-विवाद का उत्तर दिया। वे लगभग पचास मिनट बोलीं। हर साल की अपेक्षा सदन में सदस्यों की उपस्थिति हल्की थी। प्रधानमन्त्री का भाषण केवल शब्दजाल था। अंदर से खोखला। न जाने कितनी ग़लत बातें कही गयीं। कोई ठोस कदम उठाने की ओर तनिक भी संकेत नहीं। हाँ, यह अवश्य कहा कि विपक्षी नेताओं से बातचीत की जायेगी। हर बात इससे टल गयी। भ्रष्टाचार पर प्रधानमन्त्री ने जो कुछ कहा, वह सरासर सारहीन था। आज ही एक प्रश्न के उत्तर में कहा गया है कि मारुति में जो इंजिन लगा है वह विदेश से नहीं आया है। कितनी झूठ बात है। इतना बड़ा भ्रष्टाचार प्रधानमन्त्री की जानकारी में उनके पुत्र के स्वार्थ के लिए हुआ है। सबके मुँह बन्द कर दिये गये और प्रधानमन्त्री नाटकीय ढंग से सदन में कह रही थीं कि वे भ्रष्टाचार हटाना चाहती हैं। कौन विश्वास करेगा? भाषण का अन्त लफ्फाजी से हुआ जिसमें प्रधानमन्त्री काफी माहिर हैं।

इस भाषण की तैयारी प्रधानमन्त्री दो दिन से कर रही थीं। सार और तथ्य को छोड़ दें तो भाषण अच्छे ढंग से दिया गया। बहुत ही शांत स्वर में। किसी प्रकार का गुस्सा नहीं, जैसा कि अक्सर हो जाता है।

आज काफी समय बाद *ज्ञान सिंह कहलों* मिले। लगभग दो वर्ष हुए पुनर्वास मन्त्रालय के सचिव पद से उन्होंने अवकाश ग्रहण किया। दिल्ली जब आते हैं तो मुझसे मिलते हैं। इधर कई महीनों से वे प्रयत्नशील हैं कि उन्हें कोई पद मिल जाये। इसीलिए वे आज मिलने आये थे। कहने लगे मेरे कई साथियों को पद मिले हैं या नौकरी में एक्सटेंशन मिला है। फिर मेरा क्यों नहीं कुछ प्रयोग किया जा सकता। वरिष्ठ अधिकारियों में आजकल यह बीमारी काफी फैली हुई है। अवकाश प्राप्त करके कोई घर नहीं बैठना चाहता, किसी-न-किसी नौकरी के चक्कर में सब रहते हैं।

27 फरवरी, 1975

आज राज्यसभा में प्रश्नकाल के समय नगालैंड के एक प्रश्न पर प्रधानमन्त्री को हस्तक्षेप करना पड़ा। इस सन्दर्भ में प्रधानमन्त्री का संक्षिप्त वक्तव्य बहुत प्रभावी रहा।

दोपहर में आज प्रधानमन्त्री ने लोकसभा में राष्ट्रपति के अभिभाषण पर हुई बहस का उत्तर दिया। प्रधानमन्त्री का भाषण राज्यसभा के भाषण की अपेक्षा अधिक प्रभावशाली रहा। पर तथ्य की बात इसमें भी नहीं थी। केवल शब्दजाल के आधार पर भाषण की रूपरेखा खड़ी की गयी थी। प्रभावशाली होने का मुख्य कारण था कि प्रधानमन्त्री की टोन मैत्रीपूर्ण थी, विपक्षी नेताओं से परामर्श करने का ठोस सुझाव था। इधर जो सरकार और प्रतिपक्ष में भिड़ंत (कन्फ्रंटेशन) का वातावरण बन गया है, उसे दूर करने में यह भाषण विशेष सहायक होगा। प्रधानमन्त्री को एकाध दिन में मैं सुझाव दूँगा कि इस भाषण से यदि उपयुक्त वातावरण बने तो अगला कदम उठाना लाभदायक होगा।

प्रधानमन्त्री जब भाषण दे रही थीं और भ्रष्टाचार का प्रसंग उठा तो जनेश्वर मिश्र ने मारुति का प्रश्न उठाया। प्रधानमन्त्री ने बड़े सहज ढंग से कहा कि मारुति में कोई ग़लत काम नहीं हुआ है, किसी के साथ पक्षपात नहीं हुआ है, न किसी प्रकार का भ्रष्टाचार। यह एक ऐसा विषय है जिसमें आजकल लोग प्रधानमन्त्री पर विश्वास कम करते हैं। मारुति में बहुत कुछ हुआ है, जगह-जगह आजकल इसकी चर्चा है।

आज सन्ध्या को असम के मुख्यमन्त्री प्रधानमन्त्री से मिले। मुझे भी प्रधानमन्त्री ने उस समय बुला लिया। असम में बोडो जनजाति में आजकल काफी असंतोष है और भाषा के प्रश्न को लेकर कछार में। कुछ देर बातचीत होने के बाद यह निश्चय हुआ कि मैं कल मुख्यमन्त्री से मिलकर विस्तार से बात कर लूँ। प्रधानमन्त्री और उनकी चर्चा बाद में हो। असम के मुख्यमन्त्री *शरत सिन्हा* बहुत ही सज्जन और ईमानदार व्यक्ति हैं, पर दक्षता और कार्यकुशलता की उनमें कमी है। इसी कारण वे प्रभावशाली नहीं हो पाते हैं। उनकी कठिनाइयाँ काफी हैं, पर यदि वे अधिक प्रभावशाली ढंग से काम कर सकें तो कठिनाइयाँ कम हो सकती हैं।

आज सुबह लंदन से *श्रीराम पुरवार* आये और असम मेल से इलाहाबाद चले गये। अब वे लगभग बीस वर्ष से वहीं रहते हैं और वहीं के नागरिक हो गये हैं। 1942 के आन्दोलन में जेल में रहे थे। पिछले साल एक बार और अब दूसरी बार भारत आये हैं। पहले बीस साल नहीं आये। पिछली बार पूरा परिवार साथ लाये थे। घर का स्नेह लगता है फिर एकदम से उमड़ा है।

कल एक बात लिखने से रह गयी। संविधान की रजत जयन्ती के उपलक्ष्य

में एक समारोह में प्रधानमन्त्री का भाषण था। उसके लिए *शारदा* और मैंने सामग्री दी थी। प्रधानमन्त्री के भाषण में इस बात पर बल दिया गया था कि हमारा संविधान शांतिपूर्ण, लोकतांत्रिक, सामाजिक क्रांति का चार्टर है। जब वे कल इस सम्बन्ध में अपने काग़ज़-पत्तर देख रही थीं तो मैं भी उनके पास बैठा हुआ था। वे कहने लगीं कि संविधान-निर्माता बड़े योग्य व्यक्ति थे। बहुत सोच-विचार, परामर्श से संविधान बना था, इसमें किसी मूलभूत परिवर्तन की आवश्यकता नहीं है। फिर इस सन्दर्भ में जे.पी. की निन्दा करने लगीं।

28 फरवरी, 1975

आज सुबह घर से जल्दी निकलना पड़ा। *शरत सिन्हा* से मिलना था। करीब घंटा भर उनके पास रहा। विस्तार से उन्होंने अपनी कठिनाइयों और नीतियों की व्याख्या की। जैसा मैंने कल लिखा था, उनकी कठिनाइयाँ काफी हैं, पर उनका यह दृढ़ विश्वास है कि जो उन्होंने नीति अपनायी है, उसमें किसी परिवर्तन की आवश्यकता नहीं है। उनकी दृष्टि में बोडो जनजाति और कछार दोनों की समस्याएँ केवल राजनीतिक हैं। काफी हद तक यह ठीक है, पर इन समस्याओं के अन्य पहलू भी हैं, जिनको सिन्हा कोई महत्व नहीं देते। कछार के विद्यार्थियों की अपनी कठिनाइयाँ हैं, जो वास्तविक हैं। बोडो जनजाति की भूमि सम्बन्धी व आर्थिक समस्याएँ हैं। इनको सुलझाने के लिए असम सरकार ने कुछ नहीं किया है। जब मैंने यह प्रश्न उठाया तो *शरत सिन्हा* ने कहा कि वे एक नोट असम पहुँच कर मुझे भेज देंगे। उसी के बाद प्रधानमन्त्री से बात करना उचित होगा। वैसे सिन्हा आज प्रधानमन्त्री से फिर मिले और उनसे यही कहा कि उन्होंने जो नीति अपनायी है, वही ठीक है।

दोपहर को *विक्रम महाजन* मेरे पास आये। वे दो-तीन दिनों से मुझसे बात करने के लिए समय चाह रहे थे, पर दोनों की व्यस्तता के कारण भेंट न हो सकी। उन्होंने मुझे बताया कि जयप्रकाश को लेकर कांग्रेस पार्टी में अंदर-ही-अंदर मतभेद बढ़ रहा है। कम्युनिस्ट इसका लाभ उठा रहे हैं, जो कांग्रेस के हित में नहीं है। कांग्रेस के बहुत से सदस्य हैं, जिनका विचार है कि जयप्रकाश के आन्दोलन की मूलभूत बातें ठीक हैं और सरकार की उनके प्रति उदासीनता ठीक नहीं है। *चंद्रशेखर, कृष्णकांत, मोहन धारिया* जो कह रहे हैं कि प्रधानमन्त्री को *जयप्रकाश* से बातचीत करनी चाहिए, उससे बहुत से कांग्रेसजनों की सहमति है। कांग्रेस में अंदर-ही-अंदर कम्युनिस्टों के विरुद्ध रोष बढ़ता जा रहा है। विक्रम ने कहा कि कम्युनिस्ट जानबूझ कर दो बातों का प्रचार कर रहे हैं। एक यह कि *जयप्रकाश* के आन्दोलन से कांग्रेस और देश को ख़तरा है और दूसरी यह कि कांग्रेस के कुछ वरिष्ठ नेता—*जगजीवन राम* व *चव्हाण* प्रधानमन्त्री के विरुद्ध अंदर-ही-अंदर काम कर रहे हैं। विक्रम मेरी राय जानना चाहते थे कि उन्हें क्या करना चाहिए। प्रधानमन्त्री से सच बात कहने

में वे और उनके साथी बहुत डरते हैं। मैंने उन्हें यही सलाह दी कि दो-तीन लोग जाकर प्रधानमन्त्री से शांत स्वभाव से बात करें। *विक्रम* और उनके साथियों में यह साहस न है, न होगा।

1 मार्च, 1975

आज प्रधानमन्त्री ने ग्यारह बजे दिल्ली के शिक्षकों के वेतनमान के सम्बन्ध में एक मीटिंग की। वित्त और शिक्षा मन्त्रालय में इस विषय पर मतभेद हैं। कई महीनों से विषय प्रधानमन्त्री के विचारार्थ पड़ा हुआ था। वे कुछ निश्चय नहीं कर पा रही थीं। वित्तमन्त्री का कहना है कि वेतन आयोग की सिफारिशों से अधिक देने में बहुत कठिनाइयाँ खड़ी होंगी। शिक्षामन्त्री इन सब प्रश्नों के राजनीतिक पहलू पर अनुचित बल देते हैं। उनका कहना है कि यदि दिल्ली के शिक्षकों की बात नहीं मानी गयी तो वे कांग्रेस का साथ नहीं देंगे। प्रधानमन्त्री की धारणा यही है पर राजनीतिक पहलू से वे भी कुछ करना चाहती हैं। मीटिंग में प्रधानमन्त्री ने दोनों पक्षों की बात कही। अन्त में यह तय हुआ कि दो श्रेणी में शिक्षकों के वेतनमान में कुछ सुधार कर दिया जाये यदि यह पक्का पता लग सके कि इसके बाद शिक्षक आन्दोलन नहीं करेंगे। शिक्षकों से कौन बात करे, यह प्रधानमन्त्री ने कहा कि वह सोच कर बतायेंगी। संसद सदस्य *भगत* का नाम सुझाया गया। पर प्रधानमन्त्री ने इस नाम का उस समय अनुमोदन नहीं किया। बाद में घर पहुँच कर *धवन* से परामर्श किया और *भगत* को यह काम सौंपने का निश्चय किया। मुझे *धवन* से ही इस बात का पता लगा। प्रधानमन्त्री चाहती थीं कि मैं *भगत* को पूरी तरह ब्रीफ़ कर दूँ। यही कहने के लिए *धवन* ने मुझे फोन किया।

दोपहर के बाद मैं संसद भवन में ही रहा। *श्री कृष्णचंद्र पांडेय* बस्ती जिले के संसद-सदस्य हैं, वे मिलने आये। अक्सर मुझसे मिलते रहते हैं। जिला स्तर पर *केशव देव मालवीय* से उनकी स्पर्धा रहती है। दोनों के अलग-अलग गुट हैं। पांडेय नवयुवक हैं, पर उग्रपंथी तनिक भी नहीं। वास्तव में वे कम्युनिस्टों के बहुत खिलाफ़ है। मुझसे कह रहे थे कि कांग्रेस में अंदर-ही-अंदर इस बात पर रोष बढ़ रहा है कि कम्युनिस्ट कांग्रेस में विघटन करना चाहते हैं और कांग्रेस नेता बिल्कुल भी इस सम्बन्ध में चिन्तित नहीं हैं। पर प्रधानमन्त्री से वे या उनके अन्य साथी यह सब कहने में डरते हैं। पता नहीं उनकी क्या प्रतिक्रिया हो।

इधर कई संसद सदस्यों से जो बात हुई, उससे पता लगा कि सेंट्रल हाल के वातावरण में तनाव कम हुआ है। प्रधानमन्त्री के लोकसभा भाषण का अच्छा प्रभाव पड़ा है। इसी के आधार पर मैंने आज प्रधानमन्त्री को एक नोट भेजा है कि इससे लाभ उठाकर विपक्ष से सम्पर्क बढ़ाने की दिशा में कुछ ठोस कदम उठाने चाहिए।

2 मार्च, 1975

आज रविवार को छुट्टी थी। दिनभर संसद भवन में ही अपने कार्यालय में काम करता रहा। छुट्टी के दिन काफी काम हो जाता है। आज भी हुआ, पर दोपहर के बाद का समय केवल एक प्रसंग में ही व्यतीत होने के कारण उतना काम नहीं निकाल सका जितना विचार था।

दोपहर में मैं कार्यालय में ही थोड़ा-सा भोजन करके लगभग बीस मिनट सोने का प्रयत्न करता हूँ। पूरी तरह सो तो नहीं पाता, पर इतनी देर आँखें बन्द करके लेटने (साउथ ब्लाक में) या बैठे रहने में ही (संसद भवन में) कुछ आराम मिल जाता है। आज दो बजे जब सोने की तैयारी कर रहा था तो प्रधानमन्त्री के निवास स्थान से *गुप्ता* (प्र. मं. का एक निजी सचिव, जो ड्यूटी पर था) का फोन आया कि प्रधानमन्त्री ने राष्ट्रपति से बात कर ली है और धारिया को जो पत्र लिखा है, उसको समाचारपत्रों को प्रसारित कर दिया है। अब राष्ट्रपति को *धारिया* को मंत्रिमंडल से अलग करने के लिए औपचारिक पत्र जाना है। उसका प्रारूप प्रधानमन्त्री चाहती हैं। मुझे इसके बारे में कुछ भी पता नहीं था। मैंने कहा कि प्रारूप मैं भेज दूँगा, पर जो पत्र *मोहन धारिया* को भेजा गया है, उसकी एक प्रति मुझे भेज दी जाये। कुछ ही देर में वह प्रति मेरे पास आ गयी।

पत्र देखते ही मुझे लगा कि प्रधानमन्त्री को ठीक परामर्श नहीं दिया गया। पहली बात तो यह कि पत्र लिखने की कोई आवश्यकता नहीं थी, दूसरे उसमें यह लिखना सरासर ग़लत था कि मैं राष्ट्रपति को सूचित कर रही हूँ, और तीसरे यदि पत्र भेज भी दिया था तो उसे समाचार पत्रों को नहीं देना था। इससे उलझनें पैदा हो सकती हैं। राजनीतिक स्तर पर भी मोहन धारिया को बहुत कुछ कहने का अवसर मिल गया, जो बचाया जा सकता था। प्रधानमन्त्री को चाहिए था कि धारिया को सन्देश (जहाँ तक हो सकता मौखिक) भेजतीं कि वह मंत्रिमंडल से त्यागपत्र भेज दें।

मोहन धारिया बहुत ही साधारण-से राजनीतिज्ञ हैं। 1971 में मंत्रिमंडल में लिये गये थे। पहले योजना में राज्यमन्त्री थे। पिछले अक्तूबर से निर्माण और आवास में राज्यमन्त्री हैं। किसी भी क्षेत्र में उन्होंने कोई उल्लेखनीय कार्य नहीं किया। साल भर से ऊपर हुआ, उन्होंने एक वक्तव्य दिया था कि यदि अगले तीन-चार महीनों में दामों में कमी नहीं हुई तो वे मंत्रिमंडल से त्यागपत्र दे देंगे। इसके बाद दाम बराबर बढ़ते रहे, पर धारिया अपने वक्तव्य को भूल गये। पिछले अक्तूबर में मंत्रिमंडल के पुनर्गठन के समय मेरा तो सुझाव था कि उनको अलग कर दिया जाये पर यह बात मानी नहीं गयी। इधर वे अरसे से समय-समय पर प्रधानमन्त्री को आजकल की समस्याओं के सम्बन्ध में नोट भेजते रहते हैं, पर प्रधानमन्त्री उनको सीरियसली नहीं लेतीं। जे.पी. के आन्दोलन की कई बातों से धारिया की सहमति है। यह वे

प्रधानमन्त्री को भी लिख चुके हैं और अपने वक्तव्यों में भी कहते रहते हैं। आज सुबह ही मैंने समाचारपत्रों में पढ़ा कि कल उन्होंने अहमदाबाद में अपने एक भाषण में ऐसी बात कही। इस पृष्ठभूमि में प्रधानमन्त्री का मोहन धारिया को यह लिखना कि उन्होंने अपने विचार उन्हें पहले क्यों नहीं बताये ग़लत है और अवश्य ही धारिया इसका लाभ उठायेंगे।

ख़ैर, मैंने एक प्रारूप तैयार किया और गुप्ता को फोन पर ही डिक्टेट कर दिया। पर साथ ही यह भी कह दिया कि वे प्रधानमन्त्री से यह कह दें कि यह पत्र तभी भेजा जाना चाहिए जब मोहन धारिया त्यागपत्र देने से मना कर दें। उस समय प्रधानमन्त्री आराम कर रही थीं।

थोड़ी देर बाद मुझे फोन मिला कि प्रधानमन्त्री ने मेरे प्रारूप में कुछ परिवर्तन किये हैं। मैं उनमें से कई से सहमत नहीं था। मोहन धारिया से त्यागपत्र माँगने की बात पर भी प्रधानमन्त्री का निर्णय मुझे पता नहीं चला। इस पर मैंने निश्चय किया कि प्रधानमन्त्री से मिलकर बात करना ही ठीक होगा। वैसे मैं छुट्टी के दिन जहाँ तक होता है प्रधानमन्त्री को कष्ट नहीं देना चाहता। प्रधानमन्त्री के घर जब तक पहुँचा तो मोहन धारिया का त्यागपत्र (राष्ट्रपति के नाम) भी प्राप्त हो गया था। मैंने प्रधानमन्त्री को पूरी संवैधानिक स्थिति स्पष्ट की। यह भी कहा कि यदि मोहन धारिया को इस प्रकार का पत्र नहीं जाता तो ठीक रहता। उस पत्र के अन्तिम वाक्य के बारे में विशेष रूप से चर्चा की। जब हम दोनों बात कर रहे थे तो धवन भी वहाँ आ गये। सब जगह यह चर्चा है कि वे प्रधानमन्त्री के विशेष परामर्शदाता बने हुए हैं। बात ग़लत नहीं है। उनका सुझाव था कि मोहन धारिया को 'डिसमिस' करना ही ठीक होगा। मुझे कहना पड़ा कि यह सरासर ग़लत होगा। अन्त में प्रधानमन्त्री ने मेरी बात ही स्वीकार की। फिर भी जो नुकसान होना था, वह प्रधानमन्त्री के पत्र से हो चुका था। उनके घर से मैं विधिमन्त्री के पास आया। उनको पूरी बात बतायी। उन्होंने कहा कि संवैधानिक और औपचारिक दोनों ही दृष्टिकोणों से मैंने प्रधानमन्त्री को बिल्कुल उपयुक्त राय दी।

एक बात लिखना रह गया। संसद भवन से प्रधानमन्त्री से मिलने मैं इसलिए गया था कि उन्हें यह स्थिति स्पष्ट कर दूँ कि बिना त्यागपत्र माँगे धारिया को 'डिसमिस' करना उपयुक्त नहीं होगा। पर जब तक प्रधानमन्त्री निवास पर पहुँचा तो धारिया का त्यागपत्र आ चुका था। वह त्यागपत्र धारिया ने सीधे राष्ट्रपति के पास भेजा था। मैंने प्रधानमन्त्री से कहा कि धारिया को यह नहीं करना चाहिए था, त्यागपत्र आपके पास भेजना चाहिए था। अब राष्ट्रपति को चाहिए कि या तो वे इसे धारिया को संवैधानिक स्थिति बताते हुए वापस कर दें और कहें कि त्यागपत्र प्रधानमन्त्री के माध्यम से आना चाहिए या राष्ट्रपति त्यागपत्र प्रधानमन्त्री के पास भेजें और उनकी संस्तुति माँगें। प्रधानमन्त्री ने राष्ट्रपति से फोन पर बात की। पता

नहीं राष्ट्रपति ने इन दोनों में से कोई भी बात क्यों नहीं मानी। फिर यह तय हुआ कि रात्रि में प्रधानमन्त्री राष्ट्रपति के यहाँ भोज पर जाने वाली थीं, थोड़ा जल्दी आ जायें, तब आगे बात होगी। मैंने प्रधानमन्त्री से कहा कि यह ध्यान रखना आवश्यक होगा कि राष्ट्रपति के आदेश में यह बात अवश्य कही जाये कि त्यागपत्र प्रधानमन्त्री के परामर्श पर स्वीकार किया गया है।

रात में जब वर्धन के यहाँ खाना खा रहा था तो राष्ट्रपति भवन से प्रधानमन्त्री का फोन आया कि राष्ट्रपति ने उनके परामर्श पर धारिया का त्यागपत्र स्वीकार कर लिया है।

3 मार्च, 1975

आज कार्यालय पहुँचने पर मालूम पड़ा कि विपक्षी नेता हमारे सचिवालय से प्रसारित एक सरकुलर को लेकर प्रधानमन्त्री के विरुद्ध विशेषाधिकार का प्रश्न उठायेंगे। इस प्रश्न पर स्थिति पूरी तरह स्पष्ट करने पर भी विपक्षी नेता इस बात को ग़लत तरीके से उठाते रहे, यह बड़ी अनुचित बात है। सब काग़ज-पत्तर लेकर मैं प्रधानमन्त्री के पास गया। उन्हें राय दी कि जब यह प्रसंग लोकसभा में उठे तो वे एक छोटा-सा वक्तव्य दे दें। वे इससे सहमत भी थीं पर लिखित वक्तव्य नहीं चाहती थीं। उन्होंने काग़ज-पत्तर देखकर स्वयं एक छोटा-सा नोट बना लिया, जिसमें सब प्वाइंट्स लिख लिये।

बाद में प्रधानमन्त्री ने त्रिपुरा के बारे में बातचीत की। त्रिपुरा की राजनीतिक स्थिति ठीक नहीं है। मुख्यमन्त्री न कुछ सुनते हैं, न कुछ करते हैं। आदिवासियों की समस्याओं को लेकर उस राज्य में काफी असंतोष बढ़ रहा है। प्रधानमन्त्री स्वयं मुख्यमन्त्री से कितनी बार बात कर चुकी हैं कि इन समस्याओं को हल करने के लिए कुछ कार्रवाई आवश्यक है। पर मुख्यमन्त्री कुछ करना ही नहीं चाहते।

चर्चा के दौरान गुरूद्वारा प्रबन्धक कमेटी को लेकर सिक्खों में जो असंतोष हो रहा है, की भी बात उठी। गृह मन्त्रालय दोनों प्रश्नों की जाँच कर रहा है। प्रधानमन्त्री की धारणा कि गृह मन्त्रालय धीमी गति से काम करता है, ठीक ही है। मैंने अपने पिछले सुझाव को दोहराया कि ये दोनों मामले विस्फोटक हो सकते हैं। प्रधानमन्त्री गृहमन्त्री व अपने अन्य सहयोगियों से विचार-विमर्श कर लें तो निर्णय शीघ्र लिये जा सकेंगे। प्रधानमन्त्री ने मुझसे कहा कि गृहमन्त्री से बात करके मैं मीटिंग का आयोजन करवा दूँ।

लोकसभा में दो सप्ताह से काम बिल्कुल सहजता से चल रहा था। आज 'जीरो आवर' में विपक्षियों ने लगभग चालीस मिनट काम नहीं होने दिया। एक सरकुलर (इसकी चर्चा ऊपर की गई है) को लेकर शोर मचाने लगे। प्रधानमन्त्री के वक्तव्य से भी संतोष नहीं हुआ। मोहन धारिया के प्रश्न को भी उठाया। पर उस पर अधिक

चर्चा नहीं हुई, क्योंकि स्वयं मोहन धारिया ने सदन में यह घोषित किया कि वे बुद्धवार 5 तारीख को एक वक्तव्य करेंगे। हाँ, कुछ संवैधानिक प्रश्न उठाये गये। सदन से बाहर आने पर प्रधानमन्त्री ने मुझसे कहा कि धारिया के त्यागपत्र के संवैधानिक पहलू पर मैं विधिमन्त्री से परामर्श कर लूँ। वास्तव में परामर्श करने के लिए कुछ है ही नहीं। पर प्रधानमन्त्री का आदेश है विधिमन्त्री से मिलना होगा।

लोकसभा में आज कश्मीर समझौते पर वाद-विवाद आरम्भ हुआ। पूर्व निश्चिय के अनुसार यह वाद-विवाद आज ही समाप्त होना था, पर अब कल भी कुछ सदस्य बोलेंगे और प्रधानमन्त्री का उत्तर होगा। वाद-विवाद में कोई विशेषता नहीं थी। जनसंघ को छोड़कर सभी अन्य दलों ने समझौते का समर्थन किया और सराहना भी। जनसंघ की ओर से अटल बिहारी वाजपेयी बोले। सदा की भाँति अपने दृष्टिकोण को बड़ी स्पष्टता के साथ व्यक्त किया। पर उसका विशेष प्रभाव नहीं पड़ा। इस प्रश्न पर देश भर में जनसंघ अलग-सा पड़ गया है।

रात्रि में घर आते समय विधिमन्त्री के निवास पर कुछ देर के लिए रुका। मोहन धारिया के प्रसंग में बात अधिक नहीं करनी थी। हम दोनों ने यह निश्चय किया कि प्रधानमन्त्री को सलाह दें कि धारिया के वक्तव्य पर वे कोई वक्तव्य न दें, आवश्यक भी नहीं है। कल धारिया के वक्तव्य का सारांश या प्रारूप मिलेगा, उसको देखने के बाद ही प्रधानमन्त्री से बात करूँगा। हम लोगों को यह अवश्य लगा कि धारिया अपने वक्तव्य में बहुत कुछ कहेंगे।

आज दोपहर में *कृष्णास्वामी राव साहब*[1] मिले। वे आंध्र प्रदेश के मुख्यमन्त्री के सचिव हैं। आजकल दिल्ली आये हुए हैं। उनसे मैंने आंध्र प्रदेश का उप-मुख्यमन्त्री पद भरने के सम्बन्ध में बात की। कुछ समय पहले प्रधानमन्त्री ने मुझसे कहा था कि मैं मुख्यमन्त्री से बात कर लूँ। तब से मुख्यमन्त्री दिल्ली आये ही नहीं। आजकल आंध्र प्रदेश में कोई उप-मुख्यमन्त्री नहीं है। इससे कुछ तनाव हो रहा है। जब मुख्यमन्त्री ने इस पद को न भरने का निर्णय लिया था, तब मैंने उनसे बात की थी। उनका कहना था कि प्रधानमन्त्री व कांग्रेस अध्यक्ष उनके सुझाव से सहमत हैं। प्रधानमन्त्री अब कहती हैं कि उनकी सहमति केवल इससे थी कि यह पद फिलहाल न भरा जाये, यह ग़लत होगा कि हमेशा के लिए इसे खाली रखा जाये। मेरा विचार है कि इस पद को अधिक खाली रखने से कठिनाइयाँ बढ़ेंगी। मैंने राव साहब से कहा है कि वे मुख्यमन्त्री से बात करें।

कलकत्ते के एक सज्जन *शमशुज्जमा* आज मुझसे मिले। पहले शायद *उस्ताद* अमीर खाँ ने उनको मुझसे मिलवाया था। वे खाँ साहब की स्मृति में कुछ करना चाहते हैं। मेरी सहायता माँगने आये थे। मैंने उनको सुझाव दिया है कि पहले वे एक रूपरेखा बनायें कि वे करना क्या चाहते हैं।

---

1. बाद में प्रधानमन्त्री के प्रमुख सचिव और मंत्रिमंडल सचिव बने।

4 मार्च, 1975

आज *रघुरमैया* के कहने पर कुछ संसद-सदस्यों की एक बैठक में भाग लिया। *रघुरमैया* ने आठ-दस सदस्यों को प्रधानमन्त्री के विरुद्ध विशेषाधिकार के प्रश्न की वास्तविक स्थिति से परिचित कराने के लिए साढ़े दस बजे अपने कमरे में बुलाया था। अच्छा हुआ कि मैं चला गया। कांग्रेस सदस्यों को स्वयं इस प्रश्न पर भ्रम है। पर जब मैंने स्थिति स्पष्ट की तो उन्हें मालूम पड़ा कि संसद में इस प्रश्न को उठाना केवल शरारत है और कुछ नहीं। बाद में लोकसभा में यह प्रश्न उठा। प्रधानमन्त्री को अधिक स्पष्टीकरण करने की आवश्यकता नहीं हुई। स्पीकर ने बात बढ़ाने की आज्ञा नहीं दी। सदन से लौटते समय प्रधानमन्त्री ने मुझसे कहा कि लोगों का भ्रम दूर करने के लिए समाचारपत्रों में सही बात प्रकाशित करा देनी चाहिए। मैंने शारदा को यह बात बता दी।

लगभग बारह बजे मोहन धारिया ने बहुत-सी सामग्री प्रधानमन्त्री के पास भेजी, जिसके आधार पर वे कल अपना वक्तव्य देंगे। प्रधानमन्त्री ने सरसरी निगाह दौड़ा कर सब कागज़ात मुझे दे दिये कि उनका अध्ययन करके मैं विधिमन्त्री से भी सलाह कर लूँ। इसमें प्रधानमन्त्री को पिछले कुछ महीनों में भेजे गये उनके पत्र भी थे। मैं समझ गया कि धारिया कोई लम्बा वक्तव्य करेंगे और कहेंगे कि प्रधानमन्त्री का यह कहना कि उन्होंने अपने विचारों से प्रधानमन्त्री को अवगत नहीं कराया था, ग़लत है। साथ ही वे सरकार की भर्त्सना भी करेंगे। मैं सब कागज़-पत्तर लेकर विधिमन्त्री के पास गया। हम दोनों का यही निश्चय रहा कि प्रधानमन्त्री को कोई वक्तव्य नहीं करना चाहिए। यही हम लोगों ने प्रधानमन्त्री से कहा। उनका पहले से ही यही विचार था।

कश्मीर वाद-विवाद पर प्रधानमन्त्री का उत्तर लोकसभा में हुआ। अधिक बात तो कहने को थी नहीं। पर तब भी उत्तर ऊँचे स्तर पर दिया गया था। इस प्रश्न पर प्रधानमन्त्री का आत्मविश्वास बढ़ गया है। कुछ दिन पहले वे चिन्तित थीं कि जन-प्रतिक्रिया क्या होगी?

सन्ध्या को *देवेन्द्र सेन* मिलने आये। कृषि मन्त्रालय में कुछ वर्ष पहले एक घोटाला हुआ था, ट्रैक्टर खरीदने के सम्बन्ध में। सी.बी.आई. ने उसकी जाँच की थी। जाँच पर अब निर्णय नहीं हो रहा है। इस बारे में वे कुछ जानकारी चाहते थे। बातचीत में उन्होंने यह भी बताया कि प्रधानमन्त्री आजकल *जगजीवन राम* के विरुद्ध सामग्री जमा कर रही हैं। कुछ दिन पहले *देवेन्द्र सेन* से इस सम्बन्ध में एक नोट माँगा था जो उन्हें दे दिया गया है। यह प्रधानमन्त्री के स्टाइल के बिल्कुल अनुकूल है। वे वरिष्ठ मन्त्रियों से डरती रहती हैं और उनके विरुद्ध अंदर-ही-अंदर कार्रवाई करती हैं। इस सामग्री का प्रयोग अवसर आने पर जगजीवन राम को डराने-धमकाने के लिए किया जायेगा।

लोकसभा में प्रश्नकाल में ही शोरगुल हुआ। पर इसका पूरा उत्तरदायित्व स्पीकर पर है। लोकसभा सचिवालय सदस्यों के प्रश्नों का संपादन करते समय कभी-कभी काफी परिवर्तन कर देता है, जिससे प्रश्न का स्वरूप ही नहीं, स्वर भी बदल जाता है। पिछले सत्र में मधु लिमये ने इस पर गहरी आपत्ति की थी। आज भी वही हुआ। स्पीकर यदि कड़ाई से काम लेना चाहते हैं तो अपने सचिवालय को भी उन्हें ठीक करना होगा।

आज लोकसभा में धारिया का वक्तव्य हुआ। वे तेरह पृष्ठ का एक लिखित वक्तव्य लाये थे, यद्यपि कल उन्होंने प्रधानमन्त्री को केवल वही कागज़ात भेजे थे जिनके आधार पर वे वक्तव्य करना चाहते थे। धारिया ने इस वक्तव्य में तीन मुख्य बातें कहीं :

पहली, संकटकाल में संसदीय प्रणाली के अन्तर्गत सरकार का यह कर्तव्य है कि विपक्षी नेताओं से बातचीत करके राष्ट्रीय निष्कर्ष निकाले और उसके अनुसार काम करे।

दूसरी, जब जनता में सरकार के नेताओं की निष्ठा और ईमानदारी के प्रति तरह-तरह की शंकाएँ उठ रही हों तो उनके प्रति उदासीनता दिखाना संसदीय प्रणाली के लिए घातक है। इसीलिए जनता का विश्वास सरकार से उठता जा रहा है।

तीसरी, कांग्रेस और कम्युनिस्ट पार्टी का गठबंधन कांग्रेस और देश के हित में नहीं है।

इन बातों का विस्तार से विश्लेषण करने में धारिया ने सरकार की घोर निन्दा और भर्त्सना की। बिल्कुल स्पष्ट रूप से कहा कि सरकार से भ्रष्टाचार को संरक्षण मिल रहा है। सरकार ने जनता से किये गये वादे न पूरे किये हैं, न करने के लिए कोई ठोस कदम उठाये हैं। सरकार के नेता (इशारा प्रधानमन्त्री की ओर था) राजनीतिक तिकड़म में लगे रहते हैं। एक और चोट प्रधानमन्त्री पर यह थी कि विपक्षी दलों की देशभक्ति पर सन्देह करना ग़लत है।

स्वाभाविक था कि विपक्षी दल वक्तव्य के कई स्थानों पर तालियाँ बजाकर उसका स्वागत करते। जैसे ही वक्तव्य समाप्त हुआ कम्युनिस्टों को छोड़कर सभी विपक्षी सदस्य खड़े होकर ताली बजाने लगे। तीन-चार कांग्रेस के सदस्यों ने भी वक्तव्य पर ताली बजायी। प्रधानमन्त्री सदन से मुस्कुराती हुई बाहर निकलीं।

वक्तव्य प्रभावशाली था। सब समाचारपत्रों में इसकी काफी चर्चा होगी।

दोपहर बाद विक्रम महाजन मेरे कमरे में आये। वे मुझे केवल यह बताना चाहते थे कि उन्होंने प्रधानमन्त्री से जे.पी. के आन्दोलन के बारे में बात करने का विचार छोड़ दिया है। उनके विचार से बात करने से कोई लाभ नहीं होगा। धारिया

के विरुद्ध जो कार्रवाई की गयी है, उससे कांग्रेस दल में और अधिक डर बैठ गया है। स्वयं विक्रम की राय में धारिया ने बहुत कुछ ठीक ही कहा है। इतना होते हुए भी वे जानना चाहते थे कि यदि प्रधानमन्त्री धारिया के खिलाफ़ कुछ और कार्रवाई करना चाहती हों तो वे संसद सदस्यों के छोटे-छोटे गुटों को प्रधानमन्त्री के पास इस सुझाव के साथ भेजें। यह है आज का राजनीतिक स्तर!

सन्ध्या को मिज़ोरम के उपराज्यपाल मिलने आये। मेरे पास आने से पहले वे प्रधानमन्त्री से मिले थे। उन्होंने कहा कि प्रधानमन्त्री से उनकी भेंट बहुत संक्षिप्त हुई। उनका मन उचटा-उचटा-सा था, बातों में उन्होंने कोई रुचि नहीं ली। अवश्य ही उनका मस्तिष्क किसी और चीज में उलझा हुआ था। चलते समय कहने लगीं कि टंडन को पूरी बात बता दीजियेगा। छिब्बर मुझसे लगभग आधा घंटा बात करते रहे। मिज़ोरम की स्थिति में कुछ सुधार हुआ है, पर मुख्यमन्त्री और कांग्रेस जितनी दृढ़ता से काम करना चाहते हैं, नहीं कर रहे हैं। इससे उनकी कठिनाइयाँ बढ़ती जा रही हैं।

उनके जाने के बाद *घनश्याम भाई ओझा* से भेंट हुई। वे पहले केंद्र में राज्यमन्त्री थे, फिर गुजरात के मुख्यमन्त्री होकर चले गये थे। बाद में चिमन भाई ने उन्हें हटा दिया था। मुझसे केवल वे यह कहना चाहते थे कि मैं ही उनके पास गया था विश्वनाथन को गुजरात का राज्यपाल बनाने के सम्बन्ध में बात करने के लिए। उन्होंने यह बात सहर्ष ही स्वीकार कर ली थी। वे मुझे या केन्द्र को दोष नहीं दे रहे थे, पर उनके अनुसार विश्वनाथन अपने कार्य में बिल्कुल भी सफल नहीं हुए हैं। उनमें सूझबूझ की कमी है। *सरीन* से नाहक ही लड़ते रहते हैं। परिणाम यह है कि प्रशासन का नुकसान हो रहा है।

6 मार्च, 1975

आज दिल्ली में जे.पी. के नेतृत्व में एक विशाल प्रदर्शन हुआ। लगभग दो या तीन लाख लोगों ने भाग लिया। सरकार की ओर से यही कहा गया कि केवल एक लाख आदमी थे। विपक्षी दलों का अनुमान पाँच-दस लाख का था। इतना अवश्य है कि दिल्ली में इससे बड़ा प्रदर्शन केवल एक हुआ है। 1969 में हरियाणा से करीब 4 लाख आदमी चंडीगढ़ को हरियाणा में मिलाने की माँग लेकर राजधानी आये थे। इस प्रदर्शन में भाग लेने वालों की संख्या चाहे कुछ ही हो इससे सरकार की आँखें खुलनी चाहिए। जे.पी. आज जनता की आकांक्षाओं के प्रतीक बन गये हैं। उनको गाली देने या भला-बुरा कहने से काम नहीं बनेगा।

प्रदर्शन के बाद *वेद मारवाह* मिलने आया। वह नयी दिल्ली में कंट्रोल रूम ड्यूटी पर था। कुछ ही दिन पहले रेंज डी.आई.जी. का पद छोड़ कर डी.आई.जी. (प्रशासन) हो गया है। वह बहुत दुखी था। दिल्ली प्रशासन जिस तरह चलाया

जा रहा है और विशेषकर आज जो काम किये गये। उसके अनुसार, उपराज्यपाल के आदेश पर भारी संख्या में लोगों को दिल्ली आने से रोका गया और दिल्ली में भी उन क्षेत्रों में, जहाँ से लोग अधिक संख्या में प्रदर्शन में भाग लेने वाले थे, बसें नहीं चलने दी गयीं। प्रशासन की इससे बदनामी हुई और किसी को कोई लाभ नहीं। यदि तीस-चालीस हज़ार आदमी और आ ही जाते तो क्या होता? कांग्रेस की रैली के लिए स्पेशल गाड़ियाँ-बसें आदि चलायी जाती हैं, सरकार का पैसा खर्च किया जाता है।

एक चिंता की बात और है। बहुत से संसद सदस्य स्वयं प्रदर्शन देखने गये। उन्हें उसकी संख्या का अनुमान भी हुआ। मुझसे कहा भी पर प्रधानमन्त्री से जाकर यही कहा कि केवल चालीस-पचास हजार आदमी हैं। इतनी चाटुकारी से देश का क्या भला होगा?

7 मार्च, 1975

आज सुबह कार्यालय आते ही प्रधानमन्त्री से मिला। बहुत-सी बातों पर चर्चा करनी थी। करीब आधा घंटा उनके पास रहा। मुख्यतः प्रशासनिक बातों पर ही बातचीत हुई। पर एक प्रसंग पर ललित बाबू की बात आ गयी। प्रधानमन्त्री ने कहा कि बरुआ (कांग्रेस अध्यक्ष) ने ललित बाबू के परिवार के लिए काफी रुपये का प्रबन्ध करवा दिया है। फिर भी, सरकार को कुछ करना होगा। ओम मेहता से उन्होंने कहा है पर गृह मन्त्रालय का हर काम धीमे-धीमे होता है। दीक्षित जी ने प्रधानमन्त्री को इस सम्बन्ध में एक नोट भेजा है। प्रधानमन्त्री नें मुझसे कहा कि *दीक्षित जी* व *शीला* (उनकी पुत्रवधू) अब ललित बाबू के परिवार की देख-रेख में इतनी रुचि 'गिल्टीकांशस' के कारण ले रहे हैं। उनके जीवनकाल में तो ललित बाबू के विरुद्ध दीक्षित जी ने काफी प्रचार किया। हर जगह कहा कि इनको मंत्रिमंडल से निकाल देना चाहिए। अपनी मृत्यु से दो-तीन दिन पहले ललित बाबू प्रधानमन्त्री से मिले थे। उन्होंने कहा था कि उन्हें केवल एक बात का ही दुख है कि दीक्षित जी क्यों उनके विरुद्ध इतना बोल रहे हैं?

प्रधानमन्त्री ने यह भी बताया कि वैसे तो श्रीमन्नारायण जे.पी. का साथ न दें पर राजस्थान में नशाबन्दी के प्रश्न पर आन्दोलन खड़ा करने में सहायता कर सकते हैं। प्रधानमन्त्री श्रीमन्नारायण का उपयोग जे.पी. के विरुद्ध कर रही हैं, पर विश्वास उनका भी नहीं करतीं। नशाबन्दी के प्रश्न पर प्रधानमन्त्री कुछ करना चाहती हैं। वित्तमन्त्री से उन्होंने बात की है। मुझसे कहा कि मैं व *राज बहादुर* भी वित्तमन्त्री से बात आगे बढ़ायें।

लोकसभा के आज के कार्यक्रम से स्पष्ट था कि *आगा* के वक्तव्य को लेकर शोर मचेगा। प्रधानमन्त्री ने ग्यारह बजे के बाद मेरे पास सन्देशा भेजा कि मैं स्वयं

आगा का वक्तव्य देख लूँ। जहाँ तक हो सके बात न बढ़ने दी जाये। लंच तक का समय मेरा इसी काम में निकल गया। लोकसभा में काफी शोर हुआ, पर अन्त में आगा का पिछला वक्तव्य जो विवाद का विषय था, कार्यवाही से निकाल दिया गया।

प्रधानमन्त्री ने आज फिर *तेजा* के बारे में अपनी चिन्ता व्यक्त की। कहने लगीं कि हैदराबाद हाई कोर्ट के फैसले के विरुद्ध अपील करने से क्या लाभ होगा। मैंने कहा कि विधि मन्त्रालय पूरे प्रश्न की जाँच करेगा। फिर पूछने लगीं कि उसको भारत के बाहर जाने दें या नहीं। वह देश के लिए उपयोगी हो सकता है? मैंने बताया कि प्रश्न तो तब उठेगा जब वह फिर से भारतीय नागरिकता के लिए प्रार्थना पत्र दे। अभी तो वह और उसके परिवार के सदस्य 'कोस्टारीका' के नागरिक हैं। प्रधानमन्त्री से यह भी पता चला कि जब तेजा जेल में था तो उसका लड़का चुपचाप आकर प्रधानमन्त्री से मिला था।

8/9 मार्च, 1975

कल प्रधानमन्त्री के साथ एक आदिवासी सम्मेलन में राउरकेला से बीस मील दूर एक गाँव गया था। सुबह आठ बजे दिल्ली छोड़ी और सन्ध्या को पौने पाँच बजे वापस।

लौट कर शंकरलाल संगीत समारोह में चला गया। रात दो बजे लौटा। कल समारोह की तीसरी सभा थी। पहली दो सभाओं में जा ही नहीं सका, यद्यपि समारोह समिति का मैं सात-आठ साल से सदस्य हूँ।

कल का पूरा कार्यक्रम अच्छा रहा। सदा की भाँति गिरिजा देवी का गायन सुन्दर रहा। उनके बाद *इश्त्याक हुसैन खाँ* का गायन हुआ। ये स्वर्गीय उस्ताद मुश्ताक हुसैन खाँ के सुपुत्र हैं पर दुर्भाग्यवश इनका नाम अधिक नहीं हो पाया। गुणी ये बहुत हैं। मुझे मुश्ताक हुसैन खाँ का गायन बहुत प्रिय रहा है। अन्तिम बार उनका गायन 1953 में बरेली में जग्गो भाई के घर सुना था। वे रामपुर में डिस्ट्रिक्ट जज थे और मुश्ताक हुसैन साहब रामपुर नवाब के दरबार में थे। कभी-कभी तो कल ऐसा लगा कि स्वयं मुश्ताक हुसैन गा रहे हैं। पर इश्त्याक साहब से अच्छा गाया उनके छोटे भाई *गुलाम तकी* ने। यह नवयुवक बहुत ही होनहार लगता है। बड़ी तैयारी है उसके गायन में। बस यही चाहिए कि उसे उचित प्रोत्साहन और अवसर मिले।

मुझे अरसे से इस बात की चिन्ता है कि कई पुराने घरानों का गायन आजकल बिल्कुल भी प्रोत्साहित नहीं किया जा रहा है। रामपुर और आगरा घराना उसमें से है। इश्त्याक साहब तो अब वृद्ध हो गये पर गुलाम तकी के लिए कुछ करना होगा। वह बड़ी ऊँची चोटी का कलाकार हो सकता है। इसी प्रकार आगरा घराने में शराफत को छोड़ कर कोई भी आगे नहीं बढ़ पाया है। स्वयं *विलायत हुसैन खाँ* (जो आगरा घराने की एक बड़ी हस्ती थे) का सुपुत्र यूनुस हुसैन खाँ युनिवर्सिटी में शिक्षा देकर

अपना पेट भर रहा है। कला के क्षेत्र में गुण होते हुए भी आगे नहीं बढ़ सका है। उसमें भी प्रतिभा बहुत है। यही सब सोचकर तो मैंने प्रधानमन्त्री को एक केन्द्रीय विद्यालय खोलने का सुझाव दिया था। उन्होंने स्वीकार भी कर लिया पर संस्कृति विभाग ढीला पड़ा हुआ है।

कल का सबसे सुन्दर कार्यक्रम था *अमजद* का सरोदवादन। झिंझोटी जैसी हल्की राग में गहनता भर दी उसने। बहुत ही कठिन झाला बजाया इसी राग के आलाप में—तीन तार पर उलटा झाला। बड़ी तालीम की आवश्यकता होती है। इधर पाँच साल में अमजद का बहुत विकास हुआ है। अभी तक किसी वाद्य पर सबसे सुन्दर आलाप मैंने सुना था 15 अक्तूबर, 1968 को विलायत खाँ के सितार पर मालकोश। कल के झिंझोटी का आलाप भी उसी टक्कर का था। बाद में मालकोश और अन्त में भैरवी की गति भी उतनी ही उच्च कोटि की थी।

आज *मुनव्वर, सियाराम तिवारी* और *विलायत* का कार्यक्रम है। दिन भर कार्यालय में काम करने के बाद बड़े मन से संगीत सुनने का विचार है।

10 मार्च, 1975

कल *मुनव्वर अली खाँ* और *सियाराम तिवारी* का गायन हुआ। मुनव्वर अली ने सबसे पहले मारवा का ख़्याल गाया। था कुछ बेबखत पर गायन बुरा नहीं था। पर उसके बाद तो बात बिगड़ती ही गयी। मारवा के ठीक बाद हिंडोल बहार गाने लगे, बिल्कुल बेबख्त। फिर एक ठुमरी साधारण-सी। जब उठने लगे तो श्रोताओं में से दो-चार लोगों ने 'हरिओम' की फरमाइश कर दी। मुनव्वर के पिता उस्ताद बड़े गुलाम अली खाँ की यह बहुत प्रसिद्ध ठुमरी है। पर मुनव्वर इसको यदि न गाते तो अच्छा रहता। सब कुछ लेकर मुनव्वर का कार्यक्रम बहुत साधारण कोटि का था। बाद में मुनव्वर मुझसे हाल के बाहर मिले। कहा, एक दिन घर पर बैठक हो जाये तो अच्छा रहेगा। मेरी कोई विशेष इच्छा नहीं है। *रीना जी* बहुत पीछे पड़ी हैं, इसीलिए मुनव्वर भी मेरे पास यह कहने को आये।

सियाराम तिवारी को तीन-चार साल बाद सुना। उनका गायन—विशेषकर जयजयवंती का आलाप—बहुत सुन्दर था। वैसे भी मुझे ख़्याल से अच्छा ध्रुपद लगता है। यह दुर्भाग्यपूर्ण बात है कि अब ध्रुपद गाने वाले बहुत कम रह गये हैं।

सबसे अन्तिम कार्यक्रम विलायत खाँ का था। पर उसको सुनने को नहीं रुका। बहुत देर हो जाती। आज कार्यालय भी जल्दी जाना था। पर आने से पहले विलायत भाई से मिला। काफी अरसे के बाद उनसे भेंट हुई। *पम्मी, गोपाल,* बच्चों सबको पूछ रहे थे। इधर कुछ महीनों में विलायत भाई का दिल्ली में हर प्रोग्राम बहुत सफल हुआ है, पर मैं नहीं सुन सका हूँ। फरवरी 1972 में एक दिन मेरे घर पर उनका कार्यक्रम हुआ था, उसके बाद उनको नहीं सुन पाया हूँ। इस बीच उनके

जीवन में भी उथल-पुथल हुई है। *मोनी* से वे अलग हो गये हैं, दूसरा विवाह भी कर लिया है। मोनी तो अक्सर मिलती रहती हैं।

विलायत भाई से मेरा परिचय अक्तूबर 1968 में हुआ था। 15 अक्तूबर को उनका सप्रू हाउस में प्रोग्राम था। उसके दो-तीन दिनों के बाद अमजद के साथ वे मेरे घर पर आये थे। कुछ समय बाद वे सपरिवार हमारे घर आकर ठहरे। आजकल *गोपाल* से कुछ अनबन है, पर उस समय गोपाल से बहुत बनने लगी थी। उसी समय मेरे घर पर उनका पहला कार्यक्रम हुआ था। बहुत भीड़ हो गयी थी—बहुत से लोग केवल यह पता लगने पर कि विलायत मेरे यहाँ सितार बजा रहे हैं, आ गये थे। जनवरी 1969 में विलायत भाई ने एक दिन बम्बई से फोन किया कि वे बहुत थक रहे हैं और एक सप्ताह बिना किसी को पता लगे मेरे घर पर रहना चाहते हैं। उधर उनके देश के एक कोने से दूसरे कोने में कई प्रोग्राम थे। जनवरी 1969 में वे मेरे घर सात-आठ दिन रहे।

इसी समय एक महत्वपूर्ण बात और हुई। 1969 के गणतन्त्र दिवस के अवसर पर प्रधानमन्त्री विलायत भाई को पद्मभूषण देना चाहती थीं। उनसे पूछा गया तो उन्होंने मना कर दिया। *एल.पी.* और *सुशीतल* (जो उस समय प्रधानमन्त्री के संयुक्त सचिव थे—मैं दिल्ली का डिप्टी कमिश्नर था।) मेरी और विलायत भाई की मित्रता के बारे में जानते थे। दोनों ने मुझसे कहा कि मैं विलायत खाँ से बात करूँ और मना लूँ। पहले कलकत्ता फोन किया। मालूम पड़ा, विलायत भाई बम्बई में हैं। बड़ी मुश्किल से वहाँ सम्पर्क हुआ। उन्होंने कहा कि वे पद्मभूषण नहीं लेना चाहते, प्रधानमन्त्री की इच्छा का उनके लिए कोई महत्व नहीं है, पर यदि मैं समझूँ कि उन्हें यह बात मान लेनी चाहिए और उनके न मानने का जो कारण है, वह ठीक नहीं है तो मैं हाँ कह दूँ। उन्होंने यह भी कहा कि यह सब छोड़कर यदि मुझे इसमें प्रसन्नता हो तो भी मैं 'हाँ' कह सकता हूँ। मैंने सब कुछ सोचने के बाद एल.पी. और सुशीतल को बताया कि विलायत भाई मेरी बात नहीं माने। विलायत भाई का अहम बहुत प्रबल है, इसी कारण उन्होंने प्रधानमन्त्री की बात नहीं मानी। मुझे काफी अरसे बाद विलायत भाई से मिलकर प्रसन्नता हुई। अभी वे चार-पाँच दिन दिल्ली में रहेंगे। शायद फिर भेंट हो। कहा तो है उन्होंने।

कार्यालय में आज सुबह शेख अब्दुल्ला और प्रधानमन्त्री की भेंट हुई। मुख्यमन्त्री होने के बाद शेख पहली बार दिल्ली आये हैं। जब वे प्रधानमन्त्री से मिले तो मैं उपस्थित था। शेख ने मुख्यतः जम्मू और कश्मीर की विकास योजनाओं के बारे में बात की। वे इन योजनाओं की एक सूची तैयार करके लाये थे और चाहते थे कि केंद्रीय सरकार इनको शीघ्र पूरा करवाने में सहायता करे।

प्रधानमन्त्री से मिलने से पहले ही मेरी शेख से मुलाकात शेषन के कमरे में हुई थी। शेख साहब से मेरा परिचय पुराना है। मैंने उन्हें समझौते और मुख्यमन्त्री

पद सम्भालने पर बधाई दी। उन्होंने परिवार के सदस्यों के बारे में पूछताछ की। 1967 में शेख जब कैदी थे, दिल्ली इलाज के लिए लाये गये थे। 3 कोटला लेन में उनका सब प्रबन्ध किया गया था। डिप्टी कमिश्नर होने के नाते उनकी देखभाल का भार मेरे ऊपर था। वे बिना डिप्टी कमिश्नर की आज्ञा के न कहीं जा सकते थे, न किसी से सम्पर्क स्थापित कर सकते थे। उनका सारा पत्र-व्यवहार मेरे माध्यम से होता था। उस समय मैं उनसे अक्सर मिलने जाता था। हम दोनों के सम्बन्ध बहुत सद्‌भावनापूर्ण थे। अब भी वे मुझसे हमेशा बड़े प्रेम से मिलते हैं।

11 मार्च, 1975

आज शिवरात्रि थी। सरकारी कार्यालय बंद नहीं थे, पर संसद की बैठक नहीं थी। फिर भी मैं संसद भवन में ही बैठा। प्रधानमन्त्री से मिलना मुझे आज आवश्यक नहीं जान पड़ा, नहीं तो मैं साउथ ब्लॉक में बैठता। प्रधानमन्त्री आज वहीं कार्यालय आयी थीं।

संसद भवन पहुँचते ही मुझे जम्मू व कश्मीर के राज्यपाल *लक्ष्मीकांत झा* का सन्देश मिला कि मैं उनसे मिल लूँ। शीघ्र ही मैं जम्मू व कश्मीर गेस्ट हाउस चाणक्यपुरी चला गया। दस बजे वहाँ पहुँचा। करीब ढाई घंटे झा के साथ रहा। पहले तो वे कश्मीर की दो-तीन बातों पर बात करते रहे। वे प्रधानमन्त्री से उन बातों की चर्चा करना भूल गये थे। मुझसे कहा कि मैं उनसे बात करके आगे की कार्रवाई का प्रबन्ध करा दूँ। उसके बाद झा मुझसे प्रशासनिक सुधार की बात करने लगे।

शायद मैंने एक दिन पहले यह लिखा है कि आजकल प्रधानमन्त्री को प्रशासन में जो ढील आ गयी है और कार्यदक्षता की कमी होती जा रही है, उसकी चिन्ता है। कुछ समय पहले झा से उन्होंने इस बात की चर्चा भी की। झा के सुझाव पर एल.पी. को भी बुलाया गया था। वे चाहती हैं कि ये दोनों मिलकर प्रशासनिक सुधार के क्षेत्र में क्या कार्रवाई करनी है, इसकी एक रूपरेखा बनायें। झा ने कुछ वरिष्ठ सचिवों से बातचीत की है। आज और कल उनकी इन सचिवों के साथ फिर मीटिंग होने वाली हैं। झा बहुत सूझबूझ वाले व्यक्ति हैं और यदि इनके और एल.पी. के सुझावों पर कार्य किया गया तो कुछ सुधार अवश्य हो सकता है। पर कठिनाई है आजकल के वरिष्ठ सचिवों की ओर से। उनको अनुभव भले ही हो, पर *निर्मल मुखर्जी* को छोड़कर वे सब दकियानूसी विचारों वाले हैं। प्रो. धर विचारों में निर्मल के समीप हैं, पर कार्यान्वयन में अधिकतर दूसरों के साथ रहते हैं।

झा ने बहुत से विषयों पर बात की। फिर यह निश्चय हुआ कि अगली राज्यपालों की कॉफ्रेंस से पहले वे और एल.पी. मिलकर विचार-विमर्श करेंगे। उस

समय मेरी सहायता की भी आवश्यकता होगी। इस बीच में झा कुछ नोट तैयार करेंगे। पर प्रधानमन्त्री को भेजने से पहले वे मुझसे उस पर परामर्श करेंगे। उन्होंने मुझसे एल.पी. से बात करके आगे का कार्यक्रम निश्चय करने को कहा। एल.पी. 15/16 को दिल्ली आने वाले हैं। तभी उनसे बात करूँगा।

प्रधानमन्त्री को प्रशासनिक ढाँचे, विधाओं और समस्याओं का ज्ञान कम है। रुचि भी विशेष नहीं है। पर इधर जनता के बढ़ते असंतोष को देखते हुए इस विषय पर कुछ ध्यान देना चाहती हैं। पिछले महीने की 17 तारीख को एक मीटिंग अपने सचिवालय के उच्च अधिकारियों की भी की थी। चर्चा के समय या अन्य किसी रूप में जब उन्हें अच्छे सुझाव दिये जाते हैं, उनकी प्रतिक्रिया ठीक ही होती है, पर विशेष रुचि व अनुभव न होने के कारण उनके कार्यान्वयन में कोई ठोस कार्रवाई नहीं करा पातीं। 17 फरवरी की मीटिंग के बाद मैंने उन्हें कई नोट इन विषयों पर दिये। एक नोट रामचंद्रन ने भी दिया। इनके आधार पर उन्होंने सब मंत्रियों और मंत्रिमंडल सचिव को सख्त पत्रादि भी भेजे। यदि इन पत्रों में चर्चित सुझाव मान लिये जायें तो केंद्रीय प्रशासन की कार्यदक्षता बहुत बढ़ सकती है। पर मुझे तो ऐसा लगता है कि इनका भी वही हाल होगा जैसा प्रधानमन्त्री का इस प्रकार के पिछले पत्रों का हुआ।

लंच के पहले का प्रायः पूरा समय *झा* के साथ व्यतीत हुआ। लंच के बाद भी एक के बाद एक मीटिंग में ही फँसा रहा। पहले *ऋषि कौल* (मेरठ के कमिश्नर) अपने डी.आई.जी. व बुलंदशहर के जिलाधिकारी व एस.पी. को लेकर आ गये। कुछ दिन पहले बुलंदशहर में जिलापरिषद् के कांग्रेसी अध्यक्ष व विद्युत के इंजीनियरों में झगड़ा हो गया था। झगड़े ने काफी उग्र रूप ले लिया था। कुछ संसद सदस्य प्रधानमन्त्री के पास भी आये थे। प्रधानमन्त्री के आदेशानुसार मामले को सुलझाने के लिए मैं उत्तर प्रदेश सरकार से सम्पर्क बनाये हुए हूँ आजकल। कल बहुगुणा (उ.प्र. के मुख्यमन्त्री) से भी बात की थी। उन्हीं के कहने पर ये सब अधिकारी आज मिलने आये थे। करीब डेढ़ घंटा रहे मेरे पास। बुलंदशहर में फिलहाल तो शान्ति है, पर अभी इस झगड़े का पूरी तरह निपटारा नहीं हुआ है। आगे क्या करना उचित होगा, इस पर हम लोग काफी विचार करते रहे। 24 तारीख को ऋषि बुलंदशहर जाकर मामले पर आगे बातचीत करेंगे।

सन्ध्या को *भास्कर घोष* मिलने आया। वह मेरे साथ दिल्ली में ए.डी.एम. था। आजकल पं. बंगाल के मुख्यमन्त्री का सचिव है। 'विश्वभारती' के अगले उपाचार्य (वाइस चांसलर) के चयन के बारे में उससे बात करनी थी। दो-चार दिन हुए प्रधानमन्त्री ने मुझसे इस विषय पर बात की थी। शिक्षामन्त्री उनसे मिले थे। सदा की तरह इसमें भी जल्दबाजी में काम करना चाहते हैं। प्रधानमन्त्री को पूरी बात बताते हुए मैंने कहा था कि दो-चार दिनों में मैं उनको कुछ सुझाव दूँगा। पर यह

करने से पहले मैं *सिद्धार्थ* से परामर्श करना चाहता हूँ। इसीलिए *भास्कर* को आज मैंने बुलाया था। रात में मुझे *भास्कर* का संदेश मिला कि *सिद्धार्थ* चाहते हैं कि दो-तीन दिनों के बाद मैं उनसे इस सम्बन्ध में बात कर लूँ। उस समय सिद्धार्थ दिल्ली फिर आने वाले हैं।

12 मार्च, 1975

आज लोकसभा में प्रधानमन्त्री का प्रश्नकाल था। प्रश्नकाल के बाद वे सदन से ही मुझे अपने कमरे में साथ ले आयीं। राज्यसभा में आज कश्मीर पर वाद-विवाद आरम्भ होगा। प्रधानमन्त्री को उसका श्रीगणेश करना था। वे अपना मुख्य भाषण वाद-विवाद के अन्त में देंगी, पर आरम्भ में कुछ शब्द हिन्दी में बोलना चाहती थीं। उसी में मेरी सहायता चाहती थीं। मैंने एक संक्षिप्त भाषण की रूपरेखा हिन्दी में उन्हें दे दी।

दोपहर को *सोनम वांग्याल* मुझसे मिलने आये। वे प्रधानमन्त्री से मिलना चाहते थे, पर समय की कमी के कारण प्रधानमन्त्री से संक्षिप्त-सी भेंट करके उनके कहने पर वे मेरे पास आये। शेख अब्दुल्ला के कार्यभार सम्भालने से पहले वे जम्मू और कश्मीर में मन्त्री थे। मुझसे उनका परिचय करीब 2/3 साल पहले हुआ था। वे लद्दाख के रहने वाले हैं। लगभग आधे घंटे मेरे पास रहे। उनकी बात का सारांश यह था कि लद्दाख का न तो अभी तक विकास हुआ है, न आगे कोई आशा है। शेख साहब भी अब तक की लद्दाख के प्रति बरती गयी उदासीनता को दूर नहीं कर पायेंगे। लद्दाख की प्रगति तभी हो सकती है जब उसे केन्द्रशासित प्रदेश बना दिया जाये। उन्होंने यह भी इशारा किया कि लद्दाख की जनता में भरोसा बढ़ाने के लिए *कुशक बकुला* को केन्द्रीय मंत्रिमंडल में ले लेना चाहिए।

दिन में और कोई विशेष बात नहीं हुई। रात को *विनीत नय्यर* खाने पर आया था। *विनीत सरीन* का भांजा है और हरियाणा कैडर का अधिकारी है। आजकल वित्त मन्त्रालय (अर्थ विभाग) में उपसचिव है। उसकी पत्नी रेवा भी आई.ए.एस. में है। *गोपाल* से उसकी काफी मित्रता हो गयी है। हाल में दोनों ईराक साथ गये थे। रेवा आजकल दिल्ली में नहीं है, वह अकेला ही है। इसलिए गोपाल ने रात में खाने पर बुला लिया था। कुछ दिनों पहले उसने गोपाल को अपने कार्यसम्बन्धी एक मजेदार बात सुनाई थी, पर आज उसने वह बात विस्तार से मुझे बतायी। इसी प्रकार की घटनाओं से यह सिद्ध होता है कि वर्तमान सरकार और कांग्रेस भ्रष्टाचार को कितना बढ़ावा दे रहे हैं।

घटना इस प्रकार है। हाल में ही ओ.एन.जी.सी. को एक 'ऑफ शोर ड्रिलिंग शिप' खरीदना था। एक सज्जन (जिनका नाम लिखना उपयुक्त नहीं होगा : उन्हें मैं 'क' सम्बोधित करूँगा) ने एक पत्र द्वारा यह सूचित किया कि यह शिप वे

48 मिलियन डालर में दिला सकते हैं। एक दूसरे व्यक्ति ने यही 42 मिलियन में दिलाने की बात कही। ओ.एन.जी.सी. ने यही ठीक समझा कि 'शिप' के स्वामी को बुला कर सीधे ही बात की जाये। इसके स्वामी एक नार्वेजियन हानसेन थे। जब लगभग पूरी बातचीत तय हो गयी और हानसेन को 33 मिलियन में सौदा पक्का करने की बात का पत्र भेजा जाने वाला था तो श्रीमान 'क' अवतरित हुए। उन्होंने प्रसाद (ओ.एन जी.सी. के अध्यक्ष) से पूछा कि उनका कमीशन कौन देगा? प्रसाद ने कहा कि सौदा सीधे हानसेन से पक्का हुआ है, 'क' का कोई सम्बन्ध नहीं है कमीशन का प्रश्न ही कहाँ उठता है। इस पर 'क' ने प्रसाद को काफी भला-बुरा कहा। उन्होंने यह भी कहा कि वे अपने लिए कुछ नहीं कर रहे हैं, यह सब पार्टी (कांग्रेस) के लिए हो रहा है और यदि बिना उनके कमीशन के सौदा पक्का हुआ तो प्रसाद 'विल रिग्रेट द डिसीज़न'। उन्होंने यह भी धमकी दी कि वह देश की 'हायस्ट बैल' को भी हिला सकते हैं। विनीत ने जब बीच में कुछ बोलना चाहा तो 'क' ने कहा, "मिस्टर नैय्यर, यू आर ए चाइल्ड। यू शुड नॉट स्पीक ऑन मैटर्स यू डू नॉट नो।"

इस प्रकार डरा-धमका कर 'क' चले गये। प्रसाद इस घटना से कुछ सहम गये। विनीत के कहने पर भी कि हानसेन को पत्र शीघ्र भेज देना चाहिए, वे तैयार नहीं हुए। फल यह हुआ कि उस दिन वह पत्र नहीं भेजा गया। बाद में विनीत को मालूम पड़ा कि 'क' हानसेन से मिले। उन्हें भी यह कह कर डराया कि उनका पत्र नहीं भेजा गया और 50,000 डालर उनसे प्राप्त कर लिये।

मुझे इस घटना पर आश्चर्य नहीं है। 'क' का 'हायस्ट बैल' से सम्पर्क बताया जाता है, इसकी काफी चर्चा है। फिर बरुआ जब पेट्रोलियम मिनिस्टर थे तो उनके मन्त्रालय में भ्रष्टाचार बहुत पनपा। थोड़े दिन पहले उस मन्त्रालय के अतिरिक्त सचिव (नाम मैं नहीं ले रहा हूँ) ने मन्त्रालय की फाइल पर ही एक सौदे पर टिप्पणी करते हुए स्पष्ट लिखा कि कुछ प्रतिशत रुपया कांग्रेस को जायेगा। तत्कालीन सचिव ने जब वह नोट देखा तो अवाक् रह गये। उन्होंने अतिरिक्त सचिव को बुला कर डाँटा। वह नोट और उससे सम्बन्धित सभी कागज़ फिर जलवाये गये।

यदि आज देश में जगह-जगह यह चर्चा है कि यह सरकार भ्रष्टाचार की श्रोत है तो आश्चर्य की क्या बात है। मैं समझता हूँ कि प्रतिपक्ष, चाहे कितना भी ख़राब हो, भ्रष्टाचार के विरुद्ध आवाज़ उठाकर एक राष्ट्रीय उत्तरदायित्व पूरा कर रहा है।

13 मार्च, 1975

आज सुबह समाचारपत्रों में पढ़ा कि एक वक्तव्य में *जे.पी.* ने कहा है कि *रजनी पटेल* ने *ललित बाबू* की जगह ले ली है और वे खूब रुपया जमा कर रहे हैं। कार्यालय में सुबह जब प्रधानमन्त्री से मिल कर निकल रहा था तो कांग्रेस अध्यक्ष

बरुआ और रजनी पटेल से भेंट हो गयी। वे दोनों प्रधानमन्त्री से मिलने जा रहे थे। कांग्रेस अध्यक्ष ने मुझसे कहा कि अगले सप्ताह जब वे बम्बई से लौट आयें तो मैं उनसे मिल लूँ। असम और उत्तरी-पूर्वी क्षेत्र की कुछ समस्याओं पर वे मुझसे बात करना चाहते हैं।

राज्यसभा में आज प्रश्नकाल में *भरत हरी सिंघानिया* का मामला खड़ा हो गया। 'मीसा' के एक प्रश्न के प्रसंग में गृहमन्त्री से पूछा गया (एक पूरक प्रश्न में) कि सिंघानिया के विरुद्ध वारंट क्यों रद्द कर दिया गया। गृहमन्त्री ने कहा कि यह प्रश्न वित्तमन्त्री से पूछा जाना चाहिए। इस पर कम्युनिस्ट पार्टी व अन्य दलों के सदस्य सदन से बाहर चले गये। गृहमन्त्री में अभी तक संसद के सदनों में विश्वास के साथ बोलने की प्रवृत्ति नहीं आयी है। *भरत हरी सिंघानिया* का मामला है ही ऐसा कि जिसमें सरकार की कोर दबती है। सन्ध्या को जब *देवेन्द्र सेन* मुझसे मिलने आये तो मैंने उनसे पूछा कि यह सिंघानिया का क्या मामला है? मैंने यह प्रश्न शरारत से किया था। देवेन्द्र सेन का उत्तर भी कुछ ऐसा ही था। कहने लगे प्रो. धर से पूछ लेना। उन्हें सब मालूम है। देवेन्द्र सेन मुझे पहले ही पूरा किस्सा बता चुके हैं।

आज प्रधानमन्त्री ने राज्यसभा में कश्मीर पर वाद-विवाद का उत्तर दिया। उनका भाषण बहुत अच्छा और प्रभावशाली था। सदन में सदस्यों की संख्या भी काफी अच्छी थी। अपने भाषण में प्रधानमन्त्री ने विशेष बल दिया पाकिस्तान को यह बताने में कि अब वह कश्मीर-प्रश्न का ट्रंप चाल के रूप में नहीं उपयोग कर सकता। साथ में यह भी कहा कि यह समझौता शिमला-समझौते की भावना के ही अनुकूल है।

सन्ध्या को मंत्रिपरिषद् की बैठक हुई। प्रधानमन्त्री कुछ ही देर उसमें सम्मिलित हुईं, उन्हें कहीं जाना था। बाद की कार्रवाई सरदार साहब ने करवायी। प्रायः सब रूटीन आइटम थे। एक विषय था राज्यपालों का राष्ट्रपति/केन्द्रीय सरकार को पत्र भेजने के सम्बन्ध में। प्रधानमन्त्री का जोर इस बात पर था कि राज्यपाल यह पत्र बिना मुख्यमन्त्री को बताये भेजें। इन पत्रों की प्रतियाँ भी मुख्यमन्त्री को नहीं भेजी जानी चाहिए। सरासर गलत दृष्टिकोण है। इसमें निहित एक ही भावना है कि राज्यपाल को सत्तारूढ़ दल अपने राजनीतिक कार्य के लिए उपयोग कर सके।

मंत्रिपरिषद् की मीटिंग के बाद *देवेन्द्र सेन* मिलने आये। उन्होंने दो बातें बतायीं। शिवरात्रि के दिन प्रधानमन्त्री ने उन्हें बुलाया था और उनसे सेन्ट्रल बैंक के चेयरमैन *तनेजा* के खिलाफ़ सामग्री इकट्ठी करने के लिए कहा था। मुझे आश्चर्य हुआ। पिछले साल वित्त मन्त्रालय और प्रो. धर की जोरदार सिफारिश को ठुकरा कर प्रधानमन्त्री ने तनेजा को इस पद पर नियुक्त किया था। प्रो. धर उन दिनों बहुत दुखी थे, उन्होंने इस नियुक्ति का डटकर विरोध किया था। प्रधानमन्त्री ने

उनकी बात नहीं मानी। बाद में पता लगा कि तनेजा की नियुक्ति 'प्रधानमन्त्री निवास' के नोट पर की गयी थी। अब ऐसा लगता है कि तनेजा से नाराजगी हो गयी है तो उसके विरुद्ध मामला तैयार किया जा रहा है और इसमें सी.बी. आई. की मदद ली जा रही है। प्रशासन तंत्र का और अच्छा सदुपयोग क्या हो सकता है?

दूसरी बात देवेन्द्र सेन ने बंसीलाल के बारे में बतायी। प्रधानमन्त्री के आदेश पर वे दो-चार दिन पहले बंसीलाल से मिले थे। बंसीलाल के पास कुछ साक्ष्य इस बात का है कि उनके मंत्रिमंडल के ही एक वरिष्ठ मन्त्री उनकी हत्या कराने का षड्यन्त्र कर रहे हैं। वे चाहते थे कि सी.बी.आई. इस बात की गुप्त जाँच करे। कितनी क्षोभ की बात है। कांग्रेस मन्त्री हिंसा का सहारा लेना चाहता है। ऊपर से कांग्रेस दूसरे दलों को दोष देती है। पश्चिमी बंगाल में बहुत कुछ हिंसा कांग्रेस ही करा रही है। ख़ैर, देवेन्द्र सेन इससे निकल भागे। वे इसमें नहीं पड़ना चाहते। उन्होंने कहा कि यह जाँच आई.बी. को करनी चाहिए।

आज लोकसभा में प्रश्नकाल में *मधु लिमये* ने प्रश्नों के ग़लत उत्तर देने का प्रसंग उठाया। कल मारुति के बारे में उनके एक प्रश्न का असंतोषजनक उत्तर दिया गया था। उसी को लेकर उन्होंने बात उठायी। बाद में मैंने वह प्रश्न और उत्तर मँगा कर देखा। मधु लिमये का कहना ठीक है। प्रश्न में जो मुख्य बात पूछी गयी थी, उसका उत्तर बड़ी चतुराई से बरका दिया गया है। असल बात बताने से स्पष्ट हो जायेगा कि अनियमितता मारुति के पक्ष में की गयी है।

14 मार्च, 1975

आज सुबह पार्टी मीटिंग से लौटते ही प्रधानमन्त्री ने मुझे बुलाया। काफी समय से सूचना मन्त्री गुजराल फिल्म कर्मचारियों के लिए एक विधेयक बनाना चाहते हैं। जाँच-पड़ताल के बाद शारदा और मैं इस निष्कर्ष पर पहुँचे कि ऐसे विधेयक की कोई आवश्यकता नहीं है। फिल्म कर्मचारियों का इससे कोई लाभ नहीं होगा, केवल फिल्म बनाने में नयी अड़चनें पैदा हो जायेंगी। प्रधानमन्त्री भी हमारे विचार से सहमत हैं। उन्होंने गुजराल को इसी आशय का एक 'मिनिट' भी लिखा था। पर आज गुजराल ने फिर प्रधानमन्त्री से कहा कि उन्हें विधेयक लाने की स्वीकृति मिलनी चाहिए। राज्यसभा में एक प्राइवेट मैम्बर बिल आने वाला है। इस सम्बन्ध में गुजराल ने कुछ ग़लत सूचना भी प्रधानमन्त्री को दी। प्रधानमन्त्री ने मुझे इसी पर बात करने के लिए बुलाया था। कहने लगीं कि गुजराल बहुत पीछे पड़े हैं। यदि हम यह विधेयक बनायें तो क्या नुकसान है। मैंने पहले कही बातें दुहरायीं तो प्रधानमन्त्री ने कहा कि मैं गुजराल से बात कर लूँ।

आज बोडो जनजाति का एक प्रतिनिधि मंडल प्रधानमन्त्री से मिला। मैं उस

समय उपस्थित था। बोडो लोगों की कुछ समस्याएँ हैं जो राजनीतिक ढंग से उभर रही हैं। लगभग डेढ़ साल से मैं प्रधानमन्त्री से आग्रह कर रहा हूँ कि असम की कई समस्याओं पर, जिसमें बोडो की समस्या भी है, गम्भीर रूप से सोचना-समझना चाहिए। प्रधानमन्त्री ने गृहमन्त्री को लिखा, उनसे बात भी की। पर प्रायः एक साल तक गृह मन्त्रालय ने कुछ नहीं किया। असम के मुख्यमन्त्री बहुत ही ढीले-ढाले आदमी हैं। दिल्ली में कुछ कहते हैं, असम लौट कर बिल्कुल दूसरी बात। उनके काल में असम का प्रशासन बहुत ढीला हो गया है। पर कोई इस ओर ध्यान नहीं देता। असम के मुख्यमन्त्री (*शरत सिन्हा*) का मुख्य गुण यह है कि उन्हें प्रधानमन्त्री का विश्वास प्राप्त है। ख़ैर, इस दृष्टिकोण के कारण बोडो लोगों की आर्थिक और भूमि सम्बन्धी कठिनाइयाँ ज्यों-की-त्यों बनी हुई हैं। उनका असंतोष राजनीतिक हो गया है। वे एक अलग प्रदेश चाहते हैं। पर आजकल के आन्दोलन की मुख्य माँग है बोडो भाषा को रोमन लिपि में लिखने की सुविधा। यह माँग इतनी सहज और सीधी नहीं है, जितनी लगती है। प्रधानमन्त्री को मैं इसका विश्लेषण करके बता चुका हूँ। उन्होंने इस प्रश्न पर दृढ़ता का दृष्टिकोण अपनाया है। उन्होंने प्रतिनिधि मंडल से कहा कि रोमन लिपि की बात नहीं मानी जा सकती। अभी तक बोडो असमिया लिपि में लिखी जाती रही है। यदि वे चाहें तो देवनागरी अपना सकते हैं। प्रधानमन्त्री ने यह भी बल दिया कि बोडो लोगों को अपने आर्थिक और सामाजिक सुधार की ओर ध्यान देना चाहिए। लिपि आदि के प्रश्नों पर आन्दोलन करने से कोई लाभ नहीं होगा।

15 मार्च, 1975

आज शनिवार है। संसद की बैठक नहीं थी। प्रधानमन्त्री भी कार्यालय नहीं आयीं। वे घर पर ही *सिद्धार्थ, गोखले, हक्सर* व अन्य कुछ लोगों के साथ अपनी गवाही की तैयारी कर रही हैं। इलाहाबाद हाई कोर्ट में 18 तारीख से उनकी गवाही शुरू होगी। पहली बार देश का प्रधानमन्त्री इस प्रकार अदालत में गवाही देगा। मैं दिन भर संसद भवन में ही रहा।

सन्ध्या को *वी.आर.* आया। कुछ वरिष्ठ नियुक्तियाँ होने वाली हैं। उस पर मुझसे बातचीत करता रहा। इस विषय पर इधर मैंने प्रधानमन्त्री को कई टिप्पणियाँ दी हैं। प्रशासन की शिथिलता का मुख्य कारण है वरिष्ठ पदों पर अयोग्य अधिकारियों की नियुक्ति। प्रधानमन्त्री ने एक कड़ा 'मिनिट' मंत्रिमंडल सचिव को भेजा है। पर होगा कुछ नहीं। पहले भी वे कई 'मिनिट' इस प्रकार के भेज चुकी हैं। फिर स्वयं भी वे अपने ही निर्धारित किये हुए मापदंडों के विरुद्ध काम करती हैं और दूसरों से करवाती हैं।

आज भारत ने पाकिस्तान को 2 : 1 गोल से हरा कर 'वर्ल्ड कप' जीता। यह

मैच कुआलालम्पुर में हुआ था। 1964 के बाद भारत ने फिर से यह विश्व-गौरव प्राप्त किया है।

16 मार्च, 1975

रविवार होने के कारण देर से सोकर उठा। उठने से पहले ही *फ़िराक साहब* का कई बार फोन आ चुका था। सोकर उठने के कुछ ही देर बाद फ़िराक साहब घर आ पहुँचे। फ़िराक आज उर्दू के सबसे बड़े शायर हैं। कुछ साल पहले उन्हें ज्ञानपीठ पुरस्कार मिला था। केवल उर्दू ही नहीं, साहित्य जगत् और बुद्धिजीवियों में उनका बड़ा नाम है। विद्वता और पांडित्य उनमें भरा पड़ा है। साथ ही व्यक्तित्व का दूसरा पहलू हास्य से भरपूर।

फ़िराक साहब की आयु इस समय लगभग 75 वर्ष की होगी। मैं उन्हें युनिवर्सिटी के दिनों से जानता हूँ। बाद में जब हम भी बैंक रोड पर रहते थे तो उनका मकान हमारे घर से 3-4 मकान हट कर था। छुट्टियों में जब कभी भी इलाहाबाद जाता था तो उनसे काफी मिलना-जुलना और साहित्य चर्चा होती थी। मेरठ में वे हमेशा मेरे घर पर ही ठहरते थे। दिल्ली में भी तीन-चार साल पहले तक मेरे घर पर ही ठहरते थे। पर इधर हमारे मकान में नीचे ठहरने की सुविधा न होने के कारण अन्यत्र ठहरते हैं। जब भी हमारे साथ ठहरते हैं, बड़ा आनन्द आता है उनसे बात करने में। शायर उर्दू के हैं, युनिवर्सिटी में अंग्रेजी पढ़ाते थे और ज्ञान बहुत विषयों का है। प्रायः रात में खाना खाने के बाद डेढ़ दो बजे तक साहित्य, दर्शन जैसे विषयों पर इतनी विद्वतापूर्ण बातें करते कि आदमी ठगा-सा रह जाये। साथ ही साथ यदि मूड में हों तो किस्से कहानियाँ और चुटकुले सुना कर खूब हँसा भी सकते हैं।

आज सुबह बहुत अच्छे मूड में थे। जाने कहाँ-कहाँ के किस्से सुनाते गये। खूब हँसना-हँसाना हुआ। एक बार राजपुर रोड पर हमारे साथ ठहरे हुए थे। सुबह बोले--आज शाम को कुछ शायरों को बुलवाओ, एक नशिस्त होगी। मैंने सात-आठ शायरों को आमंत्रित कर दिया। *अली सरदार, ताबां, सागर, मुमताज, शमीम* वगैरह शाम को जमा हो गये। *आदित्यनाथ झा* दिल्ली के उपराज्यपाल थे उन दिनों, वे भी आये। *आदित्य नाथ* के बड़े भाई अमरनाथ झा और फ़िराक अभिन्न मित्र थे। करीब दो घंटे की शेरो-शायरी के बाद एकदम से *फ़िराक* बोले कि 'आदित्य अब प्रोज़ का दौर होगा।' फिर क्या था, दोनों ने ऐसे किस्से सुनाये कि घंटा भर हँसी के फुव्वारे छूटते रहे। झा साहब के पास भी ऐसे किस्सों का अथाह खजाना था। आज सुबह भी फ़िराक का मूड वैसा ही था। आज फ़िराक ने तुलसी की बहुत प्रशंसा की—वे संसार के अद्वितीय कवियों में से हैं।

फ़िराक साहब के सामने ही *कृष्णराव शंकर पंडित* आ गये। उनकी आयु भी

लगभग 80 वर्ष की होगी। दोनों ही पद्मभूषण से अलंकृत हो चुके हैं। कुछ देर संगीत की बात हुई। कितना मनोरंजक सुखद वातावरण था सुबह हमारे ड्राइंग रूम का।

दिन भर कार्यालय में रहा। प्रधानमन्त्री के घर पर उनकी गवाही की तैयारी चल रही है। सुना है पालकीवाला भी प्रधानमन्त्री को ब्रीफ़ करने में भाग ले रहे हैं। दोपहर में मुझे संदेश मिला कि इस तैयारी के सिलसिले में प्रधानमन्त्री की सुरक्षा के लिए पंडित जी और सरदार पटेल में जो पत्र-व्यवहार हुआ था और पिल्ले कमेटी की रिपोर्ट और उस पर समय-समय पर जो आदेश हुए, उनकी आवश्यकता है। छुट्टी होने के कारण दोनों चीजें मिलने में काफी कठिनाई हुई। पर रात्रि तक कुछ सामग्री मिल गयी। पंडित जी और सरदार का पत्र-व्यवहार नहीं मिला।

लगभग साढ़े तीन बजे झा (जम्मू और कश्मीर के राज्यपाल) का फोन आया। वे प्रशासनिक सुधार पर जो विचार-विमर्श हो रहा है उसके सम्बन्ध में आये हैं। एल. पी. भी आ गये हैं। उन दोनों में आज सुबह बातचीत भी हुई है। झा चाहते थे कि आगे बातचीत होने से पहले मैं उनसे बात कर लूँ। कल ग्यारह बजे सुबह वे और एल.पी. मंत्रिमंडल सचिव, रक्षा सचिव, गृह सचिव आदि से मिल रहे हैं। मैं लगभग दो घंटे झा के साथ रहा।

प्रशासनिक सुधार पर झा ने एक नोट तैयार किया है। एल.पी. के नोट की मुख्य बातें भी उसमें सम्मिलित हैं। झा चाहते थे कि उस नोट पर मैं अपने विचार व्यक्त करूँ। नोट अच्छा था, पर कुछ अव्यवस्थित-सा था। मुझे उस नोट पर जो कुछ कहना था, वह झा ने बड़े ध्यान से सुना। बहुत-सी बातों से वह पूर्णतया सहमत थे। फिर यह निश्चय हुआ कि सचिवों के साथ होने वाली कल की मीटिंग के बाद दोपहर में वे, एल.पी. और मैं मिलेंगे और आगे की कार्रवाई पर विचार करेंगे।

झा ने एक परेशानी वाली बात भी बतायी। हाल में संसद में कश्मीर सम्बन्धी कागज़ात सभापटल पर रखे गये हैं, उनमें एक आवश्यक पत्र छूट गया है। *पार्थसारथी* और *बेग* के बीच पत्राचार द्वारा यह भी तय हुआ कि गवर्नर किस प्रकार नियुक्त हों और जम्मू और कश्मीर में अखिल भारतीय सेवाओं का क्या भविष्य हो, इस पर कोई समझौता सम्भव नहीं हो सका और इस पर बाद में विचार-विमर्श हो। जनता के सामने जो चित्र आया है, उसके अनुसार यह प्रश्न विवादास्पद नहीं है। शेख इस पत्राचार को प्रकाशित करना चाहते हैं। यदि ऐसा हो गया तो भारत सरकार को बड़ी कठिनाई होगी। मैंने झा से कहा कि मैं प्रो. धर तक यह बात पहुँचा दूँगा। हाँ, इस भूल से काफी उलझन पैदा हो सकती है, गम्भीरता से सोचना होगा कि क्या करना चाहिए।

17 मार्च, 1975

कल रात शंकर शाद मुशायरे में गया। प्रतिवर्ष इस मुशायरे का स्तर गिरता ही जा रहा है।

प्रधानमन्त्री आज़ कार्यालय नहीं आयीं। घर पर ही उनकी गवाही की तैयारी चल रही है। आज रात को आठ बजे वे इलाहाबाद जा रही हैं। साढ़े दस बजे प्रो. धर ने मुझे अपने कमरे में बुलाया। *जी.आर.* व *वी.आर.* भी वहीं थे। प्रधानमन्त्री की ज़िरह की तैयारी करने के लिए बहुत से सवाल बनाये गये थे। उनके उत्तर क्या होने चाहिए, यह तैयार करने थे। पहले तो हम लोगों को कुछ झुंझलाहट हुई। पहले से यह काम क्या नहीं किया जा सकता था? अब आखिरी वक्त में जल्दी-जल्दी करने में गड़बड़ हो सकती थी। ख़ैर, सब जुट गये। ग्यारह बजे प्रो. धर तो प्रधानमन्त्री के पास चले गये। मेरे सुपुर्द यह काम हुआ कि कपूर के त्यागपत्र के बारे में हक्सर का बयान ध्यान में रखते हुए प्रधानमन्त्री के लिए कोई उत्तर बनाऊँ।

मैं और वी.आर, संसद भवन आये। नियमों का अध्ययन किया। हम लोग इस निष्कर्ष पर पहुँचे कि हक्सर का बयान बिल्कुल ग़लत है, पर किसी तरह उसे भी निभाना पड़ेगा। बहुत कुछ सोच कर यही तय किया कि कपूर के त्यागपत्र पर प्रधानमन्त्री कुछ निम्नलिखित प्रकार का उत्तर दे सकती हैं :

I do not know the procedural technicalities. Ministers can choose their personal staff either from the services or from outside. Some time early in January 1971 Shri Kapoor sought my permission to resign from the post of OSD. I allowed him to do so and asked him to contact Secretary for further action.

यह उत्तर प्रधानमन्त्री निवास पर फोन पर दिया। बाद में मुझे मालूम पड़ा कि वकीलों ने भी इस उत्तर को स्वीकार कर लिया।

वी.आर. जब संसद भवन में मेरे साथ था तो उसने बताया कि सुबह वह प्रधानमन्त्री से उनके घर पर मिला था। प्रधानमन्त्री बहुत ही परेशान नजर आ रही थीं, काफी थकी हुई थीं। मुझे इसमें आश्चर्य नहीं। तीन-चार दिनों से वे केवल एक ही काम में लगी हुई हैं। थकान अवश्य आयेगी।

साढ़े तीन बजे राष्ट्रपति भवन गया। *झा* व *एल.पी.* से वहीं भेंट करनी थी। लगभग ढाई घंटे उनके पास रहा। प्रशासनिक सुधार पर ही चर्चा हुई। कल के निश्चय के अनुसार आगे की कार्रवाई करना तय हुआ। पर अन्त में झा और एल. पी. दोनों ने ही पूछा कि प्रधानमन्त्री इस काम में कितनी सीरियस हैं।

कार्यालय से जल्दी उठा, क्योंकि प्रो. नूरुल हसन के घर जाना था। कल उन्हें दिल्ली के शिक्षकों की हड़ताल पर एक 'ध्यानाकर्षण' प्रस्ताव का उत्तर देना है। उस उत्तर का वक्तव्य बनाना था। शिक्षा मन्त्रालय के अधिकारी भी वहाँ थे। करीब सवा नौ बजे तक उनके घर रहा। जब घर लौटा तो प्रो. धर का फोन आया। वे जानना

चाहते थे कि मुझे इस विषय में कुछ पता है या नहीं। यदि नहीं तो वे शिक्षामन्त्री (नूरुल हसन) से बात करेंगे। मैंने उन्हें स्थिति से अवगत कराया। इधर प्रो. धर से भेंट बहुत कम होती है। कई दिनों से वे संसद भवन आये ही नहीं।

18 मार्च, 1975

आज दिन भर कुछ काम न कर सका। इधर कई दिनों से काम जमा हो गया है। सोचा था आज प्रधानमन्त्री नहीं होंगी, काफी काम निकल जायेगा। पर एक के बाद एक मुलाकात करनी पड़ी या मीटिंग में जाना पड़ा।

सुबह-सुबह कार्यालय में *सतीश चन्द्र* आ गये। मेरा उनका परिचय युनिवर्सिटी का है। वे मेरे समकालीन थे—तीन-चार साल सीनियर। आजकल वे विश्वविद्यालय अनुदान आयोग के उपाध्यक्ष हैं। अध्यक्ष पद खाली है इसलिए वह कार्य भी देख रहे हैं। वे विश्वविद्यालयों के शिक्षकों की समस्याओं पर मुझसे बात करने आये थे।

उनके जाने के बाद *जगत मेहता* आ गये। वे मुझे दिखाना चाहते थे कि किस प्रकार विदेश मन्त्रालय के एक सचिव एक बेईमान अधिकारी को, जिसके विरुद्ध सी.बी.आई. ने रिपोर्ट की है, बचाने का पूरा प्रयत्न कर रहे हैं। जगत का कहना ठीक है कि इस प्रकार के निर्णयों के बाद वह अनुशासन कैसे रख सकता है। मजे की बात यह है कि इस सचिव महोदय को 'एक्सटेंशन' देकर प्रधानमन्त्री विदेश सचिव बनाना चाहती हैं।

दोपहर को आज फिर *एल.पी.* से मिलने राष्ट्रपति भवन गया। लगभग सवा घंटा उनसे बातचीत करता रहा। उन्होंने पूछा कि प्रधानमन्त्री बिहार के बारे में क्या सोच रही हैं। वहाँ की हालत बहुत ख़राब है। शिवरामन (योजना आयोग के एक सदस्य, पहले मंत्रिमंडल सचिव भी रह चुके हैं।) अभी बिहार का पाँच दिन का दौरा करके लौटे हैं। उनका कहना है कि बिहार में प्रशासन नाम की कोई चीज ही नहीं है। केन्द्र की नीति क्या जनता के हित में है?

सन्ध्या को देवेन्द्र सेन मिलने आ गये। आज उन्होंने बताया कि अब प्रधानमन्त्री उनका भाँति-भाँति से उपयोग करती हैं। अभी हाल में 'मदरलैंड' ने 'संजय के स्कैंडल' शीर्षक से कई समाचार एवं कहानियाँ छापीं। प्रधानमन्त्री चाहती थीं कि अगले दिन अखबार में छपने से पहले ही उन्हें पता लगाकर यह बता दिया जाये कि क्या छपने वाला है? देवेन्द्र सेन ने यह काम पूरा किया, पर उन्हें आश्चर्य था कि यह जानकारी किसलिए जरूरी थी?

दूसरे, उन्होंने यह कहा कि मारुति में बहुत गड़बड़ हो रही है और यदि कार बनकर सड़क पर नहीं आयी तो बड़ा विस्फोट होगा। ये गड़बड़ियाँ किस प्रकार की हैं, वे बाद में बतायेंगे।

19 मार्च, 1975

आज दिनभर हर जगह चर्चा का एक ही विषय था। प्रधानमन्त्री की कल इलाहाबाद में दी गयी गवाही और न्यायालय में एक पत्रकार का पिस्तौल के साथ अन्दर जाने का प्रयत्न।

कार्यालय पहुँचते ही प्रो. धर का फोन आया। उन्होंने पूछा कि प्रधानमन्त्री की गवाही के बारे में मेरी क्या प्रतिक्रिया है? सुबह समाचार पत्रों में मैंने केवल शीर्षक देखे थे, पूरा विवरण पढ़ा नहीं था। अतएव मैंने प्रो. धर को यही उत्तर दिया कि मेरे लिए कुछ कहना कठिन है क्योंकि मैंने पूरी गवाही नहीं पढ़ी है। पर अन्य जितने भी लोग मिले सबका कहना है कि प्रधानमन्त्री की गवाही अच्छी नहीं हुई है और यह तो निश्चित है कि वे कई बातों में सरासर झूठ बोली हैं। कांग्रेस के कई संसद सदस्यों ने भी मुझसे यह बात बड़ी दबी ज़बान से कही, खुलकर वे यह नहीं कहना चाहते।

प्रो. धर ने फोन पर जे.पी. के प्रधानमन्त्री के नाम एक पत्र की भी चर्चा की। जे.पी. अगले महीने राजनीतिक दलों के प्रतिनिधियों की एक मीटिंग बुला रहे हैं, निर्वाचन-सुधार पर विचार-विमर्श करने के लिए। उन्होंने प्रधानमन्त्री को भी निमंत्रित किया है और कहा है कि यदि वे स्वयं न आ सकें तो कांग्रेस के प्रतिनिधियों को भेज दें। प्रधानमन्त्री इस पत्र से उलझन में पड़ गयी हैं। अब सब उनसे कह रहे हैं कि जे.पी. की मीटिंग से पहले स्वयं प्रधानमन्त्री को ऐसी मीटिंग बुलानी चाहिए। राष्ट्रपति के अभिभाषण व बाद में संसद में सरकार की ओर से ऐसा कहा जा चुका है। पर कार्यवाही सरकार की ओर से कुछ नहीं हुई अब तक, जे.पी. के निमंत्रण सबको पहुँच गये। इस महीने की पहली तारीख को मैंने प्रधानमन्त्री को इस विषय पर एक नोट दिया था जिसमें यह सुझाव था कि इस विषय पर विपक्षी नेताओं से बातचीत की प्रक्रिया शीघ्र-से-शीघ्र आरम्भ हो जानी चाहिए। नोट प्रधानमन्त्री ने हस्ताक्षर करके वापस कर दिया, किया कुछ नहीं। सच तो यह है कि प्रधानमन्त्री इस विषय में कुछ विशेष नहीं करना चाहतीं। जब मैंने प्रो. धर को यह सब बताया तो उन्हें दुख हुआ। कहने लगे कि यदि उस नोट के बाद सरकार की ओर से कार्यवाही होती तो उलझन पैदा नहीं होती। उस समय तक जे.पी. ने अपनी मीटिंग की घोषणा तक नहीं की थी। अब चाहे प्रधानमन्त्री की मीटिंग पहले हो जाये, पर प्रभाव उसका कुछ विशेष नहीं होगा।

पिस्तौल वाले पत्रकार की घटना इस प्रकार है। इलाहाबाद के एक छोटे स्थानीय समाचारपत्र के सम्पादक (गोविन्द मिश्र) जब कल अदालत में जाने का प्रयत्न कर रहे थे तो पकड़े गये। 'मैटल डिटेक्टर' से यह पता चला कि उनके ब्रीफकेस में लोहे की कोई चीज है, तलाशी पर वह पिस्तौल निकली। फौरन उनको गिरफ्तार कर लिया गया। एकदम सनसनी फैल गई। खूब प्रचार हुआ—आकाशवाणी

ने इसमें विशेष कार्य किया—कि प्रधानमन्त्री की हत्या के लिए एक व्यक्ति बिना पास अदालत में जाने का प्रयत्न करते पकड़ा गया। लोकसभा ने भर्त्सना का एक प्रस्ताव पास किया। जिस प्रकार से यह कराया गया उससे स्पष्ट था कि इसमें चिन्ता की झलक कम और चाटुकारी की अधिक थी। आजकल कांग्रेस के सब नेता प्रधानमन्त्री की चाटुकारी में एक-दूसरे से आगे रहना चाहते हैं। *रघुरमैया* की पहल से यह प्रस्ताव पास हुआ तो *ब्रह्मानन्द* क्यों पीछे रहें। उन्होंने एक वक्तव्य में प्रधानमन्त्री की इस बात की सराहना की कि वे गवाही देने अदालत में स्वयं उपस्थित हुईं। उनके वक्तव्य से यह लगता है कि प्रधानमन्त्री ने न्यायतंत्र (जुडीशियरी) पर बड़ा एहसान किया। दुर्भाग्यपूर्ण होने के अतिरिक्त यह वक्तव्य हास्यास्पद भी है। प्रधानमन्त्री न्यायालय में जब गयीं तब उनकी याचिका, कि उनकी गवाही कमीशन पर ली जाये, नामंजूर कर दी गयी थी।

ख़ैर, पुलिस ने गोविन्द मिश्र की जाँच-पड़ताल शुरू कर दी। कल शाम को ही स्पष्ट हो गया था कि इस घटना में अधिक मतलब ढूँढ़ना उपयुक्त नहीं होगा। उत्तर प्रदेश के गृह सचिव (*कल्याण कृष्णन*) ने बताया कि गोविन्द मिश्र और एक अन्य व्यक्ति के परिवार में काफी झगड़ा चल रहा है। उस परिवार के एक व्यक्ति को कत्ल करने के आरोप पर कई साल तक गोविन्द मिश्र पर मुकदमा चला। अन्त में वह हाईकोर्ट से बरी हुए। पर आपसी मनमुटाव व झगड़े अभी चल रहे हैं और इसीलिए गोविन्द मिश्र आजकल एक पिस्तौल हमेशा अपने साथ रखते हैं। *कल्याण कृष्णन* ने यह भी कहा कि बहुत कर के गोविन्द मिश्र कांग्रेस से सम्बन्धित हैं, किसी विपक्षी दल से उनका सम्बन्ध नहीं है। पर उत्तर प्रदेश सरकार अभी यह सब सूचना प्रकट नहीं करना चाहती है। कारण? आज समाचारपत्रों में थोड़ी बहुत यह सूचना निकली है, पर कांग्रेस जन इसको प्रधानमन्त्री की हत्या का ही प्रयत्न मानते हैं और ऐसा ही प्रचार कर रहे हैं।

दोपहर को लंच पर *शेषन* ने बताया कि प्रधानमन्त्री की गवाही की तारीख उन्होंने ज्योतिषी से पूछ कर निश्चित की थी। प्रधानमन्त्री निवास की गतिविधियों पर भी शेषन अपना दुख प्रकट कर रहे थे। उनका कहना है कि हक्सर भी इससे बहुत ही दुखी हैं। उन्होंने शेषन से कहा कि उनकी समझ में नहीं आता कि क्या करें। योजना आयोग में आना उन्होंने इसी शर्त पर स्वीकार किया था कि प्रधानमन्त्री महल के सिपहसालारों की कार्यवाइयों पर रोक लगायेंगी, पर जैसे वे सब भूल गई हैं और अब कुछ भी करने को तैयार नहीं हैं।

पिछले कुछ दिनों में प्रधानमन्त्री ने मारुति के सम्बन्ध में वित्त और विधि मन्त्रियों से कई मीटिंग की थीं। पर अब आगे कोई कार्यवाई नहीं हो रही है। शेषन का कहना है कि संसद का सत्र आरंभ होने के समय प्रधानमन्त्री को यह डर था कि *ललित बाबू* की मृत्यु के बाद अब सीधा आक्रमण मारुति पर होगा। क्योंकि

यह काम बहुत हल्के तरीके से हो रहा है इसलिए प्रधानमन्त्री कुछ करना आवश्यक नहीं समझतीं।

हमारे नैतिक (और इसके साथ-साथ राजनीतिक) मूल्यों में कितनी गिरावट आ गयी है इसका एक ज्वलंत उदाहरण आज सामने आया। नागपुर के *अनंत गोपाल शेवड़े,* जिन्होंने हाल ही में विश्व हिन्दी सम्मेलन आयोजित करने में बड़ी भूमिका निभायी थी, प्रधानमन्त्री के काफी करीब आ गये हैं। किसी समय वे पंडित जी के बड़े कट्टर आलोचक थे। उनके विरुद्ध बहुत कुछ लिखा करते थे। एक बार सूचना मन्त्रालय ने यह प्रस्ताव रखा कि उनके इस रवैये के कारण उनको सरकारी विज्ञापन नहीं मिलने चाहिए। परन्तु जब पत्रावली पंडित जी के समक्ष आई तो उन्होंने बड़ा रोषपूर्ण आदेश लिखा कि आलोचना करने के कारण विज्ञापन न देना सरासर ग़लत होगा। प्रजातन्त्र में तो यह होना ही नहीं चाहिए। शेवड़े के पत्र को पूर्ववत् विज्ञापन मिलते रहे। और आजकल क्या हो रहा है? वर्गीस को 'हिंदुस्तान टाइम्स' से क्यों अलग करवाया गया। 'मदरलैंड' के कार्टूनिस्ट रंगा की एक प्रदर्शनी का उद्घाटन गुजराल करने वाले थे। मेरे सामने शेषन ने उनसे कहा कि उन्हें नहीं जाना चाहिए, यद्यपि उन्होंने निमंत्रण स्वीकार कर लिया था। शेषन किसी के आदेश पर ही ऐसी बात कह सकता था।

सन्ध्या को *सुधाकर पांडे* कमरे में काफी दिन बाद टपक पड़े। आजकल कुछ दुखी हैं, *कमलापति* की 'उन्नति' पर। कहने लगे, भ्रष्टाचार बढ़ता जा रहा है पर सरकार कोई रोकथाम नहीं कर रही है। प्रधानमन्त्री से कहने का साहस नहीं है। कांग्रेस दल में तनाव बढ़ता जा रहा है। पर वास्तविकता से सब आँखें मूँदे हैं।

20 मार्च, 1975

प्रधानमन्त्री की गवाही कल सुबह साढ़े ग्यारह बजे समाप्त हो गयी। वे रात को दिल्ली वापस आ गयीं, पर आज संसद भवन नहीं आयीं। काफी थकी हुई थीं, दिन भर आराम करती रहीं।

कार्यालय पहुँचने पर विधिमन्त्री *गोखले* के पास चला गया। मारुति पर कोई प्रश्न था, उसके बारे में वे बात करना चाहते थे। प्रधानमन्त्री की गवाही से वे सन्तुष्ट हैं। पर प्रचार के दृष्टिकोण से जो हानि होनी थी, वह हो गयी। *गोखले शांति भूषण* की बहुत प्रशंसा कर रहे थे। वे *राजनारायण* के वकील हैं और प्रधानमन्त्री की डेढ़ दिन जिरह उन्होंने ही की थी। जिरह, गोखले के अनुसार, बहुत उच्चकोटि की थी। गोखले ने यह भी कहा कि यदि अंतिम निर्णय उनका हो तो वे शांति भूषण की राजनीति को ध्यान में न लाकर उसे सीधा सुप्रीम कोर्ट का जज नियुक्त कर दें। वे आज देश के गिने-चुने योग्य वकीलों में से हैं। (शांति भूषण संगठन कांग्रेस के कोषाध्यक्ष हैं) मुझे आश्चर्य नहीं हुआ। मेरा शांति भूषण से व्यक्तिगत परिचय नहीं

है। युनिवर्सिटी में एक बार मिला था। परन्तु उनकी ख्याति से परिचित हूँ। उनके पिता विश्वमित्र भी इलाहाबाद के ऊँचे वकीलों में से थे। कहते हैं कि शांति भूषण अपने विद्यार्थी जीवन से ही अपने पिता की सहायता किया करते थे।

कुछ साल पहले तक सुप्रीम कोर्ट और हाई कोर्ट के जजों की नियुक्तियों में राजनीति—और वह भी व्यक्तिगत स्तर की—का समावेश प्रायः नहीं के बराबर था। पिछले चार-पाँच साल में यह पहलू बढ़ता जा रहा है और इसकी चरम सीमा पहुँची 1973 में, जब सुप्रीम कोर्ट के तीन वरिष्ठ जजों को छोड़ कर चौथे जज को चीफ जस्टिस बनाया गया। इसकी कहानी बाद में लिखूँगा, पर यहाँ केवल अन्याय की एक बात कहना चाहता हूँ। यदि *कृष्णा अय्यर,* जो कभी राजनीति में पूरी तरह निर्लिप्त थे, सुप्रीम कोर्ट में जज हो सकते हैं, तो शांति भूषण क्यों नहीं? इसका निर्णय राजनीति के आधार पर नहीं, परन्तु योग्यता पर होना चाहिए। तभी न्यायतंत्र की निरपेक्षता बनी रह सकती है।

1973 में सुप्रीम कोर्ट के मुख्य न्यायाधीश सीकरी ने जब अवकाश प्राप्त किया तो परम्परानुसार उस पद पर *शेलट* की नियुक्ति होनी चाहिए थी। यह ठीक है कि वे स्वयं तीन-चार महीने में अवकाश प्राप्त करने वाले थे। उनके बाद *हेगड़े* और *ग्रोवर* का नम्बर था। पर इन तीनों को नियुक्त न करके राय को मुख्य न्यायाधीश बनाया गया। इसकी पूरी जिम्मेदारी प्रधानमन्त्री की थी। जब इस प्रश्न पर विचार होना आरम्भ ही हुआ था तो प्रो. धर से मेरी बात हुई थी। मैंने उन्हें पुराने काग़जात भी दिखाये थे, जिसमें प्रधानमन्त्री का मुख्य न्यायाधीश को लिखा हुआ इस आशय का पत्र था कि वरिष्ठता के आधार पर नियुक्ति करने की परम्परा को तोड़ना उपयुक्त नहीं होगा।

यह पत्र कुछ वर्ष पहले लिखा गया था। अब प्रधानमन्त्री की परिस्थितियाँ दूसरी थीं। वे हेगड़े को मुख्य न्यायाधीश नहीं होने देना चाहतीं। इसलिए तीन जजों को सुपरसीड करना आवश्यक-सा हो गया था। प्रधानमन्त्री ने जब अपने वरिष्ठ मन्त्रियों से परामर्श किया तो एकाध ने बड़ी दबी ज़बान से असहमति प्रकट की, पर प्रधानमन्त्री का इस प्रकार की बातों को सीधा करने का अपना तरीका है। विधिमन्त्री *गोखले* को पहले ही मना लिया गया था। प्रधानमन्त्री तो स्वयं चुप ही रहीं, *गोखले* और *कुमारमंगलम* ने उनकी इच्छा के अनुकूल निर्णय लेने की पैरवी की। मंत्रिपरिषद् की राजनीतिक कार्य-सम्बन्धी समिति ने, प्रधानमन्त्री जो चाहती थीं, उसे मान लिया। इस निर्णय के साथ प्रधानमन्त्री और गोखले राष्ट्रपति *(गिरि)* से मिलने गये। राष्ट्रपति ने ऐसा न करने का परामर्श दिया। पर प्रधानमन्त्री ने उनकी बात नहीं मानी। राष्ट्रपति भवन से लौटते ही प्रधानमन्त्री ने राजनीतिक समिति की मीटिंग फिर बुलायी। उस सन्ध्या को नये मुख्य न्यायाधीश की नियुक्ति की गयी।

मुझे याद है, उस शाम को मेरी गोखले से भेंट हुई थी। मैंने उनसे पूछा कि

इस निर्णय की प्रतिक्रिया क्या होगी। गोखले ने मुझसे स्पष्ट कहा कि वे स्वयं बहुत दुखी हैं, जो कुछ हुआ वह ठीक नहीं है, पर प्रधानमन्त्री इस मामले में कुछ सुनने को तैयार नहीं हैं। राष्ट्रपति के परामर्श की बात भी उन्होंने मुझे बतायी। अन्त में यह कहा कि 'सबकी' राय यह थी कि प्रधानमन्त्री की निर्वाचन याचिका के सम्बन्ध में 'रिस्क' नहीं ली जा सकती और हेगड़े का कोई भरोसा नहीं किया जा सकता।

राष्ट्रपति इस नियुक्ति के पक्ष में नहीं थे, इसकी पुष्टि छः महीने पहले *कुलदीप नायर* ने 'स्टेट्समैन' में एक लेख में की। उन्होंने राष्ट्रपति गिरि से एक भेंटवार्ता में यह सूचना प्राप्त की थी।

यही नहीं, ऐसी लज्जाजनक घटना एक और भी है।

आज सुबह राजबहादुर से बात हुई—राजस्थान में नशाबन्दी के बारे में। उसके बाद राजस्थान के मुख्यमन्त्री को जयपुर फोन किया। उनसे आग्रह किया कि वे 23 तारीख को दिल्ली आने का कार्यक्रम बदल दें। अभी वित्तमन्त्री उनसे बात करने के लिए तैयार नहीं हैं। पता नहीं सच क्या है। प्रधानमन्त्री पत्रावली पर कुछ लिखती हैं, *राजबहादुर* व *हरिदेव जोशी* कुछ अलग बात कहते हैं। उनकी बात से पता लगता है कि प्रधानमन्त्री ने विनोबा जी से कहा है कि वे पूरे राजस्थान में नशाबन्दी करा देंगी। मैंने पूछा तो मना कर दिया, पर श्रीमन्नारायण के पत्र से भी यही लगता है।

21 मार्च, 1975

कार्यालय में सुबह *सरीन* प्रधानमन्त्री से मिले और उसके बाद मेरे पास आये। सरीन को इस बात की प्रसन्नता थी कि प्रधानमन्त्री ने आज उनसे अच्छी तरह और देर तक बात की। इधर प्रधानमन्त्री ने सरीन की बहुत-सी बातें मानने से मना कर दिया। सरीन यह कहते थे कि गुजरात में एसेम्बली के चुनाव फरवरी-मार्च में हो जाने चाहिए। प्रधानमन्त्री ने यह बात नहीं मानी, क्योंकि कांग्रेस को इससे लाभ नहीं होगा। इसी प्रकार मुख्य सचिव की नियुक्ति में भी सरीन की बात नहीं मानी गयी।

प्रधानमन्त्री आंध्र प्रदेश के बारे में कुछ चिन्तित हैं। बहुत दिनों पहले मुझसे प्रधानमन्त्री ने इसकी चर्चा सामान्य रूप से की थी। आज सरीन से भी इस विषय पर बात की। इस प्रसंग में प्रधानमन्त्री ने *ब्रह्मानन्द रेड्डी* की आलोचना करते हुए कहा कि वे आंध्र प्रदेश में गड़बड़ करने का प्रयत्न कर रहे हैं। सरीन ने कहा कि ब्रह्मानन्द को गृहमन्त्री नहीं बनाना चाहिए था। प्रधानमन्त्री ने इस पर प्रश्न किया कि फिर किसको बनाती? यह स्पष्ट है कि प्रधानमन्त्री ब्रह्मानन्द से प्रसन्न नहीं हैं।

बात-ही-बात में सरीन ने यह कहा कि उनका गुजरात में एक ही ध्येय

है—कांग्रेस को चुनाव जितवाना। बड़ी ग़लत बात है! उनको इस प्रकार से राजनीति में भाग नहीं लेना चाहिए। लेकिन दोष उनका अधिक नहीं है—वातावरण ही देश में ऐसा उत्पन्न कर दिया गया है।

प्रो. धर से आज बड़ी छोटी-सी भेंट हुई। निर्वाचन-सुधार पर वे चाहते हैं, मैं उन्हें एक नोट तैयार करके दे दूँ। पर लाभ क्या? कौन इस सम्बन्ध में कुछ करना चाहता है। थोड़ा शोर-शराबा किया जायेगा, और कुछ नहीं।

प्रधानमन्त्री से दोपहर बाद मेरी भेंट हुई। छोटी-मोटी कुछ चीजों पर बात करने के बाद राजस्थान की नशाबन्दी के बारे में फिर उनसे बात हुई। कुछ स्पष्ट नहीं बतातीं—दोनों तरफ की बात करती हैं।

दोपहर को प्रधानमन्त्री के कमरे के बाहर निर्मला देशपांडे को मँडराते देखा। वे सर्वोदय में प्रधानमन्त्री का पक्ष लेकर फूट डलवा रही हैं। हर दूसरे दिन दिल्ली आती हैं—प्रधानमन्त्री से मिलती हैं।

आज शेषन ने बताया कि कल प्रधानमन्त्री के कार्यालय न आने का लाभ उठाकर वह प्रो. धर से मिलने गया। करीब सवा घंटे उनके पास रहा। उसने दिल खोल कर उनसे बताया कि प्रधानमन्त्री-निवास पर किस तरह की ग़लत और गड़बड़ बातें हो रही हैं। हम सब ही इस पर बहुत दुखी हैं।

22 मार्च, 1975

कल रात 'आँधी' देखने गया। काफी समय के बाद कोई पिक्चर देखी। यह पिक्चर कमलेश्वर की 'काली आँधी' पर आधारित है। मुझे पुस्तक अधिक सशक्त लगी। पिक्चर में प्रधानमन्त्री की नकल की गयी है। जब प्रधानमन्त्री को पता चलेगा तो अवश्य ही नाराज होंगी। गुजराल पर गुस्सा उतरेगा, सेंसर क्यों नहीं की गयी। पर वास्तव में पिक्चर में कोई आपत्तिजनक बात नहीं है।

आज सुबह दस बजे मंत्रिपरिषद् की बैठक थी। नगालैंड में राष्ट्रपति शासन लागू करने के प्रश्न पर विचार करना था। गवर्नर की रिपोर्ट रात में आयी थी। सुबह मुझे पता लगा कि उन्होंने एसेम्बली भंग करने की सिफारिश नहीं की है। मुझे रिपोर्ट देखने को नहीं मिली थी इसलिए मुझे यह नहीं मालूम था कि किस आधार पर यह सिफारिश नहीं की। प्रो. धर के पास रिपोर्ट सीधी पहुँच गयी थी पर पढ़ वे भी नहीं पाये थे। मुझे फोन किया तो मैंने पूछा कि एसेम्बली भंग न करने का क्या कारण गवर्नर ने दिया है। वह तो उन्होंने नहीं बताया, पर बातचीत के बाद हम दोनों इस निष्कर्ष पर पहुँचे कि एसेम्बली भी भंग कर देनी चाहिए।

मैं प्रधानमन्त्री से यह कहता, पर मीटिंग से पहले *निर्मल मुखर्जी* (गृह सचिव) मेरे कमरे में आये और इसी विषय पर बात करने लगे। गवर्नर की रिपोर्ट भी उन्होंने दिखायी। रिपोर्ट देखने के बाद यह अधिक उपयुक्त लगा कि एसेम्बली अभी भंग

न करके एक-दो महीने उसकी गतिविधियाँ देखनी चाहिए। मंत्रिपरिषद् ने भी गवर्नर की सिफारिश का अनुमोदन किया। *एल.पी.* पहली अप्रैल को आने वाले हैं। उनसे बात करने के बाद ही इस पर निर्णय लेना उचित होगा।

मंत्रिपरिषद् की मीटिंग के बाद निर्मल मुखर्जी के साथ विज्ञान भवन गया। वहाँ प्रधानमन्त्री आई.जी. कांफ्रेंस में भाषण करने वाली थीं। प्रधानमन्त्री लगभग एक घंटे बोलीं। विरोधी दलों को भला-बुरा कहा, पर उनका भाषण बड़ा ही प्रभावशाली था। आई.जी. कांफ्रेंस में सम्भवतः इतना अच्छा भाषण उनका पहले कभी नहीं हुआ। भाषण प्रभावशाली होते हुए भी विदेश-नीति से सम्बन्धित विषयों को छोड़, सारहीन था। प्रभाव था बात कहने के ढंग में। प्रधानमन्त्री इस प्रकार के छोटे समूहों में मीटिंग हाल में—बहुत अच्छा भाषण करती हैं।

इस मीटिंग से प्रधानमन्त्री सीधे अपने घर चली गयीं। कार्यालय नहीं आयीं। सन्ध्या को कुछ लोगों से घर पर मिलना था। *फ्रैंक एन्थनी* (संसद-सदस्य व एंग्लो इंडियन्स के नेता) एक प्रतिनिधि मंडल लेकर आये थे। उनको एक ही शिकायत थी। एंग्लो-इंडियन समाज की अपनी कठिनाइयाँ हैं, पर उनमें आत्म-सम्मान की भावना तेज़ है। इसलिए वे नहीं चाहते कि उन्हें पिछड़े वर्ग की सूची में सम्मिलित किया जाये। कुछ एंग्लो-इंडियन नेता इस बात का आग्रह राज्य सरकारों से कर रहे हैं, इसे फ्रैंक एन्थनी उचित नहीं समझते। इसका विरोध करने प्रधानमन्त्री के पास आये थे।

उनके जाने के बाद श्रीमन्नारायण मिलने आये। पहले कुछ देर प्रधानमन्त्री ने अकेले उनसे बात की। बाद में बाहर आकर मुझसे पूछा कि क्या मैं श्रीमन जी को राजस्थान नशाबन्दी के सम्बन्ध में पूरी बात समझा सकता हूँ। मैं प्रधानमन्त्री के साथ अंदर गया। श्रीमन जी से लगभग आध घंटा बात हुई। मुझे कुछ ऐसा लगा कि प्रधानमन्त्री ने विनोबा जी को कुछ आश्वासन अवश्य दिया है, पर कुछ स्पष्ट कहना नहीं चाहतीं। उनका प्रयत्न है कि वित्तमन्त्री पहल करके कुछ कर दें, तो ठीक होगा।

प्रधानमन्त्री के घर से मैं शिक्षामन्त्री के कार्यालय गया। उनके पास लगभग डेढ़ घंटा रहा। प्रधानमन्त्री चाहती हैं कि दिल्ली के शिक्षकों की समस्या जल्दी हल हो जाये। उसी पर उनसे बात की। कुछ विषय और भी थे। शिक्षामन्त्री का दृष्टिकोण पहले उचित नहीं था, पर धीरे-धीरे अब वे रास्ते पर आ रहे हैं।

प्रधानमन्त्री के घर मुझे सी.पी.एन. सिंह मिले। वे प्रधानमन्त्री से हर दूसरे-तीसरे दिन मिलते हैं।

23 मार्च, 1975

आज रविवार की छुट्टी थी। दिन भर संसद भवन के सुनसान में बैठा पिछला काम निबटाता रहा। सन्ध्या को *कल्याणकृष्णन* मिलने आया। वह पहले उत्तर प्रदेश के मुख्यमन्त्री का सचिव था, अब वहीं गृह सचिव है। उत्तर प्रदेश प्रशासन पर सामान्य बातें करता रहा। इलाहाबाद में हुई प्रधानमन्त्री की गवाही के बारे में उसने कहा कि इलाहाबाद व लखनऊ में सामान्य धारणा यह है कि गवाही बहुत अच्छी नहीं रही और 'कम्प्लासेंसी' की बिल्कुल गुंजाइश नहीं है।

झा व *एल.पी.* से वायदा तो किया है उनके नोट का प्रारूप तैयार करने का, पर अभी तक कुछ किया नहीं है। आज उस पर काम शुरू करने का इरादा था, पर केवल थोड़ा-सा ही काम हो सका। झा का फोन भी आया है।

24 मार्च, 1975

आज दिन में कोई विशेष घटना नहीं हुई। कार्यालय में ही काम करता रहा। सन्ध्या को मंत्रिपरिषद् की बैठक थी। प्रधानमन्त्री को किसी आवश्यक कार्य से जाना था। मीटिंग से आध घंटे बाद चली गयीं। मंत्रिपरिषद् की मीटिंग के बाद वित्त, गृह व शिक्षा मन्त्रियों की एक मीटिंग और हुई। मैं उसमें भी सम्मिलित हुआ। शिक्षामन्त्री सन्तुष्ट नहीं हैं, पर सबने मिलकर जो निश्चय किया है, वह ठीक लगता है। शिक्षक अवश्य हड़ताल समाप्त कर देंगे, यह जानकर कि उनकी बात नहीं मानी जायेगी और सरकार अपनी बात पर दृढ़ है।

दोपहर में *वी.आर.* ने *प्रतिभा सिंह*, संसद-सदस्य का प्रधानमन्त्री के नाम एक पत्र दिखाया। इस पत्र में सेंट्रल बैंक के *तनेजा* की शिकायतें की गयी हैं। शेषन ने कहा कि यह अवश्य ही प्रतिभा सिंह से कह कर लिखवाया गया है। इसका उपयोग तनेजा को सेंट्रल बैंक से हटाने के लिए किया जायेगा। *देवेन्द्र सेन* मुझे पहले ही बता चुके हैं कि प्रधानमन्त्री ने उनसे तनेजा के विरुद्ध जाँच करने को कहा है।

25 मार्च, 1975

आज दिल्ली म्युनिसिपल कॉर्पोरेशन सुपरसीड हो गया। प्रधानमन्त्री इस बारे में काफी प्रयत्नशील थीं कुछ समय से, उनके प्रयत्न सफल हुए। *किशन चन्द* ने इस काम में कॉर्पोरेशन के सदस्यों को दूसरे दलों से तोड़-फोड़ कर कांग्रेस में मिलाने में पूरी मदद की। वे स्वयं यह बात बड़े गर्व से कहते हैं। कुछ दिन पहले *दीक्षित जी* से कहा कि चार सदस्यों को उन्होंने जनसंघ छोड़ कर कांग्रेस में आने के लिए तैयार कर लिया है। क्या उपराज्यपाल के लिए ऐसा करना उचित है? पर प्रधानमन्त्री ने उनकी नियुक्ति इसीलिए की है। प्रधानमन्त्री अभी कॉर्पोरेशन का चुनाव नहीं चाहतीं। यह कॉर्पोरेशन सुपरसीड करके ही सम्भव था। उपराज्यपाल ऊपर से दिये

गये इशारे को कार्यान्वित करने में गौरव का अनुभव कर रहे हैं। धारिया ने लोकसभा में अपने वक्तव्य में यह कहा था कि कांग्रेस नेतृत्व (प्रधानमन्त्री का सीधे नाम नहीं लिया था—संकेत स्पष्ट और पर्याप्त था) 'मैनीपुलेटिव' राजनीति में विश्वास करता है और उसी के अनुसार काम करता है। क्या यह ठीक नहीं है?

आज *राज बहादुर* व राजस्थान के मुख्यमन्त्री से फिर नशाबन्दी के विषय पर बात हुई। इस बातचीत से मैंने प्रधानमन्त्री को भी अवगत कराया। मुख्यमन्त्री का कहना है कि यदि केन्द्र वित्तीय सहायता दे तो वह नशाबन्दी लागू करने के लिए तैयार हैं। प्रधानमन्त्री ने कहा कि वह वित्तमन्त्री से बात करेंगी। आज उन्होंने इस प्रकार का संकेत दिया कि कुछ करना होगा वरना राजस्थान में भी आन्दोलन आरम्भ हो जाएगा और सर्वोदय के वे कार्यकर्ता भी जो अभी तक उनका साथ दे रहे हैं, इस आन्दोलन से अलग नहीं हो पायेंगे।

आज सन्ध्या को प्रधानमन्त्री ने दिल्ली में एक सेमीनार में एकत्रित हुए लगभग तीस उपकुलपतियों से बातचीत की। प्रधानमन्त्री के अतिरिक्त कोई भी अपनी बात ठीक से नहीं कह पाया। प्रधानमन्त्री इस प्रकार की मीटिंग में बहुत प्रभावकारी ढंग से बोलती हैं। आज भी यही हुआ। पर उपकुलपतियों को देखकर मुझे बड़ा दुख हुआ। इसमें कोई भी ऐसा व्यक्ति नहीं था जिस पर हम गर्व कर सकें। मुझे याद आ रहे थे अपने विद्यार्थी काल के उपकुलपति—*अमरनाथ झा* व ताराचन्द। उनकी टक्कर का आज शायद ही कोई उपकुलपति हो। प्रो. धर मेरे बराबर बैठे थे उस मीटिंग में। मैंने एक स्लिप पर यह लिखकर उनको दिया। उनका उत्तर था, "मुझसे कह रहे हो जिसने केवल एक उपकुलपति को ही जाना है—मौरिस ग्वायर।" उन्होंने यह भी कहा कि इन उपकुलपतियों के पास न कुछ कहने को है—न अपनी बात कहने की योग्यता व क्षमता है। इस प्रकार के उपकुलपतियों से विद्यार्थियों में असंतोष होना अस्वाभाविक नहीं है।

आज दोपहर को लंच के समय शेषन का पारा चढ़ा हुआ था। वह इस बात पर दुखी था कि प्रधानमन्त्री हर प्रकार का कागज़ धवन को दे देती हैं और उससे सलाह लेती हैं। न जाने कितनी पत्रावलियाँ उसके पास (धवन) पड़ी हैं, जिन पर कोई आदेश नहीं दिए जा रहे हैं। उसकी काफी चर्चा हो रही है। उसने यह भी बताया कि कल ओम मेहता और प्रणव मुखर्जी प्रधानमन्त्री से मिले थे। उन्होंने यह शिकायत की कि धवन प्रधानमन्त्री का नाम लेकर आयकर, सम्पत्तिकर, विजिलैंस आदि के मामलों में लोगों की सिफारिश करता है, जिससे विभागीय अधिकारियों पर बुरा असर पड़ रहा है। प्रधानमन्त्री ने उत्तर में कुछ कहा नहीं—केवल इन दो मन्त्रियों को सुन लिया। शेषन का कहना है कि यह स्पष्ट है कि प्रधानमन्त्री इसमें कोई रोकथाम नहीं करेंगी।

26 मार्च, 1975

आज के बाद संसद के दोनों सदनों की बैठक कई दिनों के लिए स्थगित हो जायेगी। राज्यसभा तो हर वर्ष की भाँति अब अप्रैल के अन्त में ही जुटेगी। पर लोकसभा के लिए यह एक नयी बात हुई है। इसकी अगली बैठक 7 अप्रैल को होगी। अगले तीन-चार दिन तो होली, गुड फ्राइडे, शनिवार आदि के कारण लोकसभा की बैठक नहीं होगी। पर उसके बाद एक सप्ताह की और छुट्टी। स्पीकर किसी कांफ्रेंस में श्रीलंका जाने वाले हैं और कांग्रेस दल यह नहीं चाहता कि डिप्टी स्पीकर की अध्यक्षता में एक सप्ताह तक काम हो। कांग्रेस दल को डिप्टी स्पीकर पर भरोसा नहीं है। आने वाली छुट्टी के कारण संसद भवन में आज से ही छुट्टी का वातावरण छा गया है।

लोकसभा में आज प्रधानमन्त्री के प्रश्नों का दिन था। इस समय एक महत्वपूर्ण घोषणा की गयी। मन्त्रियों द्वारा प्रधानमन्त्री को दिया गया सम्पत्ति का वार्षिक लेखा-जोखा प्रकाशित करने पर सरकार विचार कर रही है। अभी तक यह लेखा-जोखा मन्त्री प्रधानमन्त्री को गोपनीय रूप से देते हैं। प्रधानमन्त्री का विचार है कि इनको प्रकाशित करने में आपत्ति नहीं होनी चाहिए। पर मंत्रिमंडल के कुछ सदस्य इससे सहमत नहीं हैं। अब मुख्यमन्त्रियों की राय ली जा रही है।

दोपहर को अलीगढ़ मुस्लिम विश्वविद्यालय के कुछ विद्यार्थी मुझसे मिले। वे *प्रो. खुसरो* और *यूनुस* के कार्यकलापों से काफी चिन्तित हैं और उन्हें आशंका है कि इससे अलीगढ़ में साम्प्रदायिक विस्फोट भी हो सकता है। यूनुस ने यह प्रचार काफी किया है कि वे प्रधानमन्त्री के प्रवक्ता हैं। यह बात ग़लत है पर प्रधानमन्त्री यूनुस से कड़ाई के साथ ऐसा न करने को नहीं कहतीं।

27 मार्च, 1975

आज होली थी। कोई विशेष बात नहीं हुई।

28 मार्च, 1975

आज दिनभर कार्यालय में रहा। *झा* और *एल.पी.* से जो वायदा किया है उसी को पूरा करने के लिए, प्रशासनिक सुधार पर उनसे हुई बातचीत के आधार पर, नोट तैयार करता रहा।

एक ही काम में लगे रहने के कारण जल्दी ही थकान महसूस होने लगी। जैसे ही पहला प्रारूप तैयार हुआ, घर चला आया। उस समय सन्ध्या के करीब आठ बजे थे। कल से कुछ दिन के लिए साउथ ब्लॉक में बैठूँगा।

29 मार्च, 1975

आज साउथ ब्लॉक में बैठते ही सोचा, सबसे पहले प्रो. धर से मिल लूँ। कई दिनों से उनसे मिला नहीं था। पर जब उनके पास गया तो पाया कि वे अपने स्वभाव के प्रतिकूल बोलने के मूड में नहीं थे। कुछ चिन्तित और खोये-खोये से लग रहे थे। स्पष्ट था कि बात मुझसे कर रहे थे, पर ध्यान उनका कहीं और था। आजकल उनका स्वास्थ्य ठीक नहीं चल रहा है। उन्होंने एक-दो बार स्वयं कहा कि उनकी मानसिक मनोदशा भी ठीक नहीं है। कहने लगे कि प्रधानमन्त्री निवास में जो कुछ हो रहा है और उसकी जो चर्चा जगह-जगह हो रही है, उससे वे बहुत क्षुब्ध हैं।

मेरी उनसे काम के सम्बन्ध में कोई विशेष बात नहीं हुई। उनकी मनःस्थिति देखकर मेरी इच्छा ही नहीं हुई। इधर-उधर की कुछ बातें करके मैं शीघ्र ही उनके कमरे से वापस आ गया। हाँ, उन्होंने इतना अवश्य कहा कि कुछ समय पहले आई.बी. की एक रिपोर्ट के अनुसार ललित बाबू की मृत्यु पर कुछ रेलवे कर्मचारियों ने हर्ष मनाया था, यदि उनके नाम व पते मालूम पड़ सकें तो उनके विरुद्ध कुछ कार्यवाही की जा सकती है। मैंने कहा कि मैं डायरेक्टर सी.बी.आई. से कह दूँगा।

प्रो. धर के बाद मैं शारदा के कमरे में चला गया। वे *पंडित जी* का 1942-45 का अहमदनगर फोर्ट में लिखा गया 'जर्नल' पढ़ रहे थे। वे उन दिनों कांग्रेस वर्किंग कमेटी के अन्य सदस्यों के साथ बन्दी थे। शारदा से लेकर वह डायरी मैं पढ़ता रहा। उसे छोड़ने का मन ही नहीं करता था, पर थोड़ी देर बाद अपने कमरे में आना आवश्यक था। डायरी भी शारदा को प्रधानमन्त्री को आज ही वापस करनी थी। इसको प्रकाशित करने का प्रबन्ध किया जा रहा है। पंडित जी का 'जर्नल' पढ़ते समय 1942 की जनक्रांति आँखों के सामने उभर रही थी, (मैं उस समय इलाहाबाद में इंटरमीडिएट में पढ़ता था) पर साथ ही यह भी स्पष्ट हो रहा था कि उस काल के नेताओं के आदर्श व मान्यताएँ क्या थीं। आज वे नष्टप्राय हैं।

शारदा ने एक मज़ेदार बात और बतायी। होली वाले दिन (27 तारीख) सन्ध्या को कांग्रेस कार्यकारिणी की बैठक हुई थी। दूसरे दिन समाचारपत्रों में निकला कि कार्यकारिणी ने एक प्रस्ताव पास किया है जो दूसरे दिन प्रसारित किया जायेगा। वास्तविकता यह थी कि कार्यकारिणी के सामने कोई प्रस्ताव था ही नहीं। जिस विषय पर विचार करने के लिए मीटिंग बुलायी गयी थी, उस पर कुछ कारणों से प्रधान मन्त्री अब विचार नहीं करना चाहती थीं। आजकल की सामान्य स्थिति पर विचार-विमर्श हुआ और समाचारपत्रों से कह दिया गया कि एक प्रस्ताव पास किया गया जो बाद में प्रकाशित किया जायेगा। कल शारदा को काफी समय प्रधानमन्त्री के घर पर उसका प्रारूप तैयार करने में लगाना पड़ा। कांग्रेस का कोई सदस्य न तो यह काम करना चाहता था, न प्रधानमन्त्री यह किसी पर छोड़ना चाहती थीं।

दोपहर में *सेठना* से काफी देर तक जनता कॉलोनी के बारे में बात करता रहा।

यह पहले से ही निश्चित था। तीन-चार दिन पहले बात हुई थी। पर सेठना कुछ सामग्री बम्बई से लाना चाहते थे। उन्हें आज दिल्ली आना ही था—पद्मविभूषण से अलंकृत होने। पहले तो प्रधानमन्त्री ने महाराष्ट्र के मुख्यमन्त्री को पत्र लिख दिया था कि इस कॉलोनी को 'बार्क' (BARC) के पास से हटाया जाये, अब कुछ ढीली पड़ रही हैं।

सन्ध्या को प्रधानमन्त्री का फोन आया कि मैं असम-मेघालय के गवर्नर से पूछूँ कि गारो हिल में होने वाले एक उपचुनाव में कांग्रेस भाग ले या नहीं। यह सरासर गवर्नर के पद का दुरुपयोग है, पर प्रधानमन्त्री पार्टी और सरकार में कोई अन्तर नहीं समझतीं। उनका दृढ़ विश्वास है कि गवर्नर व अन्य सरकारी अधिकारियों का यह कर्तव्य है कि वे उनकी सहायता करें। यदि कभी इसकी ओर उनका ध्यान आकृष्ट किया जाये कि यह ग़लत बात है तो उनका उत्तर यह होता है कि देश कठिन परिस्थितियों से गुज़र रहा है, आप कानूनी बारीकियाँ निकालते हैं। उत्तरी-पूर्वी क्षेत्र के लिए तो वे विशेष रूप से इस तर्क का प्रयोग करती हैं। ख़ैर, आदेशानुसार मैंने एल.पी. को फोन मिलाने का प्रयत्न किया, पर आज शिलौंग की लाइन डाउन थी।

30 मार्च, 1975

आज रविवार था। दिन भर कार्यालय में काम करता रहा। सन्ध्या को एल.पी. से फोन पर सम्पर्क हो सका। उन्होंने कहा कि वे पूरी स्थिति का पता लगाकर कल तक मुझे अपनी राय देंगे।

31 मार्च, 1975

आज कार्यालय पहुँचते ही प्रो. धर ने बुलवा लिया। उन्होंने संक्षेप में तीन बातें कहीं। वे चाहते थे कि निर्वाचन-सुधार के सम्बन्ध में प्रधानमन्त्री किन लोगों से राय लें, इसकी एक सूची आज ही बना ली जाये। कुछ नाम उनके पास पहले से थे। दूसरे, वे चाहते थे कि युवा वर्ग के लिए सरकार क्या कर सकती है, इस पर कुछ सोच-विचार कर सुझाव प्रधानमन्त्री के समक्ष प्रस्तुत किए जायें। पर सबसे अधिक चिन्ता उनको तीसरी बात की है, जिसका विवरण नीचे दिया है।

संजीवा रेड्डी आंध्र प्रदेश के जन-जीवन में फिर सक्रिय हो गये हैं। उन्होंने जयप्रकाश के समर्थन में आन्दोलन चलाने का प्रयत्न करना आरम्भ कर दिया है। कॉलेज के विद्यार्थियों को आह्वान करके उन्होंने अपना कार्यक्रम आरम्भ किया है। प्रो. धर ने कहा कि पूरी स्थिति का अध्ययन करके इस पर विचार किया जाये कि इस आन्दोलन को किस प्रकार से रोका जाये।

संजीवा रेड्डी आंध्र प्रदेश के मुख्यमन्त्री रह चुके हैं। केन्द्र में भी मन्त्री रहे

हैं। 1967 के चुनाव के बाद वे स्पीकर हुए। *ज़ाकिर* साहब की मृत्यु पर राष्ट्रपति के चुनाव में वे कांग्रेस के प्रत्याशी थे। पर प्रधानमन्त्री ने उनका समर्थन न करके गिरि का साथ दिया। कांग्रेस दल दो धड़ों में विभाजित हो गया। 1971 के चुनाव तक *संजीवा रेड्डी* संगठन कांग्रेस में रहे। पर इस वर्ष के चुनाव में हार जाने के बाद उन्होंने राजनीति से संन्यास-सा ले लिया। 1972-73 में आंध्र प्रदेश में बहुत बड़ा आन्दोलन हुआ। पर एकाध वक्तव्य प्रसारित करने के अतिरिक्त उन्होंने उसमें भी भाग नहीं लिया। वे अपने गाँव में रहे और अपनी खेतीबाड़ी का काम देखते थे।

दो-तीन वर्ष पहले वे दिल्ली आये थे। स्वास्थ्य ठीक नहीं था, सो जाँच करवाने के लिए आये थे। उस अवसर पर प्रधानमन्त्री ने मुझसे पूछा था कि उन्हें संजीवा रेड्डी से मिलने अस्पताल जाना चाहिए या नहीं। मेरी सलाह थी कि औपचारिकता के नाते उनका ऐसा करना सर्वथा उपयुक्त होगा। वे मिलने गयीं। उसके बाद कुछ चर्चा यह भी हुई कि संजीवा रेड्डी सत्तारूढ़ कांग्रेस में वापस आना चाहते हैं। पर अब जब वे जन-जीवन में फिर से भाग लेने के लिए निकले हैं तो कांग्रेस का विरोध कर रहे हैं।

प्रो. धर और मैं उनके कमरे से साथ-साथ निकले। वे प्रधानमंत्री के कमरे में चले गये। मैं अपने कमरे में आ गया। *नारायण राव* को फोन किया कि वे आधे घंटे बाद मुझसे मिल लें। नारायण राव से मेरा परिचय बहुत पुराना है। आंध्र प्रदेश आन्दोलन के दिनों में मेरी उनकी बहुत घनिष्ठता हो गयी थी। उनसे मैं आंध्र प्रदेश और संजीवा रेड्डी के बारे में बात करना चाहता था।

नारायण राव के आने से पहले प्रो. धर प्रधानमन्त्री से मिलने के बाद मेरे कमरे में आ गये। पूछने लगे कि मैंने कुछ सोचा। मैंने उनसे हँसी की कि मेरे पास कोई मशीन तो नहीं है कि बटन दबाते ही सोचने का काम पूरा हो जाये। पर मेरे विश्वास दिलाने पर कि सन्ध्या तक मैं उनका सब काम कर दूँगा, वे चले गये।

नारायण राव से जब मैं बात कर रहा था, तभी प्रधानमन्त्री ने बुला लिया। एल.पी. का फोन सुबह आ चुका था कि उनकी राय में कांग्रेस को मेघालय में होने वाले उपचुनाव में भाग नहीं लेना चाहिए। प्रधानमन्त्री से जब मैंने यह बताया तो उन्होंने कहा कि स्वयं उनकी भी यही राय है, पर राष्ट्रपति (*फखरुद्दीन अली अहमद*) का कहना है कि मेघालय में कांग्रेस वाले बहुत हैं और चुनाव लड़ना चाहते हैं। प्रधानमन्त्री ने मुझसे कहा कि मैं दोपहर बाद राष्ट्रपति से मिलकर उन्हें पूरी स्थिति समझा दूँ। प्रधानमन्त्री से जनता कॉलोनी व नगालैंड के बारे में भी विस्तार से बातें हुई। जब उठकर चलने लगा तो उन्होंने कहा कि संजीवा रेड्डी की गतिविधियों से भी मैं जानकारी रख रहा हूँ या नहीं। मैंने उन्हें बताया कि इस समय भी नारायण राव मेरे कमरे में बैठे हैं और हम दोनों इसी विषय पर बात कर रहे हैं। नारायण राव

से बात कर निष्कर्ष यही निकला कि यदि कांग्रेस में आपसी लड़ाई न बढ़े तो संजीवा रेड्डी आंध्र प्रदेश में कुछ अधिक नहीं कर पायेंगे।

लंच के बाद नगालैंड के स्पीकर और एन.एन.ओ. के एक और प्रमुख नेता–चितेन जमीर–मुझसे मिलने आये। वे प्रधानमन्त्री से मिलना चाहते थे, पर प्रधानमन्त्री जानबूझ कर नहीं मिलीं। ठीक ही किया। यू.डी.एफ. के विजौल भी अभी दिल्ली आये हुए थे। उनसे भी वे नहीं मिली थीं। एन.एन.ओ. का विचार है कि यदि दो माह तक वह अपनी सरकार न बना सके–(एन.एन. ओ. के नेतागण बहुत आशातीत नहीं हैं)–तो नगालैंड की विधानसभा को भंग कर देना चाहिए।

सन्ध्या को पाँच बजे के लगभग मैं राष्ट्रपति से मिला। पूरी बात बताने के बाद भी उनकी यही राय थी कि कांग्रेस के प्रत्याशी को अपना नामांकन-पत्र भरना चाहिए। किसी कांग्रेसी नेता को शिलौंग जाकर *सांगमा* (मेघालय के मुख्यमन्त्री) से बातचीत करनी चाहिए और यदि वह बातचीत सन्तोषजनक हो तो कांग्रेस प्रत्याशी को बैठ जाना चाहिए। राष्ट्रपति से मैंने कहा कि इससे तो कांग्रेस की हानि ही होगी। प्रत्याशी पहले नामांकन-पत्र दाखिल करे और बाद में बैठ जाये। उन्होंने कहा कि यदि इतना भी नहीं किया गया तो मेघालय में कांग्रेस को बहुत ही निराशा होगी।

क्या राष्ट्रपति का इस प्रकार की दलगत राजनीति में भाग लेना उपयुक्त है? यह एक ऐसा प्रश्न है, जिसका उत्तर स्पष्ट है। अभी कुछ दिन पहले राष्ट्रपति संसद के एक उपचुनाव से पहले असम गये थे। विरोधी दलों ने संसद में बाहर इस बात की आलोचना करते हुए यह आक्षेप किया था कि राष्ट्रपति ने अपने दौरे के समय कांग्रेसी प्रत्याशी की मदद के लिए प्रयत्न किये थे। आज की बात से ऐसा लगता है कि आक्षेप सर्वथा निराधार न हो।

राष्ट्रपति से मिलने के फौरन बाद मैं प्रधानमन्त्री के पास आया। उनसे राष्ट्रपति की राय बतायी। वे बहुत प्रसन्न तो नहीं हुई, पर उन्होंने कहा कि मैं *नरसिंह राव,* कांग्रेस के महासचिव से मिलकर उन्हें पूरी तरह ब्रीफ़ कर दूँ। वे स्वयं तो न जा पायेंगे, पर उनसे सलाह कर किसी और को शिलौंग भेजने का प्रबन्ध करवा दूँ। *नरसिंह राव* से बात करके हमने यह निश्चय किया कि हैनरी आस्टेन, कांग्रेस के भूतपूर्व महासचिव व संसद-सदस्य को वहाँ भेजा जाये। फोन पर मैंने प्रधानमन्त्री की स्वीकृति भी ले ली। रात में नरसिंह राव के कमरे में (वे आंध्र प्रदेश गैस्ट हाउस में रह रहे हैं) हैनरी आस्टेन को भी मैंने पूरी तरह ब्रीफ़ किया। दस बजे के बाद घर पहुँचा।

कार्यालय पहुँचते ही प्रधानमन्त्री ने मुझे बुला लिया। वे जानना चाहती थीं कि तेजा के मामले में क्या हो रहा है। मैंने उन्हें बताया कि आंध्र प्रदेश हाई कोर्ट का फैसला प्राप्त हो गया है। विधि मन्त्रालय उसकी जाँच कर रहा है। निर्णय इस पर लेना है कि उस फैसले के विरुद्ध अपील करनी चाहिए या नहीं। विधिमन्त्री जेनेवा गये हैं। एकाध दिन में लौटेंगे, तभी निर्णय होगा। प्रधानमन्त्री ने कहा कि अपील करने से क्या लाभ! मैंने कहा कि प्रश्न किसी विशेष मामले का नहीं, पर विधेयक के स्पष्टीकरण का है। उन्होंने फिर पूछा कि तेजा भारत से बाहर जा सकता है या नहीं। मैंने कहा कि तेजा ने भारतीय नागरिकता त्याग दी है। अब तो उसे भारत में रहने के लिए अनुमति की आवश्यकता होगी—बाहर जाने के लिए नहीं, यदि उनका पासपोर्ट उनके पास हो तो। तेजा की बात करते-करते हम दोनों कांफ्रेंस रूम की ओर चल दिये, जहाँ मंत्रिपरिषद् की राजनीतिक-कार्यसम्बन्धी समिति की मीटिंग होने वाली थी। प्रधानमन्त्री को तेजा के मामले में विशेष रुचि है।

राजनीतिक समिति में आज असम में तेल को लेकर जो आन्दोलन हो रहा है, उस पर चर्चा हुई। पेट्रोलियम मन्त्रालय का प्रस्ताव था कि असम (और साथ ही गुजरात) को दी जाने वाली रायल्टी में वृद्धि होनी चाहिए। असम के आन्दोलन का मुख्य ध्येय यह है कि असम में धरती से निकला कच्चा तेल उस प्रदेश के बाहर नहीं जाना चाहिए। यह दृष्टिकोण सर्वथा ग़लत विचारधारा का द्योतक है। इस आधार पर तो देश की आर्थिक एकता का कोई अर्थ नहीं रह जायेगा। पर असम के पिछड़ेपन की और साथ ही मनोवैज्ञानिक समस्याएँ हैं। असम में यह भावना ज़ोर पकड़ रही है कि केन्द्र सरकार को असम की कोई चिन्ता नहीं है और धीरे-धीरे इस प्रदेश के कई भाग उससे अलग कर दिये गये हैं। इस प्रश्न का हल यह होना चाहिए कि असम का पिछड़ापन दूर करने के लिए औद्योगिक विकास की योजनाएँ कार्यान्वित करनी चाहिए।

पेट्रोलियम मन्त्रालय के प्रस्ताव पर काफी चर्चा हुई। हक्सर ने अपनी बात बड़े प्रभावकारी ढंग से कही। उनका कहना था कि हमारी आज की विषमताओं का एक मुख्य कारण यह है कि हम बिना पूरी तरह सोच-विचार किये आर्थिक प्रश्नों पर राजनीतिक निर्णय लेते हैं। उदाहरण स्वरूप उन्होंने दक्षिण में तीन इस्पात के कारखाने लगाने की बात कही (बात तो बिल्कुल ठीक थी पर जब यह निर्णय लिया गया था हक्सर प्रधानमन्त्री के सचिव थे। उन्होंने उस समय कोई आपत्ति नहीं की थी।) दूसरी बात उन्होंने कही कि इसी प्रकार हम बिना 'टोटल व्यू' लिए बहुत-सी बड़ी योजनाओं को थोड़ा-थोड़ा धन प्रदान करते हैं। यह आर्थिक विकास के लिए ठीक नहीं है। पेट्रोलियम की रायल्टी पर सिद्धान्ततः कोई विशेष मतभेद नहीं था। पर हक्सर की बातें अन्य प्रस्तावों के सन्दर्भ में थीं। अन्त में रायल्टी

पर तो निर्णय हो गया, पर अन्य बातों पर आगे सोच-विचार करना आवश्यक समझा गया।

आज की मीटिंग के सम्बन्ध में एक बात विशेष रूप से लिखना चाहूँगा। मंत्रिपरिषद् व इसकी समितियों की मीटिंगों में प्रधानमन्त्री परिस्थिति के अनुसार अपने अन्य काग़ज-पत्तर देखती रहती हैं। दूसरे मन्त्रियों और अधिकारियों को 'स्लिप' भी भेजती रहती हैं। पर आज जब वाद-विवाद कुछ देर चल चुका तो उसे अन्य लोगों पर छोड़कर वे *सरदार साहब* और *बाबूजी* (*जगजीवन राम*) से एक अलग ही मीटिंग करती रहीं। आर्थिक मामलों में उनकी रुचि राजनीतिक हद तक ही होती है। जब हक्सर व अन्य लोग आर्थिक पहलू पर ज़ोर दे रहे थे तो उन्होंने बीच में एकाध बार टोका कि यह प्रश्न राजनीतिक दृष्टि से भी देखा जाना चाहिए। उसके बाद वे अपने अलग काम में लग गयीं।

मीटिंग के बाद जम्मू-कश्मीर के गवर्नर—झा—मेरे पास आ गये। प्रधानमन्त्री से उन्हें मिलना था, पर प्रधानमन्त्री के प्रोग्राम में परिवर्तन होने के कारण वे न मिल सके। मुझे पहले सन्ध्या को चार बजे मिलने को बुलाया था पर इस परिवर्तन के कारण वे स्वयं ही मेरे कमरे में आ गये। मैंने नोट का प्रारूप भेजा था, उस पर चर्चा करते रहे—उसकी प्रशंसा भी की—और *एल.पी.* के आने पर (वे रात को ही आ गये होंगे) आगे के कार्यक्रम पर सोचते रहे।

लंच के समय शेषन ने बताया कि 'आंधी' पिक्चर को लेकर प्रधानमन्त्री के कान भर दिये गये हैं और वे *गुजराल* से बहुत नाराज़ हैं। अन्य छोटी-मोटी बातों को लेकर भी *गुजराल* की बहुत शिकायत आजकल प्रधानमन्त्री से की जा रही है और वे उन शिकायतों से प्रभावित भी हुई हैं। पाँच-छह महीने पहले गुजराल से हर बात में परामर्श होता था। मंत्रिपरिषद् और समितियों की प्रायः हर बैठक में उन्हें बुलाया जाता था। अब स्थिति बदल रही है। काफी बदल भी चुकी है।

आज मैंने दो ऐसे नोट्स देखे जो मुझे बिल्कुल अच्छे नहीं लगे। एक छोटा-सा नोट गुजराल ने प्रधानमन्त्री की सूचना के लिए भेजा था कि वे इस बात के लिए प्रयत्नशील हैं कि फिल्मी गीतकार *जयप्रकाश नारायण* व सरकार के अन्य विरोधियों के विरुद्ध और सरकार के पक्ष में गीत और कविताएँ लिखें। सूचना और प्रसारण मन्त्रालय उनका प्रचार करेगा। गुजराल ने यह भी लिखा कि इस सम्बन्ध में इन गीतकारों से उनकी एक मीटिंग भी हुई है, जिससे उनका उत्साह बढ़ा है। मतलब यह हुआ कि अब साहित्यिक कृतियों में भी राजनीति का समावेश होगा और उनके प्रसार के लिए राजनीति एक मानदंड होगा। किसी भी साहित्य के लिए इससे बड़ा दुर्भाग्य नहीं हो सकता। यदि साहिर, नीरज आदि स्वतः जे.पी. के आन्दोलन के विरुद्ध लिखना चाहें तो उन्हें पूरी छूट होनी चाहिए, पर इस प्रकार से उनसे साहित्य रचना कराना सर्वथा निन्दनीय है।

दूसरा नोट भी इसी प्रकार का था। संसद के एक नये कांग्रेसी सदस्य (जगदीश जोशी), जो कांग्रेस में भी नये-नये आये हैं, इसी प्रकार के कार्य में लगे हुए हैं। नया मुसलमान प्याज ज़्यादा खाता है। वे लेखकों का एक गुट तैयार करने में लगे हैं, जो सब कुछ छोड़कर प्रधानमन्त्री और उनके विचारों की प्रशंसा करते रहें। उन्होंने वाराणसी के *विद्यानिवास मिश्र* को इसी सन्दर्भ में प्रधानमन्त्री से मिलवाया भी था। मुझसे वे एक-दो बार कह चुके हैं कि धर्मवीर को इस गुट में लाने का प्रयत्न करूँ। उन्हें धर्मवीर की कविता 'मुनादी' अच्छी नहीं लगी। मैं साहित्य के क्षेत्र में इन गतिविधियों को हानिकारक समझता हूँ। मुझसे जब जोशी को कोई प्रोत्साहन नहीं मिला तो उन्होंने अब *उषा भगत* को पकड़ा है। उषा ने प्रधानमन्त्री को एक नोट में यह सलाह दी है कि इस प्रकार के लेखकों के सम्मेलन का आयोजन किया जाये और सरकार को इस काम में मदद करनी चाहिए। प्रधानमन्त्री ने स्वीकृति देकर शिक्षामन्त्री से यह कार्य करने को कहा है। इन सबसे किसका भला होगा—साहित्य का, राजनीति का, लेखक और बुद्धिजीवी समुदाय का? मैंने और शारदा ने यह तय किया है कि उचित अवसर पर प्रधानमन्त्री के सम्मुख यह पहलू भी प्रस्तुत करेंगे।

रात में आज *सुशीला रोहतगी* (उपमन्त्री, वित्त मन्त्रालय) के घर पर संगीत का कार्यक्रम था। सुशीला युनिवर्सिटी में मुझसे दो वर्ष आगे थीं। आज भी इतनी सौम्य और शालीन हैं जितनी विश्वविद्यालय काल में थीं। संगीत में बहुत रुचि है। मेरे घर पर भी ऐसे कार्यक्रमों में कई बार आ चुकी हैं। उनके घर आज जसराज का गायन था। जसराज ने पूरिया, हंसध्वनि, नायकी कान्हड़ा और भैरवी में ख़्याल गाये। रात बारह बजे के बाद कार्यक्रम समाप्त हुआ। पूरिया तो बहुत ही सुन्दर गाया। जसराज का विकास बहुत अच्छा हो रहा है।

2 अप्रैल, 1975

कार्यालय पहुँचते ही सेठना जनता कॉलोनी के नक्शे आदि लेकर आ गये। वे बहुत इच्छुक हैं कि यह प्रश्न शीघ्र ही सुलझ जाये और राजनीति इसमें न घुसने पाये। उनका दृष्टिकोण ठीक ही है, इसीलिए उनकी सहायता मैं काफी उत्साह से कर रहा हूँ।

लगभग 12 बजे एल.पी. मेरे पास आये। वे कल रात दिल्ली आ गये थे। सुबह मुझसे फोन पर बात की थी। 4 और 5 तारीख को 'गवर्नर्स कांफ्रेंस' है, पर वे और झा पहले आ गये हैं, क्योंकि प्रशासनिक सुधार पर उन्हें जो रिपोर्ट प्रधानमन्त्री को देनी है उस पर वे लोग विचार-विमर्श करना चाहते हैं। सुबह ग्यारह बजे वे दोनों मिलने को थे, यह उन्होंने मुझे फोन पर बताया था। उसके बाद वे

मुझे बताते कि मैं उनकी मीटिंग में कब सम्मिलित होऊँ। झा से एक घंटा बात करने के बाद वे मेरे पास नगालैंड व त्रिपुरा के बारे में बात करने आये। करीब घंटा भर हम लोग बात करते रहे। लगभग एक बजे झा भी मेरे कमरे में आ गये। कल वे प्रधानमन्त्री से नहीं मिल पाये थे। आज साढ़े बारह बजे प्रधानमन्त्री ने उन्हें बुलवा लिया। झा ने उनसे मुख्यतः कश्मीर की बात की। मेरे कमरे में हम तीनों की बातचीत का विषय था प्रशासनिक सुधार। दोनों राज्यपाल इसमें बहुत रुचि ले रहे हैं, क्योंकि प्रधानमन्त्री ने कहा है। आधे घंटे की बातचीत के बाद यह तय हुआ कि हम तीनों फिर चार बजे जम्मू-कश्मीर गेस्ट हाउस में मिलें। झा राष्ट्रपति भवन में न ठहर कर वहीं ठहरते हैं। मैंने इस समय जो नोट बनाया है उस पर विस्तार से टीका टिप्पणी होगी।

जब मैं झा के पास जाने की तैयारी कर रहा था तो प्रो. धर ने मुझे बुलाया। उन्होंने मुझे प्रधानमन्त्री को लिखा मोरारजी का पहली तारीख का पत्र दिखाया। उसमें उन्होंने लिखा है कि यदि सरकार मानसून से पहले गुजरात विधानसभा के चुनाव नहीं कराती और 'आपात्काल' की घोषणा वापस नहीं लेती तो वह 7 तारीख से आमरण अनशन करेंगे। पत्र मैंने पढ़ा। मोरारजी ने अपनी बात के पक्ष में अच्छे तर्क दिये थे। प्रो. धर ने कहा कि प्रधानमन्त्री इसका उत्तर आज ही देना चाहती हैं। मैं उत्तर का प्रारूप तैयार कर दूँ। मैंने पूछा कि सरकार का क्या दृष्टिकोण होगा ? इस पर कुछ विस्तार से न कह कर यही कहा कि इस प्रकार की धमकियों से यदि सरकार डर जाये तो प्रजातन्त्र का अन्त ही समझें। उत्तर में यह स्पष्ट करना होगा कि ये माँगें नहीं स्वीकारी जा सकतीं। मैंने कुछ प्रश्न किये तो कुछ साफ बात नहीं की; कहने लगे, पहले कुछ उत्तर तैयार कर लो, तब देखेंगे।

कमरे में आकर सबसे पहले झा को फोन किया कि मैं चार बजे नहीं आ पाऊँगा, एक आवश्यक काम में फँस गया हूँ। फिर मोरारजी का पत्र बड़ी सावधानी से पढ़ा। उन्होंने गुजरात की पंचायतों, जिला परिषदों के चुनाव और आपात्काल हटाये जाने के पक्ष में कुछ विशिष्ट बातें कहीं थीं। मुझे उनकी पूरी जानकारी नहीं थी। वे गृह मन्त्रालय से ही प्राप्त हो सकती थीं। मैं वर्धन के पास गया और आवश्यक सामग्री ले आया। रूटीन में इतनी जल्दी काम नहीं हो सकता था। इस सामग्री के आधार पर मैंने एक प्रारूप तैयार किया। शारदा को भी दिखाया। उसके एक-दो सुझाव के आधार पर उसमें परिवर्तन किया। मैंने यही लाइन अपनायी कि सरकार मानसून के बाद चुनाव करवाने का निर्णय घोषित कर चुकी है। यह बात भी तथ्यों को खींचतान कर ही लिखी गयी थी—ऐसी निश्चित घोषणा कोई है नहीं। मोरारजी यह मई के अन्त तक चाहते हैं। केवल तीन-चार महीने का अन्तर है, इसमें किसी सिद्धान्त का प्रश्न नहीं हो सकता और मोरारजी को इतनी छोटी-सी बात के लिए इतने कड़े कदम उठाने की आवश्यकता नहीं है। इस तीन-चार महीने

की देरी का मुख्य कारण है गुजरात में अकाल की स्थिति। (यह भी वास्तविकता का बढ़ा-चढ़ा रूप है।) मेरा विचार था कि प्रधानमन्त्री को मोरारजी से बातचीत करनी चाहिए। मैंने अपने प्रारूप में इस आशय का भी एक वाक्य रखा था। पर उसे शारदा ने कटवा दिया। उन्होंने बताया कि प्रो. धर से उनकी बात हुई है, वे यह नहीं चाहते।

प्रारूप तैयार करते-करते सवा पाँच बज गये थे। झा के कई फोन आ चुके थे। प्रारूप प्रो. धर के कमरे में छोड़ कर (वे उस समय नहीं थे) मैं झा के पास चला गया। झा और एल.पी. ने मेरे नोट पर विस्तार से चर्चा की थी और उसमें परिवर्तन के लिए सुझाव नोट कर रखे थे। एक घंटे तक उन सुझावों पर बातचीत होती रही। मुझे उस बातचीत के आधार पर नोट को नया रूप देना था। मैंने कहा कि मैं अगले दो दिनों में यह काम पूरा करने का प्रयत्न करूँगा।

3 अप्रैल, 1975

सुबह प्रो. धर से बहुत देर तक बात हुई। निर्वाचन सुधार के सम्बन्ध में उन्होंने मुझसे पूछा कि क्या इस पर सुझाव देने के लिए एक अनौपचारिक ग्रुप का गठन किया जाना उपयुक्त होगा? मैंने कहा कि ऐसा करने से सरकार के खिलाफ सन्देह बढ़ेगा। यह विषय ऐसा है जिस पर विपक्षी नेताओं से ही बात करके कार्रवाई करनी चाहिए। स्पष्ट बात यह है कि इस विषय पर सुझावों की कमी नहीं है, कमी है सरकार की सक्रियता और इच्छा-शक्ति में। प्रो. धर से मैं बहुत खुलकर बात करता हूँ। प्रधानमन्त्री के समक्ष भी यही दृष्टिकोण रहता है, पर दोनों के पदों का अन्तर तो पड़ता ही है बातचीत में। मैंने प्रो. धर को स्मरण दिलाया कि लगभग दो वर्ष से ऊपर हुए जब मैंने प्रधानमन्त्री को सचेत किया था कि यदि सरकार ने इस प्रश्न में रुचि नहीं दिखाई तो विपक्षी दल तो लाभ उठायेंगे ही, जनता में भी अच्छा असर नहीं पड़ेगा। पर प्रधानमन्त्री ने कुछ नहीं किया। बाद में अक्तूबर-नवम्बर 1973 में मैंने फिर प्रधानमन्त्री को एक नोट दिया। उस पर उन्होंने अपने वरिष्ठ मन्त्रियों की एक मीटिंग तो की, पर कोई ठोस निर्णय नहीं लिया। निर्वाचन प्रक्रिया में कुछ छोटे-मोटे परिवर्तन करने की बात सोची और विधिमन्त्री (गोखले) से कहा गया कि वे विरोधी दलों से बातचीत करें। यह बातचीत कभी नहीं हुई। गोखले का कहना है कि प्रधानमन्त्री ने उनसे कहा कि जल्दी करने की आवश्यकता नहीं है। इस प्रकार से समय निकलता गया। आज सब कह रहे हैं कि निर्वाचन प्रक्रिया में परिवर्तन करने के लिए, संसद की एक संयुक्त समिति ने लगभग तीन वर्ष हुए, एक रिपोर्ट दी थी, उस पर सरकार ने क्या किया? मैंने प्रो. धर से कहा कि सरकार की उदासीनता की पृष्ठभूमि में किसी ग्रुप का गठन करना सरासर ग़लत होगा।

जब मैं यह सब कह चुका तो प्रो. धर ने बताया कि वे तो लिखकर प्रधानमन्त्री को यह सुझाव भेज चुके हैं। इस पर मेरी प्रतिक्रिया यह हुई कि वे प्रधानमन्त्री से बात कर लें या यदि वे चाहें तो मैं बात कर लूँ। फिर उन्होंने मुझे प्रधानमन्त्री को भेजे गये अपने नोट की प्रतिलिपि दिखायी। उसमें उन्होंने कुछ प्रसिद्ध वकीलों और अध्यापकों के नाम दिये थे। उनको देखकर मैंने कहा कि यह ग्रुप तो इतना हल्का-फुल्का होगा कि इसकी सिफारिशों को कोई गम्भीरतापूर्वक नहीं लेगा। तब उन्होंने बताया कि वे भी इस सुझाव के पक्ष में बहुत नहीं थे, पर प्रधानमन्त्री जब उनके पीछे पड़ीं तो उन्होंने ये नाम दे दिये। अब वे कह रही हैं कि बम्बई की प्रोफेसर (प्रो. आलू दस्तुर) जिनका नाम इस सूची में है, वे जे.पी. की समर्थक हैं उनको इस ग्रुप में नहीं होना चाहिए। मेरे मुँह से निकल गया कि विशेषज्ञों की राय भी माँगना चाहती हैं, पर विशेषज्ञ भी ऐसे हों जो केवल सरकार की हाँ में हाँ मिलायें तो लाभ क्या होगा? फिर मैंने सलाह दी कि यदि प्रधानमन्त्री जी बहुत इच्छुक हैं विशेषज्ञों की राय जानने के लिए, तो बजाय ग्रुप का गठन करने के इनकी राय गुप्त रूप से पत्र द्वारा प्राप्त कर ली जाये। यह सुझाव प्रो. धर को पसन्द आया।

प्रो. धर से बात करने के बाद मुझे स्पष्ट हो गया कि सरकार कोई मौलिक और सारगर्भित सुधार नहीं चाहती। वह केवल छोटी-मोटी बातें करके 'बड़ा' प्रचार करना चाहती है। मुझे जब आभास हुआ कि जे.पी. इस सम्बन्ध में कोई ठोस कदम उठाने वाले हैं (उनके द्वारा नियुक्त तारकुंडे कमेटी की रिपोर्ट तो आ ही चुकी थी) तो मैंने प्रधानमन्त्री को एक महीना पहले 1 मार्च, 1975 को फिर एक नोट दिया कि इस विषय पर उन्हें विरोधी नेताओं से बात शीघ्र करनी चाहिए। उस नोट पर न उन्होंने, न प्रो. धर ने कुछ किया। कुछ दिनों बाद जे.पी. ने घोषणा की कि वे इस महत्वपूर्ण प्रश्न पर विचार करने के लिए सभी राजनीतिक दलों की एक मीटिंग अप्रैल में बुलायेंगे। (तारीखें भी उन्होंने सूचित की थीं) तब प्रधानमन्त्री और उनके सलाहकारों में खलबली मची। जे.पी. ने प्रधानमन्त्री को भी निमंत्रण भेजा। प्रो. धर का सुझाव था कि प्रधानमन्त्री उस सम्मेलन में स्वयं न जायें किन्तु अपनी पार्टी की ओर से किसी 'ऑबज़र्वर' को अवश्य भेज दें। यह बात नहीं मानी गयी। प्रधानमन्त्री ने एक बड़ा शिष्ट उत्तर जे.पी. को अपनी असमर्थता प्रकट करते हुए भेज दिया। पर साथ ही विरोधी दलों के नेताओं को एक मीटिंग के लिए आमंत्रित किया। उसकी तिथि जे.पी. के सम्मेलन से पहले रखी गयी। मैंने उसी समय प्रो. धर से कहा कि पहल खो देने के बाद अब मीटिंग बुलाना भोंडापन लगेगा, लोग हंसी उड़ायेंगे और विरोधी नेता कहेंगे कि प्रधानमन्त्री अपनी मीटिंग जे.पी. के सम्मेलन के बाद रखें। अब आसार यही हैं कि प्रधानमन्त्री की 8 अप्रैल की मीटिंग अप्रैल माह के अंतिम सप्ताह में हो।

प्रो. धर ने नगालैंड के बारे में भी बात की। उन्होंने पूछा कि उत्तरी-पूर्वी राज्यों के लिए एक के स्थान पर दो गवर्नर कर दें। मैंने कहा कि यह सुझाव तो मैंने स्वयं अक्तूबर में प्रधानमन्त्री को दिया था। पर उस समय इसकी पृष्ठभूमि दूसरी थीं। आज मेरा विचार है कि इस समय यह करना उचित नहीं होगा। मुझे अनुमान हो रहा था कि प्रो. धर क्यों यह प्रश्न आज पूछ रहे हैं। यह अनुमान सत्य निकला। थोड़ी देर बात करने के बाद यकायक प्रो. धर ने पूछा कि *गोविन्द नारायण* का क्या करें? मैंने कहा कि उन्हें गवर्नर बनाने की दृष्टि से नगालैंड के प्रश्न पर विचार नहीं करना चाहिए। इस पर प्रो. धर ने कहा, अच्छा ठीक है छोड़िए, बाद में बात करेंगे।

आजकल प्रो. धर नये मंत्रिपरिषद् सचिव (व अन्य सचिवों की) नियुक्ति के विषय में काफी सोच-विचार कर रहे हैं। प्रधानमन्त्री भी मुझसे इस विषय पर कई बार बात कर चुकी हैं। मैंने तो दोनों को लिखकर दिया है कि इस महत्वपूर्ण पद पर नियुक्ति वरिष्ठता के आधार पर नहीं होनी चाहिए। मेरी समझ में इस पद के लिए सबसे योग्य व्यक्ति *निर्मल मुखर्जी* हैं। प्रो. धर इससे पूर्णतया सहमत हैं। पर वे चाहते हैं कि *गोविन्द नारायण* के लिए भी कुछ कर देना चाहिए।

प्रो. धर से मिलने के बाद मैं झा के पास जम्मू-कश्मीर गेस्ट हाउस चला गया। उनसे मिलना इसलिए आवश्यक था कि कल जो कुछ सुझाव रिपोर्ट में समाविष्ट करने के लिए उन्होंने और एल.पी. ने दिये थे, उनमें से कुछ पर मुझे कठिनाइयाँ नज़र आ रही थीं। बिना उन पर निर्णय लिये मैं रिपोर्ट का प्रारूप नहीं बना सकता था। झा से करीब आध घंटा बात हुई। प्रायः सभी बातें स्पष्ट हो गयीं। पर कुछ काम उन्होंने और दे दिया। रिपोर्ट के प्रारूप के अतिरिक्त वे चाहते हैं कि मैं कुछ पत्रों के प्रारूप भी उन्हें दे दूँ।

साउथ ब्लॉक लौटने पर प्रधानमन्त्री का एक सन्देश शारदा ने दिया। मेरी अनुपस्थिति में प्रधानमन्त्री ने शारदा को बुलाया था। मोरारजी को भेजे जाने वाले पत्र में वे एक परिवर्तन चाहती हैं। प्रारूप में मैंने कल कहा था कि मानसून के ठीक बाद चुनाव होंगे। प्रधानमन्त्री इस बात को और निश्चित ढंग से कहना चाहती हैं। उन्होंने शारदा से कहा कि मैं ब्रह्मानंद रेड्डी (गृहमन्त्री) से इस विषय पर बात करके प्रारूप में जो परिवर्तन करने हों, कर दूँ। मुझे उसी समय ब्रह्मानन्द से मिलने जाना पड़ा, क्योंकि प्रधानमन्त्री चाहती थीं कि सन्ध्या को होने वाली मंत्रिपरिषद् की बैठक से पहले प्रारूप तैयार हो जाये जिससे वे अन्य मन्त्रियों से भी बात कर लें।

पहले मैंने *ब्रह्मानन्द* से प्रधानमन्त्री की मंशा के अनुसार प्रारूप में परिवर्तन करने पर बातचीत की। उनके द्वारा दिये गये वक्तव्यों की प्रतिलिपियाँ मैं अपने साथ ले गया था। अंत में यह तय हुआ कि प्रधानमन्त्री अपने उत्तर में कह दें

कि गुजरात में निर्वाचन, सितम्बर में होंगे। जब यह बात समाप्त हो गयी तो ब्रह्मानन्द ने मुझसे पूछा, "मिस्टर टंडन, चुनाव जून में क्यों नहीं हो सकते?" मैंने कहा कि मोरारजी तो कहते हैं कि मई के अंत तक। इस पर ब्रह्मानन्द ने कहा कि चुनाव हो तो मई के अन्त तक भी सकते हैं, क्योंकि मोरारजी ने अब यह कहा है तो हमें जून से पहले चुनाव की बात नहीं माननी चाहिए। मुझे यह बात बहुत बचकानी लगी।

इस सन्दर्भ में ब्रह्मानन्द ने अपनी बात विस्तार से बतायी। उन्होंने कहा कि जनवरी-फरवरी में उन्होंने प्रधानमन्त्री से कहा था कि गुजरात विधानसभा के चुनाव मार्च-अप्रैल में कर देने चाहिए। सरीन का भी यही निश्चित मत था। (सरीन ने मुझसे व प्रो. धर से भी यह बात कई बार कही। प्रधानमन्त्री को भी उन्होंने यही सलाह दी थी।) पर प्रधानमन्त्री किसी भी तरह नहीं मानीं। जब उन्होंने प्रधानमन्त्री से पूछा कि चुनाव स्थगित करने का कारण क्या होगा, तो प्रधानमन्त्री ने कहा कि गुजरात में सूखा पड़ रहा है, इसी पर जोर देना चाहिए और इसका प्रचार भी करना चाहिए। ब्रह्मानन्द तब भी सन्तुष्ट नहीं हुए। उन्होंने कहा कि गुजरात को सूखे के कारण सहायता के प्रस्तावों को तो वित्त मन्त्रालय और योजना आयोग ने स्वीकार नहीं किया है। इससे कठिनाई होगी। इस पर प्रधानमन्त्री ने कहा कि वे वित्त मन्त्रालय और योजना आयोग से कहलवा देंगी कि गुजरात को अधिक सहायता दी जाये। गृह मन्त्रालय के अधिकारी फिर से इस प्रश्न को वित्त मन्त्रालय और योजना आयोग में उठायें। ब्रह्मानन्द प्रधानमन्त्री को जल्दी चुनाव कराने के पक्ष में नहीं बदल सके। उसी दिन उन्होंने गृह सचिव और अन्य अधिकारियों को आदेश दिये कि गुजरात की सूखे की बात पर अधिक बल देने की आवश्यकता है।

ब्रह्मानन्द ने कहा कि उनकी राय में चुनाव जल्दी होने चाहिए, हो भी सकते हैं। इसलिए प्रधानमन्त्री को चाहिए कि वे अपने पत्र में मोरारजी को यह भी लिख दें कि चुनाव मानसून के बाद होंगे पर हम जल्दी करने के प्रश्न पर विचार कर रहे हैं। मैंने कहा कि इस प्रकार की गोलमोल बात तो पत्र में नहीं लिखी जा सकती। पत्र बड़ा बेढंगा हो जायेगा। ब्रह्मानन्द बात समझ गये। कहने लगे कि मैं प्रधानमन्त्री से कह दूँ कि पत्र जाने से पहले वे उनसे बात करना चाहेंगे।

जब साउथ ब्लॉक वापस आया तो प्रधानमन्त्री लंच के लिए घर जा चुकी थीं। उनके वापस आने पर ही उनसे मिला। मैंने उन्हें बताया कि ब्रह्मानन्द चाहते हैं कि आप पत्र में यह भी लिखें कि जल्दी चुनाव करने के प्रश्न पर विचार कर रहे हैं। यह भी बता दिया कि वे प्रधानमन्त्री से बात करना चाहते हैं। इस पर शाम को प्रधानमन्त्री ने ब्रह्मानन्द को फोन मिलवाया और बात की। इस बातचीत के बाद प्रधानमन्त्री ने कहा कि मंत्रिपरिषद् की मीटिंग के पहले ब्रह्मानन्द कुछ

और बात करना चाहते हैं। उनका यह भी सुझाव है कि उस मीटिंग में भी इस विषय पर चर्चा हो जानी चाहिए। प्रधानमन्त्री से एकाध और रूटीन विषयों पर भी बातचीत हुई। *डॉ. पद्मावती* के सम्बन्ध में जब बात चली तो मैंने सुझाव दिया कि हृदय रोगों की चिकित्सा के लिए एक बड़ा इंस्टिट्यूट खोल दिया जाये। *डॉ. पद्मावती* की भी समस्याएँ उससे हल हो जायेंगी। वैसे ऐसे एक इंस्टिट्यूट की बहुत आवश्यकता है।

सन्ध्या को मंत्रिपरिषद् की बैठक हुई। कोई महत्वपूर्ण विषय एजेंडा में नहीं था। इंडियन एयरलाइंस के लिए एयरबस खरीदने का प्रस्ताव आज विचारार्थ नहीं लिया गया। पर एक अन्य विषय पर चर्चा होते समय *हक्सर* ने, विभिन्न देशों के साथ स्थापित संयुक्त आयोगों (ज्वाइंट कमीशन) को किस प्रकार लाभकारी बनाया जाये, का प्रश्न उठाया। उस पर बड़ी उच्च कोटि का वाद-विवाद हुआ। मंत्रिपरिषद् में इस स्तर की चर्चा कम ही होती है।

इंडियन एयरलाइंस अपनी बढ़ती हुई आवश्यकताओं की पूर्ति के लिए तीन एयरबस खरीदना चाहती है। इसके लिए ऑर्डर 31 मार्च तक देना चाहिए था, पर कम्पनी से बातचीत करके चार-पाँच दिनों का समय बढ़ा दिया गया है। इसीलिए यह प्रश्न आज की मीटिंग में आने वाला था। कल *वी. रामचंद्रन* बड़ी देर तक मंत्रिपरिषद् के लिए तैयार किये गये नोट का अध्ययन करते रहे। उन्होंने यही राय दी कि सब बातों को ध्यान में रखते हुए प्रस्ताव स्वीकार करना ही उचित होगा। पर आज सुबह शेषन ने बताया कि प्रधानमन्त्री ने इस बात पर बहुत रोष प्रकट किया कि इतने महत्त्वपूर्ण विषय पर बिल्कुल आखिरी वक्त नोट आते हैं, इसलिए इस पर विचार नहीं किया जा सकता। यह विषय एजेंडा से प्रधानमन्त्री की नाराज़गी के कारण निकाला गया। सम्बन्धित मन्त्री (*राज बहादुर*) ने प्रधानमन्त्री से मिलकर आग्रह भी किया कि इस प्रस्ताव पर आज ही निर्णय हो जाना ठीक होगा, पर प्रधानमन्त्री ने एक नहीं सुनी। बाद में रामचंद्रन ने मुझे बताया कि प्रधानमन्त्री की नाराज़गी का कारण सम्भवतः कुछ और ही था। प्रायः इस प्रकार के सौदे में हर देश में सरकार कुछ-न-कुछ अपने या अपने दल के लिए लाभ उठाती है। यहाँ भी कुछ प्रयत्न हो रहा है। अभी मामला पक्का नहीं है, इसलिए इसको स्थगित कर दिया गया।

मंत्रिपरिषद् की मीटिंग समाप्त होने पर प्रधानमन्त्री ने सब मन्त्रियों को रोक लिया। कोई अधिकारी उस विचार-विमर्श के समय उपस्थित नहीं था। मोरारजी के उपवास के बारे में बात हुई। मुझे बाद में प्रधानमन्त्री ने मंत्रिपरिषद् में हुई बातचीत का सारांश बताया, जिसकी चर्चा मैं आगे करूँगा।

मंत्रिपरिषद् की बैठक से लौटने पर *अरुणा आसफ अली* से भेंट हुई। वे दिल्ली के मामलों में काफी रुचि रखती हैं। उसी के संबंध में वे मुझसे बात करने

आयी थीं। दिल्ली सम्बन्धी कुछ विधेयकों में वे संशोधन चाहती हैं। उनका सुझाव था कि जो बातें उन्होंने कहीं, उनकी जाँच करा के प्रधानमन्त्री के आदेश ले लिये जायें। पर मुख्य बात वे कुछ और ही करने आयी थीं। दिल्ली कांग्रेस की गतिविधियों से वे बहुत असन्तुष्ट हैं। उनका कहना है कि हर पार्टी में अंदरूनी मतभेद व तनाव रहता है। पर कांग्रेस में यह काफी भद्दी शक्ल लेता जा रहा है। यहाँ दो गुटों का आधार है–दिल्ली के पुराने रहने वाले और 1947 के बाद आये हुए लोग। दूसरे गुट के अधिकतर प्रगतिशील कहे जाने वाले लोग हैं, पर अरुणा जी की सहानुभूति पहले गुट से अधिक लगती है। उन्होंने कहा कि दूसरे गुट के लोगों ने भ्रष्टाचार को खूब बढ़ावा दे रखा है। इसके कारण आज पूरी दिल्ली में कांग्रेस के नाम पर लोग थू-थू कर रहे हैं। अरुणा जी चाहती हैं कि यह सब मैं प्रधानमन्त्री को बता दूँ।

घर जाने से पहले प्रधानमन्त्री ने मुझे बुलाया। पहले तो यह बताया कि बिहार के गवर्नर *भंडारे* अब आंध्र प्रदेश जाने को तैयार हैं। मेरे पूछने पर कि बम्बई से अगला चुनाव लड़ने के उनके विचार का क्या हुआ, प्रधानमन्त्री ने कहा कि लगता है अब वे राज्यपाल के पद को नहीं छोड़ना चाहते। फिर तेजा की बात उठायी। उसका लड़का उनसे मिलना चाहता है।

इन सबके बाद वे मोरारजी के उपवास की बात पर आ गयीं। उन्होंने कहा कि मंत्रिपरिषद् में तो यही राय है कि उपवास की धमकी से नहीं दबना चाहिए। मन्त्रियों की यह राय भी है कि अपने पत्र में प्रधानमन्त्री को सितम्बर में चुनाव करने की बात को निश्चित नहीं करना चाहिए, बल्कि यह कहना चाहिए कि चुनावों में अक्तूबर से देर नहीं होगी। पर अन्त में गृहमन्त्री ने कहा कि वे रात्रि में कुछ और लोगों से सलाह करेंगे, इसलिए प्रधानमन्त्री अपना पत्र कल सुबह भेजें।

प्रधानमन्त्री ने यह भी कहा कि ब्रह्मानन्द तो कुछ अज़ीब-सी बात कर रहे हैं। यह स्पष्ट नहीं है कि क्या करना चाहते हैं। कभी कुछ कहते हैं, कभी कुछ। प्रधानमन्त्री से उन्होंने अलग (मंत्रिपरिषद् की मीटिंग के पहले) यह कहा कि चुनाव जून में करा देने चाहिए। एक बार यह भी कहा कि मोरारजी से बात करनी चाहिए। प्रधानमन्त्री को अधिक कहने की आवश्यकता नहीं थी। सारी स्थिति तो मुझे स्पष्ट थी। ब्रह्मानन्द प्रधानमन्त्री के निर्णय से सहमत नहीं हैं, पर कुछ कह भी नहीं पा रहे हैं। इसीलिए दबी ज़बान से अपने सब विचार इधर-उधर करके प्रधानमन्त्री के समक्ष रख रहे हैं।

मोरारजी से मिलने की बात जब उठी तो मैंने प्रधानमन्त्री से कहा कि उनसे बातचीत करने से कोई लाभ इस अर्थ में नहीं होगा कि वे अपनी ज़िद छोड़ दें, पर यह निरर्थक नहीं होगी। कम-से-कम जनता को यह मालूम होगा कि आपने उन्हें समझाने का भरसक प्रयत्न किया। जब यह बात हो रही थी तभी प्रो. धर भी

प्रधानमन्त्री के कमरे में आ गये। उन्होंने यह बात सुनते ही कहा कि मोरारजी को बातचीत के लिए नहीं बुलाना चाहिए। ऐसा लिखने से पत्र 'निगोशिएबिल' हो जायेगा और प्रधानमन्त्री का पत्र ऐसा नहीं बनाया जा सकता। मैंने केवल यही कहा कि मेरी राय में ऐसा करना अनुचित नहीं होगा और इस पर आगे विचार कर लिया जाये।

रात्रि को साढ़े दस बजे के लगभग प्रधानमन्त्री का फोन आया। उन्होंने कहा कि उन्होंने मेरे सुझाव पर विचार किया है, कुछ और लोगों से भी बात की है। सबकी यही राय है कि उन्हें मोरारजी को बातचीत के लिए बुलाना चाहिए। उन्होंने कहा कि मोरारजी को भेजे जाने वाले पत्र में इस आधार पर परिवर्तन करना होगा। मैंने फोन पर ही उन्हें बताया कि पत्र के अन्त में किस प्रकार दो-तीन वाक्य जोड़े जा सकते हैं।

करीब घंटा भर बाद प्रधानमन्त्री के घर से एक सील्ड लिफाफा आया। मोरारजी को भेजे जाने वाले पत्र में जो उन्होंने परिवर्तन किये थे उसकी एक प्रति भेजी थी। उन्होंने मोरारजी को बातचीत के लिए बुलाया है, यह संशोधन तो ठीक ही था। पर इस प्रारूप में एक और परिवर्तन किया गया है। यह कहा जा रहा है कि चुनाव मानसून के बाद होंगे, पर अक्तूबर से देर नहीं होगी। मुझे यह ठीक नहीं लगता। ऐसा कहना ग़लत होगा। इससे स्पष्ट है कि राष्ट्रपति शासन की अवधि, जो अब तक संसद द्वारा 12 सितम्बर तक स्वीकृति प्राप्त है, फिर बढ़ाई जा सकती है। आज देर हो गयी है। कल सुबह प्रधानमन्त्री से बात करूँगा, यदि तब तक पत्र न चला गया तो।

4 अप्रैल, 1975

आज सुबह उठते ही शेषन को फोन किया कि यदि जब वह प्रधानमन्त्री के निवास पर पहुँचे, तब तक मोरारजी को पत्र नहीं गया हो तो मैं प्रधानमन्त्री से बात करना चाहूँगा। थोड़ी देर बाद प्रो. धर का फोन आया। दो-तीन बार में उनसे पंद्रह-बीस मिनट तक बात हुई। यह बात मोरारजी के पत्र के बारे में थी और उसका सारांश यह था। प्रो. धर को यह पसन्द नहीं आया कि कोई निश्चित महीना भी चुनाव के लिए अभी से घोषित किया जाये। वे कहने लगे कि एक बार निश्चित बात कह कर चुनाव टालना कठिन होगा। फिर यदि गुजरात में भी चुनाव लोकसभा चुनाव के साथ जनवरी-फरवरी में करना हो तो कैसे होगा? मैंने कहा, यह तो नीति का प्रश्न है; आलेख तैयार करने का नहीं। प्रधानमन्त्री बिल्कुल निश्चित बात कहना चाहती हैं, प्रो. धर बिल्कुल भिन्न बात। मैंने कहा कि प्रधानमन्त्री से बात करके मौलिक प्रश्न पर निर्णय ले लीजिए। प्रारूप उसी के अनुसार बन जायेगा। इस पर उन्होंने मेरी राय पूछी। मैंने कहा कि मुझे तो स्पष्ट लग रहा है कि सितम्बर

से आगे चुनाव खिसकाना कठिन होगा। इसलिए प्रधानमन्त्री को अपने पत्र में अक्तूबर का जिक्र किसी भी तरह नहीं करना चाहिए। मैंने इसीलिए वह वाक्य बदल दिया है। प्रो. धर ने कहा कि कुछ सोचकर मुझे बतायेंगे। करीब 15-20 मिनट बाद उनका फोन आया कि यदि बात को गोलमोल तरह से नहीं कहना है (वे अब भी यही चाहते थे) तो जो मैंने सुझाव दिया है वह ठीक है और मैं प्रधानमन्त्री से बात कर लूँ। मैंने उसी समय फोन पर प्रधानमन्त्री से बात की। मेरा सुझाव उन्होंने स्वीकार कर लिया और वह पत्र (तीन अप्रैल की तारीख में) उसी समय भेज दिया गया।

मोरारजी प्रधानमन्त्री से मिलने सन्ध्या को उनके घर आये। मैं भी वहाँ उपस्थित था, पर उन दोनों की बातचीत में भाग लेने का प्रश्न नहीं उठता। मेरे सुझाव पर प्रधानमन्त्री ने गृहमन्त्री को बुला लिया था। पहले दस मिनट तक प्रधानमन्त्री और मोरारजी की अकेले बात हुई। उस समय मैं और *ब्रह्मानन्द* एक दूसरे कमरे में बैठे बातें करते रहे। ब्रह्मानन्द के बातचीत में भाग लेने से पहले अहमदाबाद से *सरीन* का फोन आया कि मई में तो चुनाव हो ही नहीं सकते। मुझे बात कुछ अटपटी लगी। कुछ दिन पहले तक सरीन इसी पर जोर दे रहे थे कि चुनाव जल्दी हों। आज यह दूसरी बात कैसे?

मोरारजी और प्रधानमन्त्री की बातचीत पचास मिनट तक चली। बातचीत के बाद प्रधानमन्त्री व गृहमन्त्री को राष्ट्रपति भवन जाना था। आज सुबह से दो दिनों का राज्यपाल सम्मेलन आरम्भ हुआ है। जाने से पहले प्रधानमन्त्री ने मुझे संक्षेप में वार्ता का सार बताया। मोरारजी अपनी बात से तनिक भी टलने को तैयार नहीं हुए। अब निश्चित ही है कि मोरारजी आमरण अनशन करेंगे।

रात में एक जगह डिनर पर *वर्धन* से भी इस सम्बन्ध में बात हुई। वर्धन का कहना है कि सरकार का जनवरी-फरवरी में चुनाव न कराना सरासर अनुचित था। उसी एक ग़लती के कारण ये सब उलझनें पैदा हो रही हैं। लेकिन दोष गृहमन्त्री का नहीं है। वे जल्दी चुनाव कराने के पक्ष में थे और उन्होंने प्रधानमन्त्री से काफी आग्रह भी किया। जनवरी में जब एक दिन गुजरात के कुछ कांग्रेसी नेता भी गृहमन्त्री से मिले थे तो उन्होंने कहा था कि केन्द्रीय सरकार को सब बात सोच कर निर्णय लेना होगा। पर उनका सुझाव था कि जो निर्णय ले लिया जाये, उस पर डटे रहना ठीक होगा। उन्होंने यह भी चेतावनी दी थी कि यदि चुनाव आगे खिसका दिये गये तो मोरारजी अनशन करेंगे। इस बात को भी ध्यान में रखना होगा। इस परिस्थिति में गृह मन्त्रालय को दोष देना ठीक नहीं होगा।

वर्धन ने एक और मज़ेदार बात बतायी। निर्णय तो ले लिया गया कि चुनाव मानसून तक नहीं हो सकते, उसके बाद देखा जायेगा। यह भी तय नहीं हुआ कि मानसून के बाद कब? इस पर गुजरात में और राजनीतिक क्षेत्रों में आलोचना हुई।

प्रधानमन्त्री ने गृहमन्त्री से कहा कि निर्वाचन आयोग को मनाया जाये कि वह इस बात पर तैयार हो जाये कि सरकार पत्र लिखे कि वह शीघ्र-से-शीघ्र चुनाव करा दे, पर वह अपनी ओर से कठिनाइयाँ बताते हुए यह कहें कि चुनाव अभी नहीं हो सकता। *ब्रह्मानन्द* के आदेश पर *वर्धन* मुख्य चुनाव आयुक्त (*टी. स्वामीनाथन*) से मिलने गये और उनके समक्ष यह प्रस्ताव रखा। स्वामीनाथन एकदम आग बबूला हो गये और वे किसी भी तरह यह सुझाव मानने को तैयार नहीं हुए। स्वामीनाथन ने सरकार की काफी ज़ायज-नाज़ायज सहायता की है, पर ग़लत काम करने की भी एक सीमा होती है। विपक्षी दलों की माँग कि निर्वाचन आयोग बहु-सदस्यीय हो, निराधार नहीं है।

प्रधानमन्त्री के निवास पर जब वे और मोरारजी अकेले बातचीत कर रहे थे, तो ब्रह्मानन्द मुझे अपनी कठिनाइयाँ सुना रहे थे। कलकत्ते में पिछली 2 तारीख को जे.पी. गये तो छात्र परिषद् और युवा कांग्रेस के सदस्यों ने उनकी कार पर हमला किया और उनकी एक मीटिंग नहीं होने दी। आक्रमणकारियों का नेतृत्व बंगाल सरकार के एक राज्यमन्त्री ने किया। इसकी आजकल बहुत आलोचना हो रही है। लोकसभा का सत्र आरंभ होते ही इस पर वाद-विवाद होगा। *ब्रह्मानन्द* ने कहा कि यह बहुत ग़लत काम हुआ है, पर मैं कुछ कह नहीं सकता क्योंकि *सिद्धार्थ* इससे नाराज होंगे। वे मुझसे पूछने लगे कि बताओ, इस हालत में मैं लोकसभा में क्या कह सकता हूँ? मैंने उनसे कहा कि सिद्धार्थ आज कलकत्ते से आये हैं, वे उनसे बात कर लें।

आज सुबह कार्यालय में एक और बात का पता चला। कुछ दिन पहले *जे.पी.* उड़ीसा गये थे। वहाँ के राज्यपाल (अकबर अली खाँ) ने उन्हें राजभवन में रात्रि के खाने पर बुलाया। यह बात प्रधानमन्त्री को अच्छी नहीं लगी। उनके कहने पर राष्ट्रपति ने अकबर अली खाँ से पूछताछ की तो उन्होंने बताया कि जे.पी. ने एक सन्देश भेजा था, इसलिए उन्हें खाने पर बुलाना पड़ा। बाद में *अकबर अली खाँ* ने एक पत्र द्वारा उनका और *जे.पी.* का जो पत्र-व्यवहार हुआ था उसकी प्रतिलिपियाँ भेजीं और कहा कि यदि जे.पी. को अपने निवास पर बुलाने के कारण राष्ट्रपति और प्रधानमन्त्री नाराज हो गये हैं तो इस पत्र को उनका त्यागपत्र समझा जाये। संलग्नित पत्र-व्यवहार से स्पष्ट था कि रात्रि-भोज का न्यौता स्वयं राज्यपाल ने दिया था। प्रधानमन्त्री ने सब कागज़ात प्रो. धर के पास भेजे थे, उनकी राय के लिए। प्रो. धर ने मुझे बुला कर कहा कि इस समय कुछ नहीं करना चाहिए। प्रधानमन्त्री त्यागपत्र स्वीकार करना चाहती थीं। मैंने कहा कि यह ग़लत होगा और इससे राजनीतिक लाभ भी नहीं मिलेगा। प्रो. धर भी इसी मत के थे। उन्होंने प्रधानमन्त्री को यही लिखकर भेज दिया। पर दोपहर तक प्रधानमन्त्री से वे कागज़ वापस आ गये। उन्होंने लिखा कि कुछ महीने बाद अकबर अली खाँ को किसी और राज्य में भेजने का या उनसे

त्यागपत्र ले लेने का प्रबन्ध करना चाहिए।

इसी सन्दर्भ में प्रो. धर ने बताया कि उनका अनुमान है कि नवम्बर 1973 में प्रधानमन्त्री और जे.पी. की एक भेंट उनकी आज की विषमता का मुख्य कारण है। उस भेंट में प्रधानमन्त्री के रवैये ने जे.पी. को चोट पहुँचायी। प्रो. धर उस भेंट का विवरण देने जा रहे थे कि कोई फोन आ गया। बात कट गई।

आज *एल.पी.* और *झा* के पास उनकी रिपोर्ट का प्रारूप बनाकर भेज दिया। अब फिर सब साथ बैठ कर उसे अन्तिम रूप देंगे।

5 अप्रैल, 1975

प्रधानमन्त्री दिनभर राज्यपाल सम्मेलन में लगी रहीं। मुझे *एल.पी.* और *झा* के लिए कुछ और सामग्री तैयार करनी थी। आधे से अधिक दिन उसी में लग गया। फिर इधर एल.पी., झा के काम के कारण मेरा अपना काम काफी जमा हो गया था। उसको निबटाने में भी समय लगा। और कोई विशेष बात नहीं हुई। यह सब परिश्रम व्यर्थ जायेगा। हमारे आजकल के वरिष्ठ अधिकारी इतने कंजरवेटिव हैं कि वे प्रधानमन्त्री के आदेश नहीं मानेंगे। उनकी यह अजब धारणा बन गयी है कि प्रशासनिक मामलों में प्रधानमन्त्री को हस्तक्षेप करने का अधिकार नहीं है। इन लोगों के इसी दृष्टिकोण के कारण आज हमारे प्रशासन में अकर्मण्यता, कार्यकुशलता की कमी आदि पूरी तरह व्याप्त है। इन वरिष्ठ अधिकारियों की महानता केवल एक बात में है—इन लोगों ने अपने-अपने पुत्रों और दामादों और कहीं-कहीं अपने चाटुकारों की देखभाल भली प्रकार की है। इस सम्बन्ध में कई वर्ष पहले मैंने हक्सर साहब को दिखाकर एक विस्तृत नोट (जिसमें पूरे उदाहरण दिये गये थे) प्रधानमन्त्री को दिया था और प्रधानमन्त्री ने एक आदेश भी मंत्रिमंडल सचिव को भेजा था।

6 अप्रैल, 1975

आज छुट्टी थी। सुबह कार्यालय में ही सारा समय बिताया। दोपहर बाद साढ़े तीन बजे से जम्मू-कश्मीर गेस्ट हाउस में एल.पी., झा और मेरी एक बैठक और हुई। वह लगभग चार घंटे चली। उन लोगों की रिपोर्ट तैयार हो गयी। कल संध्या को वह प्रधानमन्त्री को भेंट कर देंगे। दोनों ने काफी परिश्रम किया है। मुझे इस बात की प्रसन्नता है कि उन्होंने मुझे इस काम में अपने साथ रखा। रिपोर्ट में जानबूझ कर कोई नयी बात नहीं कही गयी है। प्रशासन के कुछ क्षेत्र ऐसे छाँटे हैं, जहाँ सक्रिय होना आवश्यक है। यदि जो बातें कही गयी हैं, उनको माना जाये और मानने से अधिक उन पर अमल किया जाये तो प्रशासनिक कार्य-कलाप बहुत कुछ सुधर सकता है। पर मुझे इसमें भारी संदेह है। दो-तीन दिन हुए *सुशीतल* मिला था। उसकी भी यही आशंका है। कारण केवल यह है कि हमारे वरिष्ठ अधिकारी विशेषकर

आई.सी.एस. वाले (यद्यपि एल.पी. व झा भी आई.सी.एस. के हैं, पर उनकी सोच भिन्न है) यह समझते हैं कि इन विषयों पर उनकी जो राय है वही अन्तिम राय हो सकती है। उन लोगों ने तो इस क्षेत्र में यहाँ तक किया है कि प्रधानमन्त्री के आदेशों तक को कभी-कभी ताक पर उठा कर रख दिया। ऐसे अधिकारियों से कुछ आशा करना ग़लत है।

रात में प्रधानमन्त्री का फोन आया। उन्होंने सुना है कि गृहमन्त्री कलकत्ता की 2 अप्रैल की घटना पर एक वक्तव्य करने वाले हैं। वे चाहती हैं कि मैं उस वक्तव्य को देख लूँ। उसमें किसी प्रकार की क्षमा-याचना या खेद-प्रकट नहीं होना चाहिए। प्रधानमन्त्री ने कहा कि यदि घटना संबंधी कुछ जानकारी करनी हो तो संसद सदस्य *दास मुंशी* से मैं बात कर लूँ। वे कलकत्ते से वापस आ गये हैं।

अवश्य ही गृहमन्त्री लोकसभा में वक्तव्य देने की तैयारी में होंगे। सुबह उनसे बात करूंगा।

7 अप्रैल, 1975

कार्यालय आते ही ब्रह्मानन्द के कमरे में चला गया। (आज से फिर संसद भवन में कार्यालय आ गया है।) गृह मन्त्रालय के अधिकारी भी वहाँ उपस्थित हैं। एक प्रारूप पहले से तैयार था पर लगभग घंटा भर की बैठक में उसको काफी बदला गया। ब्रह्मानन्द तो चाहते थे कि एकाध वाक्य ऐसा कहा जाये जिससे यह प्रकट हो कि कलकत्ते की घटना से सरकार को दुख हुआ है। पर बैठक के बीच में वे एक बार प्रधानमन्त्री से मिलने गये थे। वापस आकर वह वाक्य कटवा दिया। सरकार दुखी हो या न हो, ब्रह्मानंद अवश्य क्षुब्ध हैं।

सदन में जैसा अनुमान था, कलकत्ते की घटना को लेकर प्रश्नकाल के आरंभ में ही शोर मचने लगा। प्रश्नकाल स्थगित करने का प्रस्ताव स्वीकार नहीं हुआ, पर प्रश्नकाल समाप्त होते ही फिर शोर शुरू हो गया। जब यह सब हो रहा था तो प्रधानमन्त्री ने ऑफिशियल गैलरी में मेरे पास एक स्लिप भेजी कि गृहमन्त्री के वक्तव्य के अन्त में एकाध वाक्य जोड़ देना चाहिए कि सरकार की तो हमेशा यह नीति और प्रयत्न रहा है कि प्रत्येक नागरिक को अपने मूलभूत अधिकारों का उपयोग करने के लिए पूरी संरक्षता मिलनी चाहिए। सरकार चाहती है कि विरोधी दल और जनता भी इस काम में सहयोग दे। वहीं बैठे-बैठे मैंने वक्तव्य का यह अंश तैयार करके प्रधानमन्त्री के पास भेज दिया। उन्होंने इशारे से अपना अनुमोदन भी मुझे जता दिया पर बाद में एक स्लिप पर लिखकर भेजा कि गृह सचिव से मैं कहूँ कि वे ब्रह्मानंद को यह अंश जोड़ने की सलाह दें। संयोग से वर्धन भी गैलरी में थे। उनके द्वारा मैंने ब्रह्मानन्द को यह सलाह भेजी।

लेकिन सदन इस मूड में था ही नहीं कि गृहमन्त्री का कोई वक्तव्य सुने।

विपक्षी दल यह चाहता था कि इस प्रश्न पर वाद-विवाद का अवसर मिलना चाहिए। कांग्रेस पक्ष का यह कहना कि यह विषय राज्य सरकार से संबंधित है, कोई मानने को तैयार नहीं था। बाद में स्पीकर ने कहा कि वे दलों के नेताओं से बात कर कुछ निर्णय करेंगे।

दोपहर में कई विरोधी नेताओं के प्रस्ताव अनौपचारिक रूप से सामने आये। वातावरण से यह लगता था कि सरकार को वाद-विवाद के लिए समय देना होगा। मैंने सब प्रस्ताव देख कर प्रधानमन्त्री को यही राय दी कि *श्यामनन्दन मिश्र* का प्रस्ताव वाद-विवाद का विषय बनाया जा सकता है। पर उस समय उन्होंने कोई निर्णय नहीं लिया। दलों के नेताओं की बैठक में भी कोई निर्णय नहीं हुआ। हाँ, यह अवश्य निश्चित हो गया कि सरकार को चर्चा का समय देना पड़ेगा। चर्चा किस प्रस्ताव पर हो, इस पर सरकार को कल सुबह दस बजे तक का समय दिया गया है। रात में प्रधानमन्त्री का फोन आया। विधिमन्त्री उनके पास बैठे थे उस समय। दोनों की यही राय थी कि *श्यामनन्दन मिश्र* के प्रस्ताव पर चर्चा करना मान लिया जाये। चर्चा के बाद प्रस्ताव को अस्वीकार करवा दिया जायेगा। प्रधानमन्त्री ने मुझसे कहा कि गृहमन्त्री के वक्तव्य को अब ठीक से तैयार करवा दूँ।

आज दिन में *जगपत दुबे* मिले थे। वे इलाहाबाद से सुबह ही आये थे। मेरी बड़ी छोटी-सी भेंट हुई। उस भेंट में उन्होंने मुझसे उत्तर प्रदेश की सूचना निदेशक *सरला साहनी* की शिकायत की। उनके अनुसार *गोविंद मिश्र* (जो पिछले महीने इलाहाबाद हाई कोर्ट में गिरफ्तार हुए थे) को हाई कोर्ट ले जाने में सरला साहनी मदद कर रही थी। उन्होंने रजिस्ट्रार को, जो पत्रकारों की सूची भेजी थी, उसमें गोविंद मिश्र का नाम भी था। बाद में उन्होंने किस्सा बना दिया।

8 अप्रैल, 1975

सुबह आज ब्रह्मानन्द के कमरे में श्यामनन्दन मिश्र के प्रस्ताव के सम्बन्ध में एक मीटिंग हुई। मैं भी उसमें उपस्थित था। ब्रह्मानन्द चाहते थे कि श्यामनन्दन के प्रस्ताव में कुछ इस प्रकार का संशोधन हो जाये कि सारा सदन एकमत होकर उसे स्वीकार कर ले। प्रधानमन्त्री को भी इसमें आपत्ति नहीं है। पर वे चाहती हैं कि कांग्रेस पार्टी के अन्य सदस्यों से भी पूछताछ कर ली जाये।

दोपहर को कांग्रेस अध्यक्ष व 15/20 संसद-सदस्यों की मीटिंग रघुरमैया के कमरे में थी। उस मीटिंग में यह तय होना था कि कांग्रेस पार्टी इस वाद-विवाद में क्या रुख अपनाये। इससे पहले कि कोई भी कुछ कहे *माया राय* (सिद्धार्थ की पत्नी, जो संसद सदस्य है) ने कहा कि हमें किसी प्रकार का पश्चाताप नहीं है। क्षमा-याचना या खेद प्रकट करना बिल्कुल ग़लत होगा। बंगाल को नक्सलवादियों के आतंक से युवा-कांग्रेस और छात्र-परिषद् के सदस्यों ने ही छुटकारा दिलाया था। उस समय

किसी ने उनकी निन्दा नहीं की। यदि 2 अप्रैल की घटना पर कुछ भी कहा तो ये बहादुर लड़के निरुत्साहित होंगे, जो बंगाल के हित में नहीं है। हमें इन लड़कों को शाबाशी देनी चाहिए। मुझे इस दृष्टिकोण से बिल्कुल आश्चर्य नहीं हुआ। बंगाल में आज नक्सलवादियों का आतंक अवश्य कम हो गया है, पर छात्र संघ वालों का उत्पात करीब-करीब उसी टक्कर का है। कांग्रेस ने नक्सलवादियों को अपने में मिला लिया है। जेल से छोड़ने तक के प्रलोभन का सफल उपयोग इस सम्बन्ध में किया। मुझे बहुत हँसी आती है जब कांग्रेसी नेता विरोधी दलों को हिंसा के लिए उलाहना देते हैं। बंगाल के एक अधिकारी ने मुझे आज बताया कि 2 अप्रैल को जे.पी. समर्थकों का नारा था, "कांग्रेसी गुंडागर्दी नहीं चलेगी" जबकि कांग्रेस के लोग नारा लगा रहे थे, "यह बिहार नहीं है, हम बोटी-बोटी काट देंगे।" ये कांग्रेस वाले अहिंसा के पुजारी बनते हैं!

ब्रह्मानन्द ने आज यह भी कहा कि बंगाल सरकार से जो लिखित रिपोर्ट आयी है, वह बिल्कुल ग़लत है। स्वयं सिद्धार्थ ने जो विवरण दिया, उससे स्पष्ट है कि 2 अप्रैल को अशोभनीय घटना हुई। पर छात्र-परिषद् के डर से सही बात नहीं कही जा सकती।

आज सुबह मुझे पता लगा कि कल रात्रि को टी.वी. पर एक प्रोग्राम में सरीन पर्दे पर आये। यद्यपि उन्होंने इन शब्दों का प्रयोग नहीं किया, पर उनका सन्देश यही था कि गुजरात में चुनाव अभी नहीं हो सकते। सरकारी कर्मचारी होकर सरीन के लिए श्रेयकर नहीं है कि राजनीति में भाग लें। पता नहीं क्यों वे टी.वी. पर आने के लिए तैयार हुए।

9 अप्रैल, 1975

मोरारजी के उपवास को आज सुबह 48 घंटे हो गये। धीरे-धीरे उनके प्रति सहानुभूति बढ़ रही है। सुबह प्रो. धर का फोन आया कि क्या समाचार है। मैंने उनसे कहा कि पिछले दो दिन तो लोकसभा में 2 अप्रैल की घटना की सरगर्मी रही। अब इस उपवास की बारी आयेगी।

प्रो. धर ने मुझसे पूछा कि मुझे स्थिति कैसी लगती है। मैंने कहा कि प्रशासन की दृष्टि से तो कोई विशेष बात कहने योग्य नहीं है। यदि दुर्भाग्य से उपवास में कुछ घट गया तो केवल 'लॉ एंड आर्डर' की समस्या नहीं उभरेगी (प्रश्न केवल व्यवस्था का नहीं) बड़ा राजनीतिक प्रश्न खड़ा हो जायेगा। इस बात का अनुमान लगाना आवश्यक है कि इस दुर्घटना से जो परिस्थितियाँ उत्पन्न होंगी, उनका सामना सत्तारूढ़ दल कर पायेगा या नहीं। मैंने प्रो. धर से कहा कि यह राजनीतिक अनुमान लगाना मेरे लिए उपयुक्त नहीं होगा, क्योंकि मैं ऐसा करने के लिए अयोग्य हूँ।

बात यह नहीं कि मैं यह अनुमान नहीं लगा सकता या आगे की गतिविधियों को अभी से नहीं देख सकता। मैं प्रो. धर से स्पष्ट रूप से यह नहीं कहना चाहता कि राजनीतिक दृष्टिकोण से सरकार की ज़िद सरासर ग़लत है और सत्तारूढ़ दल के लिए ही घातक सिद्ध हो सकती है। पर इस बात की ओर संकेत मैंने पूरा कर दिया है। मैंने कह दिया है कि मोरारजी अपनी बात से नहीं डिगेंगे। इस आधार पर कांग्रेस के उच्च नेता स्वयं यह अनुमान लगायें कि किसी अनहोनी का क्या परिणाम होगा?

प्रो. धर से इस प्रकार से बात करने का एक कारण और भी था। केवल कुछ प्रश्नों को छोड़कर, जिन्हें प्रो. धर अच्छी तरह समझते हैं, (जैसे जम्मू और कश्मीर की समस्याएँ), आंतरिक मामलों में प्रो. धर का एसेसमेंट मुझे कई बातों में ठीक नहीं लगा है, ठीक निकला भी नहीं है। दोष उनका बिल्कुल नहीं है। उनका अनुभव इस क्षेत्र में बहुत कम है। आंध्र प्रदेश के मामले में वे बहुत ग़लत निकले। इस बार भी उपवास शुरू होने से पहले *निर्मल मुखर्जी* से एक वार्ता में उन्होंने कहा कि कभी-न-कभी मोरारजी का 'ब्लफ काल' करना है। मेरी समझ में इस प्रकार से सोचना बहुत बड़ी भूल है। पूरा विश्लेषण करके मैंने उन्हें कई बार यह समझा दिया है कि मोरारजी अपनी बात से नहीं हटेंगे। सरकार अपना दृष्टिकोण इस आधार पर बनाये।

दूसरा कारण मेरा यह कहने का कि मैं राजनैतिक विश्लेषण नहीं कर सकता, यह था कि आजकल सत्तारूढ़ दल की मानसिक स्थिति और मनोबल के बारे में कुछ कहना बहुत कठिन है। यह दल केवल भ्रष्टाचार के सहारे और अपने स्वार्थ के लिए मिलकर खड़ा हुआ है, पर अन्दर से बिल्कुल खोखला है; इसमें नैतिक बल तो रहा ही नहीं है। उपवास की अवधि बढ़ने पर, आश्चर्य की कोई बात नहीं यदि यही दल कहे कि सरकार को झुकना चाहिए। फिर क्या होगा? अपने दल की ऐसी मनोदशा में प्रधानमन्त्री का क्या दायित्व होगा, यह प्रधानमन्त्री ख़ूब समझती हैं, प्रो. धर नहीं। प्रो. धर के लिए यह पूरी घटना एक 'ब्लफ' है। सेंट्रल हाल के वातावरण से लग रहा है कि वे ग़लती पर हैं।

प्रो. धर ने मुझसे कहा कि इस प्रश्न पर उनकी विचारधारा बिल्कुल स्पष्ट है। यदि सरकार ने मोरारजी की बात मान ली तो प्रजातांत्रिक प्रणाली को बड़ा धक्का लगेगा। उन्होंने प्रधानमन्त्री से कह दिया है कि इस उपवास का अन्त दुर्घटना में होने देना चाहिए। कांग्रेस गुजरात में हार जायेगी, तो हार जाये। राजनीति में इस प्रकार की धमकी देने की बात फिर नहीं उठेगी।

प्रो. धर सरासर ग़लत हैं। प्रजातन्त्र को क्यों धक्का लगेगा? प्रो. धर की विचारधारा से स्पष्ट है कि सरकार का निर्णय ठीक है। अभी चुनाव नहीं हो सकते। क्यों की बात जाने दीजिए। बस सरकार का निर्णय है। दूसरी तरफ मोरारजी का

कहना है कि यह सरकार झूठे वादे करती है। यह भी ठीक नहीं कि सरकार मानसून के बाद चुनाव करायेगी या नहीं। 4 तारीख की सुबह तो प्रो. धर स्वयं यह कह रहे थे कि प्रधानमन्त्री को अपने पत्र में चुनाव करवाने की कोई निश्चित अवधि नहीं देनी चाहिए। 'मानसून के बाद' कहना ठीक होगा, क्योंकि इससे यह भी छूट होगी कि चुनाव जनवरी-फरवरी 1976 में हो। तो नीयत किसकी ख़राब है? और यहीं मोरारजी का पक्ष ऊँचा पड़ता है। प्रश्न वास्तव में यह नहीं है कि चुनाव तीन-चार महीने पहले हों या तीन-चार महीने बाद। प्रश्न है, सरकार, विशेषकर प्रधानमन्त्री, की नीयत का। उपवास की बात उठने से पहले प्रधानमन्त्री की गुजरात में जल्दी चुनाव कराने की बिल्कुल नीयत नहीं थी।

फिर प्रो. धर का यह सोचना कि उपवास के कारण मोरारजी की मृत्यु का असर थोड़ा-बहुत गुजरात में होगा और कहीं नहीं, यह भी मुझे ग़लत लगता है। कानून और व्यवस्था की दृष्टि से वह सम्भवतः ठीक हो, पर उसके आगे नहीं। मोरारजी बहुत जनप्रिय न हों, पर जन-जीवन में उनका अपना एक स्थान है। उनकी मृत्यु के प्रभाव को सत्तारूढ़ दल बर्दाश्त नहीं कर पायेगा। ख़ैर, यह सब कांग्रेस के नेताओं के सोचने की बात है। पर मुझे तो लग रहा है कि कांग्रेस पार्टी ही नेताओं को विवश करेगी कि मोरारजी की बात मान ली जाये।

सरीन आजकल अहमदाबाद से आये हुए हैं। प्रधानमन्त्री से वे *रजनी पटेल* और कांग्रेस अध्यक्ष के साथ मिले। उनसे मिलने के बाद मेरे पास आये। उन्होंने प्रधानमन्त्री को सुझाव दिया है कि वे सितम्बर-अक्तूबर में चुनाव की तारीख की भी घोषणा करवा दें। साथ ही लोकसभा का चुनाव भी उसी समय करवा दें। ऐसा होने पर शायद मोरारजी मान जायेंगे। मुझे तो नहीं लगता है कि इससे हल निकले। सरीन का अब कहना है कि चुनाव मई में या मानसून से पहले नहीं हो सकते। *सरीन बरुआ, चव्हाण* और *जगजीवन राम* से मिल चुके हैं। बरुआ का विचार है कि यदि मोरारजी की मृत्यु होती है तो होने दी जाये। चव्हाण का विचार है कि मोरारजी की बात मान लेनी चाहिए। उनकी मृत्यु पार्टी व देश के लिए बड़ी हानिकारक होगी। जगजीवन राम गोल-मोल बात कहते हैं। कोई स्पष्ट विचार नहीं व्यक्त करते।

अपने टी.वी. इंटरव्यू के लिए सरीन स्वयं बहुत दुखी हैं। उन्होंने कहा कि वे इस प्रोग्राम के लिए बिल्कुल तैयार नहीं थे, पर *गुजराल* ने उनके पैर पकड़ लिये। *शारदा* भी उस समय साथ थे। उन्होंने भी सरीन के टी.वी. पर आने का विरोध किया, पर *किदवई* (सूचना सचिव) के कहने पर गुजराल ने कुछ सुना ही नहीं। गुजराल और किदवई मिलकर सूचना मन्त्रालय की किस प्रकार हानि कर रहे हैं, इसकी काफी चर्चा हो रही है।

आज सन्ध्या को असम के मुख्यमन्त्री, संसद सदस्य *बसुमतारी,* और बोडो

साहित्य सभा के प्रधान और महामन्त्री प्रधानमन्त्री से मिले। मैं भी उपस्थित था। उस मीटिंग में यह निश्चय हुआ कि केन्द्र और प्रदेश सरकारों को बोडो के लिए देवनागरी लिपि स्वीकार करने में कोई आपत्ति नहीं होगी। इस आशय का एक पत्र मैं प्रधानमन्त्री की ओर से बोडो साहित्य सभा को भेज दूँगा। इस सम्बन्ध में मैं कल सुबह असम के मुख्यमन्त्री से मिलूँगा।

इस मीटिंग के बाद केन्द्रीय हिन्दी समिति की बैठक हुई। उसमें आज दो महत्त्वपूर्ण निर्णय हुए। एक, विधि मन्त्रालय कोई उपाय सोचे कि संविधान का अधिकृत हिन्दी अनुवाद उपलब्ध हो सके। विधि मन्त्रालय की राय में (इसमें *कन्हैया लाल मिश्र* भी सम्मिलित हैं) जिस हिन्दी अनुवाद पर संविधान-सभा के सदस्यों ने हस्ताक्षर किये थे, वह अधिकृत अनुवाद नहीं माना जा सकता। दूसरे, भारत सरकार के अधीन एक राजभाषा विभाग का गठन किया जायेगा। इसमें प्रधानमन्त्री ने विशेष रुचि ली, उसी से यह निर्णय सम्भव हो सका।

10 अप्रैल, 1975

कार्यालय जाने से पहले असम भवन गया। वहाँ मुख्यमन्त्री से लगभग आध घंटे बात करने के बाद उस पत्र का प्रारूप तैयार किया जो प्रधानमन्त्री की ओर से बोडो साहित्य सभा को भेजा जायेगा। असम में कुछ वर्गों में देवनागरी लिपि अपनाये जाने पर विरोध होगा। इन वर्गों की माँग सदा से यह रही है कि बोडो भाषा असमिया लिपि में लिखी जाये। पर *शरत सिन्हा* देवनागरी को स्वीकार करके एक संकीर्ण दायरे से बाहर निकलने का प्रयत्न कर रहे हैं। यदि इसमें उन्हें सफलता मिली तो यह असम के हित में होगा। मुख्यमन्त्री ने मेरे प्रारूप को स्वीकार कर लिया।

कार्यालय आकर मैंने प्रारूप गृहमन्त्री और गृह सचिव को दिखाया। यह आवश्यक था। मन्त्रालय में नीचे स्तर पर इस हल का कुछ विरोध है, पर गृहमन्त्री और गृह सचिव इसको ठीक समझते हैं। हिन्दी सलाहकार से भी परामर्श किया। मैं चाहता था कि प्रारूप का अन्तिम रूप चार बजे तक निश्चित हो जाये। उस समय प्रधानमन्त्री बम्बई से लौटने वाली थीं। वह वहाँ आज सुबह ही 'सागर सम्राट' देखने गयी थीं। (यह हो भी गया। प्रधानमन्त्री ने भी प्रारूप का अनुमोदन सन्ध्या को बम्बई से लौटकर किया।)

आज लोकसभा में मोरारजी के उपवास पर ध्यानाकर्षण प्रस्ताव आने वाला था। गृहमन्त्री के कमरे में उस पर विचार करने के लिए एक मीटिंग हुई। गृहमन्त्री सरकार के निर्णय से प्रसन्न नहीं हैं और अपने दृष्टिकोण को छिपाने का कोई प्रयत्न भी नहीं करते। बातचीत के दौरान उन्होंने स्वयं पूछा, *"विल माइ स्टेटमेंट कट ऐनी आइस?"* यह प्रश्न नहीं था। वे स्पष्टवादिता से अपना मत व्यक्त कर रहे थे।

ब्रह्मानन्द को सदन में पहुँचने में दो मिनट की देर हो गयी। सदन ने इस

पर अपना रोष प्रकट किया। बाद में यह तय हुआ कि 'ध्यानाकर्षण' तीन बजे लिया जायेगा। उस समय सरकार की बड़ी तीव्र आलोचना हुई। विरोधी दलों (कम्युनिस्ट दल ने मौन रहना ही उचित समझा) ने सशक्त रूप से यह प्रकट किया कि सूखा केवल बहाना है। सरकार का चुनाव न कराने का निर्णय न्यायसंगत नहीं है। कम्युनिस्ट पार्टी कुछ दिनों पहले यह कह चुकी है कि गुजरात में चुनाव शीघ्र होने चाहिए। सरकार से उनका एक अजब प्रकार का गठबंधन है। इसलिए उलझन में पड़ गयी है और अब मौन धारण किये है। सरकार के पक्ष को प्रभावशाली ढंग से रखने में ब्रह्मानन्द पूर्णतया असफल रहे। यह बात मुझसे कांग्रेस के ही कई सदस्यों ने कही।

सन्ध्या को आगरा के कमिश्नर (*किशोर*) और अलीगढ़ के कलक्टर (*सक्सेना*) से दो-तीन घंटे अलीगढ़ मुस्लिम विश्वविद्यालय पर विस्तार से बात की। स्थिति विस्फोटक है। मुझे इसका हल नहीं समझ में आता। *खुसरो* और *यूनुस* के कारण यह स्थिति उत्पन्न हुई है। दोनों को प्रधानमन्त्री ने प्रो. धर और मेरे परामर्श के बावजूद इसमें रखा है। अब वे भी चिन्तित हैं।

11 अप्रैल, 1975

कार्यालय पहुँचते ही शेषन ने कुछ कागज़ात मुझे दिये जो प्रधानमन्त्री ने मेरे लिए भेजे थे। वे आज कार्यालय देर से आने वाली थीं। दीक्षित जी ने प्रधानमन्त्री को एक नोट भेजा था कि गुजरात में चारे की क्या व्यवस्था की गयी है और वे चाहते थे कि इसका दिल्ली में काफी प्रचार होना चाहिए। प्रधानमन्त्री ने यह नोट पढ़ा नहीं था। वे चाहती थीं कि मैं उनके कार्यालय पहुँचने के पहले नोट को पढ़कर अन्य आवश्यक जानकारी प्राप्त करके, उनसे बातचीत करने को तैयार रहूँ। मैंने नोट पढ़ा। मुझे बात बिल्कुल बचकानी लगी। किसी कार्यवाही की आवश्यकता नहीं थी।

प्रधानमन्त्री ने एक संदेश *शेषन* द्वारा और भेजा था। *सरीन* ने उन्हें अहमदाबाद से यह सलाह भेजी थी कि लोकसभा और कांग्रेस पार्टी को रोज मोरारजी के अनशन के बारे में कुछ-न-कुछ करते रहना चाहिए। प्रधानमन्त्री चाहती थीं कि मैं *ब्रह्मानन्द* से बातचीत करूँ कि क्या किया जा सकता है? ब्रह्मानन्द जी के पास जब मैं गया तो उन्होंने बताया कि सरीन ने उन्हें भी फोन किया था। एक सुझाव यह भी दिया था कि लोकसभा को एक मत से प्रस्ताव पास करके मोरारजी से उपवास समाप्त करने की अपील करनी चाहिए। पर *सरदार स्वर्ण सिंह* और *बाबूजी* को यह सुझाव पसन्द नहीं आया। मुझे उनकी प्रतिक्रिया ठीक ही लगी, जिसका कारण थोड़ी देर बाद मैंने प्रधानमन्त्री को बताया। ब्रह्मानन्द का सुझाव था कि कांग्रेस पार्टी इस प्रकार का प्रस्ताव पास कर दे।

प्रधानमन्त्री ने कार्यालय पहुँचते ही मुझे बुलाया। एक मिनट में मैंने उन्हें *दीक्षित जी* के नोट के बारे में पूरी बात बता दी। उनका मत भी यही बना कि किसी कार्यवाही की जरूरत नहीं है। फिर हुई मोरारजी के उपवास से सम्बन्धित अन्य बातें। मैंने कहा कि उनके सहयोगियों की तो यही राय हो रही है कि लोकसभा में प्रस्ताव की बात यदि सरकार की ओर से उठायी गयी तो उलझन पैदा हो सकती है। विपक्षी दल कहेगा कि सरकार को भी कुछ-न-कुछ बात माननी चाहिए। मैंने प्रधानमन्त्री से कहा, यदि यह सुझाव कल ध्यानाकर्षण के समय किया जाता तो विपक्षी दल उलझन में पड़ता। वास्तव में, *बी.वी. नाइक* ने बात शुरू की थी, पर और बातों में वे इतना उलझ गये कि यह बात आगे बढ़ ही नहीं पायी। प्रधानमन्त्री इससे सहमत हुईं। उन्होंने कहा कि कांग्रेस संसदीय पार्टी की मीटिंग बुलाने के लिए मैं *रघुरमैया* से कह दूँ।

प्रधानमन्त्री की परेशानी बढ़ती जा रही है। यह मुझे सुबह ही स्पष्ट हो गया। पहले मुझसे कहा कि कांग्रेस संसदीय पार्टी की मीटिंग बुलवा ली जाये। इस पर मैंने उनसे कहा कि पार्टी का कोई प्रस्ताव पास करना बेमानी होगा, पर इसमें हानि भी कुछ नहीं है। पाँच ही मिनट बाद मेरे बताने पर *रघुरमैया* प्रधानमन्त्री से यही बात पूछने गये तो उन्होंने कहा कि वे कुछ देर में सोच कर बताएँगी। रघुरमैया के कमरे से निकलते ही प्रधानमन्त्री ने प्रो. धर से फोन मिलवाया। प्रो. धर ने बिल्कुल वही बात कही जो मैंने कही थी। इस पर प्रधानमन्त्री ने मुझसे कहा कि मैं *कृष्णचंद्र पंत* से भी बात कर लूँ और यदि वे कहें तो मीटिंग का प्रबन्ध करवा दूँ। पन्त ने भी यही कहा कि कोई लाभ नहीं होने पर भी मीटिंग बुलवा ही लेनी चाहिए। मैंने जब यह जाकर *रघुरमैया से कहा तो* ओम मेहता भी वहीं थे। वे चुपचाप प्रधानमन्त्री के पास आये और उनसे कहा कि इस मीटिंग की कोई आवश्यकता नहीं है। मैं उस समय ऑफिशियल गैलरी में था। मेरे पास फिर सन्देश आया कि मीटिंग न बुलवाऊँ। क्षण-क्षण में आदेश बदलना, यह प्रधानमन्त्री की परेशानी की निशानी थी।

जिस समय यह सब हो रहा था, लोकसभा में 'ज़ीरो आवर' शुरू हो गया था और विपक्षी नेता इस बात पर जोर दे रहे थे कि मोरारजी के गिरते हुए स्वास्थ्य से जो स्थिति उत्पन्न हुई है, उस पर चर्चा होनी चाहिए। प्रधानमन्त्री ने मेरे पास यह सन्देश भेजा कि लोकसभा मोरारजी से अपील करे, यह सुझाव किया जाये। मैंने उन्हें उत्तर भेजा कि इस वातावरण में इस सुझाव का कोई असर नहीं होगा। हुआ भी यही। बिना किसी के कहे *नरेन्द्र कुमार साल्वे* ने यह सुझाव रखा, पर कुछ भौंडी तरह, जिसे किसी ने नहीं माना और न उसका कुछ असर हुआ।

'ज़ीरो आवर' में सबसे अच्छा और प्रभावशाली भाषण *पीलू मोदी* का हुआ। उन्होंने कहा कि प्रश्न केवल यह नहीं है जो सरकार चाहती है कि सब विश्वास

करें—कि चुनाव तीन-चार महीने पहले हों या बाद में। प्रश्न है कि क्या सरकार हर मूलभूत क्षेत्र में मनमानी करेगी। पीलू मोदी सदन के सबसे मसखरे सदस्य हैं। पर आज का भाषण बहुत सारगर्भित था। अन्त में सरकार को झुकना पड़ा और चर्चा के लिए समय देने को राजी होना पड़ा। सन्ध्या को सभी दलों के नेताओं की बैठक में तय हुआ कि वाद-विवाद मंगल को होगा।

जैसे ही 'ज़ीरो आवर' समाप्त हुआ प्रधानमन्त्री ने वरिष्ठ मन्त्रियों की बैठक बुलायी। वह बैठक करीब सवा घंटे चली। बैठक शुरू होने से पहले *वसन्त साठे, विक्रम महाजन* आदि भी प्रधानमन्त्री के कमरे के बाहर मँडरा रहे थे। मैं उधर से निकला तो मुझे रोक लिया। साठे ने कहा कि उन्हें दो बजे का प्लेन पकड़ना है, पर वे प्रधानमन्त्री को एक सुझाव देना चाहते हैं। यदि वे उनसे न मिल सकें तो मैं उनकी बात प्रधानमन्त्री तक पहुँचा दूँ। इसी समय *बाबूजी,* चव्हाण वगैरह प्रधानमन्त्री के कमरे में जा रहे थे। साठे ने उन्हें रोक कर अपना सुझाव बताया और कहा कि प्रधानमन्त्री को भी यह बता दिया जाये।

वसंत साठे ने अपनी बात इस प्रकार कही। *मोरारजी* के कुछ प्रशंसक हैं, कुछ उनकी निन्दा-आलोचना करते हैं, पर शायद ही कोई ऐसा व्यक्ति हो जो उनका आदर न करता हो। यदि अनशन से मोरारजी को कुछ हो गया तो कांग्रेस पार्टी सदा के लिए घृणा की पात्र बन जायेगी। ऐसा नहीं होने देना चाहिए। ऐसी परिस्थिति में *साठे* और उनके कुछ साथियों का सुझाव यह था कि एक संसदीय दल गुजरात भेजा जाये और उसकी रिपोर्ट के आधार पर सरकार चुनाव कराने का निर्णय ले ले। मुझे सुझाव आकर्षक लगा, जैसा मैंने प्रधानमन्त्री से मिलने पर बताया।

यदि साठे जैसे 'प्रगतिशील' सदस्य ऐसी बात करने लगे हैं तो निश्चय ही कांग्रेस पार्टी एक-दो दिन में प्रधानमन्त्री को मोरारजी की बात मानने के लिए विवश करेगी। जो कांग्रेस के परम्परागत सदस्य हैं, वे तो और भी चिन्तित होंगे। सुबह *पन्त* से जो बात हुई, उससे यह स्पष्ट था। पन्त ने मुझसे कहा कि कांग्रेस के सामान्य सदस्य बहुत ही क्लेश में हैं। वे चाहते हैं कि प्रधानमन्त्री को झुकना चाहिए। सरकार का पक्ष बहुत कमजोर है। सब यही प्रश्न कर रहे हैं कि फरवरी-मार्च में चुनाव क्यों नहीं कराये गये। फिर कल लोकसभा में ब्रह्मानन्द सरकार की बात, चाहे कितनी कमजोर हो, ठीक से कह भी नहीं पाये। वातावरण बिल्कुल सरकार के विपरीत है। यदि मोरारजी को कुछ हुआ तो इसका परिणाम बहुत ख़राब होगा। सरकार मुँह दिखाने लायक नहीं रहेगी और कांग्रेस चुनाव में बुरी तरह हारेगी। पन्त ने एक बड़ी मार्के की बात कही। प्रजातन्त्र का सार है, हर चीज का हल विचार-विमर्श द्वारा समझौते से निकाला जाये। यदि इस प्रश्न का हल नहीं निकलता तो लोग कहेंगे कि यह सरकार प्रजातांत्रिक पद्धति में विश्वास नहीं रखती। पन्त के अनुसार प्रधानमन्त्री ऐसे लोगों से घिरी हुई हैं—बरुआ का उन्होंने विशेष नाम लिया—जो उन्हें

सही सलाह नहीं दे रहे हैं। वे मोरारजी को यदि कुछ हुआ तो उसके परिणामों को सोच ही नहीं सकते।

साठे से मिलकर मैं अपने कमरे में आया। उसी समय प्रो. धर का फोन आया। आज उनकी तबीयत ठीक नहीं है, इसलिए वे अपने घर पर ही थे। मैंने उन्हें साठे की बात बतायी। उन्हें भी उसका सुझाव आकर्षक लगा। थोड़ी देर में मुझे प्रधानमन्त्री ने बुला लिया। उनकी मीटिंग खत्म हो गयी थी और वे खाना खा रही थीं। (आज वे लंच के लिए घर नहीं गयी थीं) मीटिंग में कुछ तय नहीं हो पाया। प्रधानमन्त्री ने मुझे बताया कि ब्रह्मानन्द कहते हैं कि चुनाव जून के शुरू में करा देने चाहिए और सरकार इसकी घोषणा दो-तीन दिन में कर दे। चव्हाण का भी यही कहना है कि चुनाव करा देने चाहिए। सरदार का कहना है कि सरकार अब झुक कैसे सकती है? बाबूजी ने कोई राय नहीं दी। प्रधानमन्त्री के बहुत पूछने पर भी बाबूजी ने केवल यही कहा कि स्थिति की पूरी तरह जाँच होनी चाहिए, तभी निर्णय हो सकता है। मैंने प्रधानमन्त्री से पूछा कि क्या बाबूजी या चव्हाण ने वसंत साठे का सुझाव मीटिंग के सामने रखा? प्रधानमन्त्री ने कहा कि नहीं, उन्होंने यह नहीं किया।

प्रधानमन्त्री से यह मालूम पड़ा कि उनकी ओर से कुछ लोग मोरारजी से सम्पर्क बनाये हुए हैं। *विद्या शंकर,* एक अवकाश प्राप्त आई.सी.एस. अधिकारी जो *सरदार पटेल* के निजी सचिव रह चुके हैं[1] इन लोगों में से एक हैं। उनकी बात से स्पष्ट है कि मोरारजी चुनाव के प्रश्न पर किसी प्रकार का समझौता नहीं करेंगे। आपातकाल की घोषणा अभी न हटायी जाये शायद यह बात मान लेंगे। मैंने पूछा कि यदि स्थिति यह है तो वे क्या सोच रही हैं। प्रधानमन्त्री ने कहा कि अभी कुछ समझ में नहीं आ रहा है कि क्या करना चाहिए।

प्रधानमन्त्री ने पूछा कि यदि निर्वाचन-आयोग पर बात छोड़ दें तो क्या होगा। इस पर मैंने उनको *स्वामीनाथन-वर्धन* की बातचीत का सार बताया। इससे लगता है कि निर्वाचन-आयोग शीघ्र चुनाव करा देगा। प्रधानमन्त्री को यह बात नहीं जँची। उन्होंने कहा कि फिर आयोग पर यह निर्णय नहीं छोड़ना चाहिए। इसी प्रसंग में मैंने साठे का सुझाव प्रधानमन्त्री को समझाया। मेरी राय में उससे अच्छा हल निकल सकता है। पर प्रधानमन्त्री ने कहा कि यदि संसदीय दल ने शीघ्र चुनाव कराने की सिफारिश की और हमारी पार्टी के गुजरात के लोग यह नहीं मानते तो बड़ी दिक्कत होगी। मुझे स्पष्ट लगा कि प्रधानमन्त्री अपनी पार्टी से ऊपर उठकर निर्णय नहीं ले पा रही हैं। पर इससे अधिक मुझे यह लगा कि प्रधानमन्त्री बुरी तरह उलझ गयी हैं और उनकी समझ में नहीं आ रहा है कि क्या करना चाहिए। अन्त में उन्होंने मुझसे कहा कि सरीन से भी मैं बात कर लूँ। वे गुजरात के कांग्रेसी नेताओं से

1. बाद में जब मोरारजी प्रधानमन्त्री बने तो विद्याशंकर उनके प्रमुख सचिव हुए।

पूछताछ कर एक रिपोर्ट भेज दें।

सन्ध्या को *सत्यपाल कपूर, नरेन्द्र साल्वे* और *विक्रम महाजन* मेरे पास आये। कपूर प्रगतिशील माने जाते हैं। तीनों ने कहा कि मोरारजी का अनशन समाप्त कराना चाहिए, नहीं तो पार्टी की बड़ी हानि होगी। कपूर ने इस बात को अज़ब ढंग से कहा। बोले, मोरारजी की मृत्यु से वे नहीं डरते, पर उसके परिणामों से घबराते हैं। साल्वे और विक्रम ने अपनी बात स्पष्ट कही। बोले, दोनों बातें एक हैं। वास्तविकता यह है कि कुछ कम्युनिस्ट सहानुभूति वाले सदस्यों को छोड़कर पूरी पार्टी में तीव्र बेचैनी है, पर प्रधानमन्त्री से कोई कुछ नहीं कहना चाहता। सब डरते हैं, घबराते हैं। मैंने साल्वे से कहा कि यदि स्थिति यह है तो उनका यह कर्तव्य है कि वे अपने दल के नेता (प्रधानमन्त्री) को दल की मनोदशा से अवगत करा दें। वे इस बात से सहमत हुए।

मेरा अनुमान ठीक निकल रहा है। प्रधानमन्त्री को उनकी पार्टी ही विवश करेगी। साल्वे आदि के जाने के बाद बरामदे में मुझे *दिग्विजय नारायण सिंह* मिले। वे संगठन कांग्रेस के बिहार से निर्वाचित लोकसभा के सदस्य हैं। एकाध बार सत्येन्द्र नारायण सिंह के घर मैं उनसे मिला हूँ। ऐसे ही एक प्रश्न पूछने पर उन्होंने कहा कि कांग्रेस पार्टी में बेचैनी बढ़ रही है और वह दो-तीन दिनों में प्रधानमन्त्री को गुजरात में जल्दी चुनाव कराने के लिए बाध्य कर देगी। मैंने उनसे पूछा कि वे यह बात किस आधार पर कह रहे हैं। उन्होंने उत्तर दिया कि जो भी सेंट्रल हॉल में एकाध घंटा बैठ लेगा, उसे स्थिति स्पष्ट हो जायेगी।

कमरे में लौटने पर प्रो. धर का फोन आया। पूछने लगे कि क्या स्थिति है? मैंने कहा कि फोन पर बात नहीं हो सकती, यदि उन्हें सम्भव हो तो मैं घर आकर उनसे मिल लूँ। उन्होंने फौरन बुलवा लिया।

एक घंटे से ऊपर प्रो. धर के घर रहा। संसद भवन आठ बजे के बाद लौटा। पहले तो दिनभर किस-किस से क्या बात हुई, यह उन्हें दोहराया। फिर स्पष्ट शब्दों में स्थिति समझायी कि कांग्रेस पार्टी सरकार को दृढ़ नहीं रहने देगी। प्रधानमन्त्री के सामने मुख्य प्रश्न अब यह होगा कि अपनी पार्टी को कैसे समझाएँ-संभालें। प्रो. धर मेरे विश्लेषण से सहमत हुए। पर वे एक ही बात बार-बार करते रहे कि प्रधानमन्त्री जो कुछ करना चाहें, वह पहले से सब सोच-समझ लें। उस तरह की भगदड़ नहीं होनी चाहिए, जैसी पिछले साल गुजरात विधानसभा को भंग करते समय हुई। इसका विवरण बाद में लिखूँगा। दोपहर को प्रो. धर सरीन से बात करने वाले थे, पर सन्ध्या तक नहीं कर पाये थे। मुझसे कहा कि मैं उनसे बात कर लूँ।

प्रो. धर के घर से जब संसद भवन लौट रहा था तब रास्ते में प्रधानमन्त्री को वापस घर जाते देखा। आज वे कार्यालय (संसद भवन) में बहुत देर तक रहीं। संसद

भवन लौटकर सबसे पहले सरीन को फोन किया। उन्होंने कहा कि अब उनका अनुमान है कि यदि मोरारजी को कुछ हुआ तो गुजरात में पहले किये गये अनुमान से अधिक उपद्रव होगा। गुजरात के सभी राजनीतिक लोग सहमे हुए हैं। उन्होंने वादा किया कि वे पूरी स्थिति का सिंहावलोकन करके अपने सुझावों के साथ एक रिपोर्ट कल सुबह के प्लेन से भेजेंगे। मुझे साल्वे का भी फोन मिला। उन्होंने बताया कि मेरी अनुपस्थिति में वे और कपूर आदि कुछ लोग प्रधानमन्त्री से मिले। एक-दो वरिष्ठ मन्त्री भी वहाँ उपस्थित थे। अच्छी बातचीत हुई।

कार्यालय से घर आते हुए मैं प्रो. नूरुल हसन के घर पर रुक गया। करीब आध घंटे उनसे बात की। विश्वविद्यालय अनुदान आयोग के अध्यक्ष का पद रिक्त पड़ा है। उसी सम्बन्ध में बात करने गया था। घर पहुँचते ही सन्देश मिला कि प्रो. धर से फोन पर बात कर लूँ। उन्होंने पूछा कार्यालय लौट कर मेरी प्रधानमन्त्री से बात हुई या नहीं? मैंने कहा, नहीं। फिर उन्होंने बताया कि प्रधानमन्त्री ने उनसे फोन पर बात की थी। वे बहुत नर्वस हैं—वस्तुतः 'पैनिक' में हैं। कल शायद रायबरेली जाने का कार्यक्रम भी रद्द करने वाली हैं। फिर मुझसे पूछा कि सरीन से क्या बात हुई। वह मैंने उन्हें बता दी। हम दोनों ने यह निश्चय किया कि सरीन की रिपोर्ट आने पर हम लोग उस पर विचार सन्ध्या तक करेंगे। जब प्रधानमन्त्री रायबरेली से लौटेंगी, अपनी राय उन्हें देंगे। प्रो. धर ने कहा कि सरीन से मेरी जो बात हुई है, वह मैं प्रधानमन्त्री को बता दूँ।

मैंने प्रधानमन्त्री के घर फोन मिलाया तो *ओम प्रकाश* ड्यूटी पर था। उसे, सरीन से जो बात हुई बताकर, कहा कि वह प्रधानमन्त्री को इससे अवगत करा दे। उसने बताया कि प्रधानमन्त्री कल सुबह रायबरेली नहीं जा रही हैं। दोपहर में जायेंगी या नहीं, इस पर कल निश्चय होगा। ओम प्रकाश ने कहा कि मैं स्वयं प्रधानमंत्री से बात कर लूँ। वे मुझसे कुछ समय पहले बात करना चाहती थीं, पर मैं मिला नहीं था। मैंने प्रधानमन्त्री से कहा कि उन्हें रायबरेली का कार्यक्रम स्थगित नहीं करना चाहिए। पर उनके बोलने के ढंग से प्रो. धर की बात की पुष्टि हुई कि वे बहुत 'नर्वस' थीं। कहने लगीं कि नहीं, दिल्ली से बाहर जाना ठीक नहीं होगा। तीन-चार दिनों में ही मोरारजी का वजन दस पाउंड कम हो गया है। यह चिन्ता की बात है। "पार्टी में पूरी तरह पैनिक है"। इस पर मैंने टोका कि हाँ, साल्वे वगैरह मुझसे भी मिले थे। उन्होंने बात का क्रम जारी रखते हुए कहा कि साल्वे आदि की ही बात नहीं है, बहुत से अन्य सदस्य व लोग भी उनके पास आये हैं। लोकसभा में कम्युनिस्ट पार्टी के नेता—*इंद्रजीत गुप्ता* ने भी उन्हें यही सलाह दी है कि कोई-न-कोई हल निकालना आवश्यक है। इंद्रजीत प्रधानमन्त्री से थोड़ी देर पहले ही मिले थे। प्रधानमन्त्री ने स्पष्ट कहा कि कुछ-न-कुछ करना होगा।

इसके बाद प्रधानमन्त्री ने पूछा कि सरीन से क्या बात हुई। मेरे कहने पर कि

उनकी रिपोर्ट कल सुबह आयेगी, उन्होंने कहा कि इस वक्त क्यों नहीं आ सकती ? क्यों न एयरफोर्स का एक प्लेन इसी समय रिपोर्ट लाने भेज दिया जाये। (काफी घबराहट है) मैंने कहा कि प्लेन भेजने की जरूरत नहीं है। मैं सरीन से बात करता हूँ। बारह बजे तक रिपोर्ट फोन पर डिक्टेट कराने का प्रयत्न करें। उसका प्रबन्ध मैं कर लूँगा।

साढ़े दस बज चुके थे। पता नहीं सरीन बारह बजे तक रिपोर्ट तैयार भी कर पायेंगे या नहीं। उनका विचार रिपोर्ट सुबह भेजने का था। उन्हें कुछ लोगों से बात भी करनी थी। ख़ैर, मैंने उन्हें फोन किया। उससे पहले स्वयं प्रधानमन्त्री उनसे बात कर चुकी थीं। यह तय हुआ कि सरीन बारह बजे तक रिपोर्ट प्रधानमन्त्री निवास पर ही डिक्टेट कर देंगे। पढ़कर मुझे भी सुना देंगे। मैंने जब प्रो. धर को यह सब बताया तो उन्होंने एक ही बात कही। प्रधानमन्त्री की घबराहट बढ़ती जा रही है—"बैरोमीटर ऊपर जा रहा है"—कहीं पिछले साल की तरह हड़बड़ाहट में कुछ करने के लिए न कहें। पिछले साल की घटना गुजरात विधानसभा भंग करने के समय की थी, जिसकी चर्चा बाद में करूँगा। रात में बारह बजे सरीन का फोन आया। उन्होंने तीन-चार पृष्ठों में स्थिति का पूरा विश्लेषण किया है और विभिन्न विकल्पों पर टिप्पणी करते हुए यही कहा है कि चुनाव जून के पहले सप्ताह में करा देने चाहिए। रिपोर्ट के अतिरिक्त मौखिक बात उन्होंने यह बतायी कि गुजरात में आज यह वातावरण हो गया है कि यदि मोरारजी को कुछ हो गया तो उनके जाने माने विरोधी भी प्रधानमन्त्री को इस घटना के लिए क्षमा नहीं कर सकेंगे। मोरारजी के प्रति सहानुभूति का सागर उमड़ पड़ा है।

अब पिछले साल की बात की चर्चा भी कर दूँ। पिछले साल गुजरात के छात्रों ने वहाँ की सरकार के विरुद्ध (चिमन भाई मुख्यमन्त्री थे—कांग्रेस सरकार के) एक बड़ा आन्दोलन किया। कांग्रेस के लिए परिस्थितियाँ इतनी बिगड़ती गयीं कि विवश होकर सरकार को त्यागपत्र देना पड़ा और उस राज्य में राष्ट्रपति शासन लागू हुआ। विधानसभा को भंग न करके निलंबित रखा गया। इस समय भी मैंने प्रधानमन्त्री के समक्ष यह प्रश्न रखा था कि क्या विधानसभा बिना भंग किये आंदोलन को समाप्त किया जा सकेगा? छात्रों की मांग थी कि विधानसभा भी भंग हो। पर गोखले, दीक्षित जी आदि की राय थी कि केवल सरकार के त्यागपत्र से काम बन जायेगा।

वही हुआ, जिसकी आशंका मैंने प्रकट की थी। छात्र नहीं माने, आन्दोलन चलता रहा और एक-एक कर स्वयं कांग्रेस के सदस्य विधानसभा से त्यागपत्र देते रहे। रोज़ प्रदर्शन होते, गोली चलती। यही क्रम बना रहा। मुझे ठीक याद है, 5 मार्च को प्रधानमन्त्री ने प्रो. धर और मुझसे कहा कि परिस्थितियों का पूरा विश्लेषण करके आगे सरकार को क्या करना चाहिए, इस पर विचार शीघ्रता से किया जाये। प्रो. धर उन दो-चार दिनों में बहुत व्यस्त थे। दूसरे दिन गृह सचिव (निर्मल मुखर्जी)

से लंबी बातचीत के बाद मैं इस निष्कर्ष पर पहुँचा कि विधानसभा भंग किये बिना काम नहीं बनेगा, पर सरकार की ओर से प्रधानमन्त्री बार-बार घोषणा कर चुकी हैं कि किसी आन्दोलन आदि के दबाव में आकर विधानसभा भंग नहीं की जायेगी। इस बात को किस प्रकार से ढका जाये। केवल एक ही बात हमारी समझ में आयी कि गुजरात की स्थिति पर विचार करने के लिए प्रधानमन्त्री विरोधी दलों के नेताओं की मीटिंग बुलायें। वे अवश्य ही यह सिफारिश करेंगे कि विधानसभा भंग कर दी जाये। प्रधानमन्त्री सरकार की घोषणा दोहराते हुए सरकार की कठिनाइयाँ बतायें और अन्त में विपक्षी नेताओं के सिर पर पूरी बात रख कर विधानसभा भंग करने का निर्णय ले लें। विपक्षी नेताओं से मिलने से पहले प्रधानमन्त्री अपने वरिष्ठ मन्त्रियों से भी परामर्श कर लें। इस आधार पर मैंने एक नोट तैयार किया। प्रो. धर भी इससे पूरी तरह सहमत हुए। प्रधानमन्त्री ने भी एकाध प्रश्न पूछने के बाद बात मान ली और उस नोट पर आदेश दिया कि प्रस्तावित मीटिंगों का आयोजन किया जाये।

दूसरे दिन मीटिंगें शुरू हुईं। वरिष्ठ सहयोगियों से बात करके प्रधानमन्त्री ने मंत्रिपरिषद् की बैठक बुलायी। रेलमन्त्री (ललित बाबू) सदन में फँसे होने कारण उस मीटिंग में नहीं जा सके, पर उन्होंने शेषन के द्वारा प्रधानमन्त्री को एक संक्षिप्त नोट भेजा कि वह अमुक ज्योतिषी से मिले थे (उसका नाम मुझे याद नहीं रहा है) उसने कहा है कि सरकार को झुकना नहीं चाहिए। सब कुछ ठीक हो जायेगा। विधानसभा भंग न की जाये। मंत्रिपरिषद् की मीटिंग में कोई अधिकारी नहीं था। बाद में पता चला कि विधानसभा भंग करने के प्रस्ताव को आगे नहीं बढ़ाया गया। फिलहाल बात समाप्त हो गयी।

पर स्थिति काबू में नहीं आयी। मोरारजी ने अहमदाबाद में आमरण अनशन किया। एक के बाद एक सदस्य विधानसभा से त्यागपत्र देता गया। आधे से अधिक सदस्य इस प्रकार विधानसभा से अलग हो गये। तीन-चार दिनों के बाद हड़बड़ाहट में एक दिन प्रधानमन्त्री को विवश होकर विधानसभा भंग करने का निर्णय लेना पड़ा। रात में गुजरात के राज्यपाल को आदेश दिया गया कि वे विधानसभा भंग कर दें। जल्दी में राष्ट्रपति को भी यह नहीं बताया गया कि ऐसा किया जा रहा है। दूसरे दिन उन्होंने अपना असंतोष प्रकट किया तो गृहमन्त्री को उनके पास क्षमा-याचना के लिए भेजा गया।

12 अप्रैल, 1975

आज कार्यालय की छुट्टी थी, माह का दूसरा शनिवार होने के कारण। सुबह *प्रो. धर* का फोन आया कि *सरीन* की रिपोर्ट देखी या नहीं? मैंने उन्हें *सरीन* से रात को जो बात हुई थी, वह बता दी, रिपोर्ट का सार भी बता दिया। उनके पास सुबह

प्रधानमन्त्री ने वह रिपोर्ट भेजी थी। उन्हें पता था कि सरीन मुझे रिपोर्ट सुना चुके हैं। *सरीन* ने रात में ही बता दिया था। प्रधानमन्त्री चाहती थीं कि मैं और प्रो. धर रिपोर्ट पढ़कर उन्हें आगे की कार्यवाही के बारे में परामर्श दें। प्रो. धर ने कहा कि कार्यालय जाते हुए मैं उनके घर होता जाऊँ।

प्रो. धर के घर पहुँचने पर मालूम पड़ा कि कल रात की मेरी प्रधानमन्त्री से जो बातचीत हुई थी, उसका इतना प्रभाव तो अवश्य पड़ा कि वे रायबरेली जाने को तैयार हो गयीं। एक बजे जाकर वे सन्ध्या को छः बजे लौटने वाली थीं। इस बीच में हमें आगे के लिए पूरी योजना बनानी थी। प्रधानमन्त्री के रायबरेली जाने के निर्णय से मुझे यह भी स्पष्ट हो गया कि प्रधानमन्त्री ने अवश्य ही निश्चय कर लिया है कि वे गुजरात चुनाव के सम्बन्ध में मोरारजी की बात मान लेंगी।

जब मैं *प्रो. धर* के घर पर ही था तो वहाँ हमें *सिद्धार्थ शंकर राय* ने जो पत्र प्रधानमन्त्री को इस विषय पर कल रात भेजा था, वह मिला। उन्होंने भी प्रधानमन्त्री को यही राय दी है कि इस समय मोरारजी की बात मानने के अलावा कोई रास्ता नहीं है। मोरारजी की बात न मानना कांग्रेस के लिए बहुत अहितकर होगा।

इस पृष्ठभूमि में मेरी और प्रो. धर की करीब ढाई घंटे बात हुई। प्रो. धर इस बात पर बहुत क्षुब्ध थे कि सरकार को समर्पण करना पड़ेगा। वे बार-बार यही कहते रहे कि यदि मोरारजी की मृत्यु हो गयी तो क्या होगा? गुजरात में कांग्रेस हार जायेगी। हार जाये। पर इस प्रकार के दबाव में आकर झुकना बिल्कुल उपयुक्त नहीं। इससे न सरकार चल सकती है, न प्रजातन्त्र। मैंने उनसे कहा कि जब कांग्रेस पार्टी ही स्थिति का सामना करने को तैयार नहीं है, तो हथियार डालने के अतिरिक्त और क्या हो सकता है? अकेली प्रधानमन्त्री की ही बात तो है नहीं। प्रधानमन्त्री के सहयोगी और पार्टी वाले उनके साथ यह अन्याय करते हैं कि समय पर स्पष्ट बात नहीं करते? पहले तो सब प्रधानमन्त्री से यही कहते रहे कि इस प्रकार के दबाव और धमकी से नहीं डरना चाहिए। इसका सामना करना चाहिए। आज दूसरी बात कर रहे हैं। प्रो. धर ने इस पर बड़ी पैनी टिप्पणी की। कहने लगे कि यदि प्रधानमन्त्री के सहयोगी और पार्टी वाले उनसे खुलकर बात नहीं करते तो इसमें दोष किसका है? प्रधानमन्त्री ने आतंक और डर का ऐसा वातावरण बना रखा है कि स्पष्टवादिता तो प्रायः समाप्त हो गयी है।

इसके बाद पूरी परिस्थिति पर हम दोनों ने बड़ी गंभीरता से विचार किया। हम इस निष्कर्ष पर पहुँचे कि मोरारजी की बात मानने के अतिरक्त और कोई रास्ता नहीं है। प्रो. धर ने कहा कि अब इस पर विचार करने के लिए कि यह किस प्रकार किया जाये जिससे यह न लगे कि सरकार की सरासर हार हुई और मोरारजी को विशेष लाभ न मिले, हम दोनों फिर चार बजे मिलें। तब तक मैं कुछ प्रारूप भी तैयार

कर लूँ–प्रधानमन्त्री यदि मोरारजी को पत्र लिखना चाहें या कोई वक्तव्य करना चाहें।

संसद भवन आकर कुछ देर तो आराम किया, फिर बाद में इन प्रश्नों पर सोचता रहा। चार बजे प्रो. धर से फिर विचार-विमर्श शुरू हुआ। मैंने दो सुझाव उनके सामने रखे–

1. प्रधानमन्त्री विपक्षी नेताओं की मीटिंग बुलायें। वहाँ यह निश्चय हो कि गुजरात के चुनाव जून के पहले सप्ताह में होंगे। इसके बाद यदि मोरारजी मान जायें तो प्रधानमन्त्री एक वक्तव्य कर दें।

2. यदि विपक्षी नेताओं को बीच में नहीं डालना है तो या तो स्वयं प्रधानमन्त्री की मोरारजी से बात हो या उनकी ओर से कोई वरिष्ठ नेता मोरारजी से मिले और फिर प्रधानमन्त्री मोरारजी को पत्र लिखें।

पत्र या वक्तव्य में इस बात पर जोर देना होगा कि सरकार गुजरात में चुनाव केवल जनता के हित में नहीं करा रही थी। इस सूखे में जनहित में चुनाव स्थगित रखने जरूरी थे। पर मोरारजी का जीवन बचाने के लिए उनकी बात मानी जा रही है। (इस आधार पर कुछ प्रारूप बनाकर भी मैं ले गया था)।

करीब दो घंटे प्रो. धर के घर रहा। प्रो. धर इस सबसे खुश नहीं हैं। पर लाचारी समझते हैं। मैं उनसे यह कहकर चला आया कि शायद प्रधानमन्त्री से बात करते समय मेरी आवश्यकता न पड़े। यदि पड़े तो मैं आ जाऊँगा। मुझे जो कुछ कहना था, वह मैं लिखकर छोड़े जा रहा हूँ। बहुत कुछ प्रो. धर को बता भी दिया है।

रात में प्रो. धर का फोन आया। प्रधानमन्त्री के घर पर काफी देर तक बातचीत होती रही। प्रधानमन्त्री ने कई कांग्रेसी नेताओं को अलग-अलग बात करने के लिए बुलाया। अन्त में यही निर्णय हुआ कि कल सुबह दीक्षित जी मोरारजी से मिलेंगे। लगता है कल मोरारजी का अनशन समाप्त हो जायेगा।

13 अप्रैल, 1975

कार्यालय जाने से पहले *वर्धन* के घर गया। इडली-दोशे का नाश्ता वहीं करना था। वहाँ *गोविंद नारायण सिंह* भी अकस्मात आ गये। गोविन्द नारायण सिंह मध्य प्रदेश के एक प्रमुख कांग्रेसी नेता हैं। 1967 में *द्वारका प्रसाद मिश्र* से अनबन के कारण उन्होंने कांग्रेस छोड़कर मध्य प्रदेश में राजमाता सिंधिया की सहायता से संयुक्त विधायक दल की सरकार बनायी थी और कई महीनों तक वे मुख्यमन्त्री रहे। उनके पुत्र का विवाह होने वाला है। वर्धन को उसी का निमन्त्रण देने के लिए बिना नोटिस के आ गये थे। वे *जगजीवन राम* से मिलकर आ रहे थे। उनके आते ही मोरारजी के अनशन पर बात छिड़ गयी। गोविन्द नारायण सिंह ने बताया कि बाबूजी (जगजीवन राम) का कहना है कि सरकार को झुकना पड़ेगा। सरकार का पक्ष इतना

कमजोर है कि दूसरा कोई रास्ता नहीं है। मुझे इस समय ध्यान आया कि जब प्रधानमन्त्री ने दो दिन पहले बाबूजी की राय पूछी थी तो उन्होंने कुछ नहीं कहा था। यह बात इतने स्पष्ट तरीके से उन्होंने प्रधानमन्त्री से क्यों नहीं कही। यह ठीक बात नहीं है।

सुबह से ही प्रधानमन्त्री निवास में हलचल शुरू हो गयी थी। दीक्षित जी दो बार मोरारजी से मिले और यह हल निकाला कि गुजरात में चुनाव जून के शुरू में होंगे पर आपात्कालीन घोषणा अभी नहीं हटायी जा सकती। हाँ, 'मीसा' के प्रयोग में सरकार ने आश्वासन दिया कि इसको केवल राष्ट्र-विरोधी और असामाजिक तत्वों के विरुद्ध ही काम में लाया जायेगा। सन्ध्या को मोरारजी ने अनशन समाप्त कर दिया।

मैं दिन भर संसद भवन में रहा। जमा हुए काम को निकालता रहा। कल दो दिनों के लिए प्रधानमन्त्री के साथ जम्मू जाना है।

सन्ध्या को सुशीतल का फोन आया। जम्मू व कश्मीर में शेख के अनुयायियों और कांग्रेस में 'शीत युद्ध' तो नहीं, पर शीत वैमनस्य चल रहा है। उसके बारे में प्रधानमन्त्री को शेख और अपने दल के नेताओं से बात करनी होगी। उसके लिए उसने कुछ सुझाव दिये थे। वे मैंने कलमबद्ध करके प्रधानमन्त्री को भेज दिये।

रात्रि में घर काफी देर से लौटा।

14 अप्रैल, 1975

आज सुबह प्रधानमन्त्री जम्मू आयीं। मैं भी साथ आया हूँ। जम्मू में उनका भव्य स्वागत हुआ। करीब-करीब पूरा शहर उनके दर्शन के लिए उमड़ पड़ा था। पर *रोशा* ने बताया (आई.जी. पुलिस—मेरे साथ दिल्ली में डी.आई.जी. थे) कि जिस दिन शेख ने मुख्यमन्त्री पद संभाला था और वे राजभवन से सचिवालय गये थे, इससे कहीं अधिक भीड़ जमा हो गयी थी। दिन भर प्रधानमन्त्री का बड़ा व्यस्त कार्यक्रम रहा। सन्ध्या को एक पब्लिक मीटिंग में भी उनका भाषण हुआ। नवम्बर 1971 के अन्तिम सप्ताह में एक दिन प्रधानमन्त्री ने जम्मू में एक पब्लिक मीटिंग की थी। उस अवसर पर मैं था। वह मीटिंग आज की अपेक्षा काफी बड़ी थी। अपने भाषण में प्रधानमन्त्री ने कोई नयी बात नहीं कही। विरोधी दलों की भर्त्सना की और यह कहा कि आपात्कालीन घोषणा समाप्त नहीं की जा सकती। जब वे बोल रही थीं तभी लोग उठ-उठ कर वापस जाने लगे थे।

रात्रि में राज्यपाल ने प्रधानमन्त्री के सम्मान में एक भोज किया था। उसके बाद राज्यपाल, सुशीतल और मैं बड़ी देर तक कश्मीर की तात्कालिक स्थिति पर बात करते रहे। बाद में अपने कमरे में आकर (मैं राज भवन में ही ठहरा हुआ हूँ) कल सुबह की मीटिंग के लिए प्रधानमन्त्री के वास्ते कुछ नोट बनाये।

15 अप्रैल, 1975

सुबह आठ बजे ही प्रधानमन्त्री ने राज्यपाल, मुख्यमन्त्री, मन्त्रिगण व राज्य के वरिष्ठ अधिकारियों से एक मीटिंग रखी थी। वे राज्य के विकास-कार्यक्रमों पर चर्चा करना चाहती थीं। मीटिंग लगभग डेढ़ घंटा चली। वे जब भी जम्मू-कश्मीर आती हैं तो इस प्रकार की मीटिंग करती हैं। इसके बाद उनके कुछ कार्यक्रम पार्टी से सम्बन्धित थे। हम जम्मू से साढ़े ग्यारह बजे चले और करीब डेढ़ बजे दिल्ली आ गये। मैं पालम से सीधा संसद भवन आया।

जहाज पर मालूम पड़ा कि शायद आज प्रधानमन्त्री को लोकसभा में मोरारजी देसाई के अनशन पर एक वक्तव्य करना हो। मैंने प्रधानमन्त्री से कहा कि अनशन समाप्त होने के बाद और उनका मोरारजी से जो पत्र-व्यवहार हुआ, उसके प्रकाशित होने के बाद किसी वक्तव्य की आवश्यकता नहीं है। वक्तव्य तभी करना चाहिए जब स्पीकर का निर्देश हो। दिल्ली पहुँचने पर मालूम पड़ा कि लोकसभा में यह घोषणा की जा चुकी है कि प्रधानमन्त्री वक्तव्य करेंगी।

प्रधानमन्त्री लगभग चार बजे कार्यालय आयीं और काफी व्यस्त हो गयीं। सन्ध्या को दो घंटे उन्होंने शारदा के साथ जमैका में दिये जाने वाले भाषण पर काम किया। प्रधानमन्त्री राष्ट्रमंडल (कामनवैल्थ) सम्मेलन में 27 तारीख को जमैका जायेंगीं। पर भाषण पर तैयारी आज से ही शुरू। प्रधानमन्त्री अपने भाषणों पर बहुत समय लगाती हैं। अब कई दिन तक उनकी सारी चिंता इसी भाषण पर केन्द्रित रहेगी। अन्य काम एक तरफ रख दिये जायेंगे।

घर जाने से पहले प्रधानमन्त्री ने मुझसे कहा कि मैं पांडिचेरी के उपराज्यपाल (छेदीलाल) से कह दूँ कि वे उनके पांडिचेरी के दौरे के बारे में किसी प्रकार का प्रबन्ध न करें। वे आश्रम में रहेंगी और स्वयं अपना कार्यक्रम आश्रम और कांग्रेस वालों की मदद से बना लेंगी। यह प्रधानमन्त्री की प्रतिक्रिया थी उपराज्यपाल के हस्तलिखित व्यक्तिगत पत्र पर जो प्रधानमन्त्री ने मुझे दिया। प्रधानमन्त्री 19 तारीख को पांडिचेरी जा रही हैं। पूरा कार्यक्रम सी.पी.एन. सिंह ने बना कर भेजा है। इस पर उपराज्यपाल ने कुछ सुझाव भेजे और विनती की कि उनकी व प्रशासन की अवहेलना करना उपयुक्त नहीं होगा। पर प्रधानमन्त्री ने उनकी बात नहीं मानी। घर आकर मैंने छेदीलाल को फोन कर दिया।

प्रधानमन्त्री का यह स्वभाव है। जिससे नाराज़ होती हैं, उसको इसी तरह अपमानित करती हैं। छेदीलाल के साथ यह कोई नयी बात नहीं है। जनवरी 1974 से वे छेदीलाल से नाराज़ हैं। उनकी कोई बात नहीं सुनना चाहतीं। नाराज़गी का कारण यह है कि सी.पी.एन. सिंह ने उनके विरुद्ध काफी कान भरे हैं। वे आश्रम के ग़लत-सही काम उपराज्यपाल से कराना चाहते हैं। जब उपराज्यपाल कठिनाई बताते हैं तो प्रधानमन्त्री से शिकायत करते हैं। न जाने कितने उदाहरण तो मेरी

जानकारी में हैं। एक समय था, प्रधानमन्त्री आश्रम को अच्छा नहीं समझती थीं। उनका विचार था कि विदेशी मुद्रा की तस्करी का यह एक अड्डा है। पर अब आश्रम के आगे किसी और की कोई बात सुनने को तैयार नहीं हैं। छेदीलाल से नाराज़गी केवल इसीलिए है।

इस प्रकार का व्यवहार प्रधानमन्त्री के लिए कोई नयी बात नहीं है। एक बार जब *धर्मवीर* मैसूर (अब कर्नाटक) के राज्यपाल थे तो उन्होंने एक वक्तव्य दिया जो प्रधानमन्त्री को पसन्द नहीं आया। मैसूर को केन्द्र से कुछ आर्थिक सहायता मिलनी थी, उसी पर राज्यपाल ने वक्तव्य किया था। फौरन धर्मवीर को दिल्ली बुलाया गया। दो दिन तक स्वयं मिलने का समय नहीं दिया। धर्मवीर काफी परेशान हुए। उन्हें वापस लौटना था, क्योंकि 26 जनवरी की परेड में सलामी लेनी थी। प्रतीक्षा करने के बाद वे वापस लौट गये। प्रधानमन्त्री का पारा आसमान पर चढ़ गया। कहने लगीं कि बिना मिले क्यों गये—सलामी लेना इतना आवश्यक नहीं था, जितना प्रधानमन्त्री से मिलना। उन्होंने आदेश दिया कि अब धर्मवीर सलामी नहीं ले सकते। उन्हें चाहे कुछ भी हो, इससे रोका जाये। इसी प्रकार एक बार पंजाब के राज्यपाल (*पावटे*) से नाराज़ हुईं तो मुझसे कहा कि इनको फौरन डिसमिस किया जाना चाहिए। हम लोगों के बहुत समझाने-बुझाने से रास्ते पर आयीं। प्रधानमन्त्री यह कभी नहीं भूलतीं कि वे प्रधानमन्त्री हैं और उनकी शक्ति कितनी है।

16 अप्रैल, 1975

आज सुबह साढ़े नौ बजे अणुशक्ति, अन्तरिक्ष आदि विभागों की कंसलटेटिव कमेटी की मीटिंग थी। इन विभागों की मन्त्री स्वयं प्रधानमन्त्री हैं, इसलिए मीटिंग की अध्यक्षता उन्होंने ही की थी। सुबह मूड काफी खराब लग रहा था। किसी लोकसभा के सदस्य ने एक प्रश्न पूछा है कि पोखरा विस्फोट में कुल कितना व्यय हुआ? अणुशक्ति विभाग ने स्पीकर से यह आग्रह किया कि इस प्रश्न को स्वीकार नहीं किया जाये। पर उन्होंने यह बात नहीं मानी। मेरी समझ में स्पीकर का निर्णय ग़लत नहीं है। अणुशक्ति आयोग के एक सदस्य (जहाँ तक मुझे स्मरण पड़ता है—हक्सर) ने इस सम्बन्ध में एक वक्तव्य दिया है और अनुमानित धनराशि की सूचना भी दी है। ऐसी परिस्थिति में लोकसभा में आज इसे कैसे अस्वीकार किया जा सकता था। पर प्रधानमन्त्री ने मुझसे कहा कि ये सब बातें स्पीकर पर नहीं छोड़ी जा सकतीं। हम निर्णय करेंगे कि क्या सूचना सदन को दी जाये और क्या नहीं। यदि आवश्यक हो तो स्पीकर से इस मूल प्रश्न पर चर्चा करनी चाहिए। फिर जोर से कहा (अंग्रेजी में), "यदि स्पीकर क्राइसिस चाहते हैं, तो होने दीजिए। हम दूसरा स्पीकर चुन लेंगे।" स्पष्ट था कि किसी और चीज का गुस्सा स्पीकर पर उतर रहा है। ऐसे अवसरों पर—और फिर इस समय तो

प्रधानमन्त्री एक मीटिंग में बैठी थीं—मैं प्रधानमन्त्री से बहस करना उचित नहीं समझता। बलबला उठा है, दब भी जायेगा। मैंने कहा, मैं पूरी बात पता लगा कर उचित कार्यवाही करूँगा। बाद में *कृष्णचन्द्र पन्त* को, जो मीटिंग में प्रधानमन्त्री के बराबर बैठे थे, पूरी बात समझा दी, तो वे मान गये कि इस प्रश्न विशेष पर स्पीकर की कोई ग़लती नहीं है।

जनता कॉलोनी के सम्बन्ध में आज *सेठना* फिर मिले। वे अपने स्तर पर मामला सुलझा लेंगे, ऐसा उनका भरोसा है, पर उनका कहना है कि प्रधानमन्त्री का नाम बड़े ग़लत तरीके से प्रयोग किया जा रहा है। इससे समस्या जटिल बन रही है।

स्वामी ब्रह्मानन्द लोकसभा में हमीरपुर के प्रतिनिधि हैं। कभी-कभी आकर वे मेरे कमरे में बैठ जाते हैं। आज कह रहे थे कि जगजीवन राम व नन्दा दोनों ही प्रधानमन्त्री से अप्रसन्न हैं। मैंने उनसे पूछा कि उन्हें कैसे मालूम, तो उन्होंने कहा जगजीवन राम के लिए तो सेंट्रल हॉल में सब कहते हैं, पर नन्दा जी ने स्वयं उनसे कुछ ऐसी बातें कहीं, जिससे कोई दूसरा निष्कर्ष निकालना कठिन है। नन्दा जी का कहना है कि जे.पी. का आन्दोलन सराहनीय है। अभी भी लोग इस देश में मूल्यों के लिए खड़े होने को तैयार हैं। इस आंदोलन की मदद की जानी चाहिए।

आज मोरारजी के अनशन से सम्बन्धित कुछ कागज़ात प्रधानमन्त्री से प्राप्त हुए। उसमें दो कागज़ महत्त्वपूर्ण हैं। मोरारजी के अनशन के समय *कामराज* दिल्ली आये थे। (वैसे बजट सत्र में कामराज दिल्ली कम रहे हैं।) मोरारजी से भी मिले थे। उसके बाद किसी के माध्यम से उन्होंने प्रधानमन्त्री को सन्देश भेजा था, जिसका सारांश निम्नलिखित है। कामराज इस अनशन का समर्थन नहीं करते। उन्होंने यह बात मोरारजी से कही थी। पर मोरारजी अपनी बात पर दृढ़ हैं। कामराज का अनुमान है कि मोरारजी अडिग हैं और प्रधानमन्त्री को ही उनकी बात माननी पड़ेगी। पर कामराज की राय में यह काम इस प्रकार करना चाहिए कि मोरारजी को कोई राजनीतिक लाभ न हो। यह बात तो समझी जा सकती है कि कामराज अनशन का समर्थन न करें, पर अपने ही दल के एक नेता के विरुद्ध वे इस प्रकार की बात प्रधानमन्त्री तक पहुँचाएं, उनके स्तर के नेता को यह शोभा नहीं देता। यह बात तब है, जब प्रधानमन्त्री कामराज को हाल ही में एक गच्चा दे चुकी हैं। 1973 के अगस्त से कामराज और प्रधानमन्त्री की कई बार भेंट हुई। वे दोनों काफी करीब आये। कामराज ने अपने दल की बात ठुकरा कर तमिलनाडु और पांडिचेरी में प्रधानमन्त्री से समझौता किया, पर बाद में प्रधानमन्त्री ने अन्ना द्र.मु.क. से समझौते की बात आरम्भ कर दी। आजकल सामान्य धारणा यह है कि तमिलनाडु में कांग्रेस और अ. द्र.मु.क. का गठबन्धन होगा। प्रधानमन्त्री की राजनीति का यही स्टाइल है कि जब जिसे चाहती हैं अपनी तरफ मिलाती हैं, जब चाहती हैं बाहर फेंक देती हैं। तर्क

उनके पास हर बात के हैं। पर आश्चर्य इस बात का है कि अन्य लोग क्यों भुलावे में आते रहते हैं? यदि यह भुलावा नहीं तो और क्या है कि कामराज अपने दल के नेता के विरुद्ध प्रधानमन्त्री से सहानुभूति रखते हैं।

17 अप्रैल, 1975

आज सुबह प्रधानमन्त्री और विपक्षी दलों के नेताओं की एक बैठक हुई। सिक्किम के सम्बन्ध में प्रधानमन्त्री उनको सरकार का निर्णय बताना चाहती थीं। सिक्किम को भारत संघ में पूरी तरह मिलाकर 22वाँ राज्य बनाया जा रहा है। संविधान में संशोधन की आवश्यकता होगी। वह भी शीघ्र संसद के समक्ष प्रस्तुत किया जायेगा। प्रायः सभी दलों ने सरकार के निर्णय का समर्थन किया। कम्युनिस्ट पार्टी (मार्क्सवादी) का दृष्टिकोण इस मीटिंग में स्पष्ट नहीं हुआ।

मिर्धा से आज लगभग दो माह बाद भेंट हुई। वे अभी हाल ही में बंगलौर गये थे। राजस्थान और कर्नाटक की गतिविधियों को मिर्धा अच्छा नहीं समझते। इन राज्यों में कांग्रेस की बदनामी बढ़ रही है। आपस के झगड़े भी। राजस्थान के मुख्यमन्त्री ने अब *रजनी पटेल* का पल्ला पकड़ा है। इसका प्रभाव राजस्थान में अच्छा नहीं पड़ा है। मिर्धा ने यह भी कहा कि भ्रष्टाचार की चर्चा ही नहीं, भ्रष्टाचार भी बढ़ रहा है और सरकार इस दिशा में कोई ठोस काम नहीं कर रही है। मिर्धा ने कहा कि दुर्भाग्य से कोई भी कांग्रेसी नेता वास्तविक स्थिति प्रधानमन्त्री के समक्ष रखने से डरता है।

कभी-कभी प्रधानमन्त्री के आदेशों से यह बिल्कुल स्पष्ट हो जाता है कि प्रशासनिक मामलों की उनकी समझ-बूझ अपर्याप्त है। वे कुछ निर्णय केवल अपना प्रचार करने की दृष्टि से लेती हैं। जब उनको कार्यान्वित करना होता है तो वे करती वही हैं जो उन्हें व्यक्तिगत रूप से अच्छा और सुविधाजनक लगता है। प्रशासनिक सुधार पर हाल ही में जो पत्र और आदेश उन्होंने लिखे हैं, उनका प्रेस में अच्छा प्रचार और स्वागत हुआ है। इससे प्रधानमन्त्री प्रसन्न हैं। पर मुझे यह कहने में तनिक भी हिचकिचाहट नहीं है कि इसकी उनको जरा भी चिन्ता नहीं है कि उनका आदेश कार्यान्वित हो रहा है या नहीं। वरिष्ठ अधिकारी तो उनका आदेश पहले ही कार्यान्वित नहीं करना चाहते—वे 'परिवर्तन' के पक्ष में कभी होते ही नहीं। इस कारण काफी ढोल पिटने के बाद भी केन्द्रीय सरकार में कार्यकुशलता, दक्षता आदि का ह्रास बढ़ता ही जायेगा। किसी प्रकार की आशा रखना व्यर्थ है।

यह मैं इसलिए सोच रहा हूँ क्योंकि आज गृह मन्त्रालय की एक पत्रावली में प्रधानमन्त्री ने एक काफी गुस्से से भरा 'मिनिट' लिखा है। शिकायत मुझे गुस्से से नहीं है, गृह मन्त्रालय को तो कई बातों पर इस प्रकार के मिनिट प्रधानमन्त्री की ओर से जाने चाहिए। पर इस मिनिट की पृष्ठभूमि अज़ब है। हरियाणा में बंसीलाल

ने एक नयी प्रथा चलायी है। वे आई.जी.पुलिस को छोड़कर, उनके कनिष्ठ अधिकारियों से सीधे सम्पर्क स्थापित करते हैं और आदेश देते हैं और काम कराते हैं। इससे पुलिस के अनुशासन पर बुरा प्रभाव पड़ रहा है। *रुस्तम जी* ने एक दौरे के बाद यह सिफारिश की कि बंसीलाल से बात करके इस बात को बढ़ने नहीं देना चाहिए। कनिष्ठ अधिकारियों से परामर्श करने में कोई आपत्ति नहीं हो सकती। पर यह भी एक सीमा तक ही उपयुक्त हो सकता है, विशेषकर पुलिस जैसी फोर्स में। पर प्रधानमन्त्री ने पत्रावली पर आदेश दिया कि बंसीलाल जो कुछ कर रहे हैं, वह ठीक है। गृह मन्त्रालय इस प्रश्न पर संकीर्णता से विचार कर रही है। असल बात यह है कि बंसीलाल के किसी कार्य में प्रधानमन्त्री हस्तक्षेप नहीं करना चाहतीं।

आज शेषन से यह मालूम पड़ा कि परसों शाम को प्रधानमन्त्री ने उद्योगमन्त्री, *पाई* को बुलाकर काफी डाँटा। मारुति को लेकर कुछ बात थी, पर शेषन को पूरे तथ्य नहीं मालूम। वह कह रहा था कि पाई उससे कह रहे थे कि वह त्यागपत्र देंगे। लेकिन बाद में त्यागपत्र आया नहीं।

संसद भवन में बैठने के कारण *जगत* से आजकल भेंट कम होती है। पर आज वह स्वयं मेरे पास आया। वह उस समय बहुत उत्तेजित था और दुखी भी। वह मुझे हमारे पेरिस दूतावास का एक किस्सा बताने आया था। अब यह बात स्पष्ट हुई है कि उस दूतावास में नियुक्त एक अधिकारी एक बाह्य शक्ति से धन प्राप्त करके उसके लिए गुप्तचरी का काम कर रहे हैं। विदेश सचिव इस बात को ढँकना चाहते हैं। यह एक अलग बात है। लेकिन इतना निष्कर्ष तो स्वाभाविक है कि हमारे राजदूत का नियंत्रण ढीला रहा है। पर इस पर भी उन्हें एक साल का एक्सटेंशन और दिया जा रहा है। कारण, उनकी पहुँच प्रधानमन्त्री तक कई सूत्रों से है। *जगत* ने कहा कि इस वातावरण में यदि कनिष्ठ अधिकारी अपने वरिष्ठ सहयोगियों में विश्वास करना छोड़ रहे हैं, तो क्या ग़लत है।

आज *वी.आर.* ने बताया कि राष्ट्रीयकृत बैंकों के अध्यक्षों की नियुक्ति में प्रधानमन्त्री ज़िद कर रही हैं कि *तनेजा* को हटाया जाये। प्रो. धर इसका विरोध कर रहे हैं। पिछले साल प्रो. धर नहीं चाहते थे कि तनेजा नियुक्त हो, पर प्रधानमन्त्री ने उन्हीं को नियुक्त किया।

रात को आज *राणा* के घर संगीत का कार्यक्रम था। राणा विदेश मन्त्रालय में डायरेक्टर हैं। जसराज ने उसके घर तीन-चार घंटे गायन किया। आज जो उन्होंने राग गाये, वे थे—जयजयवंती, अडाना (या कालिका), हंसध्वनि (पवनपूत) और मालकौस। बहुत ही सुन्दर कार्यक्रम रहा।

18 अप्रैल, 1975

आज कई दिनों बाद *प्रो. धर* से भेंट हुई। वे कई दिनों के बाद संसद भवन आये थे। प्रधानमन्त्री से मिलने के पहले वे पाँच-दस मिनट मेरे कमरे में रहे। वे दुखी लग रहे थे। कहने लगे कि मैं इस वातावरण से अपने को मुक्त करना चाहता हूँ। किसी भी हालत में मैं नवम्बर के बाद इस सचिवालय में नहीं रुकना चाहता। प्रधानमन्त्री से मिलने के बाद वे मेरे पास करीब आधा घंटा बैठे रहे। उस समय वे इतने दुखी लग रहे थे कि उसका वर्णन कठिन है—जैसे आसमान से गिरे हों। प्रधानमन्त्री से उन्होंने सचिवों की नियुक्ति के बारे में बातचीत की। कई सचिव अवकाश प्राप्त करने वाले हैं, पर अभी तक प्रधानमन्त्री कोई निर्णय ही नहीं कर रही हैं। मंत्रिमंडल सचिव *भैरव दत्त पांडे* 17 मार्च को अवकाश प्राप्त करने वाले थे। पर उनके कार्यकाल की अवधि संसद के सत्र के अन्तिम दिन तक कर दी गयी है। आगे क्या होगा, अभी निश्चित नहीं।

प्रधानमन्त्री से आज उन्होंने मंत्रिमंडल के सचिव पद के लिए निर्मल मुखर्जी का नाम प्रस्तावित किया। प्रधानमन्त्री की प्रतिक्रिया बहुत तेज हुई। उन्होंने कहा कि निर्मल मुखर्जी में न कार्यकुशलता है, न दक्षता है। वे गृह मन्त्रालय के योग्य भी नहीं हैं। उन्हें किसी छोटे मन्त्रालय में भेज देना चाहिए। प्रो. धर के स्वयं के शब्दों में उनके नीचे से जमीन खिसक गयी। उन्होंने कभी इतनी तेज प्रतिक्रिया की कल्पना भी नहीं की थी। इसके बाद उन्होंने प्रधानमन्त्री से ठीक से बात भी नहीं की। वे बिल्कुल अनमने हो गये।

मेरे कमरे में आये तो मैंने कॉफी पिलायी। जब उन्होंने प्रधानमन्त्री से हुई बातचीत का पूरा विवरण दिया तो मैंने कहा, मुझे कोई आश्चर्य नहीं है। किशन चन्द (दिल्ली के उपराज्यपाल) और बंसीलाल प्रधानमन्त्री के कान निर्मल मुखर्जी के विरुद्ध भरते रहते हैं। *ओम मेहता* भी उनकी काफी शिकायत करते हैं। आजकल इन तीनों का प्रधानमन्त्री पर काफी प्रभाव है। किशन चन्द और ओम मेहता प्रधानमन्त्री को यह सलाह भी दे रहे हैं कि पांडे का कार्यकाल मार्च, 1976 तक बढ़ा दिया जाये।

प्रो. धर काफी देर तक इस पर विचार-विमर्श करते रहे कि अब नियुक्तियों की नयी लड़ी किस प्रकार बनायी जाये। उन्होंने सुझाव दिया कि एच.एल.रे. (वित्त सचिव) को मंत्रिमंडल सचिव बनाते हुए मैं कुछ प्रस्ताव बनाकर उनके पास सन्ध्या तक भेज दूँ। मैंने उनसे कहा कि मैं यह कर तो दूँगा पर सारा परिश्रम निरर्थक होगा। मेरे अनुमान में अब पांडे को एक्सटेंशन जरूर मिलेगा। मैंने उनसे यह भी कहा कि वे प्रधानमन्त्री से आग्रह करके निर्मल को गृह मन्त्रालय में ही रहने दें। किसी योग्य अधिकारी को इस तरह अपमानित करना अच्छा नहीं। आध घंटे की बातचीत के बाद भी प्रधानमन्त्री की बातचीत से झकझोरे हुए प्रो. धर संभल नहीं

पाये थे। वे निरुत्साहित होकर मेरे कमरे से साउथ ब्लॉक गये। प्रो. धर के दुखी होने का विशेष कारण था। जैसे ही वे प्रधानमन्त्री के कमरे से निकले प्रधानमन्त्री ने फोन पर धवन से पन्द्रह मिनट तक बात की। वे उस समय शेषन के पास बैठे थे। प्रधानमन्त्री धवन से वरिष्ठ नियुक्तियों के बारे में बात कर रही थीं। प्रो. धर को बुरा लगना स्वाभाविक था। अब इन महत्त्वपूर्ण बातों में भी प्रधानमन्त्री अयोग्य राय की तलाश में रहती हैं।

आज की एक और महत्त्वपूर्ण बात थी, सन्ध्या की मंत्रिपरिषद् की बैठक। इस बैठक में सिक्किम को भारत का एक राज्य बनाने के लिए संविधान संशोधन विधेयक पर विचार किया गया। सिक्किम के राज्यपाल को व्यापक अधिकार देने का प्रस्ताव था। सरदार *स्वर्ण सिंह* ने उसका विरोध किया। उन्होंने कहा कि सिक्किम और अन्य राज्यों में अन्तर नहीं होना चाहिए। पर प्रधानमन्त्री इस विचार से सहमत नहीं थीं। उन्होंने अपना प्रिय तर्क उपयोग किया : सिक्किम में परिस्थितियाँ असाधारण हैं, हमें 'टेक्नीकल' दृष्टिकोण नहीं अपनाना चाहिए। सरदार का कहना था कि जहाँ तक सिक्किम की सुरक्षा का प्रश्न है, राज्यपाल को कोई अधिकार नहीं है, यह उत्तरदायित्व केन्द्र का है। राज्यपाल केन्द्र को अवश्य सूचित करेगा। बाकी अन्य मामलों में अधिकार मंत्रिमंडल का होना चाहिए। पर प्रधानमन्त्री नहीं मानीं। विधेयक के प्रारूप में कुछ संशोधन तो सरदार की ज़िद पर किया गया, पर उससे उनकी मूल आपत्ति का निवारण नहीं हुआ। वाद-विवाद में विदेश सचिव ने विशेष भाग लिया, पर न तो उन्हें संविधान का कुछ पता है, न भविष्य के बारे में उनकी कोई परिकल्पना है। प्रधानमन्त्री ने भी उनकी बात का अनुमोदन करते हुए कहा कि यह सोचना व्यर्थ है कि पाँच साल बाद क्या होगा?

19 अप्रैल, 1975

आज प्रधानमन्त्री तीन दिन के दौरे पर दक्षिण गयी हैं। वे पांडिचेरी और केरल जायेंगी। पर जाने से पहले उन्होंने विज्ञान भवन में राज्यों के आदिवासी विभाग के मन्त्रियों के सम्मेलन का उद्घाटन किया। प्रधानमन्त्री का भाषण बहुत अच्छा रहा। कल सन्ध्या को मुझसे उन्होंने इस भाषण की रूपरेखा के लिए काफी सामग्री ली। इस भाषण में जो सुझाव प्रधानमन्त्री ने रखे, वे काफी प्रभावशाली हो सकते हैं।

उद्घाटन के बाद मैं गृह सचिव के साथ लौटा। उनके कमरे में पहले से निश्चित कार्यक्रम के अनुसार कश्मीर की कुछ समस्याओं पर लगभग एक घंटा विचार-विमर्श करता रहा। मुखर्जी प्रधानमन्त्री के जम्मू के दौरे के बारे में भी जानकारी प्राप्त करना चाहते थे।

लंच के समय *शेषन* ने एक अज़ीब बात बतायी। निर्वाचन आयोग में एक उप-मुख्य निर्वाचन आयुक्त का पद रिक्त पड़ा है। निर्वाचन आयोग ने यह प्रस्ताव

किया है कि इस पद पर ए.एन.सेन की नियुक्ति की जानी चाहिए। सेन पश्चिमी बंगाल के न्यायिक अधिकारी हैं। कई वर्षों से निर्वाचन आयोग में कार्य कर रहे हैं। बहुत अनुभव हो गया है। आजकल आयोग के सचिव हैं। यह प्रस्ताव काफी समय से प्रधानमन्त्री के पास पड़ा हुआ है। मुख्यनिर्वाचन आयुक्त (*स्वामीनाथन*) मुझे कई बार स्मरण भी दिला चुके हैं। पर अब वे मेरे सुझाव पर सीधे शेषन को स्मरण दिलाते हैं। एक-दो दिन तो शेषन ने उनकी बात सुनी, पर कुछ किया नहीं। आज स्वामीनाथन के कहने पर उसने प्रधानमन्त्री से कहा कि निर्वाचन आयोग के काम में बाधा पड़ रही है। इस प्रस्ताव पर शीघ्र आदेश की आवश्यकता है। प्रधानमन्त्री ने कहा कि वे यह प्रस्ताव नहीं स्वीकार कर सकतीं, क्योंकि सेन "हमारी तरफ नहीं हैं। हमारी बिल्कुल मदद नहीं करेगा।" शेषन का कहना है कि वह यह सुनकर बिल्कुल सन्न रह गया। प्रधानमन्त्री यह आशा करती हैं कि निर्वाचन आयोग के अधिकारी 'उनकी तरफ' हों।

आज प्रो. धर से भेंट नहीं हुई, पर सन्ध्या को वी.आर. ने बताया कि विज्ञान भवन जाने से पहले प्रधानमन्त्री की प्रो. धर से आध घंटा बात हुई। कुछ समय वित्तमन्त्री भी वहाँ थे। बैंक, आदि की नियुक्तियों पर चर्चा हुई। प्रधानमन्त्री ने प्रो. धर की एक नहीं सुनी और तनेजा को सेन्ट्रल बैंक से हटाने का निर्णय ले लिया। हाँ, आज वे प्रो. धर की यह बात मान गयीं कि निर्मल मुखर्जी को गृह मन्त्रालय से न हटाया जाये। मान तो वे यह भी गयी हैं कि अगले वर्ष मुखर्जी को मंत्रिमंडल सचिव बना देंगी। फिलहाल मार्च 1976 तक पांडे ही इस पद पर रहेंगे। प्रो. धर का कहना है कि मुखर्जी को न हटाने का निर्णय प्रधानमन्त्री ने उनको फुसलाने और बहलाने के लिए किया है, क्योंकि बैंक आदि की नियुक्तियों में उनकी तर्कसंगत बात नहीं मानी गयी। मैंने *वी.आर.* से कहा कि प्रधानमन्त्री बहलाने-फुसलाने में उस्ताद हैं। अभी प्रो. धर से कहा है। पर किसी-न-किसी बहाने निर्मल मुखर्जी को इधर-उधर कर देंगी, मंत्रिमंडल सचिव नहीं बनायेंगी। मुझे तो आशंका है कि वे मुखर्जी को गृह सचिव के पद से भी हटा देंगी।

20 अप्रैल, 1975

आज रविवार की छुट्टी थी। मैं संसद भवन में ही कार्य करता रहा। दोपहर को घर जाने से पहले वी.आर. मेरे पास आया। वह प्रो. धर से सुबह मिला था। उनकी खिन्नता और क्षुब्धता दिन-प्रतिदिन बढ़ रही है। उनका कहना है कि वरिष्ठ और महत्त्वपूर्ण नियुक्तियों को प्रधानमन्त्री गम्भीरता से नहीं लेती हैं। ठीक है उनकी बात प्रधानमन्त्री न मानें पर धवन में कहाँ से योग्यता आयी, इन बातों पर राय देने की। प्रधानमन्त्री उसी की राय मानती हैं। मुखर्जी के विरुद्ध बंसीलाल, किशन चन्द व ओम मेहता हैं। बस प्रधानमन्त्री के निर्णय के लिए यह काफी है। प्रो. धर ने उन्हें

काफी समझाने की कोशिश की कि ये लोग मुखर्जी को क्यों नहीं चाहते, पर प्रधानमन्त्री को भर दिया जाता है कि इन तीन लोगों की बात ठीक है। बंसीलाल को मुखर्जी से पुरानी नाराज़गी है, पर ओम मेहता और किशन चन्द को धवन ने ही उनके खिलाफ़ भरा है। एक तरफ से धवन प्रधानमन्त्री से बात करता है, दूसरी तरफ किशन चन्द और ओम मेहता (धवन से कहने पर) वही बात प्रधानमन्त्री से कहते हैं। प्रो. धर कहते हैं कि ऐसी परिस्थिति में वे प्रभावकारी ढंग से काम नहीं कर सकते।

21 अप्रैल, 1975

कल प्रधानमन्त्री विपक्षी दलों के नेताओं से निर्वाचन-सुधार पर विचार-विमर्श करेंगी। आज मैंने अधिक समय इस विषय के अध्ययन में लगाया। काफी सामग्री हाल ही में प्राप्त हुई है। प्रधानमन्त्री ने इसी माह 8 व 9 तारीख को कांग्रेस पार्टी के संसद सदस्यों से इस विषय पर विचार-विमर्श किया था। उनके लिए वी.बी. राजू ने कुछ नोट्स तैयार किये थे। कल की मीटिंग के लिए प्रधानमन्त्री को ब्रीफ़ देनी थी।

पढ़ी-लिखी जनता और बुद्धिजीवियों में आजकल इस विषय पर काफी चर्चा हो रही है। यह ठीक है कि प्रचलित प्रणाली की अपेक्षा किसी और प्रणाली की बात सोचना आसान नहीं है, यद्यपि कुछ सुझाव इस सम्बन्ध में भी दिये गये हैं। पर इससे इन्कार नहीं किया जा सकता कि इसी प्रणाली के अन्तर्गत काफी सुधार की आवश्यकता है। प्रधानमन्त्री सुधार के पक्ष में नहीं हैं। उन्होंने एक बात पकड़ रखी है। वे बार-बार कहती हैं कि जे.पी. द्वारा गठित तारकुंडे कमेटी भी प्रचलित प्रणाली के स्थान पर कोई दूसरी प्रणाली के पक्ष में नहीं है। अपने स्वार्थवश प्रधानमन्त्री ने सुधार की माँग के पीछे जो मूल बात है, उसको नजरअन्दाज कर दिया है। मुझसे *ओम मेहता* कई बार कह चुके हैं कि प्रधानमन्त्री लोकसभा चुनाव तक कोई विशेष परिवर्तन नहीं चाहतीं। उनका विचार है कि सबको बातों में लगाये रहो या एकाध छोटी-मोटी बातों में परिवर्तन कर दो। इस समय के लिए यह पर्याप्त होगा।

आज सन्ध्या को लोकसभा में मोरारजी ने प्रधानमन्त्री के वक्तव्य के उत्तर में एक वक्तव्य दिया। उन्होंने बड़े तर्कसंगत ढंग से यह स्पष्ट किया कि उनका अनशन चुनावों को तीन-चार महीने पहले कराने के लिए नहीं था। उसके पीछे एक मूल सैद्धांतिक प्रश्न था। सदा की भाँति मोरारजी ने अपना वक्तव्य बड़ी शालीनता से पढ़ा। सदन पर उसका प्रभाव पड़ा। प्रधानमन्त्री सदन में उपस्थित थीं।

सदन की बैठक के बाद काफी देर तक मैं झा से जम्मू व कश्मीर के बारे में बात करता रहा। मेरा कहना था कि जब भी जम्मू कश्मीर के विकास की बात उठायी जाती है, कुछ पुरानी घिसी-पिटी स्कीमें भारत सरकार के सामने प्रस्तुत कर दी जाती

हैं। किसी ने गम्भीरता से इन स्कीमों की उपयोगिता के बारे में नहीं सोचा है। पिछले महीने जब शेख प्रधानमन्त्री से मिलने आये तो इन्हीं स्कीमों की सूची ले आये। दो-चार दिन पहले जब प्रधानमन्त्री जम्मू गयी थीं तो फिर इन्हीं को दोहरा दिया गया। आवश्यकता इस बात की है कि योजना आयोग की सहायता से यह अध्ययन किया जाये कि सब परिस्थितियों को देखते हुए किन स्कीमों को प्राथमिकता देनी चाहिए, किनको आगे बढ़ाना चाहिए और किनकी बिल्कुल चिन्ता नहीं करनी चाहिए। झा मुझसे सहमत हैं। किसी अवसर पर प्रधानमन्त्री के सम्मुख यह दृष्टिकोण रखूँगा।

22 अप्रैल, 1975

आज सुबह मंत्रिपरिषद् की बैठक हुई। दो महत्त्वपूर्ण विषयों पर विचार हुआ, कुछ रूटीन मद भी थे। एक प्रस्ताव तो यह था कि सरकारी कर्मचारियों को यह अधिकार होना चाहिए कि यदि वे चाहें तो पन्द्रह साल की नौकरी के बाद अवकाश ग्रहण कर लें। कार्मिक विभाग ने मंत्रिपरिषद् के लिए जब नोट तैयार किया तो केवल एक मन्त्रालय को छोड़ कर सब इस प्रस्ताव के पक्ष में थे। पर मंत्रिपरिषद् में कई मन्त्रियों ने इस पर आपत्ति की। इन सबने इस प्रस्ताव का गम्भीरता से अध्ययन नहीं किया था। ऐसा लग रहा था कि कुछ ने तो नोट पढ़ा तक नहीं था। प्रधानमन्त्री इस प्रस्ताव के पक्ष में हैं, पर मीटिंग में उन्होंने कोई स्पष्ट मत व्यक्त नहीं किया। अन्त में यह निश्चित हुआ कि मन्त्रियों का एक ग्रुप इस प्रस्ताव पर विचार कर ले। हमारे अधिकतर मन्त्री किसी भी सुधार को आसानी से नहीं मानते हैं। यही कारण है कि हमारा प्रशासनिक-तन्त्र दिन पर दिन ढीला होता जा रहा है।

दूसरा महत्त्वपूर्ण विषय था—'एयरबस' के लिए ऑर्डर देना। सरदार स्वर्ण सिंह ने इस प्रस्ताव का विरोध किया, पर अन्त में निर्णय यही हुआ कि 'एयरबस' के लिए ऑर्डर दे देना चाहिए। आज प्रधानमन्त्री भी इसी पक्ष में थीं। बाद में *वी.आर.* ने बताया कि 'सौदा' हो गया है। इसलिए आज कोई कठिनाई नहीं हुई। पूरी बात अभी पता नहीं लगी है, सुना है *रजनी पटेल* बीच में पड़े थे, तब काम हुआ।

मंत्रिपरिषद् की मीटिंग के बाद मैं प्रधानमन्त्री से मिला। कई बातें उनसे करनी थी पर जैसे ही मैंने कुछ कहना शुरू किया *गोखले* आ गये। उन्हें इलाहाबाद में प्रधानमन्त्री के विरुद्ध चल रहे मुकदमे के सम्बन्ध में एक शपथ-पत्र पर प्रधानमन्त्री के हस्ताक्षर कराने थे। उसमें कुछ समय लगा। उस वक्त मैं फिर बात नहीं कर सका। घंटा भर बाद मैं फिर प्रधानमन्त्री के पास गया। मध्य प्रदेश के राज्यपाल के विरुद्ध वहाँ के एक कम्युनिस्ट नेता *होमी दाजी* ने कुछ गंभीर आरोप लगाये हैं। प्रधानमन्त्री ने होमी दाजी का पत्र मेरे पास कुछ दिन पहले भेजा था। मैंने प्रधानमन्त्री को परामर्श दिया कि इस पत्र पर कार्यवाही करना आवश्यक है, पर उपयुक्त यह

होगा कि राष्ट्रपति राज्यपाल से इस पत्र पर टिप्पणी मँगवा लें। राष्ट्रपति को पत्र भेजने से पहले प्रधानमन्त्री उनसे स्वयं जाकर बात कर लें। प्रधानमन्त्री ने वह पत्र अपने पास रख लिया।

राजस्थान व आंध्र प्रदेश के बारे में भी मैंने प्रधानमन्त्री से बात की। इन दोनों प्रदेशों की हाल की कुछ राजनीतिक गतिविधियाँ बहुत सन्तोषजनक नहीं हैं। राजस्थान में *हरिदेव जोशी* के प्रति असन्तोष बढ़ रहा है। पर यह भी सुना जाता है कि *हरिदेव जोशी* ने *बरुआ* व *रजनी पटेल* का पल्ला पकड़ लिया है। प्रधानमन्त्री ने मुझे बताया कि छोटी-मोटी बातें हमेशा चलती रहती हैं, पर स्थिति विशेष गम्भीर नहीं है। हरिदेव जोशी ठीक ही काम कर रहे हैं। आंध्र प्रदेश के सम्बन्ध में उन्होंने कहा कि वे ब्रह्मानन्द से बात करेंगी।

दोपहर को बेलगाँव का एक प्रतिनिधि मंडल प्रधानमन्त्री से मिला। वहाँ से लगभग एक हजार आदमी दिल्ली आये हैं। वे इसलिए प्रदर्शन कर रहे हैं कि कर्नाटक-महाराष्ट्र का सीमा-विवाद शीघ्र निपटाया जाये। प्रतिनिधि मंडल से प्रधानमन्त्री ने संसद भवन में भेंट की, पर उनके आग्रह पर वे सन्ध्या को बेलगाँव से आये हुए अन्य लोगों से मिलने पटेल चौक गयीं।

सन्ध्या को विपक्षी नेताओं से निर्वाचन-सुधार पर प्रधानमन्त्री की मीटिंग हुई। इस मीटिंग से स्पष्ट है कि सरकार कोई ठोस परिवर्तन नहीं करना चाहती। इन मीटिंगों में भी दूसरे दलों के नेताओं की बात सुनी जायेगी, छोटी-मोटी एकाध बात मानकर कुछ परिवर्तन कर दिये जायेंगे और बात समाप्त हो जायेगी। पर कुछ विपक्षी नेताओं ने विचार-विमर्श को नया मोड़ दे दिया। उन्होंने कहा कि पहले उन सुझावों पर विचार किया जाये, जिनमें किसी कानून को बदलने की आवश्यकता नहीं हो और वे शीघ्र आने वाले गुजरात चुनाव में भी कार्यान्वित किये जा सकें। इस पर विचार करने के लिए एक-दो मीटिंग होंगी। प्रधानमन्त्री जमैका जाने वाली हैं, पर ये मीटिंग उनकी अनुपस्थिति में भी हो सकती हैं।

इस मीटिंग के बाद मंत्रिपरिषद् की राजनीतिक कार्यसमिति की एक अनौपचारिक मीटिंग हुई, जिसमें कर्नाटक-महाराष्ट्र सीमा-विवाद पर विचार-विनिमय हुआ। पर चव्हाण इस मीटिंग में उपस्थित नहीं हो सके।

23 अप्रैल, 1975

आज ब्रह्मानन्द ने मुझे बताया कि *चव्हाण* चाहते हैं कि मंत्रिपरिषद् की राजनीतिक कार्यसमिति की बैठक फिर होनी चाहिए, जिसमें वे अपना दृष्टिकोण रख सकें। इधर तो यह मीटिंग सम्भव नहीं हो पायेगी, प्रधानमन्त्री 27 तारीख को जमैका जाने वाली हैं।

प्रधानमन्त्री अपने सहायता-कोष से गुजरात में किसी संस्था को धन देना

चाहती थीं। किसी मन्त्री ने उनसे इसके लिए आग्रह किया था। पर मैंने उनसे इसके लिए मना किया। बहुत समय से यह नियम चला आ रहा है कि सहायता कोष से निर्वाचन के पहले कोई सहायता नहीं दी जाती है। प्रधानमन्त्री ने मेरी बात मान ली।

दिन भर में और कोई विशेष बात नहीं हुई। प्रधानमन्त्री का बहुत अधिक समय आजकल जमैका के भाषण पर व्यतीत हो रहा है। जब से जम्मू से लौटी हैं, उनके लिए सबसे अधिक महत्त्वपूर्ण कार्य यही है। प्रो. धर का कहना है कि यदि इतना समय प्रधानमन्त्री गम्भीर समस्याओं के लिए दें तो आशातीत फल मिल सकते हैं। पर ऐसी समस्याओं में न तो प्रधानमन्त्री की रुचि है, न वे उनके लिए समय देती हैं।

24 अप्रैल, 1975

आज *महावीर* जयंती की छुट्टी थी। संसद भवन में शान्ति थी। पर *श्यामनन्दन मिश्र* मेरे पास आकर बैठ गये। वे संगठन कांग्रेस के नेता हैं। संसद भवन में उनके दल का कमरा मेरे कमरे से तीन-चार कमरे हटकर है। यह पहली बार है कि वे मेरे कमरे में आये। अभी तक संसद भवन में इधर-उधर भेंट होती रहती थी। वे लगभग घंटा भर मेरे पास बैठे। मैं सिवाय उनकी बात सुनने के और कर ही क्या सकता था? पता नहीं मेरी किस बात का वे क्या अर्थ लगायें? घंटा भर की बातचीत में उन्होंने मुख्य बात यह कही कि भ्रष्टाचार इतना बढ़ गया है कि यह पूरे समाज को निगल जायेगा। प्रधानमन्त्री किसी की बात सुनने को तैयार नहीं हैं। विपक्षी उनकी आलोचना करते हैं, यह उनका कर्त्तव्य है। पर उनकी आलोचना करने को वे बाध्य हो गये हैं, क्योंकि सरकार या कांग्रेस में प्रधानमन्त्री के अतिरिक्त कुछ है भी नहीं। बिना उनकी स्वीकृति के छोटा-सा निर्णय भी नहीं लिया जाता है। पर प्रधानमन्त्री इस आलोचना को शत्रुता समझती हैं और उसमें कटुता का समावेश कराती हैं। मिश्र का कहना था कि जब तक सरकार और प्रतिपक्ष के सम्बन्ध नहीं सुधरेंगे, राजनीतिक वातावरण असन्तोषजनक रहेगा। उन्होंने यह भी कहा कि असन्तोष विपक्षी दलों में ही नहीं, सत्तारूढ़ दल में भी है। सेंट्रल हॉल में कोई थोड़ी देर भी बैठे तो उसे यह स्पष्ट हो जायेगा।

लंच के समय *देवेन्द्र सेन* आ गये। वे भी कार्यालय (नार्थ ब्लॉक) आये हुए थे। घर जाते समय मुझसे मिलने आ गये। उन्होंने कहा कि *सरीन* उन पर बड़ा दबाव डाल रहे हैं कि गुजरात के जी.सी. शीट्स के जिस मामले की वे जाँच कर रहे हैं, उसमें शीघ्र *चिमन भाई पटेल* के विरुद्ध मामला अदालत में भेज देना चाहिए। सेन का कहना है कि पहले तो इस मामले में चिमन भाई व्यक्तिगत रूप से फँसे, इसकी सम्भावना नहीं। फिर जाँच इतनी जल्दी कैसे समाप्त की जा सकती है। एक बात और भी है कि इस समय चिमन भाई के विरुद्ध इस प्रकार के मुकदमे चलाने का

एक ही अर्थ निकाला जायेगा कि सारी कार्रवाई राजनीतिक स्वार्थ से प्रेरित होकर की जा रही है।

25 अप्रैल, 1975

राज्यसभा का नया सत्र भी आज से शुरू हो गया। दिन में कोई विशेष बात नहीं हुई। काम भी आज कम था क्योंकि कल छुट्टी में काफी काम निकाल सका था। त्रिपुरा के मुख्य सचिव सिंघल मिलने आये थे। वे अपना रोना रो रहे थे। उन्हें अपने पद से हटाया जा रहा है। यहाँ भी सबकी यही राय है कि वे उस पद का भार सम्भालने में असमर्थ रहे हैं। राघवन (पश्चिम बंगाल का एक अधिकारी) को वहाँ भेजे जाने की बात चल रही है।

देवेन्द्र सेन आज फिर मिलने आये। उनका कहना है कि दिन-प्रतिदिन प्रधानमन्त्री के आदेश पर *धवन* तरह-तरह के मामले उनके पास जाँच के लिए लाते हैं। जो भी अधिकारी मारुति के किसी काम में भी अड़चन डालता है, उसके विरुद्ध जाँच शुरू हो जाती है। मैंने पूछा कि क्या यह ठीक है कि धवन प्रधानमन्त्री की सहमति से आपके पास आते हैं। सेन ने बताया कि जितने भी मामले धवन उनके पास लाते हैं उनकी पुष्टि वे स्वयं प्रधानमन्त्री से करते हैं। आज तक कोई ऐसा मामला नहीं निकला जिस पर प्रधानमन्त्री ने कहा हो कि यह उन्होंने *धवन* के द्वारा मेरे (सेन) पास न भेजा हो। सेन का कहना है कि ऐसा करना उचित नहीं है। उन्हें जाँच करनी पड़ती है। इधर एक बात और हुई है। अब कुछ मामले तो स्वयं प्रधानमन्त्री सेन को बुला कर सौंपती हैं।

प्रधानमन्त्री से सुबह भेंट की थी। कोई विशेष बात नहीं हुई। कई छोट-मोटे मामले पड़े थे, उन पर उनके आदेश लेने थे।

लंच के समय *वी.आर.* ने बताया कि कल सन्ध्या को *कृष्ण अय्यर* उनके घर आये थे। वे सुप्रीम कोर्ट के जज हैं। वी.आर. से केरल का परिचय है, आना-जाना भी है। उन्होंने वी.आर. को बताया कि दिल्ली में वकीलों का सम्मेलन आयोजित करने में *रजनी पटेल* का मुख्य हाथ था। करीब-करीब सारा खर्चा *पटेल* ने किया है। हर वकील का आने-जाने, यहाँ रहने का खर्च दिया गया है। दो-ढाई लाख रुपया खर्च हुआ है जो रजनी ने दिया है। उनके अनुसार, इस प्रकार के सम्मेलनों का प्रभाव अच्छा नहीं होता और प्रधानमन्त्री को तो इनसे कोई लाभ नहीं होता। सुप्रीम कोर्ट के वकीलों में इस ग़लत काम की काफी चर्चा है।

26 अप्रैल, 1975

कल रात मुझे बहुत देर तक नींद नहीं आयी। वैसे भी रोज साढ़े बारह-एक बजे तक सोता हूँ, पर कल चार बजे तक पलक ही नहीं झंपे।

आज सुबह प्रधानमन्त्री अच्छे मूड में थीं। बहुत दिनों के बाद उनको मैंने इतना 'रिलैक्स' देखा। अपने जमैका के भाषण से बहुत प्रसन्न हैं। शारदा को उस पर काफी परिश्रम करना पड़ा। काफी देर तक मुझसे इधर-उधर की बात करती रहीं। उनके पास कुछ काग़ज जमा हो गये थे। उन पर भी बात करती जाती थीं और आदेश लिखती जाती थीं। कल रात जो मैंने कुछ नोट्स भेजे थे, उन पर भी बात की। उनमें से एक विशेष महत्त्व का था, जिसकी चर्चा आगे करूँगा।

कल रात वर्धन का फोन आया जब मैं कार्यालय में ही था। उसने कहा कि विधि मन्त्रालय की राय है कि सिक्किम के राज्यपाल, मुख्य न्यायाधीश आदि की नियुक्ति फौरन करनी पड़ेगी। इस मन्त्रालय के अनुसार जैसे ही राज्यसभा संविधान संशोधन विधेयक पास करेगी, नया कानून सिक्किम में लागू हो जायेगा। राष्ट्रपति की अनुमति से भी पहले। मुझे कुछ अज़ीब सी लगी यह बात। बिल का मैंने अध्ययन किया और कहा कि मुझे विधि मन्त्रालय की बात ठीक नहीं लगती। मैंने विधि मन्त्री से भी फोन पर बात की। वे भी मुझसे सहमत थे। वर्धन की राय पहले से ही यह थी। इस आधार पर मैंने एक नोट प्रधानमन्त्री को भेजा और सलाह दी कि राजनीतिक कार्यसमिति की बैठक में इस पर विचार कर लिया जाये। वह बैठक आज हुई। इसमें निर्णय यही हुआ कि नया विधेयक तभी कार्यान्वित होगा जब राष्ट्रपति की अनुमति मिल जायेगी। इसमें कुछ समय लगेगा।

27 अप्रैल, 1975

आज प्रधानमन्त्री सायंकाल 6 बजे जमैका गयीं। उनको छोड़ने हवाई अड्डे गया था। वहाँ से आकर कमानी हॉल में रामायण पर आधारित एक नाटक बैले देखने चला गया। *उमा* ने बहुत कहा था। यह एक नया प्रयास था, जिसकी कल्पना उसी ने की थी। स्वयं नृत्य भी किया था उसने। कार्यक्रम बहुत सुन्दर था। मैं उमा को सलाह दूँगा कि इस प्रकार के और कार्यक्रमों के आयोजन होने चाहिए।

28 अप्रैल, 1975

आज *एल.पी.* को फोन करना था। प्रधानमन्त्री त्रिपुरा के बारे में उनसे कुछ बात करने को कह गयी थीं। पर मेरे फोन मिलाने से पहले ही उनका फोन आ गया। उनको भी त्रिपुरा के बारे में बात करनी थी। पर इसके अतिरिक्त वे गृह मन्त्रालय से भी कुछ सहायता चाहते थे। *एल.पी.* गृह मन्त्रालय से बहुत सन्तुष्ट व प्रसन्न नहीं हैं। गृह सचिव उनके पत्रों को बहुत महत्त्व नहीं देते और कभी-कभी तो उत्तर भी नहीं देते।

आज उन मन्त्रियों की, जिन्हें विरोधी नेताओं से निर्वाचन-सुधार के विषय में बात करनी है, एक बैठक हुई। *वी.बी. राजू* भी उसमें बुलाये गये थे। इस बैठक

में यह तय करना था कि विरोधी नेताओं के समक्ष विभिन्न सुझावों पर क्या दृष्टिकोण अपनाना है? मीटिंग में मुझे ऐसा लगा कि *बाबूजी (जगजीवन राम)* तो इन सारे प्रश्नों को उदार दृष्टि से देखना चाहते हैं, पर अन्य मन्त्री केवल उतना ही करने को तैयार हैं, जिसमें कांग्रेस की किसी तरह की हानि न हो। बाद में मुझे *ओम मेहता* ने बताया कि प्रधानमन्त्री उन्हें जमैका जाने से पहले यह बता गयी थीं कि दो-चार छोटी-मोटी बातों के अतिरिक्त किसी अन्य सुझाव को मानने की आवश्यकता नहीं है। इसलिए मीटिंग से पहले उन्होंने कई मन्त्रियों से बात कर ली थी।

रात में आज गोविन्द मिश्र के घर 'डिनर' था। गोविन्द गृह मन्त्रालय के अनुवाद ब्यूरो में संचालक हैं। हिन्दी में कहानियाँ लिखते हैं। मेरा उनसे परिचय हॉल ही में हुआ है। 'धर्मयुग' में उनकी एक कहानी 'रांग नंबर' छपी। बहुत ही खराब कहानी थी। उनका पता भी दिया हुआ था। मैंने उन्हें फोन किया। पूछा कि उनकी कहानी का अभिप्राय क्या है? वे कुछ समझाने लगे पर मुझे उनकी बात नहीं जँची। दो-चार दिन बाद वे मुझसे मिलने आये। कहने लगे, वे मुझे पहले से जानते थे, पर मिले नहीं थे। इलाहाबाद के विद्यार्थी रहे हैं। वहीं मेरे नाम से परिचय हुआ था। *गोपाल* को भी जानते हैं। अपनी लिखी कुछ पुस्तकें मेरे पास छोड़ गये। कुछ कहानियाँ मुझे काफी पसन्द आयीं। तब से कभी-कभी भेंट होती रहती है।

आज 'डिनर' पर *निर्मल वर्मा, राजेन्द्र यादव* व *मन्नू भंडारी* भी थे। *निर्मल वर्मा* काफी पढ़ा-लिखा लेखक है। वे अपनी कहानियों में जो वातावरण निर्मित करते हैं, वह काफी चर्चित है। पर वातावरण से अधिक मुझे उनमें कुछ विशेष नहीं लगता। *नामवर सिंह* को भले ही बहुत कुछ मिला हो उनमें। निर्मल से पहली बार ही भेंट हुई। सरकारी कामकाज से बिल्कुल परे की इस प्रकार की मेल-मुलाकात मुझे अच्छी लगती है। कई साहित्यिक विषयों पर इन लेखकों से बातें हुईं।

29 अप्रैल, 1975

प्रधानमन्त्री आजकल विदेश गयी हुई हैं, प्रो. धर भी आज चार दिनों के लिए बैंकाक गये हैं।

आज सुबह *अनिल सूद* मिलने आ गये। वे पहले गोपाल के सहयोगी थे, पर उन्होंने सर्विस छोड़कर ग्रामोफोन कम्पनी में मैनेजिंग डायरेक्टर का पद ले लिया है। उनकी कम्पनी ने *बच्चन* की 'मधुशाला' का रेकार्ड बनाया है। एक रुबाई बच्चन ने स्वयं गायी है, पर बाकी रुबाइयाँ मन्ना डे के स्वर में हैं। अच्छा रेकार्ड है। मैंने उन्हें सलाह दी कि वे बच्चन की कविताओं का एक संकलन उन्हीं के स्वर में रेकार्ड करें। वे तैयार हैं। बच्चन से बात करेंगे। मुझसे भी उनसे बात करने को कहा है। दूसरा सुझाव मैंने उन्हें दिया है, इसी प्रकार का एक रेकार्ड *फिराक* पर निकालें।

फिराक से इलाहाबाद जाकर बात करनी होगी।

विपक्षी नेताओं से आज निर्वाचन-सुधार पर गुजरात-चुनाव की पृष्ठभूमि में मन्त्रियों की बात हुई। लगभग दो घंटे बातचीत चली। प्रधानमन्त्री की अनुपस्थिति में *बाबूजी* ने अध्यक्षता की। बड़े सौहार्दपूर्ण वातावरण में मीटिंग हुई। पाँच बातों पर सब लोग सहमत हुए। अगली मीटिंग कुछ दिन बाद होगी। मैंने जमैका प्रधानमन्त्री को सन्देश भेजा (जब वे बाहर जाती हैं तो मैं उन्हें रोज एक रिपोर्ट भेजता हूँ।) उसमें इस मीटिंग की चर्चा करते हुए इसे सफल बताया।

30 अप्रैल, 1975

आज शेषन ने शिवनाथ काटजू का प्रधानमन्त्री के नाम एक पत्र दिखाया। शिवनाथ डॉ. कैलाश नाथ काटजू के सुपुत्र हैं। इलाहाबाद हाई कोर्ट में जज थे; अब अवकाश प्राप्त कर लिया है। जज होने से पहले विश्वविद्यालय में अंशकालिक शिक्षक भी थे। 'लॉ' के प्रथम वर्ष में हमारे क्लास को भी पढ़ाते थे। इस पत्र में प्रधानमन्त्री के मुकदमे की चर्चा थी, इलाहाबाद बार में आजकल यही मुख्य चर्चा का विषय है। सब लोग अपने-अपने राजनीतिक दृष्टिकोण से टीका-टिप्पणी कर रहे हैं। खरे (प्रधानमन्त्री के वकील) को पूरा भरोसा है कि राज नारायण की निर्वाचन याचिका नामंजूर की जायेगी। शांतिभूषण (राज नारायण के वकील) इसको 'बार्डर लाइन' केस समझते हैं। जज जगमोहन लाल को यह भ्रम हो गया है कि उन पर पुलिस निगरानी कर रही है और उनके टेलीफोन व डाक सेंसर किये जा रहे हैं। शेषन ने शिवनाथ को फोन करके कहा है कि जज का भ्रम बिल्कुल ग़लत है। पर मैं यह बात इतने विश्वस्त रूप से नहीं कह सकता, जज का भ्रम ठीक भी हो सकता है।

देवेन्द्र सेन ने आज बताया कि जमैका जाने से पहले स्वयं प्रधानमन्त्री ने बुलाकर उन्हें उद्योग मन्त्रालय के तीन-चार अधिकारियों के नाम दिए और कहा कि यह सब भ्रष्ट हैं, इनके विरुद्ध कार्यवाही होनी चाहिए। किसलिए और किस आधार पर प्रधानमन्त्री ने ऐसा कहा यह सबको मालूम है। पर मुझे कुछ अजीब-सा लगा की छोटे अधिकारियों के नाम स्वयं प्रधानमन्त्री इस प्रकार दें। अवश्य कोई रहस्य की बात है। कभी स्पष्ट होगी।

प्रधानमन्त्री की जमैका के भाषण की काफी चर्चा है। उसमें उन्होंने कहा है : I was brought up in an atmosphere where policies denoted neither power nor riches...but as I look around I find that policies are taken to be the art of acquiring, holding and wielding power. पढ़ने में बड़ा आकर्षक लगता है। प्रधानमन्त्री का स्टाइल यही है। इस प्रकार के भाषणों में वह हमेशा 'कैची फ्रेज़ेज' चाहती हैं और बेचारा शारदा सोचता रहता है और ऐसी 'फ्रेज़ेज' गढ़ता रहता है। पर प्रधानमन्त्री के मुख से यह बात खोखली लगती है, सच बात तो

यह है कि इस एक वाक्य में प्रधानमन्त्री ने अपनी राजनीति की व्याख्या की है।

प्रधानमन्त्री ने जो आज राजनीतिज्ञ का रूप पाया है यह केवल उनका परम्परागत तथा अपरम्परागत शक्ति साधनों के कुशल प्रयोग से सम्भव हो सका है। शक्ति और सत्ता के सम्बन्ध में वह यह जानती हैं (और उनके विरोधी यह समझने में असफल रहे हैं) कि सफलता के लिए सुनिश्चित योजना, षड्यंत्र और कुचक्र बहुत आवश्यक हैं। वह इनको अपनाने में कभी हिचकी नहीं हैं। राजनीतिक और प्रशासनिक सभी यंत्रों का प्रयोग भी पूरी तरह करती हैं। यह दुर्भाग्यपूर्ण है कि स्वयं उनके सम्बन्ध में यह कहना निरर्थक है कि "राजनीति का अर्थ न तो शक्ति से है न धन से" क्योंकि राष्ट्रीय आन्दोलन के स्वर्णकाल में जिसकी वे समय-समय पर दुहाई देती हैं, कांग्रेस के आदर्श और व्यवहार तथा उनके स्वयं के आज के आदर्श और व्यवहार में जमीन-आसमान का अन्तर है।

परिस्थितियाँ दिन-प्रतिदिन बिगड़ती जा रही हैं। देश के राजनीतिक वातावरण की कटुता को दूर करके उसके स्वस्थ रूप को फिर से आगे लाने के लिए यह आवश्यक है कि प्रधानमन्त्री और उनका दल (कांग्रेस) जनता के सामने एक आदर्श प्रस्तुत करें। सरकार में गिरते हुए विश्वास को तभी फिर से सुदृढ़ किया जा सकता है। जिस शालीनता से पंडित जी अपने विरोधियों से सद्भावनापूर्ण व्यवहार करते थे, उसकी कमी बहुत खल रही है। उन्होंने लोकतन्त्रात्मक ढंग से कार्य करने, सम्मान्य व्यवहार करने पर जोर दिया। आज इसी मूल्य-प्रणाली को फिर से स्थापित करने की आवश्यकता है, किसी दूसरी मान्यताओं की जरूरत नहीं है। पर आज के वातावरण में क्या इसकी आशा की जा सकती है?

1 मई, 1975

आज मुझे आई.ए.एस. में प्रवेश किये पूरे चौबीस साल हुए।

संसद में आज कोई बैठक नहीं थी। पहली मई की छुट्टी थी। पहले 'मई दिवस' को संसद की बैठक होती थी। इधर चार-पाँच सालों से संसद यह छुट्टी मनाने लगा है।

आज दिनभर मैं अपने संसद भवन के कार्यालय में शांति से काम करता रहा। कहीं नहीं गया। *खादिलकर,* पूर्ति और पुनर्वास मन्त्री, से मिलने का विचार था। पर वे आज व्यस्त थे। कल भेंट होगी। काफी पुराना पड़ा काम आज निकल गया।

शेषन आज लंच के लिए नहीं आया। पर उससे पहले वह मुझसे मिला था। उसने मुझे एक पत्र दिखाया जो वाणिज्य मन्त्रालय के एक अधिकारी ने धवन को कुछ दिन पहले लिखा था। उस पत्र में इस अधिकारी ने धवन को यह सूचना दी थी कि उद्योग मन्त्रालय के एक डायरेक्टर विभिन्न जगहों से कुछ सूचना एकत्रित कर रहे हैं, जिससे मारुति की कुछ पोल खुल सकती है। इस सूचना के आधार पर

उद्योग मन्त्रालय के इस अधिकारी के पीछे पुलिस लगा दी गयी है। यह अधिकारी *कर्नल अय्यर* के पास अपना दुखड़ा सुनाने गया था। कर्नल अय्यर दिल्ली के एक प्रख्यात डॉक्टर हैं और पंडितजी से उनकी विशेष घनिष्ठता थी। कर्नल अय्यर ने आज शेषन को सब बताया। एकाध अधिकारी और हैं, इस मामले से सम्बन्धित। उनके विरुद्ध स्वयं प्रधानमन्त्री ने *देवेन्द्र सेन* को बुलाकर कार्यवाई करने को कहा है। कल देवन्द्र सेन जब मुझसे मिले तो यही बात कही थी, पर इसका कारण न उन्हें मालूम था न मुझे ही स्पष्ट हुआ। आज पूरा रहस्य खुला। शेषन अपने स्वभाव के अनुसार बहुत गुस्से में था।

उससे बात करने से मुझे यह पता लगा कि मारुति ने बहुत-सा विदेशी माल कई फर्मों से लिया है। उद्योग मन्त्रालय किसी अन्य कारण से यह सूचना एकत्र कर रहा है कि पिछले तीन-चार वर्षों में किस-किस लायसेंस पर आया माल कहाँ-कहाँ उपयोग में लाया गया? यदि पूरी सूचना एकत्रित हो गयी तो मारुति की पोल खुलेगी। मारुति के लायसेंस की यह शर्त थी कि वह कोई माल विदेश से नहीं मँगायेगी। शेषन की सूचना है कि बाटलीबॉय ने काफी माल बाहर से मँगवा कर मारुति को दिया है।

आज *काज़ी* से मिलने को कहा था पर मैं नहीं जा सका। अब अगले मंगलवार को मिलने का निश्चय हुआ है।

2 मई, 1975

आज संसद भवन में फिर चहल-पहल थी। मेरे काम में बाधा पड़ी। सुबह नौ बजे से विरोधी दलों के नेताओं के साथ निर्वाचन सुधार पर बातचीत करने के लिए मीटिंग हुई। इस मीटिंग का अभिप्राय केवल यह निश्चय करना है कि बिना कानून में संशोधन किये हुए कौन से परिवर्तन किए जा सकते हैं, जो गुजरात चुनावों में भी लागू हो सकें? आज की मीटिंग की प्रगति संतोषजनक नहीं रही। पिछली मीटिंग में बहुत-सी बातों पर निर्णय हो गया था। आज एक ही बात को लेकर मीटिंग उलझ गयी।

कम्युनिस्ट पार्टी को छोड़कर सभी विरोधी दल चाहते हैं कि मत पड़ने के बाद हर बूथ की गणना अलग-अलग हो। 1971 से पहले ऐसे ही होता था। सरकार यह परिवर्तन नहीं करना चाहती। विरोधी दलों का कहना है कि आजकल जिस प्रकार गणना होती है, उससे शंका उत्पन्न होती है, चाहे कोई गड़बड़ी वास्तव में न हो। बाबूजी इन बैठकों की अध्यक्षता करते हैं। उनका विचार है—और वे इस पर भावनात्मक हो जाते हैं—कि किसी परिवर्तन की आवश्यकता नहीं है। अन्त में सरकार की ओर से यही कहा गया कि प्रचलित प्रणाली में कोई परिवर्तन नहीं किया जायेगा। अगली मीटिंग प्रधानमन्त्री के आने पर होगी—संभवतः 8 तारीख को।

मीटिंग के बाद बिहार के एक सदस्य *दिलकिशोर प्रसाद सिंह* से लगभग घंटा भर बात हुई। पहले से ही निश्चय हो गया था। बिहार में नयी सरकार बनवाने में उनका सक्रिय सहयोग रहा है। अब वे यह उत्तरदायित्व समझते हैं कि नये मुख्यमन्त्री को प्रशासन सुदृढ़ बनाने में परामर्श दें। उसी के लिए मुझसे बात करते रहे। मुख्यमन्त्री पाँच तारीख को दिल्ली आ रहे हैं।

लंच से कुछ पहले *सरीन* मिलने आ गये। गुजरात में कांग्रेस और विपक्षी, दोनों ही दलों में कन्फ्यूजन है, ऐसा उनका अनुमान है।

शेषन ने लंच के समय *कृष्णास्वामी* वाली बात (जिसकी चर्चा कल की जा चुकी है) पर और सूचना दी। उनसे नाराज़गी का कारण है कि उन्होंने वह सूचना एकत्रित करनी शुरू कर दी, जो कष्टदायी हो सकती है। प्रधानमन्त्री के अनुसार उन्हें यह दृष्टिकोण अपनाना चाहिए था कि सूचना एकत्र करने में बड़ी कठिनाई है और उससे कोई प्रयोजन सिद्ध नहीं होगा। बाद में मन्त्रालय से यही उत्तर दिलवाया गया, पर अब प्रधानमन्त्री उन सब अधिकारियों के पीछे पड़ी हैं, जिन्होंने लोकसभा सचिवालय के पत्र के आधार पर सूचना एकत्र करने में रुचि ली।

सन्ध्या को *अनन्त गोपाल शेवड़े* मिलने आये। वे मराठी के साहित्यकार हैं और हिन्दी के अनन्य प्रेमी। अभी हाल में इनके अथक प्रयत्नों और परिश्रम के फलस्वरूप विश्व हिन्दी सम्मेलन आयोजित हुआ। अब वे विश्व हिन्दी प्रतिष्ठान की स्थापना करना चाहते हैं। प्रधानमन्त्री चाहती हैं कि मैं इनकी स्कीम समझ लूँ। लगभग एक घंटा बात हुई। कल फिर होगी।

3 मई, 1975

कल रात कुसुम और अवतार कृष्ण के घर रात के खाने पर गया था। मैं साल भर में तीन-चार पान खाता होऊँगा। कल एक पान खा लिया। उससे मुझे चक्कर आ गया। *पम्मी, गोपाल* व अन्य सब लोग, जो वहाँ थे, परेशान होने लगे। *प्रकाश* का घर पास ही है। गोपाल उसे बुला लाया। उसने ब्लड प्रेशर नापा। तब तक मेरी तबीयत काफी संभल चुकी थी। ब्लड प्रैशर नॉर्मल निकला। पर प्रकाश और गोपाल ज़िद करके मेडीकल इंस्टिट्यूट ले गये। वहाँ ई.सी.जी. करायी। वह भी नॉर्मल निकली। पर मुझे सलाह दी गयी कि एक बार ई.सी.जी. सुबह फिर करा लूँ। वह भी आज हो गयी। सब कुछ ठीक निकला। लेकिन सुबह फिर इंस्टिट्यूट जाने के कारण कार्यालय देर से आया।

दोपहर को लंच के समय शेषन ने बताया कि आज कृष्णास्वामी के घर तलाशी होने वाली है। वह बहुत दुखी हो रहा था। आखिर कृष्णास्वामी का दोष क्या है? केवल यही कि प्रधानमन्त्री अकारण ही उससे नाराज हो गयी हैं।

आज शेवड़े जी से फिर भेंट नहीं हुई। उन्होंने कल मुझे अपने प्रस्तावित विश्व

हिन्दी प्रतिष्ठान के सम्बन्ध में जो ज्ञापन दिया था, वह तो मैंने पढ़ लिया। पर मुझे कुछ ऐसा लगा कि प्रायः जो ध्येय प्रतिष्ठान के लिए सोचे जा रहे हैं उन्हीं के लिए विश्व हिन्दी विद्यापीठ की स्थापना राष्ट्रभाषा प्रचार समिति वर्धा कर रही है। विश्व हिन्दी सम्मेलन के अवसर पर विद्यापीठ का शिलान्यास भी हो चुका है। इस प्रकार के दो संस्थानों की न तो आवश्यकता है, न चल सकते हैं। शेवड़े जी का कहना है कि दोनों के ध्येय पृथक हैं। विद्यापीठ सम्बन्धी सामग्री मेरे पास नहीं है। उसे मँगवाने का प्रबन्ध किया है। जब तक उसे न देख लूँ तो शेवड़े जी से आगे बात करना उपयुक्त नहीं। अतएव उनसे संक्षेप में ही फोन पर बात कर ली। कुछ दिन बाद फिर वह यहाँ आयेंगे तब आगे बात होगी।

प्रधानमन्त्री जाने से पहले कह गयी थीं कि *मौलिचन्द्र शर्मा* उनसे मिलना चाहते थे, पर उन्हें समय नहीं मिला। अतएव मैं उनसे मिल लूँ। प्रधानमन्त्री 6 मई की रात को लौटने वाली थीं। पर कल सूचना आयी कि आज रात को आ जायेंगी। *पद्मजा नायडू* का निधन हो गया। अन्तिम संस्कार में सम्मिलित होना चाहती हैं। रात को एक बजे दिल्ली पहुँचेंगी। इस कारण *मौलिचन्द्र शर्मा* को आज ही बुलवाया।

शर्मा किसी समय जनसंघ में थे, पर कुछ वर्ष पहले कांग्रेस में आ गये। छोटे-मोटे काम लेकर प्रधानमन्त्री से मिलते रहते हैं। आज भी उन्होंने दो प्रसंग उठाये, पर उन दोनों का उत्तर उन्हें पहले ही दिया जा चुका है। फिर कहने लगे कि एक राजनीतिक बात मैं प्रधानमन्त्री से करना चाहता हूँ। संक्षेप में मुझे भी बताया। तीन-चार साल पहले प्रधानमन्त्री के कहने पर उन्होंने भारतीय जनसंघ और राष्ट्रीय स्वयं सेवक संघ के नेताओं से पं. द्वारका प्रसाद मिश्र के घर पर काफी लम्बी बातचीत की थी। बातचीत का प्रयोजन यह था कि जनसंघ प्रधानमन्त्री की कटु आलोचना न करे और उनके साथ सहयोग करे। शर्मा ने कहा कि आजकल राजनीतिक वातावरण काफी विषम हो गया है। यदि प्रधानमन्त्री चाहें तो मैं फिर एक बार उन संस्थाओं के नेताओं से बात करूँ। मैंने कहा कि यह बात आप प्रधानमन्त्री के लौट आने पर स्वयं करें, तो ठीक रहेगा। प्रधानमन्त्री सचिवालय इन बातों में नहीं पड़ता और न प्रधानमन्त्री यह चाहती ही हैं कि सचिवालय राजनीतिक कार्य में रुचि ले। पता नहीं, शर्मा कितना सच बोल रहे थे? उन्होंने यह भी नहीं बताया कि पिछली बातचीत का फल क्या हुआ?

4 मई, 1975

प्रधानमन्त्री कल रात आ गयीं। आज रविवार की छुट्टी है। मेरी उनसे अभी भेंट नहीं हुई है। दिन भर संसद भवन कार्यालय में बैठा काम करता रहा।

सन्ध्या को दिलकिशोर के घर बिहार के मुख्यमन्त्री से भेंट हुई। वे बिहार के प्रशासनिक-तन्त्र में काफी परिवर्तन चाहते हैं। मैंने उन्हें कुछ सुझाव दिये हैं।

5 मई, 1975

प्रधानमन्त्री आज कार्यालय नहीं आयीं। घर पर ही काम कर रही हैं। काफी कागज/पत्रावलियाँ, जो उनको पिछले कुछ दिनों में भेजे गए थे, वापस आ गये।

सुबह कार्यालय में बड़ी देर तक शिक्षामन्त्री *प्रो. नूरुल हसन* मेरे पास बैठे रहे। वे आज सुबह चंडीगढ़ से लौटे हैं। पंजाब विश्वविद्यालय की कुछ समस्याओं को समझने-सुलझाने गये थे। इस सम्बन्ध में कुछ दिन पहले उन्होंने प्रधानमन्त्री को एक पत्र भी लिखा था, इसीलिए मुझे अपने अनुभव बताने आये थे। बाद में पंजाब की सामान्य राजनीतिक स्थिति पर भी उन्होंने मुझे अपना एसेसमेंट बताया। जब वे बैठे थे तभी पूर्ति और पुनर्वास मन्त्री *खादिलकर* भी आ गये। उनसे दो-तीन समस्याओं पर बात करनी थी। आज वे निबट गयीं।

लंच में पूरे एक सप्ताह बाद *शारदा* और *वी. रामचंद्रन* भी थे। वे प्रधानमन्त्री के साथ जमैका गये हुए थे। उन्होंने बताया कि लौटते समय प्रधानमन्त्री के जहाज पर बहुत-सा सामान भरा गया। कुछ पार्सल तो बड़े मेज के बराबर थे। पता नहीं क्या-क्या सामान था। कस्टम में चैक नहीं हुआ, होता भी कैसे। दिल्ली हवाई अड्डे से ट्रक में भरकर माल प्रधानमन्त्री निवास चला गया।

शेषन ने दोपहर बाद *टी.ए. पाई,* उद्योगमन्त्री का प्रधानमन्त्री के नाम एक पत्र दिखाया। *पाई* ने पत्र बहुत दुखी होकर लिखा है—*कृष्णास्वामी* के घर तलाशी और कुछ अन्य अधिकारियों के विरुद्ध जो कार्यवाही हुई है, उसके प्रति अपना रोष बड़े शिष्ट ढंग से व्यक्त किया है। उनका कहना है कि इन अधिकारियों ने सूचना एकत्र करने के प्रयत्न में कोई ग़लत काम नहीं किया है।

सन्ध्या को जम्मू-कश्मीर के राज्यपाल *झा* ने बुलाया। उन्होंने पूछा कि क्या मैं जम्मू-कश्मीर में नियुक्ति पसन्द करूँगा। मैंने कहा कि उनका आदेश मानने में मुझे प्रसन्नता होगी, पर अच्छा यह होगा कि यह निश्चित हो जाना चाहिए कि मुझे किस काम के लिए वहाँ भेजा जायेगा।

6 मई, 1975

प्रधानमन्त्री के जमैका से लौटने के बाद आज पहली बार उनसे भेंट हुई। सन्देशा कल रात को ही मिल गया था कि मंत्रिपरिषद् की बैठक से पहले मैं प्रधानमन्त्री से मिल लूँ। वे अब भी थकी लग रही हैं। मैंने पूछा कि लौटने के बाद आराम ठीक से नहीं किया? कहने लगीं कि समय का इतना अन्तर है कि अभी तक संतुलन नहीं हो पाया है। कल रात ग्यारह बजे वे सो गयीं पर अचानक बारह बजे आँख खुल गयी। फिर चार बजे तक नींद नहीं आयी काम करती रहीं। जमैका की कुछ दो-चार बातें और भी बतायीं। फिर काम की बातें होने लगीं।

मंत्रिपरिषद् की बैठक, जो पहले सात तारीख को निर्धारित थी, कल रात को

निर्माण मन्त्री (*रघुरमैया*) के आग्रह पर वह आज सुबह हुई। वे दिल्ली रेंट कन्ट्रोल एक्ट में कोई संशोधन इसी सत्र में लाना चाहते हैं। कार्यालय पहुँचते ही सम्बन्धित नोट पढ़ा। प्रधानमन्त्री के आते ही उनके पास गया। उनको बताया कि संशोधन इतना सीधा नहीं है, जितना कहा जा रहा है। इसको इतनी शीघ्रता में नहीं करना चाहिए। प्रधानमन्त्री सहमत हुईं। बाद में मंत्रिपरिषद् ने भी इस विचार का अनुमोदन किया। विधिमन्त्री और निर्माण मन्त्री अब इस एक्ट के संशोधन पर पुनर्विचार करेंगे।

गुजराल आज की बैठक में प्रेस काउंसिल एक्ट में संशोधन करने के लिए एक बिल विचार के लिए लाना चाहते थे। वह सर्वथा असंतोषजनक था। प्रधानमन्त्री से इसके सम्बन्ध में भी बात की। यह आइटम तो अगली मीटिंग के लिए स्थगित आज की मीटिंग शुरू होने से पहले ही कर दिया गया।

मंत्रिपरिषद् की बैठक समाप्त होने के थोड़ी देर बाद प्रधानमन्त्री से फिर मिला। जब प्रधानमन्त्री यहाँ नहीं थीं, लोकसभा में *जनेश्वर मिश्र* (इलाहाबाद से निर्वाचित सदस्य) ने यह आरोप लगाया कि 1967 में हिन्डालको (मिर्जापुर) ने प्रधानमन्त्री के निजी सचिव को पाँच लाख रुपया दिया। इसके प्रमाण में उन्होंने एक पत्र की चर्चा की जो हिन्डालको के दो अधिकारियों ने अपने अध्यक्ष को लिखा था। मेरे नोटिस में जब यह बात आयी तो मैंने इस सम्बन्ध में पुराने काग़जात निकलवाये, क्योंकि यह आरोप नया नहीं है।

पिछले साल जून में राज्यसभा के सदस्य *राजनारायण* ने हिन्डालको के अधिकारियों द्वारा लिखे हुए पत्र की एक फोटोस्टेट राष्ट्रपति को भेजी थी। राष्ट्रपति ने वह प्रधानमन्त्री को भेज दी। मेरे सुझाव पर प्रधानमन्त्री ने उसकी जाँच-पड़ताल सी.बी.आई. से करायी। जाँच से पता लगा कि यह पत्र जालसाजी से बनाया गया है। प्रधानमन्त्री के आदेश पर मैंने *राजनारायण* को सब स्थिति स्पष्ट करते हुए एक पत्र लिखा। *राजनारायण* को सन्तोष नहीं हुआ। उन्होंने मुझसे एक पत्र द्वारा फिर आग्रह किया कि जाँच आगे भी होनी चाहिए। प्रधानमन्त्री की स्वीकृति से मैंने उन्हें फिर एक पत्र लिखा कि जाँच पूरी तरह हो चुकी है। हाँ, यदि वह उस पत्र की मूल प्रति प्रस्तुत कर सकें तो आगे जाँच हो सकती है। इस पत्र का कोई उत्तर नहीं मिला। इसके आधार पर मैंने प्रधानमन्त्री की ओर से स्पीकर के लिए एक पत्र का प्रारूप तैयार करके उन्हें तीन तारीख को ही भेज दिया था। वह पत्र स्पीकर को चार तारीख को चला गया। कल वित्तमन्त्री ने अपने भाषण में उसका उल्लेख किया और उसे पढ़ कर भी सुनाया।

आज जनेश्वर मिश्र ने नोटिस दिया कि वे इस प्रश्न को फिर उठायेंगे। उनका कहना था कि राजनारायण से कभी मूल पत्र नहीं माँगा गया। कुछ और सामग्री भी उनके पास है। मैं पूरी पत्रावली लेकर प्रधानमन्त्री के पास गया। पत्रादि देखकर उन्हें

पूरी बात याद आ गयी। कहने लगीं, यदि मूल पत्र मिले तो जाँच हो सकती है। यह भी आशंका थी कि राज्यसभा में भी यह प्रश्न स्वयं राजनारायण उठायें। प्रधानमन्त्री की अनुमति से मैंने वित्तमन्त्री और *ओम मेहता* दोनों को ब्रीफ़ किया।

प्रश्न दोनों सदनों में उठा, पर मैं लोकसभा की गैलरी में था। मालूम पड़ा कि राजनारायण स्पीकर से मिल चुके हैं। उनका दावा है कि मूल प्रति उनके पास है, स्पीकर को दिखायी भी। यहाँ तक तो ठीक है। स्पीकर सोच-विचार करके अपना निर्णय देंगे। पर सदन में *मिश्र* व *श्यामनन्दन* ने इतनी अनाप-सनाप बातें उठायीं कि कुछ पूछिए मत। यहाँ तक कहा कि जो पत्र मैंने राजनारायण को लिखा था, मूल प्रति माँगने के लिए वह जाली बना लिया गया है। विपक्षी दल भी बहुत उत्तरदायित्व के साथ काम नहीं करते।

लंच से पहले गृह सचिव के कमरे में उर्दू कमेटी की रिपोर्ट के सम्बन्ध में एक मीटिंग हुई। वहाँ यह तय हुआ कि रिपोर्ट जाँच के बाद प्रकाशित होनी चाहिए। शिक्षामन्त्री तो यह बात मान गये हैं, पर *गुजराल* नहीं। अब प्रधानमन्त्री निर्णय करेंगी। गुजराल चाहते हैं कि जैसे ही रिपोर्ट परसों प्रधानमन्त्री को भेंट हो वह प्रकाशित कर दी जाये। यह सरासर ग़लत होगा। आज प्रधानमन्त्री को पूरी स्थिति से अवगत करा दिया है, पर कल इस पर पुनः बात करनी पड़ेगी।

7 मई, 1975

आज सुबह-सुबह राजनारायण का फोन आया। वे जानना चाहते थे कि मैंने जो पत्र उन्हें 11 नवम्बर को लिखा, वह डाक से भेजा गया था या चपरासी द्वारा। मुझे यह बात ठीक से मालूम नहीं थी। उत्तर में मैंने कहा कि कार्यालय में कागज़ात देखकर मैं उन्हें सूचित कर दूँगा। बातचीत में मैंने उन्हें पत्राचार का पूरा क्रम समझाया। मेरा पहला पत्र उनको 26 अक्तूबर को लिखा गया था। राजनारायण बोले कि वह भी उन्हें नहीं मिला। जब मैंने उन्हें बताया कि इस पत्र का तो उत्तर उन्होंने दिया है और मेरा 11 नवम्बर का पत्र उनके उस पत्र के उत्तर में था तो वे आश्चर्य प्रकट करने लगे। उन्होंने कहा कि उनके कागज़ों में मेरा कोई पत्र नहीं है। मैंने यह कहकर फोन रख दिया कि इस पर मैं क्या कह सकता हूँ, अपने कागज़ों को ठीक से रखना उनकी जिम्मेदारी है।

कार्यालय पहुँचने पर मैंने प्रधानमन्त्री को इस बातचीत से अवगत कराते समय सब कागज़ात भी दिखा दिये। प्रधानमन्त्री ने इस पर अधिक बात न करके सिखों के सम्बन्ध में बातचीत शुरू कर दी। इधर तीन-चार वर्षों से सिख कांग्रेस से दूर होते जा रहे हैं। पंजाब में तो वे जनसंघ के काफी करीब आ गये हैं। सिखों की राजनीति शिरोमणि गुरुद्वारा प्रबन्धक कमेटी पर केन्द्रित है। पंजाब और हरियाणा बनने पर यह कमेटी अन्तरराज्यीय संस्थान हो गयी है और केन्द्रीय सरकार पर इसकी

देखरेख की जिम्मेदारी आ गयी है। पहले यह काम पंजाब सरकार करती थी। 1965 के बाद कमेटी के चुनाव नहीं हुए हैं। इसका मुख्य कारण है कि हरियाणा सरकार अब चाहती है कि उस राज्य के गुरुद्वारे इस कमेटी के नियन्त्रण से मुक्त रहें। हिमाचल प्रदेश सरकार भी यह चाहती है। कमेटी इस दृष्टिकोण से पूर्णतया असहमत है। भारत सरकार ने अभी तक अपना कोई मत नहीं बनाया है। प्रधानमन्त्री नहीं चाहतीं कि बंसीलाल की राय के विपरीत कुछ भी किया जाये। पर यहीं एक उलझन पैदा हो गयी है। कानून में यह कमेटी और वक्फ बोर्ड की स्थिति एक समान है। पर बोर्ड के सम्बन्ध में भारत सरकार की राय यह है कि पंजाब, हरियाणा और हिमाचल के लिए एक ही हो। सिखों का कहना है कि समान संस्थाओं के लिए पृथक मापदंड कैसे चलेगा? पिछली जनवरी में इस पूरी समस्या का विश्लेषण करते हुए मैंने एक नोट प्रधानमन्त्री को दिया था। मेरा उसमें सुझाव था कि सिखों की आन्तरिक राजनीति कुछ भी हो, शिरोमणि गुरुद्वारा प्रबन्धक कमेटी से उनकी भावनाएँ जुड़ी हुई हैं। उसमें सरकार को सतर्कता बरतनी चाहिए। कमेटी को विभिन्न राज्यों के लिए विभाजित न किया जाये, पर स्थानीय गुरुद्वारों को अपने दिन-प्रतिदिन के कार्यों के लिए आवश्यक स्वतन्त्रता भी होनी चाहिए। इन दोनों बातों का समन्वय करते हुए एक समुचित योजना बनाने में कोई कठिनाई नहीं होगी।

प्रधानमन्त्री ने इस विषय में उस समय कोई रुचि नहीं ली। केवल यह कहा कि बंसीलाल को समझाना चाहिए, क्योंकि वे कभी-कभी बहुत ज़िद करते हैं। मुझसे कहा कि गृह मन्त्रालय मेरे सुझाव के अनुरूप कोई स्कीम तैयार कर ले और गृहमन्त्री *बंसीलाल* से बात कर लें। पर उनके बातचीत करने के ढंग से स्पष्ट था कि वह ऐसा विषय नहीं है, जिसकी प्रधानमन्त्री को तत्काल चिन्ता हो। गृह मन्त्रालय ने भी इस काम में ढिलाई दिखायी। धीरे-धीरे पंजाब में सिखों ने प्रचार करना शुरू किया कि सरकार उनके धार्मिक मामलों में हस्तक्षेप कर रही है। यह प्रचार ज़ोर पकड़ रहा है। 10 मई से सिख आन्दोलन आरंभ करने वाले हैं।

लोकसभा के चुनाव भी कुछ महीने बाद होने को हैं। अब प्रधानमन्त्री सचेत हुई कि सिखों को अपनी ओर मिलाना आवश्यक है। जमैका जाने से पहले कांग्रेस अध्यक्ष और *ओम मेहता* से कह गयीं कि वे सिखों के प्रतिनिधियों से बातचीत कर समझौता करने का प्रयत्न करें। इन बातों में प्रधानमन्त्री के कभी कोई सिद्धांत, नियम आदि नहीं रहे हैं। उनका केवल एक ध्येय रहता है—चाहे जैसे भी हो चुनाव जीतना। इस ध्येय की पूर्ति के लिए किसी प्रकार का गठबन्धन उन्हें अस्वीकार नहीं होता—केरल में मुस्लिम लीग, बंबई में शिव सेना, पंजाब में अकाली दल से समय-समय पर उन्होंने स्वयं समझौता किया है। हाँ, जनता में हमेशा यही कहा कि वह साम्प्रदायिक संकीर्ण दलों का हमेशा विरोध करती हैं। वास्तविकता यह नहीं है।

अकालियों से पहले समझौता किया था। जब आवश्यकता समाप्त हो गयी तो उसे समाप्त कर दिया। अब फिर समझौता करने वाली हैं।

पिछले दिनों बरुआ और ओम मेहता ने बातचीत द्वारा अकाली सिखों को कुछ मनाया है। उनकी मुख्य माँग कमेटी के गठन और चुनाव के सम्बन्ध में है। वैसे एकाध बातें उन्होंने और उठायी हैं। *बंसीलाल* को भी कुछ दबाया गया है। इन सबके आधार पर मैंने कल एक नोट प्रधानमन्त्री को भेजा था और यह सुझाव दिया था कि कमेटी के भविष्य पर अभी बात न करके चुनाव कराने का निश्चय प्रकट कर दें। इसका काफी असर भी होगा। सुबह प्रधानमन्त्री से विस्तार में इस पर बात हुई। कुछ महीने पहले वह बंसीलाल की राय के विपरीत कुछ नहीं करना चाहती थीं पर आज उन्होंने यह सुझाव मान लिया कि कमेटी का चुनाव शीघ्र करा देना चाहिए। इसका मतलब यह हुआ कि फिलहाल शिरोमणि कमेटी पूर्ववत् ही रहेगी। सुझाव मानने का केवल एक कारण है—वह अकालियों को अब फिर अपनी तरफ करना चाहती हैं।

दिन में प्रधानमन्त्री से सिखों के दो प्रतिनिधि मंडल मिले। एक दिल्ली गुरुद्वारा बोर्ड का, जिसका सम्बन्ध अकालियों से है और दूसरा कांग्रेसी सिखों का। कमेटी के मामले में दोनों में कोई अन्तर नहीं है। दिल्ली गुरुद्वारा बोर्ड के मुख्य प्रवक्ता जत्थेदार सन्तोष सिंह थे। उन्होंने प्रधानमन्त्री से स्पष्ट कहा कि यदि वह कमेटी के भविष्य का निर्णय कर दें और कमेटी की एकता भंग न हो तो अकाली कांग्रेस की मदद करेंगे।

इन दोनों प्रतिनिधि मंडलों की प्रधानमन्त्री से जो बातचीत हुई, उसके आधार पर गृह मन्त्रालय के अधिकारियों ने एक प्रेस नोट बनाया। उनके विचार-विमर्श में भी मैं सम्मिलित हुआ। जब वह तैयार हो गया तो रात में साढ़े आठ बजे उसे प्रधानमन्त्री को उनके निवास पर जाकर दिखाया। उन्होंने उसमें बिना परिवर्तन किये स्वीकृति दे दी। अब शायद सिखों का आन्दोलन 10 मई से स्थगित कर दिया जाये।

लंच के समय प्रधानमन्त्री ने फोन पर गुजरात की एक समस्या पर बात की। गुजरात विधानसभा के चुनाव अगले महीने होंगे। गुजरात में अब सब काम इस बात को ध्यान में रखकर होगा। गुजरात विश्वविद्यालय के अध्यापक और विद्यार्थी अपने वाइस चांसलर से बहुत रुष्ट हैं। *विद्याचरण शुक्ल* ने अहमदाबाद से लौट कर प्रधानमन्त्री से यह कहा है कि यदि इन वाइस चांसलर महोदय को निलंबित कर दिया जाये तो चुनाव में कांग्रेस को लाभ हो सकता है। प्रधानमन्त्री जब मुझसे बात कर रही थीं तो विद्याचरण उनके कमरे में बैठे थे। लम्बी-चौड़ी भूमिका के बाद प्रधानमन्त्री ने कहा कि सरीन से कह कर यह काम करवाया जाये। कांग्रेस के लिए यह अति आवश्यक है। मैंने प्रधानमन्त्री को स्मरण दिलाया कि कुछ दिन पहले उन्होंने एक आई.बी. रिपोर्ट पर आदेश दिये थे कि गुजरात युनिवर्सिटी के कुछ मामलों पर जाँच करायी जाये। यह मैंने *सरीन* से दूसरे दिन ही कह दिया था। सरीन

को इस सम्बन्ध में पूरी जानकारी नहीं थी। मैं उनसे फिर बात करूँगा। प्रधानमन्त्री ने कहा कि *सरीन* से बात करने से पहले मैं *माधोसिंह सोलंकी,* गुजरात प्रदेश कांग्रेस के प्रधान, से बात कर लूँ। वे आजकल दिल्ली आये हुए हैं। सन्ध्या को पाँच बजे *सोलंकी* मेरे पास आये। गुजरात विश्वविद्यालय की अनियमितताओं का पूरा विवरण मुझे दिया। उनका आग्रह था कि किसी तरह भी हो, वाइस चांसलर को निलंबित किया जाना चाहिए। उनसे बात करने के बाद मुझे यह स्पष्ट हो गया कि वाइस चांसलर की चाहे थोड़ी बहुत ग़लती रही हो पर उनको निलंबित करना सरासर ढींगा-ढींगी होगी। केवल अपने दल के स्वार्थ में कांग्रेसी यह ग़लत काम चाहते हैं। *सोलंकी* के जाने के बाद *सरीन* को फोन किया। वे अहमदाबाद में नहीं थे। बड़ौदा गये हुए थे। रात में लौटने वाले थे। नौ बजे के बाद उन्हें फिर फोन किया, तो बात हुई। उन्होंने कहा कि वे पूरी जानकारी प्राप्त करके कल सुबह मुझे फोन करेंगे। अच्छा हुआ, बात हो गयी। रात दस बजे प्रधानमन्त्री का फोन आया, यह पूछने के लिए कि सरीन से क्या बात हुई। मैंने उन्हें बता दिया।

आज असम के मुख्यमन्त्री ने मुझे बुलाया था। पहले मैंने उनसे सवा बारह बजे सुबह मिलने का वादा किया था। पर उस समय ऑफिशियल गैलरी से नहीं निकल सका। सन्ध्या को साढ़े छः बजे उनसे मिलने गया। वे अपने नये मुख्य सचिव के चयन के लिए मुझसे परामर्श करना चाहते थे। उनसे करीब आधे घंटे बात हुई।

एक बात लिखना भूल गया। अलीगढ़ की स्थिति बिगड़ती जा रही है। कल *प्रो. खुसरो* को *प्रो. धर* ने बुलाया था। काफी बात की। आज खुसरो को प्रधानमन्त्री से मिलना था। उनसे मिलने से पहले वे मेरे पास पन्द्रह मिनट तक रहे। प्रो. धर की बात का उन पर कोई असर नहीं हुआ है। उनका विचार है कि अलीगढ़ की स्थिति पूरी तरह उनके काबू में है।

8 मई, 1975

आज सुबह सरीन का फोन आया। पूरी जानकारी प्राप्त करने के बाद उन्होंने राज्यपाल से भी बात कर ली थी। उनका निश्चित मत है कि वाइस चांसलर के विरुद्ध कोई कार्रवाई नहीं की जा सकती। हाँ, जाँच कराने के लिए आवश्यक कदम उठाये जा रहे हैं। कार्यालय जाकर जब मैंने प्रधानमन्त्री को यह बताया तो उन्हें यह बात अच्छी नहीं लगी। उन्होंने कहा कि सरीन स्थिति को केवल 'टेक्नीकल' दृष्टि से देख रहे हैं। यह ग़लत है। कांग्रेस की जीत के लिए वाइस चांसलर का निलंबित होना आवश्यक है। इसमें औचित्य व अनौचित्य देखना ठीक नहीं। वाइस चांसलर को निलंबित कर दिया जाये। यदि वे अदालत में जीत जायें, तो उसकी चिन्ता नहीं करनी चाहिए। मुख्य बात है, अध्यापकों और विद्यार्थियों को कांग्रेस के पक्ष में

करना। मैंने सरीन को यह बता दिया। रात में उनका फोन फिर आया कि वाइस चांसलर के विरुद्ध कुछ नहीं हो सकता।

कल लोकसभा में दिन भर हंगामा रहा। विपक्षी दलों ने गृहमन्त्री को 'मीसा' में संशोधन करने के लिए विधेयक प्रस्तुत नहीं करने दिया। इस सम्बन्ध में आज सुबह प्रधानमन्त्री के कमरे में एक मीटिंग हुई। उसमें यह निश्चय हुआ कि यदि अड़चन जारी रहे तो गृहमन्त्री विधेयक प्रस्तुत करने पर जोर न दें। गृहमन्त्री को यह बात पसन्द नहीं आयी। पर अन्य मन्त्रियों ने मेरा यह सुझाव एकमत से स्वीकारा।

मीटिंग के कुछ देर बाद प्रो. धर मेरे कमरे में आये। प्रधानमन्त्री ने भी उनसे यही कहा कि उनकी खरी बात का *खुसरो* पर कोई प्रभाव नहीं पड़ा है। अलीगढ़ के सम्बन्ध में प्रो. धर का अब विचार है कि स्थिति के सुधार के लिए खुसरो और यूनुस का वहाँ से हटना बहुत जरूरी है। यह हो नहीं सकता, इसलिए स्थिति भी गड़बड़ रहेगी। दोनों को प्रो. धर और मेरी राय के विरुद्ध प्रधानमन्त्री ने अलीगढ़ से सम्बद्ध किया। प्रो. धर आज मुझसे मुख्यतः उत्तर प्रदेश की राजनीतिक गड़बड़ी के बारे में बात करते रहे। चलते समय बोले, उन्होंने दृढ़ निश्चय कर लिया है कि वे नवम्बर में अपने पद से हट जायेंगे। मैं समझता हूँ उनकी उत्कट इच्छा को। वे इस सचिवालय में आजकल बहुत दुखी हैं। पर मेरा अपना विश्वास है कि वे छोड़ नहीं पायेंगे।

आज रात को कृष्णचन्द्र पंत के घर गया। वे कई बार बुला चुके थे, पर कभी जाना नहीं होता था। आज समय निकालना ही पड़ा। पहले तो कुछ देर उत्तर प्रदेश के सम्बन्ध में बात हुई। पर बाद में वे मुझे बताते रहे कि किस प्रकार प्रधानमन्त्री की बदनामी उनके निवास पर हो रहे क्रिया-कलापों के कारण बढ़ रही है। उन्होंने दिल्ली प्रशासन की विशेष चर्चा की। उनकी बात का सार यह था कि प्रधानमन्त्री क्यों छोटे लोगों के चक्कर में पड़ गयी हैं? पन्त ने जिन बातों का विवरण दिया, वह मैं जानता हूँ, सब सत्य हैं, पर मैं चुपचाप सुनता रहा।

9-10 मई, 1975

कल लोकसभा के सत्र का अन्तिम दिन था। प्रश्नकाल के बाद हिंडाल्को के पत्र पर विशेषाधिकार का प्रश्न उठा। बड़ी चतुराई से श्यामनन्दन मिश्र ने जनेश्वर मिश्र के विरुद्ध विशेषाधिकार हनन का आरोप लगाते हुए अपना प्रस्ताव रखा। उनका कहना सीधा यह था कि उन्होंने जालसाजी से बने एक पत्र का प्रयोग सदन में किया। इस प्रस्ताव का विरोध करना कठिन था। पिछले वर्ष भी इसी प्रकार के एक प्रस्ताव को लेकर काफी हंगामा मचा और सरकार को मुँह की खानी पड़ी। *जार्ज फर्नांडीस* ने अपने एक समाचारपत्र 'प्रतिपक्ष' में संसद को *तुलमोहन राम* के केस

के आधार पर भला-बुरा कहा। उसके विरुद्ध विशेषाधिकार का प्रश्न उठाया गया, पर सरकार ने विरोध किया। सरकार का दृष्टिकोण था कि यदि यह प्रश्न विशेषाधिकार समिति को चला जाता है तो लायसेंस कांड की जाँच होगी, जिसकी छानबीन पुलिस को सौंप दी गयी थी। गर्मागरम बहस हुई और एक ऐसा वातावरण बना कि सरकार कुछ छिपाने की चेष्टा कर रही है। चतुराई यह थी कि *जार्ज फर्नांडीस* के विरुद्ध विरोधी दलों की ओर से ही प्रश्न उठाया गया। कल भी यही हुआ। जनेश्वर मिश्र के खिलाफ़ *श्यामनन्दन मिश्र* द्वारा।

लोकसभा की बैठक शुरू होने से पहले मुझे इसका पता चल गया था। मैंने प्रधानमन्त्री को सुझाव दिया कि उपयुक्त तो यह होगा कि स्पीकर इस प्रस्ताव पर कहें कि प्रधानमन्त्री ने भी मूल पत्र की प्रति माँगी थी जो उन्हें उपलब्ध नहीं की गयी। अब मूल पत्र सदन के समक्ष प्रस्तुत किया गया है। वह उसे प्रधानमन्त्री के पास भेज देंगे ताकि इसकी भी पूरी जाँच हो जाये। जाँच के निष्कर्ष के आधार पर इस प्रस्ताव को लिया जायेगा। प्रधानमन्त्री ने *रघुरमैया* को स्पीकर के पास भेजा, पर उन्होंने अपनी असमर्थता प्रकट की। इस पर मैंने प्रधानमन्त्री जी को सलाह दी कि श्यामनन्दन के प्रस्ताव का विरोध न किया जाये। अब सारी बात विशेषाधिकार समिति के सामने जायेगी।

आजकल गुजरात के कांग्रेसी नेता दिल्ली आये हुए हैं। कांग्रेस की केन्द्रीय निर्वाचन समिति अपने उम्मीदवार चुन रही है। प्रदेश कांग्रेस के एक सचिव (प्रबोध रावल) से *रामेश्वर* (पम्मी के भाई जो अहमदाबाद में रहते हैं) के द्वारा मेरा अच्छा परिचय हो गया है। पिछले साल जब गुजरात में आन्दोलन हो रहा था, वे एक-दो बार मेरे घर पर भी आये। कल उनसे संसद भवन में भेंट हो गयी। उनसे पता चला कि अन्दर-ही-अन्दर प्रधानमन्त्री की अनुमति से गुजरात में चिमन भाई से कुछ समझौता हुआ है। उनका कहना था कि चुनाव जीतने के लिए प्रधानमन्त्री कुछ भी कर सकती हैं। चिमन भाई कांग्रेसी मुख्यमन्त्री थे, जब गुजरात में पिछले साल राष्ट्रपति शासन लागू हुआ। उनके बारे में जनधारणा यह थी कि वे भ्रष्टाचार को बढ़ावा देते थे। ठोस आरोप आज तक उनके विरुद्ध कुछ नहीं लगाये गये। बाद में उन्हें कांग्रेस से निकाला गया। उन्होंने किसान-मजदूर लोकपक्ष नाम की एक नई पार्टी बनायी है। विरोधी दलों ने उनसे किसी प्रकार का सम्बन्ध बनाने से मना कर दिया है। पर कांग्रेस अन्दर-ही-अन्दर उनसे गठबन्धन कर रही है।

लोकसभा में सायंकाल छः बजे से अविश्वास प्रस्ताव पर वाद-विवाद आरम्भ हुआ। रात बारह बजे के बाद यह समाप्त हुआ। वाद-विवाद का स्तर बहुत ऊँचा नहीं था। प्रधानमन्त्री का भाषण *चिमन भाई* से आरम्भ हुआ। उन्होंने कहा कि जैसे ही उन्होंने कांग्रेस छोड़ी, सबने उनकी आलोचना बन्द कर दी। बात ग़लत है—प्रतिपक्ष आज भी उनकी निन्दा करता है, आलोचना करता है। *अटल बिहारी*

वाजपेयी का भाषण सबसे अच्छा था—विरोधी दलों में। उनकी मुख्य बात यह थी कि सरकार और प्रतिपक्ष में कोई सेतु नहीं रह गया है, कोई सम्पर्क नहीं है। सरकार हर मतभेद को शत्रुता समझती है। प्रजातंत्र में मतभेद अनिवार्य है, पर यदि उसे शत्रुता का रूप दिया जायेगा तो प्रजातन्त्र नहीं चल सकता। सरकार की ओर से बाबूजी का भाषण अच्छा रहा। पूरा भाषण हँसी की पुलझड़ियों से भरा था—कहा कुछ भी नहीं था।

यहाँ एक व्यक्तिगत बात का उल्लेख करना उपयुक्त होगा। अपने भाषण में *ज्योतिर्मय बसु* ने एक यह आरोप लगाया कि कुछ उद्योगपतियों को लाभ पहुँचाने के लिए अगस्त 1972 में मेरे कमरे में मीटिंग हुई, जिसमें उन उद्योगपतियों के प्रतिनिधि भी उपस्थित थे। प्रधानमन्त्री ने इस बात का खंडन किया। एक अन्य सदस्य (भगत), जो मुझे डिप्टी कमिश्नर काल से जानते हैं, ने भी मेरी निष्ठा की प्रशंसा की। इस पर बसु ने कहा कि उन्होंने मेरे ऊपर कोई आरोप नहीं लगाया है। मीटिंग की बात ठीक है। वह प्रधानमन्त्री और *गोखले* (उस समय पेट्रोलियम और रसायन मन्त्री) के आदेश पर हुई थी। उत्तर प्रदेश के और रसायन मन्त्रालय के अधिकारी आये थे और कोई नहीं। किसी उद्योगपति को लाभ देने की कोई बात नहीं हुई। इससे सम्बन्धित सब बातें पत्रावली में हैं, जो प्रधानमन्त्री और प्रो. धर ने देखी हैं। बसु को भी इसकी जानकारी उनके एक पत्र के उत्तर में दी गयी थी। पर पता नहीं क्यों उन्होंने इस प्रकार की बात कही ?

आज सुबह भी कार्यालय जल्दी जाना पड़ा। मैं तैयार भी नहीं हो पाया था कि *शेषन* का फोन आया कि कुछ लोग प्रधानमन्त्री से मिल रहे हैं। उस समय वे चाहती हैं कि मैं भी उपस्थित रहूँ। किसी तरह लस्टम-पस्टम भागा। करीब एक बजे छुट्टी मिली। घर आकर थोड़ा आराम करने के बाद दोपहर बाद फिर कार्यालय चला गया। छुट्टी की शान्ति थी। सन्ध्या तक वहीं काम करता रहा।

11 मई, 1975

आज रविवार है। शेषन ने सुबह कुछ लोगों को भोजन के लिए बुलाया था। करीब डेढ़ घंटा उसके घर रहा और एक बजे के लगभग कार्यालय पहुँचा। संसद भवन में सन्नाटा था। दिन भर कार्यालय में काम करता रहा। कोई विशेष बात नहीं हुई।

12 मई, 1975

राज्यसभा का सत्र अभी चल रहा है। अतः मैं अभी संसद भवन में ही बैठ रहा हूँ। आज सुबह सरीन का फोन आया। उन्होंने काफी कोशिश की कि वाइस चांसलर को निलंबित कर दिया जाये। पर राज्यपाल नहीं माने। केवल जाँच की नियुक्ति हुई है। माधव सिंह सोलंकी व उनके युनिवर्सिटी के साथी सामान्य रूप से संतुष्ट

हैं। पर मैंने जब प्रधानमन्त्री को बताया तो उन्हें सन्तुष्टि नहीं हुई। कहने लगीं कि इस कठिन समय में भी केवल 'टेकनिकल' दृष्टि को अपनाना अच्छा नहीं है। उनके विचार से कांग्रेस का चुनाव जीतना केवल उस पार्टी के हित में नहीं है, पूरे देश के हित में है। उनकी बात कोई नहीं सोचता।

आज सुबह अखबार में पढ़ा कि आंध्र प्रदेश में कल दो नक्सलवादियों को फाँसी होने वाली थी, वह रोक दी गयी। मुझे लगा कि इसमें अवश्य प्रधानमन्त्री का हाथ होगा। सन्ध्या को कार्यालय में इसकी पुष्टि हो गयी। प्रधानमन्त्री ने गृहमन्त्री द्वारा आंध्र प्रदेश के मुख्यमन्त्री से फाँसी रोकने की बात कहलवायी थी। स्वयं प्रधानमन्त्री ने कम्युनिस्ट पार्टी के कहने पर यह किया है।

आज सन्ध्या को मंत्रिपरिषद् की बैठक थी। प्रेस काउंसिल अधिनियम में संशोधन के लिए एक विधेयक प्रस्तुत किया गया था। बहुत ही असंतोषजनक था। मैंने प्रधानमन्त्री को परामर्श दिया कि इसे स्वीकार न करके मन्त्रियों की एक छोटी समिति को आगे की जाँच के लिए सौंप देना चाहिए। समिति के सदस्यों के नाम भी मैंने प्रस्तावित किये थे। प्रधानमन्त्री को मेरा सुझाव पसन्द आया, पर मुझे दोपहर में बुला कर कहा कि मैंने समिति के लिए जिन मन्त्रियों के नाम सुझाए हैं, उनसे मैं पहले से बात कर लूँ। वे इन आपत्तियों को मीटिंग में उठायें, तो अच्छा होगा। उन्हें विरोध करने में कुछ कठिनाई होगी। मैंने दीक्षित जी और गोखले से बात की। उनके अतिरिक्त मीटिंग में और मन्त्रियों ने भी विधेयक को असन्तोषजनक बताया। आगे विचार करने के लिए एक समिति का गठन हुआ।

कांग्रेस अध्यक्ष *देवकान्त बरुआ* मुझसे कई बार मिलने को कह चुके हैं। आज सुबह जब मैं प्रधानमन्त्री के कमरे से निकल रहा था तो वे और रजनी पटेल जा रहे थे। उस समय उन्होंने मुझे फिर टोका। यह निश्चय हुआ कि मैं रात को दस बजे उनके घर जाऊँगा। करीब एक घंटा उनके पास रहा। मिज़ोरम व उत्तरी-पूर्वी क्षेत्र के विषय में उनसे बात हुई। मेरे विश्लेषण और सुझावों से वे प्रभावित हुए। दो-तीन दिन बाद वे मुझसे फिर इस विषय पर बातचीत करेंगे।

13 मई, 1975

आज दिन भर कोई विशेष बात नहीं हुई। सन्ध्या को मंत्रिपरिषद् की राजनीतिक कार्य समिति की बैठक थी। जनगणना में प्राप्त भाषा सम्बन्धी जानकारी अभी तक अन्तिम रूप में प्रकाशित नहीं हुई है। इसी पर चर्चा हुई। दिसम्बर में एक बैठक में भी इस समस्या पर विचार हुआ था। उस समय सुब्रह्मणियम ने यह प्रश्न उठाया कि इस जानकारी/आंकड़ों को प्रकाशित करने की आवश्यकता नहीं प्रतीत होती। इसकी जाँच के बाद गृह मन्त्रालय फिर इसी सुझाव के साथ समिति के सामने आया था कि आँकड़े प्रकाशित होने चाहिए।

भाषा का प्रश्न भावनात्मक होता है। पर जिस प्रकार के आँकड़े उपलब्ध हुए हैं, उनमें संशोधन की आवश्यकता है। उदाहरणार्थ, लखीमपुर के एक निवासी ने अपनी भाषा स्वदेशी बतायी है, कुछ लोगों ने अपनी भाषा मद्रासी लिखाई है। (मद्रासी कोई भाषा नहीं है)। कुछ लोगों ने गुरुमुखी (जो केवल एक लिपि है) और कुछ भाषाएँ केवल नगर के नाम पर हैं, जैसे मुजफ्फरपुरिया, हजारीबागिया आदि। जनगणना विभाग ने इसका विवेचन किया है, पर आँकड़े जैसे लोगों ने लिखाये वैसे ही दिये हैं। समिति का निर्णय हुआ कि इन आंकड़ों को ठीक से सम्पादित करने का प्रयत्न किया जाये।

मीटिंग के बाद गृह सचिव (निर्मल मुखर्जी) मेरे कमरे में आये। अलीगढ़ की समस्या पर हम दोनों को बात करनी थी। इसमें प्रायः आधा घंटा लगा। इस बातचीत के आधार पर गृह मन्त्रालय उत्तर प्रदेश सरकार से परामर्श करके अलीगढ़ की बिगड़ती स्थिति पर काबू पाने का सुझाव देगा।

सन्ध्या को *रघुरमैया* अचानक मेरे पास आये। लोकसभा का सत्र समाप्त होने पर वे निर्माण भवन में बैठते हैं। वे *ओम मेहता* के रवैये से बहुत दुखी हैं। ओम यह प्रचार कर रहे हैं कि लोकसभा में सरकार के काम का संचालन ठीक नहीं हो रहा है। *रघुरमैया प्रो. धर* से मिलकर मेरे पास आये थे। उन्होंने प्रो. धर से साफ-साफ बात की थी। प्रो. धर ने उनसे कहा कि ओम केवल उन्हीं के नहीं, कई और मन्त्रियों और अधिकारियों के विरुद्ध बात करता रहता है और प्रधानमन्त्री के कान भरता है। उन्हें इसकी चिन्ता नहीं करनी चाहिए। पर रघुरमैया का कहना ठीक है कि आजकल प्रधानमन्त्री ओम की हर बात मानती हैं—चुगली तक की।

घर जाते समय *वी. रामचंद्रन* प्रायः मेरे पास होकर जाते हैं। आज उन्होंने बताया कि वरिष्ठ नियुक्तियों को लेकर प्रधानमन्त्री और प्रो. धर में मतभेद चल रहा है। प्रधानमन्त्री ने इधर मन्त्रियों, मुख्यमन्त्रियों को इस सम्बन्ध में कई पत्र, मिनिट लिखे हैं, पर वे स्वयं उन पर अमल नहीं करना चाहतीं। हर बात के लिए यही कहती हैं कि अमुक स्थिति बहुत कम्पलैक्स है और उसे विशेष रूप से देखना होगा। प्रो. धर के अनुसार इस मामले में भी प्रधानमन्त्री धवन की राय पर चलती हैं। उसे स्वयं इन चीजों का ज्ञान नहीं, वह दो-चार इधर-उधर के लोगों से पूछ कर प्रधानमन्त्री को भरता रहता है। बात ग़लत नहीं है। धीरे-धीरे परिस्थिति यह हो रही है कि बड़े-से-बड़ा अधिकारी, जो किन्हीं नियमों में विश्वास नहीं करता, अपना स्वार्थ सिद्ध करने धवन के पास जाता है और उसका काम हो जाता है। इसकी बहुत चर्चा है। प्रो. धर का क्षुब्ध होना स्वाभाविक है।

14 मई, 1975

आज राज्यसभा के सत्र का अन्तिम दिन था। कोई विशेष बात नहीं हुई। कल से

साउथ ब्लॉक में बैठूँगा। दिनभर इसमें व्यस्त रहा कि जितना काम हो सके निपटा लूँ।

सन्ध्या को *ओम मेहता* मेरे कमरे में आ गये। वे प्रधानमन्त्री से मिलना चाहते थे, पर वे एक मीटिंग में व्यस्त थीं। प्रशासनिक सुधार पर कुछ देर बात हुई। उनको वरिष्ठ अधिकारियों से बहुत शिकायत है। वे प्रधानमन्त्री का आदेश मानने में आनाकानी कर रहे हैं। ओम मेहता की बात में कुछ तथ्य है। वे सभी वरिष्ठ अधिकारी, जिनका प्रशासनिक मामलों में विशेष उत्तरदायित्व है, किसी प्रकार का सुधार नहीं चाहते। उनकी यह हिम्मत तो है नहीं कि सीधे-सीधे प्रधानमन्त्री से कहें कि वे आजकल जो आदेश दे रही हैं, वे ग़लत हैं। बस उनके पालन में टालमटोल कर रहे हैं, यह अनुचित नहीं तो क्या है? मैंने ओम मेहता से कहा कि जब तक वे सक्रिय रूप से हस्तक्षेप नहीं करेंगे, ये बातें सीधे रास्ते पर नहीं आयेंगी।

ओम मेहता ने दूसरी बात की भ्रष्टाचार के एक मामले के बारे में। करीब चार साल पहले केन्द्रीय सरकार ने एक आयोग की नियुक्ति की थी, पंजाब के भूतपूर्व मन्त्रियों के विरुद्ध भ्रष्टाचार के आरोपों की जाँच करने के लिए। आयोग कांग्रेस के हित के लिए नियुक्त हुआ था। वह आयोग अभी तक चल रहा है। सौ से अधिक आरोप उसको सौंपे जा चुके हैं। अब कुछ आरोप *प्रबोध चन्द्रा* के विरुद्ध सामने आये हैं। प्रबोध चन्द्रा कांग्रेस मंत्रिमंडल के सदस्य थे और आजकल संसद-सदस्य हैं। स्थिति यह है कि न निगलते बन रहा है, न उगलते। ओम मेहता ने मुझसे कहा कि वे अभी प्रबोध चन्द्रा के मामले को आयोग को नहीं सौंपना चाहते। उसकी क्या तरकीब हो सकती है? मैंने यह पत्रावली कभी नहीं देखी है। इसलिए मैंने उनसे कहा कि पत्रावली देखकर मैं उन्हें राय दे सकता हूँ। पर जाते समय वे पत्रावली ले गये। फिलहाल मुझे राय नहीं देनी पड़ी। कांग्रेस मन्त्रियों का भ्रष्टाचार का मापदंड संकुचित है। भ्रष्टाचार केवल विपक्षी दल वाले करते हैं। जाँच उनकी ही होनी चाहिए।

15 मई, 1975

आज साउथ ब्लॉक में वापस आ गया। कई दिन बाद प्रो. धर से मिला। वे कल से पन्द्रह दिन की छुट्टी पर दिल्ली से बाहर जा रहे हैं। लंच से पहले का समय तो कार्यालय परिवर्तन करने में ही लग गया। लंच के बाद प्रधानमन्त्री से करीब आधा घंटा बात करने का अवसर मिला।

प्रतिवर्ष हर मन्त्री अपनी चल और अचल सम्पत्ति का ब्यौरा प्रधानमन्त्री को देता है। उनको प्रकाशित नहीं किया जाता, पर हमारे कार्यालय में प्रधानमन्त्री की सूचना के लिए उनकी जाँच होती है। आजकल यह माँग की जा रही है कि इस सूचना को प्रकाशित करना चाहिए। सरकार की ओर से संसद में कहा जा चुका है

कि इस प्रश्न पर विचार किया जा रहा है। प्रधानमन्त्री को कोई आपत्ति नहीं है, पर मुख्यमन्त्रियों से पूछा जा रहा है। फिलहाल, इन ब्यौरों को प्रकाशित करने का कोई नियम नहीं है। जाँच में यह निकला कि दो मंत्रियों की सम्पत्ति में जो वृद्धि हुई है उसका कारण स्पष्ट नहीं है। या तो ब्यौरा बनाने में कुछ ग़लती है और यदि नहीं तो इस वृद्धि का कारण भ्रष्टाचार के अतिरिक्त कुछ नहीं है। इनमें से एक की सम्पत्ति में पिछले साल जो वृद्धि हुई थी, वह भी स्पष्ट नहीं थी। प्रधानमन्त्री को जब मैंने यह बताया तो पत्रावली उन्होंने अपने पास रख ली। करीब तीन-चार महीने बाद वापस की, यह कहकर कि किसी कार्यवाही की आवश्यकता नहीं है।

आज फिर जब दोनों मामले उनके समक्ष प्रस्तुत किये तो काफी देर तक सब कागज़ात देखती रहीं। एक के बारे में कहा कि इनसे स्पष्टीकरण माँगना चाहिए। प्रधानमन्त्री स्वयं उनको पत्र लिखेंगी, उसका प्रारूप माँगा है। दूसरे के कागज़ात अपने पास रख लिये। उनसे स्वयं बात करेंगी। अब यह काफी प्रचलित है कि यह मंत्री पार्टी के लिए काफी धन एकत्रित करते हैं। प्रधानमन्त्री और कांग्रेस अध्यक्ष के नजदीक भी समझे जाते हैं। अन्त में होगा कुछ नहीं। दोनों मंत्री कुछ-न-कुछ स्पष्टीकरण दे देंगे, जो मान लिया जायेगा। इन परिस्थितियों में इन ब्यौरों को प्रकाशित करने की माँग अनुपयुक्त नहीं है।

महाराष्ट्र-कर्नाटक सीमा-विवाद पर भी प्रधानमन्त्री से बात की। गृह मन्त्रालय बार-बार पूछ रहा है कि प्रधानमन्त्री क्या चाहती हैं? यदि कोई निर्णय लेना है तो पन्द्रह जून तक निश्चित करना होगा। प्रधानमन्त्री बात टाल गयीं। कहने लगीं कि महाराष्ट्र के मुख्यमन्त्री चाहते हैं कि अभी इस प्रश्न को कुछ दिन और स्थगित रखा जाये। मुख्यमन्त्री के सचिव मुझसे कहते रहते हैं कि इस प्रश्न पर शीघ्र निर्णय ले लिया जाये। आज कर्नाटक के मुख्य सचिव भी मिले थे, यही कहने को। पर लगता है कि प्रधानमन्त्री ने अभी कोई निर्णय नहीं लिया है। कुछ महीने पहले वे चाहती थीं कि निर्णय में विलंब नहीं होना चाहिए। पर किसी-न-किसी कारण से गृह मन्त्रालय के तैयार रहने पर भी मंत्रिपरिषद् की राजनीतिक कार्य समिति इस पर विचार नहीं कर पायी। प्रधानमन्त्री से बिहार व गृह मन्त्रालय के सम्बन्ध में बातचीत हुई। प्रधानमन्त्री गृह मन्त्रालय के काम से सन्तुष्ट नहीं हैं। *ब्रह्मानन्द* संसद में प्रभावी ढंग से कार्य करने में सफल नहीं हुए हैं। मन्त्रालय में मुखर्जी से असन्तोष बना हुआ है।

कर्नाटक के मुख्यमन्त्री के सम्बन्ध में भी बात हुई। उनके दामाद को अनियमित तरीके से बीस एकड़ ज़मीन दी गयी है। *वीरेन्द्र पाटिल* कई बार प्रधानमन्त्री को लिख चुके हैं, पर न तो प्रधानमन्त्री कोई निर्णय करती हैं, न उनके पत्र का उत्तर दिया जाता है। एक बार प्रधानमन्त्री ने मुख्यमन्त्री से कहा था कि वे अपने दामाद से ज़मीन छोड़ देने को कहें। पर मुख्यमन्त्री ने प्रधानमन्त्री की

बात नहीं मानी। प्रधानमन्त्री ने जोर नहीं दिया। उसका कारण यह था कि उस समय वे अन्ना द्र.मु.क. को कांग्रेस की ओर लाने के लिए मुख्यमन्त्री का उपयोग कर रही थीं।

आज मैंने फिर प्रधानमन्त्री को स्मरण दिलाया कि इस पत्रावली में देर हो रही है। वह शीघ्र निर्णय लें तो अच्छा होगा। उन्होंने कहा कि कांग्रेस अध्यक्ष ने अभी तक मामले को उन्होंने जो कांग्रेस-जनों के विरुद्ध लगाये गये आरोपों की जाँच के लिए एक समिति गठित की है, उसके समक्ष नहीं रखा है। इस प्रसंग में मैंने प्रधानमन्त्री का ध्यान कुछ महीने पहले हुई बातचीत की ओर दिलाया। लेकिन आज मैंने प्रधानमन्त्री का विचार बिल्कुल भिन्न पाया।

बात इस प्रकार है। संसाधन कमेटी की सिफारिशों के आधार पर मंत्रियों/मुख्यमन्त्रियों के आचरण के लिए एक संहिता तैयार की गयी और उसको संसद में भी प्रस्तुत किया गया। इस संहिता के आधार पर जब भी किसी मुख्यमन्त्री या केन्द्रीय मन्त्री के विरुद्ध आरोप लगाये जाते हैं तो प्रधानमन्त्री उनकी टिप्पणी मँगाती हैं और उसकी जाँच के बाद आगे की कार्यवाही निर्धारित की जाती है। यह जाँच तीन प्रकार से होती है। कभी केवल विभाग जाँच करके प्रधानमन्त्री के आदेश ले लेता है, कभी प्रधानमन्त्री अनौपचारिक रूप से किसी जज की राय लेती हैं और कभी-कभी वे अपने सहयोगी मन्त्रियों की छोटी-सी समिति को राय देने के लिए मामला सौंप देती हैं। विभिन्न मामलों में इन तीनों प्रक्रियाओं का उपयोग किया गया है।

पिछले वर्ष कांग्रेस अध्यक्ष ने पार्टी स्तर पर एक कमेटी का गठन किया। यह घोषणा की गयी कि यदि किसी कांग्रेसी के विरुद्ध कोई भ्रष्टाचार का आरोप लगाया जायेगा तो यह कमेटी मामले की पूरी जाँच करके कांग्रेस अध्यक्ष को राय देगी। जहाँ तक पार्टी का मामला है इसमें किसी प्रकार की आपत्ति नहीं हो सकती। कोई भी पार्टी अपने सदस्यों के आचरण पर आन्तरिक नियंत्रण के लिए समुचित प्रबन्ध कर सकती है। पर प्रधानमन्त्री का विचार था कि कांग्रेसी मुख्यमन्त्री और मन्त्रियों के मामले भी इसी कमेटी को सौंपे जायेंगे। पिछले अगस्त में इस आशय का एक पत्र भी तैयार हुआ जो कांग्रेस अध्यक्ष की ओर से मुख्यमन्त्रियों-मन्त्रियों को भेजा जाने वाला था। प्रधानमन्त्री ने वह मुझे दिखाया। मैंने उसको अध्ययन करने का समय माँगा।

इस प्रश्न के विभिन्न पहलुओं की जाँच के बाद मुझे यह पत्र पूर्णतया आपत्तिजनक लगा। मन्त्रियों की आचरण संहिता के अनुसार उनके विरुद्ध भ्रष्टाचार की जाँच राजकीय स्तर पर होनी चाहिए—पार्टी स्तर पर नहीं। संवैधानिक कठिनाइयों के अतिरिक्त प्रोसीजरल कठिनाइयाँ भी हैं। मैंने गोखले से बातचीत की। वे पूर्णतया सहमत हुए और निश्चय हुआ कि वे प्रधानमन्त्री से बात करेंगे। सबसे बड़ी कठिनाई

थी कि सरकारी कागज़ात इस कमेटी को किस प्रकार दिये जायेंगे और यह कमेटी रिपोर्ट किसे देगी। पिछले अक्तूबर में गोखले ने एक दिन प्रधानमन्त्री से बात की। मैं उस समय प्रो. धर के पास बैठा था। वहीं से मुझे बुलवाया गया। प्रधानमन्त्री ने स्वीकारा कि कठिनाइयाँ होंगी और गोखले से कहा कि वे इस कमेटी की मीटिंग बुलवा लें। उसमें इन सब बातों पर विचार हो जाये। कमेटी केवल कांग्रेस जन (मन्त्रियों आदि के अतिरिक्त) के विरुद्ध आरोपों की जाँच करे। आज तक न उस कमेटी की मीटिंग हुई है, न मुख्यमन्त्रियों को पत्र गया है।

जब कर्नाटक के मुख्यमन्त्री की बात आज उठी तो प्रधानमन्त्री ने कहा कि उन्होंने कांग्रेस अध्यक्ष से कहा है कि वे उनका मामला कमेटी के सामने रखें। जब मैंने उन्हें पिछले विचार-विमर्श का स्मरण दिलाया तो उन्होंने कहा कि कमेटी को यह काम करने में कोई कठिनाई नहीं होगी। उसके सब सदस्य मन्त्री हैं। वे रिपोर्ट मुझे देंगे। इस मामले में सरकार और पार्टी में अन्तर ही क्या है? हम लोग हर चीज को जरूरत से ज्यादा टेकनिकल दृष्टिकोण से देखते हैं जो ठीक नहीं। मैंने कहा कि मैं फिर निवेदन और आग्रह करूँगा कि इस प्रश्न पर पूरी तरह विचार हो जाना चाहिए। प्रधानमन्त्री ने मुस्करा कर बात समाप्त कर दी। बाहर कर्नाटक के मुख्यमन्त्री उनसे मिलने के लिए बैठे थे।

सन्ध्या को *चोका राव* मिलने आये। वे आंध्र प्रदेश में कृषि एवं यातायात मन्त्री हैं। कई वर्षों से उनसे परिचय है। जब दिल्ली आते हैं तो अवश्य मिलते हैं। 1973 में आंध्र प्रदेश में जब आन्दोलन हुआ था तो इन्होंने समस्या सुलझाने में विशेष मदद की थी। उन्होंने बताया कि चिन्ता की बात तो नहीं है, पर धीरे-धीरे संजीवा रेड्डी अपना प्रभाव बढ़ा रहे हैं।

पन्त भी कुछ देर के लिए मेरे कमरे में आये। वे मंत्रिपरिषद् की एक समिति की मीटिंग में आये थे। मीटिंग समाप्त होने पर मेरे पास आ गये। उत्तर प्रदेश की उथल-पुथल में वे भी गुपचुप रीति से सक्रिय हैं। उनकी सहानुभूति *बहुगुणा* के विरोधियों के साथ है। मुझसे पूछने लगे कि प्रधानमन्त्री क्या करने वाली हैं? यदि अभी कुछ करना नहीं था तो बात इतनी आगे क्यों बढ़ने दी? मैं उनकी बात सुनता रहा। स्पष्ट था कि प्रधानमन्त्री के रवैये से वे सन्तुष्ट नहीं हैं, पर कुछ कह भी नहीं सकते।

एल.पी. का आज फिर फोन आया। वे इधर नगालैंड की स्थिति बताने के लिए हर दूसरे-तीसरे दिन फोन करते रहते हैं। वे कल एक दिन के लिए नगालैंड जा रहे हैं। नगालैंड की एसेम्बली अब भंग कर देनी चाहिए। एल.पी. का भी यही विचार है। पर नगालैंड से लौट कर रिपोर्ट भेजेंगे।

एल.पी. से यह भी पता चला कि प्रधानमन्त्री ने *दलीप राय* कोहली को दिल्ली बुलाया है। कहा तो यह गया है कि वे उनसे उत्तरी-पूर्वी क्षेत्र की समस्याओं पर बात

करना चाहती हैं। पर वास्तविकता यह है कि वे कोहली को रक्षा सचिव बनाने का विचार कर रही हैं, इसीलिए मिलने को बुलाया है। कुछ वर्ष पहले कोहली मणिपुर के उपराज्यपाल थे। काफी अज़ब काम किये उन्होंने। असम वापस भेज दिये गये। अब वायुसेनाध्यक्ष *ओ.पी. मेहरा* ने प्रधानमन्त्री को सलाह दी है कि कोहली को रक्षा सचिव बनाया जाये। वायुसेनाध्यक्ष ने प्रधानमन्त्री की एक व्यक्तिगत मामले में बहुत सहायता की है। यह व्यक्तिगत मामला मारुति से सम्बन्धित है। केवल इसी कारण वे *कोहली* को यह नियुक्ति देने की सोच रही हैं। एक समय वे उनसे इतनी नाराज थीं कि *फखरुद्दीन* के कहने पर भी उसको असम वापस भेजा। प्रो. धर इस नियुक्ति को सरासर ग़लत समझते हैं, पर प्रधानमन्त्री अभी उनकी बात मानने को तैयार नहीं हैं। *कोहली* साधारण कोटि के अधिकारी हैं। सचिव होने योग्य नहीं माने जाते हैं। एल.पी. ने इधर उनके लिए काफी प्रयत्न किया, फिर भी मार्च में यही निर्णय हुआ था कि वे सचिव पद के योग्य नहीं हैं। अब केवल वायुसेनाध्यक्ष के कहने पर उनका भाग्य खुलने वाला है। मेरे विचार से यह नियुक्ति बिल्कुल ग़लत होगी। कुछ दिन पहले असम के मुख्यमन्त्री ने मुझसे मुख्य सचिव के चयन के सम्बन्ध में कोहली के बारे में बात की थी। वे कोहली को उस पद के लिए बिल्कुल उपयुक्त नहीं समझते। उनमें न नेतृत्व के गुण हैं, न वे अपने सहयोगियों से ठीक बर्ताव करते हैं। सचिव के पद पर कैसे काम करेंगे?

मज़े की बात यह है कि चाहती तो प्रधानमन्त्री हैं किसी की सिफारिश पर कोहली को सचिव बनाना, लेकिन यह सब मढ़ रही हैं एल.पी. के मत्थे। लगभग एक माह हुआ, उन्होंने *मिर्धा* से कहा था कि एल.पी. का कहना है कि *कोहली* को रक्षा सचिव बनाया जाये। जहाँ तक मैं जानता हूँ एल.पी. ने कभी यह बात नहीं कही। उनका कहना केवल यह है कि कोहली को सचिव बनाना चाहिए। यह प्रधानमन्त्री का स्टाइल है।

कोहली को केन्द्र में लाने का प्रधानमन्त्री के लिए एक कारण और हो सकता है। वैसे उन्होंने प्रो. धर से कहा है कि अगले वर्ष निर्मल मुखर्जी को मंत्रिमंडल सचिव बनाया जा सकता है। मुझे नहीं लगता कि प्रधानमन्त्री यह करना चाहेंगी। कोहली के केन्द्र में रहने पर इसे रोका जा सकेगा।

16 मई, 1975

सुबह पौने चार बजे निखिल ने फोन किया कि उनके श्वसुर *टी.पी. सिंह* (सीनियर) का कल रात देहान्त हो गया। उनका पुत्र नन्दू जिनेवा गया हुआ है। कुछ सहायता के लिए उसने असमय फोन किया था। सुनकर दुख हुआ। टी.पी. ने ढाई वर्ष पहले कृषि सचिव के पद से अवकाश ग्रहण किया था। मेरा उनसे अच्छा परिचय था। बाद में मैं उनके निवास स्थान पर भी गया।

कार्यालय पहुँचते ही प्रधानमन्त्री ने बुलवा लिया। नगालैंड के बारे में काफी देर बात की। अभी तक उन्होंने विधानसभा भंग करने के प्रश्न पर स्पष्ट विचार व्यक्त नहीं किया था। मैंने पूरी स्थिति स्पष्ट करते हुए विधानसभा भंग करने पर जोर दिया। सब सुनकर प्रधानमन्त्री ने माना कि विधानसभा का भंग हो जाना ही उचित होगा। इधर होने वाली वरिष्ठ नियुक्तियों के बारे में भी प्रधानमन्त्री ने बात की—पर कोहली के बारे में नहीं। जिन अधिकारियों के बारे में उन्होंने पूछा, मैंने अपनी स्पष्ट राय दे दी। मंत्रिमंडल सचिव एक अधिकारी को एक विभाग का सचिव बनाने पर जोर दे रहे हैं। मैंने कहा कि यह अधिकारी सचिव होने योग्य नहीं है। प्रधानमन्त्री ने मेरी राय से सहमति प्रकट की।

दोपहर के बाद संयोगवश होकेशी सेमा मिलने आये। वे नगालैंड के मुख्यमन्त्री रह चुके हैं। बहुत ही सुलझे हुए व्यक्ति हैं—पूरे भारतीय। संयोग की बात कि आज सुबह प्रधानमन्त्री से बात हुई और आज ही वे मिलने आये। प्रधानमन्त्री से भी मिल चुके हैं। लगभग आधा घंटा उनसे नगालैंड पर बात हुई, पर कोई नयी बात उन्होंने नहीं बतायी। वे भी इस पक्ष के हैं कि विधानसभा शीघ्र-से-शीघ्र भंग की जाये।

17 मई, 1975

आज प्रधानमन्त्री कार्यालय नहीं आयीं। कल भी कुछ अस्वस्थ लग रही थीं। पर यह निर्णय कि वे शनिवार और रविवार को पूर्ण आराम करेंगीं, वे पहले ही डॉक्टर माथुर के कहने पर ले चुकी थीं। डॉक्टर ने आराम की सलाह इसलिए दी है कि आगे कुछ दिनों में प्रधानमन्त्री को काफी भ्रमण करना है। दस-ग्यारह दिन गुजरात में चुनाव-अभियान में लगायेंगी। सोमवार को इस भ्रमण का पहला दौर शुरू होगा।

आज प्रो. किश्कू मिलने आये। वे आदिवासी हैं और ईसाई धर्म को मानते हैं। पहले मंत्रिमंडल के सदस्य थे। पिछले अक्तूबर में मंत्रिमंडल से अलग किये गये। तब से उत्तरी-पूर्वी क्षेत्र में (वे बंगाल के रहने वाले हैं) ईसाई मिशनरियों के कार्यकलाप में बहुत रुचि लेने लगे हैं। उस क्षेत्र में मिशनरी बहुत सक्रिय हैं। इनका प्रभाव अभी अरुणाचल प्रदेश में नहीं बढ़ा है—इसके लिए वे बहुत प्रयत्नशील हैं। अरुणाचल के लोग ईसाई धर्म का प्रभाव नहीं बढ़ने देना चाहते। इस बात को लेकर तनाव बढ़ रहा है। पर अरुणाचल प्रशासन और वहाँ के प्रतिनिधि तनाव नहीं चाहते। कई महीनों से प्रधानमन्त्री को भी दोनों ओर से शिकायत की जा रही है। मैंने इस समस्या का पूरा अध्ययन कुछ महीने पहले किया था। मैं इस निष्कर्ष पर पहुँचा था कि जब अरुणाचल वासी अपने प्राचीन धर्म को नहीं छोड़ना चाहते और मिशनरियों के कार्यकलापों से उन्हें घृणा-सी हो गयी है तो प्रशासन को उस क्षेत्र में शांति बनाये रखने के लिए हर प्रयत्न करना चाहिए। धर्म की

स्वतंत्रता के नाम पर तनाव बढ़ने नहीं देना चाहिए। मेरा यह भी सुझाव था कि रामकृष्ण मिशन को हमें सहायता करनी चाहिए कि वह अरुणाचल में अपना कार्यक्रम फैलाये। वे आजकल भी यह कर रहे हैं पर बड़े-छोटे पैमाने पर। प्रधानमन्त्री इस नीति से पूर्णतया सहमत हैं। गृह मन्त्रालय को यह आदेश मौखिक रूप से दे भी दिये गये हैं, पर अभी कुछ हुआ नहीं है। तीन-चार साल पहले *बृज कुमार नेहरू* (असम के राज्यपाल) ने प्रधानमन्त्री को यह सलाह दी थी कि अरुणाचल व समीपवर्ती क्षेत्रों में मिशनरियों के कार्य-कलापों पर पूरी रोक लगा देनी चाहिए। मैंने सरकारी पत्राचार में इतना अच्छा लिखा हुआ पत्र कोई दूसरा नहीं पढ़ा। नेहरू बहुत ही उदार प्रवृत्ति के व्यक्ति हैं। संकीर्णता छू तक नहीं गई है। पत्नी विदेशी हैं। जब उन्होंने स्थानीय परिस्थितियों के परिपेक्ष्य में यह बात कही तो प्रधानमन्त्री पर भी उनकी बात का बहुत प्रभाव पड़ा।

अभी 6 मई को अरुणाचल में आदिवासियों और ईसाइयों में फिर कुछ झगड़ा हुआ। अरुणाचल के चीफ कमिश्नर–राजा–ने मुझे पहले ही पूरा विवरण भेज दिया था। दोष ईसाइयों का ही अधिक था। किश्कू राजा व अन्य अधिकारियों की शिकायत करने आये थे। वे चाहते हैं कि पूरे देश के ईसाइयों का एक प्रतिनिधि मंडल प्रधानमंत्री से मिले। मैंने उन्हें समझाया कि गृह मंत्रालय जांच कर रहा है। वह पूरी हो जाने दीजिए। उस जांच का जो निष्कर्ष निकले उसके आधार पर आगे की बात सोची जा सकती है। किश्कू इस दृष्टिकोण से सहमत हुए।

आज दिन में काफी समय सुशीतल के साथ बिताया। पहले वह और टिम (उसकी बहन–मामा की लड़की–वह भी राजस्थान में आई.ए.एस. में है।) मेरे पास साढ़े ग्यारह बजे आये। लगभग एक घंटा रहे। बाद में मैं सुशीतल के साथ जम्मू और कश्मीर गेस्ट हाउस में संध्या को लगभग एक घंटा रहा। सुशीतल का पुत्र बूटू–आई.ए.एस./आई.एफ.एस. में उत्तीर्ण हो गया है। परीक्षाफल परसों निकला था। ठीक सत्ताइस साल पहले सुशीतल आई.ए.एस. में आया था। कितना समय बीत गया!–कभी-कभी इन्हीं बातों से आभास होता है।

18 मई, 1975

आज रविवार की छुट्टी थी। दिन भर कार्यालय में रहा। कल प्रधानमंत्री दो दिन के लिए गुजरात जा रही हैं। केवल वही पत्रावलियां, काग़जात उनके पास भेजे, जिन पर मुझे लगा उनके शीघ्र आदेश वांछनीय हैं। शेष कोई विशेष बात नहीं हुई।

रात में टेलीविजन पर पं. रामनारायण की सारंगी सुनी। कार्यक्रम प्रसिद्ध हिन्दी कवि नरेंद्र शर्मा ने प्रस्तुत किया था। कार्यक्रम सुंदर था। रामनारायण उच्च कोटि के सारंगी वादक हैं। उनके भाई स्व. चतुरलाल प्रसिद्ध तबला वादक थे। रविशंकर के साथ उन्होंने बहुत ख्याति पायी थी। उनसे मेरा अच्छा परिचय था।

रामनारायण से केवल एकाध बार भेंट हुई है।

19 मई, 1975

प्रधानमंत्री दो दिन के दौरे पर गुजरात गयी हैं, प्रो. धर पंद्रह दिनों की छुट्टी पर चकराता गये हुए हैं।

कार्यालय पहुंचने के थोड़ी देर बाद जगदीश लाल मिलने आ गये। वे आई.आई.टी. कानपुर के संचालक हैं। उनके संस्थान की कुछ समस्याएं हैं। शिक्षा मंत्री से मिल चुके हैं, पर आजकल एक आम धारणा हो गयी है कि जब तक किसी को प्रधानमंत्री सचिवालय की सहायता प्राप्त नहीं होगी, उसका काम नहीं होगा। हम लोग भरसक प्रयत्न करते हैं यह धारणा दूर हो पर प्रधान मंत्री की अपनी कार्य-प्रणाली कुछ ऐसी है कि यह धारणा दृढ़ होती जा रही है।

दोपहर को मिर्धा ने बुला लिया। साउथ ब्लॉक में उनका कमरा (रक्षा मन्त्रालय में) मेरे कमरे से बहुत दूर नहीं है। गृह मन्त्रालय में उनसे काफी सम्पर्क रहता था, पर अब भी वे कभी-कभी बुला लेते हैं। रक्षा उत्पादन विभाग में वे काफी रुचि ले रहे हैं। यह उनका स्वभाव है, गृह मन्त्रालय में भी अपने काम में बहुत रुचि लेते थे। आर्डनेन्स फैक्ट्रीज़ के बारे में कुछ बात करना चाहते थे। उन्हें पता है कि प्रधानमन्त्री के कहने पर इन फैक्ट्रीज़ की कुछ समस्याओं पर मैंने कुछ साल पहले काफी अध्ययन किया था। काम की बात समाप्त होने पर इधर-उधर की बात होने लगी। बरुआ का ज़िक्र आ गया। कहने लगे, बरुआ और रजनी पटेल की काफी बदनामी हो रही है। ये लोग पार्टी के नाम पर काफी रुपया बना रहे हैं। पार्टी के वरिष्ठ और पुराने नेताओं को इस बात से काफी चिन्ता है, पर प्रधानमन्त्री से कुछ कहने का किसी को साहस नहीं होता।

संध्या को पाँच बजे *गुजराल* के कार्यालय में मीटिंग थी। प्रधानमन्त्री बहुत अर्से से एक 'राष्ट्रीय लोक नृत्य समूह' (ऑसाम्ब्ले) बनाना चाहती थीं। उषा भगत से कई बार उन्होंने कहा पर उन्होंने कुछ नहीं किया। एक दिन उन्हें दिल्ली में *जोहरा सहगल* दीख गयीं। जोहरा उदयशंकर के 'कल्चर सेन्टर' में थीं, फिर पृथ्वी थियेटर्स में। नाटक उनका मुख्य कार्य क्षेत्र रहा है। उषा ने जोहरा को केन्द्रबिन्दु बना कर एक कच्ची-पक्की योजना बना दी कि इस समूह का गठन करने के लिए वह सबसे उपयुक्त व्यक्ति होंगी। प्रधानमन्त्री ने फौरन बात मान ली। जोहरा को लन्दन से अच्छी-खासी तनख्वाह पर बुला लिया गया। उस समय ही *सलमान* और मैंने कहा था कि जोहरा का यह क्षेत्र नहीं है और न वह यह काम सफलतापूर्वक कर पायेंगी। पर हमारी बात नहीं मानी गयी। हुआ वही जो होना था। साल भर के प्रयोगों के बाद उषा ने कहना शुरू कर दिया कि प्रयोग असफल रहा है। अब कुछ और सोचना चाहिए। यह निश्चय हो गया है कि इस समूह को जून के अन्त में समाप्त कर

दिया जायेगा। आगे क्या हो, इस पर हमारे सचिवालय में काफी आन्तरिक परामर्श हुआ है, पर आज गुजराल के यहाँ इस पर विचार करने के लिए मीटिंग रखी गयी थी। आज की मीटिंग किसी निष्कर्ष पर नहीं पहुँची। कई विचार सामने आये, उन पर और सोचने की आवश्यकता है।

मीटिंग के बाद गुजराल ने एक नयी फिल्म के बारे में मुझसे बात की। अमृत नहाटा, लोकसभा सदस्य, ने एक फिल्म बनायी है–*'किस्सा कुर्सी का'* फिल्म सरासर राजनीतिक है। *'आँधी'* के सम्बन्ध में गुजराल से डाँट पड़ने के बाद सेन्सर बोर्ड के अध्यक्ष ने गुजराल से अनौपचारिक निर्देश माँगा है कि वे सेन्सर में फिल्म पास करें या नहीं। गुजराल चाहते हैं कि मैं भी उनके साथ चुपचाप यह फिल्म देख लूँ।

20 मई, 1975

प्रधानमन्त्री के दौरे के कारण आजकल काम कुछ कम है। कुछ पुरानी चीजें पड़ी हुई हैं, उन्हीं को पढ़ने और निबटाने में लगा हूँ।

सुबह एकाएक ओम मेहता ने बुला लिया। मिज़ोरम के एक मन्त्री उनसे मिलने आये थे। वे चाहते थे कि जब उनसे बात हो तो मैं भी साथ रहूँ। उन मन्त्री के साथ मिज़ोरम प्रदेश कांग्रेस के अध्यक्ष की पत्नी भी थी। इससे ओम मेहता को भ्रम हुआ कि प्रदेश अध्यक्ष आये हैं। वह स्वयं डिप्टी कमिश्नर एज़ल के कार्यालय में काम करती है और अलग अपने काम से आयी थी। उनसे बात करने के लिए, प्रधानमन्त्री की सहमति से, मैं कांग्रेस अध्यक्ष (बरुआ) और ओम मेहता से काफी समय से कह रहा हूँ। इसीलिए ओम ने मुझे बुलाया। ग़लती मालूम हो जाने पर भी हम लोगों ने मिज़ोरम के मन्त्री से लगभग आधा घण्टा बात की। मिज़ोरम में स्थिति इस माने में सुधरी है कि स्थिति बिगड़ी नहीं है।

दोपहर में *जी. आर.* के कमरे में भूमि-सुधार की प्रगति पर एक मीटिंग हुई। कृषि मन्त्रालय के अधिकारी ने स्पष्ट शब्दों में कहा कि प्रगति धीमी है क्योंकि राज्य सरकारें कुछ करना नहीं चाहती हैं। उनमें राजनीतिक इच्छा शक्ति की सरासर कमी है।

आज जल्दी घर आ गया। घर पहुँचते ही गुजराल का फोन आया। फिल्म प्रदर्शन उन्होंने साढ़े नौ बजे रात को निर्धारित किया था। मेरा मन आज जाने का नहीं था। इसलिए मैंने क्षमा माँग ली।

21 मई, 1975

आज सुबह श्रीमती *मेखला* झा (*श्री लक्ष्मी कान्त झा* की धर्मपत्नी) का फोन आया, प्रभाकर की मृत्यु का समाचार देने के लिए। प्रभाकर उनका भाई था। युनिवर्सिटी

में मेरा समकालीन था। उसके पिता *प्रो. प्रशान्त कुमार आचार्य* युनिवर्सिटी में संस्कृत विभाग के अध्यक्ष थे। प्रभाकर बड़ा मिलनसार और हँसमुख व्यक्ति था। लगभग एक सप्ताह पहले मैंने गोपाल से कहा था कि चलो प्रभाकर से मिल आयें। वह अधिक जीवित रहने वाला नहीं है। पर मिलने न जा सका। मृत्यु का समाचार इस फोन से पहले समाचारपत्र में भी पढ़ चुका था। बहुत दुख हुआ और मिलने न जा पाने का मलाल भी।

सन्ध्या को ओम मेहता से मिला। कल उन्होंने दो पत्रावलियाँ दी थीं जिस पर वे मुझसे परामर्श करना चाहते थे। काफी समय पहले मणिपुर के तत्कालीन मुख्यमन्त्री *अलीमुद्दीन* के विरुद्ध कुछ आरोप लगाये गये थे। उनकी जाँच भी हुई थी, पर अभी तक कोई कार्रवाई नहीं की गयी है। अलीमुद्दीन की सरकार ने त्यागपत्र दिया, जिससे मणिपुर में राष्ट्रपति शासन लागू हुआ। कई महीने तक यह शासन रहा। चुनाव के बाद फिर अलीमुद्दीन की सरकार बनी। उसके बाद *शायज़ा* मुख्यमन्त्री हुए और उसके बाद *दोरेन्द्र सिंह* आजकल मुख्यमन्त्री हैं। अलीमुद्दीन स्वयं स्पीकर हैं और दोरेन्द्र सिंह का समर्थन कर रहे हैं। मणिपुर के राजनीतिक व्यक्ति समय-समय पर गुट बदलते रहते हैं। इतना कुछ हो गया, इतना समय बीत गया पर केन्द्रीय सरकार ने जाँच के आधार पर अभी तक कोई निर्णय नहीं लिया। जाँच से स्पष्ट है कि अलीमुद्दीन के विरुद्ध न्यायिक जाँच होनी चाहिए। मैंने ओम मेहता से कहा कि काफी समय बीत जाने पर भी न्यायिक जाँच की नियुक्ति करना उपयुक्त होगा। पर मुझे लगा कि ओम मेहता अब इसके पक्ष में नहीं हैं। इधर कुछ ऐसी रिपोर्ट मिली है कि अलीमुद्दीन दोरेन्द्र सिंह के विरुद्ध अन्दर-ही-अन्दर काम कर रहे हैं। दोरेन्द्र सिंह ने कांग्रेस की सरकार बनायी है। विचार यह हो रहा है कि इस जाँच की धमकी देकर अलीमुद्दीन को कांग्रेस की मदद करते रहने को विवश किया जायेगा।

इस प्रकार क्या बढ़ते हुए भ्रष्टाचार को रोका जा सकता है। भ्रष्टाचार के हर मामले को दलगत दृष्टिकोण से देखा जाता है। न जाने कितने मामले कांग्रेस मुख्यमन्त्रियों और मन्त्रियों के विरुद्ध प्रधानमन्त्री के समक्ष रखे गये, पर आज तक कोई भी पत्रावली लौटकर नहीं आयी। ओम मेहता आजकल प्रधानमन्त्री के विशेष विश्वासपात्र हैं। उनकी भी यही नीति है। मैंने उनसे कहा कि यदि केन्द्रीय सरकार एक-दो मामले में न्यायिक जाँच करा दे तो जनता में फिर विश्वास बढ़ने लगेगा। पर ओम मेहता ने कहा कि आजकल बड़ी कठिन परिस्थितियाँ आ खड़ी हुई हैं। इन सब मामलों को पार्टी के दृष्टिकोण से देखना अनिवार्य है। प्रधानमन्त्री भी यही चाहती हैं।

दूसरा मामला पंजाब के एक भूतपूर्व मन्त्री से सम्बन्धित था। पत्रावली का अध्ययन करने के बाद मैंने कहा कि इस मामले में कुछ और जानकारी प्राप्त करनी

पड़ेगी। उसके बाद ही कोई निर्णय करना उचित होगा। ओम मेहता इससे सहमत हुए।

आज दिन में *दुष्यन्त कुमार* मुझसे मिलने आये। वे मेरे युनिवर्सिटी छोड़ने के बाद इलाहाबाद आये थे। पी.सी. बैनर्जी हॉस्टल में रहते थे। उनकी कविता अक्सर पत्रिकाओं में पढ़ी है, पर उनसे मेरा परिचय नहीं था। वे आजकल भोपाल में हैं। यहाँ किसी काम से आये थे, मुझसे मिलने आ गये। कोई काम नहीं था। उस समय *भगवती शरण सिंह* भी मेरे पास बैठे थे। काफी देर तक हिन्दी के उभरते हुए साहित्यकारों और नये साहित्य पर बातचीत होती रही।

22 मई, 1975

आज मन्त्रिपरिषद् की बैठक सुबह के समय हुई। कोई विशेष मामला नहीं था। पर बैठक काफी देर तक चली।

मीटिंग के थोड़ी देर बाद मन्त्रिमण्डल सचिव *(भैरव दत्त पाण्डेय)* मेरे पास आये। मीटिंग के समय एक बात पर वे बहुत खिन्न हो गये थे। कई केन्द्रीय मन्त्रालयों में हिन्दी समितियाँ हैं। हाल में ही सूचना और प्रसारण मन्त्रालय की हिन्दी समिति का पुनर्गठन हुआ। मन्त्रालय का प्रस्ताव प्रधानमन्त्री के पास आदेश के लिए मन्त्रिमण्डल सचिव के माध्यम से आया था। प्रधानमन्त्री को कुछ नाम पसन्द नहीं थे। वे उन्हें निकाल कर नये नाम जोड़ना चाहती थीं। कुछ नाम जो उन्हें सुझाए गये थे, उसकी एक सूची भी उन्होंने मुझे दी। इसके आधार पर मैंने एक नई सूची बना दी। मन्त्रालय की सूची से दस नाम कम किये। दो नाम प्रधानमन्त्री की सूची से जोड़े और दो अन्य नाम मैंने प्रधानमन्त्री को सुझाये जो उन्होंने स्वीकार कर लिये। ये नाम थे—*मन्नू भण्डारी* और *मृणाल पाण्डे का*। मृणाल मन्त्रिमण्डल सचिव की पुत्रवधू हैं। प्रसिद्ध लेखिका शिवानी की पुत्री हैं, पर स्वयं भी लेखिका हैं। मैंने ये नाम इसलिए सुझाये थे कि इन समितियों में हिन्दी के नवोदित लेखक-लेखिकाएँ होने चाहिए। प्रधानमन्त्री का आदेश मन्त्रिमण्डल सचिव को लगभग दस दिन पहले भेजा गया था। तब उन्होंने कुछ नहीं कहा। आज इस बात की चर्चा फिर इसलिए उठी कि कल रात सूचना मन्त्री गुजराल ने मुझसे कहा कि इस समिति के पुनर्गठन के आदेश उन तक अभी नहीं पहुँचे हैं। सुबह मन्त्रिपरिषद् की बैठक से पहले मैंने पाण्डे को स्मरण दिलाया। उन्हें कुछ याद नहीं था तो बताया कि मूल सुझाव में प्रधानमन्त्री ने इस प्रकार परिवर्तन किये हैं। उस समय उन्होंने खिन्नता प्रकट की और कहा कि मृणाल का नाम नहीं सम्मिलित करना चाहिए था।

मन्त्रिपरिषद् की बैठक के बाद वे अपने कार्यालय में सम्बन्धित पत्रावली देख आये थे, जब वे मुझसे बात करने आये। उन्होंने मुझे बताया कि प्रधानमन्त्री का आदेश उन्होंने आठ-दस दिन पहले देखा था। उस दिन उन्होंने कोई आपत्ति करना

उपयुक्त नहीं समझा, क्योंकि वे इस माह के अन्त में अवकाश प्राप्त करने वाले थे। पर अब उनका कार्यकाल एक वर्ष के लिए बढ़ा दिया गया है तो मृणाल का नाम आने पर लोगों को निरर्थक ग़लतफहमी होगी। मैंने उन्हें बताया कि प्रधानमन्त्री ने मृणाल का नाम यह जानते हुए इस समिति में रखा है कि वह आपकी पुत्रवधू हैं। एक समिति जो वर्ष में केवल तीन-चार बार मिलेगी, में मनोनीत होना कोई ऐसी बड़ी बात नहीं है कि आप उलझन में पड़ें। मेरी राय से इस मामले को यहीं समाप्त कर देना चाहिए। *मृणाल* को सदस्यता स्वीकार करनी चाहिए।

पाण्डे के जाते ही प्रधानमन्त्री ने बुला लिया। छोटी-मोटी कई बातें कीं, जिन पर उनके आदेश लेने थे। पर एक बात महत्त्व की थी जो मैंने सबसे पहले उनसे उठायी। त्रिपुरा में कांग्रेस में काफी आन्तरिक झगड़े हैं। मुख्यमन्त्री *सेनगुप्ता* कांग्रेस दल को एक रख पाने में काफी कठिनाई महसूस कर रहे हैं। सच तो यह है कि यह काम सेनगुप्ता के बस का नहीं है। मैं प्रधानमन्त्री से काफी समय से कह रहा हूँ कि सेनगुप्ता को मुख्यमन्त्री पद से हटाना राज्य के हित में ही नहीं, कांग्रेस के हित में भी होगा। कुछ महीने पहले वे यह बात मान गयी थीं, पर सिद्धार्थ और उनके कुछ निकट के सहयोगियों का विचार है कि सेनगुप्ता को नहीं हटाना चाहिए। इसी कारण सेनगुप्ता की सरकार लस्टम-पस्टम चल रही है, पर उनके प्रति असन्तोष बढ़ता जा रहा है। जब भी विधानसभा का अधिवेशन होता है, यह डर हो जाता है कि विपक्षी (मुख्यतः मार्क्सवादी कम्युनिस्ट पार्टी) और कुछ कांग्रेसी सदस्य मिलकर सरकार का तख्ता पलट देंगे। इसे रोकने के लिए हर प्रकार के उचित-अनुचित काम किये जाते हैं।

पिछले सत्र के आरम्भ में विरोधी दल के नेता व कुछ अन्य मार्क्सवादी सदस्यों को राज्य सरकार ने 'मीसा' में बन्द कर दिया था। संसद में इसकी कड़ी आलोचना हुई थी। आज फिर विधानसभा का अधिवेशन शुरू होने वाला है। कल राज्य सरकार ने विरोधी दल के नेता व उनके पाँच सहयोगियों को मीसा में पकड़ लिया। यह समाचार आज प्रातः समाचारपत्रों में आया था। *एल.पी.* ने मुझे सुबह फोन करके कहा कि मुख्यमन्त्री ने यह सरासर ग़लत काम किया है, विशेषकर जब हाल ही में प्रधानमन्त्री ने स्पष्ट आश्वासन दिया है कि मीसा का प्रयोग राजनीतिक कारणों पर नहीं किया जायेगा।

स्वयं मेरा अनुमान यह है कि मुख्यमन्त्री ने बिना प्रधानमन्त्री के अनुमोदन के यह कार्य नहीं किया होगा। इसलिए जब मैं प्रधानमन्त्री से मिला तो सबसे पहले मैंने यही प्रसंग छेड़ा। कुछ दिन पहले सेनगुप्ता सिद्धार्थ को लेकर दिल्ली आये थे और प्रधानमन्त्री से मिलकर एक दिन में ही लौट गये थे। मैंने प्रधानमन्त्री से बताया कि विधानसभा के सदस्यों का इस प्रकार हर अधिवेशन के आरम्भ में मीसा में पकड़ा जाना अच्छा नहीं है। इससे बुरा प्रभाव पड़ता है। मैंने पूछा कि

क्या सेनगुप्ता ने इस बारे में प्रधानमन्त्री से परामर्श किया था। प्रधानमन्त्री पर मेरी बात का कोई प्रभाव नहीं पड़ा। स्पष्ट था कि उन्हें मीसा के इस प्रकार के प्रयोग पर तनिक भी आपत्ति नहीं थी। कहने लगीं कि राज्य सरकार के पास अवश्य ही इस बात का प्रमाण होगा कि इन सदस्यों को मीसा में बन्द करना जनहित में होगा यद्यपि उन्होंने मना किया कि सेनगुप्ता ने इस सम्बन्ध में हाल की दिल्ली-यात्रा के अवसर पर उनसे परामर्श किया। उनके अनुसार सेनगुप्ता ने केवल कांग्रेस की आन्तरिक समस्याओं पर बात की, पर बाद में उन्होंने स्वयं ही स्थिति को स्पष्ट करते हुए जो कुछ कहा, उससे कोई सन्देह नहीं रह जाता कि 'मीसा' की यह बन्दियाँ उनकी स्वीकृति से हुई हैं।

प्रधानमन्त्री ने मुझे बताया कि त्रिपुरा में मार्क्सवादियों ने काफी उपद्रव मचा रखा है और उनको दृढ़ता से दबाना होगा। त्रिपुरा सीमावर्ती राज्य है, वहाँ ढिलाई नहीं की जा सकती। उन्होंने यह भी कहा कि कुछ समय पहले बंगलादेश के राष्ट्रपति मुज़ीब ने भी उनसे कहा था कि वे अपने देश में मार्क्सवादियों के विरुद्ध कड़ी कार्यवाई करेंगे और त्रिपुरा में भारत को भी ऐसा ही करना चाहिए। प्रधानमन्त्री की विचारधारा में शक्ति को अपनाये रहने के लिए हर साधन का उपयोग क्षम्य है।

आज सन्ध्या को *नारायण दत्त तिवारी* बड़ी देर तक मेरे पास बैठे रहे। तिवारी युनिवर्सिटी में मेरे समकालीन थे। अच्छा परिचय था, जो आज तक बना हुआ है। आजकल वे उत्तर प्रदेश में वित्तमन्त्री हैं। कल रात उन्होंने फोन किया था कि वे आज मुझसे मिलने आयेंगे। बड़ी देर तक उत्तर प्रदेश की वर्तमान राजनीतिक स्थिति और क्राइसिस मुझे समझाते रहे। मुझे उनकी बात से एक चीज ही स्पष्ट हुई और वह यह कि वे बहुगुणा की तरफ हैं भी और नहीं भी। वे चाहते हैं कि प्रधानमन्त्री शीघ्र ही वर्तमान गुत्थी को जिस प्रकार चाहें—बहुगुणा को हटा कर, चाहे रखकर—सुलझा दें। वे जानना चाहते थे कि प्रधानमन्त्री क्या सोच रही हैं? मैंने उन्हें कुछ बताना उचित नहीं समझा। मुझे इतना तो स्पष्ट था कि वे इस गुत्थी के सुलझाने में अपनी गोटी कैसे फिट करें, इसकी जाँच-पड़ताल के लिए मेरे पास आए थे। मैंने कहा कि राजनीतिक बातों में प्रधानमन्त्री का सचिवालय सम्बन्धित नहीं होता।

23 मई, 1975

आज प्रधानमन्त्री से बड़ी संक्षिप्त भेंट हुई। *हिदायतुल्ला*—भूतपूर्व मुख्य न्यायाधीश—जब प्रधानमन्त्री से मिलने आये तो वे चाहती थीं कि मैं भी उपस्थित रहूँ। हिदायतुल्ला ने प्रधानमन्त्री से जामिया मिलिया के बारे में बात की। वे चाहते हैं कि सरकार इस विश्वविद्यालय को ऊँचा उठाने में हर तरह की मदद करे। अलीगढ़ मुस्लिम युनिवर्सिटी की हालत खराब होती जा रही है। यदि जामिया मिलिया का स्तर ऊँचा

हो जाये तो सरकार का बड़ा लाभ होगा।

आज लंच के समय *शेषन* ने कई बातें बतायीं। पूर्ति और निपटान के महानिदेशक से और उनके कुछ अधिकारियों से प्रधानमन्त्री नाराज हो गयी हैं। कारण यह है कि मारुति की एक सहयोगी कम्पनी ने रोडरोलर बनाये हैं। उनको बेचने के लिए उनकी सहायता की आवश्यकता थी पर जिसे देने से महानिदेशक ने मना कर दिया। प्रधानमन्त्री ने सी.बी.आई. से इन अधिकारियों की निष्ठा के बारे में जाँच करने को कहा है। इस प्रकार की घटनाएँ बढ़ती जा रही हैं। जो भी अधिकारी मारुति की सहायता नहीं करता, उसे फौरन निष्ठाहीन बता कर सी.बी.आई. को उसके पीछे लगा दिया जाता है।

दूसरी बात उसने बतायी कि तीन-चार दिन पहले *बरुआ* और *रजनी पटेल* कुछ प्रस्ताव लेकर प्रधानमन्त्री के पास आये थे। कपड़ा मिलों पर कोई ड्यूटी आदि लगाने का विचार किया जा रहा है। उससे सरकार को छः करोड़ रुपया मिलेगा। पर *बरुआ* और *रजनी पटेल* चाहते हैं कि यह प्रस्ताव समाप्त कर दिया जाये, जिससे वह मिल मालिकों से पार्टी के लिए दो-तीन करोड़ रुपया ले लें। गुजरात के चुनाव के लिए अभी और आने वाले लोकसभा चुनावों के लिए रुपया चाहिए। रुपया इसी प्रकार तो आयेगा। जब बरुआ और रजनी प्रधानमन्त्री से मिल रहे थे उसी समय *चट्टोपाध्याय* (वाणिज्य मन्त्री) को बुलाया गया। अब सूचना यह है कि फिलहाल वाणिज्य मन्त्रालय ने प्रस्ताव समाप्त कर दिया है। (आज डॉन कॉल भी मिला था। वह उत्तर प्रदेश में उद्योग सचिव है। कल बम्बई से लौटा है। वहाँ उसने यही बात उद्योग क्षेत्रों में सुनी।)

कांग्रेस पार्टी हर प्रकार से काला धन बटोरने में माहिर है। पर प्रधानमन्त्री बिना पलक झपकाए हमेशा यह कहती हैं कि उनकी पार्टी सबसे निर्धन है, उसको कोई पैसा नहीं देता, उसका सारा धन जन-साधारण के छोटे-छोटे चन्दे से आता है। यह बात कितनी सत्य है, इसका निर्णय किसी-न-किसी दिन होगा।

गोपाल ने बताया कि आज पौने तीन बजे *केशव देव मालवीय* को प्रधानमन्त्री ने बुलाया और कहा कि *शान्ति भूषण* को ओ. एन. जी. सी. से क्यों काम दिया जा रहा है। मालवीय ने कहा कि उन्हें इसके बारे में कुछ नहीं मालूम है। प्रधानमन्त्री ने आदेश दिया कि फौरन उनको सरकारी काम देना रोक दिया जाये। कार्यालय आकर पूछताछ करने पर मालूम हुआ कि शान्तिभूषण ओ.एन.जी.सी. के नौ साल से वकील हैं। इस काम में उन्हें अब तक कुल 70,000 रु. दिये गये। शान्ति भूषण आजकल राजनारायण के वकील हैं।

शारदा ने आज प्रधानमन्त्री को एक नोट भेजा है कि *अमृत नहाटा* (संसद सदस्य) की फिल्म *'किस्सा कुर्सी का'* सरासर उनके और सरकार के विरुद्ध है। प्रधानमन्त्री पर बड़ा पैना और तीव्र व्यंग्य उस फिल्म में किया गया है।

24 मई, 1975

प्रधानमन्त्री आज सुबह फिर गुजरात के दौरे पर चली गयीं। प्रो. धर भी बाहर हैं। सचिवालय में छुट्टी का-सा वातावरण है। इसका एक कारण यह भी है कि प्रधानमन्त्री के पास आजकल जो काग़ज-पत्तर भेजे जाते हैं, वे शीघ्र नहीं लौटते। कुछ तो प्रधानमन्त्री व्यस्त भी काफी हैं पर अब हर काग़ज धवन को दिया जाता है। वह हर मामले में राय देता है। देर होना स्वाभाविक है। वह स्वयं क्या राय दे सकता है। उसकी एक चौकड़ी है, जिसकी सलाह ली जाती है। अब कोई भी नियुक्ति—चाहे सचिव की हो, चाहे अवर (अण्डर) सचिव की—बिना धवन से परामर्श किये नहीं होती। विशेषकर वित्त मन्त्रालय (बैंकिंग व रेवेन्यू), कार्मिक विभाग (सी.बी.आई., रेवेन्यू इंटैलीजेन्स आदि), उद्योग मन्त्रालय व वाणिज्य मन्त्रालय में कोई भी नियुक्ति बिना धवन द्वारा पूरी जाँच-पड़ताल किये प्रधानमन्त्री नहीं करतीं। शारदा का कहना है कि "एडवाइस टैण्डर्ड एद द लोएस्ट लैविल" पर काम हो रहा है। जब काग़ज-पत्तर पर काफी अर्से तक प्रधानमन्त्री का आदेश नहीं होता तो और काग़ज भेजने की इच्छा नहीं होती।

इस वातावरण में आज शेषन ने यह कार्यक्रम बनाया कि हम चार लोग—*शेषन, शारदा, वी. आर.* और मैं —चुपचाप जाकर 'किस्सा कुर्सी का' देखें। तीन बजे इसका प्रबन्ध हुआ। महादेव रोड एडीटोरियम में हम चारों और गुजराल के निजी सचिव *घटनेकर* ने यह फिल्म देखी। यह अमृत नहाटा ने बनायी है। (कल शारदा का नोट देखने के बाद प्रधानमन्त्री ने यह निश्चय किया कि वे अमृत नहाटा के घर नहीं जायेंगीं। कल नहाटा की पुत्री के विवाह के उपलक्ष्य में स्वागत समारोह था। नहाटा बार-बार प्रधानमन्त्री निवास पर फोन करते रहे, पर प्रधानमन्त्री नहीं गयीं)। फिल्म शुरू से आखिर तक प्रधानमन्त्री के विरुद्ध है। उनका और उनके नारों का—विशेषकर 'ग़रीबी हटाओ' का— बड़ा कटु मजाक उड़ाया गया है। जितनी बातें आज विरोधी दल प्रधानमन्त्री के विरुद्ध कह रहे हैं, वह सब नहाटा ने इस फिल्म में प्रधानमन्त्री पर थोपी हैं। नहाटा स्वयं कांग्रेस के सदस्य हैं। स्पष्ट है कि कांग्रेस पार्टी में भी प्रधानमन्त्री के विरुद्ध अन्दर-ही-अन्दर रोष बढ़ रहा है।

इस फिल्म को लेकर बड़ी समस्या खड़ी हो सकती है। प्रधानमन्त्री इसको बैन करना चाहेंगी। नहाटा खुलेआम कह रहा है कि वह इस मामले को न्यायालय ले जायेगा। न्यायालय का क्या निर्णय हो, क्या कहा जा सकता है, पर जब सुनवाई होगी, उसी से प्रधानमन्त्री और कांग्रेस पार्टी की काफी दुर्गति होगी।

आज लंच से कुछ पहले देवेन्द्र सेन आये थे। काफी दिनों बाद भेंट हुई, पर मुझे उस समय बाहर जाने की जल्दी थी। कुछ लम्बी बातचीत नहीं हुई। पर वे इस बात पर दुखी हो रहे थे कि प्रधानमन्त्री ने उन्हें स्वयं बुला कर कहा है कि पूर्ति और

निपटान के महानिदेशक व उनके कुछ सहयोगियों के विरुद्ध जैसे भी हो सामग्री इकट्ठी की जाये, जिससे उनके खिलाफ कार्रवाई की जा सके। शेषन की बात की इससे पुष्टि होती है।

25 मई, 1975

छुट्टी के दिन साउथ ब्लॉक की शान्ति में मैं अपना काम निपटाता रहा। कोई विशेष बात नहीं हुई।

26 मई, 1975

दलीप कोहली की रक्षा सचिव के पद पर नियुक्ति का समाचार अब सबको मालूम होता जा रहा है। रक्षा मन्त्रालय में स्वयं *गोविन्द नारायण* ने अन्य अधिकारियों को इस समाचार की पुष्टि की है। इस नियुक्ति से काफी खलबली मच गयी है। लक्ष्मेश्वर दयाल आज मेरे पास आया था। पहले वह बिहार नहीं लौटना चाहता था। केन्द्रीय सरकार ने उसको रक्षा मन्त्रालय में एक वर्ष और रखने का निर्णय कर लिया था। पर अब वह बिहार वापस जाना चाहता है। वह कोहली के साथ काम नहीं करना चाहता। कोहली रक्षा मन्त्रालय में पहले काम कर चुके हैं। अधिकारी उनके बारे में काफी जानते हैं। *कुमार नन्दन प्रसाद* भी आज मिले। वे हफ्ता भर से दिल्ली के बाहर थे। कल रात लौटे। वे भी कोहली की नियुक्ति से खिन्न हैं। पर उन्हें सन्तोष यह है कि उनका कोहली से कोई सम्पर्क नहीं होगा। वे रक्षा उत्पादन विभाग में काम करते हैं। उन्हें कोहली की कार्य-क्षमता का काफी अनुभव है।

यह दुर्भाग्य की बात है कि ऐसा अधिकारी व व्यक्ति इतने महत्त्वपूर्ण पद पर नियुक्त हुआ है। तीन साल से उन्हें सचिव पद के बिल्कुल योग्य नहीं समझा गया। अब भी वरिष्ठ अधिकारियों की कमैटी ने इस नियुक्ति का विरोध किया। प्रो. धर की राय भी उनके विरुद्ध थी पर प्रधानमन्त्री ने किसी की एक न सुनी। पता नहीं *ओ. पी. मेहरा* ने ऐसी क्या बात कह दी है कि प्रधानमन्त्री पर इतना गहरा असर हो गया है। 1972 में स्वयं प्रधानमन्त्री इस अधिकारी से कितना नाराज़ थीं।

गोपाल ने बताया कि मालवीय के पास फिर प्रधानमन्त्री का आज सन्देश आया कि शान्तिभूषण से ओ. एन. जी. सी. का काम फौरन ले लिया जाये। उसने एक और बात बतायी, जिससे मन खिन्न होना स्वाभाविक है। *रानी बीबी* (*श्रीमती रानी टण्डन, राजर्षि पुरुषोत्तम दास टण्डन* की पुत्रवधू) आज मालवीय से मिलना चाहती थीं। *मालवीय* ने पहले उन्हें समय भी दे दिया था, फिर गोपाल को फोन करके कहा कि वह रानी बीबी से मना कर दें। गोपाल उनसे सम्पर्क नहीं कर सका और रानी बीबी कार्यालय में गोपाल के पास पहुँच गयीं। कुछ देर में मालवीय ने गोपाल को बुलाया तो उसने बता दिया कि रानी बीबी उसके कमरे में बैठी हैं और इस बात

से उन्हें चोट पहुँची है कि मालवीय उनसे मिलना नहीं चाहते। मालवीय ने कहा कि मैं टण्डन जी को पिता की तरह मानता था और आज भी मुझमें वही भावना है। मैं रानी को किसी बात के लिए मना नहीं कर सकता। वह राजर्षि कॉलेज के लिए रुपया एकत्र कर रही हैं। यदि मैंने कोई मदद की तो प्रधानमन्त्री को बुरा लगेगा। इसलिए मैं नहीं मिलना चाहता। पर फिर बोले, ठीक है, मैं मिलूँगा। वे रानी बीबी को लाने गोपाल के कमरे की ओर चले, पर गोपाल ने उन्हें रोका और स्वयं जाकर रानी बीबी को बुला लाया।

टण्डन जी ने बालिका शिक्षण को प्रोत्साहन देने के लिए इलाहाबाद में एक गौरी पाठशाला की स्थापना की थी। धीरे-धीरे इस पाठशाला का विकास होता गया और अब यह इण्टरमीडिएट कॉलेज है। रानी बीबी अपना अधिकांश समय इसी कॉलेज के काम में लगाती हैं। वह स्वयं बहुत शिक्षित हैं। प्रदेश सरकार के शिक्षा विभाग में उच्च पद पर थीं। कांग्रेस नेताओं के कहने पर पद त्याग कर राजनीति में आ गयीं। उत्तर प्रदेश विधान परिषद् की सदस्या भी रहीं। कांग्रेस के विघटन के समय वह संगठन कांग्रेस में गईं। आजकल इस कॉलेज को डिग्री कॉलेज बनाने में लगी हुई हैं जो राजर्षि टण्डन जी के नाम पर होगा। इसके लिए धन की आवश्यकता है, उसे जुटाने का भरसक प्रयत्न कर रही हैं।

कुछ दिन पहले मेरे पास भी आयी थीं कि प्रधानमन्त्री से नाममात्र का अनुदान भी मिल जाये तो और जगह से दान मिलने में सहायता मिलेगी। प्रधानमन्त्री के नाम मेरे पास एक पत्र भी छोड़ गयीं। मैंने वह पत्र प्रधानमन्त्री को दे दिया, पर तीन महीने से अधिक हो गये, आज तक वह पत्र प्रधानमन्त्री के बक्से में बन्द है। एकाध बार निकाला, फिर बन्द कर दिया। सहायता देने का कोई विचार नहीं मालूम पड़ता। इस प्रकार के न जाने कितने कार्यक्रमों के लिए समय-समय पर प्रधानमन्त्री रुपया देती रहती हैं। पर इस कॉलेज को एक पैसा भी नहीं दिया क्योंकि रानी बीबी संगठन कांग्रेस में हैं। अपने कोष से प्रधानमन्त्री ने शकुन्तला मसानी के पुत्र को विलायत जाने के लिए बहुत बड़ी राशि दी, क्योंकि शकुन्तला मसानी ने कांग्रेस में आना स्वीकार किया, जबकि उनके पति स्वतन्त्र पार्टी के अध्यक्ष थे। उस समय मैंने कहा था कि शकुन्तला मसानी तो स्वयं बहुत धनी हैं, उनको सहायता की क्या आवश्यकता? प्रधानमन्त्री बात बना गयीं कि वह अपने पति से अलग हो गयी हैं। उनके पति उनको रुपया नहीं देते। उनको सहायता की आवश्यकता है। असल बात यह है कि शकुन्तला मसानी के पास अपना रुपया भी काफी है। प्रधानमन्त्री को अपने विवेकीय कोष का इस प्रकार प्रयोग करने में जरा भी हिचकिचाहट नहीं होती।

राजनीतिक कारणों से पारस्परिक सम्बन्धों में इतनी कटुता होना यह आजकल की एक नयी बात है। पहले भी नेताओं और कार्यकर्ताओं में राजनीतिक क्षेत्र में

मतभेद व तनाव रहता था, पर कटुता लेशमात्र भी नहीं। स्वयं पण्डित जी व टण्डन जी में हमेशा मतभेद रहा पर पारस्परिक सम्बन्ध सदा सौहार्दपूर्ण रहा। प्रधानमन्त्री का दृष्टिकोण इस सम्बन्ध में सर्वथा भिन्न है।

27 मई, 1975

प्रधानमन्त्री कल रात दिल्ली लौट आयीं, पर आज कार्यालय नहीं आ पायीं। आज प्रातः पण्डित जी की पुण्यतिथि के अवसर पर शान्तिवन में एक श्रद्धांजलि कार्यक्रम का आयोजन था। हर वर्ष होता है। प्रधानमन्त्री इसीलिए आज सुबह दौरे से वापस न आकर कल रात ही लौट आयीं। पर सुबह शान्तिवन कार्यक्रम में सम्मिलित नहीं हुईं।

दिन भर मैं कार्यालय में ही काम करता रहा। सन्ध्या को *बाओरी* आये। वे प्रधानमन्त्री के साथ गुजरात के दौरे में गये थे। उनका अनुमान है कि कांग्रेस गुजरात में विजयी होगी।

28 मई, 1975

प्रधानमन्त्री आज लंच के समय तक कार्यालय में रहीं। बहुत लोगों से मिलना था। मुझसे संक्षिप्त भेंट हुई। परसों रात *उषा भगत* के घर चोर घुस आये। उसी को लेकर दिल्ली पुलिस के बारे में बात हुई। उस सम्बन्ध में गृह सचिव से आगे बात करनी होगी।

सरीन आज दिल्ली आये हुए हैं। दो दिन यहाँ रहेंगे। वे दिल्ली आने का कोई सन्तोषजनक कारण न बता सके। उनकी बातों से मुझे कुछ ऐसा लगा कि उनका यहाँ आना चुनाव से सम्बन्धित है और वे अपनी ओर से कांग्रेस के पक्ष में जो कुछ भी कर सकते हैं, कर रहे हैं। यह भी मालूम पड़ा कि सरकारी मशीनरी का प्रयोग कांग्रेस के पक्ष में हो रहा है। फिर कांग्रेस की जीत क्यों नहीं होगी ?

इस सम्बन्ध में एक घटना का उल्लेख करना अनुपयुक्त नहीं होगा। पिछले वर्ष गुजरात आन्दोलन के समय एक सज्जन *उत्तम भाई पटेल* ने प्रधानमन्त्री का बहुत साथ दिया। दुर्भाग्य से वे आन्दोलन से सम्बन्धित एक दुर्घटना में फँस गये। उनको कत्ल के जुर्म में पकड़ा गया। प्रधानमन्त्री चाहती थीं कि उनको शीघ्र जमानत पर रिहा कर दिया जाये। उनके कहने पर मैंने सरीन से बात की। सरीन ने कानूनी व अन्य कठिनाइयाँ बतायीं। जब मैंने प्रधानमन्त्री से यह कहा तो वे बहुत नाराज हुईं। कहने लगीं कि यदि एडवाइजर यह छोटा-सा काम नहीं कर सकते तो उनका वहाँ रहने का क्या लाभ? मुझसे कहा कि मैं सरीन से कह दूँ कि चाहे जैसे भी हो उत्तम भाई को रिहा कराया जाये। मालूम नहीं, सरीन ने क्या किया, दो-चार दिन में उत्तम भाई छूट गये। समय-समय पर सरीन प्रधानमन्त्री की सूचना के लिए

उस मुकदमे की प्रगति के बारे में मुझे विवरण देते रहते थे। प्रधानमन्त्री मुझसे यही कहती थीं कि मैं कुछ नहीं जानती, सरीन को उत्तम भाई को छुड़वाना होगा। आज सुबह समाचारपत्रों में निकला है कि शहादत न होने के कारण न्यायालय ने उत्तम भाई को छोड़ दिया है। शहादत न प्रस्तुत करने की जिम्मेदारी केवल पुलिस की हो सकती है, जिस पर सरीन का पूरा अधिकार है। जो मेरी तरफ हैं, उनके सात खून माफ़!

लंच के समय 'इलस्ट्रेटेड वीकली' में छपे *खुशवन्त सिंह* के लेख 'संजय की मारुति' (25 मई, 1975) के विषय में *शेषन* ने बताया कि यह *रजनी पटेल* के आग्रह पर छपा है। लेख में संजय और उसकी मारुति की प्रशंसा और विरोधी नेताओं की निन्दा की गयी है। इसी प्रकार का एक लेख 'ब्लिट्ज' में भी रजनी पटेल के प्रयत्नों के फलस्वरूप निकलने वाला है। खुशवन्त सिंह किसी समय मास्टर तारा सिंह के समर्थकों में से थे। दो-तीन वर्ष पहले प्रधानमन्त्री की भी आलोचना बहुत करते थे। उनको पद्मभूषण देने का प्रस्ताव जब प्रधानमन्त्री के समक्ष आया तो पहले उन्होंने स्वीकृति नहीं दी। बाद में गुजराल व कुछ अन्य लोगों ने बहुत सिफारिश की। *गुजराल* ने यह कहा कि खुशवन्त से पूरी तरह बात हो गयी है, वह अब प्रधानमन्त्री के विरुद्ध कुछ नहीं लिखेगा। इस आश्वासन पर उसको पद्मभूषण दिया गया।

29 मई, 1975

आज प्रधानमन्त्री फिर गुजरात के दौरे पर निकल गयीं। तीन दिन बाद लौटेंगी। प्रधानमन्त्री के अतिरिक्त कोई और बड़ा नेता गुजरात में कांग्रेस के चुनाव अभियान में भाग नहीं ले रहा है।

कई महीनों से रुकी कुछ पत्रावलियाँ आज प्रधानमन्त्री से वापस आयीं। *ए. एन. सेन* को निर्वाचन आयोग में पदोन्नति देने का प्रस्ताव प्रधानमन्त्री ने स्वीकार नहीं किया। पर स्वयं पत्रावली पर इस बात की जिम्मेदारी भी नहीं ली। केवल यह लिख दिया कि मन्त्री (विधि मन्त्री सम्बन्धित हैं) इस प्रस्ताव पर पुनर्विचार कर रहे हैं। मन्त्री ने तो सोच-विचार कर प्रस्ताव किया ही था। पर अब प्रधानमन्त्री के कहने पर वे अपना विचार बदलेंगे। प्रधानमन्त्री सेन को नहीं चाहतीं, क्योंकि वह उनकी मदद नहीं करेगा।

हाल ही में उड़ीसा में नन्दिनी ने *बांका बिहारी दास* को अपने मन्त्रिमण्डल से अलग किया है। दास पहले प्रजा सोशलिस्ट पार्टी में थे। तीन-चार साल पहले कांग्रेस में आये थे। कभी-कभी सोचता हूँ, *दास* जैसे व्यक्तियों के साथ यही होना चाहिए। पर जब *नन्दिनी* और *दास* का तनाव बढ़ रहा था तो दास दिल्ली आये थे। प्रधानमन्त्री को पूरी स्थिति स्वयं बताना चाहते थे। आठ दिन दिल्ली रहे पर प्रधानमन्त्री ने भेंट करना स्वीकार नहीं किया। दास भुवनेश्वर लौट गये। प्रधानमन्त्री

का यह जाना-माना रवैया है। एक बार बहुगुणा से नाराज़ थीं (क्योंकि उन्होंने के. के. बिड़ला के चुनाव में अड़चन डाली) तो वे दस दिन दिल्ली में रहे पर प्रधानमन्त्री उनसे नहीं मिलीं।

लंच के समय शेषन पुराने समय के संस्मरणों के मूड में था। उसे ढाई बजे प्रधानमन्त्री के आयकर के सम्बन्ध में आयकर अधिकारी के पास जाना था। इसी प्रसंग से बात शुरू हुई। मैं सोचता हूँ कि यदि शेषन अपने संस्मरण लिखे तो देश के बड़े नेताओं की छोटी-मोटी बातों पर बड़ी रोचक सामग्री उपलब्ध हो सकती है। शेषन पण्डित जी के साथ 1946 से था। बहुत किस्से-कहानियाँ, घटनाएँ उसे याद हैं। मुझे डर है वह बिना लिपिबद्ध हुए अतीत में डूब जायेंगी। आयकर को लेकर जो बात हुई तो उसने कहा कि पण्डित जी जैसे उदार प्रवृत्ति के आदमी उसने कम देखे हैं। पण्डित जी की रॉयल्टी से काफी आमदनी थी। नियमों के अनुसार इस आमदनी के कुछ प्रतिशत की लेखक को छूट मिलती है—लिखत-पढ़त के सहायतार्थ (क्लेरिकल असिस्टेंस)। शेषन ने पण्डित जी का हिसाब इसी नियम के आधार पर बनाया। जब वह ब्यौरा पण्डित जी के सामने शेषन ने रखा तो उन्होंने पूछा कि यह छूट क्यों दिखायी गयी है। उस समय सरकारी निजी सचिवों के अतिरिक्त पण्डित जी का कुछ अपना व्यक्तिगत स्टाफ भी था। "कानून आपको कुछ छूट देता है तो उसका लाभ आपको मिलना चाहिए।" पण्डित जी ने कहा, लिखत-पढ़त की सहायता उनके व्यक्तिगत स्टाफ से नहीं मिलती। खैर, उसी दिन पण्डित जी ने आदेश दे दिया—शेषन के अनुसार, वह आज भी पण्डित जी के कागजों में उनके हाथ का लिखा नोट सुरक्षित है—कि इस प्रकार से जो उनका टैक्स बचा है, वह उनके स्टाफ में बाँट दिया जायेगा। स्टाफ के प्रत्येक व्यक्ति को कितना रुपया मिलेगा, यह पण्डित जी ने उस नोट में लिखा है।

समय-समय पर पण्डित जी अपने पास से एक 'सरवेन्ट्स वेल्फेयर फन्ड' में रुपया डालते रहते थे। इस धन से उनके कार्यालय व निवास पर जो कर्मचारी काम करते थे, उनकी सहायता की जाती थी। शेषन ने बताया कि वर्तमान प्रधानमन्त्री के समय सब बन्द हो गया है। एक पैसे की सहायता निजी तौर से प्रधानमन्त्री किसी की नहीं करतीं।

सन्ध्या को गृह सचिव के पास लगभग आधे घण्टे रहा। कई विषयों पर प्रधानमन्त्री ने उनसे बातचीत करने को कहा था।

30 मई, 1975

कल सन्ध्या को *ओम मेहता* ने सन्देश भेजा था कि आज मैं उनसे मिल लूँ। ग्यारह बजे उनके पास गया। घण्टा भर रहा। वे कई दिन मसूरी रह कर लौटे हैं। *राजेश* ने जो एकेडेमी में काम किया है, उससे वे बहुत प्रसन्न हैं। राजेश की वहीं पदोन्नति

की बात भी वे सोच रहे हैं। मुझे इस बात का सन्तोष है कि दो वर्ष पहले मैंने प्रो. धर और प्रधानमन्त्री को राजेश को एकेडेमी भेजने की राय दी थी। *साठे* ने उस संस्थान की दुर्गति कर रखी थी।

ओम मेहता के पास से मैं सीधे *गोविन्द नारायण* के पास गया। वे कल अवकाश प्राप्त कर रहे हैं। इधर दो वर्ष से वे रक्षा सचिव के पद पर कार्य कर रहे थे। मेरा उनसे पहली बार 1954 में परिचय हुआ था। मुझसे बहुत स्नेह करते हैं। आज बहुत भावभीने ढंग से मुझसे मिले। सबसे पहले मुझसे कहा, "आज मैं आपसे केवल एक बात कहना चाहता हूँ। सुमन और योगेश का ध्यान अपने छोटे भाइयों की तरह रखना।" बहुत ही भावपूर्ण ढंग से उन्होंने यह बात कही। और फिर एक मिनट के लिए चुप हो गये। सुमन मॉडवेल और योगेश चन्द्रा उनके दामाद हैं व दोनों आई. ए. एस. अधिकारी हैं।

फिर इधर-उधर की बात करने लगे। उन्हें कुछ इस बात का दुख है—ऐसा मुझे लगा—कि उन्हें 'एक्सटेंशन' नहीं मिला और न उन्हें अभी तक इस बात का आभास है कि प्रधानमन्त्री उनका किसी पद पर उपयोग नहीं करना चाहेंगी। सर्विस में यह धारणा है कि उन्हें गर्वनर बनाया जायेगा। वे इस पद के लिए हर प्रकार से योग्य हैं। स्वयं उन्हें प्रसन्नता होगी यदि उन्हें कोई उपयुक्त पद मिल जाये। मैं पूरा एक घंटा उनके पास रहा।

लंच पर आज शेषन नहीं था। लंच के बाद मैं कहीं नहीं गया। काफी पिछड़ा हुआ काम पूरा किया। मेरा अनुमान है कि कल तक पिछला व आजकल का सब काम मेरे पास से निकल जायेगा। गुजरात में चुनाव हो जाने के बाद ही फिर काम बढ़ना शुरू होगा।

31 मई, 1975

कुछ दिन पहले मंत्रिपरिषद् के विचारार्थ 'एयर बस' खरीदने का एक प्रस्ताव आया था। पहले प्रधानमंत्री बहुत नाराज़ हुई और उस प्रस्ताव को स्थगित कर दिया। बाद में पिछले महीने के अन्त में मंत्रिपरिषद की एक बैठक में प्रस्ताव स्वीकार कर लिया गया। उस समय वी. आर. ने बताया था कि 'सौदा' हो गया, इसलिए यह प्रस्ताव स्वीकार किया जा रहा है। आज शेषन ने बताया कि वी. आर. का अनुमान बिल्कुल ठीक था। एयर बस का ऑर्डर करने के लिए डेढ़ करोड़ का 'सौदा' हुआ है।

इसी प्रसंग में वी. आर. ने एक और सौदे की चर्चा की। पिछले वर्ष अरब सागर और बंगाल की खाड़ी में 'ऑफ शोर एक्सप्लोरेशन' के लिए अमरीकन कंपनियों के एक समूह से प्रतिबन्ध हुआ था। वार्ता के समय इन कम्पनियों के प्रतिनिधियों का व्यवहार विनम्रतापूर्ण था। इस वर्ष बंगाल की खाड़ी में तमिलनाडु-आन्ध्र प्रदेश के समीप उसी प्रकार के एक्सप्लोरेशन के लिए फिर

कैनेडियन कम्पनियों के समूह (Asamera) से वार्ता हुई है। शुरू में इनके प्रतिनिधियों का व्यवहार गत वर्ष की भाँति ही था। पर वार्ता के बीच में इनके व्यवहार में परिवर्तन आने लगा। यह सरकारी प्रतिनिधियों से ठीक से बात नहीं करते थे और यह प्रकट करते थे कि वे ऊपर से बहुत कुछ करवा लेंगे। पेट्रोलियम सचिव को कुछ आश्चर्य हुआ। उन्होंने वी. आर. से बताया। वी. आर. ने सलाह दी कि वे सब कार्य पूर्ववत् ही करते रहें। वास्तव में इस बीच में बरुआ ने इस सौदे में रुचि लेना शुरू कर दिया है। वे मालवीय को बार-बार बुला कर इस विषय पर चर्चा करते, जिससे उनकी जानकारी पूरी होती रहे। अन्त में बरुआ व रजनी पटेल ने अच्छी रकम इन कम्पनियों से हथियाई। पर प्रतिबन्ध पर अभी हस्ताक्षर नहीं हुए हैं।

घर जाकर मैंने गोपाल से इसके बारे में पूछा। उसने वी. आर. के कथन की पुष्टि की। मालवीय ने दिसम्बर में इन कम्पनियों के प्रतिनिधियों से बातचीत समाप्त कर दी थी क्योंकि शर्तों पर कोई समझौता नहीं हो पाया था। पर बाद में फिर बातचीत शुरू हुई। मालवीय जी को यह मालूम है कि इस सौदे में रजनी पटेल ने रुपया लिया है। समझौते पर आज हस्ताक्षर होने वाला था पर नहीं हुआ। पहले जो शर्तें कम्पनियों के प्रतिनिधियों ने मान ली थीं, उनसे अब वे मुकर गये हैं। उनका रुख कठोर हो गया है, क्योंकि उन्हें आशा है कि ऊपर से उनके हक में निर्णय होगा।

वी. आर. ने बताया कि इस प्रकार के भ्रष्टाचार का अन्त नहीं हो सकता। न केवल देश के बड़े नेता इसमें फँसे हैं बल्कि इस भ्रष्टाचार का स्वरूप अज़ब है। ठीक काम करने का रुपया पार्टी खा रही है। इससे बढ़ कर भ्रष्टाचार क्या हो सकता है? इस भ्रष्टाचार का स्रोत कहाँ है?

आज मैंने देवराज अर्स के विरुद्ध जो आरोप लगाये गये हैं, उनकी पूरी जाँच करके पत्रावली प्रधानमंत्री को भेजी है। एक को छोड़कर सब आरोप निराधार हैं। पर यह एक आरोप गम्भीर है और तथ्यहीन नहीं है। अर्स के दामाद डॉ. नटराज को बंगलौर से कुछ दूर एक गाँव में नियमों के विपरीत बीस एकड़ ज़मीन सरकार ने दी है। अर्स का कहना है कि ज़मीन के आबंटन में उनका हाथ नहीं है। कागज़ पर यह बात ठीक होगी, पर आजकल कोई मानने को तैयार नहीं है। ख़ैर, प्रश्न कुछ भिन्न है। यदि नियमों के प्रतिकूल ज़मीन दी गयी है तो अर्स अपने उत्तरदायित्व से मुक्त नहीं हो सकते। पता नहीं प्रधानमंत्री इस पर क्या निर्णय लेती हैं?

1 जून, 1975

आज रविवार की छुट्टी थी, पर रज्जू जोशी कोहिमा से आया हुआ है, उसे मैंने साढ़े ग्यारह बजे मिलने का समय दिया था। अब उसका स्थानान्तरण शिलांग हो गया है। वह करीब घण्टा-भर मेरे साथ रहा। नगालैण्ड की वर्तमान स्थिति का उसने

विस्तार से विश्लेषण किया। जब वह मुझसे बातचीत कर रहा था, तभी प्रो. धर मेरे पास आ गये। वे कल सायंकाल ही पन्द्रह दिन की छुट्टी के बाद दिल्ली लौटे हैं। रज्जू के जाते ही मैं प्रो. धर के कमरे में चला गया।

छुट्टी से प्रो. धर को लाभ हुआ है। यह वे स्वयं स्वीकार करते हैं। छुट्टी पर जाने से पहले वे बहुत परेशान थे। कुछ आराम मिलने से उनकी मनोदशा में भी परिवर्तन हुआ है। उनके पास करीब आधा घण्टा रहा। वे उनकी अनुपस्थिति में हुई बातों की जानकारी मुझसे प्राप्त करते रहे।

दोपहर को सरीन का फोन आया। उन्होंने बताया कि बड़ौदा से कुछ मील दूर करंजन में बाबू जी (जगजीवन राम) के ढेला-पत्थर लगने से सिर के पीछे भाग में कुछ चोट आ गयी है। डॉक्टरों के अनुसार कोई चिन्ता की बात नहीं है, पर पक्की बात एक्सरे के बाद ही कह सकते हैं। वे बड़ौदा से वापस आ गये हैं और आराम कर रहे हैं।

प्रधानमंत्री कल रात को वापस आ गयी हैं। आज समाचारपत्रों में उनके राजकोट के वक्तव्य को काफी महत्ता दी गयी है। उस वक्तव्य के अनुसार दल-बदल रोकने के लिए सरकार कोई अध्यादेश (आर्डीनेंस) नहीं लागू करेगी। जब उनसे दल-बदल बिल में हो रहे विलम्ब के बारे में पूछा गया तो उन्होंने कहा कि मुझे नहीं मालूम क्यों देर हो रही है। यह सरासर झूठ है। सलेक्ट कमेटी अपनी रिपोर्ट में देर इसलिए कर रही है क्योंकि प्रधानमंत्री अभी उसकी रिपोर्ट नहीं चाहतीं। संसद-कार्यमंत्री व कुछ अन्य सदस्यों की मदद से वे यह देरी करवा रही हैं। सच बात तो यह है कि उनकी रुचि इस बिल में कभी नहीं रही है। जब दो साल पहले इस पर विचार-विमर्श हो रहा था तो उन्होंने एकाध बार मुझसे कहा कि वे इस बिल से सहमत नहीं हैं। पर राजनीतिक कारणों से कोई आपत्ति नहीं कर रही हैं।

उन्होंने राजकोट में एक बात और कही जिसकी काफी आलोचना होगी। उन्होंने कहा कि दूसरे दलों के जो लोग उनकी नीतियों में आस्था रखते हैं, उनकी सहायता लेने में उन्हें कोई आपत्ति नहीं है, न होगी। स्पष्ट है कि जो दल-बदल कर कांग्रेस में आयेंगे, उन्हें स्वीकार करने में कोई बाधा नहीं होगी। यह दल-बदल को प्रोत्साहन देना नहीं है तो क्या है? पर प्रधानमंत्री के लिए यह नयी बात नहीं है। उन्हें इन मान्यताओं में कभी आस्था नहीं रही। राजनीति में सब ठीक है—इसमें उनका अटूट विश्वास है। जहाँ मान्यताओं, नियमों आदि से परे काम करना होता है, बिना पलक झपकाए कह देती हैं कि परिस्थिति असाधारण है, इसमें सामान्य बातों के आधार पर काम करना ठीक नहीं है।

इसी प्रकार इस वक्तव्य में प्रधानमंत्री एक झूठ और बोलीं। लोकपाल-लोकायुक्त बिल में देरी होने का कारण वे नहीं जानतीं। वह बिल चार साल से कानून नहीं बना है, केवल प्रधानमंत्री के कारण। वे नहीं चाहतीं कि ऐसा कानून अभी बने। विपक्षी

दल इस बात की काफी आलोचना कर रहे हैं।

2 जून, 1975

आज सुबह प्रधानमंत्री के कमरे में मोतीलाल नेहरू स्मारक ट्रस्ट की मीटिंग हुई। फूलपुर में ट्रस्ट के पास कुछ ज़मीन है। वहाँ खाद का एक बड़ा कारखाना खुलने वाला है। ट्रस्ट वह ज़मीन 'इफ्को' को दे रहा है जो कारखाना लगाने वाला है। वहाँ कृषकों के प्रशिक्षण के लिए केन्द्र स्थापित किये जाने का प्रस्ताव है। इलाहाबाद के कई सज्जन--कुछ पुराने परिचित--इस मीटिंग में आये थे। मीटिंग में यह बात भी सामने आयी कि मोतीलाल की जन्म शताब्दी के अवसर पर कुछ धन एकत्रित हुआ था, उसका हिसाब अभी नहीं हुआ है। कुछ धन इलाहाबाद के बेनी बाबू (बच्चा जी के सुपुत्र) के पास है। प्रधानमंत्री ने मुझसे कहा कि हिसाब की पूरी जाँच-पड़ताल कर अगली मीटिंग में उचित कार्रवाई होनी चाहिए। जाँच-पड़ताल में मैं ट्रस्ट की सहायता कर दूँ। मीटिंग के बाद बेनी बाबू से काफी देर बात हुई--मुख्यतया इलाहाबाद के बारे में।

जगपत दुबे भी इस मीटिंग में आये थे। मुझसे बात नहीं हुई पर उन्होंने शेषन से प्रधानमंत्री के मुकदमे के बारे में बड़े विश्वास के साथ कहा कि निर्णय प्रधानमंत्री के पक्ष में होगा। स्वयं प्रधानमंत्री कुछ चिन्तित हैं। 16 तारीख को मैक्सिको जाने का विचार था। पर अब न जाने की सोच रही हैं। उनकी सूचना है कि न्यायालय का निर्णय 15 व 20 तारीख के बीच होगा। उस समय वे देश के बाहर नहीं रहना चाहतीं। ठीक ही है। शारदा से कहा गया है कि यह सोचें कि न जाने के लिए प्रेस को क्या कारण बताये जायें।

लंच के समय शेषन ने बताया कि बाबूजी को देखने के लिए प्रकाश (मेरा छोटा भाई व प्रसिद्ध न्यूरो सर्जन) व अन्य तीन विशेषज्ञ बड़ौदा भेजे गये हैं। मुझे प्रकाश के जाने का नहीं पता था। शेषन ने यह भी कहा कि चोट बिल्कुल मामूली है पर बात का बतंगड़ जान-बूझकर राजनीतिक लाभ उठाने के लिए बनाया जा रहा है। रात में प्रकाश से बात हुई। उसने पुष्टि की कि चोट बिल्कुल मामूली है। चूँकि केस उसके सुपुर्द किया गया है, वह पूरी परीक्षा किये बिना नहीं रुकेगा। 48 घण्टे निगरानी जरूरी है। इसलिए उसने बाबूजी को इंस्टीट्यूट के अस्पताल में रखा है। उसे लगता नहीं कि चोट ज़रा भी गम्भीर हो, हाँ प्रचार खूब किया जा रहा है।

इस प्रकार की हिंसात्मक कार्रवाई प्रजातांत्रिक प्रणाली में कोई स्थान नहीं होना चाहिए। जब कभी इस प्रकार की घटनाएँ होती हैं तो नेतागण इनकी निन्दा करते हैं, पर राजनीतिक दलों का यह कर्तव्य है कि वे इन घटनाओं को रोकने का पूरा प्रयत्न करें। समाचारपत्रों के कुछ प्रतिनिधियों के अनुसार कहीं-कहीं तो कांग्रेस स्वयं ऐसी घटनाएँ करवा रही है, जिससे उसके लिए लोगों में सहानुभूति बढ़े। यह सच

हो या नहीं, यह तो ठीक है कि कई मीटिंगों में कांग्रेस कार्यकर्ताओं ने विपक्षियों की मीटिंग में ढेले और पत्थर चलवाये हैं। आज आई.बी. की रिपोर्टों में इन घटनाओं की चर्चा है। पता नहीं इनका प्रचार क्यों नहीं होता, केवल कांग्रेस के विरुद्ध जो इस प्रकार की घटनाएँ हैं, उन्हीं को बढ़ा-चढ़ा कर कहा जा रहा है।

सन्ध्या को घर जाने से पहले प्रो. धर ने बुलाकर 'किस्सा कुर्सी का' के बारे में बात की। अभी तक गुजराल का कोई नोट प्रधानमंत्री के पास नहीं आया मालूम पड़ता। प्रो. धर का भी कहना है कि प्रश्न जटिल है, पर वे बार-बार पूछते रहे कि नहाटा कांग्रेस का सदस्य है, फिर उसने ऐसी पिक्चर क्यों बनायी। मैंने कहा कि इससे कांग्रेसी नेताओं की आँखें खुलनी चाहिए।

3 जून, 1975

आज प्रधानमंत्री फिर तीन दिन के दौरे पर गुजरात गयीं। चुनाव के सम्बन्ध में यह उनका गुजरात का अन्तिम दौरा है। परसों रात लौट आयेंगी।

आज दिन-भर कार्यालय में ही काम करता रहा। केवल दस मिनट के लिए निर्मल मुखर्जी से मिलने गया था। कश्मीर के सम्बन्ध में उनसे कुछ बात करनी थी। प्रो. धर भी आज दिन-भर पार्थसारथी के साथ व्यस्त रहे। उनसे बड़ी संक्षिप्त-सी भेंट हुई।

सन्ध्या को घर लौटते समय मैं गोखले के पास गया। पंजाब-हरियाणा हाईकोर्ट की कुछ नियुक्तियों पर वे प्रधानमंत्री से परामर्श करना चाहते हैं। प्रधानमंत्री को ब्रीफ़ करने के लिए गोखले से बात करना आवश्यक था। गोखले ने मुझे बताया कि अभी तक पता नहीं चला है कि प्रधानमंत्री के मुकदमे का निर्णय कब होगा। मुझसे पूछने लगे कि वह अस्थाना (मुख्य न्यायाधीश) को थोड़ा बहुत जानते हैं, क्या उनसे बात करें? मैंने सलाह दी कि ऐसा करना उचित नहीं होगा। गोखले भी इस विचार से सहमत हुए। कहने लगे कि उनके विचार से तो प्रधानमंत्री मुकदमा जीत जायेंगी, फिर भी कुछ-न-कुछ आशंका तो लगी रहती है। खरे से वे बहुत अप्रसन्न हैं। उसने बहस काफी खराब की है। उनसे बहुत आग्रह किया गया था कि वह पालकीवाला को प्रधानमंत्री की ओर से बहस करने दें। पालकीवाला तैयार भी थे पर खरे ने कहा कि यदि पालकीवाला कोर्ट में उपस्थित होंगे तो वे मुकदमा छोड़ देंगे। इस रवैये के बाद बहस तो ठीक करनी चाहिए थी।

इसके बाद मुझे विश्वास में लेकर गोखले ने मुझे एक बात बतायी, जिस पर मुझे आश्चर्य तो नहीं, वरन् ग्लानि बहुत हुई। क़ल गोखले प्रधानमंत्री के पास लगभग आधा घण्टा रहे। उसके बाद उन्होंने भारत के मुख्य न्यायाधीश ए. एन. राय से प्रधानमंत्री के मुकदमे के बारे में बात की। राय ने गोखले से यह कहा है कि यदि इलाहाबाद हाई कोर्ट ने मुकदमे का निर्णय राजनारायण के पक्ष में किया तो

'एब्सोल्यूट स्टे' मिलने में कठिनाई नहीं होनी चाहिए। मुझे ठीक याद है, गोखले ने इन्हीं शब्दों का प्रयोग किया था। कल पता लगाऊँगा कि 'एब्सोल्यूट स्टे' का क्या तात्पर्य है?

तो आज न्यायिक स्वतंत्रता का यह मापदण्ड रह गया है। नितप्रति मैं देखता हूँ कि न्यायिक नियुक्तियों में कैसे परिवर्तन होते रहते हैं। मैंने किसी मामले में यह नहीं देखा है कि मुख्य न्यायाधीश सरकार के प्रतिकूल राय बनायें। आज रह-रहकर मुझे गोखले का कहना याद आ रहा है कि प्रधानमंत्री के निर्वाचन के मुकदमे में रिस्क नहीं ली जा सकती। प्रधानमंत्री किसी हालत में हेगड़े को मुख्य न्यायाधीश बनाने के लिए तैयार नहीं थीं। इसीलिए सुप्रीम कोर्ट के तीन जजों को सुपरसीड करना पड़ा। क्या हेगड़े या अन्य कोई जज होता तो गोखले की हिम्मत उनसे बात करने की होती? क्या गोखले के लिए यह उचित था कि वह राय से इस प्रकार बात करें? इस देश को अपनी न्यायपालिका (जुडिशियरी) पर गर्व है। पर इसका भी पतन हो सकता है, यह अभी जनता से छिपा है, शायद हमेशा छिपा रहे। इसका उत्तरदायित्व पूरा-पूरा प्रधानमंत्री का है। बड़े कायदे से अपने स्वार्थ के लिए उन्होंने यह काम किया है। मालूम नहीं यह बात कभी प्रकाश में आयेगी या नहीं?

4 जून, 1975

सुबह घर पर ही डॉ. गोवर्धन राय शर्मा से भेंट हुई। वे इलाहाबाद युनिवर्सिटी में प्राचीन भारतीय इतिहास व पुरातत्व विभाग में प्रोफेसर व अध्यक्ष हैं। जिस साल मैंने युनिवर्सिटी में प्रवेश किया था (1943), उसी वर्ष वे इतिहास विभाग में लेक्चरर नियुक्त हुए थे। दिल्ली अक्सर आया करते हैं। पापाजी आजकल यहीं हैं तो उनसे मिलने घर आते हैं। वे पूर्वी उत्तर प्रदेश के रहने वाले हैं। वहाँ पर नक्सलवादियों का प्रभाव बढ़ रहा है। इसी पर मुझसे बात करते रहे। उनका यह भी कहना है कि राज्य सरकार इस स्थिति पर नियंत्रण पाने के लिए पर्याप्त कदम नहीं उठा रही है।

दिन में आज काफी समय एल.पी. के साथ व्यतीत हुआ। वे कल रात शिलांग से आये हैं। सुबह पौने दस बजे उनका फोन आया। कहा कि यदि मैं अन्यत्र व्यस्त नहीं हूँ तो वे मेरे पास आयेंगे। वे ठीक दस बजे मेरे कमरे में आ गये। ग्यारह बजे गृहमंत्री से मिलने गये। लगभग घण्टा-भर मेरे पास रहे। नगालैण्ड, त्रिपुरा व मणिपुर पर विस्तार से बात हुई। गृह मंत्रालय से जितने सहयोग की अपेक्षा है वह उन्हें नहीं मिलता। सन्ध्या को साढ़े चार से साढ़े छः तक मैं उनके पास राष्ट्रपति भवन में रहा। कुछ समय तक तो उन्हीं के राज्यों की बातें हुईं, पर बाद में काफी देर तक इधर-उधर की। वे 7 तारीख को वापस जायेंगे। जाने से पहले फिर भेंट होगी।

मैंने एक बात आज उनसे स्पष्ट पूछी, क्या उन्होंने प्रधानमंत्री को यह सलाह दी थी—जैसा आजकल प्रधानमंत्री कह रही हैं—कि कोहली को रक्षा सचिव नियुक्त किया जाये। उन्होंने उत्तर दिया कि यह बिल्कुल ग़लत है। उन्होंने पाण्डे को यह पत्र लिखा था कि (उसकी एक प्रति तो मुझे भी भेजी थी) कि कोहली को किसी सचिव पद पर नियुक्त करना चाहिए। रक्षा सचिव की बात न उस पत्र में लिखी थीं, न उन्होंने प्रधानमंत्री से कही। अवश्य ही प्रधानमंत्री ने किसी अन्य की सलाह पर यह काम किया है—नाम एल.पी. का लिया जा रहा है।

5 जून, 1975

आज सुबह एक दुखद समाचार सुना। किशन सिंह ने फोन किया कि बम्बई में कल्याण बैनर्जी की कल यकायक मृत्यु हो गयी। कल्याण मिलन का बड़ा भाई था। युनिवर्सिटी में मुझसे दो साल आगे था। मेरा मामूली परिचय था, पर मिलन से घनिष्ठता होने के कारण बहुत बुरा लगा। कई साल न्यूयॉर्क में रहकर अभी कुछ ही दिनों पहले बम्बई आया था। स्टेट बैंक में काम करता था। बम्बई में मिलन को फोन किया, पर वह उस समय घर पर नहीं था। बाद में मिलन ने स्वयं बम्बई से फोन किया। मेरे पास शब्द नहीं थे उसको सान्त्वना देने के लिए। माँ अभी जीवित हैं।

कार्यालय में आज लंच के बाद नूरुल हसन के पास करीब डेढ़ घण्टा रहा। काफी अर्से से उनसे भेंट नहीं हुई थी। वे आजकल बहुत दुःखी हैं। अलीगढ़ की जो स्थिति हो रही है, उससे उनका दुःखी होना स्वाभाविक है। बड़ी कठिनाई से उस समस्या पर काबू पाया था, पर खुसरो और यूनुस ने सब मामला बिगाड़ दिया। प्रधानमंत्री ने यूनुस को शह न दी हो, पर उसको ग़लत काम करने से रोका भी नहीं। विश्वविद्यालय अनुदान आयोग के अध्यक्ष पद के लिए भी उनकी बात नहीं मानी गयी है। इसका नूरुल को बहुत दुःख है।

उनके पास से मैं मालवीय के पास आया। वे शास्त्री भवन के एक दूसरे खण्ड में बैठते हैं। उन्होंने पाँच बजे मुझे बुलाया था। मेहताब के मुकदमे के बारे में बात करना चाहते थे। इसकी चर्चा मैं पहले कर चुका हूँ। पिछली भेंट पर उन्होंने कुछ प्रश्न उठाये थे। सी.बी.आई. से मैंने उन पर विचार-विमर्श किया था। प्रधानमंत्री को इससे अवगत भी करा दिया था। उन्होंने कहा था कि मैं फिर मालवीय से बात कर लूँ। उन दिनों मालवीय दौरे पर थे। फिर एक दिन प्रधानमंत्री ने मुझसे पत्रावली मँगवा ली और कहा कि मैं अभी मालवीय से बात न करूँ। यह बात वे शायद भूल गयी हैं। पर हाल ही में शेषन से पूछ रही थीं कि टण्डन ने मालवीय से क्या बात की? इस कारण मैं स्वयं उनसे मिलना चाहता था। अच्छा हुआ उन्होंने स्वयं आज बुला लिया।

मालवीय का दृढ़ मत है कि मेहताब के विरुद्ध मुकदमा नहीं चलाना चाहिए। इससे कोई लाभ नहीं होगा। कांग्रेस को कुछ उलझन ही हो सकती है। करीब आधा घण्टा बात करने के बाद उन्होंने कहा कि प्रधानमंत्री को नन्दिनी को समझाना चाहिए कि इस मुकदमे को आगे न बढ़ाये। मालवीय को डर यह है कि यदि मुकदमा चला तो उन्हें कहीं अदालत में न जाना पड़े। और कुछ नहीं तो मेहताब अपने पक्ष में उन्हें गवाही देने के लिए बुलाते, यह सिद्ध करने के लिए कि उन्होंने जो लायसेंस दिये थे, केन्द्रीय सरकार से पूछ कर। (मालवीय उस समय केन्द्रीय मंत्री थे) अदालत में उनसे असुविधाजनक प्रश्न पूछे जायेंगे, जो वे नहीं चाहते।

6 जून, 1975

आज कार्यालय पहुँचने के थोड़ी देर बाद प्रो. धर मेरे कमरे में आ गये। पहले इधर-उधर की कुछ बात की, फिर कश्मीर की एक समस्या पर विचार-विमर्श होने लगा। जब प्रो. धर छुट्टी पर गये हुए थे तो शेख का एक पत्र प्रधानमंत्री के नाम आया। उसमें उन्होंने इस वर्ष दस करोड़ रुपए की विशेष माँग की है। शेख के सुझाव का विश्लेषण करते हुए मैंने एक-दो दिन पहले प्रो. धर को एक नोट दिया था। मेरा कहना था कि शेख के सुझाव को हमें मान लेना चाहिए। दस करोड़ तो नहीं पर चार-पाँच करोड़ रुपया भारत सरकार को देना चाहिए। हाँ, उससे जो स्कीमें कार्यान्वित की जायें, उनको पूरी जाँच-पड़ताल के बाद स्वीकार करना चाहिए। प्रो. धर इससे सहमत थे, पर आगे की कार्यवाही किस प्रकार हो इस पर वे विचार करना चाहते थे। अन्त में हम दोनों ने निश्चय किया कि आगे की कार्यवाही गृह सचिव (निर्मल मुखर्जी) पर छोड़नी होगी।

सन्ध्या को मैं इसी सन्दर्भ में निर्मल मुखर्जी से मिला। उन्होंने वित्त मंत्रालय और योजना आयोग से परामर्श करने का उत्तरदायित्व सहर्ष स्वीकार कर लिया। इसी समय मुखर्जी से मेरी लगभग आध घण्टा मिज़ोरम पर भी बात हुई। मिज़ोरम के मुख्यमंत्री, अध्यक्ष, प्रदेश कांग्रेस कमेटी और मुख्य सचिव दिल्ली आये हुए हैं। उनकी गृह मंत्रालय में मंत्रियों और अधिकारियों से बातचीत हो रही है। मुख्यमंत्री प्रधानमंत्री से भी मिलना चाहते हैं। उनको 'ब्रीफ़' करने के लिए मुझे पूरी जानकारी प्राप्त करनी थी।

प्रो. धर के मेरे पास से जाने के बाद मुझे मंत्रिमण्डल सचिव (भैरव दत्त पाण्डे) से मिलने जाना पड़ा। उनको कुछ कागज़ात मुझे स्वयं जाकर देने थे। उसमें अधिक समय न लगना था, न लगा। पर पाण्डे ने मुझे रोक लिया। उन्होंने मुझसे एक सारगर्भित प्रश्न किया। पूछा कि प्रधानमंत्री सचिवालय में, मुझे व रामचंद्रन द्वय को छोड़कर, कौन अधिकारी है जो मंत्रियों से जाकर नियुक्तियों के बारे में बातचीत करता है, उनको सलाह देता है कि अमुक अधिकारी को रखें, अमुक को हटा दें।

मैं एकदम समझ गया कि वे पूछना क्या चाहते हैं। पर मेरे लिए यह ग़लत होता कि मैं उन्हें सब बातें स्पष्ट करता। अवश्य ही उनका तात्पर्य धवन से था। धवन जो कुछ भी करता है, प्रधानमंत्री के आदेश, निर्देश या अनुमादेन से करता है। फिर उसका दोष क्या? केवल यही कि जानकारी न होते हुए भी वह इन महत्त्वपूर्ण बातों में प्रधानमंत्री को सलाह देता है, जिसके परिणाम हमेशा ठीक नहीं होते। मैं पाण्डे से क्या कहता कि जो कुछ भी हो रहा है, वह प्रधानमंत्री की जानकारी ही नहीं, उनकी स्वीकृति से हो रहा है। मैंने इधर-उधर की लम्बी बात की; पर मुख्य बात से कतरा गया। पाण्डे ने इस बात की भी काफी टिप्पणी की कि नियुक्तियों की पत्रावलियाँ प्रधानमंत्री के पास से काफी विलम्ब से लौटती हैं। इससे मंत्रालयों और विभागों की कठिनाइयाँ बढ़ रही हैं। पाण्डे की यह बात भी ठीक थी। इधर कुछ पत्रावलियाँ प्रधानमंत्री के पास कई महीनों से रुकी पड़ी हैं। बात यह है कि वित्त विभाग (आयकर, कस्टम व एक्साइज और बैंकिंग), वाणिज्य विभाग, सी. बी. आई, रेवेन्यू इंटेलीजेंस, आदि विभागों में कोई भी नियुक्ति हो, प्रधानमंत्री जिन अधिकारियों के नाम प्रस्तावित होते हैं, उनके बारे में धवन के माध्यम से जाँच-पड़ताल करवाती हैं। कारण इसका स्पष्ट है। इन्हीं विभागों द्वारा दूसरों पर दबाव डाला जा सकता है, तंग व परेशान किया जा सकता है। इन विभागों के माध्यम से बहुत से ग़लत काम, जैसा प्रधानमंत्री अक्सर करवाती हैं, आसानी से हो सकते हैं। प्रधानमंत्री यहाँ केवल उन अधिकारियों को रखना चाहती हैं, जो पूरी तरह उनकी बात सुनें—सही भी (जो कम होती है) और ग़लत भी (वास्तव में सुनने की जरूरत ऐसी ही बातों में है)। प्रो. धर व मैं कई बार इस प्रकार के रुके हुए प्रस्तावों के बारे में प्रधानमंत्री से बात कर चुके हैं, पर प्रधानमंत्री पर कोई असर नहीं है।

पाण्डे की बातों से स्पष्ट है कि धवन की कीर्ति चारों तरफ फैल रही है। उसके कार्य-कलापों और प्रभाव की चर्चा हर जगह हो रही है। अवश्य ही मंत्रियों को भी यह बुरा लग रहा है, पर किसी में इतनी सामर्थ्य नहीं है कि इसको रोक सके। आखिर कब तक यह चलता रहेगा। पाण्डे बहुत परेशान हैं, इस बात से। दिन में एल.पी. का फोन आया था, किसी और बात के लिए। पर पाण्डे की भी चर्चा आ गयी। उन्होंने भी कहा कि पाण्डे की मानसिक स्थिति ठीक नहीं है। वे बहुत परेशान हैं, उनकी नर्व्स टूट रही हैं।

लंच पर आज बाऔरी भी आया था। वह प्रधानमंत्री के साथ हर बार गुजरात दौरे पर गया। उसका अनुमान है कि गुजरात में कांग्रेस को 100 जगह मिल जायेंगी। पर यह विजय पार्टी की नहीं प्रधानमंत्री की होगी। कांग्रेस का प्रभाव गुजरात में कम है। वोट प्रधानमंत्री के नाम पर मिलेंगे, कांग्रेस के नाम पर नहीं। फिर प्रधानमंत्री भी हर कोशिश में लगी हैं। कल तो एक जनसभा में उन्होंने यह कहा कि आपका प्रत्याशी क्षत्रिय है, सब क्षत्रिय उसे वोट दें। जाति के नाम पर वोट माँगना कहाँ तक

उचित है पर प्रधानमंत्री अब उससे भी नहीं चूक रही हैं।

लंच के बाद शेषन पाँच-दस मिनट के लिए मेरे पास रुक गया। उसने कहा कि आज सबसे दुर्भाग्यपूर्ण बात यह है कि प्रधानमंत्री को अपने प्रभाव का बड़ा भ्रामक अनुमान हो गया है। बाऔरी की बात की पुष्टि करते हुए उसने कहा कि इसी आधार पर प्रधानमंत्री सोचने लगी हैं कि वे जो चाहे करें, सब ठीक है। आखिर जनता उनके साथ है। उनकी यही मनोदशा आज सब ग़लत कामों का मूल है। अन्धाधुंध ग़लत काम हो रहे हैं। शेषन मुझे आजकल बहुत चिन्तित और व्यग्र लगता है। वह प्रधानमंत्री और उनके इर्द-गिर्द जिन लोगों ने अपना प्रभुत्व स्थापित कर लिया है, उनके कार्यकलापों से बहुत दुःखी है। उसने कभी इतना भ्रष्टाचार नहीं देखा है। देखना तो दूर रहा, कल्पना भी नहीं की। यदि जे. पी. कहते हैं कि स्वयं प्रधानमंत्री भ्रष्टाचार को बढ़ावा दे रही हैं तो ग़लत क्या है। कहने लगा कि मैं यदि कभी बताऊँ कि प्रधानमंत्री कितने भ्रष्टाचार में लिप्त हैं तो देश दहल जायेगा। निक्सन को शर्म आयेगी। प्रधानमंत्री का व्यक्तिगत प्रभाव भी इस हालत में दिन-प्रतिदिन कम होता जायेगा। पर उन्हें इसका जरा भी एहसास नहीं हो रहा है। वे समझती हैं कि जो कुछ कर रही हैं, सब ठीक है। उनके आलोचक केवल चिढ़ के कारण उनके विरुद्ध प्रचार कर रहे हैं। जो लोग उनके साथ हैं या उनकी मदद करते हैं, वह कर्तव्यवश करते हैं। इन सबका मुख्य कर्तव्य है कि वे उनकी हर प्रकार से सहायता करें। कृतज्ञता शब्द प्रधानमंत्री के कोष में नहीं है। उनकी सहायता का अर्थ है, देश व राष्ट्र की सहायता और देश-सेवा प्रत्येक नागरिक का परम कर्तव्य है। कहते-कहते शेषन काफी भावावेश में आ गया।

आज सन्ध्या को अनन्त गोपाल शेवड़े मिलने आये। विश्व हिन्दी सम्मेलन आयोजित करने में उनकी प्रमुख भूमिका थी। यह सम्मेलन राष्ट्रभाषा प्रचार समिति वर्धा के तत्वावधान में हुआ था। सम्मेलन में यह निर्णय हुआ कि एक विश्व हिन्दी विद्यापीठ की स्थापना हो। नागपुर में सम्मेलन की समाप्ति के अगले दिन वर्धा में इस विद्यापीठ की नींव भी रख दी गयी। अब शेवड़े कहते हैं कि वे इस समिति के साथ काम नहीं कर सकते। उन्होंने इसी सम्मेलन की पृष्ठभूमि में एक योजना बनायी है—विश्व हिन्दी संस्थान स्थापित करने की। वे चाहते हैं कि इस योजना को प्रधानमंत्री का आशीर्वाद मिल जाये। मार्च में मुझे प्रधानमंत्री ने शेवड़े द्वारा दिये गये कागज़ात दिखाये। प्रधानमंत्री शेवड़े की योजना के समर्थन में महाराष्ट्र के मुख्यमंत्री को पत्र लिखना चाहती थीं, पर मैंने कहा कि इस मामले में काफी सोच-विचार की आवश्यकता है। प्रधानमंत्री ने यह बात मान ली। पूरी जाँच के बाद मुझे लगा कि जब विद्यापीठ स्थापित करने का निर्णय ले लिया गया है तो एक और संस्थान की क्या आवश्यकता है? दो संस्थाओं का कार्य क्या होगा? आदि-आदि प्रश्न सामने आये। जब तक इनका सन्तोषजनक उत्तर न मिले तो प्रधानमंत्री का शेवड़े को

प्रोत्साहन देना उचित नहीं होगा। जब प्रधानमंत्री के समक्ष मैंने ये बातें रखीं तो उन्होंने कहा कि शेवड़े को बुला कर बात कर लो। कुछ दिन पहले उनसे बात हुई थी। इस बीच में मैंने वर्धा से विद्यापीठ योजना की रूपरेखा मँगा ली। आज उसी आधार पर शेवड़े से बात की।

शेवड़े की योजना का आधार केवल एक है--वे राष्ट्रभाषा प्रचार समिति के साथ काम नहीं करना चाहते। वे प्रस्तावित संस्थान की सहायता से अपना अलग साम्राज्य स्थापित करना चाहते हैं। उन्होंने मुझे पृथक् संस्था की आवश्यकता पर कई तर्क दिये, पर न तो वे युक्तिसंगत थे, न सन्तोषजनक। प्रधानमंत्री को पूरी बात स्पष्ट कर दूँगा। पर उनका निर्णय क्या होगा, नहीं कह सकता। शेवड़े की ओर से निर्मला देशपाण्डे व विनोबा जी के अन्य अनुयायी प्रधानमंत्री के पास अवश्य आयेंगे। प्रधानमंत्री की इधर इन लोगों ने जे. पी. के विरुद्ध काफी मदद की है। हो सकता है, शेवड़े की मदद करने से जे. पी. विरोधी तत्त्वों का प्रभाव बढ़े। इस कारण प्रधानमंत्री उनकी मदद कर सकती हैं, चाहे उनकी योजना कितनी अर्थहीन हो।

छुट्टी से लौटने के बाद प्रो. धर का मूड अच्छा हो रहा है। पर आज से फिर कुछ-कुछ ख़राब होना शुरू हुआ है। जनरल इंश्योरेंस कॉरपोरेशन के अध्यक्ष की नियुक्ति होनी है। मामला प्रधानमंत्री के पास कई महीने से विचाराधीन है। रजनी पटेल चाहते हैं कि कापाडिया जो एक कनिष्ठ अधिकारी है, इस पद पर नियुक्त हो जाये। वित्तमंत्री इसके विरुद्ध हैं। पर प्रधानमंत्री रजनी पटेल का समर्थन कर रही हैं। कहा यह जाता है कि कापाडिया के माध्यम से रजनी पटेल ने पार्टी के लिए बहुत धन एकत्रित किया है। प्रो. धर भी कापाडिया की नियुक्ति के पक्ष में नहीं हैं। आज सुबह से वित्तमंत्री, प्रो. धर व रजनी पटेल का एक-दूसरे से मिलना-जुलना चल रहा है। सुबह दो बार रजनी पटेल प्रो. धर के पास आये। इस बीच एक बार प्रो. धर वित्तमंत्री से मिलने गये। पर सन्ध्या को यह पता चला कि रजनी पटेल की ही बात मानी जायेगी। प्रो. धर दुःखी हैं, पर शायद अभी उन्होंने अपनी कोशिश समाप्त नहीं की है।

7 जून, 1975

कार्यालय पहुँचने के थोड़ी देर बाद प्रो. धर ने बुला लिया। एल. पी. उनसे मिलने आने वाले थे। उससे पहले वे मुझसे नगालैण्ड के सम्बन्ध में बात करना चाहते थे। जब हम और वे बात कर रहे थे कि एल. पी. आ गये। बाद में एल. पी. मेरे कमरे में भी कुछ समय के लिए आये। आज वे शिलांग लौट रहे हैं। बाद में प्रो. धर ने बताया कि एल. पी. से कोई विशेष बात नहीं हुई। मैंने प्रधानमंत्री को दो-तीन दिन पहले जो ब्रीफ़ भेजी थी (उसकी एक प्रति सुबह प्रो. धर को भी दिखायी थी) उसी

के आधार पर बात हुई।

दोपहर बाद प्रो. धर ने मुझे फिर बुलाया। एक नियुक्ति के कागज़ मैंने जान-बूझकर उनके पास भेजे थे। आयकर विभाग में जाँच विभाग के निदेशक बादामी हैं। बहुत ही योग्य व कुशल अधिकारी माने जाते हैं। अतिरिक्त सचिव पद के योग्य हैं, यह निर्णय भी हो चुका है। वही प्रस्ताव मंत्रिमण्डल सचिव का आज आया था। पर प्रधानमंत्री उनसे काफी अप्रसन्न हैं। वे नहीं चाहती थीं कि बादामी की पदोन्नति हो। यही नहीं, हाल में ही उनके निर्देश पर बोर्ड के अध्यक्ष (मेहता) ने बादामी का तबादला मद्रास कर दिया था। (अभी बादामी गये नहीं हैं।) वित्तमंत्री को जब से इस बात का पता चला कि बादामी के साथ अकारण ही अन्याय हो रहा है तो वे इस प्रयत्न में थे कि मद्रास न जाकर बादामी को दिल्ली में ही किसी पद पर रख दिया जाये। मंत्रिमण्डल सचिव का प्रस्ताव इसी पृष्ठभूमि में किया गया था। पर प्रो. धर ने कहा कि कल प्रधानमंत्री की वित्तमंत्री से बात हो गयी है। बादामी को मद्रास जाना ही होगा--आयकर कमिश्नर के पद पर। (दिल्ली में वे जिस पद पर हैं, वह आयकर कमिश्नर से कुछ ऊपर माना जाता है) मैं मंत्रिमण्डल सचिव के कागज़ात उनको लौटा दूँ और यह बता दूँ। प्रो. धर स्वयं प्रधानमंत्री के निर्णय से दुःखी हैं, पर कर कुछ नहीं सकते। रात मेरे घर जाने से पहले प्रो. धर मेरे कमरे में आये और पूछा कि मेरी बात मंत्रिमण्डल सचिव से हुई या नहीं। उस समय मिलन (वह आज बम्बई से आया है और कल कलकत्ता चला जायेगा) मेरे पास बैठा था। प्रो. धर को इस केस की इतनी चिन्ता केवल इसलिए है कि नाहक ही प्रधानमंत्री पाण्डे से ऐसा प्रस्ताव करने पर नाराज़ न हो जायें। प्रो. धर के जाने के बाद मैंने पाण्डे से बात की।

बादामी से नाराज़गी का कारण यह है। कुछ समय पहले यशपाल कपूर के विरुद्ध एक शिकायत हुई। शिकायत में यह कहा गया था कि उसने काला धन बनाया और उससे एक कोठी खरीदी। यह कोठी दिल्ली में गोल्फ लिंक में है। पिछले साल ब्लिट्ज ने भी इस पर पूरा एक लेख लिखा था। पहली बार यह शिकायत एक संसद सदस्य ने वित्तमंत्री (चव्हाण) को एक पत्र द्वारा की थी। चव्हाण ने प्रधानमंत्री का आदेश लेने के लिए यह पत्र माधव गोडबोले (उनके निजी सहायक) द्वारा मेरे पास भेज दिया। मैंने जब प्रधानमंत्री को यह पत्र दिखाया तो उन्होंने मुझसे कहा कि कपूर इन आक्षेपों को ग़लत बताता है। ख़ैर, वे कपूर से बात करेंगी। दो-चार दिन बाद कपूर मेरे पास आया। तब तक वह राज्य सभा का सदस्य हो गया था। कहने लगा कि प्रधानमंत्री ने उसे मेरे पास भेजा है कि मैं उसकी बात सुनकर फिर प्रधानमंत्री से उस पत्र के बारे में बात कर लूँ। कपूर ने मुझे विस्तार से बताया कि उसने किस प्रकार से गोल्फ लिंक की कोठी खरीदी। उसने यह भी कहा कि वित्त मंत्रालय जाँच कराना चाहे तो जाँच करा ले। अगले दिन मैंने

प्रधानमंत्री को यही सलाह दी कि कपूर स्वयं चव्हाण से मिल कर पूरी स्थिति स्पष्ट कर दें। प्रधानमंत्री या उनका सचिवालय क्यों बीच में आये। अब तो कपूर इस सचिवालय के अधिकारी भी नहीं हैं। प्रधानमंत्री ने कहा कि वे कपूर को चव्हाण से मिलने के लिए कह देंगी। इसके बाद इस मामले में मैंने कोई रुचि नहीं ली, न कोई कागज़ ही मेरे पास आया।

बाद में मुझे शेषन से मालूम पड़ा कि बादामी की देखरेख में वांचीनाथ ने इस मामले की जाँच की। वांचीनाथ की रिपोर्ट का निष्कर्ष यही था कि कपूर का कहना कि उन्होंने मकान खरीदने के लिए धन अपनी सास व मित्रों से लिया, बिल्कुल ग़लत है। उसके पास काला धन (जो भ्रष्टाचार से ही आया होगा) था, जिससे कोठी खरीदी गयी। कागज़ात में कोठी की कीमत भी कम दिखायी गयी थी। वांचीनाथ शेषन के रिश्तेदार हैं। उन्होंने अपनी रिपोर्ट की एक प्रति शेषन को दिखायी थी। उसने मुझसे यह कहा कि उसने वह प्रो. धर को भी दिखायी थी। जब प्रधानमंत्री को पता चला तो उन्होंने गणेश (इस समय वे वित्त मंत्रालय में राज्यमंत्री थे) को बुलाकर ऐसी रिपोर्ट तैयार होने पर बहुत डाँटा (यह बात गणेश ने स्वयं शेषन को उसी दिन बतायी थी) और कहा कि आगे कोई कार्रवाई नहीं होनी चाहिए और बादामी को दिल्ली से बाहर भेज देना चाहिए। गणेश ने पहली बात तो मान ली, पर बादामी के विरुद्ध कार्रवाई करने को तैयार नहीं हुए। जब गणेश उस मंत्रालय से चले गये तो बादामी का तबादला मद्रास करा दिया गया। यह कराने में आयकर बोर्ड के अध्यक्ष मेहता का विषेश हाथ रहा है। मेहता को वित्त सचिव, प्रो. धर आदि सबकी राय के विरुद्ध प्रधानमंत्री ने दो-तीन और अधिकारियों को सुपरसीड करके इस पद पर नियुक्त किया है। अब वे हर दूसरे-तीसरे दिन प्रधानमंत्री निवास पर जाते हैं और प्रधानमंत्री के सिपहसालारों से आदेश लेते हैं।

आज पता चला कि इधर शेषन इतना चिन्तित व उद्विग्न क्यों है। उसने प्रो. धर से कहा है कि वह नेहरू परिवार के सम्पर्क में 1946 से आया। तब से मेहनत और ईमानदारी से इस परिवार की सेवा की है। जो ग़लत-सलत काम आजकल प्रधानमंत्री द्वारा हो रहे हैं या उनके इशारे पर दूसरे लोग कर रहे हैं, उससे उसे बहुत दुःख है और उसकी बेचैनी बढ़ रही है। वह किसी से कुछ कहना नहीं चाहता, बस नौकरी से चुपचाप पेंशन लेकर अलग हो जाना चाहता है। वह आज बहुत देर तक प्रो. धर के पास रहा। मालूम नहीं अन्तिम निर्णय क्या हुआ? पर मेरे मन में शेषन के लिए श्रद्धा और बढ़ गयी है।

शेषन हम लोगों से बहुत अधिक जानकारी रखता है। यदि उसने यह निर्णय लिया है कि अब वह इस कार्यालय में काम नहीं कर सकता तो स्थिति अवश्य गम्भीर है। आश्चर्य की इसमें विशेष बात नहीं है क्योंकि इस कार्यालय का वातावरण

दिन-प्रतिदिन ख़राब होता जा रहा है।

प्रधानमंत्री गुजरात के दौरे से 5 तारीख की रात को लौट आयी थीं। पर कार्यालय वे न कल आयीं और न आज ही। ठीक है गुजरात में इतने अथक परिश्रम के बाद कुछ आराम की आवश्यकता स्वाभाविक है। वैसे वे घर पर काम कर रही हैं। कागज़ात/पत्रावलियाँ सब आ-जा रहे हैं। लगता है कि अब सोमवार से ही वे कार्यालय आयेंगी, यद्यपि उस दिन होने वाली मंत्रिपरिषद् की बैठक स्थगित हो गयी है।

8 जून, 1975

आज कार्यालय कोई और नहीं आया था। वी. आर. ने मुझसे कल ही मना कर दिया था। पर प्रो. धर भी नहीं आये। कहीं अन्यत्र व्यस्त हो गये होंगे। मैं भी आज सन्ध्या को पाँच बजे लौट गया।

एक पत्रावली जो मैंने आज देखी उसका उल्लेख करना अनुपयुक्त नहीं होगा। पंजाब और हरियाणा हाई कोर्ट में कई जजों की नियुक्तियाँ होनी हैं। ये स्थान एक वर्ष से अधिक से रिक्त पड़े हैं। एक नाम पिछले साल भी विचाराधीन था। पर अन्त में भारत के मुख्य न्यायाधीश ने उसका अनुमोदन इस आधार पर नहीं किया कि उनकी निष्ठा पर सन्देह था। आई. बी. की रिपोर्ट में भी यही बात कही गयी थी। पर अब राज्य सरकार या हाई कोर्ट के मुख्य न्यायाधीश की ओर से नाम न आने पर भी स्थिति बदल गई है। जब मैंने गोखले से बात की तो उन्होंने बताया कि इस व्यक्ति के बारे में पिछली रिपोर्ट शायद ठीक नहीं थी। उनको जज बनाने में कोई आपत्ति नहीं होनी चाहिए। अवश्य ही कोई राजनीतिक दबाव पड़ रहा है। कुछ समय पहले यह सज्जन राजनीति में थे और राज्य मंत्रिमण्डल के सदस्य भी रहे हैं। गोखले ने यह भी कहा कि वे जब तक प्रधानमंत्री की निर्वाचन याचिका पूरी तरह समाप्त नहीं हो जाती (जो भी पक्ष हाई कोर्ट में हारेगा, वह सुप्रीम कोर्ट में आयेगा) वे भारत के मुख्य न्यायाधीश की बात नहीं टालना चाहते। जो कुछ मुख्य न्यायाधीश कहें, वही करना उचित होगा।

ऊपर मैंने आई. बी. की चर्चा की। तीन साल पहले तक जजों की नियुक्ति में आई. बी. से कोई मतलब नहीं था। पर अब प्रधानमंत्री ने यह प्रथा चलायी है कि प्रस्तावित व्यक्तियों के राजनीतिक विचार व सहानुभूति जानने के लिए आई. बी. से पूछताछ जरूरी है। दो-तीन साल पहले तक केवल मुख्य न्यायाधीश और राज्य सरकार की संस्तुति पर्याप्त थी।

9 जून, 1975

आज प्रधानमंत्री कई दिन बाद कार्यालय आयीं। मेरी भेंट भी उनसे कई दिन बाद हुई। छोटी-मोटी बातों के अतिरिक्त मैंने उनसे मिज़ोरम के बारे में बात की। ब्रह्मानन्द ने उन्हें सलाह दी है कि वे मिज़ोरम के मुख्यमंत्री से न मिलें। पर प्रधानमंत्री ने मुझसे कहा कि उन्होंने अभी कोई अपना मत नहीं बनाया है। मेरी राय पूछी तो मैंने कहा कि उन्हें मुख्यमंत्री और प्रदेश कांग्रेस अध्यक्ष दोनों को साथ बुला कर बात करनी चाहिए। उनसे कहना चाहिए कि 'अंडरग्राउंड' के प्रति उन्हें अब स्पष्ट रूप से कड़ा रवैया अपनाना चाहिए। प्रधानमंत्री ने उसी समय शेषन से कहा कि वह इन दोनों को मिलने के लिए बुलवा लें।

मालवीय ने मुझसे मेहताब के मुकदमे के बारे में जो कहा था प्रधानमंत्री से मैंने वह भी बता दिया। प्रधानमंत्री ने कोई प्रतिक्रिया नहीं व्यक्त की। केवल यह कहा कि वे इस प्रश्न पर विचार करेंगी। हिमाचल प्रदेश के बारे में भी कुछ बात हुई। मुझे कुछ ऐसा आभास हुआ कि प्रधानमंत्री परमार से प्रसन्न नहीं हैं।

आज दोपहर के बाद यह सूचना मिली कि प्रधानमंत्री की निर्वाचन याचिका में निर्णय 12 तारीख को सुनाया जायेगा। आज सुबह जब प्रधानमंत्री से मिलने की प्रतीक्षा में शेषन के पास बैठा था, मैं प्रधानमंत्री की डायरी के पृष्ठ पलटने लगा। कल और परसों दोनों दिन गोखले उनसे मिले हैं। मुझे इन मुलाकातों व निर्णय-तिथि की घोषणा में कुछ सम्बन्ध मालूम पड़ता है। आज से प्रधानमंत्री फिर मैक्सिको जाने की बात कर रही हैं। सुबह सलमान से कहा कि 16 तारीख को तो शायद न जा पायें, पर 20 तारीख को जाना सम्भव हो सकता है।

सन्ध्या को देवेन्द्र सेन मिलने आये। वे बादामी की सहायता करना चाहते हैं क्योंकि बादामी ने हमेशा सी. बी. आई. की मदद की है। उन्होंने बताया कि प्रधानमंत्री बादामी से दो मामलों को लेकर नाराज़ हैं। एक तो मामला कपूर का है, जिसकी चर्चा मैं पहले कर चुका हूँ। दूसरा मामला है हाल ही जिन्दल के घर पर छापा। जिन्दल हरियाणा का उद्योगपति है, बंसीलाल का बहुत घनिष्ठ मित्र है। गणेश ने कुछ विशिष्ट उद्योगपतियों के यहाँ छापा मारने की स्कीम बनायी थी। बादामी को कार्यान्वित करनी थी वह, उसने की भी। जिन्दल के घर छापा पड़ा इस पर प्रधानमंत्री बहुत नाराज़ हुईं। फल यह है कि पदोन्नति तो दूर रही, उन्हें दिल्ली से दूर मद्रास एक नीचे पद पर भेजा जा रहा है। वित्तमंत्री में, मालूम पड़ता है, कुछ दम नहीं रह गया है। क्यों हर बात में प्रधानमंत्री की ग़लत-सलत बात भी मान रहे हैं। आज वातावरण ही ऐसा है और वित्तमंत्री भी उससे परे नहीं हट सकते।

देवेन्द्र सेन के जाने के बाद मैं डॉ. चन्ना रेड्डी से मिलने उत्तर प्रदेश निवास गया। डॉ. रेड्डी आजकल उत्तर प्रदेश के राज्यपाल हैं। आन्ध्र प्रदेश आन्दोलन के

समय उनसे काफी घनिष्ठ परिचय हो गया था। उस समय वे गोल्फ लिंक में ठहरा करते थे। न जाने कितनी बार मैं रात को एक-एक, दो-दो बजे तक उनके साथ वहाँ बातचीत करता रहता था। आन्ध्र प्रदेश की जटिल समस्या का हल निकालने के लिए यह विचार-विमर्श आवश्यक था, वही घनिष्ठता बनी हुई है। मुझसे बहुत स्नेह करते हैं।

वे सुबह प्रधानमंत्री से मिलने आये थे। उस समय व्यस्त थे, पर यह निश्चय कर गये कि हम दोनों सन्ध्या को छः बजे मिलें। मैं डेढ़ घण्टा उनके पास रहा। वे उत्तर प्रदेश की पूरी राजनीति मुझे समझाते रहे। उनके अनुसार दोष बहुगुणा का है और बिना उनको हटाये कांग्रेस को उस प्रदेश में कठिनाई होगी। उन्होंने प्रधानमंत्री से भी यह स्पष्ट कर दिया है। पर प्रधानमंत्री ने (मेरे अनुमान से केवल बात बनाने के लिए—प्रधानमंत्री कभी किसी को अपनी बात स्पष्ट व्यक्त नहीं करतीं) उनसे कहा कि बहुगुणा बहुत महत्त्वाकांक्षी है, अविश्वसनीय है, कहीं चिमन भाई की तरह न करें, कहीं चरण सिंह से न मिल जायें, यह सोचना होगा। डॉ. चन्ना रेड्डी की बातों से मुझे यह स्पष्ट हुआ कि राज्यपाल होते हुए भी वे कांग्रेस की राजनीति में पूरी तरह भाग ले रहे हैं। वे समझते हैं कि वे उत्तर प्रदेश में प्रधानमंत्री के विशिष्ट एजेण्ट हैं। उनको बहुगुणा को हटाने का 'मिशन' सौंपा गया है। यह राज्यपाल के पद का दुरुपयोग नहीं तो क्या है?

आज गुजरात की आई. बी. रिपोर्ट्स से पता लगता है कि वहाँ कांग्रेस पार्टी भी हिंसात्मक घटनाओं के लिए उतनी ही उत्तरदायी है जितनी अन्य पार्टियाँ। कई मीटिंगों में कांग्रेसियों ने ढेलेबाजी व मारपीट की है।

10 जून, 1975

सुबह कार्यालय में सलमान ने बताया कि प्रधानमंत्री मैक्सिको जाने का प्रोग्राम बना रही हैं। फिर तार खटकने शुरू हो गये हैं। संभवतः 21 तारीख को जायेंगी।

प्रधानमंत्री की अध्यक्षता में आज दिल्ली में ही विश्वभारती (शान्ति निकेतन) के संसद की बैठक हुई। नये उपाचार्य के चयन के सम्बन्ध में यह विशेष बैठक बुलायी गयी थी। प्रो. प्रतुल गुप्ता के कार्यकाल की अवधि जनवरी में समाप्त हो गयी थी पर वे अपना पद तभी छोड़ सकते हैं जब नये उपाचार्य की नियुक्ति हो जाये। कार्य समिति ने तीन नामों की एक सूची संसद को भेजी है। इसमें सबसे पहला नाम डॉ. सुरजीत सिन्हा का है। संसद ने इस नाम का अनुमोदन एकमत से किया। अब राष्ट्रपति को परिदर्शक होने के नाते उन्हीं को उपाचार्य मनोनीत करना होगा। डॉ. सुरजीत सिन्हा कुछ दिन पहले मिले थे। मैं उनके बारे में अधिक नहीं जानता पर कई लोगों ने प्रधानमंत्री से कहा है कि वे विश्वभारती के लिए ठीक रहेंगे। प्रो.

गुप्ता ने बड़े कठिन चार-पाँच वर्षों में वहाँ काम किया है। यह ठीक ही हुआ कि इस वर्ष सलमान और मेरे प्रस्ताव पर प्रधानमंत्री ने उन्हें 'पद्म-भूषण' से अलंकृत किया।

संसद की बैठक के बाद त्रिदीब चौधरी प्रधानमंत्री से मिले। वे संसद सदस्य हैं। पिछले अगस्त में राष्ट्रपति पद के चुनाव में वे प्रतिपक्ष के उम्मीदवार थे। वे आर. एस. पी. के अध्यक्ष हैं। उनकी राजनीति चाहे कुछ भी हो, वे बड़े सज्जन पुरुष हैं और उनका व्यक्तित्व बड़ा सरल स्वभाव वाला है। मुझे सुशीतल ने उनसे मिलवाया था, रानू की ओर से उनका चौधरी से कुछ रिश्ता भी है। वे प्रधानमंत्री से हाल में भेजे हुए दो पत्रों के बारे में बात करना चाहते थे। प्रधानमंत्री को उन पत्रों का स्मरण नहीं था। उन्होंने मुझे बुला लिया। दोनों पत्रों के बारे में मैंने स्थिति स्पष्ट की और त्रिदीब बाबू से कहा कि पूरे उत्तर उन्हें शीघ्र ही सम्बन्धित मंत्रालय/विभाग भेजेंगे। वे सन्तुष्ट होकर चले गये।

रघुनाथ रेड्डी और वी. आर. से आज सुबह जो बातचीत हुई थी उसका सारांश लंच के समय वी. आर. ने सबको बताया। रघुनाथ रेड्डी श्रममंत्री हैं। कम्युनिस्टों के समीप माने जाते हैं और हैं भी। उनका अनुमान है कि प्रधानमंत्री निवास में कुछ लोग उनसे बहुत अप्रसन्न हैं, इसलिए वे अगले मंत्रिमण्डल में नहीं लिये जायेंगे। पर इसकी उनको कोई चिन्ता नहीं है। पर चिन्ता उन्हें कुछ अन्य बातों की है। उन्होंने वी. आर. से कहा कि प्रधानमंत्री सचिवालय पर कोई उँगली न उठा सकता है, न उठाता है, पर उनके निवास से जो अन्य माध्यमों द्वारा समय-समय पर मंत्रियों व अधिकारियों को आदेश/निर्देश दिये जाते हैं, उसकी सर्वत्र चर्चा और निन्दा हो रही है। बदनामी इसमें प्रधानमंत्री की है। ऐसी परिस्थिति में प्रो. धर को सचिवालय छोड़ने की बात नहीं करनी चाहिए। (बात ब्लिट्ज के एक समाचार, कि प्रो. धर प्रधानमंत्री के सचिव के पद को छोड़ने वाले हैं, के प्रसंग में आरम्भ हुई थी।) उन्होंने यह भी कहा कि प्रधानमंत्री की इस कार्यप्रणाली से मंत्रियों में असन्तोष बढ़ रहा है, पर किसी में साहस नहीं है कि वह प्रधानमंत्री से कुछ कहे, सभी डरते हैं। रघुनाथ रेड्डी ने वी. आर. से पूछा कि यदि प्रधानमंत्री को किसी मंत्री या वरिष्ठ अधिकारी से बात करनी हो तो वे उन्हें स्वयं बुलाकर या सचिवालय के किसी वरिष्ठ अधिकारी को उनके पास भेजकर क्यों बात नहीं करतीं? इतने कनिष्ठ अधिकारी के माध्यम से यह करना प्रधानमंत्री के लिए उचित नहीं है। रघुनाथ रेड्डी ने एक ऐसा चित्र खींचा कि पार्टी में प्रधानमंत्री के प्रति अन्दर-ही-अन्दर असन्तोष बढ़ रहा है।

सन्ध्या को अलीगढ़ मुस्लिम विश्वविद्यालय के कुछ विद्यार्थी मिले। विश्वविद्यालय की बिगड़ती हुई स्थिति और वाइस चांसलर के प्रति शिकायतों के बारे में बहुत कुछ कह रहे थे। ये विद्यार्थी कांग्रेस से सम्बन्धित हैं। उन्होंने मुझे कोई नयी बात नहीं बतायी, कुछ नयी घटनाएँ अवश्य सुनायीं। मैंने उनसे कहा कि वे

अपनी बात लिखकर मुझे दे दें, मैं प्रधानमंत्री के सम्मुख प्रस्तुत कर दूँगा। फिलहाल और किया भी क्या जा सकता है? प्रो. धर का कहना है कि अलीगढ़ विश्वविद्यालय की स्थिति केवल दो बातों से सुधारी जा सकती है। प्रो. खुसरो को वाइस चांसलर पद से हटाना और यूनुस को कार्यकारिणी से। दोनों ही काम प्रधानमंत्री ने हम लोगों की सलाह के प्रतिकूल किये हैं। पर अब वे उन्हें हटा भी नहीं सकतीं। राम भरोसे बैठिए!

कार्यालय से उठते समय शेषन, वी. आर. व मैं डी. पी. को देखते हुए घर आये। डी. पी. आजकल मास्को में हमारे राजदूत हैं। परामर्श के लिए दिल्ली आये हुए थे। श्रीनगर गये थे, वहीं दिल का दौरा पड़ा। वापस आकर गोविन्द वल्लभ पन्त अस्पताल में दाखिल हो गये हैं। आज तबियत कुछ अच्छी व ठहरी हुई लग रही थी। सदा की भाँति हँसमुख मुद्रा में हम सबसे बातचीत की और जी. आर. (वे हमारे साथ नहीं गये थे) के बारे में पूछा। कल ऑपरेशन द्वारा उनके शरीर में 'पेसमेकर' लगाया जायेगा।

लौटते समय जब कार पर हम और शेषन अकेले रह गये तो शेषन ने इस बात की पुष्टि की कि उसने प्रो. धर से कहा है कि जिस प्रकार का दूषित वातावरण प्रधानमंत्री के आसपास हो गया है—विशेषकर उनके निवास पर—उसमें वह काम नहीं करना चाहता। वह समय से पहले ही अवकाश ग्रहण करने के लिए तैयार है। प्रो. धर ने कहा है कि वह इसका बाहर कहीं जिक्र न करे। वे प्रधानमंत्री से इस पर बात करेंगे। एक बार बात कर भी चुके हैं। पर प्रधानमंत्री की प्रतिक्रिया सन्तोषजनक नहीं है। प्रधानमंत्री ने प्रो. धर से जो कहा उससे स्पष्ट है कि धवन से उन्हें जितनी सहायता मिलती है, उतनी शेषन से नहीं। प्रो. धर भी प्रधानमंत्री के रवैये से खिन्न हैं और इस सचिवालय में रहना नहीं चाहते। हक्सर भी इसलिए यहाँ से गये थे।

आज दिन में वी. आर. और रंजन द्वारा तैयार किया हुआ एक मनोरंजक नोट पढ़ा। पिछले कई वर्षों में प्रधानमंत्री ने देश के विभिन्न भागों में अन्धाधुंध शिलान्यास किये हैं। इस नोट में इनके बारे में पूरी जानकारी एकत्रित करके यह निष्कर्ष निकाला गया है कि बहुत-सी स्कीमें तो अभी आरम्भ भी नहीं हुई हैं, न कई साल तक होने की आशा है। इन सब स्कीमों पर 4000 करोड़ से भी अधिक लागत आयेगी, जिसका कहीं प्रावधान नहीं किया गया है। आखिर यह सब क्यों किया गया—केवल जनता को मूर्ख बनाने के लिए। वी. आर. का यह नोट इसलिए तैयार किया गया है कि अब जो चुनाव आ रहे हैं, उस अवसर पर प्रधानमंत्री यह बात न दोहरायें।

11 जून, 1975

गुजराल ने आज प्रधानमंत्री को यह बता दिया है कि अमृत नहाटा ने उनसे स्पष्ट कर दिया है कि 'किस्सा कुर्सी का' का मामला वे कोर्ट में शीघ्र ही ले जायेंगे, पर सरकार का पक्ष बहुत कमजोर है। इस फिल्म का प्रदर्शित होना प्रधानमंत्री और कांग्रेस के लिए बहुत हानिकारक होगा। पर इसको प्रशासनिक व कानूनी कार्यवाही से नहीं रोका जा सकता। प्रधानमंत्री को राजनीतिक स्तर पर कुछ करना होगा।

सिक्किम के मुख्यमंत्री–काज़ी–आज प्रधानमंत्री से मिले। मैं भी उपस्थित था। उन्होंने कोई राजनीतिक बात नहीं की–केवल अपनी कुछ विकास योजनाओं का महत्त्व समझाते हुए उन्होंने प्रधानमंत्री से यह आग्रह किया कि योजना आयोग से उन्हें इनके लिए पर्याप्त धन दिलवा दिया जाये। प्रधानमंत्री ने कहा कि वह योजना आयोग के उपाध्यक्ष से मिल चुके हैं और उनकी योजनाओं पर सहानुभूतिपूर्वक विचार किया जायेगा। काज़ी बहुत धीरे-धीरे हिन्दी में बोल रहे थे–एक बात को बार-बार कहते थे। इस कारण उन्हें अपनी बात कहने में काफी समय लगा। प्रधानमंत्री का मन कहीं और था। वे इस प्रतीक्षा में थीं कि कब भेंट समाप्त हो।

काज़ी के जाने पर प्रधानमंत्री ने मुझे रोक लिया। पुरुषोत्तम काकोडकर उनसे मिलने आ रहे थे। वे समय-समय पर प्रधानमंत्री को गोआ की मुख्यमंत्री (श्रीमती शशिकला काकोडकर) के विरुद्ध आरोप पत्र देते रहते हैं। आज सुबह समाचारपत्रों में उनका एक वक्तव्य प्रकाशित हुआ था कि मुख्यमंत्री के विरुद्ध फिर आरोप लगाये गये हैं। (इस बार एक एम. एल. ए. नायक ने यह काम किया है।) उन्हें त्यागपत्र दे देना चाहिए। प्रधानमंत्री ने पूछा कि यदि काकोडकर ने यह प्रश्न उठाया तो मैं क्या कहूँ। मैंने उन्हें बताया कि स्वयं काकोडकर ने जो आरोप लगाये थे, उनकी जाँच हो चुकी है और उनमें कोई तथ्य नहीं पाया गया। नायक ने जो आरोप-पत्र दिया है, उसकी जाँच की जा रही है। उप-राज्यपाल ने कहा है कि इन आरोपों में भी कोई तथ्य नहीं है, पर मुझे लगता है कि इनमें अभी कुछ और स्पष्टीकरण की आवश्यकता होगी। अतएव किसी निष्कर्ष पर पहुँचना ठीक नहीं। प्रधानमंत्री ने बीच में टोकते हुए कहा कि मुख्यमंत्री के पति के बारे में बहुत शिकायतें आ रही हैं, कुछ करना पड़ेगा। मैंने कहा कि इस पर तो तभी कुछ कहना सम्भव होगा, जब पूरी जाँच हो जाये। मैंने सोचा कि कांग्रेस के कई मुख्यमंत्रियों और मंत्रियों के विरुद्ध जब आरोपों की पुष्टि भी हो गयी तब भी प्रधानमंत्री ने कुछ नहीं किया। पत्रावलियाँ आज तक उनके पास दबी पड़ी हैं, पर दूसरी पार्टी के मुख्यमंत्री के विरुद्ध बिना जाँच पूरी हुए प्रधानमंत्री ने अपना मत बना लिया। ख़ैर, उनकी कार्यप्रणाली ही ऐसी है।

सन्ध्या को घर जाते समय प्रो. धर मेरे कमरे में आये और मुझे अपने साथ नीचे तक ले गये। उन्होंने पूछा कि क्या मैं आज प्रधानमंत्री से मिला था? जहाँ तक

मुझे मालूम है, आज प्रो. धर प्रधानमंत्री से नहीं मिले। मैंने कहा कि मैं थोड़ी देर के लिए ही प्रधानमंत्री से मिला था। मुझे ऐसा लगा कि प्रधानमंत्री बहुत थकी हुई हैं और बेचैन हैं। परेशानी स्वाभाविक है—कल निर्वाचन याचिका का फैसला सुनाया जाने वाला है। फिर कुछ इधर-उधर की बात करने के बाद प्रो. धर चले गये।

पता नहीं कल क्या होगा? याचिका पर निर्णय और गुजरात निर्वाचन के परिणाम?

12 जून, 1975

आज का दिन बहुत ही महत्त्पूर्ण माना जायेगा। प्रातः काल से ही दुःखद घटनाएँ होना प्रारम्भ हो गईं।

सुबह-सुबह समाचार मिला कि डी. पी. की मृत्यु हो गई। समाचार पत्रों में तो इसकी चर्चा नहीं थी, (मृत्यु 6 बजे के बाद हुई) पर अलीगढ़ के एक सज्जन शम्सी तेहरानी मिलने आये। वे मुझसे व प्रो. धर से अक्सर मिलते रहते हैं। आज पहले प्रो. धर के घर गये थे। डी. पी. की मृत्यु का समाचार सुनकर प्रो. धर अस्पताल जा रहे थे। शम्सी को मेरे घर छोड़ गये। पर शम्सी से मैं भेंट नहीं कर सका। मैं सुबह तैयार होने में लगा था। शम्सी मेरे लिए एक छोटा-सा पत्र और अलीगढ़ से सम्बन्धित कुछ कागज़ात छोड़ गये। उसी पत्र से पता लगा कि डी. पी. का निधन हो गया।

कार्यालय पहुँचते ही वी. आर. मेरे कमरे में आ गया। काम करने का विशेष मन नहीं था। प्रधानमंत्री कार्यालय नहीं आयी थीं। इलाहाबाद से समाचार आने की प्रतीक्षा थी। हमारा अनुमान था कि समाचार सवा दस बजे तक आयेगा। वी. आर. मेरे कमरे से दस बजे से थोड़ा पहले गया। ठीक 10.05 पर उसका फोन आया कि निर्णय प्रधानमंत्री के प्रतिकूल हुआ है, पर इस बात की पुष्टि की जा रही है। मैं फौरन कमरे से निकला। मेरे और वी. आर. के कमरे के बीच पी. टी. आई. और यू. एन. आई. के टेलीप्रिंटर लगे हैं। उसमें मैंने स्वयं पढ़ा कि जस्टिस जगमोहन लाल सिन्हा ने प्रधानमंत्री के निर्वाचन को रद्द कर दिया है और 'भ्रष्टाचार' के आरोप को (धारा 123 (7)) ठीक मान कर उन्हें छः साल के लिए निर्वाचन के अयोग्य घोषित कर दिया है। मैं टेलीप्रिंटर से प्रो. धर के कमरे की ओर बढ़ा। वे जल्दी-जल्दी नीचे जाने के लिए आगे बढ़ रहे थे। प्रधानमंत्री निवास जाना चाहते थे। उसके बाद तो कोई काम होना असम्भव था। मैं शारदा के कमरे में चला गया। वहीं वी. आर. था। सबको इस निर्णय पर दुःख था। हमारी सलाह पर शारदा भी प्रधानमंत्री निवास चला गया। हम लोग वी. आर. के कमरे में आ गये। वहीं रंजन व सलमान भी आ गये। लंच के समय तक वहीं रहे। टेलीप्रिंटर पर जो सूचना आती थी उसे पढ़ते जाते थे।

लंच तक शेषन और शारदा भी प्रधानमंत्री निवास से आ गये थे। बात का विषय तो आज बदल नहीं सकता था। शेषन ने बताया कि निर्णय आने के बाद प्रधानमंत्री निवास पर मंत्रीगण आना शुरू हो गये। कुछ देर प्रधानमंत्री ने गोखले, सिद्धार्थ व पालकीवाला से बात की, पर बाद में और लोगों से मिलती थीं और अन्दर व बाहर आती-जाती रहती थीं। लेकिन साढ़े दस बजे ही प्रधानमंत्री, संजय (प्रधानमंत्री का छोटा पुत्र) और धवन की गुपचुप बातचीत के बाद धवन ने दिल्ली में कई लोगों को फोन किया कि प्रधानमंत्री के समर्थन में शीघ्र रैली आयोजित की जाये। उत्तर प्रदेश के मुख्यमंत्री को भी फोन हुआ कि वे सीमावर्ती जिलों से रैली के लिए लोगों को भेजें और लखनऊ में भी रैली करायें। बंसीलाल ने प्रधानमंत्री निवास से भी आदेश दिये कि उनके राज्य के सभी डिप्टीकमिश्नर इन रैलियों को करने में पूरी मदद करें। थोड़ी देर में बहुत जगह फोन खटखटाये गये कि जन-समर्थन दिखाने के लिए शीघ्र प्रदर्शन होने चाहिए। दिल्ली का पूरा प्रशासनिक तंत्र इस काम में जुट गया और रैलियाँ आरम्भ हो गईं।

लंच तक यह भी निर्णय प्रधानमंत्री ने ले लिया था कि क्योंकि इलाहाबाद हाई कोर्ट ने अपने फैसले को 20 दिन के लिए 'स्टे' कर दिया है और वे इस निर्णय के विरुद्ध सुप्रीम कोर्ट में अपील करेंगी, वे प्रधानमंत्री पद से फौरन ही त्यागपत्र नहीं देंगी। इसकी सूचना शारदा ने वी. आर. के कमरे से पी. टी. आई. व यू.एन.आई. को दी। बाद में शारदा ने जो पूरा विवरण दिया, उससे मुझे यह स्पष्ट हो गया कि प्रधानमंत्री ने यह निर्णय कर लिया है कि वे त्यागपत्र नहीं देंगी। गद्दी छोड़ना ठीक नहीं। इसलिए स्वयं प्रेस से बात नहीं कर रही हैं।

लंच के बाद रंजन व सलमान मेरे कमरे में आकर बैठ गये। वही बात फिर होने लगी। एक-एक बात दोहराई जाती। तरह-तरह के अटकल और अनुमान लगाये जाते। राजू भी इस बीच में आ गया था। इन सबका यह कहना था कि प्रधानमंत्री ने त्यागपत्र न देकर भारी ग़लती की है। उनका ऐसा न करना प्रजातंत्र प्रणाली के अनुकूल नहीं है। साथ ही उनकी व्यक्तिगत रूप से भी काफी आलोचना होगी।

इन लोगों के जाने के बाद भास्कर घोष मिलने आया। (वह आजकल सिद्धार्थ का सचिव है। मेरे साथ दिल्ली में 1966-67 में अतिरिक्त जिलाधीश था।) उसने बताया कि जैसे ही इलाहाबाद हाई कोर्ट ने यह घोषणा की कि याचिका पर फैसला 12 तारीख को होगा, प्रधानमंत्री ने फोन पर सिद्धार्थ को दिल्ली 11 तारीख को आने को कहा। वे 10 की रात को आ गये। उससे यह भी पता चला कि दोपहर को सबने प्रधानमंत्री को यही सलाह दी थी—और ऐसा लगता था कि वे मान भी रही हैं—कि वे त्यागपत्र न दें। पर पाँच बजे प्रधानमंत्री का सिद्धार्थ के पास फोन आया। उस समय प्रधानमंत्री ने कहा कि वे त्यागपत्र देने की बात सोच रही हैं।

(यह प्रधानमंत्री का नाटकीय ढंग है और कुछ नहीं।) सिद्धार्थ यह सुनकर प्रसन्न नहीं हुए और सीधे प्रधानमंत्री निवास गये। छः बजे से कांग्रेस के संसदीय बोर्ड की मीटिंग थी।

हमारे कार्यालय में जी. आर., वी. आर, शारदा व शेषन की यही राय है कि प्रधानमंत्री को त्यागपत्र नहीं देना चाहिए। पर वी. आर. का यह भी कहना है कि यदि सुप्रीम कोर्ट से 'एब्सोल्यूट स्टे' न मिले तो फिर प्रधानमंत्री को त्यागपत्र दे देना चाहिए। प्रो. धर की क्या राय है, मुझे मालूम नहीं। वे आज कभी वी. आर. के कमरे में, कभी मेरे कमरे में आकर बैठ जाते थे, पर गम्भीर बात उनसे कुछ नहीं हुई। मेरे कमरे में जब आये कुछ और लोग भी थे। पर वी. आर. से कुछ बात हुई। वे निश्चित रूप से कुछ राय कायम नहीं कर पा रहे हैं, पर वी. आर. को उनका झुकाव त्यागपत्र की तरफ ही लगता है। वे इन रैलियों से बहुत प्रसन्न नहीं हैं पर उन्हें रोकने के लिए कुछ कर भी नहीं सकते।

सन्ध्या को गुजरात के नतीजे भी आने लगे। वहाँ जनता-मोर्चा कांग्रेस से काफी आगे है। लगता है कि कांग्रेस की हार होगी। कांग्रेस की क्या, हार प्रधानमंत्री की होगी। वास्तव में गुजरात के चुनाव का भार प्रधानमंत्री ने अकेले ही उठाया है।

रात्रि में घर पर कम्मी ने पूछा कि "बिशन भाई, क्या प्रधानमंत्री त्यागपत्र देंगी। यदि सुप्रीम कोर्ट में उन्हें 'एबसोल्यूट स्टे' नहीं मिला तो क्या करेंगी।" मैंने उत्तर दिया कि यदि मैं प्रधानमंत्री को समझ सका हूँ तो वे और चाहे कुछ करें, कुर्सी कभी नहीं छोड़ेंगी। अपने को सत्ता में रखने के लिए वे ग़लत से ग़लत काम करने में भी नहीं हिचकिचायेंगी। कम्मी को यह बात पसन्द नहीं आयी।

13 जून, 1975

प्रधानमंत्री का आज भी कार्यालय आने का विचार नहीं था। पर जब प्रो. धर उनसे उनके निवास पर मिले तो उन्होंने यह परामर्श दिया कि उन्हें कार्यालय आना चाहिए। लगभग साढ़े दस बजे के बाद वे कृष्णचंद्र पंत को साथ लेकर कार्यालय आईं। पंत ने उन्हें यह सलाह दी कि उन्हें रेडियो में राष्ट्र के नाम संदेश देना चाहिए। प्रधानमंत्री से मिलकर पंत मेरे कमरे में आये। मुझे उन्होंने यह बात बतायी और कहा कि मैं भी प्रधानमंत्री को यही सलाह दूँ। मुझे यह सुझाव बिल्कुल नहीं जंचा और मैंने पंत से यह स्पष्ट भी कर दिया। लंच के समय मैंने शारदा की राय पूछी, उसने भी यही कहा कि रेडियो पर संदेश देना हास्यास्पद लगेगा।

पंत के जाने के बाद प्रो. धर मेरे कमरे में आये। उन्होंने मुझे एक नोट दिया जो प्रधानमंत्री को बहुगुणा (उत्तर प्रदेश के मुख्यमंत्री) ने दिया था। इस नोट में यह तर्क प्रस्तुत किया गया था कि सरकारी कर्मचारी का त्यागपत्र मौखिक स्वीकारा जा सकता है। प्रो. धर उस नोट पर मेरे विचार जानना चाहते थे। फिर मुझसे पूछा कि

सरकारी अधिकारियों में फैसले की क्या प्रतिक्रिया हुई है? वी. आर. उनसे पहले ही बता चुका है कि अन्दर-ही-अन्दर प्रधानमंत्री की हार से अधिकारी प्रसन्न हैं। मैंने भी यह बात दोहरायी। मुझे अभी तक केवल एक अधिकारी मिला है जो कि प्रधानमंत्री की हार पर प्रसन्न नहीं है। प्रो. धर ने पूछा कि ऐसा क्यों है और प्रश्न पूछने के बाद स्वयं ही बोले कि उन्हें इस पर आश्चर्य नहीं है। इसके बाद मुझे कोई उत्तर देने की आवश्यकता नहीं रही।

प्रो. धर ने फिर पूछा कि प्रधानमंत्री निवास पर जो रैली व प्रदर्शन हो रहे हैं, उस पर लोगों की क्या प्रतिक्रिया है? मैंने कहा कि सब मज़ाक उड़ा रहे हैं और आज बिना नोटिस के जो दिल्ली की सभी बसें सड़कों से हटा ली गईं, इससे जन-साधारण को असुविधा हुई है और लोग खूब गाली बक रहे हैं। लोगों का कहना है कि इन प्रदर्शनों से क्या लाभ और प्रधानमंत्री इनसे क्या सिद्ध करना चाहती हैं? प्रो. धर ने कहा, यह बंसीलाल, किशन चंद जैसे नासमझ, चाटुकार करा रहे हैं, इसको कैसे रोका जाये? मैंने उनसे पूछा कि क्या उन्होंने प्रधानमंत्री से इस विषय पर बात की है? उन्होंने उत्तर दिया—नहीं।

लंच के समय शेषन ने बताया कि किस प्रकार बंसीलाल, किशन चंद व दिल्ली के अन्य अधिकारियों ने प्रदर्शनों का आयोजन कराने के लिए प्रधानमंत्री निवास को हेडक्वार्टर बना लिया है। हरियाणा और दिल्ली प्रशासन के सभी साधनों का इन प्रदर्शनों के लिए दुरुपयोग किया जा रहा है। शेषन के अनुसार, आज सुबह प्रधानमंत्री ने पालकीवाला आदि से फिर परामर्श किया। सुझाव यह था कि अपील सोमवार को सुप्रीम कोर्ट में फाइल हो जाये, पर प्रधानमंत्री ने कहा कि वे सोचकर बतायेंगी। ज्योतिषियों से परामर्श करके यह निश्चय होगा कि अपील किस दिन दायर की जाये।

लंच के बाद प्रो. खुसरो मिलने आये। वे जल्दी में थे। प्रो. धर के पास उन्हें काफी समय लग गया था। मेरे पास केवल दस-पन्द्रह मिनट रहे। सिर्फ वही बोलते रहे और आत्मप्रशंसा करते रहे।

उनके जाने के बाद बाऔरी आ गया। कल वह दिन भर प्रधानमंत्री निवास पर ड्यूटी पर रहा। उसने भी शेषन की बात की पुष्टि की कि सरकारी साधनों का पूरा दुरुपयोग किया जा रहा है, प्रदर्शनों का आयोजन करने के लिए। प्रदर्शनकारियों को रुपया व खाना दिया जा रहा है। पता नहीं रुपया कहाँ से आ रहा है? पर अभी तक जो प्रदर्शन हुए हैं, उनसे प्रधानमंत्री सन्तुष्ट नहीं हैं। इसलिए कल फिर कपूर ने सभी मुख्यमंत्रियों और प्रदेश कांग्रेस के अध्यक्षों को फोन किया है कि प्रदर्शनों की सरगर्मी बढ़ायी जाये। ये सब फोन बाऔरी के सामने ही किये गये।

बाऔरी ने एक बात और बतायी। कल रात में उनकी उपस्थिति में ओम मेहता, कम्युनिस्ट नेता भूपेश गुप्ता को बड़े चुपचाप प्रधानमंत्री से मिलाने लाये। पर

प्रधानमंत्री निवास पर जो रेडियो और टी. वी. के कार्यकर्ता थे, उन्होंने भूपेश गुप्ता को देख लिया। ओम मेहता को इससे परेशानी हुई। उन्होंने बाऔरी से कहा कि वे भूपेश को इस शर्त पर लाये थे कि कोई उन्हें देखने नहीं पायेगा, इसलिए रेडियो व टी. वी. वालों को वे समझा दें। बाऔरी ने उन्हें आश्वस्त किया कि वे लोग इस बात का प्रचार कदापि नहीं करेंगे। कल तक कम्युनिस्ट पार्टी ने प्रधानमंत्री के त्यागपत्र देने या न देने पर कोई मत नहीं व्यक्त किया था। आज किया है—उन्हें त्यागपत्र नहीं देना चाहिए। पार्टी का कहना है कि दक्षिणपंथी लोग फैसले का अनुचित उपयोग कर रहे हैं।

14 जून, 1975

आज माह का दूसरा शनिवार होने के कारण कार्यालय बन्द थे। पर मैं कार्यालय गया था, प्रो. धर भी आये थे। लगभग बारह बजे उन्हें प्रधानमंत्री निवास पर बुलाया गया। उससे पहले वे मेरे पास आये। कल के नोट के बारे में पूछने पर मैंने बताया कि वह बिल्कुल बेकार है। उससे प्रधानमंत्री को कोई लाभ नहीं होगा। इसके बाद प्रदर्शनों का प्रसंग छिड़ गया। मैंने कहा कि हर जगह इनकी और जिस प्रकार ये किये जा रहे हैं, उनकी कटु आलोचना हो रही है। प्रो. धर स्वयं इन प्रदर्शनों से अप्रसन्न हैं, पर वे कुछ कर नहीं सकते।

दोपहर में मैं मुख्यमंत्री असम से मिला। उन्होंने मेरे सुझाव पर अपना नया मुख्य सचिव नियुक्त कर लिया है। पर वास्तव में उन्होंने मुझे बुलाया था बोडो की पुस्तकें देवनागरी में प्रकाशित कराने के सम्बन्ध में। मैंने उन्हें बताया कि इस कार्य में गृह मंत्रालय ने बहुत शीघ्रता से काम किया है। असम सरकार को चिंता करने की आवश्यकता नहीं।

सन्ध्या को वर्धन से भेंट हुई। उसने बताया कि गोखले ने नय्यर को इलाहाबाद भेजा था याचिका पर हुए फैसले की प्रति लाने को। उसने फैसला पढ़ा है। तर्क संगत लगता है। पालकीवाला से भी उसकी एक मीटिंग हुई है। पालकीवाला ने कहा है कि वह बिना पूरी तरह अध्ययन किये कोई राय नहीं दे सकते। इससे लगता है कि मामला सुप्रीम कोर्ट में भी आसान न हो।

रात में लगभग साढ़े आठ बजे प्रधानमंत्री निवास से फोन आया। प्रधानमंत्री जानना चाहती थीं कि कपूर ने 13 जनवरी, 1971 के बाद तो तनख्वाह नहीं ली। वह इस बात का प्रयोग अपने भाषणों में करना चाहती हैं कि क्योंकि उसने 13 जनवरी के बाद वेतन नहीं लिया तो वह सरकारी कर्मचारी नहीं रहा। मैंने वस्तुस्थिति बता दी। पर जहाँ तक मुझे याद है, यह तर्क खरे ने किया था, पर अवश्य ही जज ने इसको नहीं माना है।

आजकल जहाँ भी जाओ हर जगह चर्चा का विषय एक ही है। प्रधानमंत्री का

अपने पद से चिपटे रहने का प्रयत्न। मुझे एक भी व्यक्ति अभी तक नहीं मिला है जो प्रधानमंत्री के त्यागपत्र न देने को ठीक कहता हो। कई ऐसे व्यक्तियों को भी जानता हूँ जो पब्लिक में प्रधानमंत्री का समर्थन कर रहे हैं, पर अन्दर-ही-अन्दर उनकी निंदा और आलोचना कर रहे हैं।

15 जून, 1975

आज मैं कार्यालय नहीं गया। सुबह शेषन का फोन आया कि आज क्या बात है कि मैं कार्यालय नहीं गया। बात यह है कि आजकल के वातावरण में काम करने का मन नहीं हुआ। फिर कुछ विशेष काम आज था भी नहीं, जिसमें किसी शीघ्रता की आवश्यकता हो।

दिन भर घर पर रहा। इलाहाबाद हाई कोर्ट के फैसले के कुछ अंश अखबारों में छपे थे, उनको ही पढ़ता रहा। जज इस निष्कर्ष पर पहुँचे हैं कि कपूर का त्यागपत्र 25 जनवरी से पहले स्वीकार नहीं किया गया और क्योंकि सरकारी कर्मचारी होते हुए उसने प्रधानमंत्री का निर्वाचन-कार्य किया, प्रधानमंत्री ने 'भ्रष्ट' साधन का उपयोग किया। सुप्रीम कोर्ट में भी असली बहस इसी पर होगी। अन्तिम निर्णय कुछ भी हो, इसके तथ्य यहाँ लिखना अनुपयुक्त नहीं होगा, क्योंकि मुझे उनकी व्यक्तिगत जानकारी है। सम्भवतः पहले लिख भी चुका हूँ।

वास्तव में कपूर ने त्यागपत्र 25 जनवरी, 1971 को ही दिया था। हाँ, उस पर तारीख 13 जनवरी डाली। 25 तारीख को उस पर कार्यवाही की गयी। कार्यालय टिप्पणी लिखी गयी, जिससे स्पष्ट है कि 25 से पहले इस त्यागपत्र को स्वीकार करने की कोई कार्रवाई नहीं की गयी। कार्यालय टिप्पणी के बाद उस पर दो अधिकारियों के हस्ताक्षर हैं और उसके बाद हक्सर के। उन्होंने भी कार्यालय टिप्पणी को स्वीकार किया है। यदि उन्होंने 13/14 को त्यागपत्र स्वीकार किया होता तो वे उस पत्रावली में लिख सकते थे कि त्यागपत्र स्वीकार किया जा चुका है। उन्होंने कोई ऐसी बात नहीं लिखी। उनके हस्ताक्षर के बाद शेषन ने प्रधानमंत्री की सहमति व्यक्त की है। इन टिप्पणियों और आदेशों को देखने के बाद किसी को तनिक भी संदेह नहीं रहेगा कि कपूर का त्यागपत्र 25 जनवरी, 1971 से पहले स्वीकार नहीं हुआ। यही निष्कर्ष जस्टिस सिन्हा का है। आज उन्हें सी. आई. ए. एजेंट कहा जा रहा है।

यह पत्रावली इस मुकदमे में प्रधानमंत्री के पक्ष के लिए चिंता का कारण बनी है। मुझे याद है कि एक दिन इस प्रश्न पर विचार करने के लिए स्वर्गीय मोहन कुमारमंगलम के निवास स्थान पर एक मीटिंग हुई थी। पं. कन्हैयालाल मिश्र और हक्सर वहाँ थे। मैं ये सब कागज़ात लेकर हक्सर के कहने पर उस मीटिंग में गया था। यद्यपि सचिवालय में मैं इस विषय से डील नहीं करता था। सब कुछ पढ़ समझ

कर कुमारमंगलम और मिश्र ने बड़ी चिंता व्यक्त की थी। और कुछ तब हो नहीं सकता था। उन्होंने यह सलाह दी कि कपूर के त्यागपत्र पर यह साक्ष्य बना दिया जाये कि यह हक्सर के कार्यालय में 12 तारीख को प्राप्त हो गया था। पुराने रजिस्टर निकलवा कर बाद में इस पत्र की प्राप्ति का सबूत बनाया गया था। किसने यह किया था, इसका मुझे पता नहीं। दो अन्य अधिकारियों के भी हस्ताक्षर उस त्यागपत्र पर 13-1-71 की तारीख में बाद में ही करवाये गये थे। यह हस्ताक्षर, यह साक्ष्य उत्पन्न करने के लिए करवाये गये थे कि कपूर ने त्यागपत्र 13-1-71 को दे दिया था। हक्सर के दफ्तर का वह रजिस्टर अभी हाल ही में जला दिया गया है। यदि अब जस्टिस सिन्हा इस निष्कर्ष पर पहुँचे हैं कि कपूर का त्यागपत्र 25 जनवरी, 1971 से पहले स्वीकार नहीं हुआ तो ग़लत क्या है? वास्तव में कठोर सत्य तो यही है और सत्य किसी-न-किसी रूप में प्रकट हो ही जाता है।

रात में बबिल्स ने वर्धन के लिए डिनर दिया था। काफी लोग वहाँ थे। सब यही कह रहे थे कि आज की ख़बर है कि प्रधानमंत्री त्यागपत्र देने वाली हैं। मुझे यह ठीक नहीं लगता। फैसला आने के थोड़ी देर बाद प्रधानमंत्री ने निर्णय कर लिया था कि वे त्यागपत्र नहीं देंगी। शारदा ने प्रेस को उसी दिन सूचित भी कर दिया था। इसमें परिवर्तन वे करें, मुझे नहीं लगता। प्रधानमंत्री आसानी से अपना पद नहीं छोड़ने वाली हैं।

16 जून, 1975

आज मंत्रिपरिषद् की बैठक पहले से ही निर्धारित थी। लेकिन 10 बजे न होकर वह 11 बजे हुई। कोई विशेष महत्त्व का प्रश्न विचारणीय नहीं था। पर इस बैठक से पहले मंत्रिमंडल सचिव को प्रधानमंत्री की ओर से यह आदेश दिया गया कि सब कार्यालयों में वातावरण यही होना चाहिए कि शासन का सब काम यथावत् सामान्य रूप से चल रहा है। जनता में इसके प्रदर्शन के लिए यह आवश्यक है कि मंत्रिपरिषद्, व उसकी समितियों की बैठकें समय-समय पर होती रहें। इसी आधार पर कल के लिए मंत्रिपरिषद् की राजनीतिक कार्य सम्बन्धी समिति की बैठक निर्धारित की गयी है यद्यपि आवश्यकता कुछ भी नहीं है।

मीटिंग के बाद शारदा मेरे पास किसी काम से आये और फिर काम हो जाने के बाद भी रुक गये। उनका प्रधानमंत्री से आजकल काफी सम्पर्क है। प्रधानमंत्री के पक्ष में जो अभियान चलाया जा रहा है उसमें प्रेस का बहुत बड़ा हाथ है। प्रेस में क्या बात किस तरह छपे इसका विशेष महत्त्व है। शारदा को प्रधानमंत्री और उनके प्रमुख परामर्शदाताओं से क्षण-क्षण में आदेश लेने पड़ते हैं। कल और परसों की छुट्टी भी उनकी इसी काम में गयी। आज सुबह के समाचारपत्रों में प्रधानमंत्री के समर्थन में एक लम्बा वक्तव्य निकला है। कल दिन भर शारदा इसी में व्यस्त रहे कि इसका

अधिक से अधिक कैसे प्रचार हो। शारदा ने बताया कि यह वक्तव्य प्रधानमंत्री के वकील पालकीवाला ने तैयार किया था। उनकी राय में प्रधानमंत्री का केस कमजोर नहीं है। इस वक्तव्य को प्रकाशित करने पर जब विचार हो रहा था तो सबका ध्यान इस ओर आकृष्ट किया गया कि ऐसा करना न्यायालय के 'कंटेम्प्ट' में आ सकता है। पर प्रधानमंत्री की सहमति से यही निश्चय हुआ कि इस वक्तव्य को प्रसारित किया जाये। शारदा ने यह भी बताया कि प्रधानमंत्री 'फाइटिंग मूड' में हैं। आखिर मामला कुर्सी का है—कोई साधारण बात नहीं है।

लंच के समय शेषन ने बताया कि बढ़ते हुए आडम्बर से वह खिन्न होता जा रहा है। देवराज अर्स (कर्नाटक के मुख्यमंत्री) व वेंगल राव (आंध्र प्रदेश के मुख्यमंत्री) ने उससे यह कहा कि प्रधानमंत्री को त्यागपत्र दे देना चाहिए पर उनका यह साहस नहीं हुआ कि प्रधानमंत्री से यह कह सकें। कर्नाटक प्रदेश कांग्रेस अध्यक्ष का भी यही रवैया रहा। क्या इतने डर और घुटन के वातावरण से देश का भला होगा?

गुजरात में जनता मोर्चा सरकार बनाने के लिए प्रयत्नशील है, यद्यपि उसे स्पष्ट बहुमत नहीं मिला है। पर प्रधानमंत्री ने गुजरात के राज्यपाल को यह संकेत दिया है कि जहाँ तक हो सके यह न होने दिया जाये। यह भी लंच के समय शेषन से मालूम पड़ा।

लंच के बाद प्रो. धर से मिला। वे आजकल बोलते कम हैं, हम लोगों से जानना चाहते हैं कि बाहर क्या चर्चा हो रही है? मैं ऐसे वातावरण में जब कि तरह-तरह की गप खूब फैल रही हैं, अधिक कहना उपयुक्त नहीं समझता। जो बात मुझे विश्वसनीय लगती है, वह उन्हें अवश्य बता देता हूँ। उन्होंने मुझसे पूछा कि 18 तारीख को कांग्रेस संसदीय दल की बैठक में प्रधानमंत्री को जाना चाहिए या नहीं। मैंने कहा कि उनका न जाना अधिक उपयुक्त रहेगा। दल की बैठक प्रधानमंत्री में अपना विश्वास प्रकट करने के लिए बुलायी गयी है। मैंने प्रो. धर से पूछा कि प्रधानमंत्री की ओर से अपील कब फाइल की जायेगी, तो उन्होंने कहा कि यह अभी निश्चित नहीं हुआ है।

आज एक ख़बर बहुत गरम है कि जगजीवन राम ने कांग्रेस संसदीय दल के नेतृत्व के संबंध में प्रधानमंत्री को कोई पत्र लिखा है। मुझे नहीं मालूम कि यह बात ठीक है या नहीं?

17 जून, 1975

मालूम पड़ता है कि आज सुबह प्रधानमंत्री और प्रो. धर की कहा-सुनी हुई है। उन्होंने मुझे लगभग सवा दस बजे बुलवाया। बहुत गुस्से में थे। नियुक्तियों से संबंधित कुछ पुराने कागज़ माँगे और कहा कि इसी बात को लेकर वे त्यागपत्र

देने जा रहे हैं। नीचे कार्यालय से कागज़ मंगा कर मैंने उसी समय भेज दिए। बाद में उन्होंने स्वयं अनुभव किया कि इस प्रकार से गरम होने में कोई लाभ नहीं। प्रधानमंत्री तो अपना रवैया बदलेंगी नहीं। फिर आजकल तो जनता का कितना विशाल समर्थन उन्हें मिल रहा है। मंत्रिपरिषद् की राजनीतिक कार्यसंबंधी समिति की बैठक में ही मुझे पास बुलाकर चुपचाप कहा कि उन्होंने मुझसे थोड़ी देर पहले जो कुछ कहा था मैं उसे भूल जाऊँ। किसी से भी कुछ न कहूँ। ठीक ही कहा। प्रधानमंत्री प्रत्यक्ष में कुछ कहें, चिंतित बहुत हैं। हो सकता है आवेश में आकर कुछ कह दिया हो।

समिति की ग्यारह बजे से राजनीतिक कार्यसंबंधी मीटिंग हुई। मीटिंग की आवश्यकता तो नहीं थी पर केवल इसलिए हुई थी कि यह प्रचार हो सके कि सरकार का सब काम पूर्ववत् चल रहा है। वास्तविकता इसके प्रतिकूल है। हमारे सचिवालय में तो काम का वातावरण है ही नहीं। पर कई मंत्रालयों के अधिकारियों से पता लगा है कि वहाँ भी काम नाममात्र को ही हो रहा है। हर जगह प्रधानमंत्री के बारे में चर्चा हो रही है।

हाई कोर्ट के फैसले के बाद आज मैं पहली बार प्रधानमंत्री से मिला। वैसे मंत्रिपरिषद् आदि की मीटिंगों में कल व परसों दोनों ही दिन उनसे बातचीत हुई थी। मैंने सबसे पहले उनसे यह कहा कि यदि उन्हें मेरी किसी भी सहायता की आवश्यकता हो तो मैं तैयार हूँ। शिष्टाचार के नाते मेरा कर्तव्य था, उनसे यह कहना। उन्होंने कहा कि वे स्वयं नहीं जानतीं कि कोई उनकी क्या सहायता कर सकता है। उसके बाद काम की बात होती रही। यह स्पष्ट है कि प्रधानमंत्री बहुत चिंतित हैं। यह बात अलग है कि बाहर दिखावा उन्होंने दूसरा ही बना रखा है। रैली और प्रदर्शनों में बात कर रही हैं। मैं उनके पास काफी देर रहा, पर मुझे वे एक क्षण के लिए भी 'रिलैक्स' नहीं लगीं। हाँ, असम का प्रसंग छिड़ जाने पर वे कुछ पुराने किस्से सुनाने लगीं। केवल इसलिए कि वे यह दिखायें कि बिल्कूल 'रिलैक्स' हैं। मैंने भी उन्हें इलाहाबाद से संबंधित एक पुराना किस्सा सुनाया।

आज भास्कर घोष से पता लगा कि पालकीवाला व अन्य वकीलों की राय के बाद प्रधानमंत्री का पक्ष कुछ निश्चित होता जा रहा है। अब करीब-करीब पूरी आशा है कि सुप्रीम कोर्ट से स्टे भी बिना शर्त के मिल जायेगा और आगे चलकर इलाहाबाद हाई कोर्ट का फैसला भी रद्द कर दिया जायेगा। पर भास्कर ने यह भी सूचना दी कि बाबूजी का रवैया 2-3 दिन से ठीक नहीं है। कल सिद्धार्थ उन्हें मनाने गये थे। फिर अपने साथ उन्हें प्रधानमंत्री के पास भी लाये। अब मामला ठीक हो गया है।

पर बाबूजी के इस रवैये से एक बात हुई। कांग्रेस के कुछ संसद सदस्य व नेता इस प्रयत्न में लगे हैं कि कल की संसदीय दल की बैठक में जो प्रस्ताव पारित

किया जाये, उसमें प्रधानमंत्री को यह अधिकार दिया जाये कि यदि उन्हें त्यागपत्र देना ही पड़े तो वे अपना उत्तराधिकारी स्वयं मनोनीत कर दें। यह अधिकार अब प्रधानमंत्री को नहीं दिया जायेगा। बाबूजी को इसमें आपत्ति थी, कुछ अन्य सदस्यों को भी। पर इस अधिकार की आवश्यकता ही नहीं पड़ेगी। इस बात की पुष्टि शेषन ने लंच पर की। उसने प्रस्ताव का पुराना और नया दोनों प्रारूप देखें हैं।

सन्ध्या को राजू मिलने आया। चर्चा एक ही बात पर होती है। उसने बताया कि एक-दो प्रमुख पत्रकारों को, जो अभी तक प्रधानमंत्री के प्रतिकूल लिखा करते थे, 'खरीद' लिया गया है। उनमें से एक को गुजराल अपने साथ रविवार को दीक्षित जी से मिलाने लाये थे। मुझे कुछ आश्चर्य नहीं हुआ, यद्यपि इस पत्रकार से मैं कभी ऐसी आशा नहीं करता था। मैं उन्हें बहुत लम्बे अर्से से जानता हूँ। शायद उनका दोष नहीं है। आज का वातावरण ही ऐसा है। देश का प्रधानमंत्री और उनसे भी अधिक उनके नजदीक के सलाहकार यह समझते हैं कि हर व्यक्ति की कीमत है और उसे इसको देकर इच्छानुसार काम कराया जा सकता है और यदि एकाध व्यक्ति यह न माने तो उसके पीछे सी. बी. आई., आयकर अधिकारी आदि लगाये जा सकते हैं।

आज लंच पर यह स्पष्ट हो गया कि प्रधानमंत्री का न कभी त्यागपत्र देने का विचार था, न वे त्यागपत्र देने वाली हैं। सुप्रीम कोर्ट से 'स्टे' किसी भी प्रकार का मिले। संसद का वर्षाकालीन अधिवेशन नहीं होगा। संसदीय कार्य विभाग से जो प्रस्ताव प्रधानमंत्री के पास पिछले महीने आया था और जो उनके पास पड़ा हुआ था कि संसद का अगला सत्र 14 जुलाई से हो, उससे संबंधित कागज़ात नष्ट करा दिये गये हैं। (पता नहीं इसकी क्या आवश्यकता थी?) यदि सुप्रीम कोर्ट का अन्तिम निर्णय प्रधानमंत्री के अनुकूल नहीं हुआ तो मुख्य निर्वाचन आयुक्त से प्रधानमंत्री की अयोग्यता हटवा दी जायेगी। लोकसभा भंग कर दी जायेगी और अगला चुनाव घोषित कर दिया जायेगा। लोकसभा, लगता है, हर हालत में भंग होगी। यदि सुप्रीम कोर्ट का निर्णय अनुकूल हुआ तब भी। यही कुछ योजना बन रही है।

मुख्य निर्वाचन आयुक्त टी. स्वामीनाथन हैं। वे पहले मंत्रिमंडल सचिव थे। इनकी गवर्नर बनने की बड़ी इच्छा थी। हक्सर ने काफी कोशिश की पर प्रधानमंत्री नहीं मानीं। मैंने हमेशा इस प्रस्ताव का विरोध किया। हक्सर मुझसे सहमत नहीं हुए पर प्रधानमंत्री ने इनके और रोबी दत्त के बारे में (इनको भी हक्सर गवर्नर बनाना चाहते थे) मेरी राय स्वीकार की। जब मुख्य निर्वाचन आयुक्त का पद खाली हुआ तो हक्सर ने फिर स्वामीनाथन के लिए प्रयत्न किया। प्रधानमंत्री को उन्होंने यह कहकर मनाया कि इस पद के लिए वे किसी अन्य व्यक्ति का नाम नहीं सोच सकते जो वक्त जरूरत प्रधानमंत्री की बात मानने में आनाकानी न करें। हमारे सचिवालय

में स्वामीनाथन के लिए कभी विशेष सहानुभूति नहीं रही। जब हक्सर प्रधानमंत्री से इस विषय में बात कर रहे थे तो मैं शेषन के पास बैठा था। जब हक्सर बाहर निकले तो शेषन ने कहा, (उसे मालूम था कि उनकी प्रधानमंत्री से इस विषय पर बात हुई है।) "साहब, क्यों ऐसे आदमी को आप यह पोस्ट देना चाहते हैं।" हक्सर एक मिनट चुप रहे, फिर बोले, "आप जानते हैं कि सेनवर्मा के इस पद पर रहने से हमें कितना लाभ हुआ। स्वामीनाथन के अलावा मैं किसी और आदमी को सोच नहीं सकता, जो जरूरत पड़ने पर प्रधानमंत्री की मदद करे। क्या मैं स्वामीनाथन को नहीं जानता? पर कभी-कभी इस प्रकार के एप्वांइटमेंट्स करने जरूरी होते हैं।" हो सकता है स्वामीनाथन को महत्वपूर्ण निर्णय लेना पड़े। वे क्या करेंगे, इस पर किसी को संदेह नहीं है। सरकार से संबंधित कोई ऐसी संस्था नहीं जिसका सत्ता बनाये रखने के लिए दुरुपयोग नहीं किया जा रहा हो।

सेनवर्मा के बारे में भी चर्चा करना अनुपयुक्त नहीं होगा। सेनवर्मा कई वर्षों तक विधि मंत्रालय में सचिव थे। वहाँ से अवकाश प्राप्त करने पर वे मुख्य निर्वाचन आयुक्त नियुक्त हुए। जब कांग्रेस 1969 में दो भागों में बंटी, उस समय सेनवर्मा इस पद पर थे। उन्होंने यह निर्णय दिया था कि 'पुरानी कांग्रेस' कांग्रेस के 'प्रतीक' की उत्तराधिकारी नहीं है। और भी बहुत सी बातों में उन्होंने सत्तारूढ़ दल की सहायता की। हक्सर का कहना था कि उन्होंने सेनवर्मा को एक प्रकार का वचन दे रखा है कि मुख्य निर्वाचन आयुक्त के पद से मुक्त होने पर उनके लिए कुछ और किया जायेगा। हक्सर ने बहुत प्रयत्न किया कि सेनवर्मा गवर्नर बना दिये जायें। इस प्रस्ताव का मैंने विरोध किया। एक नोट में प्रधानमंत्री को मैंने लिखा कि यद्यपि संवैधानिक व कानूनी अड़चन तो सेनवर्मा को गवर्नर बनाने में नहीं है परन्तु हमें इस प्रश्न पर औचित्य की दृष्टि से भी विचार करना चाहिए। सेनवर्मा को गवर्नर बनाने की बड़ी आलोचना होगी और यह कहा जायेगा कि सत्तारूढ़ दल के पक्ष में निर्णय देने का इनाम सेनवर्मा को दिया गया है। हक्सर मेरे विचार से सहमत नहीं हुए। उन्होंने मेरे नोट के ऊपर लिखा कि यदि सुन्दरम (वे सेनवर्मा से पहले मुख्य निर्वाचन आयुक्त थे) को इस पद के बाद 'विधि आयोग' का अध्यक्ष बनाया जा सकता था तो सेनवर्मा को गवर्नर बनाने में कोई आपत्ति नहीं की जा सकती। जब पत्रावली प्रधानमंत्री के पास पहुँची तो उन्होंने मुझे फोन किया और हक्सर का नोट पढ़कर सुनाया। मैंने विनम्रता से कहा कि सुंदरम को विधि आयोग का अध्यक्ष बनाना ग़लती थी। पर गवर्नर बनाना तो बहुत बड़ी ग़लती होगी। प्रधानमंत्री ने मेरी बात मानी। दूसरे दिन सुबह वे दौरे पर जा रही थीं। मुझे एक छोटा-सा नोट सीलबन्द भिजवाया कि उत्तर प्रदेश के गवर्नर के अतिरिक्त मेरे सभी सुझाव उन्हें स्वीकृत हैं। आगे की कार्यवाही उसी के अनुसार गृह मंत्रालय करे। उत्तर प्रदेश के लिए किसी सुन्नी मुस्लिम का नाम सोचना होगा, नहीं तो जत्ती (आजकल उपराष्ट्रपति, उस

समय उड़ीसा के राज्यपाल बनाये गये) को वहाँ भेजना होगा। वह छोटी-सी पर्ची मेरे पास आज भी है। वह 7-10-1972 को लिखी गई थी। दौरे पर जाने से पहले मुझसे सुबह प्रधानमंत्री ने उत्तर प्रदेश के बारे में फिर बात की थी। उस समय भी उन्होंने दोहराया था कि सेनवर्मा के बारे में मैंने जो कुछ कहा है, वे उससे पूर्णतया सहमत हैं। सेनवर्मा के लिए कुछ और किया जा सकता है। बाद में विधि आयोग में सदस्य का एक पद बढ़वा कर सेनवर्मा की नियुक्ति हक्सर ने करवायी। उन्होंने अपने पद का सदुपयोग सत्तारूढ़ दल के हित के लिए किया था। कुछ-न-कुछ तो बदले में मिलना चाहिए था!

सन्ध्या को घर जाने से पहले वी. आर. मेरे कमरे में थोड़ी देर बैठा रहा। घर जाने से पहले हम दोनों प्रायः रोज ही एक-दूसरे से मिलते हैं। वह बहुत खिन्न हो रहा था। उसने कहा कि प्रधानमंत्री त्यागपत्र न दें, यह बात समझी जा सकती है, पर संसद की बैठक न होना गम्भीर हो सकता है। इसके विरुद्ध प्रदर्शन होंगे, गोली चलेगी। यह प्रधानमंत्री के हित में ठीक नहीं होगा। उसने कहा कि आगे आने वाली घटनाएँ उसे अन्धकारमय लगती हैं। कहीं इलाहाबाद हाई कोर्ट का यह फैसला प्रजातंत्र के अन्त का पहला चरण न हो। मैंने उसे याद दिलायी कि आइवर जैनिंग्स की पुस्तक 'कैबिनेट गवर्नमेंट' में एक वाक्य कुछ इस प्रकार का है : "द डॉग्स बार्क इन पार्लियामेंट, बट इफ देयर वेअर नो पार्लियामेंट, दे विल बाइट इन द स्ट्रीट्स।"

18 जून, 1975

आज काफी अर्से बाद बी. जी. से भेंट हुई। वह महाराष्ट्र के नये मुख्यमंत्री का सचिव बना हुआ है। कह रहा था कि अगले मार्च-अप्रैल तक इसी पद पर उसे रहना पड़े। शुरू में चर्चा प्रधानमंत्री के मुकदमे के बारे में हुई। फिर उसने पूछा कि महाराष्ट्र-कर्नाटक सीमा-विवाद को सुलझाने में कुछ प्रगति हुई या नहीं। मैंने उत्तर में कहा कि तुम्हारे मुख्यमंत्री तो अभी कुछ समय चाहते हैं। उनकी राय में इस प्रश्न को कुछ समय बाद लिया जाये। (मुझसे कुछ दिन पहले जब प्रधानमंत्री से इस प्रश्न पर बात हुई थी तो उन्होंने यही कहा था।) बी. जी. को आश्चर्य हुआ और उसने कहा कि यह सरासर ग़लत है। वे तो चाहते हैं कि प्रश्न का कोई-न-कोई हल शीघ्र ही निकाला जाना चाहिए। स्थगित करने का कोई कारण नहीं है।

बागला भी आज लगभग एक वर्ष बाद मिला। वह पहले पंजाब के मुख्यमंत्री का सचिव था। आजकल राज्य सरकार में वित्त सचिव है। उसने कहा कि कल उसे यकायक मुख्यमंत्री ज़ैल सिंह ने चण्डीगढ़ से बुलवाया और कहा कि वह प्रधानमंत्री सचिवालय के सम्पर्क में रहे। मेरे पूछने पर कि इसकी क्या आवश्यकता पड़ी, जबकि मुख्यमंत्री प्रधानमंत्री और प्रधानमंत्री निवास से बराबर सम्पर्क में हैं,

बागला ने कहा कि वे इससे अधिक कुछ नहीं जानते। ज़ैल सिंह चाहते हैं कि उनका कोई विश्वासपात्र व्यक्ति हमारे सचिवालय से सम्पर्क बनाये रखे और क्योंकि बागला का मुझसे पुराना परिचय है, उसे यह काम सौंपा गया। इस प्रकार से खोज-ख़बर लेना मुझे अच्छा नहीं लगा। ज़ैल सिंह क्या यह चाहते हैं कि इस सचिवालय की गुप्त बातें या सोच-विचार बागला के माध्यम से उन्हें प्राप्त होता रहे। कितनी ग़लत बात है!

मैंने बागला को तनिक भी संदेह में नहीं रखा कि मुझे यह अच्छा नहीं लगा। मैंने कहा कि ज़ैल सिंह से कहना कि वे तो बराबर प्रधानमंत्री से मिलजुल रहे हैं। अपने दो-चार चाटुकारों को उन्होंने प्रधानमंत्री निवास पर भी छोड़ रखा है। इलाहाबाद के निर्णय से जो स्थिति उत्पन्न हुई है उसका सामना दो पहलुओं से किया जा रहा है—एक कानूनी और दूसरा राजनीतिक। कानूनी पक्ष बड़े-बड़े वकील देख रहे हैं और राजनीतिक केन्द्रीय व राज्य नेता, जिसमें ज़ैल सिंह भी सम्मिलित हैं। यह सचिवालय इन दोनों ही पक्षों से असम्बन्धित है। फिर मुझसे सम्पर्क बनाये रहकर बागला को क्या प्राप्त होगा? बात बागला की समझ में आयी।

आज कांग्रेस संसदीय दल की बैठक सन्ध्या को पाँच बजे संसद भवन में हुई। शारदा गया था। उसी ने इस बैठक का विवरण मुझे दिया। वह बैठक से बहुत प्रसन्न था। बाबूजी और चव्हाण ने बहुत अच्छे भाषण प्रधानमंत्री के समर्थन में किये। चव्हाण ने कहा कि भारत (इंडिया) को जो कुछ होता है वह इन्दिरा को होता है। और जो इन्दिरा को होता है वह भारत (इंडिया) को होता है। बैठक का सभापतित्व बरुआ ने किया था। उन्होंने घोषणा की कि "इन्दिरा भारत (इंडिया) है और भारत (इंडिया) इन्दिरा"। एकमत से प्रस्ताव पारित हुआ कि इन्दिरा गांधी का प्रधानमंत्री बना रहना देश के लिए अनिवार्य है। इने-गिने लोगों में साहस है इसके प्रतिकूल बोलने का—चंद्रशेखर, मोहन धारिया, कृष्णकांत, रामधन (संसदीय दल के महासचिव), लक्ष्मीकांतम्मा व दो-तीन अन्य लोग। ये लोग बैठक में उपस्थित नहीं थे।

क्या वास्तव में कांग्रेस दल के पास कोई अन्य नेता नहीं है जो आवश्यकता पड़ने पर प्रधानमंत्री के पद का उत्तरदायित्व सम्भाल ले?

19 जून, 1975

आजकल प्रधानमंत्री बहुत थोड़े समय के लिए कार्यालय आती हैं। आज सुबह तो आने का विचार नहीं था, पर बाद में आ गईं। उनका अधिकतर समय लोगों से मिलने में ही व्यतीत हो रहा है। जितनी देर कार्यालय में रहीं मंत्रियों, संसद सदस्यों आदि से मिलती रहीं। मैं मिलना चाहता था पर बाद में समय नहीं मिला।

सरीन आज मिलने आये। गुजरात में राष्ट्रपति शासन काल समाप्त हुआ और

वे कल ही दिल्ली वापस आ गये। काफी देर तक मेरे पास बैठे रहे। उन्होंने जो मुख्य बातें बताईं वह इस प्रकार हैं। पता नहीं कैसे, बात उत्तम भाई पटेल के किस्से से आरम्भ हुई। मुझे आज पहली बार पता चला कि प्रधानमंत्री की नाराज़गी के कारण राज्य सरकार ने (राष्ट्रपति के शासन काल में) इस प्रकार से काम किया कि उत्तम भाई की जमानत हो गयी पर सुप्रीम कोर्ट से जमानत रद्द हुई। इसके बाद कोई चारा ही नहीं रह गया। सरीन ने स्वीकार किया कि प्रधानमंत्री के कहने पर उन्होंने पुलिस केस में हस्तक्षेप किया, जिससे मुकदमा छूट जाये। यह पद का दुरुपयोग नहीं तो क्या? पर प्रधानमंत्री ने कभी इन बातों की न तो महत्ता समझी न चिंता की। उनका काम होना चाहिए, यह उनका हमेशा ध्येय रहा है।

प्रधानमंत्री की ओर से गुजरात चुनाव का काम अहमदाबाद में रजनी पटेल देख रहे थे। रजनी पटेल और सरीन कैम्ब्रिज में समकालीन रहे हैं। दोनों का एक दूसरे से अच्छा परिचय है। सरीन का कहना है कि रजनी की बदनामी काफी जोरों से फैल रही है। वे ग़लत-सलत काम करते रहते हैं। स्वयं सरीन को उन्होंने कई पत्र लिखे, कुछ तस्करों को छोड़ने के लिए, पर सरीन ने उन पर कोई कार्रवाई नहीं की। सरीन बम्बई में एक-दो बार रजनी के घर गये हैं। किस शान-शौकत से वे रहते हैं। वे प्रधानमंत्री के बहुत करीब हैं, इधर खुशवंत सिंह व करंजिया से 'मारुति' के पक्ष में लेख लिखवा कर और करीब आ गये हैं। पर वे प्रधानमंत्री के नाम का दुरुपयोग करने में नहीं हिचकिचाते। सरीन की सूचना के अनुसार कई अवसरों पर उन्होंने ऐसा किया है। अभी हाल में महाराष्ट्र में राज्य कर्मचारियों की हड़ताल के समय उन्होंने प्रधानमंत्री के नाम से कुछ सलाह मुख्यमंत्री को दी। बाद में मुख्यमंत्री ने जब पूछताछ की तो मालूम पड़ा कि प्रधानमंत्री ने कोई निर्देश नहीं दिया था।

सरीन ने बताया कि जब सब कुछ निश्चित हो गया था, गुजरात में नयी सरकार (जनता मोर्चा की) बनने के लिए प्रधानमंत्री ने विद्याचरण शुक्ल को भेजा कि हो सके तो इसे रोका जाये। रजनी पटेल ने अशोक होटल में बैठे-बैठे कुछ प्रयत्न किये। इस सबसे कांग्रेस की प्रतिष्ठा बढ़ी नहीं है।

प्रधानमंत्री के मुकदमे के बारे में सरीन ने कहा कि उन्हें त्यागपत्र देना चाहिए था। पद पर अड़े रहने से प्रधानमंत्री की प्रतिष्ठा को धक्का लगा है। पर उससे भी अधिक चिंता की बात है संसद का अधिवेशन न करना। यह सरासर ग़लत होगा। इसके परिणाम गम्भीर हो सकते हैं।

सुशील वर्मा (युनिवर्सिटी में मेरे समकालीन थे व जब मैं दिल्ली में डिप्टी कमिश्नर था, वे मुख्य सचिव थे) की पुत्री का आज विवाह था। यद्यपि वे भोपाल में नियुक्त हैं, शादी दिल्ली से ही कर रहे हैं। उसमें सम्मिलित होने के लिए कार्यालय से जल्दी घर आया। वर्धन भी साथ थे। उन्होंने बताया कि ओम मेहता उनसे कह

रहे थे कि वे दिल्ली 12 तारीख को देर से पहुँचे। (वे श्रीनगर एक मीटिंग में गये थे) वरना वे प्रधानमंत्री को यह सलाह देते कि उन्हें त्यागपत्र देने की बात कहनी थी, फिर कांग्रेस पार्टी उसे स्वीकार न करती। प्रधानमंत्री का ऐसा न करना अच्छा नहीं हुआ है। वर्धन और मैं दोनों यही सोचते हैं कि ओम मेहता केवल दिखावे के लिए ऐसा कह रहे हैं। वे कभी प्रधानमंत्री को यह सलाह देने का साहस नहीं बटोर पाते। पर ओम मेहता की बात से यह साफ है कि कांग्रेस में चंद्रशेखर, मोहन धारिया आदि के अतिरिक्त अन्य लोग भी इस विचारधारा के हैं कि प्रधानमंत्री को त्यागपत्र देना चाहिए था।

दोपहर को अरुणाचल प्रदेश के प्रेम खांडुप थोंगम मिलने आये। वे सुबह प्रधानमंत्री से मिले थे। उनकी कुछ समस्याएँ हैं। उनके बारे में प्रधानमंत्री ने उन्हें मेरे पास आने को कहा था। अरुणाचल प्रदेश में विधानसभा स्थापित होने वाली है, मंत्रिमंडल भी बनेगा। थोंगम पहले मुख्यमंत्री होंगे।

सन्ध्या को घर जाते समय मालूम पड़ा कि प्रो. धर कल रात को एक बजे तक काम में लगे रहे। वे विधि मंत्री व कई और लोगों से मिलने गये। इसमें आश्चर्य की कोई बात नहीं, पर आश्चर्य मुझे इस बात पर है कि रामेश्वर नाथ काओ भी काफी देर उनके साथ रहे। काओ का अपील व कानूनी मामलों से क्या मतलब हो सकता है? काओ 'रिसर्च व एनालिसिस विंग' (रॉ) के अध्यक्ष हैं। भारत के बाहर जो गुप्तचरी का काम होता है, वह इस संस्था के अन्तर्गत है। (काओ प्रधानमंत्री के बहुत नजदीक है।) मैं पहले लिख चुका हूँ कि यह विभाग प्रधानमंत्री की सहायता के लिए अपने 'सीक्रेट सर्विस फंड' से रुपया खर्च करता है (आखिर कांग्रेस के प्रचार के लिए यह मुल्कराज सैनी, संसद-सदस्य को क्यों हर महीने रुपया देता था?) और देश के अन्दर भी गुप्तचरी का काम करता है, जबकि ऐसा करना इनके कार्यक्षेत्र में नहीं है।

20 जून, 1975

आज प्रधानमंत्री के समर्थन में दिल्ली में विशाल रैली हुई। शारदा रैली में गये थे। उनके अनुसार लगभग दस लाख आदमी एकत्रित हुए थे। अन्य अधिकारी जो गये थे, वे इस संख्या को बहुत अधिक बताते हैं, उनके अनुसार भीड़ केवल 3-4 लाख थी। पर यह सब मानते हैं कि दिल्ली में इतनी बड़ी रैली कभी नहीं हुई। प्रधानमंत्री भी लगभग घण्टा भर रैली में बोलीं। शारदा का कहना है कि प्रधानमंत्री ने पूरी बात बड़ी सुंदरता और कुशलता से बृहद् परिपेक्ष्य में जनता के समक्ष प्रस्तुत की। कुछ अन्य अधिकारियों ने प्रधानमंत्री के भाषण को निम्न कोटि का बताया। उनके अनुसार, प्रधानमंत्री बहक कर बातें कर रही थीं। ख़ैर, रैली भी समाप्त हुई। सरकारी साधनों और धन का इस रैली के लिए पूरा-पूरा उपयोग किया गया है।

पढ़े-लिखे लोग एक ही प्रश्न कर रहे हैं—हाई कोर्ट के फैसले और जन-प्रदर्शन का क्या सम्बन्ध है?

आज प्रो. धर के पास काफी देर रहा। जब इंडिया गेट पर रैली हो रही थी, मैं उनके पास था। प्रधानमंत्री आजकल बौखलाई हुई हैं, प्रो. धर से रोज कुछ कहा-सुनी होती है। प्रधानमंत्री के दिमाग में यह बात बैठ गयी है कि उनका सचिवालय अधिक सुदृढ़ होना चाहिए। अन्य मंत्रालयों में बहुत ढील है। उनको काम करने के लिए बाध्य करना पड़ता है। इसका भार हमारे सचिवालय में पड़ता है। यहाँ एक-दो और अधिकारी होने चाहिए। इसी सम्बन्ध में प्रो. धर और मैं बात करते रहे। बाद में जी. आर. को भी बुला लिया। प्रधानमंत्री ने यह तय किया है कि एक संयुक्त सचिव का पद सचिवालय में बढ़ा लिया जाये। मैंने प्रो. धर से कहा कि मुझे भी इस वर्ष के अन्त तक जाना है। नया संयुक्त सचिव धीरे-धीरे मेरा काम भी सम्भाल लेगा। आजकल अधिकारियों का एक गुट, जिसका केन्द्र-बिन्दु धवन है, प्रधानमंत्री के बहुत करीब है। उसी गुट के एक अधिकारी को सचिवालय में लाया जायेगा। प्रो. धर इस बात से बहुत दुखी हैं पर वे यह सब रोक पाने में असमर्थ हैं।

पिछले वर्ष यह निर्णय हुआ था कि अगस्त 75 में एक नया संयुक्त सचिव हमारे सचिवालय में आयेगा जो वर्ष के अन्त तक मेरा काम संभाल लेगा। पर अगस्त की जगह जब किसी को अभी लाने की बात उठी तो मैंने प्रो. धर से पूछा कि यह निर्णय एकदम से क्यों? क्या प्रधानमंत्री को मुझसे कुछ नाराजगी है? प्रो. धर ने कहा कि ऐसी कोई बात नहीं है। उन्होंने प्रधानमंत्री से यह प्रश्न किया था। उत्तर में प्रधानमंत्री ने कहा, "कुछ नहीं"। प्रो. धर ने मुझसे कहा, "जाओ, तुम प्रधानमंत्री से खुद पूछ लो। मुझे कोट कर देना।" मैंने कहा, आपका कहना काफी है, प्रधानमंत्री से क्यों पूछूँ। आखिर मैंने नाराजगी का अवसर ही कब दिया है?

आज सुप्रीम कोर्ट में प्रधानमंत्री के वकील ने कहा कि प्रधानमंत्री की अपील सोमवार को लेने के लिए समय निर्धारित कर दिया जाये। उनकी विनती जज ने स्वीकार कर ली। राजनारायण के वकील ने कोई आपत्ति नहीं की। सुप्रीम कोर्ट की छुट्टियाँ हैं; आजकल जस्टिस वी. आर. कृष्ण अय्यर छुट्टी के जज के रूप में काम कर रहे हैं। सुप्रीम कोर्ट में उनकी नियुक्ति सहज में नहीं हुई थी। कृष्ण अय्यर किसी समय कम्युनिस्ट पार्टी के सदस्य थे। सत्रह-अठारह साल पहले केरल में नम्बूद्रीपाद के मंत्रिमंडल के सदस्य थे। इस मंत्रिमंडल को जन-आन्दोलन के आग्रह पर बर्खास्त कराने में प्रधानमंत्री (उस समय कांग्रेस अध्यक्ष थीं) का बड़ा हाथ था। 1973 में जब सुप्रीम कोर्ट में कई स्थान रिक्त हुए तो गोखले व कुमारमंगलम के कहने पर नये मुख्य न्यायाधीश (ए. एन. राय) ने कृष्ण अय्यर का नाम भी भेजा। मंत्रिमंडल छोड़ने के बाद वे फिर वकालत करने लगे थे और

बाद में केरल हाई कोर्ट के जज हो गये थे। वहाँ से विधि आयोग के सदस्य होकर दिल्ली आ गये थे। जब यह प्रस्ताव हुआ उस समय कृष्ण अय्यर दिल्ली में विधि आयोग में थे। प्रो. धर ने और मैंने इस प्रस्ताव का विरोध किया था। हमारा कहना था कि हाल ही में तीन जजों को सुपरसीड करने से एक हलचल मच गयी है। इसके शीघ्र बाद एक जाने-माने कम्युनिस्ट को सुप्रीम कोर्ट का जज बनाना, जबकि उनसे वरिष्ठ जज व मुख्य न्यायाधीश मौजूद हैं, ठीक नहीं लगेगा। बड़ी कटु आलोचना होगी। कई दिन तक प्रधानमंत्री ने कोई आदेश नहीं दिये। फिर मंत्रिपरिषद् की राजनीतिक कार्यसमिति के सम्मुख मामले को रखा गया। वहाँ गोखले और कुमारमंगलम ने इस प्रस्ताव की विशेष सिफारिश की और यह स्वीकार कर लिया गया। प्रधानमंत्री भी यही चाहती थीं। पर अकेले निर्णय नहीं करना चाहती थीं। वैसे सुप्रीम कोर्ट व हाई कोर्ट की नियुक्तियों पर प्रधानमंत्री स्वयं आदेश देती हैं, मंत्रिपरिषद या उसकी किसी समिति के समक्ष मामला नहीं जाता। पहली बार ऐसा हुआ।

लंच के बाद जब मैं जी. आर. के कमरे में था, प्रो. धर वहाँ आ गये। उस समय मुझे पता लगा कि प्रधानमंत्री कुछ 'नाटकीय निर्णय' लेना चाहती हैं, जैसे उन्होंने 1969 में लिये थे। प्रो. धर के कहने पर जी. आर. ने एक नोट भी बनाया है, पर वे स्वयं ही जो प्रस्ताव उसमें दिये गये हैं, उनसे सर्वथा असहमत हैं। प्रो. धर ने कहा कि वे भी इस तमाशे की राजनीति और प्रशासन से परेशान हैं पर करें क्या? प्रधानमंत्री ऐसे लोगों से घिरी हुई हैं जो उन्हें ऊटपटांग सुझाव दे रहे हैं। यदि उनकी सुनी जाये तो वे प्रधानमंत्री से केवल दो-तीन काम करने के लिए कहें— (1) भरसक प्रयत्न इस बात का होना चाहिए कि दैनिक उपयोग की चीजों का मूल्य न बढ़े, (2) गाँवों में भूमि-सुधार का जो कार्यक्रम निर्धारित हो चुका है, उसे गम्भीरता से कार्यान्वित किया जाये और (3) उद्योग और कृषि के क्षेत्र में उत्पादन बढ़ाने का हर प्रयत्न हो। 'राष्ट्रीयकरण' या अन्य 'गिमिकरी' की स्कीमों से हमारी अर्थ-व्यवस्था को हानि ही होगी; किसी भी प्रकार का लाभ नहीं। जी. आर. ने कहा कि वे प्रो. धर के तीन सूत्रीय कार्यक्रम से पूरी तरह सहमत हैं और वे इस पर प्रधानमंत्री के लिए नोट बड़े उत्साह से बना सकते हैं। प्रो. धर ने कहा कि ठीक है, इस पर भी एक पृथक नोट बना लिया जाये, यद्यपि उन्हें आशा नहीं कि प्रधानमंत्री बिना 'गिमिकरी' किये मानेंगी।

प्रो. धर ने बातचीत के बीच यह भी कहा कि वे जी. आर. से नोट का पहला प्रारूप एक अन्धविश्वास के कारण बनवा रहे हैं। कांग्रेस विभाजन से पहले बंगलौर में अखिल भारतीय कांग्रेस कमेटी का एक अधिवेशन जुलाई, 1969 में हुआ था। उस अधिवेशन में प्रधानमंत्री ने अपना दस-सूत्रीय कार्यक्रम प्रस्तुत किया था। कांग्रेस ने उसे स्वीकार किया था और बाद में उसी के आधार पर प्रधानमंत्री ने मोरारजी से

वित्त मंत्रालय स्वयं ले लिया था। (मोरारजी ने इस पर त्यागपत्र दिया था।) वह दस-सूत्रीय कार्यक्रम जी. आर. का बनाया हुआ था। प्रधानमंत्री फिर कोई 'नाटकीय' कार्यक्रम जनता के सामने रखना चाहती हैं—उसका प्रारूप भी जी. आर. बनायें। देखें इस कार्यक्रम की क्या रूपरेखा निकलती है और देश की जनता को उसकी क्या कीमत चुकानी होगी।

21 जून, 1975

आज गुजराल से पता चला कि उन्हें संजय ने बुलाकर बहुत फटकारा कि कल की रैली का प्रचार ठीक नहीं हुआ और प्रधानमंत्री के पक्ष में जो अभियान चल रहा है उसका भी प्रचार अपर्याप्त है। गुजराल को बुरा लगा कि संजय उन्हें डाँटे-फटकारे। बुलाया गया उन्हें प्रधानमंत्री के नाम पर था पर मिलने को कहा गया संजय से। प्रधानमंत्री से भी उनकी जो आज भेंट हुई, वह अप्रिय ही रही। प्रधानमंत्री ने प्रचार की अपर्याप्तता पर अप्रसन्नता प्रकट की और कहा कि आज मोरारजी के घर प्रदर्शन का आयोजन होगा, उसका बहुत व्यापक प्रचार होना चाहिए। प्रधानमंत्री ने इच्छा प्रकट की कि वे रेडियो व टी. वी. 'स्क्रिप्ट' देखना चाहेंगी और केवल इसी घटना से संबंधित नहीं, हर समाचार-बुलैटिन प्रसारित होने से पहले उन्हें दिखाया जाये। गुजराल ने कहा कि 'स्क्रिप्ट' बुलेटिन आदि तो सामान्यतः वे भी कभी पहले नहीं देखते। इस पर प्रधानमंत्री ने बिगड़ते हुए कहा कि यदि आप स्क्रिप्ट पहले से नहीं देखते तो सूचना मंत्री किस बात के हैं? ख़ैर, आप देखें या न देखें, ''प्रधानमंत्री यह सब देखना चाहती हैं।'' बाद में पता चला कि 20/25 आदमी मोरारजी के घर गये थे। कुछ लोगों ने पथराव किया पर जब तक मोरारजी बाहर निकले, वे सब गायब हो गये थे। पता नहीं इसका कितना प्रचार रेडियो या टी. वी. ने किया। गुजराल शेषन से अपना दुखड़ा रो रहे थे। मैं चुपचाप सुन रहा था। यदि गुजराल को इतना ही बुरा लग रहा है, तो त्यागपत्र क्यों नहीं दे देते? कांग्रेस नेताओं और मंत्रियों ने आज जो प्रधानमंत्री के विरुद्ध कुछ भी न कहने का रवैया (डर के कारण) अपना रखा है, उसी से तो प्रधानमंत्री की शक्ति इतनी बढ़ गयी है। एक ओर तो वे प्रधानमंत्री से सही और सच बात कहने में डरते हैं, पर दूसरी ओर इधर-उधर खुलकर अपना रोना भी रोते हैं। पंडित जी के समय उनके वरिष्ठ साथियों को उनसे खुलकर बात करने में तनिक भी हिचकिचाहट नहीं थी और न पंडित जी को कभी यह बुरा लगता था। मुझे स्वयं यह जानकारी है कि गाजियाबाद में भूमि-अधिग्रहण के समय गुप्ता जी (उत्तर प्रदेश के मुख्यमंत्री) ने प्रधानमंत्री को कितना स्पष्ट पत्र लिखा था और उससे अधिक स्पष्ट बात की थी। वही एक अवसर था जब मैं पंडित जी से उनके कार्यालय में मिला था। गुप्ता जी ने पंडित जी से कहा था कि यदि वे इस विषय पर विस्तार से बात करना चाहते हैं तो मुझे (मैं मेरठ में कलक्टर था) उनके

पास भेज देंगे। बाद में मैं व ज्ञान प्रकाश (आजकल केन्द्र में स्वास्थ्य सचिव) पंडित जी से मिलने आये थे। स्व. अमीर रज़ा (केन्द्र की ओर से) भी उपस्थित थे। जहाँ तक मुझे स्मरण है, यह बात सितम्बर 1963 की है। अन्त में मुख्यतः जिस आधार पर हम काम कर रहे थे, उसे ही पंडित जी ने भी स्वीकार किया। इस प्रकार के अन्य बहुत से किस्से शेषन सुनाता है। आज यदि प्रधानमंत्री किसी बात पर अड़ जायें तो उनके वरिष्ठ सहयोगी भी उनसे बात करने की हिम्मत नहीं रखते।

लंच के समय शेषन ने बताया कि प्रधानमंत्री निवास पर उनका अंतरंग ग्रुप एक योजना बनाने में लगा है। प्रमुख विरोधी नेताओं के घर प्रदर्शन कराया जायेगा। इसमें कुछ मारपीट भी हो सकती है। विरोधी नेता को फँसाने का पूरा प्रयत्न होगा। कहते-कहते वह तैश में आ गया और बोला—"अब सिर्फ गुंडा-राज चलेगा।" शेषन के अनुसार एक स्कीम विरोधी नेताओं को जेल में बन्द करने की भी बन रही है।

सन्ध्या को विदेश कुलकर्णी मिलने आये। वे पहले राज्यसभा के सदस्य थे। एक वर्ष तक कांग्रेस संसदीय दल के उपनेता भी थे। अपने को बहुत महत्वपूर्ण समझते हैं। हर महीने प्रधानमंत्री से जब भी मिलने आते हैं, तब मेरे पास भी आते हैं। आजकल राज्यपाल बनने की लालसा में चक्कर लगा रहे हैं। बात कुछ विशेष नहीं करनी थी। प्रधानमंत्री से कल मिल ही लिये थे। इधर-उधर की बात करके चले गये। दिल्ली सिर्फ प्रधानमंत्री से यह कहने आये थे कि वे उनके साथ हैं।

घर जाने से पहले मैं शारदा से मिला। प्रधानमंत्री दो-तीन दिनों से कार्यालय नहीं आयी हैं, अतएव मैं उनसे नहीं मिला हूँ। पर शारदा उनसे प्रायः रोज मिलता है। प्रचार का कार्य उसकी जिम्मेदारी है। मैं उससे जानना चाहता था कि प्रधानमंत्री के क्या हाल हैं, क्या मूड है? शारदा ने कहा कि प्रधानमंत्री बौखलाई हुई हैं। जरा-जरा-सी बात पर नाराज होकर चीखने लगती हैं। एक दिन शारदा को फोन किया कि वे रेडियो से राष्ट्र के नाम संदेश प्रसारित करना चाहती हैं। शारदा ने ऐसा न करने की सलाह दी। बस शारदा पर बिगड़ पड़ीं। कहा, "मैं देश की प्रधानमंत्री होकर अपना रेडियो व टी. वी. भी इस्तेमाल नहीं कर सकती?" शारदा ने कुछ समझाने की कोशिश की कि संदेश की आवश्यकता क्या है और वे कहेंगी क्या? पर प्रधानमंत्री का बिगड़ना उसी तरह चलता रहा।

शारदा ने यह भी बताया कि पिछले आठ दिनों में (अर्थात जिस दिन से इलाहाबाद हाई कोर्ट का फैसला हुआ है) प्रधानमंत्री ने अपने चरित्र की महानता का परिचय नहीं दिया है। दिन-प्रतिदिन उनका व्यक्तित्व छोटा होता जा रहा है।

रात में गोपाल ने जलील अब्बासी से हुई बातचीत का सारांश बताया। जलील अब्बासी बस्ती जिले के कांग्रेसी हैं। पहले उत्तर प्रदेश में मंत्री भी रहे हैं। मालवीय

जी के पास आते-जाते हैं। रैली में भाग लेने बस्ती से आये थे, कुछ छोटे-मोटे काम और हैं, उनके लिए, एकाध दिन के लिए रुक गये हैं। आज मालवीय जी ने गोपाल के पास उन्हें भेज दिया। उन्होंने गोपाल से कहा कि जिस दिन इलाहाबाद हाई कोर्ट का फैसला हुआ था, वे समझ रहे थे कि प्रधानमंत्री त्यागपत्र दे देंगी। पार्टी में प्रचार हुआ कि त्यागपत्र नहीं देना चाहिए और इस बात के लिए अभियान होना चाहिए। सबने प्रधानमंत्री से एक स्वर में कहा कि सुप्रीम कोर्ट के फैसले तक उनको त्यागपत्र नहीं देना चाहिए। लेकिन अब अब्बासी इस दृढ़ मत के होकर बस्ती लौट रहे हैं कि यदि सुप्रीम कोर्ट का अन्तिम निर्णय भी प्रधानमंत्री के प्रतिकूल हुआ तो वे त्यागपत्र नहीं देंगी, कभी नहीं देंगी। अवश्य ही बहुत से कांग्रेसी यही सोचते होंगे।

सन्ध्या को देवेन्द्र सेन मिलने आये। वे भी आजकल प्रधानमंत्री के बहुत नजदीक हैं। उनके बहुत कुछ गलत काम में सहायता करते हैं। आजकल भी उनकी प्रधानमंत्री के यहाँ काफी पेशी हो रही है। उनकी संस्था में उनके नीचे आई. जी. के पद पर एक अधिकारी हैं जो जस्टिस अय्यर के सगे भाई हैं। देवेन्द्र सेन ने उसके माध्यम से कुछ पता लगाकर प्रधानमंत्री को बताया है। सेन का कहना है कि अय्यर यशपाल कपूर से बहुत चिढ़ते हैं। प्रधानमंत्री के वकील को कपूर की शहादत का उपयोग नहीं करना चाहिए।

22 जनू, 1975

इधर काम काफी कम हो गया है। प्रधानमंत्री के पास जो कागज-पत्तर जाते भी हैं, कई-कई दिनों तक रुके रहते हैं। फिर भी मैं आज रविवार को कार्यालय आया था। प्रधानमंत्री ने एक-दो विषयों पर सूचना माँगी थी, वह मैंने सोचा आज ही भेज दूँ। कुछ दो-चार चीजें पुरानी पड़ी थीं, उन्हें भी निपटाने का सोचा था। कल से तो इस सचिवालय में एक संयुक्त सचिव और आ जायेगा। मेरा काम भी कुछ कम हो जायेगा।

आज डाक्टर माथुर कार्यालय में ही मिलने आ गये। वे प्रधानमंत्री के डाक्टर हैं। मुझसे अच्छी मित्रता हो गयी है। कभी-कभी कार्यालय में गप करने आ जाते हैं। आज उन्होंने बताया कि दुख की बात तो यह है कि इतना कुछ हो जाने पर भी प्रधानमंत्री ने कोई सबक नहीं सीखा। वे उन्हीं लोगों के चंगुल में फँसती जा रही हैं, जिनके कारण आज प्रधानमंत्री की बदनामी इतनी बढ़ गयी है। यह भी कहा कि अब गाड़ी ज्यादा चलने वाली नहीं लगती।

ज़रीन दारूवाला के सरोद वादन की ख्याति बढ़ रही है। पर मैंने कभी उन्हें सुना नहीं था। आज टी. वी. पर उनका कार्यक्रम हुआ। उन्होंने पहले मालकौस बजाया। वह तो मुझे बहुत अच्छा नहीं लगा। बाद में राग वाचस्पति बजायी। मैंने

यह राग पहले कभी नहीं सुनी थी। वह बहुत सुन्दर बजायी।

23 जून, 1975

कार्यालय पहुँचने के थोड़ी देर बाद ही प्रो. धर ने अपने कमरे में बुलाकर बताया कि आज गृह सचिव बदले जा रहे हैं। उनकी जगह राजस्थान के मुख्य सचिव (सुन्दरलाल खुराना) को नियुक्त किया जा रहा है। प्रो. धर बहुत ही परेशान नजर आ रहे थे। मुझे इसका आभास शनिवार को हुआ था, पर निश्चित कुछ पता नहीं था। खुराना को उसी दिन प्रधानमंत्री ने मिलने को बुलाया था। वे रात को दिल्ली पहुँचे और कल प्रधानमंत्री से मिले। प्रधानमंत्री ने उनसे केवल पाँच मिनट भेंट की। शेषन ने आज बताया कि स्वयं भेंट करने के बाद प्रधानमंत्री ने खुराना को संजय और धवन के पास भेजा। उन दोनों ने खुराना से लगभग आध घण्टा बात की। उसके बाद धवन ने प्रधानमंत्री से जाकर कहा कि खुराना गृह सचिव पद के लिए उपयुक्त होंगे। इस हरी झण्डी के बाद प्रधानमंत्री ने प्रो. धर से कहलवाया कि वे मंत्रिमण्डल सचिव से कह दें कि खुराना को गृह सचिव नियुक्त किया जाये और वे सोमवार (यानी आज) को ही अपने नये पद का भार सँभाल लें। मैंने प्रो. धर से पूछा कि निर्मल मुखर्जी कहाँ जायेंगे। उन्होंने कहा कि यह अभी निश्चित नहीं है, अब पता लगाऊँगा। प्रो. धर की आँखें भर आयी थीं, जब उन्होंने यह सब मुझे बताया। मैं कमरे से चलने लगा तो मुझे रोक लिया। अपनी मेज पर वे कागज़ इधर-उधर करते रहे। कुछ नीचे डाल दिये, कुछ मुझे दे दिये। इतना उदास मैंने प्रो. धर को कभी नहीं देखा।

मेज के कागज़ इधर-उधर करने के बाद प्रो. धर ने मुझे एक नोट दिखाया जो उन्होंने 17 जून को राष्ट्रपति से मिलने के बाद प्रधानंत्री को भेजा था। नोट बहुत छोटा था। राष्ट्रपति से विरोधी दलों के नेता मिले थे और उन्होंने दो माँगें की थीं : एक, संसद का सत्र समय पर बुलाया जाये और दूसरा, प्रचार माध्यम का प्रधानमंत्री द्वारा दुरुपयोग रोका जाये। भेंट के बाद राष्ट्रपति ने प्रो. धर को बुला कर विरोधी नेताओं से हुई बातचीत का सारांश बताया था। प्रो. धर ने यही बात प्रधानमंत्री को इस नोट में लिखी थी। इस पर प्रधानमंत्री ने एक लम्बा मिनिट लिखा था, जिसका सारांश कुछ इस प्रकार था : "आज मुख्य प्रश्न केवल यही है कि जनता के मनोबल को किस प्रकार कमजोर न होने दिया जाये। इसीलिए मेरे घर पर जो रैली व जनसमूह अपनी स्वेच्छा से आ रहे हैं, उनको सम्बोधित करती हूँ और कहती हूँ कि प्रश्न किसी व्यक्ति का नहीं, देश की एकता बनाये रखने का है। विरोधी दलों का प्रचार कि यह जन-समूह मेरे घर पर लोगों को जबरदस्ती से या उन्हें रुपये आदि का प्रलोभन देकर लाये जा रहे हैं, सरासर ग़लत है। यह आरोप भी ग़लत लगाया गया है कि कांग्रेसियों

ने जस्टिस सिन्हा का पुतला जलाया या न्यायपालिका को भला-बुरा कहा। इस बात को भी मैंने 'रैलियों' को सम्बोधित करते समय स्पष्ट कर दिया है।''

प्रधानमंत्री का मिनिट पढ़कर मुझे लगा कि वे अपने को सत्ता में रखने के लिए कोई भी कदम उठाने में हिचकिचायेंगी नहीं। प्रो. धर के नोट पर इस प्रकार के मिनिट का क्या तात्पर्य था, मुझे किसी और परिपेक्ष्य में समझ में नहीं आया। मेरे सामने जो बात स्पष्ट हुई वह यह कि प्रधानमंत्री ने यह धारणा बना ली है कि जस्टिस सिन्हा का निर्णय उनके खिलाफ़ न होकर देश की जनता के खिलाफ़ है और इसीलिए यह आवश्यक है कि जनता का मनोबल न टूटने देना चाहिए। जनता की 'रैलियाँ' कितनी स्वेच्छा से आयीं, यह इधर के समाचारपत्रों में जो कुछ छपा है, जगह-जगह जो चर्चा हो रही है, उससे स्पष्ट है। अपने को जनता का पर्यायवाची समझ लेना तानाशाही का स्पष्ट लक्षण है। रैलियों का तमाशा या स्वाँग केवल अपनी विचारधारा को वैधता देने के लिए किया जा रहा है। मूल प्रश्न यह है कि क्या प्रधानमंत्री न्याय से ऊपर हैं? इसका न तो प्रधानमंत्री उत्तर देती हैं, न इसका सामना नैतिक आधार पर करने को तैयार हैं। अब जो प्रधानमंत्री कह रही हैं कि उनके समर्थकों ने न तो न्यायिकी की आलोचना की, न जस्टिस सिन्हा का पुतला जलाया, उसका भी एक कारण है, जिसे शारदा ने मुझे बताया। तीन-चार दिन पहले प्रधानमंत्री सूचना व प्रचार अभियान के सिलसिले में कुछ अधिकारियों से बात कर रही थीं। उस समय उनका ध्यान इस ओर आकृष्ट किया गया कि उनके दल वाले यह सब करके न्यायिकी की आलोचना के दोषी ठहराये जा सकते हैं। ऐसे कार्य को बन्द कर देना चाहिए। बस, तब से प्रधानमंत्री ने कहना शुरू कर दिया कि उनके समर्थकों ने कोई ग़लत काम नहीं किया है। इस मिनिट में इस बात का रेकार्ड बनाने का भौंडा प्रयास किया गया है।

सबसे मज़े की बात तो यह है कि विरोधी दलों ने राष्ट्रपति के समक्ष जो मुख्य बातें रखी थीं, उस पर प्रधानमंत्री ने अपने इस मिनिट में कोई विचार व्यक्त नहीं किया था। संसद का वर्षाकालीन सत्र जुलाई के मध्य में शुरू होता है। इसकी नोटिस जून के पहले व दूसरे सप्ताह में निकल जाती है। इस साल अभी तक यह नहीं हुआ है। संसद के सदस्यों को—विशेषकर विरोधी दलों को—इससे बेचैनी होना स्वाभाविक है। बीस साल से संसद के सत्रों के कार्यक्रमों में कभी कोई इतना मूलभूत परिवर्तन नहीं हुआ है, जितना कि लगता है कि प्रधानमंत्री इस वर्ष करेंगी। और क्यों करेंगी—केवल अपने व्यक्तिगत स्वार्थ के लिए। जब राष्ट्रीय और संवैधानिक संस्थाओं के साथ इस प्रकार की मनमानी की जाये तो प्रजातंत्र को धक्का लगे बग़ैर नहीं रह सकता। देखना अब यह है कि प्रधानमंत्री संसद के साथ क्या करती हैं? इसमें तो मुझे तनिक भी सन्देह नहीं है कि संसद का वे इसके वर्तमान रूप में सामना नहीं कर सकतीं। इसीलिए वी. आर. कहता है—और ठीक ही कहता है—कि

इलाहाबाद हाई कोर्ट के निर्णय से हमारी न्यायिकी की स्वतंत्रता तो स्थापित अवश्य हुई, पर डर की बात यह है कि कहीं यह हमारे प्रजातंत्र के समाप्त होने का कारण न बन जाये। यह देश का सबसे बड़ा दुर्भाग्य होगा। यह आशा कम है कि प्रधानमंत्री संयम से काम लें। उनका तो यह निश्चित मत बन गया है कि देश का भला उसी में है, जिसमें उनका भला हो।

प्रधानमंत्री की याचिका पर आज सुप्रीम कोर्ट में बहस हुई। प्रधानमंत्री की ओर से पालकीवाला ने और राजनारायण की ओर से शान्तिभूषण ने बहस की। कल निर्णय 3.45 पर सुनाया जायेगा, पर वह लागू आज से ही माना जायेगा।

बहल ने आज इस सचिवालय में अपने पद का भार सँभाल लिया। मेरी उससे काफी देर बात हुई। मेरा उससे परिचय पुराना है। प्रधानमंत्री जिसे चाहे अपने सचिवालय में लायें। पर मुझे कभी-कभी यह लगता है कि बहल को इतनी जल्दी में इस सचिवालय में लाना और गृह सचिव को इससे भी अधिक शीघ्रता से हटाना, साधारण बातें नहीं हैं। बहल उस ग्रुप के विश्वासपात्र हैं, जिसके चंगुल में प्रधानमंत्री फँसी हैं और फँसती जा रही हैं। कल शेषन ने जो कहा ठीक है कि आजकल प्रधानमंत्री-निवास में तरह-तरह की स्कीमें बन रही हैं। उनको पूर्णतया कार्यान्वित विश्वासपात्र अधिकारी ही कर सकते हैं।

सन्ध्या को मिर्धा ने बुलाया। वे जानना चाहते थे कि गृह सचिव को एकदम क्यों हटा दिया? बातचीत में उन्होंने यह कहा कि अभी तो पार्टी प्रधानमंत्री के साथ है, पर अन्दर-ही-अन्दर बेचैनी बढ़ रही है। मुझे तो लगता है कि इस पार्टी की आत्मा कभी की मर चुकी है!

24 जून, 1975

आज प्रधानमंत्री की याचिका पर जस्टिस अय्यर का आदेश हो गया। पालकीवाला ने बहस की थी कि अपील की सुनवाई तक इलाहाबाद हाई कोर्ट के आदेश को बिना कोई शर्त लगाये 'स्टे' कर दिया जाये। शान्तिभूषण ने इसका विरोध किया था। उसका कहना था कि सुप्रीम कोर्ट ने इस तरह का 'स्टे' पिछले बीस साल में किसी को नहीं दिया है, प्रधानमंत्री को भी नहीं मिलना चाहिए। जज ने निर्णय दिया कि संसद सदस्य की हैसियत से प्रधानमंत्री को उसी प्रकार का 'स्टे' मिलेगा जैसा सुप्रीम कोर्ट ने पिछले मुकदमों में दिया है, पर प्रधानमंत्री की हैसियत में इससे कोई अन्तर नहीं पड़ेगा, सिवाय इसके कि वे लोकसभा में वोट नहीं दे सकतीं। संक्षेप में शर्त के साथ दिये गये स्टे की आड़ में जस्टिस अय्यर ने प्रधानमंत्री को बिना शर्त लगाये (केवल वोट वाली बात छोड़कर) स्टे दे दिया।

प्रधानमंत्री, मुझे ऐसा पता लगा है, इससे सन्तुष्ट नहीं हुईं, पर प्रचार जोरों से चलाया जा रहा है कि प्रधानमंत्री और कांग्रेस दल ने जो 'स्टैंड' लिया था, उसकी

पूरी तरह पुष्टि हो गयी है। सभी वरिष्ठ कांग्रेसी नेताओं, मंत्रियों और मुख्यमंत्रियों ने एक स्वर में अलापना शुरू कर दिया कि प्रधानमंत्री की विजय हुई और उनके त्यागपत्र का कोई प्रश्न नहीं उठता। प्रश्न कानूनी तो है ही नहीं, पर इसके नैतिक धरातल की ओर कोई देखने का साहस नहीं कर पा रहा है। प्रजातंत्र केवल कानून मात्र नहीं है, यह कानून से अधिक नैतिकता और स्वस्थ परम्पराओं पर आधारित होता है। पर पिछले पाँच सालों में इन मूल्यों और मापदण्डों का प्रधानमंत्री की कृपा से एकदम ह्रास हो चुका है।

सन्ध्या को जल्दी घर जाने की तैयारी में था (आजकल काम काफी कम है) कि प्रो. धर ने बुला लिया। वे और जी. आर. नये सामाजिक आर्थिक कार्यक्रम की रूपरेखा बनाने में लगे हुए हैं। इस काम में मन इन दोनों में से किसी का भी नहीं है। प्रो. धर ने कहा कि मैं उन्हें 'भूमि-सुधार' पर एक छोटा-सा नोट दे दूँ। वह भी इस 'गिमिक' में शामिल कर दिया जाये। मेरी भूमि-सुधार में हमेशा से बहुत रुचि रही है। समय-समय पर मैंने प्रधानमंत्री को इस विषय पर नोट दिये हैं—यह बताने की चेष्टा की है कि इस क्षेत्र में प्रगति बहुत ही असन्तोषजनक है। पर प्रधानमंत्री ने केवल कृषि मंत्री या मुख्यमंत्रियों को पत्र लिखने से अधिक इस काम में कभी रुचि नहीं दिखायी है। अभी पन्द्रह-बीस दिन पहले भी मेरे एक नोट के आधार पर प्रधानमंत्री ने कृषि मंत्री (जगजीवन राम) और बिहार के मुख्यमंत्री को पत्र लिखा है। प्रो. धर से बातचीत करने के बाद फिर वही रोज के समय (साढ़े नौ बजे) तक मुझे कार्यालय में रुकना पड़ा।

सुप्रीम कोर्ट के निर्णय के साथ प्रधानमंत्री के कानूनी मामले का एक दौर समाप्त हुआ। प्रधानमंत्री की छवि (इमेज) गिरी है और उनकी सत्ता पर संकट आया है। प्रधानमंत्री को सबसे अधिक बल मिला है उनकी ही पार्टी के सदस्यों, विशेषकर वरिष्ठ कांग्रेसी नेताओं की कायरता से। वरिष्ठ नेताओं को प्रधानमंत्री ने जिस तरह मूर्ख और नपुंसक बनाया है, वैसा अन्य उदाहरण कम मिलेगा। प्रधानमंत्री आगे आने वाले दौर में इसका पूरा लाभ उठायेंगी। प्रधानमंत्री का अपना ध्येय स्पष्ट है : चाहे कुछ हो, मेरी कुर्सी नहीं जानी चाहिए। वरिष्ठ नेता ताली बजाते रहेंगे और प्रधानमंत्री को मनमानी करने देंगे, हमारे आदर्श, मूल्य, मापदण्ड जायें भाड़ में। मुझे लग रहा है कि इस देश में प्रजातंत्र का अन्त समीप आता जा रहा है।

25 जून, 1975

आज सुबह नये गृह सचिव (खुराना) मुझसे मिलने आये। मेरा परिचय उनसे बीस वर्ष पुराना है। राजस्थान के मुख्य सचिव के पद पर काम करते समय भी वे मुझसे हर दस-पन्द्रह दिन में मिला करते थे। आज केवल औपचारिकता के नाते आये थे। उनका सुझाव है कि मैं वर्धन की जगह गृह मंत्रालय में आ जाऊँ। मंत्रालय को मुझसे

बड़ी सहायता मिलेगी। वे मेरी सहमति चाहते थे।

प्रधानमंत्री आजकल कार्यालय नहीं आ रही हैं। काम का वातावरण नहीं है, वैसे भी काम कुछ कम है।

सन्ध्या को शिक्षामंत्री प्रो. नूरुल हसन एक मीटिंग के सिलसिले में साउथ ब्लॉक आये थे। मीटिंग समाप्त होने पर मेरे पास आकर घण्टा-भर बैठे रहे। उन्होंने आजकल की स्थिति के सन्दर्भ में दो बातें कहीं। पहली तो यह कि प्रधानमंत्री को निर्वाचन सम्बन्धी चुनाव में संशोधन करा लेना चाहिए। जब जनता चाहती है (चाहे इसका प्रदर्शन किराये की रैलियों ने किया) तो यह देश के हित में है क्रि प्रधानमंत्री की अयोग्यता कानूनी तरीके से दूर कर दी जाये। किसी को आपत्ति नहीं हो सकती। इस विषय पर वे प्रधानमंत्री को पत्र लिखेंगे। दूसरी बात उन्होंने कही कि संसद का सत्र अवश्य होना चाहिए। जनता में विश्वास इसी से दृढ़ होगा, पर वे इस विषय पर प्रधानमंत्री से न कुछ कहना चाहते हैं, न लिखना चाहते हैं। क्यों? उत्तर की आवश्यकता नहीं।

नूरुल हसन के जाने के बाद मैं रुस्तम जी से मिलने चला गया। गृह मंत्रालय के कुछ कागज़ात मेरे पास दो-चार दिन से पड़े हैं। प्रधानमंत्री को प्रस्तुत करने से पहले उनसे बातचीत करना आवश्यक था। रुस्तम जी से जब बातचीत समाप्त हुई, वहीं देवेन्द्र सेन आ गये। मैं उनके साथ उनके कमरे में चला गया। देवेन्द्र सेन ने बताया कि प्रधानमंत्री निवास पर सब काम संजय के निर्देशन में हो रहा है। उसने स्थिति का पूरा चार्ज ले लिया है। एक-दो दिन पहले निगमेंद्र (देवेन्द्र सेन के छोटे भाई और सी. आर. पी. के महानिदेशक) को प्रधानमंत्री निवास पर बुलाया गया। संजय ने उनसे मुलाकात की और सुप्रीम कोर्ट के फैसले वाले दिन सी. आर. पी. का क्या प्रबन्ध हो, इस पर निर्देश दिये। प्रधानमंत्री ने न निगमेंद्र को बुलवाया था, न वे उनसे मिलीं।

आज की दो बातें मुझे अज़ीब लग रही हैं। दोपहर को किशन चन्द का फोन आया था। वे कह रहे थे कि बहल और नवीन चावला के घर 'रेक्स' आज ही लग जाने चाहिए। सहज भाव से कहा अगर रात में जरूरत पड़े तो क्या होगा? मैंने उनसे बहस नहीं की और कहा कि खुराना से कह दीजिए। दूसरे जयपुर से भनोट को फोन आया था। वह राजस्थान का कार्यवाहक मुख्य सचिव है। वह चाहता था कि मैं उसे एयरफोर्स का प्लेन दिलवा दूँ। प्रधानमंत्री ने आज ही मुख्यमंत्री को दिल्ली पहुँचने को कहा है, पर वे अपने परिवार में एक विवाह के उपलक्ष्य में डूँगरपुर गये हुए हैं। मैंने उससे भी यही कहा कि खुराना से बात करो। पर मुख्यमंत्री को एकदम यहाँ बुलाने की आवश्यकता क्या हो गयी? एकाध दिन बाद भी आ सकते हैं। मैंने प्रो. धर से पूछा पर उन्हें भी कुछ पता नहीं है।

26 जून, 1975

कल रात एक बजे के बाद रैक्स पर खुराना का फोन आया। उन्होंने मुझसे पूछा कि क्या मुझे कुछ मालूम है कि प्रधानमंत्री ने कुछ निर्देश दिये हैं जिनको आज रात में ही कार्यान्वित करना है। उन्होंने बताया कि दिल्ली के उप-राज्यपाल ने उन्हें फोन किया था और चण्डीगढ़ के मुख्य आयुक्त ने। चण्डीगढ़ के मुख्य आयुक्त को पंजाब के मुख्यमंत्री ने प्रधानमंत्री के कुछ निर्देश दिये हैं। निर्देश यही थे कि विरोधी दलों के नेताओं को गिरफ्तार करना था। मैंने अपनी अनभिज्ञता प्रकट की। उनके बार-बार पूछने पर यही सलाह दी कि वे गृहमंत्री या ओम मेहता से बात करें। मुझे शेषन की बात याद आयी। उसका कहना ठीक निकल रहा है। आश्चर्य यह कि बड़े पैमाने पर गिरफ्तारियाँ होंगी, पर गृह सचिव को इसका कुछ पता नहीं। निर्मल मुखर्जी को बताना ठीक नहीं था पर खुराना की नियुक्ति तो तभी की गयी है जब वे विश्वसनीय पाये गये हैं। उन्हें भी नहीं बताया गया।

सुबह जब उठा तो कम्मी ने कहा कि वर्धन का फोन आया था, उनसे बात कर लूँ। एक परिचित पत्रकार का फोन भी सुबह आया था कि रात में लगभग 100 विरोधी नेता गिरफ्तार किये गये हैं। अखबार केवल 'स्टेट्समैन' और 'हिन्दुस्तान टाइम्स' आये थे। बाकी छपे ही नहीं। इन्हीं पत्रकार ने कम्मी को बताया था कि उनकी बिजली काट दी गयी थी, जिससे छपाई नहीं हुई।

मैं सुबह कभी रेडियो नहीं सुनता, पर आज कम्मी मेरे कमरे में ट्रांजिस्टर ले आयी। उसे पता लगा था कि राष्ट्र के नाम प्रधानमंत्री का सन्देश आने वाला है। वह मैंने सुना। प्रधानमंत्री ने बहुत अटक-अटक कर अपना सन्देश हिन्दी में पढ़ा। बाद में अंग्रेजी में बहुत ठीक से पढ़ा। सन्देश यही था कि राष्ट्रपति ने आपात्काल की घोषणा कर दी है, पर घबराने की कोई आवश्यकता नहीं है। विरोधी दलों के भीषण षड्यंत्र से देश को बचाने के लिए ऐसा करना आवश्यक हो गया था। कुछ तत्व प्रजातंत्र के नाम पर प्रजातंत्र को समाप्त करने में लगे हुए हैं। उन्हें ऐसा करने से रोकना है (मेरे मन में प्रश्न हुआ—कौन है वह?)।

कार्यालय के लिए जब घर से निकल रहा था तो शारदा का फोन आया। उसने अंग्रेजी में कहा, "सब सुन लिया। सब कुछ समाप्त हो गया। (यू मस्ट हैव हर्ड इट इज ऑल ओवर) कार्यालय आओगे तो पूरी बात होगी।" शारदा का स्वर बहुत दबा हुआ था।

कार्यालय में मैं सीधे शारदा के कमरे में ही गया। उसने मुझे विस्तार से, जो कुछ उसे मालूम था, बताया। कल रात दस बजे प्रधानमंत्री ने प्रो. धर और शारदा को अपने निवास-स्थान पर बुलाया। वहाँ बरुआ और सिद्धार्थ पहले से ही उपस्थित थे। जब प्रो. धर और शारदा पहुँचे तो प्रधानमंत्री ने कहा, "आई हैव डिसाइडेड टु डिक्लेयर इमर्जेंसी। प्रेज़ीडेण्ट हैज एग्रीड। आई विल इन्फार्म द कैबिनेट

टुमारो।" यह कहते हुए आपातकाल की घोषणा का प्रारूप प्रो. धर के हाथ में रख दिया। प्रो. धर और शारदा अवाक् रह गये, उन दोनों को केवल सूचना देने के लिए बुलाया गया था और उनकी सलाह चाहिए थी प्रचार अभियान के लिए। उन दोनों से प्रधानमंत्री ने 'राष्ट्र के नाम सन्देश' का प्रारूप भी तैयार करने को कहा। वे दोनों लगभग एक बजे तक प्रधानमंत्री निवास पर रहे। सुबह छः बजे मंत्रिपरिषद् की मीटिंग थी।

सुबह की मीटिंग में जो मंत्री दिल्ली में थे, सभी उपस्थित थे। प्रधानमंत्री ने भूमिका बतायी, पर किसी एक मंत्री ने चूँ तक नहीं की। किसी प्रकार का विरोध नहीं। केवल सरदार स्वर्ण सिंह ने कुछ प्रशासनिक प्रश्न किये। मंत्रिपरिषद् में रात को की गयी गिरफ्तारियों की बिल्कुल चर्चा नहीं हुई। किसी एक मंत्री ने कहा कि उन्होंने सुना है कि कुछ गिरफ्तारियाँ हुई हैं, पर बात टाल के वहीं समाप्त कर दी गयी। प्रो. धर को भी इन गिरफ्तारियों का कुछ पता नहीं था, शारदा ने बताया कि जे. पी., मोरारजी, चरण सिंह आदि सब प्रमुख विरोधी नेता गिरफ्तार कर लिये गये हैं।

शारदा ने यह भी बताया कि प्रधानमंत्री निवास पर पूरा कन्ट्रोल संजय ने ले लिया है। मंत्रिपरिषद् की मीटिंग के बाद उसने गुजराल को बुला कर प्रचार-कार्य के प्रति अप्रसन्नता और असन्तोष प्रकट किया। कहा कि आगे से हर समाचार बुलेटिन प्रधानमंत्री-निवास पर भेजा जाये। इस पर गुजराल ने कहा कि कार्य की दृष्टि से अच्छा होगा कि किसी अधिकारी को मनोनीत कर दिया जाये। वह ए. आर. में ही रहे। उसे सब बुलेटिन दिखा दिये जायेंगे। उन्होंने शारदा का नाम सुझाया, पर संजय ने इसे स्वीकार न करके इस काम के लिए बहल की ड्यूटी लगायी।

जब ये सब बातें हो रही थीं वी. आर. भी वहीं आ गया था। शारदा की बात सुनकर उसने कहा कि अब इस देश में भी 'गाइडेड डेमोक्रेसी' ही रहेगी। शारदा ने हल्का-सा 'हाँ' कहा।

शारदा थका हुआ तो काफी था। 15 जून से हमारे सचिवालय में सबसे अधिक काम उस पर ही पड़ा है क्योंकि प्रधानमंत्री की पूरी स्ट्रेटेजी प्रचार-अभियान पर ही आधारित है। पर शारीरिक थकान से अधिक मानसिक क्लेश में था। मैंने शारदा को कभी ऐसा नहीं देखा था। शारदा अवश्य ही सोच रहा होगा कि क्या ऐसी ही स्वतंत्रता के लिए वह 1942 में जेल गया था। शारदा पत्रकार है। स्वतंत्रता के बाद पहली बार देश में 'प्री-सेंसरशिप' लागू की गयी है।

शारदा के कमरे से आने पर मुझे सन्देश मिला की पन्त मुझसे एकान्त में बातचीत करना चाहते हैं; मैं कब उनके घर जा सकता हूँ? पन्त भी अन्य मंत्रियों की भाँति कायर हैं। मैं क्यों इस बीच में पड़ूँ? मैंने वासुदेवन को बुलवाया। वह पन्त का विशेष सहायक है। मेरे साथ मेरठ में काम कर चुका है; ग़ाज़ियाबाद में ज्वाइंट

मैजिस्ट्रेट था। उसको बुलाकर मैंने समझाया कि जो कुछ हुआ है मुझे उसकी पूरी जानकारी नहीं है। पन्त से बात करने में इसलिए अभी कोई लाभ नहीं। मैं उनसे दो-चार दिन में मिल लूँगा।

वासुदेवन ने कहा कि पन्त जी में किसी से कुछ कहने की हिम्मत नहीं है। वे मुझसे यही पूछेंगे कि प्रधानमंत्री की क्या मदद की जाये? पर मैं जानता हूँ अन्दर-ही-अन्दर प्रधानमंत्री से कितने दुःखी होंगे।

शेषन आज कार्यालय बहुत देर से आया। आते ही मेरे पास आया। कहा कि—"देखिए, मैंने कहा था। पर मेरी समझ में नहीं आता कि आगे क्या होगा? कब तक ऐसे चलेगा? संजय ने पूरा कन्ट्रोल ले लिया है।"

दिन-भर मन बहुत उदास रहा। मन में बहुत कटुता भी आ गयी थी। क्या प्रजातंत्र का अन्त वास्तव में आ गया? मैं दिनभर अपने कमरे में ही रहा। प्रो. धर से भी मिलने नहीं गया। क्या करता मिल कर? उनकी व्यथा मैं समझ सकता हूँ। मैंने सोचा कि आपातकाल सम्बन्धी सब काम नया होगा। मेरी इच्छा भी यह काम करने की नहीं है। मैंने बहल से बात की कि वह यह काम करे। उसे लाया भी इसलिए गया है कि काम बढ़ेगा और धीरे-धीरे वह मेरा काम भी समझ ले। मैं बार-बार यही सोच रहा था कि आज पण्डित जी की आत्मा पर क्या बीती होगी?

मैंने पहले लिखा है कि मंत्रिपरिषद् में किसी मंत्री ने कोई विरोध नहीं किया। यह बड़ी गम्भीर बात है। संविधान की धारा 77 के अन्तर्गत भारत सरकार के राजकाज के जो नियम बने हैं, उसके अनुसार राष्ट्रपति को आपातकाल की घोषणा करने की सिफारिश करने के लिए मंत्रिपरिषद् की बैठक आवश्यक थी। इन्हीं नियमों में प्रधानमंत्री को अधिकार है कि वह यदि आवश्यक समझे तो बिना मंत्रिपरिषद् की बैठक किये भी कोई निर्णय ले सकते हैं। पर प्रश्न है कि क्या इस विषय पर मंत्रिपरिषद् की बैठक नहीं की जा सकती थी? निर्णय प्रधानमंत्री ने स्वयं लिया। ऐसा क्यों?

दूसरी बात यह है कि राष्ट्रपति ने प्रधानंत्री की सलाह इन परिस्थितियों में क्यों मानी? वे संविधान की तनिक भी अवहेलना नहीं करते होते, यदि वे प्रधानमंत्री से कहते कि वे इस प्रस्ताव पर पूरे मंत्रिपरिषद् की राय जानना चाहेंगे। पता नहीं उन्होंने ऐसा कहा या नहीं, पर यह तो साफ है कि ऐसा हुआ नहीं। प्रधानमंत्री जब राष्ट्रपति से मिलने गयी थीं, तो सिद्धार्थ साथ थे। इन दोनों ने मिलकर ही राष्ट्रपति को सहमत कराया। मेरी जानकारी में यह पहली बार है, जब राष्ट्रपति ने केवल प्रधानमंत्री की राय पर इतना महत्त्वपूर्ण निर्णय लिया हो।

27 जून, 1975

आज भी सुबह कोई समाचापत्र नहीं आया। कब तक ऐसे चलेगा? कार्यालय आकर मैंने शारदा से पूछा तो उसने कहा कि सभी समाचारपत्रों के प्रेसों की बिजली कटी हुई है, फिर छपाई कैसे हो? यह केवल ढींगाढींगी से किया जा रहा है, किसी कानून के अन्तर्गत नहीं।

शारदा से मिलने के बाद मैं प्रो. धर के पास गया। कल उनसे नहीं मिला था। मैंने उनसे दो बातें कहीं—एक, आपात्काल घोषित करने की राष्ट्रपति की विज्ञप्ति मुझे संवैधानिक दृष्टिकोण से त्रुटिमय लगी। विधि मंत्रालय से परामर्श करना चाहिए। दो, जिन नेताओं को पकड़ा गया है उनको गिरफ्तारी के कारण देने में बड़ी सतर्कता की आवश्यकता होगी। प्रो. धर ने मेरी बात सुनी, संविधान के इससे सम्बन्धित अनुच्छेद भी पढ़े और फिर कहा कि मैं दोनों बातें बहल को समझा दूँ। पर जैसे ही मैं उनके कमरे से निकला, मुझे वापस बुला कर कहा कि जब इस सम्बन्ध में मुझसे और आपसे कोई राय ली ही नहीं गयी है तो अब हम लोग क्यों बीच में पड़ें। उन्होंने यह भी जोड़ा कि यह सब काम विधि पण्डितों से पूछकर किया गया होगा, हमें इसमें नहीं पड़ना चाहिए। अन्त में कहा कि तुम कितने भाग्यशाली हो कि जब यह सब हुआ तो एक और अधिकारी इस सचिवालय में आ गया था। सरकारी क्षेत्रों में यही धारणा होगी कि इस काम में नये अधिकारी का हाथ है। लेकिन मेरे लिए लोग क्या सोचेंगे। मुझे तुम्हारे भाग्य से ईर्ष्या होती है। मैं चुपचाप उनके कमरे से चला आया। उनकी पीड़ा ने उनकी आँखों को नम कर दिया था।

आज प्रधानमंत्री ने भारत सरकार के सचिवों की एक मीटिंग की (कुछ अतिरिक्त सचिव भी उस मीटिंग में थे)। उनको सम्बोधित करते हुए प्रधानमंत्री ने कहा कि उन्होंने जो कुछ भी किया है प्रजातंत्र को बचाने के लिए किया है। प्रजातंत्र के नाम पर प्रतिपक्ष प्रजातंत्र की हत्या करने पर कटिबद्ध था। हमें न तो संसद में कुछ काम करने दिया जाता था न बाहर। निर्वाचित सदस्यों को विधानसभाओं से त्यागपत्र देने को बाध्य किया जा रहा था। अनुशासनहीनता को इससे बढ़ावा मिल रहा था। स्थिति धीरे-धीरे ख़राब हो रही थी। सरकार कब तक यह बर्दाश्त करती? बहुत से विदेशी नेताओं और राजदूतों ने प्रधानमंत्री से समय-समय पर यह कहा कि सरकार इन गतिविधियों के प्रति इतनी नर्म क्यों है? प्रधानमंत्री ने यह आशा ही व्यक्त नहीं की, बल्कि यह आश्वासन दिया कि सरकार ने जो कदम उठाये हैं, वे अस्थायी हैं और शीघ्र-से-शीघ्र सामान्य स्थिति लाने का प्रयत्न किया जायेगा।

प्रधानमंत्री ने सरकारी कर्मचारीगण की भी प्रतारणा की। राजनीतिज्ञों के प्रति उनका दृष्टिकोण ठीक नहीं है। उसमें सुधार लाना आवश्यक है। पर सबसे ग़लत बात है वरिष्ठ अधिकारियों का अनाप-शनाप बात करना। कई विदेशी राजदूतों ने

प्रधानमंत्री को बताया है कि पार्टियों में भारतीय अधिकारी शराब पीकर इस प्रकार से बोलते हैं। प्रधानमंत्री ने कहा कि अनाप-शनाप बात करने की प्रवृत्ति बिल्कुल बन्द होनी चाहिए। इस सन्दर्भ में उन्होंने मंत्रालयों की कार्यक्षमता सुधारने पर बल दिया और कई छोटी-मोटी बातें कहीं।

कुछ अन्य बातें जो प्रधानमंत्री ने कहीं वे इस प्रकार थीं :

1. प्रतिपक्ष 'नाज़ीवाद' फैला रहा है। नाज़ीवाद केवल सेना और पुलिस के उपयोग से ही नहीं आता है। कोई छोटा समूह जब ग़लत प्रचार करके जनता को गुमराह करे, वह भी नाज़ीवाद का लक्षण है।

2. भारत में दूसरे दलों की सरकारें चाहे बन जायें, पर वे मार्क्सवादी कम्युनिस्टों और जनसंघ की सरकार नहीं बनने देंगी।

3. जयप्रकाश के आन्दोलन के लिए रुपया बाहर से आ रहा है।

4. सी. आई. ए. बहुत सक्रिय है, के. जी. बी. का कुछ पता नहीं, लेकिन उनके कार्य का कोई प्रमाण अभी तक सामने नहीं आया है। (मतलब यह था कि वे कोई ग़लत काम नहीं कर रहे हैं।)

5. प्रतिपक्ष का सारा अभियान उनके (प्रधानमंत्री) विरुद्ध था।

6. अपने अतिरिक्त उन्हें कोई ऐसा व्यक्ति नहीं नज़र आता जो इस समय देश के सामने आयी हुई चुनौतियों का सामना कर सके।

मीटिंग के बाद मुझसे वी. आर. ने पूछा कि इस स्पष्टीकरण से किसे सन्तोष हुआ होगा?

प्रधानमंत्री आज कार्यालय कई दिनों के बाद आयी थीं। मैं उनसे मिला। कोई विशेष बात नहीं हुई। कुछ रुटीन बातों पर आदेश देने थे। एक केस के सम्बन्ध में वे जानना चाहती थीं कि यू. पी. एस. सी. ने एक अमुक प्रत्याशी को इण्टरव्यू के लिए क्यों नहीं बुलाया और उसे चुना क्यों नहीं? मैंने कहा कि यू. पी. एस. सी. इसके कारण कभी सरकार को लिखकर नहीं भेजती। कहने लगीं कि मैं किदवई (यू. पी. एस. सी. के अध्यक्ष) से मिलकर उनसे पूछूँ। प्रधानमंत्री की जानकारी के लिए उन्हें बताने में आपत्ति नहीं करनी चाहिए। जब मैं उनके पास बैठा था किसी का फोन आया (बाद में मालूम पड़ा कि मध्य प्रदेश के राज्यपाल सत्य नारायण सिन्हा का था।) कि सरकार को संविधान के अनुच्छेद 359 (1) के अन्तर्गत शीघ्र आदेश प्रसारित करने चाहिए। प्रधानमंत्री ने मुझसे यह अनुच्छेद समझाने को कहा। उसमें समय लगा। मैं करीब 35 मिनट प्रधानमंत्री के पास रहा। मुझे उनकी परेशानी कम नज़र नहीं आयी।

सूचना पर नियंत्रण लग गया है। पर आई. बी. की रिपोर्ट से यह स्पष्ट है कि स्थिति इतनी सामान्य नहीं है, जितना सरकार चिल्ला-चिल्ला कर कह रही है। तरह-तरह की अफवाहें फैल रही हैं। एक अफवाह का तो सरकारी प्रवक्ता को

खण्डन करना पड़ा। यह अफवाह थी कि जगजीवन राम व चव्हाण अपने घरों में बन्दी बनाये गये हैं। बात बिल्कुल ग़लत है, पर इससे यह स्पष्ट है कि पढ़ी-लिखी जनता इन दो नेताओं से क्या अपेक्षा करती थी।

रात में वर्धन ने बताया कि उन्होंने ब्रह्मानन्द से आज दिन में बात की थी। वर्धन को लगता है कि सरकार की कोई 'स्ट्रैटेजी' नहीं है। यदि आन्दोलन--चाहे कितना ही हल्का हो—शान्तिपूर्ण रहा और अदालतों ने बन्दियों को छोड़ना शुरू किया, फिर सरकार क्या करेगी? ब्रह्मानन्द, वर्धन के अनुसार, बिल्कुल अनमने-से हैं। उन्होंने कहा कि मुझसे कब कुछ पूछा गया? पर अब भी उनकी प्रधानमंत्री से बात करने की हिम्मत नहीं है।

रात में प्रधानमंत्री निवास से फोन आया। प्रधानमंत्री राष्ट्रपति को दो मंत्रियों के विभागों के परिवर्तन के बारे में पत्र लिखना चाहती हैं। मुझसे उसका प्रारूप माँगा था, वह मैंने फोन पर ही डिक्टेट कर दिया।

पालकीवाला ने प्रधानमंत्री का वकील रहना अब अस्वीकार कर दिया है। नारीमन, एडीशनल सोलीसिटर जनरल, ने अपने पद से त्यागपत्र दे दिया है। देश में अभी कुछ लोगों की आत्मा मरी नहीं है। इस अन्धकार में यही एक प्रकाश की रेखा लगती है।

28 जून, 1975

आज सुबह यह घोषित हो गया कि विद्याचरण शुक्ल नये सूचना और प्रसारण मंत्री होंगे। गुजराल उनके स्थान पर योजना के राज्यमंत्री होंगे। विद्याचरण का सितारा ललित बाबू की मृत्यु के बाद से चढ़ना शुरू हुआ है। उससे पहले प्रधानमंत्री उनसे कितना अप्रसन्न थीं, कितनी घृणा करती थीं, इसका अनुमान केवल प्रो. धर और मुझे ही है। 1972 के आरम्भ से न जाने कितनी बार मुझसे कहा होगा कि इनके बारे में गम्भीर शिकायतें हैं, इन्हें मंत्रिमण्डल से हटाना ही ठीक होगा। पर मंत्रिमण्डल के हर पुनर्गठन पर ये बाल-बाल बचते रहे। आज तो बहुत विश्वास की जगह पर उन्हें बैठाया गया है। पिछले पाप सब धुल गये।

आज सन्ध्या को टी. वी. स्टूडियो में भयानक आग लग गयी। करीब चार घण्टे में नियंत्रण में आयी। इसका कारण अभी पता नहीं चला है, पर जब मैं कार्यालय से चला तो शारदा ने बताया कि यह तय हुआ है कि यह प्रचार किया जाये कि यह विरोधी दलों के षड्यंत्र का ही एक कार्यक्रम था।

आई. बी. की रिपोर्ट से पता चलता है कि बिहार व गुजरात में स्थिति सामान्य नहीं है—प्रचार चाहे कुछ भी किया जाये। शारदा ने बताया कि आज यह निश्चय किया गया है कि प्रेस सेंसरशिप में और अधिक कड़ाई बरती जायेगी।

29 जून, 1975

आज रविवार है। पाँच बजे तक कार्यालय में रहा। बड़े बेमन से काम किया। घर पहुँच कर डॉ. माथुर के पास जाना पड़ा। शिंजिनी को किसी त्वचा विशेषज्ञ को दिखाना है, उसी के प्रबन्ध के लिए गया था। उन्होंने कल प्रबन्ध करने के लिए कहा है। डाक्टर के घर करीब आधा घण्टा रहा। वे प्रधानमंत्री निवास के बारे में कह रहे थे कि वातावरण इतना गन्दा हो गया है कि भगवान बचाये।

घर लौटने पर सिद्धार्थ शंकर राय का फोन मिला। मैंने कल उनसे कहा था कि एक व्यक्तिगत कारण से मैं उनसे मिलना चाहता हूँ। आज उन्होंने बुलवा लिया। मैं जब उनके घर पहुँचा तो वे संविधान के विषय में एक नोट बनाने की तैयारी में थे। उनके सामने जो कागज़ पड़ा था (जो मुझे बिल्कुल साफ दिखायी दे रहा था) उसमें अनुच्छेद 226 में क्या-क्या संशोधन होने चाहिए, इसके प्वाइंट्स लिखे थे। संविधान में बड़े और गम्भीर संशोधन किये जायेंगे, इसमें मुझे आश्चर्य नहीं। इस काम की तैयारी बड़े चुपचाप हो रही है। मूलभूत अधिकारों का, ऐसा लगता है, अन्त आ गया है। हमारा प्रजातंत्र सदा के लिए कलंकित हो गया—केवल एक व्यक्ति की स्वार्थ-रक्षा के लिए।

रात में मंत्रिपरिषद् की बैठक हुई। कल एक अध्यादेश प्रसारित होगा। 'मीसा' में संशोधन किया गया है। अब यह आवश्यक नहीं होगा कि जिसे बन्दी बनाया जाये, उसे कारण बताये जायें। केवल यह कह देना पर्याप्त होगा कि अमुक को बन्दी बनाये रखना आपात्काल में व्यवस्था बनाये रखने के लिए आवश्यक है। प्रधानमंत्री के पास ऐसा कानून बनाने के अलावा चारा ही क्या था? बहुत लोग जो बन्दी बनाये गये हैं, उनको कारण बताये ही क्या जा सकते हैं? व्यक्ति की स्वाधीनता की सदा के लिए हत्या हो गयी। पण्डित जी ने जिस स्वतंत्र समाज की कल्पना की थी, जिसके निर्माण की नींव रखी थी, उसका हनन उनकी पुत्री के द्वारा हो रहा है, यह विधि की विडम्बना है।

आज कार्यालय में सुबह वी. आर. से भेंट हुई थी। वह बता रहा था कि कम्युनिस्ट व अन्य वामपंथी प्रधानमंत्री की इस घोषणा से कि अभी कोई राष्ट्रीयकरण का कार्यक्रम हाथ में नहीं लिया जाने वाला है। बहुत अप्रसन्न हैं। अन्दर-ही-अन्दर प्रधानमंत्री पर दबाव डाला जा रहा है कि राष्ट्रीयकरण की कोई स्कीम अवश्य अपनायी जाये। कश्मकश चल रही है। प्रधानमंत्री की यह घोषणा प्रो. धर के परामर्श से की गयी थी। प्रो. धर का विचार है कि वर्तमान अर्थव्यवस्था में कोई राष्ट्रीयकरण का कार्यक्रम घातक सिद्ध होगा। प्रो. धर, वी. आर. व जी. आर. आर्थिक कार्यक्रम की रूपरेखा बनाने में लगे हैं। भूमि-सुधार पर मैं पहले ही दो-तीन पैरा दे चुका हूँ।

30 जून, 1975

कल रात मुझे बहुत देर तक नींद नहीं आयी। मैं यही सोचता रहा कि इस देश में जनजीवन अब फिर स्वच्छंद व स्वाधीन हो सकेगा या नहीं। या इस देश के भाग्य में अब घुटन-ही-घुटन लिखी है। मुझे भविष्य बड़ा अन्धकारमय लगा। एक सत्तालोभी पदलोलुप व्यक्ति ने हर व्यक्ति की स्वतंत्रता का इतनी निर्दयता से अन्त कर दिया।

आज वी. आर. बहुत जल्दी कार्यालय आ गया था। वह सुबह आठ बजे से प्रधानमंत्री की आर्थिक कार्यक्रम पर जो घोषणा होने वाली है, उसके लिए प्रो. धर की सहायता कर रहा था। कार्यालय आते ही मैं उसके कमरे में चला गया। उसने बताया कि आर्थिक कार्यक्रम बिल्कुल सारहीन है। एकाध अच्छा कार्यक्रम है भी तो उसे कांग्रेस पार्टी कार्यान्वित नहीं होने देगी। इस कार्यक्रम से वामपंथी तो बहुत अप्रसन्न होंगे। वास्तविकता यह है कि वामपंथियों के सुझावों को 'महल के सिपहसालारों' ने नामंजूर कर दिया है। और आजकल हर बात में चलती उन्हीं की है।

लंच से पहले सरीन मिलने आये। बहुत फार्म में हैं। देश में जो कुछ हुआ है, उससे वे पूर्णतया सहमत हैं। आश्चर्य की बात नहीं, सरीन को राजनीतिक सूझबूझ नहीं है। वे छुट्टी पर हैं अवकाश ग्रहण करने वाले हैं पर प्रधानमंत्री के पास घुस रहे हैं, सलाह दे रहे हैं और स्वयंनियुक्त फौजदार हो गये हैं। रोज सूचना मंत्रालय जा रहे हैं, सलाह देने के लिए कि प्रचार-अभियान किस प्रकार चलाया जाये। देश में जो कुछ हो रहा है, उसकी गहनता और गम्भीरता सरीन न समझ रहे हैं, न समझने की कोशिश कर रहे हैं। तीन-चार दिन पहले वे विनीत (अपने भांजे) से जोर देकर यही कह रहे थे कि जो कुछ हुआ है, वह बिल्कुल ठीक है। उन्होंने मुझे यह बताया कि आपात्काल की यह घोषणा काफी समय तक चलेगी। पहले उनका विचार था कि यह तीन-चार महीने में समाप्त हो जायेगी, पर प्रधानमंत्री व कुछ अन्य लोगों से बात करने पर उन्हें लगता है कि प्रधानमंत्री इस स्थिति को लम्बे अर्से तक कायम रखेंगी।

सन्ध्या को नूरुल हसन बहुत देर तक मेरे पास बैठे रहे। अन्दर-ही-अन्दर बहुत दुःखी हैं, (सलमान का भी यही ख्याल है) पर बाहर से काफी बढ़-चढ़ कर बात कर रहे थे। सुझावों की उनके पास कभी कमी नहीं रहती। प्रधानमंत्री की अयोग्यता संसद को समाप्त कर देनी चाहिए, इस पर ही उनका जोर है। यह भी चाहते हैं कि शिक्षा के क्षेत्र में इस आपात्काल का बहाना लेकर कुछ वामपंथियों को महत्त्वपूर्ण स्थानों पर नियुक्त कर दिया जाये।

शारदा ने बताया कि जयप्रकाश का स्वास्थ्य ठीक नहीं है, वे इंस्टीट्यूट लाये गये हैं। पर यह बात किसी को बतायी नहीं गयी है।

सन्ध्या को देवेन्द्र सेन बहुत देर तक मेरे पास बैठे रहे। वे आजकल प्रधानमंत्री के बहुत करीब हैं। कह रहे थे कि हालत अच्छी नहीं है–च्यांग काई शेक के अन्तिम दिनों के चीन की चर्चा करने लगे और पर्ल बक की पुस्तक 'माई टू वर्ल्ड्स' से उदाहरण देते रहे।

1 जुलाई, 1975

अब प्रधानमंत्री ने नियमित रूप से कार्यालय आना शुरू कर दिया है, यद्यपि अधिकतर समय लोगों से मिलने में ही व्यतीत होता है। सचिवालय के अधिकारियों से कम ही भेंट कर रही हैं। आज का भी समय उन्होंने 'आर्थिक कार्यक्रम' पर लगाया। रात को साढ़े आठ बजे रेडियो पर उनका इस विषय पर भाषण हुआ। यदि इस कार्यक्रम को कार्यान्वित किया जाये तो कुछ लाभ तो अवश्य होगा। यह बीस सूत्रीय कार्यक्रम है पर न तो इसमें कोई नयी बात है न इसके लिए आपात्काल की आवश्यकता थी। आपात्काल से पहले यह कार्यक्रम लागू करने से किसने रोका था। इस समय तो यह प्रचार की दृष्टि से ही घोषित किया गया है, आपात्काल को न्यायसंगत बनाने के लिए। रात्रि में मुझे अशोका होटल में हिरेन मुखर्जी मिले। उनके साथ एक-दो और कम्युनिस्ट थे। मुझसे प्रधानमंत्री के कार्यक्रम के बारे में पूछते रहे। मैंने उन्हें सार बता दिया। वे काफी निराश लगे।

'प्रचार' शब्द बहुत घृणित होता जा रहा है। केवल प्रचार की सहायता से देश के स्वाधीन वातावरण की हत्या की जा रही है। पदलोलुप नेता चुप ही नहीं बैठे हैं, वरन् प्रजातंत्र की हत्या में पूरा सहयोग दे रहे हैं। देश में तो समाचारपत्रों आदि पर पूरा नियंत्रण है पर विदेशों में भी प्रचार-कार्य पर बहुत बल दिया जा रहा है। विदेश भेजे जाने वाले और वहाँ से प्राप्त सब तार मैं प्रतिदिन देखता हूँ। (इस सचिवालय के सभी वरिष्ठ अधिकारियों को वे तार दिखाये जाते हैं।) विदेश मंत्रालय का काफी समय आजकल इसी में जा रहा है कि अन्य देशों के समाचारपत्रों में किसी प्रकार देश में घटी घटनाओं की आलोचना न होने पाये और प्रधानमंत्री के व्यक्तित्व के लिए समर्थन प्रकट किया जाये। सरकारी कर्मचारियों का कर्तव्य है कि सरकार की नीतियों और आदेशों का पालन करें। विदेश मंत्रालय के काम में किसको आपत्ति हो सकती है?

जयप्रकाश को मेडिकल इंस्टीट्यूट में लाया गया है।

2 जुलाई, 1975

आजकल प्रधानमंत्री का सुरक्षा-प्रबन्ध बहुत कड़ा कर दिया गया है। साउथ ब्लॉक के गेट नम्बर 6 पर, जिससे प्रधानमंत्री कार्यालय आती-जाती हैं, कार पार्किंग बन्द कर दी गयी है। सुरक्षा पुलिस की संख्या बढ़ा दी गयी है। साउथ ब्लॉक में अन्दर

भी उनकी संख्या बढ़ गयी है। डी. आई. जी. (सुरक्षा) को रोज़ मैं यहाँ देखता हूँ। पहले कभी नज़र नहीं आते थे। दो-चार महीने पहले प्रधानमंत्री ने अपने लिए किये गये सुरक्षा-प्रबन्ध को हल्का करने के लिए कहा था। इस सम्बन्ध में उन्होंने मुझे कुछ सुझाव भी दिये थे। जब मैंने वे गृह मंत्रालय को बताये तो उन्होंने आई. बी. से पूछकर उन पर आपत्ति की। उनकी राय थी कि प्रधानमंत्री की सुरक्षा में 'रिस्क' नहीं ली जा सकती। जब मैंने प्रधानमंत्री से यह कहा तो वे कुछ नाराज़-सी हुईं। फिर मैंने गोलमोल तरीके से उन्हें बताया कि जो वे चाहती हैं, वह तो किया ही जा रहा है, पर समय और परिस्थितियों के अनुसार किस अवसर पर क्या प्रबन्ध होना चाहिए, यह उन्हीं के निर्णय पर छोड़ना होगा जिन पर प्रधानमंत्री की सुरक्षा का उत्तरदायित्व है। आज अवश्य ही अधिक सुरक्षा की आवश्यकता है।

आज सुबह मंत्रिपरिषद् की बैठक हुई। रूटीन साप्ताहिक बैठक थी, कोई विशेष महत्त्वपूर्ण विषय विचारार्थ नहीं था। पर पहले की अपेक्षा बाबूजी काफी बोल रहे थे। इस परिवर्तन का क्या कारण है? सरदार स्वर्ण सिंह ने एक सारगर्भित वाक्य कहा—"यदि कभी पार्लियामेण्ट की बैठक हुई...(इफ एंड व्हेन पार्लियामेण्ट इज इन सेशन...)" ये देश के नेता हैं जिन्होंने संविधान की रक्षा की शपथ खायी है! सरदार साहब ने स्वतंत्रता आन्दोलन में कभी भाग नहीं लिया। पर उनके लिए क्या कहिए जो स्वतंत्रता सेनानी रहे हैं और जिन्होंने प्रजातांत्रिक मूल्यों की रक्षा करने में हमेशा सक्रिय भाग लिया है। आज उन्हें क्या हो गया है? पद-लोलुपता ने उन्हें कितना गिरा दिया है?

प्रो. धर के मनोबल में कोई सुधार नहीं हुआ है। हाँ, व्यस्त हो जाने के कारण इधर-उधर अनमने नहीं बैठते। आज वे पूछ रहे थे कि कल जो आर्थिक कार्यक्रम प्रसारित किया गया, उसका क्या प्रभाव पड़ा है? वी. आर. ने कहा कि अभी प्रभाव क्या मालूम पड़ेगा? कार्यक्रम कोई मुख्य बात नहीं है, मुख्य बात है इसको कार्यान्वयन करना। प्रो. धर ने कहा कि बस यही सरकार और कांग्रेस पार्टी की सबसे बड़ी कठिनाई है। पहले किसने इस या कोई और कार्यक्रम को कार्यान्वित करने में रोक-टोक लगायी थी। कमी थी केवल सरकार व पार्टी में यह काम करने की इच्छा में।

आई. बी. की रिपोर्ट्स से पता चलता है कि देश के बहुत से भागों में हाल की घटनाओं से बेचैनी हो रही है। समाचारपत्रों में इन समाचारों को न छपने देने से सत्य नहीं छुपाया जा सकता। पर यह भी सत्य है कि प्रतिक्रिया बहुत तीव्र नहीं है। जिस शीघ्रता से यह सब काम हुआ, उससे सब हक्के-बक्के रह गये। किसी की आन्दोलन आदि की कोई तैयारी नहीं थी। फिर भी शान्तिपूर्ण ढंग से बहुत जगह लोगों ने सरकार के निर्णयों का विराध किया है; कायर लोगों की संख्या बहुत अधिक है।

सन्ध्या को रघुरमैया प्रधानमंत्री से मिलने आये थे। मेरे पास भी काफी देर बैठे रहे। बात-ही-बात में उन्होंने स्पष्ट कहा कि प्रधानमंत्री ने जो कुछ किया, उसका परिणाम अच्छा नहीं होगा। सुव्यवस्थित प्रशासन को धक्का लगा है और अब कोई निर्णय नियमों आदि के आधार पर नहीं लिया जायेगा। पर वे प्रधानमंत्री से यह सब नहीं कह सकते।

रघुरमैया प्रधानमंत्री से मिलने आये थे, मुख्यतः संसद के अधिवेशन के सम्बन्ध में। उन्हें पता नहीं कि इस विषय पर प्रधानमंत्री ओम मेहता से परामर्श कर रही हैं। रघुरमैया लोकसभा के महासचिव शकधर को भी साथ लाये थे। वे प्रधानमंत्री को यह दिखाना चाहते हैं कि वे स्वयं इन प्रश्नों पर कितना सोच-विचार कर रहे हैं और उनकी हर प्रकार से सहायता करना चाहते हैं। प्रधानमंत्री संसद का अधिवेशन तो बुलाना चाहती हैं, पर उस पर पूरी तरह नियंत्रण रखना चाहती हैं। संसद की कार्यवाही, वे चाहती हैं, पूरी तरह नियंत्रित हो। उन्होंने शकधर से कहा है कि वे इस विचार को कार्यान्वित करने के लिए सुझाव दें। वे एकाध दिन में एक नोट भेजेंगे। शकधर का विचार है कि लोकसभा (और राज्यसभा के भी) के नियमों में इस प्रकार संशोधन हो सकता है कि अधिक-से-अधिक काम पूरी सभा में न होकर कमेटियों में हो। यह सब 'प्रजातंत्र की रक्षा' के लिए किया जायेगा।

सन्ध्या को सलमान मेरे पास 'गार्डियन' की एक प्रति लाया। इसमें भारत के बारे में तीन लेख थे—एक मुख पृष्ठ पर नई दिल्ली से रिपोर्ट, दूसरा संपादकीय और तीसरा जेम्स कैमरून का एक लेख। सलमान आजकल की घटनाओं से अत्यधिक दुःखी है, उसका कहना है कि प्रजातंत्र की निर्मम हत्या की गयी है। गार्डियन पढ़कर वह रुआँसा हो रहा था। बुरा तो मुझे भी लगा कि आज हमारी कितनी निन्दा अन्य देशों में हो रही है। जेम्स कैमरून की पत्नी भारतीय है। वह भारत को बहुत अच्छी तरह जानता है। उसके लेख से पीड़ा टपकती है—गुस्से में उसने कुछ भी नहीं लिखा है। उसका कहना है कि प्रधानमंत्री ने अपनी व्यक्तिगत 'क्राइसिस' को बिना किसी कारण राष्ट्रीय क्राइसिस बना दिया। केवल अपने स्वार्थ के लिए और अपने को सत्ता में रखने के लिए प्रधानमंत्री ने प्रजातंत्र को समाप्त कर दिया। भारत का प्रजातंत्र अब पहले जैसा कभी नहीं होगा। इस लेख का शीर्षक 'भारत निद्रा में चला गया' (इंडिया गोज टु स्लीप) मुझे बहुत उपयुक्त लगा। 14-15 अगस्त, 1947 की मध्य रात्रि को पण्डित जवाहरलाल नेहरू ने संसद भवन में कहा था, "... इस समय जब संसार सो रहा है, भारत जाग कर उठ रहा है..." आज यह देश फिर निद्रावस्था में जा रहा है, पता नहीं कब उठेगा, कौन उठायेगा?

3 जुलाई, 1975

आज सुबह घर पर ही शेषन का फोन आया। प्रधानमंत्री जानना चाहती हैं कि

इंडियन एयरलाइंस के पाइलट्स का आयकर सम्बन्धी जो मामला चल रहा है, उसकी क्या स्थिति है? कुछ दिन पहले मुझसे भी प्रधानमंत्री ने इस बात की चर्चा करते हुए कहा था कि उन्होंने प्रो. धर से पूरी बात पता लगाने के लिए कहा है। मैंने इस बारे में कोई कार्रवाई नहीं की क्योंकि मेरी प्रधानमंत्री से एयर इंडिया के सम्बन्ध में बात हुई थी। ऐसे ही उन्होंने इंडियन एयरलाइंस की बात भी कह दी। पर आज वे ग्यारह बजे से पहले पूरी जानकारी चाहती हैं। क्यों? इसलिए कि इस प्रश्न पर जो निर्णय होगा, उससे उनके बड़े पुत्र को भी हानि-लाभ हो सकता है। ठीक ही है, देश की चिन्ता के साथ-साथ कभी-कभी अपने परिवार की बात सोच लेना बुरा नहीं है। मैंने राज बहादुर को फोन किया। उन्होंने समय पर सूचना भेज देने को कहा।

ग्यारह बजे से मंत्रिपरिषद् की आर्थिक कार्यसमिति की बैठक थी। मुझे उसमें नहीं जाना था। उस समय शेषन मेरे पास आकर कुछ देर बात करता रहा। आजकल शेषन से कम बातचीत होती है। हम लोग लंच साथ नहीं करते। प्रो. धर ने ऐसी ही सलाह दी है। कभी-कभी मैं व वी. आर. साथ खाते हैं। शेषन ने बताया कि रोज सुबह विद्याचरण शुक्ल—नये सूचना मंत्री—संजय से परामर्श करने और आदेश लेने जाते हैं। आज सुबह भी लगभग डेढ़ घण्टा वे संजय के पास रहे। प्रधानमंत्री निवास पर बहुत अधिक काम संजय के निर्देशन पर होता है। कई मुख्यमंत्री आते हैं, उसी से मिलकर चले जाते हैं, प्रधानमंत्री से मिलते तक नहीं। विद्याचरण शुक्ल 'हिन्दुस्तान टाइम्स' के संपादक वर्गीस को बन्दी बनाना चाहते हैं। प्रधानमंत्री ने अभी स्वीकृति नहीं दी है, पर उन्हें आपत्ति नहीं है। कुछ सोचना चाहती हैं।

आई. बी. रिपोर्ट्स से आज कुछ अच्छी जानकारी मिली। प्रेस सेंसर के कारण जनता को तो यह जानकारी मिल नहीं सकती। तमिलनाडु में राज्य सरकार के मंत्री आपात्काल की घोषणा के विरुद्ध हैं। एक-दो ने यह विचार जन-सभाओं में भी व्यक्त किया है। (समाचारपत्रों में यह छप नहीं रहा है।) कामराज ने भी कई जन-सभाओं में आपात्काल की घोषणा और नेताओं की गिरफ्तारी की घोर निन्दा की है। उन्होंने अपने भाषणों में कहा है कि प्रजातंत्र खतरे में है और इसकी रक्षा करना हमारा कर्तव्य है। पर आन्दोलन, प्रदर्शन आदि का कोई कार्यक्रम उन्होंने अभी नहीं दिया है। लोगों से शान्त रहने की अपील की है। पर आई. बी. रिपोर्ट्स से यह भी स्पष्ट है कि देश में हुए इतने बड़े धमाके का विशेष प्रभाव नहीं पड़ा है। इसका विरोध बहुत हल्का और दबा हुआ मालूम पड़ता है। इसमें आश्चर्य की बात भी है। विरोधी दलों के केवल कुछ चोटी के नेता बन्दी हैं। द्वितीय पंक्ति के नेता सब बाहर हैं, उन्होंने कुछ क्यों नहीं किया?

व्यक्तिगत रूप से मुझे इसकी प्रसन्नता है कि आजकल की घटनाओं का कुप्रभाव हिंसा में परिणित नहीं हुआ है। उपद्रव, उत्पात, दंगे आदि से देश की हानि ही होगी और सत्तारूढ़ दल को लाभ होगा। राजनीतिक दृष्टि से भी देश का भला

इसमें ही है। हाँ, यदि किसी तरह विरोधी दल मामले को न्यायालय ले जाना चाहें तो उसका रास्ता ढूँढ़ना चाहिए।

सन्ध्या को प्रो. धर से हल्की-सी मुलाकात हुई। कम्युनिस्ट पार्टी ने कई राज्यों के बड़े जमींदारों की सूचियाँ बनाकर प्रधानमंत्री को दी हैं। प्रो. धर चाहते थे कि ये सूचियाँ सम्बन्धित मुख्यमंत्रियों को प्रधानमंत्री की शुभकामनाओं के साथ भेज दी जायें। वे स्वयं उचित कार्यवाही की सोचेंगे। दूसरा काम उन्होंने यह दिया कि उनकी ओर से एक नोट तैयार कर दूँ कि एक 'अल्पसंख्यक आयोग' का निर्माण होना चाहिए। यह सुझाव मुस्लिम संगठनों और संस्थानों से चार-पाँच साल से आ रहा है। अभी तक प्रधानमंत्री ने इसे स्वीकार करना उचित नहीं समझा। पर अब उनका विचार बदल गया है। यह आयोग प्रचार की दृष्टि से भले ही लाभदायक हो, कोई ठोस काम इसके द्वारा, जिससे अल्पसंख्यकों का भला हो, संभवतः नहीं हो सकेगा। प्रो. धर से यह भी पता लगा कि सरीन इस सचिवालय में नियुक्त होने वाले हैं, अन्तिम निर्णय अभी नहीं लिया गया है।

आजकल हमारे सचिवालय में वर्तमान स्थिति पर ढेर सारे पत्र प्रधानमंत्री के नाम आ रहे हैं। काफी संख्या में ये पत्र प्रधानमंत्री के समर्थन में हैं। पर उनकी निन्दा करने वाले पत्रों की संख्या भी कम नहीं है। बहुत से लोग लिख रहे हैं कि अपनी कुर्सी बचाने के लिए प्रधानमंत्री ने तानाशाही का रास्ता पकड़ा है जो देश के लिए अहितकर होगा। ऐसे बहुत से पत्र—दोनों ही पक्षों की ओर से—भावावेश में लिखे गये हैं। एक लम्बा पत्र श्री सुरेश राम का आया है। बड़े ही संयम और सन्तुलन से लिखा गया है। उसका सार मैं नीचे दे रहा हूँ।

सुरेश राम इलाहाबाद के रहने वाले हैं। उन्होंने अपना पता शहरारा बाग दिया है। मेरा उनसे परिचय नहीं है, न मैंने इलाहाबाद में कभी उनका नाम सुना था। हाँ, प्रधानमंत्री को समय-समय पर पत्र लिखते रहते हैं। मैंने प्रधानमंत्री के नाम उनके कई पत्र देखे हैं। वे स्वतंत्रता सेनानी रहे हैं और संभवतः सर्वोदय से भी उनका सम्बन्ध है या रहा है। आज जो उनका पत्र देखा, उसमें गुस्सा नाममात्र को नहीं था, पीड़ा का बाहुल्य था। उन्होंने लिखा है कि प्रधानमंत्री ने इधर जो कुछ किया, उससे उन्हें बहुत दुःख हुआ है और पीड़ा पहुँची है। प्रधानमंत्री ने जो अपने सन्देश में कहा कि विरोधी दल किसी भयंकर कुचक्र या षड्यंत्र में लगे हुए थे, वह केवल एक बहाना है। संसार के सभी तानाशाह इस बहाने का आश्रय लेते हैं। देश ने पहली बार सुना कि जनता पर या देश में विरोधी दलों का इतना गहरा प्रभाव है। यह सरासर ग़लत है। प्रधानमंत्री के 20 तारीख के रैली के भाषण को भी सुरेश राम ने आड़े हाथों लिया है। प्रधानमंत्री का कहना कि विरोधी दलों ने प्रधानमंत्री के पद को विवाद में घसीट कर उसकी महत्ता को नीचे गिराना चाहा, बिल्कुल बेमानी है। यदि प्रधानमंत्री के पद को किसी ने नीचे गिराया है तो वर्तमान प्रधानमंत्री ने।

प्रधानमंत्री का बार-बार दोहराना कि देश आन्तरिक संकट में ग्रस्त हो गया है भी सारहीन है। यह सब एकदम से नहीं हुआ। पहले क्यों नहीं कोई कार्रवाई की। आज यह सब इसलिए हो रहा है कि अपनी कुर्सी डोल गयी। बाह्य संकट के बारे में सुरेश राम ने लम्बी व्याख्या की। 1952 में लिखी अपनी किसी पुस्तक का हवाला भी दिया है। उनका कहना है कि हमारी विदेशी नीति के क्षेत्र में सबसे बड़ी ग़लती है दूसरे देशों से सहायता लेना। यह सहायता देश की प्रगति में बाधक रही है। देश की आर्थिक स्थिति की चर्चा करते हुए उन्होंने प्रधानमंत्री की सीधे-सीधे निन्दा की है। अपने पत्र में उन्होंने लिखा है कि प्रधानमंत्री ने जन-साधारण की स्थिति में कोई सुधार नहीं पहुँचाया है। हाँ, देश के पाँच फीसदी धनी वर्ग को उन्होंने काफी लाभ पहुँचाया है। (बात तो ठीक कही है। पण्डितजी के काल में कम-से-कम प्रति वर्ष 5 प्रतिशत विकास की दर रही। वर्तमान प्रधानमंत्री के काल में यह 1/2 या एक प्रतिशत रही है, कभी-कभी वह भी नहीं।) पत्र के अन्त में सुरेश राम ने कहा है कि प्रधानमंत्री देश को विनाश की ओर ले जा रही हैं और आशंका इस बात की है कि यदि परिस्थितियाँ इसी तरह ही ख़राब होती गयीं तो कहीं देश दो-तीन भागों में न बँट जाये।

सुरेश राम ने प्रधानमंत्री से एक प्रश्न और किया है। उन्होंने जो कदम उठाया उसकी आवश्यकता तभी क्यों पड़ी, जब वे अदालत में हार गयीं? अदालत का फैसला आने के बाद ही कैसे एकदम से देश पर विपत्ति आ गयी? सुरेश राम ने विरोधी नेताओं की भी आलोचना की है, यद्यपि जयप्रकाश की भूरि-भूरि प्रशंसा की है। पर उनका निष्कर्ष यही है कि प्रधानमंत्री ने केवल अपने स्वार्थ के लिए देश के साथ खिलवाड़ किया है। इसके प्रति विरोध प्रकट करते हुए उन्होंने अपना 'ताम्रपत्र' जो उन्हें 1972 में मिला था, वापस किया है। हो सकता है कि कुछ लोग सुरेश राम के विश्लेषण से सहमत न हों, पर इतना मानना पड़ेगा कि उन्होंने अपने नैतिक बल का पूरा परिचय दिया है जो सराहनीय है।

एक हैं सुरेश राम और दूसरी ओर देखिए एक ऐसे महान् व्यक्ति का दृष्टिकोण जिसे देश की नैतिकता की प्रतिमूर्ति माना जाता है। पौनार में अखिल भारतीय भूदान यज्ञ रजत जयन्ती समिति की बैठक हाल में हुई। उसकी रिपोर्ट मैंने आज देखी। यह समिति उन लोगों ने बनायी है जो जयप्रकाश का विरोध करते हैं, कहते हैं सर्वोदय कार्यकर्ताओं को राजनीति में भाग नहीं लेना चाहिए, पर प्रधानमंत्री का हर प्रकार से समर्थन करना वे राजनीति नहीं मानते। ख़ैर, इस समिति ने, विनोबा भावे के परामर्श से, एक वक्तव्य में देशवासियों से शान्त रहने की अपील की है। किसी को इससे आपत्ति नहीं हो सकती। पर प्रजातंत्र पर हुए इतने बड़े कुठाराघात के सम्बन्ध में एक शब्द नहीं कहा गया है। वास्तव में प्रजातंत्र पर यह आक्रमण गिरती हुई नैतिकता के ही कारण सम्भव हुआ है। सर्वोदय

राजनीति में रुचि नहीं लेता, पर सरकार की अनैतिकता पर भी क्यों चुप्पी साध रखी है। और बड़े दुःख की बात है कि विनोबा जी की सहमति से यह वक्तव्य प्रकाशित हुआ है। क्या बुद्धिजीवी समुदाय इन्हें 'सरकारी सन्त' इसी कारण से कहता है? विनोबा जी एक वर्ष का मौन साधे हुए हैं। पर जब जयप्रकाश उनकी विचारधारा को अपनाने के लिए नहीं तैयार थे तो क्या मौन तोड़ा नहीं था? क्या आज जो घटनाएँ हुई हैं, वे ऐसी नहीं हैं कि विनोबा उन पर कुछ बोलते? विनोबा के अनुयायी–विशेषकर निर्मला देशपांडे व नरेन्द्र दुबे–अवश्य प्रधानमंत्री के समर्थन में जगह-जगह दौरा करके भाषण करेंगे। उनके लिए यह राजनीतिक न होकर नैतिकता को दृढ़ करना होगा।

4 जुलाई, 1975

शेषन से आजकल कम भेंट होती है। पहले तो रोज लंच पर साथ रहता था पर आजकल प्रो. धर की सलाह पर वह बन्द हो गया है। सुबह कार्यालय पहुँचते ही वह गेट पर मिल गया। रुक कर उसने गोपाल से भी बात की। उसने गोपाल से पूछा, "आपातकाल ने आपके साथ क्या किया?" प्रश्न का कोई उत्तर ही नहीं था। हम तीनों ठहाका मार के हँस दिये।

शेषन ने बताया कि जब वह प्रधानमंत्री निवास से चला (शेषन रोज सुबह 8 बजे प्रधानमंत्री निवास जाता है। वहीं से कार्यालय आता है) तो माथुर संजय से मिलने वहाँ पहुँचे थे। संजय ने ही उन्हें बुलाया था। माथुर अभी तक पंजाब के आई. जी. पुलिस थे। पहले आई. बी. में रह चुके हैं। जयराम के अवकाश प्राप्त करने पर माथुर डी. आई. बी. होंगे। यह निर्णय लिया जा चुका है। इसीलिए कुछ पहले ही आई. बी. में आ गये हैं। प्रशासन से संजय का क्या सम्बन्ध है? पर धीरे-धीरे यह सबको मालूम होता जा रहा है (केवल हमारे वरिष्ठ मंत्रियों को छोड़कर, जिनके कान में तेल पड़ा हुआ है) कि सत्ता का मुख्य स्रोत अब संजय है।

शेषन से ही यह भी पता चला कि सरीन की नियुक्ति पर प्रधानमंत्री कुछ ढीली पड़ रही हैं। कल प्रो. धर से बात हो गयी थी। प्रो. धर ने अपने नोट में लिखा था कि "प्रधानमंत्री ने यह निर्णय लिया है कि..."। पर शेषन ने आज बताया कि सुबह उसने प्रधानमंत्री को संजय से यह पूछते सुना कि सरीन की नियुक्ति के बारे में उसकी क्या राय है? संजय ने इस प्रस्ताव के प्रति कोई उत्साह नहीं दिखाया। पर प्रो. धर का नोट अभी प्रधानमंत्री के पास है, उस पर कोई ऑर्डर नहीं किया है। कल तो इतनी जल्दी थी। मुझे जगत मेहता से कहकर एक कमरा खाली कराना पड़ा।

प्रधानमंत्री द्वारा घोषित बीस सूत्रीय कार्यक्रम को कार्यान्वित करने के लिए आज से मंत्रिमण्डल सचिव ने कई ग्रुप मीटिंग आयोजित की हैं। एक ग्रुप मीटिंग

में, जिसमें भूमि सुधार पर विचार होना था, मैं भी गया। मीटिंग से मुझे बड़ी निराशा हुई। जो मंत्रालय इन कार्यक्रमों से सम्बन्धित हैं, बिल्कुल भी सक्रिय नहीं लग रहे हैं। उनके पास क्या काम हुआ है, क्या बाकी है, क्या कठिनाइयाँ हैं आदि के बारे में न तो पूरी सूचना है, न उसे एकत्रित करने का कोई प्रयास किया जा रहा है। ग्रुप मीटिंग में भी कोई विशेष बात नहीं हुई। इन लक्षणों से मुझे नहीं लगता कि यह कार्यक्रम सुचारु ढंग से कार्यान्वित होगा। ख़ैर, मैं इस विषय पर अलग से प्रधानमंत्री को एक नोट दूँगा।

मीटिंग से लौटने पर जसोकी से भेंट हुई। वे नगालैंड के भूतपूर्व मुख्यमंत्री हैं। जब दिल्ली आते हैं, मुझसे अवश्य भेंट करते हैं। लगभग आधा घंटा मेरे पास रहे। नगालैंड की स्थिति में राष्ट्रपति शासन में बहुत सुधार हुआ है। वे एक-दो बातों में हमारी मदद चाहते हैं। उनकी पार्टी (एन. एन. ओ.) सक्रिय हो रही है, उसके लिए गृह मंत्रालय से सहायता आवश्यक होगी। जसोकी ने ब्रह्मानन्द से बात की है, पर वे चाहते हैं कि मैं प्रधानमंत्री से इसकी चर्चा कर दूँ। दूसरे, वे चाहते हैं कि उनकी पार्टी के वे सदस्य (यह मुख्यतः ट्वेनसांग क्षेत्र के हैं) जो इस पर बल दे रहे हैं कि एन. एन. ओ. को कांग्रेस में मिल जाना चाहिए, उन्हें केन्द्रीय नेता समझा दें कि ऐसा करना अभी उचित नहीं होगा। जसोकी प्रधानमंत्री से भी मिलना चाहते हैं। मुझसे जसोकी की जो बात हुई, उसको मैंने लिपिबद्ध करके प्रधानमंत्री के पास भेज दिया। उसमें यह भी लिखा कि उन्हें जसोकी से मिलना चाहिए।

प्रचार पर आजकल अत्यधिक बल दिया जा रहा है। सच पूछिए तो प्रधानमंत्री तो प्रचार के अतिरिक्त और किसी काम में रुचि ही नहीं ले रही हैं। उनके आदेश से एक पुस्तक प्रकाशित हो रही है–'पिछले दस वर्ष की उपलब्धियाँ'। आन्तरिक स्थिति पर गृह मंत्रालय ने एक अध्याय का प्रारूप तैयार किया है। कल वह शारदा मेरे पास लाया। मेरी सलाह चाहता था। मुझे वह सर्वथा असन्तोषजनक लगा। इसको किस प्रकार से फिर से लिखा जाये, इसके लिए मैंने आज सूचना और गृह मंत्रालयों के अधिकारियों को बुलाया था। जसोकी के जाने के बाद उनसे आधा घंटा बातचीत हुई।

बाद में कृष्णचंद पांडेय मिलने आ गये। वे बस्ती से लोकसभा के सदस्य हैं। आजकल की घटनाओं से दुखित हैं, पर कुछ बोल नहीं सकते। उनके एक सहयोगी हैं, बघौली ब्लाक कांग्रेस कमेटी के अध्यक्ष। उनको भी आपात्काल में बन्दी बनाया जा रहा है। शायद वारण्ट जारी हो गया है। उसी का रोना रो रहे थे। प्रधानमंत्री से भी मिलकर लिखित प्रार्थना की है। मैंने पूछा कि कांग्रेसी को क्यों पकड़ा जा रहा है। उन्होंने कहा कि मुख्यमंत्रियों को खुली छूट है। बहुगुणा से हमारी नहीं बनती, हमारे समर्थकों को पकड़ा जा रहा है। कांग्रेस में होना कोई माने नहीं रखता। आखिर प्रधानमंत्री ने कांग्रेस के सदस्यों को भी पकड़वाया है। मुख्यमंत्री क्यों पीछे रहें?

पूछने-गछने वाला कोई है नहीं। यह सब हो रहा है, पर कृष्णचंद पांडे प्रत्यक्ष में प्रधानमंत्री के गुण गाते नहीं थकते।

आई. बी. की सूचना के अनुसार 10,000 से अधिक व्यक्ति अब तक बन्दी बनाये जा चुके हैं। राष्ट्रीय स्वयं सेवक संघ, आनन्द मार्ग, जमात-ए-इस्लामी व सी. पी. आई. (एम. एल.) को अवैध घोषित कर दिया गया है। सरकार यह अर्से से करना चाहती थी पर कर नहीं पा रही थी। अब आपात्काल में यह सहज ही में सम्भव हो गया।

5 जुलाई, 1975

आज सुबह समाचारपत्रों में प्रधानमंत्री के दो वक्तव्य पढ़े। एक में कहा गया है कि प्रजातंत्र में उनकी पूरी आस्था है और दूसरे में कि समाचारपत्रों की सेंसर इसलिए आवश्यक हो गयी कि एक वर्ष से वे प्रधानमंत्री की काफी, कड़ी ऊलजलूल आलोचना कर रहे थे। वैसे समाचारपत्रों की स्वतंत्रता में भी उनकी पूरी आस्था है। इन वक्तव्यों पर किसी टिप्पणी की आवश्यकता नहीं है। प्रधानमंत्री के क्या विचार हैं, आजकल वे क्या और क्यों कर रही हैं, यह कौन नहीं जानता? उन्होंने तो केवल देश की एकता और विकास के लिए ही इतना साहसी कदम उठाया है। अपने पद की उन्हें कब चिन्ता हुई है। बचपन से देशवासियों की सेवा करती आ रही हैं और जब तक जीवित हैं, करती रहेंगी—यही तो उन्होंने आपात्काल की घोषणा करते हुए पिछले माह की 26 तारीख को कहा था। हाँ, देशवासियों को इतना अधिकार तो प्रधानमंत्री को ही देना होगा कि उनकी सेवा वे किस रूप में और किस माध्यम से करें।

आज दोपहर में घंटा भर डॉ. पद्मावती बैठी रहीं। उनकी एक ही चिन्ता है—गोविन्द वल्लभ पन्त अस्पताल को हृदय रोगों का राष्ट्रीय संस्थान बना दिया जाये। यह प्रस्ताव दो-तीन महीनों से विचाराधीन है। कुछ अड़चन हो गयी है, उसी के बारे में बात करने आयी थीं। उन्होंने बताया कि दो-तीन दिन पहले वह जयप्रकाश को देखने सोना गयी थीं।

उनके जाने के बाद शारदा किसी काम से मेरे कमरे में आया। उससे मालूम पड़ा कि जयप्रकाश के अभिन्न मित्र गंगा बाबू (गंगा शरण सिंह) प्रधानमंत्री से मिल रहे हैं। शारदा ने इस प्रसंग में केवल एक वाक्य ही कहा, "गंगा बाबू बहुत ही दुःखी व्यक्ति होंगे। उनके जैसे आदमियों की अब देश में आवश्यकता नहीं है।"

दूसरी बात शारदा से मालूम पड़ी कि प्रधानमंत्री बच्चन के लिए कुछ करना चाहती हैं। पासा पलटा है। दो साल पहले तो बच्चन—उनसे भी अधिक उनकी पत्नी तेजी—की प्रधानमंत्री ने मुझसे काफी निन्दा की। पण्डित जी बच्चन से बहुत स्नेह करते थे। तेजी अर्से तक प्रधानमंत्री के अन्तरंग मित्रों में रही हैं। पर इतना होते

हुए भी पिछले दो-तीन सालों में प्रधानमंत्री इन लोगों से अप्रसन्न थीं। 1972 में बच्चन व तेजी कुछ सहायता चाहते थे। मैंने भी सिफारिश की थी। पर प्रधानमंत्री टाल गयीं। तेजी द्वारा दिये गये सुझावों का मुझसे मज़ाक उड़ाने लगीं। अब बच्चन के लिए कुछ करना चाहती हैं। संभवतः इसलिए कि उन्होंने हाल में प्रधानमंत्री के समर्थन में एक वक्तव्य दिया है।

सरीन की नियुक्ति के प्रस्ताव को प्रधानमंत्री ने अस्वीकार कर दिया है। यह आज प्रो. धर से मालूम पड़ा। किसने अस्वीकार किया, स्पष्ट है। प्रधानमंत्री के कहने पर तो वह शुरू किया गया था। आज उन्होंने कहा कि सरीन के लिए कुछ और सोचेंगी।

आई. बी. रिपोर्ट से पता चला कि वीरेन्द्र पाटिल (संगठन कांग्रेस के एक नेता और कर्नाटक के भूतपूर्व मुख्यमंत्री) कल कामराज से मिले थे। वे चाहते थे कि दक्षिण में कामराज सरकार के विरुद्ध आन्दोलन चलाने में अग्रणी का काम करें। कामराज दो-तीन दिन से बीमार हैं। उन्होंने पाटिल को सलाह दी कि जल्दबाजी में कोई काम नहीं करना चाहिए। पहले कर्नाटक में जगह-जगह मीटिंग करनी चाहिए, जिससे जनता का शिक्षण हो सके। कर्नाटक की संगठन कांग्रेस को एक प्रस्ताव पास करना चाहिए। बाद में देखा जाएगा कि क्या कार्यक्रम बनाया जाये?

आज रात दिल्ली के वाइस चांसलर प्रो. मेहरोत्रा के घर प्रीतिभोज था। वहाँ किशन चंद से भेंट हुई। अज़ब आदमी है। प्रधानमंत्री जिस गुट के चंगुल में हैं, उसके एक प्रमुख सदस्य हैं; पर अप्रत्यक्ष रूप से वे प्रधानमंत्री की काफी कटु आलोचना कर रहे थे। मैं चुप रहा। उनसे बोलते डर लगता है।

6 जुलाई, 1975

काम आजकल कम है, पर मैं कार्यालय गया था। भूमिहीनों को मकान बनाने के लिए गाँवों में ज़मीन देने की एक योजना पर सरकार तीन-चार साल से बल दे रही है। पर उसकी प्रगति सन्तोषजनक नहीं है। इस योजना को प्रधानमंत्री के बीस सूत्रीय कार्यक्रम में भी सम्मिलित किया गया है। दो दिन हुए, मंत्रिमण्डल सचिव ने इस विषय पर एक ग्रुप मीटिंग की थी। उस मीटिंग में मुझे लगा कि केन्द्रीय सरकार में इस योजना के संचालन के लिए व्यवस्था ठीक नहीं है। हमारे सचिवालय में इस विषय पर जो सामग्री है, उसके आधार पर मैं एक नोट तैयार करके आज प्रधानमंत्री को भेजना चाहता था। नोट तैयार होने, टाइप होने आदि में पाँच बज गये। यदि केन्द्र में इस योजना की देखभाल के लिए सुव्यवस्था नहीं की गयी तो कुछ नहीं होगा। इस आधार पर मैंने प्रधानमंत्री को कुछ सुझाव दिये हैं।

आज की रिपोर्ट से पता चलता है कि अब तक 17,000 से अधिक लोग बन्दी बनाये जा चुके हैं। सामान्यतः देश में शान्ति है। पर इस शान्ति का लक्षण क्या है?

अंग्रेजी में एक कहावत है, "कब्रिस्तान की शान्ति"। व्यक्ति अन्दर-ही-अन्दर आज घुट रहा है। उसकी स्वाधीनता छीन ली गयी है।

साधारणतः मैं टी. वी. नहीं देखता। आज रात्रि के संगीत के कार्यक्रम की प्रतीक्षा में अंग्रेजी के समाचार सुने। उसमें बताया गया कि वसंत साठे से भेंट में विनोबा जी ने आपात्काल का समर्थन किया है। (मौन के कारण यह सन्देश विनोबा जी ने लिखकर या इशारों से दिये होंगे) उन्होंने इसको 'अनुशासन पर्व' की संज्ञा दी है। देश की नैतिक मान्यताओं की आधारशिला माने जाने वाले सन्त ने और कुछ नहीं कहा। हजारों की संख्या में लोगों को अकारण बन्दी बनाया जा रहा है, इस पर सन्त को कुछ नहीं कहना है! बुद्धिजीवियों ने उन्हें 'सरकारी सन्त' की उपाधि देकर कोई अन्याय नहीं किया है।

इधर सन्त जी अनुशासन की आड़ में आपात्काल का समर्थन कर रहे हैं, उधर उनकी शिष्या निर्मला देशपांडे जगह-जगह घूमकर प्रधानमंत्री का प्रचार कर रही हैं। यह भी आज की रिपोर्ट में देखा। निर्मला और उसके साथियों को राजनीति से चिढ़ है। पर प्रधानमंत्री के समर्थन में प्रचार करना राजनीति के क्षेत्र से परे है।

7 जुलाई, 1975

कल मद्रास में द्रविण मुनेत्र कड़गम (डी. एम. के.) ने एक जनसभा की। उसमें 15-20,000 लोग आये। द्र. मु. क. के वरिष्ठ नेताओं, जिसमें तमिलनाडु के मुख्यमंत्री करुणानिधि भी सम्मिलित थे, के भाषण हुए। इनमें प्रधानमंत्री की और आपात्काल घोषणा की आलोचना और निन्दा की गयी। नेताओं को बन्दी बनाने की भी बहुत आलोचना की गयी।

पर आई. बी. की रिपोर्ट्स से यह भी पता लगता है कि देश के कई भागों में आपात्काल और विशेषकर नेताओं की गिरफ्तारी पर कोई विशेष प्रतिक्रिया नहीं हुई है। यह परिणाम है हमारी गिरती नैतिक मान्यताओं का। आज आई. बी. ने यह भी स्पष्टीकरण किया कि बन्दियों की संख्या 17,000 न होकर 15,000 है। ग़लती से पिछली रिपोर्टों में अधिक संख्या दे दी गयी।

सुबह एक बार जब अपने कमरे से निकल रहा था, गैलरी में प्रो. धर और सलमान को जाते देखा। प्रो. धर काफी प्रसन्न मुद्रा में थे। बहुत दिन बाद उनको ऐसा देखा। वे आगे बढ़े तो वी. आर. भी उधर से निकला। उसने भी प्रो. धर को प्रसन्नचित्त देखकर इस पर रिमार्क किया। प्रो. धर ने कहा कि मैं प्रसन्नचित्त नहीं हूँ। आगे-पीछे जो कुछ हो रहा है, उसे देखकर मौज ले रहा हूँ, हँस रहा हूँ।

थोड़ी देर बाद मैं वी. आर. के कमरे में कॉफी पीने गया। वी. आर. ने कहा कि एक नया धंधा खोजा जा रहा है। अभी तक अमेरिका व कनाडा से जो गेहूँ खरीदा जाता है वह 'इंडिया सप्लाई मिशन' वाशिंगटन के माध्यम से। अब प्रधानमंत्री

चाहती हैं कि सौदा सीधे सरकार से यहीं दिल्ली से होना चाहिए। वी. आर. ने हिसाब लगा कर बताया कि इसमें सीधे-सीधे एक करोड़ का सौदा है। जैसा एयर बस में हुआ, तेल की ड्रिलिंग में हुआ, वही अब गेहूँ की खरीद में होगा। वी. आर. ने यह भी कहा कि उसका ख़्याल भी इस तरफ कभी नहीं गया था कि इन सरकारी सौदेबाजी में...(एक राजनीतिक दल) रुपया बना रहा है, पर तीन-चार महीने पहले प्रसन्न दवे ने उसका ध्यान इस तरफ दिलाया।

सन्ध्या को एयर चीफ मार्शल मेहरा (वायु सेनाध्यक्ष) मेरे पास आये। वे प्रधानमंत्री से मिल कर आ रहे थे। एयर मार्शल माल्से को 'एक्सटेंशन' देने का प्रस्ताव है, उस पर काफी क्षुब्ध हैं। उसी के बारे में प्रधानमंत्री से कहने आये थे। मुझसे भी अधिक समय तक उसी की बात करते रहे।

घर के लिए चलने से पहले देवेन्द्र सेन आये। उनसे पता चला कि प्रधानमंत्री ने मन्तोष सोंधी, भारी उद्योग विभाग के सचिव, के विरुद्ध कुछ सामग्री माँगी थी। जाँच-पड़ताल के बाद देवेन्द्र सेन ने रिपोर्ट में कहा कि मन्तोष सोंधी के खिलाफ कोई ऐसी चीज नहीं है जिस पर कार्रवाई की जाये। पर प्रधानमंत्री को इससे सन्तोष नहीं हुआ है। उन्होंने आदेश दिये हैं कि मन्तोष सोंधी के विरुद्ध खुली जाँच हो—उनकी भी टोपी उछाली जाये। मन्तोष सोंधी से मारुति का ही कोई प्रश्न लेकर प्रधानमंत्री को नाराज़गी है। लगा दिया है सी. बी. आई. को पीछे। देश की प्रधानमंत्री अपनी व्यक्तिगत वैमनस्यता का हिसाब सरकारी यंत्र के उपयोग से कर रही हैं। धन्य है!

रात में मिलन आया। उसे बंसीलाल (हरियाणा के मुख्यमंत्री) के पास जाना था। मुझे भी ले गया। बंसीलाल प्रधानमंत्री के नजदीक के लोगों में माने जाते हैं। आजकल तो वे उस अन्तरंग मण्डली में हैं जो प्रधानमंत्री को हर तरह की सलाह दे रहे हैं। देश-भर में हजारों लोग बन्दी बनाये गये। प्रधानमंत्री के किसी वरिष्ठ सहयोगी को नहीं मालूम, मंत्रिमण्डल को नहीं मालूम, गृह मंत्रालय को नहीं मालूम, प्रधानमंत्री सचिवालय को छोड़ दीजिए—प्रधानमंत्री के सचिव को नहीं मालूम। पर इसकी पूरी योजना बनाने वालों में बंसीलाल थे, इसका प्रबन्ध बहुत कुछ बंसीलाल ने किया। बंसीलाल के पास भीड़ जमा थी। बंसीलाल सबको छोड़ कर मुझे व मिलन को दूसरे कमरे में ले आये। मिलन को कुछ व्यक्तिगत बात करनी थी। (मिलन के श्वसुर हरियाणा के राज्यपाल हैं। इस कारण उसका बंसीलाल से अच्छा परिचय हो गया है।) सदा की भाँति बंसीलाल ने अपनी तारीफ शुरू कर दी। किस्से-कहानी वे बड़े रोचक सुनाते हैं। राजनीतिक बातें बिल्कुल नहीं हुईं। हाँ, किसी प्रसंग में उन्होंने इतना कहा कि "भई कानून वगैरह तो मैं जानूँ नहीं, चाहे कुछ हो प्रधानमंत्री इस देश की इंदिरा गांधी ही रहेंगी।" बंसीलाल के पास हम लोग करीब आधा घण्टा रहे। फिर मिलन अपने होटल चला गया।

8 जुलाई, 1975

आज शेषन ने नियुक्तियों में हो रही मनमानी का एक उदाहरण और दिया। इस्पात मंत्रालय में एक अतिरिक्त सचिव का स्थान रिक्त हुआ है। वदूद खाँ, इस्पात मंत्रालय के सचिव, ने प्रधानमंत्री से कहा कि उन्होंने एक अधिकारी–नय्यर को इस पद के लिए ढूँढ़ा है। प्रधानमंत्री ने उनसे पूछा कि नय्यर कहाँ के रहने वाले हैं–केरल के तो नहीं हैं। वदूद खाँ ने स्पष्ट किया कि नय्यर पंजाब के रहने वाले हैं। इस पर प्रधानमंत्री ने कहा कि नय्यर को संजय से मिलने के लिए भेज दिया जाये पर मुलाकात से पहले वदूद खाँ संजय को बता दें कि नय्यर दक्षिण भारतीय नहीं हैं। नय्यर से बातचीत करने के बाद संजय ने उनकी नियुक्ति का अनुमोदन कर दिया। अब चंद्रजीत यादव पर दबाव डाला जा रहा है कि वह नय्यर की नियुक्ति का प्रस्ताव कर दें। पर सन्ध्या को मैंने इस पद के लिए जगतपति का प्रस्ताव देखा। देखिए, क्या होता है? नय्यर का नाम अधिकारियों की उस सूची में नहीं है जिन्हें अतिरिक्त सचिव के योग्य समझा गया है। पर आजकल इसका बहुत मूल्य नहीं है। नियुक्तियों में प्रधानमंत्री की मनमानी चल रही है।

पट्टाभि रामाराव (संसद-सदस्य) आज मुझसे मिलने आये। इससे पहले मुझे हैदराबाद से दो पत्र भेज चुके थे। प्रधानमंत्री में विश्वास व आस्था प्रकट करते हुए उसी को दुहराने मेरे पास आये थे। कोई विशेष काम नहीं था, यद्यपि वे कल स्वयं प्रधानमंत्री से मिल चुके हैं। किसी समय आंध्र प्रदेश में मंत्री थे। इतना मैं उनके लिए अवश्य कहूँगा कि पदलोलुपता उनमें नहीं है, थोड़ा अपनी वरिष्ठता के नाते सम्मान के इच्छुक हैं। प्रधानमंत्री के भक्त हैं। पर आज मैंने उन्हें बहुत प्रसन्नचित्त व उत्साहपूर्ण नहीं पाया। प्रधानमंत्री के हर कदम की सराहना करते रहे पर अन्त में धीमे से एक प्रश्न पूछा, "टंडन जी, अब आगे क्या होगा?" मैंने कहा कि यह राजनीतिक मामला है, मैं क्या कह सकता हूँ। पट्टाभि रामाराव समझ गये कि इस विषय पर मैं बातचीत नहीं करना चाहता। उन्होंने प्रसंग बदल दिया।

आज प्रधानमंत्री से कई दिन बाद मिला। आजकल वे कार्यालय में मीटिंग और बाहर के लोगों से मिलने में ही इतना व्यस्त रहती रही हैं कि इधर कई दिन से मीटिंग आदि के अतिरिक्त उनसे भेंट नहीं हुई। कोई विशेष कारण भी नहीं था उनसे मिलने का। काम के सम्बन्ध में थोड़ी देर बातें होती रहीं। फिर प्रधानमंत्री ने मुझे गुलजारी लाल नंदा का एक पत्र दिया। नागरिक केन्द्रीय समिति के कार्य से अपना असंतोष व्यक्त करते हुए मुझसे कहा कि इसका एक सर्वेक्षण होना चाहिए।

आज कामराज पर एक रिपोर्ट देखी। बीमार होने से पहले उन्होंने पाँच जन-सभाओं को सम्बोधित किया था। हर जगह उन्होंने आपात्काल, नेताओं की

बंदी, सेंसर आदि की कड़ी आलोचना की। पर अभी आगे का कोई कार्यक्रम नहीं दिया है। वे अपने को असहाय पा रहे हैं। अपनी पार्टी के सदस्यों और कार्यकर्ताओं से उन्होंने सब्र से काम लेने की अपील की है। करुणानिधि उन्हें अपने करीब लाने का प्रयत्न कर रहे हैं, पर कामराज इसके लिए तैयार नहीं हैं। लेकिन यह असम्भव नहीं है कि तमिलनाडु में आगामी राजनीतिक गतिविधियाँ रोचक हों।

संसद को एक सप्ताह के लिए—21 जुलाई से 28 जुलाई तक—बुलाने का विचार हो रहा है। पर मुझे ऐसा लग रहा है कि प्रधानमंत्री संसद को अनियंत्रित ढंग से नहीं चलने देंगी। संसद के दोनों सदनों के नियमों में वे अवश्य ही ऐसे परिवर्तन करायेंगी कि मतभेद की कोई आवाज न उठ सके, सरकार को उलझन में डालने वाला कोई प्रश्न, प्रस्ताव आदि न आ सके। बिना ऐसा किये प्रधानमंत्री में संसद का सामना करने का साहस नहीं है, चाहे सभी प्रमुख नेता आजकल जेल में उनके अतिथि हैं और संसद में भाग नहीं ले पायेंगे। एकाध दिन में तय होगा—अभी इन प्रश्नों पर राजनीतिक स्तर पर विचार हो रहा है।

9 जुलाई, 1975

आज दिन में लोकसभा के दो सदस्य मुझसे मिलने आये। एक हैदराबाद के हाशिम और वाराणसी के सुधाकर पांडेय। हाशिम से मेरा परिचय आंध्र प्रदेश की समस्या के दिनों में 1972-73 में हुआ था। तब से वे बराबर मुझसे मिलते रहते हैं। राजनीतिक सूझबूझ अधिक नहीं है पर बातें बड़ी लच्छेदार करते हैं। सीधी-सी बात को काफी मजेदार ढंग से कहते हैं। सुधाकर पांडेय से परिचय हिन्दी के काम के कारण हुआ। हाशिम आज बहुत अर्से बाद मिले। मालूम पड़ा कि इधर बीमार थे। अभी हैदाराबाद में महीना भर अस्पताल में थे। आजकल दिल्ली आये हुए हैं। बातें तो इधर-उधर की बहुत कीं, पर ख़ास बात जो उन्होंने कही वह यह कि उनकी पार्टी (कांग्रेस) में 'कमीनापन' बहुत आ गया है। प्रधानमंत्री ने देश की कितनी सेवा की, इसको कितना ऊँचा उठाया, पर सेंट्रल हाल में काफी संसद-सदस्य (पार्टी के) अन्दर-ही-अन्दर प्रधानमंत्री की आलोचना कर रहे हैं। उनके अनुसार प्रधानमंत्री ने प्रजातंत्र की हत्या की है। उनके आर्थिक कार्यक्रम को 'स्टंट' कहते हैं। हाशिम, जैसा स्वाभाविक ही था, बढ़-बढ़ कर इन सदस्यों की निंदा कर रहे थे।

सुधाकर पांडेय ने आजकल की स्थिति के एक विभिन्न पहलू की चर्चा की। उन्होंने कहा कि वे अभी अपने निर्वाचन क्षेत्र का दौरा करके लौटे हैं। कुछ बातों पर जनता प्रसन्न है, पर साथ-ही-साथ पूरी तरह भयभीत और आतंकित भी हो गयी है। जनता प्रजातंत्र को विकृत नहीं होने देना चाहती। वह 'कार्यपालिका' को निरंकुश नहीं होने देना चाहती। पर, इस बात का समाधान आज संसद-सदस्य नहीं कर सकते, इसलिए अपने निर्वाचन क्षेत्र में जाने से कतरा रहे हैं। वे या तो दिल्ली

में पड़े हुए हैं या इधर-उधर घूम रहे हैं। सुधाकर पांडेय ने यह भी कहा कि कुछ कांग्रेसियों को बन्द कर देना चाहिए। उन्होंने भी काफी आतंक फैला रखा है। पता नहीं यह बात हँसी में कही या गम्भीरता से।

आज ओम मेहता प्रधानमंत्री से मिलने के बाद मुझसे मिलने आये। उन्होंने इस बात की पुष्टि की कि प्रधानमंत्री ने निश्चय किया है कि संसद के अगले सत्र में न प्रश्नकाल होगा, न कोई ग़ैर सरकारी कार्य स्वीकार किया जायेगा। प्रधानमंत्री का निर्णय हो गया, औपचारिक ढंग से दोनों सदनों में बहुमत से यह स्वीकार कराया जायेगा। कौन कहता है कि इस देश में अब प्रजातंत्र नहीं रहा? यदि प्रधानमंत्री जनता की और जनता के प्रतिनिधियों के मन की बात पहले ही समझ जाती हैं तो उनका क्या दोष?

रात में घर पर राज बहादुर का फोन आया। कहने लगे कि क्योंकि मैंने उनके साथ काफी काम किया है (मैं जिस पद पर हूँ उसमें संसद कार्यमंत्री से काफी सम्पर्क रखना पड़ता है। राज बहादुर दो साल तक संसद कार्यमंत्री रहे हैं) इसलिए वे मुझसे सलाह करना चाहते हैं। राजस्थान में मुख्यमंत्री बड़े मनमाने ढंग से लोगों को बंदी बना रहे हैं। किसी की सुन नहीं रहे हैं। जो लोग कांग्रेस के हिमायती रहे हैं, प्रधानमंत्री के भी प्रशंसक रहे हैं, पर हरिदेव जोशी की आलोचना करते हैं, उन्हें बंदी बनाया जा रहा है। राज बहादुर ने जयपुर के एक पत्रकार, जो अवकाश प्राप्त पुलिस अधिकारी भी हैं, का उदाहरण मुझे दिया। हरिदेव जोशी के इस रवैये से वे काफी क्षुब्ध हैं। मुझसे पूछा, क्या करना चाहिए? मैंने कहा कि वे स्वयं प्रधानमंत्री या ओम मेहता से बात कर लें। उन्होंने पूछा कि गृहमंत्री या गृह सचिव से बात करना ठीक होगा या नहीं। मैंने कहा कि प्रधानमंत्री से बात करना ही उपयुक्त होगा। प्रधानमंत्री के सहयोगियों को क्या पता कि आपात्काल और उससे सम्बन्धी काम गृहमंत्री के कार्यक्षेत्र में है अवश्य, पर उनका इनसे कोई सम्बन्ध नहीं है। हर बात पर निर्णय प्रधानमंत्री के निवास पर 'महल के सिपहसालार' लेते हैं, और ओम मेहता को बता दिये जाते हैं। गृहमंत्री को तो बहुत बाद में बताया जाता है। 25/26 जून की रात को इतनी गिरफ्तारियाँ हुईं, पर गृहमंत्री को इसका ज्ञान नहीं था। लेकिन श्रीमान गृहमंत्री जी को जब यह सब मालूम पड़ा तो भी वे कुछ बोले नहीं, चूँ तक भी नहीं की। आजकल किस्सा केवल प्रधानमंत्री की कुर्सी का नहीं है (उस पर तो नहाटा ने चित्र बनाया है), हर राजनीतिक व्यक्ति अपनी कुर्सी से चिपका हुआ है, हटना नहीं चाहता। नैतिक मापदण्डों का कोई प्रभाव नहीं रह गया है उन पर।

सिद्धार्थ फिर दिल्ली आये हुए हैं। आज वे शेषन के कमरे में डींग हाँक रहे थे कि बिना एक डंडा उठाये सारे देश में शांति स्थापित रखी, कहीं एक पत्ता भी नहीं खड़का। इससे पता चलता है कि प्रधानमंत्री की लोकप्रियता कितनी है!

आज वर्धन ने गृह मंत्रालय में कार्यभार छोड़ दिया। उस मंत्रालय में यह आम

धारणा है कि उसका एक स्तम्भ हिल गया। वर्धन मेरा अनन्य मित्र है, पर मैं इस नाते उसका मूल्यांकन नहीं कर रहा हूँ। इसमें किसी को संदेह नहीं है कि वह गिने-चुने योग्य और बुद्धिमान अधिकारियों में से है। ठीक ही हुआ कि वह मध्य प्रदेश का मुख्य सचिव होकर जा रहा है। कुछ टालमटोल करने के बाद परसों सेठी (मध्य प्रदेश के मुख्यमंत्री) यही निर्णय करके भोपाल गये हैं। इधर प्रधानमंत्री के कान वर्धन के विरुद्ध काफी भरे गये हैं। किसी समय वर्धन के प्रति उनमें बहुत सद्भावना थी। उसमें कमी हुई है। वे भी चाहती हैं कि वर्धन गृह मंत्रालय में न रहे। इसका एक कारण यह भी है कि इस प्रकार के महत्वपूर्ण पदों पर उनके अपने (अर्थात् 'महल के सिपहसालारों' के) व्यक्ति रहें। प्रधानमंत्री को वर्धन से मेरी मित्रता का पूरा पता है, इसलिए मुझसे कभी उसके सम्बन्ध में बात नहीं की।

वर्धन की जगह कोई अतिरिक्त सचिव की नियुक्ति नहीं हो रही है। उत्तर प्रदेश के एक अधिकारी—सिद्धू, जो अभी तक इस्पात मंत्रालय में संयुक्त सचिव था, को गृह मंत्रालय में संयुक्त सचिव के पद पर लाया जा रहा है। सिद्धू की व्यक्तिगत समस्याएँ कुछ ऐसी हैं कि वह दिल्ली नहीं छोड़ना चाहता। इस्पात मंत्रालय में वह चार-पाँच महीने से और अधिक रह नहीं सकता। वह मेरे पास सहायता के लिए आया था। मैंने उसे वास्तविक स्थिति बताते हुए कहा कि इसकी बहुत कम सम्भावना है कि मैं कुछ सहायता कर पाऊँ। उसने मेरी बात समझी। फिर फ़ौरन पहुँच गया—'महल के सिपहसालारों' के पास। उन लोगों ने उसे गृह मंत्रालय में नियुक्त करवा दिया। वह महल के सिपहसालारों को जानता है। पहले जब वह कलकत्ते में इस्पात और लोहे का नियंत्रक था उनकी महत्वपूर्ण सहायता कर चुका है। आगे हर प्रकार सहायता करने का वचन दिया है। हो गया काम!

आज दिन में शारदा ने बड़ा रोचक पत्राचार दिखाया। राजीव (प्रधानमंत्री के पुत्र) के एक मित्र अनूप सिंह ने प्रधानमंत्री को एक पत्र लिखा है। बड़ी ही शिष्टता से लिखा है पर प्रधानमंत्री की कटु आलोचना की है। उसके अंग्रेजी पत्र का सारांश यह है—

"मैं आपको यह पत्र आपको अपने परम मित्र राजीव की माँ के रूप में लिख रहा हूँ। बहुत समय से मुझमें आपके लिए असीम श्रद्धा है। पर आपात्काल की घोषणा ने मुझे पूरी तरह झकझोर दिया है। मैं स्तंभित रह गया हूँ। मुझे ऐसा लग रहा है कि आप देश को एक ऐसे पथ पर ले जा रही हैं जिससे भविष्य बिल्कुल अनिश्चित हो गया है। जिस पथ को आप देश की जनता के हित में समझती हैं, उसमें एक बहुत बड़ी कमी है—'लिबर्टी' की। दुर्भाग्य यह है कि संविधान का ही सहारा लेकर आपने संविधान की सबसे अमूल्य देन को नष्ट कर दिया। 'लिबर्टी' की परिभाषा करना कठिन होगा लेकिन अभिव्यक्ति की स्वतंत्रता, पृथक मत रखना, उसको खुले आम व्यक्त कर सकना आदि अधिकारों को निर्ममता से छीन लेना कहाँ

तक उचित है। हम सबको सदा यह गर्व रहा है कि भारत संसार का सबसे बड़ा जनतंत्र है यद्यपि इस राजनीतिक प्रणाली से उतना लाभ नहीं हुआ, जितनी आशा थी। पर यह तो आपने भी बार-बार कहा है कि प्रगति के साथ-साथ प्रगति के माध्यम का भी उतना ही महत्व है।''

12 जून से घटनाओं का विश्लेषण करने के बाद अनूप सिंह ने कहा–

''आपके सामने दो ही रास्ते थे। एक तो यह कि जब तक सुप्रीम कोर्ट से आपके मुकदमे में अन्तिम निर्णय नहीं हो जाता, आप पद त्याग दें। यदि निर्णय आपके पक्ष में हो तो आप फिर (यदि सम्भव हो) अपने पद पर वापस आ जायें। यदि निर्णय आपके पक्ष में न हो तो आप सदा के लिए पद त्याग दें या मुख्य निर्वाचन आयुक्त से अपने पक्ष में निर्णय ले लें। दूसरा रास्ता था कि आप प्रजातंत्र की मर्यादा को ताक पर रखकर सब शक्ति अपने हाथ में ले लें और इसका उपयोग इस तरह करें कि कोई व्यक्ति न आपके विरुद्ध कुछ कह सके, न कर सके। दूसरा रास्ता अपनाकर आपने यह स्पष्ट कर दिया है कि आपने जो कुछ किया है वह केवल अपने व्यक्तिगत स्वार्थ के लिए, और केवल इसी कारण आपने राष्ट्र का मुख एक अनजानी राह पर मोड़ दिया। आपके इस काम से मुझे बहुत पीड़ा पहुँची है। कभी यदि आपकी इच्छा हो तो अपना दृष्टिकोण मुझे समझाने का कष्ट कीजियेगा।''

अवश्य ही प्रधानमंत्री को पत्र पसन्द नहीं आया। जिस झल्लाहट के साथ अपने उत्तर का पहला पैरा लिखा है, उससे कल्पना की जा सकती है कि अनूप सिंह का पत्र पढ़कर प्रधानमंत्री तिलमिला उठी होंगीं। उन्होंने उत्तर में लिखा–

''आपके पत्र से स्पष्ट है कि आप एक ऐसे व्यक्ति की कल्पना तक नहीं कर सकते, जिसके निर्णय व्यक्तिगत लाभ के लिए नहीं किये जाते। (क्या अहम की सीमा इसके भी ऊपर है?)

चार साल से मेरे विरुद्ध घृणा और निंदा का जो प्रचार हो रहा है, चरित्र हनन किया जाता रहा, उसे कब तक बर्दाश्त किया जा सकता था? क्या किसी देश में सत्ताधारी कोई भी व्यक्ति है जो इसको सहन करेगा? (स्पष्ट हो गया कि अपने व्यक्तिगत स्वार्थ के लिए ही यह सब किया गया है।) पर मैंने इसकी परवाह नहीं की क्योंकि मुझे अपनी कभी चिंता नहीं रही। मुझे क्या हो या न हो इसको मैंने कभी महत्व नहीं दिया। पर राष्ट्र को इससे हानि होने लगी। संसद और समाचारपत्रों की क्या हालत हुई? हर क्षेत्र में अनुशासनहीनता बढ़ने लगी और देशवासी अपना आत्मविश्वास खोने लगे। बात यहीं नहीं रुकी। अन्दर-ही-अन्दर विपक्षी दलों द्वारा एक भीषण षड्यंत्र बनाया जाने लगा। प्रजातंत्र महत्वपूर्ण है पर देश से अधिक नहीं। मेरे मुकदमे का इस प्रसंग में केवल यही स्थान है कि इससे विपक्षी दलों का उत्साह बढ़ा। वैसे आपने विदेशी समाचारपत्रों में देखा होगा कि मेरे विरुद्ध जो बातें सिद्ध मानी गयी हैं, वे बहुत छोटी हैं।'' (विदेशी समाचारपत्रों ने और जो बातें लिखी हैं,

उन्हें भी क्या प्रधानमंत्री मानती हैं?)

एक नवयुवक के साहस भरे और तर्कपूर्ण पत्र का कितना थोथा और खोखला उत्तर!

बंगलौर के श्री कोदंड राव देश के जाने माने व्यक्ति हैं। उन्होंने अपने पत्र में आपात्‌काल की घोषणा की आलोचना की है। उन्होंने यह भी कहा है कि प्रधानमंत्री को नैतिक मान्यताओं में आस्था बनाये रखने के लिए त्यागपत्र देना चाहिए था। जब तक सुप्रीम कोर्ट में अंतिम निर्णय नहीं हो जाता जगजीवन राम को प्रधानमंत्री बना देना चाहिए था। पर यह सब न करके प्रधानमंत्री ने अपने विरुद्ध एक कटुता का वातावरण बना दिया है। राव ने कहा कि उन्होंने जे. पी. के आन्दोलन का समर्थन करने से मना कर दिया था। पर उसका विरोध करना भी उचित नहीं समझा, क्योंकि उन्होंने नैतिक प्रश्न उठाया था। इसमें कोई संदेह नहीं है कि न्यायालयों में यह सिद्ध हो या नहीं भ्रष्टाचार बहुत बढ़ता जा रहा है और जयप्रकाश का आन्दोलन उसके खिलाफ था। ए. एन. राय की मुख्य न्यायाधीश की नियुक्ति के समय से सुप्रीम कोर्ट का लगाव प्रधानमंत्री से हुआ है, निष्पक्ष न्याय से नहीं। आजकल देश में कब्रिस्तान की शांति है, ज्वलंत प्रजातंत्र की नहीं।

इसका उत्तर भी प्रधानमंत्री ने उतना ही खोखला दिया है जितना अनूप सिंह के पत्र का। भ्रष्टाचार की बात टाल गयी हैं, बाकी सब बातों के लिए प्रतिपक्ष को दोषी ठहराया है। राजनीतिक नेताओं की गिरफ्तारियाँ, सेंसर आदि देश की प्रजातंत्र प्रणाली को बचाने के लिए (क्या प्रधानमंत्री यह बात अपने अन्तःकरण से कह सकती हैं) अनिवार्य हो गया था। स्वाधीनता की रक्षा के लिए स्वाधीनता के दुरुपयोग का अन्त करना ही था।

प्रधानमंत्री की दलीलें और प्रतिपक्ष के विरुद्ध आरोप सब लचर हैं। एक दिन इस पर विस्तार से टिप्पणी करना अनुपयुक्त नहीं होगा।

10 जुलाई, 1975

इस सप्ताह अभी तक 'एकनौमिस्ट' और 'न्यू स्टेट्समैन' नहीं आये। सेंसर हो गये, मालूम पड़ता है। बड़ा अज़ीब लग रहा है। बीस साल से ये दोनों पत्रिकाएँ मैं नियमित रूप से ले रहा हूँ। आज यह भी स्वतंत्रता नहीं रही कि देश-विदेश की जो पत्रिका पढ़ना चाहूँ, वह पढ़ सकूँ। यही सोचकर मन उदास हो रहा है। मज़े की बात यह कि सचिवों की बैठक में प्रधानमंत्री ने प्रेस की स्वतंत्रता की हिमायत की थी और 'ब्रेन-वाशिंग' की भर्त्सना। पर वे स्वयं क्या कर रही हैं? क्या आगे का जीवन ऐसा ही होगा जिसमें मन और मस्तिष्क दोनों भूखे रहेंगे। मन की बात कह नहीं सकते, मस्तिष्क के विकास के लिए मनचाही पढ़ाई नहीं कर सकते। अपना तो आधे से अधिक जीवन बीत गया। क्या शिंजिनी और अमित

आजीवन सेंसर पत्र-पत्रिकाएँ और साहित्य ही पढ़ेगें। रह-रहकर मन में क्लेश उठता है, पर करें भी क्या?

रेलवे के एक वरिष्ठ अधिकारी परमेश्वरन को खड़े-खड़े अवकाश ग्रहण करने को कह दिया गया। रेलवे बोर्ड की कुछ नहीं चली। रेल मंत्रियों की बात नहीं मानी गयी। प्रधानमंत्री ने आदेश दिये, बिना चूँ किये रेलमंत्री ने उन्हें कार्यान्वित कर दिया। शेषन ने पूरा विवरण दिया कि किस प्रकार यह किया गया? कुछ कागज़ात भी दिखाये। रेलमंत्री ने परमेश्वरन को स्पष्ट कह दिया कि प्रधानमंत्री की अप्रसन्नता के कारण यह किया गया है।

सन्ध्या को सरीन प्रधानमंत्री से मिलने आये। उसके बाद मेरे पास बहुत देर तक बैठे रहे। वे बड़े उत्साह से प्रधानमंत्री का काम कर रहे हैं। यह उन्हें नहीं मालूम कि उनसे कह देने के बाद उन्हें बिहार का राज्यपाल पिछली जनवरी में नहीं बनाया गया। केवल इसलिए कि प्रधानमंत्री को संदेह हो गया कि वे ललित बाबू के परिवार से अच्छा व्यवहार नहीं करेंगे। यह बहुत लोगों को मालूम है कि सरीन के छोटे भाई को ललित बाबू ने एस. टी. सी. से हटाया था। छोटा मन कभी छोटी बात से ऊपर नहीं उठ सकता। मुझे आश्चर्य है, सरीन नहीं समझ पा रहे हैं, या समझकर भी नासमझ बन रहे हैं, कि देश में हो क्या रहा है?

वर्धन को अब सेठी मुख्य सचिव नहीं बना रहे हैं। यह सरासर अन्याय है।

11 जुलाई, 1975

प्रो. धर की तबीयत कल शाम ठीक नहीं थी। जल्दी घर चले गये थे। सुबह उन्हें वर्धन ने फोन किया था, उस समय भी वे किसी दवा के असर में थे। पर कार्यालय वे आये थे। जैसे ही मैं कार्यालय पहुँचा, उन्होंने मुझे बुलाया और वर्धन का किस्सा पूछने लगे। मैंने उन्हें पूरी बात बतायी। उन्हें सुनकर दुख हुआ, पर कहा कि केवल ओम मेहता ही स्थिति सम्भाल सकते हैं। प्रो. धर को न अब अपने काम में विशेष रुचि है, न उनका मन ही प्रधानमंत्री से ये सब बातें करने का करता है। मुझे आशा नहीं कि प्रो. धर वर्धन के बहुत सहायक हों। वर्धन के साथ जो अन्याय हो रहा है, वह प्रधानमंत्री की मनमानी का एक और उदाहरण है। बात कुछ निश्चित हो जाये तो पूरी तरह एक दिन लिखूँगा।

शेषन से मालूम पड़ा कि विरोधी दलों के कुछ अन्य नेताओं के यहाँ आयकर आदि का छापा मारने की योजना प्रधानमंत्री निवास पर बन रही है।

आज सन्ध्या को एटर्नी जनरल (निरेन डे) प्रधानमंत्री से मिलने आये। करीब आधा घण्टा उनके पास रहे। कल उन्होंने गृह मंत्रालय को दो तीन नोट भेजे हैं, जिसमें आपात्काल और मीसा के संशोधन में जो कमजोरियाँ हैं, उन्हें दर्शाया गया है। नोट के अन्त में लिखा है कि वे अपनी आशंका पहले से ही व्यक्त कर रहे हैं

जिससे सरकार बाद में न कहे कि उन्होंने समय पर चेतावनी नहीं दी।

सरकार ने आज एक विज्ञप्ति द्वारा 'आँधी' फिल्म का प्रदर्शन बन्द कर दिया। क्यों का कोई संतोषजनक उत्तर नहीं है। आपात्काल में सरकार सब कुछ कर सकती है—इसी आधार पर काम हो रहा है आजकल। हँसी की बात यह है कि जब इस फिल्म पर विवाद खड़ा हुआ था तो प्रधानमंत्री के आदेश पर और उनके अनुमोदन से शारदा ने प्रेस को एक पत्र लिखा था कि 'आँधी' की कहानी और प्रधानमंत्री के जीवन में किसी प्रकार का सम्बन्ध नहीं है। यदि ऐसा है तो अब प्रदर्शन पर यह रोक क्यों?

आज प्रधानमंत्री से किसी ने कह दिया कि चकबंदी का कार्यक्रम शीघ्र आरम्भ करवाना चाहिए। चकबंदी क्या और कैसे होती है, इसका पता प्रधानमंत्री को नहीं है पर बार-बार पूछ रही हैं कि यह कैसे शुरू करायी जाये। बाद में मैंने प्रो. धर को पूरी बात समझायी। आजकल मैं भूमि-सुधार पर एक नोट तैयार कर रहा हूँ। मैंने उनसे कहा है कि इस प्रश्न का भी उसमें विश्लेषण कर दूँगा।

12 जुलाई, 1975

आज ओम मेहता ने आई. बी. द्वारा तैयार की हुई एक रिपोर्ट भेजी, जिसमें यह स्पष्ट किया गया है कि विरोधी दल कितना बड़ा षड्यंत्र रच रहे थे। वे चाहते थे कि मैं शीघ्र-से-शीघ्र प्रधानमंत्री का अनुमोदन प्राप्त कर लूँ जिससे वह रिपोर्ट प्रकाशित की जा सके। कार्यालय पहुँच कर मैंने रिपोर्ट पढ़ी। रिपोर्ट अच्छी तैयार की गयी है, पर विरोधी पक्ष की रिपोर्ट भी यदि अधिक नहीं तो इतनी प्रभावशाली अवश्य लिखी जा सकती है। पर आज इस देश की गूँगी जनता को केवल वही बात सुनने और जानने का अधिकार है जो सरकार बताना चाहे। और कुछ भी नहीं।

जब मैं यह रिपोर्ट पढ़ रहा था तो वी. आर. मेरे कमरे में आ गया। इस रिपोर्ट पर बात चल पड़ी। वी.आर. ने एक मजेदार बात बतायी। एक-दो दिन पहले प्रधानमंत्री के आदेश पर प्रो. धर ने 'आपात्काल-परिप्रेक्ष्य में' पर एक टिप्पणी तैयार की। वी. आर. ने इसमें उनकी सहायता की। टिप्पणी बहुत अच्छी बनी। तैयार होने पर प्रो. धर को भी प्रसन्नता हुई। इस पर वी. आर. ने कहा, "अब आप भी ब्यूरो क्रेट हो गये हैं। ब्यूरोक्रेट का गुण यह है कि जिस बात में तनिक भी विश्वास न हो, उसका समर्थन भी योग्यता और कुशलता से करे।" इस पर प्रो. धर ने कहा, "तुम ठीक कहते हो। मैं आपात्काल की घोषणा और उसके बाद किये गये बहुत से कार्यों को सरासर ग़लत मानता हूँ। बीस सूत्रीय कार्यक्रम के लिए आपात्काल की घोषणा की आवश्यकता नहीं थी। (यह प्रो. धर का निश्चित मत है।) आपात्काल के विरोध में मैं इससे भी अच्छी टिप्पणी तैयार कर सकता हूँ।"

छुट्टी होने के कारण कार्यालय में बिल्कुल शांति थी। मैं रात के नौ बजे तक

काम करता रहा। रात में कमल-रजनी के घर डिनर था। वहाँ वासू (पंत का विशेष सहायक) मिला। मैंने पंत से मिलने का वायदा किया था, पर मन ही नहीं हुआ जाने का। मुझे इन सब लोगों से घृणा होती जा रही है। वासू ने बताया कि आपात्काल की घोषणा के बाद दो-तीन दिन तो पंत कुछ परेशान से रहे, पर अब पूरी तरह परिस्थितियों से समझौता कर लिया है। प्रधानमंत्री के समर्थन के लिए हिन्दी क्षेत्र के सभी कांग्रेसी संसद सदस्यों से बात करने में लगे हैं। क्यों न करें? 'कुर्सी महात्म' के अनुयायी वे पूरी तरह बन चुके हैं। उनके अन्तःकरण की आवाज़ मर चुकी है। क्या पंत को मालूम है कि उनके पूज्य पिता पं. गोविन्द वल्लभ पंत और स्वयं उनके बारे में प्रधानमंत्री की क्या धारणा है? पर मालूम होने-न-होने से क्या अन्तर पड़ेगा? चाटुकारी और जब चाटुकारी से अपनी कुर्सी बनी रहे तो उसका मज़ा ही कुछ और होता है।

डिनर पर कुसुम (अवतार कृष्ण की पत्नी) भी थी। मैंने उससे पूछा, "क्या हाल है?" कहने लगी, "बीस-बाइस साल पहले जब एक बार 'ईस्ट बर्लिन' गयी थी (वह इलाहाबाद के बाद जर्मनी पढ़ने गयी थी) तो वहाँ जैसा लगा था, वही आजकल दिल्ली में लग रहा है।"

13 जुलाई, 1975

आज भी दिन भर कार्यालय में रहा। इन दो दिनों की छुट्टी में मैंने काफी काम किया। भूमि-सुधार, आदिवासी क्षेत्र की समस्याओं और नगालैंड व मिज़ोरम पर विस्तृत टिप्पणियाँ प्रधानमंत्री को प्रस्तुत कीं। पर दुर्भाग्य की बात यह है कि आजकल न तो प्रधानमंत्री ये सब पढ़ती हैं, न कुछ करना ही चाहती हैं। उनकी रुचि केवल एक काम में है—प्रचार, घोर प्रचार! ठोस काम न कभी पहले किया, न अब आसार हैं।

रात में मुख्यमंत्री असम का फोन आया। वे रात में ही असम से यहाँ पहुँचे हैं। मुझे सुबह साढ़े नौ बजे मिलने को बुलाया है।

आजकल प्रधानमंत्री पत्रकारों से बहुत मिल रही हैं। एकाध सार्वजनिक (बड़ी नहीं, छोटी) सभाओं में भी बोली हैं। अपने पक्ष का विवेचन कुछ विस्तार से करने का प्रयास कर रही हैं। धीरे-धीरे नये पहलू दिखा रही हैं। दो-चार दिन में उनकी बनायी हुई तस्वीर पूरी तरह उभरेगी। तभी कुछ लिखना उपयुक्त होगा।

14 जुलाई, 1975

कार्यालय पहुँचते ही असम के मुख्यमंत्री से मिलने चला गया। उन्होंने बताया कि राघव अय्यर को बड़े ज़ोर का हृदय का दौरा पड़ा है। वे खतरे से बाहर हैं पर कई महीने तक काम नहीं कर पायेंगे। इसी महीने की 9 तरीख को उन्होंने मुख्य सचिव

पद का भार सम्भाला और उसी दिन सन्ध्या को दौरा पड़ा। अच्छी से अच्छी चिकित्सा का प्रबन्ध किया गया है। मुख्यमंत्री ने कहा कि यदि चार-छः महीने में भी अय्यर काम करने के योग्य नहीं हुए तो उन्हें फिर से नया मुख्य सचिव ढूँढ़ना होगा। मुझसे कहा कि मैं उन्हें सोच-विचार कर इस पर सलाह दूँ। इसके बाद वे असम की अन्य समस्याओं पर बात करते रहे। बोडो भाषा की समस्या काफी हद तक सुलझ गयी है। उसको सुलझाने में मैंने उनकी जो सहायता की, उस पर उन्होंने कृतज्ञता प्रकट की।

दिन में काफी समय आज युवा कल्याण के महानिदेशक का एक पद सृजन कराने में व्यतीत हुआ। जब मैं असम भवन गया हुआ था, तभी प्रो. धर मेरी ढूँढ़ कर रहे थे। वहाँ से लौटते ही प्रो. धर के कमरे में चला गया। कहने लगे, प्रधानमंत्रीजी सुबह से ही बहुत चिड़चिड़ी हो रही हैं। बात-बात पर झल्ला रही हैं। मिट्टी का तेल, ईंधन-तेल आदि के दाम बढ़ाने का निर्णय आज समाचारपत्रों में छपा था। कल बीमार होते हुए भी प्रो. धर ने इस सम्बन्ध में काफी काम किया। सब कुछ सोच-विचार कर आर्थिक कारणों से यह निर्णय लिया गया। पर आज सुबह प्रधानमंत्री ने इस निर्णय पर अपनी अप्रसन्नता प्रकट की। प्रो. धर ने उन्हें समझाने का प्रयत्न किया, पर वे सुनने को तैयार नहीं थीं। उसी समय प्रधानमंत्री ने न जाने कितनी और चीजें करने को बताईं। प्रो. धर का कहना है कि जो काम 28 साल में नहीं हुए, वे अब कुछ दिन में कैसे हो सकते हैं? प्रधानमंत्री हथेली पर सरसों जमाना चाहती हैं। प्रो. धर यह नहीं कर सकते।

इसके बाद युवा कल्याण के विषय पर बात हुई। प्रधानमंत्री युवा कल्याण के लिए एक महानिदेशक चाहती हैं। एक अवकाश प्राप्त लेफ्टिनेंट जनरल (कैन्डेथ) को उन्होंने इसके लिए चुन भी लिया है। उनकी नियुक्ति में कोई कठिनाई नहीं है, पर शिक्षा मंत्री (प्रो. नूरुल हसन) इस बात से क्षुब्ध हैं कि यह पद शिक्षा मंत्रालय के अन्तर्गत नहीं होगा। युवा कल्याण का सब काम उसी मंत्रालय में होता है। उनका कहना है कि पद उनके मंत्रालय में न होकर मंत्रिमंडल सचिवालय में रखना इस बात का द्योतक है कि प्रधानमंत्री को अपने शिक्षा मंत्री में विश्वास नहीं है। (बात कुछ ऐसी ही है।) शिक्षामंत्री, प्रो. धर और मेरी इस पर बहुत देर तक बात हुई। हम दोनों ने शिक्षामंत्री को काफी समझाने की कोशिश की पर उन्होंने यही कहा कि इस प्रस्ताव को मैं ग़लत समझता हूँ, पर जो हुकुम होगा उसकी तामील करूँगा। हमारी बातचीत के बाद यह निश्चय हुआ कि मैं मंत्रिमंडल सचिव से भी इस विषय पर परामर्श कर लूँ। यह मैं सन्ध्या को ही कर सका। मंत्रिमंडल सचिव की राय में अधिक उपयुक्त यही होगा कि यह पद शिक्षा मंत्रालय में हो, पर मंत्रिमंडल सचिवालय में भी हो सकता है। मंत्रिमंडल सचिव से मिलने के बाद मैंने प्रो. धर को उनकी राय बतायी। प्रो. धर ने कहा कि वे कल प्रधानमंत्री से पूछ कर आगे की

कार्रवाई के बारे में बतायेंगे।

आज सुबह रघुरमैया मेरे पास आये। अपनी कारगुजारी बड़े गर्व से बतायी, यद्यपि अन्दर-ही-अन्दर वे जो कुछ हो रहा है उससे प्रसन्न बिल्कुल नहीं हैं। (इसी कारगुजारी और चाटुकारी की प्रवृत्ति ने प्रधानमंत्री को ग़लत शक्ति अर्जित करने में बड़ी सहायता की है।) रघुरमैया का विचार है कि लोकसभा के सत्र के समय स्पीकर और डिप्टी स्पीकर दोनों को बाहर रखकर उन्होंने बड़ा कमाल हासिल किया है। प्रधानमंत्री को इन दोनों पर भरोसा नहीं है। वे चाहती थीं कि सत्र के समय ये दोनों उपस्थित न रहें, ताकि सभापतियों की सूची में से अपने किसी विश्वसनीय को अध्यक्ष बनाकर सब काम अपनी इच्छानुसार करवायें। स्पीकर हस्पताल में दाखिल हो गये हैं। डिप्टी स्पीकर को एक प्रतिनिधि मंडल में विदेश भेज दिया गया है। हर मंत्री, कांग्रेस सदस्य प्रधानमंत्री की चाटुकारी में सब कुछ करने को तैयार है।

किस प्रकार से संसद का अगला सत्र होगा? उसे सोचकर मुझे रोना आता है। प्रमुख विरोधी नेता जेल में बन्द हैं। ग़ैर सरकारी कोई कार्रवाई सदनों के सम्मुख लायी नहीं जा सकती। यदि विरोधी दलों के सदस्य कुछ बोले भी तो उसको समाचारपत्रों में नहीं छपने दिया जायेगा। संसद के अधिवेशन का इससे बड़ा मज़ाक व ढोंग और क्या हो सकता है? और यह सब हो रहा है उसके इशारे पर जिनके पिता ने इस संसद की परम्पराओं के निर्माण में महत्वपूर्ण योगदान किया था।

आज की रिपोर्टों से पता चला कि तीन-चार दिन पहले संजीव रेड्डी व वीरेन्द्र पाटिल मद्रास में कामराज से मिले थे। वे चाहते थे कि कामराज आपात्काल और गिरफ्तारियों के विरुद्ध आन्दोलन करें। पर कामराज यह मानते हुए भी कि जो कुछ प्रधानमंत्री ने किया है, वह सरासर गलत और अहितकर है, कोई आन्दोलन नहीं करना चाहते। उन्हें डर है कि द्रविण मुनेत्र कड़गम स्थिति का लाभ उठायेगा। संजीव रेड्डी बड़े निराश होकर मद्रास से लौटे हैं। कामराज आदि के दृष्टिकोण को वे बहुत दुर्भाग्यपूर्ण समझते हैं।

आजकल अफवाहों का बाज़ार गरम रहता है। यह स्वाभाविक ही है। दिन भर में तरह-तरह की बातें सुनने को आती हैं। उनमें विश्वास करना ठीक नहीं, पर आज तारा (वर्धन की पत्नी) ने एक बात बतायी, उसको लिखना अनुपयुक्त नहीं होगा क्योंकि बात बिल्कुल विश्वसनीय है। तारा के एम्पोरियम में एक सज्जन काम करते हैं। वे द्वारका नाथ तिवारी के दामाद हैं। तिवारी लोकसभा के वरिष्ठ सदस्यों में से हैं। कांग्रेस कार्यकारिणी के भी सदस्य रहे हैं। जगजीवन राम के काफी समीप हैं। वे हाल ही में बहुत रात हुए जगजीवन राम से मिले थे। उन्होंने जगजीवन राम को बहुत भली-बुरी सुनायी। कहा कि क्या इसी दिन के लिए नेता बनाया था? प्रजातंत्र की हत्या कर दी, अब जनता को क्या मुख दिखायेंगे आदि-आदि। जगजीवन राम

ने स्वीकारा कि ग़लती हो गयी, पर अब क्या करें? त्यागपत्र देने से अब कोई बात बनेगी नहीं। मुझे नहीं लगता कि जगजीवन राम अब कुछ कर सकते हैं। मंत्रिपरिषद् में एक महारथी और हैं—चव्हाण। उन्होंने 1969 में समर्पण कर दिया था। उस समर्पण के समय से चव्हाण बिल्कुल बदल गये हैं। कायरता के एक नये प्रतीक का उदय चव्हाण के नाम से उस दिन हुआ। जगजीवन राम और चव्हाण को एक अवसर मिला था पर वे इतने कायर हो गये कि उससे लाभ उठाने की बात तक नहीं सोची। प्रजातंत्र के हत्यारों में उनका नाम भी लिखा जायेगा।

घर जाते समय प्रो. धर और मैं साथ-साथ नीचे उतरे। वे आजकल की घटनाओं से बहुत विक्षिप्त हैं। आज उन्होंने एक बड़े मार्के की बात कही। किशन चंद की उपराज्यपाल के पद पर नियुक्ति हाल-फिलहाल का सबसे बड़ा 'डिज़ॉस्टर' है।

15 जुलाई, 1975

आज सुबह मंत्रिपरिषद् की बैठक थी। बैठक से पहले प्रो. धर प्रधानमंत्री से थोड़ी देर के लिए मिले थे। मुलाकात के बाद मुझे बताया कि युवा कल्याण के महानिदेशक मंत्रिमंडल सचिवालय में ही कार्य करेंगे। प्रधानमंत्री उन्हें शिक्षा मंत्रालय का भाग नहीं बनाना चाहतीं।

मंत्रिपरिषद् की बैठक 'मीसा' में कुछ आवश्यक संशोधनों पर विचार करने के लिए बुलायी गयी थी। एटार्नी जनरल का विचार है कि न्यायालय यह निर्णय दे सकता है कि मीसा के अन्तर्गत सरकार ने ग़लत गिरफ्तारियाँ की हैं। उन्होंने अपनी आशंका का बड़ा तर्कयुक्त विवरण दिया है। सरकार का पक्ष मजबूत करने के लिए मीसा में संशोधन आवश्यक है। मीटिंग में सरदार के अतिरिक्त कोई अधिक नहीं बोला। सरदार ने सदा की भाँति एक जिले की कचहरी के स्तर के प्रश्न किये और चुप हो गये। सब संशोधन स्वीकार हो गये। प्रधानमंत्री को कुछ भी बोलने की आवश्यकता नहीं पड़ी। दमन चक्र का जाल फैलता जा रहा है। एक ग़लत काम को दबाने के लिए नये-नये ग़लत काम हो रहे हैं। इस सबका परिणाम एक ही है—भारत की जनता की स्वाधीनता समाप्त होती जा रही है।

मीटिंग के बाद विधि मंत्री (गोखले) ने मुझसे पूछा कि क्या मैं बाहर गया हुआ था? उनका प्रश्न स्वाभाविक था। वे मुझसे स्नेह करते हैं, पर एक मास से भी अधिक से मैं उनसे मिला ही नहीं। कहने लगे कि मैं उनसे आकर मिलूँ। मैंने 'हाँ' कह दिया पर मेरी इच्छा नहीं है। मुझे इन सब लोगों से घृणा हो गयी है। ये सब कायर हैं। प्रजातंत्र की हत्या में इन्हें ग्लानि नहीं हुई, क्लेश नहीं हुआ। गोखले जाने-माने वकील हैं। क्या उन्होंने अपने अन्तःकरण को बेच दिया है। क्यों नहीं प्रधानमंत्री से कहते कि देश की आत्मा का सर्वनाश केवल अपनी कुर्सी की ख़ातिर न करें।

प्रधानमंत्री जगह-जगह भाषणों में कह रही हैं कि जो लोग बन्दी बनाये गये हैं, उसमें बहुत बड़ी संख्या असामाजिक तत्वों की है, राजनीतिक बन्दियों की संख्या बहुत कम है। आज मैंने 12 जुलाई तक बनाये गये बंदियों की संख्या देखी। 19,291 बन्दियों में से लगभग नौ हजार राजनीतिक व्यक्ति हैं। इस पर कुछ कहने का मन नहीं होता।

एक बात लिखना भूल गया। मंत्रिपरिषद् की मीटिंग में जाने से पहले प्रो. धर मेरे कमरे में आये और मुझे विश्वास में लेकर बताया कि हक्सर के चाचा को पकड़ लिया गया है, क्या करना चाहिए? वे दिल्ली की एक प्रसिद्ध फर्म 'पंडित ब्रदर्स' के मालिक हैं। उनकी दुकान पर जानबूझ कर महल के सिपहसालारों के आदेश पर छापा मारा गया है। इसका प्रचार भी खूब किया गया।

16 जुलाई, 1975

आज सुबह प्रधानमंत्री से कुछ देर के लिए भेंट की। एक-दो दिन पहले मुझे यह पता चला था कि मेघालय के मुख्यमंत्री—सांगमा—इस बात से बहुत दुखी हैं कि कांग्रेस उनको व उनकी सरकार को हर प्रकार से परेशान करने का प्रयत्न कर रही है। उनका कहना है कि उन्होंने, उनकी सरकार और पार्टी ने प्रधानमंत्री की हमेशा हिमायत की है और कांग्रेस का साथ दिया है। यदि कांग्रेस उनके लिए कठिनाइयाँ उत्पन्न करेगी तो फिर उन्हें भी सोचना होगा कि आगे उनका क्या रवैया रहे? उत्तरी-पूर्वी क्षेत्र के लिए मेरा हमेशा प्रधानमंत्री से यही कहना रहा है कि वहाँ हर जगह कांग्रेस को स्थापित करना या बढ़ाना उचित नहीं है। कांग्रेस को वहाँ के क्षेत्रीय दलों से मित्रता के सम्बन्ध रखना अधिक हितकर होगा। मिज़ोरम में मिजो यूनियन को कांग्रेस में मिला देने का परिणाम अच्छा नहीं हुआ है। ए. पी. एच. एल. सी. कांग्रेस से अच्छे सम्बन्ध रखना चाहती है, कांग्रेस को इस भावना को प्रोत्साहित करना चाहिए। प्रधानमंत्री ने कहा कि बात तो मैं ठीक कह रहा हूँ, पर स्थानीय कांग्रेसी नेता कहते हैं कि वे कब तक दबते जायें। मैंने कहा, दबने की बात नहीं है, दोनों दलों का सहज सम्बन्ध स्थापित हो सकता है। ए. पी. एच. एल. सी. को भी कांग्रेस के लिए कुछ करना होगा। प्रधानमंत्री ने कहा कि मेघालय में काफी गड़बड़ी स्वैल[1] के कारण है। फिर कहा कि गवर्नर आने वाले हैं, मैं उनसे बात करूँ कि वे सांगमा को समझायें।

इसी सन्दर्भ में मैंने प्रधानमंत्री से मणिपुर की भी बात की। वहाँ आजकल कांग्रेस ने एक स्थानीय पार्टी से मिलकर सरकार बना रखी है। पर स्थानीय कांग्रेसी इसके लिए आतुर हैं कि दूसरे दलों से कुछ सदस्यों को तोड़कर अकेले कांग्रेस की सरकार बन जाये। मैं इसे ग़लत समझता हूँ। प्रधानमंत्री से मैंने यही कहा।

---

1. मेघालय के एक नेता जो बाद में डिप्टी स्पीकर बने।

प्रधानमंत्री ने भी यही राय व्यक्त की, पर जिस तरह उन्होंने अपनी बात कही, उससे मुझे लगा कि स्वयं प्रधानमंत्री को उनमें बहुत विश्वास नहीं है। मुझे यह लगा कि दिल्ली की स्वीकृति से मणिपुर में राजनीतिक जोड़-तोड़ चल रहा है।

आज प्रधानमंत्री से खादी के विषय में भी बात हुई। कुछ दिन पहले घनश्याम भाई ओझा का पत्र प्रधानमंत्री के पास आया था कि सरकार पहले जिस उपयोग के लिए खादी खरीदती थी, उसमें कुछ परिवर्तन हुआ है। इससे खादी की हानि होगी। मैंने दो-तीन दिन पहले प्रधानमंत्री को पूरी स्थिति स्पष्ट करते हुए एक नोट दिया था। घनश्याम भाई की सूचना ठीक नहीं थी, सरकार के आदेशों में कोई परिवर्तन नहीं हुआ है। पर प्रधानमंत्री ने घनश्याम भाई को स्वयं उत्तर देने से मना कर दिया। आज मुझसे कहा कि मैं उन्हें उत्तर दे दूँ। साथ-ही-साथ यह भी कहा कि अस्पतालों के कर्मचारी खादी के प्रयोग से असन्तुष्ट हैं। इस प्रश्न पर विचार करना होगा, यह मैं घनश्याम भाई को लिख दूँ। लगभग दो वर्ष पहले प्रधानमंत्री को यह सिफारिश की गयी थी कि बहुत-सी श्रेणियों के लिए खादी की वर्दी अनिवार्य नहीं होनी चाहिए। प्रधानमंत्री ने यह बात नहीं मानी। कहने लगीं कि खादी का प्रयोग कम करना उचित नहीं होगा। आज उनका दृष्टिकोण बदल गया है। खादी का प्रचार गांधीवादी करते हैं। उनके प्रति आजकल प्रधानमंत्री की सद्भावना नहीं रह गयी है—जे. पी. और सर्वोदय के कारण।

भूमि-सुधार पर भी थोड़ी-सी बात हुई। बात मैंने ही चलायी, पर मैंने पाया कि प्रधानमंत्री को इसमें तनिक भी रुचि नहीं है। मैंने बात अधिक नहीं बढ़ायी। भूमि-सुधार प्रधानमंत्री के बीस-सूत्रीय कार्यक्रम का अंश है। पर प्रधानमंत्री को जहाँ तक रुचि है, वह बात तो हो गयी। उनकी घोषणा हो गयी। कार्यान्वयन में उन्होंने कभी विशेष रुचि नहीं दिखाई, तो अब कहाँ से नयी बात होगी।

लंच पर जाने से पहले प्रधानमंत्री ने मुझसे कहा कि मैं दिन में किसी समय त्रिपुरा के मुख्यमंत्री से मिल लूँ। सन्ध्या को सेनगुप्ता (मुख्यमंत्री) का फोन आया। उनसे मालूम पड़ा कि वे किस विषय पर बात करना चाहते हैं। वे आज प्रधानमंत्री से मिले थे। त्रिपुरा में आजकल बंग्लादेश से भारी संख्या में शरणार्थी आ रहे हैं। मुख्यमंत्री इस बात से चिन्तित हैं। उन्होंने प्रधानमंत्री के सम्मुख यह समस्या रखी। इस पर प्रधानमंत्री ने उनसे कहा कि वे मुझसे इस विषय पर चर्चा कर लें। रात को घर आने से पहले मैं उनसे मिला। समस्या उनकी जटिल है। कल गृह मंत्रालय में रुस्तमजी से बात करनी पड़ेगी। तभी प्रधानमंत्री को कुछ बताऊँगा।

17 जुलाई, 1975

प्रधानमंत्री से आज मैंने त्रिपुरा के मुख्यमंत्री की कठिनाई बतायी, पर यह भी कहा कि इस स्थिति में क्या करना चाहिए, यह रुस्तमजी से बात करके बताऊँगा।

मुख्यमंत्री के अनुसार लगभग 25,000 शरणार्थी बंग्लादेश से त्रिपुरा में आ गये हैं। कुछ महीने पहले भी शरणार्थी आये थे, पर उन्हें बंग्लादेश वापस भेज दिया गया था, अब फिर आ गये हैं। त्रिपुरा में इससे काफी तनाव हो रहा है। बिना केन्द्र की सहायता के राज्य सरकार कुछ कर नहीं सकती, वैसे भी यह मामला ऐसा है जिससे केन्द्रीय सरकार पूरी तरह सम्बन्धित है। मुख्यमंत्री, गृहमंत्री, रक्षा मंत्री व अन्य लोगों से दिल्ली में मिले, पर उन्हें कुछ समझ में नहीं आ रहा है क्या करें? रक्षा मंत्री ने उन्हें सलाह दी कि ढाका में हमारे हाई कमिश्नर को यह मामला मुजीब के साथ उठाना चाहिए। मुख्यमंत्री का कहना है कि मुजीब का रुख इस प्रश्न पर सहायतापूर्ण नहीं है। प्रधानमंत्री ने भी इस बात की पुष्टि की और कहा कि मुजीब तो हमेशा यह कह देते हैं कि ये शरणार्थी बंग्लादेशवासी हैं ही नहीं, ये भारतवासी हैं।

सन्ध्या को इसी विषय पर विचार-विमर्श के लिए मैं रुस्तमजी के पास गया। सीमा सुरक्षा बल और गृहमंत्रालय के अन्य अधिकारियों को भी उन्होंने बुलवा लिया। एक घंटे से अधिक हम लोगों की बातचीत हुई। समस्या कठिन है। इस विचार-विमर्श के आधार पर आगे की कार्रवाई पर सोचा जायेगा। यह समस्या नयी नहीं है, कुछ महीने से ये परिस्थितियाँ उत्पन्न हो रही हैं। गृह मंत्रालय व सीमा सुरक्षा बल ने कुछ कार्रवाई की भी है।

होकीशे सेमा, जसोकी और चेतन जमीर आज इकट्ठे मुझसे मिलने आये। प्रधानमंत्री से वे पहले मिले थे। मैं उस समय प्रधानमंत्री के ही पास था। आज वे लोग कुछ नाराज़ मालूम पड़ते हैं। बातचीत में मुझे ऐसा लगा कि गवर्नर के विरुद्ध वे प्रधानमंत्री से कुछ कह आये हैं। वे कुछ अधिकारियों को नगालैंड से बाहर भेजना चाहते हैं। इसके लिए वे अर्से से प्रयत्नशील हैं। गवर्नर ने भी ओम मेहता को इस सम्बन्ध में लिखा है, बात भी की है। पर अभी तक कुछ हुआ नहीं है। दोष गवर्नर का नहीं, केन्द्रीय सरकार का है। मैंने उन्हें आश्वासन दिया कि यह काम आज हो जायेगा। देश की सुरक्षा के लिए इन अधिकारियों का नगालैंड के बाहर आना आवश्यक है। नगा नेताओं के जाने के बाद मैंने प्रधानमंत्री से यह आदेश ले लिया कि इन चार-पाँच अधिकारियों को बिना सम्बन्धित मंत्रालयों की स्वीकृति लिये नियुक्त कर देना चाहिए। नगा नेता इस बात से भी रुष्ट हैं कि अभी तक नगालैंड में एडवाइजरों की नियुक्ति नहीं हुई है। पर इसमें भी दोष गवर्नर का नहीं है। आज मैंने पहली बार होकीशे को क्षण-क्षण में विचार बदलते देखा। पहले वे बाहर से कोई एडवाइजर नहीं चाहते थे। आज कहा कि बाहर से ही किसी को भेजना चाहिए। सन्ध्या को मुझे फोन किया कि नहीं, गवर्नर का जो प्रस्ताव है उसे ही मान लेना चाहिए। मैं सोचता हूँ कल इस पर प्रधानमंत्री का निर्णय करा देना उचित होगा। अधिक समय नहीं निकलने देना चाहिए।

सन्ध्या को प्रो. धर ने मुझे और सलमान को बुलाया। हम दोनों से पूछा कि

विश्वविद्यालयों में विद्यार्थी संघ (स्टूडेंट्स यूनियन) के बारे में क्या करना चाहिए? क्या यह जरूरी है कि प्रत्येक विद्यार्थी के लिए संघ की सदस्यता अनिवार्य हो? यह समस्या नयी नहीं है। जब मैं इसकी व्याख्या करने लगा और मैंने कहा कि क्या किया जा सकता है, इस पर तभी निश्चय किया जा सकता है जब विश्वविद्यालयों सम्बन्धी एक्ट देख लें। प्रायः इन एक्टों में विद्यार्थी संघ के सम्बन्ध में धाराएँ होती हैं। प्रो. धर बोले, "आप तो लम्बी-चौड़ी बातें कर रहे हैं। इतना समय मुझे कहाँ दिया गया है।" मैंने इस पर कहा कि कम-से-कम यह तो स्पष्ट करने का कष्ट कीजिए कि समस्या क्या है? इस पर उन्होंने मुझे एक किस्सा सुनाया जो इस प्रकार था, "एक बार एक आई. जी. पुलिस ने दो पुलिस सुपरिंटेंडेंट को बुलाया। एक अंग्रेज था और दूसरा हिन्दुस्तानी। दोनों के पहुँचते ही वह गटगट कुछ बोलने लगा। हिन्दुस्तानी अधिकारी की समझ में कुछ भी नहीं आया। उसने अपने अंग्रेज साथी से पूछा कि आई. जी. ने क्या कहा? उस अंग्रेज ने यह कहा कि मुझे यह तो नहीं मालूम कि आई. जी. ने क्या कहा, पर इतना जरूर कहा कि यह सब फौरन से पेश्तर होना चाहिए और अब तुम लोग यहाँ से जाओ।" किस्सा सुना कर उन्होंने कहा कि प्रधानमंत्री ने मुझसे भी आई. जी. की तरह बात की। पर मैं जो कुछ समझा हूँ वह यह है कि एक-दो दिन में ही हर विश्वविद्यालय के विद्यार्थी संघ पर ऐसे प्रतिबन्ध लगा दिये जायें कि वे कुछ शैतानी न कर सकें। मैंने कहा कि इस विषय पर शिक्षा मंत्री से बात करना उपयुक्त होगा। प्रो. धर ने उन्हें फोन किया कि सलमान आकर उनसे एक महत्त्वपूर्ण विषय पर विचार-विमर्श करेगा।

सन्ध्या को मैं एल. पी. के पास दो घण्टे रहा। पहले तो नगालैंड, त्रिपुरा आदि की समस्याओं पर बातचीत हुई। पर उसके बाद यह स्वाभाविक था कि प्रसंग वर्तमान स्थिति पर आ गया। बड़े सहज ढंग से उन्होंने बात आरम्भ की कि विपक्षी नेताओं ने प्रधानमंत्री के लिए रास्ता ही कोई दूसरा नहीं छोड़ा। पर जैसे-जैसे बात आगे बढ़ती गयी, यह स्पष्ट हो गया कि उनकी वास्तविक भावनाएँ क्या हैं? वे जो कुछ हुआ है, उससे बहुत क्षुब्ध व दुखी हैं। मैं यह अच्छी तरह समझ सकता हूँ। वे कदम-कदम पर संविधान की हामी भरने वालों में से हैं। एल. पी. ने अन्त में यह कहा, "मुझे प्रकाश नज़र नहीं आ रहा है। पता नहीं इस सुरंग का अन्त कहाँ होगा?" अधिक कुछ पूछना इसके बाद आवश्यक नहीं रह गया।

रात में वर्धन के घर तीरथ राम मिले। वे जम्मू और कश्मीर से राज्यसभा के सदस्य हैं। वर्धन के माध्यम से उनसे मेरा भी सात-आठ साल से अच्छा परिचय हो गया है। वे भी वर्तमान स्थिति पर दुखी हैं, पर कांग्रेस सदस्य होने के कारण कुछ बोल नहीं सकते। पर हम लोगों से उन्होंने स्पष्ट कहा कि प्रजातंत्र का गला घोंटा जा रहा है।

आज की एक और घटना को मैं जान-बूझकर सबसे बाद में लिख रहा हूँ।

आज सुबह प्रधानमंत्री ने सी. बी. आई. की एक कान्फ्रेंस का उद्घाटन किया। भ्रष्टाचार पर तो वे कम बोलीं, अपने भाषण का अधिक समय उन्होंने 'आपात्काल की आवश्यकता' बताने में व्यतीत किया। जो मुख्य बातें उन्होंने कहीं वे इस प्रकार थीं–

1. आपात्काल का मेरे मुकदमे से कोई सम्बन्ध नहीं है।

2. आपात्काल देश की अखण्डता को बनाये रखने के लिए आवश्यक हो गया था। विरोधी दल अराजकता फैलाने में लगे हुए हैं। यदि इसको बढ़ने दिया जाता तो देश की एकता और अखण्डता को खतरा था।

3. विरोधी दलों का प्रजातंत्र में विश्वास नहीं है। वह अलोकतांत्रिक और असंवैधानिक तरीकों को अपना कर सत्ता हथियाना चाहते थे। इसके लिए एक भारी षड्यंत्र रचा गया था।

4. विरोधी दलों को बाहर से धन मिल रहा था। प्रधानमंत्री के पास इसका अटूट साक्ष्य है। दो चैक रिजर्व बैंक के मार्फत आये, जिससे यह मालूम पड़ा।

5. विरोधी दल संसद और विधानसभाओं को चलने नहीं दे रहे थे और सदनों के बाहर हर तरह का आन्दोलन करके जनता के कष्टों को बढ़ा रहे थे।

6. प्रधानमंत्री, उनके सहयोगियों (उन्होंने ललित बाबू का नाम लिया विशेष रूप से) और सरकार के विरुद्ध भ्रष्टाचार के अनर्गल आरोप लगा कर जनता के मनोबल को कमजोर बना रहे थे।

7. स्थिति इतनी गम्भीर हो गयी थी कि कड़ी कार्रवाई के अतिरिक्त कोई उपाय नहीं था।

8. पर ऐसी कार्रवाई करते हुए भी राजनीतिक लोगों को बहुत कम संख्या में बन्दी बनाया गया है। अधिकांशतः असामाजिक तत्वों की गिरफ्तारियाँ हुई हैं। (16 जुलाई तक 21,000 बन्दी बनाये गये हैं, जिसमें से लगभग 10,000 राजनीतिक लोग हैं। ये आँकड़े प्रधानमंत्री ने अपने भाषण में नहीं दिये, मैंने आज की रिपोर्ट में देखे हैं। प्रधानमंत्री को झूठ बोलने में कभी हिचक नहीं होती है।)

प्रधानमंत्री अपने पक्ष में जो कहना चाहती हैं, उसका स्वरूप धीरे-धीरे निखर रहा है। उनकी हर बात का प्रचार हो रहा है, खूब जोरों से हो रहा है पर जो उत्तर में कुछ कहना चाहे, उसके स्वर को मौन कर दिया गया है। प्रधानमंत्री के अनुसार यह देश की एकता को बनाये रखने के लिए आवश्यक है।

18 जुलाई, 1975

कुछ दिन पहले प्रधानमंत्री ने मुख्यमंत्रियों को एक पत्र लिखा था कि मीसा और डी. आई. आर. में जो शक्ति मिली है उसका उपयोग बहुत ही सोच-विचार कर और संयम से करना चाहिए। स्वयं मुख्यमंत्री हर मामले को देखने का कष्ट करें तो उचित

होगा। इस पत्र के उत्तर आ रहे हैं। हर मुख्यमंत्री इसकी पुष्टि कर रहा है कि इस शक्ति का तनिक भी अनावश्यक प्रयोग नहीं किया जा रहा है और वह स्वयं हर मामले को देखकर आदेश दे रहा है। वास्तविकता यह है कि ये मुख्यमंत्री नपुंसक हो गये हैं। इनको आदेश हर मामले में प्रधानमंत्री निवास से मिलता है। उसके अनुसार इनको काम करना होता है। प्रधानमंत्री निवास पर महल के सिपहसालारों का बोलबाला है।

आज मालूम हुआ कि आपात्काल की स्वीकृति के लिए लोकसभा में जो प्रस्ताव होगा, उसे जगजीवन राम प्रस्तुत करेंगे। प्रधानमंत्री कई दिन से यह सोच रही थीं कि जगजीवन राम यह काम करना स्वीकार कर लें। मेरी सूचना के अनुसार उनसे 'हाँ' कहलवाने में कोई कठिनाई नहीं हुई। अपने अनुयाइयों और निकटवर्ती लोगों में वे चाहे जो कह-सुन रहे हों, इस समय जगजीवन राम प्रजातंत्र की हत्या करने में प्रधानमंत्री के साथ हैं। मच्छू (जितेंद्र कौल, कई वर्षों तक वह जगजीवन राम का विशेष सहायक था) ने बाबूजी का मूल्यांकन बिल्कुल ठीक किया था। जब भी मैं उससे बाबूजी की योग्यता, क्षमता, कुशलता आदि की प्रशंसा करता तो मच्छू मुझसे कहता कि "बाबूजी सरकारी कर्मचारी हैं, अनुभवी हैं, पर उनमें 'विजन' नहीं है, राजनीतिक नेता होने के गुण नहीं हैं, कायर हैं और झूठे प्रचार पर राजनीति में ढोंग किये हुए हैं—अपनी शक्ति व प्रभाव का।" बात बिल्कुल ठीक है।

आज सरीन ने मुझे बुलाया। कार्यालय से घर जाते समय मैं उनके घर गया। मुझे अनुमान था कि क्यों बुलाया होगा? वे कई दिन से प्रधानमंत्री से मिलना चाहते हैं पर प्रधानमंत्री उन्हें समय नहीं दे रही हैं। मैंने सरीन से कहा कि प्रधानमंत्री आपको मिलने का समय नहीं देंगी, ऐसा मुझे लगता है, क्योंकि आप उनसे मंतोष सोंधी की बात करना चाहते हैं। सरीन ने पूछा कि फिर क्या करूँ? मैंने कहा कि आप सोंधी की मदद नहीं कर पायेंगे, आगे आप जैसा सोचें। सरीन को दुख हुआ। प्रधानमंत्री के लिए उन्होंने बहुत कुछ किया है और आज उन्हें मिलने का समय भी नहीं मिल रहा है।

19 जुलाई, 1975

कल से प्रधानमंत्री एक ही बात बार-बार पूछ रही हैं। नगालैंड के अधिकारियों के आदेश हुए या नहीं। कल दोपहर को मैंने उनसे आदेश लिए थे, आज कार्रवाई पूरी हो जायेगी। पर इतनी शीघ्रता किस बात की है? प्रो. धर ने सुबह बुलाकर बताया कि प्रधानमंत्री कई बार फोन पर पूछ चुकी हैं कि कठिनाई क्या है? जब प्रधानमंत्री कोई बात एक बार कह दें तो फिर कठिनाई क्या है? यह तो प्रधानमंत्री का सदा का लहजा है। जब वे कुछ कहें तो विधि, नियम आदि सब समाप्त हो जाते हैं, उनकी कही बात ही विधिपूर्ण और नियमसंगत हो जाती है। मुझे इस पर एक पुरानी बात

याद आयी, जिसका उल्लेख यहाँ करना अनुपयुक्त नहीं होगा। फरवरी 1973 में प्रधानमंत्री नेपाल-यात्रा पर गयी थीं। जाने से दो-चार दिन पहले उन्होंने प्रो. धर से कहा कि मुकुंद कौशल को दिल्ली में ही एस. पी. के पद पर रहने दिया जाये। मुकुंद कौशल से मेरा अच्छा परिचय है। उसके पिता मेरे साथ (1954-55) उत्तर प्रदेश में नियोजन विभाग में काम करते थे। स्वयं मुकुंद ने मेरे साथ काम किया है, जब मैं दिल्ली में डिप्टी कमिश्नर था। हाल में ही उसकी गोआ बदली हुई थी, पर वह जाना नहीं चाहता था। उसने महल के सिपहसालारों पर पहुँच करवाई। उस समय महल के सिपहसालारों का प्रभाव विशेष नहीं था। पर इस मामले में उनको कुछ रुचि हो गयी। प्रधानमंत्री भी प्रभाव में आ गयीं। उन्होंने प्रो. धर से कहा। उन्हें इस विषय में कोई जानकारी नहीं थी। उन्होंने मुझसे तथ्य पता लगाने को कहा। मुझे इतना मालूम था कि मुकुंद दिल्ली में नहीं था। दिल्ली छोड़ने से पहले वह मुझसे मिलने आया था। बहुत पता लगाने पर भी यह पता नहीं चला कि मुकुंद लखनऊ में है या कानपुर में। इतना पता चला कि तीन-चार दिन बाद उसे गोआ में अपना नया कार्य-भार सँभालना था। यह भी हो सकता था कि वह गोआ के लिए प्रस्थान कर गया हो। मैंने यह जानकारी प्रो. धर को दे दी। उन्होंने मुझसे कहा कि मैं मुकुंद का पता लगाने की और कोशिश करूँ। जिस दिन प्रधानमंत्री नेपाल जाने वाली थीं, उससे एक दिन पहले रात में दस बजे प्रो. धर का मेरे पास फोन आया कि कुछ और पता चला तो मैंने कहा कि अभी नहीं। दूसरे दिन सुबह प्रो. धर और मैं पालम साथ गये। रास्ते में उन्होंने मुझे बताया कि रात को प्रधानमंत्री ने उनसे मुकुंद कौशल के बारे में पूछा तो उन्होंने कह दिया कि "बिशन पता लगाने की कोशिश कर रहे हैं।" प्रधानमंत्री ने और कुछ नहीं कहा। प्रो. धर ने भी मुझसे कुछ और नहीं कहा। नोट करने की बात यह है कि मुझसे न प्रधानमंत्री ने, न प्रो. धर ने यह कभी कहा कि मुकुंद की बदली कैंसिल करा दो, मुझसे बराबर यही कहा गया कि पता लगाओ मुकुंद है कहाँ और दिल्ली कब आयेगा? काठमांडू जाते समय वायुयान पर उस दिन प्रधानमंत्री ने एक बड़ा नाराज़गी का मिनिट लिखा। उसकी एक प्रति प्रो. धर को काठमांडू में दी गयी और मेरे पास एक प्रति वायुयान से ही वायरलैस द्वारा भेजी गयी। उस मिनिट का सार इस प्रकार था–

"जब प्रधानमंत्री कोई बात कहें तो उसे फौरन किया जाना चाहिए। सचिव और संयुक्त सचिव को यह कहने का अधिकार नहीं है कि वे कोशिश कर रहे हैं। कोशिश की बात नहीं उठती, काम फौरन होना चाहिए।"

मुझे बहुत बुरा लगा। मुझे कब किसने आदेश दिया? ख़ैर, जब प्रो. धर काठमांडू से लौटे तो मुझसे पूछा कि मैंने बुरा तो नहीं माना। यह हमारे 'बॉस' (प्रधानमंत्री) की काम करने की अदा है। जब उन्हें यह 'मिनिट' मिला तो उन्हें भी बहुत गुस्सा आया। उन्होंने अपने व्यवहार से प्रधानमंत्री को यह स्पष्ट भी कर दिया।

एक दिन बाद प्रधानमंत्री ने अपने स्टाइल में क्षमा-याचना भी की। तब प्रो. धर ने उन्हें पूरी बात बतायी। मेरी स्थिति भी स्पष्ट कर दी। कुछ दिन बाद जब मैंने प्रधानमंत्री से इस प्रसंग की चर्चा की तो वे सरासर झूठ बोल गयीं कि मुझसे कहा गया था कि संयुक्त सचिव बदली कैंसिल करा रहे हैं।

इसी प्रकार की एक घटना की चर्चा और कर दूँ। यह भी 1973 की है। उत्तर प्रदेश में राष्ट्रपति शासन था और बिपिन बिहारी लाल (आजकल सिक्किम के राज्यपाल) एक एडवाइजर थे। बिजली का काम वे देखते थे। एक दिन प्रधानमंत्री ने मुझे एक मिनिट भेजा कि उत्तर प्रदेश में 'आर्क फर्नेस' वालों को बिल्कुल बिजली नहीं मिल रही है। यह ठीक नहीं है और इस समस्या का कोई समाधान निकालना चाहिए। मैंने लाल से बात करके परिस्थिति प्रधानमंत्री को समझा दी। लाल का कहना था कि पूरे राज्य में बिजली की कमी है। 'आर्क फर्नेस' वालों की आवश्यकता इतनी नहीं है, जितनी कुछ अन्य श्रेणियों की। इसलिए अभी बिजली नहीं दी जा रही है। एक सप्ताह में स्थिति सुधरने की आशा है, तब एक नियंत्रित योजना के अनुसार उनको भी बिजली दी जायेगी। उसके लिए उनके प्रतिनिधियों से बातचीत की जा रही है। प्रधानमंत्री ने पूरी बात सुनकर सन्तोष प्रकट किया। दो-तीन दिन बाद संसद का वर्षाकालीन सत्र आरम्भ हुआ। मुझे ठीक याद है कि जिस दिन संसद का सत्र आरम्भ हुआ उस दिन सन्ध्या को संसद भवन से लौटते ही प्रधानमंत्री ने मुझे फोन किया। मैंने प्रधानमंत्री को इतने गुस्से में कम देखा है। एकदम चीखने लगीं और कहा कि 'आर्क फर्नेस' वालों को बिजली क्यों नहीं मिली? जब मैंने कहा कि अभी दो-तीन दिन पहले मैंने पूरी बात प्रधानमंत्री को बतायी थी तो उन्होंने गरम होते हुए कहा कि "मैं यह सब नहीं सुनना चाहती। जब प्रधानमंत्री ने एक बात कही तो उसे पूरा क्यों नहीं किया गया? अगर लाल ने इसी प्रकार काम किया तो उन्हें एडवाइजर के पद से हटा दूँगी। आप फौरन उनसे बात करके मुझे बताइये।" मैंने उसी समय लाल को लखनऊ फोन किया। उन्होंने अपनी कठिनाई बतायी, पर कहा कि यदि प्रधानमंत्री चाहती हैं तो मैं कुछ कर दूँगा। मैंने रात में ही प्रधानमंत्री को सूचित कर दिया।

मुझे प्रधानमंत्री के व्यवहार पर कुछ आश्चर्य हुआ। दो-तीन दिन पहले तो लाल की बात से सन्तुष्ट थीं। एकदम से पारा चढ़ने का क्या कारण? बाद में पता लगा कि प्रधानमंत्री का यह गुस्सा विद्याभूषण की मदद के लिए था। विद्याभूषण मुजफ्फरनगर का एक उद्योगपति है, 'रेनबो स्टील' का मालिक है। उन दिनों मारुति में काफी रुपया लगाया था, उसी से प्रधानमंत्री के घर आना-जाना हो गया था। शेषन से बाद में पता चला कि उस सन्ध्या को विद्याभूषण प्रधानमंत्री से मिला था।

मेरा यह लिखने का तात्पर्य केवल यही है कि प्रधानमंत्री यह कभी नहीं भूल पाती हैं कि वे प्रधानमंत्री हैं और वे जो कुछ कह दें वही विधि, नियम आदि हो जाना

चाहिए। दूसरे शब्दों में वे स्वयं विधि और नियमों से परे हैं। राज्य सरकारों से अधिकारियों को प्रतिनियुक्ति (डेपूटेशन) पर लाने के नियम हैं। पर जब प्रधानमंत्री ने एक बार कह दिया कि नगालैंड के अधिकारियों की नियुक्ति के आदेश फौरन हो जाने चाहिए, फिर वे उस बात के पीछे पड़ गयीं। कभी मुझसे कहा, कभी प्रो. धर से।

वायुसेनाध्यक्ष मेहरा आज सुबह मुझसे फिर मिलने आये। वे माल्से के मामले को लेकर काफी परेशान हैं। प्रो. धर ने उन्हें बुलाया था, उससे पहले मुझसे परामर्श करना चाहते थे।

शेवड़े आज फिर मिले। वे विश्व हिन्दी सम्मेलन की सफलता से अपना व्यक्तिगत लाभ उठाना चाहते हैं। मुझे उनकी यह बात उचित नहीं लगती। पर मैं अभी तक प्रधानमंत्री से इस विषय पर बात नहीं कर पाया हूँ।

भूतपूर्व केन्द्रीय मंत्री एस.के. पाटिल ने एक पत्र संसद सदस्यों को लिखा है कि वही अब देश के जनतंत्र की रक्षा कर सकते हैं। सबसे अधिक कांग्रेस सदस्यों की जिम्मेदारी है। प्रधानमंत्री के कार्यकलापों की निन्दा करते हुए पाटिल ने कहा है कि प्रजातंत्र का गला घोंटा जा रहा है। यदि कांग्रेस के 100-150 सदस्य भी इसके विरुद्ध अपनी आवाज उठायें, तो प्रजातंत्र की रक्षा हो सकती है। प्रधानमंत्री अपनी ग़लत राह से केवल इसी प्रकार विचलित हो सकती हैं। पाटिल को यह मालूम नहीं कि 10-15 सदस्य भी उनकी बात मानने को तैयार नहीं हैं, चाहे मन-ही-मन उनसे सहमत हों। डर के वातावरण में किसमें साहस है कि कुछ खुल कर कहे। सन्ध्या को किशोर मिलने आया था। वह दिल्ली नगर निगम में कांग्रेस पार्टी का अध्यक्ष था। मेरा थोड़ा बहुत परिचय उस समय से है, जब मैं दिल्ली में डिप्टी कमिश्नर था। कभी-कभी अब भी मिलने आता है। उसने कहा कि आजकल कोई स्पष्ट बोलने को तैयार नहीं है, पर दिल्ली में कांग्रेस का बड़ा नुकसान हुआ है। वह मुझसे पूछने लगा कि भविष्य क्या है? क्या इसी के लिए हम जनता में कार्य करते हैं? स्पष्ट था कि जो कुछ हुआ उससे वह सहमत नहीं है। मैं उसकी बात चुपचाप सुनता रहा।

आज राज्यों के श्रम मंत्रियों का एक सम्मेलन आरम्भ हुआ। उसका उद्घाटन प्रधानमंत्री ने किया। वी. आर. उस समय सम्मेलन में उपस्थित था। उसने लौट कर बताया कि प्रधानमंत्री ने आपात्काल के सम्बन्ध में अपने पक्ष की व्याख्या बड़ी कुशलता से की। एक नयी बात उन्होंने यह कही कि स्थिति में सामान्यता (नार्मलसी) कब आयेगी, यह प्रश्न बार-बार पूछा जाता है। पर मैं पूछती हूँ कि 'नार्मलसी' क्या है? आपात्काल की घोषणा के पहले जो हो रहा था, उसे मैं 'नार्मलसी' नहीं मानती। उस स्थिति के लौटने का प्रश्न नहीं उठता। दूसरे शब्दों में, भारतवासियो, प्रजातंत्र और वैयक्तिक स्वाधीनता को सदा के लिए नमस्कार

कर दो।

प्रधानमंत्री ने आज एक महत्त्वपूर्ण मामले में निर्णय लिया। मैं एक छोटे-से मामले को जान-बूझकर महत्त्वपूर्ण कह रहा हूँ। कलकत्ते की एक कम्पनी है—एशियन केबिल्स। उसके स्वामी हैं—आर. पी. गोयनका (संसद सदस्य रामनाथ गोयनका नहीं)। यह गोयनका कांग्रेस के समर्थक हैं, पार्टी की धन से काफी सहायता करते हैं। एक बार उन्होंने कांग्रेस के लिए बहुत से पोस्टर छपवाये थे। इस बात को लेकर संसद में काफी चर्चा हुई थी। एशियन केबिल्स के विरुद्ध भ्रष्टाचार के कई मुकदमे कायम किये गये। कुछ उस समय के जब इस कम्पनी का गोयनका से कोई सम्बन्ध नहीं था और एक उस समय का जब उनका कम्पनी पर अधिकार हो गया था। सी. बी. आई. ने जाँच की। गोयनका से सम्बन्धित मामला कई साल से पड़ा हुआ है। प्रधानमंत्री नहीं चाहतीं कि इस मुकदमे को अदालत में भेजा जाये। वे गोयनका को बचाना चाहती हैं। तफतीश के बाद विधि मंत्रालय से राय माँगी गयी। प्रधानमंत्री ने स्वयं गोखले से इसके बारे में बात की। विधि मंत्रालय की राय हुई कि मुकदमा अदालत में भेजने लायक नहीं है। सरकार के एक अन्य विधि परामर्शी से भी इसी प्रकार की राय प्राप्त कर ली गयी। उसके बाद मामला वाणिज्य मंत्रालय के पास निर्णय को पड़ा रहा। कुछ महीने पहले एक दिन मेरे सामने प्रधानमंत्री ने देवी चट्टोपाध्याय (वाणिज्यमंत्री) से बात की और यह कहा कि कानूनी राय के आधार पर इस मुकदमे को आगे नहीं बढ़ाना चाहिए। मैंने कहा भी कि इस सम्बन्ध में मंत्रिपरिषद् का एक निर्णय है (इसकी चर्चा नीचे की गयी है)। पर प्रधानमंत्री ने कहा कि इस विषय पर कोई जनरल निर्णय नहीं हो सकता। हर मामले को उसके तथ्यों के आधार पर देखना होगा।

मंत्रिपरिषद् के निर्णय की भूमिका इस प्रकार है। बैनेट कोलमेन के विरुद्ध एक भ्रष्टाचार के मुकदमे की तफतीश सी. बी. आई. ने की। उसके अनुसार मुकदमे का चालान होना चाहिए था। पर विधि मंत्रालय का कहना था कि चालान नहीं होना चाहिए। मंत्रिपरिषद् ने मामला अपनी एक समिति को सौंप दिया। जाँच-पड़ताल के बाद यही उपयुक्त लगता था कि मुकदमे का चालान नहीं होना चाहिए पर राजनीतिक कारणों से मंत्रिपरिषद् यह निर्णय नहीं लेना चाहती थी। अन्त में यह निर्णय हुआ कि क्योंकि विधि के अनुसार इन मामलों में फैसला तफतीश करने वाले का होना चाहिए इसलिए यह मामला भी सी. बी. आई. पर छोड़ देना चाहिए। सी. बी. आई. तो चालान करने के पक्ष में थी—मुकदमा चालान हो गया। तब से सरकार ने यही नीति अपनाई है कि इन मामलों में वह हस्तक्षेप नहीं करती। तफतीश करने वाली एजेंसी जो उचित समझे करे। अशोक सेन के मामले में भी यही हुआ। अशोक सेन केन्द्रीय सरकार के विधि मंत्री रह चुके हैं। आजकल संसद सदस्य हैं—कांग्रेस पार्टी के टिकट पर। उन पर एक भ्रष्टाचार का मुकदमा कायम हुआ (उनके एक

समाचारपत्र में गड़बड़ी के आधार पर)। सी. बी. आई. चालान करना चाहती थी। सोलीसिटर जनरल (जगदीश स्वरूप) ने इसके खिलाफ़ राय दी। पर प्रधानमंत्री ने निर्णय यह लिया कि नीति के अनुसार मामला सी. बी. आई. पर छोड़ दिया जाये। मुकदमा चालान हो गया है। पर गोयनका के मामले में निर्णय सरकार ने लिया कि मुकदमा चालान नहीं होना चाहिए, यद्यपि सी. बी. आई. चालान करना चाहती है। यह है आजकल का मापदण्ड।

रुस्तमजी आज प्रधानमंत्री से मिले। मुलाकात के बाद मुझे बताया कि उन्होंने वर्धन के बारे में प्रधानमंत्री से बात की पर उनकी कोई प्रतिक्रिया नहीं हुई। एक निर्दोष के साथ अन्याय हो रहा है, केवल इसलिए कि उसके विरुद्ध प्रधानमंत्री के कान भर दिये गये हैं।

20 जुलाई, 1975

आज रविवार है। फुरसत से कार्यालय जाने की तैयारी कर रहा था। प्रो. धर का फोन आया। वे मुझे कार्यालय में शीघ्र चाहते थे। मंत्रिपरिषद् की एक बैठक तत्काल बुलायी गयी थी। उस सम्बन्ध में वे मुझसे बातचीत करना चाहते थे। करीब आधा घण्टा पहले मंत्रिमण्डल सचिवालय से मेरे पास एक सीलबन्द लिफाफा आया था पर मैंने उसे खोला नहीं था। प्रो. धर के फोन के बाद खोला तो यह देखा कि आज ही मंत्रिपरिषद् की मीटिंग का नोटिस प्रसारित किया गया है। संविधान में कुछ संशोधन करने हैं, उन पर मंत्रिपरिषद् विचार करेगी। इतने महत्त्वपूर्ण विषय पर विचार करने के लिए दो घण्टे से भी कम समय मंत्रियों को दिया गया था। मंत्रिपरिषद् की टिप्पणी लगभग दस बजे प्रसारित की गयी थी और मीटिंग बारह बजे थी। विधि मंत्रालय का (अवश्य ही आदेशानुसार होगा) प्रस्ताव था कि संविधान के अनुच्छेद 352, 356, 359, 360, 123, 213 व 239 बी को इस प्रकार संशोधित किया जाये कि राष्ट्रपति के आदेश न्यायपालिका के क्षेत्र से परे हो जायें। इसका परिणाम यह होगा कि आपात्काल की घोषणा के विरुद्ध किसी प्रकार का मुकदमा नहीं चलाया जा सकता। अन्य संशोधन इससे भी कठोर थे। मेरे मन को बड़ी ठेस लगी। धीरे-धीरे तानाशाही बढ़ रही है।

एक अन्य प्रस्ताव यह था कि केरल की विधानसभा की अवधि छः महीने से बढ़ा दी जाये, क्योंकि आपात्काल में निर्वाचन नहीं हो सकता। केरल की नयी विधानसभा का गठन 22 अक्तूबर, 1975 से पहले हो जाना चाहिए। पर संविधान ने यह भी सम्भव कर दिया है कि आपात्काल में यदि संसद चाहे तो किसी विधानसभा की अवधि बढ़ा सकती है। इसी शक्ति का प्रयोग करते हुए एक बिल संसद के सम्मुख प्रस्तुत किया जायेगा, केरल विधानसभा का कार्य काल बढ़ाने के लिए।

कार्यालय पहुँचने के कुछ देर बाद ही प्रो. धर मेरे कमरे में आ गये और संविधान के संशोधन वाले प्रस्ताव पर बात करने लगे। मेरी राय पूछी। मैंने स्पष्ट कहा कि जल्दी में कुछ कहना कठिन है, पर विधि मंत्रालय ने सब देख ही लिया होगा। पर एक उदार दृष्टिकोण वाले नागरिक की हैसियत से मुझे प्रस्ताव अच्छा नहीं लग रहा है। संविधान सभा में जब इन अनुच्छेदों पर बहस हुई थी, उस समय कुछ आशंकाएँ व्यक्त की गयी थीं, मुख्यतः हरि विष्णु कामथ और के. टी. शाह के द्वारा। दुर्भाग्य से वे आशंकाएँ सच उतर रही हैं। प्रो. धर ने भी कहा कि उन्हें भी ये प्रस्ताव पसन्द नहीं आये, पर शायद चारा कोई दूसरा नहीं है। बात अधिक नहीं बढ़ सकी क्योंकि बारह बजने वाले थे। मंत्रिपरिषद् की बैठक संसद भवन में थी। प्रो. धर ने कहा कि वे इस मीटिंग में नहीं जाना चाहते, मैं ही जाऊँ। इसलिए मुझे संसद भवन के लिए शीघ्र रवाना होना पड़ा।

मंत्रिपरिषद् की बैठक में गोखले ने अपने (मुझे कभी-कभी बड़ा सन्देह होता है कि गोखले जैसा उदार दृष्टिकोण वाला वकील इस प्रकार का प्रस्ताव अपनी स्वेच्छा से लायेगा) प्रस्ताव की चतुराई से (कुशलता से नहीं) व्याख्या की। उन्होंने सब बात सच कही हो ऐसा नहीं है। उन्होंने यह भी कहा कि अनुच्छेद 359 को संशोधित करने का विचार 1963-64 में भी हुआ था, पर अन्त में मंत्रिपरिषद ने 20 अप्रैल, 1964 की बैठक में (नेहरू के जीवन काल में) इसे अस्वीकार कर दिया। मंत्रिपरिषद् की बैठक में सिवाय हक्सर के किसी ने विशेष भाग नहीं लिया। एक प्रश्न पर एटार्नी जनरल और विधि मंत्री का मतभेद था, उसमें हक्सर ने एटार्नी जनरल का पक्ष लिया। अन्त में मंत्रिपरिषद ने विधि मंत्री के प्रस्तावों को स्वीकृति दे दी। सरदार ने केवल यह चेतावनी दी कि 1963-64 में जो संशोधन का प्रस्ताव था उसकी ओर बिल्कुल संकेत न किया जाये, क्योंकि उस समय पार्टी में संशोधन का विरोध हुआ था। पार्टी को यदि यह स्मरण न आये तो अच्छा है।

एक समय था जब पार्टी अपनी बात कहने में नहीं हिचकती थी, निर्भीक विचार व्यक्त करती थी। पर आज स्थिति बदल गयी है। प्रधानमंत्री की यह देन है पार्टी को। यह प्रजातंत्र को दृढ़ करने के लक्षण नहीं हैं। प्रधानमंत्री की मानसिक बनावट इसके विपरीत है। 1962 में चीन के आक्रमण के समय पार्टी ने एक स्वर से कहा कि कृष्ण मेनन को मंत्रिपरिषद् से हटाया जाये। पंडित जी यह नहीं करना चाहते थे पर पार्टी का मूड देखकर उन्हें यह करना पड़ा। एक दिन प्रधानमंत्री ने मुझसे कहा कि पंडित जी ने ऐसा करके बहुत बड़ी ग़लती की। उस दिन से उनकी राजनीतिक शक्ति का ह्रास आरम्भ हो गया। प्रधानमंत्री ने यह बात ललित बाबू के प्रसंग में कही थी, जब उन पर पार्टी के कुछ सदस्य यह दबाव डाल रहे थे कि ललित बाबू को मंत्रिपरिषद् से अलग कर दिया जाये।

एटार्नी जनरल का प्रस्ताव नहीं माना गया। उनका कहना था कि आपात्काल

के मामले को न्यायालय की सीमा से परे रखा जा रहा है तो यह प्राविधान करना चाहिए कि आपात्काल की घोषणा की पुष्टि हर छः महीने पर संसद करेगी। विधि मन्त्री का कहना था कि इसमें कठिनाई होगी। कई मन्त्री और हक्सर एटार्नी जनरल की बात मानने के पक्ष में थे पर प्रधानमंत्री नहीं थीं। (संसद से उन्हें हमेशा भय रहा है)। अंत में विधि मन्त्री की बात मानी गई।

आज भी प्रधानमंत्री मंत्रिपरिषद् की बैठक में अधिक नहीं बोलीं। पर दो-चार बातें उन्होंने ऐसी कहीं जिससे उनकी मनोदशा का ज्ञान होता है। एक तो उन्होंने जजों पर सामान्य (जनरल) बात कही। उनके अनुसार जज दो प्रकार के हैं : एक वह जो आपात्काल का समर्थन करते हैं व करेंगे और दूसरे वह जो इसका विरोध करेंगे। संविधान या अधिनियमों में कोई संशोधन हम करें या न करें उनका निर्णय उनकी पूर्व-निर्धारित धारणाओं पर आधारित होगा। अतएव हमें संशोधन की बहुत चिन्ता नहीं करनी चाहिए। (विधि मंत्री को उन्होंने संशोधन के लिए तैयार कर लिया था, फिर स्वयं वह रेकार्ड के लिए कुछ कहें।)

दूसरी मार्के की बात उन्होंने यह कही कि 3 दिसम्बर, 1971 को विदेशी आक्रमण के कारण जो आपात्काल की घोषणा की गयी थी, उसे वे समाप्त करना चाहती थीं पर विभिन्न मंत्रालयों ने ऐसा नहीं करने दिया। उन्होंने कहा कि घोषणा की समाप्ति के साथ उनकी कुछ शक्तियाँ या अधिकार समाप्त हो जायेंगे, जिससे प्रशासन में बाधा होगी। बिल्कुल सफेद झूठ! प्रधानमंत्री उस घोषणा की समाप्ति के पक्ष में बिल्कुल नहीं थीं। पिछले वर्ष संसद के शीतकालीन अधिवेशन के समय गृह मंत्रालय ने एक नोट तैयार किया था, आपात्काल को बनाये रखने की आवश्यकता पर। मंत्रालय का निष्कर्ष था कि इसकी आवश्यकता नहीं है पर इसको समाप्त करते समय कुछ कानूनी कार्रवाइयों पर विचार करना होगा। इस नोट के आधार पर ब्रह्मानन्द रेड्डी ने प्रधानमंत्री से विचार-विमर्श किया था। वे स्वयं इस विचार के थे कि आपात्काल समाप्त कर देना चाहिए पर प्रधानमंत्री ने उनकी बात नहीं मानी। वे आपात्काल बनाये रखने के पक्ष में थीं। आज उनका कहना है कि मंत्रालयों ने उन्हें आपात्काल समाप्त करने नहीं दिया।

संविधान में संशोधन करने से एक बात तो स्पष्ट हो गयी। अभी तक प्रधानमंत्री और सरकार की ओर से यह कहा जा रहा है—और काफी बलपूर्वक कहा जा रहा है—कि हर काम संविधान के अन्तर्गत किया जा रहा है। यदि ऐसा है तो संशोधन की क्या आवश्यकता है? वास्तविकता यह है कि बहुत से काम संविधान और वर्तमान अधिनियमों के विरुद्ध हुए हैं। उनको ठीक करने के लिए संविधान में परिवर्तन की आवश्यकता है। यदि संशोधन न किया जाये तो बहुत से बन्दी अवश्य छूट जायेंगे। संशोधन के बाद गिरफ्त पूरी हो गयी है। अतएव सरकार का दावा ग़लत है। संशोधन से सरकार के पक्ष की कमजोरी प्रत्यक्ष हो गयी है।

वी. आर. लंच के समय घर चला गया। फिर कार्यालय वापस नहीं आया। घर जाते समय कुछ देर वह मेरे पास था। आजकल की स्थिति से उसे सबसे बड़ी आशंका यह है कि इससे देश की अखण्डता को हानि पहुँचेगी। दक्षिण से अधिकारी व अन्य लोग उससे मिलने आते रहते हैं। यह आशंका उन लोगों से बातचीत करके उसके मन में उठी है। मैं उसकी विचारधारा को सारहीन नहीं समझता। तानाशाही प्रशासन इतने बड़े देश की एकता नहीं बनाये रख सकता। इस देश की एकता सुदृढ़ करने में हमारी संसद का महत्त्वपूर्ण योगदान रहा है। यह बात चाहे इतनी प्रत्यक्ष न लगे, इसमें तथ्य बहुत है। हमारे प्रजातांत्रिक संस्थान धीरे-धीरे दृढ़ हो रहे हैं; उनकी अपनी कमजोरियाँ हैं। आख़िर इंग्लैंड में भी पार्लियामेण्ट को शक्तिशाली होने में सदियाँ लगी थीं। पर तानाशाही व्यवस्था उनको दृढ़ नहीं होने देगी। इसका असर देश की एकता पर पड़े बिना नहीं रह सकता।

आज की रिपोर्ट में देखा कि प्रो. शेर सिंह ने संसद सदस्यों से आपात्काल की घोषणा का विरोध करने की अपील की है। प्रो. शेर सिंह स्वयं संसद सदस्य (लोकसभा) हैं। पिछले अक्तूबर तक केन्द्रीय मंत्रिमण्डल में राज्यमंत्री थे। कांग्रेस पार्टी से उन्होंने त्यागपत्र नहीं दिया है। सेंसरशिप से पहले समाचारपत्रों में इस प्रकार के समाचार छपे थे कि वे प्रधानमंत्री का पूरी तरह समर्थन नहीं करते हैं। इस अपील पर मुझे इसलिए आश्चर्य नहीं हुआ।

शेर सिंह हरियाणा से लोकसभा के लिए चुने गये हैं। उनकी बंसीलाल से नहीं बनती, यह सर्वविदित है। प्रधानमंत्री ने उन्हें अपने मंत्रिमण्डल से बंसीलाल के दबाव के कारण ही हटाया। उस समय उन्होंने प्रधानमंत्री को एक बड़ा कटु और कठोर पत्र लिखा था। उसका सारांश यह था कि मंत्रिमण्डल से अलग होने का मुझे तनिक भी दुख नहीं है। पर दुख इस बात का है कि पिछले कई वर्षों से बंसीलाल से मेरा जो झगड़ा—मान्यताओं आदि के आधार पर था, उसमें आपने मेरे पक्ष का साथ नहीं दिया। यह दुर्भाग्य की बात है कि आपने अन्याय, उच्छृंखलता और उद्दंडता का साथ दिया। शेर सिंह में कम-से-कम अपनी बात स्पष्ट कहने का साहस है, यह बहुत बड़ी चीज है।

21 जुलाई, 1975

आज से संसद का सत्र आरम्भ हुआ। अभी तो यह अधिवेशन एक सप्ताह के लिए बुलाया गया है, पर दो-तीन दिन बढ़ भी सकता है। संसद भवन में सुरक्षा का बड़ा कड़ा प्रबन्ध है। कई जगह चैकिंग होती है। सेण्ट्रल हॉल में सदस्यों के अतिरिक्त कोई नहीं जा सकता। पहले पत्रकार, भूतपूर्व संसद सदस्य एवं कुछ अधिकारियों को भी वहाँ के पास मिलते थे। इस बार सब बन्द। पहले की चहल-पहल बिल्कुल नहीं है। विजिटर्स गैलरी में भी प्रतिबन्ध बढ़ गये हैं।

ऐसे वातावरण में दोनों सदनों का कार्य आरम्भ हुआ। मैं लोकसभा की आफीसर्स गैलरी में था। लोकसभा में सदस्यों की उपस्थिति बहुत अच्छी थी। विजिटर्स गैलरी प्रायः खाली थी। सभा की कार्यवाही आरम्भ होते ही विपक्षी दल के सदस्यों ने 'प्वाइंट्स ऑफ ऑर्डर उठाने शुरू किये, पर स्पीकर ने सख्ती से काम लिया। रघुरमैया के प्रस्ताव पर कि इस सत्र में सरकारी काम के अतिरिक्त और कुछ नहीं होगा, काफी बहस हुई, लेकिन अन्त में वही हुआ जो होना था–प्रस्ताव पास हो गया। मोहन धारिया ने कहा कि इस प्रकार का अधिवेशन संसद का मजाक उड़ाने से अधिक कुछ भी नहीं है। शमीम ने सदस्यों को चेतावनी दी कि वे प्रश्नकाल, काम रोको प्रस्ताव आदि छोटी-मोटी बातों के लिए क्यों झीक रहे हैं, उनको अब यह याद रखना चाहिए कि वे एक नये हिन्दुस्तान में रह रहे हैं। पता नहीं और किन नयी परिस्थितियों से उन्हें समझौता करना पड़े।

रघुरमैया का प्रस्ताव पास हो जाने के बाद जगजीवन राम ने आपात्काल की घोषणा के अनुमोदन के लिए एक प्रस्ताव प्रस्तुत किया। मैंने बाबूजी से संसद में कभी इतना अच्छा भाषण नहीं सुना। उनकी बात से सहमति न हो, पर सरकार की बात बाबूजी ने बड़ी योग्यता और कुशलता से सदन के समक्ष प्रस्तुत की। सारा दोष प्रतिपक्ष के सिर मढ़ दिया। एक बात पर मुझे कुछ आश्चर्य हुआ। बाबूजी के भाषण में मोरारजी और जे. पी. के प्रति कटुता भरी हुई थी। इस प्रकार से बात करना बाबूजी को शोभा नहीं देता। पहली बार मैंने बाबूजी को प्रधानमंत्री की चापलूसी करते सुना। प्रधानमंत्री की विलक्षण प्रतिभा की बहुत तारीफ की उन्होंने।

पूरे दिन इसी प्रस्ताव पर विवाद चलता रहा। पर मुझे पूरा वातावरण कृत्रिम लग रहा था। सिवाय मंत्रियों के भाषण के और कुछ समाचारपत्रों में नहीं छपेगा। यह सरकार का निर्णय है। संसद में वही काम होगा जो सरकार चाहेगी। सदस्य जो बोलेंगे, वह बाहर किसी को पता नहीं लगने दिया जायेगा। दूसरे शब्दों में, संसद और जनता का सम्पर्क प्रायः समाप्त हो गया। ऐसी संसद से क्या लाभ, जहाँ जनता को यह न मालूम पड़े कि उसके चुने हुए प्रतिनिधि क्या कह रहे हैं, क्या कर रहे हैं? यदि यह प्रजातंत्र का दम घुटना नहीं है तो फिर क्या है? प्रतिपक्ष इन परिस्थितियों में संसद में क्यों भाग ले रहा है। मुझे लगता है कि इस प्रस्ताव पर अपना विरोध रेकार्ड कराने के बाद प्रतिपक्ष संसद में भाग लेना बन्द कर देगा।

19 जुलाई तक 23,123 बन्दी बनाये जा चुके हैं, जिसमें 10,784 राजनीतिक बन्दी हैं।

22 जुलाई, 1975

आज लोकसभा में संविधान (संशोधन) विधेयक प्रस्तुत किया गया। साधारणतया जब कोई विधेयक प्रस्तुत होता है तो उस समय उसका विरोध नहीं किया जाता।

परन्तु मावलंकर ने इस विधेयक का विरोध किया। वह बहुत भावनाओं के साथ बोले। उनका कहना था कि संविधान की भाषा का उपयोग करके उसकी आत्मा की हत्या हो रही है। मावलंकर ने केवल विरोध ही नहीं किया, मतगणना (डिवीजन) के लिए भी कहा। तब कहीं गोखले इस विधेयक को प्रस्तुत कर सके।

यह विधेयक कल लोकसभा में पास हो जायेगा, उसके अगले दिन राज्यसभा में भी। संसद को अधिकार है कि संविधान में संशोधन कर सके, पर इसका यह मतलब नहीं कि सरकार का पक्ष तनिक भी कमज़ोर पड़ा कि संविधान को बदल दो। इसका प्रभाव अच्छा नहीं होता। पर आज के विधेयक की आवश्यकता क्या है? बिना पूरी बातों को सोचे-समझे प्रधानमंत्री ने अपनी कुर्सी बचाने के लिए अन्धाधुंध काम किये। इसकी योजना बनायी उनके पुत्र (संजय) और तीन-चार निम्न कोटि के अधिकारियों ने। इसमें कानूनी गड़बड़ी और कमियाँ रहना स्वाभाविक था। उसी को ठीक करने के लिए संविधान में भी संशोधन किया जा रहा है, पर प्रचार यह हो रहा है कि यह सब काम संविधान के अन्तर्गत हो रहा है।

लोकसभा में दिन-भर जगजीवन राम के प्रस्ताव पर विवाद चला। प्रधानमंत्री भी बोलीं। उनका भाषण विशेष प्रभावशाली नहीं था, पर बुरा भी नहीं था। हाँ, आज उन्होंने फिर कुछ नयी रोचक व्याख्याएँ कीं। उनका सार यह है–

1. जनता का भारी बहुमत आपातृकाल की घोषणा के पक्ष में है।

2. 'फासिज्म' का सबसे भयंकर स्वरूप वह है जो प्रतिपक्ष ने इस देश में अपनाया। कानाफूसी करके झूठ का प्रचार करना और जनता को गुमराह करना।

3. प्रतिपक्ष पूर्ण अराजकता का प्रचार कर रहा था।

4. पहले की तरह की सामान्य स्थिति (नार्मलसी) वापस आने का प्रश्न ही नहीं उठता। उस समय की उच्छृंखलता को बर्दाश्त नहीं किया जा सकता।

5. प्रतिपक्ष को सरकार के नये आर्थिक कार्यक्रम में हाथ बंटाना चाहिए।

प्रधानमंत्री के भाषण का उनकी ही पार्टी के सदस्यों पर कोई प्रभाव नहीं पड़ रहा था। अधिकतर लोग अनमने से बैठे थे—उबासियाँ ले रहे थे। मैं सोच रहा था कि बड़े-बड़े दिग्गज जैसे जीवराज मेहता, रसिकलाल पारिख, नन्दा, द्वारकानाथ तिवारी आदि मन-ही-मन क्या सोच रहे होंगे? क्या उन्होंने कभी कल्पना भी की थी प्रजातंत्र की हत्या के प्रस्ताव के अनुमोदन में उनका भी हाथ उठेगा? सोचा हो या नहीं, आज तो इन महारथियों में भी मुँह खोलने की शक्ति नहीं रह गयी है।

राज्यसभा में भी यही वाद-विवाद का विषय था। प्रधानमंत्री वहाँ भी बोलीं। मैंने उन्हें नही सुना, पर कई लोगों से मालूम पड़ा कि राज्यसभा में उनका भाषण लोकसभा से अधिक अच्छा व प्रभावशाली था। वहाँ आज प्रस्ताव भी पास हो गया। पर उसके बाद प्रतिपक्ष (कम्युनिस्ट पार्टी, मुस्लिम लीग और अ. द्र. मु. क. को छोड़ कर) की ओर से गोरे ने एक वक्तव्य पढ़ा और यह घोषित किया कि अब वे लोग

राज्यसभा की आगे की बैठकों में भाग नहीं लेंगे। वे सब सदस्य राज्यसभा से 'वाक-आउट' कर गये।

विपक्ष की ओर से दो भाषण महत्त्वपूर्ण हुए—एक मोहन धारिया का और दूसरा शमीम का। पर इससे लाभ क्या? उनका एक शब्द भी सदन से बाहर नहीं जायेगा। जनता को क्या मालूम पड़ेगा कि आपात्काल का विरोध हुआ और किन कारणों से? यह सब प्रजातंत्र की रक्षा के लिए हो रहा है!

आज एक रिपोर्ट यह प्राप्त हुई कि कामराज दक्षिण के नेताओं की एक बैठक बुलाने पर विचार कर रहे हैं, जिसमें आपात्काल से उत्पन्न परिस्थितियों पर विचार किया जायेगा। कामराज संसद के इस अधिवेशन में भाग लेने दिल्ली नहीं आये हैं।

23 जुलाई, 1975

आज जैसे ही कार्यालय पहुँचा, शारदा आ गया। उसका काम आजकल बहुत अधिक बढ़ गया है। प्रधानमंत्री के भाषण तैयार करना, पत्रों का उत्तर तैयार करना, पत्रकारों से प्रधानमंत्री की भेंट-वार्ता का प्रबन्ध करना और ऊपर से प्रचार कार्य करना। बात यह है कि प्रधानमंत्री का प्रजातंत्र बचाने का पाखंड झूठे प्रचार पर ही तो आधारित है। शारदा का अन्तर व्यथित है पर झूठे तर्क को उसके विभिन्न रूपों में लिखना पड़ रहा है। दस बजे प्रधानमंत्री कुछ विदेशी पत्रकारों से भेंट करने वाली थीं, इसीलिए शारदा इतनी जल्दी संसद भवन आया था।

शारदा ने बताया कि नायक (नायक मध्यप्रदेश के एक आई.सी.एस. अधिकारी हैं) को सूचना व प्रसार सचिव बनाने का प्रस्ताव समाप्त कर दिया गया। उसका नाम विद्याचरण ने सुझाया था। प्रधानमंत्री ने नायक को संजय के पास भेजा। आजकल हर महत्त्वपूर्ण नियुक्ति के लिए प्रधानमंत्री संजय की राय लेती हैं। संजय ने नायक का इंटरव्यू करके प्रस्ताव का अनुमोदन किया पर इस बीच में मध्य प्रदेश के मुख्यमंत्री सेठी ने प्रधानमंत्री के कान भरे। नायक को भला-बुरा कहा। बस, मामला खत्म। इस प्रकार हो रही हैं आजकल नियुक्तियाँ या उनका रद्द होना!

शारदा, जिस प्रकार सेंसर का कार्य किया जा रहा है, उससे भी बहुत असन्तुष्ट व खिन्न है। उसका कहना है कि प्रधानमंत्री इस सम्बन्ध में कुछ उदारता दिखाने के पक्ष में हैं, पर संजय व अन्य लोग जो प्रधानमंत्री निवास से सब बातों पर नियंत्रण रख रहे हैं, कठोर सेंसर के पक्ष में हैं। पिछले रविवार को मंत्रिपरिषद् की मीटिंग में सेंसर आदि पर भी बातें हुईं। उसमें प्रधानमंत्री ने कहा कि यदि प्रतिपक्ष संसद में 'वाक-आउट' करे तो उसे समाचारपत्रों में छपने देना चाहिए। प्रायः सभी मंत्रियों की यही राय थी। पर बाद में महल के सिपहसालारों का निर्णय दूसरा ही हुआ। परिणामस्वरूप राज्यसभा का कल का 'वाक-आउट' आज किसी समाचारपत्र में नहीं छपा है। प्रजातंत्र की रक्षा के लिए!

आज लोकसभा में 'मीसा' का संशोधन प्रस्तुत किया गया। मावलंकर ने उसका विरोध किया। पर होता क्या है इस विरोध से?

आपात्काल के प्रस्ताव पर आज बाबूजी के उत्तर के साथ विवाद समाप्त हुआ। बाबूजी ने इस बात का उत्तर नहीं दिया कि आपात्काल की घोषणा मंत्रिपरिषद् की स्वीकृति से हुई थी या नहीं? ख़ैर! प्रस्ताव भारी बहुमत से पास हुआ। पर उसके बाद त्रिदीब चौधरी ने प्रतिपक्ष की ओर से एक वक्तव्य पढ़ा। उसमें उन्होंने कहा कि बहुत सोच-विचार के बाद हम सबने संसद के इस अधिवेशन में भाग नहीं लेने का निश्चय किया है। हम प्रेस सेंसर और रघुरमैया के प्रस्ताव के कारण भाग लेने से हिचकिचा रहे थे। पर यह सब होते हुए भी हमें यह विश्वास था कि संसद में जो कुछ कहा जायेगा, उसे प्रेस में छपने पर रोक-टोक नहीं होगी। लेकिन कल की कार्यवाही आकाशवाणी में इस प्रकार प्रसारित हुई, जिससे भ्रम फैल सकता है। जगजीवन राम का भाषण पूरी तरह प्रसारित किया गया। पर इसके विपक्ष में जो कहा गया, वह बिल्कुल नहीं बताया गया। जो लोग आपात्काल का विरोध कर रहे हैं, उनका क्या दृष्किोण है और उसके क्या कारण हैं, यह जनता को नहीं मालूम होने दिया जा रहा है। आज के समाचारपत्रों में भी यही हुआ है। सब बातों पर सोच कर हम इसी निष्कर्ष पर पहुँचे हैं कि हमारा इस सभा में भाग लेने से कोई लाभ नहीं होगा। हम लोग इस स्थिति में नहीं हैं कि स्वाधीन और प्रजातांत्रिक संसद के सदस्यों का उत्तरदायित्व निभा सकें। अतएव हम सब आगे की कार्यवाही में कोई भाग नहीं लेंगे। सच पूछिए, सरकार के पास इसका उत्तर नहीं है।

इस प्रस्ताव के बाद संविधान का संशोधन लिया गया। लगभग बारह बजे यह काम शुरू हुआ और तीन बजे तक जो कुछ सरकार ने चाहा संविधान में परिवर्तन कराने की बात स्वीकार करा ली। इतना गम्भीर और महत्त्वपूर्ण काम तीन घण्टे में सम्पूर्ण हो गया। यह है नयी प्रजातांत्रिक शक्तियों का बल! गोखले ने सदन में कहा कि संविधान की रक्षा के लिए यह संशोधन आवश्यक है। यदि वास्तव में स्थिति यही है तो गोखले इतने वर्षों से क्यों चुप थे? पहले यह संशोधन क्यों नहीं लाये? गोखले उदार प्रवृत्ति के व्यक्ति हैं। बम्बई बार की परम्पराओं ने उनके व्यक्तित्व को प्रभावित किया है। क्या वे वास्तव में अपने हृदय से यह सब कह रहे हैं? किसी दिन यदि अवसर मिला तो उनसे अवश्य पूछूँगा। इतना तो मुझे मालूम है कि आपात्काल की घोषणा और गिरफ्तारियाँ करने से पहले प्रधानमंत्री ने उनसे कुछ नहीं पूछा था।

इस संशोधन में दो विशेष बातें हैं। एक संविधान के कई अनुच्छेदों में राष्ट्रपति अपने को सन्तुष्ट करके ही कार्य कर सकते हैं। आपात्काल की घोषणा भी इसी प्रकार के एक अनुच्छेद में है। इस संशोधन द्वारा यह प्रबन्ध किया जा रहा है कि स्वयं सन्तुष्ट होकर यदि राष्ट्रपति कार्य करें तो उसको अदालत में चुनौती नहीं दी

जा सकती। इस प्रश्न पर सरकार का पक्ष कमजोर नहीं है। थोड़ा बहुत मत वैभिन्य होते हुए भी सुप्रीम कोर्ट व हाई कोर्ट भी अभी तक इसी दृष्टिकोण के मालूम पड़ते हैं, यद्यपि कोई निर्णयात्मक फैसला अभी तक नहीं हुआ है।

पर दूसरा संशोधन बहुत गम्भीर है। वह व्यक्ति की स्वाधीनता पर बहुत बड़ा आक्रमण है। अनुच्छेद 359 (1) के संशोधन को मैं इसी दृष्टि से देखता हूँ। हमारे संविधान में 'आपात्काल' की एक बड़ी साफ-सुथरी स्कीम रही है। आपात्काल में अनुच्छेद 358 के अन्तर्गत अनुच्छेद 19 में कहे गये मूलभूत अधिकार निलम्बित हो जाते हैं। व्यक्ति की स्वाधीनता का आधार हमारे संविधान में अनुच्छेद 21 व 22 हैं। संविधान निर्माताओं ने इन अनुच्छेदों में आपात्काल में अपने आप में किसी परिवर्तन का प्रयोजन नहीं किया। पर अनुच्छेद 359 (1) के अन्तर्गत राष्ट्रपति आदेश प्रसारित कर सकते हैं कि किसी भी मूलभूत अधिकार को कार्यान्वित करने के लिए कोई व्यक्ति अदालत नहीं जा सकता। पर न अधिकार समाप्त होते हैं, न संसद कोई ऐसा कानून बना सकती है जो मूलभूत अधिकारों की अवहेलना करे। स्पष्ट है व्यक्ति को अदालत न जाने देकर संसद की क्षमता में वृद्धि नहीं हो सकती। अनुच्छेद 22 में, यदि किसी व्यक्ति को कैद किया जाये तो उसे उसके कारण बताये जायेंगे। आपात्काल के लिए बड़ी सन्तुलित स्कीम थी : यदि देश की सुरक्षा के लिए किसी को बन्दी बनाना है तो ऐसा किया जा सकता है, उस व्यक्ति को अदालत जाने से भी रोका जा सकता है, पर कोई ऐसा कानून नहीं बन सकता कि बन्दी बनाये जाने के कारण न बताये जायें। यदि व्यक्ति चाहे तो आपात्काल समाप्त होने पर सरकार के कार्य के औचित्य की जाँच के लिए न्यायालय जा सकता है। संविधान सभा में डॉ. अम्बेडकर ने कहा था कि अनुच्छेद 358 व 359 दो पृथक् विषयों पर हैं, तभी उनमें अन्तर रखा गया था। आज का संशोधन इस अन्तर को समाप्त कर देगा। गोखले ने बड़े सहज ढंग से यह दलील दी कि हम अनुच्छेद 359 को 358 के समान कर रहे हैं जो बहुत पहले होना चाहिए था। अनुच्छेद 359 के अन्तर्गत भी वही तात्पर्य हैं। यह सरासर ग़लत है। डॉ. अम्बेडकर ने संविधान सभा में स्पष्ट कहा था कि दो अनुच्छेद पृथक्-पृथक् बातों के लिए हैं। गोखले ने भी अपना अंतःकरण बेच दिया। सरकार को मनमानी करने की पूरी छूट!

संविधान संशोधन पर लोकसभा में विवाद शुरू हुआ, उसके थोड़ी देर बाद ही मैं अपने कमरे में आ गया। ऑफीशियल गैलरी से गणेशन मेरे साथ हो लिया। वह गोखले का निजी सचिव है। गोखले से इधर भेंट नहीं हुई तो गणेशन से भी नहीं हुई। वह स्वयं ही बात करता रहा। उसने बताया कि गोखले पर आजकल बहुत काम पड़ गया है। मैंने उससे पूछा कि आजकल जो कुछ हो रहा है, उस पर गोखले क्या कहते हैं? वह कतरा गया, पर उसने यह कहा कि गोखले भविष्य के लिए चिन्तित हैं। पता नहीं क्या होगा? गोखले के लिए मैं यह अवश्य कहूँगा कि उन्होंने प्रधानमंत्री

से हमेशा स्पष्टवादिता से बात की। पता नहीं, इस बार क्या हुआ?

आज के. संथानम का संसद सदस्यों के नाम पत्र देखा। बड़ी भावना से पत्र लिखा गया है। संथानम संविधान सभा के सदस्य थे। केन्द्रीय मंत्रिमण्डल में और विन्ध्य प्रदेश (जो अब मध्य प्रदेश का भाग है) के उप-राज्यपाल रहे हैं। भ्रष्टाचार रोकने के उपायों पर विचार करने के लिए दस वर्ष पहले एक कमेटी बनी थी, उसके अध्यक्ष थे। 18 से 20 जुलाई तक उन्होंने तीन दिन का उपवास रखा—संविधान सभा की भूल का प्रायश्चित्त करने के लिए। उनका कहना है कि संविधान सभा ने इतनी बड़ी शक्ति कार्यपालिका को देकर भूल की, उसका प्रायश्चित उन्हें करना चाहिए। अपने पत्र में उन्होंने कहा कि आजकल जो कुछ हो रहा है, उससे देश की अखण्डता और एकता को खतरा पैदा हो गया है। उन्होंने नीचे लिखे सुझाव दिये हैं—

1. स्थिति को और ख़राब न होने दो, सब राजनीतिक नेताओं को छोड़ दिया जाये।

2. आर्थिक अपराधों की समुचित सजा देने के लिए कानून शीघ्र बनाये जायें।

3. आम चुनाव शीघ्र कराए जायें।

आज सन्ध्या को पालकीवाला प्रधानमंत्री से मिले। मिलने के लिए समय पालकीवाला ने माँगा था। यह मुझे पता नहीं कि उन दोनों में क्या बात हुई? पर प्रधानमंत्री से मिलने से पहले पालकीवाला शेषन से करीब 15-20 मिनट बात करते रहे। आजकल जो कुछ हो रहा है, उससे उन्हें बहुत क्लेश पहुँचा है। हमारा संविधान सदा के लिए नष्ट हो गया। इस सबकी आवश्यकता नहीं थी। बात करते-करते उनकी आँखें भर आयीं। भविष्य बड़ा अन्धकारमय है। पालकीवाला तो दो साल से यही कह रहे हैं कि हमारे संविधान को विकृत किया जा रहा है।

24 जुलाई, 1975

आज खुदाबख्श की मृत्यु के कारण लोकसभा की बैठक स्थगित हो गयी। राज्यसभा ने संविधान संशोधन विधेयक पास कर दिया।

दिन-भर मैं अपने कमरे में काम करता रहा। कुछ मामलों में प्रधानमंत्री के आदेश चाहिए थे, इसलिए उनसे मिला। काफी कार्य तो निकल गया, पर एयर इंडिया के पायलट्स के खिलाफ जो मुकदमे दायर हुए थे, उनको वापस लेने पर वे कोई निर्णय नहीं देती हैं। कई बार बात कर चुका हूँ। आज करीब-करीब मान गयी थीं कि मुकदमे वापस ले लिये जायें पर फ़िर घर जाते समय कह दिया कि कल बताऊँगी।

23 जुलाई तक 28,000 से कुछ अधिक बन्दी बनाये गये हैं, जिनमें 13,000 राजनीतिक बन्दी हैं।

25 जुलाई, 1975

आज सुबह दस बजे मंत्रिपरिषद् की एक बैठक हुई। इस मीटिंग का निर्णय कल रात लिया गया था। 1971 में पंजाब में राष्ट्रपति शासन लागू होने के बाद केन्द्रीय सरकार ने पंजाब के भूतपूर्व मंत्रियों के विरुद्ध लगाये गये आरोपों की जाँच के लिए एक कमीशन की नियुक्ति की थी। ये आरोप एक भूतपूर्व अकाली मंत्री त्रिलोचन सिंह रियासती और कम्युनिस्ट नेता सत्यपाल डांग ने लगाये थे। त्रिलोचन सिंह को कांग्रेस ने तोड़ा था। सरकार का यह भी निर्णय था कि यदि अन्य ज्ञापन दिये जायेंगे तो उनकी भी जाँच करायी जा सकती है। कमीशन के पहले अध्यक्ष राजस्थान के अवकाश प्राप्त मुख्य न्यायाधीश दवे थे, पर कुछ समय बाद उन्होंने त्यागपत्र दे दिया। उनका स्थान एक अन्य अवकाश प्राप्त न्यायाधीश छंगानी ने लिया। समय-समय पर कमीशन ने इन आरोपों पर रिपोर्टें दी हैं। उनको संसद में प्रस्तुत करना है। मंत्रिपरिषद् की बैठक इसलिए की गयी थी। कमीशन ने 115 आरोपों की जाँच की है। उनमें 30 में कुछ या काफी तथ्य पाया है।

यह कमीशन केवल राजनीतिक कारणों से नियुक्त हुआ था। अकाली दल की सरकार पंजाब में समाप्त हुई थी। चुनाव 1972 में होने थे। अकालियों के विरुद्ध ताबड़तोड़ जल्दी में कमीशन बैठाया गया। यह ठीक है कि भ्रष्टाचार की मोनोपोली कांग्रेस की ही नहीं है, दुर्भाग्य से यह हमारे सारे जनजीवन का कलंक बन गया है। जैसा मैंने ऊपर लिखा, 30 आरोपों में तथ्य पाया ही गया है। पर इसी प्रकार के आरोप विभिन्न राज्यों में कांग्रेस मंत्रियों पर भी समय-समय पर लगाये गये हैं। प्रारम्भिक जाँच से उनमें तथ्य भी पाया गया। पर हर मामले को प्रधानमंत्री दबाती रही हैं। एक बात और। एक ज्ञापन में त्रिलोचन सिंह रियासती के विरुद्ध भी इसी प्रकार के आरोप लगे हैं। उन्हें आज तक कमीशन के पास नहीं भेजा गया है। प्रधानमंत्री ने ओम मेहता से कहा है कि त्रिलोचन सिंह को बचाने की कोशिश होनी चाहिए।

मंत्रिपरिषद् की स्वीकृति औपचारिक थी। एक मिनट में बात खत्म हो गयी पर मंत्रीगण अन्य बातें करने लगे। कल राज्यसभा में विट्ठल गाडगिल ने अच्छा भाषण किया, यद्यपि कुछ बातें, जो उन्होंने कहीं, वे ठीक नहीं हैं। (ऐसा मुझे कृष्णमणि ने बताया) पर कई मंत्री आपस में उस भाषण की तारीफ करने में होड़ लगाये हुए थे। चाटुकारी की जय हो!

सरदार ने एक महत्त्वपूर्ण बात उठायी। उन्होंने कहा कि दामों में जो गिरावट आयी थी, वह रुक गयी है और कुछ चीजों के दाम फिर से बढ़ रहे हैं। लोगों में इससे असन्तोष हो रहा है। इस स्थिति को सुधारने के लिए ठोस कदम उठाने आवश्यक हैं। केवल बात करने से यह प्रश्न हल नहीं होगा।

भविष्य में संसद किस प्रकार काम करे, इस पर भी कुछ बातचीत हुई। संसद

की कार्यप्रणाली में सुधार की आवश्यकता है और बहुत कुछ सुधार हो भी सकता है। पर प्रधानमंत्री का विचार है कि दोनों सदनों में कम-से-कम काम हो। अधिक काम छोटी समितियों में हो। प्रधानमंत्री के मन में सदनों का डर बैठ गया है।

मंत्रिपरिषद् की मीटिंग में ही एक दुखद घटना की सूचना मिली। शेषन ने प्रधानमंत्री को यह सन्देश भेजा (एक स्लिप पर) कि असम के मुख्य सचिव राघव अय्यर का देहान्त हो गया। मुझे बहुत दुख हुआ। वे जिस दिन असम पहुँचे, उसी दिन सन्ध्या को उन्हें दिल का दौरा पड़ा। हालत सुधर रही थी पर शायद कल दूसरा दौरा हुआ, आज सुबह चल बसे। असम ने उन्हें केवल मृत्यु के लिए निमंत्रण दिया था। बहुत वर्षों से असम से बाहर थे। मैंने मुख्यमंत्री को उनका नाम सुझाया। वे जाना नहीं चाहते थे, वी. आर. ने समझाया कि जाना ही उनके हित में होगा। क्या मालूम था, इस नियुक्ति का अन्त इस प्रकार होगा! दुखी हम दोनों ही थे। पर मुझे बार-बार एक बात परेशान कर रही थी। कुछ महीने पहले घमंडी सिंह आर्य को मिज़ोरम भिजवाने में मेरा हाथ था। उसकी वहाँ मृत्यु हुई। राघव अय्यर को असम एक प्रकार से मैंने ही भिजवाया। उसकी मृत्यु वहाँ हुई। यह क्यों?

सन्ध्या को संसद सदस्य पुरुषोत्तम काकोडकर और गोआ के विधानसभा के सदस्य अनंत नायक मुझसे मिले। प्रधानमंत्री ने कहा था कि वे मुझसे मिल लें। उनकी शिकायत गोआ के मुख्यमंत्री शशिकला काकोडकर से है। नायक ने कुछ समय पहले उनके विरुद्ध एक ज्ञापन दिया था। उसी सम्बन्ध में वे मुझे कुछ कागज़ात दिखाते रहे। वे मेरे पास लगभग डेढ़ घण्टा रहे। मैंने भी उनसे काफी प्रश्न किये। मुख्यमंत्री के विरुद्ध उनके आरोपों में कुछ तथ्य मालूम पड़ता है पर इसकी पूरी जाँच करनी होगी।

एक बात आज और लिखना चाहता हूँ। आजकल मंत्रिपरिषद् या उसकी समितियों की बैठकें काफी जल्दी-जल्दी होती हैं। आज एक प्रश्न पर विचार करना है तो कल दूसरे पर। पिछले पाँच सालों में मैंने चव्हाण और जगजीवन राम को न तो कभी इतना प्रसन्नचित्त देखा, जितना वे आजकल हैं न इन मीटिंगों में उन्हें उदासीन पाया। वे दोनों काफी बोलने लगे हैं और वही बात कहते हैं जो प्रधानमंत्री को प्रिय लगे। पहले मीटिंगों में ये दोनों प्रायः चुप बैठे रहते थे।

26 जुलाई, 1975

शनिवार होने के कारण आज संसद की बैठक नहीं थी। मैं साउथ ब्लॉक आ गया था। कल रात सुना था कि कुलदीप नय्यर गिरफ्तार कर लिये गये हैं। वे आजकल 'एक्सप्रेस न्यूज सर्विस' के अध्यक्ष हैं। आज कुमार नन्दन प्रसाद अचानक मेरे पास आये। वे रक्षा उत्पादन विभाग से सूचना और प्रसारण मंत्रालय में विशेष अधिकारी के पद पर आ गये हैं। (एक पुलिस के–गुप्तचर विभाग के विशेषज्ञ–अधिकारी को

मंत्रालय स्तर पर सेंसर का पूरा काम सौंपा गया है। यह बात अर्थहीन नहीं लगती।) कुलदीप की गिरफ्तारी की पुष्टि उन्होंने की पर ऐसा क्यों हुआ, यह वे भी नहीं बता सके। उन्होंने कहा कि सब राज्य सरकारों को उनके मंत्रालय का यह आदेश है कि यदि किसी पत्रकार को गिरफ्तार करें तो पहले मंत्रालय से स्वीकृति ले लें, पर दिल्ली प्रशासन और विशेषकर उप-राज्यपाल इन आदेशों को नहीं मानते। उन्होंने प्रधानमंत्री निवास के आदेश पर यह गिरफ्तारी की होगी।

आजकल एक बात और हो रही है। प्रधानमंत्री या प्रधानमंत्री-निवास के नाम पर गुमनाम लोग भी तरह-तरह के आदेश देने का प्रयत्न कर रहे हैं। आज मेरे पास भास्कर घोष का कलकत्ते से फोन आया। उसने कहा कि सुबह कलकत्ता पुलिस के एक वरिष्ठ अधिकारी के पास एक फोन आया कि "मैं (कोई नाम बताया) प्रधानमंत्री का निजी सचिव बोल रहा हूँ दिल्ली से। प्रधानमंत्री चाहती हैं कि अमुक दो व्यक्तियों को गिरफ्तार कर लिया जाये।" थोड़ी देर बार एक और फोन आया। उस व्यक्ति ने अपना नाम नहीं बताया, केवल यह कहा कि मैं प्रधानमंत्री-निवास दिल्ली से बोल रहा हूँ। उसने भी दो नाम गिरफ्तारी के लिए दे दिये। दोनों की सूची में एक नाम में अन्तर नहीं था, दूसरा नाम पृथक्-पृथक् था। भास्कर ने पूछा कि इस परिस्थिति में क्या करें? पुलिस को काफी डर है, क्योंकि प्रधानमंत्री-निवास से इस प्रकार के फोन कई दिन से आ रहे हैं। पर आज जिस व्यक्ति ने अपने को प्रधानमंत्री का निजी सचिव कहा, वह नाम पहले कभी नहीं सुना। मैंने भास्कर से कहा कि इस नाम का कोई व्यक्ति प्रधानमंत्री का निजी सचिव नहीं है, वास्तव में इस नाम का व्यक्ति उनके स्टाफ में ही नहीं है। वे इस प्रकार के आदेशों की परवाह न करें।

लंच के बाद मैं प्रधानमंत्री से मिला और काकोडकर व नायक से जो मेरी बात हुई उसका सारांश उन्हें बताया। उन्होंने आदेश दिया कि गोआ के मुख्यमंत्री के विरुद्ध लगाये गये आरोपों की मैं गहनता से जाँच करूँ। उप-राज्यपाल का कहना कि इन आरोपों में कोई सार नहीं है, उन्हें ठीक नहीं लगता। मेरे बाद घनश्याम भाई ओझा मिलने वाले थे। उनके बारे में भी बात हुई। प्रधानमंत्री उनसे प्रसन्न नहीं लगतीं।

आज इलाहाबाद हाई कोर्ट की नियुक्तियों का एक प्रस्ताव प्रधानमंत्री की स्वीकृति के लिए आया। वहाँ सात अतिरिक्त जजों को स्थायी जज बनाया जा रहा है। ये लोग नये नहीं हैं। साल-छः महीने से अतिरिक्त जज के पद पर हैं। परम्परा के अनुसार जब स्थायी स्थान रिक्त होते हैं तो अतिरिक्त जजों को ही उन पर नियुक्त किया जाता है। प्रस्ताव जब प्रधानमंत्री को प्रस्तुत किया गया तो उन्होंने पूछा कि इन सात जजों की राजनीतिक पृष्ठभूमि क्या है, आजकल क्या राजनीतिक दृष्टिकोण है?

सन्ध्या को यह समाचार मिला कि भीमसेन सच्चर और उनके साथ सात अन्य

व्यक्तियों को आज सुबह गिरफ्तार कर लिया गया है। भीमसेन सच्चर कुलदीप नय्यर के ससुर हैं। वे कांग्रेस के बड़े नेताओं में से रहे हैं। पंजाब के मुख्यमंत्री अर्से तक रहे, फिर आन्ध्र प्रदेश के राज्यपाल बने। बाद में श्रीलंका में हमारे उच्चायुक्त (राजदूत)। उनकी आयु लगभग 80 वर्ष होगी। अवकाश प्राप्त करने के बाद सक्रिय राजनीति से वे अलग हो गये थे। इधर उन्होंने प्रधानमंत्री को कुछ पत्र भ्रष्टाचार रोकने के बारे में लिखे थे। आचार्य कृपालानी के साथ एक प्रतिनिधि मण्डल में वे कुछ महीने पहले प्रधानमंत्री से मिलने भी आये थे। पर आज उनको बन्दी बनाने का कारण दूसरा ही है।

तीन दिन पहले (23 जुलाई को) उन्होंने और सात अन्य व्यक्तियों ने (उनमें से मैं केवल एक नाम से ही परिचित हूँ—सेवक राम। वे भी वृद्ध हैं और 'सर्वेंट्स ऑफ पीपुल्स सोसायटी' से आजीवन सम्बन्धित रहे हैं) प्रधानमंत्री को एक पत्र भेजा। उसमें उन्होंने लिखा कि हमें यह शिकायत नहीं है कि केन्द्रीय सरकार ने संविधान के आपात्काल सम्बन्धी अनुच्छेदों का सहारा लेकर क्यों कार्य किया? यह अधिकार सरकार को है। लेकिन हमारी शिकायत यह है कि जनता की सरकार का यह कर्तव्य है कि वह जनता को यह समझाए कि इन अनुच्छेदों के प्रयोग की आवश्यकता क्यों थी? और यह तभी सम्भव हो सकता है जबकि इस विषय पर खुला और निर्भीक जन-विवाद हो। पर इसके लिए आम जनता को कोई सुविधा नहीं है। क्या यह उचित है? आज जनता को सरकार के कार्यकलापों पर विचार करने के कोई सामान्य अवसर व साधन उपलब्ध नहीं हैं। विपक्षी नेता और प्रधानमंत्री के दल के वे व्यक्ति जो प्रधानमंत्री से मतभेद रखते हैं, जेल में ठूँस दिये गये हैं। उनके विरुद्ध कोई मुकदमा नहीं है। उनको कोई कारण नहीं बताया गया है, जिससे वे अपनी सफाई दे सकें। जनता को यह भी नहीं बताया जाता कि कौन-कौन बन्दी है। दिल्ली में पूरी तरह भय का वातावरण है जैसा कि साम्यवादी समाजों में होता है। दमन और घुटन ने सबको भयभीत कर रखा है। पण्डित जी के भाषणों से भी कुछ उद्धरण इस पत्र में दिये गये हैं। इस स्थिति के प्रति विरोध प्रकट करने के लिए पत्र के अन्त में लिखा है, हम 9 अगस्त से सत्याग्रह करेंगे। केवल यह है इन स्वतंत्रता सेनानियों का अपराध! सबको बन्द कर दिया गया है।

कल तक करीब 30,000 बन्दी बनाये जा चुके हैं, जिसमें से 13,000 से अधिक राजनीतिक श्रेणी में हैं।

कुछ महीनों से एक आर. सी. सिंह वी. आर. से मिलते रहते हैं। उन्हें वी. आर. के पास प्रधानमंत्री ने भेजा था। वे आई. आई. टी. में अध्यापक हैं और संजय उनसे सहायता व परामर्श लेता है। 'पौल्यूशन' रोकने के लिए गोआ में एक पाइलट स्कीम चलानी है। इस स्कीम के सम्बन्ध में उन्हें वी. आर. के पास भेजा गया था, तब से वे समय-समय पर उनसे भेंट करते रहते हैं। कल वे वी. आर. से मिले थे।

गोआ की स्कीम में कुछ अड़चन पड़ रही है। इस भेंट में सिंह ने वी. आर. को बताया कि मारुति में अब बिड़ला के अधिकारियों ने कार्यभार सँभाल लिया है। इसका क्या मतलब हुआ, यह पूरी तरह स्पष्ट नहीं हुआ। आर. सी. सिंह को पूरी बात नहीं मालूम। कुछ दिन में सब कुछ साफ हो जायेगा। आजकल मारुति की कोई बात भी नहीं करता है।

27 जुलाई, 1975

आज रविवार की छुट्टी थी। आज बारह बजे प्रधानमंत्री के निवास पर गया (1, अकबर रोड)। वहाँ अलीगढ़ मुस्लिम विश्वविद्यालय के लगभग 40 अध्यापक प्रधानमंत्री के नेतृत्व में अपनी आस्था प्रकट करने आये थे। मैं वहाँ उपस्थित था। अध्यापकों की ओर से प्रधानमंत्री के नये आर्थिक कार्यक्रम की बड़ी सराहना की गयी। क्या ये अध्यापक जान कर अनजान बन गये हैं। प्रधानमंत्री ने अपने भाषण में कुछ नयी बातें कहीं—

1. किसी पिछड़े देश की प्रगति तभी सम्भव हो सकती है जब वहाँ का प्रत्येक नागरिक प्रगति-कार्य में संलग्न हो। पर वर्तमान स्थिति में भारत में यह सम्भव नहीं हो पा रहा था। प्रतिपक्ष जनता को प्रगति-कार्यों से अलग कर रहा था। उनमें एक अलगाव की भावना उत्पन्न कर रहा था। इस गम्भीर परिस्थिति को अन्त करना बहुत आवश्यक हो गया था।

2. प्रतिपक्ष केवल सरकार की कमजोरियों और कमियों का बढ़ा-चढ़ा कर प्रचार कर रहा था, उसकी उपलब्धियों की नहीं।

3. प्रतिपक्ष साम्प्रदायिक वैमनस्य बढ़ा रहा था।

4. 12 जून को इलाहाबाद हाई कोर्ट का फैसला आने के आधे घण्टे के अन्दर ही दिल्ली की मुस्लिम बस्तियों में 'पैनिक' छा गया। ये सब प्रधानमंत्री के घर फोन करने लगे कि अब उनकी सुरक्षा का क्या होगा? प्रधानमंत्री को यह प्रबन्ध करना पड़ा कि उन्हें बसों में बैठा कर इधर-उधर भेजना पड़ा कि कहीं साम्प्रदायिक बलवा न हो जाये। (शायद वही कुछ बसें प्रधानमंत्री-निवास भी प्रदर्शन के लिए लायी गयीं। सुभान अल्लाह।)

5. प्रधानमंत्री ने हमेशा मुसलमानों की समस्याओं को सुलझाने का प्रयत्न किया है। दूसरों का दृष्टिकोण इतना सहानुभूतिपूर्वक नहीं रहा है।

इस मीटिंग के बाद मैं साउथ ब्लॉक आया, पर अधिक देर काम नहीं कर सका। तबीयत ठीक न होने के कारण तीन बजे तक घर आ गया। दो-तीन घण्टे सोया पर सन्ध्या तक भी तबीयत ठीक नहीं हुई। अब भी थकान बहुत लग रही है।

28 जुलाई, 1975

आज सुबह प्रधानमंत्री से मिला। पर बिना पूरी बात किये मुझे वापस आना पड़ा। जब मैं उनसे बात कर रहा था तो विधिमंत्री का सन्देश आया कि वे प्रधानमंत्री से तत्काल मिलना चाहते हैं और बाहर प्रतीक्षा कर रहे हैं। क्योंकि मुझे प्रधानमंत्री के पास समय लगता सो मैं बाहर चला आया, गोखले अन्दर चले गये। उसके बाद कई मंत्री और आ गये। मैं शेषन से कह कर चला आया कि जब मंत्रीगण मिल लें और प्रधानमंत्री को कुछ फुरसत हो, तब मुझे बुला लें। पर फिर दोपहर तक अवसर ही नहीं मिला। सन्ध्या को मिल सकता था, पर आज मैं घर जल्दी चला आया—छः बजे से पहले।

यह मुझे बाद में मालूम पड़ा कि गोखले की जल्दी क्या थी? वे प्रधानमंत्री से 'रिप्रेजेंटेशन ऑफ पीपुल्स एक्ट' के संशोधन के सम्बन्ध में बात करना चाहते थे। उसमें शीघ्रता की आवश्यकता यह है कि यदि यह संशोधन संसद से पास कराना है तो उसके लिए अधिवेशन बढ़ाना होगा और तैयारी भी करनी होगी। संशोधन की आवश्यकता प्रधानमंत्री की सुप्रीम कोर्ट में जो अपील पड़ी है, उसको बचाने के लिए पड़ रही है। गोखले व अन्य वकीलों की राय यह बनी है कि जस्टिस सिन्हा के फैसले को—विशेषकर उनके निष्कर्ष को कि प्रधानमंत्री ने पहली फरवरी, 1971 से ही अपने को प्रत्याशी घोषित कर दिया था—सुप्रीम कोर्ट को पलटना कठिन होगा। इसलिए एक्ट में ही कुछ इस प्रकार का संशोधन होना चाहिए कि प्रधानमंत्री का पक्ष मजबूत हो जाये। प्रत्याशी माने जाने की परिभाषा में परिवर्तन करने का विचार हों रहा है। यह मुझे अभी पूरी तरह नहीं मालूम कि क्या परिवर्तन करने की सोची जा रही है?

शेषन ने मुझे बताया कि संशोधन कराने में संजय ने विशेष भूमिका निभायी है। कल वह दिन में करीब 100-150 सदस्यों से मिला। उसने इन सदस्यों को यह सुझाव दिया है और कहा है कि वे प्रधानमंत्री से मिल कर इसके लिए जोर दें। जब तक मैं कार्यालय में रहा, मैंने संसद सदस्यों के कई समूहों को प्रधानमंत्री से मिलने के लिए प्रतीक्षा करते देखा। कुछ ने लिखित रूप में—पत्र व ज्ञापन द्वारा—यह सुझाव दिया है। संसद सदस्य तो यह कह रहे हैं कि चुनाव याचिका आदि में अदालतों का हस्तक्षेप नहीं होना चाहिए। संविधान में यह संशोधन होना चाहिए। गोखले संभवतः अलग से इस प्रश्न पर विचार कर रहे थे। प्रधानमंत्री ने उनसे पहले ही कह दिया था कि संशोधन की आवश्यकता होगी। दो और दो चार। संशोधन तो होना ही था पर संजय यदि संसद सदस्यों का समर्थन आयोजित नही करते तो यह कहा जाता कि प्रधानमंत्री ने यह सब स्वयं कराया। हुआ चाहे जैसे भी, अब कहा जायेगा कि संसद सदस्यों की माँग पर संशोधन किया जा रहा है।

आज राज्यसभा में आर्थिक कार्यक्रम पर विवाद हुआ। विवाद क्या हुआ, एक

से अधिक दूसरे ने नये कार्यक्रम की सराहना की। वाद-विवाद सुब्रह्मणियम (वित्तमंत्री) के प्रस्ताव पर आरम्भ हुआ। जब मैं सुबह प्रधानमंत्री के पास था, उस समय वे वित्तमंत्री के वक्तव्य को देख रही थीं। वह उन्हें बहुत पसन्द नहीं आया। पर समय भी इतना नहीं था कि उसमें कुछ परिवर्तन किया जा सके। प्रधानमंत्री बज़र पर शेषन से पूछने लगीं कि वित्तमंत्री कहाँ होंगे? क्या किया जा सकता है? मैंने उन्हें बीच में टोका कि मैं इस सम्बन्ध में उन्हें कुछ सुझाव देना चाहता हूँ। इस पर प्रधानमंत्री ने शेषन से बातचीत बन्द कर दी। मेरा सुझाव था कि वित्तमंत्री के अतिरिक्त एक-दो अन्य मंत्रियों को भी वाद-विवाद में भाग लेना चाहिए। जो बातें वित्तमंत्री के वक्तव्य में न हों, वह दूसरे मंत्री कह सकते हैं। मैंने टी. ए. पाई और कृष्ण चंद्र पंत का नाम सुझाया। प्रधानमंत्री ने कहा कि पाई को आर्थिक मामलों का ज्ञान बहुत है, अपने मंत्रालय के विषयों के अतिरिक्त वे अन्य बातों पर भी बोल सकते हैं। प्रधानमंत्री चाहती थीं कि पाई अपने भाषण में सारा बल इस पर दें कि सब कठिनाइयों के बावजूद पिछले दो वर्ष में देश ने आर्थिक व औद्योगिक क्षेत्र में बहुत प्रगति की है। उन्होंने मुझसे कहा कि मैं पाई और सुब्रह्मणियम से बात करके इसका निश्चय करा दूँ। इसी समय गोखले आ गये। मेरी अन्य बातें रह गयीं और मैं बाहर चला आया।

गोखले के बाद ओम मेहता प्रधानमंत्री से मिले। प्रधानमंत्री ने उनसे भी राज्यसभा में होने वाले वाद-विवाद पर बात की। संभवतः उनसे बात करने के बाद ही मुझे फोन किया और क़हा कि ओम मेहता कह रहे हैं कि वित्तमंत्री यह नहीं चाहते कि कोई और मंत्री वाद-विवाद में भाग ले। अब क्या करना चाहिए? मैंने उत्तर दिया कि आप चिन्ता न करें, मैं सब प्रबन्ध करा दूँगा। मैं प्रधानमंत्री से बात करने के बाद ओम मेहता के पास गया। उनसे पाई को फोन कराया। बाद में मैंने भी पाई को फोन किया, यह बताने के लिए कि उनके भाषण में प्रधानमंत्री क्या चाहती हैं। ओम मेहता ने कहा कि वे वित्तमंत्री को समझा देंगे। बाद में मुझे पता लगा कि राज्यसभा में पाई का भाषण बहुत अच्छा रहा।

जब मैं ओम मेहता के कमरे में था, उनके पास किसी का फोन आया कि लोकपाल विधेयक इसी सत्र में पास करवा दिया जाये। ओम मेहता की बात से लगा कि यह सन्देश उन्हें विधिमंत्री की ओर से दिया गया था। साथ में यह भी कहा गया कि विधिमंत्री की प्रधानमंत्री से इस सम्बन्ध में बात हो गयी है। फोन रखकर ओम मेहता ने इस सन्देश पर आश्चर्य प्रकट किया। मुझसे पूछा कि क्या प्रधानमंत्री यह विधेयक पास कराना चाहती हैं? मुझसे इस विषय पर इधर प्रधानमंत्री से कोई बात नहीं हुई थी। यही मैंने मेहता को बता दिया। पर मेरा उत्तर सुने बगैर ही ओम मेहता ने कहना शुरू किया कि अवश्य ही इस मामले में विधि मंत्री को भ्रम हुआ है। प्रधानमंत्री का विचार उन्हें मालूम है। वे यह विधेयक पास नहीं कराना चाहतीं। यदि

वे चाहतीं तो क्या कठिनाई थी। चार साल से विधेयक संसद में पड़ा हुआ है। पर प्रधानमंत्री का विचार है कि इस विधेयक से उनके अधिकारों और सत्ता पर काफी प्रभाव पड़ेगा। उनकी सत्ता में कमी आयेगी। अभी तो किसी मंत्री के विरुद्ध आरोप लगे तो वह प्रधानमंत्री की ओर देखता है, उनके नियंत्रण में रहता है। प्रधानमंत्री भी हर मामले में अन्तिम निर्णय राजनीतिक परिस्थितियों और अपनी सुविधा को ध्यान में रख कर करती हैं। एक बार लोकपाल नियुक्त हो गया, फिर यह पूरा अधिकार उनके हाथ से निकल जायेगा।

गुजरात में 26 तारीख को बन्द, हड़ताल आदि का कार्यक्रम आयोजित किया गया था। सरकार की ओर से इस कार्यक्रम को प्रोत्साहित किया गया था। पूरी रिपोर्ट आने पर पता लगता है कि आजकल की परिस्थितियों को देखते हुए कार्यक्रम असफल नहीं रहा। उस दिन सन्ध्या को अहमदाबाद की जनसभा में 20,000 आदमी एकत्र हुए। सबसे अच्छी बात तो यह है कि कोई हिंसात्मक घटना नहीं घटी।

इधर कई दिनों से मुझे ठीक से नींद नहीं आ रही है। रात में बड़ी देर तक मैं सोचता रहता हूँ कि देश का भविष्य क्या है, क्या व्यक्तिगत स्वाधीनता धीरे-धीरे समाप्त ही होती जायेगी? हमारा संविधान विकृत होता जायेगा? आदि-आदि। और यह सब किसलिए—केवल एक व्यक्ति के अहम् और स्वार्थ की खातिर? क्या यह देश का दुर्भाग्य नहीं है कि व्यक्तिगत स्वाधीनता की रक्षा के लिए कुछ गिने-चुने लोग ही आगे आने को तैयार हैं? कई रातें इस प्रकार बीतने पर आज बहुत थक रहा था। साढ़े पाँच बजे ही कार्यालय छोड़ दिया। घर आकर आराम करने की चेष्टा की, पर मानसिक व्यथा वैसी-की-वैसी बनी रही। नयी परिस्थितियों से मानसिक समझौता करने की तनिक भी इच्छा नहीं है।

हमारे संविधान में मूलभूत अधिकारों का बहुत महत्त्व रहा है। उससे हमारे स्वतंत्रता संग्राम का अटूट सम्बन्ध रहा है। 1895 से 1947 तक जब कभी स्वतंत्र भारत का संविधान बनाने की बात हुई मूलभूत अधिकारों पर बल दिया गया। मैं इतिहास में नहीं जाता यद्यपि एम. ए. में भारत के संवैधानिक विकास के पर्चे के लिए इसका अध्ययन किया था। जब हमारा स्वतंत्रता संग्राम समाप्ति पर आ रहा था, उस समय की घटनाएँ तो मुझे नागरिक की हैसियत से भी याद हैं। 1945 में (उस वर्ष मैंने बी. ए. पास किया था) सर तेज बहादुर सप्रू की अध्यक्षता में बुद्धिजीवियों की एक कमेटी ने मूलभूत अधिकारों की माँग पर बल दिया था। ब्रिटिश मंत्रिपरिषद् प्रतिनिधि मण्डल की मई 1946 की स्कीम के उत्तर में कांग्रेस वर्किंग कमेटी ने एक प्रस्ताव में इन अधिकारों पर जोर दिया था। संविधान सभा ने मूलभूत अधिकारों पर विचार-विनिमय करने के लिए एक उप-समिति गठित की थी। बाद में राधाकृष्णन्, नेहरू व अन्य नेताओं ने संविधान सभा में इन अधिकारों की जो व्याख्या की, उससे स्पष्ट है कि हमारे संविधान निर्माता इन अधिकारों के स्थायित्व

में अटूट विश्वास रखते थे। नेहरू ने तो यहाँ तक कहा था कि मूलभूत अधिकार को इस दृष्टि से देखना चाहिए कि यह एक ऐसी चीज है जिसे हमेशा के लिए संविधान का भाग रहना है।*

राधाकृष्णन् ने तो इससे भी अधिक प्रभावशाली शब्दों में अपने विचार व्यक्त किये थे।*

संविधान का मुख्य कर्त्तव्य यही है कि वह व्यक्ति की स्वाधीनता और गरिमा को सदा सुरक्षित रखे। हमारे संविधान ने भी यही किया। इसका मूल आधार है--स्वाधीनता (सिविल लिबर्टी)। यह स्मरणीय है कि यह संविधान भारत के लोगों ने स्वयं अपने को दिया है। मेरा इस कारण सदा यह विश्वास रहा है कि भारतवासियों ने इस संविधान को अपनाते समय कुछ मूलभूत अधिकार अपने लिए सुरक्षित रख लिए थे। आगे आने वाले राजनीतिज्ञों ने उन पर आक्रमण आरम्भ किया। यह हमारे लिए दुर्भाग्य की बात है।

पर सबसे बड़ा आक्रमण हुआ वर्तमान प्रधानमंत्री के समय में। प्रधानमंत्री को न तो संविधान की गहरी समझ है, न ही उसमें आस्था है, न उसके प्रति सम्मान है। संविधान-निर्माण के समय सर बी. एन. राऊ ने यह प्रयत्न किया कि मूलभूत अधिकार राज्य-नीति के निर्देशीय सिद्धान्तों (डायरेक्टिव प्रिंसिपल्स ऑफ स्टेट पॉलिसी) के अधीन रहें, पर संविधान सभा ने इसको स्पष्टतया अस्वीकार कर दिया। लेकिन मोहन कुमारमंगलम और उनके विचार वाले व्यक्तियों के प्रभाव में संविधान का 25वाँ संशोधन हुआ, जिसमें अनुच्छेद 31सी के द्वारा इस स्थिति को कुछ बदल दिया गया।

यह संशोधन 1971-72 में हुआ। इस पर विचार करने के लिए कई बैठकें हुईं। मुझे तभी आशंका होने लगी थी कि यह हमारे संविधान को विकृत बनाने का पहला कदम है। पता नहीं इसका कहाँ अन्त होगा? और अपने प्रधानमंत्री ने केवल अपनी कुर्सी की रक्षा के लिए व्यक्तिगत स्वाधीनता के मूलभूत अधिकार को भी छीन लिया। चार वर्ष में संविधान का सर्वनाश हो गया।

---

* A Fundamental right should be looked upon not from the point of view of any practical difficulty of the moment, but as something that you want to make permanent in the constitution.

(C A Debate, Vol. II, p. 465-66)

* We must safeguard the liberty of the human history against the encroachments of the State. While State regulation is necessary to improve economic eonditions, it chould not be done at the expense of the human spirit. This declaration which me make today is of the nature of pledge to our own people and a poct with the civilized world. *(C A Debate, Vol. II, p. 273)*

29 जुलाई, 1975

आज प्रधानमंत्री कार्यालय नहीं आयीं। पहले लंच के बाद आने का विचार था, पर बाद में वह भी नहीं हो सका। दो-तीन दिन से उनका स्वास्थ्य ठीक नहीं है। कल जब मैं मिला था तो वे बहुत थकी हुई लग रहीं थीं। जुकाम ने भी बहुत परेशान कर रखा है।

आज समाचारपत्रों से मालूम पड़ा कि आठ-दस राज्य विधानसभाओं ने संविधान संशोधन विधेयक की पुष्टि (रैटीफिकेशन) कर दी। कौन कह सकता है कि प्रजातंत्र में काम की गति बहुत धीमी होती है? जब हम चाहें तो काम इतनी जल्दी हो सकता है कि लोगों को आश्चर्य होने लगे। चार-पाँच दिन के अन्दर न केवल संसद ने बल्कि आठ-दस विधानसभाओं ने भी संविधान में मूल संशोधन करने का निर्णय ले लिया। यह बात दूसरी है कि हमारे कितने विधायक इस संशोधन की गहनता को समझ सके हैं। मुझे ऐसा लगता है कि इस देश की सोचने-समझने की शक्ति समाप्त होती जा रही है। इतनी शीघ्रता से संविधान के मूलभूत स्वभाव में संशोधन करना क्या हमारी अपरिपक्वता का परिचायक नहीं है? छोटे-छोटे विधेयक बरसों पड़े रहते हैं, अहम बातें चटपट बिना कुछ सोचे-विचारे पारित हो जाती हैं। यह हमारी संसदीय प्रणाली का सरासर दुरुपयोग है।

विदेशी समाचारपत्रों में हमारे देश की घटनाओं पर आजकल काफी टिप्पणी हो रही है। समाचार भी खूब छप रहे हैं, कुछ ग़लत पर अधिकतर सही। वे समाचारपत्र इस देश में आसानी से नहीं आ सकते, विदेश मंत्रालय और हमारे सचिवालय में आते हैं। कम्युनिस्ट देशों को छोड़कर इन समाचारपत्रों का मत है कि भारत में प्रजातंत्र का अन्त हो रहा है। क्या ये समाचारपत्र ग़लत बात कह रहे हैं? कितना अच्छा हो यदि यह सब ग़लत हो जाये, पर आज ऐसा नहीं लगता।

दो दिन से वी. आर. बाहर गया हुआ है, सो शेषन लंच के समय मेरे पास आ जाता है। उसने आज दो-तीन नयी बातें बतायीं। वे इस प्रकार हैं–

1. संसद सदस्यों का प्रधानमंत्री से मिलने के लिए तांता लगा हुआ है। सब एक ही बात कहने के लिए आ रहे हैं कि आर. पी. एक्ट में शीघ्र संशोधन हो जाना चाहिए।

2. कल जब मैं घर चला गया था उसके बाद गोखले प्रधानमंत्री से फिर मिलने आये थे। उस समय शेषन ने भी उनसे बात की। गोखले ने उन्हें बताया कि इलाहाबाद हाई कोर्ट का फैसला बहाल रह सकता है। उस स्थिति से सामना करने का एक ही उपाय है कि आर. पी. एक्ट में संशोधन किया जाये। शेषन ने पूछा कि इसका प्रभाव जजों व अन्य लोगों पर क्या पड़ेगा? गोखले ने बड़ी स्पष्टवादिता से उत्तर दिया, "बहुत बुरा!" पर उपाय और कोई नहीं है, इसलिए प्रधानमंत्री संशोधन

के लिए बहुत इच्छुक हैं। इसीलिए वे एक नया विधेयक तैयार करा रहे हैं। संसद के सत्र को इसे पास करवाने के लिए बढ़ाना पड़ेगा।

सरकार की निष्ठा पर इससे संदेह होना स्वाभाविक है या नहीं कि इस एक्ट में संशोधन का प्रश्न संसद के समक्ष लगभग चार साल से पड़ा है। 1972 में किसी समय दोनों सदनों की संयुक्त समिति ने एक रिपोर्ट भी दे रखी है। इस समिति में, जैसा कि हमेशा होता है, सभी दलों के सदस्य थे। उनकी बहुत सी सिफारिशें सर्वसम्मति से की गयीं हैं। पर सरकार ने उस विधेयक पर विचार करने के लिए आज तक समय नहीं निकाला है। आज प्रधानमंत्री की व्यक्तिगत सत्ता बचाने के लिए तीन-चार दिन में संविधान में संशोधन हो गया, मीसा को और क्रूर बना दिया गया—संविधान की अवहेलना करते हुए और अब आर. पी. एक्ट में भी संशोधन की बात की जा रही है। क्या इस सबसे प्रजातंत्र की रक्षा होगी?

3. बहुत-सी गिरफ्तारियाँ प्रधानमंत्री की इच्छा के प्रतिकूल हो रही हैं। महल के सिपहसालारों के आगे प्रधानमंत्री की भी नहीं चल रही है। शेषन को यह बात आज प्रधानमंत्री के एक वाक्य से स्पष्ट हुई।

भीमसेन सच्चर के साथ सेवक राम को भी गिरफ्तार किया गया है। जब पुलिस उन्हें ले जा रही थी तो सेवक राम की पत्नी ने आग्रह किया कि उनके कपड़े व दवाइयाँ साथ ले जाने दी जायें। पर पुलिस नहीं मानी। आज डा. एन. एन. कैलाश, एक संसद सस्दय, उनकी पत्नी का प्रार्थना-पत्र लेकर प्रधानमंत्री के पास आये थे। उसमें विनती की गयी थी कि सेवक राम के कपड़े व दवाइयाँ उनके पास पहुँचा दी जायें व उनकी पत्नी को उनसे मिलने दिया जाये। प्रार्थना-पत्र देखकर प्रधानमंत्री ने शेषन से कहा कि इनको छुड़वा दो। इस पर शेषन ने कहा कि प्रार्थनापत्र में छुड़वाने की बात नहीं कही गयी है। इस पर प्रधानमंत्री ने कुछ गरम होकर कहा (शेषन का विचार है कि यह बात उनके मुँह से अनायास निकल गयी) कि "मैंने पहले ही कहा था, इन लोगों को गिरफ्तार न करो, पर मेरी किसी ने सुनी नहीं।" (इन लोगों से तात्पर्य महल के सिपहसालारों से था।) इतना कहकर प्रधानमंत्री एकदम रुक गयीं जैसे सोचने लगी हों कि क्या कह गयीं। फिर शेषन से कहा कि इस प्रार्थना-पत्र को ओम मेहता के पास भेज दो। शेषन ने पूछा भी कि उन्हें किस आदेश के साथ भेजूँ तो कहा कि बस भेज दो। वह कुछ-न-कुछ कर देंगे।

4. विद्याचरण शुक्ल, माथुर (जो डी. आई. बी. बनने वाले हैं), मेहता (आयकर बोर्ड के अध्यक्ष) व कुछ और अधिकारी नियमित रूप से रोज सुबह संजय से मिलते हैं। वे अपनी पत्रावलियाँ भी उसके पास ले जाते हैं। इन सबको प्रधानमंत्री के नाम पर और लोग आदेश देते हैं।

बिहार पर आज एक विस्तृत रिपोर्ट देखी। उसका सारांश यह था कि वर्तमान

स्थिति पर व्यापारियों में कुछ नाराज़गी है पर विद्यार्थियों के उत्पात से वे भी राहत महसूस कर रहे हैं। स्कूल-कालेजों में स्थिति बिल्कुल सामान्य है। अनुशासन यकायक बहुत सुधर गया है। जे. पी. के आन्दोलन में इनका सक्रिय भाग था, पर आज यह सब शांत हैं। ग्रामीण क्षेत्रों में भी जे. पी. की गिरफ्तारी का कोई प्रभाव नहीं पड़ा है। गाँवों में लोग खेती के काम और शादियों में व्यस्त हैं। जे. पी. के समर्थक जो कहा करते थे कि यदि उन्हें गिरफ्तार किया गया तो सरकार स्थिति पर नियंत्रण खो देगी, बिल्कुल ग़लत साबित हुआ है। अभी कुछ सप्ताह पहले जे. पी. के लिए जनता उमड़ पड़ती थी, आज किसी ने एक तिनका भी नहीं उठाया, उनकी गिरफ्तारी का विरोध करने के लिए। यह ठीक है कि पूरे देश में भय का वातावरण छा गया है, पर यह तो मानना पड़ेगा कि जे. पी. के आन्दोलन का संगठनात्मक पक्ष बहुत कमजोर था। आज उनके सभी समर्थक–छात्र, शिक्षक, वकील, व्यापारी आदि सब चुप पड़े हैं, यही नहीं, उनका मनोबल बहुत कमज़ोर हो गया है। असल बात यह है कि मनोबल का दृढ़ रहना चरित्र पर निर्भर रहता है, और पिछले आठ-नौ सालों में इस देश में चरित्र का ह्रास सबसे अधिक हुआ है।

लंच के बाद मैं आज देवेन्द्र सेन से मिलने चला गया। वे प्रधानमंत्री के गलत कामों के एक विशेष यंत्र हैं। जिसके विरुद्ध प्रधानमंत्री चाहती हैं, उनसे जाँच कराती हैं। यदि उनकी रिपोर्ट कि अमुक व्यक्ति के विरुद्ध कोई सामग्री नहीं है, कोई जाँच या मुकदमा नहीं हो सकता, प्रधानमंत्री को सुविधाजनक नहीं लगती तो उसे अस्वीकार करने में नहीं हिचकतीं। जो कुछ थोड़ी बात मिल जाती है, उसी पर निर्भीकता से आगे की कार्रवाई का आदेश देती हैं। "हाँ, न" उनसे कोई कर नहीं सकता। मैं सेन से जानना चाहता था कि सोंधी के मामले में क्या हुआ? उनसे पता लगा कि जब सेन को दिये गये आरोपों में कुछ तथ्य नहीं निकले तो उनको सोंधी के खिलाफ़ फिर कुछ नये आरोप दिये गये, जो उस काल से सम्बन्धित थे जब सोंधी बोकारों में काम करते थे। सी. बी. आई. के राँची स्थित एस. पी. से उनकी प्रारम्भिक जाँच कराकर अब खुली जाँच का आदेश हुआ है। सेन का विचार है कि अन्त में इनमें से कुछ निकलेगा नहीं, पर सोंधी परेशानी में तो पड़ ही गये हैं। सरदार स्वर्ण सिंह ने प्रधानमंत्री से इस मामले में बात की है, पर उन पर कोई प्रभाव नहीं पड़ा है। शेषन का कहना है (और इसकी पुष्टि सरीन भी करते हैं) कि सोंधी का अपराध केवल यह है कि एक बार उन्हें संजय से मिलने के लिए बुलाया गया तो उन्होंने इन्कार कर दिया। लेकिन इस प्रश्न का एक नैतिक पहलू भी है। मारुति की बहुत बड़ी अनियमितताओं पर उन्होंने पिछले वर्ष आँखें मींच लीं। क्या यह उसका दण्ड नहीं है?

सन्ध्या को सुधाकर पांडेय मिलने आये। उन्होंने कहा कि आपात्काल में अनुशासन में जो सुधार हुआ है, उससे तो संसद सदस्य प्रसन्न हैं। पर प्रजातंत्र की

जो धीरे-धीरे समाप्ति हो रही है, उससे परेशान हैं। भय का भीषण वातावरण है, इसी कारण वे कुछ बोल नहीं रहे हैं।

30 जुलाई, 1975

आज भी प्रधानमंत्री कार्यालय नहीं आयीं। शेषन ने बताया कि तबीयत तो पहले से ठीक है पर कार्यालय न आने का कोई विशेष कारण नहीं है। यदि प्रधानमंत्री की इच्छा हुई तो लंच के बाद कार्यालय आयेंगी। मैं तभी समझ गया कि प्रधानमंत्री आज सन्ध्या की मंत्रिपरिषद् की बैठक में भाग नहीं लेना चाहती हैं, इसलिए कार्यालय भी नहीं आ रही हैं, यद्यपि इस मीटिंग के 'एजेंडा' में आर. पी. एक्ट का संशोधन सम्मिलित नहीं था। इस पर आज विचार होना था। प्रधानमंत्री का न आना ही ठीक था, क्योंकि यह संशोधन केवल उन धाराओं में किया जा रहा है, जिसके आधार पर वे इलाहाबाद में मुकदमा हारीं और जिस पर उनकी अपील सुप्रीम कोर्ट में सुनी जायेगी। निर्वाचन-प्रणाली आदि में सुधार से इससे तनिक-सा भी सम्बन्ध नहीं है। जैसा मेरा अनुमान था, सन्ध्या को मंत्रिपरिषद् की मीटिंग में यह विषय आया। इसकी चर्चा बाद में करूँगा।

आज सुबह 'टाइम्स आफ इंडिया' में गिरिलाल जैन का वर्तमान स्थिति पर एक लेख पढ़ा। पता नहीं कि जो विचार उसमें गिरिलाल जैन ने व्यक्त किये हैं, वे उसमें विश्वास करते हैं या नहीं। हो सकता है सेंसर को दृष्टि में रखते हुए यह लेख लिखा गया हो। आखिर, आजकल मन की बात कहने पर भारी रोक-टोक लगी है। आज की स्थिति के लिए जैन ने प्रतिपक्ष को दोषी ठहराया है। विरोधी दलों को आन्दोलन आयोजित करने के अतिरिक्त कोई काम नहीं रह गया था। इससे वातावरण दूषित होता जा रहा था। जैन ने गुजरात विधानसभा को भंग कराने के आन्दोलन की भी आलोचना की और प्रधानमंत्री की इस बात के लिए प्रशंसा की कि वह इस प्रकार के आन्दोलन से उत्पन्न ख़तरे को पहचानने वाली पहली व्यक्ति थीं। संक्षेप में जैन का कहना है कि इतर-संवैधानिक (एक्सट्रा कोंस्टिट्यूशनल) साधनों को अपनाना प्रतिपक्ष के लिए सरासर ग़लत था। अवधि समाप्त होने से पहले विधानसभाओं को भंग कराना अनुचित है।

मैं इस प्रकार के लेखों का आजकल विशेष नोटिस नहीं लेता, पर पता नहीं क्यों इस लेख को पढ़कर मैं लगभग घण्टे भर इसी पर सोचता रहा। जो विचार मेरे मस्तिष्क में उठे, उनको व्यक्त करना अनुपयुक्त नहीं होगा। मैं जैन से पूरी तरह सहमत हूँ कि इधर दो वर्षों से आन्दोलनों की अति हो रही थी। हर चीज पर आन्दोलन! इससे फिलहाल राहत मिली है। पर गिरिलाल जैन ने इसके कारणों का विश्लेषण नहीं किया। यदि वे यह कष्ट करते तो बहुत-सी बातें अधिक स्पष्ट हो जातीं। इतर-संवैधानिक साधनों का समर्थन हर परिस्थिति में नहीं हो सकता। पर

गिरिलाल जैन ने इस पहलू का भी बिना पूरा विश्लेषण किये अपने निष्कर्ष निकाले हैं। कुछ की चर्चा मैं नीचे कर रहा हूँ।

उनका कहना है कि गुजरात विधानसभा को उसकी अवधि समाप्त होने से पहले ही भंग करने की माँग ग़लत थी। पर यह खेल इस देश में किसने शुरू किया? केरल की संवैधानिक सरकार को किसने और क्यों हटाया? उसके लिए आन्दोलन किसने शुरू किया? इसका संकेत तक गिरिलाल ने अपने लेख में नहीं दिया। दूसरी बात यह कि यदि कभी जनता में यह भावना–सही या ग़लत–घर कर जाये कि अमुक विधानसभा उनका प्रतिनिधित्व नहीं करती तो वह क्या करे? पाँच वर्ष तक चुप बैठे। यह स्थिति इतर-संवैधानिक नहीं है। गुजरात के विधायक किस प्रकार कार्य कर रहे थे, यह किसी से छिपा नहीं। सौदेबाजी हो रही थी, विभिन्न गुटों के नेता विधायकों को अपने कब्जे में रखने के लिए तरह-तरह के खेल खेल रहे थे। मुझे नाम नहीं याद रहा, एक फार्म पर कई विधायक कई दिन तक साथ रहे। वहाँ तरह-तरह की योजनाएँ बनायी गयीं। इसका प्रभाव प्रशासन पर पड़ना ही था। क्या गिरिलाल जैन का कहना है कि जनता इस स्थिति को मूक बनी देखती रहे। गुजरात के विधायकों और विद्यार्थियों से मेरी उन दिनों बहुत बात हुई थी। मुझे कुछ आभास है कि जनता कितनी परेशान थी और कितने गुस्से में थी। स्वयं प्रबोध रावल ने इस बात की मुझ से पुष्टि की। उन्होंने मुझसे कहा था कि यदि चिमन भाई की सरकार और विधानसभा को भंग नहीं किया गया तो कांग्रेस गुजरात में ख़त्म हो जायेगी। यदि जनता में विधायकों के प्रति सद्भावना कम हुई तो उसका उत्तरदायित्व स्वयं उनका था। यदि वे अपने विरुद्ध बढ़ते हुए जन-आक्रोश को समझ गये और त्यागपत्र देने लगे तो उन्होंने कोई ग़लत काम नहीं किया। कुछ विधायकों पर ग़लत तरीके से दबाव डाला गया। इसका कोई समर्थन नहीं कर सकता। पर यह मुख्यतः प्रतिक्रिया थी सरकार की हठधर्मी की।

हाँ, प्रश्न यह उठता है कि ऐसी परिस्थिति में क्या करना चाहिए? गुजरात के मामले में इसी बात में सबसे बड़ी ग़लती की गयी। प्रजातंत्र में शक्ति का उद्गम जनता से होता है। जब एक बार यह निश्चय हो गया कि जनता के प्रतिनिधियों ने जनता का विश्वास खो दिया है, सबसे पहला काम यह होना चाहिए कि शीघ्र जनता की राय लेनी चाहिए। दूसरे शब्दों में फौरन चुनाव होना चाहिए। पर हमने इस प्रकार की परम्परा नहीं बनायी है। इसमें सबसे बड़ी जिम्मेदारी कांग्रेस की है। वह ऐसी असाधारण स्थिति में भी चुनाव अपने स्वार्थ और सुविधा को देखते हुए करवाने की बात के अलावा कुछ सोच ही नहीं सकती। गुजरात में यदि शीघ्र चुनाव हो जाते तो प्रजातंत्र की मान्यताएँ और परम्पराएँ दृढ़ होतीं। ब्रिटेन में क्या होता है? जब कभी तनाव बढ़ता है और यह आभास होता है कि जनता के पास बिना गये राष्ट्र का काम नहीं चल सकता, फौरन चुनाव हो जाते हैं। वहाँ के राजनीतिक दलों

में इस प्रकार की स्थिति समझने की सूझबूझ बहुत है, परिपक्वता है। हमारे देश में इस बात को दृढ़ करने का कोई प्रयास नहीं किया गया। परिणाम यह होता है कि जब जनता में किसी चीज पर तनाव बढ़ता है, केवल आन्दोलन की बात सोची जाती है। यदि जनता को विश्वास हो कि परिस्थितियाँ बदलने पर राजनीतिक नेता–विशेषकर सत्तारूढ़ दल के–प्रजातांत्रिक उपायों के प्रयोजन में विलम्ब नहीं करेंगे तो आन्दोलन करने की प्रवृत्ति में बहुत कमी आ सकती है।

इस सन्दर्भ में एक बात और उल्लेखनीय है। 1970 के अन्त में प्रधानमंत्री ने लोकसभा को–उसकी अवधि का एक वर्ष बाकी रहते हुए भी–भंग कर दिया। जनता का मूड समझने में उन्होंने कुशलता दिखायी। उनके इस निर्णय को किसी ने ग़लत नहीं बताया है। तो क्या संवैधानिक स्थिति यह है कि सत्तारूढ़ दल चाहे तो किसी विधानसभा को जब चाहे भंग कर दे, पर प्रतिपक्ष के लिए इस प्रकार की माँग करना अनुचित है। मुझे तो नहीं लगता कि यह बात ठीक है। सरकार जब चाहे विधानसभा को भंग करके नये चुनाव करा सकती है, प्रतिपक्ष भी यह माँग कर सकता है। राजनीतिक परिपक्वता इसमें ही है कि समय के लक्षण देखते हुए जनता के पास जाने का निश्चय होता रहे। गुजरात में ग़लती विधानसभा भंग करके नहीं, विधानसभा के निर्माण में विलम्ब करने में हुई।

मैं फिर दुहराना चाहता हूँ कि जनता के समक्ष जाने की स्वस्थ परम्पराओं को सुदृढ़ न करने से हमारे प्रजातंत्र में अभी कमजोरी है। अधिकतर हमने विधानसभाओं को तभी भंग किया है जब 'आयाराम गयाराम' का प्रभाव इतना बढ़ गया कि राजनीतिक प्रणाली मज़ाक बनकर रह गयी। इसके अतिरिक्त भी स्थिति ऐसी हो सकती है–वास्तव में ऐसी स्थितियाँ आयी भी हैं–जबकि नये चुनाव राजनीतिक वातावरण को साफ करने में सहायक हों। पर हमने कभी इस बात को सोचा नहीं। इस महत्वपूर्ण प्रश्न पर कांग्रेस ने हमेशा दलगत स्वार्थ की दृष्टि से ही विचार किया, जनतंत्र की मान्यताओं को दृढ़ करने के व्यापक दृष्टिकोण से नहीं। सरकार और प्रतिपक्ष में उत्तरदायित्व बढ़ाने के लिए यह आवश्यक है कि उन्हें हमेशा यह ख़याल रहे कि उन्हें कभी भी–यही नहीं कि केवल पाँच वर्ष की अवधि के बाद–जनता के समक्ष जाना पड़ सकता है। ब्रिटेन में यही होता है, हम अभी यहाँ यह नहीं कर पाये।

संसदीय प्रणाली में इस बात का महत्व विशेष है। 1968 में द्वारिका प्रसाद मिश्र, मध्य प्रदेश के तत्कालीन मुख्यमंत्री ने इस बात पर बहुत बल दिया था। उस समय कांग्रेस के कुछ सदस्य उस प्रदेश में दल-बदलकर मिश्र की सरकार को गिराना चाहते थे। मिश्र उनको चुनाव का डर देकर अनुशासित करना चाहते थे। प्रधानमंत्री ने उनका सुझाव नहीं माना। यह ग़लत हुआ। यदि मिश्र की बात मानी गयी होती तो दल-बदल का कलंकित रोग भी उभरने से पहले ही दब गया होता। ख़ैर, अब इस बात को यहीं छोड़ता हूँ। मूल बात जो मैं गिरिलाल जैन के उत्तर में कहना चाहता

हूँ वह यह है कि जब संवैधानिक विधाओं को दृढ़ नहीं किया जाएगा तो इतर-संवैधानिक प्रवृत्तियाँ अवश्य उभरेंगी। दोष उसमें हर राजनीतिक दल का होगा—सत्तारूढ़ दल का अधिक।

आज के समाचारपत्रों में छंगानी आयोग की सराहना की गयी है। यह स्वाभाविक है और ठीक भी। इस आयोग ने पंजाब के कुछ मंत्रियों के कुकृत्यों को जनता के समक्ष स्पष्ट कर दिया है। पर क्या इस प्रश्न पर सरकार का दृष्टिकोण स्वार्थ से परे है? ये सब मंत्री विपक्षी दलों के हैं। सत्तारूढ़ दल ने यही भावना अपने मंत्रियों के प्रति क्यों नहीं अपनायी? कांग्रेस के हर मुख्यमंत्री/मंत्री के विरुद्ध इस प्रकार के आरोपों की पत्रावलियाँ सब प्रधानमंत्री ने दबा रखी हैं। आज तक वे वापस ही नहीं आयी हैं, आदेश देने की बात क्या कही जाये? यही नहीं, विवशता वश यदि कभी कुछ बात आगे बढ़ानी पड़ी तो उसे दूसरे साधनों से समाप्त किया। बंसीलाल के विरुद्ध आरोपों की जाँच अन्तिम चरण में एक मंत्रियों की समिति को सौंपी गयी। कुछ आरोपों के सम्बन्ध में जो उत्तर बंसीलाल ने दिये थे, उनसे सरदार स्वर्ण सिंह और कुमारमंगलम को संतोष नहीं था। उनके विचार से उन पर न्यायिक जाँच आवश्यक थी। पर प्रधानमंत्री ने उनको ऐसी सिफारिश करने से रोका। कहा कि बंसीलाल के विरुद्ध इस प्रकार की जाँच पार्टी के हित में नहीं होगी। चारों मंत्रियों ने सर्वसम्मति से बंसीलाल को निर्दोष प्रमाणित कर दिया।

यही नहीं, प्रधानमंत्री ने भ्रष्टाचार के विषय पर दलगत दृष्टिकोण एक अन्य तरीके से भी अपनाया है। छंगानी आयोग ने स्व. गुरनाम सिंह के विरुद्ध भी कुछ आरोपों में तथ्य पाया है। यह निष्कर्ष आयोग की पहली रिपोर्ट, जो दो-तीन साल पहले मिली थी, में ही दे दिया गया था। पर उस समय गुरनाम सिंह से प्रधानमंत्री की राजनीतिक सौदेबाजी चल रही थी। गुरनाम सिंह को राज्यपाल बनाने का वचन प्रधानमंत्री ने दे दिया। गुरनाम सिंह ने दबाव डालना शुरू किया। प्रधानमंत्री बहुत इच्छुक थीं कि उन्हें राज्यपाल बना दिया जाये। मैंने उनसे काफी वाद-विवाद किया, कई नोट लिखकर दिये। मेरा कहना था कि एक ऐसे व्यक्ति को, जिसके विरुद्ध एक आयोग ने आरोप में तथ्य पाये, राज्यपाल बनाना ग़लत होगा। हक्सर ने मेरी बात का समर्थन किया। पर प्रधानमंत्री को यह बात नहीं जँची। (उसी समय इस प्रकार के एक और मामले में भी मेरा प्रधानमंत्री से गहरा मतभेद हुआ उसकी चर्चा आगे की गयी है।) काफी दिन तक इस प्रश्न पर चर्चा होती रही। प्रधानमंत्री का कहना था कि जिस प्रकार का आरोप आयोग ने तथ्यहीन नहीं पाया, वह हर मंत्री के विरुद्ध लगाया जा सकता है। उन्होंने करीब-करीब यह निश्चय कर लिया कि गुरनाम सिंह को राज्यपाल बनाना चाहिए। पर मैं भी इस बात का विरोध करता ही गया। अन्त में प्रधानमंत्री ने कहा कि अच्छा इनको कहीं राजदूत बना दिया जाये। प्रस्ताव यह भी उचित नहीं था। मैंने इसका भी विरोध किया, पर प्रधानमंत्री इस

'समझौते' को छोड़ने को तैयार नहीं हुईं। गुरनाम सिंह आस्ट्रेलिया में हमारे उच्चायुक्त नियुक्त हुए। पर उसके कुछ ही दिन बाद एक विमान दुर्घटना में मृत्यु के शिकार हो गये।

यह बात है 1972-73 की। उसी समय प्रधानमंत्री आर. शंकर को भी राज्यपाल बनाना चाहती थीं। शंकर केरल प्रदेश के कांग्रेस के नेता थे और मुख्यमंत्री भी रह चुके थे। जब मुझसे प्रधानमंत्री ने इसकी चर्चा की तो मैंने इसका भी विरोध किया। शंकर के विरुद्ध एक ट्रस्ट के सम्बन्ध में एक दीवानी मुकदमा चल रहा था। प्रधानमंत्री की उनसे भी कुछ सौदेबाजी हुई थी। उनका कहना था कि यदि किसी मामले में व्यक्तिगत आरोप लगाये गये हैं तो हमें उसकी चिंता नहीं करनी चाहिए। जनजीवन में ऐसा होता ही रहता है। पर मैंने उस मुकदमे का पूरा विवरण मंगाया ओर उसका विश्लेषण किया। उससे स्पष्ट था कि डिस्ट्रिक्ट जज ने यह तय किया था कि रुपए के ग़बन आदि में शंकर निर्दोष नहीं थे। फिर भी प्रधानमंत्री नहीं मानीं। हक्सर ने इस मामले में भी मेरा समर्थन किया। प्रधानमंत्री अन्त तक यही कहती रहीं, "यह ट्रस्ट के दो दलों का मामला है। हमें इससे प्रभावित नहीं होना चाहिए।" हक्सर का और मेरा कहना था कि इस प्रकार के व्यक्ति को राज्यपाल बनाने से हम भ्रष्टाचार को एक प्रकार से 'सम्मानित' करेंगे, जो जन-जीवन और सरकार में शुद्धता लाने के प्रतिकूल होगा। मैं कह नहीं सकता कि यदि इसी समय शंकर की मृत्यु नहीं हो जाती तो प्रधानमंत्री का निर्णय क्या होता? मेरा कहना है कि भ्रष्टाचार के विरुद्ध अभियान केवल कानून के अन्तर्गत ही नहीं होना चाहिए। हमें ऐसी मान्यताएँ बनानी चाहिए कि जन-जीवन और समाज में भ्रष्टाचार की पूरी भर्त्सना हो। भ्रष्टाचारियों को ऊँचे पदों पर नहीं रखना चाहिए। पर प्रधानमंत्री इन प्रश्नों पर आदर्शों के आधार पर नहीं, अपनी राजनीतिक सुविधा के अनुसार काम करती हैं। 1972-73 में, इसके कुछ बाद भी वे इन बातों पर सुनने को तैयार रहती थीं, पर आजकल तो बिल्कुल मनमानी होती है।

इस सन्दर्भ में एक बात की और चर्चा कर दूँ। आज गोपाल ने बताया कि बिशन दयाल उनसे मिले थे। बिशन दयाल कलकत्ता के एक व्यापारी हैं। गोपाल से कुछ परिचय है। विद्याचरण ने उन्हें बुलाया था। गुजरात चुनाव के लिए तीन लाख रुपया माँगा है। जब बिशन दयाल ने असमर्थता प्रकट की तो कहा, "सोच लीजिए।" वे बहुत परेशान थे, जब गोपाल से मिले। कारण यह है कि इधर उनकी आर्थिक स्थिति अच्छी नहीं है। क्या इस प्रकार से धन एकत्रित करने से भ्रष्टाचार को बढ़ावा नहीं मिलता? बिशन दयाल के अनुसार, 15 व्यापारियों/उद्योगपतियों को बुलाकर उनसे गुजरात के लिए धन लिया जा रहा है। ललित बाबू का स्थान विद्याचरण शुक्ल ने ले लिया है। गुजरात में राज्यसभा के लिए चुनाव होने हैं। तीन स्थान भरे जाने हैं। कांग्रेस की ओर से धन का पूरा प्रयोग होगा। जनता सरकार को

तोड़ने के लिए यह स्कीम बनायी गयी है।

अब अन्त में आज के मंत्रिपरिषद् की कथा। 'एजेंडा' के अनुसार कोई महत्व का विषय नहीं था आज। पर मीटिंग के अन्त में विधि मंत्री ने एक नोट प्रसारित किया। इसमें आर. पी. एक्ट के संशोधन का प्रस्ताव था। संशोधन से स्पष्ट था कि प्रधानमंत्री की अपील बचाने के लिए बहुत ही भौंडे संशोधन किये जा रहे हैं। मंत्रिपरिषद् में किसी भी मंत्री ने उसका विरोध नहीं किया। सबने कहा कि यह संशोधन बहुत आवश्यक है। सबमें इस विधेयक का समर्थन करने में एक-दूसरे से होड़ थी। मुझे बार-बार बच्चन की कविता 'खलयुग का कोरस' याद आ रही थी। बच्चन ने लिखा है–

नंगा नाचे चोर बलैया ले
फर्श रगड़ने वाले जा कुर्सी पर छाये
कुर्सी पर जो जमे हुए थे राख रमाये
राम बचाये इस महफिल के ढीले ढाँचे
नंगा नाचे...
जुल्म सुना तो तुमने कानों ऊँगली कर ली
भ्रष्टाचार दिखा तो आँखों पट्टी धर ली
चुप्पी साधी, खुलकर खेली गुंडागर्दी
ओ गांधी के बन्दर तीनों, लाज हया हो
लाल करो मुँह अपना-अपना मार तमाचे
नंगा नाचे चोर बलैया ले।

(कविता के अन्तिम दो पद)

मंत्रिपरिषद् की बैठक में जब इस प्रश्न पर विचार हो रहा था, मुझे लगा कि केवल एक व्यक्ति बेचैन हो रहा था। वे थे हक्सर। मीटिंग के बाद वे सीधे प्रधानमंत्री से मिलना चाहते थे। मैंने उसका प्रबन्ध कर दिया। क्या वे इस संशोधन के पक्ष में नहीं हैं?

31 जुलाई, 1975

आज प्रधानमंत्री थोड़ी देर के लिए कार्यालय आयीं। गोखले उनसे मिलने आये थे। उनसे पता चला कि आर. पी. एक्ट के संशोधन पर पुनर्विचार हो रहा है। विधेयक को आज लोकसभा सदस्यों में प्रसारित कराने का विचार था। वह आज नहीं हुआ, स्थगित कर दिया गया। बाद में शेषन ने इसकी पुष्टि की, उसकी भी गोखले से बात हुई थी। शेषन ने मुझसे यह भी कहा कि उसको पक्की तरह से नहीं मालूम, पर हक्सर की राय इस संशोधन के बिल्कुल प्रतिकूल है। वे आजकल स्वयं समय लेकर प्रतिदिन प्रधानमंत्री से मिल रहे हैं।

वी. आर. कल रात त्रिवेंद्रम से वापस आया। आज उससे भेंट हुई। उसने बताया कि त्रिवेंद्रम में वह बहुत लोगों से मिला। सबसे बातचीत करने के बाद यही लगा कि आपात्काल की घोषणा का जन-साधारण ने स्वागत किया है। अनुशासन में थोड़ा सुधार हुआ है पर साथ-ही-साथ लोग प्रश्न भी कर रहे हैं कि यह कितने दिन तक चलेगा? दूसरी बात वी. आर. ने यह बतायी कि भय और आतंक का वातावरण बहुत बढ़ गया है। यह प्रायः सभी स्तरों पर हुआ है।

कुछ रिपोर्टों से यह पता लगा कि कम्युनिस्ट पार्टी प्रधानमंत्री के समर्थन में शोर और प्रदर्शन तो बहुत कर रही है, पर यह समर्थन इतना पूरा नहीं है, जितना वह विश्वास दिलाना चाहती है। वास्तविकता यह है कि यह पार्टी इस स्थिति का लाभ अपने भले के लिए पूरी तरह उठा रही है। कम्युनिस्ट पार्टी का ध्येय एक ही है कि यदि अराजकता आदि बढ़ेगी तो वह उसका लाभ उठायेगी।

आज रघुरमैया ने मुझे एक नोट दिखाया जो उन्होंने संसद की कार्यप्रणाली में सुधार पर विचार करने के लिए बनाया है। यह प्रधानमंत्री के कहने पर बनाया गया है। इसमें दो राय नहीं हो सकती कि संसदीय प्रणालियों में काफी सुधार किया जा सकता है। विधेयकों के वाद-विवाद पर तो विशेषकर परिवर्तन की आवश्यकता है। पर रघुरमैया की स्कीम का ध्येय कुछ और ही लगता है। उसके अनुसार संसद बहुत कुछ ऐसा कार्य, जो उसे करना चाहिए और जो वह इस सत्र से पहले करती भी थी, नहीं कर पायेगी। विधेयकों को इस स्कीम के अन्तर्गत समितियों को सौंप दिया जायेगा, उन पर सदन में बहस होगी, पर कम। यह सुधार ठीक दिशा में मालूम पड़ता है। पर अन्य विषयों पर संसद में बहस प्रायः समाप्त ही हो जायेगी। यह बहुत अहितकर होगा। खैर, अभी तो यह स्कीम ही है, इस पर विचार होना बाकी है। वैसे मुझे नहीं लगता कि संसद का अगला सत्र तीन-चार महीने से पहले हो। जनवरी/फरवरी में नया अधिवेशन बुलाना आवश्यक होगा। उससे पहले क्यों बुलाया जाये?

संसद को अधिक नियंत्रित करके प्रजातंत्र पर एक और कुठाराघात होगा। बड़े जतन से पंडित जी ने संसद को रूप और बल दिया था। आज उनकी पुत्री उसको निरर्थक बनाने का प्रयास कर रही हैं। इस देश की प्रगति और प्रगति से भी अधिक एकता के लिए यह आवश्यक है कि संसद स्वाधीनता, गम्भीरता और गरिमा से काम करे। पर सुधार के नाम पर यही समाप्त किया जायेगा। स्वरूप कुछ बदल जाये, उससे कोई हानि नहीं होगी, पर प्रधानमंत्री की चेष्टा है कि संसद की आत्मा को ही समाप्त कर दिया जाये। प्रतिपक्ष के बहुत से अधिकार लुप्त हो जायेंगे।

किसी भी वास्तविक प्रजातंत्र में, और विशेषकर संसदीय प्रणाली वाले प्रजातांत्रिक ढाँचे में, प्रतिपक्ष का बहुत महत्व होता है। यह देश का दुर्भाग्य है कि

यहाँ अभी तक उत्तरदायी प्रतिपक्ष का विकास नहीं हो पाया है। फिर भी यह कहना कठिन होगा कि प्रतिपक्ष ने इस देश में प्रजातंत्र की परम्पराएँ बनाने में योगदान नहीं किया है। प्रतिपक्ष के मुख्य दो कर्तव्य होते हैं। एक तो यह कि यदि जनता का विश्वास सरकार में ढीला हो तो वह (प्रतिपक्ष) प्रशासन सँभालने के लिए प्रस्तुत रहे। दूसरा कर्तव्य यह है कि वह सरकार की नीतियों और कार्यकलापों की कमियों और कमजोरियों को जनता के समक्ष स्पष्ट करे। इससे सरकार हमेशा सतर्क और सावधान रहेगी। साथ-ही-साथ प्रतिपक्ष के रचनात्मक सुझावों से सरकार को लाभ हो सकता है।

यह मानना पड़ेगा कि पहला कर्तव्य प्रतिपक्ष इस देश में पूरा नहीं कर सका है। इसके बहुत से कारण हैं, जिनकी विवेचना यहाँ करना आवश्यक नहीं। पर दूसरा कर्तव्य उसने काफी हद तक निभाया है। संसद में तो प्रतिपक्ष ने सरकार को काफी सतर्क और सावधान रहने के लिए बाध्य किया है। हमारी परिस्थितियों में इस काम की महत्ता को कम नहीं समझना चाहिए। असल बात तो यह है कि प्रतिपक्ष ने इतनी बातों पर समय-समय पर सरकार से स्पष्टीकरण माँगा कि आज उसके विरुद्ध प्रधानमंत्री का आरोप है कि उसने संसद के कार्य में रुकावट डाली। संसद के इस सत्र की समाप्ति के बाद मेरा इस पहलू का विस्तार से विश्लेषण करने का विचार है।

यदि रघुरमैया के सब प्रस्ताव मान लिये गये तो प्रतिपक्ष का यह रोल भी समाप्त हो जायेगा। ऐसे ही आजकल संसद का वातावरण कृत्रिम हो गया है। सदस्यों की विशेष रुचि नहीं है उसकी कार्यवाही में। फिर तो स्थिति और भी बिगड़ जायेगी। लेकिन अब इस बात की चिंता किसको है?

कई दिन से मिर्धा मुझे बुला रहे थे। आज मैं घर जाते समय उनके पास गया। गोखले, पंत आदि के कई बार बुलाने पर भी उनके पास जाने की इच्छा नहीं होती। मिर्धा, जो कुछ हो रहा है, उससे बहुत दुखी हैं, पर औरों की भाँति उनमें भी इसकी आलोचना करने का साहस नहीं है। वे कह रहे थे कि अब तो लगता है कि पहले की स्थिति (प्रजातंत्र की) वापस नहीं आयेगी। प्रधानमंत्री ऐसे लोगों से घिर गयी हैं जो उन्हें तरह-तरह की सलाह दे रहे हैं। संसद सदस्यों द्वारा यहाँ तक कहा गया है कि चार-पाँच साल चुनाव नहीं होना चाहिए। मिर्धा ने यह भी कहा कि प्रजातंत्र की दृष्टि से अब स्थिति बिगड़ती ही जायेगी। एक ग़लती को ढँकने के लिए दूसरी और फिर तीसरी! जिस प्रकार प्रशासन चलाया जा रहा है, उस पर भी मिर्धा बहुत खिन्न हैं।

यह सब है, पर प्रधानमंत्री से कोई कुछ नहीं कहना चाहता। यह है भय का वातावरण!

1 अगस्त, 1975

आज लोकमान्य तिलक की पुण्यतिथि है। यह वही महापुरुष हैं जिन्होंने सबसे पहले गर्जना की थी कि "स्वतंत्रता मेरा जन्मसिद्ध अधिकार है।" 1895 में जो 'दि कंस्टीट्यूशन बिल आफ़ इंडिया' तैयार हुआ था, वह भी तिलक द्वारा प्रोत्साहित था। उसमें मूलभूत अधिकारों के आधार पर संविधान बनाने पर जोर था। जब मैं ये सब बातें समझने लगा तो 1942 का आन्दोलन हुआ। सभी बड़े राजनीतिक नेता बंदी बना दिये गये। 1945 में वे सब छूटे और राजनीतिक सरगर्मी फिर शुरू हुई। तब तक मैं बी. ए. पास कर चुका था। 1 अगस्त, 1946 को (मैं एम. ए. के द्वितीय वर्ष में था।) पंडित जी ने हमारे विश्वविद्यालय के छात्र संघ को 'तिलक जयंती' के अवसर पर सम्बोधित किया। वह मीटिंग यूनियन हाल में न होकर सैनेट हाल में हुई थी। उनके साथ कृष्णमेनन आये थे और जहाँ तक मुझे याद पड़ता है टंडन जी भी। संविधान सभा बनने की बात निश्चित हो चुकी थी। लीग का कुछ मतभेद था। अपने भाषण में पहले पंडित जी ने लीग को आड़े हाथों लिया और फिर यह बताया कि संविधान किस आधार पर बनेगा। उसमें उन्होंने मूलभूत अधिकारों पर ही बल दिया। और आज तीस साल में बजाय इन अधिकारों के दृढ़ होने के उनका अन्त समीप आ रहा है। क्या हमारे कांग्रेसी लोगों ने आज तिलक का स्मरण नहीं किया होगा और यदि किया होगा तो क्या सोचा होगा?

आज प्रधानमंत्री के नाम श्रीमन्नारायण का एक पत्र देखा। ये बड़े गांधीवादी बनने का दावा करते हैं। पर पदलोलुपता से ये भी डगमगा चुके हैं। वे नेपाल में भारत के राजदूत थे। फिर गुजरात के राज्यपाल बने। उस पद पर, जब इनके पाँच साल पूरे हो गये, तो इन्होंने गोविंद नारायण (उस समय गृह सचिव थे) से यह कहा कि वे एक टर्म राज्यपाल और रहना चाहेंगे। गोविंद नारायण ने प्रधानमंत्री से यह बात एक नोट में कही। पर प्रधानमंत्री नहीं मानीं। अब श्रीमन्नारायण वर्धा में रहते हैं। अपने पत्र में इन्होंने प्रधानमंत्री की करनी का तनिक भी विरोध नहीं किया है। क्या हो गया है, इन स्वतंत्रता सेनानियों और स्वाधीनता के पुजारियों को?

आज दोपहर सुशीतल मिलने आया। उसने भी कहा कि आपात्काल की घोषणा का प्रभाव अच्छा पड़ा है। अनुशासन का ढीलापन समाप्त हुआ है। पर आतंक और भय बहुत बढ़ गया है।

सन्ध्या को जब प्रधानमंत्री से मिला तो किसी बात पर विद्याचरण का जिक्र आ गया। प्रधानमंत्री ने कहा कि वे गुजरात व बम्बई गये हुए हैं और बुधवार तक लौटेंगे। गुजरात राज्यसभा के निर्वाचन में जोड़-तोड़ करने गये हैं। उसी के लिए रुपया एकत्र कर रहे थे।

रघुरमैया से मालूम पड़ा कि संसद सदस्यों का भत्ता बढ़ाने का आज निर्णय

ले लिया गया है। जिन प्रस्तावों को आज स्वीकार किया जा रहा है वह कई महीनों पहले एक समिति से प्राप्त हुए थे। प्रधानमंत्री से कई बार मेरी बात भी हुई थी, पर उन्होंने उन्हें कभी (और ठीक ही) स्वीकार नहीं किया। केवल दो छोटे-छोटे सुझाव मान लिये गये। अब क्या हो गया? अभी तक प्रधानमंत्री का यही कहना था कि वर्तमान आर्थिक स्थिति में संसद सदस्यों के वेतन, भत्ते व सुविधाओं में वृद्धि करना उचित नहीं होगा, पर अब एकदम विचार बदल दिया। आखिर परिस्थितियाँ बदल गयी हैं।

आज कम्युनिस्ट पार्टी का एक प्रतिनिधि मंडल प्रधानमंत्री से मिला। कुछ राजनीतिक बातें हुईं, क्योंकि कोई अधिकारी उस समय उपस्थित नहीं था। पर प्रतिनिधि मंडल से बातचीत समाप्त होने पर भूपेश गुप्ता और इंद्रजीत गुप्ता प्रधानमंत्री के पास रुक गये। जब भूपेश गुप्ता निकलकर आये तो मैं शेषन के पास खड़ा था। भूपेश ने शेषन से कहा कि वे गोखले के साथ फिर प्रधानमंत्री से मिलेंगे। आर. पी. एक्ट में संशोधन करना आवश्यक है। थोड़ी देर बाद गोखले और भूपेश प्रधानमंत्री से मिले। उस समय हक्सर मेरे कमरे में थे। वे भी प्रधानमंत्री से मिलना चाहते थे। प्रधानमंत्री ने पुछवाया कि क्या वे गोखले और भूपेश के साथ मिलना पसन्द करेंगे? पर हक्सर ने कहा कि वे बाद में अकेले मिलना चाहेंगे। आर. पी. एक्ट के संशोधन पर ही यह विचार-विमर्श चल रहा है। कुछ मालूम नहीं पड़ता कि इस प्रश्न पर हक्सर प्रधानमंत्री को क्या सलाह दे रहे हैं। वे प्रधानमंत्री से मिल काफी रहे हैं आजकल। जब मुझसे वे बातचीत कर रहे थे तो उन्होंने एक बड़े मार्के की बात कही। किसी प्रसंग में मैंने कहा कि यदि आपका समर्थन हो तो प्रधानमंत्री का आदेश लेना सरल होगा। इस पर वे बोले, "हमारी राय की आजकल कुछ वैल्यू नहीं है।"

31 जुलाई तक 34,323 बन्दी बनाये जा चुके हैं–14,728 राजनीतिक और 19,595 अन्य। इनमें 5817 मीसा में बन्द हैं और 8803 भारत रक्षा नियमों में।

2 अगस्त, 1975

आज शनिवार होने के कारण संसद की बैठक नहीं थी। मैं साउथ ब्लॉक आ गया था। आजकल संसद भवन में बैठने में विशेष सुविधा नहीं है। मिलने वालों को काफी कठिनाई होती है। पर साउथ ब्लॉक जाना बेकार रहा। आज का दिन मीटिंगों में ही चला गया।

मंत्रिमंडल सचिव ने प्रधानमंत्री के बीस सूत्रीय आर्थिक कार्यक्रम की समीक्षा के लिए सचिवों के कई ग्रुप बनाये हैं। इनकी पहली बैठक पिछले माह के आरम्भ में हुई थी। आज फिर कई ग्रुपों की मीटिंग थी। मेरा सम्बन्ध दो ग्रुपों से है। एक की मीटिंग लंच के पहले और दूसरे की लंच के बाद थी। (एक ग्रुप भूमि-सुधार से

सम्बन्धित है और दूसरा शिक्षा से) समीक्षा का निष्कर्ष संक्षेप में यह निकला कि भूमि-सुधार के प्रश्नों पर स्थिति वही है जो एक महीने पहले थी। शिक्षा के मामलों में कुछ कार्य हुआ है, पर शिक्षा मंत्रालय और सहकारिता विभाग को प्रगति की पूरी जानकारी नहीं है।

सुबह की ग्रुप मीटिंग में वी. आर. भी मेरे साथ गया था। उससे सम्बन्धित विषय भी समीक्षा के लिए उसी समय लिये जाने वाले थे। हम दोनों ने यह निश्चय किया कि प्रो. धर को वस्तुस्थिति से अवगत करा दें। वे कल रात ही तीन दिन के बाद बैंकाक से लौटे हैं। पर उनकी व्यस्तता के कारण हमें अवसर नहीं मिला। फिर यही सोचा कि एक नोट लिखकर उनके पास भेज देंगे।

भूमि सुधार पर एक विस्तृत नोट मैंने प्रधानमंत्री के लिए लगभग बीस दिन हुए तैयार किया था। पर प्रो. धर के कहने पर पहले वह उनके पास ही भेजा। वह अभी तक उनके पास ही है। कृषि मंत्रालय ने तो कुछ नहीं किया, पर हमने भी क्या किया? मेरे नोट में कुछ सुझाव हैं, जिनको बिना अपनाये केन्द्रीय सरकार कोई ठोस कार्य इस क्षेत्र में नहीं कर पायेगी। पर बीस दिन हमने खो दिये। सर्विस के शुरू-शुरू में भूमि-सुधार का काम मैंने बहुत किया था। उत्तर प्रदेश में। जुलाई 1952 को ज़मीदारी उन्मूलन हुआ। मैं उस समय बरेली में सब डिवीजनल आफिसर था। जुलाई 52 से अप्रैल 53 तक फरीदपुर के इंस्पेक्शन हाउस में रहा। यही काम करने के लिए। तब से इस काम में बराबर रुचि रही। बाद में मेरठ और दिल्ली में इस काम में मैंने विशेष रुचि ली। आज भी मेरा विश्वास है कि ग्रामीण क्षेत्रों के विकास के लिए यह सबसे आवश्यक व महत्वपूर्ण कार्य होगा। समय-समय पर प्रधानमंत्री को बहुत से नोट देता रहा हूँ। वे कृषि मंत्री को पत्र लिख देती हैं, समझती हैं कि उनका उत्तरदायित्व समाप्त हो गया।

मंत्रिमंडल सचिव के कार्यालय से लौटा तो भांबरी, हरियाणा के मुख्य सचिव, आ गये। वे भी भूमि-सुधार सम्बन्धी कुछ समस्याएँ लेकर आये थे। यदि कृषि मंत्रालय ने गम्भीरता से कार्य शुरू किया होता तो इस प्रकार अलग-अलग राज्यों की समस्याएँ सरल हो गयी होतीं। ख़ैर, अब भांबरी कृषि मंत्रालय से बात करेंगे। मैंने, जो कुछ उचित समझा, उनको बता दिया।

आज प्रधानमंत्री कार्यालय नहीं आयीं थीं इसलिए शेषन दोपहर को मेरे पास काफी देर तक बैठा रहा। उसने बताया कि कल सन्ध्या को प्रधानमंत्री एटार्नी जनरल से मिली थीं। उसके बाद फिर उन्होंने यह निश्चय किया कि आर. पी. एक्ट में संशोधन होना चाहिए। मुझे इसमें कभी भी संदेह नहीं था। यही नहीं, संविधान में और संशोधन करने की बात भी उठ रही है। आर. पी. एक्ट को संविधान के नौवें 'शिड्यूल' में डालने पर भी विचार हो रहा है। फिर क्या है, प्रधानमंत्री अपना मुकदमा तो अभी जीत गयीं! अब चिंता की क्या बात!

शेषन ने मुझे वांचीनाथ की एक रिपोर्ट दिखायी। वांचीनाथ शेषन के रिश्ते में साढ़ू हैं और आयकर विभाग में हैं। उस नोट में उन्होंने तीन मामलों का विस्तार से जिक्र किया है—बीजू पटनायक का, कपूर और राधारमण का। तीनों ही मामलों की जाँच वांचीनाथ ने शुरू की थी। पटनायक का मामला तो आगे बढ़ाया जा रहा है, पर कपूर और राधारमण (दिल्ली के मुख्य कार्यकारी पार्षद) कांग्रेसी हैं तो आदेश हो गये हैं कि आगे कोई कार्रवाई न हो। पर वांचीनाथ की रिपोर्ट में तथ्य और तर्क दोनों हैं। कितनी भ्रष्टाचार की कमाई है दोनों की। आज की सरकार भ्रष्टाचार दूर करने में भेदभाव बरतती है। प्रतिपक्ष क्या करे? अभी वांचीनाथ ने निश्चय नहीं किया है कि वे यह रिपोर्ट आगे विभाग में देंगे या नहीं। मेरे विचार से देनी चाहिए, यद्यपि होगा कुछ नहीं। शायद वांचीनाथ ही मुसीबत में पड़ जायें।

रात में एक संगीत-सम्मेलन में गया। इंडियन म्यूजिक सोसायटी ने एक 'मल्हार उत्सव' का आयोजन किया था। अमजद और कोकी तीन-चार दिन पहले घर मिलने आये थे, तो बहुत आग्रह कर गये थे। जब मैं पहुँचा तो देबू चौधरी सितार पर देश बजा रहा था। उसने अच्छा सितार बजाया। उसके बाद परवीन सुलताना का गायन था, पर मैं उसके लिए नहीं रुका।

3 अगस्त, 1975

आज सुबह समाचारपत्रों में (जिनको पढ़ने में आजकल विशेष रुचि नहीं रह गयी है) चव्हाण का एक वक्तव्य पढ़ा। कल उन्होंने पुणे (पूना) में कहा है कि संविधान में दिये गये मूलभूत अधिकारों में संशोधन होना चाहिए। बिना ऐसा किये जन-साधारण की आकांक्षाएँ पूरी नहीं की जा सकतीं। जन-साधारण की आकांक्षाओं की बात चव्हाण को छोड़ देनी चाहिए। उन्हें अपनी आकांक्षाओं तक ही अब सीमित रहना अधिक शोभा देता है। 1942 के एक 'हीरो' चव्हाण भी रहे हैं। पर आज स्वाधीनता का अन्त देखते हुए वे प्रसन्नचित्त हैं। रात में सुबोध मित्तल के घर खाने पर अवतार कृष्ण से भेंट हुई। वे मोहन धारिया को अच्छी तरह जानते हैं। आपस में मिलते-जुलते रहते हैं। कुछ दिन पहले दोनों की भेंट के अवसर पर धारिया ने चव्हाण के बारे में अवतार कृष्ण को बहुत कुछ बताया था। आपात्काल की घोषणा के बाद धारिया चव्हाण से मिले थे। धारिया ने उनको स्वतंत्रता-संग्राम और विशेषकर सतारा जिले में निभाई हुई स्वयं उनकी भूमिका का स्मरण दिलाते हुए पूछा कि क्या वह सब इसीलिए किया गया था कि हमारी व्यक्तिगत स्वाधीनता समाप्त कर दी जाये? चव्हाण ने मोहन धारिया से स्पष्ट कहा कि उन दिनों की बात करना असंगत है। आज की परिस्थिति में वे प्रधानमंत्री के विरुद्ध कुछ नहीं कहना चाहते। वे स्वयं देश की सेवा (या अपनी) जिस स्थिति और स्थान पर हैं, वहीं से अधिक कर सकते हैं। धारिया बड़े निरुत्साहित लौटे। यही तो हुआ द्वारकानाथ तिवारी का जगजीवन

राम के साथ।

आज दिल्ली विश्वविद्यालय के कुछ छात्र मिले। सब काफी तेज और चतुर लगते थे। पहले विश्वविद्यालय की बात करते रहे फिर आजकल की स्थिति पर आ गये। एक ने भी प्रधानमंत्री के कार्य-कलापों का समर्थन नहीं किया। सबको भविष्य की चिंता थी और तानाशाही का डर। उन्होंने कहा कि विश्वविद्यालय व कालेजों में डर और आतंक का ऐसा वातावरण पहले कभी नहीं देखा। अध्यापक और विद्यार्थी अन्दर-ही-अन्दर आजकल की स्थिति पर कुढ़ रहे हैं पर बोलने का साहस नहीं करते। क्या हमारी नई पीढ़ी इसी डर और भय से आतंकित रहेगी?

मैंने इस सम्बन्ध में पंडित जी की लेखनी का एक बहुत महत्वपूर्ण कथन कहीं पढ़ा है (इस समय याद नहीं आ रहा है कहाँ)। उसका सार कुछ इस प्रकार है : हमारे प्राचीन ग्रन्थों में यह कहा गया है कि किसी व्यक्ति (और राष्ट्र) के लिए सबसे बड़ी देन है अभय। अभय का अर्थ केवल शारीरिक बल से नहीं है, पर मन और मस्तिष्क से भय को निकाल फेंकना है। हमारे इतिहास के उषा काल में हमारे ऋषियों (जनक और याज्ञवल्क्य) ने कहा था कि यह कार्य जनता के नेताओं का है कि वे लोगों को अभय बनायें। हमारे देश में अंग्रेजों के राज में भय ही सबको खाये जाता था। भय की भावना सर्वव्यापी थी—सारी जनता सेना, पुलिस गुप्तचरों से भयभीत थी। ऊपर से दमन के निर्मम कानून थे। इस वातावरण में महात्मा जी ने शांत पर दृढ़ आवाज लगायी कि 'डरो मत।' इसी भावना ने हमारे स्वतंत्रता आन्दोलन को बल दिया।

आज क्या कोई आवाज नहीं लगायेगा कि "डरो मत!"

आज वी. आर. ने बताया कि डेसू (दिल्ली इलेकट्रिक सप्लाई अंडरटेकिंग) के जनरल मैनेजर मेहरोत्रा को उनके पद से अलग किया जा रहा है। वे उत्तर प्रदेश सरकार के अधिकारी हैं। दिल्ली नहीं आना चाहते थे, पर जबरदस्ती पिछले साल उन्हें इस पद पर नियुक्त किया गया। साल भर में उन्होंने डेसू की काफी हालत सँभाली। ऊर्जा मंत्रालय (स्वयं मंत्री पंत भी) उनके कार्य से बहुत प्रसन्न हैं। पर उनसे पूछा तक नहीं गया। दिल्ली नगर निगम के आयुक्त टामटा उनसे अप्रसन्न हैं। वे प्रधानमंत्री और महल के सिपहसालारों के बहुत समीप हैं। प्रधानमंत्री निवास के निर्देश पर मेहरोत्रा को बदलने के आदेश हो गये हैं।

फरवरी में प्रधानमंत्री ने मंत्रिमंडल सचिव को एक 'मिनिट' भेजा था कि वरिष्ठ नियुक्तियों को उपयोगी बनाने के लिए क्या-क्या करना चाहिए? मंत्रिमंडल सचिव ने उस पर कोई कार्रवाई नहीं की। हमारे वरिष्ठ अधिकारी यह समझते हैं कि इस क्षेत्र में उनका सर्वाधिकार रहना चाहिए। मंत्रियों को इसमें हस्तक्षेप नहीं करना चाहिए। यह दृष्टिकोण सर्वथा अनुचित है। पर साथ में यह भी कहना होगा कि मिनिट भेजने के बाद से स्वयं प्रधानमंत्री ने इन नियुक्तियों में जो मनमानी करना शुरू किया है, वह भी ठीक नहीं। अब कोई वरिष्ठ नियुक्ति बिना महल के

सिपहसालारों की स्वीकृति के नहीं होती। कई बरिष्ठ अधिकारियों की इंटरव्यू प्रधानमंत्री के अतिरिक्त सिपहसालारों ने भी की। प्रो. धर की सलाह कम ली जाती है और यदि ली भी जाती है तो आवश्यक नहीं मान ली जाती हो। इसका परिणाम यह है कि बहुत ग़लत-सलत नियुक्तियाँ हो रही हैं। पदोन्नति के लिए सूची में नाम न होते हुए भी अधिकारियों को ऊँचे पदों पर नियुक्त किया जा रहा है। यही नहीं, जब किसी से अप्रसन्नता होती है तो उसे फौरन निकाल बाहर किया जाता है। अपने मिनिट में प्रधानमंत्री ने जो नियमों आदि का प्रतिपादन किया, महल के सिपहसालारों के कहने पर, उनकी खूब अवहेलना हो रही है। मुखर्जी, वर्धन, परमेश्वरन आदि के मामलों की काफी चर्चा है और सर्विसेज में काफी असंतोष है। प्रो. धर इसमें कुछ सुधार करने में सर्वथा असमर्थ रहे हैं। कल या परसों उन्होंने प्रधानमंत्री से इस बारे में बात की है, पर इसका कोई प्रभाव नहीं हुआ। मैंने जब वर्धन की बात उनसे दो-एक बार की तो उन्होंने कहा कि केवल एक व्यक्ति—ओम मेहता—सहायक हो सकता है। एक दुर्भाग्यपूर्ण बात और है। यह सब हो रहा है, पर कोई मंत्री अपने मंत्रालय के बारे में बोलने का साहस नहीं करता है।

4 अगस्त, 1975

आज लोकसभा में गोखले ने आर. पी. एक्ट में संशोधन करने के लिए अधिनियम प्रस्तुत किया। निर्वाचन विधि (संशोधन) विधेयक, 1975। मोहन धारिया ने इसका विरोध किया। विरोध प्रोसीजरल था। नियम है कि किसी अधिनियम को प्रस्तुत करने से दो दिन पहले उसे प्रसारित करना चाहिए। इस अधिनियम के सम्बन्ध में यह नहीं किया गया। वह अधिनियम कल रात ही सदस्यों को भेजा गया। मोहन धारिया का कहना था कि आखिर इसमें इतनी शीघ्रता करने की क्या आवश्यकता है? गम्भीर विषय है इस पर गम्भीरता से विचार होना चाहिए। अधिनियम में जो ''ध्येय और कारणों का वक्तव्य'' दिया गया है, उसके अनुसार भी दो-चार दिन की देर से कुछ हानि नहीं होगी। मोहन धारिया क्या जानते नहीं हैं कि इस शीघ्रता का एक ही कारण है। प्रधानमंत्री की अपील सुप्रीम कोर्ट में 11 तारीख को आने वाली है। उससे पहले वह सब कुछ कर देना है, जिससे राजनारायण के केस में दम ही न रह जाये। यों भी संसद का अधिवेशन असाधारण तरीके से हो रहा है। स्पीकर सरकार की रबड़ स्टाम्प बनकर काम कर रहे हैं। हर नियम को निलम्बित कर देते हैं—केवल सरकार का इशारा चाहिए। मोहन धारिया के उत्तर में गोखले ने कोई तर्क नहीं दिया। खड़े होकर स्पीकर को सम्बोधित करते हुए कह दिया कि आपने नियम निलम्बित करने की सहमति दे दी है। विधेयक प्रस्तुत कर दिया जाये।

कार्यसूची के अनुसार इस विधेयक को आज ही पास होना था। पर गोखले ने सदन में स्पीकर से अनुमति ले ली कि वे विधेयक को विचारार्थ कल के लिए

स्थगित करना चाहेंगे। वह अनुमति भी मिल गयी। बाद में मुझे मालूम पड़ा कि आर. पी. एक्ट (लोक प्रतिनिधित्व अधिनियम 1951) में और भी संशोधन पर विचार किया जा रहा है। उस पर आज निर्णय लिया जायेगा। वे संशोधन भी कल प्रस्तुत किये जायेंगे। विधेयक पर सदन में विचार करना इसलिए स्थगित करना आवश्यक हो गया। मैंने यह भी सुना है कि राष्ट्रपति, उपराष्ट्रपति, प्रधानमंत्री आदि के निर्वाचन में कुछ और परिवर्तन की बात भी सोची जा रही है।

आज दोनों सदनों में ओम मेहता ने एक वक्तव्य दिया कि मार्च में भारत के मुख्य न्यायाधीश पर ग्रिनेड फेंकने वाले आनन्द मार्गी थे। वक्तव्य संक्षिप्त ही था। उसके बाद देवेन्द्र सेन मेरे कमरे में आये। उन्होंने मुझे इसका पूरा विवरण दिया। उन्हें इस बात का लिखित प्रमाण भी मिल गया है। ललित बाबू की हत्या में भी इन्हीं लोगों का हाथ है। शारदा का और मेरा तो शुरू से ही यह संदेह रहा है।

सन्ध्या को आज नटवर ठक्कर से नगालैंड की स्थिति पर बात हुई। ठक्कर गुजरात के रहने वाले हैं। पर बीस वर्ष से नगालैंड में रह रहे हैं। समाज-सेवी के रूप में इन्होंने वहाँ अच्छी ख्याति अर्जित की है। पिछले वर्ष प्रधानमंत्री इनकी काफी सहायता करना चाहती थीं। उनके आदेश पर कुछ किया भी गया। पर कुछ महीने पहले एल. पी. (नगालैंड के राज्यपाल) की सिफारिश पर कि ठक्कर के लिए एक जीप का प्रबन्ध किया जाये, प्रधानमंत्री ने कहा कि ठक्कर की सहायता बहुत सोच-समझ के की जाये। फिलहाल कुछ नहीं करना है। पता नहीं ऐसा उन्होंने क्यों कहा? गृह मंत्रालय भी ढीला पड़ गया। आज ठक्कर प्रधानमंत्री से मिलने आये थे। प्रधानमंत्री से उनकी भेंट अल्प समय की रही। प्रधानमंत्री ने उनसे कहा कि वे मुझसे मिल लें।

ठक्कर लगभग मेरे पास पौन घण्टा रहे। नगालैंड की स्थिति पर ही मुख्यतः बात हुई। ठक्कर नै जो कुछ अपने कार्य के बारे में बताया उससे मैं प्रभावित हुआ। राज्यपाल व आई. बी. की रिपोर्ट भी उसके बारे में अच्छी है। प्रधानमंत्री से बात करूँगा कि केन्द्रीय सरकार को इनकी सहायता करनी चाहिए।

आज के समाचारपत्रों में ब्रह्मानंद रेड्डी का कल मद्रास में दिया गया एक वक्तव्य पढ़ा। उन्होंने कहा कि यदि कोई राज्य सरकार यह कहती है कि उसने प्रधानमंत्री का बीस सूत्रीय कार्यक्रम पूरा कर लिया, तो वह प्रधानमंत्री का अपमान करने की चेष्टा करती है। इस कथन का प्रसंग यह है कि जब प्रधानमंत्री का कार्यक्रम घोषित हुआ तो तमिलनाडु के मुख्यमंत्री करुणानिधि ने कहा कि इस कार्यक्रम में अधिकतर पुरानी चीजें ही हैं और उनकी सरकार ने 15 आइटम में करीब-करीब काम पूरा कर लिया है। ब्रह्मानंद रेड्डी इस कथन का उत्तर दे रहे थे। पर वे चाटुकारी कर अपनी कारगुजारी दिखाना चाहते हैं। केन्द्रीय मंत्री होने से पहले

ब्रह्मानंद प्रधानमंत्री के लिए हर प्रकार का अपशब्द कहते थे। आजकल यह प्रयत्न कर रहे हैं कि प्रधानमंत्री यह समझें कि वे उनके बड़े भक्त हैं। उन्हें आजकल डर है कि गृह मंत्रालय उनसे न छीन लिया जाये। प्रधानमंत्री को अपने सहयोगियों की बड़ी पैनी परख है। वह इन लोगों की कमजोरियों को खूब समझती हैं, यही उनकी शक्ति का एक बड़ा रहस्य है।

ब्रह्मानंद रेड्डी से मेरा परिचय 1969 में हुआ। उस समय वे आंध्र प्रदेश के मुख्यमंत्री थे। पर 1971 में प्रधानमंत्री ने उन्हें इस पद से हटा दिया। प्रधानमंत्री के प्रति उनमें कुछ कटुता आ गयी। 1972 में वे छठे वित्त आयोग के अध्यक्ष बनाये गये। उसके कुछ समय बाद आंध्र प्रदेश में आन्दोलन शुरू हुआ। ब्रह्मानंद के प्रशासनकाल में 1969 में भी आन्दोलन हुआ था, जो प्रधानमंत्री के हस्तक्षेप (आठ सूत्रीय कार्यक्रम) से समाप्त हुआ। पर इस बार आन्दोलन आंध्र वालों ने किया (तेलंगाना वाले पीछे रहे)। ब्रह्मानंद रेड्डी की भूमिका इस आन्दोलन में अज़ब रही। वे प्रधानमंत्री से सहायता देने का वचन करते थे, पर अपने अनुयाइयों को आन्दोलन में लगे रहने के लिए प्रोत्साहित करते थे। उस समय से लेकर जब तक समस्या का हल नहीं निकला, मैं ब्रह्मानंद से बराबर मिलता रहता था। आंध्र प्रदेश के नेता व अधिकारी अच्छी तरह जानते हैं कि उस समस्या को सुलझाने में मैंने काफी परिश्रम किया था। इसी कारण मैं आंध्र प्रदेश के नेताओं, मंत्रियों आदि को बहुत अच्छी तरह जानता हूँ। मुझे उस समय अपने नेताओं का बड़ा निराशापूर्ण अनुभव हुआ। ब्रह्मानंद, डा. चन्ना रेड्डी, पी. वी. नरसिंह राव आदि सभी समस्या को अपने निजी व्यक्तिगत स्वार्थ की दृष्टि से देख रहे थे। ब्रह्मानंद और चन्ना रेड्डी को जब यह आश्वासन दे दिया गया कि उनका ध्यान रखा जायेगा (यानी उन्हें पद दिये जायेंगे) तो फौरन समस्या सुलझाने में लग गये। पर जब समस्या हल हो गयी और नवम्बर 1972 में कमलापति के साथ ब्रह्मानंद को केन्द्रीय मंत्रिमंडल में नहीं लिया गया तो उनके गुस्से का ठिकाना नहीं रहा। उन दिनों वे प्रधानमंत्री को खुले आम भला-बुरा कहते थे। मेरे कहने पर प्रधानमंत्री ने दीक्षित जी और पंत से ब्रह्मानंद से बात करने को कहा। उन दोनों ने उन्हें समझाया। फिर से आश्वासन दिया। कुछ माह बाद ब्रह्मानंद को संचारमंत्री का पद दिया गया। अक्तूबर 1974 में सी. पी. एन. सिंह के प्रस्ताव पर उन्हें गृहमंत्री बनाया गया। प्रधानमंत्री उनसे सन्तुष्ट नहीं हैं। फिर कुछ बात इस तरह की हो रही थी कि उन्हें गृह मंत्रालय से हटाया जाये।

5 अगस्त, 1975

आज गोखले ने लोक प्रतिनिधित्व अधिनियम में संशोधन लोकसभा में विचार के लिए प्रस्तुत किया। उनके अनुसार यह संशोधन अधिनियम को स्पष्ट करने व संदेह

दूर करने के लिए बहुत आवश्यक है। इससे बड़े सफेद झूठ मैंने कम जाने हैं। सीधी-सच्ची बात यह है कि जिन मुद्दों पर प्रधानमंत्री इलाहाबाद हाई कोर्ट में हारीं, उन सबको इस संशोधन द्वारा प्रधानमंत्री के पक्ष के अनुकूल बनाया जा रहा है। प्रधानमंत्री को डर है कि सुप्रीम कोर्ट में भी उनकी हार न हो जाये।

गोखले ने आज अधिनियम में और भी संशोधन किये हैं। अयोग्यता को दूर करने की शक्ति अब राष्ट्रपति को दी जा रही है। यह निर्णय कल रात मंत्रिपरिषद् की एक बैठक में लिया गया। बैठक राष्ट्रपति भवन में हुई थी और प्रधानमंत्री उपस्थित नहीं थीं। आशय स्पष्ट है। यदि इन संशोधनों के होते हुए भी सुप्रीम कोर्ट अपील न मंजूर करे तो फिर अयोग्यता राष्ट्रपति से दूर करवा ली जायेगी। दूसरे, अयोग्यता की अवधि छः बरस से कम भी हो सकती है।

धारिया ने आज विधेयक का विरोध किया। बिना लाबालेसी के उन्होंने कहा कि इस अधिनियम का एकमात्र प्रयोजन है इलाहाबाद हाई कोर्ट के फैसले को रद्द करना और एक व्यक्ति विशेष को लाभ पहुँचाना। धारिया ने यह स्वीकार किया कि इस अधिनियम में काफी संशोधन की आवश्यकता है। पर सभी प्रश्नों पर गम्भीरता से विचार करने के उपरान्त एक सम्पूर्ण संशोधन विधेयक सदन के सम्मुख लाना उचित होगा। अन्त में भावुक होकर उन्होंने कहा कि हमें यह सोचना चाहिए कि कोई हम पर ऊँगली न उठाये कि सदन एक तानाशाही प्रणाली का माध्यम बन गया है।

जब धारिया बोल रहे थे तो कांग्रेसी सदस्य बहुत व्यवधान कर रहे थे पर धारिया ने कड़क कर कहा—चाहे अकेला हूँ, पर डरूँगा नहीं, दबूँगा नहीं। 500 आदमी मुझ अकेले को नहीं डरा सकते।

धारिया ने एक व्यवस्था की बात भी उठायी। लोकसभा के नियम 93 के अन्तर्गत यह विधेयक आज पारित नहीं हो सकता। पर इसका उन्हें कोई उत्तर नहीं मिला। आजकल नियमों आदि का कोई पालन नहीं होता। स्पीकर ने सरकार को खुली छूट दे रखी है।

धारिया के बाद इंद्रजीत गुप्त बोले। उन्होंने स्पष्ट शब्दों में विधेयक का समर्थन किया, पर इस बात की आलोचना की कि संयुक्त समिति के सर्वसम्मति से दिये गये प्रस्तावों पर अब तक कोई कार्रवाई नहीं हुई और न अब हो रही है। उन्होंने यह भी कहा कि प्रधानमंत्री को इस विधेयक से लाभ होगा, यह सर्वविदित है, पर यह विधेयक केवल उनके लिए नहीं बनाया गया है। अन्य लोगों को भी लाभ होगा। अपने भाषण में इंद्रजीत गुप्त ने न्यायपालिका की आलोचना की और कहा कि हमारी पार्टी इस बात को नहीं मानती कि संविधान में कार्यकारिणी, न्यायपालिका और विधायिका में सन्तुलन रखने की स्कीम है। संसद सर्वोपरि है, यह हमारी पार्टी की धारणा है। न्यायपालिका हमारे प्रगतिशील विकास के पथ में दक्षिणपंथी

दृष्टिकोण अपना कर रोड़े अटकाती है।

गोखले के उत्तर से और निराशा हुई। (पर गोखले क्या करें और वे कह भी क्या सकते हैं?) जो प्रश्न उठाये गये थे, उनका उत्तर संतोषजनक नहीं दिया। उन्होंने केवल दुहराया कि कानून में कुछ संशय था, उसे दूर करने के लिए संशोधन किया जा रहा है। यह किसी एक व्यक्ति की सहायता के लिए नहीं किया जा रहा है। यह बात अलग है कि प्रधानमंत्री को भी इससे लाभ हो। गोखले की दलील लचर थी। किसी को उस पर विश्वास नहीं हो सकता। अगर इस संशोधन की आवश्यकता थी तो पहले क्यों नहीं कहा? द्वारका प्रसाद मिश्र ने निर्धारित व्यय से कुछ ही रुपये अधिक व्यय किये थे वह भी एक भ्रम में। पर आज तक दण्ड भुगत रहे हैं। उन्होंने प्रधानमंत्री से कई बार कहा कि संशोधन होना चाहिए, पर उनकी बात नहीं सुनी गयी। आज संशोधन क्यों किया जा रहा है? स्पष्ट है, सरकार ने इस विषय में अपराध भावना (गिल्टी कांशस) से भी काम किया है। आज सुबह के समाचारपत्रों में केवल यह समाचार दिया गया कि निर्वाचन-सुधार सम्बन्धी एक विधेयक लोकसभा में प्रस्तुत किया गया है। दिन भर न रेडियो पर, न टी. वी. पर इसके बारे में कुछ कहा गया। यह विधेयक कल प्रसारित हुआ था। पी. टी. आई. व यू. एन. आई. ने पूरा विवरण देते हुए सूचना प्रसारित की थी, पर दो-तीन घंटों के अन्दर उस सूचना को वापस ले लिया गया। जनता के कानून जनता से छिपाये जा रहे हैं। यह निर्लज्जता की पराकाष्ठा नहीं तो क्या है?

सब नियमों को निलम्बित करते हुए सदन ने इतना महत्वपूर्ण विधेयक 80-90 मिनट में पास कर दिया। यह किसी ने समझने की कोशिश नहीं की कि इस संशोधन से उचित और स्वतंत्र निर्वाचन की प्रणाली को धक्का लग रहा है। अब कोई भी प्रत्याशी नामांकन होने से पहले सरकारी कर्मचारियों की अपने निर्वाचन अभियान में पूरी मदद ले सकता है। इस देश में सरकारी कर्मचारियों की प्रतिष्ठा है और मूल अधिनियम में बहुत सोच-समझ कर यह रखा गया था कि सरकारी कर्मचारी से सहायता लेना भ्रष्टाचार होगा।

गोखले ने अपने भाषण में चिंतित करने वाली एक बात और कही। उनके अनुसार, समय आ गया है जब पूरे संविधान की समीक्षा करनी होगी कि क्या-क्या संशोधन और चाहिए। बस अब संविधान के साथ खिलवाड़, जो 1971 में शुरू हुआ, तेज़ी से होगा। आजकल और अनुच्छेदों में भी संशोधन की बात हो रही है। इस प्रसंग में हाई कोर्ट के कुछ अधिकार समाप्त होने की चर्चा है। गोखले के कथन पर किसी ने आपत्ति नहीं की। कम्युनिस्ट पार्टी वाले तो बहुत प्रसन्न हुए। वे तो इस संविधान का सर्वनाश चाहते हैं। प्रधानमंत्री की अध्यक्षता में कांग्रेस पार्टी उनका काम सरल कर रही है। पर किसी समय जे. पी. ने यह कहा था तो उनके इस कथन के आधार पर उन्हें संविधान का शत्रु कहा जा रहा है।

गृह मंत्रालय ने एक पुस्तिका 'आपात्काल क्यों?' (व्हाई इमर्जेंसी) प्रसारित की है। उसमें जे. पी. का 1949 का एक वक्तव्य उद्धृत किया गया है। उन्होंने तब कहा था कि जो संविधान आजकल बनाया जा रहा है, वह उपयोगी नहीं होगा, समाजवाद की स्थापना उसके माध्यम से नहीं होगी। आगे जब कभी अवसर मिलेगा तो जनमत-संग्रह करके (रेफ्रेंडम) हम पूरे संविधान को बदलने का प्रयत्न करेंगे। इसमें क्या आपत्तिजनक बात कही गयी है? गोखले और इंद्रजीत को आज संविधान में संशोधन की आवश्यकता नजर आ रही है, जे. पी. ही वह 26 साल पहले की स्पष्ट था। अन्तर क्या है?

राजेश (डायरेक्टर नेशनल एकेडेमी, मसूरी) आज मिलने आये थे। वे एक मीटिंग के लिए यहाँ आये हुए हैं। वे कह रहे थे कि आई. ए. एस./आई. एफ. एस. के प्रोबेशनर्स जो अभी हाल ही में एकेडेमी में प्रविष्ट हुए हैं, बहुत बेचैन हैं, पर कुछ कह नहीं सकते। उन्हें आजकल जो प्रजातंत्र की मान्यताओं पर आघात किया जा रहा है, वह बिल्कुल पसन्द नहीं आ रहा है। पर अब तो वे सब कर्मचारियों के रूप में सरकार के कैदी हैं।

आज शारदा कई दिन बाद मिलने आया। पाँच-छः दिन से वह प्रधानमंत्री से भी नहीं मिला है। उसने बताया कि बहुगुणा को उत्तर प्रदेश से हटाने का निर्णय प्रायः ले लिया गया है। उनको राजदूत बनाकर मास्को भेजा जा रहा है और पंत उत्तर प्रदेश के मुख्यमंत्री बनेंगे। अपनी ओर से शारदा ने जोड़ा, अब मुख्यमंत्री पद का भार सम्भालना आसान है। हर कांग्रेसी मुख्यमंत्री अब केवल संजय के प्रति उत्तरदायी है; और उसे कुछ नहीं करना है। शारदा प्रतिदिन संविधान में संशोधन की भी आलोचना कर रहा है।

सन्ध्या को मंत्रिपरिषद् की बैठक हुई। आजकल रोज नहीं तो हर दूसरे-तीसरे दिन मंत्रिमंडल अवश्य मिलता है। रोज नये प्रस्ताव—कभी-कभी अधकचरे तक—उसके सम्मुख स्वीकृति के लिए आ रहे हैं। आज संसद सदस्यों का भत्ता बढ़ाने के प्रस्ताव पर विचार हुआ। प्रधानमंत्री ने, जो अभी दो महीने पहले इस प्रस्ताव को दृढ़ता के साथ अस्वीकार कर चुकी थीं, कहा कि उनकी पूरी सहानुभूति इस प्रस्ताव के साथ है, पर प्रश्न केवल यह है कि क्या यह अभी करना उचित होगा। यह प्रश्न सरासर बनावटी था। वास्तव में रघुरमैया इस प्रस्ताव पर इसीलिए बल दे रहे हैं कि प्रधानमंत्री चाहती हैं। थोड़ी देर तक कुछ विचार-विमर्श हुआ और स्वीकृति का निर्णय ले लिया गया। अभी तो अधिनियम में संशोधन किया जायेगा, जिससे सरकार नियमों द्वारा भत्ता बढ़ा सके। नियम तब बनाये जायेंगे (या उनमें तब परिवर्तन किया जायेगा) जब वित्तमंत्री हरी झंडी दे देंगे। यह सम्भवतः सितम्बर में होगा। प्रत्येक सदस्य को लगभग 500 रु. महीना अधिक दिया जायेगा।

प्रधानमंत्री के आने से पहले जब संसद के कार्य पर चर्चा हो रही थी तो

रघुरमैया ने कहा कि आजकल लोकसभा में केवल दो पार्टियाँ हैं—"हाँ पार्टी" (यस पार्टी) और "अवश्य पार्टी" (ऑफकोर्स पार्टी)। इस पर सब लोग बहुत हँसे।

विदेशी पत्रकार जो संदेश बाहर भेज रहे हैं, उनका सारांश मुझे बाऔरी दिखाता है। (आज पता चला कि मोरारजी की पुत्रवधू को उनसे मिलने में बहुत कठिनाई हुई। तब उसने दिल्ली हाई कोर्ट के द्वार खटखटाये। बाऔरी का कहना है कि इस मामले में जज ने सरकार की काफी आलोचना की) यह बात उस संदेश में नहीं थी, क्योंकि संदेश पहले का था। यह सब समाचारपत्रों में नहीं छप सकता। जनता को कुछ मालूम ही नहीं कि देश में कितनी अन्धाधुंध मनमानी हो रही है। आज हम स्वतंत्र नहीं, एक विशाल जेल में बन्द हैं। ऐसा अनुशासन प्रजातंत्र के हित में नहीं होता।

6 अगस्त, 1975

आज संसद-सदस्यों के वेतन-भत्ते आदि सम्बन्धी अधिनियम में संशोधन हो गया। लोकसभा में किसी ने विरोध नहीं किया। सब सदस्य खूब प्रसन्न थे।

आज एक रिपोर्ट से पता चला कि सब प्रयत्नों के बाद भी प्रतिपक्ष आपातकाल के विरुद्ध आन्दोलन आयोजित करने में असफल हो रहा है। जनता से उन्हें कुछ भी प्रोत्साहन नहीं मिल रहा है। इस कारण उनका मनोबल गिर रहा है। बुद्धिजीवी क्षेत्रों में भी इस बात का प्रचार बढ़ रहा है कि आपातकाल से महँगाई में कमी हो रही है, मुद्रास्फीति में नियंत्रण हो रहा है और विभिन्न क्षेत्रों में अनुशासन ठीक हो रहा है। रिपोर्ट में यह भी कहा गया है कि चोरी-छिपे जो प्रचार-सामग्री प्रकाशित हो रही थी, उसमें भी कमी हुई है। ग्रामीण क्षेत्रों में कृषि सुविधाएँ सुगम होने की आस लग रही है। विपक्षी दलों के सदस्य अपने-अपने दल छोड़ कर प्रधानमंत्री के कार्यकलापों का गुणगान कर रहे हैं। इस सबके मूल में है हमारा नैतिक ह्रास।

आज रात आठ बजे फिर एक मंत्रिपरिषद् की बैठक हुई। प्रधानमंत्री ने जान-बूझकर इसमें भाग नहीं लिया। मैं भी कुछ देर बाद प्रो. धर से पूछकर चला आया। संविधान में कुछ और संशोधन पर विचार होना था। संक्षेप में संविधान का संशोधन इस प्रकार किया जा रहा है कि राष्ट्रपति, उपराष्ट्रपति, स्पीकर और प्रधानमंत्री के चुनावों में न्यायालय का कोई अधिकार नहीं रह जायेगा। प्रधानमंत्री का मामला जो सुप्रीम कोर्ट में पड़ा है, वह भी अपने-आप समाप्त हो जायेगा। एक व्यक्ति की सत्ता बचाने के लिए संविधान को तोड़ा-मरोड़ा जा रहा है। कल लोकसभा का अन्तिम दिन है (इस सत्र का)। एक दिन ही में विधेयक प्रस्तुत होगा और पारित भी। परसों राज्यसभा में पारित होगा। फिर यह प्रबन्ध भी कर लिया गया है कि 9 अगस्त को (सन् 1942 में उस दिन जनक्रान्ति आरम्भ हुई थी) आवश्यक संख्या

में राज्य विधान सभाएँ इसकी पुष्टि कर देंगी। 11 तारीख, जब सुप्रीम कोर्ट में प्रधानमंत्री की अपील पर सुनवाई होगी, से पहले ही प्रधानमंत्री मुकदमा जीत जायेंगी। इतनी तैयारी है, पर लोकसभा को विधेयक का कल सुबह पता चलेगा और संविधान का संशोधन होते हुए भी बंधुआ सदस्य ताली बजा-बजाकर एक-दो घण्टे में विधेयक पास कर देंगे।

जब विचार-विमर्श हो रहा था मुझे प्रधानमंत्री का एक भाषण स्मरण हो आया। बजट सत्र के एक भाषण में प्रधानमंत्री ने उन सब लोगों की आलोचना की जो निर्वाचन-सुधार की माँग कर रहे थे। उन्होंने कहा था कि जो लोग आजकल इस प्रश्न पर आन्दोलन कर रहे हैं, क्या वे संविधान बनाने वालों से अधिक योग्य, बुद्धिमान, कर्मठ, दूरदर्शी आदि हैं! तात्पर्य यह था कि जो चुनाव-प्रणाली, पद्धति आदि लागू की गयी है, वह सन्तोषजनक है। आज अपने पर पड़ी तो पिछली बातें भूल जाना ही उपयुक्त लगा।*

आज डॉ. सैयद मुहम्मद, राज्यसभा के सदस्य, प्रधानमंत्री से मिले। वे केरल के रहने वाले हैं और उस राज्य के एडवोकेट जनरल रह चुके हैं। उन्होंने प्रधानमंत्री से कहा कि संविधान में और संशोधन नहीं होना चाहिए। विशेषकर हाई कोर्ट के अधिकारों को कम नहीं करना चाहिए। प्रधानमंत्री ने उनसे कहा कि वे कांग्रेस अध्यक्ष से मिल लें। बाहर आकर डॉ. मुहम्मद कहने लगे कि वे बरुआ से एक बार मिल चुके हैं, फिर मिलने से कोई लाभ नहीं। वह, सिद्धार्थ और रजनी पटेल तो और संशोधन चाहते हैं और इस बात के पीछे पड़े हुए हैं।

संविधान का संशोधन जो लोकसभा में पास होगा और लोक प्रतिनिधित्व अधिनियम का संशोधन इस बात की ओर संकेत करता है कि प्रधानमंत्री और उनके सलाहकार बौखला गये हैं (पैनिकी हो गये हैं)। वे यह समझ रहे हैं कि इलाहाबाद हाई कोर्ट का फैसला आसानी से पलटा नहीं जा सकता। (यह जस्टिस जगमोहन लाल सिन्हा की नैतिक विजय है।) मुझे पता लगा है कि प्रधानमंत्री के कानूनी सलाहकार जब इस निष्कर्ष पर पहुँचे तभी लोक-प्रतिनिधित्व अधिनियम और संविधान में संशोधन की बात सोची गयी। इसकी रूपरेखा तैयार की बरुआ, रजनी व सिद्धार्थ ने और संसदीय कार्य किया गोखले ने। आजकल आपातकाल और प्रधानमंत्री के मुकदमे का सारा कानूनी काम यही लोग कर रहे हैं। यही लोग अटपटे सुझाव प्रधानमंत्री को दे रहे हैं। क्या ये किसी के प्रति उत्तरदायी नहीं हैं? शायद नहीं; संविधान के प्रति और सभ्य मान्यताओं के प्रति तो बिल्कुल नहीं।

---

* "Are the present agitators wiser, abler, more dedicated, farseeing having better legal constitutional and political knowledge than those remarkable group of men and women who drew up the Constitution."

7 अगस्त, 1975

आज सुबह प्रधानमंत्री ने रेलवे बोर्ड के सदस्यों और जनरल मैनेजरों की एक मीटिंग में भाग लिया। पहले तो वे रेलवे की समम्याओं पर बोलीं, पर बाद में आजकल की राजनीतिक स्थिति पर आ गयीं। उन्होंने जो मुख्य बातें कहीं, वे इस प्रकार थीं–

1. मुझे कठोर निर्णय इसलिए लेने पड़े कि ''हमारी राजनीति में कुछ लोग अधिकारों का दुरुपयोग कर रहे थे''।

2. पहले मुझे यह लगा कि यह सब केवल व्यक्तिगत, मेरे विरुद्ध, किया जा रहा है पर धीरे-धीरे यह स्पष्ट होने लगा कि यह देश के विरुद्ध हो रहा है। (कुछ दिन पहले एक भाषण में प्रधानमंत्री ने कहा था कि सहन-शक्ति की भी सीमा होती है। है कोई संसार में ऐसा व्यक्ति जिसके विरुद्ध चार साल निरन्तर आलोचना, निन्दा, लांछनों का अभियान चलाया गया हो? अब कुछ भिन्न बात कह रही हैं।)

3. जार्ज फर्नांडीस को बाहर से रुपया मिला है। (यह बात आजकल प्रधानमंत्री बार-बार कह रही हैं। सी. बी. आई. कान्फ्रेंस में जार्ज फर्नांडीस का नाम नहीं लिया था, पर बात को गम्भीर बनाते हुए कहा था कि हमारे पास इसका अकाट्य साक्ष्य है। कुछ दिन बाद फर्नांडीस ने एक पत्र में प्रधानमंत्री को स्पष्ट लिखा कि हाँ, उनके पास जापान से दो चेक़ आये थे। किसने और क्यों यह रुपया दिया था, इसका पूरा विवरण फर्नांडीस ने दिया। यह भी कहा कि रुपया पूरा-का-पूरा ए. आई. आर. एफ. के हिसाब में जमा है। इसमें आपत्तिजनक क्या है? इस पत्र के बाद से प्रधानमंत्री यह कहने लगी हैं कि फर्नांडीस के रुपये के संबंध में मेरे पास और भी साक्ष्य हैं, यही दो चेक़ नहीं हैं। आज भी उन्होंने यह कहा। पर वास्तविकता यह है कि ले-देकर प्रधानमंत्री को इस विषय पर तीन उदाहरण ही मालूम हैं। दो चेक़ फर्नांडीस वाले और एक चेक़ उड़ीसा में सर्वोदय को बाहर से आया था। उसका भी ठीक-ठीक हिसाब है। प्रधानमंत्री मुझसे कई बार इस बारे में बात कर चुकी हैं। उन्होंने सदा इन तीन मामलों की ही चर्चा की। मुझे चेक़ के नम्बर आदि भी बताये। पर किस सूचना को, कितना तोड़-मरोड़ कर, कब कहना चाहिए इसमें राजनीतिक व्यक्ति माहिर होते हैं, प्रधानमंत्री भी हैं।)

4. जयप्रकाश हमेशा से असन्तुलित व्यक्ति रहे हैं। आज सब उन्हें गांधीवादी कहते हैं पर गांधी जी के जीवन-काल में उन्होंने हमेशा गांधी जी की आलोचना की।

5. जयप्रकाश व उनके सहयोगी हमारे लोकतंत्र और यहाँ तक कि हमारी आज़ादी पर आक्रमण कर रहे थे। हमारी आज़ादी ख़तरे में थी, इस अर्थ में नहीं कि कोई अन्य शक्ति बाहर से आकर सरकार बनाती। पर जे. पी. आदि ऐसी सरकार बनाने में सहायक होते जो बाहरी शक्तियों के इशारे पर चलतीं।

6. पश्चिमी राष्ट्र 'हिपोक्रेट' हैं। हमेशा अप्रजातांत्रिक सरकारों का समर्थन करते हैं। आज हमारे प्रजातंत्र पर झूठे आँसू बहा रहे हैं।

7. समाचारपत्र डर और घोर निराशा नहीं फैला सकते। इसलिए उन पर नियंत्रण करना आवश्यक हुआ। हाँ, अनुभव न होने के कारण हमने यह सब भौंडे तरीके (crudely) से किया।

प्रधानमंत्री हिन्दी में ही बोली थीं। उनकी बातों का सारांश उन्हीं के शब्दों में ऊपर दिया है। प्रधानमंत्री का भाषण पूरी तरह प्रचारात्मक ढंग का था। इतने वरिष्ठ अधिकारियों के सम्मुख किस प्रकार बातों को तोड़-मरोड़ कर बचकाने तर्कों के साथ प्रस्तुत किया गया था! ये अधिकारी समाचारपत्रों में (जो कुछ भी उनमें बचा है) यह तो पढ़ ही रहे होंगे कि देश में जब आपात्काल से एक व्यक्ति को व्यक्तिगत मुकदमा जिताने के लिए कैसे-कैसे कानून बन रहे हैं।

आज लोकसभा में संविधान (संशोधन) विधेयक प्रस्तुत हुआ और पास भी। विरोध का प्रश्न ही नहीं उठता था—यह काम केवल मोहन धारिया और शेर सिंह ने किया। कम्युनिस्ट पार्टी की ओर से भोगेन्द्र झा और इंद्रजीत गुप्त ने इसका समर्थन किया। इस संशोधन के अनुसार 'मीसा' को भी संविधान के 'शिड्यूल नौ' में रख दिया गया है। कम्युनिस्टों ने इसका विरोध नहीं किया। यह पार्टी इस प्रकार के कानून की सदा विरोधी रही है। 1969 में पी. डी. एक्ट की अवधि समाप्त हो गयी। संसद में सरकार का बहुमत नहीं था। उस एक्ट की अवधि नहीं बढ़ाई जा सकी। पश्चिमी बंगाल में कानून और व्यवस्था की स्थिति बिगड़ती गयी। 1970 में जब वह राज्य राष्ट्रपति शासन के अन्तर्गत था, यह आवश्यक समझा गया कि एक सीमित-सा अधिनियम लोगों की गिरफ्तारी के लिए बनाया जाये। 'प्रिवेंशन ऑफ वायलेंट एक्टिवीटीज एक्ट' (पी.ओ.वी.ए.-पोवा) बनाया गया। पश्चिम बंगाल की कंसल्टेटिव कमेटी के सम्मुख प्रस्तुत किया गया। पर भूपेश गुप्त ने उसका डटकर विरोध किया। मीटिंग रात को 1 बजे तक चली, अगले दिन प्रधानमंत्री का जन्म दिवस था। (एक्ट स्वीकृत किया गया)। भूपेश गुप्त का कहना था कि व्यक्ति की स्वाधीनता समाप्त नहीं होनी चाहिए। और आज वही कम्युनिस्ट 'मीसा', जो कि 'पोवा' से बहुत अधिक क्रूर है, के विरुद्ध कुछ भी नहीं कह रहे हैं, जबकि इस कानून के अन्दर लोगों को बन्दी ही नहीं बनाया जायेगा, उनके न्यायालय से न्याय पाने का रास्ता भी अब बन्द हो जायेगा। कम्युनिस्ट घोर अवसरवादी हैं। 1942 में इन्होंने स्वतंत्रता संग्राम का विरोध किया था।

कृष्णमणि (यह राज्यसभा के अधिकारी हैं; बड़े जानकार हैं, संविधान सभा में सर बी.एन. राऊ के साथ काम किया है) ने आज मुझे बताया कि शिड्यूल नौ का यह प्रयोजन नहीं था जो सरकार ने आज किया है। मूल संविधान में यह शिड्यूल नहीं था। संविधान के पहले संशोधन द्वारा अनुच्छेद 31बी व इस शिड्यूल का

समोवश किया गया था। जमींदारी उन्मूलन के कुछ कानून अवैध घोषित हुए थे, उन्हें बचाने के लिए यह संशोधन हुआ था। अपने कमरे में वापस आकर मैंने पहले संशोधन से सम्बन्धित वाद-विवाद मँगवाया। यह संशोधन 1951 में हुआ था। पर इतनी जल्दी में नहीं, जितनी जल्दी आजकल संशोधन हो रहे हैं। एक सलेक्ट कमेटी ने तीन सप्ताह कठिन परिश्रम करके सब दृष्टिकोणों को सुनकर और सोच-समझकर वह विधेयक बनाया था। फिर बहस भी उस पर छः-सात दिन चली थी। अपने भाषण में पण्डित जी ने स्पष्ट किया था कि इस शिड्यूल में केवल एक प्रकार के ही अधिनियमों (जहाँ सम्पत्ति का अपहरण हुआ हो) को समावेश करने का विचार था। उनके भाषण का उद्धरण नीचे दिया है :—

> "Some honourable members have given notice of amendments to add other laws to the Ninth Schedule. I would beg of them not to press this matter. It is not with any great satisfaction or pleasure that we have produced this long Schedule. We do not wish to add to it for two reasons. One is that the. Schedule consists of a particular type of legislation, generally speaking, and another type should not come in secondly every single measure was carefully considered..."

पण्डित जी के भाषण से यह स्पष्ट था कि न्यायालयों के अधिकार को—विशेषकर संविधान की व्याख्या करने के अधिकार को—किसी प्रकार चोट पहुँचाने का विचार नहीं था।

मीसा के साथ-साथ आर. पी. एक्ट को भी इस शिड्यूल में डाल दिया गया है। यह कहाँ तक न्यायसंगत है। निर्वाचन-सुधार के जो सुझाव प्रतिपक्ष दे, उसके लिए प्रधानमंत्री कहती हैं कि क्या हमारे संविधान के निर्माता कम योग्य थे, उन्होंने तो कोई ऐसा सुझाव दिया नहीं। पर जिस संशोधन की आवश्यकता अपना व्यक्तिगत मुकदमा जीतने के लिए हो उसको तुरन्त कर देना चाहिए। प्रधानमंत्री का व्यक्तित्व और उनकी कार्यप्रणाली कुछ इसी प्रकार की है।

गोखले ने अपने भाषण में मुख्यतः दो बातें कहीं। एक तो यह कि राष्ट्रपति, उपराष्ट्रपति, प्रधानमंत्री व स्पीकर के पद बहुत प्रतिष्ठित हैं। वे प्रायः भारी जनमत से जीतते हैं (क्या हमेशा ऐसा हो सकता है?) इसलिए उनके निर्वाचन की समीक्षा न्यायपालिका द्वारा नहीं होनी चाहिए। इसके लिए एक नये फोरम की आवश्यकता है, जिसमें संसद की विचारधारा प्रतिबिम्बित होनी चाहिए। दूसरी बात उन्होंने कही कि हम अपनी आर्थिक और सामाजिक प्रगति में किसी एक ग्रंथ (संविधान) के दास नहीं हो सकते। गोखले जी, क्या आप इस निष्कर्ष पर ठण्डे दिल से सोचने के बाद पहुँचे हैं? आप को भी अपनी न्यायपालिका और न्यायालयों पर अविश्वास हो गया! क्या आप किसी एक सामाजिक व आर्थिक सुधार की बात सोच सकते हैं, जिसमें

संविधान के कारण अड़चन पड़ी हो? आगे आने वाली पीढ़ियाँ कहेंगी कि इस देश में 'रूल-ऑफ़-लॉ' की समाप्ति में आपका भारी योगदान रहा है।

सन्ध्या को घर जाते समय वी. आर. मेरे पास संसद भवन में आया। वह यह बताने के लिए आतुर था कि प्राप्त सूचना के अनुसार संविधान में और अधिक संशोधन करने के लिए धीरे-धीरे विरोध उत्पन्न हो रहा है। एक मंत्री का कहना है कि अब तक तो कोई इसलिए कुछ नहीं बोला कि जो कुछ भी हो रहा था प्रधानमंत्री की व्यक्तिगत स्थिति को सँभालने के लिए हो रहा था। यह दौर समाप्त हो गया। अब आगे मंत्रीगण अधिक चुप नहीं रहेंगे। वी. आर. ने कहा कि इतने दिनों के अन्धकार में केवल उन्हें यही एक प्रकाश-किरण दिखायी दी है। इससे उसका गिरा हुआ मनोबल कुछ ऊँचा हुआ है। मैंने उससे कहा कि यदि ऐसा हो तो अच्छा है, पर मैं उसकी भाँति आशातीत नहीं हूँ। मैं इन मंत्रियों को छः साल से देख रहा हूँ। सब मोम के पुतले बन चुके हैं। समय आने पर किसी के मुख से एक शब्द भी नहीं निकलेगा।

5 अगस्त तक 37,090 लोग गिरफ्तार हो चुके हैं। 15,539 राजनीतिक और 21,551 अन्य। मीसा के अन्तर्गत 6293 और भारत रक्षा कानून के अन्तर्गत 9481 गिरफ्तारियाँ हुई हैं।

8 अगस्त, 1975

आज दिन में मंत्रिपरिषद् की दो बैठकें हुईं। एक तो सुबह दस बजे जो बहुत पहले से निर्धारित थी। कार्यसूची पहले से प्रसारित हो चुकी थी। यह मीटिंग दो घण्टे से अधिक चली। प्रधानमंत्री बहुत 'रिलैक्स्ड' थीं। आखिर संविधान में संशोधन होने के बाद अब वह कुछ निश्चिन्त अवश्य हो गयी होंगी। सन्ध्या को प्रो. धर ने भी मुझसे कहा कि आज प्रधानमंत्री उन्हें अधिक सन्तुलित व स्थिर लगीं।

दूसरी बैठक की घोषणा सुबह की बैठक में ही हुई। उस समय यह भी फुसफुसाहट हुई कि संविधान में कुछ और संशोधन करने पर विचार होना है। वी. आर. को यह सुनते ही कुछ धक्का-सा लगा। यह बैठक सन्ध्या को दो भागों में हुई। छः बजे से लेकर साढ़े सात बजे तक संसद भवन में और फिर रात्रि को साढ़े नौ बजे राष्ट्रपति भवन में।

इस बैठक में अनुच्छेद 361 में परिवर्तन करने पर विचार किया गया। इस अनुच्छेद के अन्तर्गत राष्ट्रपति और गवर्नरों के खिलाफ़ न्यायालय में कार्यवाही से छूट है। संक्षेप में, जब तक ये अपने पदों पर रहते हैं, इन पर कोई फौजदारी मुकदमा नहीं चलाया जा सकता, दीवानी मुकदमा दो महीने के नोटिस के बाद चलाया जा सकता है। ये लोग अपने कर्तव्य पालन में जो कुछ करें, उसके लिए किसी न्यायालय में जवाबदेही नहीं करनी पड़ेगी। प्रस्तावित संशोधन से प्रधानमंत्री को भी इस प्रकार

की छूट मिल जायेगी। इसके अतिरिक्त यह भी प्रावधान किया जा रहा है कि राष्ट्रपति, प्रधानमंत्री और गवर्नरों के विरुद्ध अपना पद सँभालने से पहले और अपने कार्य-काल में किये गये किसी भी काम को लेकर फौजदारी का किसी प्रकार का मुकदमा नहीं चल सकता। दीवानी में भी कार्यकाल में कोई मुकदमा नहीं चल सकता।

इस संशोधन का कई मंत्रियों ने तर्कसंगत विरोध किया। प्रधानमंत्री मीटिंग में नहीं आयी थीं। सुब्रह्मणियम, बाबूजी, सरदार साहब, राज बहादुर और स्वयं गोखले का कहना था कि उन्हें अनुच्छेद 361 में प्रधानमंत्री का नाम जोड़ने में कोई आपत्ति नहीं है, पर किसी और प्रकार का संशोधन आवश्यक नहीं लगता। सरदार ने जोरदार तरीके से कहा कि आखिर संविधान में यह अनुच्छेद 25 वर्ष से है, कोई कठिनाई नहीं हुई। इसके क्षेत्र को बढ़ाना उपयुक्त नहीं लगता। बाबूजी ने इसका समर्थन करते हुए कहा कि कोई ऐसा काम क्यों करें कि यह लगे कि हम बौखलाए हुए हैं (पैनिकी हो गये हैं)। चव्हाण जी इस सारे वाद-विवाद के समय बेचैन लग रहे थे। (वे इस मीटिंग के अध्यक्ष थे।) शायद उन्हें यह आभास था कि प्रधानमंत्री इतने सीमित संशोधन से सन्तुष्ट न हों। ख़ैर, यह निर्णय हुआ कि अनुच्छेद 361 में प्रधानमंत्री का नाम जोड़ दिया जाये और कोई संशोधन न हो। पर विद्याचरण ने फिर बोलना शुरू किया कि इतने सीमित संशोधन से काम नहीं बनेगा। रघुरमैया ने स्पष्ट कहा कि प्राप्त सूचना के अनुसार कुछ लोग प्रधानमंत्री के ऊपर मुकदमा चलाने की तैयारी कर रहे हैं। मुकदमे उस काल के भी हो सकते हैं, जब वे प्रधानमंत्री नहीं थीं। इस पर यह तय हुआ कि रात में साढ़े नौ बजे फिर मीटिंग होगी। विधि मंत्री अपने प्रारूप विधेयक में नीचे लिखी बातों का समावेश करें :—

1. 361 में प्रधानमंत्री का नाम ज़ोड़ा जाये।
2. कार्यकाल में किसी प्रकार का दीवानी का मुकदमा नहीं चले।
3. कार्यकाल से पहले और कार्यकाल के समय के किसी कार्य पर कोई फौजदारी का मुकदमा नहीं चले।

पता नहीं रात्रि की मीटिंग में क्या तय हुआ? गोपाल ने कुछ लोगों को खाने पर बुला रखा था। मैं मीटिंग में नहीं गया। प्रो. धर को बता दिया था, उन्हें जाना था, सन्ध्या को वे मीटिंग में नहीं थे।

इधर जितने संशोधन संसद से पास कराये गये हैं, उनका ध्येय केवल प्रधानमंत्री के स्वार्थ की रक्षा करना है। पर आज के भौंडे संशोधन पर मैं केवल एक प्रश्न पूछना चाहता हूँ : यदि प्रधानमंत्री को यह विश्वास है कि उन्होंने कोई जुर्म या ग़लत काम नहीं किया तो इस संशोधन की क्या आवश्यकता?

मीटिंग के बाद गोखले जब जाने लगे तो बोले, "बिशन, तुम तो बहुत दिन से नहीं मिले।" मैंने कहा कि मैं जानता हूँ आप इधर कितना व्यस्त रहे हैं, इसी

कारण आपको कष्ट नहीं दिया। संसद के सत्र के बाद आऊँगा। फिर मैंने दबी ज़बान से पूछा कि बाबूजी और सरदार साहब की बात क्या ठीक नहीं है? क्या उनके सुझाव से काम नहीं बनेगा? इस पर उन्होंने कहा, "मुझसे मत पूछो। मेरे इस वाक्य में तुम्हारे प्रश्न का पूरा उत्तर है यदि तुम समझो।" [Don't ask me. This contains full answer to your question, if you follow what I mean.]

आज दोपहर को त्रिपुरा के मुख्यमंत्री ने बुलाया था। उनका फोन आया था कि प्रधानमंत्री बहुत व्यस्त हैं, मैं ही उनसे मिल लूँ। मिलने पर उन्होंने बताया कि पिछली बार जब वे प्रधानमंत्री से मिले थे तो उन्होंने कहा था कि अशोक भट्टाचार्य ने उनसे शिकायत की है कि उसके आदमियों को 'मीसा' में बन्द कर दिया गया है। (भट्टाचार्य भी कांग्रेस में हैं)। मुख्यमंत्री, जिन कांग्रेस सदस्यों को बन्दी बनाया गया है, उनके काग़जात लाये थे और चाहते थे कि मैं उन्हें देखकर प्रधानमंत्री को समझा दूँ। यह उन्होंने स्पष्ट कहा कि ये दो सदस्य भट्टाचार्य के नहीं, सिंह (जो उनसे पहले काफी समय तक त्रिपुरा के मुख्यमंत्री रहे हैं) के आदमी अवश्य हैं। कागज़ात देखकर मुझे लगा कि एक सदस्य (तापुष डे) की गिरफ्तारी अपर्याप्त कारणों से हुई है। दूसरे (समीर बर्मन) के लिए कहा गया है कि वह तस्करी करता है। मुख्यमंत्री एक और विधानसभा के सदस्य (राधिका मोहन गुप्ता) को भी 'मीसा' में बन्दी बनाना चाहते हैं। पर मैंने कहा कि राजनीतिक कारण तो मैं जानता नहीं पर जो सूचना पुलिस के पास है, उस पर बन्दी बनाना ग़लत होगा। मुख्यमंत्री को मेरा सुझाव अच्छा नहीं लगा। आपात्काल में कई मुख्यमंत्री अपने विरोधियों से हिसाब साफ कर रहे हैं।

त्रिपुरा भवन से लौटने के थोड़ी देर बाद प्रो. धर मेरे कमरे में आये। इस सत्र में पहली बार वे कुछ देर यहाँ बैठे, चाय पी। उन्होंने बताया कि उनकी प्रधानमंत्री से वर्धन के बारे में बात हुई है। आज पहली बार प्रधानमंत्री ने यह कहा कि जब लायसेंस-काण्ड की तफतीश हो रही थी, वर्धन ने यह कोशिश की कि ललित बाबू के खिलाफ़ कुछ-न-कुछ निकालना चाहिए। मैंने प्रो. धर से कहा कि यह बात सरासर ग़लत है। प्रो. धर ने भी इसे स्वीकारा, पर बोले कि बताओ क्या करें? प्रधानमंत्री कान की बहुत कच्ची हैं। ग़लत-सलत बातें फौरन मान लेती हैं। यह उन्हें शोभा नहीं देता। यदि उन्हें शिकायत है तो वस्तुपरक जाँच क्यों नहीं करातीं। पर ऐसा वह करेंगी नहीं। जब से प्रो. धर ने मुझे यह बताया है, मैं बहुत ही उदास हो गया हूँ।

प्रो. धर ने यह भी कहा कि हक्सर के घर आयकर अधिकारी भेजे गये थे, जाँच के लिए। मैंने पूछा कि प्रधानमंत्री की जानकारी में या रूटीन में। इसका उत्तर उन्होंने नहीं दिया, केवल एक अर्थमय मुस्कान थी। इसके बाद उन्होंने बताया कि इधर जितने भी संशोधन हुए हैं–आर. पी. एक्ट व संविधान के, उसका उन्होंने काफी

विरोध किया। एटार्नी जनरल से भी उनकी बहुत बहस हुई। (एटार्नी जनरल की तो लिखित राय है कि संविधान में प्रधानमंत्री के निर्वाचन सम्बन्धी कोई संशोधन नहीं होना चाहिए। पर प्रधानमंत्री ने यह राय मानी नहीं।) कल सिद्धार्थ से भी उनकी झड़प हो गयी—361 के संशोधन के सिलसिले में। पर उनकी बात चली नहीं। उनकी राय में इन सब संशोधनों से प्रधानमंत्री को हानि पहुँची है, उनकी 'इमेज' गिरी है। उन्होंने प्रधानमंत्री से भी कहा है कि यह जो कुछ हुआ है सब 'क्रूड' (भौंडा) है। कहने लगे, "पर मेरी सुनता कौन है।"

आज प्रो. धर मेरे पास बड़ी देर तक फुर्सत में बैठे रहे। इधर कई दिन बाद उन्होंने खुल कर बात की। पत्रकारों के बीच पहले यह कहा जा रहा था कि प्रो. धर इधर की घटनाओं से बहुत खिन्न हैं क्योंकि उनसे परामर्श नहीं लिया गया। अब यह कहा जा रहा है कि प्रो. धर ने नयी परिस्थितियों से समझौता कर लिया है, अब फिर से प्रधानमंत्री उनसे परामर्श करने लगी हैं। यही कारण है कि अब उनकी खिन्नता दूर हो गयी है और वे फिर प्रसन्नचित्त नजर आते हैं। मैंने प्रो. धर को बताया कि पत्रकारिता-क्षेत्र में उनके बारे में क्या कहा जा रहा है। इस पर वे उदास हो गये। कुछ क्षणों बाद बोले, "बिशन, कब तक मुँह लटकाए पड़ा रहता? यदि पिता की भी मृत्यु हो जाती है तो कुछ दिन बाद तो दुख से बाहर निकलना ही पड़ता है।" मुझे उनकी बात बिल्कुल ठीक लगी। उनके मन की व्यथा और मस्तिष्क की चिन्ता का मुझे पूरा अनुमान है। वे बार-बार कहते हैं कि नवम्बर के बाद इस सचिवालय में नहीं रुकना चाहते। किन्तु वे जा पायेंगे इसमें मुझे भारी सन्देह है।

9 अगस्त, 1975

आज राज्यसभा में संविधान के अनुच्छेद 361 के संशोधन के लिए विधेयक प्रस्तुत हुआ और पास हो गया। कृष्णमणि ऑफिशियल गैलरी में मेरे पास बैठा था। इस विधेयक की उसने आलोचना की। संविधान के अनुच्छेद 361 के पीछे एक सिद्धान्त निहित था। हमने संसदीय प्रणाली अपनायी है। कार्यकारिणी के सब काम राष्ट्रपति या राज्यपाल के नाम में होते हैं। इसलिए यह उपयुक्त था कि जबकि सरकार पर हर प्रकार के मुकदमे चलाये जा सकते हैं, इन दो प्रतिष्ठित पदों को न्यायालयों की जवाबदेही से परे रखा जाये। फौजदारी के मामले उनके कार्यकाल में उन पर नहीं चलाये जायें—पद की प्रतिष्ठा के लिए। पर दीवानी के मामले दो महीने के नोटिस पर चल सकते हैं। प्रधानमंत्री व अन्य मंत्री लोकसभा/विधानसभा के प्रति उत्तरदायी हैं। उनको न्यायालय की परिधि से बाहर रखने का कोई मतलब नहीं है। पर आज का संशोधन केवल प्रधानमंत्री की व्यक्तिगत मामलों में रक्षा के लिए किया जा रहा है जो संविधान की मूल भावना के सर्वथा प्रतिकूल है।

प्रधानमंत्री को मैंने त्रिपुरा के मुख्यमंत्री से हुई बातचीत से अवगत करा दिया। साथ में मैंने अपनी राय भी दे दी कि उन्होंने जो गिरफ्तारियाँ की हैं या करने जा रहे हैं, वह उचित नहीं है। प्रधानमंत्री के कहने पर मैंने उन्हें एक छोटा-सा नोट दे दिया। संभवतः वे मुख्यमंत्री से बात करेंगी।

दोपहर को मैं गेंदा सिंह से मिलने उनके घर गया। कल जब वे प्रधानमंत्री से मिलकर बाहर आ रहे थे तो उन्होंने कहा कि प्रधानमंत्री ने कहा है कि चूँकि समयाभाव के कारण उनसे पूरी बात न हो सकी, वे मुझसे बात कर लें। गेंदा सिंह एक प्रतिष्ठित संसद सदस्य हैं। पहले वे प्रजा-सोशलिस्ट पार्टी में थे पर 1962 में अशोक मेहता के साथ कांग्रेस में आ गये थे। उत्तर प्रदेश में मंत्री भी रहे हैं। सन्निपात के आक्रमण के बाद वे बहुत सक्रिय तो नहीं हैं, पर अपने मस्तिष्क पर उनका पूरा नियंत्रण है। उनके पास मैं एक घण्टे के करीब रहा। वे उत्तर प्रदेश व बिहार की चीनी मिलों के बारे में बात करना चाहते थे। उन्होंने मुझे विस्तार से चीनी उद्योग की समस्याएँ समझायीं और कहा कि आपात्काल का लाभ उठा कर इन मिलों का राष्ट्रीयकरण कर देना चाहिए। कहने लगे कि प्रधानमंत्री कहती हैं कि ऐसा करने के लिए रुपया कहाँ से आयेगा। पर यदि ठीक से हिसाब-किताब लगाया जाये तो मिल मालिकों को अधिक रुपया देने की आवश्यकता ही नहीं है।

अन्त में उन्होंने बहुत संक्षेप में दो बातें और कहीं। वे आजकल की गतिविधियों से प्रसन्न नहीं हैं। पर कुछ बोल नहीं सकते। इससे उनको मानसिक क्लेश है। (पर क्या वे स्वयं इसके लिए उत्तरदायी नहीं हैं। उन्हें अपने को स्पष्ट व्यक्त करने से किसने रोका है?) दूसरी बात यह कही कि दिल्ली का उपराज्यपाल किशन चंद को बनाकर प्रधानमंत्री ने भारी ग़लती की है। उत्तर प्रदेश में तो कभी किशन चंद की ख्याति अच्छी रही नहीं, फिर यह नियुक्ति कैसे हुई? वे दिल्ली में बहुत ग़लत-सलत काम कर रहे हैं।

कृष्ण चंद्र पन्त का आज फिर सन्देश मिला था। मैं रात्रि में उनके घर गया। करीब डेढ़ घण्टे उनसे बातचीत करता रहा। बात उन्होंने ही अधिक की। वे इधर की गतिविधियों से प्रसन्न तो नहीं हैं, पर उनमें इतना साहस न हुआ और न है कि वे इन सबका विरोध कर सकें। उन्होंने भी धारा के साथ बहने के लिए अपने से समझौता कर लिया है। पर मुझसे पूछने लगे कि भविष्य में क्या होगा? मैं क्यों ऐसे कायर व्यक्तियों से वाद-विवाद में उलझूँ? मैंने कहा कि यह तो आप जैसे नई पीढ़ी के राजनीतिज्ञों को सोचना होगा। इस पर वे चुप रहे। थोड़ी देर बाद उन्होंने मुझसे कहा कि उन्हें कुछ भी स्पष्ट नज़र नहीं आ रहा है। 26 जून को सुबह साढ़े छः बजे प्रधानमंत्री ने उन्हें बुलाया था। सब बात जान कर वे हत्प्रभ रह गये। उन्हें एक धक्का-सा लगा पर उनकी समझ में नहीं आया कि क्या करें? घर लौट आये। नहा-धोकर साढ़े नौ बजे फिर प्रधानमंत्री के पास गये। उन्होंने उनसे पूछा कि

"पण्डित जी ने अथक परिश्रम से जो संस्थान (इंस्टिट्यूशन) बनाये थे, जिन्हें पाला-पोसा था, वे रहेंगे या नष्ट हो जायेंगे?" इस पर प्रधानमंत्री ने उत्तर दिया कि "जहाँ तक उनका बस चलेगा, वह इन किसी भी संस्थान को हानि नहीं पहुँचाएँगी।" यह सुनने के बाद पन्त ने कहा कि संस्थान से मेरा मतलब–संसद, न्यायालय आदि सभी से था। प्रधानमंत्री के उत्तर से उन्हें कुछ तसल्ली हुई। मैंने शरारत में पन्त से पूछा कि अब उनका क्या विचार है, इन संस्थानों की हानि हुई है या नहीं? पन्त ने कहा कि उन्हें मानना पड़ेगा, प्रधानमंत्री ने अपनी बात पूरी नहीं की है। फिर यह जोड़ा कि अब प्रधानमंत्री को भी स्पष्ट नहीं है कि भविष्य में क्या होगा? सात-आठ दिन पहले उन्होंने प्रधानमंत्री से फिर पूछा कि भविष्य में उनके अनुसार घटनाओं का क्या क्रम होगा तो उन्होंने केवल यही कहा, "मुझे कुछ स्पष्ट नहीं है।" (I can't see it clearly.)

पन्त के घर मैं केवल शिष्टाचार के नाते गया था। न मुझे आशा थी और न ही उनसे कुछ प्रकाश मिला।

10 अगस्त, 1975

आज ग्यारह बजे से सन्ध्या के पाँच बजे तक शान्ति से कार्यालय (साउथ ब्लॉक) में काम करता रहा। फिर घर चला आया। वहाँ रात को आठ-नौ बजे तक पढ़ता रहा। कहीं जाने की इच्छा नहीं हुई। मन में कुछ अच्छा नहीं लग रहा है। प्राप्त रिपोर्टों से पता लगा कि 9 अगस्त को 'क्रान्ति दिवस' का कार्यक्रम कहीं भी सफल नहीं हुआ। जनता वर्तमान गतिविधियों से या तो सन्तुष्ट है या इनके प्रति उदासीन। राजनीतिक कार्यकर्ताओं का मनोबल गिरता जा रहा है। विजया राजे सिंधिया (राजमाता ग्वालियर) और माधव राव सिंधिया (भूतपूर्व ग्वालियर नरेश) दोनों भारतीय जनसंघ के संसदीय सदस्य हैं। विजया राजे इस दल की उपाध्यक्ष भी हैं। दोनों ही दल छोड़ने का निश्चय ले रहे हैं और प्रधानमंत्री के गुणगान की तैयारी में हैं। कल समाचारपत्रों में देखा था कि उनके घरों व कार्यालयों की आयकर अधिकारियों ने तलाशी ली है। इस प्रकार की राजनीति के ये लोग अभ्यस्त नहीं हैं। कुछ दिनों से सेठी सौदेबाजी अलग कर रहे थे इन लोगों से। हार बैठे हिम्मत! पर प्रश्न यह है कि इस प्रकार की तलाशी अन्य राजाओं (उदाहरणार्थ–फतेह सिंह गायकवाड़) के यहाँ क्यों नहीं होती? क्या इसलिए कि वे सत्तारूढ़ दल के साथ हैं?

आज शारदा ने प्रधानमंत्री द्वारा एक जर्मन समाचारपत्र को दी गयी भेंटवार्ता की स्क्रिप्ट भेजी। यह भेंटवार्ता 24 जुलाई को हुई थी, पर प्रेस को यह आज प्रसारित की गयी है। हर प्रश्न का उत्तर केवल प्रचार की सामग्री है। सत्य का समावेश कम है। प्रधानमंत्री के मुकदमे से आपात्काल का कोई सम्बन्ध नहीं है। यह हास्यास्पद नहीं तो और क्या है? इस प्रकार के प्रचार पर प्रधानमंत्री बहुत बल देती हैं क्योंकि

अभी तक इससे उन्हें लाभ ही हुआ है। अब चुनाव न कराने का उत्तरदायित्व भी प्रतिपक्ष पर डाला जा रहा है। पर सबसे महत्त्वपूर्ण बात जो उन्होंने इस भेंटवार्ता में कही है यह कि उनके अतिरिक्त और कोई देश को सँभाल नहीं सकता। यदि कोई अन्य व्यक्ति प्रधानमंत्री हो गया तो प्रतिपक्ष दो-तीन महीने में उसको हटाने में सफल हो जायेगा। इसलिए देश के हित में यही है कि वे प्रधानमंत्री बनी रहें। इस वक्तव्य पर किसी टिप्पणी की आवश्यकता नहीं है। इससे प्रधानमंत्री की विचारधारा स्पष्ट है। यह उन्होंने कोई नयी बात नहीं कही है। 1967 में वेद मेहता को दी गयी भेंटवार्ता से लेकर आज तक प्रधानमंत्री अपने बारे में किसी-न-किसी रूप में यह कहती रहती हैं। किसी 'सिस्टम' या व्यवस्था में उनकी आस्था नहीं है। अपने को सत्ता में रखने के लिए इस प्रकार का प्रचार आवश्यक है। क्या यह ऐसे व्यक्ति का विचार है जिसकी प्रजातंत्र में आस्था हो?

11 अगस्त, 1975

कार्यालय पहुँचने पर बाहर प्रवेश-द्वार पर शारदा मिल गया। कहने लगा कि "आ गये वापस संसद का ऐतिहासिक सत्र पूरा करा के।" (संसद सत्र के बाद आज कार्यालय का पहला दिन था। अब मैं साउथ ब्लॉक में बैठूँगा।) फिर उसने यह जोड़ा कि "बहुत-से अनावश्यक इतिहास का सृजन किया गया इस सत्र में। इसका प्रभाव अच्छा नहीं हुआ है। पर आजकल इसकी चिन्ता किसको है?" ऊपर आने तक उसने यह भी सूचना दी कि नकवी ने संजय की भेंटवार्ता का जो विवरण 'टाइम्स' के लिए लन्दन भेजा था, वह उस समाचारपत्र ने छापने से मना कर दिया। उसके अनुसार, उस भेंटवार्ता में कोई ऐसी बात या नयी चीज नहीं थी, जिसमें उसके पाठक रुचि लें। प्रधानमंत्री इस बात पर बहुत नाराज़ हैं। पर शारदा का कहना है कि बिना पूरी तरह पूछताछ व सोच-विचार के काम करने से यही होता है। पहले यह पता लगाना चाहिए कि नकवी का 'टाइम्स' पर, विशेषकर आजकल, कितना प्रभाव है!

प्रधानमंत्री की अपील की सुनवाई आज सुप्रीम कोर्ट में शुरू हुई। एक घण्टे की सुनवाई के बाद वह 25 तारीख के लिए स्थगित हो गयी। शान्ति भूषण ने समय माँगा है। वे संविधान और लोक प्रतिनिधित्व अधिनियम के संशोधनों की असंवैधानिकता पर बहस करना चाहते हैं। प्रधानमंत्री की ओर से अशोक सेन वकालत कर रहे हैं। अशोक सेन की गिनती बड़े वकीलों में से है, पर निष्ठा के लिए ख्याति अच्छी नहीं है। (अभी हाल में राजू भरतिया ने उनको एक केस में रखा था तो उन्होंने स्पष्ट कहा था कि वह फीस नकद लेंगे, चेक द्वारा नहीं। क्यों?) वह भारत सरकार में विधि मंत्री भी रहे हैं। पर जब श्रीमती गांधी प्रधानमंत्री हुई तो वे मंत्रिमण्डल में नहीं लिये गये। पर संसद सदस्य बराबर रहे हैं। बासुमती (एक

समाचारपत्र जो उन्होंने खरीद लिया है) में गड़बड़ी करने के आरोप पर सी. बी. आई. ने उनके ऊपर मुकदमा भी चला रखा है। मुकदमे की तफतीश के बाद तत्कालीन सोलीसिटर जनरल (जगदीश स्वरूप) से राय ली गयी थी। उन्होंने कहा था कि अशोक सेन के विरुद्ध कोई आरोप नहीं बनता, पर फिर भी प्रधानमंत्री ने चुपचाप–पत्रावली पर नहीं–आदेश दिया कि मुकदमा चलना चाहिए। प्रधानमंत्री ने यह आदेश इसलिए दिया कि इससे पहले एक केस में यह निर्णय हुआ था कि इन मामलों में अन्तिम निर्णय सी. बी. आई. पर ही छोड़ देना चाहिए। पर अशोक सेन के पक्ष में प्रधानमंत्री ने कोई उदारता नहीं दिखायी। (जो हाल में गोयनका को दिखायी गयी) क्योंकि न केवल राजनीति में अशोक सेन प्रधानमंत्री से दूर रहे हैं, वरन् उनकी सिद्धार्थ शंकर राय से भी नहीं बनती और सिद्धार्थ आजकल प्रधानमंत्री के प्रमुख सलाहकार हैं। यह सब होते हुए भी अब प्रधानमंत्री को अशोक सेन की आवश्यकता पड़ी तो उन्हें बुलाया गया। यह अब निश्चय समझिए कि अशोक सेन के विरुद्ध जो मुकदमा सी. बी. आई. ने दायर कर रखा है, वह समाप्त।

अशोक सेन ने न्यायालय में एक बहुत अटपटा तर्क दिया। उन्होंने कहा कि इलाहाबाद हाई कोर्ट का फैसला गहरे विवाद का विषय बन गया था, जिसमें न्यायालयों को भी संलग्न कर लिया गया था। इसलिए संसद ने यह उचित समझा कि इस बात का अन्तिम निर्णय वह स्वयं कर ले। इससे अधिक भौंडा कारण कोई और दिया जा सकता है?

इलाहाबाद के फैसले पर विवाद नहीं उठा, विवाद उठा कि इस फैसले के आधार पर प्रधानमंत्री को क्या करना चाहिए। विवाद अधिक बढ़ गया, जब सुप्रीम कोर्ट ने प्रधानमंत्री को बिना शर्त के 'स्टे' नहीं दिया। प्रधानमंत्री क्या करें, यह कानूनी प्रश्न नहीं था, यह नैतिकता का प्रश्न था। कई वर्षों से इस विषय पर देश में कुछ परम्पराएँ बन गयी थीं। किसी ऊँचे पदधारी के विरुद्ध यदि किसी न्यायालय ने कोई आलोचना की तो उसने सदा पद त्यागा। संजीव रेड्डी आन्ध्र प्रदेश के मुख्यमंत्री थे। बस रूट के राष्ट्रीयकरण के एक प्रश्न पर हाई कोर्ट ने उनकी आलोचना की। उन्होंने अपने पद से त्यागपत्र दे दिया। द्वारका प्रसाद मिश्र निर्वाचन याचिका हार गये और छः साल के लिए 'अयोग्य' ठहराये गये। उन्हें मध्य प्रदेश का मुख्य मंत्रित्व छोड़ना पड़ा। डॉ. चन्ना रेड्डी के साथ भी यही हुआ। वे केन्द्र में मंत्री थे। जब तक उनकी अपील पर फैसला न हो जाये, वे अपने पद पर बने रहना चाहते थे, पर प्रधानमंत्री नहीं मानीं। उनसे त्यागपत्र माँगा गया। यही कहकर कि यह कानूनी नहीं, नैतिकता का प्रश्न है। पर जब प्रधानमंत्री पर यही बीती तो विचारधारा बदल गयी। प्रधानमंत्री के विरोधी यही तो कहते थे कि सुप्रीम कोर्ट के निर्णय तक प्रधानमंत्री अपना पद त्याग दें। इसमें अनौचित्य क्या था? समझ में नहीं आता। जनजीवन की शुद्धता के लिए क्या यह अनिवार्य नहीं है कि एक व्यक्ति

जिसको हाई कोर्ट ने निर्वाचन में भ्रष्टाचार के लिए दोषी ठहराया है, जिसको सुप्रीम कोर्ट ने लोकसभा में वोट देने की अनुमति नहीं दी है, इतने महत्त्वपूर्ण पद पर न रहे। किसी ने यह नहीं कहा था कि प्रधानमंत्री को अपील का अधिकार नहीं है या इलाहाबाद हाई कोर्ट का निर्णय अन्तिम निर्णय है। पर प्रधानमंत्री ने स्वयं यह निर्णय लिया कि देश के हित में उनका अपने पद पर बने रहना आवश्यक है। अपने-आपका देश के हित से साम्य स्थापित करना--यही तो तानाशाही का लक्षण है। ख़ैर, प्रश्न यह है कि न्यायपालिका या न्यायालय किस प्रकार इस विवाद की लपेट में आये? अशोक सेन का तर्क असंगत व भौंडा है। मैंने सन्ध्या को गोखले (वे कौरीडोर में मिल गये थे) से पूछा तो उन्होंने कहा कि इसके अलावा हमारा वकील इस प्रश्न पर कह भी क्या सकता है?

प्रधानमंत्री के खिलाफ़ मुकदमे में जान नहीं है। पर सन्ध्या को उनके कमरे में लम्बी-चौड़ी मीटिंग हुई, जिसमें गोखले के अतिरिक्त बहुत से वकील सम्मिलित हुए। मीटिंग काफी देर चली और मुकदमे में उठने वाले कई मुद्दों पर विस्तार से विचार हुआ। मीटिंग के लिए जब ये लोग आ रहे थे तो मिलन बैनर्जी मुझसे मिलने आया। मेरी उससे बड़ी संक्षिप्त बात हुई। मिलन ने कहा कि इस बैंच (जिसके सामने प्रधानमंत्री की अपील सुनी जा रही है) के आगे बहस करना निरर्थक है। क्या निर्णय होगा, यह पहले से ही सबको मालूम है।

मैं मिलन की बात समझ गया। मुझे यह बात अच्छी नहीं लगी। इसलिए मैंने विषय बदल दिया। यह दुर्भाग्य की बात है कि हमारी न्यायपालिका के बारे में इस प्रकार की भ्रान्ति फैले। पर मिलन को मैं दोष नहीं देता। इधर कई वर्षों से जिस प्रकार न्यायाधीशों की नियुक्तियाँ हुई हैं (यहाँ तक की आई. बी. से उनके राजनीतिक विचारों पर भी रिपोर्ट माँगी जाती है, जो पहले कभी नहीं होता था) और ए. एन. राय (मिलन से उनसे घनिष्ठ परिचय है) ने जिस प्रकार अपने अधिकारों को सरकार को समर्पित कर रखा है, उससे इस प्रकार की धारणा फैलने में कोई आश्चर्य नहीं होना चाहिए। पिछले पाँच वर्षों से मैं स्वयं देख रहा हूँ कि स्थिति कितनी तेजी से बिगड़ रही है। सरकार का इशारा पाते ही मुख्य न्यायाधीश किस प्रकार अपनी सिफारिश बदल देते हैं।

दो दिन पहले पन्त ने बहुत पूछा कि क्या घड़ी की सुई पीछे लौट सकती है? यदि वे कम्युनिस्ट पार्टी के बारे में आज की एक रिपोर्ट देख लें तो उन्हें अपने प्रश्न का उत्तर मिल जायेगा। अपनी पार्टी के कार्यकर्ताओं की एक मीटिंग में राजेश्वर राव ने कहा है कि प्रधानमंत्री ने जो कदम उठाये हैं, अब वे पीछे नहीं जा सकतीं। हमें स्थिति का पूरा लाभ उठाना चाहिए। प्रतिक्रियावादी शक्तियाँ अब भी बलवती हैं। आगे की उनसे लड़ाई सशस्त्र होगी। सत्ता सीधे हथियाने के लिए हमें सशस्त्र लड़ाई करनी होगी। पार्टी एक पैरा-मिलिट्री फोर्स बना रही है 'पीपुल्स सर्विस कोर'। उनकी

ट्रेनिंग के लिए भूतपूर्व सैनिकों की मदद लेनी होगी। पार्टी में उनको भरने का प्रयत्न जोर से होना चाहिए। पार्टी के कार्यकर्ताओं का प्रशिक्षण सशस्त्र आन्दोलन और सिद्धान्तों दोनों में ही होगा। उन्होंने यह भी कहा कि बिहार में इस प्रकार के 'कोर' से बड़ी सहायता मिली है। पर इससे उत्पन्न होने वाले संकट को कोई समझता है या समझने की कोशिश भी कर रहा है? कांग्रेस स्वयं अपने हाथों अपना और देश का विनष्ट करने में संलग्न है।

12 अगस्त, 1975

जब कार्यालय जाने की तैयारी में था तो महेश्वर दयाल आ गये। वे दिल्ली के एक प्रतिष्ठित नागरिक हैं और नगर के सांस्कृतिक क्षेत्र में बहुत सक्रिय हैं। मेरा उस समय परिचय हुआ था, जब मैं डिप्टी कमिश्नर था, पर घनिष्ठता भारतीय कला केन्द्र के माध्यम से बढ़ी। दिल्ली के पुराने परिवारों में उनका भी एक है और दिल्ली के इतिहास का उन्हें बहुत ज्ञान है। बहुत पहले मैंने उन्हें सलाह दी थी कि वे दिल्ली पर कोई अच्छी पुस्तक क्यों नहीं लिखते? इसका उन पर प्रभाव पड़ा। पिछले कई वर्षों में उन्होंने अंग्रेजी और हिन्दी पत्रिकाओं में कई लेख लिखे। अब वे लेख पुस्तक रूप में प्रकाशित हो रहे हैं। पहली पुस्तक 'शाहजहानाबाद' आज प्रकाशित हुई है। वही देने महेश्वर दयाल आये थे।

महेश्वर दयाल बहुत कम समय घर पर रहे क्योंकि कार्यालय का समय था और मुझे कुछ जल्दी थी। उन्होंने कहा कि एक बात मैं प्रधानमंत्री के नोटिस में ला दूँ। शहर में पुलिस और नागरिक पूर्ति विभाग के कर्मचारियों ने बहुत उत्पात मचा रखा है। वे व्यापारियों और सीधे-सादे नागरिकों को और अन्य लोगों को डरा-धमका कर पैसा बटोर रहे हैं। इसका बुरा असर पड़ रहा है। महेश्वर दयाल ने यह कोई नयी बात नहीं बतायी। यह बात पहले भी हमारे सचिवालय के नोटिस में लायी जा चुकी है। कार्मिक विभाग के एक संयुक्त सचिव ने कुछ दिन पहले मुझसे दिल्ली की इस सम्बन्ध में स्थिति बतायी थी। मैंने उन्हें मेहता से मिलने को कहा था। आपातकाल-सम्बन्धी सब काम वही देख रहे हैं। प्रधानमंत्री और प्रो. धर के कहने पर मैं केवल अपने को उससे अवगत रखता हूँ। मुझे बाद में पता लगा कि कार्मिक विभाग के संयुक्त सचिव ने ओम मेहता को भी पूरी बात बताई पर स्थिति में सुधार नहीं हुआ है। दिल्ली प्रशासन पर केन्द्रीय सरकार के किसी मंत्रालय का कोई नियंत्रण नहीं रह गया है। दिल्ली प्रशासन केवल प्रधानमंत्री निवास के निर्देशन में काम करता है। फिर स्थिति में सुधार कैसे हो? बहुत-सी बातें तो प्रधानमंत्री को मालूम भी नहीं होतीं।

दूसरी बात महेश्वर दयाल ने कही कि बाजारों व मुहल्लों में बुरी तरह डर समाया हुआ है। ऐसा वातावरण उन्होंने दिल्ली में कभी नहीं देखा। थोड़ा-सा डर

हमेशा ठीक है, पर इस प्रकार का वातावरण देश के हित में नहीं है।

पुलिस और नागरिक पूर्ति विभाग की बात दिल्ली तक ही सीमित नहीं लगती। बाहर भी वही हो रहा है। एक-दो दिन पहले प्रसन्न दवे ने भी यही कहा था। अपने परिवार के कुछ व्यक्तियों के साथ वे हाल में जबलपुर गये थे। तीसरे दर्जे में उन्होंने यात्रा की थी। उनके डिब्बे में अन्य लोग यही बात कर रहे थे कि किस प्रकार पुलिस और नागरिक पूर्ति विभाग के इंस्पेक्टर लोगों को डरा-धमका कर पैसा बना रहे हैं। आपात्काल का जो भी थोड़ा-बहुत अच्छा असर हुआ है, वह इन बातों से नष्ट हो जायेगा।

आज काफी समय बाद शारदा, शेषन, वी. आर. और मैंने लंच साथ किया। उस समय शारदा और शेषन ने कई घटनाओं की चर्चा की। शारदा ने बताया कि अमेरिका के 'न्यूजवीक' के लिए फोटोग्राफर का काम 20 साल से रामानुजम कर रहे हैं। बहुत सज्जन पुरुष हैं। इधर 'न्यूजवीक' का कोई संवाददाता भारत आया और उसने कोई लेख लिखा जो सूचना मंत्रालय को अच्छा नहीं लगा। रामानुजम को मंत्रालय में बुलाया गया और उसकी मान्यता (एक्रीडीशन) समाप्त कर दी गयी। यही नहीं, उसे सरकारी मकान भी मिला हुआ है। वहाँ से भी उसे निकालने के आदेश दे दिये गये हैं। रामानुजम को मालूम तक नहीं कि कौन संवाददाता आया और उसने क्या लिखा? उसका 'न्यूजवीक' से सम्बन्ध है इसीलिए उस पर यह अत्याचार किया जा रहा है। सेंसर को कार्यान्वित करने में सरकार ने किस प्रकार का उत्पात किया है, वह शर्मनाक कहानी है। देश के बाहर इस कारण हमारी बहुत निन्दा हो रही है।

शेषन ने अन्याय व अत्याचार की एक घटना और बतायी। बहुत साल पहले हमारे सचिवालय में एक कर्मचारी थे—जनकराज जय। सचिवालय छोड़ कर वे वकालत करने लगे थे। आजकल भी वकालत ही करते हैं। वे कांग्रेस के सदस्य हैं पर प्रधानमंत्री की आलोचना करते रहते हैं। मैंने उनका एकाध पत्र देखा भी है। हाल में उन्होंने प्रधानमंत्री और उनके व्यक्तिगत स्टाफ के कुछ व्यक्तियों की आलोचना करते हुए एक पत्र प्रसारित किया। उन्होंने भ्रष्टाचार के अनेक उदाहरण दिये हैं। शेषन का कहना है कि उस पत्र में बातें सब ठीक लिखी हैं। पर निर्णय हुआ कि जय को गिरफ्तार कर लिया जाये। पर वे ग़ायब हो गये और पुलिस के हाथ नहीं आये। जय की पत्नी दिल्ली में ही किसी स्कूल में शिक्षिका है। उसके और उसके बच्चों के साथ पुलिस ने बड़ा अमानुषिक व्यवहार किया। जय को अवश्य इसकी सूचना मिलती रहती होगी। उन्होंने पुलिस के आगे समर्पण कर दिया। जो लोग प्रधानमंत्री की तनिक भी आलोचना करते हैं, उनकी आजकल ख़ैर नहीं है। दमन चक्र पूरी तरह चल रहा है।

आज प्रधानमंत्री ने सेंसर के प्रश्न पर विचार करने के लिए एक मीटिंग की। प्रो. धर इस बात पर काफी जोर दे रहे हैं कि सेंसर को ढीला करना चाहिए।

प्रधानमंत्री यह दिखाने के लिए कि इस विषय पर उनके विचार भी उदार हैं, समय-समय पर मीटिंग करती रहती हैं। आज की मीटिंग भी उसी क्रम में थी, पर मीटिंग में होता कुछ नहीं है। प्रधानमंत्री उदारता का दृष्टिकोण दिखावे के लिए अपनाती हैं। पर यह सुनिश्चित कर लेती हैं कि वास्तविकता में कोई ढील न हो। आज भी यही हुआ। प्रो. धर ने सेंसर में ढील करने की जोरदार सिफारिश की, प्रधानमंत्री ने भी उनका समर्थन किया। पर विद्याचरण शुक्ल ने कहा कि वर्तमान नीति में किसी परिवर्तन की आवश्यकता नहीं है। वह सभी प्रमुख समाचारपत्रों और सम्पादकों से सम्पर्क बनाए हुए हैं। सब वर्तमान नीति और स्थिति से प्रसन्न व सन्तुष्ट हैं। फिर परिवर्तन क्यों किया जाये? केवल 'स्टेट्समैन' के निहाल सिंह और 'हिन्दुस्तान टाइम्स' के वर्गीस उनकी हर बात नहीं सुन रहे हैं। उनको 'ठीक करने' का प्रबन्ध हो गया है। चिन्ता की कोई बात नहीं। बस, बात समाप्त हो गयी।

सन्ध्या को मंत्रिमण्डल सचिव के पास एक मीटिंग में गया था। लौट कर आया तो प्रो. धर ने बुला लिया। गुजरात के एक अधिकारी के. जी. रामनाथन को निर्वाचन आयोग में नियुक्त करने का प्रस्ताव है। जब पत्रावली प्रधानमंत्री के पास गयी तो उन्होंने प्रो. धर को यह पता लगाने के लिए दे दी कि रामनाथन किस प्रकार के व्यक्ति हैं, उनकी राजनीतिक विचारधारा क्या है और आजकल की गतिविधियों पर उनके क्या विचार हैं? यह भी पता लग सके कि समय पड़ने पर वे सहायक हो सकते हैं या नहीं? इसके आधार पर नियुक्ति होगी। प्रो. धर इन सब बातों से बहुत खिन्न हैं, पर कर कुछ नहीं सकते। वे अपनी असमर्थता समझते हैं।

13 अगस्त, 1975

आज प्रधानमंत्री कार्यालय नहीं आयीं। कुछ अस्वस्थ हैं। सन्ध्या को मंत्रिपरिषद् की बैठक थी, उसमें भी भाग नहीं लिया। मंत्रिपरिषद् में कुछ महत्त्वपूर्ण मामलों पर विचार होना था इसलिए प्रो. धर प्रधानमंत्री से मिलने उनके घर गये। लौट कर अपनी खिन्नता मुझसे व वी. आर. को प्रदर्शित करने लगे। प्रधानमंत्री के काम करने का तरीका दिन-प्रतिदिन असन्तोषजनक होता जा रहा है। गम्भीरता से किसी प्रश्न पर सोचने को तैयार नहीं हैं। कहा-सुनी में विश्वास बढ़ता जा रहा है। आज वे पन्त की बहुत बुराई कर रही थीं। प्रो. धर ने कहा भी कि अपने कार्यकाल में बिजली और कोयले के क्षेत्र में पन्त ने अच्छा काम किया है (इसमें किसी को सन्देह नहीं हो सकता।) पर प्रधानमंत्री ने यह स्वीकार नहीं किया और पन्त की बुराई करती रहीं। बहुत से वरिष्ठ पद ख़ाली पड़े हुए हैं। प्रो. धर चाहते हैं कि उन्हें शीघ्र भर दिया जाये। पर प्रधानमंत्री पर कोई असर नहीं है। नियुक्तियों में अब महल के सिपहसालारों की बात चलती है। उनके लिए योग्यता, क्षमता,

कार्यकुशलता आदि गौण हैं। कुछ महीने पहले प्रधानमंत्री ने मंत्रिमण्डल सचिव व अपने सहयोगियों और मुख्यमंत्रियों को लिखा था कि वरिष्ठ नियुक्तियों में सावधानी बरतनी चाहिए। ये नियुक्तियाँ केवल योग्यता, कार्यकुशलता आदि के आधार पर होनी चाहिए, वरिष्ठता को अधिक महत्त्व नहीं देना चाहिए। पर स्वयं प्रधानमंत्री इसकी अवहेलना कर रही हैं। आजकल नियुक्तियाँ बिल्कुल मनमानी हो रही हैं। जो कुछ भी महल के सिपहसालार कह दें। इन लोगों के कहने पर प्रधानमंत्री अब अमृत· नय्यर को इस्पात में अतिरिक्त सचिव बनाना चाहती हैं, यद्यपि वे पदोन्नति के उपयुक्त नहीं समझे गये हैं। प्रो. धर हम लोगों से पूछ रहे थे कि बताओ क्या करें? इसका उत्तर तो संभवतः प्रधानमंत्री के पास भी नहीं है। महल के सिपहसालार ही दे सकते हैं।

प्रधानमंत्री के दिमाग में एक और बात समा गयी है। कल कुछ आर्कीटैक्ट्स उनसे मिले थे। उन्होंने प्रधानमंत्री से गन्दी बस्तियों की सफाई के बारे में बात की। आज सुबह से उन्होंने कहना शुरू कर दिया है कि इन आर्कीटैक्ट्स के विचारों को कार्यान्वित करना चाहिए। वे सस्ते मकान बनाने में बहुत सहायक हो सकते हैं। इस प्रसंग में प्रधानमंत्री ने सचिवालय की शिकायत भी की कि 'फॉलो-अप' में बहुत ढील है। किसी को यह नहीं मालूम कि कौन प्रधानमंत्री से मिले थे, क्या कहा था, क्या सहायता करना चाहते हैं, आदि-आदि। फिर फॉलो-अप कैसे हो? जब प्रो. धर ने मुझे बताया तो मैंने कहा कि मैं कुछ-न-कुछ आयोजित कर लूँगा। शेषन से पता लगाकर सलमान और मैंने रोमी खोसला को बुलाया। यह एक युवा आर्कीटैक्ट् है और प्रधानमंत्री से आर्कीटैक्ट्स की भेंट इनकी पहल पर ही हुई थी। सन्ध्या को इनसे लगभग घण्टा भर बात हुई। प्रधानमंत्री से इन लोगों ने सस्ते मकान की बात की ही नहीं थी, और गन्दी बस्ती साफ करने के तकनीकी पहलुओं पर न उन्होंने प्रधानमंत्री से कुछ कहा था, न उन्हें हमसे कुछ कहना था। उन्होंने इस समस्या के सामाजिक पहलुओं को उठाया था और उसके सर्वेक्षण के लिए वे हर प्रकार की सहायता के लिए तैयार हैं।

इस सचिवालय में यूनुस को लाने का फिर प्रस्ताव हो रहा है। अब यहाँ ऐसे ही व्यक्तियों की आवश्यकता है।

विदेशों में हमारे देश की घटनाओं और कार्य-कलापों का क्या प्रभाव पड़ रहा है या क्या लिखा-सुना जा रहा है, इस पर आज काफी सामग्री देखने को मिली। विदेश मंत्रालय से जाने वाले और वहाँ प्राप्त होने वाले तारों में आजकल मुख्यतः इसी की चर्चा होती है। विदेश मंत्रालय कम्युनिस्ट देशों को छोड़कर अन्य देशों में हमारे राजदूतों को समय-समय पर आजकल यही आदेश दे रहा है कि यहाँ की घटनाओं का किस प्रकार प्रचार किया जाना चाहिए। अभी तक हमारे राजदूतावासों के प्रयत्नों का असर नहीं हुआ है। इसलिए प्रचार बढ़ाने के प्रश्नों

पर विचार हो रहा है। इसमें धन भी काफी व्यय हो रहा है; दूतावासों की माँगों को पूरा किया जा रहा है। इन देशों के नेता व समाचारपत्र भारत की काफी आलोचना कर रहे हैं। क्या ग़लत है? वास्तव में हमारे देश की गतिविधियों व घटनाओं का सही चित्र आजकल उन देशों के समाचारपत्रों में ही छप रहा है। तभी तो उनका यहाँ आना बन्द कर दिया गया है। कायरता और अनैतिकता को सत्य से बहुत डर लगता है।

सरकारी तारों के अतिरिक्त आज बाऔरी द्वारा भेजे गये विदेशी पत्रकारों के सात-आठ दिन के डिस्पैचेज भी देखे। किसी ने भी एक शब्द ग़लत नहीं लिखा है। पर उनके डिस्पैचेज पढ़कर बहुत बुरा लगा। हमारे देश के प्रधानमंत्री पर किस प्रकार से आक्षेप किया गया है। दुर्भाग्यवश आक्षेप ठीक है। यह डिस्पैचेज लोक-प्रतिनिधित्व अधिनियम और संविधान के संशोधनों से सम्बन्धित हैं। प्रत्येक पत्रकार ने इनका विवरण देते हुए यह स्पष्ट लिखा है कि यह सब केवल प्रधानमंत्री को उनके मुकदमे में जिताने के लिए किया जा रहा है। किसी भी भारतीय नागरिक को यह बुरा लगना स्वाभाविक है कि उनके प्रधानमंत्री की छीछालेदर की जाये। पर सत्य का खण्डन कैसे किया जा सकता है। भारतीय समाचारपत्रों पर यह पाबन्दी लगी थी कि वे इन विधेयकों और प्रधानमंत्री के मुकदमे के सम्बन्ध के बारे में कुछ न लिखें। पर क्या इससे सत्य छिप सकता है?

प्रधानमंत्री को प्रतिपक्ष से यह शिकायत रही है कि वह प्रधानमंत्री के पद को (उनका स्वयं का क्या हो इसकी उन्हें चिन्ता नहीं है) नीचा दिखा रहे (denigrate) हैं। पर इसका यदि कोई दोषी है तो प्रधानमंत्री स्वयं। अपने को सत्ता में रखने के लिए राष्ट्र के इस महान् पद की छीछालेदार का जितना उत्तरदायित्व उनका है, उतना किसी अन्य व्यक्ति का नहीं।

विदेशों में हमारी निन्दा होने का एक कारण और भी है। विदेशी पत्रकारों से हमने जिस प्रकार का दुर्व्यवहार किया है, वह शर्म की बात है। एक विदेशी पत्रकार को अभी भारत से 24 घण्टे में निकाल दिया गया क्योंकि उन्होंने अपने डिस्पैच में लिखा था कि हाल के विधेयक केवल प्रधानमंत्री की सहायता के लिए पास किये गये हैं। विदेशी पत्रकारों को प्रधानमंत्री के मुकदमे की सुनवाई के समय सुप्रीम कोर्ट में नहीं जाने दिया गया। हमारे नेताओं और राजदूतों का ख़्याल है कि इन सब बातों के कुप्रभाव को प्रचार से दूर किया जा सकता है।

प्रधानमंत्री का प्रचार तीव्र होता जा रहा है। वे विपक्षी दलों और उनके नेताओं की हर तरह से निन्दा और आलोचना कर रही हैं। यह आवश्यक नहीं है कि वे जो कुछ कह रही हैं, वह सब सत्य ही हो। इन बातों में प्रधानमंत्री को सच बोलने की आदत भी नहीं है। उनकी सत्य की परिभाषा संभवतः यही है कि वे जो कुछ कहें, वही सत्य है। आज एक वक्तव्य में प्रधानमंत्री ने कहा कि प्रतिपक्ष देश में असाधारण

स्थिति बना रहा था। वह हर मामले को सड़कों पर तय करना चाहता है, उसमें इतना भी धैर्य नहीं कि अपनी शक्ति की जाँच निर्वाचन द्वारा करे। यह वास्तविकता से बिल्कुल परे है। सर्वोदय में भारी मतभेद पैदा हो जाने पर भी जब पहली बार प्रधानमंत्री ने जे. पी. को निर्वाचन के लिए चुनौती दी तो उन्होंने स्वीकार कर ली। वे तब से निर्वाचन राजनीति में भी रुचि लेने लगे। जब यह होने लगा तो प्रधानमंत्री और उनकी पार्टी को निर्वाचन से डर लगने लगा। गुजरात में चुनाव टालने का निर्णय प्रधानमंत्री का ही था (गृहमंत्री तो इस पक्ष में नहीं थे) और आज वे प्रतिपक्ष पर निर्वाचन से भागने का आरोप लगा रही हैं।

रही हर बात को सड़कों पर ले जाने की, तो इसमें भी प्रधानमंत्री और उनकी पार्टी कभी पीछे नहीं रही। पिछली बातें छोड़िए, इस बार भी जन-प्रदर्शन, रैली, जन-सभाओं का कार्यक्रम पहले प्रधानमंत्री की ओर से ही बना। इसकी चर्चा मैं पहले कर चुका हूँ। संक्षेप में, सत्य यह है कि प्रचार का कोई अंग नहीं है, जिसका प्रधानमंत्री उपयोग नहीं करतीं, पर जब वह उलझन उत्पन्न करता है तो अपने स्वभाव के अनुसार दोष प्रतिपक्ष पर मढ़ देती हैं।

एक विदेशी पत्रकार के डिस्पैच में आज पढ़ा कि शान्ति भूषण ने प्रधानमंत्री के मुकदमे की सुनवाई के बाद प्रेस से कहा कि वे सुप्रीम कोर्ट के समक्ष यह निवेदन करेंगे कि संविधान का जो संशोधन हाल में हुआ है, उससे संविधान की मूलभूत आकृति बिगड़ी है और ऐसा करने का अधिकार संसद को नहीं है। यदि सुप्रीम कोर्ट ने यह तर्क नहीं माना तो फिर उनके पास कुछ और कहने को नहीं बचेगा।

मुझे नहीं लगता कि इस आधार पर शान्ति भूषण जीत पायेंगे। मूलभूत आकृति वाली बात सुप्रीम कोर्ट ने केशवानन्द भारती के मुकदमे में दो साल पहले कही थी। उस समय जज इस धारणा के थे पर 6 जजों ने इससे अपनी सहमति नहीं प्रकट की थी। आजकल जो बेंच प्रधानमंत्री का मुकदमा सुन रही है, उसके पाँच जजों में से चार वे हैं जो केशवानन्द के मुकदमे में ऊपर कहे गए 6 जजों में शामिल थे। दो बातें हो सकती हैं। एक निर्णय तो यह हो सकता है कि केशवानन्द भारती वाले निर्णय का इस मामले से कोई सम्बन्ध नहीं है और यदि है भी तो संशोधन के उस अंश को निरस्त करके—बाकी के आधार पर प्रधानमंत्री की अपील स्वीकार कर ली जाय। लेकिन मुझे अन्देशा है कि इस मुकदमे का परिणाम यह हो कि 'मूलभूत आकृति' वाली थ्योरी भी सुप्रीम कोर्ट समाप्त कर दे और तब संसद को संविधान को हर प्रकार से तोड़ने-मरोड़ने की छूट मिल जायेगी। यही तो कम्युनिस्ट चाहते हैं और इस बात की गहनता और गम्भीरता प्रधानमंत्री को कभी समझ में नहीं आ सकती।

आज मैं सन्ध्या को यह सोचता रहा कि क्या सुप्रीम कोर्ट इस देश की सहायता नहीं कर सकता? कानूनी बात एक क्षण के लिए छोड़ दीजिए। आज इस देश

में क्या हुआ है? प्रधानमंत्री ने अपने पद से न हटाये जाने के लिए संविधान की कुछ धाराओं का सहारा लेकर संविधान को बिल्कुल विकृत कर दिया है। संसद का सहारा लेकर जो अपराध उनके विरुद्ध हाई कोर्ट में स्थापित हो गये थे उनको रद्द कर दिया। (भारत स्थित एक विदेशी राजदूत ने एक पार्टी में कहा कि उसने कल्पना भी नहीं की थी कि प्रधानमंत्री इतनी भौंडी बात (क्रूड) कर सकती हैं।) यही नहीं यह करने के लिए पहले प्रतिपक्षी नेताओं को बिना कोई कारण बताये बन्दी बनाया। फिर एक के बाद एक ऐसा संशोधन कानून में करती गयीं (अधिकतर संविधान के प्रतिकूल) कि फिर न उनको कारण बताना आवश्यक रह गया, न उनके मामले की कोई जुडीशियल समीक्षा। (आज लगभग 20,000 राजनीतिक बन्दी जेल में ठूँस दिये गये हैं।) अब न्यायालय के द्वार भी उनके लिए बन्द कर दिये गये हैं। वस्तुतः स्थिति यह है कि अनुचित कानून बनाकर प्रधानमंत्री ने न केवल अपनी कानूनी कठिनाइयों को हल किया है पर इतनी शक्ति अपने हाथ में बटोर ली है कि जब तक चाहें आपात्काल लागू रखें और यदि कोई जरा भी बोले तो उसे अकारण जेल में बन्द कर दें। बहुत से कानूनों के सम्बन्ध में कोर्ट के अधिकार छीन लिये हैं। यहाँ तक कि व्यक्तिगत स्वाधीनता के लिए भी कोर्ट जाने का अधिकार समाप्त है। प्रधानमंत्री के हित के लिए जो कानून बने हैं, वे समता के मूलभूत सिद्धान्त का भी उल्लंघन करते हैं। (क्या अब भी संविधान की मूलभूत आकृति नहीं बिगड़ी है?) इस स्थिति से देश निकले कैसे? सुप्रीम कोर्ट को इसमें भूमिका निभानी चाहिए। केवल संविधान की भाषा पर न जाकर उसकी आत्मा से प्रेरणा लेनी चाहिए। अन्य प्रजातांत्रिक देशों में न्यायालय ऐसी स्थिति सुधारने में आगे रहे हैं। क्या हमारा सुप्रीम कोर्ट ऐसा नहीं करेगा? यह स्थिति सुधारने का सबसे सहज व स्वाभाविक तरीका होगा।

पर अन्त में मुझे एक गहरी निराशा ने दबोच लिया। शायद यह हमारे देश का दुर्भाग्य है। इस स्थिति में भी किसी एक मंत्री, मुख्यमंत्री, नेता, बुद्धिजीवी, अध्यापक आदि की उँगली तक नहीं उठी तो सुप्रीम कोर्ट ऐसे कायरों की सहायता क्यों करेगा?

14 अगस्त, 1975

प्रचार की तीव्रता बढ़ती जा रही है। सरकार के सभी साधनों का उपयोग भी स्वाभाविक है। पर प्रधानमंत्री स्वयं कोई भी अवसर नहीं छोड़ रही हैं, जब अपने पक्ष का स्पष्टीकरण न कर सकें। आज वे कैथोलिक विश्वविद्यालयों के एक अन्तरराष्ट्रीय सम्मेलन में भाषण देने गयीं। वहाँ उन्होंने आपात्काल को ही अपने भाषण का विषय बनाया। मुख्य बात उन्होंने कही कि आपात्काल की घोषणा से देश में कोई क्राइसिस नहीं उत्पन्न हुई, वस्तुतः इस घोषणा से पनपती हुई क्राइसिस का अन्त किया गया।

उनका कोई इरादा नहीं है कि देश में 'एक दल राज्य' की स्थापना हो। पिछले सत्र में भी कई विरोधी दल संसद में पूरी तरह भाग लेते रहे। (प्रधानमंत्री ने यह कहना उचित नहीं समझा–न यह उनके लिए आवश्यक था–कि आपात्काल की घोषणा के अनुमोदन के बाद किसी भी प्रस्ताव पर सरकार के विरोध में एक भी वोट नहीं पड़ा। संविधान के संशोधन के लिए 336 वोट पक्ष में पड़े और विरोध में एक भी नहीं।) फिर 'एक दल राज्य' का डर कैसे? प्रधानमंत्री ने आज फिर दोहराया कि जे. पी. गांधीजी के अनुयायी नहीं हैं। इन सब बातों का विशेष प्रचार किया जा रहा है।

प्रधानमंत्री ने जो कुछ कहा, वह ठीक है, या ग़लत, इसका निर्णय एक स्वाधीन समाज में जनता ही कर सकती है। इसमें किसी को आपत्ति नहीं हो सकती कि प्रधानमंत्री ने जो कुछ कहा उसके विपरीत भी कहा जा सकता है। मार्क्सवादी नेता नम्बूद्रीपाद ने आज एक पत्र में प्रधानमंत्री को लिखा है कि दमन नीति में आपने अंग्रेजों को भी मात कर दिया है। 1920-21, 1930-31 और 1942 के तूफानी काल में भी समाचारपत्रों को छूट थी कि गिरफ्तार किये गये नेताओं के नाम प्रकाशित करें, संपादकीय कॉलम खाली छोड़ कर अपना विरोध प्रकट कर सकें तथा कई अन्य तरीकों से यह व्यक्त कर सकें कि वे सेंसर के अधीन कार्य कर रहे हैं। पर आज प्रधानमंत्री क्या कर रही हैं? ठीक है, आपने विरोधी दलों को औपचारिक रूप से अवैध नहीं घोषित किया है, पर आपने उनका गला घोंट रखा है और उनके हाथ-पैर बाँध कर उन्हें जेल में ठूँस दिया है।

प्रधानमंत्री का कहना है कि यह सब देश की सुरक्षा के लिए और प्रजातंत्र को बचाने के लिए किया गया है। प्रतिपक्ष देश में अनुशासन और अराजकता फैला रहा था। पर इसका दूसरा पक्ष राजनारायण ने राष्ट्रपति को लिखे अपने एक पत्र में व्यक्त किया है जो प्रधानमंत्री को आज प्राप्त हुआ है :

"हमने यदि मारुति की जाँच की माँग की, यदि बंसीलाल के कारनामों की जाँच की माँग की, यदि सी. बी. आई. की रपट सदन में रखने और साथ संसदीय कमेटी बैठाने की माँग की तो इसमें क्या और कहाँ असंवैधानिकता है, कहाँ चरित्र-हत्या है?...

"सारा मजदूर, सारा किसान, सारे अरबपति-करोड़पति व्यापारी, व्यवसायी, कलाकार, विद्वत् समाज, छात्र समुदाय, नवयुवक, दुकानदार, महिला समाज, सांस्कृतिक मण्डल, समाज सुधारक, सम्प्रदाय निवारिणी समिति, सरकारी, गैर-सरकारी, अर्ध-सरकारी नौकर, अध्यापक-प्रोफेसर, वकील सब-के-सब मर्द-औरत जिस सरकार के साथ हों, उसे आपात्कालीन स्थिति लागू करके, समाचारपत्रों पर सेंसर करके, एकपक्षीय प्रचार कराके हजारों लोगों को जेल में रखने की क्या जरूरत?"

एक खुले समाज में क्या ठीक है, क्या ग़लत, इस पर वाद-विवाद, विचार-विमर्श होना स्वाभाविक है। पर सरकार ने यह बन्द कर दिया है। सरकार की बात समाचारपत्रों में छपती है, रेडियो पर प्रसारित होती है, पर दूसरे किसी की नहीं। जनसाधारण कैसे निर्णय करे? किसी को यह मालूम नहीं कि देश में क्या हो रहा है, विदेश में हमारे बारे में क्या कहा-सुना जा रहा है? सारे देश पर चुप्पी छायी हुई है। कोई किसी से खुलकर बात नहीं कर रहा है। यह घुटन और डर का भयंकर वातावरण देश को प्रगति की ओर ले जा सकता है क्या? इस पर सन्देह होना स्वाभाविक है।

इस वातावरण में एक संकट और बढ़ रहा है। मैं पहले पुलिस और पूर्ति विभाग के कर्मचारियों के कारनामे की चर्चा कर चुका हूँ। उनकी मनमानी करने और भ्रष्टाचार की घटनाएँ बढ़ रही हैं। आज गोपालन का एक पत्र प्रधानमंत्री के पास आया है। उसमें उन्होंने केरल में पुलिस की बढ़ती हुई ज्यादती के कई उदाहरण दिये हैं। आपात्काल की जो भी उपलब्धियाँ होंगी (?) वह ऐसे कार्य-कलापों से समाप्त हो जायेंगी। पर विशेष चिन्ता की बात है कि डर और घुटन के वातावरण में इस प्रकार के कार्यों से सरकार और जनता में अलगाव बढ़ता जायेगा। और यह स्थिति घातक सिद्ध हो सकती है।

आज आई. बी. की रिपोर्ट ने इस बात की पुष्टि की कि फर्नांडीस को बाहर से जो रुपया प्राप्त हुआ, वह सब बैंक में जमा है। श्रमिकों की शिक्षा के लिए उस धन से एक ट्रस्ट बनाया जा रहा है।

शेवड़े आज फिर मिलने आये थे। वे दिल्ली आये हुए हैं, पर प्रधानमंत्री से मिलने के लिए उन्हें समय नहीं मिला। वे अब भी यही आग्रह कर रहे हैं कि प्रधानमंत्री उनको विश्व हिन्दी प्रतिष्ठान स्थापित करने में सहायता करें। इस विषय पर मैंने प्रधानमंत्री से अभी तक बात नहीं की है। पहले शारदा से करना चाहता हूँ, पर इधर वह बहुत व्यस्त रहा है। पर अब इसमें अधिक देर नहीं कर सकता।

तेजा के मामले में फिर प्रधानमंत्री बहुत रुचि ले रही हैं। इधर एक पत्र तेजा ने व दूसरा उसके ससुर ने प्रधानमंत्री को लिखा है। वे चाहते हैं कि तेजा की पत्नी को भारत आने की आज्ञा दे दी जाये। उसके विरुद्ध जो मुकदमा दर्ज है, उसे रद्द कर दिया जाये। प्रधानमंत्री का निर्देश है कि इसके लिए कोई-न-कोई उपाय निकालना चाहिए।

15 अगस्त, 1975

आज देश को स्वतंत्र हुए 28 वर्ष हुए। 1947 में आज के दिन हर्ष उमड़ा पड़ रहा था। आज देश में घुटन और डर का वातावरण सबको दबोचे हुए है।

और इसी वातावरण में एक दुखद और भयानक घटना की सूचना मिली।

बंग्लादेश के राष्ट्रपति शेख मुजीबुर्रहमान की हत्या करके सेना ने सत्ता हड़प ली है। शेख के एक मंत्री खोंडकार मुश्ताक अहमद नये राष्ट्रपति बनाये गये हैं। जब मैं तैयार हो रहा था, तो कम्मी यह सूचना लायी। उसके पीछे-पीछे शिंजनी आयी और कहने लगी, "डैडी, कितने कृतघ्न हैं बंग्लादेश के लोग?"

एक पन्द्रह साल की बालिका के लिए, जिसने चार साल पहले बंग्लादेश के स्वतंत्रता संग्राम की जानकारी स्वयं समाचारपत्रों, रेडियो और टी. वी. के माध्यम से प्राप्त की थी, यह प्रश्न स्वाभाविक ही था। शेख बंग्लादेश के निर्माता थे। उन्होंने अपनी कुशलता से एक नये राष्ट्र को जन्म दिया। वे अपने देशवासियों के स्वाभाविक नेता थे। उसी नेता की निर्मम हत्या कर दी जाये। मुझे भी बहुत बुरा लग रहा था पर शिंजनी के प्रश्न ने मुझे कुछ सोच में डाल दिया।

शिंजिनी को क्या मालूम कि किस प्रकार इन चार वर्षों में धीरे-धीरे शेख की जनप्रियता कम होती जा रही थी। लगभग एक वर्ष हुआ, लन्दन की एक समाचार पत्रिका (एकनॉमिस्ट) में बंग्लादेश पर एक लेख प्रकाशित हुआ था। बंग्लादेश की बिगड़ती हुई आर्थिक स्थिति का विश्लेषण किया गया था। उस लेख में एक बड़े मार्के की बात लिखी थी। पहले जब शेख अपने घर (धानमंडी) से सचिवालय जाते थे तो रास्ते भर लोग उनको देखने के लिए खड़े हो जाते थे, उन्हें देखकर हर्षध्वनि करते थे और उनका गुणगान करते थे, पर आज उनकी गाड़ी निकल जाती है, कोई उधर देखता तक नहीं। स्वयं शेख को भी इतना साहस नहीं रह गया था कि वे अपनी मोटर की खिड़की से बाहर देखें। आखिर इतना अपार परिवर्तन क्यों?

कारण स्पष्ट है बंग्लादेश की जनता ने—छोटे से बड़े तक ने—शेख को अपरिमित स्नेह दिया और उनके नेतृत्व में आस्था रखी। उनको आशा थी कि शेख उनके दुख-दर्द को दूर कर नये राष्ट्र को सुख और समृद्धि की ओर ले जायेंगे। पर न केवल यह नहीं हुआ, शेख के नेतृत्व में भ्रष्टाचार, अकर्मण्यता आदि खूब पनपी। जनता में रोष होना अस्वाभाविक नहीं था।

शायद बात इस पर भी सँभल जाती। पर जैसे-जैसे स्थिति बिगड़ती गयी, शेख ने शक्ति अपने हाथ में बटोरना शुरू कर दिया। उनकी यह व्याख्या होती गयी कि केवल वही अपने देश की प्रगति करा सकते हैं। पर इसमें देश का संविधान, प्रशासनिक प्रणाली आदि बाधक हैं। 26 जनवरी को उन्होंने देश का संविधान रद्द कर दिया। स्वयं राष्ट्रपति बन गये (पहले वह प्रधानमंत्री थे)। सारी सत्ता अपने हाथों में ले ली। नये संविधान में सब राजनीतिक दलों को अवैध घोषित कर दिया। देश में केवल एक दल रहेगा। नागरिकों के मूलभूत अधिकारों का अन्त कर दिया। संक्षेप में बंग्लादेश में पूरी तरह तानाशाही आ गयी। देशभक्ति किसी एक व्यक्ति या किसी एक समुदाय की बपौती नहीं होती। अन्य लोगों ने सोचा होगा कि शेख के मार्ग पर चलने पर देश का विनाश ही होगा। उन्होंने अपने अलग कार्यक्रम पर सोचना

आरम्भ किया होगा। परिणाम आज सामने आया। किसी समस्या को सुलझाने का यह निर्मम और क्रूर ढंग है। पर इसका उत्तरदायित्व शेख पर भी है। जब एक बार सर्वमान्य ढाँचे को बिगाड़ दिया तो फिर कोई भी व्यक्ति या समूह सोच सकता था कि सत्ता उनके पास क्यों न आये, शेख के पास ही क्यों रहे? रास्ता तो स्वयं शेख ने दिखाया। अनुचित ध्येय की प्राप्ति के लिए कभी भी उग्र साधन सफल नहीं होते। यह बात अधिकतर लोग स्मरण नहीं रखते।

यह घटना चाहे बंग्लादेश का आन्तरिक मामला हो, पर इसका प्रभाव इस देश पर अवश्य पड़ेगा। यह बहुत-कुछ इस पर निर्भर होगा कि घटना-क्रम किस प्रकार आगे बढ़ता है? पर आज जिसने भी यह घटना सुनी, वह यही दबी ज़बान से फुसफुसाया कि इससे हमारे देश के नेताओं को सबक लेना चाहिए।

परिशिष्ट 1

मैंने ऊपर गोखले की चर्चा की। जिस समय 1975 में प्रधानमन्त्री को सत्ता में रखने के लिए एक के बाद दूसरा संशोधन किया जा रहा था, गोखले की क्या मनस्थिति थी उसकी ओर मैं पहले इंगित कर चुका हूँ। गोखले के बुलाने पर भी मैं उनके पास अधिक नहीं जाता था। जनता शासन आने पर एक दिन मेरी गोखले से बहुत लम्बी बातचीत हुई। उसकी पृष्ठभूमि भी बतला दूँ।

जब मैं 1977 में दिल्ली का मुख्य सचिव था, एक दिन गोखले का फोन आया। मुझे अच्छी तरह याद है कि कैसे गोखले ने बात आरम्भ की—"बिशन (वह मुझे सदा ऐसे ही सम्बोधित करते थे), मैं गोखले बोल रहा हूँ। हम लोग बहुत दिन से नहीं मिले। अगर तुम्हें कोई एम्बैरेसमेंट न हो तो किसी दिन मिलो। पर आज मैंने तुमसे एक हेल्प माँगने के लिए फोन किया है।" मैंने उनसे कहा कि मुझे किसी से मिलने में कभी भी एम्बैरेसमेंट नहीं होता (इस प्रसंग पर भी एक दो बातें बाद में लिखूँगा) और उस समय उनसे मिलने का समय निश्चित कर लिया। काम गोखले का छोटा-सा था, उनकी एक जमीन के सम्बन्ध में। उसको पूरा कराने का भी कार्यक्रम बना दिया।

दशहरे से एक या दो दिन पहले (1977) छुट्टी के दिन मैं गोखले के घर गया। वह उस समय ग्रीन पार्क में रह रहे थे। बड़े स्नेह से मिले, आवभगत जैसे वह सदा करते थे, की। जमीन सम्बन्धी बातचीत तो संक्षेप में ही समाप्त हो गई। फिर गोखले ने अपनी दास्तान शुरू की। कुछ दिन पहले चरण सिंह के आदेश पर इन्दिरा गांधी के साथ गोखले भी गिरफ्तार किए गए थे। पहले उसका पूरा विवरण दिया गोखले ने। गोखले का यह कहना कि सरकार ने उनके साथ ज्यादती की स्वाभाविक था। इस प्रसंग के बाद बात आपातकाल में हुए संशोधनों और न्यायाधीशों के स्थानान्तरण की उठी। गोखले ने मुझे स्मरण दिलाया कि जुलाई, 1975 में भी उन्होंने मुझसे इस बात का इशारा किया था कि वे इन संशोधनों से कितने दुखी थे। पर उनमें इनका विरोध करने की शक्ति नहीं थी। दूसरे, जब कभी उन्होंने दबे स्वरों में यह करने का प्रयत्न भी किया तो सिद्धार्थशंकर राय (तत्कालीन मुख्यमन्त्री, पश्चिम बंगाल) ने उन्हें दबा दिया। गोखले के अनुसार

प्रधानमन्त्री इन्दिरा गांधी को सत्ता में बनाए रखने के लिए जितने संशोधन व अधिनियमों में परिवर्तन किए गए थे उनकी प्रेरणा का स्रोत प्रधानमन्त्री स्वयं थीं। बंसीलाल व संजय संसद सदस्यों के माध्यम से उसके लिए वातावरण बनाते थे। उसी संदर्भ में गोखले ने मुझे यह भी बताया कि एक दिन बंसीलाल उनके पास यह प्रस्ताव लेकर आए थे कि तत्कालीन लोकसभा की अवधि कई साल के लिए बढ़ा दी जाए पर उन्होंने इससे अपनी असहमति प्रकट की। मैंने गोखले से दो बड़े नुकीले प्रश्न किए थे। एक इसी संदर्भ में था और दूसरे की चर्चा मैं बाद में करूंगा। मेरा गोखले से सीधा सवाल था कि वह प्रधानमन्त्री को क्यों प्रेरणा का स्रोत मानते हैं। उन्होंने कहा कि हर संशोधन और परिवर्तन के लिए यद्यपि उनसे सबसे पहला सम्पर्क सिद्धार्थ या महल के किसी सिपहसालार ने किया पर वह हमेशा उसकी पुष्टि के लिए प्रधानमन्त्री के पास गए। प्रधानमन्त्री का सदा एक ही उत्तर होता था—कुछ इस प्रकार का—"हाँ, पार्टीवाले इसके लिए बहुत जोर दे रहे हैं। मुख्यमन्त्री लोग भी कह रहे हैं। देश की स्थिति तो गम्भीर है ही, आप खुद ही देख रहे हैं। फिर क्या करें, यह तो करना ही होगा।" (बेचारे गोखले देश की गम्भीर स्थिति को सहज बनाने में तत्परता से जुट जाते।)

गोखले ने इससे भी अधिक दुख इस बात पर व्यक्त किया कि न्यायाधीशों के साथ प्रधानमन्त्री ने जो बर्ताव किया उसका न्यायपालिका पर बहुत बुरा प्रभाव पड़ा है। गोखले ने कहा कि उच्चतम न्यायालय के तीन न्यायाधीशों को (हेगड़े, शैलट व ग्रोवर) सुपरसीड करके बड़ा गलत काम किया था। जब यह किया गया उस समय भी वह बहुत क्षुब्ध थे पर प्रधानमन्त्री, सिद्धार्थ व कुमारमंगलम जिद पकड़े थे। वास्तव में प्रधानमन्त्री हेगड़े को किसी भी हालत में मुख्य न्यायाधीश के पद पर देखने से डरती थीं। हेगड़े ने प्रधानमन्त्री के विरुद्ध निर्वाचन याचिका से उपजे एक मुद्दे पर जो उच्चतम न्यायालय तक आया था प्रधानमन्त्री के विरुद्ध निर्णय दिया था—डर का यही कारण था। गोखले ने मुझे स्मरण दिलाया कि इसके बाद के कई प्रकरणों में जैसे अग्रवाल, ललित, प्रकाश पंडित आदि के मामलों में उन्होंने शुरू में सही दृष्टिकोण अपनाया था पर अन्त में उन्हें प्रधानमन्त्री की बात माननी पड़ी। जहाँ तक मुझे याद है मैं इन सभी प्रकरणों की चर्चा कर चुका हूँ।

गोखले से मेरा दूसरा नुकीला प्रश्न यह था कि जब वह इतने दुखी और क्षुब्ध थे तो वह मंत्रिमंडल से अलग क्यों नहीं हो गए। गोखले ने बड़ी ईमानदारी का उत्तर दिया। उनका कहना था कि उनका अनुमान था कि न्यायपालिका के प्रति प्रधानमन्त्री के इतने कठोर दृष्टिकोण का कारण था हेगड़े का निर्णय जिसका उल्लेख ऊपर किया जा चुका है और जब प्रधानमन्त्री के विरुद्ध याचिका समाप्त हो जायेगी तो सम्भवतः वह बदल जायेगा। उनका यह इरादा था कि याचिका समाप्त होने पर वह प्रधानमन्त्री को मना लेंगे कि न्यायपालिका के साथ अनुचित व्यवहार

न हो। परन्तु याचिका पर जो निर्णय हुआ उससे सारी स्थिति ही बदल गई। गोखले ने स्वीकार किया कि आपात्काल की स्थिति में वे त्यागपत्र देने से डर गये, उनका यह दृढ़ विश्वास था कि यदि उन्होंने ऐसा किया तो प्रधानमन्त्री उन्हें भी जेल भेज देंगी; और अपने स्वास्थ्य को ध्यान में रखते हुए वह इसके लिए तैयार नहीं थे। इस प्रकरण को समाप्त करते हुए गोखले ने कहा, ''बिशन, इसे कमजोरी समझो या कुछ और, मैं जेल नहीं जाना चाहता था।''

परिशिष्ट 2

डायरी में आये पारिवारिक व्यक्ति

1. प्रेम टंडन (पम्मी)	पत्नी
2. प्रकाश नारायण टंडन (प्रकाश)	भाई (प्रो. एवं अध्यक्ष, न्यूरोसर्जरी विभाग, अखिल भारतीय आयुर्विज्ञान संस्थान, सेवानिवृत्त) पूर्व प्रधान : भारतीय राष्ट्रीय विज्ञान ऐकेडमी, नई दिल्ली विज्ञान की राष्ट्रीय ऐकेडमी, इलाहाबाद
3. लीला टंडन (लीला)	अनुजबधू (प्रो. टंडन की पत्नी)
4. आनन्द नारायण टंडन(आनन्द/नन्दे)	भाई
5. गोपाल नारायण टंडन (गोपाल)	भाई (भारतीय लेखा परीक्षण और बाद में सिविल लेखा सर्विस) केन्द्रीय मन्त्री श्री केशव देव मालवीय के विशेष सहायक और बाद में जनता सरकार के मन्त्री श्री लालकृष्ण आडवाणी के विशेष सहायक
6. कमला टंडन (कम्मी)	अनुजबधू (गोपाल की पत्नी)
7. शिंजिनी	पुत्री
8. अमित	गोपाल और कमला टंडन का पुत्र

प्रधानमंत्री सचिवालय में तत्कालित अधिकारियों के नाम

1. परमेश्वर नारायण हक्सर	प्रधानमन्त्री के सचिव (1967-1971) और प्रधानमन्त्री के प्रमुख सचिव (1971-73)

2. प्रो. पृथ्वीनाथ धर	प्रधानमन्त्री के सलाहकार (1970-71) और प्रधानमन्त्री के सचिव (1971-77)
3. सुशीतल बैनर्जी (सुशीतल)	प्रधानमन्त्री के संयुक्त सचिव (1966-1970)
4. जी. रामचन्द्रन (जी.आर.)	प्रधानमन्त्री के संयुक्त सचिव (1966-1972) और प्रधानमन्त्री के अवर सचिव (1974-1976)
5. वी. रामचन्द्रन (वी.आर.)	प्रधानमन्त्री के संयुक्त सचिव (1972-1977)
6. एच.वाई. शारदा प्रसाद (शारदा)	प्रधानमन्त्री के उप और फिर सूचना सलाहकार (1966-1977)
7. के. नटवर सिंह (नटवर)	निदेशक और फिर संयुक्त सचिव (1967-1971)
8. पी.एन. बहल	प्रधानमन्त्री के संयुक्त सचिव (1975-76)
9. बी.आर. बाओरी (बाओरी)	उप मुख्य सूचना अधिकारी (प्रधानमन्त्री सचिवालय से संबद्ध)
10. मनमोहन मल्होत्रा (मोनी)	उच सचिव (1967-1972) बाद में राष्ट्रमंडल सचिवालय में उच्च अधिकारी, सम्प्रति राजीव गांधी फाउंडेशन के महासचिव
11. सलमान हैदर (सलमान)	निदेशक, बाद में विदेश सचिव
12. जितेन्द्र रंजन (जितेन्द्र)	उप सचिव
13. एन. के. शेषन (शेषन)	प्रधानमन्त्री के निजी सचिव (1966-1977)
14. ए. आर. शंकरनारायणन	निदेशक (योजना आयोग के स्टाफ से)
15. अशोक पार्थसारथी	उप. सचिव (विज्ञान व तकनीक)

सूची जिन व्यक्तियों के नाम डायरी में जगह-जगह आए हैं।

1. ए.एम. खुसरो	कुलपति, अलीगढ़ मुस्लिम विश्वविद्यालय, अलीगढ़
2. बलीराम भगत	केन्द्र सरकार में मन्त्री, बाद में लोकसभा के अध्यक्ष

3. भैरव दत्त पांडे	मंत्रिमंडल सचिव
4. भास्कर घोष	पश्चिम बंगाल के मुख्यमंत्री सिद्धार्थ शंकर राय के सचिव
5. बृज कुमार नेहरू	असम और दूसरे उत्तर-पूर्वी राज्यों के राज्यपाल, लन्दन में भारत के उच्चायुक्त
6. सी.पी.एन. सिंह	पूर्व राजदूत व राज्यपाल, बाद में फिर उत्तर प्रदेश के राज्यपाल
7. सी. सुब्रह्मण्यम्	केन्द्र सरकार में मन्त्री
8. देवेन्द्र सेन	निदेशक, सी.बी.आई.
9. देवकान्त बरुआ	केन्द्र सरकार में मन्त्री, बाद में भारतीय राष्ट्रीय कांग्रेस के अध्यक्ष
10. डी.पी. चट्टोपाध्याय	केन्द्र सरकार में मन्त्री
11. डी.पी. धर	केन्द्र सरकार में मन्त्री, बाद में सोवियत संयुक्त राज्य संघ में भारतीय राजदूत
12. फखरुद्दीन अली अहमद	केन्द्र सरकार में मन्त्री, बाद में भारत के राष्ट्रपति
13. जी. पार्थसारथी	अध्यक्ष, नीति योजना समिति, विदेश मन्त्रालय
14. गुरुदयाल सिंह ढिल्लों	लोकसभा के अध्यक्ष, बाद में केन्द्रीय मन्त्री
15. ज्ञान सिंह कहलौं	पुनर्वास मन्त्रालय में सचिव के पद से सेवानिवृत्त एक आई.सी.एस. अधिकारी
16. गोविन्द नारायण	गृह सचिव, रक्षा सचिव, बाद में कर्नाटक के राज्यपाल
17. एच.आर. गोखले	केन्द्रीय कानून मन्त्री
18. जगत मेहता	एक आई.एफ.एस. अधिकारी, विदेश मन्त्रालय में अवर सचिव, बाद में विदेश सचिव
19. जगदीश स्वरूप	भारतीय महान्यायाभिकर्त्ता (सौलिसिटर जनरल)
20. जगजीवन राम	केन्द्रीय मन्त्री

21. ज्योतिर्मय बसु	लोकसभा में सी.पी.आई. (एम.) के एक वरिष्ठ संसद सदस्य
22. के. ब्रह्मानन्द रेड्डी	केन्द्रीय गृह मन्त्री
23. के. रघुरामय्या	केन्द्रीय मन्त्री, संसदीय कार्य मन्त्री
24. केशव देव मालवीय	केन्द्रीय मन्त्री
25. के. एफ. रुस्तमजी	सीमा सुरक्षा बल में महानिदेशक, बाद में गृह मन्त्रालय में विशेष सचिव
26. कुमार नन्दन प्रसाद	अन्वेषण ब्यूरो के एक आई.पी.एस. अधिकारी, बाद में रक्षा मन्त्रालय में संयुक्त सचिव और सूचना एवं प्रसारण मन्त्रालय के अवर सचिव
27. के. आर. गणेश	केन्द्र सरकार में मन्त्री
28. लक्ष्मीकान्त झा	प्रधानमन्त्री के सचिव, बाद में रिजर्व बैंक के गवर्नर, संयुक्त राष्ट्र अमरीका में भारतीय राजदूत, जम्मू और कश्मीर के राज्यपाल
29. ललित नारायण मिश्र	केन्द्रीय मन्त्री
30. एल.पी. सिंह	गृह सचिव, बाद में नेपाल में भारतीय राजदूत और असम और दूसरे उत्तर-पूर्वी राज्यों में राज्यपाल
31. मिलन बैनर्जी	इलाहाबाद के मित्र, कोलकाता में बैरिस्टर, बाद में भारत के महान्यायवादी (एटॉर्नी जनरल)
32. नन्दिनी सत्पथी	केन्द्र सरकार में मन्त्री, बाद में उड़ीसा की मुख्यमन्त्री
33. निर्मल कुमार मुखर्जी	गृह सचिव, सचिव नागरिक उड्डयन व पर्यटन, बाद में मंत्रिमंडल सचिव
34. नूरुल हसन	केन्द्र सरकार में मन्त्री
35. ओम मेहता	केन्द्र सरकार में मन्त्री
36. राम नाथ गोयनका	इंडियन एक्सप्रेस समाचार ग्रुप के मालिक और जाने माने उद्योगपति
37. राम नाथ काव	सचिव, अनुसंधान और विश्लेषण विभाग (RAW)
38. रघुनन्दन स्वरूप पाठक	इलाहाबाद हाई कोर्ट के न्यायाधीश,

	हिमाचल प्रदेश हाई कोर्ट के मुख्यन्यायाधीश, बाद में भारत के मुख्य न्यायाधीश
39. आर.बी. पटनायक	मित्र, स्टील अथॉरिटी ऑफ इंडिया में वरिष्ठ अधिकारी
40. श्रीमन्नारायण	वरिष्ठ कांग्रेस सदस्य, गुजरात के राज्यपाल, बाद में सर्वोदय में सक्रिय
41. सिद्धार्थ शंकर राय	केन्द्रीय मन्त्री, बाद में पश्चिम बंगाल के मुख्यमन्त्री
42. एस.एल. शकधर	महासचिव, लोकसभा
43. सीताराम केसरी	बिहार से कांग्रेस के संसद सदस्य, बाद में भारतीय राष्ट्रीय कांग्रेस के अध्यक्ष
44. सुधाकर पाण्डेय	वाराणसी के कांग्रेस के संसद सदस्य
45. टी.सी.ए. श्रीनिवासवर्धन	गृह मन्त्रालय में अवर सचिव, बाद में मध्यप्रदेश से वापस आने पर केन्द्र में गृह सचिव
46. स्वर्ण सिंह	केन्द्रीय मन्त्री
47. उमाशंकर दीक्षित	केन्द्रीय मन्त्री और बाद में कर्नाटक के राज्यपाल
48. विनीता राय (विन्टी)	एक आई.ए.एस. अधिकारी, अवर जिला मजिस्ट्रेट, दिल्ली, आजकल भारत सरकार में विशेष सचिव
49. वाई.बी. चव्हाण	केन्द्रीय मन्त्री

अनुक्रमणिका